佛山市顺德区北滘镇志

佛山市顺德区北滘镇志编纂委员会　编

SPM
南方出版传媒
广东人民出版社
·广州·

图书在版编目（CIP）数据

佛山市顺德区北滘镇志 / 佛山市顺德区北滘镇志编纂委员会编． —广州：广东人民出版社，2019.11
ISBN 978-7-218-14083-4

Ⅰ．①佛… Ⅱ．①佛… Ⅲ．①乡镇—地方志—顺德区 Ⅳ．①K296.55

中国版本图书馆 CIP 数据核字（2019）第 267770 号

FOSHANSHI SHUNDEQU BEIJIAOZHEN ZHI
佛山市顺德区北滘镇志
佛山市顺德区北滘镇志编纂委员会 编

出 版 人：肖风华

责任编辑：张力平 张竹媛 梁淑娴
封面设计：李卓琪
版式设计：广州市越秀区科新电脑技术服务中心
责任技编：周 杰

出版发行：广东人民出版社有限公司
地 址：广州市海珠区新港西路 204 号 2 号楼（邮政编码：510300）
电 话：（020）85716826（总编室）
传 真：（020）85716872
网 址：http://www.gdpph.com
印 刷：恒美印务（广州）有限公司
开 本：787 毫米 ×1092 毫米 1/16
印 张：61.5 **插 页：**56 **字 数：**1420 千字
印 数：1—10000 册
版 次：2019 年 11 月第 1 版
印 次：2019 年 11 月第 1 次印刷
定 价：268.00 元

佛山市顺德区北滘镇志编纂委员会组织架构

佛山市顺德区北滘镇志编纂委员会

主任：冼阳福（2014 年 6 月—2014 年 9 月）

余焯焜（2014 年 9 月—2016 年 6 月）

周　旭（2016 年 6 月—2019 年 2 月）

张新杰（2019 年 3 月—2019 年 12 月）

委员（按姓氏笔画为序）：

王崇曦、毛永达、卢本忠、卢健昌、叶伟锋、朱芳、伍时欣、刘璇、李满连、李少玲、李达恒、陈宇莹、陈林、吴伟勤、劳广行、苏健功、何广辉、何锡辉、何翔威、林文钜、黄志敏、黄智海、黄师挺、黄汉标、康子年、梁垣刚、梁晴尔、梁淑艳、梁学文、梅健泉、韩治帮、曾文华、曾卫安、霍炳朝、霍兆华

佛山市顺德区北滘镇志编纂委员会办公室

主任：卢健昌

工作人员：韩建纯、苏小慧、甄霭琳(2018 年 8 月止)、胡杮恩（2017 年 8 月起）

顾问

麦文东、杨智维(2017 年 3 月止)、李健明、陈忠烈、吴建新、王丽娃（2017 年 5 月起）

编纂人员

2014 年 7 月—2016 年 6 月

韩建纯、周婉莹、甄霭琳、劳联英（2015 年 6 月起）、陈彦、刘全胜、康燮、王艳美、杨文灿、杨蕴莉、周惠琪（2015 年 6 月起）、陆湘敏（2015 年 6 月起）、吴锦珊（2015 年 10 月起）、王茂浪（2015 年 9 月止）

2016 年 7 月—2017 年 6 月

韩建纯、周婉莹、劳联英、甄霭琳、陈彦、曾文婷、苏小慧

2017 年 7 月—2018 年 12 月

韩建纯、周婉莹、劳联英、甄霭琳(2018 年 8 月止)、曾文婷、苏小慧

2019 年 1 月—12 月

韩建纯、劳联英、苏小慧

志稿资料提供和点评人员

冯润胜、叶胜军、周志坤、列海坚、欧祥贤、黄干远、周冠雄、潘毅敏、黎志明、梁胜添、张带兴、梁世妹、苏禹、罗明、冯二女

图片提供主要单位（除有署名的图片外）

顺德区档案局、北滘镇宣传文体办、北滘镇档案馆、北滘镇摄影协会、北滘镇教育局、北滘镇经济和科技促进局、北滘镇卫生和计划生育局、北滘镇农业和社会工作局、北滘镇志编纂委员会办公室、各村（社区）

北滘镇地理位置示意图
陈村镇
乐从镇
勒流街道
伦教街
北滘镇
佛陈路
广佛江城铁
广佛环线
华阳特大桥
海珠湿地公园
潭洲水道
裕和路
陈北大桥
君兰大道
上僚
东平小学
潭洲国际会展中心
荷岳路
林上路
水口大道
佛山地铁3号线
水口公园
水口
上陈
沙尾
新沙
新沙公园
佛山一环高速
顺德花博园
西滘小学
西滘
文化公园
璋壁
伍坊
高村
高村小学
华南师大附属北滘学校
君兰国际高尔夫俱乐部
体育公园
君兰
岭南和园
北滘市民活动中心
北滘文化中心
君兰中学
新基
承德小学
茶基头
东便桥
北滘公园
北滘
北滘中学
北塘
北滘中心小学
东基
北滘社区卫生服务中心
简岸
城建局
市(安)监分局
建莱公园
企业服务中心
组现
弼教
安和
清沙
大生围
吕家围
埗杰
岳步
劳村
良村
涌元
莘村小学
莘村中学
涌口
新碧
三乐路
麦岸
莘村东路
马龙
东基
马村
三巷
徐村
马龙小学
莘村
杜家坊
陈家坊
谈家坊
龙溪公园
外村
现龙
深潭
旧湾
新地
西南工业园
北滘立交
西庙
槎涌
琳涌
槎涌
美的全球创新中心
设计城
东宁
三洪奇
叙龙
朝亮小学
黄涌
永安路
黄龙
西岸
永红
三洪奇公园
华南师大附小美的学校
鲤鱼沙公园
穗丰围
裕丰
顺德水道
黄龙特大桥
佛山一环南延段
稔海
羊额
世纪大道
新塘
常教
S82
S63
G105
广教小学
西洲
兆地
禅城区
南海区
广州市
江门市
中山市
龙江镇
勒流街道
伦教街道
大良街道
杏坛镇
容桂街道
均安镇
地级界线
县级界线
镇级界线
比例尺 1:640000

广东省地图出版社编制

顺德区北滘镇地图

尺 1：46000

审图号：佛S（2019）005号

顺德区北滘镇中心城区地图

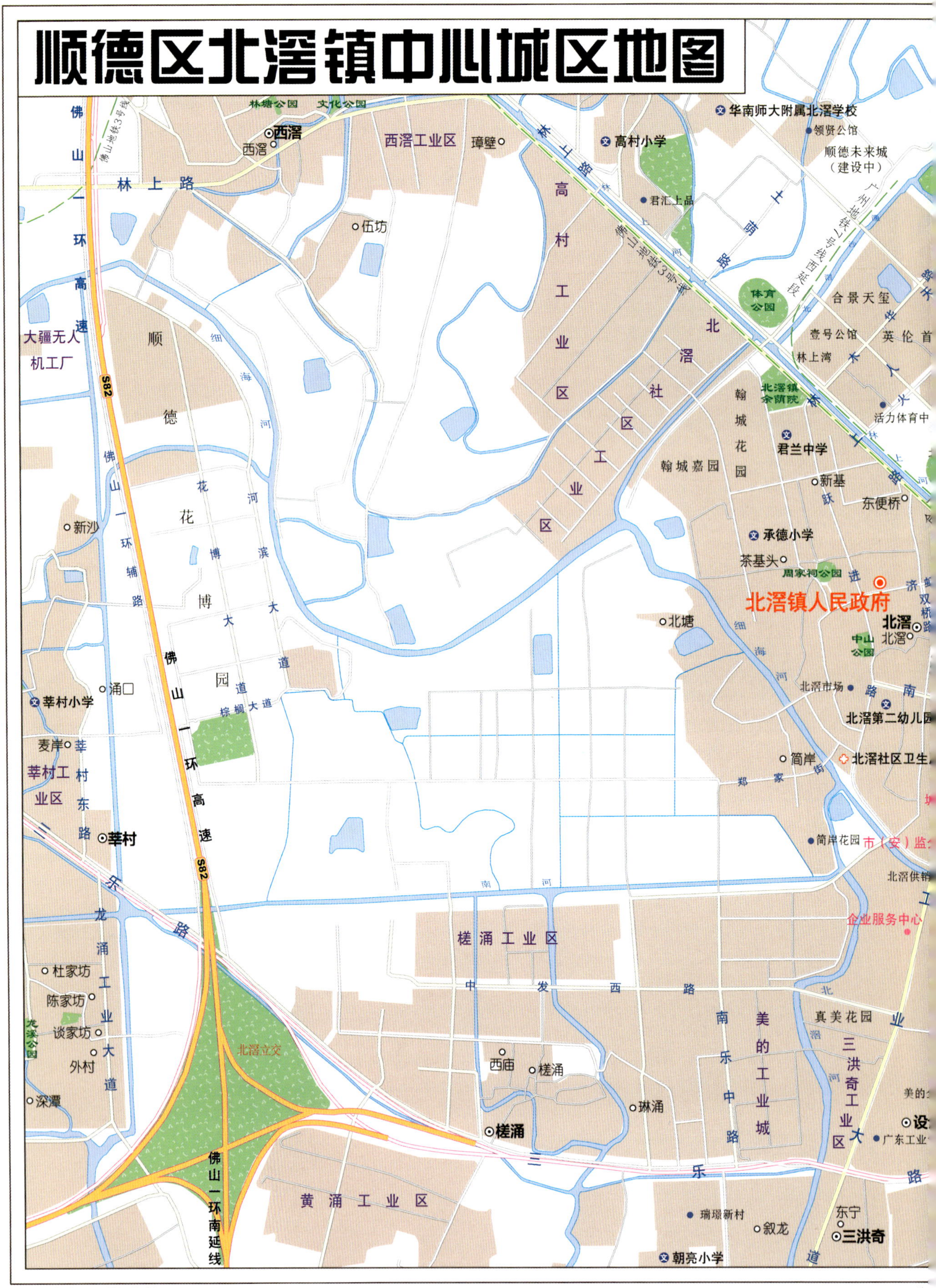

1：29000

审图号：佛S（2019）006号

▼北滘镇是 20 世纪 80 年代中期崛起的小镇（梁健勇摄于 2012 年）

▲顺德水道、潭洲水道、陈村水道三江汇合（梁明摄于2019年）

▲水乡新貌，图为林头社区（梁明摄于2019年）

▲北滘新城区（汤跃范摄于 2017 年）

▲北滘地势平坦，东北部分布延绵数里的“丘陵台地”，图为都宁岗（摄于 2018 年）

▲南方桥两岸民居（摄于 1990 年）

农业

◀插秧（摄于20世纪70年代初）

▶甘蔗丰收（黎尔宽摄于20世纪80年代）

▶塘鱼丰收（陈坚毅摄于20世纪80年代）

▲ 现代化养鸡场（黎尔宽摄于 20 世纪 80 年代）

▲ 现代化养猪场（摄于 2002 年）

▲ 锦鲤养殖场（摄于 2008 年）

▲ 鳗鱼是北滘镇 20 世纪 90 年代的农业支柱产业，图为 1996 年建成的曼丰水产养殖场（黎尔宽摄）

▲群力围花卉苗木绿色产区（卢小鹏摄于 2017 年）

▲顺德花博园（梁健勇摄于 2009 年）

▲20 世纪 80 年代中期建成的绿色工厂

▲潭洲水道河岸千亩菊花种植基地（何彩英摄于 2008 年）

▲北滘农民创业园（梁健勇摄于 2009 年）

工业

▲北滘工业园（黄伟云摄于 2000 年）

▲北滘糖厂（摄于 1949 年）

▲北滘企业 logo

◀20 世纪 50 年代的西海乡涌口土榨糖厂

▶20 世纪 70 年代社办的农机二厂

▲ “万宝牌” 10 寸座钟式鸿运扇生产车间（摄于 1988 年）

▶美的风扇厂12寸鸿运扇生产车间（摄于1988年）

▶南方电器厂装饰扇生产车间（摄于1988年）

▲盈毅鞋业有限公司产品（摄于2019年）

◀美的电饭煲生产车间（摄于 2004 年）

▲美的微波炉生产车间（陈学抗摄于 2004 年）

▶美的空调生产车间（摄于 2004 年）

▶浦项钢板公司生产车间（摄于 2004 年）

▲精艺金属公司生产车间（摄于 2009 年）

▲兴顺食品农副产品加工线（摄于 1994 年）

▲现代烤鳗生产线（摄于 2009 年）

▲20 世纪 80 年代中期建成的裕华大厦

▲美的总部（摄于 2012 年）

◀裕华钢瓶厂（摄于 1985 年）

▶蚬华电器制造厂（摄于 2004 年）

▲惠而浦公司（摄于 2004 年）

▲佛山宝钢不锈钢材料公司（摄于 2009 年）

▲威奇电工材料公司（摄于 2009 年）

▲银河机车公司（摄于 2009 年）

◀丰明电子科技公司（摄于 2009 年）

▲帝斯曼先达合成树脂公司（摄于 2009 年）

▲锡山大楼（摄于 2009 年）

▲海川智能机器公司（摄于 2009 年）

▲威灵电机制造公司（摄于 2009 年）

◀日美光电科技公司（摄于 2009 年）

◀万联包装机械公司（摄于 2009 年）

▲新的集团（摄于 2009 年）

▲西达发电厂（摄于 1998 年）

▲ 星浦钢材加工公司（摄于 2009 年）

▲ 顺德工业设计创意基地（林树煦摄于 2009 年）

商业

▶20 世纪 80 年代的北滘供销社门市部

◀20 世纪 90 年代的北滘供销社金属材料公司

▲南源商业街（摄于 2006 年）

▲北滘供销集团（摄于 2019 年）

▲北滘市场（摄于 2019 年）

▶合成市场（摄于 2019 年）

▶华泰商场（摄于 2019 年）

▲天天商场（摄于 2019 年）

▲百惠商场（摄于 2019 年）

◀万胜广场（摄于 2019 年）

◀小蓬莱宾馆（摄于 2019 年）

◀金茂华美达广场酒店（摄于2019年）

▶北滘商业广场（摄于2013年）

◀新城区商业圈——怡福路（梁健勇摄于2019年）

▶慧聪家电城（摄于2016年）

▲君兰高尔夫生活村（梁健勇摄于2016年）

对外贸易

▲全国第一个镇级外贸口岸——北滘港（摄于 1995 年）

▶北滘港办公大楼（摄于 2004 年）

▶北滘港联检大楼（摄于 2004 年）

▶北滘港集装箱堆放场（摄于2004年）

▶北滘港集装箱作业区（汤跃范摄于2017年）

▶港口作业装卸区（黄伟云摄于2019年）

基层设施

▲20 世纪 20 年代的碧江渡口

▲碧江大桥（梁明摄于 2018 年）

▲20世纪50年代的三洪奇渡口（光光摄影供）

▲三洪奇大桥（梁健勇摄于2013年）

◀简岸渡口（摄于 1950 年）

▶大沙桥（摄于 2004 年）

▲林头大桥（梁健勇摄于 2013 年）

▲ G105 线北滘路口（摄于 2006 年）

▲ G105 线北滘段（摄于 2008 年）

▲ G105 线南源隧道（摄于 2008 年）

▲碧桂路（陈坚毅摄于 1996 年）

▲林上路（摄于 2004 年）

▲90 年代初建成的工业大道（黎尔宽摄）

▲佛山一环北滘立交桥（梁健勇摄于 2017 年）

▶广珠西线高速公路（摄于 2004 年）

▶碧江立交桥（罗锦源摄于 2017 年）

▲全国首个以交通共同体（TC）模式运营的镇巴（摄于 2008 年）

▲广珠城际轨道北滘站（梁健勇摄于 2015 年）

▲广珠城际轨道碧江站（摄于 2016 年）

▲1962 年建成的三洪奇二级闸

◀20 世纪 60 年代建成的西海排灌站（黎尔宽摄）

◀1964 年建成的大东海排灌站（黎尔宽摄）

▲三洪奇水利枢纽（摄于 2004 年）

◀上僚水利枢纽（摄于 2004 年）

◀灰口水闸（摄于 2004 年）

▲ 西海水船闸（摄于 2009 年）

▲北滘自来水厂（摄于2006年）

▶北滘污水处理厂（摄于2009年）

▶顺德城市垃圾循环资源处理厂（摄于2006年）

园林绿化

▲北滘公园（梁健勇摄于 2014 年）

◀北滘镇区第一个公园——蓬莱公园（陈坚毅摄）

▶君兰河岸公园（罗锦源摄于 2018 年）

◀碧江民乐公园（摄于 2009 年）

▶三洪奇公园（摄于 1999 年）

▲和园（梁健勇摄于 2018 年）

房地产

▲美的海岸花园（摄于 2004 年）

▲北滘新城住宅区（梁健勇摄于 2019 年）

▲碧桂园总部大楼（汤跃范摄于 2014 年）

▲碧桂园别墅群（摄于 2004 年）

教育

▲1933年碧江苏氏家族广州学生合照（苏振中供）

▶振响楼（广雅中学旧址，张解民摄）

▶1961年建成的北滘中学

▲北滘中学（摄于 2013 年）

▲广东碧桂园学校（摄于 2008 年）

▲国华纪念中学（摄于 2005 年）

▲ 莘村中学（摄于 2009 年）

▲ 北滘职业技术学院（摄于 2004 年）

▲ 碧江中学（摄于 2019 年）

◀君兰中学（摄于2014年）

▶北滘中心小学（摄于2015年）

◀ 北滘首家外来工子弟学校——明阳学校（摄于2019年）

▶承德小学（摄于2015年）

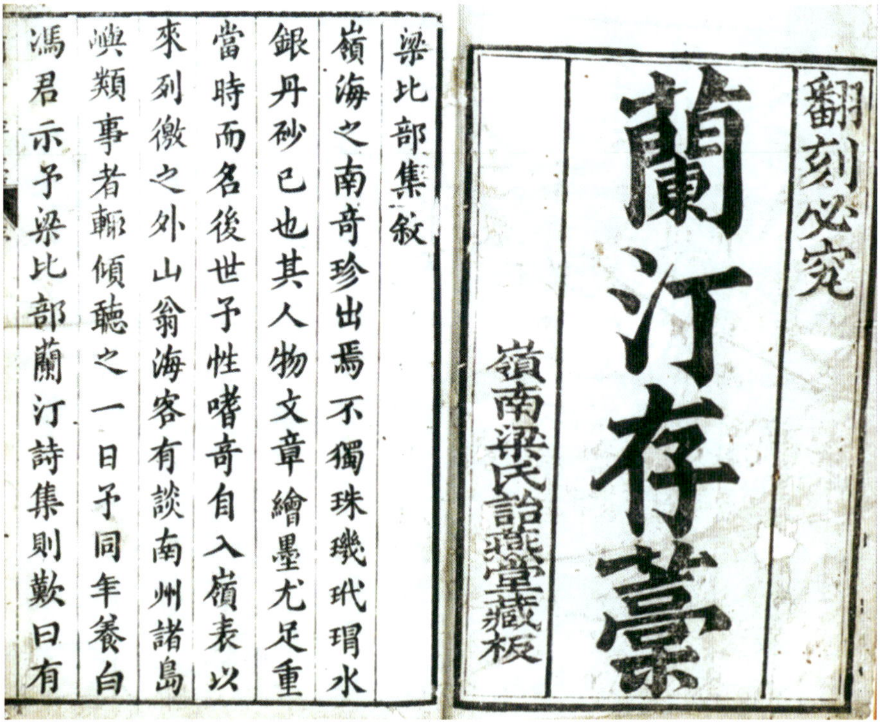

翻刻必究
蘭汀存藁
嶺南梁氏詒燕堂藏板

梁比部集叙
嶺海之南奇珍出焉不獨珠璣玳瑁水
銀丹砂已也其人物文章繪畫尤足重
當時而名後世予性嗜奇自入嶺表以
來列徼之外山翁海客有談南州諸島
嶼類事者輒傾聽之一日予同年餐白
馮君示予梁比部蘭汀詩集則歎曰有

▲梁有誉《兰汀存稿》

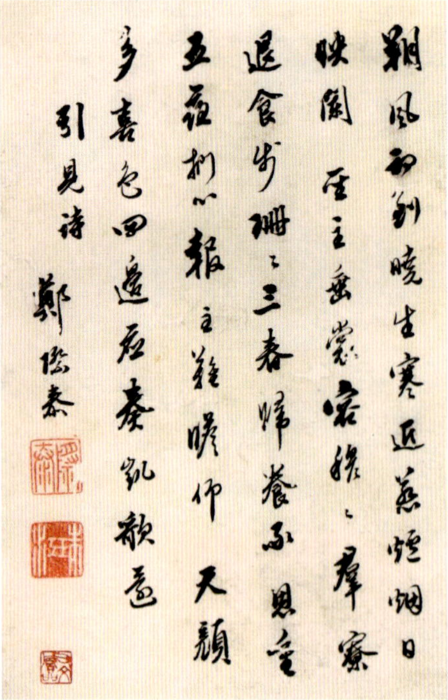

▲郑际泰《引见诗》（藏于香港中文大学）

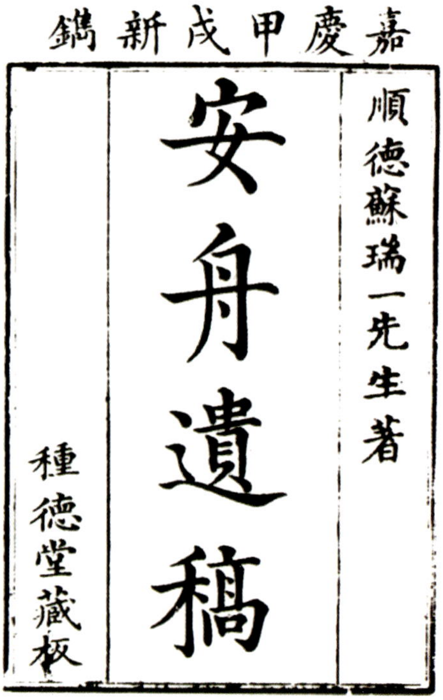

嘉慶甲戌新鐫
順德蘇瑞一先生著
安舟遺稿
種德堂藏板

▲苏珥《安舟遗稿》

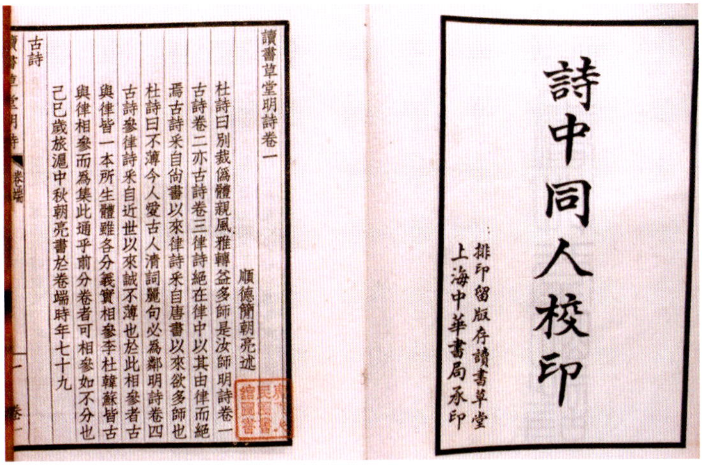

▲简朝亮《读书草堂明诗》

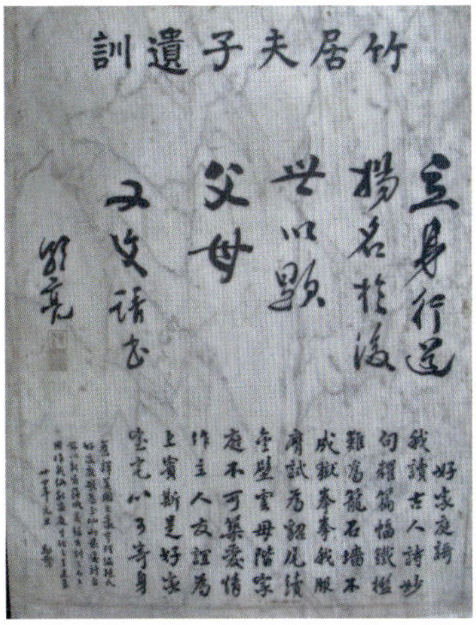

▲简朝亮遗训

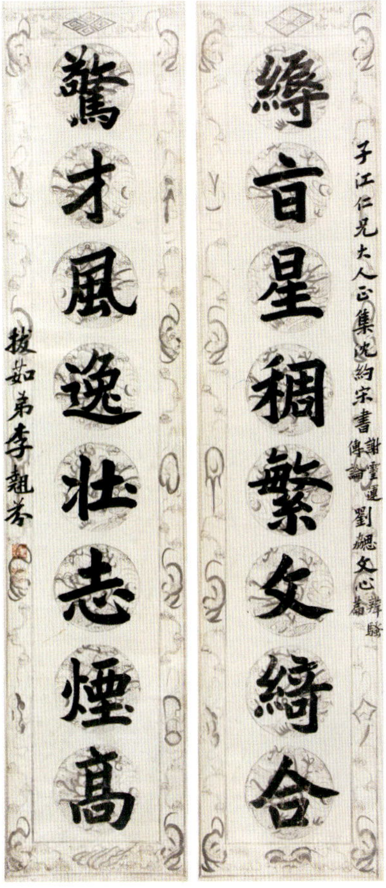

▲李翘芬作品

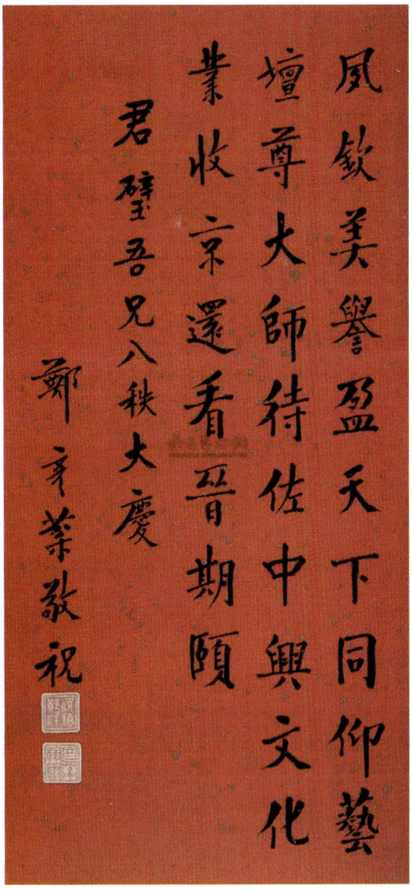

▲郑彦棻作品

▲北滘文化中心（摄于 2012 年）

▲北滘影剧院（摄于 20 世纪 90 年代初）

▲北滘文化广场（摄于 2004 年）

▶北滘市民活动中心（摄于2018年）

▶镇首届文化艺术节曲艺巡回演唱会（摄于1998年）

▶中国历史文化名村碧江命名庆典（摄于2005年11月）

◀镇首届社区太极比赛（摄于 2006 年）

▶2008 年 7 月 27 日北滘镇阅读爱好者交流协会——读书草堂成立

◀北滘（顺德）籍书画名家作品展（摄于 2007 年）

▶书法即席挥毫大赛（摄于2008年）

◀国庆文艺晚会（摄于2008年）

▶2009年，镇文化部门在碧江举办的文化论坛（摄于2009年）

▲简朝亮学术研讨会（摄于2009年）

▲改革开放30周年图片展（摄于2009年）

▲2009年北滘文化艺术节

▲送春联（摄于 2009 年）

▲广场舞（摄于 2009 年）

▲《鸵鸟絮语》获 2013 年第二届广东省少儿舞蹈大赛金奖

◀2014年第十二届华语文学传媒大奖（北滘镇青年文化交流协会供）

◀2016年北滘镇仲夏音乐节（北滘镇青年文化交流协会供）

▲第七届中国岭南美食节（摄于2012年）

▲敬老宴（黎演明摄于 2010 年）

▲端午游龙（何志锵摄于 2015 年）

▲醒狮汇演（宾灿华摄于 2016 年）

▲ 观音诞（梁健勇摄于 2017 年）

▲ 家庙庆典（汤跃范摄于 2017 年）

▲旧北滘医院门诊部（摄于 2005 年）

▲旧北滘医院留医部（摄于 2005 年）

▲北滘医院（摄于 2006 年）

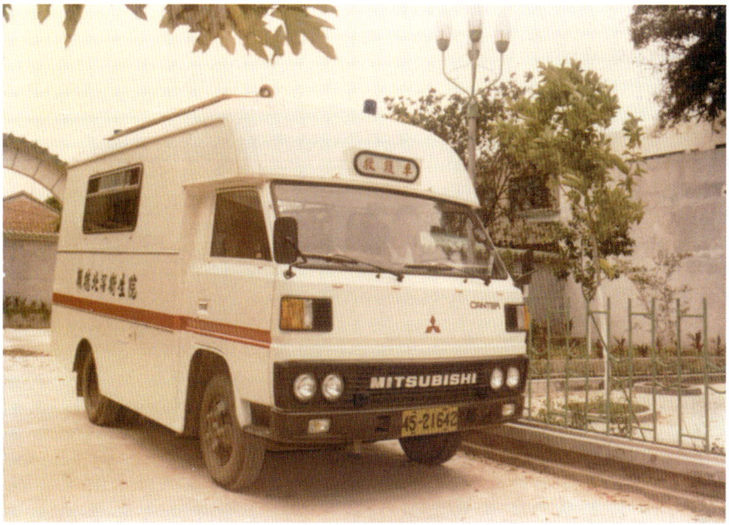

▲救护车（摄于 1984 年）

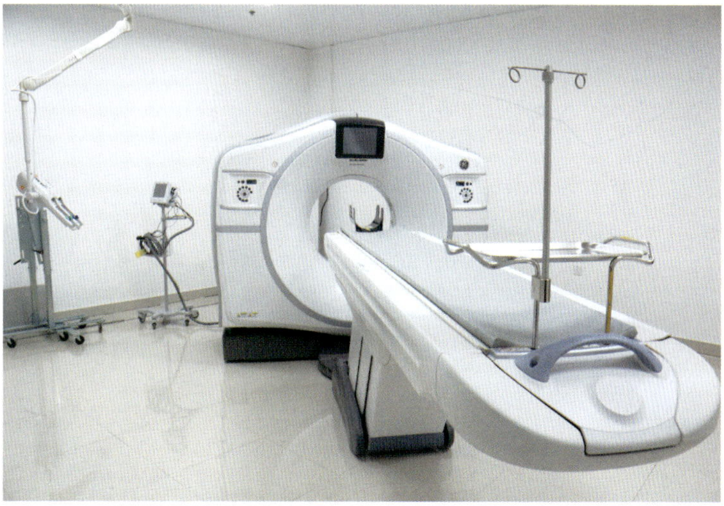

▲能谱 64 排螺旋高速 CT（摄于 2016 年）

体育

▲第十八届“美的杯”全球华人羽毛球锦标赛在活力体育中心举行（摄于2011年）

▶北滘新城自行车公开赛（摄于2015年）

▶2015年广东省摩托车越野锦标赛（梁健勇摄于2015年）

▲2016 年全国单排轮滑球锦标赛暨广东省第二届轮滑欢乐节在北滘广场举行（汤跃范摄）

▲北滘镇第十届体育舞蹈大赛（陈学抗摄于 2016 年）

▲北滘镇第十九届社区男子篮球联赛决赛在碧江民乐公园举行（罗锦源摄于2017年）

▲2017年，粤港足球明星表演赛在北滘体育公园举行（罗锦源摄）

▲分站赛在北滘文化中心举行的2017年全国象棋甲级联赛（梁健勇摄）

▲2017年北滘镇万人徒步活动（罗锦源摄）

▲2016 年北滘镇龙舟大赛（女子组）（罗锦源摄）

▲2017 年北滘镇龙舟大赛（男子组）（梁健勇摄）

▶1982 年 8 月，由香港同胞梁伟明捐建的伟明医院揭幕

▶1998 年 9 月，由香港同胞李伟强捐建的莘村中学扩建工程落成剪彩

▶1987 年 4 月，由香港同胞黎剑铭捐建的桃西中学落成剪彩

▶20世纪90年代由李伟强投资的艺恒信制鞋厂与佛罗伦制衣厂落成剪彩

▶澳门顺德北滘同乡会恳亲合影（摄于2016年）

▶香港顺德北滘同乡会成立（摄于2016年）

▶碧江金楼（摄于 2019 年）

◀碧江·慕堂苏公祠（摄于 2008 年）

◀碧江·照壁（摄于 2008 年）

▶碧江 · 怡堂（摄于 2006 年）

▶碧江 · 尊明苏公祠（摄于 2008 年）

▶桃村 · 报功祠（摄于 2008 年）

▲林头·冯氏贞节牌坊（摄于 2015 年）

▲碧江·澄碧苏公祠（摄于 2006 年）

◀碧江·丛兰苏公祠（摄于 2018 年）

◀碧江·逸云苏公祠（摄于 2008 年）

◀碧江 · 何求苏公祠（摄于 2008 年）

▲碧江·黄家祠（摄于2006年）

▲碧江·峭岩苏公祠（摄于2008年）

▶ 碧江·南山苏公祠（摄于 2006 年）

▶ 碧江·楚珍苏公祠（摄于 2006 年）

▲ 碧江·源庵苏公祠（摄于 2006 年）

▲桃村·金紫名宗（摄于 2016 年）

▲桃村·袁氏大宗祠（摄于 2017 年）

▲桃村·黎氏三世祠（摄于 2008 年）

▲莘村·梁大夫祠（摄于 2015 年）

▲莘村·宗圣南支（摄于 2015 年）

▲莘村·曾家私塾（摄于 2016 年）

▲广教·杨氏大宗祠（摄于2016年）

▲林头·郑氏宗祠（摄于2016年）

▲龙涌·陈氏家庙（摄于2014年）

▲碧江·德云桥（梁健勇摄于2014年）

▲简岸·简竹居牌坊（梁健勇摄于2014年）

▲1985年在象岗一带出土的汉代陶器

◀ 西海烈士陵园（摄于20世纪50年代）

▶顺德抗日战争文物纪念馆（摄于2009年）

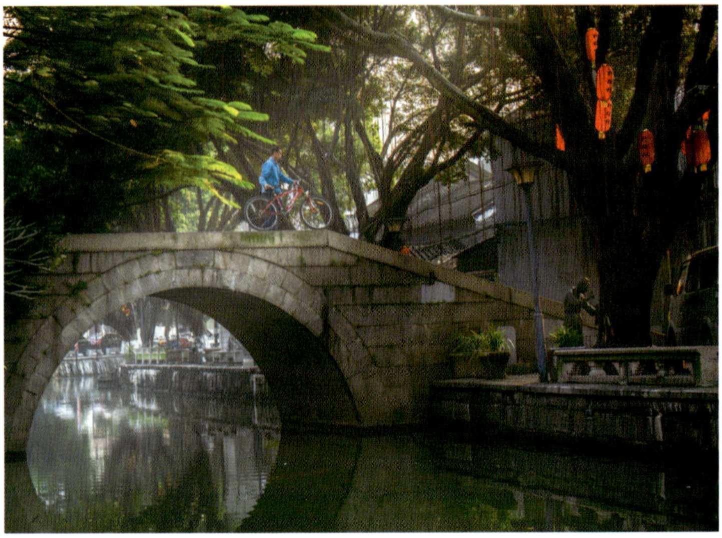

▶林头·大通桥（梁健勇摄于2017年）

◀龙涌·护龙桥（梁健勇摄于2017年）

◀西滘·进贤桥（梁健勇摄于2013年）

▶现龙·碉楼（摄于2016年）

行政机构、事业单位

▲中共北滘镇委员会、北滘镇政府（梁艺聪摄于2018年）

▲北滘镇经济和科技促进局（北滘镇人力资源和社会保障局）（梁艺聪摄于2018年）

▲北滘镇国土城建和水利局（梁艺聪摄于2018年）

▲顺德区环境运输和城市管理局北滘分局（综治维稳办公室、司法所）（梁艺聪摄于2018年）

▲顺德区市场安全监管局北滘分局（梁艺聪摄于2018年）

▲北滘行政服务中心（梁艺聪摄于2018年）

▲北滘派出所（梁艺聪摄于 2018 年）

▲北滘检察室（梁艺聪摄于 2018 年）

▲北滘人民法庭（梁艺聪摄于 2018 年）

▲北滘交警中队（梁艺聪摄于 2018 年）

▲北滘消防队（梁艺聪摄于 2018 年）

▲佛山市社会保险基金管理句顺德分局北滘办事处（梁艺聪摄于 2018 年）

▲北滘地税分局（摄于 2018 年）

▲北滘国税分局（梁艺聪摄于 2018 年）

▲顺北集团有限公司（梁艺聪摄于 2018 年）

▲北滘供电所（梁艺聪摄于 2018 年）

▲北滘自来水公司（摄于 2004 年）

▶中国邮政（梁艺聪摄于2018年）

▶中国电信（梁艺聪摄于2018年）

◀北滘镇广播电视站（梁艺聪摄于2018年）

村（社区）

▲北滘社区（梁健勇摄于 2014 年）

▲碧江社区（罗锦源摄于 2016 年）

◀槎涌社区（摄于 2019 年）

▶广教社区（摄于 2019 年）

▲林头社区（摄于 2019 年）

◀三洪奇社区（陈树涛摄于 2018 年）

◀顺江社区（卢健锡摄于 2019 年）

◀碧桂园社区（摄于 2019 年）

▲设计城社区（佛山日报供，摄于 2015 年）

▼君兰社区（梁健勇摄于 2017 年）

▲ 马龙村（摄于 2019 年）

▲ 高村（摄于 2019 年）

▲ 上僚村（摄于 2019 年）

▲ 桃村（摄于 2019 年）

▲ 西滘村（摄于 2019 年）

▲ 三桂村（摄于 2019 年）

▲水口村（杜炳锋摄于 2018 年）

▲莘村（摄于 2019 年）

▲ 西海村（摄于 2019 年）

▲ 黄龙村（梁健勇摄于 2017 年）

荣誉·国家

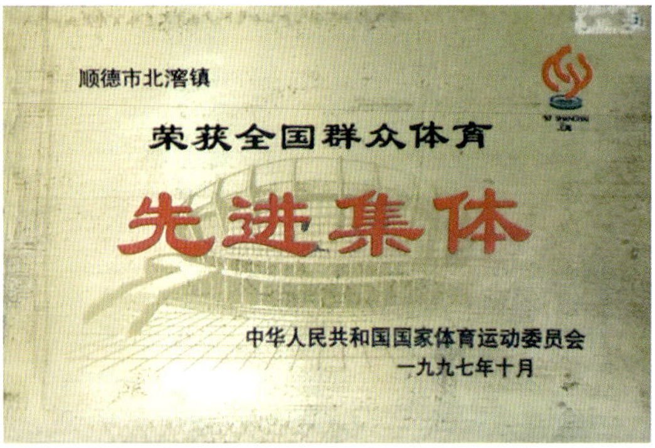
顺德市北滘镇
荣获全国群众体育
先进集体
中华人民共和国国家体育运动委员会
一九九七年十月

全国先进基层党组织
中共中央组织部
二〇〇一年七月一日

全国创建文明村镇工作
先进单位
中央精神文明建设指导委员会
一九九九年九月

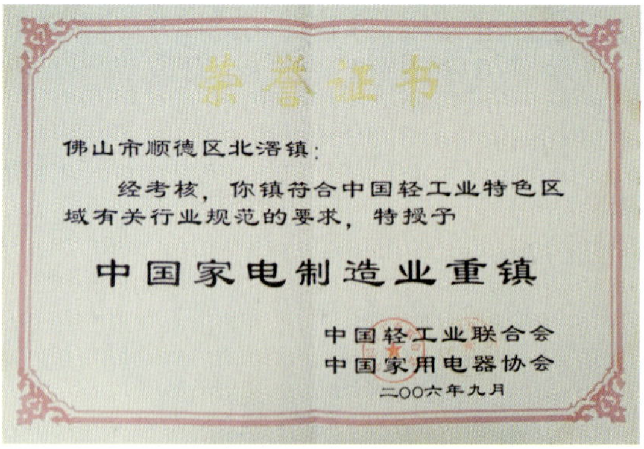
荣誉证书
佛山市顺德区北滘镇:
经考核，你镇符合中国轻工业特色区域有关行业规范的要求，特授予
中国家电制造业重镇
中国轻工业联合会
中国家用电器协会
二〇〇六年九月

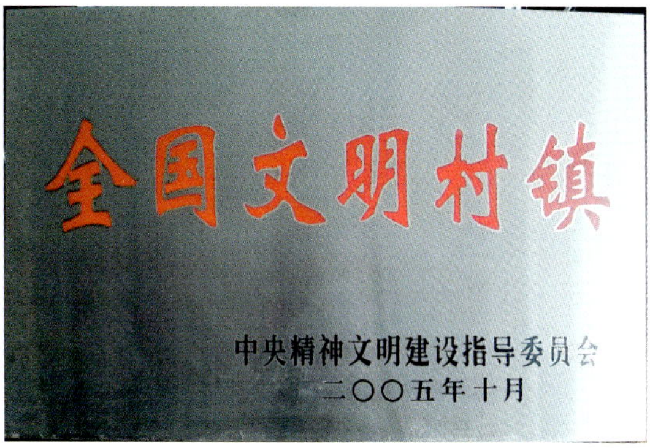
全国文明村镇
中央精神文明建设指导委员会
二〇〇五年十月

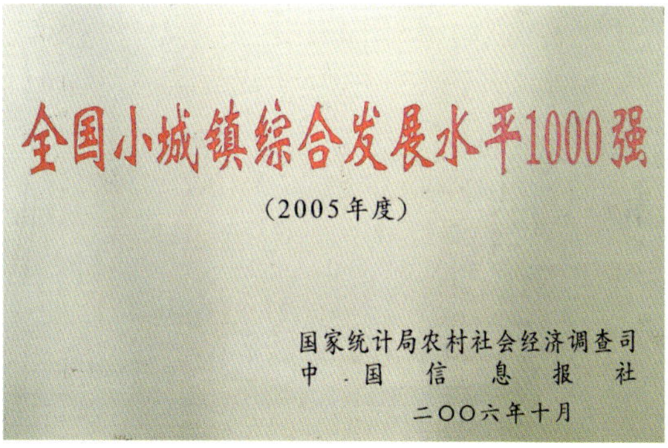
全国小城镇综合发展水平1000强
(2005年度)
国家统计局农村社会经济调查司
中国信息报社
二〇〇六年十月

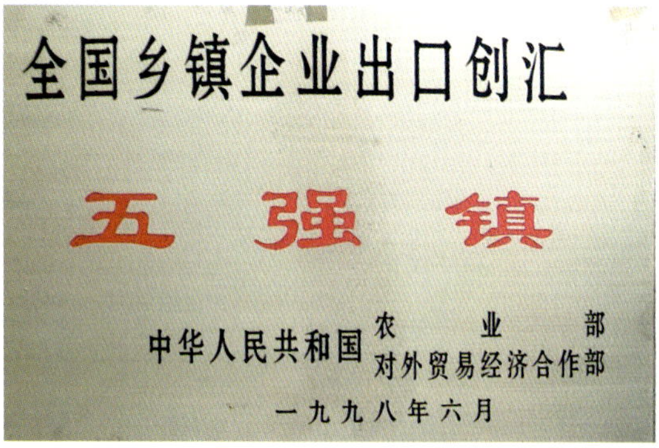
全国乡镇企业出口创汇
五强镇
中华人民共和国 农业部 对外贸易经济合作部
一九九八年六月

全国乡镇企业科技园区
CTE
中华人民共和国农业部

CIUDSRC
2010年中国城市化工业设计典范案例
广东顺德·北滘
中国国际城市化发展战略研究委员会
CHINA INTERNATIONAL URBANIZATION DEVELOPMENT STRATEGY RESEARCH COMMITTEE
二〇一〇年十二月

致：顺德区北滘镇人民政府
第十八届美的杯全球华人羽毛球锦标赛
最佳承办单位
全球华人羽毛球联合会
二〇一一年十一月

广东省佛山市北滘镇
国家卫生镇
全国爱国卫生运动委员会
二〇〇七年九月

广东省佛山市北滘镇
Beijiao Town of Foshan City, Guangdong Province
国家卫生镇
National Healthy Town
(2011－2014)
全国爱国卫生运动委员会
National Patriotic Health Campaign Committee

荣誉证书
广东省佛山市顺德区北滘镇
经考核，你镇符合中国轻工业特色区域有关行业规范的要求，特授予
中国家电制造业重镇
中国轻工业联合会
中国家用电器协会
二〇一一年九月

广东省佛山市北滘镇
国家卫生镇
(2016-2018)
全国爱国卫生运动委员会

国家级生态乡镇
中华人民共和国环境保护部

No:0486
广东省佛山市顺德区北滘镇
全国安全社区
（二〇一四年七月~二〇一九年七月）
国家安全生产监督管理总局
中国职业安全健康协会

荣誉·省

奖给 顺德市北滘镇人民政府
普及九年义务教育
扫除青壮年文盲
工作先进单位
广东省人民政府
一九九七年五月

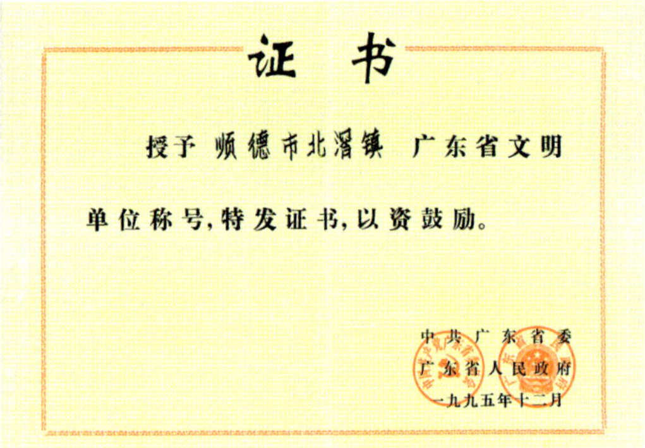
证 书
授予 顺德市北滘镇 广东省文明
单位称号，特发证书，以资鼓励。
中共广东省委
广东省人民政府
一九九五年十二月

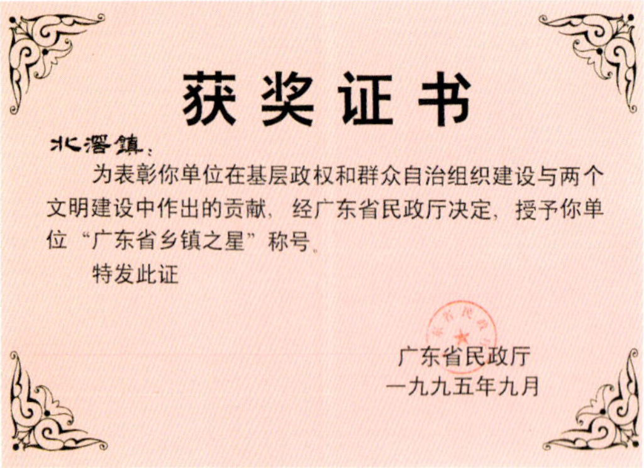
获奖证书
北滘镇：
为表彰你单位在基层政权和群众自治组织建设与两个文明建设中作出的贡献，经广东省民政厅决定，授予你单位“广东省乡镇之星”称号。
特发此证
广东省民政厅
一九九五年九月

无吸烟单位
广东省爱国卫生运动委员会
广 东 省 卫 生 厅
广东省控制吸烟协会
一九九七年五月

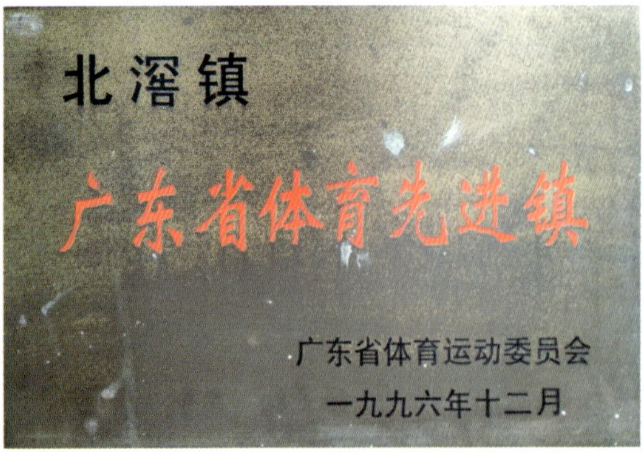
北滘镇
广东省体育先进镇
广东省体育运动委员会
一九九六年十二月

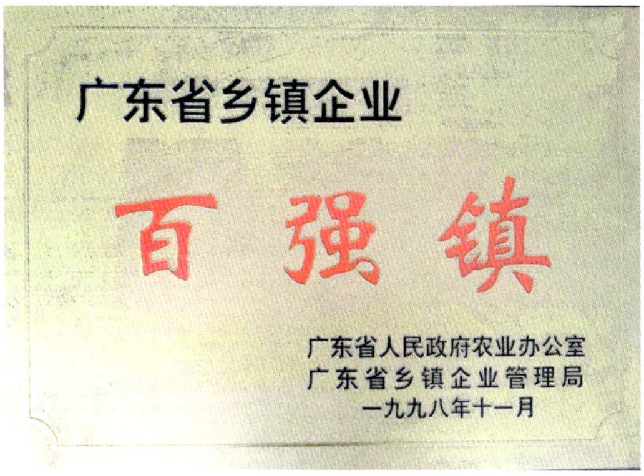
广东省乡镇企业
百强镇
广东省人民政府农业办公室
广东省乡镇企业管理局
一九九八年十一月

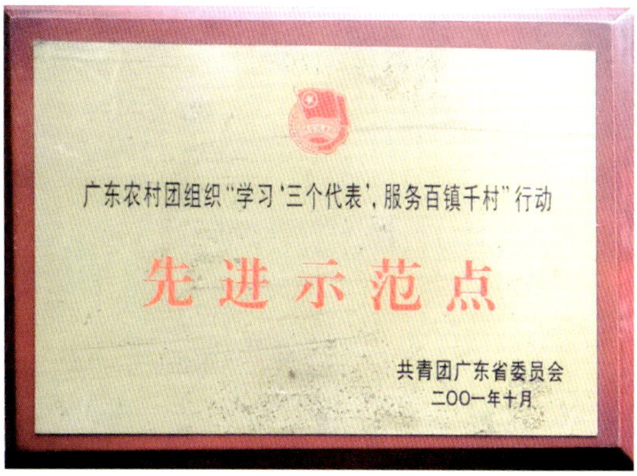
广东农村团组织"学习'三个代表',服务百镇千村"行动
先进示范点
共青团广东省委员会
二〇〇一年十月

授予 顺德市北滘镇党委
先进基层党组织
中共广东省委
二〇〇一年七月一日

授予顺德市北滘镇党委
模范乡镇党委
中共广东省委
2002年6月

2000年广东农村综合实力
经济强镇
广东省统计局信息中心
二〇〇一年十月

广东省财政系统
先进集体
广东省人事厅
广东省财政厅
二〇〇二年十二月

佛山市顺德区北滘镇
广东省第五届"体育节"活动
先进单位
广东省体育局
二〇〇四年十二月

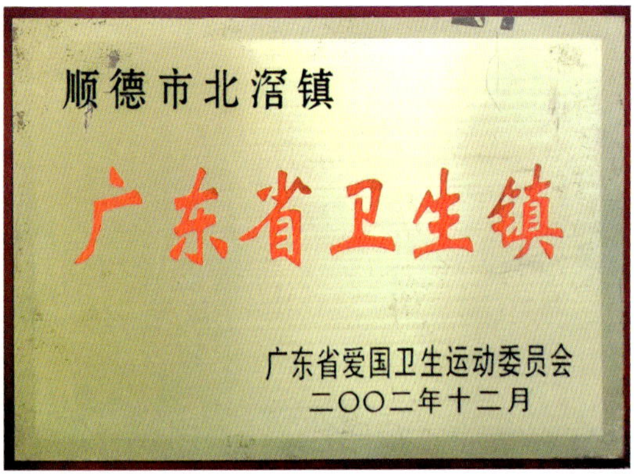
顺德市北滘镇
广东省卫生镇
广东省爱国卫生运动委员会
二〇〇二年十二月

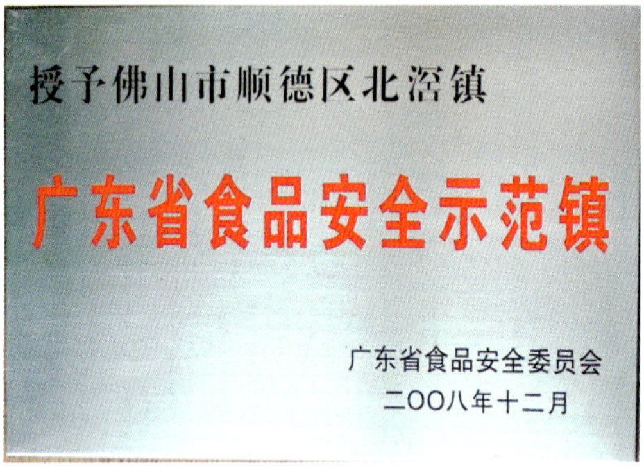
授予佛山市顺德区北滘镇
广东省食品安全示范镇
广东省食品安全委员会
二〇〇八年十二月

广东省基层人口和计划生育工作
先进集体
广东省人口和计划生育委员会
二〇〇四年四月

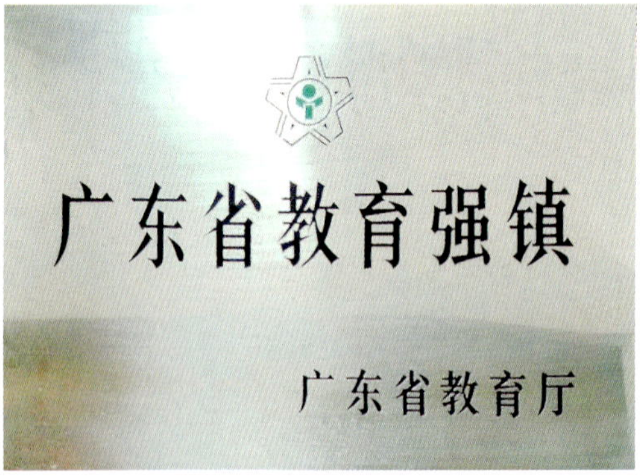
广东省教育强镇
广东省教育厅

广东省固本强基工程
省级示范点
中共广东省委组织部
中共广东省委基层办
2004年8月

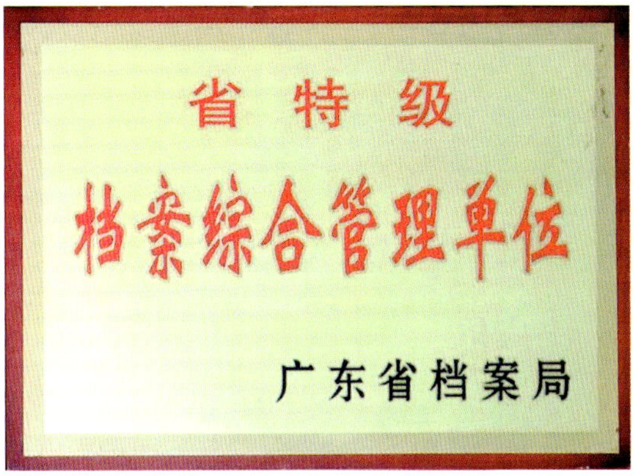
省特级
档案综合管理单位
广东省档案局

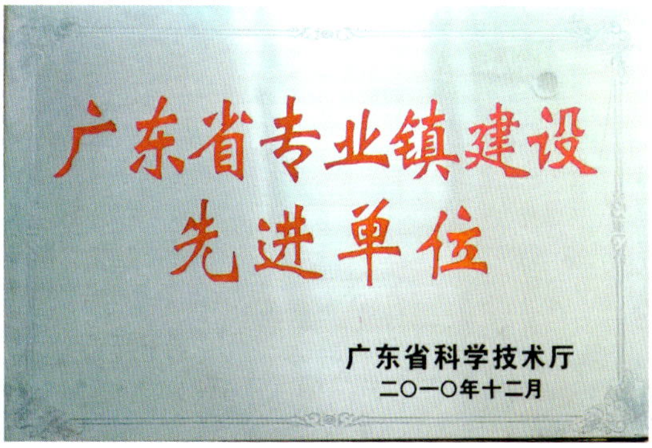
广东省专业镇建设
先进单位
广东省科学技术厅
二〇一〇年十二月

佛山·顺德·北滘镇
2009广东镇域经济综合发展力
广东十强
广东县域经济研究与发展促进会
中共广东省委党校省情研究中心
二〇一〇年十二月

2006－2009年度
广东省群众体育先进单位
广东省体育局
二〇一〇年七月

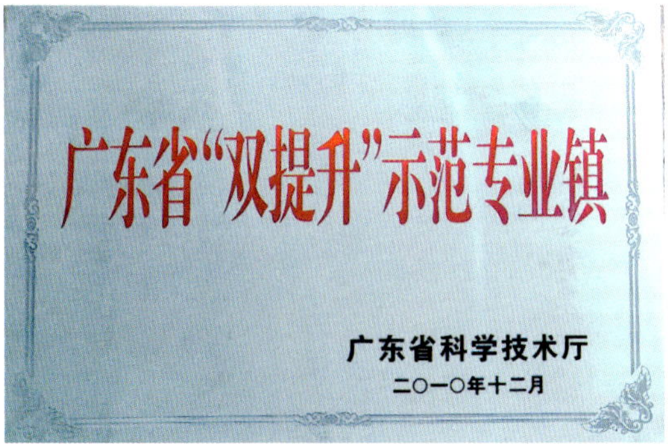
广东省"双提升"示范专业镇
广东省科学技术厅
二〇一〇年十二月

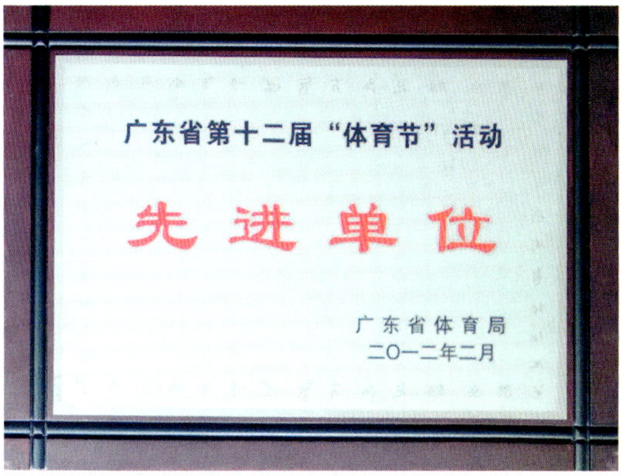
广东省第十二届"体育节"活动
先进单位
广东省体育局
二〇一二年二月

广东省农村劳动力转移就业
示范县
广东省人力资源和社会保障厅
2013年1月

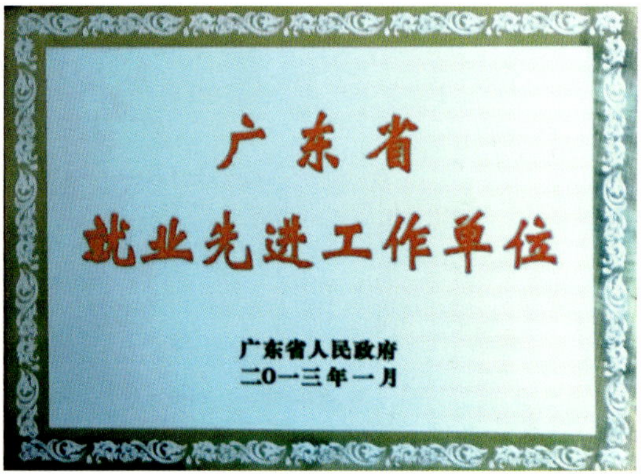
广东省
就业先进工作单位
广东省人民政府
二〇一三年一月

第七届省长杯工业设计大赛
The 7th Governor Cup Industrial Design Competition of Guangdong Province 2014
获奖证书
AWARD CERTIFICATE
获奖作品：广东工业设计公共服务平台建设项目
所获奖项：产业设计奖
获奖单位：佛山市顺德区北滘镇人民政府
December, 2014

广东省扶贫开发"规划到户、责任到人"工作
优秀单位
中共广东省委办公厅
广东省人民政府办公厅
2013年4月

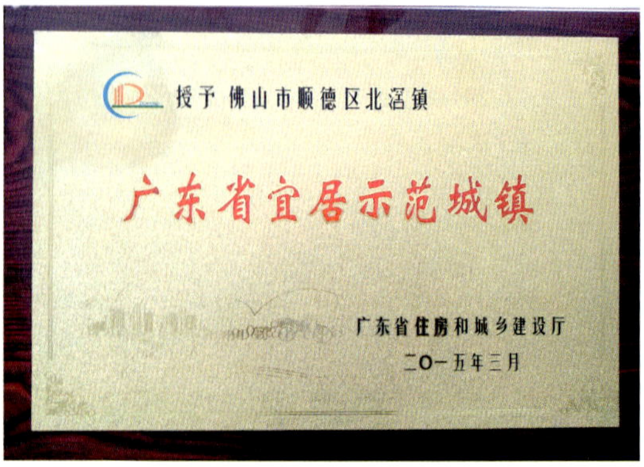
授予 佛山市顺德区北滘镇
广东省宜居示范城镇
广东省住房和城乡建设厅
二〇一五年三月

序一

盛世修志，志载盛世；北滘修志，问道过往，以启未来。

北滘一域，据史记载，有唐以来即有人类居住。建制六十载，改革四十年，各界人士，筚路蓝缕以启山林，终得今日成就。数十年来，由农向工，工业立镇，工商并举，魅力小城，智造北滘；滤去浮华，沉思于心；实干兴邦，敏捷于行；各方面都取得巨大进步；时处新时代，更以习近平新时代中国特色社会主义思想为指引，继续坚持改革开放，北滘综合实力不断增强，2018 年，名列全国综合实力千强镇第六位。

中共中央总书记、国家主席、中央军委主席习近平指出：要高度重视修史修志，不忘历史才能开辟未来，善于继承才能善于创新。北滘修志，正基于此。作为改革开放前沿阵地，秉承改革精神，众志成城拓展进取；当中，涌现了众多人物，值得记载，造就了诸多标杆，值得珍惜，探索了许多方式，值得铭念；修志而记之，既可借鉴于当今，又能流传于后世，于国于民，于己于人，皆为有益之事。

《佛山市顺德区北滘镇志》反映了各个时期、各个村（社区）、各个行业的经济发展和社会生活实情，记载了所属之地的气候、地貌、山川、矿产、动植物等分布情况，记述了北滘人民在建设家乡、发展经济、改善民生、追逐梦想的实践活动和智慧经验。

从本志书中，看到北滘社会经济从小到大、从大到强的整个历程；看到乡村面貌的变化，岭南文化的传承，教育医疗的改善，环境生态的优化，等等。

这里是顺德最早发展外向型经济、最早引入外资办厂的乡镇之一，诞生了中国第一家由乡镇企业发展成为上市公司——美的；如今，一镇之域已拥有美的、碧桂园两家“世界 500 强”企业，以及众多知名品牌和高新企业集群。如今的北滘，聚全球之智，齐四海之力，正在新征程上，为实现“中国梦”而不懈努力。

“治天下者以史为鉴，治郡国者以志为鉴”。历史可以借鉴，但再辉煌的历史也只属于过往；在新时代，北滘必须坚守改革开放初心，集聚各方之才，用尽创新之力，以拓展更具魅力的前景。

编纂《佛山市顺德区北滘镇志》，在于明白历史，着眼将来，以彰先贤，以励来者，是为修志之愿。

中共顺德区委常委、顺德区常务副区长

2019年10月

序二

《佛山市顺德区北滘镇志》的编修出版，是北滘历史上的一件大事。

本镇志面世之时，恰逢粤港澳大湾区规划建设扬帆起航，顺德率先建设广东省高质量发展体制机制改革创新实验区之际，作为粤港澳大湾区的腹地之一，北滘的发展正迎来新的际遇，假以时日，她必将建成广东省高质量发展的标杆。这个地方的伟大实践值得记录，她悠久、深厚的历史也应该铭记。

北滘镇自建制至今，尤其是改革开放以来，秉承“合作担当、务实创新”的精神，在文化传承中实现了跨越式的创新发展。编撰镇志，是试图还原北滘的基本历史，以史为鉴，察古知今。北滘有深厚的文化底蕴，自唐宋开村，已越千年。贤才志士聚集于此，求知、奋斗、建功立业，普通村民在此安居乐业、生生不息，此书皆有记述；碧江人文荟萃，桃村能工巧匠，西滘搭棚名世，林头水墨有声，西海英烈壮怀，凡此风俗、史事，书中也尽力细数。一册在手，北滘的历史脉络和精神风华，大致就有了一个清晰的轮廓。

新时代的北滘，社会经济有了更大的发展，她脚踏实地、开拓进取的改革精神也凝成了新的篇章，并预示出了她未来的发展方向。北滘有敢于创新之基因，善于创新之传统。近几十年来，以何享健、杨国强为代表的北滘企业家，为北滘人艰苦创业的风范、开放包容的胸襟、创新驱动的先觉又注入了新的精神内涵。这些企业的成长、成熟、成功，这些企业家的示范与引领作用，既是北滘优良创业环境的佐证，又是北滘精神在当代的有力诠释。这样的创业精神还在传扬，创业先锋还在茁壮成长，改革越向纵深发展，北滘企业家就越有优势；在新时代里不断绽放的激情、干劲、创新举措，还将为北滘带来新一轮的高质量发展。时不待我，只要初心不改，奋力开拓，持续创新，坚忍前行，北滘就还会攀上新的高峰，还会为中华民族的伟大复兴创造新的实践经验。

北滘建制六十周年取得了巨大成就，这些成就，成为许多北滘故事广为流传，为世瞩目。而在新中国成立70周年，亦是我国全面建成小康社会的关键之年，北滘在站稳新起点、追求新超越的征程中，将夯实实体经济发展根基，破解高质量发展瓶颈，构建现代化国际化营商环境和创新生态体系，努力成为粤港澳大湾区智能制造的领军者。

这个时候，《佛山市顺德区北滘镇志》的编纂和出版，既梳理、铭刻北滘的过去和现在，也见证北滘将如何开创一个灿烂的未来。

修志为用，一可知史明志，二为以史励人，三则以史资政。作为一项全面、系统、繁重、专业的工作，编撰者不惧辛劳，殚精竭虑，搜集资料，检索文献，整理图片，走访各处，求证多人，历时数载，终成这一大业。修史者理应为史所记，也应为我们这些后来的受益者所感念。

国有史、方有志、家有谱，这是中华传统文化的三大支柱。《佛山市顺德区北滘镇志》，记录了北滘的发展历程，承载了北滘的集体记忆，奠定了北滘的文脉基石，开创了北滘的有志时代。

做一件大事，最难的就是起头，故在《佛山市顺德区北滘镇志》出版之际，特别要感谢那些先行一步的修纂人员。我作为编撰这部镇志的知情人与见证者，看到了他们所付出的各种努力和汗水，在向他们献上一份我真诚的敬意的同时，也希望他们的名字和“北滘”一起流芳于世。

是为序。

中共顺德区委常委 周旭

2019 年 10 月

凡例

一、本志以马列主义、毛泽东思想、邓小平理论、“三个代表”重要思想、科学发展观和习近平新时代中国特色社会主义思想为指导，坚持辩证唯物主义和历史唯物主义，遵循实事求是的原则，全面系统记载北滘镇自然、经济、政治、文化和社会的历史与现状。

二、本志统合古今，详今略古，立足当代，突出重点。上限追溯事物的发端，下限至2017年，重点记述北滘1959年建制至2017年情况。人物、图片以及个别特殊事物的记述延伸至2019年。记述区域范围以2017年北滘镇行政区域为准，其地域变革与称谓以历史时期为准。

三、本志采用述、记、志、图、表、录等体裁，以志为主。文体采用语体文，记述体，据事直书。全志设总述。专志设24篇，分篇、章、节、目，各分志横排门类，纵述史实，部分篇、章按记述需要设无题小序。大事记以编年体为主，辅以纪事本末体。

四、机构、会议、文件、职衔等，一般采用全称，名称较长且重复出现者，首次出现时用全称，括注下文所用简称。志中凡简称“党”均指中国共产党；1992—2002年，凡称市委、市政府，均指中共顺德市委、顺德市人民政府，其余年份则指中共佛山市委、佛山市人民政府；凡称区（县）委、区（县）政府，均指中共顺德区（县）委、顺德区（县）人民政府；凡称省委、省政府，均指中国共产党广东省委员会、广东省人民政府；凡称镇（公社）党委均指中国共产党北滘镇（公社）委员会；“全镇”“境内”泛指北滘镇域。

五、人物篇用传、略、表等形式记述。传：收录对北滘社会历史有重大影响的人物，生不立传，籍属不论，按生年排序；略：收录对北滘社会有重要影响或有一定知名度的人物，按生年排序；表：收录革命烈士、英模人物、科技专才、荣誉市民等。

六、本志的文字、标点、数字、计量单位等均按国家所制定的规范书写。土地面积单位用“公顷”，但考虑社会实情、习惯及部分历史资料，农作物单位面积有的地方保留“亩”，个别地方保留市担、市斤、市两和丈、尺等计量单位。

七、历史纪年：辛亥革命前用朝代年号，以汉字书写，括注公元纪年；民国纪年用阿拉伯数字书写，括注公元纪年，或直接用公元纪年；中华人民共和国成立后用公元纪年。

八、本志数据以市、区、镇统计部门资料为准，统计部门缺乏的，则采用有关部门的数据。小数点后数字采用四舍五入的方法，一般保留两位数字。

九、本志资料来源于档案、报刊、史志、文献、口述、实地调查，以及各单位提供素材，经考订入志，一般不注明出处。

目　录

第四篇　经济综合管理

第五篇　农业

第六篇　工业

第七篇　商业

第八篇　外贸经济

第九篇 基础设施与城乡建设

第十篇 建筑与房地产业

第十一篇 金融、保险

第十二篇 邮政、电信、信息

第十三篇 政治

第十四篇 政法和国防建设

第十五篇 民政

第十六篇 人力资源与社会保障

第十七篇　教育

第十八篇　科学技术

第十九篇　文化

第二十篇　卫生

第二十一篇　体育

第二十二篇　侨务、港澳台事务

第二十三篇　社会生活

第二十四篇　人物

综述

北滘镇，位于佛山市顺德区北部，为珠江冲积平原，总面积92平方千米，境内江河纵横交错，古称为“百滘”，土地肥沃，气候温和。据碧江象岗和蟹岗考古挖掘的文物表明，西汉时期已有居民进行渔（农）耕作。据史书记载，从唐代起，先人陆续在这块土地定居生活。五代时期，北滘简岸是咸宁县治。到明代，形成碧江、林头、桃村、都宁、莘村等一批村落。

早在宋代，北滘祖先就开始塞垫为塘，叠土成基，逐渐形成举世闻名的“桑（果）基鱼塘”生态农业。明末清初，开始家庭和作坊式的手工业，林头刺绣艳丽精美，碧江纸类洁净轻盈。到民国初年，形成缫丝、刺绣、造纸、粮食加工、搭棚等产业。农业和手工业生产的发展，带来商业的繁荣，圩市集市贸易十分兴旺。同时，教育文化随之发展，社学在明初兴起，家塾遍布圩村，涌现出苏葵、梁有誉、甘学、苏珥、郑际泰、李晚芳、简朝亮等一批教育文化大家。珠江三角洲有“顺德祠堂南海庙”之说，而北滘祠堂构筑宏丽，驰名远近。至2017年，保留下来的祠堂还有112座，遍布于广大乡村之中。北滘人民不但以刻苦耐劳著称，而且富有革命斗争精神。1924年，在中共顺德支部领导下，兴起轰轰烈烈的农民运动和工人运动。抗日战争时期，北滘是珠江三角洲最早建立中共抗日武装的地区，南（海）番（禺）中（山）顺（德）中心县委设在西海乡。1941年10月，在西海一举击溃伪军的进攻，创下华南抗战史上以少胜多的出色战例。

1959年5月，北滘公社成立后，中共北滘公社党委始终将发展农业生产、改善人民生活摆在重要位置，运用集体的力量，兴修堤围，建设电动排灌站，大搞农田基本建设，建起一批农业生产基地。1971年后，积极推进社队企业发展。1978年，全公社工农业生产总值比1962年增长58.25%，达3833万元，在社会主义革命和建设中取得较大成就，为改革开放后北滘社会主义现代化建设奠定了基础。

1978年12月，具有重大历史意义的中共十一届三中全会胜利召开后，中共北滘镇（公社）党委、镇人民政府认真贯彻落实全会精神，团结带领全镇人民，大胆探索，迎难而上，开拓进取，以经济建设为中心，发挥毗邻港澳、华侨众多、商品经济比较发达的优势，在改革开放中先行一步。在80年代初，调整农业生产结构，推行以“包产到户”为主的家庭联产承包责任制。1983年，形成经济建设“三个为主”（即产业结构要以工业为主、工业发展要以骨干企业为主、经济发展要以集体经营为主）的发展思路。1984年，确立“工业立镇”的战略思想。1985年，经济逐步转到以外向型为主的轨道上来。1993年下半年后，根据中共顺德市委、市人民政府关于转换企业经营机制的决策，全面推进企业产权制度改革，逐步建立起社会主义市场经济新体制。进入2000年后，在全面建设小康社会进程中推进实践创新，全面协调经济快速增长，加快城乡基础设施建设，推进教育、文化、卫生等社会各项事业蓬勃发展，成为全省乃至全国经济最发达的城镇之一。2018年位列全国综合实力千强镇第六位。北滘大地发生了翻天覆地的变化，取得了辉煌的成就。

——经济总量不断增加，不断解放和发展社会生产力。1978年北滘工农业生产总值3833万元，至2017年生产总值达到559亿元，规模以上工业产值2381亿元，外贸出口总值从1984年的830万元增加到769亿元，税收（含国税和地税）114.2亿元。20世纪80年代初，北滘工业从家用电扇发端，到20世纪末，成为中国最具规模的空调器、电饭煲、微波炉、电风扇、饮水机生产基地之一，涌现了美的集团、新的集团、惠而浦、蚬华电器、威灵电机、蚬华多媒体、祥立电器等大型企业，拥有全球规模最大、最齐全的白色家电全产业链和小家电产品集群，涌现出何享健、区鉴泉、杨国强、梁启棠等一批优秀民营企业家。2000年后，北滘从制造向智造方向迈进，成功引入机器人、无人机等创新技术，全镇控股上市企业13家、新三板挂牌企业5家。农业形成以水产、花卉种植为主体的"三高"（高质、高产、高经济效益）产业。商业随着工业飞速发展而更加繁荣，连锁经营得到较快发展，各大电器品牌在全国各地设有众多的专卖店、连锁店，形成遍布全国的销售网络。

——科技创新能力不断增强。1987年，北滘镇被国家科技部定为"国家级星火技术密集区"，美的集团组建起国内家电行业一流产品开发设计研究所。2004年后，先后被定为"广东省专业镇技术创新点"和"广东省火炬计划顺德金属材料特色产业基地"，建成美的全球创新中心、广东工业设计城、智能制造创新产业园等高端研发机构，博士后工作站4个。至2017年，全镇高新技术企业有151家，申请专利13186件，科技对经济的贡献率达到72%，拥有国家、省名牌商品，著名商标共42项。

——基础设施超前发展，城乡一体化建设程度不断提高。20世纪80年代，北滘按二级公路标准改造主干道，兴建三洪奇大桥。90年代，兴起筑路修桥热潮。至2000年，形成"三纵两横"交通格局，公路密度达1.4千米/平方千米，公路渡口全部建起桥梁，结束人和车辆过江待渡的历史。90年代实现村村通公路，并建起顺德重要的内河港口——北滘港。2000年，进入以高速、高铁为标志的"两高"交通时代，全镇道路长达170.51千米。经过四十年的建设，建起三洪奇、上僚、灰口等一批现代化枢纽工程，二联围北滘段和群力围均达到防御五十年一遇洪水标准。电力、通信、供水等基本设施建设超前发展，为经济建设和人民生活创造良好环境和条件。城镇化发展达到较高水平，坚持以人为本的城镇化基本理念，加强城镇体系规划，形成层次分明的中心镇区，推进和谐社区和社会主义新农村、区域绿地、治污保洁等工程的建设，统筹城乡发展，推进城市化建设。

——教育、文化、卫生等各项社会事业大发展。改革开放四十年来，中共北滘镇委、镇人民政府在发展经济的同时，始终坚持两个文明建设一起抓，使北滘教育、文化、卫生等各项社会事业得到了较快发展。1985年，小学入学率达到99%，幼儿入园率达到98.4%，1988年普及九年义务教育，2000年普及高中教育，2001年被命名为广东省首批“教育强镇”。北滘文化源远流长。改革开放后，北滘大规模整修明清遗存下来的祠堂，兴建影剧院、镇文化站、村文化室、文化广场和公园等一批文化设施，龙舟、粤剧、舞狮等民间传统文化得到传承和发扬。2000年，全镇有计划地开展群众性的文化体育活动，形成了以碧江、林头、桃村为重点的文化旅游中心，是顺德文化活动最活跃的地区之一。加强城乡公共卫生体系建设，发展新型农村合作医疗，全镇社区（村）医疗网点，覆盖率达到100%，全面实现“人人享有卫生保健”的目标。2007年，被评为“国家卫生镇”。

——改善民生，使人民生活达到富裕小康水平。2017年，北滘职工人均收入60693元，农村人均收入18843元。2001年，人均居住面积32.38平方米。2011年，实施“安居”工程，改善中低收入家庭住房。2017年，基本实现居者有其屋。城乡居民储蓄存款余额272.4亿元。20世纪90年代，居民住户基本用上电视机、洗衣机、空调器、沐浴热水器等家用电器。2006年，逐步普及汽车，北滘城乡居民基本过上富裕小康生活。

自北滘设置六十年以来，特别是改革开放四十年的历史，充分显示了中国特色社会主义理论指引的威力。四十年间，北滘人民坚持解放思想、实事求是的思想路线，把中共中央、省委、市委和顺德党委的决策同北滘实际相结合，创造性开展工作；立足社会主义初级阶段的实际；坚持以经济建设为中心，聚精会神搞建设；坚持市场取向改革，逐步发展社会主义市场经济；发挥地方独特优势，拓展对外开放的深度和广度；坚持依靠科技进步，提高自主创新能力，走科学发展之路；坚持以人民为中心，注重民生，不断实现人民对美好生活的向往，构建社会主义和谐社会；把社会主义文化建设作为社会主义现代化建设的重要组成部分；加强社会主义民主政治和法治建设，保障人民群众依法行使民主选举、民主决策、民主管理、民主监督的权利；注重加强中共各级组织建设，提高各级党政领导班子依法行政的能力，保持党组织的先进性。

北滘改革开放四十年的实践，充分表明：改革开放是中国共产党领导人民大踏步赶上时代的重要法宝，是实现中华民族伟大复兴的关键。北滘改革开放的伟大成就，引起中共中央的高度关注。江泽民、胡锦涛、习近平先后三任中共中央总书记均亲临北滘视察，极大鼓舞了北滘人民。

2017年，中共十九大召开后，中共北滘镇委、镇人民政府牢牢把握新时代改革开放着力点和突破口，以智造“国家特色小镇”为战略指引，加快实体经济、科技创新、现代金融等现代化产业体系的协同发展；高品质抓好环境改善，高水平提升城市管理，全力构建城乡协同发展新格局；营造有温度与亲和力的社会氛围，进一步发展教育、卫生事业，提升文化软实力，全力增进民生福祉，让全体人民过上幸福美好生活。

北滘人民正继续把握历史发展大势，抓住历史变革时机，奋发有为，锐意进取，在新时代继续把改革开放和经济建设推向前进。

大事记

1959 年

5 月 26 日　中共顺德县北滘人民公社第一次代表大会召开，宣布北滘人民公社成立。

6 月 29—30 日　北滘公社召开干部会议，部署下半年工作，号召全体干部党员，带领群众，克服洪水灾害带来的困难，尽快恢复生产。并根据县委的指示，对 1958 年所实行的人民公社管理体制作出相应调整。

8 月 27 日　根据中共佛山地委和县委的统一部署，北滘公社党委召开会议，研究开展反对“右倾机会主义”斗争。

10 月 10—15 日　北滘公社召开三级干部会议，进一步开展“反右倾，保卫人民公社”大辩论。至 11 月底，排查有“右倾”情绪三、四类干部 98 人，伤害了一批基层干部。

1960 年

1 月　北滘公社党委号召再次掀起“大跃进”高潮，在全公社部署大力发展养殖业，建“万头养猪场”。

4 月　全公社农村开展“反对官僚主义、反对形式主义和反对铺张浪费”为主要内容的“三反”运动，公社党委成立“三反”运动核心小组。运动中交代有贪污行为的有 185 人。

6 月下旬　中共佛山地委书记杨德元率领全专区各县、市代表参观北滘公社“万头养猪场”。

7 月 20 日　顺德第一条 35 千伏线路广州至北滘段、北滘至大良段和北滘变电站建成验收运行，北滘公社部分农村开始通电。

7 月　全公社对生产大队、生产队经营管理和分配制度实行调整，推行“包产量、包上调任务、包工、包成本、超产受奖”的“四包一奖”分配政策。

年底　建成三洪奇、林广、西海电力排灌站。

1961 年

1 月　北滘公社对上调的农副产品，实行奖励粮食政策，恢复经济作物生产。

4 月　北滘公社作为县第二批单位，开展整风整社运动，纠正人民公社化以来所出现的“浮夸风”和“共产风”，拨出专款，赔退“共产风”中平调生产队和社员的财物。运动于6月底结束。

5月中旬　在全公社范围学习贯彻中共中央《关于农村人民公社工作条例》（简称“农业六十条”）。

6月　北滘改设为区，下设北滘、碧江、莘村、西海4个人民公社，辖39个生产大队，实行公社、生产大队、生产队三级所有制；生产大队实行独立核算、自负盈亏。统一分配，对生产队一级的土地、劳动力、农具、耕畜实行“四固定”。全面取消供给制，恢复口粮到户。

10月中旬　公社党委开始复查1959年“反右倾”斗争的案件，为被错误批斗和处理的15名党员和干部平反。平反工作至翌年1月结束。

1962年

1月　北滘区党委贯彻中共佛山地委、专署关于全面发展农业生产的相关政策，扩大粮食农用地面积，鼓励农民私人养猪，实行公养私养并举的方针，奖励农民积肥交肥。

2月　贯彻中共中央《关于改变农村人民公社基本核算单位问题的指示》，北滘区农村全面实行以生产队为基本核算单位。恢复社员自留地和开放农贸市场。

4月　对1958年至1961年受到错误批斗和处理的工人、农民、学生案件进行全面清理平反，并召开群众大会宣布。

7月2—3日　南顺第二联围乐从上华堤段、群力围林头桥至都宁西闸堤围相继被洪水冲决，全公社农田基本受浸，水深1米以上。

8月23—26日　北滘召开四级（生产队、生产大队、公社、区）干部会议，分析上半年工作情况，安排下半年工作，提出要努力搞好生产队经营。

10月29日—11月2日　北滘召开生产队以上干部积极分子会议，贯彻中共八届十中全会精神，开展社会主义教育，错误批评“单干、包产”和“弃农就商”。

11月23日　该日起至翌年6月12日，北滘遭遇大旱灾，210日没有下过一场大雨。

11月下旬　发动农民上万人，全面修复加厚被洪水冲崩的堤围，完成土方40万立方米。

1963年

1月　撤销北滘区建制，北滘、碧江、莘村、西海4个公社归并为北滘人民公社，下辖17个生产大队，67个自然村。

2月　全公社开展大规模抗旱行动，兴修排灌系统，至年底，建成电动排灌站5座，涵闸32个。

3月　全公社掀起科学种田热潮，推广“南特选”“珍珠矮选”“广场矮选”“粤糖423”等水稻、甘蔗良种，及小株密植、尼龙薄膜育秧等技术。

4月　共青团公社团委号召全公社青年向雷锋学习，努力钻研生产技术，做社会主义新农村新农民。

5月10—13日　公社党委举办三级干部阶级斗争理论学习班，开展社会主义教育。按照“农业六十条”规定，系统清理公私关系，打击投机倒把，反对弃农就商。

8月初　贯彻县委关于恢复和发展经济作物生产的决定，调整产业结构，恢复塘鱼、甘蔗生产。

8月中下旬　公社党委分别举办干部训练班，贯彻阶级路线，明确发展生产，巩固集体经济的方针政策，采取“洗手洗脚”“全面放包袱”的方法，引导督促干部“自我革命”，为全面开展社会主义教育运动作准备。

11月　公社党委作出机关干部和生产大队干部参加集体生产劳动的决定，明确15名公社党委委员蹲点单位。

12月　据统计，全年水稻大幅度增产，大旱之年，农业丰收，社员集体分配收入大幅增加。

1964年

1月4—13日　公社党委召开三级干部（扩大）会议，号召开展“比、学、赶、超”运动，把备耕生产组织起来；在全民掀起学习毛泽东著作高潮。

3月1—7日　公社党委召开三级干部会议，部署开展“学圣狮赶圣狮”运动。

3月17日　林头大队下涌村发生火灾，南村社员梁倩芳（女）在扑救中英勇负伤。同月21日，县委发出通知，号召党员群众学习梁倩芳舍己为民、英勇救火的精神。4月1日，中共广东省委领导前往医院探望慰问梁倩芳。

4月　公社有线广播站开始播音。

5月　以生产大队为单位，向全体干部、社员宣讲中共中央《关于目前农村工作中若干问题的决案（草案）》（简称“前十条”）和《关于农村社会主义教育运动中一些具体政策的规定（草案）》（简称“后十条”），推动社会主义教育深入开展。

6月22日　开展第二次人口普查，至7月22日结束，全公社总人口51044人，其中男24841人、女26203人。

9月1—5日　公社党委召开公社三级干部会议，要求迅速掀起学习毛泽东著作的新高潮，把学习毛泽东著作摆在第一位，迎接县学习毛泽东著作先进代表会议的召开。会后，全公社形成全民学习毛泽东著作高潮。

10月29日—11月12日　北滘公社召开三级干部和贫下中农代表会议，贯彻县委关于建设社会主义新农村的指示，明确北滘农业今后发展目标，解决大小队干部“经济不清”的问题。

1965年

2月　全公社传达中共中央《农村社会主义教育运动中目前提出的一些问题》的文件（简称“二十三条”），为即将开展社会主义教育运动（又称“四清”运动）作准备。

3月底　贯彻中共佛山地委召开地、县、公社三级干部现场会议精神，在公社掀起学大寨、全力组织农工业生产新高潮。

6月13—14日　公社党委召开党员大会，动员全体党员着眼于明年，认真落实晚造的增产措施。

6月　积极开展社会主义文化工作，各大队普遍成立文化室，公社发展幻灯队，组织文艺团体下乡，组织青年农民大唱“革命歌曲”。

8月底　北滘公社正式开始社会主义教育运动（又称“四清运动”，“四清”即清思想、清政治、清经济、清组织）。

9月　开始发展耕读小学，普及小学教育。

10月　开展计划生育工作，提倡晚婚晚育、一对夫妇终身只生两个孩子。

11月1日　“四清”运动转入经济退赔及定案阶段，一批干部受到错误处分。

11月30日—12月6日　举办全公社建党积极分子训练班，336人参加。

12月　在大队建立、健全农机服务站。

1966年

2月　组织公社机关干部下队蹲点，掀起春耕生产高潮。

是月　“四清”运动转入干部、党员登记处理阶段。公社7名主要领导调离岗位。

4月7—12日　举办共青团干部训练班，学习中共党史，忆苦思甜，树立革命人生观，增强为人民服务的思想。有171人参加，大部分为新选拔的团干部。

8月24日　北滘中学学生组建“红卫兵”组织，开展所谓的破“四旧”（旧思想、旧文化、旧风俗、旧习惯）运动，摧毁一大批文物、古迹和寺庙、祠堂等古建筑。

8月下旬　在“四清工作分团”策动下，将公社主要领导作为“走资本主义当权派”批斗。

9月　根据中共佛山地委指示，顺德县农村“四清”运动结束，“四清”工作队撤出北滘公社。

是月　全公社掀起学习“老三篇”（即毛泽东著作《为人民服务》《纪念白求恩》《愚公移山》）高潮，动员农民开展所谓的“破私立公”行动，把家庭生产的农副产品卖给供销社。农贸圩市由十日三圩改为五至七天一圩。

11月　北滘公社制订秋收分配方案，重申要继续贯彻中共中央“农业六十条”文件精神。

是月　成立公社贫下中农协会。

12月11日　公社公布《1967年生产规划（草案）》，强调要贯彻“抓革命、促生产”的方针。

是年　北滘公社制订建设社会主义新北滘五年规划和《1966—1970年农业生产规划（草案）》。

1967 年

1 月下旬　北滘“造反派”组建“北滘革命造反联合委员会”，开展所谓的“夺权革命”，接管公社党委、公社管理委员会的一切权力。各级党政组织陷入瘫痪状态。

2 月　公社党委书记叶胜军贴出题为《自己解放自己》的大字报，呼吁各级领导要站出来，带领群众，搞好春耕生产。

3 月　北滘公社成立“抓革命、促生产三结合委员会”。

4 月　根据佛山地区军事管制委员会有关文件精神，积极做好民兵工作。

6 月　公社“抓革命、促生产三结合委员会”召开会议，部署“双夏”（夏收夏种）工作，及时收割早稻，做好晚造播种工作。

10 月下旬　召开各生产大队、生产队和民兵、贫下中农协会领导会议，部署秋收、秋种、秋耕工作。

10 月　贯彻中共中央、国务院、中央军委、中央文革《关于大、中、小学校复课闹革命的通知》，北滘中、小学校全面复课，恢复正常教学秩序。

11 月底　公社成立专门领导班子，开展农业学大寨运动。

12 月　秋收结束，据统计稻谷（晚造）亩产 305.5 公斤，总产 12141.3 吨，农副产品均有不同程度增长，农业生产保持发展的势头。

1968 年

2 月 25 日　北滘公社革命委员会成立。

6 月　全公社大张旗鼓开展“三忠于”（忠于毛主席、忠于毛泽东思想、忠于毛主席的革命路线）活动，在街头、墙边、室内外公共场所都画上毛泽东的画像或写上毛泽东语录，形成“红色海洋”。

8 月　组织工人、贫下中农毛泽东思想宣传队进驻学校、医院和财贸单位。9 月中下旬，根据县革命委员会指示，工人、贫下中农宣传队在学校长期留下去，参加学校中全部“斗、批、改”运动。

10 月 17—19 日　北滘公社革命委员会召开扩大会议，贯彻“以粮为纲，多种经营，全面发展”的方针，组织 1969 年生产新高潮，把粮食生产搞上去，做好农副产品的采购工作。

10 月下旬　开始安置城镇知识青年和社会青年到农村落户务农，至 1969 年共安置 200 多人。

11 月　“广游二支队”老战士陈九被诬陷为“假党员政治骗子”，西海抗日根据地被指控为“地方主义老巢”。

是年　在农村推行合作医疗制度，部分大队和生产队开始发展工业企业。北滘圩办起 1 间塑料瓶盖厂（20 世纪 90 年代发展为美的集团）。

1969 年

1 月　公社革命委员会以三洪奇大队为试点，以“斗、批、改”为中心，恢复农业生产发展和社会正常秩序。

2月　贯彻县“抓革命、促生产”会议精神，在低温阴雨恶劣天气下，全公社积极开展春耕工作。

3月11日　佛山专区革命委员会在三洪奇大队召开农村斗批改现场会议。

3月底　北滘公社清理阶级队伍运动结束。

7月21—25日　县革命委员会在三桂大队召开全县“农业学大寨”现场会议。

9月12—19日　中共北滘第三届代表大会召开。

9月14日　公社革命委员会制订《1970—1972年农业生产发展规划草案》。

12月3—5日　公社党委召开第二次扩大会议，部署1970年工作。

1970年

1月18日　顺德县革委会批复同意碧江大队分设为碧中、彰义、坤洲、都宁四个大队。

1月22日　北滘公社制订《1970年革命生产大跃进规划》，加强粮食生产，建立支农经济体系，发展农业机械和交通运输网。

8月　在县统一部署下，北滘公社一批民工参与疏浚潭洲水道工程。

10月中旬　开展整党建党工作，至1971年3月结束。

11月10日　制订《北滘公社学大寨规划》。

11月　大面积冬种小麦，种植6983亩，试行“一年三熟”耕作制度。

1971年

1月17日　北滘公社党委召开扩大会议，提出组织更大跃进，掀起学先进、赶先进的热潮，促进农业生产进一步深入发展。

2月21—25日　北滘公社召开三级干部会议，动员进一步学大寨，搞好备耕春耕生产，夺取全年农业生产大丰收。

3月10日　共青团北滘公社代表大会召开，恢复共青团组织机构。

5月24日　公社党委、革命委员会提出要重新贯彻农业“六十条”关于按劳分配政策。

8月　落实粮食征购“一定六年”政策，重申实行一定不变的政策。

10月底　以生产大队为单位，向人民群众宣读中共中央关于林彪叛逃事件的文件。至年底，先后5次组织党员、干部学习。

1972年

1月　发动群众继续开展“学大寨”运动，大搞备耕工作，夺取全年农业生产丰收。

2月　传达中共中央有关林彪问题文件；贯彻落实“各尽所能、按劳分配”政策，建立生产队劳动责任制，“任务到组、工分到地、小组活评、按件计酬”。

3月　调整农业生产结构，减少水稻种植面积，增加甘蔗、塘鱼种养面积。

6月8—12日　北滘公社召开贫下中农代表会议，贯彻落实“以粮为纲、全面发展”的方针，推广坤洲大队增基生产队多种经营、全面发展的经验，不断壮大集体经济，提高社员分配收入。

9月中下旬　动员10000个劳动力，大规模开展水利建设，全面疏浚林西、三马、北滘沙3条主干河道和部分支河，完成土方300000多立方米。

12月初　秋收全面完成，全年粮食亩产731.5公斤，塘鱼亩产185公斤，甘蔗亩产4500公斤，分别比上年增8%、6%、35.3%；比1969年增13.6%、17.2%、53%。

1973年

1月11—18日　中共北滘公社第四次代表大会召开。

2月10日　碧江设圩。

4月7—10日　北滘公社妇女第一次代表大会召开，成立公社妇女联合会。

4月25—29日　公社召开三级会议，通过《北滘公社“农业学大寨”三年规划》。

8月19日　北滘设圩。

8月底　按照地委部署，在莘村、槎涌、龙涌等大队，开展“农村党的基本路线教育”。运动至翌年7月结束。

10月16—21日　公社召开干部、贫下中农代表大会，着重研究如何促进农业生产大上快上问题，强调要抓好农村党的基本路线教育运动和农业学大寨运动。

10月　将碧江燕翼楼祠堂中座和西廊拆毁、改建为校舍，造成珍贵古文化建筑破坏。

12月　开展大规模农田基本建设，完成土石方460000立方米。

1974年

3月　在莘村推行所谓的“城乡配合”、堵塞“资本主义”行动，限制农副产品的流通。

8月　公社革命委员会决定，将广教大队杨流泽祠堂前座和高村大队公产祠堂中座拆建为校舍。

10月15—20日　中共北滘公社第四次代表大会第二次会议召开。

10月30日　公社革命委员会成立农田水利基本建设指挥部，全面统筹，指挥全公社农田基本建设。

11月14日　公社党委、革命委员会印发《北滘公社1975—1980年农业发展规划（草案）》。

11月28日　公社成立农田基本建设建筑专业队。

12月10日　为推动畜牧业发展，公社成立畜牧业领导小组。

12月28日　北滘公社贫下中农代表大会召开。

1975年

3月19日　公社革命委员会批转《林头大队计划生育群众公约》。

3月　公社革命委员会印发《1975—1980年农田基本建设规划》。

4月　公社作出发展社队工业企业规划，各大队、生产队开始陆续发展队办工业。北滘、西海、西滘土制砖窑被改为机械砖窑；高村、上僚、都宁、三桂、黄涌大队相继开办砖厂。

5月27日　全公社开展“全面围剿资本主义”统一行动，规定农副产品不准进城摆卖，各圩农贸市场一片萧条。

6月18—21日　共青团北滘公社第四次代表大会召开。

7月22—23日　北滘公社贫下中农代表大会第二次会议召开。

7月　整治排灌系统，开挖北滘公路桥至马村大河、横滘闸至水口大河、龙涌大闸至西滘鱼云亭、高村水闸至林西河等4条河道。

9月20日　北滘公社印发《社办企业发展亦工亦农职工的意见》，征用生产队农田实行亦工亦农制度，即按征用农田数量安排若干农民到社办企业工作以解决多余劳动力出路。

9月　在公社10个生产大队和北滘圩开展第三批（按县顺序）农村党的基本路线教育运动，至翌年6月结束。

11月初　传达全国农业学大寨会议精神，全公社再次掀起学大寨高潮。

12月29日　公社党委发出《坚持大批促大干，夺取农田基本建设和冬季生产双胜利》的决定。

1976年

1月　中共中央副主席、国务院总理周恩来逝世，北滘公社组织各界群众进行悼念活动。

4月20日　北滘公社机关干部实行轮流下放劳动制度。

4月26—30日　中共北滘公社第四次代表大会第三次会议召开。

5月1日　北滘公社单位战线制订“计划生育联合公约”，提倡晚婚晚育，一对夫妇只生两个孩子。

8月15日　北滘公社制订反空袭、反空降、反暴乱的备战方案。

8月27日　北滘公社贫下中农代表会议召开。

9月18日　公社各界群众沉痛悼念中共中央主席、中央军委主席毛泽东逝世。

10月25日　公社召开群众集会，热烈庆祝华国锋任中共中央主席、中央军委主席，热烈庆祝粉碎“四人帮”，并举行盛大游行。

10月　北滘公社多个大队兴办幼儿园。

12月28日　共青团、妇联开展青年晚婚晚育的宣传工作。

1977年

1月26日　顺德二轻企业实行属地管理，有关人员、财产划归北滘公社。

5月18—21日　中共北滘公社第四次代表大会第四次会议召开。

6月　在16个生产队、6个企事业单位铺开第五批（按县顺序）农村党的基本路线教育，活动至翌年5月底结束。

9月　北滘公社贫下中农代表大会召开。

11月5日　公社革命委员会发出通知，在全公社推行火葬。

11月26日　北滘公社召开三级干部会议，对劳动竞赛、农业生产、农田基本建设等工作进行部署。

1978年

2月13日　公社召开1977年度农业学大赛先进单位、先进个人代表会议。

3月10日　公社制定社会主义劳动竞赛评比奖励办法，推进农业、工业生产发展。

5月6日　公社召开教育战线先进单位和先进个人代表会议。

6月27日　高村大队遭受龙卷风袭击。

9月16日　北滘公社召开1978年度贫下中农代表大会。

9月21日　成立北滘公社文教战线党支部。

12月27日　公社党委发出文件，为“文化大革命”期间被错误批斗的黄泽泉等27人平反，为“反共救国军北滘支队”所谓的“反革命集团案”平反。

12月　北滘公社总结“农业学大寨”和“农村党的基本路线教育”等政治运动的经验教训，是月10日，撤销“公社农田基建民兵团”和“公社农校”机构。

是年　裕华风扇厂生产第一批“梅花”牌金属台扇，年产量1万台。

1979年

1月15日　公社召开1978年先进单位和先进个人代表会议，号召广大党员和群众，认真贯彻中共十一届三中全会精神，把工作重点转移到社会主义现代化建设上来。

2月　北滘公社开始调整农业生产结构，缩减粮食种植面积，增加花生、黄豆种植面积7400多亩。

3月5日　为在“文化大革命”中被错误处理的何兆新等10人平反；对碧江地区在“文化大革命”中所谓的抬尸游街“反革命事件”平反。

5月22日　共青团北滘公社第五次代表大会召开。

5月25日　公社党委决定对“文化大革命”错误处理的谭恩复查并恢复其相关职务。

10月16日　公社党委为陈九平反，恢复名誉。

是年　公社组建农业科研队伍80多人，大力扶持鸡饲养业发展，全年上市商品鸡达19万只。

1980年

1月4日　征用北滘大队土地并签订征地协议。

1月18日　召开三级干部会议，落实生产责任制，调整作物布局，倡导科学种田夺高产，大抓工副业生产，因地制宜办商业”的发展方针。

4—5 月　北滘发生饮酒中毒事故，19 人中毒，2 人死亡。

6 月 20—22 日　中共北滘公社第五次代表大会召开。

6 月 27 日　北滘公社第七届人民代表大会召开，提出“加速发展农村经济，使全社人民尽快富裕起来”的指导思想。

7 月 15 日　公社成立队办企业办公室。

7 月 28 日　公社成立农工商联合公司。

8 月 15 日　公社成立社办企业管理办公室。

8 月 30 日　香港侨胞捐建的桃村小学落成剪彩。

10 月 27 日　北滘公社第二次妇女代表大会召开。

11 月　位于三洪奇水道的大良自来水新厂一期工程竣工通水。

是年　林头大队第二十七生产队在全公社推行联产到户责任制，粮食产量大幅度增产。

是年　北滘实现无文盲区，获县颁发扫盲工作“无文盲区”的锦旗。

是年　北滘公社电器厂（前身是塑料瓶盖厂，20 世纪 90 年代发展为美的集团）建成投产。南方电器厂（前身是 1964 年 6 月建成的北滘农机二厂）、永华家具厂（前身是1960 年由木器社、铁器社合成组建的北滘农具厂）成立。

是年　顺德县政府拨款 50 万元扩建西海烈士陵园。

1981 年

1 月 5 日　北滘公社发出文件，推行“一对夫妇只生一个孩子”政策。

3 月 30 日　征用碧中、彰义生产大队土地。

是月　建立公社“农业技术服务公司”“禽畜生产服务公司”“水产养殖服务公司”“花木生产服务公司”“社办企业服务公司”“队办企业服务公司”“商业服务公司”7 个专业服务公司。

5 月 19 日　北滘公社首家影剧院——北滘影剧院落成。

7 月 25 日　黄涌、槎涌大队发生龙卷风。

8 月 31 日　北滘公社第七届人民代表大会二次会议召开，提出“健全和建立各项生产责任制，大力发展工副业和多种经营”的战略方针。

10 月 14 日　社办企业开始推行“经济责任大包干”的分配制度。

11 月　北滘公社电器厂改名为美的风扇厂，生产出第一批“明珠”牌台扇。

12 月 25 日　北滘公社首次召开教龄三十年以上教师会议，倡导尊师重教。

是年　全公社积极发展家庭养鸡业，产量达 41 万只。

1982 年

1 月　全公社全面推行以包产到户为主要形式的家庭承包责任制。

6 月 15 日　共青团北滘第六次代表大会召开。

7 月 16 日　公社成立多种经营生产领导组，积极发展多种经营。

8 月 10 日　北滘自来水厂正式动工兴建。

8 月 13 日　全国第三次人口普查，北滘总人口 71339 人。

8 月 25 日　北滘公社农会第一届第一次代表大会召开，随后各大队陆续成立农会组织。

9 月 8 日　全公社推行生产队会计专业化制度。

9 月 19 日　香港侨胞捐资兴建的北滘卫生院留医部、北滘影剧院举行落成典礼。

12 月 1 日　公社召开三级干部会议，全面推广落实“双包”生产责任制，提出以中共“十二大”为动力，全面推进工农业生产发展。

是年　北滘首批“三来一补”企业——永强雨衣厂和南海手袋厂投产。

是年　西海烈士陵园被省列为革命文物重点保护单位。

是年　“美的牌”台扇获全省优质产品称号。

1983 年

2 月　公社召开劳动致富表彰大会，总结交流农村劳动致富经验，树立一批劳动致富典型。

3 月　北滘兴办首家外商企业——美林皮革制品厂。

9 月 15 日　公社召开三级干部会议，提出继续推广、巩固农村生产承包责任制，发展社队企业。

9 月　碧江苏禹的邮品“今日水乡分外娇”参加全国集邮展览，获铜牌奖。

11 月 3 日　北滘筹建大型农贸市场——南源市场。

11 月　全国撤销人民公社体制，北滘设区，成立县人民政府派出机构——区公所。

是月　美的风扇、永华家具获部级优质产品奖。

是年　北滘第一中心幼儿园建成投入使用。

是年　北滘兴建全县首个大型颗料饲料厂。

是年　裕华风扇厂、塑料皮革公司推行股份制，成为佛山首批股份制企业。

1984 年

1 月 31 日　北滘区教育工作暨第一届教师代表会议召开。

1 月　三洪奇大桥建成通车。

是月　生产大队改制为乡；北滘、碧江撤圩设镇。

是月　北滘供销社推行利润包干、浮动工资经营承包责任制。

3 月　旅港同胞梁伟明捐建的坤洲泮浦路、泮浦幼儿园竣工落成。

是月　裕华风扇厂成功研发 10 寸座钟式鸿运扇。当年产量达 40 万台，产值达 3727 万元。

4 月　调整区级企业，陆续组建美的家用电器公司、裕华实业公司、北滘华达电器厂、佳而美袋类制品厂、永高皮革制品厂等企业。

5 月 10 日　北滘区经济开发公司成立。

7月8日　日本外相宫泽喜一行参观美的风扇厂、伟明医院和佳而美制袋厂，并作客北滘乡农户梁珍家。

7月10日　全国妇女工作会议140名代表参观北滘多家知名工厂企业。

7月14日　裕华风扇厂自行研制生产的DF—250导风格栅10英寸座钟塑料电风扇（俗称鸿运扇，是国内首创），经佛山质检所33项测试，达到国家质量标准。

7月16日　巴布亚新几内亚卫生部长一行6人，参观伟明医院、美的风扇厂。

9月18日　顺德延长土地承包期（十五年），北滘区公所颁布农户承包土地十项规定。

12月10日　全国妇联离退休干部40人参观北滘。

12月　珠江纵队成立40周年纪念大会在北滘隆重召开。

是年　镇办工业企业年产值首次突破亿元。

1985年

1月15日　为纪念广东人民抗日游击队珠江纵队成立40周年，位于西海的顺德县革命文物陈列馆举行揭幕仪式。

1月25日　北滘区召开三级干部会议，提出北滘经济发展“三个为主”（即产业结构要以工业为主，以镇办骨干企业为主，以集体经营为主）的思想。

2月3日　国务委员、外交部部长吴学谦视察美的风扇厂、永华家具厂、佳而美制品厂和北滘花场。

2月4日　全国人大常委会副委员长赛福鼎·艾则孜视察美的风扇厂、永华家具厂、佳而美制品厂和北滘花场。

2月5日　北滘区房产管理所成立。

2月7日　落实华侨私房政策，全区共退回华侨、港澳同胞的房屋47户104间，10617平方米。

4月19日　北滘对生产队实行货币征地制度，亦工亦农制度取消。

4月　北滘派出所指导员陈金龙获“省公安二等功臣”称号。

是月　裕华风扇厂用大客车接送职工上下班，开广东省乡镇企业之先河。

5月　北滘自来水厂建成供水，日供水5000吨。

7月　裕华实业公司率先在全省乡镇企业推行“人人入股分红”制度。

9月1日　由区公所拨款兴建的北滘中学、林头中学、碧江中学、桃西中学、西海中学、莘村中学和23所小学校舍竣工。

9月　碧中乡、彰义乡并入碧江镇。

10月9日　国务院办公厅调研室、省政府办公厅研究室联合调查北滘对外经济。

11月　裕华实业公司独资赞助广州市“万宝杯”长跑赛，开创乡镇企业进城赞助体育赛事之先例。

是年　槎涌乡钟金汝参加第一届亚洲划船锦标赛，获亚军；三桂乡何奇珍（女）参加佛山市第一届成人田径运动会，获女子铅球、铁饼两项冠军。

是年　华侨旅行社、裕华大厦（裕华实业公司）建成；裕华公司组建成北滘首家企业集团。

是年　华星饲料厂单班生产能力达全国第一，成为全国最大的禽畜水产饲料生产企业。

是年　港商翁祐在北滘筹建顺德蚬华微波炉制品有限公司。

1986 年

1 月 8 日　区召开三级干部会议，提出"稳定和完善承包生产责任制，提前 15 年实现工农业生产总值翻两番"的目标。

7 月 12 日　美国众议院外交委员会主席查尔·奥里根一行 10 人，参观美的风扇厂、永华家具厂。

7 月　北滘成立乒乓球、象棋、醒狮武术、游泳、水球、篮球、龙舟、田径等 8 个体育协会。

8 月 28 日　北滘南方电器厂仓库发生重大火灾。

9 月 17 日　副省长黄清渠一行 22 人视察北滘裕华厂、北滘花场。

9 月 28 日　北滘女队获顺德县首届龙舟锦标赛冠军。

是年　北滘区被国家科委定为"国家星火技术密集区试点"。

1987 年

1 月 19 日　区公所制订公助私建住宅有关规定。

2 月 12 日　北滘镇第九届人大一次会议召开，通过北滘镇国民经济第七个五年计划。

2 月 14 日　国家科委政策研究局局长由佛山市市长钟光超、顺德县委书记欧广源陪同参观北滘裕华风扇厂、花卉工厂和鳗鱼场。

2 月 20 日　中共北滘镇第六次代表大会召开。

2 月　顺德撤区设镇，北滘成立镇级人民政府。

3 月 13 日　中共广西壮族自治区委书记乔晓光、驻法大使曹克强及夫人一行 10 人参观北滘裕华钢瓶厂等企业。

3 月 27 日　共青团北滘镇第七次代表大会召开。

4 月 12—14 日　中共佛山市委副书记韩英一行 3 人到北滘了解统战工作，参观碧江金楼和荫老院。

4 月 16 日　世界银行访华团参观北滘。

4 月 18 日　英国斯托克市市长哈里奥科斯一行 9 人参观美的集团。

4 月 20 日　北滘镇机关综合档案室成立（1995 年 6 月 27 日，被评为省一级档案综合管理单位）。

5 月 9 日　省外事办组织日本、联邦德国、美国、秘鲁等 26 个国家在穗留学生 160 人参观北滘花场、小蓬莱宾馆、美的集团、永华家具厂等企业。

6 月 3 日　中国人民对外友好协会会长（原外交部副部长、驻美大使）章文晋参观裕华风扇厂。

6月9日　澳大利亚花卉代表团参观北滘绿色工厂。

6月18日　国家科委新技术创业投资总公司经理陈伟力参观北滘裕华公司。

7月10日　镇人民政府颁布北滘非农业建设征（用）土地实施细则。

7月11日　美国农业部长助理哥文程偕夫人及子女等6人参观北滘绿色工厂、鳗鱼场、华星饲料厂。

7月15日　北滘镇安全委员会成立。

7月27日　新华社广东分社社长黄绍进等3人到北滘了解农业开发情况。

7月29日　建立“北滘镇领导接待群众来访日”制度。

7月31日　匈牙利社会主义工人党中央政治局委员一行参观美的厂、绿色工厂，并访问北滘居民户。

9月24日　波兰农业部长凯尔尼维采和驻华商务处人员参观北滘花卉工厂、饲料厂。

10月9日　法国驻港澳公司考察珠江三角洲企业代表团一行7人到北滘参观花卉工厂、永华家具厂、美的厂。

是日　联合国科技中心摄影队到北滘拍摄“星火计划”录像片。

10月13日　西班牙《国家报》国际部主任路易斯·德拉尔维拉采访北滘工农业发展情况。

11月3日　美国哈佛大学教授傅高义到北滘了解自1978年以来北滘人口、劳动力、三大产业等情况。

11月　开始建设北滘工业开发区。

12月15日　香港工业署长杨启彦等7人参观蚬华厂。

12月16日　中国驻苏联大使杨守正、驻英国大使陈兆源和驻孟加拉大使参观裕华厂、美的厂。

12月18日　镇人民政府颁布《全面实行股份制章程》。

12月19日　旅港乡亲苏耀明捐资百万元兴建的碧江荫老院落成。

12月28日　镇召开两个文明建设表彰大会暨三级干部会议，提出优化产品结构、向高层次产业推进、扩大加工出口、多方面提高经济效益的指导思想。

12月　亚洲最大吊式风扇制造厂——中外合资蚬华电风扇厂建成投产。

是年　北滘镇建立饲料、种苗、冷冻加工、优质鱼虾、鳗鱼、花卉、瘦肉型猪等7个农业商品基地。

1988年

1月15日　国务委员、国家科委主任宋健，副主任朱丽兰、特别顾问杨波一行296人，视察北滘广源鸡繁殖中心、花卉工厂、饲料厂、蚬华厂。

1月　国务院秘书长杜星垣视察裕华厂。

2月2日　国务委员、中国人民银行行长陈慕华视察蚬华电器制造厂。

2月6日　镇人民政府印发《关于在乡镇企业中推行厂长任期目标责任制的试行办法》和《关于在乡镇企业承包经营责任制的试行办法》，在乡镇企业推行厂长责任制及承包经营责任制。

2 月 5—8 日　省长叶选平视察北滘绿色工厂、裕华风扇厂和瘦肉型猪场、广源鸡繁殖中心。

3 月 18 日　阿根廷共产党总书记参观蚬华电器厂。

4 月 6 日　省委书记林若视察北滘。

4 月 8 日　北滘镇第九届人大三次会议召开。

4 月 9 日　北滘镇交通警察中队成立。

4 月 19 日　北滘镇第三届归侨、侨眷、港澳家属代表大会召开。

4 月 28 日　新西兰外交兼外贸部长一行 27 人参观蚬华电器厂、永华家具厂等企业，并访问农户周江。

4 月　北滘农业服务公司与港商梁伟明合作，在三洪奇河畔兴办“三资”企业——兴顺食品发展有限公司。

6 月 14 日　加拿大驻中国华南地区商务专员、副领事、一等秘书狄恩婷等一行 3 人参观访问美的风扇厂、蚬华电器厂。

6 月 16 日　中共中央书记处候补书记、中央办公厅主任温家宝在小蓬莱宾馆听取北滘镇领导工作汇报，视察蚬华微波炉厂、蚬华电器制造厂。

6 月　北滘镇评定中小学教师任职资格，大批中小学民办教师转为公办教师。

7 月 11 日　国务院沿海经济开发区顾问吴庆瑞（原新加坡副总理）一行 3 人考察蚬华电器制造厂。

7 月 30 日　澳门总督文礼治夫妇一行 15 人参观蚬华电器制造厂。

8 月 4 日　北滘成立对外经济工作管理办公室。

8 月　全国最大微波炉生产企业——中外合资蚬华微波炉制品厂建成投产。

10 月 22 日　裕华实业公司总经理区鉴泉出席全国工会第十一次代表大会。

11 月 29 日　驻港外交官、法国路透社、南华早报、翡翠电视台等一行 45 人参观、采访蚬华电器制造厂、蚬华微波炉厂。

12 月 22 日　香港新华社组织中央、各省驻香港办事处领导，到北滘参观蚬华电器制造厂、蚬华微波炉厂、花卉厂。

1989 年

1 月 13 日　召开北滘镇三级干部会议，总结 1988 年工作情况。

2 月 15 日　中国驻荷兰大使朱曼黎一行到北滘参观从荷兰引进的绿色工厂设备和华星饲料厂。

3 月 5 日　旅港乡亲苏耀明捐建的碧江医院门诊大楼落成剪彩。

4 月 12 日　镇九届人大四次会议召开。

7 月 23 日　县人民政府批复《北滘镇 1987—2000 年总体规划》。

8 月 26 日　全国政协委员（香港地区）黄克立、何世柱一行 31 人参观蚬华电器制造厂。

8 月　碧江大桥竣工通车。

9月21日　香港工商、金融、新闻界人士参观蚬华电器制造厂。

10月6日　佛山市“扫丑恶”专项斗争现场会在北滘召开，总结推广顺德查处卖淫、嫖娼、赌博和社会恶势力的工作经验。

10月20日　南斯拉夫联邦执委会副主席率领政府代表团一行30人参观蚬华电器制造厂。

12月1日　北欧16位驻华使节参观蚬华电器制造厂、蚬华微波炉厂。

12月5日　香港工业署署长鲍明、助理署长温肃智一行11人参观蚬华电器制造厂、蚬华微波炉厂。

12月27日　全镇中小学推进“两聘、两制、一包、一改”（聘任校长、聘任教师，校长负责制、教师岗位责任制，教育经费包干，改革教师报酬分配）教育管理体制改革。

12月31日　裕华实业公司总经理区鉴泉被评为全国劳动模范。

是年　裕华实业公司和华达电器厂晋升为国家二级企业，美的、南方、裕华、华达4家企业被评为省级先进企业。

是年　全镇工农业总产值14.2亿元，其中工业产值12.8亿元，出口创汇8000万美元，比1988年增长60%，成为全省乡镇出口创汇之最，上缴国家税金3500万元。

是年　累计接待参观访问109批2218人（其中部级以上领导7批94人，外宾12批154人，香港、澳门、台湾地区5批127人）。

是年　西海烈士陵园被定为省重点烈士纪念建筑物保护单位。

1990年

1月4日　中共北滘镇第七次代表大会召开。

1月13日　北滘镇委、镇人民政府召开三级干部会议。

1月16日　佛山市县委书记、县长会议一行55人，参观北滘蚬华电器制造厂、兴顺食品厂。

1月23日　中共中央政治局常委乔石视察蚬华微波炉厂。

2月12日　国务院副总理田纪云视察蚬华微波炉厂。

3月1日　共青团北滘镇第八次代表大会召开。

3月10日　北滘镇第十届人大一次会议召开。

3月23日　镇人民政府集资600万元，易地重建北滘中学。

4月10日　孟加拉人民共和国民族党联合总书记兼环保部长、农业部长扎法尔·伊马姆率代表团一行6人参观蚬华电器厂及蚬华微波炉厂。

4月13日　省委副书记郭荣昌视察北滘，了解乡镇企业、农业发展情况。

4月21日　老挝人民革命党政治局委员、万象市委书记兼人民委员会主席一行15人参观蚬华电器厂、兴顺食品厂。

5月6日　香港顺德联谊总会一行40人访问北滘，参观兴顺食品厂。

5月26日　中共中央政治局常委李瑞环视察蚬华电器制造厂。

6月25日　中共中央总书记江泽民在省委书记林若、省长叶选平、广州军区政委张仲芝陪同下，视察蚬华电器制造厂。

7月1日　启动第四次全国人口普查，北滘户籍总人口为83494人。并被评为全国第四次人口普查工作先进镇。

7月19日　香港新闻界11家大报在香港新华社副编辑主任周珊珊陪同下到蚬华电器厂参观访问。

8月9日　美国驻广州总领事、经济领事等一行6人参观蚬华电器厂。

9月26日　澳大利亚总理格里纳及夫妇一行14人参观蚬华电器厂。

10月28日　省内规模最大的家禽、水产品加工基地——兴顺食品发展有限公司建成投产。

12月　北滘镇被评为佛山市第一个五年普法教育先进单位。

是年　北滘共有工业企业241家，其中村办企业210家。

是年　北滘被评为爱国卫生先进镇。

是年　蚬华微波炉SMC被评为国家优质产品，蚬华微波炉制品厂被评为省级先进企业。

是年　修建镇区工业大道、蓬莱大道、兴顺大道、新基大道、济虹路。

1991年

2月26日　北滘镇召开三级干部会议，部署1991年工作。

3月8日　镇人民政府制定《北滘星火技术密集区“八五”发展规划》。

4月6日　北滘镇第十届人代会二次会议召开。

4月　美的空调厂研发投产新产品A型分体机、柜机等产品销往香港。

5月1日　北滘镇第四次归国华侨、侨眷、港澳台胞家属代表大会召开。

5月26日　北滘中学新校奠基。

7月　北滘镇人民政府制定《北滘镇办工业“八五”规划纲要》，提出“到1995年工业总产值达到30亿元”的发展目标。

10月18日　北滘镇建设委员会成立。

11月　国家农业部授予北滘镇兽医站“先进兽医站”称号。

是月　在全国首次吊式电风扇行业评比中，南方电器厂的南方牌FC—10、15、20型吊式电风扇获国家优质产品银质奖。

12月24日　镇人民政府颁发北滘镇企业股份制试点方案。

是年　蚬华电器厂（排名第三），美的电风扇厂（排名第九）被评为全国十大乡镇企业。

是年　引进储良龙眼、石硖龙眼等优良品种，种植达10万株。

是年　旅港同胞苏耀明投资300万港元，建成松明阁酒家。

1992年

1月21日　北滘镇召开三级干部会议，总结“八五”规划的第一年工作。

1月　动工扩建三乐路（三洪奇至乐从）。

2月8日　国务院副总理田纪云视察北滘。

3月1日　碧江中心幼儿园启用和松明阁酒家开业。

3月2日　县政府同意北滘镇开发碧桂新村。

3月18日　国务委员陈俊生视察兴顺食品厂及万安鸡场。

3月23日　北滘镇十届人大三次会议召开。

3月27日　顺德市人民政府批复同意建设北滘镇广教工业小区。

3月30日　北滘镇残疾人联合会成立。

3月　省体改委批复同意北滘镇推行企业股份制试点方案。

4月11日　镇人民政府批复同意全镇各管理区“1991—2000年建设用地规划”。

4月30日　省水电厅批复同意北滘镇在三洪奇大桥河滩地上兴建公园。

5月23日　北滘镇1991年度外来务工人员积极分子表彰大会召开，表彰76人。是年，北滘登记在册的外来务工人员有16000人。

5月25日　永高皮革厂、迅发鞋厂发生特大火灾。

5月26日　中央电视台到北滘镇万安鸡场、莘村管理区、蚬华电器厂、美的电器厂、兴顺食品厂拍摄《外国人看中国》的电视纪录片。

5月　投入2.8亿元，开始建设北滘经济开发区（工业园）。

6月17日　北滘被农业部列入乡镇企业年总产值超10亿元的八强乡镇，蚬华电风扇厂、美的风扇厂再次被列入乡镇企业总产值超亿元的前10位。

6月18日　《北滘企业报》创刊（同年10月易名为《北滘报》）。

6月30日　北滘镇与伦教镇达成有偿转让土地协议。

7月28日　美的股份有限公司成立。

8月6日　北滘报关公司成立。

9月1日　北滘中学新校落成乔迁开课，校区面积近100亩，总投资2500万元。

9月11日　国家科委授予北滘镇全国首个“国家星火技术密集区”和“国家星火科技产业示范镇”称号。

9月　北滘管理区撤区设村，建立村民委员会。

11月3日　美的工业城第一期工程建成。

11月23日　评选“十佳文明管理区”“十佳文明村”“百佳文明户”，全镇共评出文明村137个，文明户11000户。

11月　北滘镇被评为“顺德市拥军优属模范镇”。

12月　全镇农村推行“土地分包改投包”制度。

是年　美的、裕华、华星三家企业实行内部股份制改造，其中美的改造为省内首家股份制乡镇企业。

是年　北滘开始分期建设全国最大花园式别墅、度假村群——碧桂园。

是年　共接待来访者421批13736人次，其中国家部级以上43批（含全国会议1644人次），外国5批29人，香港4批79人。

是年　在国家科委指导下，制定《北滘镇1991—2000年社会经济发展规划》。

1993 年

1 月 8 日　中共北滘镇第八次代表大会召开。

2 月 1 日　动工扩宽济虹路。

2 月 9 日　台湾 13 名农业专家参观万安鸡场、莘村鳗鱼场。

2 月 18 日　北滘镇第十一届人大一次会议召开。

4 月 17 日　中共中央政治局常委、全国人大常委会委员长乔石视察美的集团股份有限公司。

4 月 19 日　省长朱森林视察美的集团股份有限公司。

4 月　共青团北滘镇第九次代表大会召开。

5 月 7 日　美国记者代表团一行 7 人参观北滘中学、伟明医院、莘村鳗鱼场。

6 月 5 日　镇办企业推进产权制度改革。当年全镇 35 家镇办企业中有 32 家签约转制。

7 月 27 日　省委副书记黄华华视察美的集团、鳗鱼场。

8 月 18 日　动工兴建广（州）珠（海）高速公路路段；建设南源商业街。

8 月　投资 476 万元兴建镇区第一个公园——蓬莱公园。

9 月 13 日　新华社、中新社、广州日报、澳门日报一行 17 人到北滘摄影、采访。

9 月 18 日　美国驻广州总领事、驻香港副总领事一行 13 人参观访问北滘“三高农业”。

9 月 24 日　省委书记谢非视察美的集团。

9 月 26—27 日　北滘遭受“9318”号强台风袭击，造成经济损失 6953 万元，受灾户 2183 户。镇政府发出生活救济金 503 万元，贷款指标 800 万元。

10 月　西达发电厂五台柴油发电机组发电试产。

11 月 12 日　广东美的集团股份有限公司“粤美的”股票在深圳证券交易所挂牌上市，成为全国第一家上市乡镇企业。

12 月 5 日　北滘镇举行三项建设工程庆典（经济工业区首期工地启用暨北滘港集装箱码头奠基；西达发电厂落成剪彩；北滘中学新校落成剪彩）。

是年　北滘被评为顺德市卫生先进镇、佛山市 1993 年度文明镇和社会治安综合治理先进单位。

是年　北滘共接待参观访问 144 批 5646 人次，其中国家部级以上 16 批 904 人，外国 16 批 188 人，香港、澳门、台湾地区 4 批 61 人。

1994 年

1 月 19 日　朝鲜劳动党中央书记处书记一行 7 人参观访问美的集团。

2 月 24 日　全国政协副主席吴学谦陪同外国友人舒尔茨考察美的空调分体机厂。

4 月 8 日　中共中央政治局委员、省委书记谢非调研北滘产权制度改革，视察美的、华星、蚬华三家企业。

4月19日　中共中央政治局委员、国务委员兼国家体改委主任李铁映视察美的集团。

6月中旬　北滘遭受百年一遇特大洪水，全镇50.8千米堤围安全度汛。

7月11日　北滘镇十一届人大二次会议召开。

9月1日　由三和公司投资1亿元创立的民办学校——广东碧桂园国际学校落成开学，开顺德民营企业办学之先河。

10月25日　刚果共和国总统蒙博托·塞塞·塞科一行70人参观访问美的集团。

10月　北滘镇政府投资1600万元建设百福公园。

11月7日　镇第五次归国华侨、侨眷、港澳台属代表大会召开。

11月13日　国家农业部首次评选“国内千家最佳经济效益乡镇企业”，广东美的集团股份有限公司名列第三。

11月26日　北滘中学隆重举行“省一级学校”挂牌仪式，成为广东省第一所镇级的省一级学校。

12月22日　人民解放军前总参谋长杨成武视察北滘。

12月28日　北滘港建成并试航成功。成为全国第一家镇级外贸口岸，全省的二类口岸。

是年　北滘镇被评为“全国乡镇之星”。

是年　北滘共接待中外来宾113批3637人参观访问。

1995年

1月9日　农业部批准北滘镇工业区为“全国乡镇企业示范区”。

1月16—17日　北滘召开“两个文明”建设工作会议，500多人出席。

1月18日　北滘国税分局和地税分局正式挂牌对外办公。

3月10日　西海烈士陵园、碧江荫老院被命名为佛山市首批爱国主义教育基地。

3月26日　碧江中学新校舍奠基。于1996年9月竣工。

4月20日　镇十一届人大三次会议召开，115名人大代表出席。

5月28日　北滘管理区和北滘街区合并，组建为新的北滘街区。

6月4日　全国乡镇企业出口工作会议在北京召开，北滘镇被列为全国镇级创汇五强之首。

6月18日　坐落在北滘，和泰国、日本、中国香港等6个国内外公司联合投资的君兰国际高尔夫俱乐部举行奠基典礼暨练习场启用仪式。

6月26—28日　省科学技术大会召开，北滘镇委副书记周冠雄在会上作专题发言，这是全省唯一镇级代表发言。

6月28日　北滘商会成立暨北滘镇先进民营企业总结表彰大会召开，150多名民营企业家出席，选举产生15名理事和3名监事，会员138名。

7月3日　占地9公顷、建筑面积30万平方米、总投资10亿元的“国家星火科技城”在北滘三乐东路口举行奠基仪式，国家科委副主任韩德乾和省、市有关领导出席。

7月13日　北滘律师事务所成立。

7月29日　北滘镇妇女第四次代表大会召开。

7月　镇供销集团下属华泰商场开业，这是镇内首个大型综合商场。

9月4日　省计委批复重建三洪奇水利枢纽工程，总投资6300万元；同月，三洪奇水利枢纽工程动工兴建。

9月　省民政厅授予北滘镇“广东省乡镇之星”称号。

10月　全镇开展第三次全国工业普查工作。

11月　民政部表彰北滘为“全国最佳乡镇”。

是月　民政部、农业部、国家体改委、国家科委联会评选“首届中国乡镇投资环境100强”，北滘名列第三位。

12月　与日、港合资的顺德日清食品有限公司投产开业。

是年　北滘中学叶锡权为该校建校三十六年来第一个考入清华大学的学生。

是年　北滘获省“卫星先进镇”称号。

1996年

1月15日　镇人大十二届一次会议召开，99名代表、5名列席代表、4名特邀代表出席。

1月17日　国家科委农村司司长王晓方一行，视察“国家星火科技城”。

2月6日　中共北滘镇第九次代表大会召开。

3月1日　全国“星火计划与农村规模经济座谈会”在北京举行。北滘镇镇长周冠雄和华立实业公司的张长立出席，并作科技兴镇的专题发言。

3月4日　北滘镇“两个文明”建设工作会议召开。

4月8日　全国政协副主席、香港中华总商会会长霍英东访问碧桂园。

4月26日　德、美、日等9国驻穗商务领事考察北滘。

5月23日　共青团北滘镇第十次代表大会召开。

5月30日　全国人大常委会副委员长王汉斌视察北滘美的集团股份有限公司、日清食品有限公司。

6月　北滘城区中学动工兴建，投资3300万元。

是月　省人民政府公布广东省首批70家重点大企业集团名单，北滘镇美的集团公司名列其中。

7月16日　拉脱维亚共和国议会外委会主席别尔津一行4人，参观访问碧桂园公司、美的集团、西海鳗鱼场、兴顺食品厂。

7月30日　韩国浦项综合制铁株式会社副社长李春镐一行3人考察北滘，表示兴建镀锌钢板厂（年产量10万吨）的意向。

7月　都宁22万伏变电站亦基本建成，广教11万伏变电站建成投入使用。

9月13日　北滘经济发展总公司、广东招商有限公司、韩国浦项综合制铁株式会社举行成立顺德浦项镀锌钢板有限公司签约仪式。

9月25日　北滘举行首届“教育基金百万行”，有168个单位4万人次参加，共筹1300万元。

10月　全镇开展“北滘精神”大讨论，确定“和谐、勤奋、诚信、至善”为北滘精神。

11月7日　中共中央政治局委员、国务院副总理吴邦国视察美的集团。

11月28日　全国政协副主席万国权视察北滘。

是年　北滘被省体委评为“广东省体育先进镇”。

是年　将原商业娱乐城改建为北滘文化广场。

是年　全镇有15个项目列入国家有关部门计划，其中列入重点新产品计划7项、星火计划4项，美的电饭煲技改扩能项目是顺德市唯一纳入国家重点技改计划的项目。

是年　北滘投资911万元构建镇区路网，建成建设路、双桥路、百福路，连通济虹路、南源路、蓬莱路和林上路。

1997年

1月8日　顺德市教育学会北滘分会成立。

1月　北滘文化广场建成。

是月　碧桂园创始人杨国强出资100万元捐助特困大学生，委托《羊城晚报》设立“仲明大学生助学金”，负责管理发放。

3月2日　为彰显外来投资者对北滘经济发展所作的贡献，镇政府对翁祐等14位人士予以表彰。

3月18日　镇十二届人大二次会议召开。

4月27日　全国人大常委会副委员长费孝通视察北滘裕华厂。

5月　北滘镇工会第一次会议召开，选举产生北滘镇首届工会委员会。

6月6日　全国幼儿园双语教育研讨会在北滘碧桂园举行。

9月15日　北滘评出红陵旗艳（西海烈士陵园）、滘渚霓虹（北滘夜景）、南源玉宇（南源商业街）、广场夜色（文化广场）、蓬桥春晓（蓬莱桥）、投资宝地（北滘开发区）、港口云樯（北滘港）、企业明珠（美的集团）、治水丰碑（三洪奇水闸）、百福碧波（百福公园）、君兰绿浪（君兰高尔夫生活村）、碧桂车龙（碧桂路）为北滘十二景。

9月30日　巴哈马总理休伯特·亚历山大·英格拉哈姆一行访问北滘。

10月10日　马达加斯加侨联代表团访问北滘。

10月　北滘被国家体委评为“全国群众体育先进集体”。

11月24日　古巴国务委员会第一副主席劳尔·卡斯特罗·鲁斯一行参观访问美的集团。

11月28日　北滘教育基金隆重颁发首届奖教奖学金。

是年　北滘被广东省评为“基本普及义务教育、基本扫除青壮年文盲先进镇”“广东省文明单位”“广东省卫生先进镇”“广东省水利系统两个文明建设先进单位”以及“省特级文化站”。北滘中心小学被评为“省一级学校”，北滘成人文化技术学校被评为“省级示范成人文化技术学校”。

是年　北滘民营企业已发展到2930家，注册资金4.2亿元。并组团参加顺德名优产品北京博览会。

是年　联合国教科文组织评定碧江为“世界卫生先进村”。

1998年

1月1日　北滘公共汽车开始营运，开通北滘至大良、北滘至乐从两条线路。

1月9日　北滘镇“两个文明”建设工作会议召开。

1月17日　国内最大柜式空调生产基地在美的集团正式建成。

2月16日　北滘镇十二届人大三次会议召开。

3月1日　北滘开发区被命名为北滘工业园。

3月23日　中共北滘镇委党校和省农村实用技术培训示范基地在北滘镇成人文化技术学校挂牌成立。

是日　北滘晚晴苑落成。

4月10日　澳门顺德联谊总会主席吴柱邦、副主席梁拔祥一行48人访问考察碧桂园、君兰高尔夫俱乐部。

5月7日　常务副省长王岐山视察北滘曼丰实业有限公司和美的集团。

5月12日　北滘第六届侨代会召开。

5月　北滘镇被农业部、外贸部评定为“1995—1997年全国乡镇企业出口创汇五强镇”。

7月8日　北滘城区中学竣工，成为顺德市规模最大的一所中学。

7月10日　北滘文学艺术联合会成立。

7月28日　北滘检察室正式挂牌成立，负责北滘、陈村两镇的检察工作。

8月　北滘首届文化艺术节拉开帷幕，设有“群儒献宝”（文学、美术、书法、灯谜）、“乡土风情”（摄影）、“粤韵绕梁”（音乐曲艺）、“轻歌曼舞”（交谊舞、演讲朗诵）、“群英荟萃”（文艺晚会）、“狮龙大会”（醒狮舞龙）、“力拔山河”（拔河）、“彩云追月”（篮球）、“楚河汉界”（棋类）、“娱乐升平”（大巡游）十大项目20多个子项目，至10月上旬结束。

9月10日　中央党校副校长、《求是》总编邢贲思视察美的集团、北滘文化广场、河堤公园、工业园、碧桂园。

9月27日　北滘举行的八项建设工程三洪奇水利枢纽、北滘港、城区中学、碧江中学、莘村中学扩建、中心小学、文化广场、百福公园，落成剪彩典礼。省市有关领导、港澳乡亲、海外侨胞、外资企业代表共800多名嘉宾出席。授予翁祐等22人为“振兴北滘杰出贡献人士”称号。

10月22日　副省长卢钟鹤视察美的集团工业设计中心。

10月29日　省委副书记、省长卢瑞华，省经委主任陈善如，省外经贸委主任黄小强，省科委主任方旋，省乡镇企业局局长潘嘉念等视察美的集团公司。

10月　筹建碧江、坤洲、桃村、都宁等村级集约工业区。

11 月 5 日　原省委书记、原省人大常委会主任林若到北滘调研，游览镇容镇貌，参观北滘工业园、碧桂园。

11 月 12 日　全国市长学习研讨班学员到北滘考察文化广场、城区中学、工业园、碧桂园。

11 月 18—23 日　北滘撤（管理）区设村。各村成立村民委员会。

11 月 26 日　全国人大常委会副委员长、中国民主促进会中央主席许嘉璐考察碧桂园学校。

11 月 30 日　全国人大常委会副委员长、民盟名誉主席费孝通视察美的集团和金冠涂料集团。

11 月　美的海岸花园正式动工兴建，被国家建设部列入“岭南现代城镇生态居住模式”建设项目。

12 月 23 日　北滘举行教育基金第二届奖教奖学颁奖仪式，51 个单位、1141 人获奖。是年，惠而浦捐赠北滘教育基金 80 万元。

12 月 24 日　镇工业会议宣布，北滘实现“两个突破百亿”——工业总产值达到 101.4 亿元，工农业总产值 109.3 亿元。

是年　北滘被评为“全国出口创汇五强乡镇”“广东省乡镇企业百强镇”。

是年　美的集团公司实施外延扩张，在安徽芜湖市兴建 400 亩工业园。

是年　全镇纳入国家级和省、市各类科技计划 19 项，开发科技新产品 7 项，获国家科技奖 9 项。全年共有 6 个项目继续享受新产品税收优惠。

1999 年

1 月 9 日　北滘总商会成立，会员 200 人，首届理事 28 人，主席杨国强。

1 月 13 日　中共中央政治局委员、广东省委书记李长春与副省长欧广源视察美的集团。

1 月 18—19 日　北滘镇第十三届人大一次会议召开。

2 月 2 日　北滘镇“两个文明”建设表彰会召开。

3 月 3 日　中共北滘镇第十次代表大会召开。

4 月 1 日　根据镇十三届人大一次会议决议，即日起，北滘禁放烟花爆竹。

5 月 25 日　北滘召开农村工作会议，确立全新发展思路，把全镇农业发展用地划分三大产区，即优质水产产区、禽畜水产综合养殖产区、花卉苗木绿色产区。

6 月　共青团北滘镇十一次代表会议召开。

是月　林港路（林头至北滘港）全面竣工投入使用。

7 月 4 日　泰国公安指挥部素万中将一行，访问顺德市公安局北滘镇分局。

7 月 8 日　镇人大办组织部分市镇人大代表、政协委员近 60 人，视察北滘自来水吸水口西移工程、林港路工程、双桥路臭水沟整治工程、城区小学及余荫园在建工程。

7 月 11 日　中共北滘镇委被评为佛山市先进基层党组织。

8 月 1 日　推进殡葬管理改革，全面实行遗体火化。

8月4日　顺德市委书记陈用志、副书记胡洪骚到北滘检查工作，希望北滘成为顺德率先基本实现现代化的榜样。

9月13日　惠州市委、人大、政府、政协领导班子成员考察美的集团。

9月22日　美国惠而浦公司主席韦德宏考察顺德惠而浦微波制品有限公司，并签署增加400万美元投资的备忘录。

9月29日　镇委、镇政府举办关于北滘建制40年表彰大会，授予冯润胜等12人"钻石奖"、周志坤等41人"金奖"、杨光华等78人"银奖"、梁垣刚等212人"铜奖"、罗伟强等609人"纪念奖"。

9月　北滘镇被评为全国创建文明村镇工作先进单位，美的集团获"广东省精神文明先进单位"称号。

10月10日　全国政协副主席陈锦华视察美的集团。

10月17日　"余荫院"举行揭幕暨入住仪式，镇委、镇政府和顺德市民政局领导、嘉宾100多人参加。

10月　北滘镇怡兴物业管理有限公司成立并投入运作，负责镇政府经营性和非经营性物业营运。

11月27日　北滘教育基金会第三届奖教奖学大会隆重举行，2278名学生、教师、家长和131个单位获得奖励。

12月1日　北滘镇启动政府上网工程，建设市镇两级光纤网络和镇政府内部局域网。

12月6日　美国三藩市顺德行安善堂、三邑会馆和马来西亚雪龙会馆、沙巴会馆的顺德籍乡亲到北滘访问。

12月12日　北滘妍雅会在碧桂园成立。

12月　经国家人事部批准，美的集团博士后科研工作站成立。

2000年

1月1日　举行"世纪之门""千禧林""北滘精神组雕"落成揭幕仪式，组雕凸显"和谐、勤奋、诚信、至善"的北滘精神。

1月26日　镇两个文明建设工作会议召开。会议提出"借势发展，加快现代化小城市建设步伐"的指导方针。

1月27日　镇十三届人民代表大会第二次会议召开。

1月　北滘镇工业区被国家农业部评定为"全国乡镇企业科技区"。该科技区投入1亿多元，占地930公顷，1999年实现产值31亿元。

2月23日　中共中央总书记、国家主席、中央军委主席江泽民视察美的集团。

3月15日　北滘举行1999年度十大纳税企业和15个先进民营企业表彰大会。十大纳税企业1999年度纳税达3.54亿元，占全镇上缴税金的68%。

3月　启动全国人口第五次普查工作，至12月底完成。北滘户籍人口93246人（不包括外出半年以上的2356人）。

4月8日　福建省委书记陈明义率学习考察团考察美的集团。

4月15—16日　中国教育学会数学教育研究发展中心多媒体教学研究部与尝试理论教学研究部联合主办，北滘教育办承办的新世纪数学多媒体计算机辅助教学研讨会在北滘召开，来自全国各地教学专家、教育工作者700多人出席会议。

5月4日　由镇团委、镇广播站、《北滘报》报社联合举办第一届“北滘镇十大杰出青年”评选活动。

5月12日　北滘镇第十三届人民代表大会第三次会议召开。

5月19日　美的学校、美的实验幼儿园开学。

5月　北滘医院易地重建，投资6000万元，占地158亩，有10个医院专科，500个床位。

是年　投入2963万元改建林广水闸、龙头滘水闸。

2001年

1月1日　北滘在全顺德市率先实现镇村办公自动化联网，全镇190名镇村干部配备电脑。

1月　美的集团与碧桂园物业公司联合举办新春敬老活动，邀请省粤剧团到各村演出10场，派出专车接送60岁以上老人观看。

2月10日　历时三个多月的以“思源思进迈向文明新世纪”为主题的北滘镇第二届文化艺术节圆满结束，共举行10个项目30多个活动。

3月12日　北滘举办“植树节”植树活动，镇机关干部、学校师生、预备役民兵1000多人参加“十年绿化北滘”植树劳动。

4月16日　北滘镇义工协会成立。

6月8日　镇党委举行中国共产党成立80周年纪念大会，授予15个先进基层组织和564名优秀共产党员荣誉称号。

6月　莘村中学在全镇率先转制为“公有民营”学校。

是月　中共北滘镇党委先后被中共中央组织部、广东省委、佛山市委评为“先进基层党组织”。

8月27日　北滘镇社会福利基金理事会成立。福利基金达1700多万元。基本保障北滘1645户城乡贫困家庭、157名五保户“老有所养、病有所医、贫有所济”。

9月21日　顺德市行政执法局北滘中队成立。

9月27日　南源东路被评为北滘镇首条“文明商业街”。

9月　为进一步深化农村体制改革，实行农村股份合作社股权固化、资产量化，推行“一人一股”和“生不增，死不减，可继承，可转让”制度。

11月24日　北滘职业高级中学举行奠基典礼。

11月29日　北滘镇通过省“教育强镇”评估。12月正式命名为全省首批“教育强镇”。

11月　北滘镇各界群体为广西壮族自治区百色贫困地区“扶贫济困送温暖”，捐出衣服6.2万件、棉被900多床、书包450个。

是年　碧江社区首期投入600多万元，修缮“金楼”。

是年　北滘工业布局初步实现集约经营规模，建成北滘工业园、碧江—桃村工业园、三洪奇—槎涌工业园和西滘—高村工业园。

是年　北滘继续加大投资，全面改造农村电网，改建、重建水闸，加固堤围，植树绿化堤坡。

是年　据广东省统计局公布，美的集团跻身广东省工业50强第7位。据外经贸部公布，2001年中国出口200强企业中美的集团在全国排到131位。

2002年

1月6日　镇党委书记周志坤率慰问团，到北京某部慰问42位服役北滘新兵。

1月12日　举办外资企业新春联谊酒会，100多名外资企业家出席。北滘有外资企业120多家，利用外资3.7亿美元，外资企业年总产值31亿元，占全镇产值18.8%。

1月24日　中共北滘镇第十一次代表大会召开。

1月30日　投资2000多万美元，年产彩色钢板5万吨、硅钢板10万吨的浦项公司镀锌钢板二期工程奠基兴建。

1月　北滘首座外来工宿舍——碧江外工村首期工程投入使用，占地35亩，3栋6层，180个单间宿舍，300多人入住。

2月3日　北滘义工服务中心正式成立，全镇有义工380多名。

2月11日　晚上，北滘镇举行大型除夕焰火晚会。

2月27—28日　北滘镇第十四届人民代表大会第一次会议召开。

3月1日　美国GE（通用电器）的技术副总裁鲍尔·雷蒙特访问美的集团。

3月7日　广珠高速公路碧江立交桥工程开工。

3月22日　北滘镇举行慈善基金暨北滘镇社会福利基金筹款活动，筹得650万元。

4月18日　北滘镇政府召开无偿献血先进单位、先进个人表彰会议，表彰先进单位10个、先进个人42人。

4月　北滘镇政府制订《2001—2020年总体规划和镇中心区规划》。

5月7日　镇政府企业服务中心正式对外办公，为企业提供“一站式”服务。

5月30日　日本松下电器产业株式会社副社长村田一行8人访问美的集团。

6月9日　广东省经贸委、省统计局授权《南方日报》发布：2001年度广东全行业50强企业中，美的集团以营业收入133.35亿元排在13位；在广东工业最大50家企业中，美的集团排行第6位。

6月28日　共青团北滘镇第十二次代表大会召开。

6月　经广东省科技厅核准，美的商用空调设备有限公司为省级“高新技术企业”。

7月3日　无锡市市长王荣率领党政考察团参观美的集团。

7月15日　北滘镇召开中小学校长、幼儿园园长聘任会议，陈伯森等34人分别被聘任为新一届校长、园长。

7月18日　美的集团股份有限公司家用电器认证测试服务中心获ITS（全球著名的国际认证机构）认可。

7月30日　北滘镇工会第二次代表大会召开。

8月4日　香港入境事务处处长黎栋国伉俪回家乡桃村寻根问祖。

8月27日　广东省村镇建设工作座谈会代表参观北滘工业园、美的海岸花园。

8月28日　莘村中学聘请英国伦敦教育专家珍妮女士为该校副校长，这是顺德首位外籍教师聘任学校管理高层职务。

9月13日　省委常委、佛山市委书记黄龙云视察美的集团。

9月20日　碧江金楼正式对外开放。

10月1日　碧江民乐公园建成开放。该公园占地100多亩，投资2000万元。

10月11—14日　美的集团参加香港第22届电子展览，签订达9000万美元意向合同。

10月13—14日　北滘举办120对金婚老人活动，欢度重阳佳节。

10月20日　山东省副省长陈延明考察北滘杨氏水产有限公司制鳗加工场。

11月8日　北滘医院与珠江医院签约，合作共建军民文明医院。

11月11日　全镇人民为患重病的龙涌小学学生陈庆斌献爱心，至11月15日共筹得义款30万元。

11月15日　北滘社区居委会档案室被评为省特级档案工作目标管理单位。

12月3日　省爱国卫生运动委员会授予北滘镇“广东省卫生镇”称号。

12月6日　北滘镇教育基金会举行第六届奖教奖学颁奖大会。

12月11日　北滘余荫院举行“省一级敬老院”揭牌暨第三期工程竣工剪彩仪式。

12月18日　国家财政部部长项怀诚考察美的集团。

12月25日　镇委、镇政府领导周志坤、崔建波、林润江、麦广强分别率团，赴湖南、湖北省慰问服役的北滘子弟兵。

12月27日　省委副书记黄华华视察美的集团。

12月28日　举行“北滘镇全民健身迎新年长跑大赛”。1700多名运动员参加，长跑赛程2.6千米。

12月29日　北滘医院改良甲状腺手术方式及引流方式的临床研究项目通过专家级鉴定。

2003年

1月16日　美的海岸花园通过“广东省住宅小区体育示范单位”验收。

是日　美的集团公司女工程师邓明义当选为全国第十届人民代表大会代表。

3月12日　由镇机关干部、共青团员、义工骨干、预备役军人等700多人参加植树节活动，种下万棵细叶榕和桉树。

4月9日　北滘镇林头职业中学经广东省安全生产管理局定为“省安全生产注册主任”培训学校。

5月12日　广东美的商用空调有限公司等5家企业获2003年度“国家火炬计划重点高新技术企业”称号。

5月28日　北滘镇举行第二届十大杰出青年表彰暨事迹报告会。吴锦泉等10名青年获“十大杰出青年”称号，刘杰华等10名青年获“十大杰出青年提名奖”。

6月13日　北滘镇第十四届人大二次会议召开。

7月8—9日　省信息技术优质课评比大赛在莘村中学举行，莘村中学代表获一等奖。

8月1日　北滘开始全面清理无主山坟。

8月23日　2003年中国企业500强名单发布，美的企业集团居第93位。

8月30日　北滘镇大学生联谊会成立。

9月1日　北滘职业技术学校开学，该学校由原林头职业中学、北滘成人文化技术学校、碧江中学职中部、莘村中学职中部合并而成。

9月5日　广教隧道竣工通车。

9月28日　北滘第三届文化艺术节开幕。历时4个月，包括文艺演出及文学、美术、书法、摄影等比赛活动。

9月29日　美的集团隆重举行“科技质量表彰大会”，245个科技项目、215名优秀质量工作者受奖励，奖金总额达200万元。

10月8日　顺德区地税局北滘镇分局成为顺德地税系统首个档案综合管理省特级基层分局。

10月27日　三藩市行安善堂主席、三桂村乡亲何彦明伉俪，香港通济商会理事长郑学严等40多位顺德籍华侨、侨眷和旅港同胞参观北滘镇。

10月28日　北滘镇第三届文化艺术节文艺演出队在北滘工业园为上万名外来工演出。

10月30日　北滘规划国土管理所挂牌办公。

12月6日　北滘镇第七届奖教奖学颁奖大会召开，奖励先进教育工作者、优秀学生。

12月8日　在“2003年中国最有价值”的32个品牌中，广东美的集团股份有限公司的“美的”，以121.50亿元的品牌价值名列第8位。

12月19日　在第十届中国广告节上，美的电饭煲电视广告《足球篇》获大奖。

2004年

1月6日　北滘镇人民政府召开紧急会议，部署“非典”防治工作。

1月9日　中共北滘镇委召开2004年工作会议。

是日　国家监察部副部长李玉斌视察美的集团。

1月10日　华南师大附小美的学校举行“广东省首届十佳民办学校”“顺德区绿色学校”挂牌仪式，省、市、区教育主管部门领导出席。

1月　北滘镇工会获省“广东省示范镇工会”称号。

2月27日　国家口岸工作组到北滘港调研。

2月　佛山市人民政府授予北滘镇“佛山市2003年计划生育先进单位”和“佛山市顺德区殡葬改革先进单位”称号。

3月11日　北滘镇机关干部、各基层团支部书记、义工代表骨干、预备役、各单位青年团员和碧桂园学校学生到工业园植树，种下细叶榕3000余株。

3月16日　西藏自治区政协副主席次仁卓嘎参观美的集团。

3月19日　北滘镇第十四届人民代表大会第三次会议召开。

3月24日　安徽省委书记、省人大常委会主任王太华，省委副书记、省长王金山率领党政代表团考察美的集团。

3月29日　北滘首次引入巡逻犬夜间治安巡逻。

是日　云南省委常委、昆明市委书记杨崇勇一行参观美的集团。

4月1日　北滘镇举办首届“十佳外来务工青年”评选活动。

4月8日　美的集团与日本东芝开利株式会社举行压缩机领域合作项目签约暨奠基仪式。

4月11日　国家安全生产监督局局长王显政视察美的集团。

4月12日　伊犁哈萨克自治州党政代表团参观美的集团。

4月19日　上僚水利枢纽工程（顺德2004年重点农水工程）通过区水利局验收。

4月25日　北滘镇文学会成立。

4月30日　广珠西线高速公路第一期工程建成通车。

4月　北滘镇获广东省人口和计划生育委员会授予“广东省基层人口和计划生育工作先进集体”称号。

5月11日　美的集团与英国翠丰集团—百安居（中国）在英国签署价值超过6亿元（人民币）战略合作框架协议。

5月19日　莘村中学教师李菁获番（禺）（香）港顺（德）三地中国象棋甲级联赛冠军。

5月24日　广东省副省长游宁丰视察安得物流公司。

6月2日　省委常委、省委宣传部部长朱小丹和副省长雷于蓝到北滘碧江金楼进行文化体制改革调研。

6月3日　美的集团与东芝开利在北京签订资本合作协议。

6月4日　全国政协副主席阿不来提·阿不都热西提率全国政协委员视察团视察美的集团。

6月24日　全国政协副主席、全国工商联副主席黄孟复率团视察美的集团。

6月29日　北滘污水处理厂动工兴建。

6月　北滘镇被中共佛山市委定为佛山市党基层组织建设——固本强基示范点。

7月28日　越南共产党中央政治局委员、中央经济部部长张晋创一行参观美的集团。

8月10日　北滘武术协会醒狮团获2004年广东省传统南北狮锦标赛金奖。

8月13日　香港亿达集团有限公司与北滘镇签订钢材深加工中心用地协议。

8 月 15 日　由北滘镇人民政府主办的“南国红豆北滘新技”送戏下乡活动，8 月 15 日至 9 月 29 日，西海戏剧社在北滘镇 10 个村（社区）进行 22 场巡回演出。

8 月　中共广东省委组织部确定北滘为广东省固本强基工程省级示范点。

9 月 1 日　由区、镇两级政府投资 2000 多万元，建成占地面积 2.6 万多平方米、建筑面积 1.4 万平方米的西海小学并投入使用。

10 月 16 日　马来西亚顺德联谊总会会长何世昌一行回到北滘观光游览。

10 月 29 日　北滘镇农产品质量监督检测站挂牌，正式实施全镇农产品市场准入制度。

11 月 19 日　文化部部长孙家正考察碧江金楼。

11 月 27 日　北滘举行第八届奖教奖学颁奖大会，奖励总金额达 70 余万元。

11 月 30 日　12 位全国人大代表视察兴顺烤鳗有限公司。

11 月　北滘镇被中华人民共和国国家人口和计划生育委员会评为“全国人口计生系统作风建设先进单位”。

12 月 2 日　吉尔吉斯斯坦总理尼古拉·塔纳耶夫一行参观美的集团。

12 月 11 日　北滘隆重举行“北滘镇十三项工程落成奠基”典礼，海内外乡亲、各界友人 500 多名嘉宾出席。

12 月 21 日　中共中央总书记、国家主席、中央军委主席胡锦涛视察美的集团。

是年　北滘镇被评为广东省第五届体育节活动先进单位。

2005 年

1 月 1 日　北滘镇举行“美的杯”迎春龙舟赛。

1 月 14 日　全镇各中小学校近万名师生为印度洋海啸灾区捐款，数额达 18 万多元。

3 月 16 日　北滘镇政府机关干部、各企事业单位青年团员、学生团员、义工骨干等 600 多人参加在新城区工地兴隆河南岸的义务植树劳动。

3 月 29 日　易地建设的新北滘医院全面投入使用。

3 月 30 日　全国人大常委会副委员长、全国妇联主席顾秀莲视察美的集团。

3 月 31 日　民警张德保赴海地参加联合国维和行动。

4 月 4 日　顺德区委、区政府有关领导、区属机关代表、驻军代表、军烈属和学生代表共 300 多人到西海抗日烈士陵园祭奠革命先烈。

4 月 12 日　北滘镇第十四届人民代表大会第四次会议召开。

4 月 20 日　共青团吉林省委书记隋忠诚率团参观美的集团。

4 月 28 日　共青团北滘镇第十三次代表大会召开。

5 月 15 日　北滘获佛山市顺德区第九届运动会综合项目优胜奖第三名、金牌奖第三名、总分奖第三名、输送人才奖第三名、体育道德风尚奖。

7 月 7 日　广东省军区副政委阚延泉少将、佛山军分区司令员张凯政大校到美的集团调研民兵建设。

7 月 31 日　北滘妇联第六次代表大会召开。

8月7日　顺德海外华裔夏令营青年学生参观碧江金楼。

9月1日　美的海岸花园被评为省绿色社区。

9月11日　中共中央政治局常委、国务院总理温家宝视察美的集团。

9月14日　北滘镇第十四届人大五次会议召开。

9月15日　北滘立交桥和南源隧道建成通车。

9月20日　重庆市党政代表团访问美的集团，并签订“美的重庆工业园”战略合作协议。

9月26日　省委常委、市委书记黄龙云参加美的集团党委民主生活会。

9月28日　三阳精工（佛山）有限公司落户北滘，并举行奠基仪式。

是日　美的集团举行“美的科技明星”表彰大会，奖金达390万元。

10月1日　北滘在佛山市率先推行免费婚检制度。

10月2日　“迎亚艺贺国庆2005北滘龙舟赛”在细海河举行。

10月25日　北滘获“全国文明村镇”称号。

11月3日　“广东省金属材料特色产业基地暨家电专业镇创新平台”揭幕仪式在北滘镇工业园广场举行。

11月8日　“碧江——中国历史文化名村”命名仪式在碧江金楼隆重举行。

11月10日　北滘连续第二十一年获顺德“征兵工作全优单位”和“先进征兵体检站”称号。

11月11日　全国人大常委会《劳动法》执法检查组到北滘调研。

11月23日　北滘镇机关、企业事业单位举行“你我献爱心，慈善万人行”捐款活动。

12月5日　碧桂园集团公司向顺德慈善万人行活动捐款500万元。

12月7日　美的集团董事长何享健向顺德慈善万人行活动捐赠550万元。

12月11日　历时3个月的顺德新十景评选活动结束，“碧江金楼”位列其中。

12月19日　北滘教育基金隆重举行第9届奖教奖学颁奖大会，2254名教师、学生、学生家长和62个单位获奖，获奖总额为781990元。

12月30日　共青团北滘镇委获“全国五四红旗团委”称号。

2006年

1月1日　省委常委、市委书记黄龙云到北滘污水处理厂慰问节日坚守工作岗位的员工。

1月20—28日　以“工商并举，和谐发展”为主题，镇文化、教育部门联合举办“2006年北滘缤纷购物嘉年华”活动。

1月24日　佛山市评出2005年度纳税榜前十位，美的、碧桂园分别名列第一、第二名。

1月　“美的空调乡镇市场普及革命”入选2005年“中国十大营销事件”之一。

2月13日　北滘高村兴隆花木有限公司、台湾知名学者钟昆洲、顺德区农业局及广州市政协台联联合调研组签订合作组建“兴隆两岸优质种苗克隆基地”合约。3

月7日克隆工作室动工兴建。

2月20日　北滘兴建国内首个鳗鱼检验中心。

2月23日　北滘镇第十四届人民代表大会第六次会议召开。

2月　北滘镇政府投入200多万元易地重建中山公园（又称桂林公园），原中山公园始建于1932年，原址改建为伟明医院。

是月　“美的集团家电产业创新系统工程建设”列入2005年度广东省科学技术奖特等奖拟奖项目，是顺德首个入围特等奖项目。

3月7日　美的电器公司股权分置改革获通过，成为顺德区首家、佛山市第二家上市公司。

4月22日　北滘法庭开始受理民商事案件和执行案件。

6月15日　经区民政局批准，设立顺江社区居委会。

7月3日　美的集团捐资580万元用于社会主义新农村建设，主要用于社区福利会慈善基金以及支持西滘各项建设。

7月21日　佛山金茂房地产与华美达国际酒店签订合作意向书，兴建五星级酒店——金茂华美达广场酒店。

是日　美的集团向广东省慈善总会捐助300万元，帮助灾区重建家园。

7月　美的电器公司位列全国百强上市企业第二名。

9月1日　中共北滘镇第十二次代表大会召开。

是日　北滘首家外来工子弟学校——明阳学校开学。

9月19日　北滘镇第十五届人民代表大会第一次会议召开。

10月10日　北滘获“中国家电制造业重镇”称号，授牌仪式在北京人民大会堂举行。

10月15日　国务院副总理吴仪考察美的集团。

10月　北滘获“全国小城镇综合发展水平1000强（2005年度）”的称号。

11月16日　北滘首期（SYB）创业培训班开班，成为顺德首个开办创业培训班的镇（街道）。

是日　《财富》杂志发布“最受赞赏的中国公司”排行榜中，美的集团公司排第18位。是月，美的集团位居“2006中国制造业民营企业自主创新能力50强”第12位。

12月6日　美的与韩国知名家电企业清湖NAIS株式会社签约，成立净水设备合资公司。

12月15日　北滘镇党委、镇人民政府举行“2006北滘科技表彰大会暨中国家电制造业重镇揭牌仪式”。

12月21日　北滘镇教育基金第十届奖教奖学颁奖大会在北滘中学礼堂召开，此次奖教奖学金共80万元。

12月28日　经考核，北滘达国家卫生镇标准。

2007年

1月24日　北滘镇举行企业支持社会福利事业捐赠仪式，美的、碧桂园、锡山家具三家企业共捐资580万元。

2月8日　北滘镇委、镇人民政府召开2007年工作会议，提出全镇工作重点从转型向升级过渡：产业要升级、城市要升级、人的素质要升级、社会和谐程度要升级。

2月12日　区委、区政府隆重举行顺德2006年度纳税大户表彰大会。北滘纳税超10亿元大户美的集团和碧桂园集团获表彰。

2月13日　林头社区、高村、西滘村通过省卫生村的验收。

3月1日　北滘在全区率先推行“基本门诊合作医疗”制度。居民年缴交40元医疗合作基金，全年则享受无限次的2元看病取药门诊服务。

3月13日　北滘镇第十五届人民代表大会第二次会议召开。

4月20日　碧桂园控股有限公司在香港联交所主板上市，股份代号2007，首日挂牌市值超过1000亿元。

6月10日　北滘举办“关爱生命、关注安全”长跑活动，逾千人参加。

6月28日　在第四届佛山（国际）物流洽谈会上，北滘港扩建工程项目成功签约，总投资3.5亿元，是顺德签约的最大的物流设施建设项目。

7月6日　北滘通过“广东省教育强镇”复评。

7月26日　广教社区、马龙村通过省卫生村的验收。

8月1日　省常务副省长钟阳胜率组视察北滘劳动保障工作。

8月21日　省人大常委会副主任欧广源率调研组到北滘兴隆农民农业创业园区调研。

8月23日　顺德区政府在北滘召开食品安全暨北滘镇创建省级食品安全示范镇动员大会，选定北滘为佛山市3个试点镇之一。

9月4日　北滘镇获全国爱国卫生运动委员会办公室授予“国家卫生镇”称号。

9月21日　由区科技局、区科协、北滘镇政府联合举办的“顺德区科普教育社区”揭牌暨举行“弘扬华夏医药文化、建设特色科普基地”活动启动仪式。

9月28日　美的集团总部大楼在北滘新城区举行奠基仪式，黄龙云、欧广源、林元和、刘海等省市区镇领导出席。

10月1日　《北滘镇促进全民就业工程实施意见》正式实施，三年内投入3000万元，完善就业服务、就业培训和扶助困难人员就业体系建设，全面实施“乐业工程”。

10月29日　莘村顺德花博园举行落成剪彩典礼。顺德花博园是“广东省佛山市海峡两岸农业合作试验区”的重点建设项目之一，集花卉生产、销售、研发、产业信息、旅游及进出口贸易于一体，总规划面积6000亩，第一期2500亩。

10月31日　顺德首个通过政府扶持、企业推动、市场运作的形式成立的农民农业创业园在北滘揭牌成立。

11月19日　坤洲小学被广东中华诗词学会评为“广东省诗教先进单位”，成为广东省获该荣誉的四所学校之一。

11月29日　国务院副总理吴仪率检查组视察北滘杨氏水产有限公司。

12月3日　北滘首个社情民意室在西滘村成立。

12月11日　国家文物局局长单霁翔，省文物局局长苏桂芬、副局长龙家有考察碧江金楼、五间祠，了解顺德文物和第三次全国文物普查的情况。

12月20日　北滘启动“金种子”计划，从2008年起连续三年，每年从镇财政预算中安排1500万元，扶持中小企业发展。

12月27日　镇委、镇人民政府召开2008年工作会议。镇委委员、机关干部、各村（社区）党政正职领导、规模企业代表等300多人参加。镇长冼阳福作2007年的工作总结报告，镇委书记徐国元部署2008年工作。

12月　北滘成人文化技术学校被评为2007年度“全国农村成人教育先进单位”。

2008年

1月16日　北滘镇第十五届人民代表大会第四次会议召开。

1月22日　在顺德区实施品牌战略表彰大会上，北滘被评为顺德名牌带动战略实施工作先进单位。

是日　作为佛山市15个旧村改造工程示范村之一的西滘村举行旧村改造启动仪式。

1月25日　劳动和社会保障部、中华全国总工会、中国企业联合会、中国企业家协会联合授予惠而浦公司“全国模范劳动关系和谐企业”称号，当日举行挂牌仪式。

1月26日　顺德锡山家具有限公司投资6000万元的总部办公大楼举行剪彩仪式。

2月　全国大范围地区遭受五十年一遇寒潮，全镇开展“送温暖、献爱心”捐助活动，其中美的和碧桂园集团分别捐款450万元和305万元。

3月7日　北滘镇召开推动思想解放构建服务型政府动员大会。镇委书记徐国元强调“全镇要统一思想认识，立足政府服务的精细化管理，建立高效、优质、亲民、廉洁的服务型政府，再创发展竞争新优势”。

3月11—12日　镇委书记徐国元、镇长冼阳福率领北滘企业家访港团分别到香港贸发局、香港联交所、香港科技园作访问交流，密切北滘企业与香港联系，促进中小企业向国际化方向发展。

3月　投资2500万元、占地面积达5.5万平方米的北滘广场正式投入使用。

是月　碧江被省旅游局评为“广东省旅游特色村”。

4月9日　中共中央政治局常委、全国政协主席贾庆林到美的集团调研。

4月14日　民政部公布2007年度“中华慈善奖”获奖名单，碧桂园集团杨国强及杨惠妍获“最具爱心捐赠个人提名奖”。

4月17日　美的制冷集团首席工程师游斌获“2008年全国五一劳动奖章”。

4月24日　民政部副部长罗平飞到国良职业培训学校考察指导工作。

5月中下旬　北滘镇为四川省汶川县大地震开展一系列募捐活动，为灾区捐款超过5500万元，捐献物资超过400万元，其中碧桂园集团2300万元、美的集团1000

万元、美的集团员工450万元、教育战线175万元、工会系统73万元、碧桂园集团董事杨惠妍1000万元。

7月2日　美的电器股份有限公司与开利亚洲有限公司在广州举行签约仪式，宣布合资组建佛山市美的开利制冷设备有限公司，注册资本为2亿元，其中美的电器持有公司60%，开利亚洲持有公司40%。

7月16日　北滘正式开通以TC模式运营的镇内公交服务，首期开通3条线路共66个站点。

7月18日　佛山市劳动力转移就业现场会在北滘召开，与会人员参观北滘蚬华生产线、林头社区工作坊和社区劳动服务站等单位。

7月22日　北滘举办老人免费体检的启动仪式，每年为全镇参加基本门诊合作医疗的19435名50周岁以上老人免费体检，建立个人健康档案。

7月30日　北滘举办“金种子”计划扶持资金首发仪式，冠邦科技、精艺万希等9家中小企业22个项目共获190万元资金扶持。

8月15日　北滘举行治安视频监控系统启动仪式，该系统是继镇内公交、创建省级食品安全示范后的又一项民生工程。

8月18日　北滘举办“北滘未来的城市定位与走向——魅力小城畅谈”论坛。镇主要领导、中国综合开发研究院专家、顺德建筑设计院专家、美的集团高层及众多市民出席。

8月22日　广东精艺金属股份有限公司通过中国证监会发审委审核，成为顺德区第8家、北滘镇第4家在深圳证券交易所上市公司。

9月1日　朝亮小学开学，该校由三洪奇小学、槎涌小学、黄涌小学和龙涌小学整合而成，投资约2000万元。

9月　北滘镇被农业部评为“全国乡镇企业科技园区”。

是月　全镇广泛开展“敬老月”活动，镇财政和美的集团共同出资380万元（其中美的集团100万元），向全镇12500多名60岁以上北滘户籍老人，人均发放300元慰问金。

是月　西达发电厂正式关停。

10月8日　美的集团召开第十三届科技奖励大会，1000万元奖励给贡献突出的单位、项目和个人。广东省科技厅副厅长陈新，佛山市副市长麦洁华，顺德区委副书记、代区长梁维东，副区长王干林，镇委书记徐国元等出席。

10月9日　北滘与广东省社科联共同主办“简朝亮学术研讨会”。来自广东、天津、香港等地的专家学者，首次全方位探讨研究简朝亮教育理论。

10月16日　中共中央政治局委员、省委书记汪洋到顺德区作专题调研，并视察林头社区工作坊和广东青鸟工业设计有限公司。

10月23日　北滘首个五星级酒店——华美达广场酒店封顶。该酒店总投资额超5亿元，建筑面积6万多平方米，楼高18层。

11月7日　北滘举行教育基金会第十二届奖教奖学颁奖大会，2400多人获奖，总奖金达76万余元。

11 月 14 日　中共中央政治局委员、国务院副总理张德江视察碧江金楼。

11 月 27 日　北滘举行中小企业“暖冬行动”发布会暨“金种子计划”扶持资金发放仪式。由镇政府出资 300 万元为中小企业融资贷款贴息，出资 29 万元支持 100 家中小企业免费安装阿里巴巴电子商务软件。

11 月 28 日　美的总部大楼主体结构封顶，主楼 31 层，高 128 米。

12 月 26 日　镇委、镇人民政府召开 2009 年工作会议，镇机关干部、村（社区）干部、规模企业代表以及其他有关单位负责人共 300 多人参加。

2009 年

1 月 2 日　广东省休闲体育基地暨北滘活力体育中心开业。该基地规划面积 180 亩，分两期建设，首期占地 65000 平方米。

1 月 13 日　北滘镇第十五届人民代表大会第五次会议召开。

1 月 17 日　国家工业设计与创意产业（顺德）基地挂牌揭幕仪式暨第二届中国（顺德）国际工业设计创意博览会新闻发布会在北滘举行。国家知识产权局副局长张勤、广东省副省长宋海，佛山市委书记林元和，佛山市委常委、顺德区委书记刘海，佛山市副市长王玲，顺德区区长梁维东等有关领导及嘉宾 300 多人出席。

1 月 21 日　北滘土地储备中心与高村股份社就北滘新城区西片区约 610 亩土地征用签订协议。

2 月 25 日　顺德工业园正式投入运营。

3 月 10 日　槎涌社区城管工作站正式挂牌成立，是北滘成立的第一个社区城管工作站。

3 月 13 日　北滘镇美化家园工程动员大会召开，以桃村、槎涌、水口为试点，镇财政安排 1000 万元专项资金支持。

3 月 20 日　北滘镇慈善会成立暨第一届会员大会召开，选出首届理事会，通过《北滘慈善会章程》。3 月 23 日，举行成立庆祝晚会及慈善捐款支票递赠仪式，表彰一批慈善家、企业家。至月底，慈善会筹措善款超过 3000 万元。

3 月 25 日　全国政协常委、人口资源环境委员会主任张维庆率领中央学习实践科学发展观活动巡回检查组参观北滘顺德工业设计园和新城区。

3 月 26 日　北滘杂工劳务市场在西海村挂牌成立。

3 月　全国家电标准化技术委员会电风扇工作组在美的集团成立，指定由美的牵头主导制订修订风扇类产品的国家有关标准。

4 月 15 日　第 105 届广州交易会开幕，北滘 10 家企业参会，其中美的集团展品 80% 是新产品。

4 月 16 日　由南方报业传媒集团主办、《南方日报》承办的“第 11 届楼市奥斯卡”公布，碧桂园控股有限公司获“2008 中国地产十大领袖品牌”，碧桂园凤凰城获“2008 华南地产十大首善社区”称号。

4 月 19 日　越南社会主义共和国总理阮晋勇一行 30 多人参观美的集团，表示越南政府提供各方面条件，为美的在越南投资提供方便。

4月　北滘乡土历史文化研究会成立。

5月14日　北滘镇归侨侨眷第八次代表大会召开，表彰18名先进归侨、侨眷、侨属代表和侨务工作者。

5月15日　德国红点设计奖主席彼得·扎克、副主席艾玛·舒勒、亚洲区总裁邱智坚到工业设计园考察，洽谈业务合作意向。

5月18日　德国、澳大利亚、法国等国家设计师参观顺德工业设计园和美的集团。

5月　镇财政出资1000万元设立“北滘镇中小企业信用担保基金”，为中小企业贷款融资提供信用担保和贴息补贴。

6月　中国美旗控股集团投资的华南国际采购与区域物流配送中心项目进驻北滘，总用地面积3500亩，预计建成后年交易额3000亿元。

7月21日　北滘镇机关服务中心定为“共青团中央级青年实习基地”，与30名大学生签订见习协议，分别派到机关、村（社区）、事业单位见习。

8月14日　碧桂园集团举行支票交接仪式，向碧江、三桂福利会捐赠善款300万元。

8月16日　举行北滘商业广场奠基仪式，镇委书记徐国元、镇长冼阳福出席。

8月　林头小学代表广东参加全国第十届中小学电脑机器人竞赛，获电脑制作小学组工程挑战FLL项目一等奖。

9月5—7日　第二届工博会在顺德展览中心开幕，省经贸委与顺德区政府签订“省区共建广东工业城”协议，顺德工业设计园升级为广东工业设计城。

9月7日　北滘与香港生产力促进局、顺德职业技术学院签订合作协议，粤港产业创新设计中心和顺德工业设计学院定点在广东工业设计城。

9月18日　北滘扶持广东工业设计城进驻企业发展专项资金正式启动。此后三年，镇财政每年拨款500万元，对园区企业在商业运作、自主创新、优才计划、推介活动等方面给予资金扶持。

9月29日　精艺股份成为A股上市公司，发行股票3600万股，每股发行价格为13元，募集近4亿元。

9月　北滘组织全镇100多名干部分三批赴清华大学、复旦大学开展为期10天的培训。学习内容包括公共危机管理、城市经营的理念、创新思维与科学决策、公共管理前沿与政府服务等。

10月9日　美的集团召开第十四届科技奖励大会，斥资1200万元奖励贡献突出的科技项目和个人。

10月22日　北滘兴建余荫院老年公寓新大楼。该大楼建筑面积8000多平方米、260多个床位、高6层，投资1500多万元。

10月29日　莘村中学举行第24届“郑美奖教奖学”暨第十届教育基金颁奖典礼，奖励成绩优异的学生和优秀教师共105万元。

10月　美的、碧桂园、美旗集团等企业，捐资赞助重阳敬老活动达409万元，其中美的集团捐赠100万元，碧桂园集团邀请全镇老人观看粤剧，美旗集团捐赠100

万元。

是月　北滘文化艺术中心在北滘新城区动工，总投资 8000 万元，占地面积达 20000 平方米，内设有图书馆、歌剧院、展览厅和青少年培训中心等。

11 月 8 日　北滘慈善会助学基金正式启动，分别对幼儿园、小学、中学、大学四个学龄段困难家庭学生给予资助。

11 月 13 日　美的微波电器工业园在北滘西区工业园奠基，总建筑面积 45 万平方米，总投资 15 亿元。

11 月　投资 1.04 亿元的污水管网收集系统第二期和西河泵站、聚龙沙闸站等工程动工兴建。

12 月 11 日　马拉维共和国考察采购团参观美的集团。

是日　中国（广州）国际纪录片大会“北滘金奖之夜”闭幕式在广东工业设计城举行。《北滘 50》纪录片获优秀奖，并在大会上首映。

12 月 13 日　美的集团捐资千万元建设的北滘医院特需服务中心正式投入使用。

12 月 24 日　北滘慈善会举行首次单亲特困母亲基金、单亲子女补助基金和残疾人生活补助基金资助活动。

12 月 31 日　北滘与清华大学美术学院、中央美术学院签署战略合作协议。当晚，举行北滘镇 2009 年度工业设计产业扶持资金颁发仪式，21 家设计企业获 183 万元资金，5 名优秀设计人员获 10 万元奖金。

2010 年

1 月 15 日　工业和信息化部副部长娄勤俭一行考察格兰仕、美的，召开家电下乡现场工作座谈会，美的、格兰仕、海信科龙、格力、创维、康佳、TCL 等 20 多个家电企业负责人参加。

1 月 18 日　北滘镇举行首届中小企业发展年会，颁发 2009 年“金种子计划”扶持发展资金，22 家中小企业共获奖励或补贴金 360 多万元。

1 月 21 日　广东省商业联合会组织珠三角 70 多位民营企业家考察美的集团。

1 月 22 日　美的集团一次性向北滘慈善会捐赠 1000 万元。

1 月 23 日　北滘镇教育基金第十三届奖教奖学颁奖大会举行，一批教育教学先进单位和个人受到奖励。

1 月 29 日　香港特别行政区审计署署长邓国斌参观美的集团。

1 月　广东省工业设计示范基地（企业）（第二批）名单揭晓，美的集团基石工业设计公司入选示范企业，并获省级工业设计专项资金。

2 月　英国品牌价值咨询公司 BrandFinance 发布 2010 年全球最有价值 500 品牌排行榜，美的与沃尔玛、谷歌、可口可乐等企业入选，美的成为唯一入选的中国家电品牌。

3 月 5 日　加拿大广州商会代表团一行到北滘考察。

3 月 8 日　美的集团获广东省质量奖。

3 月 19 日　广东省第五届“省长杯”工业设计大赛在广东工业设计城启动，省委常委、副省长肖志恒和省、市有关部门、企业、院校和行业协会代表400多人参加。

是日　北滘慈善会召开2010年度会员大会暨“北滘慈善日”启动仪式，确立每年3月的第三个星期天为“北滘慈善日”。

3月20日　美的邯郸工业园奠基，规划空调机产能达350万台，是美的空调国内第四大基地。

3月31日　镇委书记徐国元率队，赴英德黄花镇签订对口帮扶脱贫合作协议，力争三年内扶持帮扶村80%的贫困户脱贫致富。

4月23日　顺德首台图书ATM在北滘镇社区活动中心投入使用，可提供全天候图书自助借阅服务。

4月25日　美的首席工程师游斌获“全国劳动模范”称号。

5月1日　由广东省社会体育中心、顺德区人民政府、区文体旅游局、北滘镇人民政府主办嘉纳仕摩托超级越野公开赛，来自全国各地近百名车手参赛。

5月6日　北滘医院成为南方医科大学直属附属医院。

5月18日　澳门特区行政长官崔世安考察广东工业设计城。

5月20日　国家海关总署副署长李克农带队考察广东工业设计城。

5月25日　美的集团总部项目、高能效环保压缩机项目、小家电发展项目，以及广东工业设计城、华南国际采购与区域物流配送中心（“美旗城”）、广东精艺金属股份有限公司高效高精度有色型材产业链技术提升及扩能降耗技术改造项目、广东金型重工有限公司模具制造中心、广东顺德浦项高档镀锌板项目入选“广东省现代产业500强”。

5月28日　美的南沙工业园奠基，成为迄今广州规模最大的家电制造基地。项目总投资20亿元，占地面积1000亩，投产后，空调和冰箱产量各达500万台。

6月8日　在中国沿海地区强镇发展论坛（佛山）上，北滘入选为2010年佛山综合竞争力11强镇（街）。

6月　人力资源和社会保障部公布首批100个国家级充分就业示范社区名单，林头社区榜上有名。

7月22日　顺德首家以企业为发起人的非公募基金会——广东省盈峰慈善基金会正式成立。

7月30日　镇委、镇政府召开“简政强镇”事权改革动员大会。13个全新组建的部门、4个合署办公机构揭牌。

7月　德国红点设计奖、日本设计大师喜多俊之、北京电影学院正式进驻广东工业设计城。

是月　在广东省百强民营企业评选中，美的集团、广东精艺金属股份有限公司入选，美的集团位居全省百强民企榜首。在《福布斯》中文版和Interbrand联合发布的“2010中国品牌价值排行榜”，美的以37.4亿元的品牌价值位居第31位。

8月2日　省委副书记、省长黄华华，省政协副主席汤炳权率省直有关部门领导，到广东工业设计城开展产业结构调整专项督办调研。

8月4日　顺德交通警察驻碧桂园交通管理服务站正式挂牌服务，成为顺德首个综合性交管社区服务站。

8月9日　美旗佛山基地管理公司揭牌。美旗物流商业集团总部从香港迁入顺德，总投资28亿美元，占地3500亩，交易席位30000个。

8月18日　北滘镇召开深化公共事务管理体制改革动员大会，镇行政服务中心挂牌成立。

9月1日　北滘镇召开村（社区）党组织换届选举总结大会暨村（社区）行政服务站挂牌仪式，全镇18个村（社区）行政服务站于当天统一挂牌成立。

9月13日　北滘镇举行高村旧村改造项目暨“三旧”改造项目推介和签约仪式。

9月15日　世界知识产权组织负责人及国家知识产权局领导一行考察广东工业设计城。

9月17日　江苏省无锡市党政代表团一行参观广东工业设计城。

9月25日　在首届省政府质量奖颁奖活动中，新入选“2010中国企业500强”榜单的美的集团与另外4家广东企业获“广东省最高质量奖”。

9月29日　北滘镇妇女第七次代表大会召开。

9月　广东精艺金属股份有限公司与顺德机械装备行业3家企业获国家发改委1300万元重点产业振兴和技术改造专项资金支持。

10月15日　北滘港二期扩建港区开始进入试运行阶段。整个港口货物年吞吐能力增至370万吨，二期港区扩建面积约为12万平方米，工程历时20个月。

10月24日　亚洲18个国家和地区的28家主流媒体采访广东工业设计城及美的集团。

10月28日　中共中央政治局委员、国务院副总理张德江与中共中央政治局委员、广东省委书记汪洋到顺德就中小企业发展问题进行调研。其间，考察美的集团和广东工业设计城。

10月29日　美的集团举行销售突破千亿暨总部大楼落成典礼。中共中央政治局常委李长春，中共中央政治局委员、省委书记汪洋发来贺电。白俄罗斯第一副总理谢马什科及欧广源、陈用志、刘昆等省领导出席。

是日　北滘镇莘村中学举行第二十五届“郑美奖教奖学”暨第十一届教育基金颁奖大会，近500名优秀师生受奖，奖励金额达116万元。

11月6日　举行“迎亚运——2010年北滘镇龙舟大赛”。该赛事由美的集团、精艺金属、美旗集团赞助，奖金达130多万元。

是日　北滘医院与南方医科大学附属南方医院、珠江医院等医院签署学科合作共建协议，新开设医学心理科、肿瘤科。南方医科大学附属南方医院、北滘医院博士医疗队也正式成立。

11月16日　历时八个月的第五届“省长杯”工业设计大赛在广东工业设计城进行总评答辩。北滘的设计企业有4个项目入围大赛十强，北滘艾万创新设计学研中心研发设计的健康办公椅获一等奖。

11月29日　粤港产业创新设计中心及其孵化体验馆在广东工业设计城正式开

幕。与6家校企签订孵化合作协议，合作范围包括家电、环保电动车、LED灯具和专业化人才培训等多个方面。

11月30日　北滘教育基金第十四届奖教奖学颁奖大会举行，共有25所先进学校（幼儿园）、15个尊师重教单位获表彰，1723名优秀教师、优秀学生受到奖励，奖金总额150万元。

12月7日　美的集团财务有限公司开业，注册资本为5亿元。

12月21日　广东省社区基层就业工作座谈会在北滘召开，林头社区定为省首批充分就业星级社区及国家级充分就业示范社区。

12月28日　两条环镇公交车路线正式开通，衔接西海、桃村、碧江等10村（社区），对接广珠城轨北滘站和碧江站，设有居民区、学校、医院、工业区等79个候车点。

12月　北滘被中国国际城市化发展战略研究委员会评为“2010年中国城市化工业设计典范案例”。

2011年

1月6日　北滘镇第十五届人民代表大会第七次会议召开。

1月12日　2011年北滘企业发展年会召开。会上，镇人民政府为113家企业发放产业扶持资金1500万元。

1月16日　第三届中国北滘创意文化艺术节开幕，广绣文化创新中心揭牌成立。

1月20日　美的集团捐赠北滘慈善会，仪式在美的总部大楼举行。该善款主要用于扶贫、助困、敬老、幼教及社会公益基础设施建设。

2月28日　北滘社区妇代会获“全国妇联基层组织建设示范村（社区）”称号，镇中心幼儿园获“广东省巾帼文明岗”称号，三洪奇社区妇代会获“佛山市妇联系统先进妇女组织”称号，郭满群、钱玉姬获“佛山市妇联系统优秀妇女工作者”称号。

3月11日　中韩工业设计培训基地落户广东工业设计城，省经信委与韩国设计振兴院签署合作协议。

3月13日　南方医科大学钟世镇院士医学工作室、计算机外科研究所落户北滘。

3月28日　北滘派出所升级为“全国一级公安派出所”。区、镇领导莫德富、卢英伟、徐国元、冼阳福、麦广强、卢锡禧等出席挂牌仪式。

4月15日　美的集团举行全球最大的微波产业基地——美的微波电器工业园落成典礼。中国家电协会理事长姜风，市委书记陈云贤，市委常委、区委书记梁维东和镇主要领导出席。

4月27日　广东省委常委、政法委书记、公安厅厅长梁伟发率团，视察美的总部大楼和广东工业设计城。

是日　“北滘公共自行车服务系统启动仪式”在广东工业设计城举行，该系统首期建成3个站点，投放自行车100辆。

5月3日　广东工业设计城与德国科隆国际设计学院签订合作办学协议。区、镇领导黄喜忠、徐国元等出席。

5月6日　广东工业设计城被省文化厅授予“广东创意设计文化产业园区”，朱武、梁惠英、张新杰、徐国元等省、区、镇领导主持揭牌仪式。

6月14日　中共中央政治局委员、省委书记汪洋与省委常委、副省长肖志恒，省委常委、秘书长徐少华到顺德就“加快转型升级、加强社会建设”进行专题调研。其间，考察广东工业设计城和美的微波电器工业园。

6月17日　北滘召开政风行风评议工作会议，镇委副书记李满连为8位特约监察员颁发聘书。

6月19日　以北滘发展为蓝本，由中国综合开发研究院编著的《未来30年的中国梦》，首发仪式在北京举行，人民出版社常务副社长任超，区、镇领导梁惠英、徐国元、冼阳福等出席。

是日　经中国轻工业联合会、中国家用电器协会复评考核，北滘获评“中国家电制造业重镇”。

是日　北滘恒创法律咨询服务中心举行挂牌仪式。以政府购买法律服务的形式，为市民提供免费法律咨询和调解纠纷等服务。

6月22日　中共北滘镇第十三次代表大会召开。

8月18日　北滘召开环境保护工作会议，黄龙村、莘村村、水口村、西海村、马龙村获“佛山市生态示范村”称号，三桂小学、西滘幼儿园、西海幼儿园获“顺德区绿色学校（幼儿园）”称号，受表彰。

9月28日　广东省凯业慈善基金会成立揭牌仪式及爱心助学工程启动仪式在华美达广场酒店举行。

9月　被中国轻工业联合会中国家用电器协会授予“中国家电制造业重镇”。

10月17日　美的集团投资4亿元兴建的制冷研究院成立。

是日　美的集团在顺德区政府会议中心举行第十六届科技奖励大会，为2010—2011年度作出突出贡献的科技团队和个人颁发奖金1800万元。

10月28日　北滘第三期TC公交正式开通，新增933、934两条线路，22辆全新液化天然气能源公交车投入使用。至此，北滘公交车数量增至59辆，公交覆盖率达98%。

11月3日　北滘公共决策咨询委员会成立。来自各专业领域、功能组别的24名人士受聘为北滘智囊团成员。

11月11—13日　第四届中国（顺德）国际工业设计创意博览会在广东工业设计城举行。展馆面积6万平方米，100多家中外设计机构参展，展示设计创意项目近万项，参观超3.6万人。

11月18—21日　第十八届“美的杯”全球华人羽毛球锦标赛在北滘活力体育中心举行。来自日本、韩国、美国等14个国家和地区的3500名选手参赛，超过10万人观看。

11月29日　北滘“三大改革”（行政审批制度改革、农村综合改革和社会体制综合改革）工作会议召开。会议规定，要用两到三年，北滘镇党政机关减少审批事项三成以上、审批时限缩短一半以上。

是日　北滘行政服务中心投入使用，首批9个职能部门进驻办公，服务范围包括国土房产、税收征收等62项。

12月21日　北滘第十五届奖教奖学颁奖大会召开，表彰一批教育先进单位、优秀教育工作者及优秀学生等，颁发奖金150万元。

12月22日　人力资源和社会保障部副部长王晓初，中国工程院党组副书记、常务副院长潘云鹤一行到北滘调研，参观广东工业设计城。

12月　北滘获“广东省生态示范镇”称号。

是年　被全国爱国卫生运动委员会评为“国家卫生镇（2011—2014）”。

2012年

1月12日　北滘文化中心正式启用，区、镇领导蓝斌、冼阳福、麦玉团、李满连等出席。该中心投资1.16亿元，占地面积2万平方米，建筑面积2.6万平方米，设有图书馆、音乐馆、展览馆、青年活动中心和综合培训楼。

2月6日　工业和信息化部总经济师周子学率工信部相关司、局负责人到北滘调研，参观美的集团和广东工业设计城。

2月17日　北滘镇组建起顺德区首个党代表工作室，是日举行群众见面会。

是日　北滘总商会举行成立仪式。省工商联副秘书长肖高潮、佛山市政府副秘书长列海坚、区人大常委会主任周志坤以及北滘镇党政领导、商会会员、嘉宾等400多人出席。

2月21日　北滘第十六届人民代表大会第二次会议召开。

2月23日　北滘镇2012年企业发展年会召开，启动实施“引领工程”，颁布《北滘镇促进产业转型升级指导意见》，颁发2011年度产业扶持资金，150多家中小企业获扶持资金1150万元。

2月26日　北滘举行“共建魅力小城，同创生态家园”暨创“国家级生态镇”启动仪式，1000多人骑单车巡游，宣传生态环保理念。麦玉团、霍炳潮、黄智海等镇领导参加。

3月11日　2012“北极星”杯嘉纳仕平地越野追逐赛首站赛事在北滘嘉纳仕赛场举行，来自佛山、广州、江门、鹤山、上海、香港等地方的12支车队共55位车手参赛。

3月13日　北滘中心小学获“广东省巾帼文明岗”称号。

3月16日　北滘慈善会举行2012年年度大会暨慈善拍卖活动，镇领导、慈善会成员以及社会热心人士共200多人参加。国强慈善基金捐赠700万元，加利源塑料公司和新的集团分别捐赠100万元和10万元。

3月19日　镇委、镇政府印发《北滘镇发展三年行动计划》的通知。

3月26日　由安源、金型、万联、银河、凯业、盈腾、金海、恒广裕等8家成长型企业总部大厦组成的北滘国际财富中心在新城区奠基。黄喜忠、蓝斌、冼阳福、麦玉团等区、镇领导出席。

是日　君兰社区居委会揭牌成立。

4月11日　北滘成立全区首个镇级交通事故紧急救助基金。对发生在北滘辖区内的交通事故、符合条件的申请人提供最高1万元的救助。

4月19日　国道G105线林头段人行天桥、三乐路槎涌路口人行天桥、三乐路美的微波炉厂人行天桥落成启用。

4月24日　北滘通过国家级生态乡镇验收。

4月26日　北滘总商会编藤家具行业分会正式成立，成为北滘总商会首个成立的分会。

4月29日　顺德区文化馆首个镇级文艺培训辅导中心在北滘文化中心挂牌成立。

是日　北滘商业广场正式开业。

5月13日　“美的地产杯——北滘新城公路自行车绕圈赛”在北滘新城区举行，来自佛山五区及香港、广州、江门、肇庆等地的420多名自行车爱好者参加。同日，北滘自行车运动协会成立，有100多名会员。

5月22日　肯尼亚工会中央组织代表团参观美的总部大楼、浦项钢板有限公司。

6月7日　省委副书记、省长朱小丹视察美的集团和广东工业设计城。

6月13日　北滘协创产学研促进中心正式成立，为企事业单位与高校及科研机构在协同创新、科技成果转化、人才培养等方面，提供中介顾问服务。

6月14日　北滘镇人民政府颁布《扶持自主创业实施方案》，计划在未来三年投入1000万元，为北滘户籍的高校毕业生及就业困难人员，提供创业资金扶持与创业培训。

6月27日　槎涌社区活动中心举行“3861”妇儿促进会成立大会，成为北滘镇妇联第一个以数字注册成立的社区社团组织示范点。

7月11日　北滘镇农村集体资产交易所正式挂牌成立。

7月16日　外交部党委书记、副部长张志军一行考察美的集团。

8月2日　中共中央政治局委员、省委书记汪洋到顺德进行专题调研，考察北滘文化中心。

8月17日　“2012中国·北滘国际动漫产业节”在北滘文化中心拉开帷幕，北京市政协常委、北京电影学院原党委书记籍之伟和北滘镇镇长麦玉团主持开幕仪式。

8月31日　北滘镇“顺德区创业带动就业孵化基地”举行挂牌仪式。

9月11—12日　全省推广顺德、南海综合改革试点工作现场会在佛山市召开，中共中央政治局委员、省委书记汪洋，省委副书记、省长朱小丹率全省21个地级市委书记参观北滘文化中心。

9月25日　顺德区人民检察院北滘检察室在北滘镇综治维稳中心首层挂牌成立，承接北滘、乐从、陈村、龙江四个镇街的检察工作。

10月23日　北滘镇余荫院新大楼（老年公寓）落成暨“全国模范敬老院”揭牌仪式举行。

10月25日　全省设计创新促进产业转型升级现场会在顺德召开。中共中央政治局委员、省委书记汪洋，省委副书记、省长朱小丹等省领导考察广东工业设计城。

10月31日　莘村中学举行第27届“郑美奖教奖学金”、第13届教育基金颁奖大会暨美鸿艺术教学大楼落成剪彩仪式。区、镇教育局有关领导，旅港乡亲等嘉宾参加，并为获奖师生颁奖。该教学大楼总投资450万元。

11月12日　“2012第二届中国工业设计北滘论坛”开幕，来自国内外工业设计领域的专家学者、产业界精英、知名设计师以及院校师生近千人参加。

11月25日　北滘镇西海村廉租房项目正式动工。该项目是佛山首个农村廉租房项目，由西海股份社提供用地，北滘镇政府及镇慈善会投资1600万元，用地面积3400.48平方米，建筑面积约为7500平方米，建设住房100套。

11月　北滘镇创业孵化中心启用，通过设立以电子商务为主的创业基地，扶持本地居民自主创业。孵化中心总规划面积约4300平方米。

12月8日　“跨速杯”2012年广东省速度轮滑锦标赛和2012年广东省自由式轮滑公开赛分别在北滘开赛，来自粤、港的47个团体共983人参加。

12月9日　中共中央总书记、中共中央军委主席习近平视察广东工业设计城和黄龙村。

12月14日　碧江坤洲鳗鱼场举行“广东省水产养殖质量安全示范点”挂牌仪式。鳗鱼场养殖面积达120亩。

12月24日　北滘镇举行第16届奖教奖学颁奖大会，向2012年度教育优秀单位和个人颁发奖金共计150多万元。

12月28日　中共中央政治局委员、广东省委书记胡春华视察美的集团。

12月　北滘镇被中华人民共和国环境保护部评为“国家级生态乡镇”。

2013年

1月5日　“美的集团支持北滘慈善捐赠千万善款仪式”在美的集团总部举行，向北滘慈善会捐赠1000万元。

1月8日　北滘镇第十六届人民代表大会第三次会议召开。

是日　全国首家微波食品研究领域院士工作站——孙大院士工作站在美的厨房电器事业部成立。

1月　北滘职业技术学校食堂、美的集团有限公司总部餐厅获“省级餐饮服务食品安全示范单位”和“餐饮服务食品安全量化分级管理A级单位”称号。

2月1日　广珠城际铁路碧江站开通。

是日　“魅力校园”第十三届全国校园春节联欢晚会在北京举办，北滘美的学校的《雨后小调》获晚会金奖。

2月5日　“顺德·慧聪中国家电电子商务产业园”落户北滘，位于国道G105北滘段东侧，面积为4.4万平方米。

2月26日　佛山市召开的2012年度纳税大户表彰大会，美的投资控股有限公司受表彰，纳税总额超10亿元，位于全佛山市首位。

2月　碧江入选“中国传统村落”。

3月4日　北滘镇政府召开2013年企业发展年会，发布新修订的《北滘促进中小企业转型升级扶持办法》；镇财政每年安排1200万元作为促进中小企业转型升级扶持资金。

3月7日　美的集团副总裁袁利群获“全国三八红旗手”称号。

3月　槎涌社区获“全国妇联基层组织建设示范村（社区）”称号。

4月1日　美国商会华南顺德办事处在北滘镇新城区怡和中心揭幕，成为美国商会华南首个在中国县级城市设立的服务机构。

是日　中国·慧聪家电城在北滘奠基，总投资10亿元，计划建成国内首家集“家电产业中心、家电产业综合体、国家级展会、家电电子商务”一体的家电电子商务采购中心。

4月29日　美的地产跻身“2013中国房地产百强企业”，获“百强之星”称号。

4月　顺德区经济和科技促进局统计公布全区2012年专利申请和授权数据，北滘发明专利申请共3014项，其中成功获得授权2497项。

5月4—5日　香港通济商会理事长郑伟杰、香港顺德联谊总会会长梁升率港澳北滘籍乡亲一行回乡，参观北滘新、旧城区和广东工业设计城。

5月14日　中共中央政治局委员、省委书记胡春华视察广东工业设计城。

5月21日　2012年香港建筑师学会年度建筑大奖揭晓，北滘城市文化新地标——北滘文化中心成为唯一获奖的内地建筑。

6月19日　北滘青年企业家协会服务中心成立。同日，北滘青年企业家协会发起成立青企壹公司，为会员企业发展提供资金扶持。

6月26日　北滘启动促进全民就业能力提升三年行动计划，由镇财政、北滘慈善会及国强慈善基金共同资助，三年投入550万元，培训劳动力技能提升。

8月1日　北滘城区小学曲艺艺术团13名小学生赴京参加“蒲公英青少年优秀艺术新人选拔活动”，获3枚金牌。

8月4日　北滘合唱团在第四届新加坡国际华文合唱节大赛中获冠军。

8月14日　国家质检总局正式批复同意北滘镇筹建“全国家电配套制造产业知名品牌创建示范区”，北滘成为全区首个获准筹建的国家级知名品牌示范区。

8月19日　北滘数字化城市管理监督指挥中心成立，利用智能化数字城管系统，对城市管理问题进行巡查、上报、处理、监督、考察。共接入56个职能部门，涵盖全镇19个村（社区），成为顺德区镇街覆盖范围最广的城管系统。

8月30日　广东四维塑业股份有限公司在天津股权交易所挂牌交易，成为北滘第一家在天津股权交易所上市的企业。

9月13日　北滘镇道路交通事故人民调解委员会正式挂牌成立，为交通事故者提供民事损害赔偿方面的法律指导。

9月　北滘19个村（社区）达到广东省“充分就业社区”标准。登记失业率控制在2.5%以内，构筑起“一村一就业基地”就业援助体系。

9月30日—10月4日　第八届中国（美的）岭南美食文化节主会场活动在北滘广场举行，设置展位139个，200多家餐饮企业参与，游客达125万人次。

10月　北滘“国强慈善基金”捐赠善款170万元，赞助顺德区慈善会重阳节敬老慰问活动。

是月　人社部和全国博士后管理委员会联合发文，批准广东精艺金属股份有限公司和广东工业设计城发展有限公司设立博士后科研工作站。至此，北滘拥有包括美的集团在内的3个博士后工作站。

11月6日　瓦努阿图共和国总理卡凯塞斯率访问团参观美的集团、广东工业设计城。

是日　奥地利记者团参观美的集团。

11月19日　北滘镇成立首家社会企业——“甜梦成真”甜品屋，该企业的雇员全部为残疾人。

11月27日　北滘镇举行第二届公共决策咨询委员会成立大会。表彰首届8名优秀委员，选举第二届委员会，25人当选。

11月　美国驻广州总领事馆商务处商务官罗拉访问北滘，参观怡和中心、美的总部、碧桂园。

12月11日　美的集团股份有限公司成为第一批国家级知识产权示范企业。

12月13日　北滘镇17届奖教奖学大会举行，颁发奖金180万元，1400名先进师生受奖。

12月24日　北滘镇6个中小学生社会实践基地正式挂牌启用。6个基地分别设在碧江金楼、北滘文化中心、北滘社会综合服务中心、西海烈士陵园、广东工业设计城及美的集团。

是年　北滘镇被全国爱国卫生运动委员会评为“国家卫生镇”。

2014年

1月8日　北滘镇第十六届人民代表大会第四次会议召开。

是日　碧桂园集团公布2013年销售业绩，全年实现合同销售金额约1060亿元，继美的集团后成为北滘第二家千亿元企业。

1月10日　第八届中华电子企业品牌价值评议颁奖典礼暨品牌建设高峰论坛召开，中国慧聪家电城获2013年度中国“最具价值电子商务产业园”“家电产业链全国示范品牌”“家电产业最具拉动力品牌”三项奖励。

1月15日　北滘镇召开工程质量安全监督工作暨工地美城行动总结会。

1月22日　北滘镇机关、镇慈善会、美的集团、国强慈善基金、锡山家具有限公司等企业，筹集355万元，慰问镇内困难家庭，惠及2800多名困难群众。

2月27日　中国（广东）家电产业高峰论坛在北滘举行。会上，美的、TCL、格兰仕等40家家电企业与慧聪家电城签约，成为中国家电知名品牌馆首批进驻者。

3月4日　共青团广东省委书记曾颖如一行考察中国·慧聪家电城，参观中国家电博物馆。

3月12日　澳门顺德北滘同乡会筹委会主席孔庆标一行14人游览北滘新城区。

3月26日　北滘镇“安居工程”项目启动暨西海保障房入住仪式在西海举行，该项目总投资1600万元，占地面积约3400平方米，总建筑面积约6800平方米，建成面积30至60平方米的保障房102套。

4月26日　由《南方都市报》主办，顺德区委宣传部、北滘镇人民政府协办的“第十二届华语文学传媒大奖”颁奖典礼在北滘文化中心举行，余华、阿来、徐敬亚等近百位作家、诗人、评论家参加。

5月26日　北滘国际财富中心举行动工仪式。该项目占地面积148亩，由8座高层建筑体组成，总建筑面积约64万平方米，总投资约30亿元。

是日　澳门顺德北滘同乡会在澳门成立，举行成立大典暨第一届理监事就职典礼。顺德区委常委、常务副区长邓永强，北滘镇委书记冼阳福应邀出席。

7月3日　北滘镇与三峡大学科技学院签署人才战略合作框架协议。

7月　北滘镇被评为“全国安全社区”。

8月　住房和城乡建设部公布新一轮3675个全国重点镇名单，北滘镇名列其中。

9月23日　北滘通过“中国家电制造业重镇”复评考核。

9月29日　位于清远市清城区的广东碧桂园职业学院举行落成开学典礼，首届学生306名。学院由广东省国强公益基金会主办，是一所慈善公益的民办全日制普通高等学院，是迄今全国唯一的全免费大学，投入建设、配套、管理资金约4.5亿元。

9月29日—10月4日　第九届中国（美的）岭南美食文化节在北滘广场开幕。该届美食文化节以“鱼米水飨，创意顺德”为主线，共有193个展位，游客超过100万人次。

10月17日　全国首个“扶贫日”启动，美的集团股份有限公司被评为全国社会扶贫工作先进集体，碧桂园董事局主席杨国强被评为全国社会扶贫工作先进个人。

10月27日　岭南园林（和园）和盈峰艺术博物馆项目奠基。和园占地41749平方米，盈峰艺术博物馆项目占地面积8650平方米，由广东省何享健慈善基金捐资3亿元兴建。

10月　北滘镇综合指标位列全国百强镇第9名。

11月8日　北滘镇专职消防队被国家公安部评为“第二届全国119消防先进集体”。

12月9日　首个“中国设计日”系列活动在广东工业设计城举行，由顺德区政府牵头，清华大学美术学院、广州美术学院、北滘镇政府、广东省工业设计协会、广东工业设计城、广东顺德工业设计研究院联合主办。

是日　美的集团创新中心奠基。该项目计划投资30亿元，占地面积约400亩。

12月14日　广东省首届轮滑欢乐节暨“美洲狮杯”广东省第三届轮滑球锦标赛在北滘广场举行启动仪式，2000多名选手参加竞赛。

12月21日　2014年“源泽杯”省港摩托车越野追逐赛北滘年度总决赛开赛，来自各地区9个车队、近60名选手参加比赛。

12月　根据广东省旅游饭店星级评定委员会转发《全国星评委关于批准佛山市金茂华美达广场酒店为五星级旅游饭店批复》的通知，金茂华美达广场酒店挂上“五星”牌子，成为北滘首家五星级酒店。

是月　广东同天投资管理有限公司被评为国家级科技企业孵化器。

是年　中国科学发展百强镇排名榜第九位。

是年　北滘被全国爱国卫生运动委员会评为“国家卫生镇”。

2015 年

1 月 15 日　北滘镇第十六届人民代表大会第五次会议召开。

1 月 16 日　北滘镇举办第十八届奖教奖学颁奖大会，表彰 2014 年度先进教学代表及先进教育单位。

3 月 24 日　北滘镇组织镇机关、企业、村（社区）、学校等各界代表 300 多人到潭洲水道佛陈大桥东侧植树，种下树苗 623 棵。

3 月 26 日　佛山市道德模范和身边好人“六进”暨“顺德好人·友善之城”启动活动在北滘镇文化中心举行。佛山市精神文明办、五区文明办、顺德区各镇街等近 300 人参加活动。北滘 337 路公交司机卢振国被誉为“全国最浪漫车长”。

3 月　君兰社区被评定为“2014 年广东省宜居社区”。

4 月 7 日　北滘首个 24 小时自助图书馆启用，该图书馆位于北滘文化中心内，建筑面积 115 平方米。

4 月 25 日　第十三届华语文学传媒大奖颁奖典礼在北滘文化中心举行。

4 月 30 日　“海上丝绸之路”沿岸国家媒体团到北滘镇参观美的集团。

5 月 4 日　广东省“慧聪家电城杯”电子商务创业大赛决赛在北滘举行。飞鱼电商的“博世家电运营项目”获慧聪家电城提供的 500 万元创业孵化资金。

5 月 9 日　北滘举行新城 10 千米徒步运动，4000 多名市民参加。

5 月 20 日　北滘镇新公共自行车系统开通，设置 39 个租赁网点、650 辆自行车。

5 月　广东工业设计城获“佛山市十大区域文化产业品牌”。

6 月 5 日　设计城社区居民委员会举行揭牌仪式，成为全国首个以工业设计主题园区命名的社区，辖区内有各类企业 300 多家。

7 月 1 日　顺德城市候机楼北滘新城站启用。

7 月 8 日　斐济总理姆拜尼马拉马一行参观美的集团制冷研究院。

7 月 9 日　“2015 中国家电行业峰会”在北滘举行，佛山市委常委、顺德区委书记区邦敏，中国家电协会副秘书长陈钢，广东家电商会秘书长谢德盛，顺德区经济和科技促进局局长招霞红，北滘镇委书记罗厚光，北滘镇镇长余焯焜等领导以及各家电企业负责人参加。会上发布“中国家电·顺德聚”家电产业平台发展五年规划，提出将北滘打造成为中国家电研发设计、交易金融、电子商务、贸易会展、人才等五个中心。

7 月 26 日　北滘少儿合唱团的《渔父》《美好的远方》《落雨大》三首曲目获 2015 首届“中国和之声”声乐比赛最佳和声奖。

8 月 24 日　西海抗日烈士陵园入选第二批国家级抗战纪念设施、遗址名录。

8 月 26 日　北滘镇第十六届人民代表大会第六次会议召开。

8 月 30 日　瓦努阿图总理基尔曼一行参观美的集团。

9 月 8 日　北滘怡康园残疾人托养服务中心正式启用，成为顺德区首所公办残疾人托养服务中心。

10月4日　北滘镇马龙工业区受龙卷风吹袭，受灾面积约17万平方米，摧毁厂房17间。

10月29日　北滘镇人民政府发布《北滘镇电子商务发展规划和三年行动计划》。

10月　北滘社区试验运行顺德首个“互联网+”智能停车收费系统。

12月5—6日　“美洲狮杯”广东省第四届轮滑球锦标赛、2015广东省轮滑舞蹈公开赛及2015广东省速度轮滑锦标赛在北滘广场举行，来自广州、珠海、东莞、顺德等地近百支队伍、超千名选手参赛。

12月17日　北滘镇第十九届奖教奖学颁奖大会在北滘中学举行，奖金达200多万元。

是年　中国科学发展百强镇排名第八位。

2016年

1月6日　美的集团再次向北滘慈善会捐赠1000万元。

1月29日　北滘镇第十六届人民代表大会第七次会议召开。

1月　北滘“全国家电配套制造产业知名品牌创建示范区”通过验收。广东工业设计城获评“2015年省级工业设计基地”。

2月1日　广东省副省长蓝佛安率慰问组慰问马龙村困难群众、老党员及企业代表。

3月18日　全国首个家电O2O生态圈——中国慧聪家电城开幕。

3月25日　投资5亿元的盈峰·丰明中心总部大楼落成。

4月7日　中共中央政治局委员、省委书记胡春华一行考察中国·慧聪家电城。

4月9日　“好学顺德·阅读北滘之广教自助图书馆”启用，该图书馆是顺德首个社区自助图书馆，占地200平方米，有图书1万册。

4月16日　第十四届华语文学传媒盛典颁奖典礼在北滘文化中心举行。

4月29日　“世界美食之都”——2016（春季）顺德美食节活动在北滘广场启动，设有180个展位。

5月16日　北滘淘商城升格为省区共建的广东顺德电子商务创业孵化示范基地，并正式开业。

5月19日　顺德首个镇属公有资产集团——广东顺北集团挂牌成立。

6月24日　广东省公布首批“互联网+小镇”名单，北滘成为全省10个首批创建小镇之一；广东美的制冷设备有限公司成为2016年全省互联网与工业融合创新试点企业。

6月30日　德国媒体采访团7家媒体走访广东工业设计城、中国慧聪家电城、美的总部等，了解顺德企业创新发展情况。

7月8日　北滘举办“我环保，我时尚”环保公益骑行活动，600多名市民参加，组成20多个方阵，骑行全程约13千米。

7月26日　中共北滘镇第十四次代表大会召开。

7月　美的集团入选《财富》世界500强，排名第481名。

是月　北滘少儿合唱团参加第九届世界合唱比赛获两项金奖。

8月8日　全国首个设计创新创业实训基地D2C设计创新创业实训平台在广东工业设计城正式启动。

8月14日　广东省军区党委常委、政治部主任吴烈冲少将一行到顺德检查征兵工作，察看征兵体检站北滘医院。

8月23日　香港顺德北滘同乡会成立揭牌仪式暨会所开幕式在香港举行。

8月26日　第十五届华语文学传媒盛典暨2016南国书香节·顺德阅读季启动活动在北滘文化中心音乐厅举行。

9月29—30日　北滘镇第十七届人民代表大会第一次会议召开。

10月11日　住房城乡建设部发布第一批127个中国特色小镇名单，北滘镇以"智造小镇"排名全省第一，成为佛山市首个入选该名单的特色小镇。

10月20日　第二届中国（广东）国际"互联网+"博览会在顺德潭洲国际会展中心开幕。

11月13日　"美洲狮杯"2016年全国单排轮滑球锦标赛暨广东省第二届轮滑欢乐节在北滘文化广场开幕，来自全国各地200多支队伍3000名轮滑选手参加比赛。

11月　北滘位列"2016年度中国建制镇综合实力前100强"第8名。

12月11日　北滘体育公园启用，占地面积约55000平方米，同日举办万人公益健步活动。

12月15日　共青团佛山市委和北滘镇人民政府签订合作协议，把北滘青少年宫打造成全国镇级青少年宫标杆。

是年　获"全国社区教育示范街道（乡镇）"荣誉称号。

2017年

1月6日　中共北滘镇第十四次代表大会第二次会议召开。

1月22日　北滘高端人才公寓项目动工仪式在北滘镇新城区举行。该项目位于北滘镇新城区益丰路以西，占地约5.8万平方米，共建约2000套现代国际公寓。

2月12日　国华纪念中学入选中国第一部教育扶贫蓝皮书《中国教育扶贫报告（2016）》典型案例。

2月14日　碧桂园集团董事局主席杨国强和杨惠妍捐资1亿元启动"惠妍教育助学基金"，资助贫困孩子上学，捐赠仪式在广教小学举行。

2月　北滘淘商城被广东人力资源和社会保障厅定为广东顺德电子商务创业孵化示范基地，并拨专款1000万元用于基地软硬件设施建设。

3月16日　北滘镇第十七届人民代表大会第二次会议召开。

3月22日　北滘、陈村、伦教举行图书馆资源共享暨馆校共建签约仪式，三镇（街道）共享图书馆资源。

3月31日　北滘碧江廉租房举行入住仪式并投入使用，镇长王崇曦、碧江福利会会长苏培向首批入住居民发送"金钥匙"。

3月　北滘社区妇联被评为“全国妇联系统先进集体”。

是月　2017—2018年“青训联盟杯”全国青少年足球俱乐部锦标赛城市分区赛（佛山站）在北滘新城区体育公园开幕，来自佛山的20支学校及俱乐部足球队参与比赛。

4月12日　顺德出入境检验检疫局纪念《中华人民共和国进出境动植物检疫法》实施25周年活动在北滘港举行。北滘港启动“动植物检验检疫规范化建设示范口岸”创建工作。

4月15—16日　北滘镇19个村（社区）完成村委会和居委会换届选举。选出委员会成员159名，其中主任19名、副主任25名。

4月22日　第十五届华语文学传媒大奖在北滘文化中心揭晓。

4月27日　住房城乡建设部村镇司副司长卢英方一行先后到君兰河堤公园、文化中心、林头社区、美的全球创新中心、广东工业设计城、中国慧聪家电城调研。

4月29—30日　为期两天的“活力·狮搏——萌芽杯”2017广东省青少年羽毛球精英赛在活力体育中心羽毛球馆举行，全省28支代表队、300多名运动员参赛。

5月10日　全国政协教科文卫体委员会“人工智能的发展与对策”专题调研组到美的集团调研。

是日　香港特别行政区立法会主席梁君彦、香港顺德北滘同乡会会长区倩雯率粤港澳大湾区商务考察团一行30人考察广东潭洲国际会展中心、中欧中心、美的集团总部、广东工业设计城。

6月15日　省生产力促进中心定广东工业设计城为“广东省工业设计创新服务示范基地”。

6月　澳门顺德北滘同乡会在澳门举行三周年庆典暨第二届理监事就职典礼。顺德区委常委、统战部部长黄海，北滘镇镇长王崇曦出席。

7月16日　澳门特别行政区行政会发言人梁庆庭、澳门顺德北滘同乡会会长孔庆标等一行考察广东潭洲国际会展中心、碧江社区。

7月20日　《财富》世界500强排行榜发布，美的和碧桂园分别排名第450位和467位。

7月24日　广东工业设计城、广东同天投资管理公司与以色列Age Culture公司代表朗·纳巴罗教授三方签署设计创新平台战略合作协议。

7月25日　广东省何享健慈善基金会更名为广东省和的慈善基金会，公布捐赠60亿元计划。

7月　省人社厅、省财政厅下发《关于公布2016年度广东省创业孵化示范基地名单的通知》，广东工业设计城成为首批“广东省创业孵化示范基地”。

8月2日　北滘入选佛山市首批市级“特色小镇”创建名单。

8月3日　省企业联合会、省企业家协会发布2017年广东企业500强排行榜，美的集团股份有限公司、碧桂园控股有限公司、精艺金属股份有限公司分别位列第10、13、220位。

8月29日　北滘以“特色小镇集群示范区”入选广东省首批特色小镇创建工作

示范点。

9月3日　广东省国强公益基金会、美的集团并列2017年度顺德公益慈善榜单第一。

9月10日　中国企业联合会、中国企业家协会发布“2017中国企业500强”榜单，美的集团股份有限公司和碧桂园控股有限公司分别位列第101位和107位。

9月14日　广东英国商会创始人百瑞参观广东潭洲国际会展中心、美的集团总部、嘉腾机器人自动化有限公司。

9月15日　全国工程专业学位研究生教育指导委员会定为广东顺德工业设计研究院“全国工程专业学位研究生联合培养开放基地”，这是全国首个工程专业学位研究生联合培训开放基地。

9月　广东省国强公益基金会向顺德慈善会捐资1000万元，用于助学、助残等项目；惠妍教育助学基金捐赠1000万元用于顺德区内爱心助学。

10月9日　《人民日报》发布2017年中国中小城市科学发展指数研究成果，北滘镇位列2017年度全国综合实力千强镇第8名。

10月　碧江获联合国颁发的2017年度“城市文化复兴优胜奖”第3名。

11月2日　美的集团与碧桂园集团签署战略合作协作书，联袂打造产城融合标杆项目。

11月15日　黄龙村党委与陕西省延安市延川县梁家河村党支部签订党建结对共建协议。

11月16日　法国圣埃蒂安设计双年展、广东工业设计城明星产品展同时在广东工业设计城内开幕。北滘党委书记周旭、镇长王崇曦和法国尚邦市市长艾莲娜·沃基为展览揭幕。

11月25—26日　2017年广东省轮滑锦标赛在北滘举行，来自广东各地和香港近200支队伍、2500多名运动员参加。

12月28日　广东首个军民融合创新产业园落户北滘。

是月　碧桂园获“2017年度中国公益企业奖”。

第一篇　行政区域　自然地理

第一章　境域　区划

第一节　位置

北滘镇地处珠江三角洲西江、北江下游，位于佛山市顺德区东北部，地理坐标为东经113°13′，北纬22°56′。东西宽度16.5千米，南北相距8.0千米，总面积92.11平方千米。北与陈村镇隔江相邻，东与广州番禺区钟村镇、沙湾镇隔江相对，西与乐从镇接壤，南与勒流街道相接、与伦教街道隔江为邻。

镇中心与顺德区人民政府（驻地大良街道）相距14千米，与佛山市人民政府所在地禅城区相距13.6千米，距省会广州市23.1千米，距澳门89.3千米，距香港122.6千米。

第二节　区划

一、中华人民共和国成立前

明景泰三年（1452年）顺德设县后，行政建制为都、堡、图、村四级。据万历《顺德县志》卷一记载：北滘区域属西淋都。都粘、新村、绿道、朱村、桃村、墩头、塘头、西洲、横岸、高村、西雍、璋壁12村属都粘堡管辖；新村（今莘村）、马村、龙涌3村属新良堡管辖；碧江、上龙、下龙、仙洞、泮浦、三桂6村属龙头堡管辖；桂林、北滘、槎涌、黄涌、乾滘、简岸、独州7村属桂林堡管辖；上寮、西滘2村属甘溪堡管辖。

清初，北滘区域体制沿袭明制。乾隆二年（1737年）起，顺德由县丞、典史和马宁、江村、都宁、紫泥巡检司分别管治。北滘区域分属都宁巡检司和紫泥巡检司管辖。都粘、新村、绿道、朱村、桃村、墩头、塘头、西洲、横岸、高村、西雍、璋壁12村仍由都粘堡管辖；碧江、上龙、下龙、仙洞、泮浦、三桂、马洲7村属龙头堡管辖；桂林、北滘、槎涌、黄涌、乾滘、简岸、独洲7村归桂林堡管辖；上寮、西滘2村由甘溪堡管辖。光绪三十四年（1908年），顺德行政区域分为十区、217村，北滘区域村庄分属第三、第四、第五区。第三区统21村，其中北滘区域的有17村，分别是：三桂、马洲、碧江、泮浦、都宁、桃村、绿道、横岸、林头、广教、北滘、简岸、黄涌、绿洲、槎涌、三洪奇、西城；第四区统19村，其中北滘区域的有西滘、清沙、高村3村；第五区统36村，其中北滘区域的有上僚、水口、上陈、莘村、马村、龙涌6村。

民国时期，顺德先后进行四次行政区域调整。民国21年，全县设十区、193乡。北滘地域乡村分别隶属第三区、第四区、第五区。隶属第三区的有：达德、彰义、南平、泮浦、凤鸣、桃村、绿道、都宁、西城、横岸、马洲、三桂、北滘南、北滘北、林头南、林头北、广教、槎涌、简岸、黄涌、太平、绿洲22个乡；隶属第四区的有高村、西滘、青沙3个乡；隶属第五区的有水口、上僚、马村、龙涌、莘村等7个乡。民国29年顺德10个区合并为3个区，北滘地域的碧江、桂马、北滘、林广、桂西、同安6乡隶属于第一区，龙涌乡隶属第二区。民国36年7月，顺德设6个指导区，推行乡镇保甲编制。北滘地域的联德乡（辖31保334甲）、桂马乡（辖7保65甲）、桂林乡（辖31保309甲）、同安乡（辖15保147甲）隶属第二指导区；同乐乡（辖18堡159甲）隶属第三指导区。民国38年9月，顺德重新分为10个区，辖39乡、7镇。北滘地域的桂马、联德、桂林、同安4乡隶属第三区，同乐乡隶属第五区。

二、中华人民共和国成立后

（一）北滘人民公社成立（1959年5月）前

1949年10月1日，中华人民共和国成立后，顺德行政区域进行多次调整。

1950年，设十区，下设57乡。北滘地域的广教、北滘、三洪奇、西海、桂西、彰义、都粘、林头南、林头北、桂马、桃村、泮浦等12乡隶属第三区；同安乡（高村、西滘、青沙）隶属第四区；同乐乡（莘村、马村、龙涌、上僚、水口）隶属第五区。

1952年8月，顺德仍设十区，辖106乡。北滘地域的林头、桂马、碧江、北滘、广教、奇西6乡隶属第三区，同安乡隶属第四区，岳僚（岳步与上僚合并，上僚部分属北滘区域）、莘村、马龙3乡隶属第五区。

1954年，顺德将106乡合并为79乡。北滘地域的林头、桂马、碧江、北滘、广教、西海、三洪奇7乡隶属第三区，同安乡隶属第四区，岳僚、新村、马龙3乡隶属第五区。1955年，顺德对个别镇村进行调整，撤销桂马、三洪奇、同安3乡，增设三桂、奇西、西滘、高村4乡。

1956年合作化运动期间，顺德并乡镇为42乡，十区以区政府所在地命名。北滘、碧江2乡隶属陈村区，高村乡隶属仙涌区，莘村隶属乐从区。

1958年10月，实行人民公社化，行政区域随之变动。公社下设生产大队（其中约有一年时间，生产大队同时称为“营”），北滘地域的三桂、高村、莘村、林头、西滘、北滘、三洪奇、碧江、西海、桃村生产大队（营）隶属陈村人民公社。

（二）北滘人民公社成立后

1959年5月，顺德设立北滘人民公社，下设林头、北滘、广教、三洪奇、高村、莘村、上僚、水口、西滘、马村、龙涌、黄涌、槎涌、西海、碧江、三桂、桃村17个生产大队，辖67村。

1961年5月，顺德调整人民公社规模，北滘人民公社调整为北滘区，下设北滘、碧江、莘村、西海4个人民公社，辖39个生产大队。

1963年1月，撤销区建制，4个公社合并为北滘人民公社，下设林头、北滘、广教、三洪奇、高村、莘村、上僚、水口、西滘、马村、龙涌、黄涌、槎涌、西海、碧江、三桂、桃村17个生产大队，辖67村。

1970年1月18日，碧江生产大队拆分为碧中、彰义、坤洲、都宁4个生产大队。

1983年11月，撤销人民公社，顺德恢复乡镇建制，北滘人民公社改设为北滘区，辖林头、北滘、广教、三洪奇、高村、莘村、上僚、水口、西滘、马村、龙涌、黄涌、槎涌、西海、碧中、三桂、桃村、坤洲、彰义、都宁、现龙21个乡以及北滘镇、碧江镇。

1985年10月，碧中乡、彰义乡并入碧江镇。

1987年2月，顺德撤区建镇，北滘区改设为北滘镇。至1991年，北滘镇辖管理区19个，街区2个。

1991年北滘镇行政区划

表1—1—1

管理区（街区）名称	管辖村（居民区）
林头管理区	上涌、下涌、北村、太平沙、南一、南二、大沙围7村
北滘管理区	北一、北二、北三3村
广教管理区	一村、元周、东基、安定、新胜、兰东、兰西、兆地、直华、西洲10村
三洪奇管理区	东宁、叙龙、西岸、太保、裕丰5村
高村管理区	大生、吕家、东社、东建、东一、东二、龙船、南东、南西、二南、二北、三南、三北、西一、西二、西三、塘一、塘二18村
莘村管理区	新沙、涌元、涌口、麦岸4村
上僚管理区	南基、南园、朝阳、鼎甲、大佳、丰荣、六世、观音、麦家沙、福星、聚财11村

续表

管理区（街区）名称	管辖村（居民区）
水口管理区	上陈、沙尾、东升、新建、东风、南阳、东一、东二、东三、北一、北二11村
西滘管理区	北村、西华、踊云、南便、兴宁、满堂、镇西、钟长、新庙、新一、新二、上围、南一、洲头、南二、大元、澳心、北便18村
马村管理区	新楼、西街、北街、东基、东街、祠前、徐村、新地8村
龙涌管理区	陈家、仁寿、大桥、东一、东二、东三、低街、渡头、高街、外村、深潭11村
黄涌管理区	穗一、穗二、穗三、穗四、黄五、黄六、黄七、黄八8村
槎涌管理区	大利、高桥、东边、赤花、六洲、西庙、来金、市头、同乐9村
西海管理区	二支、新源、兴隆、西成、聚龙、平原6村
三桂管理区	东隔、上下、东三、过沙、下基、基角、新一、新二、新三、百岁、塘头、西便、南便、官锡、南基15村
桃村管理区	横一、横二、绿道、圩心、东楼、基头、涌尾7村
坤洲管理区	隔涌、上涌、新地、红楼、增一、红湾、坤一、坤二、南平、里基、合成11村
都宁管理区	寨边、周易、村心、西安4村
现龙管理区	现一、现二、现三、现四、现五、现六6村
北滘街区	跃进、东风、简岸、珠玑、济虹5村
碧江街区	彰义、德云、中心3个居民区，中一、中二、中三、东成、下涌、上涌、甘境、西境、彰义、新洛、聚龙11个村

1995年3月，北滘管理区和北滘街区合并为北滘街区。

1999年，北滘镇撤区建村，农村管理区改为村，原来的村改为村民小组。

2001年，进行区域重组，部分村改社区。3月成立碧桂园社区。9月，广教、槎涌、林头、三洪奇4村改为社区；碧江社区、坤洲村、都宁村合并为碧江社区；黄涌、龙涌2村合并为黄龙村；马村、现龙2村合并为马龙村。年底，全镇辖10村、7社区。

2006年6月，调整部分村、社区地域，成立顺江社区。

2012年3月，成立君兰社区。

2015年6月，调整区域，成立设计城社区。

2017年底，北滘镇辖10村、10社区，分别是：莘村、黄龙、马龙、水口、上僚、西滘、高村、西海、桃村、三桂10个村；北滘、碧江、林头、三洪奇、广教、槎涌、顺江、碧桂园、君兰、设计城10个社区。

第二章　地理

第一节　地质　地貌

一、地层

北滘的大地构造位置处于华南褶皱系粤中拗陷区三水盆地东缘，地层形成和发育为断裂构造控制，主要构造形迹为北东走向及北西走向，境内出露的地层有白垩系和第四系。

（一）白垩系

属百足山组（K1b），主要分布在镇境东部的碧江、桃村、碧桂园、三桂等地。该地层上部主要由页岩和砂岩构成。

根据地层岩性和岩石组合特性，百足山组在北滘境内仅有中亚群。中亚群主要由石英砾岩、砂砾岩、紫色页岩和炭质页岩组成。底部有一厚层砾岩作为中、下亚群分界的标志。其上沉积物较细，从粗砾岩到细砂岩，顶为页岩；其下为含砾粗砂岩到石英砾岩，厚度500米以上。

（二）第四系

属第四纪全新世和晚更新世海陆交互相沉积层桂洲组（Qhg），覆盖境内绝大部分地区，平均厚度25.6米。岩性为灰、灰黑色含有丰富腐殖质和蚝壳的淤泥、粉砂、细砂、中粗砾组成，底部为河流相褐黄色卵石、圆砾、砾砂层，为近6000年所形成地层。

二、构造

在地质构造上，顺德全境是一个“向斜”，称作“顺德向斜”。向斜范围，南端新会棠下镇以南4千米，东界大良，北抵陈村镇以北，西界南海九江镇附近。北滘在顺德向斜范围内，大致包括在顺德向斜次级皱褶里。

从晚第三纪上新世开始，珠江三角洲地区仍有强烈继承性断裂活动，造成差异性断块升降，形成一系列断裂带。这些断裂带在近代地质时期都有不同程度活动，以北东向断裂活动最强；北西向断裂活动次之，控制了北滘地质地理现象分布格局，地貌呈北西方向展开。

（一）北东向断裂

陈村断裂 自南海林岳，经陈村、北滘，至黄龙，总体呈 N20°—25°E 方向展布，长 14.3 千米，隐伏于第四系下。

上涌断裂 自陈村勒竹、林头，经三洪奇、伦教羊额，至上涌、锦源，总体呈 N20°—25°E 方向展布，长 19 千米，隐伏于第四系下，主体倾向北西。

（二）北西向断裂

石洲断裂 自南海叠北、上海村，经陈村西淋岗、石洲，至勒竹、碧桂园，总体走向呈 N40°—50°W，大部分隐伏于第四系下。近代仍有活动。

都宁岗断裂 沿陈村仙涌、陈村镇区、都宁岗一线呈 N45°W 方向展布，长 10.5 千米，主体隐伏于第四系下。在都宁岗发育于百足山组薄—中层状粉砂岩、泥岩中，可见破碎带宽 0.8 米的构造角砾岩及密集节理带，断面倾向 225°，倾角 80°—85°。近代活动性明显。

北滘属于珠江三角洲断陷区之佛山沉降区，受地壳运动影响，近年来沉降幅度为 2.50 毫米/年。

三、地貌

北滘地貌以平原为主，地势西北略高，东南偏低，西北与东南的倾斜度相差 0.5 至 0.7 米，东北部碧江、三桂、桃村、西海有少量海岸残丘。平原面积 69.59 平方千米，占全境面积的 75.55%；水域面积 21.37 平方千米，占 23.2%；丘陵和台地面积 1.15 平方千米，占 1.25%。

远在三四千年前的新石器时代，北滘还是处在南海海岸。据清代咸丰《顺德县志》记载："桂林（堡）之白鸽嘴（地名），其底皆有积产枯蚝壳，重叠堆出，长竟数里"，从蚝壳遗址分布，现在北滘是当年顺德的海岸线。秦至五代（公元前 221 年至公元 960 年）北滘才逐渐形成一片平原。区域内平原属沙田区，组成物质以粘土及淤泥为主，海拔多在 1.5—1.7 米，禾田海拔则在 0.6—0.7 米，可利用潮水排灌。

境内丘陵和台地分布比较零散，海拔一般在 20—50 米。全镇有大小山岗 21 个，总面积 114.82 公顷，其中都宁岗主峰海拔 87.8 米，为镇域最高点。

北滘镇山岗面积统计表

表 1—2—1 单位：公顷

山岗名称	面积	山岗名称	面积	山岗名称	面积
都宁岗	51.16	大岗头	6.02	敬子岗	1.08
独岗	0.58	牛头岗	1.32	大坑岗	10.25
都宁狮岗	1.71	严家岗	2.72	矮岗	1.72
下村岗	7.42	长岗	2.87	白石岗	7.03
西洲岗	0.68	羊星岗	1.98	胡芦岗	1.88
昆岗	2.18	睡牛岗	2.03	羊啤岗	3.12
狮岗	3.94	都那岗	3.10	桃村岗	2.02

第二节 气候

北滘地处北回归线以南，属亚热带海洋性季风气候，冬季短，四季如春，日照时间长，雨量充沛，常年温暖、湿润。年平均气温 22℃，最高气温月在 7 月，其中最高温度达 38.7℃（2005 年 7 月 19 日、2008 年 7 月 28 日）；最冷气温月是 1 月，月平均气温 13.1℃，最低气温为零下 1.5℃（1955 年 1 月 12 日）。

年平均日照时数 1922.4 小时，每年有 350 天（左右）无霜期。日照时间最长为 7—8 月，最短为 2—3 月。历年日照时间最长月份达 319.2 小时（1966 年 9 月），最短月份 8.5 小时（1985 年 3 月）。

蒸发量年平均 1602 毫米。每年平均降雨量 1614 毫米，降雨量最大的一年为 1965 年，达 2538.6 毫米，降雨量最小的一年是 1963 年，为 1049.5 毫米。降雨主要集中在 4—9 月，占年均降雨量的 80%。常年以 2—3 月是低温、阴雨期。阴雨期最长的一年时间长达 28 天（1984 年 1 月 19 日—2 月 15 日）。

年平均相对湿度 81%，3—6 月较潮湿，月均相对湿度均为 85%。尤以 4 月最潮湿。1 月及 11 月、12 月较干燥，相对湿度最小是 12 月，为 73%。

北滘风向变化，主要受季风环流的影响，夏季风来自海洋，风向偏南和东南。5—11 月会出现台风，台风侵入时带来狂风暴雨，风力往往八九级或以上，最强达 12 级以上。冬季风来自西北内陆，干燥而寒冷，风向偏北，风速比夏季风略大。

第三节 水文

一、水系

北滘是珠江流域冲积层，河流、涌堑多。过境的北江水系干支流有 4 条，境内总长 38.12 千米，主要有顺德水道、潭洲水道、陈村水道及陈村涌。

顺德水道（北江干流段），北起佛山市南海区西樵镇大岸村东南，蜿蜒向东南，于乐从镇杨滘村进入顺德区境，经三漕口、大洲口抵达广州市南沙区榄核镇张松村，分流入沙湾水道和李家沙水道。全长 44 千米，境内长度 11.98 千米，河宽 350—800 米。是广东省重要的航道，可直达广州南沙港和珠江三角洲各地。

潭洲水道，西起禅城区南庄镇紫洞村，至顺德区乐从镇平步村以北，向东至陈村镇登洲头，经金字沙至北滘镇西海口汇入顺德水道。全长 31.5 千米，其中北滘河段 16.84 千米，河宽 90—300 米。潭洲水道上接北江，可通行1000 吨以下船只，是广州通往广西梧州等地的主要航道。由于金字沙至西海口段淤积严重，1970 年秋，顺德县动员 4 万多人堵塞河口，抽干河水，人工疏挖，但几年后又淤回原状。20 世纪 90 年代起，由于建筑业取沙，部分河段略有挖深。

陈村水道，北起番禺区石壁街道，流经顺德区陈村镇境，抵番禺区紫坭对面的濠滘口，汇入沙湾水道。全长 26 千米，其中北滘河段 6.3 千米。陈村水道是广州通往西江所经水道。1985 年进行裁弯整治，群力围西沙角、陈镇围勒竹沙尾部分移堤。21 世纪后，平均每小时过船 200 艘以上。河面宽仅 100—200 米，水深 2—4 米。2004 年整治后，水道从 500 吨级的通航能力提升为 1000 吨级。

陈村涌，从金字沙入口至碧江接陈村水道止，长 6.8 千米，其中北滘河段 3 千米。河宽 80—150 米。

北滘境内河涌纵横交错，共有内河涌 233 条，总长 229.74 千米，其中：主干河涌 15 条，长 65.21 千米；支干河涌 13 条，长 19.8 千米；支涌 205 条，长 144.73 千米。1958 年至 1977 年，为改善排灌系统，开挖林西河、三马河、南河和西河等人工河。

2017 年北滘镇域主干河涌一览表

表 1—2—2

河涌名称	河涌范围	长度（千米）	规划河面宽（米）	规划河底宽（米）	规划河底高程（米）	两岸护河地（米）
三马河	三洪奇大鲟龙至龙涌桥	4.2	15	5	-1.5	10
林上河	上僚村至细海河	8.35	20—30	10—20	-1.5	10
南河	陈大滘至马村水闸	5.1	39	25	-2	10
细海河	林广水闸至水口节制闸	14.3	23—38	11—24	-2	10
三丰河	三洪奇水闸至蚬肉迳水闸	3.5	25	13	-2	10
北滘河	三洪奇水闸至北滘跃进中心	2.48	35	20	-2.8	10
西河	蚬肉迳水闸至细海河	4.72	39	25	-2	10
北滘沙涌	北滘沙闸至细海河	3.18	25	15	-1.5	10
良马大涌	良马水闸至乐从分界线	3.2	30—50	20—35	-2.5	10

续表

河涌名称	河涌范围	长度（千米）	规划河面宽（米）	规划河底宽（米）	规划河底高程（米）	两岸护河地（米）
上水河	上僚水利枢纽至细海河	2.6	34—44	20—30	-2.5	10
新开河	上水河至细海河	0.85	40	20	-2	10
西海大涌	西海水闸至都宁西闸	4.63	15—28	5—16	-1.5—-2.0	10
灰口大涌	灰口水闸至深水氹	3.1	25—35	15—23	-1.5—-2.0	10
二支涌	大东海水闸至深水氹	3.7	15	5	-1.5	10
东二涌	南河至细海河	1.3	39	25	-2	10

2017 年北滘镇域支干河涌一览表

表 1—2—3

河涌名称	河涌范围	长度（千米）	规划河面宽（米）	规划河底高程（米）	两岸护河地（米）
青沙涌	青沙水闸至彰壁	1.05	7	-0.8	3
高村北闸涌	高村水闸至彰壁	2.00	6	-0.8	3
西滘大涌	西滘水闸至西滘庙	0.40	10	-1.5	3
干灰涌	连元水闸至新涌水闸	2.30	4	-0.8	3
雷滘涌	雷滘水闸至细海河	1.64	5	-0.8	3
林头上涌	上涌水闸至下涌	2.19	7	-1.0	—
林头下涌	林上河至下涌水闸	1.79	7	-1.0	3
上僚上闸涌	上僚上闸至上僚村	0.70	8	-0.8	3
上僚下闸涌	上僚下闸至上僚村	0.88	18	-1.5	3
彰义涌	聚龙沙水闸至灰口涌口	2.70	4	-0.8	—
龙头滘涌	龙头滘水闸至彰义涌	1.05	4	-0.8	—
独岗涌	都宁北闸至西海大涌	1.40	5	-0.8	—
新　涌	新涌涵闸至彰义涌	1.7	2	—	—

二、潮汐

镇境潮汐现象明显，属混合潮中的非正规半日周潮型。每天出现两个高潮和两个低潮，且潮高、潮差、历时均不相等，一般早潮大于晚潮。每月以阴历朔望后 2—3 日潮位最高，上下弦后 2—3 日潮位最低。最低潮是每年春季，大潮期是每年冬季。

例如：1971 年 3 月 23 日，出现最低水位 -1.15 米（珠基）；最高潮是 1975 年 10 月 9 日，出现最高水位 1.88 米（珠基）。若遇冬春久旱，上游来水少，会出现咸潮。如 1955 年 3 月 27 日，咸潮上涨，碧江、林头灌水入田，导致秧苗烂死。

三、水位观测

民国 36 年（1947 年）2 月，北滘境内设立碧江水位站。民国 38 年 7 月，国民政府大量裁员，碧江站随之撤销。

新中国成立后，1950 年 9 月 1 日，县人民政府在碧江四方磨设立第一个水位观测站——碧江站，观测陈村水道水位。1955 年冬，在北滘境内增设三洪奇站，观测顺德水道水位。2002—2003 年，全镇 19 个水闸并入水利工程集群监控系统，自动监测记录水情。

1952—2017 年北滘镇主要测站最高水位一览表

表 1—2—4　　　　单位：米

年份	主要水位测站					年份	主要水位测站				
	三洪奇	碧江	西海	西滘	灰口		三洪奇	碧江	西海	西滘	灰口
1952	—	2.21	—	—	—	1971	2.88	2.39	3.09	—	—
1953	—	2.09	—	—	—	1972	2.27	1.94	2.39	—	—
1954	—	2.17	—	—	—	1973	3.36	2.70	3.68	—	—
1955	—	1.98	—	—	—	1974	3.76	3.13	4.00	—	—
1956	2.80	2.32	—	—	—	1975	3.07	2.78	3.76	—	—
1957	—	2.13	—	—	—	1976	3.72	2.97	3.99	—	—
1958	—	1.84	—	—	—	1977	2.89	2.41	3.09	—	—
1959	3.54	2.88	—	—	—	1978	3.74	3.02	3.93	—	—
1960	—	1.86	—	—	—	1979	2.93	2.51	3.19	—	—
1961	—	2.65	—	—	—	1980	2.44	2.15	2.77	—	—
1962	3.83	3.08	—	—	—	1981	2.79	2.48	2.84	—	—
1963	—	1.92	—	—	—	1982	2.99	2.50	3.49	—	—
1964	—	2.22	—	—	—	1983	3.01	2.55	3.36	—	—
1965	—	2.27	2.38	—	—	1984	2.39	2.15	2.61	—	—
1966	3.68	2.97	4.04	—	—	1985	2.24	2.06	2.21	—	—
1967	—	2.43	2.91	—	—	1986	2.53	—	—	—	—
1968	4.00	3.27	4.47	—	—	1987	2.11	—	—	—	—
1969	2.38	2.07	2.57	—	—	1988	3.38	—	—	—	—
1970	3.40	2.78	3.78	—	—	1989	2.34	—	—	—	—

续表

年份	主要水位测站					年份	主要水位测站				
	三洪奇	碧江	西海	西滘	灰口		三洪奇	碧江	西海	西滘	灰口
1990	1.98	—	—	—	—	2004	2.66	—	2.55	2.80	2.54
1991	2.36	—	—	—	—	2005	4.91	—	4.41	5.15	1.62
1992	3.16	—	—	—	—	2006	3.31	—	3.11	3.51	2.64
1993	2.87	—	—	—	—	2007	2.50	—	2.36	2.63	2.78
1994	4.65	—	—	—	—	2008	4.31	—	3.89	4.6	3.37
1995	2.90	—	—	—	—	2009	2.65	—	2.47	2.76	2.39
1996	3.20	—	—	—	—	2010	2.28	—	2.16	2.52	—
1997	4.35	—	—	—	—	2011	2.10	—	2.10	—	2.02
1998	4.81	—	—	—	—	2012	2.58	—	2.32	2.76	2.29
1999	2.77	—	2.64	—	—	2013	3.34	—	—	—	—
2000	2.57	—	—	—	—	2014	2.19	—	—	—	2.05
2001	3.71	—	—	—	—	2015	2.75	—	—	—	2.23
2002	3.31	—	—	—	—	2016	2.72	—	2.47	2.81	2.28
2003	2.31	—	2.05	2.23	1.93	2017	3.17	—	2.78	3.36	2.41

第三章　自然资源

第一节　土地资源

北滘镇土壤以水稻土为主，其中绝大部分是潴育型水稻土，主要分布于南顺第二联围北滘段；基水地（人工堆叠土）次之，多分布于群力围；此外，都宁岗、大坑岗一带有沙页岩赤红壤。

1950年，将碧江、西海等乡16个面积为150—1500亩的小围合并成群力围，联围后总面积31350亩，其中：丘陵地7185亩、河涌1325亩、道路909亩、住宅区4931亩、农田17000亩。

1955年，将顺德西北部21个围联成南顺第二联围，其中北滘段区域有9个堤围，总面积66723亩。联成后，北滘段围总面积86100亩，其中：河涌3000亩、住宅区28344亩、农田54756亩。

1959年北滘人民公社成立，共有农田7.82万亩，其中：二联围北滘段5.39万亩、群力围2.05万亩、番顺石龙围三桂段0.38万亩。

20世纪50年代开河筑路占用面积，其中：三马河占190亩、林西河占384亩、广中公路等173亩，合计占用面积747亩。

20世纪70年代开河筑路占用面积，其中：西上河（及路）占168亩、莘马河（路）占84亩、西河96亩、南河177亩，合计占用面积525亩。

20世纪80年代，新筑广珠路占地面积84亩。1986年，三乐路加宽工程占用面积136亩。1987年，碧江大桥征用土地118.86亩。

2017年，北滘镇实际面积为9211.87公顷，其中：居住用地1757.26公顷、公共设施用地703.44公顷、工业用地925.39公顷、市政设施70.1公顷、物流仓储用地24.11公顷、对外交通用地61.37公顷、道路广场用地1207.15公顷、绿地551.5公顷、水域796.11公顷、农耕用地2288.5公顷、林地83.58公顷、滩涂用地192.52公顷、村镇企业用地1.6公顷、发展备用地549.24公顷。

1996年北滘镇土地资源构成表

表1—3—1　　　　　　　　　　　　　　　　　　　　　　单位：公顷

土地各类	面积	占总量的比例（%）	土地各类	面积	占总量的比例（%）
一、农用地	6197.1	67.05	二、建设用地	2863.6	30.98
1. 农用地	1849.2	20.01	1. 居民点与独立工矿	2481.1	26.85
2. 园地	171.1	1.85	（1）城乡居民点	1220.79	13.21
3. 林地	136.5	1.48	（2）独立工矿	988.71	10.7
4. 水面	4040.3	43.71	（3）特殊用地	271.61	2.94
其中：鱼塘	2874.47		2. 交通用地	131	1.42
			3. 水工水利	251.5	2.71
			三、未利用地	181.8	1.97

2001、2005、2009年北滘镇土地资源分类构成及比重表

表1—3—2　　　　　　　　　　　　　　　　　　　　　　单位：公顷

序号	用地分类		2001年		2005年		2009年	
			面积	比例（%）	面积	比例（%）	面积	比例（%）
建设用地	R	居住用地	1614.1	17.5	1468.6	15.93	1757.26	19.08
	C	公共设施用地	103.4	1.12	300	3.25	703.44	7.64
	M	工业用地	687.9	7.46	1231.9	13.36	925.39	10.05
	U	市政设施	21.2	0.23	60.8	0.66	70.10	0.76
	W	物流仓储用地	52.1	0.57	9.7	0.11	24.11	0.26
	T	对外交通用地	79.8	0.86	163.9	1.78	61.37	0.67
	S	道路广场用地	218.1	2.37	178.9	1.94	1207.15	13.1
	G	绿地	43.3	0.47	591.2	6.41	551.50	5.99

续表

序号	用地分类	2001 年		2005 年		2009 年	
		面积	比例（%）	面积	比例（%）	面积	比例（%）
非建设用地	水域	466.7	5.06	782.8	8.49	796.11	8.64
	农耕用地	3069.9	33.29	2749.45	29.82	2288.50	24.84
	基本农田	2801	30.38	1619.29	17.56	—	—
	林地	63.5	0.69	64.46	0.7	83.58	0.91
	滩涂用地	—	—	—	—	192.52	2.09
	村镇企业用地	—	—	—	—	1.60	0.02
	发展备用地	—	—	—	—	549.24	5.96
总用地面积		9221	100	9221	100	9211.88	100

注：1. 2001 年居住用地包括碧桂园 430 公顷用地和君兰高尔夫 131.24 公顷用地。

2. 2001 年、2005 年数据分别来源于《北滘镇总体规划（2001—2020）》《北滘镇总体规划（2006—2020）》，规划文本未分设“滩涂用地”“村镇企业用地”“发展备用地”。

3. 2009 年数据来源于《佛山市顺德区总体规划（2009—2020）》，未分设“基本农田”。

4. 20 世纪 90 年代，北滘开始规划土地储备，主要用作工业、住宅、商业服务、生活垃圾卫生处理项目。

1958—2017 年北滘镇农业用地面积一览表

表 1—3—3　　单位：亩

年度	农业用地面积	年度	农业用地面积	年度	农业用地面积	年度	农业用地面积
1958	69268	1973	78024	1988	77764.15	2003	50685
1959	73867	1974	78160.78	1989	77401.39	2004	46519
1960	76476	1975	77895.13	1990	77264.08	2005	41140
1961	79990	1976	78180.01	1991	77068.06	2006	40560
1962	79951	1977	78179.64	1992	74801.3	2007	40303
1963	78246.2	1978	77658.31	1993	72068.37	2008	39794
1964	77488.2	1979	77658.31	1994	63636	2009	30692
1965	78958	1980	77658.31	1995	61976.37	2010	30692
1966	76904.97	1981	77613.3	1996	59128	2011	29741
1967	76470.32	1982	77613.3	1997	58851.7	2012	29921
1968	78308	1983	77547.45	1998	58190	2013	29391
1969	78302	1984	77817.25	1999	58122	2014	29536
1970	77146.19	1985	77817.25	2000	54868	2015	31307
1971	77266.61	1986	77764.15	2001	52323	2016	30354
1972	77582.38	1987	77764.15	2002	51860	2017	24676.2

注：1. 1965—1997 年数据来自镇党政人大办公室《历年经济资料》。

2. 1998—2007 年数据来自北滘镇农业办公室年度工作总结；2008—2017 年来自顺德区统计年鉴。

2011 年北滘镇土地储备情况一览表

表 1—3—4　　　　　　　　　　　　　　　　　　　　　　　　单位：万元

项目名称	储备机构名称	村（社区）	土地取得成本
环镇东路	北滘土地贮备发展中心	林头	4217. 33
西区工业区	北滘土地贮备发展中心	马村、黄龙、现龙	25712. 46
北滘社区拆迁安置区	北滘土地贮备发展中心	北滘	2296. 42
水运新村	北滘土地贮备发展中心	北滘	1391. 71
新城区	北滘土地贮备发展中心	高村、君兰	26018. 37
钟林工业区	北滘土地贮备发展中心	碧江	1296. 82
北滘生活垃圾处理厂	北滘土地贮备发展中心	都宁岗	106. 28

2011 年北滘镇各土地储备项目关联地块情况一览表

表 1—3—5　　　　　　　　　　　　　　　　　　　　　　　　单位：平方米

项目名称	地块编号	宗地面积	储备方式	规划用途
环镇东路	440606102CBD513	125058. 28	征地	120 公路用地
	440606102CBD516	8275	征地	120 公路用地
西区工业区	440606102CBD224	45411. 52	征地	071 城镇住宅用
	440606102CBD253	86901. 53	征地	061 工业用地
	440606102CBD310	197328. 2	征地	061 工业用地
北滘社区拆迁安置区	440606102CBD139	72665. 94	征地	071 城镇住宅用
水运新村	440606102CBD209	43999. 56	征地	054 其它商服用
新城区	440606102CBD197	759925. 73	征地	054 其它商服用
	440606102CBD131	3133. 02	征地	07 住宅用地
	440606102CBD132	9333. 24	征地	05 商业服务用地
	440606102CBD135	37266. 29	征地	05 商业服务用地
都宁工业区	440606102CBD332	40999. 58	征地	061 工业用地
北滘生活垃圾处理厂	440606102CBD462	3359. 97	征地	086 公共设施用

第二节　矿产资源

北滘是泥沙沉积形成的平原，成矿条件较差。仅发现都宁岗有石英岩，三桂有呈浅黄色的黏土，但均不具备商业开采价值。

第三节 水资源

北滘水资源丰沛，年降雨量约为1600—1700毫米。降雨量年际变化大，丰水年为枯水年的1.4倍。年内降雨不均匀，每年汛期（4月至9月）降雨量占全年的80%；非汛期（10月至翌年3月）占全年的20%。因此，常出现春旱夏涝现象。

北江干支流流经北滘镇境，年过境水量超500亿立方米，过境水流向南海。境内12条主干河涌储水量为183.5万立方米；地下水储量为930万立方米。北滘水资源总量虽大，但利用量相对小，2017年总用水量约为7500万立方米，其中农业用水1500万立方米、自来水供应6000万立方米。自20世纪90年代初后，随着工业污染严重和生活污水增多，镇内主要河涌水质以Ⅳ—Ⅴ类为主。

第四节 生物资源

一、植物资源

境内植物资源丰富，有自然植被和人工植被。人工植被主要有农作物、人工林等。

农作物分为粮食作物、经济作物。粮食作物主要有水稻、玉米、马铃薯、番薯、木薯、大豆、葛等；经济作物主要有油料作物（以花生为主）、糖料作物（以糖蔗为主）、蔬菜、花卉、水果等。

蔬菜主要有菜心、白菜、菠菜、芹菜、生菜、韭菜、蕹菜（俗称通心菜）、芥蓝、冬瓜、南瓜、黄瓜、丝瓜、节瓜、芋头、豆薯（俗称沙葛）、胡萝卜、西红柿、茄子、豆角、荷兰豆、姜、葱、蒜、辣椒等。

花卉主要有菊花、兰花、茶花、九里香、茉莉、杜鹃、米兰、鸡冠花、千日红、凤仙花、海棠、紫荆、美人蕉、万年青、富贵竹、吊兰、含笑、月季、玫瑰、百合、芍药等。

水果主要有香（大）蕉、龙眼、荔枝、柑、桔、橙、杨桃、黄皮、番石榴、芒果、枇杷、蒲桃、桃、柿、柚、梅、葡萄、人心果、树菠萝、石榴、菠萝、沙梨等。

药用植物主要有车前草、白花蛇舌草、金银花、野葛菜、独脚金、香附、火炭母、狗肝菜、土半夏、土茯苓、半边莲、半边旗、半枝莲、益母草、穿心莲、田基黄、崩大碗、倒扣草、旱莲草（俗称蟛蜞花）、稀莶草（俗称虾钳菜）、鹅不食草、金钱草、广东刘寄奴、一枝黄、广东狼毒（俗称野芋头）、水菖蒲、山芝麻、马鞭草、蛇泡簕、马齿苋、三白草、土茵陈、羊蹄草、石见穿、土荆芥、大飞扬、小飞扬、鱼腥草、败酱草、水蜈蚣、大金不换、辣蓼、透骨消、毛麝香、天香炉、凤尾草、土牛七、千年健、宽根藤、过天网、石楠藤、火秧簕、淡竹、量天尺（剑花）等。

乔木主要有水松、水杉、木棉、大叶榕、细叶榕、苦楝、凤凰木、桉树、马尾松、白兰、乌桕、仁面、凤眼果、鸭脚木、相思树等。

陆地野生植物主要有鸡骨香、山栀子、金狗脊、穿破石、铁包金、山芝麻、布渣叶、骨碎补、了哥王、五指毛桃等。

淡水水生植物主要有藕、荸荠、水浮莲、野水仙、过塘蛇、老鼠耳、红萍、金鱼茜、水茜、草鞋底和水网藻、团藻、微囊藻等。

二、动物资源

北滘农户饲养的家禽主要有鸡、鸭、鹅、鸽、鹧鸪、鹌鹑等，家畜类主要有猪、牛、羊、兔等，尤以鸡、鸭、鹅、猪、牛的饲养居多。20 世纪 80 年代后，曾先后兴起珍珠鸡、七彩山鸡、鸵鸟等珍稀动物养殖业。

受人类活动与生态环境变化的影响，北滘野生动物品种数量日渐减少。现存的野生动物中，兽类主要有田鼠、褐家鼠、鼷鼠、蝙蝠等，尚有极少量的山猫、刺猬等。

鸟类主要有燕子、凫（俗称野鸭）、鹤、麻雀、雉（俗称山鸡）、乌鸦、翠鸟、白头翁、鹩哥等。

鱼类主要有青鱼（俗称黑鲩）、草鱼（俗称鲩鱼）、鲢鱼、鳙鱼（俗称大头鱼）、鲮鱼、鲫鱼、鳊鱼（俗称边鱼）、河鳗（俗称风鳝）、黄鳝、鲥鱼（俗称三黧鱼）、鲈鱼、黄鱼、凤鲚（俗称凤尾鱼）、鲤鱼、鲶鱼（俗称塘鲺）、比目鱼（俗称挞沙）、乌鳢（俗称生鱼）、笋壳鱼、和顺鱼、鳡鱼、鲌鱼、鲚鱼、纳锥、沙苏、泥鳅、河豚、斗鱼（俗称菩萨鱼）等。

节肢类主要有河虾、蟛蜞、毛蟹、蜈蚣等。

两栖类主要有青蛙、树蛙、蟾蜍等。

爬行类有鳖（俗称水鱼）、龟、蛇（包括水蛇、水律、草花蛇、白花蛇、过树榕、三索线、金环蛇、银环蛇、眼镜蛇等）、蜥蜴、壁虎等。

软体动物主要有石螺、田螺、东风螺、蜗牛、蚌、蚬等。

环节动物有蚯蚓、水蛭（俗称蚂蟥）等。

昆虫类主要有蜂、蝴蝶、蜻蜓、蚱蜢、蟋蟀、蝉、蚂蚁（包括黄蚁、黑蚁和白蚁）、螳螂、蜘蛛、金龟子、瓢虫、粘虫、毛虫、尺蠖、象鼻虫、椿象、苍蝇、蚊子、蟑螂等。

第四章 自然灾害

第一节 气象灾害

一、热带气旋

1959 年 5 月北滘人民公社成立后，至 2017 年，每年平均受热带气旋（当地俗称“台风”）影响有 3—4 次。热带气旋带来丰沛的雨水，但八级以上的风力往往带来灾害性影响，给经济特别是农业生产和水陆交通带来严重的损害。

1959 年 5 月以后，北滘遭受八级以上热带气旋影响共 29 次，分别是：

1962 年 9 月 1 日，13 号台风，风力 10 级，阵风 11 级。

1964 年 5 月 28 日、8 月 9 日和 9 月 5 日，分别遭受 2 号、11 号和 15 号台风侵袭，其中 15 号台风，风力 12 级。

1966 年 7 月 13 日，5 号台风，风力 8—9 级。

1967 年 8 月 21 日，11 号台风，风力 8 级，阵风 10 级。

1968 年 8 月 21 日，8 号台风，风力 9 级，阵风 10 级。

1970 年 8 月 3 日，4 号台风，风力 8 级，阵风 9 级。

1971 年 6 月 18 日、7 月 22 日和 8 月 17 日，分别遭受 8 号、14 号和 18 号台风侵袭，风力均为 8 级，阵风 9 级。

1974 年 10 月 19 日，22 号台风，风力 8 级，阵风 9 级。

1975 年 10 月 6 日，13 号台风，风力 10 级，阵风 12 级。

1976 年 7 月 26 日、8 月 6 日，分别遭到 10 号和 14 号台风袭击，风力 8 级，阵风 9 级。

1979 年 8 月 2 日、9 月 24 日，分别遭受 8 号和 13 号台风侵袭，其中 8 号台风风力 11 级，阵风 12 级。

1983 年 9 月 9 日，9 号台风，风力 10 级，阵风 11 级。

1993 年 9 月 26 日，18 号台风，最大风力 10 级。

1999 年 6 月 16 日，10 号台风，风力 8 级，阵风 10 级。

2003 年 9 月 2 日，13 号台风，最大风力 12 级。

2006 年 8 月 3 日，6 号台风，风力 7—8 级。

2008 年 6 月 25 日，6 号台风，风力 8 级，阵风 9 级；9 月 25 日，14 号台风，最大风力达 11 级。

2009 年 7 月 19 日，6 号台风，风力 9 级，阵风 10 级；9 月 15 日，15 号台风，风力 8—9 级。

2012 年 4 月 24 日，8 号台风，风力 8 级。

2016 年 8 月 2 日，4 号台风，最大风力 9 级。

2017 年 8 月 23 日，13 号台风，最大风力 8 级。

受影响损失严重的有：

1964 年 15 号台风，北滘受灾面积 7. 6 万亩，倒塌房屋 639 间、仓库 29 间，吹坏牛栏、猪舍、鸡棚 210 间。1983 年 9 号台风，损坏一批房屋和牛栏，农田受浸，30% 至 40% 甘蔗倒伏。1993 年 18 号台风，境内鱼塘漫顶，受灾面积 10535 亩；农田积水，受浸面积 4357 亩；禽舍摧毁，“三鸟”损失 53. 9 万只；受浸砖厂 13 间；经济损失 8601. 6 万元。

二、龙卷风

1978 年 7 月 24 日，高村发生龙卷风灾害，倒塌校舍 1 座、房屋 10 间；摧毁会场、米机各 1 座，房屋 13 间；受灾农田 33 亩；造成 1 人死亡、6 人受伤。

1981 年 7 月 25 日 0 时 15 分，黄涌、槎涌突发龙卷风，倒塌房屋 16 间、吹坏 47 间，总面积 2080 平方米；吹倒低压线 1 千米，损坏变压器 2 个；吹倒甘蔗 5 亩；黄涌粮食加工厂损失粮食 15000 斤；经济损失 13 万元，并造成 9 人重伤、13 人轻伤。

1987 年 3 月 22 日 18 时 15 分，水口遭到龙卷风袭击，持续 3 分钟，吹（毁）损房屋、牛栏、猪舍 76 间，受灾面积 2325 平方米，经济损失 14. 5 万元，并造成 1 人死亡、6 人轻伤。

2015 年 10 月 4 日 15 时，马龙遭受龙卷风吹袭，16 间厂房、69 间民房受损，受灾面积 200 亩，经济损失 3. 05 亿元，并造成 2 人死亡、60 人受伤，其中 18 人伤势较重。

第二节　洪旱灾害

一、洪涝灾害

新中国成立后的洪涝灾害有：

1952 年 6 月，大水，碧江水位 2. 21 米，仅比 1949 年低 3 厘米。

1953 年春，大水，5 月 16 日洪水上涨，群力围沙流涌闸被洪水冲垮，决口 2 丈多，受灾面积 4000 多亩。

1956 年 6 月，大水，三洪奇水位 2. 80 米、碧江水位 2. 32 米，均超危险水位。

1959 年 6 月，连降暴雨，月降雨量 522. 6 毫米，三洪奇内水位维持在 1. 7 米以上，禾田渍水达 0. 7—0. 9 米，二联围北滘灌区受灾面积 30706 亩，经济损失 71. 25 万元。

1960 年 8 月，雨量 528 毫米，二联围北滘灌区渍水 1. 2 米，受灾面积 3 万多亩。

1961 年 4、6、9 月发生内涝积水，其中 4 月 20 日降雨量达 230.5 毫米，三洪奇内水位达 1.40 米，受灾面积 1.3 万亩。

1962 年大洪水，6 月 26 日开始涨水，7 月 3 日出现 1949 年以来的最高洪峰。7 月 2 日后，二联围、群力围先后崩决，北滘受灾面积 12 万亩，人口 4 万多，损失水稻 6000 多吨、甘蔗 3 万多吨、塘鱼 180 多吨。

1964 年 5、8、9 月遭三次台风暴雨。

1965 年 9 月 28—29 日，大暴雨，总降雨量达 405 毫米。

1966 年 7 月大水，5 日三洪奇水位达 3.68 米，水位超警戒线长达 30 天，多处基围出现坍塌、渗漏、裂缝等现象。

1968 年大洪水，西江、北江同时发洪，涨势猛，水位高，洪峰连连。又值大海潮，三洪奇水位 4.00 米、碧江水位 3.27 米，洪水水位在警戒线持续 34 天，麦家沙、泮浦温鱼岗段等子围决堤受灾。

1974 年 7 月，大水，22 日西海闸水位 4.00 米，时逢大潮顶托，群力围外子围全面受淹。

1976 年 7 月，大水，13 日出现 1949 年后第二个高水位，三洪奇水位 3.72 米、碧江水位 2.97 米。

1981 年，三次暴雨成灾，以 6 月底至 7 月初的一次最为严重，三天降雨量达 362.2 毫米，损失较重。

1983 年春大水，上年入冬以来，冷空气不断侵袭，长期低温阴雨，春节过后不久，西江、北江同时发洪，是 1949 年以来洪水来得最早的一次。

1988 年 9 月 2 日至 8 日，大水，6 日上午三洪奇水位高达 3.38 米，是 1949 年后大洪水出现最迟、同期水位最高的一年。

1993 年 9 月 26—27 日，特大暴雨。9 月 26 日 8 时至 27 日 8 时，降水总量达 198 毫米，27 日凌晨 1 时至黎明北滘录得超 100 毫米雨量，经济损失达 0.86 亿元。

1994 年 6 月，西江、北江普降大雨、同时发洪，20 日三洪奇水位达 4.68 米，均超出 1915 年、1962 年及 1968 年的最高水位，比 100 年一遇洪水水位高出 0.33 米，三洪奇合作围、亦龙围、龙家围、罗华围、西滘大塘、高村外沙围等漫顶崩决。直到 25 日，三洪奇外江水水位逐渐下降，27 日洪水退至防守水位以下。

1994 年 7 月 19—20 日，受太平洋台风影响，西江、北江上游大到暴雨，25 日三洪奇水位站超警戒水位，比 6 月最高水位略低 0.3 米，直到 28 日解除危情。1994 年两次洪灾共损失 1.42 亿元。

1997 年 7 月，大水，7 日下午到达警戒水位，10 日上午超危险水位，11 日下午三洪奇水位达 4.35 米，直到 14 日晚退出警戒水位。

1998 年 6 月，大水，西江流域普降大雨，洪水来势猛，26 日西滘水位 5.27 米、三洪奇水位 4.75 米，二联围北滘段持续在危险水位以上 180 小时。三洪奇水利枢纽上游外坡出现直径 1.5 米、深 2 米的跌窝，高村外沙围决堤。

2005 年 6 月，大水，西江遭遇百年一遇特大洪水，北江同时发洪，又值天文大潮期，24 日三洪奇水位 4.91 米，超过 1998 年 6 月水位 0.16 米。

2006 年 6 月 9 日，大暴雨，日降雨量 220 毫米，二联围北滘段最高内水位 1. 31 米，受灾房屋 450 间，农作物受灾面积 15943 亩、鱼塘 5436 亩，禽畜 44900 只，经济损失 8000 万元。

2008 年 6 月，大水，15 日凌晨到达警戒水位，16 日正午三洪奇水位 4. 31 米，至 20 日晚退出警戒水位。25 日 10 时至 26 日 10 时，大暴雨，降雨量 230 毫米，全镇受灾房屋 2 间、受灾农作物面积 3300 亩、鱼塘 100 亩，禽畜 28000 只，经济损失 1300 万元。

2013 年 8 月，11 号台风带来大量雨水，14 日 8 时至 16 日 8 时，降雨量达 277. 1 毫米。

二、旱灾

北滘区域雨量的年际变化大，月份分配不均，春旱、夏涝和秋旱灾害时有发生，尤以春旱为多。新中国成立后较严重的旱灾主要有：

1955 年 1—4 月降雨量仅有 50 多毫米，较常年偏少八成，境内受旱农田达 3 万多亩，直至 5 月上旬旱情解除。

1962 年 11 月中旬至 1963 年 6 月中旬旱期，二联围北滘段总降雨量 73 毫米，仅为同期的 17%。

1976 年 11 月中旬至 1977 年 5 月上旬旱期，降雨量 67. 7 毫米，比历年同期平均值偏少八成。至 5 月 10 日旱情解除。

2007 年，入秋后降雨量锐减，较常年偏少九成。

此外，部分年份旱情亦较为严重。如：夏旱年有 1967 年、1972 年、1978 年和 2007 年；秋旱年有 1966 年、1969 年和 1989 年；秋冬连旱年有 1959 年、1979 年。

第五章　社区、村

第一节　社区

北滘

北滘社区位于北滘镇的中心，东靠林上路，西近莘村，南毗邻国道 G105 线，北接高村，总面积 5. 6 平方千米。南宋年间，北滘有简、辛两个氏族聚居，其中简姓聚居于简岸。现户籍姓氏共 317 个，主要以梁、周、陈、李、黄、何、杨等姓为主。民国时期，北滘人口达 1. 2 万人。1938 年 10 月，日本军队侵占顺德，北滘沦陷期间，人口锐减。中华人民共和国成立后，人民休养生息，人口逐年上升，1959 年有 3677

人。1985 年 5158 人。2017 年，辖跃进、南源、济虹、福田、简岸、七坊 6 个居民小组，户籍人口 30168 人，常住外来人口 23013 人。户籍人口中 80 岁以上 444 人，最年长者 101 岁（冯永球，男）。户籍居民均为汉族，外来人口中的少数民族以壮族、土家族、瑶族居多。旅居海外的乡亲 33 人，主要分布在澳大利亚、美国、加拿大。

境内以平原为主，细海河、林上河、杨家大涌穿流其中。北滘古称“百滘”，意为百河交错、水网密集。后因谐音改为“北滘”。据《广东新语》记载，南汉时期设咸宁县，县城就设在北滘简岸。明景泰三年（1452 年）顺德新置为县，北滘划入顺德县治。至清乾隆二年（1737 年）隶属顺德县西淋都桂林堡；光绪三十四年（1908 年），顺德分十区，北滘分属第三区。中华人民共和国成立后，1956 年 4 月属陈村区；1958 年 10 月属陈村人民公社；1959 年 5 月属北滘人民公社；1983 年 11 月属北滘区；1987 年 3 月属北滘镇。1995 年 6 月由北滘管理区、北滘街区合并成立北滘街道；2000 年 12 月改称北滘社区；2002 年 12 月属佛山市顺德区北滘镇北滘社区。

传统经济以农业为主，主要农产品有稻谷、甘蔗、塘鱼等，粉葛是当地的特产。1986 年有农用地 7025.35 亩，其中水稻 2702 亩、甘蔗 2120 亩、鱼塘 1000 亩、杂地 981.35 亩、自留地 280 亩。20 世纪 80 年代中期，农业逐渐转向禽畜和水产养殖。2017 年，农用地仍有 1896.29 亩，鱼塘 218.74 亩，主要种植花卉、蔬菜及养殖“四大家鱼”（青鱼、草鱼、鲢鱼、鳙鱼）。

1938 年，周腾兴办“诚记糖厂”，1953 年由顺德县供销合作总社接管，1965 年改称为“北滘糖厂”，转为地方国营企业。20 世纪 70 年代初，开始发展社队工业，陆续办起农机厂、电塑厂、农具厂。进入 90 年代，经济逐步转为以工业为主，主要行业有家用电器、电子配件、五金机械、建筑材料等。2017 年，工农业总产值 2418 万元，其中工业产值 1700 元。年人均收入 49832 元，集体分红人均 3100 元/年。随着经济发展，1955 年通电，1984 年村道实现水泥硬底化，并通自来水，90 年代后期通网络，家庭普遍装有固定电话。2017 年，社区建有卫生医疗所 1 间，医务人员 24 人；中学 1 所，占地面积 5.9 万平方米，教师 120 人，在校学生 1750 人；小学 2 所，占地面积 6.67 万平方米，教师 186 人，学生 4267 人；幼儿园 2 所，占地面积 14160 平方米，幼师 104 人，入园儿童 1184 人；农贸市场 2 个，占地面积 4300 平方米，摊档 240 个；公园 11 座，包括中山公园、蓬莱公园、百福公园、简朝亮公园、周家祠公园、东兴公园、河堤公园、杨家涌公园、细海河堤公园、东便街街心公园、简家大院街心公园，总面积 6.85 万平方米；图书馆 2 个，藏书 6000 册；村民（老人）活动中心 8 个，篮球场 7 个；社区设有龙舟协会、自行车协会、篮球协会、棋类协会、退休妇女巾帼健身队等群众文化组织。

北滘的名人有：晚清广东著名的教育家简朝亮，他淡泊功名，潜心讲学，著有《读书堂集》《读书草堂明诗》《朱先生讲学记》《尚书集注述疏》《论语集注补正述疏》等作品，康有为称赞他“今岭南大儒，一人而已”。民国的周之贞，系同盟会会员，参加广州黄花岗之役及反袁世凯称帝的斗争，历任肇罗经略处经略、广州湾（今湛江）党务联络委员、大元帅府参军、西江讨贼军司令、大本营工兵局筹备委员、四邑二阳香顺八属绥靖处处长、中央直辖广东讨贼军第二师师长、顺德县县长，倡修《顺德县志》(民国版)。

现存的历史建筑，有市级文物2处：简竹居牌坊、六角亭；祠堂5座：周氏万松祖祠堂、辛氏宗祠、岭冬简公祠、李家祠、北畦周公祠；广府民居93间。

碧江

碧江社区位于北滘镇的东北部，东南与广州市番禺区沙湾镇隔河相望，东北与陈村镇隔河相对，南接桃村与西海，总面积8.9平方千米。南宋年间，碧江有甘、马、丁、刘、仇5个氏族聚居，其中甘姓聚居于碧江甘境，仇姓聚居于碧江仇境；碧江苏族始祖乃苏晴川，生于宋熙宁三年（1070年），哲宗时代进士，历经抗金，官至太尉，晚年悬车致仕。金兵入侵中原后，他颠沛流离，逃难到岭南南雄珠玑巷，后定居碧江，世代繁衍。现户籍姓氏共84个，以苏、赵、梁、李、陈等姓为主。民国时期，碧江人口达4万人。1938年10月，日本军队侵略顺德，碧江沦陷期间，人口锐减。中华人民共和国成立后，1960年全村人口上升至8000人，1986年12467人，其中碧江镇8582人，坤洲乡2836人，都宁乡1049人。2017年，辖中心、东北、东成、隔涌、彰义、新聚、增基、坤洲、泮浦、南平、都宁一、都宁二12个居民小组；户籍人口15545人，常住外来人口约2万人。户籍人口中80岁以上351人，最年长者99岁（陈吉，女）。户籍居民均为汉族，外来人口中的少数民族以藏族、土家族、苗族居多。

境内以冲积平原为主，零星分布着都宁岗、下村岗、牛头岗、珠浮岗、大岗头等山岗。河道纵横，壮甲涌、聚龙沙涌、南平涌、沙海涌、灰口大涌、都宁大涌、罗家涌、淋毛围涌、东丫涌、坑涌、独岗涌、寨边涌等河涌编织成纵横交错的河网。中华人民共和国成立后，陆续修建起聚龙沙水闸、灰口水闸、新涌水闸、龙头滘水闸、都宁西闸、都宁北闸等多处水利设施。

碧江古称“迫岗”，因区内伏龙岗（今碧江金楼一带）上有两块岩石互相挤迫而得名，后用谐音改称碧江。碧江于南宋初年建村，原属于番禺县紫泥司龙头堡，明景泰三年（1452年）顺德新置，碧江划入顺德县治，属西淋都龙头堡。民国时期，顺德县分十个区，碧江属第三区。中华人民共和国成立后，先属第三区，后属陈村区、陈村人民公社。1959年5月，属北滘人民公社。1983年11月属北滘区，分设碧中、彰义、坤洲、都宁4乡和碧江镇。1985年10月，碧中乡、彰义乡并入碧江镇。1987年2月属北滘镇，分设碧江街区、坤洲管理区、都宁管理区。2001年9月，碧江、坤洲、都宁3个村（社区）合并为碧江社区。2002年12月属佛山市顺德区北滘镇。

明代起，碧江已是顺德北部繁华的圩镇，汇集各地商贾，粮食、茶叶、生丝、干果、锡锭、木材的经营远达京津、江浙、云贵等地，还出现珠三角最早的造纸手工业。清代形成缫丝、酿酒等新的产业，是顺德对外出口的重要商埠，各地汇集而来的土纸、干果、蚕丝等源源不断地输往海外。农业也相当发达，村民充分利用得天独厚的地理优势，实行“果基鱼塘”的耕作形式，荔枝、龙眼、柑、橘、橙等果树遍布田野和村庄的屋前屋后，鱼塘则以养殖“四大家鱼”为主。

20世纪60年代，碧江陆续办起玻璃厂、铁钉厂、肥皂厂、五金厂、木器厂、电器厂、中药加工厂等集体企业。20世纪80年代，农业主要种植水稻、甘蔗，养殖鸡。1986年，共有农用地8870.8亩，其中水稻4159.8亩、甘蔗2581亩、鱼塘1304亩、杂地493.2亩、自留地332.8亩。90年代，电器、电子、家具、纸箱印刷、饲料等企业成为支柱产业；农业转以种植花卉、养殖鳗鱼为主。至1995年，碧江地区工农业总产值3.72亿元，其中碧江2.68亿元、坤洲0.73亿元、都宁0.31亿元。2017年，碧江社区农用地2031亩，主要种植盆栽植物、观赏苗木等花卉。鱼塘352亩，主要养殖鳗鱼、罗氏虾、草鱼、鲫鱼、龟等水产品。2017年，工农业总产值38.75亿元，年人均纯收入29530元；村民集体分红：碧江股份社每股3600元/年，坤洲股份社每股2900元/年，都宁股份社每股5400元/年。

明景泰三年（1452年）建县到清末，碧江共产生举人及五贡147名，其中进士25名；诞生了著名学者及书法家苏珥、苏葵、梁亭表、梁若衡等人。1979年改革开放后，大力促进教育的发展；2007年创立碧江慈善会，每年举行碧江慈善会暨梁英伟教育基金颁发仪式，重金奖励高考、中考成绩优异的碧江学子。2017年，社区建有卫生医疗1所，医务人员30人；中学1间，建筑面积30494平方米，教师133人，在校学生1906人；小学2间，建筑面积31066.2平方米，教师85人，学生1760人；幼儿园3所，建筑面积4742平方米，幼师62人，入园儿童923人；农贸市场4个，占地面积8890平方米，摊档190个；公园10座，分别为民乐公园、德云公园、承德公园、下涌公园、村心公园、都宁岗森林公园、坤洲公园、新路公园、聚龙公园、泮浦公园；图书馆2个，藏书16000册；村民（老人）活动中心3个，篮球场9个；社区组建曲艺社、篮球队、太极协会、退休教师之家、乒乓球协会、妇女健身队、诗书画协会。

碧江的名人有：宋朝苏之奇，为官刚直，多次平反冤案。元朝梁曾甫，带领人民抗击横行珠江口的海盗流贼。明朝李廷龙，著有《毛诗翻疑》《纲鉴翻疑》《可亭集》等著作。清朝苏珥，岭南著名学者与书画家，“惠门八子”之一，时称南海明珠，著有《宏简录辨定》《笔山堂类书》等。清代女作家李晚芳，著有《读史管见》《释古周礼》《乡俗居丧辟谬》《女学言行纂》《续女戒》等。

谚语有言“顺德祠堂南海庙”，碧江祠堂就是其中的佼佼者。清代典籍《五山志林》曾记载“俗以祠堂为重，宏丽者莫盛于碧江”，至民国初年，碧江祠堂逾100座。2017年，碧江拥有省级保护文物8处：金楼、三兴大宅、慕堂苏公祠、照壁、泥楼、职方第、亦渔遗塾、尊明堂苏公祠（五间祠）；市级保护文物10处：南山苏公祠、肖岩苏公祠、澄碧苏公祠、丛兰苏公祠、何球苏公祠、黄家祠、逸云苏公祠、源庵苏公祠、楚珍苏公祠、德云桥；广府民居359间。

林头

林头社区位于北滘镇东部，东临近潭洲水道，西接广教社区，南毗邻顺江社区，北枕国道G105线，面积3.14平方千米。唐朝初期建村，原为高、林、岑、龚四大姓氏。后来陈、梁、郑、刘等姓氏逐渐迁入。至清朝，梁、郑成为村民主要姓氏，全村人口多达12000人。民国27年（1938年）10月后，日本军队侵占顺德，到林头烧杀抢掠，村民外出逃难，人口下降至3800人。中华人民共和国成立后，村民陆续返村定居，1959年全村人口有4639人。1985年升至7018人。2017年，辖上涌、北村、太平沙、村一、村二、南村、下涌、大沙围8个居民小组；户籍人口9917人，常住外来人口约2万人。户籍人口中80岁以上280人，最年长者102岁（黄桂连，女）。户籍居民主要为汉族，常住少数民族外来人口有壮族、瑶族。旅居海外的乡亲约20人，主要在美国。

平原地势。林头涌、细海河绕村而过，小桥流水富有水乡特色。明景泰三年（1452年）顺德建县后，林头隶属于西淋都桂林堡，一直延续至清光绪三十四年（1908年）。林头地处当时桂林堡八乡之首，故有“桂林首步”的说法，遂得名“林头”。民国21年（1932年）起属顺德县第三区。1956年4月属陈村区，1958年10月属陈村人民公社；1959年5月，属北滘人民公社；1983年11月，属北滘区；1987年2月属北滘镇。

传统经济以农业和手工业为主，主要农产品有稻谷、甘蔗、塘鱼等。1986年有农用地8730.64亩，其中稻田4318亩、蔗地2120亩、鱼塘1922.2亩、杂地103.64亩、自留地250.8亩、果地16亩。20世纪90年代，农业转向禽畜饲养及养殖鳗鱼、加州鲈、桂花鲈等优质水产。2000年后，农业萎缩，至2017年有农用地620亩，其中鱼塘328亩。

从清朝初起，除从事农业以外，其他行业主要有建筑、木工、经商等。清朝后期和民国初期，林头刺绣艳绝精工，远销欧美，是顺德刺绣生产的主要基地之一，从业人员逾2000人；商品经济亦趋向活跃，光绪六年（1880年）已于聚龙桥至江夏街路段形成街市，逢二、五、八日为圩期。

民国32—33年（1943—1944年），先后开办益丰糖厂、祥兴糖厂，年产片糖215吨。20世纪70年代初，工业逐步发展，办起塑料、制砖等厂企。进入90年代，主要行业有彩色印刷、纸类包装、五金电器、装饰材料等。2017年，工农业总产值1.04亿元，其中工业产值0.96亿元。随着经济发展，20世纪60年代初期通电，60年代后期通电话，1985年通自来水，90年代初期村道实现水泥硬底化，90年代后期通网络。2017年，社区建有卫生医疗所1间，医务人员21人；建有北滘职业技术学校，建筑面积4.6万平方米，教职工200多人，在校学生2500多人；公办小学1所，建筑面积2.44万平方米，教师68人，学生1316人；幼儿园1所，建筑面积5610平方米，幼师36人，入园儿童420人；农贸市场1个，占地面积3000平方米，摊档70个；公园3座，分别为林苑公园、牌坊公园、潭洲水道河堤公园（林头段）；老人活动中心2间，社区活动中心1间，篮球场8个；组建有曲艺社、诗书画学会、太极协会、龙狮协会、乒乓球协会、思远传统文化促进会。

明清时期林头诗书者迭出。明朝梁继善，万历年间举人，官至石屏知州，著有《易韵》《易韵》《山水图卷》。清朝郑际泰，康熙十五年（1676年）进士，于翰林院任职，官至史科给事中，参与纂修《大清一统志》和《三朝实录》，著有《行书五言诗册页》《行书引见诗翰》；黄玉堂，同治十三年（1874 年）进士，翰林院编修，著有《莲瑞轩诗钞》《痴梦斋祠草》。郑苌，漫画家，20 世纪初中国漫画先驱，工书擅画，辛亥革命前与潘达微合办《时事画报》。

现存古祠堂建筑 7 座，建于明末清初的梁氏二世祖祠，建于清朝的郑氏大宗祠，是佛山市文物保护单位，另有孖祠堂、梁氏大宗祠思远堂、秀所祖祠、双溪祖祠、刘家祠等。其他古迹有古桥 7 座，分别为大通桥、丛兴桥、见龙桥、跃龙桥、聚拢桥、扭另桥、通济桥；建于清朝的冯氏贞节牌坊 1 座（广东省级文物保护单位）；古庙 4 座：医灵庙、三丈庙、村心庙、关帝庙；现存广府民居 87 间。

三洪奇

三洪奇社区位于北滘镇南部，东与顺江社区接壤，西与黄龙村相邻，南与伦教街道隔顺德水道相望，北与设计城社区相接，面积 2. 92 平方千米。明清时期，三洪奇境内多为河滩、河涌，因三江在该处汇合，而得名。明末清初，渔民在此歇息，上岸晒渔网，逐渐聚居林、吴、陈、张氏族人。清末民国初年，人口约 2500 人。1938 年 10 月后，日本军队多次到三洪奇烧杀抢掠，在东一村杀害村民，人口减至 1500 人。中华人民共和国成立后，休养生息，1959 年全村人口为 2061 人。1985 年升至 3239 人。2017 年，辖叙龙、东宁、裕丰、永红、西岸 5 个居民小组；户籍人口 4746 人，常住外来人口约 2 万人。户籍人口中 80 岁以上 115 人，最年长者 94 岁（郭妹头，女）。户籍居民均为汉族。

明代开村时，属顺德县西淋都桂林堡。民国期间属第三区。1952 年，与槎涌、黄涌合称奇西乡；1956 年属陈村区；1958 年 10 月属陈村人民公社；1959 年 5 月属北滘人民公社；1983 年 11 月属北滘区；1987 年 2 月属北滘镇。

传统经济以农业为主，主要农产品有稻谷、甘蔗、塘鱼等。1986 年有农用地 4177 亩，其中禾田 1580 亩、蔗地 1068 亩、鱼塘 1039 亩、杂地 342 亩、自留地 88 亩。1990 年后，农业转向花卉种植和优质水产养殖。2000 年后，农业逐渐萎缩，至 2017 年仍有农用地 925 亩，鱼塘 727 亩。

20 世纪 70 年代初，发展社队工业。陆续办起五金、塑料、砖瓦等厂企。进入 90 年代，经济逐步转为以工业为主。主要行业有彩色印刷、纸类包装、五金电器、装饰材料等。2017 年，全社区工农业产值 9256 万元，其中工业产值 8432 万元，村民人均集体分红收入 1200 元。随着经济的发展，20 世纪 60 年代中期通电，1975 年通电话，1985 年通自来水，1990 年村道实现水泥硬底化，1998 年通网络。2017 年，社区建有卫生医疗所 1 间，医务人员 52 人；小学 1 所，建筑面积 3415 平方米，教师 69 人，学生 1394 人；幼儿园 1 所，建筑面积 5610 平方米，幼师 16 人，入园儿童 228 人；农贸市场 1 个，占地面积 4500 平方米，摊档 60 个；公园 2 座，分别为三洪奇公园和河堤公园，总面积 4000 平方米；图书馆 1 间，藏书 1500 册；村民（老人）活动中心 2 间；篮球场 2 个；组建有太极健身队和少年醒狮队；现存广府民居 18 间。

广教

广教社区位于北滘镇东部，东接林头，西邻国道 G105 线，南邻顺江社区，北连北滘社区，面积 1.75 平方千米。南宋咸淳年间，广教始祖杨源远为避战乱，从珠玑巷南迁南海桂林堡玕滘乡落籍定居，繁衍生息。至明朝，村民姓氏主要有杨、黄、召、梁、周。其中杨姓尤其显赫。清朝时期，人口达 11400 多人。民国 27 年（1938 年）10 月，日本军队侵占顺德，人口锐减，杨氏族人从 3000 人减至 1000 人左右。中华人民共和国成立后，人口逐步回升。1986 年有 2088 人。2017 年，辖一村、元周、兆地、兰西、直华、西洲、兰东、东基、安定、新胜、新广 11 个居民小组；户籍人口 5660 人，常住外来人口 22360 人；户籍人口中 80 岁以上 98 人，最年长者 101 岁（黎回，女；李窝，女）。户籍居民绝大部分为汉族，另有少量壮族。有旅居海外的乡亲 50 人，主要分布在加拿大、澳大利亚。

地势平坦。原名为玕滘，“玕”，珠宝也，乃指当地河水清澈见底，沙石犹如珠宝，又因河道水网纵横交错，更名为“乾滘”，后更名为“广教”，取广阔、教育之意。明隶属西淋都桂林堡。清光绪三十四年（1908 年）后，属顺德第三区。1956 年，属陈村区；1958 年 10 月，属陈村人民公社；1959 年 5 月，属北滘人民公社；1983 年 11 月，属北滘区；1987 年 2 月属北滘镇。2001 年 9 月，广教村改为广教社区。

传统经济以农业为主，主要农产品有稻谷、甘蔗、塘鱼等。20 世纪 80 年代，村发展养殖业，养殖三黄鸡、竹丝鸡等。1986 年有农用地 3445 亩，其中水稻 1773 亩、甘蔗 940 亩、鱼塘 600 亩、杂地 87 亩、自留地 45 亩。1990 年后，农业转向禽畜饲养和优质水产养殖。2000 年后，农业逐渐萎缩。2017 年仅有农用地 6.86 亩。

20 世纪 90 年代，兴办工业。1995 年，工农总产值 3700 万元。进入 21 世纪，主要发展机械设备制造业。2017 年，工业产值达 10 亿元，年人均纯收入 4.8 万元；村民集体分红 2200 元/年。随着经济的发展，1960 年通电，20 世纪 60 年代初期通电话，1989 年村道实现水泥硬底化，1991 年通自来水，2001 年通网络。2017 年，全社区建有卫生医疗所 1 间，医务人员 5 人；小学 1 所，教学楼建筑面积 3700 平方米，教师 25 人，学生 556 人；幼儿园 1 所，建筑面积 1129 平方米，幼师 23 人，入园儿童 210 人；农贸市场 1 个，占地面积 5500 平方米，摊档 50 个；图书馆 1 个，藏书 1000 册；村民（老人）活动中心 1 个；篮球场 1 个；公园 3 座，分别为广教公园、兰东公园、直华公园，总面积 4931 平方米；组建有福利会、太极健身队、曲艺社。

广教人才辈出。南宋杨应奎，官至监察御史，户部侍郎。明朝梁有誉，文学家，世称“梁比部”、兰汀先生，著有《兰汀存稿》（也称《比部集》）。清朝杨代纪，雍正二年（1724 年）举人，乾隆《广州府志》和《顺德县志》有载，中举后仍在乡中设馆授徒以奉养父母；杨梅青，嘉庆十四年（1809 年），海盗张保仔洗劫广教，梅青拒不受辱，坚贞不屈，沉河身亡，名载《顺德县志·列女传》；杨道阜，嘉庆十五年，海盗劫村，杨率领乡民，营救千余乡亲，名载《顺德县志》；杨中和，嘉庆、道光年间的名医，精于儿科，名载《顺德县志》。民国杨十，辛亥革命的先锋，1911 年参加同盟会领导的黄花岗起义，是起义“先锋”（敢死队）队员。

遗存祠堂6座，分别为杨氏大宗祠、梁氏宗祠、三房祖祠、萃所、七世祠、向西祠；有始建于清朝的衍庆桥、水仙亭，以及建于清代的广府民居11座。

槎涌

槎涌社区位于北滘镇西南部，东面毗邻三洪奇，西面与莘村接壤，南面与黄龙村相对，北面与北滘社区相接，面积 2.27 平方千米。明朝时，始有欧、姚、罗、灌、褚、辛、蔡、邓、胡、卢十大姓聚居。清朝欧、姚、灌为三大姓氏。晚清时期人口约为1300 人。民国时增至3600 人。1938 年 10 月后，日本军队入侵顺德，村民外出逃难，人口下降至1600 人。1959 年全村人口有 957 人。1985 年升至 1314 人。2017 年，辖第一、第二、第三、第四、第五 5 个居民小组；户籍人口 1941 人，常住外来人口 7266 人。户籍人口中 80 岁以上 53 人，最年长者 97 岁（谭顺洪，女）。户籍居民均为汉族。

槎涌地势平坦，河涌交错，有三马河、槎涌大涌、南河。槎涌原名槎溪，古时有“先有禄洲，后有槎涌”之说，后更名为槎涌。明景泰三年（1452 年）起属顺德县西淋都桂林堡。民国时期属顺德第三区。中华人民共和国成立后属第三区三洪奇乡；1959 年 5 月，属北滘公社；1983 年 11 月，属北滘区；1987 年 2 月后，属顺德北滘镇。

传统经济以农业为主，主要农产品有稻谷、甘蔗、塘鱼等。1912—1931 年，蚕桑业鼎盛。1986 年有农用地 2131.4 亩，其中水稻 751.3 亩、甘蔗 605.2 亩、鱼塘 605.6 亩、杂地 93.7 亩、自留地 65.6 亩、果地 10 亩。1990 年后，鳗鱼养殖在槎涌得到发展。2000 年后，农业逐渐萎缩，至 2017 年，有农用地 902 亩，以种植花卉、苗木为主。

20 世纪 80 年代后期，大力发展工业，经济逐步转为以工业为主，主要行业有彩色印刷、纸类包装、五金电器、装饰材料等。1995 年，工农业总产值 4228 万元。2017 年，全社区工农业产值5.2 亿元，其中工业产值5.05 亿元。村民集体分红收入，从 1996 年的656 元增加到 2017 年的 10060 元。随着经济发展，20 世纪 50 年代后期通电，60 年代初期通电话，1991 年通自来水，2000 年通网络，2005 年实现村道水泥硬底化。2017 年，社区建有卫生医疗所 1 间，医务人员 2 人；幼儿园 1 所，建筑面积 1700 平方米，幼师 27 人，入园儿童 220 人；农贸市场 1 个，占地面积 2435 平方米，摊档 15 个；公园 4 座，分别为湖心公园、花基公园、东边公园、大埠宅园公园，总面积 8640 平方米；图书馆 1 个，藏书 5500 册；村民（老人）活动中心 1 个，篮球场 2 个；组建健身队、曲艺社、篮球队，文化娱乐丰富多彩。

槎涌的名人有：清朝举人黎质甫；民国时期，国民党陆军少将郑军凯，广东省银行分行行长郑鼎颐；郑彦棻，留学海外，毕业后受聘于日内瓦国际联盟秘书处，官至国民党中央委员秘书长，1949 年移居台湾，致力于侨务工作，被称为“侨务之父”。

槎涌钟灵毓秀。辛亥革命后于东庙桥侧建亭一座，时任中山大学校长邹鲁题书“中山纪念亭”，郑彦棻题匾“昭厚”，人称“昭厚亭”，后该亭毁于风灾。迄今遗存祠堂5座，分别为郑氏大宗祠、郑氏东昌祠、黎氏大宗祠、云溪黎公祠、云庄黎公祠；广府民居36间。

顺江

顺江社区位于北滘镇中南部，东靠潭洲水道，西邻三洪奇社区，南与伦教街道隔顺德水道相望，北邻林头、广教社区，总面积7.38平方千米。2006年6月，从北滘、广教、三洪奇、槎涌社区拆分组建而成，面积9.2平方千米；2014年12月，划1.9平方千米归入设计城社区。2017年，辖新海岸、海晴、海景、海星、集体户5个居民小组；户籍人口6538人，常住外来人口23561人。户籍姓氏有348个，其中李、陈、黄、刘、王姓较多。户籍人口中80岁以上21人，最年长者89岁（姚芝娟，女）。户籍居民主要为汉族，少数民族居民以回族、壮族、瑶族居多。

地势平原，细海河是社区内的主要河流，国道G105线与三乐路纵贯东西南北。

辖区内有两大工业区，分别为北滘港工业区和林港工业区，共有企业110间，主要以家电制造、金属材料以及机械设备制造等为主，个体商业店铺150个。建有民办小学1所，教师71人，在校学生850人；民办幼儿园1所，幼师60人，在园幼儿950人；公园2座，分别为顺江公园、美的海岸公园；社区图书室2间，村民（老人）活动中心1个；篮球场3个；建有篮球队、舞蹈队、腰鼓队、太极队、合唱队。

碧桂园

碧桂园社区位于北滘镇东北部，东面与三桂村及广州市番禺区相邻，西南与碧江社区相接，北面与陈村镇隔河相望，总面积6平方千米。碧桂园社区成立于2000年。2017年，辖顺碧、西苑、学校3个居民小组；户籍人口10018人，常住外来人口16423人。因碧桂园是新建社区，居民来自四面八方，姓氏达300多个，其中李、陈、张、刘、王、黄、杨姓较多。80岁以上老者29人，最年长者98岁（李普慈，女）。户籍居民以汉族为主，也有壮族、瑶族、土家族的居民。

社区境内以平原为主，有严家岗、长岗、羊星岗、睡牛岗、都那岗、敬子岗、大坑岗、矮岗、葫芦岗、白石岗、羊啤岗等山岗。河道有陈村水道、石龙围涌、龙头滘河涌、新开涌、新基涌等。2000年5月，碧桂园街道办事处成立。2001年2月20日，为碧桂园居民委员会。2003年3月改为碧桂园社区居民委员会。

碧桂园社区是一个典型的住宅社区，内有碧桂园集团公司，还有个体户、中小型公司150多家。2017年，建有卫生医疗所1间，医务人员共16人；中学3所，教师431人，在校学生2890人；小学2所，教师245人，在校学生4786人；幼儿院2所，幼师123人，在园幼儿605人；公园74座，总面积40.93万平方米；图书馆3间，藏书10500册；村民（老人）活动中心2个，篮球场7个，游泳池4个；建有枫叶舞蹈队、夕阳舞蹈队、姿彩舞蹈队。

君兰

君兰社区位于北滘镇中部，东邻国道G105线，西至林上路，南至南源路，北靠潭洲水道，总面积5.75平方千米。成立于2011年10月，分别从原北滘社区和高村村划分部分土地组建而成。辖区内共有住宅小区6个，分别为君兰高尔夫生活村、君兰江山、美的翰城、海琴水岸、佳兆业上品雅园和华美达公寓。2017年，辖君兰、翰城、海琴水岸、佳兆业雅居乐4个居民小组；户籍人口7600人，常住外来人口14400人。户籍姓氏245个，其中李、陈、刘、梁姓较多。80岁以上老人71人，最年长者90岁（黄光兰，女）。户籍居民主要为汉族，另有壮族、土家族、满族等少数民族。

君兰社区是北滘镇主要商业服务区之一，商业配套包括北滘商业广场、金茂华美达广场五星级酒店、君兰高尔夫球场、美的新都汇等。总部经济占有极大的比重，建有美的总部大楼、怡和中心、北滘财富中心、财富花园、国际商务中心等项目。

2017年，建有中学1所，占地面积47775平方米，教师227人，在校学生2378人；幼儿园1所，占地面积13333平方米，幼师71人，在园幼儿760人；公园3座，分别为北滘公园、君兰河堤公园、北滘体育公园，总面积25.3万平方米；建有北滘门广场、活力体育中心、文化中心、市民活动中心、佳兆业邻里中心等文体康乐设施；组建有合唱团、舞蹈队、羽毛球协会等社团组织。

设计城

设计城社区位于北滘中心城区南部，东邻广教社区，南接三洪奇、顺江社区，西靠槎涌社区、北枕北滘社区，面积1.92平方千米。成立于2014年12月17日，是北滘镇政府调整顺江社区管辖范围新设的社区，辖区有陈大滘美的员工村、新的员工村、兴业园小区等居民区。2017年，辖红星、乐创、乐业、乐善、乐活5个居民小组；户籍人口623人，常住外来人口4220人，户籍人口中80岁以上2人，最年长者83岁（邱良豪，男）。拥有生产型企业51家，主要行业包括家电五金、塑料、家具、印刷等，拥有广东工业设计城、美的全球创新中心、广东蚬华电风扇有限公司、广东惠而浦电器制品有限公司等大型企业、科研基地，各类餐饮、娱乐、销售门店130多家。

第二节　村

莘村

莘村位于北滘镇西部，东与槎涌、北滘社区相邻，西与水口村接壤，南与黄龙、马龙村相对，北与西滘村相接，面积5.8平方千米。明朝时，已有村民聚居，以辛姓为主。20世纪30年代初，全村人口达7300多人。日本侵华时期，饿死及失散达2600多人。中华人民共和国成立后，1953年人口2463人，1985年升至4490人。2017年，辖新沙、冲元、冲口、麦岸、莘村中学（含芬芳家园）5个村民小组；户籍人口6337人，主要为曾、李、麦、劳姓，常住外来人口5908人，户籍人口中80岁以上有128人，最年长者100岁（马明弟，女）。有旅居海外的乡亲6人，主要在澳大利亚。

地势以平原为主，村内河涌交错，包括莘村大河、文阁河、西河、夜庆河、沙涌、一横河、二横河、三横河、东便大河、三马河、大石沙河、细闸河、曾家涌等。莘村原名辛村，因最早落户于此地的族人姓“辛”而得名，后随着他姓人口增多，遂改为莘村。明清属西淋都新良堡，光绪三十四年（1908年）起，先后属第五区、第二区、第三指导区、第五区。1956年4月属陈村区；1958年10月属陈村人民公社；1959年5月属北滘人民公社；1983年11月属北滘区；1987年2月属北滘镇。

农业是传统的经济产业，主要农产品有：稻谷、甘蔗、塘鱼等。19世纪七八十年代开始种桑、养蚕。20世纪80年代中后期，农业生产转向规模饲养优质鸡、瘦肉型猪，养殖优质鱼，种植花卉。1986年，全村有农用地5838亩，其中禾田2828亩、蔗地1575.5亩、鱼塘1094亩、杂地164.5亩、自留地176亩。进入90年代，鳗鱼养殖为村里带来了经济收益。2000年后，农业转向花卉种植。至2017年有农用地2920亩，鱼塘245亩。

手工业在清光绪至民国期间得到了发展，最多时有缫丝厂4间，工人1800多人。20世纪60年代末开始兴办集体经济，办起了木厂、酒厂、化工厂、豉油厂、米机等。1990年，港商李伟强投资兴办艺恒信制鞋厂和佛罗伦制衣厂，还斥资2000多万元兴办鳗鱼场，发展现代农业。1995年，全村工农业总产值达2.18亿元。2017年，工业以制鞋、家具、五金等行业为主，农业主要是种植花卉，以及养殖加州鲈、生鱼和“四大家鱼”。工农业总产值8.8亿元，其中工业产值8亿元，村民每年集体分红3961元。1947年11月开设商办电话所，1962年通电，1991年通自来水，1994年村道实现水泥硬底化，1999年通网络。2017年，建有卫生服务站1间，医务人员5人；完全中学1所，教学楼建筑面积12.09万平方米，教师331人，学生4612人；小学1所，教学楼建筑面积5060平方米，教师29人，学生513人；幼儿园1所，建筑面积990平方米，幼师23人，入园儿童307人；农贸市场1个，占地面积2600平方米，摊档52个；有莘村中心公园、新沙公园、麦岸公园、大唐公园，总面积5500平方米；图书馆1所，藏书3000册；村民（老人）活动中心4间，篮球场5个；组建有曲艺社、麦岸曲艺社、新沙龙舟协会、诗书画协会、太极协会、乒乓球协会、龙狮协会等社团组织。

现存宗祠13座，分别为宗圣南支（又称曾氏大宗祠，为佛山市文物保护单位）、梁大夫祠（佛山市文物保护单位）、少泉公祠、东涧梁公祠、麦氏宗祠、李氏大宗祠（圣维公）、量川麦公祠、李氏宗祠、文善梁公祠、劳家祠堂、秋泉梁公祠、文一公祠堂、正伦堂；私塾2间，分别为曾氏私塾、东梁义学；古桥5座，包括水埗桥（又称聚龙桥）、崇雅桥、跃龙桥、彩虹桥、接龙桥；寺庙3座，分别为观音庙、天后庙、元帅府；广府民居309座。

黄龙

黄龙村位于北滘镇的西南部，东面与三洪奇社区相邻，西面与马龙村接壤，南面与勒流街道、伦教街道隔顺德水道相望，北面与莘村村、槎涌社区相接，总面积4.89平方千米。黄龙村原分为黄涌、龙涌。黄涌于元末明初建村，原称凤涌，源于村内的凤凰桥（始建年份不详，清嘉庆十八年重建）之名，以黄姓人居住为主，故改名“黄涌”。开村时，主要有黄、何、李三大姓氏，清朝时，三大姓氏基本消失。龙涌乃陈姓人开村，因村内河涌分布，形状如龙而得名。后有杜姓、梁姓、谈姓等迁入，迄今仍是龙涌四大姓氏。晚清时期，黄涌、龙涌共有村民4300多人。民国27年（1938年），日本军队入侵顺德，人口下降至1060人。中华人民共和国成立后，村民陆续返村定居，1959年全村人口有2062人，1985年升至3066人。2017年，辖黄涌一、黄涌二、黄涌三、黄涌四、黄涌五、黄涌六、黄涌七、黄涌八、红一、红二、红旗、朝阳、前进、迎东、五星、东一、东二、东三、东升19个村民小组；户籍人口4500人，常住外来人口8800人，户籍人口中80岁以上109人，最年长者100岁（冯大妹，女）。户籍居民均为汉族。有旅居海外的乡亲6人，分布在澳大利亚、加拿大、美国、法国。

黄龙地势以平原为主，村内河涌交错，包括梁家涌、三丰河、九亩涌、南河、西河、三马河、龙涌大河、旧湾河、三河、四河等。明景泰三年（1452年）起属顺德县西淋都桂林堡。清光绪三十四年（1908年）起，黄涌村先后属第三区、第一区、第二指导区、第三区，其中村南的穗丰围于1947年7月至1949年属第一指导区（第二区）羊额乡管理；龙涌村先后属第五区、第二区、第三指导区、第五区。1952年土地改革时，穗丰围重新划入黄涌村；1958年10月属陈村人民公社；1959年5月属北滘人民公社；1983年11月属北滘区；1987年2月属北滘镇；2001年9月，黄涌村、龙涌村合并，改为黄龙村。

传统经济以农业为主，主要农产品有稻谷、甘蔗、塘鱼、桑蚕等。清乾隆至光绪年间，曾两度“挖田为塘，废田树桑”，基塘农业逐渐形成。中华人民共和国成立后，农业生产以稻谷、甘蔗、塘鱼为主，养猪为辅。20世纪80年代初，发展冬瓜种植，亩产达6000千克，曾有“碧江出只鸡，黄涌出个瓜”之说。80年代中期逐渐转向禽畜饲养、水产养殖和花卉种植。1986年，共有农用地4010.96亩，其中禾田1438亩、蔗地1372亩、鱼塘1004亩、杂地31.76亩、果地24亩、自留地141.2亩。1987年至1989年，划出200亩地，开办鳗鱼养殖场，塘基饲养禽畜。2017年仍有农用地2444亩，其中鱼塘1450亩，养殖鲩鱼、桂花鱼、生鱼、鳊鱼及种植花卉、蔬菜。

1979—1980年，办起大队机制红砖厂，年生产能力达1350万块砖。20世纪90年代，陆续办起家具制造、五金加工、机械模具等厂企，至1995年工农业总产值

8648 万元，其中龙涌 4926 万元、黄涌 3722 万元。2017 年，工农业总产值 5.3 亿元，人均纯收入 2.6 万元，黄涌股份社集体分红 6180 元，龙涌股份社集体分红 3700 元。随着经济发展，1963 年通电，20 世纪 80 年代初期通电话，1992 年通自来水，90 年代后期村道实现水泥硬底化并且通网络。2017 年，村建有卫生医疗所 2 间，医务人员 4 人；幼儿园 1 所，幼师 30 人，在园儿童 416 人；农贸市场 2 个，占地面积 3300 平方米，摊档 109 个；公园 5 座，分别为富临公园、福临公园、鲤鱼沙公园、龙溪公园、杜家文化公园，总面积 2.9 万平方米；图书馆 1 间，藏书 8000 册；村民（老人）活动中心 1 间，篮球场 6 个；组建有曲艺社、醒狮队、健身队、篮球队等社团组织。

现存祠堂 4 间，分别为陈氏家庙（区级文物保护单位）、养静杜公祠、东田杜公祠、谈氏家祠；庙宇 3 间，包括华光庙、包公庙、天后宫；古桥 2 座，为凤凰桥、护龙桥；广府民居 65 间。

马龙

马龙村位于北滘镇西南部，东与黄龙接壤，西与乐从镇相邻，南与勒流稔海隔河相望，北与水口、莘村相连，面积 4.39 平方千米。北宋年间由黄姓、郑姓人开村。至清朝，黄姓氏族人口最多，其次为徐姓，全村约 3100 人。民国 27 年（1938 年），日本军队侵占顺德，全村人口下降至 2000 人。1985 年人口有 3509 人。2017 年，辖马村一、马村二、马村三、马村四、马村五、马村六、马村七、马村八、现龙一、现龙二、现龙三、现龙四、现龙五、现龙六 14 个村民小组；户籍人口 4695 人，常住外来人口 8933 人。户籍人口中 80 岁以上 86 人，最年长者 96 岁（周洪葵，女）。户籍居民均为汉族。有旅居海外的乡亲 35 人，主要分布在美国、加拿大、南非、英国。

地势以平原为主，良马河、南河、东基大涌绕村流过。2001 年 9 月，马村、现龙 2 村合并，取名为马龙村。明清属西淋都新良堡。民国时期，先后属顺德第五区、第一区、第三指导区、第五区。1950 年后，属第五区；1958 年 10 月属沙滘人民公社；1959 年 5 月属北滘人民公社；1983 年 11 月属北滘区；1987 年 2 月属北滘镇。

传统经济以农业为主，主要农产品有稻谷、甘蔗、塘鱼等，不少农户还种桑养蚕。1986 年，马村、现龙共有农用地 4016.1 亩，其中鱼塘 933.5 亩、禾田 1530.8 亩、蔗地 1089.6 亩、自留地 158.1 亩、杂地 299.1 亩、果地 5 亩。1990 年起，大量养殖鳗鱼，出口日本。2000 年后，工农并举，至 2017 年仍有农用地 918.43 亩（其中鱼塘 581 亩），主要种植花卉、蔬菜、年桔，以及养殖鲈鱼、武昌鱼、乌鳢和“四大家鱼”。

清朝至民国时期，缫丝业兴旺。清宣统三年（1911 年），办有永昌纶、裕隆兴 2 间缫丝厂，共有近千名工人，生丝产量达 34.7 吨，产值 64.2 万银元，销往广州、上海和东南亚等地。1937 年，乐从劳村顺利农场在马村设分场，弃桑种蔗，种植甘蔗 300 多亩。1945 年，村内建有大龙、中兴 2 个糖厂，有工人 139 人，年产片糖 255 吨。

20 世纪 90 年代，大办工业，经营家具生产。1995 年，工农业总产值 8824 万元，其中马村6502万元、现龙2322万元。2017年，工农业总产值2.5亿元，其中工业产值2.4亿元，人均纯收入24000元，马村股份社集体分红人均4350元，现龙股份社集体分红人均2600元。1963年通电，1973年通电话，1994年通自来水，20世纪90年代后期村道实现水泥硬底化且通网络。2017年，建有卫生医疗所1间，医务人员共3人；小学1所，教学楼建筑面积2026平方米，教师45人，学生787人；幼儿园1所，建筑面积1099平方米，幼师14人，入园儿童185人；农贸市场2个，占地面积3500平方米，摊档31个；公园3座，分别为马村公园、马村河堤公园、现龙亲水平台公园；图书馆2个，藏书2500册；村民（老人）活动中心2个，篮球场2个；组建有福利会、巾帼健身队、河堤健身队等组织。

清朝时期，马德禧、何彬林官至翰林。民国时期，黄康、黄纪竹在黄氏宗祠兴办学校，明礼仪，重教化。

现存祠堂2座，分别为始建于清道光三十年（1850年）、重修于2011年的南湾黄公祠和始建于清代、重修于1997年的云溪黄公祠。农历正月十三，村民都会在祠堂举行庆灯活动；重阳节则在祠堂举行敬老活动。现存广府民居162间。

水口

水口村位于北滘镇西北部，东连西滘，西接乐从镇劳村，南邻莘村，北通上僚，面积2.8平方千米。明朝年间，梁姓族人在此聚居。清朝时，果、张、叶为三大姓氏。2017年，户籍姓氏共有59个，梁、叶、罗、张、何为主要姓氏。民国陈济棠治粤时期（1929—1936年），全村人口多达2300人。1938年，日本军队侵占顺德，人口下降至1200人。中华人民共和国成立后，人口持续增长，1960年全村人口有1337人。1986年升至2182人。2017年，辖东街、北街、叶家、张家、上陈、沙尾6个村民小组；户籍人口3083人，常住外来人口2214人。户籍人口中80岁以上73人，最年长者97岁（梁九仔，女）。户籍居民均为汉族。有旅居海外的乡亲15人，主要分布在南非、巴西、法国。

地势以平原为主。细海河和水上河环绕全村。明朝，有渔民到此捕鱼，围垦种植，逐渐聚居形成村落。因靠近河口，而定村名吉水、上水，取其逢凶化吉之意；后改为水口。清光绪三十四年（1908年）后，属顺德第五区。民国时期，先后属第五区、第三指导区、第五区。1956年属沙滘区；1958年10月属陈村人民公社；1959年5月属北滘人民公社；1983年11月属北滘区；1987年2月属北滘镇。

传统经济以农业为主，主要农产品有稻谷、甘蔗、塘鱼、柚子等，民国时期，柚子曾是水口的特产，种植面积逾千亩。1986年水口有农用地2507.6亩，其中禾田820亩、蔗地674亩、鱼塘698亩、杂地237.6亩、自留地78亩。1990年后，农业转向优质水产养殖业和花卉种植业。2017年，农用地1349.49亩（其中鱼塘1016.32亩），主要种植花卉、苗木，以及养殖桂花鲈、加州鲈、生鱼、黄骨鱼。

20世纪90年代，办起家具制造、五金加工、木器制造等厂企。2017年，工农业总产值3837万元，其中工业产值3000万元，年人均纯收入25536元，村民集体分红

2400元。1959年通电话，1963年通电，1992年通自来水，1999年村道实现水泥硬底化并通网络。2017年，建有卫生医疗所2间，医务人员共4人；幼儿园1所，建筑面积500平方米，幼师19人，入园儿童158人；农贸市场1个，占地面积5300平方米；公园3座，分别为水口公园、水口旧公园、中心公园，总面积2.1万平方米；图书馆1个，藏书2000册；村民（老人）活动中心2个，篮球场6个；组建有福利会、篮球队、健身队、象棋队。

抗战期间，日本军队多次到水口村烧杀抢掠，1943年8月，把200多名村民关押在梁氏祠堂后殿，枪杀村民16人。

现存祠堂9座，分别为梁氏宗祠、张氏宗祠、梅林梁公祠、国悦梁公祠、叶氏太公厅（俭德堂）、叶氏大祠堂、纯始张公祠、成伸罗公祠、罗氏宗祠。清光绪年间，天主教广州教区在北滘水口设立天主教堂。1942年，神父梁德望定居水口村，传教播道，招收信徒。现有天主教堂1座，占地面积80平方米，于1983年、1990年两度重修。村中还有始建于清乾隆四十一年（1776年）、重建于清光绪二十年（1894年）、1987年重修的华光庙，以及始建于1993年、重修于2013年的列圣宫庙。现存广府民居124间。

上僚

上僚村位于北滘镇西北部，东接西滘村，西邻乐从镇岳步村，南近水口村，北临东平水道，面积2.5平方千米。明朝时胡姓人开村。清朝时全村约2000人。民国27年（1938年），日本军队入侵顺德后，曾到上僚村烧杀抢掠，人口降至1000人左右。中华人民共和国成立后，村民陆续返村定居，1953年约有1800人。1985年2400人。2017年，辖中心、大街、朝南、麦家沙4个村民小组；户籍人口3750人，常住外来人口2200人。主要姓氏为麦、袁、梁三大姓。户籍人口中80岁以上79人，最年长者98岁（麦联弟，女）。户籍居民均为汉族。有旅居海外乡亲24人，主要分布在美国、加拿大和澳大利亚。

地势为平原。上僚支涌绕村而过。2004年建起上僚水利枢纽。上僚因靠江河，居民在河堤上结茅寮居住而得名。明清属西淋都甘溪堡，清光绪三十四年（1908年）后属第五区。民国期间，先后属第五区、第一区、第三指导区、第五区。中华人民共和国成立后，仍属第五区；1956年10月属乐从区；1959年5月属北滘人民公社；1983年11月属北滘区；1987年2月属北滘镇。

传统经济以农业为主，主要农产品有稻谷、甘蔗、“四大家鱼”等，沙葛是上僚的特产。1986年有农用地2677亩，其中稻田1109亩、蔗地581亩、鱼塘861亩、自留地126亩。1990年后，稻谷和甘蔗的种植开始减少，转为畜牧养殖和年桔种植。1999年，办起禽畜水产综合养殖基地，饲养三黄鸡、竹丝鸡，养殖桂花鲈、加州鲈等。2017年，有农用地1118亩（其中鱼塘37亩），主要种植花卉苗木和年桔。

1995年，全村工农业总产值5351万元。2017年，工农业总产值7500万元，其中工业产值4000万元，年人均纯收入19000元，村民集体分红3000元。1962年通电话，20世纪60年代中期通电，1991年通自来水，1997年村道实现水泥硬底化，1998年通网络。2017年，建有卫生医疗所1间，医务人员3人；幼儿园1所，建筑面积500平方米，幼师14人，入园儿童188人；农贸市场1个，占地面积2700平方米，摊档41个；公园2座，分别为海珠湿地公园和中心公园，总面积7000平方米；图书馆1个，藏书3500册；村民（老人）活动中心3个，篮球场3个；组建有福利会、太极队、健身队等社团组织。

现仅存的麦氏大宗祠，始建于清代，2012年重建，占地面积2733平方米。不仅是族人祭拜场所，也是村的文化活动中心。村中还有3座寺庙，分别为：始建于清朝、重建于20世纪80年代中期的观音庙，始建于清末民国初年、重建于20世纪90年代中期的车公庙，始建于清末民国初年、重建于2014年的天后庙。现存广府民居45间。

西滘

西滘村位于北滘镇西部，东接高村，西邻上僚，南靠莘村，北临潭洲水道，面积3.97平方千米。北宋后期，罗、区、周、梁四族在此聚居，至清朝嘉庆期间，区姓氏族人口最多。民国时期，全村人口多达5000人。抗日战争期间，广游二支队撤出西海后，日伪军多次进村扫荡，村民外出躲避战乱，人口下降至3000人。中华人民共和国成立后，村民陆续返村定居，1953年全村人口约有3700人。1985年，全村4057人。2017年，辖桥东、桥西、伍坊、清沙4个村民小组；户籍人口5592人，常住外来人口3700人。户籍人口中80岁以上129人，最年长者100岁（何和，女）。户籍居民均为汉族。有旅居海外的乡亲42人，主要分布在美国、加拿大、南非、英国、澳大利亚。

地势以平原为主，村内河涌交错，包括市场涌、郡马祠涌、上围涌、北季涌、伍坊大涌、清沙涌、南窦涌、北窦涌等。西滘宋代称西溪，属南海县管辖。明景泰三年（1452年）属顺德县西淋都都粘堡，时称“西雍乡”。清雍正年间改称西滘，光绪三十四年（1908年）属第四区。民国21年（1932年），西滘、高村、清沙联合命名为“同安三乡”，属第四区。1958年10月属陈村人民公社；1959年5月后属北滘人民公社；1983年11月属北滘区；1987年2月属北滘镇。

传统经济以农业为主，主要农产品有稻谷、甘蔗、塘鱼等，不少农户还种桑养蚕。1986年有农用地4881.5亩，其中禾田2372亩、蔗地1124亩、鱼塘1288亩、自留地97.5亩。20世纪80年代中期起，禽畜养殖业从分散性养殖转向专业规模性养殖。1990年后，农业转向禽畜水产养殖和花卉种植。至2017年仍有农用地1900亩（其中鱼塘400亩），主要农产品有花卉、苗木、鲩鱼、鳗鱼、鳜鱼。

手工业在清光绪年间至民国期间得到发展，主要以缫丝业和搭棚业为主。清光绪三十三年（1907年）建有广纯祯栈缫丝厂，拥有工人370多人，年产生丝16吨。西滘乡是当时搭棚业的中心，1925年成立“搭棚会馆”，抗日战争前夕有会员400多人。1980年，开始推行农村经济体制改革，完善生产承包责任制，大力发展乡镇企业。1983 年，全村有工厂 15 间，农工商联合公司一家。进入 90 年代，西滘实行工农并举。1995 年，全村工农业总产值 1.82 亿元。2017 年，西滘有工业区 2 个，村内企业近 100 家，员工约 3000 人，以五金加工业、家具行业、纸制品企业为主。当年工农业总产值 3.2 亿元，其中工业产值 3 亿元，年人均纯收入 3.5 万元，村民每年集体分红 3400 元。1963 年通电，1992 年通自来水，1999 年村道实现水泥硬底化，20 世纪 90 年代后期通讯网络覆盖全村、村民普遍安装电话。2017 年，村建有卫生医疗所 1 间，医务人员 3 人；小学 1 所，教学楼建筑面积 3586 平方米，教师 23 人，学生 510 人；幼儿园 1 所，建筑面积 1854 平方米，幼师 16 人，入园儿童 270 人；农贸市场 2 个，占地面积 6000 平方米，摊档 50 个；公园 3 座，分别为文化公园、林塘公园、长塘公园，总面积 1.5 万平方米；村人（老人）活动中心 3 个，篮球场 4 个；组建有福利会、巾帼健身队、三八六一妇儿促进会。

历史名人有：区志柔，南宋建炎三年（1129 年）进士，西滘区氏始祖。明代区龙祯，官至左参政，著有《司饷疏抄》和《辽阳全书》；明代区瑞，官至江西德兴县典史，出征福建桃源洞剿贼寇，虏获 1000 多人，后被贼寇杀害。

现有祠堂 9 座，分别为月友区公祠（区氏宗祠）、仲房区公祠、玫昌区公祠、椿堂区公祠、梁氏家庙、梁氏郡马祠、何氏八世祠堂、东元祖祠、三间祠堂；古桥 2 座，分别为五福桥、进贤桥；庙宇 3 座，分别为三界庙、包公庙、北帝庙；私塾 2 间，分别为逸轩书舍、心槐书舍；广府民居 106 间。

高村

高村位于北滘镇的北部，东南与北滘、君兰社区接壤，西与西滘村相邻，北与陈村镇隔潭洲水道相望，总面积 4.2 平方千米。林上河、大黄涌、北滘沙支涌绕村而过。明朝，高姓氏族开始在此聚居，故称高村。迄今户籍姓氏 116 个，其中以何、梁、李、黄、霍等姓为主。清朝时期，高村约有 1200 人。民国时期，约 1500 人。抗战时期，有 150 人因战乱饥饿离村外逃。1960 年，全村人口 2200 人，1986 年约 3200 人。2017 年，辖东社、南便、金龙、塘杰 4 个村民小组；户籍人口 4734 人，常住外来人口 3800 人。户籍老人 80 岁以上 107 人，最年长者 96 岁（何祥明，女）。户籍居民均为汉族。

明景泰三年（1452 年）顺德建县后，隶属西淋都都粘堡。民国期间先后属第四区、第三区。1950 年属顺德县第四区；1956 年属仙涌区；1958 年 10 月属陈村人民公社；1959 年 5 月属北滘人民公社；1983 年 11 月属北滘区；1987 年 2 月属北滘镇。

传统经济一直以农业为主，主要农产品有：水稻、甘蔗、塘鱼。1986 年有农用地 4231.9 亩，其中禾田 2454.6 亩、蔗地 828.9 亩、鱼塘 720 亩、杂地 88.5 亩、自留地 139.9 亩。粉葛是当地著名的土特产。2017 年，有农用地 1508.61 亩，主要种植年桔和花卉；鱼塘 508.31 亩，主要养殖太阳鱼、乌鳢（俗称生鱼）。

20 世纪 90 年代初开始兴办工厂。1995 年，工农业总产值 4660 万元。2017 年，经济以工业为主，工农总产值 3.92 亿元，其中工业产值 3.5 亿元；村民集体分红

4800 元/年。1953 年通电话，1963 年通电，1996 年通自来水，2000 年村道实现水泥硬底化，2001 年通网络。2017 年，有卫生医疗所 2 间，医务人员共 8 人；小学 1 所，教学楼建筑面积 7300 平方米，教师 35 人，学生 629 人；幼儿园 1 所，建筑面积 1704 平方米，幼师 16 人，入园儿童 226 人；农贸市场 1 个，占地面积 1833 平方米，摊档 19 个；村民（老人）活动中心 1 间，篮球场 1 个，图书馆 1 间，藏书 3000 册；建有高村文化广场，组建有福利会、健身队、篮球队、太极队等。

高村名人有：何老桂，被澳葡政府授予耶稣基督骑士勋章。梁启棠，全国劳动模范，创办顺德首个农民农业创业园。

高村的历史建筑有始建于清朝后期的北帝庙，1984 年、2008 年先后两次筹资重建，每年北帝诞和重阳节有祭祀活动，农历九月初十在北帝庙附近搭棚唱大戏，设盛宴；重修于清道光十八年（1838 年）的青云桥，属佛山市顺德区不可移动文物；现存广府民居 42 间。

西海

西海村位于北滘镇东部，东面与广州番禺区接壤，西面与林头社区隔潭洲水道相望，南面与伦教街道隔顺德水道相望，北面与桃村相连，面积 10 平方千米。明嘉靖九年（1530 年），钟姓氏族开始在西海聚族而居。2017 年，村户籍姓氏共 148 个，其中梁、钟、卢、何、郭、吴等为主要姓氏。民国 27 年（1938 年）10 月后，日本军队侵占顺德，多次到西海烧杀抢掠。中华人民共和国成立后，村民休养生息，1959 年全村人口有 4604 人。1985 年升至 7734 人。2017 年，辖二支朝阳、红旗、新燎、东方红、东风 5 个村民小组；户籍人口 10710 人，常住外来人口 12603 人。户籍人口中 80 岁以上 222 人，最年长者 100 岁（梁瑞颜，女）。户籍居民均为汉族。

西海地势以平原为主，河流密布，有龙眼地涌、大横沙涌、大东海涌、横沙围涌、庙仔围涌、二支涌支涌、界河涌、大围涌、六角围涌、新庙涌、上围涌、东街涌、红心涌、沙流涌等河涌。建有西海水闸、大东海水闸等。因地处桃村之西，西江与北江交汇处，被大片河域包围，而当地称“河”为“海”，故取村名为西海。清末民国初年时曾称西城。

传统经济以农业为主，主要农产品有稻谷、甘蔗、塘鱼等。1986 年有农用地 9060. 7 亩，其中禾田 4208. 7 亩、蔗地 2123. 3 亩、鱼塘 2459. 7 亩、林地 10 亩、自留地 259 亩。1990 年后，工农并举。2000 年后，农业逐渐萎缩，至 2017 年仍有农用地 6222 亩，其中鱼塘 630 亩，主要种植年桔、花卉及养殖龟、生鱼、“四大家鱼”。

20 世纪 70 年代，西海办有大队砖厂。80 年代中期起，主要经营五金、纸类包装、家具加工等。1995 年，工农业总产值达 1. 35 亿元。2017 年，全村工农业总产值 6. 03 亿元，其中工业产值 4. 6 亿元，村民年均纯收入 23000 元，股份社每年集体分红 4400 元。随着经济发展，1951 年通电话，1960 年通电，1990 年通自来水，2000 年村道实现水泥硬底化，2001 年通网络。2017 年，村建有卫生医疗所 1 间，医务人员共 19 人；小学 1 所，教学楼建筑面积 26512 平方米，教师 56 人，学生 1327 人；幼儿园1所，建筑面积4090平方米，幼师29人，在园儿童405人；农贸市场1个，占地面积6000平方米，档摊95个；公园9座，分别为二支一公园、二支二公园、二支工业区公园、丽宜塘公园、新元公园、隆乐公园、辉华公园、西海中心公园、西海公园，总面积60030平方米；图书馆1间，藏书1500册；村民（老人）活动中心1个，篮球场10个；组建有曲艺社、帼国健身队。

现存祠堂6座，分别为元珍钟公祠、克文钟公祠、郭氏宗祠、吴氏宗祠、黄氏宗祠、何氏宗祠；建于清道光三十年（1850年）的文武古庙；广府民居65间。

西海是中国共产党在珠江三角洲创建第一个抗日游击根据地，是中共南番顺中心县委的驻地，经历大小战斗三十余次。最著名的是1941年10月17日伏击来犯的伪军第二十师四十旅和伪护沙总队共2000余人，击毙前线代理总指挥副团长祁宝林以下200余人，俘110余人，被誉为“西海大捷”。在抗日战争中，在西海牺牲烈士有200多名，新中国成立后，县人民政府在西海乡建立西海抗日烈士陵园；1982年，建立抗日战争文物纪念馆，一并被列为广东省重点烈士纪念建筑物保护单位。

桃村

桃村位于北滘镇东部，东、北面与碧江接壤，西、南面与西海相邻，面积2平方千米。相传南宋初期，已有渔民在此歇息，上岸晒渔网。南宋金紫光禄大夫黎厚芳，因避战乱，举家从江西迁来定居，此后在桃村繁衍生息。至明朝，村民姓氏主要有钟、黎、李、袁、曹，其中钟姓尤其显赫。道光年间，全村人口逾1万人。1938年10月后，日本军队侵占顺德，多次到桃村烧杀抢掠，村民外出逃难，人口下降至450人左右。中华人民共和国成立后，村民陆续返村定居，1953年全村人口有670人。1986年升至1812人。2017年，辖桃村、横岸、绿道3个村民小组；户籍人口2213人，常住外来人口8000余人。户籍人口中80岁以上51人，最年长者101岁（何桂好，女）。户籍居民均为汉族。

地势以平原为主，零星分布着桃村岗、西洲岗、石尾岗。村内河涌交错，有桃村涌、绿道涌、横岸涌、曹地涌、六户沙大涌、东边头涌、东街涌、西街涌、冬楼涌、机耕涌等。明正德六年（1511年）进士，巡按监察御史钟善经回乡，见家乡碧山绿水，花果如画，称之为“桃源”，遂成为村名。另有说法，明朝村民黎景义在其著《二丸居集选》记述：“桃源故南海边隅也，中有山焉，是多桃村，方春蓁灼，一望如绣，环山而局，青连绿绕，林木蓊蔚”，故村名桃源。

明景泰三年（1452年）属顺德县西淋都都粘堡，分设桃村、横岸、绿道三乡。清光绪三十四年（1908年）起先后属顺德第三区、第一区、第二指导区、第三区。1956年属陈村区；1958年10月属陈村人民公社；1959年5月属北滘人民公社；1983年11月属北滘区；1987年2月属北滘镇。

传统经济以农业为主，主要农产品有稻谷、甘蔗、塘鱼等。1986年有农用地1902.8亩，其中水稻田654亩、蔗地632亩、鱼塘299.7亩、果地60亩、杂地202.1亩、自留地55亩。1990年后，农业转向禽畜养殖和花卉种植。2017年仍有农用地

1061 亩，以种植年桔为主。

清朝时期，桃村已是顺德著名的“三匠”（建筑泥水匠、木匠、石匠）之乡，所作的灰塑精美生动，栩栩如生；壁画，笔墨简练，顾盼传神。桃村工匠足迹遍布全县，在碧江、龙江、均安等地承建的工程，至今仍被津津乐道。纺织业兴旺，女性村民多从事手工纺织。

20 世纪 70 年代初，开始发展社队工业。90 年代，经济逐步转为以工业为主，1995 年，全村工农业总产值 3357 万元。90 年代末建成占地面积 56.61 公顷的桃村工业园，主要行业有彩色印刷、纸类包装、五金电器、装饰材料等，各类厂企 190 多间。2017 年，工农业总产值 5.47 亿元，其中工业产值 5.15 亿元，村民集体分红 6900 元。1957 年通电话，1963 年通电，1988 年通自来水，2003 年村道实现水泥硬底化，2005 年通网络。2017 年，村建有卫生医疗所 1 间，医务人员 2 人；幼儿园 1 所，建筑面积 6000 平方米，幼师 21 人，入园儿童 304 人；公园 3 座，分别桃村公园、绿道公园、轻轨公园，总面积超 3 万平方米；图书馆 1 间，藏书 1500 册；村民（老人）活动中心 1 间，篮球场 3 个。还组建醒狮队、太极组、篮球队、曲艺社。

历史名人有：宋朝黎梦周，官至朝廷官署主管；钟善经，官至福建道监察御史。清朝书法家黎日勤，村中报功祠还有他的书法碑记。民国初年曹嘉祥，官至海军部次长，中国近代警察制度的创始人。民国时期，袁宝瀛，中国共产党党员，1927 年在广州被国民党反动派杀害；李庆林，珠江纵队二支队顺德大队战士，1945 年 4 月在都宁岗作战牺牲；黎洪彬，珠江纵队二支队顺德大队战士，1945 年 4 月在五区新隆土狗尾作战牺牲。

桃村是中国共产党领导下的抗日斗争根据地。珠江纵队在桃村袁氏大宗祠举办第一期党政学习班，培训一批党政干部。1941 年 10 月，珠江纵队凭借桃村岗、石尾岗，伏击打退日、伪军的进犯。

现有祠堂建筑 16 座，分别为报功祠（省级文物保护单位）、金紫名宗（市级文物保护单位）、袁氏大宗祠（市级文物保护单位）、黎氏三世祠（市级文物保护单位）、曹氏大宗祠、中山黎公祠、珠玑黎公祠、雪梅黎公祠、玉铉黎公祠、大厅祠、东海袁公祠、兆美袁公祠、兰昌公祠堂、李氏大宗祠、五世仰榕祠、捷三李公祠等；古庙宇 4 座，分别为水月宫、包相府、北帝庙、天后娘娘庙；传统广府民居 58 座。

三桂

三桂村位于北滘镇的东北部，东邻广州市番禺区，西接碧桂园社区，南北分别与广州市番禺区沙湾镇、石壁街道相邻，总面积 2.5 平方千米。北宋年间，韩氏族人从南雄珠玑巷迁移至三桂，为逃避官兵追捕，指河（何）为姓。明朝时，全村约有 1300 人，以梁姓最多，金、马、罗、伍等姓亦聚居于三桂。清朝时，全村人口达到 5000 人，以何姓为主。民国时期，三桂人口 3000 人。在日本军队侵略期间，人口锐减至 1400 人。1960 年人口上升至 2632 人。1986 年 3180 人。2017 年，辖东隔、上下、东三、过沙、下基、基角、南基、新一、新二、新三、百岁、圹头、西便、南便、官锡15个村民小组；户籍人口4891人，常住外来人口2407人。户籍人口中80岁以上97人，最年长者100岁（苏爵，男）。户籍居民多为汉族，另有壮族、土家族、瑶族。

境内以平原为主，零星分布着大坑岗、白石岗、矮岗、敬子岗、羊咩岗、葫芦岗等山岗。解放河、跃进河、新开涌绕村而过，建有新开涌水闸。三桂因村前有三棵桂花树而得名。明清属西淋都龙头堡。民国时期先后属第三区、第一区、第二指导区、第三区。1956年4月属陈村区；1959年5月属北滘人民公社；1983年11月属北滘区；1987年2月属北滘镇。

清朝时期，三桂手工业发达，有多个木榫作坊和造纸坊。四会、茂名人到三桂从事造纸业，农业种桑养蚕为主。20世纪80年代，主要种植水稻、甘蔗，养殖优质鸡。隔涌面豆、吊丝丹是三桂附近闻名的特产。1986年，全村有农用地3776.9亩，其中耕田1847亩、蔗地772亩、鱼塘337亩、杂地672.4亩、自留地148.5亩。1990年后，竹丝鸡、三黄鸡、鳗鱼、年桔等种养业成规模。2004年后，农业逐渐萎缩。2017年仅有农用地1100亩（其中鱼塘400亩），主要种植年桔、兰花及养殖“四大家鱼”。

1986年，开始兴办工厂。1995年，全村工农业总产值7718元。2017年，工农业产值3200万元，其中工业产值2600万元，人均纯收入16000元，集体分红人均1800元/年。1952年通电话，1963年通电，1993年通自来水，1999年通网络，2002年村道实现水泥硬底化。2017年，建有公立卫生医疗所1间，医务人员3人；小学1所，教学楼建筑面积7423平方米，教师36人，学生779人；幼儿园1所，建筑面积2950平方米，幼师40人，入园儿童439人；农贸市场1个，占地面积580平方米，摊档36个；公园4座，分别为中心公园、桂东公园、新基公园、官锡公园，总面积6300平方米；图书馆1个，藏书3000册；村民（老人）活动中心1个，篮球场3个；组建有篮球队、太极队、曲艺社、乒乓球队、健身舞队，村民文化娱乐丰富多彩。

现存宗祠4座，分别为始建于清嘉庆二十一年（1816年）、2012年重修的绎思堂，始建于嘉庆二十一年、2014年重修的翠岩祖，始建于明末清初的申锡堂（原光远堂），始建于清光绪六年（1880年）的红祠堂。村中还有始建于清道光年间、1994年重修的关帝庙，以及始建于清道光年间、2005年重修的观音庙。现存广府民居259间。

第二篇　人口

第一章　人口规模与密度

第一节　人口总量

1959 年 5 月，北滘人民公社成立，户籍人口 45734 人。1960—1962 年，虽然出现严重经济困难，但北滘公社人口仍保持上升态势。1962 年底，全公社户籍人口为 13082 户 50572 人。1963 年，户籍人口上升为 13205 户 50906 人。1964 年后，户籍人口呈连续上升态势，普通家庭生育孩子 2—3 人，有的甚至 4 人以上。1979 年，全公社户籍人口达 15741 户 69160 人。1980 年起，实行“一对夫妇只生一个孩子”的计划生育政策，北滘人口保持低水平增长态势。1985 年北滘镇户籍人口达 20461 户 74369 人。1986 年后，随着经济迅速发展，引入大批技术人员和外来工人，北滘镇户籍人口持续上升。2013 年达 36943 户 120745 人。2017 年为 42163 户 142514 人。

1959 年北滘人民公社成立初期人口统计表

表 2—1—1

生产大队	户数	人数	生产大队	户数	人数	生产大队	户数	人数
槎涌	254	957	三桂	577	2111	上僚	848	2832
北滘	965	3677	广教	370	1798	高村	549	2086
碧江	1450	5407	林头	1208	4637	水口	343	1263
西海	1054	4604	黄涌	211	885	碧江居委会	969	2402
马村	579	2216	西滘	742	2654	北滘居委会	409	908
三洪奇	487	2061	莘村	966	3036			
桃村	284	1023	龙涌	311	1177	合计	12576	45734

1962 年至 2017 年北滘户籍人口统计表

表 2—1—2　　　　　　　　　　　　　　　　　　　　单位：户、人

年度	总户数	人数		
		合计	其中	
			男	女
1962	13082	50572	—	—
1963	13205	50906	24840	26066
1964	12744	51713	—	—
1965	12732	53203	25975	27228
1966	12838	54668	26611	28057
1967	13029	56146	—	—
1968	13270	57930	28347	29583
1969	13354	59214	28873	30341
1970	12173	60797	—	—
1971	12430	62161	—	—
1972	13938	63121	30840	32281
1973	14193	64550	31615	32935
1974	14305	65581	32145	33436
1975	14255	66498	32541	33957
1976	14693	67094	32896	34198
1977	15478	67835	33262	34573
1978	15805	68676	33724	34952
1979	15741	69160	33856	35304
1980	16968	69925	34318	35607
1981	16177	71024	34868	36156
1982	16288	71340	35056	36284
1983	17602	72891	35861	37030
1984	19158	73779	36188	37591
1985	20461	74369	36543	37826
1986	22118	75387	37133	38254
1987	22103	76427	37836	38591
1988	22465	77299	38319	38980
1989	23213	78993	39259	39734
1990	24313	80819	40160	40659

续表

年度	总户数	人数		
		合计	其中	
			男	女
1991	24640	82019	40678	41341
1992	26859	83607	41518	42089
1993	25418	85577	42511	43066
1994	25979	87123	43323	43800
1995	26557	89025	44373	44652
1996	26842	90383	45000	45383
1997	27473	91934	46298	45636
1998	28272	93366	46480	46886
1999	28956	94919	47373	47546
2000	29605	96628	48381	48247
2001	29696	98212	49276	48936
2002	29835	99828	50048	49780
2003	29125	101408	50862	50546
2004	29304	104773	52701	52072
2005	28983	106771	53890	52881
2006	29171	109125	55334	53791
2007	29890	111346	56526	54820
2008	29881	113194	57508	55686
2009	31336	114573	58695	55878
2010	32088	116106	58964	57142
2011	32829	118360	60256	58104
2012	33479	119448	60684	58764
2013	36943	120745	61198	59547
2014	34597	121956	61784	60172
2015	35118	123606	62550	61056
2016	37840	130589	65580	65009
2017	42163	142514	70838	71676

人口普查

按照国家的部署，北滘进行过五次人口普查，时间分别为 1964 年、1982 年、

1990 年的 7 月 1 日零时，以及 2000 年、2010 年的 11 月 1 日零时。普查登记对象为：常住本地且户口在本地者，常住本地一年以上而户口在外地者，人住本地不足一年而离开户口登记地一年以上者，人住本地户口待定者，原住本地而现在国外工作或学习、暂无户口者。

1964 年的第二次全国人口普查，北滘户籍人口共 12719 户 51042 人，其中男 24838 人、女 26204 人。

1982 年第三次全国人口普查，北滘户籍人口共 16288 户 71340 人，其中男 35056 人、女 36284 人，比 1964 年增加 20298 人，十八年增长 39.77%，平均年增 1.88%。

1990 年第四次全国人口普查，北滘户籍人口共 19488 户 83494 人，其中男 41677 人、女 41817 人，比 1982 年增加 12154 人，八年增长 17.04%，平均年增 1.99%。

2000 年第五次全国人口普查，北滘户籍人口共 29605 户 96628 人，其中男 48381 人、女 48247 人，比 1990 年增加 13134 人，十年增长 15.73%，平均年增 1.47%。北滘总人口（含非户籍人口）为 166325 人，其中男 90374 人、女 75951 人。

2010 年第六次全国人口普查，北滘户籍人口共 32088 户 116106 人，其中男 58964 人、女 57142 人，比 2000 年增加 19478 人，十年增长 20.16%，平均年增 1.85%。北滘总人口（含非户籍人口）为 270310 人，其中男 152216 人、女 118094 人，与 2000 年相比，十年共增加 103985 人，增长了 62.52%，年平均增长率为 4.98%。

1964 年 6 月第二次全国人口普查北滘公社人口分布统计表

表 2—1—3　　　　单位：户、人

地区	总户数	总人口数				地区	总户数	总人口数			
		合计	男	女	农业人口			合计	男	女	农业人口
林头	1290	5093	2444	2649	4992	黄涌	218	971	487	484	968
北滘	1026	4070	1977	2093	4064	槎涌	261	1024	476	548	1000
广教	388	1570	736	834	1551	西海	1125	5159	2540	2619	5085
三洪奇	556	2493	1275	1218	2389	碧江	1724	6337	3103	3234	6329
高村	653	2550	1211	1339	2393	三桂	567	2281	1096	1185	2255
莘村	839	3301	1557	1744	3187	桃村	298	1085	515	570	1073
上僚	448	1810	828	982	1785	北滘圩	388	2428	1447	981	958
水口	417	1477	711	766	1467	碧江圩	814	2334	1049	1285	1501
西滘	754	3009	1377	1632	2944	林场	1	46	37	9	46
马村	608	2547	1232	1315	2502	马洲医院	1	185	152	33	180
龙涌	343	1272	588	684	1258	合计	12719	51042	24838	26204	47927

1982 年第三次全国人口普查北滘公社人口分布统计表

表 2—1—4　　单位：户、人

地区	总户数	总人口			地区	总户数	总人口		
		合计	男	女			合计	男	女
林头	1599	6953	3433	3520	西海	1482	7432	3617	3815
北滘	1274	5537	2627	2910	碧江	659	2852	1362	1490
广教	472	2201	1034	1167	三桂	654	3123	1507	1616
三洪奇	604	3311	1659	1652	桃村	324	1570	735	835
高村	789	3346	1621	1725	坤洲	653	3080	1505	1575
莘村	1122	4357	2073	2284	彰义	357	1392	669	723
上僚	606	2401	1143	1258	都宁	216	1035	514	521
水口	538	2129	1048	1081	现龙	297	1407	722	685
西滘	1093	4080	1930	2150	北滘大圩	1082	3680	1773	1907
马村	457	1970	926	1044	碧江大圩	1018	3111	1486	1625
龙涌	365	1670	777	893	集体户	67	2017	1591	426
黄涌	270	1339	669	670					
槎涌	290	1347	635	712	合计	16288	71340	35056	36284

1990 年全国第四次人口普查北滘公社人口统计表

表 2—1—5　　单位：户、人

地区	总户数	总人口			地区	总户数	总人口		
		合计	男	女			合计	男	女
北滘（街区）	2152	9398	4667	4731	马村	521	2189	1109	1080
碧江（街区）	2071	8519	4196	4323	现龙	365	1618	832	786
林头	1921	8315	4273	4042	龙涌	416	1769	880	889
北滘（管理区）	1553	6554	3265	3289	黄涌	354	1592	798	794
广教	597	2560	1286	1274	槎涌	399	1649	821	828
三洪奇	847	3908	1929	1979	西海	1839	8069	3859	4210
高村	885	3686	1859	1827	桃村	403	1652	799	853
莘村	1121	4759	2331	2428	三桂	711	3288	1717	1571
上僚	626	2476	1228	1248	坤洲	791	3407	1719	1688
水口	562	2368	1191	1177	都宁	275	1220	632	588
西滘	1079	4498	2286	2212	合计	19488	83494	41677	41817

2000年全国第五次人口普查北滘镇人口统计表

表 2—1—6　　　　单位：户、人

村（社区）	户数	总人数	人数		村（社区）	户数	总人数	人数	
			男	女				男	女
北滘	8603	31740	16598	15142	上僚	969	3424	1812	1612
碧江	3922	14135	7347	6788	西滘	1910	7096	3632	3464
林头	3327	14107	7647	6460	高村	1422	5466	2940	2526
广教	2104	7672	4145	3527	都宁	703	2640	1414	1226
三洪奇	3515	13982	7709	6273	桃村	711	3649	2122	1527
槎涌	792	4223	2337	1886	西海	2361	10590	5447	5143
黄涌	615	2682	1463	1219	坤洲	1473	5767	3240	2527
龙涌	542	2155	1131	1024	三桂	1101	4386	2302	2084
莘村	1979	7955	3974	3981	碧桂园	2345	8339	5540	2799
水口	839	3272	1742	1530	工业园	2368	8299	5315	2984
马村	820	2822	1556	1266					
现龙	462	1924	961	963	合计	42883	166325	90374	75951

2010年第六次全国人口普查北滘镇常住人口分布统计表

表 2—1—7　　　　单位：人

地区	户数	常住人口			地区	户数	常住人口		
		合计	男	女			合计	男	女
北滘	18716	52097	27852	24245	马龙	3789	9563	5592	3971
碧江	9663	26597	14525	12072	水口	2011	5578	3017	2561
林头	12007	30437	17606	12831	上僚	1547	4429	2368	2061
三洪奇	7664	16229	9417	6812	西滘	2452	8305	4312	3993
广教	7204	15158	8857	6301	高村	3258	8269	4654	3615
槎涌	4117	8560	5087	3473	西海	6488	21412	12343	9069
顺江	7155	22989	14727	8262	桃村	2493	5278	3034	2244
碧桂园	3229	9005	4516	4489	三桂	1240	4874	2568	2306
莘村	2807	10190	5233	4957					
黄龙	4884	11340	6508	4832	合计	100724	270310	152216	118094

第二节 人口密度与分布

以北滘镇常住人口计算，1959 年 5 月，人口密度为 497 人/平方千米；1980 年为 760 人/平方千米；1990 年为 878 人/平方千米；2001 年人口密度为 1974 人/平方千米；2010 年人口密度为每平方千米 2857.4 人，其中北滘社区、碧江社区、林头社区和西海村是全镇人口较为稠密的地区。北滘社区户籍人口数为 25523 人、碧江社区户籍人口数为 14687 人、林头社区户籍人口数为 9462 人、西海村户籍人口数为 9914 人。北滘社区是北滘镇的政治、经济、文化中心，历来人口稠密；而碧江、林头社区在历史上商品经济发达，本地户籍人口众多；西海村地域较广，因此人口数量也较大。

第三节 外来人口

20 世纪 90 年代，北滘镇经济迅速发展，外来人口不断增加，截至 2012 年末，北滘镇的外来人口和外来劳动力人数均占据总量的一半以上，成为支持北滘发展的重要力量。1991 年，外来人口 16016 人，占常住总人口的 16.34%，外来劳动力 7787 人，占总劳动力的 17.87%。2000 年，第五次全国人口普查将外来人口定义为常住本镇一年以上，户口在外镇或入住本镇不满一年，离开户口登记地一年以上的人口。当年，全镇外来人口 35628 人，占常住总人口的 26.94%；外来劳动力 52167 人，占总劳动力的 63.47%。2010 年，第六次人口普查将外来人口定义为常住镇半年以上，户口在外镇或入住本镇不满半年，离开户口登记地半年以上的人口。当年，全镇外来人口 156026 人，占常住总人口的 57.33%；外来劳动力 153259 人，占总劳动力的 70.79%。2017 年，全镇外来人口 182250 人，占常住总人口的 56.11%；外来劳动力 146080 人，占总劳动力的 69.87%。

1991—2017 年北滘镇人口及劳动力比较表

表 2—1—8 单位：户、人

年度	总劳动力	总人口	户籍人口		外来人口	
			户数	人数	人数	劳动力数
1991	43585	98035	24640	82019	16016	7787
1992	42808	105130	26859	83607	21523	10797
1993	44472	108090	25418	85577	22513	10255
1994	45063	117811	25979	87123	30688	12285
1995	48408	124525	26557	89025	35500	15228
1996	55435	119683	26842	90383	29300	10658
1997	60323	122934	27473	91934	31000	25765

续表

年度	总劳动力	总人口	户籍人口		外来人口	
			户数	人数	人数	劳动力数
1998	67253	124974	28272	93366	31608	31368
1999	73029	127186	28956	94919	32267	41861
2000	82197	132256	29605	96628	35628	52167
2001	93303	138016	29696	98212	39804	55827
2002	110411	165751	29835	99828	65923	57931
2003	121150	178070	29125	101408	76662	58852
2004	136822	183897	29304	104773	79124	59522
2005	145264	186336	28983	106771	79565	61325
2006	156300	214467	29171	109125	105342	82035
2007	160200	218891	29890	111346	107545	104135
2008	180200	238772	29881	113194	125578	122357
2009	213700	271923	31336	114573	157350	152425
2010	216500	272132	32088	116106	156026	153259
2011	218300	272586	32829	118360	154226	154514
2012	207523	259129	33479	119448	139681	145217
2013	208231	265687	36943	120745	144942	145690
2014	208628	283416	34597	121956	161460	145880
2015	208812	288126	35118	123606	164520	145980
2016	208935	304945	37840	130589	174356	146070
2017	209062	324764	42163	142514	182250	146080

第二章　人口结构

第一节　性别构成

1959 年 5 月建制时，人口性别女多于男。1972—2017 年，北滘户籍总人口性别比先后呈现女多男少、男女平衡、男多女少及女多男少的变化过程。1972 年，女性占总人口的 51. 14%，男性占总人口的 48. 86%，性别比例为 105. 7（男 = 100）。1982 年女性占总人口的 50. 89%，男性占总人口的 49. 11%，性别比例为 103. 6（男 =100）。1992 年女性占总人口的 50. 34%，男性占总人口的 49. 66%，性别比例为 101.4（男 =100）。2000 年前后，女多于男渐变为男女平衡，再慢慢发展为男多于女。2002 年，男性占总人口的 50.13%，女性占总人口的 49.87%，性别比例为 100.6（女 =100）。2012 年，男性占总人口的 50.80%，女性占总人口的 49.20%，性别比例为 103.3（女 =100）。2017 年，男性占总人口的 49.71%，女性占总人口的 50.29%，性别比例为 101.18（男 =100）。

第二节　年龄构成

2000 年，全镇 65 岁以上老年人口有 7324 人，占总人口的 4.40%；2010 年，全镇 60 岁以上老年人口有 9927 人，占总人口的 3.75%；随着社会和经济的发展，尽管老龄人口数量日趋上升，但北滘镇由于大量年轻劳动人口的流入，老年人口的比例却越趋下降，社会结构趋向年轻化。

老年人口的性别构成中，男性老年人口数量增加较快。2000 年，老年人口男女性别比为 67.75（女 =100）。2010 年，老年人口男女性别比为 77.20（女 =100），比 2000 年上升 13.95 个百分点。

2010 年，北滘全镇共有百岁以上老人 4 人，全部为女性。

据 1964 年第二次人口普查，1—17 岁 24716 人，18—28 岁 7465 人，29—49 岁 10919 人，50—65 岁 5657 人，66—74 岁 1669 人，75—79 岁 375 人，80 岁以上 222 人。详情见表 2—2—1。

1964 年北滘人口年龄普查统计表

表 2—2—1

年龄	人口数			年龄	人口数			年龄	人口数		
	合计	男	女		合计	男	女		合计	男	女
不满 1 岁	1811	945	866	12	1408	737	671	24	696	371	325
1	1728	872	856	13	1282	662	620	25	725	383	342
2	1375	734	641	14	1235	618	617	26	680	342	338
3	899	437	462	15	1126	525	601	27	623	341	282
4	1270	671	599	16	1081	519	562	28	577	292	285
5	1363	729	634	17	1023	539	484	29	556	279	277
6	1537	810	727	18	846	391	455	30	593	303	290
7	1526	743	783	19	815	374	441	31	521	247	274
8	1525	801	724	20	635	310	325	32	576	311	265
9	1622	837	785	21	564	289	275	33	575	270	305
10	1487	739	748	22	655	342	313	34	601	300	301
11	1418	719	699	23	649	325	324	35	594	298	296

续表

年龄	人口数			年龄	人口数			年龄	人口数		
	合计	男	女		合计	男	女		合计	男	女
36	697	325	372	56	347	159	188	76	84	21	63
37	572	285	287	57	344	139	205	77	69	14	55
38	639	328	311	58	358	146	212	78	61	13	48
39	541	278	263	59	310	129	181	79	64	13	51
40	560	261	299	60	346	128	218	80	41	8	33
41	511	265	246	61	327	141	186	81	48	6	42
42	492	240	252	62	321	127	194	82	33	8	25
43	467	237	230	63	340	146	194	83	23	7	16
44	396	178	218	64	279	110	169	84	20	2	18
45	402	169	233	65	269	96	173	85	18	1	17
46	393	186	207	66	284	105	179	86	9	3	6
47	392	175	217	67	201	75	126	87	7	0	7
48	465	208	257	68	219	70	149	88	9	4	5
49	376	167	209	69	178	65	113	89	5	1	4
50	431	200	231	70	164	45	119	90	2	0	2
51	391	184	207	71	180	55	125	91	2	0	2
52	425	202	223	72	185	69	116	92	3	1	2
53	401	173	228	73	147	45	102	93	2	0	2
54	403	190	213	74	111	26	85	年龄不详	19	10	9
55	365	170	195	75	97	24	73				

第三节　劳动力构成

1991 年，北滘镇劳动适龄人口 43585 人，占总人口的 44.46%；2000 年，北滘因大量外来人口的补充，劳动人口日趋年轻化，为 82197 人，占总人口的 62.15%；2012 年为 207523 人，占总人口的 80.08%。2017 年为 209062 人，占总人口的 64.37%。

1964 年 6 月，北滘公社农业人口 47927 人，占总人口的 93.9%。1983 年，农业人口 61482 人，占总人口的 85.35%。1991 年，北滘镇劳动人口共 43585 人，从事第一产业（农业）、第二产业（工业）及其他产业（外来劳动力）人口分别占总劳动人口的 41.16%、40.98%、17.86%，劳动人口以从事农业的户籍人口为主。1992 年后，劳动人口渐渐从农业退出来，以从事工业生产为主。2000 年，全镇劳动人口共 82197 人，从事第一产业人口占劳动人口的 13.38%，第二产业占 40.03%，其中外来劳动力占 63.47%。2012 年，全镇劳动人口共 207523 人，从事第一产业人口占在业人口的 2.94%，第二产业占 62.98%，其中外来劳动力占 69.98%。2017 年，全镇劳动人口共 209062 人，从事第一产业人口占在业人口的 2.67%，第二产业占 62.23% 其中外来劳动力占 69.87%。

1991—2017 年北滘镇劳动力情况表

表 2—2—2　　单位：人

年度	总劳动力	其中		
		农业	工业	外来劳动力
1991	43585	17938	17860	7787
1992	42808	15562	16449	10797
1993	44472	14978	19239	10255
1994	45063	14048	18730	12285
1995	48408	13433	26747	15228
1996	55435	12814	21963	10658
1997	60323	14076	22450	25765
1998	67253	13185	23250	31368
1999	73029	11820	25756	41861
2000	82197	11002	32901	52167
2001	93303	9344	47584	55827
2002	110411	8188	61409	57931
2003	121150	6918	66887	58852
2004	136822	5804	79779	59522
2005	145264	5612	92531	61325
2006	156300	5100	108600	82035
2007	160200	5201	102000	104135
2008	180200	5265	116900	122357
2009	213700	5235	139600	152425
2010	216500	5282	140400	153259
2011	218300	6300	140800	154514
2012	207523	6100	130700	145217
2013	208231	5900	130500	145690
2014	208628	5800	130600	145880
2015	208812	5800	130500	145980
2016	208935	5700	130200	146070
2017	209062	5600	130100	146080

第四节　文化构成

1990 年，北滘镇 6 岁（含 6 岁）以上人口中，大专和中专文化程度的人口分别仅有 407 人和 449 人，高中文化程度占人口的 6.6%，初中文化程度以下人口达 63.4%。1991 年后，随着北滘镇的经济发展，教育事业迅速普及，加上从各地引入大批学历较高的人员，2000 年全镇就业人口文化程度以初中为主，高中及以上文化程度就业人口约占 10%。

1964 年北滘人口普查文化程度统计表

表 2—2—3

文化程度	年龄段	人数
12 岁以下不在校儿童	小计	13103
	其中：7—12 岁	3191
不识字	小计	12840
	其中：13—40 岁	5427
初识字	小计	2298
	其中：13—40 岁	1333
初小	小计	14953
	其中：13—40 岁	7062
高小		5902
初中		1617
高中		270
大学		49
文化程度不详		10
总计		51042

1982 年北滘人口普查文化程度统计表

表 2—2—4

文化程度	年龄段	人数
不识字	0—5 周岁	7977
不识字或识字很少	合计	12152
	其中：12 周岁以上	10127
小学		36863
初中		11487

续表

文化程度	年龄段	人数
高中		2811
大学肄业或在校		8
大学毕业		42

1990 年北滘人口普查文化程度统计表

表 2—2—5

文化程度	年龄段	人数
不识字	0—5 周岁	10344
不识字或识字很少	合计	9895
	其中：15 周岁以上	8553
	其中：12 周岁以上	8573
小学		36450
初中		21106
高中		4843
中专		449
大专		311
大学本科		96

2000 年北滘人口普查 6 周岁及以上文化程度统计表

表 2—2—6　　单位：人

村（社区）	未上过学	扫盲班	小学	初中	高中和中专	大专及以上
北滘	1143	148	7525	10572	6718	3045
碧江	832	64	4342	5427	2177	321
林头	517	113	4052	5398	2615	277
广教	146	36	1584	4299	1115	102
三洪奇	236	87	2710	7607	2358	214
槎涌	124	36	1051	2224	494	34
黄涌	115	28	842	1052	398	28
龙涌	126	26	725	790	295	21
莘村	397	15	2222	2932	1557	237
水口	129	54	1195	1328	291	21

续表

村（社区）	未上过学	扫盲班	小学	初中	高中和中专	大专及以上
马村	178	18	970	1063	365	21
现龙	111	7	769	616	268	9
上僚	177	41	1399	1191	347	22
西滘	308	101	2272	2905	931	67
高村	296	48	2014	2101	579	40
都宁	49	41	821	1234	328	29
桃村	110	27	1200	1740	354	34
西海	668	23	3500	3915	1633	104
坤洲	256	24	1667	2470	852	95
三桂	274	16	1516	1715	494	36
碧桂园	84	36	1347	4323	1571	736
工业园	41	6	642	4507	1879	1120
合计	6317	995	44365	69409	27619	6613

2010 年北滘人口普查 6 周岁及以上文化程度统计表

表 2—2—7

按受教育程度分组	常住人口		
	合计	男	女
未上过学	4757	1131	3626
小学	48790	23491	25299
初中	107354	62234	45120
高中	70439	43377	27062
大学专科	16078	8905	7173
大学本科	9828	6020	3808
研究生	487	319	168

第五节　姓氏构成

林头为北滘始创之地，唐代成村时，主要姓氏有高、林、岑、龚、陈。宋代北滘区域从外地迁入的有苏、简、辛、黄、郑、姚、霍、李、韩、甘、丁、马、刘、仇等姓，元代有召姓，明代有罗、区、周、梁、黎、胡、林等姓，清代有马、周等姓。民国初期，北滘繁衍成族的姓氏达60多个。其中人数较多的姓氏有梁、何、陈、黄、李、吴、周、冯、卢、张、麦、罗、郭、黎、林、杨、苏、叶、霍、曾、欧、郑、关、区、钟、冼、朱、劳、杜、徐、高、赵、王、简、甘、曹、袁、程、韩、辛、利、谈、仇、樊、韦、老等。2017年，各姓氏主要分布情况见表2—2—8。

2017年北滘主要姓氏分布情况表

表2—2—8

姓氏	主要分布村（社区）
梁姓	北滘街、西海、莘村、林头、碧江、水口、西滘、高村等
何姓	高村、三桂、碧江
陈姓	三洪奇、碧江
黄姓	马龙、林头
李姓	北滘、桃村、碧江
吴姓	北滘、三洪奇
周姓	北滘、碧江
冯姓	西海、现龙、林头、碧江、三洪奇
卢姓	西海、林头、马龙、北滘
张姓	三洪奇、水口
麦姓	莘村、上僚
罗姓	水口、林头
郭姓	西海、碧江、三桂、莘村
黎姓	桃村、槎涌、碧江
林姓	北滘、碧江、林头、西滘
杨姓	广教、北滘
苏姓	碧江、三桂
叶姓	水口
霍姓	西海、高村
曾姓	莘村
欧姓	北滘、碧江
郑姓	林头、槎涌、碧江
关姓	黄龙
区姓	西滘
钟姓	西海、西滘、碧江、北滘
冼姓	三洪奇

续表

姓氏	主要分布村（社区）
朱姓	北滘
劳姓	莘村
杜姓	龙涌、水口
徐姓	马龙、林头
高姓	三洪奇
赵姓	碧江
王姓	碧江、莘村
简姓	北滘
甘姓	北滘
曹姓	桃村
袁姓	桃村、上僚
程姓	碧江
韩姓	碧江、三桂
辛姓	北滘
利姓	高村
谈姓	黄龙、莘村
仇姓	黄龙
樊姓	林头
韦姓	西滘
老姓	碧江

第六节　民族构成

1964 年，北滘有汉族 51037 人，侗族、满族各 2 人，回族 1 人。1985 年，汉族 71331 人，壮族 4 人，满族 3 人，回族 2 人。1990 年，汉族 83374 人，壮族 99 人，土家族、回族各 5 人，白族 4 人，满族、瑶族、苗族各 2 人，畲族 1 人。

第三章　计划生育

北滘的计划生育工作从 20 世纪 60 年代中后期起步，70 年代全面推行，至 80 年代转向管理制度化，北滘公社设立计划生育办公室。1987 年，建立人口计划生育档案。90 年代初，北滘镇实行人口与计划生育目标管理责任制，与各村及单位签订

《人口与计划生育目标管理责任书》，把人口与计划生育工作纳入考核各级领导班子政绩的内容。1993年，全面贯彻执行《广东省计划生育条例》，对违反计划生育的单位实行“一票否决”。1994年，城镇人口计划生育管理实行“双轨制”管理，对常住人口的计划生育工作由过去的企事业单位管理为主转变为由户口所在地的街道办事处和各局、集团公司、企事业单位共同管理。90年代末，北滘镇成立计划生育领导小组、流动人口计划生育领导小组和办公室，由公安、劳动、计生部门派出专职人员组成，抓好流动人口“两证”（未婚证、生育节育证）验证发证。1999年，全镇人口出生率为16.13‰，计划生育率为92.81%。

2001年，实施“流入地管理为主”新机制。2003年，实行计划生育村（社区）自治制度，北滘镇全年出生率为9.91‰，计划生育率达到97.01%。至2012年底，北滘镇一直保持着较低的生育水平，先后获“全国人口和计划生育系统作风建设先进单位”称号、省人口计生委“基层人口与计划生育先进集体”称号、佛山市和顺德区“人口与计划生育先进单位”称号，计生服务所被授予佛山市“十佳基层计划生育集体”称号。

2016年1月，国家调整计划生育政策，开放二孩生育，北滘镇及时制定工作细则做好优生优育技术服务，全面落实城乡计划生育奖励，全镇计划生育工作进入新的阶段。

1992—2017年北滘镇人口增减情况统计表

表2—3—1

年份	出生率（‰）	死亡率（‰）	自然增长率（‰）	计划生育率（%）
1992	18.83	5.59	13.2	86.98
1993	19.41	5.49	1.91	85.27
1994	17.71	5.6	12.12	89.21
1995	18.12	6.13	11.97	88.72
1996	16.96	6.08	10.86	88.82
1997	16.65	4.85	11.79	91.01
1998	15.4	5.93	9.47	94.26
1999	16.13	—	10.97	92.81
2000	12.6	5.4	7.2	91
2001	11.17	4.87	6.39	94.2
2002	9.83	4.85	4.97	95.09
2003	9.91	4.81	5.1	97.01
2004	10.24	5.55	4.69	96.21
2005	10.92	4.74	6.18	95.66
2006	10.28	4.07	6.22	95.95

续表

年份	出生率（‰）	死亡率（‰）	自然增长率（‰）	计划生育率（%）
2007	10. 55	5. 18	5. 37	97. 24
2008	10. 92	4. 81	6. 11	97. 63
2009	10. 04	4. 44	5. 62	97. 54
2010	11. 1	4. 78	6. 25	97. 24
2011	13. 37	5. 09	8. 28	97. 19
2012	14. 8	4. 97	9. 83	91. 64
2013	13. 14	4. 84	8. 31	90. 94
2014	12. 44	5. 86	6. 57	91. 52
2015	12. 88	4. 52	8. 36	92. 91
2016	15. 23	5. 15	10. 08	95. 66
2017	22. 36	5. 05	17. 31	97. 95

1990—2017 年北滘镇计划生育工作获奖情况表

表 2—3—2

荣誉称号	颁奖单位	时间
计划生育宣传教育工作一等奖	中共顺德县委宣传部 顺德县计划生育委员会	1991 年 3 月
城镇人口计划生育成绩显著奖	顺德市人民政府	1997 年 4 月
顺德市计划生育工作先进镇	顺德市人民政府	1997 年 12 月
顺德市计划生育先进单位	顺德市人民政府	1999 年 4 月
顺德市计划生育先进镇	顺德市人民政府	2000 年 2 月
顺德市计划生育先进镇	顺德市人民政府	2001 年 2 月
顺德市计划生育先进镇	顺德市人民政府	2002 年 3 月
顺德市计划生育先进镇	顺德市人民政府	2002 年 3 月
佛山市计划生育先进单位	中共佛山市委员会 佛山市人民政府	2004 年 2 月
顺德区计划生育先进镇	顺德区人民政府	2004 年 3 月
顺德区计划生育先进镇	顺德区人民政府	2004 年 3 月
广东省基层人口和计划生育工作先进集体	广东省人口和计划生育委员会	2004 年 4 月
佛山市计划生育先进单位	佛山市人民政府	2007 年 1 月
顺德区人口与计划生育工作先进单位	顺德区人民政府	2007 年 2 月
顺德区人口与计划生育工作先进镇	顺德区人民政府	2007 年 2 月

续表

荣誉称号	颁奖单位	时间
顺德区人口与计划生育工作先进单位	顺德区人民政府	2008 年 1 月
顺德区人口与计划生育工作先进单位	顺德区人民政府	2009 年 12 月
顺德区人口与计划生育工作先进镇	顺德区人民政府	2009 年 12 月
佛山市计划生育先进单位	佛山市人民政府	2010 年 1 月
佛山市人口与计划生育先进单位	佛山市人民政府	2011 年 1 月
顺德区人口与计划生育工作先进单位	顺德区人民政府	2011 年 3 月
顺德区人口与计划生育工作先进镇	顺德区人民政府	2011 年 3 月
佛山市人口与计划生育先进单位	佛山市人民政府	2013 年 3 月
顺德区人口与计划生育工作先进单位	顺德区人民政府	2013 年 4 月
顺德区人口与计划生育工作先进单位	顺德区人民政府	2013 年 4 月
2013 年度佛山市计划生育先进单位	佛山市人民政府	2014 年 4 月
2013 年度顺德区人口计划生育工作先进单位	顺德区人民政府	2014 年 4 月
2014 年度顺德区人口计划生育工作先进单位	顺德区人民政府	2015 年 4 月
2016 年度佛山市计划生育工作先进单位	佛山市人民政府	2017 年 8 月
2016 年度顺德区人口与计划生育工作先进单位	顺德区人民政府	2017 年 9 月
2017 年度佛山市计划生育先进单位	佛山市人民政府	2018 年 7 月
2017 年度佛山市计划生育工作先进单位	顺德区人民政府	2018 年 7 月

第一节　计划生育政策

1975 年，北滘公社批转《林头大队计划生育群众公约》。1976 年，北滘公社工业、交通、商业战线制订《计划生育联合公约》。1979 年，北滘大队发布《计划生育群众公约》。

1981 年，根据省市计划生育工作指示，北滘公社制订《计划生育条例若干规定》，要求一对夫妇生育一个孩子，最多两个，两胎间隔四年以上，杜绝第三胎。1982 年，执行《中共中央、国务院关于进一步做好计划生育的指示》政策，“国家干部和职工、城镇居民，除特殊情况经过批准外，一对夫妇只生育一个孩子”；“农民普遍提倡一对夫妇只生育一个孩子，某些群众确有实际困难要求生育二胎的，经过审批可以有计划地安排。不论哪一种情况都不能生育三胎”。1986 年 5 月 17 日，广东省第六届人民代表大会常务委员会第 20 次会议《关于修改〈广东省计划生育条例〉的若干规定的决议》通过后，北滘农村实行“间隔式”生育政策，即在农村提倡和奖励一对夫妇只生育一个孩子；对要求生育第二胎者，则采取“有计划、按指标、够间隔”九字方针；坚持“两个必须”：间隔必须第一个孩子满 4 周岁以上，生育第一个孩子后必须落实有效节育措施，并签订无指标不生育二胎合同；实行“三个优先”：优先安排有特殊困难的，同等条件下优先安排第一胎生女的，优先夫妇年纪大的，严禁生育计划外二胎和多胎。

1998年，新修订的《广东省计划生育条例》正式公布实施，北滘镇农村人口的生育政策实行“一孩半”生育政策。即：第一胎生男孩的，不能再生育第二个子女；第一胎生女的，经本人申请，报经北滘镇计生部门批准，可按间隔期生育第二个子女。全镇做到“四个统一”：统一管理规章，统一执罚标准，统一计划生育合同制度，统一执行执法文书和执法程序。此外，实行生育政策公开，落实节育措施的要求和时间公开，办事程序公开，征收计划外生育费公开等。严肃查处非法鉴定胎儿性别、非法进行选择性别引产、溺弃女婴等违法犯罪行为。对出生婴儿性别比严重偏高的村（社区）要实行重点监控，确保全镇出生人口性别比控制在正常范围内。

2000年后，以文件明确收养登记中有关计划生育的问题。2002年，全镇的生育政策规定：“国家干部和职工、城镇居民，除特殊情况经批准外，一对夫妇只生育一个孩子；农村人口实行一孩半生育政策，并要求对晚婚、晚育、终生只生一个孩子的夫妇，兑现各项奖励政策；办好敬老院、独生子女保险等社会福利事业。”2003年4月1日起施行《广东省计划生育服务证管理办法》。2004年，广东省一孩生育改审批制度改为登记制度。2005年，进一步落实“一意见两办法”，加强流动人口综合治理。2006年，根据上级指示，北滘镇实施《无政策外多孩出生和村（居）无政策外出生活动方案》，其中“无政策外多孩出生”是指在人口计生统计年度内，镇辖区内的常住人口（包括户籍人口和居住半年以上的流动人口，下同）无政策外多孩出生。“无政策外出生”是指在人口计生统计年度内，村（居）辖区内的常住人口无政策外出生。2009年，出台《北滘镇生育关怀行动实施方案》，大力开展专项整治行动，严厉打击和查处非医学需要的胎儿性别鉴定、选择性别的人工终止妊娠、溺弃女婴、虐待妇女等导致出生人口性别比失衡的违法犯罪行为，进一步抓好免费婚检、孕检等工作，促进出生人口素质的提高。

2014年3月，根据广东省“单独两孩”政策，北滘镇计划生育部门加强引导，及时制定工作细则，维护群众的合法权益，审批再生育子女，北滘镇计生服务机构继续落实优生指导，孕前优生免费检查等服务。2016年1月，贯彻新修订的《中华人民共和国人口与计划生育法》，鼓励支持一对夫妇生育两个子女。

第二节　管理制度

1983年后，北滘计划生育工作开始走向制度化和正常化。1985年，全区出生率和计划生育率分别为18.6%和66.1%。

1987年，北滘镇计划生育办公室制定《妇女主任开展计划生育百分制评比》和《干部岗位责任制计分情况表》，实行人口计划任期目标责任制，建立“以块为主、条块结合”的管理机制，对城镇人口的计生实行以户口所在社区、街道办为主，机关、企事业单位共同管理的“双轨制”模式。

20世纪90年代末，北滘镇建立层级计生岗位责任制，对人口计划指标管理实行人口计划、人口统计、人口档案“三位一体”，其经验被佛山市在全国计划生育信息观测网工作会议上推广介绍。主要措施：一是镇、村（街区）各级党政第一把手是本地区计划生育工作第一责任人，层级签订人口计划目标管理责任书；二是在强调考核人口计划四项指标的基础上，把落实“三为主”（宣传教育为主、避孕为主、经常性工作为主）工作纳入考核内容；三是在奖罚办法上，由过去奖多罚少或只奖不罚到奖罚并重，重奖重罚，明确对完成人口计划及各项工作任务给予奖励；对不完成任务的地区，坚决执行“一票否决”；凡突破下达的计划生育率及计划外多孩率控制指标的地区，实行罚款并追究行政责任。

2000年是镇计生工作压力较大的一年，主要是部分回收二胎生育指标的对象强行超生，一些本来可以按政策安排二胎指标的对象也因为害怕政策改变而抢生，加上市下达的计生率指标又是历年来最高的一年。镇计生部门按照“办法想尽、潜力挖尽、措施用尽”的要求，把完成人口计划指标和落实查环查孕率、落实节育措施及时率、流动人口持证验证率、计划外生育费征收率等主要管理指标纳入岗位责任制范畴，制定村（街区）一级妇女主任、统计员、计生专职干部工作岗位责任制，每年对各职能部门及各行政村人口与计生目标管理进行全面考核，由镇兑现奖惩，收到较好效果。

2002年，上僚、广教、槎涌3个村（社区）各项指标全面完成，其中上僚村被评为“顺德区计划生育先进村”，获区、镇各奖励5000元和10000元。广教、槎涌被评为“计划生育先进居委会”，获区、镇各奖励8000元和10000元。其余达标部门或村（社区）镇政府分别根据人口数等标准给予奖励3000—15000元，桃村和碧桂园社区因未达标而被各罚10000元。

2003年，槎涌、上僚、西滘、莘村、马龙、高村、水口7个村（社区）生育率达100%，被评为“顺德区计划生育先进村（居）委会”；北滘、碧江、林头、广教、三洪奇、高村、莘村、上僚、水口、西滘、马龙、黄龙、槎涌、西海、桃村、三桂等村（社区）和经济、教育、卫生、公安等系统被评为年度计划生育工作达标单位；碧桂园社区的计划生育率和孕情检查率均未达到区、镇下达指标，受到通报批评。

2005年，碧江、高村、上僚、水口、马龙、黄龙、西海、槎涌、北滘、广教、莘村、西滘、桃村、三桂等村（社区）委会，均完成各项任务，由镇政府给予通报表彰，其中：槎涌社区被评为“顺德区计划生育先进村”；北滘、水口、黄龙、西海4个村（社区），被评为“北滘镇2015年度计划生育先进单位”；镇派出所、教育组、医院、工商分局，由镇政府给予通报表彰；林头社区、碧桂园社区计划生育率和年均孕情检查率均未达到区、镇下达的指标，受到区通报批评。

2010年，顺江、莘村、西滘、三桂4个村（社区）计划生育率达100%，被评为“顺德区2010年度人口和计划生育先进村（社区）”；北滘、碧江、林头、三洪奇、高村、莘村、上僚、水口、西滘、马龙、西海、桃村、三桂、碧桂园、顺江15个村（社区）达到指标要求，其中北滘、莘村、水口、西滘、西海、三桂、顺江7个村（社区）被评为“北滘镇2010年度人口和计划生育先进单位”；广教、槎涌、黄龙3个村（社区），未完成人口计划指标，受到通报批评；镇派出所、教育局、南方医科大学北滘医院、市场安全监管分局、流动人员和出租屋管理服务中心等部门较好地完成各项工作指标和任务，由镇政府给予通报表彰。

2011 年，广教、槎涌、高村、三桂 4 个村（社区），被评为“顺德区计划生育先进村（社区）”。槎涌、高村、三桂、林头、碧江、莘村 6 个村（社区）被评为“北滘镇 2011 年度计划生育先进单位”；区市场安全监管局北滘分局、镇派出所、教育局、北滘医院、流动人员和出租屋综合管理服务中心由镇政府给予通报表彰。

2012 年，高村、莘村、西滘、黄龙、桃村、三桂、北滘、三洪奇、槎涌、顺江、君兰 11 个村（社区）被评为“顺德区计划生育先进村（社区）”；高村、莘村、西滘、黄龙、桃村、三桂、北滘、碧江、三洪奇、槎涌、碧桂园、顺江、君兰村（社区）被评为“北滘镇 2012 年度计划生育先进单位”；镇派出所、教育局、北滘医院、市场安全监管分局、流动人员和出租屋综合管理服务中心由镇政府给予通报表彰。

2013 年，碧江、北滘、顺江、碧桂园、广教、君兰、槎涌、桃村、西海、西滘、莘村、黄龙、马龙 13 个村（社区）被评为“顺德区计划生育先进村（社区）”及“北滘镇 2013 年度计划生育先进单位”；区市场安全监管局北滘分局、镇综治信访维稳办公室、镇人力资源和社会保障局、镇国土城建和水利局、教育局、镇派出所、北滘医院由镇政府给予通报表彰。

2014 年，北滘、碧江、林头、广教、槎涌、碧桂园、顺江、西滘 8 个村（社区）被评为“顺德区计划生育先进村（社区）”；北滘、碧江、林头、广教、槎涌、碧桂园、顺江、高村、西滘、黄龙 10 个村（社区）被评为“北滘镇 2014 年度计划生育先进单位”；区市场监督管理局北滘分局、镇综治信访维稳办公室、镇人力资源和社会保障局、镇国土城建和水利局、镇教育局、镇公安分局、北滘医院由镇政府给予通报表彰。

2015 年，碧桂园、槎涌、广教、顺江、高村、上僚 6 个村（社区）被评为“顺德区计划生育先进村（社区）”；高村、上僚、北滘、碧江、广教、槎涌、碧桂园、顺江 8 个村（社区）被评为“北滘镇 2015 年度计划生育先进单位”；区公安局北滘分局、北滘医院、镇教育局、区市场监督管理局北滘分局、镇综治信访维稳办公室、镇人力资源和社会保障局、镇国土城建和水利局由镇政府给予通报表彰。

2016 年，广教、碧江、槎涌、林头、北滘、顺江、水口、黄龙、桃村 9 个村（社区）被评为“北滘镇 2016 年度计划生育先进单位”；区公安局北滘分局、北滘医院、镇教育局、区市场监督管理局北滘分局、镇综治信访维稳办公室、镇人力资源和社会保障局、镇国土城建和水利局由镇政府给予通报表彰。

2017 年，槎涌、顺江、设计城、北滘、碧江、广教、三桂、西滘、莘村、高村、水口 11 个村（社区）被评为“顺德区计划生育先进村（社区）”及“北滘镇 2017 年度计划生育先进单位”。区公安局北滘分局、北滘医院、镇教育局、区市场监督管理局北滘分局、镇综治信访维稳办公室、镇人力资源和社会保障局、镇国土城建和水利局、镇社区卫生服务中心由镇政府给予通报表彰。

从 20 世纪 80 年代初开始，北滘设立一系列的奖惩制度。1985 年，20 个乡的计划生育出生率均未达标，其任职干部被扣除全年工资的 5%，人均 125 元。对企业超生职工采取停职处理，暂停其小孩劳保待遇。

1992年起，农村实行股份合作制，非婚生育、抢生、超生或不落实节育措施的，在股份分红中，其利益受到限制，或在一定时期内享受股份分红及其他集体福利。

2000年后，对不符合《广东省人口与计划生育条例》生育的子女，征收社会抚养费及执行相关处罚，但由于种种原因，北滘镇征收率仅为46.93%。

2007年，北滘镇贯彻区政府《关于2007年社会抚养费征收标准的规定》。

2008年，全镇社会抚养费征收率达70.76%。

2011年，全年共发出社会抚养费征收决定书62件，申请人民法院强制执行案件8例。

2012年，北滘镇征收率为73.5%；移交法院案件18人，征收16人，执结率58.91%。

2014年，社会抚养费征收率为65.57%。

2016年，北滘镇应征社会抚养费24人，已征收22人。

2017年，全镇应征社会抚养费44人。

1989年开始，北滘镇设立农村纯生二女户养老基金会，资金由镇村两级按比例负担。据统计，到2001年底基金会停止接收新会员止，养老基金会共筹集资金550万元，共有2691人加入基金会。至2004年10月统计为止，符合条件享受该养老待遇的共有2638人，不符合条件的53人。

2004年起，取消由镇人民政府为已结扎纯生二女户夫妻购买养老保险金的规定，加大对独生子女的优待和奖励。历年筹集的资金550万元，全部用于发放给符合条件享受待遇的对象，作为购买养老保险金，平均每个对象2000元。对加入纯生二女基金会且符合奖励办法条件的对象，由2004年3月起，男满60周岁、女满55周岁的每人每月发给80元奖励金。农村独生子女户或纯生二女户在生活上有困难，按区最低生活保障线的有关规定给予补助。2007年起，对农村独生子女和纯二女户女孩参加高中入学考试，给予降5分录取的优惠。

2012年，北滘镇实施计划生育家庭保险制度，为全镇1755户，符合国家计划生育政策且接受节育手术的夫妇及其子女1735户，购买一年的免费保险，每户总保费达10.53万元。

第三节　外来人口计生管理

20世纪80年代，北滘镇对外来人口的计划生育管理，主要是政策上的宣传。1995年，北滘镇将流动人口计生证明纳入办理“暂住证”“务工证”“营业执照”和申请入户的必检内容。1997年，全镇开展对外来人口验证和妇检、查环、查孕活动。1998年，全镇贯彻执行国家、省、市的流动人口计划生育管理办法，把流动人口计生管理纳入常住户籍人口管理。

2000年后，北滘镇加大对流动人口的计生管理力度。一是落实管理机构人员，镇设立流动人口计生管理组，有8名专职人员；8个较大的村（社区）增加1名专管员。二是落实管理制度，建立出租屋主、用工单位责任制，责任书签订率达95%以上；实行季度常规抽查与飞行检查相结合。三是落实综合治理，公安、卫生、工商等部门加强沟通和联动，如：碧江社区管理服务站设有站长1人，副站长3人，协管员13人，专管员2人，内设办理婚育证明、出租屋登记备案、暂住户口登记、房屋出租和劳务信息等服务窗口，发放免费避孕药具，为流动人员提供全方位的“一站式”便捷服务。至2007年，纳管率达97.59%，达11516人，流动人口的计划生育率达92.89%。

第四节　少生优生

避孕节育　从20世纪80年代开始至2012年，计划生育工作坚持以避孕节育为主，已生育一个子女的育龄妇女要上节育器（上环），已生育两个以上子女的育龄夫妻，一方要结扎，计划外怀孕的妇女要采取补救措施。

晚婚晚育　从20世纪70年代起，北滘镇把晚婚晚育作为控制人口的一项措施，提倡农村人口男25周岁、女23周岁以上，城镇人口男27周岁、女24周岁以上结婚为宜。1980年，规定农村人口男25周岁、女23周岁以上，城镇人口男26周岁、女25周岁以上为晚婚年龄，女性25周岁以上生育为晚育。对自觉实行晚婚晚育者给予表扬或奖励，未到晚婚年龄而结婚者，招工、转干不予考虑。1986年，根据广东省计划生育条例作出规定：按法定年龄（男22周岁、女20周岁）推迟三年以上结婚为晚婚，女性24周岁以上生育为晚育。干部、职工实行晚婚者，增加婚假10天，晚育者增加产假15天。2016年实施二孩政策后，取消晚婚假、晚育假。

优生优育　20世纪70年代起，北滘推行婚前教育和婚前体检，实施围产期（孕前期、孕早期、孕中期、孕晚期、分娩期）保健服务。婴儿出生后，即发给保健手册，接种卡介苗及乙肝疫苗，以后按时接种乙脑、百日咳、白喉、破伤风、麻疹疫苗及服食预防小儿麻痹症糖丸。

1990年，北滘镇卫生院设立儿童保健门诊，对6岁以下儿童进行生长发育保健监测。每年进行健康检查，发现疾患或缺陷及时治疗矫正。

2003年取消强制婚检，婚检率下降至6%，造成病残儿出生率上升。2005年10月起，北滘镇按每对新婚夫妇270元的标准给予补贴，每年投入30万元推行新婚夫妇免费婚检，从而提高婚检率，降低婴儿出生缺陷，有效提高人口素质。

2011年，北滘镇积极做好孕妇产检服务：一是加大经费投入，提高补助标准。由镇、村（社区）两级财政投入13万多元购置一批精美耐用的塑料饭盒、围裙发给每位参加孕情检查的妇女，同时还将误工补贴从原来的5元提高到10元。二是加大宣传工作。在集中孕情检查前，各村（社区）认真做好通知工作，通过“社信通”短信平台发出短信、在公告栏张贴通知等方式，及时通知每位对象。三是为不能参加集中孕情检查的妇女进行个别检查。至年末，北滘镇常住人口季度孕情检查率同比提高11.6%，流动人口季度孕情检查率则提高6.3%。

2013年，北滘镇以推进免费孕前优生健康检查工作为重点，以新婚学习班为平台，组织符合条件的对象参加优生健康教育学习以及免费孕前优生健康检查，提供优生咨询及指导，做好早孕及妊娠结果随访，全年共1700多人参加免费孕前优生检查。

2014年，北滘镇加大力度推进免费孕前优生检查工作，利用有线电视、宣传栏等方式大力宣传，为目标人群提供优生知识教育和检查服务。全镇参检人数1800人，对已生育病残儿的夫妇再生育优生指导服务率达100%。

2015年，北滘镇继续推进免费孕前优生检查工作，全年参加国家免费孕前检查人数1538人，参检率89.5%，对已生育病残儿的夫妇再生育优生指导服务率达100%。

2016年，北滘镇开展10期国家免费优生检查项目及新婚学习班，为1700多对夫妇提供孕前优生服务。科学育儿工作在北滘镇全面铺开。6月，北滘镇科学育儿指导站在君兰幼儿园挂牌成立，并建立村级指导点20个，发放宣传品6000多份，宣传资料2万多份。

2017年，北滘镇以计划生育家庭需求为导向，按照“政府主导、社会参与、面向家庭、服务家长”的原则，组织动员各方力量，探索建立统筹协调工作。8—11月，分别在北滘、碧江、林头、广教、西滘、马龙、黄龙、三桂等村（社区）开展科学育儿专家巡讲活动。

第三篇　经济综述

第一章　经济发展

第一节　计划经济时期

1959—1961 年，因"大跃进"中出现"瞎指挥、浮夸风、命令风"和"共产风"等"左"的错误，农民生产积极性受到挫伤，加上连续三年的自然灾害，国民经济陷入困局。农业方面，创高产的热潮高涨，将大批甘蔗地改种水稻，搞"高密度植""深水密殖""小塘并大塘"，限制私人养猪，开办万头猪场，取消自留地和家庭副业。工业方面，把各行业厂企转化为国营或公社集体企业，变小集体为大集体。商业上，实行"大购大销"，把合作小组、合作商店、小商贩合并到供销社，实行大包大揽大集中。1961 年，甘蔗种植面积较 1957 年减少近 9000 亩，总产量下降 4.9 万吨，塘鱼产量下降 331.5 吨，生猪年终存栏量下降近 4000 头。

1962—1965 年，贯彻执行"调整、巩固、充实、提高"的方针，实行"大办农业、大办粮食"，实施"三包一奖四固定"（包产、包工、包成本，超产奖励，固定劳动力、固定土地、固定农具、固定耕畜）的生产责任制，恢复自留地和家庭副业；与此同时，创办社队企业，恢复手工业、合作小组和小商贩体制，成立"北滘合作商店管理委员会"，国民经济得到迅速恢复和发展。其间，大搞农田水利建设，新建电动排灌站 5 座，开挖排灌河 6.7 千米，架设田间电网，实现排灌电气化。1965 年，工农业总产值达 1264.7 万元，比 1962 年增长 51%。其中工业产值 365.7 万元，增长 62%；农业产值 899 万元，增长 47%。

1966—1976 年"文化大革命"期间，各行业均受到影响。农业方面，片面执行"以粮为纲"，批判"三自一包"（自留地、自由市场、自负盈亏、包产到户）、"四大自由"（雇工、租佃、贸易、借贷）、"自由种植""家庭副业"；批判按件计工、定额管理、责任到人，强行推广大寨"民主评分制"，大搞平均主义，严重挫伤群众生产积极性，不尊重生产队自主权；其间，掀起"农业学大寨"运动，建设高标准农田，取得一定的成绩，但农田基本建设战线过长，工程量大，加重生产队的负担，农业生产发展缓慢。工业方面，"文化大革命"初期，社队工业企业被当作"资本主义”，遭受“管卡压”，被限制发展；1971 年起，北滘自发发展社队企业，工业生产发展逐渐提速。商业上，个体商业和集市贸易均被视为“资本主义”，农村商品流通的重要渠道被严重阻塞。至 1976 年，工农业总产值 2286.3 万元，比 1966 年增长 78.7%。其中工业产值 1129.6 万元，年均增长 10.6%；农业产值 1156.7 万元，年均增长 2.9%。

1978 年 3 月，深入贯彻落实中共中央 37 号文件精神，执行纠正平调错误、彻底退赔的规定。退赔平调款物，整顿社队企业和经营管理，恢复和建立经营管理制度，队办企业得到极大的恢复和发展。1978 年，北滘工农业总产值 3833 万元，比 1976 年增长 76%。其中工业产值 1736.4 万元，是 1976 年的 1.54 倍，队办工业产值占工业产值的 43.4%；农业产值 2096.5 万元，增长 81.2%。

第二节　改革开放时期

中共十一届三中全会后，北滘贯彻落实全会精神，把工作重点转移至社会主义现代化建设中来，充分利用上级政策和灵活措施，探索改革、开拓创新，结合该地实际，深入调查研究，调整国民经济比例，改革各行业经营体制，大力发展市场经济，探索出一条适合北滘实际的“北滘之路”。

一、农业

1978—1984 年，北滘农业以“三大作物、四大生产”为主，辅以蔬菜、水果、花卉种植。1984 年起，逐步建立科技推广网络，发展农村社会服务体系，建立种苗基地、各种服务公司、农业生产示范基地、农副产品深加工基地。1985 年起，以国家“星火计划”为依托，大搞瘦肉型猪、优质鸡、鳗鱼、花卉生产。翌年，北滘镇被国家科委定为“国家星火技术密集区试点”。至 1990 年，农业总产值 18506 万元，其中种植业 5362 万元、水产业 5293 万元、畜禽业 7851 万元，分别占总产值的 29%、28.6%、42.4%，形成以养殖业为主体，社会化服务相配套，科、农、工、贸融为一体，规模化、集约化、企业化经营的现代农业雏形。1991 年，北滘农业总产值 2.23 亿元，比 1978 年增长 9.6 倍，平均每年增长 74%。

1981、1986、1990 与 1991 年北滘主要农作物和塘鱼面积比较表

表 3—1—1　　　　单位：亩

年份	水稻	甘蔗	塘鱼	水果	花卉	花生	蔬菜
1981	33851	19934	16134	172.5	1785.1	9414	1661.5
1986	34215.3	20148.5	16361.1	678.7	908.9	4069.3	3827
1990	34630.4	13814.6	20354	1324	1115	—	—
1991	34596	13663	19973	1471	1129	1103	11969

注：1981 年花卉面积中含有 1100 多亩茉莉花。

1992—1996年，大胆调整发展战略，以巩固提高“一只鸡”，重点发展“一条鳗”，尝试推广“一粒果（龙眼）”，构思探索其他新品种为总体思路，以科技兴农为导向，通过强化信息、技术、种苗、资金、饲料、加工等配套服务，使“三高”农业向更高层次发展。1993年起，通过改革农村区域建制、推行股份合作制、完善土地承包制、加强集体内部管理等农村深化改革政策，促进农村经济的持续、稳定发展，使农业适应市场经济和扩大再生产的需求。同时鼓励农民转业，突破分散经营向专业化、规模化方面转移。

1997年起，受国内外市场疲软、农产品价值下跌等因素影响，镇政府调整农业生产布局、优化品种结构、整治生态环境、指导政策信息、培训农业技术，稳定农村大局，逐渐明确“调整水产业、稳定畜禽业、发展种植业”的发展思路。

1999年起，配合市政府发展建设花园式河港城市的目标，执行农业扶持政策，结合复耕灭荒，掀起农田基本建设热潮，大力发展花卉、绿化苗木生产，推进三大农业产区（重点是花卉产区）建设。1999—2002年，累计投入资金5300多万元推进农业产区建设，有11个村（居）委报市鱼塘整治立项验收，总面积14896亩，获市级财政补贴647.9万元；有14个村（居）委报镇立项验收项目109个，获镇级补贴1469.9万元，共填塘平基9768亩，整治旧基塘8930亩，清涌疏河104.9千米，建成农业主干路31.1千米、畜禽小区16个，配套完善的电网建设。至2002年，北滘农业总产值6.48亿元，比1991年增长1.9倍，平均每年增长10.2%，其中种植业2.64亿元、水产业2.75亿元、畜禽业1.09亿元，分别占总产值的40.7%、42.5%、16.8%，形成以优质水产养殖、花卉苗木和畜禽生产为龙头，产业化、规模化经营为特点，社会化服务相配套的农业体系，“三高”农业占全镇农业总产值的90%以上。

1992—2002年若干年份北滘镇农业生产对照表

表3—1—2

年份	淡水鱼（亩）	传统家鱼（亩）	优质水产（亩）	其中：鳗鱼（亩）	花卉（亩）	水果（亩）	“三鸟”饲养量（万只）	生猪饲养量（头）
1992	28295.3	17960	10335.3	8207.3	1453	2699.2	1005	111200
1994	40734	18100	22634	18785	2687	4541.8	1163.8	93000
1998	39243	17343	21900	10024	5285	6084	896.5	48035
2000	35264	12680	22584	8938	10330	1415	952.7	50340
2002	26959	14860	12099	5030	15508	561	1183.3	51934

2003年起，大力推进农业产业化，进一步搞活流通，实施“科技兴农”和农产品质量建设战略，积极扶持农产品精深加工、流通业及农业龙头骨干企业的发展，着力扶持和培育一批产业关联度大、辐射能力强、有国际竞争力的农产品加工骨干企业、流通业企业，以及生产、加工、销售一体化的农业龙头企业。全面实施蔬菜准入制度，建立完善的农产品质量管理体系，全面提高农业竞争能力；促进农业增效、农

民增收和社会经济发展。

2006年起，统筹城乡发展，加大工业反哺农业、城市支持农村的力度，树立“三农”工作新形象，建设社会主义新农村，发展现代农业，提高农业产业化水平。2003—2006年，建成北滘、西海2个农业综合示范区，总面积5333亩；2004年，西海鳗鱼场、海皇锦鲤养殖有限公司、韩惠标水产养殖场被评为区“十大水产养殖企业”；顺西畜牧有限公司、永业家禽养殖场、马村种苗场被评为区“十大禽畜养殖企业”；杨氏水产有限公司、兴顺烤鳗有限公司、华星饲料厂、锦锋饲料厂被评为区“十大农产品加工企业”；兴隆花木公司被评为区“十大农产品流通企业”；益丰蔬菜种植场、丰收丰盛农场被评为区先进农业企业。2006—2007年，推进顺德花卉博览园和农民农业创业园建设。2008年，全镇有市级龙头企业3家（杨氏水产、兴隆花木有限公司、顺西畜牧有限公司），区级龙头企业2家（永业竹丝鸡养殖场、盈安竹丝鸡种苗场）。2010年，以“市场=农户+基地+经销”模式运营的国佳农产品交易中心全面开展蔬菜水果、水产品、畜禽产品规模交易，总面积600亩。

但随着工业化和城乡一体化的加速发展及经济转型升级，全镇农业不可避免出现缓慢增长的态势。2017年，全镇农业总产值8.35亿元，比2002年增长28.8%，年均仅增长1.7%。

2003—2017年若干年份北滘镇农业生产对照表

表3—1—3　　单位：亩、万只、头

年份	淡水鱼（亩）	传统家鱼（亩）	优质水产（亩）	其中：鳗鱼（亩）	花卉（亩）	“三鸟”饲养量（万只）	生猪饲养量（头）
2003	24560	14133	10427	4051	17331	1142.7	51068
2005	19564	10620	8944	3335	13087	1529.3	71565
2007	18341	8893	9448	3446	15040	1084.7	71354
2012	9134	6514	2620	344	15645	925.5	91384
2017	5597	3268	2329	306	19288	282.89	2196

二、工业

1984年，区委决定大办工业，提出坚持“三个为主”（以工业为主、以骨干企业为主、以集体经营为主）的指导思想，充分利用毗邻港澳、海外侨胞和港澳同胞众多的优势，采用“三来一补”（来料加工、来样加工、来件装配、补偿贸易）等多种形式，通过负债经营发展，引进外资和技术设备，加强消化、吸收，创办新兴工业，改造传统产业，大力发展对外贸易，增强企业出口创汇能力。与此同时，进行了扩大企业自主权的改革，逐步实行企业股份制，改革分配制度、人事制度、用工制度，促进企业从单纯的生产型逐步向生产经营型转变。

1986年起，加快推进外向型经济发展，通过调整原有“三来一补”企业转为合资企业，招外商引外资，帮助大型出口企业取得自营出口权，优化产品结构，打开国际原料来源和产品销售市场。

1989年，北滘风扇总产量达700万台，产量占全国的六分之一，出口量达500万台，销售遍及20多个国家和地区，占据美国风扇市场的20%、加拿大市场的60%。出口创汇8000万美元，成为全省乡镇出口创汇之最，上缴国家税金3500万元。1990年，北滘镇出口创汇9000万美元，比1989年提高12.5%，出口创汇占全镇工业总销售的50%以上，有3家企业被评为省外向型先进企业。是年，蚬华、裕华、美的被评为全国最佳十大乡镇企业。北滘形成了以美的、蚬华、裕华、嘉禾、永华、南方、珠包、美安达、裕丰、兴顺、华星等骨干企业为龙头，以家用电器为主体，兼顾发展家具、塑料制品、服装、皮革制品、炉具等日用消费品工业及农副产品深加工、饲料工业，发展起空调、精密注塑机、数控机床等高起点高科技的新产品。1991年，北滘工业总产值21.3亿元，比1978年增加121.7倍，平均每年增长44.8%。全镇有企业241家，其中国家二级先进企业5家、部级先进企业3家、省级先进企业2家；创国优产品（银质奖）1个、部优产品32个、省优产品34个。

1992—2002年，北滘更大规模地引进先进技术，加快工业技术改造，开发新科技产品，推动主导产业发展。1992年，实施国家星火项目11个，纳入国家级、省市级各类科技计划19项，开发新科技产品7项，高新技术产品产值37亿元，占全镇工业产值的36%。1993年，在美的空调设备厂成立“广东省空调节能工程技术研究开发中心”。1999年，美的集团建立博士后科研工作站。2000年，加快工业新产品、新技术的研究开发力度，全年纳入国家级和省、市级各类科技计划27项，开发科技新产品210项。2002年，美的电饭煲、威灵电机和先达树脂相继成立工程研究开发中心。

加快工业集约化、产业化，集中资源，做强主业，促进大中小企业间形成专业化分工协作体系。1992年，建立北滘经济开发区（1998年改称“北滘工业园”），筹建北滘港。1998年，园内企业工业总产值达31亿元，占全镇工业总产值的30.57%。2001年，基本形成“一园五区”的集约发展工业格局，北滘工业园区被市认定为集约工业园。

2002年，北滘工业总产值193.9亿元，比1991年增长8.1倍，平均每年增长22.24%，年销售超亿元的工业企业19家，占全镇工业销售的80%以上，其中家电工业产值145.96亿元，占全镇工业产值的75.8%。1992—2002年，北滘工业逐渐形成家用电器、金属材料、机械制造、家具制造、食品制造、农副食品加工等支柱产业。2002年，美的电风扇产量1402万台，销售1390万台，出口729万台，占广东省电风扇主要生产企业总量的16.7%；同年，美的空调国内市场占有率居第二位；全镇年产微波炉321万台，占全国总产量的10.8%；涌现了“美的”“惠而浦”“蚬华”“威灵”“华星”“日清”等知名品牌。

2003—2009年，围绕建设现代制造业名镇的战略目标，大力开展招商引资，实施总部经济战略，打造工业设计城，加速完善现代物流配套，推动经济增长方式向创新驱动型转变。2010—2017 年，实施产业转型升级，拓宽产业“微笑曲线”两端，拓展电子商务，打造“总部经济、工业设计、家电全产业链”三大引擎。2003—2015 年，实际利用外资 19.1 亿美元。先后荣获“中国家电制造业重镇”“广东省专业镇建设先进单位”和“广东省‘双提升’示范专业镇”等称号。

2003 年，创新招商政策，拓展招商渠道，全年引入企业 44 家，其中新办外资企业 13 家，利用民营资本 6.84 亿元，实际利用外资 4030 万美元。次年，又引入上海宝钢、金型制钢等大企业。

2005 年，北滘镇率先在全国镇域提出总部经济发展战略。2006 年，在新城区内划定 610 亩总部集聚区，其后锡山、美的、日美、丰明、盈峰等多家企业相继启动总部大楼建设。是年年底，全镇亿元产值以上的工业企业有 38 家，其中：超百亿元的 1 家、超 10 亿元的 3 家、超 5 亿元的 5 家。2009 年，“国家工业设计与创意产业（顺德）基地”和顺德工业设计园（后拓展为“广东工业设计城”）落户北滘。2014 年，精艺金属、万联包装、银河摩托等 8 家本土成长型企业抱团启建总部大楼，定名“北滘国际财富中心”。

2015 年，全镇研究与试验经费（R&D）投入 51 亿元；有工程技术中心 53 家，其中国家级 1 家、省级 14 家、市区级 38 家；国家高新技术企业 36 家，高新技术产品产值 1407 亿元，占工业产值的 68%；全年新增授权专利 5299 个，其中发明专利授权 210 个、有效实用新型专利数 3693 个；有中国驰名商标 2 个、广东省著名商标 13 个、广东省名牌产品 25 个；工业企业 2477 家，产值超亿元的工业企业 59 家，其中 10 亿元以上的 7 家，规模以上企业工业产值 2110 亿元，占工业总产值的 98%；德国红点、北京电影学院等 164 家中外知名工业设计和文化创意机构入驻广东工业设计城，设计师达 2500 名。2016 年底，在建或已投入使用的总部大楼有 14 座。

2017 年，北滘工业总产值 2381 亿元，比 2002 年增长 1178%，平均年增长 18%，家用电器、金属材料、机械制造三大支柱产业，占全镇工业总产值的 95%。

三、第三产业

1979—1991 年，改革统购统销政策和商业管理体制，充分发挥供销社的主渠道作用，搞活流通领域，办起农工商公司、村办自销店和个体商业；兴建一批农贸市场、专业市场，发展横向经济联合，开拓国内外市场，实行联营联销，增设销售网点，扩大市场辐射面；逐渐形成一个多经济成分、多经营方式、多流通渠道、少流通环节的开放型经济体制。

1980 年，开放农贸市场；1983 年，北滘区供销社对内部实行层级承包责任制，并于 1987 年进一步放权自主经营，零售门店从集体经营承包改革为经济承包；1989 年，镇供销社社会商品销售总额 2.3 亿元，被商业部授予“全国先进企业”称号。1991 年，北滘有各类商业网点 1044 家，大小农贸市场 21 个，社会商品销售总额 5.8 亿元。1985 年以前，北滘出口商品主要销往港澳地区。1991 年，出口创汇 1.06 亿美元，产品销往 60 多个国家和地区。

1992—2002 年，改革商业管理体制，增设（改造）商业网点，发展各类专业市场，大力发展房地产业，完善金融保险市场体系，培养信息咨询、中介服务机构，北滘镇的第三产业有了长足的发展。

1992 年，成立北滘商业总公司，全年销售额 5.83 亿元；供销社销售额 4.45 亿元，是省内商业系统规模较大、经济效益较好的先进单位。加快市场体系建设，按照大市场、大流通的要求，巩固和发展起华厦商业街、南源商业街、华泰商场、天天商场、百惠商场、蔬菜批发市场、钢铁贸易中心、建筑材料综合市场、北滘港等一批有规模、有水平、有辐射力的商贸设施。房地产业亦发展迅速，碧桂园、蓬莱新村、美的新村、君兰高尔夫生活村、美的海岸花园等规模房地产项目相继落成，进一步带动饮食服务、金融保险、中介服务等行业的发展。1998 年，第三产业产值 5.74 亿元，占地区生产总值的比重达 20.2%。全镇社会商业总销售 10.6 亿元，社会消费品零售额 3.9 亿元。至 2002 年，社会商业总销售 6.51 亿元，社会消费品零售额 1.62 亿元。第三产业总产值 8.87 亿元，比 1992 年的 2.6 亿元增加 2.41 倍，平均年增长 13%。

2003—2017 年，完善政府扶持政策，搭建全方位企业服务平台，落实商贸区规划布局，加快物流配套建设，加大招商引资力度，提升消费环境配套服务水平，打造以总部经济、工业设计、家电全产业链、电子商务为核心的都市型产业生态链，北滘镇的第三产业有了突破性的发展。

房地产业。进一步搞活房地产二级市场，深业集团、香港佳兆业集团、雅居乐集团等大型房地产集团相继进驻；碧桂园集团创新发展模式，提升产品质量，2017 年入选《财富》世界 500 强；美的房地产集团立足北滘，开拓市场，荣获“2014 年中国房地产百强企业”称号。

旅游业。开发利用碧江金楼，结合水乡风情、山岗地貌、祠堂文化、餐饮美食等资源，发展休闲旅游业；碧江金楼，2005 年入选“顺德新十景”，年接待旅客量逾 10 万人；成功举办第七、八、九届岭南美食文化节，共吸引 350 多万名游客。

电子商务。2015 年全面建成中国慧聪家电城，进驻家电企业超 500 家；初步形成以美的电商、飞鱼电商、利信达等超亿元的龙头和多家超千万元的中小电商企业梯队。2016 年，全镇电商年销售额突破 270 亿元，美的在天猫电器城全年销售额突破 100 亿元，成为首个销售破百亿的品牌；同年 5 月，北滘镇电子商务创业中心（淘商城）升级为省区共建“广东顺德电子商务创业孵化示范基地”。

2010 年起，华美达酒店、北滘商业广场、美的新都汇广场、万象时尚广场、金楼天地、碧江汽车商圈等商贸项目相继建成。

2017 年，社会消费品零售总额达 76.41 亿元，第三产业产值 160.02 亿元，分别比 2002 年增加 47 倍、17 倍；第三产业的比重从 2002 年的 18.2% 提升到 28.6%，上升 10.4 个百分点。

第二章 经济总量

第一节 地区生产总值

20 世纪 80 年代中期起，北滘镇明确“工业立镇”思想，深入改革，招商引资，民营企业异军突起。1990 年前，北滘镇经济统计数据未提及地区生产总值，当时顺德各镇上报的经济总量指标是“工农业总产值”。1991 年，北滘镇地区生产总值为 10.82 亿元（当年价），人均生产总值（按户籍人口计算，下同）13192 元。

其后十年，北滘镇与时俱进，合理调整产业、产品结构，引进先进技术，研发高新产品，广纳国内外人才，探索、完善产权改革，集中资源推动主导产业的发展，国民经济持续、稳定协调发展。至 2001 年，地区生产总值翻了三番，达 43.41 亿元，其中第一产业 1.81 亿元、第二产业 32.98 亿元、第三产业 8.62 亿元，三次产业构成比例为 4.17：75.97：19.86；当年人均生产总值 44200 元，比 1991 年增长 2.35 倍。

2005 年起，发展总部经济，加大科技创新与品牌建设力度，优化都市型产业生态链，当年地区生产总值突破 100 亿元大关，为 106.91 亿元，其中第一产业 2.37 亿元、第二产业 84.66 亿元、第三产业 19.88 亿元，三次产业构成比例为 2.2：79.2：18.6；单位地区生产总值能耗为 0.72 吨标准煤/万元。其后每二三年跨上一个百亿台阶，2008 年为 210 亿元，2011 年为 339 亿元，2013 年为 403 亿元，2016 年为 515 亿元。

2017 年，北滘镇地区生产总值达 559 亿元，人均生产总值 392242 元，分别比 1991 年增长 50.66 倍和 28.73 倍；单位地区生产总值能耗为 0.38 吨标准煤/万元，比 2005 年降低 47.2%。

1992—2017 年北滘镇地区生产总值一览表

表 3—2—1

年份	生产总值（亿元）	其中			人均 GDP（万元）		单位 GDP 能耗（吨标准煤/万元）
		第一产业（亿元）	第二产业（亿元）	第三产业（亿元）	按户籍人口	按非户籍人口	
1992	12.98	2.6	7.78	2.6	15525	12347	—
1993	16.4	2.8	9.3	4.3	19164	15173	—
1994	13.99	1.88	8.69	3.42	16058	11875	—
1995	18.67	1.88	11.43	5.35	20972	14993	—
1996	21.29	2.34	14.64	4.31	23555	17789	—
1997	24.1	2.25	16.9	4.9	26215	19604	—

续表

年份	生产总值（亿元）	其中			人均 GDP（万元）		单位 GDP 能耗（吨标准煤/万元）
		第一产业（亿元）	第二产业（亿元）	第三产业（亿元）	按户籍人口	按非户籍人口	
1998	28.4	2.27	20.39	5.74	30418	22725	—
1999	33.82	2.1	25.48	6.24	35630	26591	—
2000	38.36	2.29	28.79	7.28	39701	24573	—
2001	43.41	1.81	32.98	8.62	44200	27471	—
2002	48.75	1.9	37.98	8.87	48834	29416	—
2003	56.28	2.09	44.11	10.09	55499	31606	—
2004	85.73	2.25	65.41	18.07	80293	44618	—
2005	106.91	2.37	84.66	19.88	100121	57369	0.72
2006	132.35	2.37	107.62	22.36	121283	61711	0.68
2007	158.23	2.39	128.82	27.02	142107	72287	0.64
2008	210	2.55	173.67	33.78	185522	87950	0.6
2009	230	2.6	181.89	45.51	200745	84583	0.57
2010	288	2.7	225.6	59.7	248049	105831	0.54
2011	339	2.8	261.2	75	286414	124364	0.53
2012	365.75	2.99	273.32	89.44	306198	141145	0.52
2013	403	2.8	301	99.2	333761	151682	0.48
2014	439	2.94	324.86	111.2	359965	159976	0.437
2015	475	2.86	342.29	129.85	384286	164858	0.43
2016	515	2.99	365.91	146.1	394367	168882	0.41
2017	559	2.89	396.09	160.02	392242	172124	0.38

第二节　财政收入

财政收入与经济发展同步。1963—1985 年，北滘公社（区）财政由县下拨。1987 年，北滘成立财政所，全镇可支配财政收入 601 万元。此后五年持续稳定快速增长，至 1992 年达 4407 万元，比 1987 年增长 6.33 倍，年均递增 48.95%，全镇财政可支配收入跃居顺德县（市）各镇前列。

1993—1998 年，受国家税制改革与产权改革影响，可支配财政收入略有波动（1995 年，由于财政包干分成收入中有 744 万元用于抵缴农用地税，导致 25% 的负增长），但仍保持年均 9.49% 的增长，至 1998 为 5460 万元。

20 世纪 90 年代后期，经济改革不断深化、完善，北滘经济快速增长，经济总量不断增加，财政收入显著提高。2000年，财政总收入为8.8807亿元，可支配财政收入首破亿元大关，达1.047亿元。

2007年，土地转让收入纳入财政收入管理，加上区地方税务局强化税源管控，北滘可支配财政收入突破10亿元，达13.9311亿元。其后，北滘房地产业蓬勃发展，2016年土地转让收入达到巅峰，是年可支配财政收入达53.728亿元。

2017年，财政总收入达157.326亿元，比1995年的2.2685亿元增长68.35倍，年均增长21.25%；可支配财政收入达48.2168亿元，比1987年的601万元增长801.28倍，年均增长36.42%。

1987—2017年北滘地方财政收入一览表

表3—2—2　　单位：亿元

年份	财政总收入	其中：可支配财政收入	年份	财政总收入	其中：可支配财政收入
1987	—	0.0601	2003	11.7076	2.3676
1988	—	0.0884	2004	16.8590	3.0390
1989	—	0.1366	2005	22.0271	3.4088
1990	—	0.2186	2006	32.1071	5.0271
1991	—	0.2641	2007	46.0489	13.9311
1992	—	0.4407	2008	46.7798	9.2354
1993	—	0.4203	2009	54.0449	13.5836
1994	—	0.4768	2010	63.1194	14.5784
1995	2.2685	0.3572	2011	63.1826	12.3433
1996	3.0552	0.4129	2012	89.9899	19.2855
1997	3.9280	0.5576	2013	97.3692	31.7351
1998	3.9172	0.5460	2014	98.5764	21.1175
1999	5.9537	0.7591	2015	113.8421	26.1930
2000	8.8807	1.0470	2016	143.6861	53.7280
2001	15.1858	3.0314	2017	157.3260	48.2168
2002	13.3548	2.4623			

第三节　产业增长速度

一、工农业总产值

改革开放以前，北滘农业经济长期占主导地位。1962 年，北滘工农业总产值 836.4 万元，其中工业产值 225.5 万元、农业产值 610.9 万元，农业产值占工农业总产值的 73.04%。20 世纪 70 年代初，公社自发兴办社队企业，工业产值比例逐渐增加。至 1979 年，北滘工农业总产值 2979.7 万元，其中工业产值 1412.1 万元、农业产值 1567.6 万元，农业产值比例下降至 52.5%。

1984 年，北滘工农业总产值首次突破亿元关，达 1.59 亿元，其中工业产值 1.24 亿元、农业产值 0.35 亿元，农业产值占工农业总产值的 22.01%，与 1979 年相比，农业产值增加 0.2 亿元，在总产值中所占比例下降 30.49 个百分点。

1998 年，全镇工农业总产值突破 100 亿大关，为 109.29 亿元，其中工业产值 101.4 亿元、农业产值 7.89 亿元。农业产值较 1984 年增加 7.54 亿元，年均增长 24.92%，工业产值增加 100.16 亿元，年均增长 36.97%。

20 世纪 90 年代后期起，北滘农业产业发展明显滞后，农业产值徘徊不前，甚至多次出现负增长，工业经济则快速稳定增长。至 2008 年，全镇工农业总产值突破一千亿，达 1022.86 亿元，其中工业产值 1015 亿元、农业产值 7.86 亿元，农业产值仅占工农业总产值的 0.77%。

2017 年，全镇实现工农业总产值 2389.35 亿元，其中工业产值 2381 亿元、农业产值 8.35 亿元，农业产值在总产值中所占比例下降到 0.35%。

1962—1979 年北滘公社工农业总产值一览表

表 3—2—3　　　　单位：万元

年份	工农业总产值	其中		年份	工农业总产值	其中	
		农业产值	工业产值			农业产值	工业产值
1962	836.4	610.9	225.5	1971	1524	1045	479
1963	1057.6	1236.5	270.8	1972	1712.4	1137.9	574.5
1964	1060.6	716.2	344.3	1973	1848.5	1128.4	720.1
1965	1264.7	899	365.7	1974	1905.4	1187.5	717.9
1966	1279.6	865.8	413.8	1975	2041.3	1065.5	975.8
1967	1365.8	998	367.8	1976	2286.3	1156.7	1129.57
1968	1284.3	939.5	344.8	1977	2645.4	1203.2	1442.2
1969	1394.8	979.5	415.3	1978	3832.9	2096.5	1736.4
1970	1471.3	1027.6	443.7	1979	2979.7	1567.6	1412.1

1980—2017 年北滘工农业总产值一览表

表 3—2—4　　　　单位：亿元

年份	工农业总产值	其中		年份	工农业总产值	其中	
		农业产值	工业产值			农业产值	工业产值
1980	0. 47	0. 23	0. 24	1993	45. 6	6. 8	38. 8
1981	0. 42	0. 18	0. 24	1994	56. 8	9. 6	47. 2
1982	0. 68	0. 28	0. 4	1995	70. 6	10. 1	60. 5
1983	0. 86	0. 28	0. 58	1996	83. 5	11. 2	72. 3
1984	1. 59	0. 35	1. 24	1997	81. 7	7. 7	74
1985	3. 39	0. 39	3	1998	109. 29	7. 89	101. 4
1986	3. 6	0. 55	3. 05	1999	137	7	130
1984	5. 25	0. 75	4. 5	2000	147. 7	7. 7	140
1988	10	1	9	2001	173. 27	6. 27	167
1989	14. 2	1. 4	12. 8	2002	200. 3	6. 4	193. 9
1990	18. 05	1. 85	16. 2	2003	231. 1	6. 8	224. 3
1991	23. 6	2. 3	21. 3	2004	273	7. 3	265. 7
1992	32. 44	3. 68	28. 76	2005	476. 5	7. 5	469
2006	623. 3	7. 3	616	2012	1601. 94	9. 44	1592. 5
2007	797. 84	7. 84	790	2013	1790. 35	9. 35	1781
2008	1022. 86	7. 86	1015	2014	1966. 27	9. 57	1956. 7
2009	1121	8. 1	1112. 9	2015	2018. 21	8. 21	2010
2010	1378	8	1370	2016	2186. 62	8. 62	2178
2011	1462. 97	9. 27	1453. 7	2017	2389. 35	8. 35	2381

二、社会商业销售额

自北滘人民公社成立至 1978 年期间，商品流通渠道堵塞，商业发展受阻。1969 年，财贸系统商贸额 1286 万元，1978 年为 1467 万元，年均增长 1. 47%。

改革开放以后，随着经济的发展，人民收入逐渐提高，市场提供的商品数量和品种亦不断增加。1979 年，北滘财贸系统商贸额为 1800 万元，至 1984 年，商贸额翻了一番，达 3726 万元，年均增长 15. 7%。

1989 年，全镇社会商业销售总额为 4. 12 亿元，此后逐年增长，1998 年突破 10 亿元大关，达 10. 6 亿元。经过十年发展，至 2008 年达 32. 97 亿元，翻了三番。2013 年突破 100 亿元大关，为 118. 49 亿元。2017 年为 311 亿元，比 1989 年增长 75. 4 倍。

1969—1984 年北滘国营、集体财贸系统商贸额

表 3—2—5　　　　单位：万元

年份	商贸额	年份	商贸额	年份	商贸额	年份	商贸额
1969	1286	1973	1201	1977	1342	1981	2479
1970	1153	1974	1034	1978	1467	1982	2271
1971	1149	1975	1076	1979	1800	1983	2286
1972	1205	1976	1130	1980	1982	1984	3726

1989—2017 年若干年份北滘镇社会商业销售额一览表

表 3—2—6　　　　单位：亿元

年份	社会商业销售额	年份	社会商业销售额	年份	社会商业销售额
1989	4. 12	1995	9. 2	2008	32. 97
1991	5. 8	1996	8. 68	2013	118. 49
1992	5. 51	1997	8. 25	2017	311
1993	10. 8	1998	10. 6		
1994	8. 18	2003	16. 6		

三、住宅竣工面积

1979 年以后，生活水平逐步提高，建筑业亦随之兴盛。20 世纪 80 年代中期起，北滘的房地产业亦走向市场化。1988 年，全镇住宅竣工面积为 2. 81 万平方米，其后四年以年均 72. 3% 的速度增长，1992 年达 24. 77 万平方米。经过十年发展，至 2002 年达 80. 96 万平方米，比 1992 年增加 2. 27 倍。2017 年，全镇住宅竣工面积为 55. 3 平方米，比 1988 年增加 18. 68 倍，年均增长 10. 82% 。

1988—2017 年北滘镇若干年份住宅竣工面积一览表

表 3—2—7　　　　单位：万平方米

年份	住宅竣工面积	年份	住宅竣工面积	年份	住宅竣工面积
1988	2. 81	1993	11. 7	1998	9. 74
1989	8. 06	1994	12. 28	1999	25. 3
1990	11. 11	1995	21. 28	2000	27. 25
1991	16. 44	1996	16. 28	2001	53. 86
1992	24. 77	1997	25. 76	2002	80. 96

续表

年份	住宅竣工面积	年份	住宅竣工面积	年份	住宅竣工面积
2003	38.89	2006	38.5	2017	55.3
2004	29.57	2010	41.3		
2005	33.45	2015	49.5		

注：1. 1988—1998 年数据来自镇国土城建和水利局档案文书“全镇建设情况一览表”。
2. 2000—2006 年数据来自镇规划建设办公室“村镇建设统计年报基层表”。

第三章　经济结构

第一节　产业结构

1992 年以前，北滘镇经济统计未有地区生产总值指标，只能以工农业产值作近似描述。1959—1972 年，为以农业为主的单一经济结构，农业产值远高于工业，工商业所占比重较小。1973 年起，加速发展社队企业，工业产值所占比重节节上升，至 20 世纪 70 年代中后期，工农业产值不相上下，商业发展相对落后。改革开放后，注重三大产业协调发展，区域内农业经济得到较快发展，工业经济发展更是突飞猛进，经济结构由以农业为主转向以工业为主，第二产业迅速拉开与第一产业比重的差距，第三产业的比重逐年上升。1968 年，工业产值占工农业总产值的 26.8%；1978 年，工业产值占工农业总产值的 45.3%。至 1990 年，工业产值已为农业产值的 9 倍。

1992—2017 年，北滘镇经济迅速发展，产业结构在探索中不断调整，在调整中逐渐优化。1992 年，北滘镇调整产业结构，以工业为主导，大力发展现代农业和第三产业，全镇地区生产总值 12.98 亿元，一、二、三次产业的比例为 20 : 60 : 20。1992—1995 年，农业总产值虽然保持快速增长，但二、三产业的规模大、增速快，第一产业在生产总值中所占比例逐渐下降，第二、三产业稳步增长。1995 年，北滘地区生产总值达 18.67 亿元，产业结构比重调整为 10.1 : 61.2 : 28.7。

1997 年起，占农业产值半壁江山的养鳗业严重受挫，农业产值大幅下降，第一产业进一步萎缩；工业保持强劲的发展势头，第二产业在地区生产总值中的比重逐年上升；第三产业稳步增长，但发展规模稍微逊色于第二产业，第三产业所占比重有所下降。2008 年，全镇地区生产总值达 210 亿元，一、二、三次产业的比例为 1.2 : 82.7 : 16.1；第二产业比重为历史最高水平，比 1992 年增加 22.7 个百分点。

2009 年起，实施总部经济战略，实行产业升级转型，拓展电子商务，完善城市综合配套，房地产、物流、金融、中介以及商业服务业迅速发展，第三产业以年均 20.1% 的速度快速增长，所占比重逐年上升；第二产业以年均 11.8% 的速度增长，但在地区生产总值中所占比重有所下降；第一产业则日渐式微。至 2017 年，全镇地区生产总值达559亿元，产业结构比重调整为0.52∶70.86∶28.62。

1992—2017年北滘镇三次产业构成表

表3—3—1 单位:%

年份	第一产业	第二产业	第三产业	年份	第一产业	第二产业	第三产业
1992	20	60	20	1999	6.2	75.3	18.5
1993	17.1	56.7	26.2	2000	6	75.1	18.9
1994	13.4	62.1	24.5	2001	4.1	76	19.9
1995	10.1	61.2	28.7	2002	3.9	77.9	18.2
1996	11	68.8	20.2	2003	3.7	78.4	17.9
1997	9.3	70.3	20.4	2004	2.6	76.3	21.1
1998	8	71.8	20.2	2005	2.2	79.2	18.6
2006	1.8	81.3	16.9	2012	0.82	74.73	24.45
2007	1.5	81.4	17.1	2013	0.69	74.69	24.62
2008	1.2	82.7	16.1	2014	0.67	74	25.33
2009	1.1	79.1	19.8	2015	0.6	72.06	27.34
2010	0.94	78.33	20.73	2016	0.58	71.05	28.37
2011	0.83	77.05	22.12	2017	0.52	70.86	28.62

第二节　投资结构

1982年，北滘公社社会固定资产投资总额411.39万元，主要以工农业生产投资为主，其中农林牧副渔业投资69.5万元、工业投资290.11万元，分别占投资总额的16.9%、70.5%。随着改革开放的深入发展，北滘采取灵活开放的政策和措施，大力招商引资，优化产业结构，各类固定资产投资实现了新的突破。1987年，全社会固定资产投资总额达5502.7万元，其中农林牧副渔业投资339.94万元、工业投资3829.94万元、交通邮电投资37.2万元、商业饮食服务业投资1042.52万元、文教卫生社会福利投资207.7万元、其他建设投资45.4万元。

1998年，北滘镇全社会固定资产投资总额2.11亿元。经过十年发展，至2008年，固定资产投资总额增至27.5亿元，其中工业投资8.3亿元、房地产投资9.13亿元，分别占投资总额的30.2%、33.2%。

2017年，北滘镇全社会固定资产投资总额118亿元，其中工业投资36.2亿元、房地产投资40.61亿元，分别占投资总额的30.7%、34.4%。

1982—1991 年北滘固定资产投资情况表

表 3—3—2　　　　单位：万元

年份	投资合计	农林牧副渔业投资	工业投资	交通邮电投资	商业饮服业投资	文教卫生社会福利投资	住宅投资	其他建设投资
1982	411.39	69.5	290.11	21.77	1.11	11.21	16.3	11.39
1983	503.8	90.63	299.63	14.72	15.9	50.05		32.85
1984	1285.3	70.69	930.66	57.86	12.6	48.41	3.96	161.12
1985	3629.97	77.7	3274.7	80.99	2.89	126.34	17.96	49.39
1986	4905.43	242.08	4547.62	18.15	2.8	68.93		25.85
1987	5502.7	339.94	3829.94	37.2	1042.52	207.7		45.4
1988	18904.79	213.17	18127.19	30.17	155.76	286.9	0.15	91.45
1989	2720	—	2720	—	—	—	—	—
1990	1241	—	1138	—	—	103	—	—
1991	3852	1443	1036	—	—	1373	—	—

1992—2017 年北滘镇固定资产投资情况表

表 3—3—3　　　　单位：亿元

年份	投资总额	年份	投资总额	年份	投资总额	其中：房地产	年份	投资总额	其中：房地产
1992	3.78	1999	4.6	2005	16.6	5.91	2012	52.3	25.19
1993	5.42	2000	6.4	2006	19.9	6.89	2013	59.79	28.87
1994	0.96	2001	8.3	2007	23.5	7.79	2014	67.5	40.99
1995	1.74	2002	9.9	2008	27.5	9.13	2015	78.76	44.84
1996	0.85	2003	11.3	2009	33.8	12.02	2016	93.71	47.53
1997	2.27	2004	14.0	2010	39.81	14.08	2017	118	40.61
1998	2.11			2011	46.5	15.38			

第四章　经济体制改革

第一节　农村经济体制改革

一、农业生产结构和农村产业结构

北滘的农村经济体制改革始于农业生产结构的调整。1978 年，北滘公社农业仍然以水稻生产为主，全公社水稻面积占总农用地面积的一半；而水稻生产成本大，投入劳动力多，增产的稻谷收入大部分用于偿还化肥款。1978 年，在真理标准讨论大潮的推动下，各级党委逐步落实生产队经营的自主权。在这一背景下，北滘有的生产队，大胆地突破长期以来计划经济的底线，根据市场的需求，腾出一部分禾田种植花生，取得较好的经济效益；由于部分禾田经过轮作，增加地力，加上晚造水稻又有花生藤、黄豆藤作基肥，晚造每亩产量普遍增产一百斤以上，既增加社员集体分配收入，又完成国家下达的粮食征购任务。

1979 年，北滘公社在县委和粮食局的支持下，对农业生产结构进行大的调整，腾出 7442 亩禾田改种花生，2015 亩改种黄豆，收获黄豆后作晚造秧田，培育壮秧。晚造除安排 1100 亩禾田种植秋花生，留作次年种子外，其余全部种植晚稻。通过调整后，全公社队队增产，早造稻谷总产 13070 吨，加上花生、黄豆折谷，早造粮食总产比上年增加 675 吨；晚造总产 13150 吨，比上年增加 800 吨。社员口粮、收入普遍增加，食油也得到解决，人均全年分配花生油 2.25 公斤，比上年增加 55%，成为"米缸满，油缸满"的好年景。由于种了近万亩花生、黄豆，相对减少了劳动力，因此，各生产队适当安排劳动力搞工副业生产，促进队办工业迅速发展。

在调整作物布局、发展经济作物的同时，北滘公社引导、扶持家庭养鸡业，如碧中、北滘、三洪奇、马村生产大队的农户，每年养 4 至 6 批，每批养 300 只以上的有 600 多户，占 4 个生产大队总农户的 25%。1981 年全社饲养量从 1979 年 19 万只增加到 41 万只，其中专业户饲养量 22 万只，占 53.7%；上市鸡只 17 万只，上市量占饲养量的 79.02%。

塘鱼是北滘传统的产品。北滘充分利用优越的自然条件和传统技术，在调整农业生产结构中，大力发展水产养殖业。1982 年，全公社塘鱼面积 1072.2 公顷，塘鱼总产量 3964.64 吨，比 1979 年 1075.9 公顷、3001.84 吨分别减少 0.34% 和增长 32%。

通过几年调整，北滘农业生产打破以粮食为主的结构，逐步从计划经济向商品经济方向迈进。1985 年，北滘区粮食种植面积 1992.08 公顷，而经济作物糖蔗、塘鱼、蔬菜、水果面积有较大增加，合共 2919.8 公顷，形成有较高经济效益的农业生产结构。全区农业种植业产值 2634.64 万元，比 1979 年增长 127.3%。

在调整农业生产结构的同时，北滘镇想方设法发展工业生产，扶持乡镇企业的发展，实行集体、联合体、个体一齐上的方针，允许农民自理口粮进城务工、经商，允许个体兴办工业、建筑业、饮食业、商业、运输业，推动农村经济的全面发展。到1987年，全镇工农业总产值中，工业已占85%，农业占15%，工业与农业的比例已从70年代的“三七开”变成“八二开”，农村经济的发展，不仅解决农业剩余劳动力的重新就业，还从外地输入6000多名外来工。许多农民白天在工厂上班，下班或星期天从事农业。

随着镇村第二、三产业迅速发展，工农差别、城乡差别、体力劳动与脑力劳动的差别逐步缩小，为广大乡村在90年代逐步向城乡一体化转化奠定了基础。

二、家庭联产承包责任制

“文化大革命”后期，北滘公社不少生产队暗地里搞“包工到户”。至1978年，出现了“三定一奖”（定产、定工、定成本、超产计提奖励）的分配形式。1979年，许多生产队将种植花生、黄豆、甘蔗等经济作物承包到农户。

1980年初，北滘公社党委表示支持农民包产到户的做法，认为“包产到户”纠正了分配制度上的“平均主义”，贯彻按劳取酬的原则，能够调动农民的生产积极性，促进农业生产的发展。允许各生产队根据自己的实际，选择有利于本队生产发展的分配办法。林头第二十七生产队有禾田188亩。当年早造在40%禾田推行“包产到户”，晚造全面实行“包产到户”，粮食获得大幅度增产，全年粮食总产量163.17吨，亩产867.5公斤，分别比上年增14.52%和14.5%；52个承包户户户增产；社员年均集体收入228元，比上年增加12.31%。县委主办的《顺德通讯》，刊登该生产队水稻联产到户的经验，指出：实行承包后，以往生产队插秧、收割都要20天时间，现在每户只用两三天时间就可完成，而且规格质量好，真正做到细收细打；剩余劳动力还可以组织安排到大队砖厂开工，在生产队开展多种经营，促进集体“增产增收”。至1981年底，北滘公社生产队基本实行“包干到户”“包产到户”“专业承包”“小段包工”等形式的生产责任制。一些生产队工副业和社队企业，也开始转给个人承包，并出现雇工。如西滘大队轮窑由2名大队干部和3名社员承包，雇工163人。承包后，年产量从原来的450万块增至1100万块，月人均工资从50元增至70元，年上缴利润从28900元增至61000元，税收由22000元增至78000元，承包者年收入达8000元。

1983年7月至9月，根据中共顺德县委的部署，北滘公社结合实际，进一步完善和发展家庭联产责任制，主要解决承包期过短、影响长期投资的问题，承包期一般定五年，开发性的种养业定十至十五年，对产量、工作质量和完成国家任务、上交承包款和积累都有明确具体规定；社会福利事业，哪些由集体负担，哪些由群众负担；并整顿财务管理，大队成立会计站，通过考核、公开招聘，财会人员从原来218人缩为77人，年龄从平均41岁降为38.5岁，文化水平也有所提高，全社通过大队会计站，全面清理承包后的债权、债务问题。

1984年1月，中共中央关于农村工作文件颁发后，北滘区把延长土地承包期（一般在十五年以上）作为稳定家庭联产承包责任制的重要环节来抓，尊重群众的意愿。水稻、甘蔗农用地可以承包十五年，鱼塘可以承包五至七年，鱼塘少的，采取开投承包。同时，注重合理推出承包地块，尽量做到连片耕作，鼓励土地逐步向种田能手集中；允许个别农户不承包土地，但要每年上缴一定的积累（现金），承担一样的义务工。1988年，鱼塘投包经营方式扩大到所有土地的承包。为解决承包后出现的新矛盾、新问题，北滘区建立和健全农业服务体系，推行统一排灌、统一机耕、统一植保、统一作物布局和统一关键性生产措施的"五统一机制"；办好农业基础，发展禽畜、饲料、水产、花卉、农副产品加工厂。至1989年，共建起22个农业厂、场和商品基地，为农户实行社会化服务，促使家庭联产承包责任制不断巩固和完善。

三、农村股份合作制

随着商品经济的不断发展，以户经营的联产承包责任制，由于存在资金、人力、物力、技术、信息、经营、管理等方面局限，已难以适应扩大再生产的需要。1993年8月，中共佛山市委、市政府发出《关于推行农村股份合作制的意见》，提出在全市农村推行以土地为中心的农村股份合作制。1994年初，根据市委、市政府的部署，北滘镇以北滘管理区为试点，采取按土地面积量化股份，实行股值相同，股数不同参加股红分配的办法。第一步是核算清楚各生产队土地总面积、历年征地留存的土地基金和各类共有财产；第二步是将各生产队土地总面积折成股份和村集体固定资产、流动资产固化，作为各生产队的入股股金，然后量化到人，实行股值相同，股数不同，年终按股分红。以管理区为单位，成立股份合作制，建立股东代表大会制度，民主选举产生董事会及财务监督机构，做好各项经营管理工作。通过建立股份合作组织，将土地统一规划、管理、使用和开发，有利于生产要素的优化配置，有利于促进规模经营农业的发展，明晰集体财产的权属关系。在北滘管理区试点经验的基础上，在全镇农村全民进行组建股份合作社的工作。至1994年底，全镇20个管理区，组建成股份合作社36个，设置股权89295份，参与股份分红65685人，入股土地面积4242.4公顷。

四、农村土地制度

随着农业生产责任制的落实，1980年，北滘公社出现专业户萌芽状态，到1982年专业户成批出现，他们在承包的集体土地上努力提高单产。1983年，出现一批两户以上共同经营的经济联合体；与此同时，不少农民洗脚上田，农村出现有田无人耕、想耕无田耕的现象。为解决土地丢荒和有技术农民扩大经营农用地的问题，北滘区对土地承包方法进行"三改"，即零碎分散改为连片承包，无偿改为有偿达标承包，平均分包为自投领包和投包。土地适度规模经营进一步扩大。1984年，林头乡专业户比例高于20%，北滘全区为29.4%。这些种植专业户耕禾田蔗地普遍在15亩以上，蔬菜1.5亩以上，花卉1亩以上，耕鱼塘15亩以上。1988年，北滘镇采用租赁制，以每年每公顷6000公斤至9750公斤稻谷标准，租用农民的承包地，发展水产养殖。当年底，北滘镇经济联合体经营土地近万亩，占全镇土地面积的12.82%。1991年，全镇创办37个水产养殖场，总面积700公顷，占全镇土地面积的14%。1992年，全镇种养业专业户1129户，经营面积967公顷。其中：塘鱼330户450公顷、花卉200户196公顷、蔬菜84户120公顷、“三鸟”461户、其他54户201公顷。

1994年，北滘镇全面推行以土地为中心的农村股份合作制，进一步完善土地承包制。新一轮土地承包期一般为四年，实行公开投标发包。“三高农业”租用地必须在1995年3月31日前重新签订租用合同，确定租金；工商企业用地每亩年租金不得低于1500元；新一轮土地承包一律采用现金公投，价高者得的办法发包，不得以分包形式发包，原则上不受区域限制，全社会人员均可竞标。至2017年，全镇出租土地3710.51公顷，租金61442元。其中，农业用地1645.08公顷，租金30467万元；工商业用地2065.43公顷，租金30975万元。

第二节　企业体制改革

一、经营体制改革

1981年3月，北滘公社人民代表大会第七届二次会议通过在“企业推行经济责任制”的决议。在企业实行利润包干，核定生产成本，核准产品数量和产品质量，推行厂委（员会）责任制；对车间、小组层层包干，不完成生产各项指标，要扣罚工资，超额部分按比例提成奖励，企业不完成上缴利润，要用企业自有资金支付。

1983年7月起，北滘公社先后以裕华风扇厂和塑料皮革公司为试点，推行股份制，裕华风扇厂自有资金共有140万元，以1000元为一股，折成14000股，作为公社入股股金（即公股），在员工和社会公开招股（即私股），筹集资金60万元，形成公私股的比例为70：30。改制后，该厂改为裕华实业公司，公社不再从企业提取利润或资金，而是按持有的股份参与分红。翌年，裕华实业公司扩股，从社会吸纳资金110万元，进一步扩大生产规模，开办鸿运扇厂、塑料厂、高效换热器厂、钢瓶厂，成为佛山市首批股份制企业。

1984年8月后，北滘区贯彻中共顺德县委、县人民政府关于《顺德县发展区乡企业奖励的暂行办法》，对企业引进外资、生产技术、产品加工项目、产品专利权，使企业获得经济效益的人员，视其利润大小，提成一定的奖金；对厂长（经理）报酬从优，按照企业当年的经济效益增幅程度计算收入，他们的年薪可高于职工人均收入的1—3倍；对有贡献的工程技术人员，从工资、子女入学、家属入户等方面给予照顾和帮助，愿意在北滘安家落户的，由单位安排70平方米至120平方米的宿舍。与此同时，对在经济取得显著成效的，实行突出成绩奖。

1988 年，全面推行厂长（经理）任期目标责任制。任期目标主要包括产值、资金周转率、信贷资金等主要经济指标。同时规定，镇办企业一律由集体经营，管理区和村一级规模较大的企业和合资、“三来一补”企业也由集体经营，对手工、劳务服务性和分散、小型、亏损厂企或小组，则实行个人或小组承包。厂长（经理）目标责任制和厂企个人承包期限一般为三年。当年，北滘在裕华实业公司、皮革公司、美的电器集团、南方电器工业公司、华润唱机厂、永华家具厂、珠江包装公司、裕丰塑胶实业公司、昌华贸易公司、华达电器公司等 10 家镇属企业（集团）推行股份制，这批企业占镇属企业经济总量的 70%，员工参股占总股额 20%—30%，总额为 1000 万元，职工成为企业所有者之一。

1980 年后，北滘在企业推行经营体制改革，在一定程度上扩大企业自主权，企业实行自负盈亏，特别是将工资与经济效益挂钩，来提高员工生产积极性。1980—1992 年，北滘工业产值年均递增幅度达 49%，1992 年工业总产值达 28.76 亿元，是 1980 年的 119.8 倍。但是，经营体制改革没有触动深层次矛盾，产权关系不明晰，政府在一定程度上干预企业的生产经营活动，许多企业自盈不盈亏，靠银行贷款维持运作，负债率越来越大。1992 年，全镇企业贷款达 10 亿元。

二、企业产权制度改革

1993 年下半年，为解决深层次矛盾，推进企业制度创新，进一步解放和发展生产力，中共顺德市委、市人民政府下达《关于转换企业经营机制 发展混合经济的试行办法》，在顺德全面开展以产权为核心的企业制度改革。根据市委、市人民政府部署，北滘镇成立镇办企业转换经营机制领导小组，对镇办企业在公平、公正、公开的基础上清产核资、资产评估。对镇属企业转制实行股份合作制、民营经济、非全资性的公有民营、股份制和出让产权给外商嫁接式合资企业等多种形式，对小部分未具备条件的企业，实行租赁、抵押经营。至 1994 年 6 月底，镇属 35 家企业，已转制的有 32 家，其中股份合作制 20 家、公有民营 6 家、股份制 3 家、出让产权给外商 3 家，资产净值为 4.3 亿元，其中转让净值资产为 2.47 亿元，已回收资金 8780 万元。各管理区参照镇办企业的做法，根据各自不同的情况，采取转让产权、租赁、抵押承包的方式，推进区办企业的转制，转制企业 214 家，转制率达 87.6%。转制后，各企业确立股东大会、董事会、理事会的法律地位，明晰产业，成为法人实体。

1996 年，加强对转制企业的监控和管理，完善相关制度，引导转制企业建立有限责任公司运营机制。申请变更登记的转制企业有 53 家。2002 年，对顺德华星实业有限公司进行第二次转制。1994 年 4 月转制时，镇经济总公司、省科学技术委员会和碧江办事处持有一定的股份。2000 年，这三家行政机构退出，不再持有该公司的股份，华星实业有限公司成为企业经营者和职工共同持股的企业。至此，北滘镇公有企业基本实现全面转制。

在企业产权制度改革的同时，北滘镇采取各种措施，扶持个体、私营经济的发展。1996 年，新发展私营企业 68 家、个体企业 260 家。年底，全镇私营企业 400 家、个体企业2300多家，总产值达4亿元，成为北滘经济重要增长力量。

三、上市公司

1984年，北滘出现股份经济萌芽。1987年，镇政府提出，要进一步深化企业经营体制改革，允许企业以发行股票、集资的形式，投资于企业扩大再生产。1992年初，国务院正式批准广东省发行企业内部股票和开展向社会公开发行不上市股票的试点工作。美的电器集团公司被广东省人民政府确定为全省首批8家内部股票制度改造企业试点之一。

1992年3月，美的集团转制为“广东美的电器企业集团公司”。6月，完成1.2亿元的募股工作，完成企业经营和财务管理结构制度的改造。1993年11月12日，美的股票在深圳证券交易所挂牌上市，证券代码为000527，成为全国乡镇企业首家上市的公司。1994年，美的股份公司主营业务收入由1992年的4.87亿元增至26亿元，成为国内最大的家电生产基地之一。

进入2000年后，碧桂园公司加快推进资本市场化进程。2006年6月，改制为碧桂园控股有限公司，下设32个分公司，员工达15000多人。2007年4月，在香港联交所挂牌上市，公开发行股票24亿元，每股定价上限5.38港元，集资129亿港元。

2008年3月31日，威灵控股有限公司在香港联交所上市，该公司是世界白色家电核心机电部件主要企业，所开发的产品主要运用于空调、洗衣机、冰箱、洗碗机、汽车等领域。

2009年9月29日，精艺股份有限公司在深圳证券交易所上市。该公司为有色金属压延加工业，发行股票2880万股，发行价格13元，资金总额3.74亿元。

2015年6月10日，广东星徽精密制造有限公司在深圳证券交易所上市。该公司是集研发、设计、生产、销售于一体的精密金属连接件企业，发行股票2067万股，发行价格10.2元，资金总额2.11亿元。

2016年10月7日，广东普福斯节能元件有限公司在香港联合交易所上市。该公司为资讯科技业领域，以每股0.2元向115名特选投资者配售4.17亿股，集资净额5770万元。

2017年，博实乐教育控股有限公司和广东海川智能机器股份有限公司，分别在美国纽约证券交易所和上海证券交易所上市。博实乐教育控股公司发行股票1500万股，每股发行价10.5美元，资金总额1.58亿元；广东海川智能机器股份有限公司为仪器仪表制造业，发行股票1800万股，发行价格11.7元，资金总额2.11亿元。

此外，1997—2017年，北滘镇企业成功控股3家区外上市公司，其中：2005年，广东新的科技集团有限公司通过股权收购入主上市公司成都旭光电子股份有限公司，共持有公司股份2467.4906万股，占总股本的25.97%，成为公司第一大股东。2000年，广东盈峰投资控股集团分别受让浙江上风产业集团有限公司、美的集团、中山市佳域投资有限公司合共40.9%的股权，成为“上风实业股份有限公司”（简称“上风高科”）的控股股东。2016年，“上风高科”正式更名为“盈峰环境”。2008年初，美的集团以 16. 8 亿元收购无锡国联集团所持小天鹅股份有限公司 24. 01% A 股股份的方式入主无锡小天鹅股份有限公司。

至 2017 年，北滘共有上市公司 8 家。年底，北滘镇的美的集团、碧桂园、精艺、星徽、普福斯、博实乐、威灵、小天鹅等 8 家上市公司股金市值 6862. 42 亿元，全年纳税 81. 42 亿元，占全镇税收总额的 70. 8%。

第四篇　经济综合管理

第一章　计划管理

第一节　计划管理体制

建置之初，北滘公社以国家计划经济体制为指导，开展经济活动。关系国计民生的重要经济活动，工农业生产均实行指令性计划。改革开放后，北滘遵循国家计委《关于改进计划体制若干暂行规定》，在上级部门指导下，改进计划管理体制，计划工作重点逐步转移到中长期计划的编制和管控，简化年度计划，改进编制方法，重视调查研究、数据分析，提高计划的科学性。北滘各项经济和社会发展计划，一般由镇委、镇政府职能部门提出，经人民代表大会审议通过后，行文下达执行。

从20世纪90年代起，北滘以中长期经济发展计划和目标为依据，因应市场灵活变通，创新经济管理，促进经济发展。工业方面，确立“工业立镇”的思路，适时提出“企业股份制”“企业集团化”“企业承包责任制”“企业转制”“外向型经济”“总部经济”等一系列开创性政策。在农业上，亦逐步调整优化，1995年全面推进“一区一社”（管理区、股份社）的管理体制；2001年9月实行农村股份合作社股权固化、资产量化，推行“一人一股”和“生不增，死不减，可继承，可转让”的股权配置改革。此后，遵照顺德市政府的指导性文件《关于进一步深化农村体制改革的决定》，北滘有计划地通过“一并、二改、三转、四统”（“一并”即合并村，“二改”就是推进城市化改造，“三转”即转变村委会和居委会的工作职能，“四统”是指居委、村委成员的分配和办公经费由财政统一支付），逐步推进农村城市化改造。

第二节　计划编制与执行

20世纪六七十年代，北滘公社以农业为主，所编制的计划亦多与农业相关。

1966年，制订《1966—1970年农业生产规划（草案）》。1969年3月12日，编制并公布《1970—1972年农业生产发展规划草案》。

1970年，制定《北滘公社跃进规划》及《北滘公社学大寨规划》。是年，《北滘公社1971—1975年农业生产跃进规划》制订并印发。1974年11月14日，印发《北滘公社1975—1980年农业发展规划草案》。1975年3月，审议印发《1975—1980年农田基本建设规划要点和规划图》。

20世纪80年代，改革开放之风吹遍北滘，北滘人冲破“以粮为纲，单一化搞农业”的思想束缚，认同“无农不稳，无工不富，无商不活”才是正确的发展思路，镇村各级开始产业调整，大力发展工业，所制定的计划，逐步侧重于工业发展。1986年1月，北滘召开区三级干部会议，确认“1985年北滘已大体完成农村经济体制的初步改革，完善生产承包责任制，提前十五年实现了工农业生产目标翻两番的目标”。1987年1月，北滘第九届人大一次会议，对《北滘镇发展规划（1986—1990年）》作出决议，确定目标：1990年北滘工农业总产值达到8亿元，其中工业产值7亿元、农业产值1亿元；财政收入达到2000万元。实际执行结果：1990年，北滘工农业总产值18.05亿元，其中工业产值16.2亿元，农业产值1.85亿元，超额完成第七个五年规划的预期目标。

1991年3月8日，北滘制定《北滘星火技术密集区“八五”发展规划》。7月，在总结“七五”期间工业发展的基础上，北滘印发《北滘镇办工业“八五”规划纲要》。纲要指出：“到1995年，北滘镇办工业总产值要达到30亿元，增幅为130%。”同年10月，北滘各管理区制定“八五”发展规划纲要。1992年12月，在国家科委指导下，北滘制定《北滘镇1991—2000年社会经济发展规划》。

进入21世纪，配合城市化、产业化、集约化的发展方向，北滘国民经济和社会发展计划兼顾城市规划、经济发展、社会民生各个方面。2002年4月，北滘镇政府制定《2001—2020年总体规划和镇中心区规划》。2003年，完成《2001—2020年总体规划和镇中心区规划》及农村宅基地固化规划的报批工作，配合市、区总体规划，完成了佛山一环北滘段规划方案的编制。2007年，北滘加大城市规划力度，编制了美的发展用地、林港路两侧工业用地市政管线、碧桂园总部区域等3项专项规划，并编修《北滘镇近期建设规划（2005—2010）》。

2011年11月，北滘召开三大改革工作会议，公布行政审批制度改革、农村综合改革和社会体制综合改革的征求意见稿。会上明确，“北滘要用两到三年时间，减少审批事项三成以上，缩短审批时限一半以上”。2012年6月14日，北滘镇正式启动《扶持自主创业实施方案》，计划“在此后三年投入1000万元，为本地户籍毕业五年内（含五年）的高校毕业生、‘3545’（即35—45岁）就业困难人员，提供创业资金扶持与创业培训辅导”。2012年，北滘编制《北滘镇发展三年行动计划》，确定了包括城市升级、产业转型及民生发展等各方面的重点项目共30个，并明确了相关项目推进安排。2013年，发布新修订的《北滘促进中小企业转型升级扶持办法》，决定财政每年安排1200万元作为促进中小企业转型升级的扶持基金。2015年11月29日，编制发布顺德首个镇街电商发展规划——《北滘镇电子商务发展规划和三年行动计划》，构建北滘“一园、一区、一路、多中心”的发展新格局。2016年，推出北滘公有资产“十三五”发展规划。

此外，北滘每年均召开人民代表大会，在审议《政府工作报告》的同时，公布下一年度的工作计划及发展方向。从2000年开始，《政府工作报告》纳入政务公开内容。2008年1月，在北滘镇第十五届第四次人民代表大会上，明确提出“今后北滘全镇的工作重点从转型向升级过渡：产业要升级、城市要升级、人的素质要升级、社会和谐程度要升级，并且要进一步优化提升产业结构、提升城市品位，提升市民满意度和幸福感”。2009年1月，北滘镇第十五届第五次人民代表大会审议通过“2009年全镇上下要乘势发展，扩大成果，加快转型，实现跨越”的发展规划。

2015年，北滘更加注重规划引领。全年共编制17项控规，全镇控规覆盖率达69%。广州地铁7号线延伸至北滘获批，编制轨道时代发展规划和地铁站点周边商业地块规划。2016年，印发《北滘镇土地总体规划》及《北滘公有资产“十三五”发展规划》，推动房地产业、港口物流运输、交通建设、旅游文化产业、“三旧”改造等领域的发展。2017年，相应出台《北滘镇促进企业利用资本市场扶持办法》《北滘镇加快高新技术企业培育扶持办法》等多项法规与计划，促进经济发展。

第二章　财政

第一节　管理体制

1960年，北滘公社设立财税管理所；1987年，北滘财政所成立；到2001年，成立北滘镇财务管理中心，完善收支两条线制度，强化政府财政管理。实行统一建账、统一核算、统一管理。事业单位的收入，原则上全额上缴财政，专款专用，统筹安排，合理使用。

自建置后，北滘财政作为顺德县（市、区）财政的下属机构，以县财政管理体制为指导，形成县、镇两级体制，财政收入和财政支出相互关联，并根据实际情况核定。

1958年10月顺德实行公社化后，县下放部分财权给公社。其中，收入项目有：其他收入、下放公社管理的县属地方国营企业收入、文教卫等单位收入、饮食服务业收入（超额利润上调县50%，留乡社50%）、城乡储蓄指标（其中抽提20%作全县调剂）、农村财产与保险金收入、水利收益及水利留用地租。支出项目有：行政党团经费及一切临时性支出、经济建设费、文教经费、社会救济及优抚经费、公产房修理费。北滘公社按照上述收支范围，对县实行收支和上缴指标大包干，超收自留，用于发展工农业生产，超支则自求平衡。

1963年，取消公社定收定支体制，下放的收入全部收回，县将征收的农业税附加返还公社50%，按指定范围使用。县财政将行政经费、广播事业费及一次性补助支出等直接下拨北滘。教育、卫生、农田水利等经费由各主管部门直接管理。该体制执行到1985年。

1985年，县政府根据省“递增包干”的体制，实行“划分收入，核定基数，逐年递增，超收奖励”的办法，一定五年。区、镇的财政收入有：区（镇）以下集体企业、基层供销社、合作商店、交通、运输、文化企业、个体户和校办厂交纳的产品税、增值税、营业税和所得税；国营、集体企业和个体户交纳的产品税、屠宰税、房地产税、车船使用牌照税、牲畜交易税、农贸市场税收（扣除税收提留）。县财政按1984年的实际收入，递增10%作为1985年北滘财政的收入任务，以后逐年递增10%，超收部分由县奖励70%给北滘，1986年起改为30%，执行到1990年。1985年开征的城市维护建设税，收入由县统一管理，按北滘的实际收入，全额下拨。是年，县下拨北滘税收超收分成72万元，其中用于农村税收超收分成8.8万元、三乐公路投资30万元、广中公路投资23万元、侨房退款10万元。

1991年起实行“体制不变，基数调整，逐年递增，超收分成，一定两年”的财政管理体制。基数的计算以原来的递增计算方法，得出北滘1990年的基数后，取其50%，以1990年北滘实际收入取其50%，两个50%相加构成1991年的收入基数，基数递增10%作为1991年北滘的任务。超收分成比例和用途不变。1994年以后，以“广东省财政管理体制改革实施方案”和省“分税分成”体制为原则，北滘财政管理体制实行“分税制”。

进入21世纪，北滘财政预算管理制度不断完善，各线、事业单位、镇属公司及农村的财务制度逐步规范，《预算法》全面执行。2002年，因应教育“一费制”及农村税费改革的实行，北滘财政管理体制相应有所改变，原村（社区）小学的财务管理纳入镇财务管理中心管理。此后，北滘逐步深化农村财务管理，制定相应的财务管理办法，重点完善村委、居委财务制度，堵塞管理漏洞，确保集体资产不流失。

2003年，顺德区财政管理体制实行全面改革，为适应新的财政体制，北滘将2003年的财政管理侧重点明确为“集中财力加快推进城市化建设，将有限的财力投入到重点建设项目中，营造良好的投资环境”。2004年，北滘继续深化预算管理，全面实施部门预算。是年，对区拨经费列收列支，保证预算执行的完整性。2005年，北滘积极配合区财政局推进国库集中支付，严格控制预算指标，进一步推进绩效评估，在加强对支出跟踪问效的基础上，将绩效评价引入预算编制。2007年起，参照区财政管理体制，北滘对镇属事业单位和全资公有资产公司实施集中支付，将单位的出纳纳入镇财务管理中心管理，并按政府采购有关制度进行支出管理。2016年，成立公有资产集团化运营公司——顺北集团，以现代化企业管理手段运营镇属公有资产企业。

第二节　财政收入

1959年北滘成立后，财政收入主要有以下几大类：

一、税收分成收入

包括工商税、农业税等各种税收的分成收入。2005年起，取消农业税。

二、教育收费

2001年起，北滘以教育收费及计划生育收费为试点，直接上缴财政，并逐步向其他事业单位推行。

三、下拨经费收入

包括区拨教育经费、区拨民政事业收费、区拨村委会经费等等。从2002年起，北滘将区拨经费纳入财政收入。

四、土地转让收入

自2007年起，北滘将土地转让收入纳入财政收入管理。2007—2012年，北滘土地转让收入达158596万元。

五、专项收入

主要包括排污费收入、垃圾处理费收入、教育附加费收入和专项补助收入等等。1986年1月1日，北滘执行征收教育附加费暂行规定，开始征收教育附加费，并纳入财政收入。

80—90年代，北滘的财政收入主要包括经济发展总公司上缴款项、财政包干分成、教育附加费、城镇建设维护费、水电附加费、其他收入等大项。

1984年，北滘本地财政收入156.703万元，其中联合公司上缴106.89万元，商业公司上缴30万元，农业税自筹收入3万元，县下拨城市维护费6万元。1985年，本地财政收入153.66万元，其中联合公司上缴133.35万元，农业税自筹收入3.98万。到1987年，北滘财政收入601.78万元，其中上年结余7.82万元，经济发展总公司上缴225.85万元，财政包干分成158万元，教育附加费29.32万元，城镇建设维护费15.89万元，水电附加费7.27万元，其他收入157.63万元。1999年，全镇财政收入7590万元。2000年，北滘地方财政收入首次突破亿元大关，达1.047亿元。2007年，财政收入增加土地出让收入，北滘财政收入超10亿元，达13.93亿元。2012年，北滘财政收入为9.23亿元。

2008年起，北滘镇当年财政收入主要分为两大类，即镇本级直接收入和上级划拨转移性收入，其中镇本级收入包括行政事业性收费（含教育）、乡镇自筹和统筹收入、国有资本经营收入、国有资源（资产）有偿使用收入等；上级划拨转移性收入包括税收分成、教育费附加分成、收费分成、土地出让收入、专项补助收入等等。

2010年开始，财政收入划分为两大类：一般预算收入和基金预算收入，其中财政一般预算收入包含本级直接组织收入和上级划拨转移性收入；基金预算收入包括电力附加费收入返还、福利彩票分成、国土收入分成等。

2000—2001 年北滘镇财政收入统计表

表 4—2—1　　　　单位：万元

年份	总财政收入	上年度财政分成	本年度财政分成	税收分成（含教育费附加）	农业税自筹	商业公司上缴	工商管理费	其他收入
2000	10470	—	—	9854	20	60	106	430
2001	30314.4	11728	16326.4	2000	20	60	80	100

2002—2007 年北滘镇财政收入统计表

表 4—2—2　　　　单位：万元

年份	总财政收入	其中																
		税收分成	农业税分成	教育费附加	教育收费	区拨教育经费	区拨民政事业费	区拨其他事业费	区拨村（居）委会经费	区拨机关经费	结余	其他收入	工商水利费	区拨治安经费	土地出让收入	电力附加收入	行政事业收费分配	垃圾处理费
2002	24623.38	18887	35.93	2408.73	1864.91	1260.47	—	—	—	—	—	166.34	—	—	—	—	—	—
2003	23676.71	9529.49	362.34	1361.67	2712.05	3861	273	558.57	667.42	693.5	3550	107.67	—	—	—	—	—	—
2004	30390	13382	—	1505.6	3489.2	4548	644.5	1111	735.6	988.1	—	2137	1849	—	—	—	—	—
2005	34088	15168	—	1252	4124	5213	—	2791	—	—	2000	1107	2433	—	—	—	—	—
2006	50271	27247	—	1394	4977	5648	—	4226	—	—	2500	1250	2817	—	—	—	—	212
2007	139311	28750	—	1608	3556	6773	189	2721	730	680	3700	721	3465	381	83772	1362	472	431

2008—2012 年北滘镇财政收入统计表

表 4—2—3　　　　单位：万元

年份	行政事业性收费（含教育	乡镇自筹和统筹	国有资本经营收入	国有资产有偿使用收入	其他收入	水利收费分成	垃圾费返还	污水处理费返还	土地出让收入	电力附加收入返还	收费分成	教育附加费分成	其他税收返还	其他返还性收入	体制补助收入	专项补助收入	调入资金	上年结余	公共财政预算可支配财力
2008	4621	385	358	786		3565	187	2455	2515	1457	3126	2143	23400	114	11809	2633	29800	3000	92354
2009	4196	—	—	85	1292	263	228	2808	72309	1475	1955	1899	33400	2	13788	1972	—	164	135836
2010	4290	—	7569	2232	1404	—	302	3784	—	—	1290	3308	35500	—	17334	4061	—	—	81074
2011	3658	—	4209	1051	2749	—	—	—	—	—	8765	9348	42500	28	—	8439	—	3757	84504
2012	4646	—	1826	1310	853	—	—	—	—	—	7430	8878	54400	—	—	7226	—	42146	128715

2013—2017 年北滘镇财政收入统计表

表 4—2—4　　　　单位：万元

年份	行政事业性收费	其他收入	税收分成	教育费附加分成	收费分成	自筹收入返还	专项补助收入	国有资源有偿使用收入	超收分成	财力性转移支付收入	专项转移支付收入	地方教育附加费分成	债券转贷收入	上年结余	公共财政预算可支配财力
2013	2723	240	62500	9109	12804	12000	5522	—	—	—	—	—	—	28428	133326
2014	2978	130	39500	9937	15083	2300	—	77	14000	5771	2425	—	—	1118	93319
2015	2700	—	53173	16188	5029	2300	—	—	22682	5771	15913	2231	3102	20875	149964
2016	22642	3091	49480	11256	6615	5000	—	—	12279	5771	33484	1454	—	63780	214852
2017	19617	531	47950	—	3817	7500	31234	—	24974	—	—	—	—	—	135623

2010—2017 年北滘镇基金预算收入统计表

表 4—2—5　　单位：万元

年份	城市公用事业附加收入返还	福利彩票分成收入	国土收入分成	地方教育附加分成收入	残疾人保障金分成	专项补助收入	污水处理费收入	城市基础设施配套收入	上年结余	财政基金可支配财力
2010	1785	82	47804	—	—	—	—	—	12386	62057
2011	2325	—	30259	—	—	—	—	—	6345	38929
2012	2028	325	31162	1453	—	—	—	—	29172	64140
2013	1750	216	174224	1500	474	5600	—	—	261	184025
2014	2105	203	40509	1500	852	3	—	—	72684	117856
2015	2250	290	33430	—	—	—	5100	—	70896	111966
2016	2300	30	259288	—	—	—	5100	200	34251	301169
2017	849	—	137949	—	—	4050	—	6237	139685	288770

第三节　财政支出

1959年，北滘成立后按用途不同，财政支出主要分为八类：经济建设费用支出、行政管理类支出、教科文卫类事业费支出、社会保障支出、农业水利支出、社会管理支出、市政管理支出、其他支出。

2010年开始，财政支出划分为两大类：一般预算支出和基金预算支出。

（一）经济建设费用支出

包括基本建设投资、工商贸金融支出、支农支出、其他经济支出等。

20世纪80年代，为加快经济发展，北滘经济建设财政支出主要用于农业开发、改善投资环境、企业扶持等方面。1987年，镇财政投资23万元，在巩固花卉产业的基础上，建立系列饲料厂、各类禽畜种苗场及鳗鱼场，促进农业外向型生产。同年，投资65万元，使三乐路全面水泥化；投资30.7万元，铺设镇中心蓬莱路段；投资45万元，在镇内主要道路安装路灯，新建北滘车站等，逐步改善北滘交通运输环境，优化投资环境。

90年代，财政支出除进一步加大对工农商贸扶持外，开始关注乡镇环境建设，改善居住环境。1993年8月，北滘镇财政投资476万元建成北滘史上首个自建公园——蓬莱公园。1994年10月，再投资1600万元，建成百福公园。

进入21世纪，北滘以“加快产业升级转型、加快城市化建设”为指导，加大经济建设方面的财政支出，用于招商和企业扶持方面的经费连年加大，2004年为254.5万元，2005年为807万元，2006年增至2115万元。2007年12月20日，北滘启动“金种子”计划，从2008年起连续三年，每年从镇财政预算中安排1500万元，扶持镇内中小企业成长发展。

2008年7月，北滘镇举办“金种子”计划扶持资金首发仪式，冠邦科技、精艺万希等9家优质中小企业的22个项目获得近190万元的资金支持。11月，举行中小企业“暖冬行动”发布会暨“金种子”计划扶持资金发放仪式。由镇政府出资300万元为中小企业融资贷款贴息，出资29万元支持100家中小企业免费使用阿里巴巴电子商务软件，并发放第二批“金种子”扶持资金220多万元，协助企业积极应对金融危机。2008年北滘镇工业商业金融等事务支出1129万元。

2009年2月，北滘镇共向82家中小企业发放第三批财政扶持资金300万元。5月，北滘镇“金种子计划”再推组合拳，由镇财政出资1000万元设立“北滘镇中小企业信用担保基金”，为优质的成长型中小企业贷款融资提供信用担保。9月，北滘镇扶持顺德工业设计园入园企业发展专项资金正式启动。此后三年，镇财政每年拨款500万元设立专项资金，对园区企业在商业运作、自主创新、优才计划、推介活动等方面进行资金扶持。12月31日，为广东工业设计城21家设计企业发放183万元的发展扶持资金。全年共扶持中小企业发展资金支出4000万元，招商项目经费3535万元。

2010 年 1 月 18 日，发放 2009 年“金种子计划”扶持发展资金，共有 22 家中小企业获得总计 360 多万元的扶持奖励或补贴。是年，北滘招商项目经费 2007 万元，扶持中小企业发展资金支出 3136 万元，商业服务业等事务支出 2205 万元。

2011 年 1 月 12 日，为 113 家企业发放产业扶持资金近 1500 万元。2012 年 2 月 23 日，再为 150 多家中小企业颁发 1150 万元扶持资金。

（二）行政管理类支出

主要包括行政经费支出、行政机关基建及修缮、公检法司支出等。2000—2010 年，北滘行政管理费财政支出共 58811.39 万元。

（三）教科文卫类事业费支出

主要包括教育、科学技术、文化体育、医疗卫生等。社会教科文卫类财政支出，连年提升，历年来都是政府财政支出的重点。

至 1985 年 9 月，由北滘区公所拨款建设的六所初级中学先后建成，成为新中国成立以来北滘地区在教育事业上最大的财政支出。

2008 年，科学技术经费支出 7758 万元，为历年之最，主要投放于大型企业成立高科技中央研究院等科技项目补助和奖励经费。

2001—2012 年，北滘镇教科文卫类总财政支出为 234452.88 万元。2005 年文体计生卫生支出 4876 万元，为历年之最；2007 年科学技术支出 9964 万元，为历年科学技术经费支出之最；2011 年教育支出 23947 万元，为历年教育行政支出之最。

2017 年，全镇教科文卫类财政支出 37497 万元，其中教育 3478 万元、科技 6787 万元、文体传媒 1442 万元、医疗卫生 25790 万元。

（四）社会保障支出

主要包括抚恤赈灾、社会福利和就业保障等支出。

1993 年 12 月，受 18 号台风影响，北滘镇农村经济损失达 6953 万元，镇政府财政拨出生活救济金 503 万元，贷款指标 800 万元，在全镇范围内抚恤赈灾。

2007 年 10 月，《北滘镇促进全民就业工程实施意见》正式实施，北滘镇在此后三年财政支出 3000 万元，用于完善就业服务体系、就业培训和扶助就业困难人员就业三大计划，落实 12 项措施，全面实施“就业工程”。

2000—2012 年，北滘社会保障支出共 52926.94 万元，其中 2010 年社会保障和就业支出 9601 万元，为历年之最。2017 年为 6966 万元。

（五）农业水利支出

包括农产品监测及畜禽防疫等农业事业支出、水利建设支出、基塘整治、水闸堤围整治、内河涌整治、农业园区建设补贴等与农业水利建设相关的支出。

2000—2012 年，北滘农业水利财政支出共 46590.55 万元，其中 2010 年农业水利支出 6240 万元，为历年之最。2017 年为 3419 万元。

（六）社会管理支出

包括治安联防大队经费、劳动管理支出、流动人员和出租屋综合管理经费、安全生产和消防支出等。2008 年支出 2538 万元，2017 年支出 7841 万元。

（七）市政管理支出

包括土地储备中心运营支出、道路改造及桥梁建设工程支出、村镇绿化保护及市政设施维护、旧城改造、拆迁补偿等支出。

2000 年投资 300 万元，建设林上路。2001 年，再投资 1500 万元扩建林上路。2002 年，镇财政支出 1500 万元，用于林上路段立交桥以及南方桥、中兴桥、广教隧道、工业大道的建设和整治。2009 年，北滘镇财政安排 1000 万元专项资金支持各村（社区）开展“美化家园工程”，对各村（社区）开展“美化家园工程”建设的奖励金额达 250 万元。

因城市化建设的推进，北滘市政管理财政支出逐年提升，2000—2012 年，共支出 280237.45 万元，其中 2007 年市政管理财政支出 85437 万元，为历年之最。

（八）其他支出

内容较多，且根据每年实际情况，时有变动。主要包括兵役征集费、补偿费用支出、住房改革支出等。

2000—2002 年北滘镇财政支出统计表

表 4—2—6　　单位：万元

年份	教育	文化宣传	水利农业	公益事业	行政经费	公安	法庭	武装征兵	城镇管理费	市政管理	道路建设	行政基建	人口普查	办公信息化	计划生育奖励	村级工业区补贴	合并村优惠政策支出	选举费	预备费	其他	合计
2000	1843	153. 1	1098	806. 9	1147. 7	1255. 4	34. 4	27. 6	780. 2	298. 3	300	278. 7	61	160	31	—	—	—	359. 4	—	8634. 7
2001	8105. 6	220. 5	2067	9290. 6	1677. 3	1221. 9	34. 4	35. 8	596. 3	1891. 2	—	3015. 3	—	252. 2	—	285	—	—	851. 8	—	29544. 9
2002	8626. 6	221. 5	1690. 3	2807. 3	1795. 5	763. 9	17. 2	35. 8	416. 2	3497. 5	—	—	—	107. 9	166. 1	—	239	70	642. 7	40	21137. 7

2003—2007 年北滘镇财政支出统计表

表 4—2—7　　单位：万元

年份	教育	村居经费	水利农业	社会保障	文卫计宣、社区建设	社会管理	市政管理	政府机关行政	科技及招商	其他支出	处理历史债务	预备费	合计
2003	10037. 54	842. 72	1690. 4	654. 71	1595. 45	954. 13	4843. 41	2099. 6	—	942. 32	—	—	23660. 28
2004	11000. 8	2956. 9	3487. 9	1444. 4	1317. 8	1367. 6	3342	2426. 7	—	942. 2	—	—	28286. 3
2005	13167	1260	4306	1140	4876	1954	1871	2592	807	1132	—	—	33105
2006	14514	1269	5176	3184	1673	2103	9068	3498	2115	966	3000	—	46566
2007	14663	1810	4337	1568	1582	3701	85437	3838	11553	5135	—	2733	136357

2008—2017年北滘镇财政支出统计表

表4—2—8　　单位：万元

年份	一般公共服务支出	公共安全支出	教育支出	科学技术经费	文化体育与传媒支出	社会保障和就业支出	医疗卫生支出	环境保护支出	城乡社区事务支出	农林水利事务支出	交通运输支出	工业金融信息等支出	商业服务等事务支出	住房保障支出	其他支出	债务还本及发行支出	一般预算支出合计
2008	4992	2538	18321	7758	1044	3505	759	123	43698	5683	95	1129	—	—	2545	—	92190
2009	8213	3422	17803	5000	3193	3566	934	4387	61965	5509	831	4277	—	—	1697	—	120797
2010	8852	4538	18520	2500	1417	9601	1913	4192	8554	6240	1061	3412	2205	1300	5665	—	79970
2011	13658	3623	23947	76	2181	7883	1136	12928	4923	2676	2221	1556	—	2190	552	—	79550
2012	16316	3894	20564	111	1135	7557	2580	15899	13320	2630	1524	2631	8917	1798	1411	—	100287
2013	15602	4356	22698	2541	3594	6237	4985	5722	467	2474	1507	19456	39000	2207	1362	—	132208
2014	15968	4544	23478	46	1348	5889	5304	1834	6415	3063	35	1793	15	2486	226	—	15968
2015	14613	5716	29146	110	2462	7076	5701	2248	5964	4912	2180	278	—	2838	60	3105	86427
2016	14924	7666	29241	5110	1991	7537	25277	1775	11020	3883	2433	70395	485	2211	—	129	184077
2017	18120	7841	3478	6787	1442	6966	25790	1523	10938	3419	284	6831	46	1675	48	—	95188

2010—2014 年北滘镇基金预算支出统计表

表 4—2—9　　　　单位：万元

年份	国有土地使用权出让金	城镇公用事业附加支出	地方教育附加安排支出	彩票公益金支出	残疾人就业保障金	建设用支出地有偿使用	基金预算支出合计
2010	55112	600	—	—	—	—	55712
2011	32559	2000	—	—	—	—	34559
2012	60293	1899	1376	311	—	—	63879
2013	107874	1410	1465	171	421	—	111341
2014	44252	1588	274	62	736	48	46960

2015—2017 年北滘镇基金预算支出统计表

表 4—2—10　　　　单位：万元

年份	征地拆迁补偿	土地开发支出	城市建设支出	农村基础设施支出	补助征地农民支出	土地出让业务支出	廉租房支出	其他支出	城市公共设施支出	城市环境卫生支出	污水处理支出	彩票公益金支出	公有房屋	基金预算支出合计
2015	20801	6743	547	34773	1722	7429	158	188	920	674	4570	80	—	78605
2016	65741	—	—	44800	1940	1099	363	979	2111	—	4451	—	—	121484
2017	21478	431	—	63472	2263	6287	—	6397	1865	—	700	—	198	103091

第四节　财政管理

一、预算管理

（一）预算编制

1996 年后，北滘镇全面执行《预算法》，每年初编制财政收支预算，依法治财，依法理财，落实预算管理和监督，确保财政收支平衡。

2001—2005 年，北滘财政预算编制原则以“量入为出”为基础。2001 年和 2002 年，以“量入为出、加大投入、加速发展”为原则，逐步构筑公共财政框架，转变政府职能，实现政企分开。2003 年，“适度从紧、量入为出、稳步发展”，进一步改革和调整财政资金的运用，将区财政补助收入 6080 万元及 2002 年收支结余 3400 万元列收。2004 年，北滘“量入为出、保障发展、倾斜农村、注重民生”，将工商堤围防护费 1650 万元、垃圾处理费 300 万元列收，将区拨经费全部列支，并增加村（社区）专项管理费、内河涌整治补助等财政支出。2005 年，以“量入为出，加快发展”为原则编制预算，稳步推进预算改革，调整和优化支出结构，增收节支。此外，逐步将没有纳入预算管理的单位和项目纳入预算管理，规范支出必须按照有关政府采购和招标制度执行。

2006—2007 年，北滘镇财政预算总编制原则着眼于“加快发展”。2006 年，以“保障重点、加大投入、加速发展”为原则，多渠道组织收入来源，拓展非税收入，合理安排资金，提高财政资金的规范性、有效性。是年，北滘对所有土地出让金进行“收支两条线”管理，并全面清理各项历史债务及往来款项，有效消化。2007 年，北滘“加快发展、着重民生、量入为出、略有盈余”，完善财政资金管理，将电力附加收入、土地出让收入纳入财政资金的管理。

2008 年，在预算安排上，坚持“收支平衡、适度从紧、保障重点”的原则；在财政支出上，侧重对和谐社会建设、社会事业和民生方面的支出，加大对劳动就业和重点公共基础设施建设的投入。

2009 年，财政发挥对经济的杠杆作用，一是把握总部发展基地的契机，加大财政扶持力度，加速推动总部经济成型；二是加大力度扶持中小企业发展，除实施“金种子”计划外，还拨出专款成立企业融资担保促进基金；三是做好工业设计和创意产业的配套投入，促进企业产品创新，提升市场竞争力，促进北滘经济持续发展，培植优质税源。在财政支出方面，坚持民生优先，一是完善社会保障体系，完善城乡最低生活保障、城乡合作医疗和基本门诊合作医疗，加大对老年人的福利投入；二是继续实施“乐业工程”各项补贴政策；三是大力改善北滘各村（社区）村容村貌，实施补贴；四是推进环保治理，安排专项财政资金推进污水处理厂二期工程建设，逐步将各村（社区）的垃圾处理费纳入镇统筹范围。

2010年，北滘镇贯彻落实财政政策，强化收入征管，调整和优化财政支出结构；保障和改善民生，促进社会和谐稳定。是年，在继续实施“金种子”计划和中小企业融资担保基金促进中小企业发展的基础上，做好广东工业设计城的配套投入，挖掘培养优质税源；试行财政集中收付制度改革，提高预算执行管理的规范化水平；同时，继续加强政府债务管理，建立完善“融资、建设、偿债”一体化管理体系，规范政府投资项目管理，调整优化政府性债务结构，防范和化解政府债务风险。

2011年，根据“简政强镇”事权下放要求，重新核定各单位经费，严格控制，压缩一般性支出，为惠民、涉农政策以及重大项目配套提供更大的财政支撑，建立预算执行管理责任制。此外，通过财政调控加速北滘产业转型升级。一是扶优扶强、兼并联合、控股参股、合资嫁接等加快形成一批有竞争力的大企业、大财团；二是继续推进广东工业城内项目建设，促进企业产品升级；三是配合区出台一系列财政激励机制、后备资源建设机制，推动企业上市工程；四是加大基本农田保护力度，实施财政补贴制度，发展现代都市农业；五是以有效控制风险为前提，鼓励地方金融机构和担保机构进行金融产品和服务创新，加大对中小企业的信贷支持和金融服务力度，解决中小企业融资问题。

2012年，北滘调整财政预算安排。一是按照“审慎稳妥、量入为出、统筹兼顾”为原则，严格控制一般性支出，有保有压，从严从紧编制预算，提高预算的科学性和公开透明性；二是以人为本，关注民生，切实加大对教育、卫生、社会保障和就业、节能环保、公共基础设施等方面的投入。是年，北滘继续优化财政支出。一是加大对中小微型企业技改创新、自主研发、节能减排等支持力度；二是以民为本，加大对新旧城区的综合整治和美化改造，积极推进污水管网建设、农贸市场改造、公交系统优化等项目，打造生态、宜居北滘；三是整合教学资源，促进北滘教育均衡发展；四是改革社区卫生服务管理机制，加快社区卫生服务中心建设，完善北滘公共医疗卫生服务。

2011年起，北滘进一步规范财政管理，出台《北滘镇行政事业单位财务集中核算实施办法（试行）》《北滘镇公有资产交易管理暂行办法》《北滘镇政府派驻财务总监管理暂行办法》《北滘镇政府采购管理办法》《北滘镇建设工程招标投标管理办法》和《北滘医院财务管理暂行办法》等一系列管理制度。2013年，北滘镇财政支出重点向社会事业倾斜，通过统筹安排政府财力，保障惠民、涉农政策以及重大项目及其配套等支出。2014年，顺德区对下辖镇（街道）财政体制有所调整，贯彻财政预算以收定支的原则，北滘镇自2014年1月1日起实施新的《行政单位会计制度》和《顺德区镇级财政集中支付中小学校会计核算规则》，修订《北滘镇行政事业单位财务管理办法》《北滘镇行政事业单位财务集中核算实施办法（试行）》《北滘镇政府采购管理办法》3项制度，新增《北滘镇政府性债务管理暂行办法》《北滘镇固定资产管理暂行办法》2项制度。

（二）预算执行

按“量入为出，适度从紧”的原则，北滘从各个方面管控财政预算执行。

（1）加快企业转制。1993 年起，北滘镇实施企业产权改革，至 2000 年改革基本完成，镇财政彻底退出竞争性行业，实现政企、政资分离，切实减轻政府的财政担保风险。

（2）优化债务处置。2000 年，北滘镇政府与农村信用社、农业银行就历史债务达成处置协议，以“以地抵贷”的方式，实现停息固化，每年减轻财政利息负担 1045 万元。同年，理顺村级债务和部分企业债务的转贷工作，全年累计转贷 4.53 亿元，共节省利息 902 万元。

（3）完善政府招标，推行政府采购。2000 年，北滘镇属工程项目全部实行公开招标。2001 年，开始推行政府采购制度。2002 年，政府采购与政府招标实行制度化。是年 5 月，北滘印发《北滘镇政府物资采购管理暂行办法》，规定市场价格 2 万元以上物资必须由镇政府物资采购办公室集中招标采购；7 月，印发《北滘镇建设工程招标投标管理暂行办法》。2002—2016 年，北滘共实施政府网上采购 738 宗，工程招标 2774 宗，累计节约资金 6.86 亿元。

（三）预、决算的审查批准

1987 年后，财政预算草案由镇财政部门编制，经由北滘镇人民政府审核。1990 年起提请人民代表大会讨论审查通过。由镇财政部门编制的决算草案，报镇政府审定后，提请镇人民代表大会审议。建置以来，北滘每年基本实现收支平衡，年度预算未出现赤字。

2000—2009 年北滘镇财政收入预决算对比情况表

表 4—2—11　　　　单位：万元

年份	年初财政收入预算	预算收入调整后	财政收入决算（实际收入）	财政收入盈余（决算－预算）
2000	9000	9000	10470	1470
2001	30530	30530	30314.4	－215.6
2002	19703	22093	24623.38	2530.38
2003	22716	22716	23676.71	960.71
2004	23267	29530	30390	860
2005	27191	33871	34088	217
2006	37596	49332	50271	939
2007	123157	137870	139311	1441
2008	127492	95000	92354	－2646
2009	93823	134837	135836	999

2010—2012 年北滘镇财政收入预决算对比情况表

表 4—2—12　　单位：万元

年份	年初一般财政收入预算	一般预算收入调整后	一般预算实际收入	基金预算收入	基金预算收入调整后	基金预算实际收入	财政收入盈余（实际－预算）
2010	58655	79299	81074	41900	43477	49671	7969
2011	84257	79687	80747	47895	32610	32584	1034
2012	100089	83617	86569	34719	35115	34968	2805

2000—2009 年北滘财政支出预决算对比情况表

表 4—2—13　　单位：万元

年份	年初财政支出预算	预算支出调整后	财政支出决算（实际支出）	财政支出节约
2000	7634. 3	8987. 3	8634. 7	352. 6
2001	26136. 5	30284. 5	29544. 9	739. 6
2002	19687. 75	22077. 75	21139. 6	938. 15
2003	22714. 1	22714. 1	23660. 28	－946. 18
2004	23257. 58	28771. 58	28286. 3	485. 28
2005	27165	33806	33105	701
2006	37556	46898	46556	342
2007	122823	137442	136357	1085
2008	127492	95000	92190	2810
2009	93761	121510	120797	713

注：2003 年镇财政加大对教师待遇。

2010—2012 年北滘财政支出预决算对比情况表

表 4—2—14　　单位：万元

年份	年初一般财政支出预算	一般预算支出调整后	一般预算实际支出	基金预算支出	基金预算支出调整后	基金预算实际支出	财政支出节约（实际－预算）
2010	93172	81388	79970	22119	55763	55712	－1469
2011	83720	81595	79550	43298	38860	38210	－2695
2012	95611	105723	100287	34559	63485	63879	－5042

2005—2017 年北滘镇财政收支情况表

表 4—2—15

单位：万元

年份		2005	2006	2007	2008	2009	2010	2011	2012	2013	2014	2015	2016	2017
财政总收入		220271	321071	460489	467798	540449	631194	631826	899899	973692	985764	1138421	1436861	1573260
财政总支出		203105	317366	458117	467634	525410	621092	626153	871210	899890	893993	1041523	1229492	1289371
可支配财政收入		34088	50271	139311	92354	135836	145784	123433	192855	317351	211175	261930	537280	482168
其中：公共财政预算收入		34088	50271	54177	58582	62052	83727	84504	128715	133326	93319	149964	236111	193398
政府性基金预算收入		0	0	85134	33772	73784	62057	38929	64140	184025	117856	111966	301169	288770
公共财政预算支出		33105	46566	52240	58582	59235	79970	79550	100287	132208	72444	86427	187659	95188
其中	教育	13167	14514	14663	18321	17803	18520	23947	20564	22698	23478	29146	29241	3478
	公共安全	1954	2103	3701	2538	3422	4538	3623	3894	4356	4544	5716	7666	7841
	文化体育与传媒	380	950	1024	1044	3193	1417	2181	1135	3594	1348	2462	1981	1442
	社会保障和就业	1140	3184	1568	3505	3566	9601	7883	7557	6237	5889	7076	7537	6966
	医疗卫生	4496	723	506	759	934	1913	1136	2580	4985	5304	5701	25277	25790
	农林水事务	4306	5176	4337	5683	5509	6240	2676	2630	2474	3063	4912	3883	3419
基金预算支出		0	0	84117	33608	61562	55712	38210	63879	111341	46960	78605	142252	103091

注：1.“财政一般预算收入”2012 年改为“公共财政预算收入”。
2.“基金预算收入”2012 年改为“政府性基金预算收入”。
3.“财政一般预算支出”2012 年起改为“公共财政预算支出”。

二、财务管理

（一）企业财务管理

1987 年，北滘镇财政所（财政管理中心）成立后，协助镇政府、企业主管部门，参与镇属企业（北滘经济发展总公司、北滘镇投资管理有限公司、北滘镇土地发展公司、北滘镇物业管理公司等）的财务管理工作。

1988 年开始，北滘镇办企业推行承包责任制；镇财政协助企业主管部门制定镇办企业承包方案，帮助企业开展会计达标升级。1992 年，北滘镇办企业美的、裕华、华星三家企业试行股份方案。1993 年 6 月 5 日，北滘镇率先在镇办企业全面推进转换经营机制，产权制度改革，实行以股份制为主要形式的多种经济成分并存的混合型经济，建立一个产权明确、利益直接、经营灵活、监控有法的企业运行机制。镇财政协助对镇办 76 家企业全面资产清理，产权转让签约。至 2001 年，美的、蚬华等企业彻底实现转制，镇政府基本退出一般性经济竞争领域，完成自 1993 年开始的企业产权制度改革。

（二）行政事业财务管理

2001 年，北滘镇开始实行事业单位收入全额上缴财政，专款专用，统筹安排。以教育收费及计划生育收费为试点，直接上缴财政，并逐步向其他事业单位推行。2005 年，将建设管理站和劳动服务部纳入收支两条线管理范围。2006 年，重新出台镇机关、事业单位财务制度，落实事前审批、事中跟踪、事后检查到各个领域。从 2007 年起，林场、工会纳入“收支两条线”管理。

（三）财政监督

1973 年，北滘公社全面清查仓库，整顿财务，实现财政监督。80—90 年代，镇财政联合税务、物价、工商等部门，每年进行财务税收物价联合检查。2002 年，北滘镇财政部门加强预算监督，完善政府采购和政府招标，落实镇、村公有资产的管理，使集体资产从购买、使用到报废的管理规范化、透明化。2004 年，加强村（社区）集体资产财务管理，落实“五公开一监督”制度，由农办统一负责管理村（社区）集体资产，建立统一的审计小组，对村（社区）的集体资产和日常开支由事后审计改为事前监督管理。2005 年，全面推进“五公开一监督”，实行每季度检查一次农村财务制度，加强农村经济合同和各类票据的管理。2006 年 7 月 13 日，北滘镇举行农村财务委托第三方管理的签约仪式，明晰农村财产管理，加大农村财政监督力度。2009 年，建立财政支出全程“跟踪问效”机制，事前申报绩效目标，事中事后进行绩效评价，探索扩大财政支出项目绩效评价结果应用的覆盖范围，进一步健全财政监督。从2011年起，北滘全面启用财务集中核算制度，对全镇预算指标执行情况实现即时监控；推行合同信息化归口管理，由财政全过程监督实施；完善固定资产管理制度，组织全面清查全镇固定资产，配合固定资产信息系统，降低资产闲置率，促进公有资产合理使用，提高财政资金使用效益。2012年，北滘电子政府采购管理交易平台正式应用。2013年，通过推行财政票据电子化及预算单位公务卡管理，全面实行财政集中支付业务等手段，北滘财政收支行为进一步规范，财政监督逐步加强。

第三章　税务

第一节　管理机构

1960年3月，设立北滘税务所，负责促查管征等税务专业管理以及相关的办税人员管理。1961年初，建立碧江税务站。同年，设立莘村税务驻征站。

1984年4月，为解决因对外开放，乡村企业及个体户大量增加而税务专管人员数量有限的矛盾，北滘设立以乡镇为范围的13个税务协征站。至1985年1月，北滘区21个乡及2个镇均成立协征站，协助对乡（队）办企业、民办企业、个体户、农贸市场管理税务征收。

1989年1月，北滘税务所征管布局有所调整，从原来城镇组、碧江税组、农村组和农贸站的“三组一站”改为“三组”，即把农贸站分配到农村组和城镇组。

1993年6月，北滘税务所撤所建局，成立北滘税务分局。

1995年2月，北滘镇国税分局和地税分局正式挂牌成立。

2003年，因顺德撤市建区，北滘国税分局变更为佛山市顺德区国家税务局北滘分局。

2009年9月，顺德实施“大部制”改革，顺德区地税局与顺德区财政局合并成立顺德区财税局，同时加挂顺德区地方税务局牌子，地税业务从2010年1月起受省地税局直接指导。北滘地税分局作为顺德区地税局的派出机构，负责北滘镇范围内地方税务登记以及地方税、费征收管理和日常检查工作。下辖综合股、征收股、管理股3个股。

2012年6月，顺德区国税局北滘分局被定为佛山市创建全国文明城市“千个窗口展形象”示范点，成为全市65个示范点和佛山国税5个示范窗口之一，也是顺德区国税系统唯一接受命名的示范窗口。

2013年，北滘镇成立办税员协会，为企业办税员交流沟通及办税提供平台。

第二节　税种

建置以来，北滘先后征收的税种超30余种。随着经济快速发展，全镇税收收入逐年增加。1985 年，北滘地区国民生产总值为 1.34 亿元，上缴国家税金 0.09 亿元；2012 年，国民生产总值 366 亿元，上缴国家税金 77.13 亿元；2017 年，国地税收入 114.2 亿元。三十多年间，顺德国税地税收入提升逾千倍。

新中国成立至 1952 年国家颁布第一个全国性税法，当时北滘地区税种主要有货物税、营业税、所得税、印花税、房地产税、屠宰税、车船使用牌照税。

1953—1957 年，对工商税加以简化、合并，保留货物税、营业税、所得税、印花税、房地产税、屠宰税、车船使用牌照税，并曾计征商品流通税。

1958—1972 年，将原货物税、营业税、商品流通税、印花税合并简化为工商统一税，同时将纳税计税价改为按工厂出厂价计征。工商税对中间产品（如钢铁、五金、皮革、棉纱等）从原来的 26 种，只保留棉纱、皮革、白酒 3 种。在生产过程中，除纳工商统一税外，不纳批发税。

1979 年，第三次改革工商税，简化税目和征收办法，并取消粮食税。

1985 年，实施国营企业第二步利改税。将原来的工商税，分别按产品税、增值税、营业税、盐税、资源税和国营企业所得税、国营企业调节税进行征收。

此后，随着产业结构的不断调整和优化，征收税种亦随着进行调整。

（一）农业税

农业税溯源至清代，当时田赋课征对象以地（税）丁（银）为主。新中国成立后，田赋改为农业税。1950 年，实行有免征点十四级全额累进税制。1958 年，实行地区差别比例税制。1962—1968 年与 1975—1978 年，在农业税基础上加征 5% 社教经费附加税。1987 年 4 月，开征征地占用税。1989 年 1 月，开征农村特产税。2002 年，北滘根据《顺德市农村税费改革实施方案》进行调整，只征收 7% 的农业税及按农业税的 13% 征附加税，农业特产税及其他“三提五统”类收费均予以免收。2003 年，农业税率降为 6%，取消按农业税征收的附加税，并重新核定农业税计税土地和产量。2005 年，按上级部署取消农业税，并将 2004 年已收取的农业税全部返还给农民。

（二）工商税

营业税　于 1950 年开征，对工商营利事业按其销售收入额或营业额征收。1958 年税制改革时简化合并在工商统一税中。1972 年试行工商税，则合并在工商税中。1984 年 10 月，在国营企业第二步利改税时从工商税中分解出来成为独立税种。

印花税　新中国成立时，确立印花税为全国统一开征的税种之一。1958 年全国税制改革，该税与商品流通税、货物税、营业税合并为工商统一税征收。1988 年 8 月，按规定重新恢复征收印花税。

货物税　新中国成立后，从 1950 年 1 月起开征。税率按货价比例计征。1958 年并入工商统一税内征收。

工商业税 1950年开始对固定工商业按营业额课征营业税，对私营、公私合营工商业和合作事业按所得额课征工商所得税，对临时商业按营业额课征临时商业税，对摊贩业按营业额和所得额课征摊贩业税。1958年9月后，所得税部分独立为工商所得税，其余部分并入工商统一税征收。

商品流通税 1953年开征，按商品的流转额征收。于1958年9月废止，改征工商统一税。

工商统一税 由原来的货物税、商品流通税、营业税和印花税简化合并而来，采用比例税率（有减免规定）。对从事工业品生产、农产品采购、外货进口、商业零售、交通运输和服务性业务的单位或个人，根据其经营业务的流转额和营业收入征收。

产品税 由原工商税分解而来，1984年10月开征。对从事工农业各类产品的生产、收购和进口应税产品的单位和个人，按产品流转额对不同产品采用不同比例税率征收。

增值税 由原工商税分解出来，1984年10月起试行。对企业生产、经营成果中的新增价值额，按不同产品分甲、乙两类征收。

2012年11月，北滘按国家部署实行营业税改征增值税。“营改增”的税率设置：在现行增值税17%标准税率和13%低税率基础上，新增11%和6%两档低税率。对于小规模纳税人，增值税征收率为3%。

（三）所得税、调节税

工商所得税 按工商企业、营利事业（单位和个人）所得额征收。原为工商业税的组成部分，于1950年开征，1958年税制改革时列为独立税种。

利息所得税 对利息所得征收。征税对象是存款利息所得、公债、公司债券及其他证券利息所得，股东、职工对本企业垫款利息所得。1950年，曾开征利息税，税率5%。1959年中国人民银行调低利率后，国家随即停征利息税。1980年通过的《个人所得税法》和1993年修订的《个人所得税法》针对当时个人储蓄存款数额较小，物资供应比较紧张的情况，对储蓄利息所得税做出免税的规定。1999年，国务院决定自1999年11月1日恢复征收利息税，税率20%。2007年7月20日，国务院做出决定，自2007年8月15日起将储蓄存款利息所得税的税率由20%调整为5%。2008年，国务院决定从2008年10月9日起暂免征收利息税。

国营企业所得税 1983年开征，对国营企业的利润所得征收。

国营企业调节税 1985年1月开征，对大中型企业在缴纳所得税后，利润大于企业合理留利部分征收。

中外合资经营企业所得税 1980年9月开征，对境内中外合资经营企业就其生产、经营和其他所得征收。

外国企业所得税 1982年开征，对在境内的外国企业，就其纳税年度的收入总额，减去成本、费用以及损耗后的余额，为应纳所得税的所得额，按超额累进税率计征。

集体企业所得税 由原工商所得税分解演变而来，于1986年开征，对属于集体经济性质的企业，就其纳税年度收入总额，减除成本、费用，准予税前列支的税金和营业外支出后的余额，即利润所得征收。

个体工商业户所得税 由原工商所得税分解演变而来，对城乡个体工商业户就其利润所得征收，于1986年1月1日起开征。

企业所得税 2008年1月1日以前，企业所得税按内资、外资企业分别立法，外资企业适用1991年七届全国人大四次会议通过的《中华人民共和国外商投资企业和外国企业所得税法》，内资企业适用国务院发布的《中华人民共和国企业所得税暂行条例》。2008年，内资企业、外资企业统一，统一后的《中华人民共和国企业所得税法》于2008年1月1日起施行。新的企业所得税法体现了"四统一"：一是内资企业、外资企业统一实行新的企业所得税法；二是统一适用新的企业所得税率；三是进一步统一和规范税前扣除办法和标准；四是统一税收优惠政策，实行"产业优惠为主，区域优惠为辅"的新税收优惠体系。

个人所得税 1983年1月开征，对个人就其劳动、经营和财产所得征收，采用列举项目分项计税。1987年1月1日起，仅对外籍和港澳台胞人员征收，中国大陆公民改为征收个人收入调节税。

个人收入调节税 1987年1月1日开征，为调节公民个人之间的收入状况，对个人收入超过计税基数部分征收。凡在境内有住所并取得个人收入的中国公民均为纳税人，纳税对象含工资、薪金、承包、转包、劳务报酬、财产租赁、专利权转让、投稿、翻译、利息、股息、红利等各项收入。

私营企业所得税 1988年起开征，城乡私营企业都是纳税义务人。纳税年度内的收入总额减除成本、费用、国家允许在税前列支的税金和营业外支出后的余额，为应纳税所得额，依照35%的比例税率计征（有减免规定）。

工资调节税 对实行工资总额与经济利益挂钩的预算内外的国营企业、股份制企业、联营企业、集体企业、企业化管理的事业单位，不论原取何种工资分配形式，均按其实际发放的工资总额超过核定的计税工资总额基数7%以上的部分进行征收。

（四）特定行为税

屠宰税 对规定的几种牲畜在发生屠宰行为时，向屠宰牲畜的单位和个人征收。1953年1月1日起，经修正后的屠宰税按实际售价征收，属屠宰商交纳的税率为13%，农民出售的为10%。2006年，《屠宰税暂行条例》由国务院宣布自2006年2月17日起废止。

交易税 中国的交易税是对特定产品、特定场所的交易行为按交易额征收的一种税。新中国成立后，政务院于1950年1月发布的《全国税政实施要则》将交易税列为全国性税种之一。

车辆使用牌照税（车船使用税） 车船税是指对在中国境内应依法到公安、交通、农业、渔业、军事等管理部门办理登记的车辆、船舶，根据其种类，按照规定的计税依据和年税额标准计算征收的一种财产税。明清时，曾对内河商船征收船钞。1945年6月，国民政府公布了《使用牌照税法》，在全国统一开征车船使用牌照税。新中国成立后，中央人民政府政务院于1951年颁布了《车船使用牌照税暂行条例》，对车船征收车船使用牌照税。1973年简化税制、合并税种时，把对国营企业和集体企业征收的车船使用牌照税并入工商税。1984年10月，国务院决定恢复对车船征税，改名为车船使用税。1986年9月15日，国务院发布《中华人民共和国车船使用税暂行条例》，决定从1986年10月1日起在全国施行。2006年12月29日，国务院颁布《中华人民共和国车船税暂行条例》，并于2007年1月1日实施，车辆所有人需要在投保交强险时缴纳车船税。

特种消费行为税 1950年1月开征，对高于一般生活水平的消费行为，如电影、戏剧、旅馆、饭店所征收的税，采用比例税率从价计征，由消费者负担，以营业者为代征义务人。1953年修正税制时改称文化娱乐税，1966年9月停止征收。

文化娱乐税 是指对经营文化娱乐的企业及组织举办文艺演出单位，就其售票收入或收费金额征收的一种税。电影、戏剧及娱乐，原是特种消费行为税的一个税目。1953年修正税制时取消了特种消费行为税，这个税目改为文化娱乐税。1956年5月3日，经全国人民代表大会常务委员会第35次会议通过《文化娱乐税条例》，5月4日，财政部公布了《文化娱乐税条例施行细则》，在全国施行。文化娱乐税的纳税人为以经营电影、戏剧、歌剧、舞蹈、音乐、曲艺、杂技等文化娱乐的企业、文化娱乐的组织举办文化娱乐演出的单位。其计税依据是以经营企业和演出单位所得的售票收入或收费金额。文化娱乐税于1966年9月停征。

建筑税 1984年1月开征，对使用自筹资金（预算外资金、银行贷款等）安排的基本建设投资，按投资额征收。对全民所有制单位的计划内自筹建设投资，税率为10%，计划外的为20%；对城镇单位、乡镇企业的自筹建设投资，税率为10%；未列入计划而投资建设楼、堂、馆、所的税率为30%；对能源、交通、学校教学设施、医院医护设施和中外合资企业的投资以及利用国外贷款、赠款安排的投资免予征税。

城市维护建设税 为加强城市的维护建设，扩大和稳定城市维护建设资金的来源，而对有经营收入的单位和个人征收的一个税种。城市维护建设税是1984年工商税制全面改革中设置的一个新税种。1985年2月8日，国务院发布《中华人民共和国城市维护建设税暂行条例》，从1985年度起施行。1994年税制改革时，保留该税种，作了一些调整。

国营企业奖金税 1985年开征，对未实行工资总额随经济效益挂钩浮动的国营企业发放的各种形式的奖金征收。凡未实行工资总额随经济效益挂钩的国营企业，均为奖金税的纳税人。1994年税制改革时，取消国营企业奖金税。

奖金税 从1988年起，对非企业化管理的事业单位发放的各种形式的奖金征收。全年发放奖金总额（包括增收节支奖）扣除省政府规定的免税限额和其他准予免征奖金税的奖金、补贴、津贴后，超过部分为应纳税奖金额。

城镇土地使用税 城镇土地使用税是以开征范围的土地为征税对象，以实际占用的土地面积为计税标准，按规定税额对拥有土地使用权的单位和个人征收的一种行为税。征税对象为在城市、县城、建置镇、工矿区范围内使用土地的单位和个人。从2007年7月1日起，外商投资企业、外国企业和在华机构的用地也要征收城镇土地使用税。

此外，自北滘建置以来，北滘税务部门曾经计征的税种还有资源税、固定资产投资方向调节税、车辆购置税、筵席税、燃油税、烟叶税、契税、农用地占用税等。

第三节　税收收入

改革开放以来，北滘税收随着工商业的蓬勃发展逐年增长。1979年为391.89万元，1987年达1654.53万元。

1979—1987年北滘工商税收情况表

表4—3—1　　单位：户、万元

年份	1979	1980	1981	1982	1983	1984	1985	1986	1987
纳税户数	435	588	996	1049	869	1267	—	—	—
工商税收	391.89	393.21	377.13	443.63	528.31	571.75	809.68	1423.35	1654.53

1993年，北滘镇税收破亿，达1.12亿元；1995年，北滘国税、地税系统独立运作。进入21世纪，北滘镇经济发展迅速，多家集团企业成为纳税大户。

1999年，全镇实现税收收入5.18亿元。广东美的集团股份有限公司等10家企业被评为北滘十大纳税企业，纳税达3.54亿元，占全镇上缴税金的68%；顺德市现代实业有限公司等15家企业被评为纳税先进民营企业。

2001年，北滘镇税收超10亿元，达12亿元。2004年，碧桂园集团上缴地税2.5亿元，成为全镇纳税大户。2005年顺德区纳税榜前十位中，美的、碧桂园2家企业包揽前两名，美的集团下属广东美的制冷设备有限公司以3.59亿元成为纳税状元。2006年，北滘镇美的集团和碧桂园集团，继续成为顺德区超10亿元纳税大户。

2010年，北滘国地税收入首次突破50亿大关，在佛山市2010年度纳税大户榜单上北滘纳税超千万元企业有42家，纳税超亿元的企业由2009年的5家增加至8家。2011年，美的集团蝉联顺德区首席纳税大户，纳税总额超32亿元，被授予"顺德区2011年度纳税突出贡献集团（总部）企业"称号，属下20家企业同时上榜纳税百强。是年，北滘上榜企业达25家，名列顺德各镇街首位。2012年，美的集团以纳税超10亿元居顺德纳税大户榜首，下属佛山市顺德区美的投资控股有限公司、广东美的制冷设备有限公司等多家子公司获得顺德区2012年度纳税大户表彰。2016年，全镇税收总额超96.7亿元。2017年，全镇国地税收入达114.2亿元。

1985—2004 年北滘镇税收统计数据表

表 4—3—2　　　　单位：亿元

年份	总税收	年份	总税收	年份	总税收	年份	总税收
1985	0.09	1990	0.46	1995	1.90	2000	7.56
1986	0.15	1991	0.57	1996	2.82	2001	12.00
1987	0.17	1992	0.86	1997	3.47	2002	10.46
1988	0.20	1993	1.12	1998	3.51	2003	8.84
1989	0.35	1994	1.39	1999	5.18	2004	13.30

2005—2017 年北滘镇税收统计数据表

表 4—3—3　　　　单位：亿元

年份	总税收	其中		
		国税	地税	区级入库收入
2005	16.27	8.17	8.09	—
2006	26.50	13.60	12.90	—
2007	31.40	18.10	13.30	—
2008	36.53	21.59	14.94	9.40
2009	42.95	30.54	12.41	9.98
2010	51.30	35.97	15.33	12.30
2011	56.48	34.54	20.55	13.07
2012	77.13	54.90	22.23	20.76
2013	73.01	47.94	25.07	22.06
2014	83.02	51.55	31.47	22.73
2015	95.81	54.95	40.86	30.10
2016	96.71	58.31	38.40	30.05
2017	114.20	71.40	42.87	32.36

1996—2012年北滘镇地税收入统计表

表4—3—4

单位：万元

年份	1996	1997	1998	1999	2000	2001	2002	2003	2004	2005	2006	2007	2008	2009	2010	2011	2012
国内税收合计	3677	4372	7546	15417	32950	50106	53646	38793	69430	80937	129054	133215	149365	124103	153252	219357	222328
营业税	1266	1164	2549	8765	11727	18261	16584	9928	12129	18263	23115	41852	25471	34532	43674	37984	45251
企业所得税	1240	1398	2115	2809	15388	17555	19658	9251	31686	36616	52455	41862	59353	21914	39280	67290	72117
个人所得税	660	1157	1799	1804	3103	8584	8304	11157	16568	13755	37842	26210	35363	30820	42097	54070	46322
资源税	7	5	4	3	3	4	2	9	17	28	17	26	17	7	5	10	6
土地使用税	16	18	84	131	301	531	534	652	723	1377	1120	324	5272	4613	3182	4241	4121
城市维护建设税	133	194	375	1274	905	2390	2588	4031	2589	2573	3390	4251	5126	4584	8079	20343	21238
印花税	66	146	221	236	276	284	923	718	956	1783	1921	2969	3262	3677	4713	5665	4847
土地增值税	0	0	4	16	30	523	3298	772	2350	3041	5603	11570	11831	18480	7031	7871	9116
房产税	129	112	174	183	550	1651	1439	1994	2107	3156	2884	3501	2977	4351	3862	6550	8641
车船税	84	97	104	101	215	245	257	281	304	345	706	651	692	1126	1329	1495	2000
耕地占用税	—	—	—	—	—	—	—	—	—	—	—	—	—	—	—	5233	1152
契税	—	—	—	—	—	—	—	—	—	—	—	—	—	—	—	8605	7518
屠宰税	36	41	56	79	66	78	59	—	—	—	—	—	—	—	—	—	—
固定资产投资方向调节税	40	40	61	16	386	—	—	—	—	—	—	—	—	—	—	—	—

1995—2012 年北滘镇国税收入统计表

表 4—3—5

单位：万元

<table>
<tr><th>年份</th><th>1995</th><th>1996</th><th>1997</th><th>1998</th><th>1999</th><th>2000</th><th>2001</th><th>2002</th><th>2003</th><th>2004</th><th>2005</th><th>2006</th><th>2007</th><th>2008</th><th>2009</th><th>2010</th><th>2011</th><th>2012</th></tr>
<tr><td>工商税收</td><td>21690</td><td>24532</td><td>30412</td><td>28873</td><td>36510</td><td>44596</td><td>73319</td><td>64131</td><td>60607</td><td>82874</td><td>81727</td><td>136477</td><td>181042</td><td>215935</td><td>305431</td><td>359704</td><td>345374</td><td>548954</td></tr>
<tr><td>国内税收</td><td>21690</td><td>24532</td><td>30412</td><td>28873</td><td>36510</td><td>41629</td><td>68601</td><td>60638</td><td>56652</td><td>76571</td><td>68595</td><td>77184</td><td>97266</td><td>133421</td><td>155033</td><td>216962</td><td>190509</td><td>456752</td></tr>
<tr><td>增值税</td><td>20062</td><td>23514</td><td>29615</td><td>27244</td><td>35045</td><td>41627</td><td>67533</td><td>48934</td><td>47747</td><td>57519</td><td>51557</td><td>63794</td><td>73069</td><td>101600</td><td>121016</td><td>158605</td><td>105853</td><td>97398</td></tr>
<tr><td>消费税</td><td>6</td><td>0</td><td>1</td><td>1</td><td>1</td><td>1</td><td>10</td><td>107</td><td>292</td><td>210</td><td>170</td><td>256</td><td>148</td><td>135</td><td>112</td><td>103</td><td>160</td><td>92</td></tr>
<tr><td>企业所得税（内资）</td><td>7</td><td>25</td><td>30</td><td>67</td><td>89</td><td>0</td><td>0</td><td>47</td><td>455</td><td>1257</td><td>1819</td><td>3444</td><td>7910</td><td rowspan="2">31686</td><td rowspan="2">33905</td><td rowspan="2">58254</td><td rowspan="2">84496</td><td rowspan="2">359263</td></tr>
<tr><td>涉外所得税（外资）</td><td>146</td><td>557</td><td>724</td><td>841</td><td>1300</td><td>3103</td><td>4695</td><td>3439</td><td>3496</td><td>5046</td><td>11313</td><td>9690</td><td>16139</td></tr>
<tr><td>免抵调库</td><td>—</td><td>—</td><td>—</td><td>—</td><td>—</td><td>—</td><td>1058</td><td>11598</td><td>8613</td><td>18842</td><td>16869</td><td>59293</td><td>83776</td><td>82513</td><td>150398</td><td>142742</td><td>154865</td><td>92202</td></tr>
<tr><td>出口退税</td><td>—</td><td>—</td><td>—</td><td>—</td><td>—</td><td>—</td><td>18923</td><td>16697</td><td>27599</td><td>59293</td><td>93292</td><td>—</td><td>—</td><td>202800</td><td>115408</td><td>230207</td><td>374910</td><td>362060</td></tr>
</table>

第四节 税收征管

一、征管演变

1979—1987 年，北滘税收实行专业管理与群众管理相结合的管理制度。

专业管理，即按经济性质、行业或地域等因素，设置税务专管员，统一负责“促、查、管、征”（“促”：协助企业促进生产经营发展，以培养财源、税源；“查”：审查各企业在生产经营、执行贯彻税收政策有关错、漏现象进行纠正和补退、多收及少征税款；“管”：按国家颁布的各个时期的税收政策进行管理，如对企业、经营者进行纳税鉴定、纳税申报表、申报制度、滞欠税款延期及执行滞纳管理、发票管理、减免税申请审批制度等；“征”：税务征收）。

群众管理，即所有纳税企业、单位均要设立办税员（即企业财务人员），负责企业纳税的计算和填报纳税报表等事项。对于个体户，则按地段设立纳税小组，选出或设定小组长，负责税务宣传与贯彻，提供组员经营情况，督促依法申报纳税。

1990 年 10 月，北滘税收征管实行“征管查三分离”，在税务机关内部划分征收、管理、检查等不同的职能部门，实行征、管权力的分离和制约，实施专业化管理。同年 12 月，开始实施电脑开票工作，所有集体及个体业户全面实行上门申报纳税和电脑开票制度。

1994 年 8 月 1 日，北滘对个体、私营及小型乡村集体户全面实行储税（即纳税户、银行、税局签订协议，税款由指定银行扣缴）。

1995 年，国税、地税分离。此后，国税、地税系统致力于推行以简化纳税申报为基础，以计算机网络提升税收征收服务，集中征收、重点稽查的新税收征管模式。

（一）国税征管改革

1994 年，佛山市被国家税务总局确定为全国 18 个征管改革综合试点市之一。北滘国税分局随之开始试行征管改革，重新划分工作职责和流程，设置征收受理、稽查稽核、税政、综合等部门，税务干部分工分责，形成相互配合相互监督的工作机制。随后，按上级国税部门的指引，北滘国税分局加强对定期定额（以下简称“双定”）征收税款企业、逾期未申报户及漏管户的管理，推行三种制度：（1）纳税异常申报质询制度。对于收入指标有异常变动的纳税人，要求纳税人填报《纳税异常质询书》，对相关异常变动项目做出解释，从而筛选出重点稽查对象。（2）对“双定”税户实行表证合一的完税制度，即将纳税申报表和完税证合二为一，结合银行储税，简化手续，使“双定”税户每月可一次完税入库。（3）分色申报制度、以纳税企业两年内的纳税信用为依据，分为好、中、差 3 个级别使用不同颜色的申报表，给予不同的办税待遇。

此后，围绕征管改革，北滘国税分局加大电子计算机在税收各项工作的应用。2000年，顺德国税局与下属各分局网点实现办公自动化，同时开通“税灵通”网上税务系统、企业审计系统、计会统“大集中”系统、工商对碰系统以及办税员管理系统，实现国税系统内的联网以及与工商局等相关部门的联网，极大提升国税征管效率和服务。

2002年10月15日，新征管法实施细则正式施行。2003年8月1日，免抵退税集中顺德国税局出口退税分局统一管理，北滘分局不再受理出口退税。2004年后，北滘国税分局税收征管信息化进一步提升。2004年2月，正式推行排队叫号系统；7月，CTAIS（中国税收征管信息系统）在北滘国税分局正式上线；8月19日，实行预约申报制度。

2007年7月，顺德区国税局实行出口退税层级管理制度，北滘国税分局作为佛山市首批实施出口退税层级管理的单位正式上线。

2009年5月，网上抄税在北滘国税分局推广，标志北滘实现网上办税。此后，网上申报、网上代开发票、同城办税、跨区通办等便捷的办税方式陆续推广。据统计，在2009年第三季度所得税申报期，北滘国税分局管辖的1089户所得税企业中采用网上申报方式进行纳税申报共898户，约占83%，网上申报推广工作初显成效。一方面为纳税人提供方便快捷和高效的纳税服务。

（二）地税征管改革

1996年，顺德市地税局被定为广东省、佛山市地税征管改革试点单位。北滘地税分局以此为契机，开始探索建立以纳税申报和服务优化为基础，以计算机为依托，集中征收，重点稽核，社会化协税护税的征管模式，逐步建成以计算机网络为依托，集征收、服务于一体的办税大厅，并过渡到以纳税人自行申报为主的征管新模式。

进入21世纪，北滘地税分局征管现代化、信息化、集约化水平不断提升。（1）2010年11月，顺德实行社保费地税全责征收后，北滘地税全面推行营业执照、组织机构代码证、税务登记证“一窗收件、一表登记、三证同发”便民征管措施，同时社保登记审核一并完成。（2）在省地税局“一厅一台”（电子办税厅与税源管理平台）格局下，在顺德地税自主研发的管理服务系统、综合治税系统、个体双定户减负审批系统等多个本地特色系统支撑下，北滘地税全镇实现电子办税。（3）逐步构建“实体厅—网厅—网站—网校—12366—微博—微信—掌上地税APP—手机短信—政务公开电子触屏—专刊—报纸—电视—电台”全维度税收宣传平台，不断丰富税收宣传与征管的手段。（4）全镇实现自助办税服务，一次告知、免填单、受理回执、首问责任制等服务在北滘地税分局全面落地。（5）继2010年顺德地税在全省率先应用电子稽查手段后，北滘地税分局配合顺德区地税局陆续开展CA认证（电子认证服务）工作，保障电子办税安全；应用GIS税收管理监控系统，率先实现协税网络的信息化管理。

2012年，顺德区地税局将六项税收服务职能签约转移给各镇街总商会；北滘地税分局配合商事登记改革推出开业登记执行双轨制。

二、征管制度

20 世纪 80 年代，北滘对工业乡镇企业产品销售或加工修理、修配按销售或收益收入征税，从价计征。商业企业以征收零售、工商营业税为主，部分批发额则按进销差价征税。为加强堵塞漏报现象，对个体户从 1983 年开始实行由批发部门代扣税，按扣税额抵减应征税款。农贸市场逐月按销售额征税。对应征农林牧渔产品，则在国营、集体企业收购时按收购额征税。生产者直接出售给使用单位或个人，则向出售者征税。

90 年代以后，随着机构与征管流程的逐步完善，北滘税务部门对不同性质的纳税对象实行分别管理，逐步建立起一套完善的税务征管制度。

（一）税务登记

北滘税务分局按国家规定的税收征管条例，对纳税单位的经营活动进行分户设立档案登记。2010 年 11 月，北滘地税实行营业执照、组织机构代码证、税务登记证“一窗收件、一表登记、三证同发”。

（二）纳税鉴定

对纳税单位的纳税事项作出书面确认，内容包括税法规定、制度规定、征管规定。

（三）发票管理

对发票印制、保管、领发、使用、缴销等实行监督管理。

（四）纳税申报

北滘纳税申报的方式多样化，可直接到税务机关办理，或报送代扣代缴、代收代缴税款的报表，还可网上申报。

（五）税务稽查

20 世纪 80 年代，北滘税务机关随工商税收进行定期检查和不定期检查。定期检查每年进行两次，每年 9—10 月进行一次年终检查，次年 1—3 月进行所得税类计算清缴。北滘税务机关在历年检查中，均有发现错漏现象。90 年代以后，北滘税务稽查逐步向“执法型稽查”转变。在2008年的税务检查中，北滘国税分局发现某家电公司，在所属期2008年4月纳税申报后，欠缴2.9万元的增值税税款后逃逸。北滘国税分局一方面提请公安经侦大队协助追缴，一方面从企业“应收账款”入手，成功在11月10日将企业税款、滞纳金共3万多元追缴入库。

（六）纳税辅导

为优化税收征管，北滘税务机构落实对企业的纳税辅导。2008年，为解决美的集团内部办税员换岗频繁，引致办税质量不稳定的问题，加大力度对美的新办税员进行纳税辅导，协助该集团编写办税操作手册，使美的集团在涉税事务的办理上有一个统一、规范的操作规程，提高了办税质量。

（七）违法监管

对违反税法行为的纳税人采取惩罚措施，包括加收滞纳金、罚款、递交法院依法处理等。

第五节　税收优惠

一、税收减免与优惠

1979年前，按税法规定，工业企业（农村区乡企业）新办企业免征所得税一年。工商税纳税有困难的企业，可适当减征或免征一年。1979年后，改为工业企业（农村区乡企业）新办企业免征所得税二至三年，工商税纳税有困难的企业可在一年内适当减征或免征。商业企业一般不予减免税。知青场或企业，从1979年起，免征工商税和所得税至1985年止。为扶持北滘产业发展，北滘税务部门依据国家政策及税务条例，对科技、教育、社会福利、资源综合利用、环境保护、农业等产业，给予税收优惠。

在税种方面，为招商引资，减免税主要集中在外商投资企业和外国企业所得税（涉外企业所得税）、增值税和企业所得税。

行业方面，税收优惠惠及制造业、建筑业、农林渔牧业、交通运输仓储业等。

减免方式和减免项目：绝大部分税收优惠以征前减免方式实现，部分也实行即征即退或事后退税的方式。征前减免主要项目是资源综合利用、高新技术、再就业扶持、涉外（指中外合资、中外合作、外商独资）“两免三减半”等企业在中国内地可享受的从获利年度起两年免征、三年减半征收企业所得税以及其他减免。美的商用空调设备有限公司于2002年被评为省级“高新技术企业”，享受企业所得税从33%降为18%的优惠。即征即退或事后减退的项目主要有民政福利企业增值税退税、资源综合利用减免退税、农业退税等。

2002年，北滘实行农村农业税费改革，全镇农民实际减负1577万元，人均负担从改革前的322元降至106元；2003年，继续推进农村税费改革，税费由2002年的933万元减至339万元，减负率达64%；2004年，按上级要求，北滘镇全面取消农业税。

二、出口退税

20世纪80年代初，国家实行出口退税政策，北滘镇税务机关努力为企业服务，缓解出口企业资金周转的困难。2001—2017年，为企业共办理出口产品退税343.51亿元。

2001—2017年北滘镇出口退税统计表

表4—3—6　　　　单位：亿元

年份	2001	2002	2003	2004	2005	2006	2007	2008	2009
出口退税	1.89	1.67	2.76	5.93	9.33	5.93	8.38	20.28	11.54
年份	2010	2011	2012	2013	2014	2015	2016	2017	
出口退税	23.02	37.49	36.21	34.02	31.33	32.35	39.43	41.95	

第六节　税务代理机构

1994年8月10日，北滘税务咨询公司正式挂牌，成为北滘镇内税务代理机构。2000年1月1日起，规定凡从事税务代理的税务师事务所，须取得税务师事务所执业证，方可执业。同年，税务咨询公司、税务代理公司与税务部门正式脱钩，独立成为民营性质的企业。此后，北滘镇内税务中介代理机构和代理个人逐渐增多。至2017年，镇内有广东祥和会计师事务所北滘办事处、康诚会计师事务所北滘办事处等税务中介代理机构36家，税务代理个人（俗称行街会计）21人（户），代理镇内约1200户纳税户的税收业务。

第四章　国土资源管理

1973年8月19日，成立北滘圩建设管理委员会。同年10月30日，成立北滘公社农田水利基本建设指挥部。

1983年4月，成立北滘公社基本建设管理站。

1984年9月25日，根据北滘区公所决定，由北滘区农工商联合公司、北滘乡人民政府、北滘区公所三方合作，成立北滘区经济开发公司。同年11月，由开发公司征用北滘乡全部土地，作为北滘镇区的市政建设用地。

1984 年 10 月，成立北滘区村镇建设委员会，全面负责全镇村镇建设国土管理工作，组织和协调北滘地区的市政建设工作，实施对北滘镇的总体规划和综合开发，实行统一征地、统一规划、统一管理、统一安排建设。

北滘区村镇建设委员会主要职能包括：（1）负责审理全区各乡中心村（乡府所在地）规划和交通建设，审查北滘镇制订的建设总体规划，协调监督各部门、邻近乡对两镇（北滘镇、碧江镇）总体规划的实施；（2）审批和监督北滘镇总体规划范围内以及区内各单位、部门的建设，签发土地使用许可证和建设工程许可证，协同基建单位或个人对工程质量验收；（3）开发新区、改造老区，有计划地实施拆建、改建、新建楼房工程，制订和执行城镇建设管理措施；（4）统筹区建委下属实业开发公司、房地产管理所、基本建设管理站等部门的资金，以用于开发性建设的投资，同时加强对这些部门的行政和业务的领导。

1985 年 5 月，成立碧江地区城镇建设临时指挥部。

1987 年 2 月，北滘镇村镇建设国土管理办公室成立。1991 年 10 月，改名北滘镇建设委员会。1994 年 9 月，成立北滘镇建设国土管理办公室。1999 年成立北滘镇规划建设办公室，属北滘镇政府下属职能部门，负责北滘镇的规划、土地、房地产建设和管理工作。

1989 年 5 月，成立北滘镇住房制度改革领导小组。

2003 年 6 月，根据《顺德区规划国土管理体制改革方案》，撤销北滘镇规划建设办公室，由顺德区垂直管理，并相应设立北滘镇城市建设管理办公室、顺德区北滘规划国土管理所。同年 10 月 30 日，北滘规划国土管理所正式挂牌。

2004 年 10 月，原顺德区规划国土系统进行体制改革，将规划、国土、房产三大职能分开管理。北滘镇相应分别成立：佛山市规划局顺德分局北滘规划管理办公室、佛山市顺德区国土资源局北滘管理所、佛山市顺德区建设局房产管理所北滘分所 3 个单位。

2005 年 10 月，因国土系统实行垂直管理，北滘相关国土资源管理机构分别更名为佛山市国土资源局顺德分局北滘管理所；2009 年 9 月，更名为佛山市顺德区国土城建和水利局北滘国土房产管理所；2010 年 3 月，再更名为佛山市顺德区国土城建和水利局北滘国土城建管理所。

2010 年 7 月，成立北滘镇国土城建和水利局，不再保留城市建设管理办公室、建设管理站、水利所。

2012 年 7 月，北滘镇农村集体资产交易所正式挂牌成立，进一步完善农村土地等集体资产管控流程与制度。

第一节　土地使用制度

1983 年，北滘区先后颁布并实施《村镇建房用地管理条例》和《村镇建设和建房用地及宅基地使用管理规定》。

1984 年 9 月，北滘区实施农户承包土地十项规定。同年 9 月、11 月，北滘区公所和北滘区统一建设指挥部分别下发《关于乡镇建设管理的规定》和《关于加强北滘地区建设和建设用地管理的规定》。在两个规定中明确：(1) 在北滘的乡镇规划范围内土地，由区报县人民政府批准统一征地，所征用土地统一管理，任何单位和个人，新建、扩建、改建工程如需占用土地，必须向镇、乡建设管理部门办理用地申请，经批准后方能动工建设。(2) 在北滘镇、碧江镇规划范围内所征用的土地，由区公所统一办理征用，交由区经济开发公司统一管理。后续各单位和个人的建设用地，须向区建委会办理申请用地手续，经批准后由经济开发公司统一安排。(3) 执行"农民每户建房用地控制在80平方米以内，居民每户建房用地控制在60平方米"的标准。(4) 规定任何单位和个人，凡在镇属范围内经批准的土地上建房，必须持"建设用地证"到房地产管理部门办理契约。(5) 北滘地区内的一切土地，属北滘区经济开发公司统一管理。任何单位个人不能侵占、买卖、出租等。若地区内单位、个人（包括北滘乡府、生产队和社员）需要土地建设，必须向经济开发公司申报。

1987年1月，北滘开始实施公助私建住宅有关规定。同年7月，颁布《非农业建设征（用）土地实施细则》。至1989年，北滘共制订《北滘区建设用地和施工管理的规定》《北滘镇居民住宅新区建设管理若干规定》《关于加强北滘地区建设和用地管理的规定》《北滘镇居（农）民建房用地审批程序的通知》等与村镇建设、用地管理、国土管理相关的一系列文件。

1992年，顺德市政府对土地出让明文规定"凡属于个体、私营、外商独资的企业用地，一律要由国土部门实行统一征地后进行有期有偿出让，不再办理挂靠集体企业用地"。1995年，下发《关于建设用地报批管理的若干规定》，进一步加强对建设用地的管理。

1996年，北滘镇贯彻执行《顺德市农村住宅建设用地管理暂行规定》，对管理农村住宅地及保护农用地进行进一步的优化和完善。

第二节　土地利用规划

1984年，北滘区公所编制《关于北滘镇总体规划（1984—2000年）》，经顺德县建设委员会批准。主要内容包括：

(1) 城镇性质：界定北滘镇为北滘区政治经济文化中心，以发展轻工业为主，配套发展商业贸易及服务业的乡级圩镇。

(2) 用地规模和范围：根据北滘镇工业发展的具体情况，在规划的范围内，远期控制385公顷，东至广教乡，南至西江河，北至林西河，西至简岸村。近期发展33公顷。

(3) 区域划分：由北滘河开始向南伸延至西江河，即旧广珠公路两侧广教路口至三洪奇段为新开辟的工业区；由北滘河向北延伸至林西河，即林西河桥至广教路口段安排为商业区和文化娱乐区。旧镇区内北滘中学对面至美的厂后一带新辟一个居民住宅区并新建一个农贸市场。工业区用地20万平方米，商业用地2.67万平方米，住宅区规划建住宅5公顷。新区建设和旧区治理，由区建委统一领导，实行统一规划、统一设计、统一实施。居民住宅的建设用地统一由经济开发公司征地安排。

1996年，北滘镇编制《北滘镇土地利用总体规划（1996—2010）》，经顺德市人民政府审批实施。主要内容包括：

（1）土地利用目标：2005年农用地保有量4000公顷，2010年确保农用地不少于3866.69公顷。

（2）基本农田保护区：建设和管理好3046.68公顷基本农田保护区，其中一级保护区1463.69公顷。

（3）非农建设用地指标：到规划期末，非农建设综合用地指标限制在120平方米/人以内。

为合理利用土地资源，加强建设用地管理，北滘镇人民政府编制《北滘镇土地利用总体规划（1997—2010）》，于2001年2月12日经顺德市人民政府批准，同年8月30日作出公告。主要内容包括：

（1）到2010年，全镇农用地保有量2182公顷，基本农田保护区面积2835.05公顷；建设用地增量指标140公顷，其中占用农用地不超过107公顷；为保持镇域范围农用地总量动态平衡，土地开发、整理、复垦补充农用地不少于109公顷。

（2）实行土地用途管制制度，严格控制农用地转为建设用地，未经批准不得改变土地利用总体规划所确定土地的用途。

2003年，由于农田保护区的重新核定，以及佛山市中心组团的划定和佛山市一环快速干线等项目的建设，对北滘镇土地利用总体规划进行两次调整并经顺德区人民政府批准，调整后基本农田保护区面积从最初2835.05公顷调减为1956.5公顷，最终减至1794.4公顷。农业生态区面积核定为730.7公顷，建设用地增量为312.73公顷。

1996、2000、2010年北滘镇土地利用结构变化对照表

表4—4—1　　单位：公顷

类别		1996年	2000年	1996—2000年地类增减	2010年	2000—2010年地类增减
农用地	农用地	1849.2	1965.7	+116.5	2182	+216.3
	园地	171.1	201.25	+30.15	257.3	+56.05
	林地	136.5	145.3	+8.80	161.69	+16.39
	水面	4040.3	3833.25	-207.05	3485.21	-348.04
建设用地	居民点及独立工矿	2481.1	2530.1	+49.00	2621.1	+91.00
	交通用地	131	138	+7.00	151	+13
	水利水工	251.5	255.46	+3.96	262.8	+7.34
未利用地		181.8	173.44	-8.36	121.4	-52.04
合计		9242.5	9242.5	0	9242.5	0

2009年，为适应北滘镇城镇总体规划的战略调整，促进土地资源的合理利用，

加强建设用地管理，按照《中华人民共和国土地管理法》和《广东省土地利用总体规划条例》的要求，北滘编制了《北滘镇土地利用总体规划（2006—2020）》，并于2009年7月7日经佛山市人民政府批复同意，相关规划如下：

（1）规划范围：北滘镇辖区范围，土地总面积92.4平方千米。

（2）规划期限：2006—2020年，规划分近期（至2010年）和远期（至2020年）。

（3）规划的主要指标：到2020年，农用地保有量9.76平方千米，基本农田面积为8.64平方千米；建设用地总规模48.64平方千米，其中城乡用地规模42.87平方千米（含城镇工矿用地39.61平方千米）。

（4）依法实行基本农田保护制度及土地用途管制制度。严格控制农用地转为建设用地，任何单位和个人必须按照规划确定的用途使用土地，未经批准不得改变土地利用总体规划确定的土地用途。必须科学统筹有限的土地资源，推进“三旧”（旧城镇、旧厂房、旧村庄）改造工作，大力提高建设用地利用效率，达到集约节约利用土地的目标。

从1993年起，以总体规划为指导，北滘对镇内用地有计划进行规划、开发、利用和建设。

1993年8月18日，获顺德市政府批准，开始建设南源商业街（由旧北中到广珠路，全长950米，宽30米）项目。

1994年，规划11公顷用地建设“中国星火城”。同年，规划建设北滘街道“居宁住宅小区”，占地76250平方米，居住总户251户；美的新村落成，占地2.1公顷，建有14栋7层住宅楼，合计600户。

1997年，共投入200多万元，对全镇92.24平方千米土地进行全面测量，以更准确进行土地规划，更合理进行土地利用。

1999年，北滘镇工业园首期开发的200公顷土地全部出让，5个村级工业区同步推进，形成“一园五区”工业集约发展格局。同年，北滘初步形成三大农业产区：三乐路旁1333.34公顷优质水产区、林上路333.33公顷畜禽水产综合养殖区、群力围800公顷花卉苗木绿色产区。

2002年6月，制定北滘镇工业园、碧江工业园、陈大滘工业小区的开发规划。8月，就北滘镇总体规划（2001—2020）召开专家评审会。同年，北滘社区居民委员会规划233.33公顷土地建设农业示范区，作为花卉、蔬菜生产基地。同时，北滘提出“调整水产业、稳定畜禽业、发展种植业”的思路，全力推进花卉绿色产区、优质水产产区、畜禽水产产区三大农业产区的建设，大搞农田基本建设。是年，北滘农业种养总面积达3457.35公顷，总产值超6.4亿元。

2006年，北滘完善城区土地规划，加快推进基础设施建设，在确保土地开发强度的前提下，重点引入科技型、资本密集型的项目，以及高新技术产业和项目，发展机械装备产业。同时，制定村（社区）土地流转补贴政策，支持村（社区）集体建设用地使用权流转适度开发，整合改造村级工业区，盘活存量土地，引入环保型、发展潜力大的中小型企业。

2007年，北滘镇开始探讨新型的土地资源开发利用模式，参照新加坡走异地开发工业园的路子，将企业的总部留在北滘，鼓励并引导企业将初级生产要素向外搬迁，一方面降低企业的生产资本，一方面更有效地利用北滘的土地资源，为产业升级提供必要载体。同年，因地制宜，按照“宜工则工，宜农则农，宜商则商”的原则，更好对农村土地进行规划。对符合政策要求，有发展空间的村居，采取“换血”政策：（1）对有建设用地指标的村（社区）采取镇村合作开发的模式开发工业用地建设工业园区，支持村（社区）集体建设流转用地适度开发；（2）对镇城区周边的村（社区）则扶持引导进行建设物业并租赁，对受土地政策控制影响较大的村（社区），采取“输血”政策；（3）对基本农田面积较大的村，引导利用农用地发展集体经济，同时制定配套政策进行补贴；（4）设立土地管理奖，对农用地多、收入偏低的村居进行适当财政补助。此外，由镇政府牵头，积极动员民间资本投向农村，促进农村土地利用的最大化。

2009 年，北滘开始引导民众改变建房模式和居住方式，更合理进行土地规划，推动有条件的村（社区）学习苏南地区“三集中”的做法，鼓励民众“洗脚上楼”，实行居住向城镇、住房由自建房向小区商品房转变，逐步实现农村城市化。同年，北滘按照“共建共利共享、构建利益共同体”的原则，开展新一轮的土地规划和开发利用。在全额兑现征地款和预留指标外，每亩发放近 3 万元的扶持开发费，照顾村集体的长远利益，从而顺利征收土地 406. 67 公顷，为全镇发展提供更充足的土地资源。此外积极引导和支持村集体合理利用土地资源，因地制宜推进北滘社区、高村留用地的公开交易，配合马龙、三桂等村（社区）做好工业留用地的前期规划。

2010 年，完成《东平新城东南片区控制性详细规划》《北滘镇土地利用总体规划》《广珠轻轨北滘镇交通衔接》《新城区总部经济区域空间概念规划》等重大规划的修编。

2011 年，北滘配合完成《佛山新城南部片区控制编制》及《广东工业设计城 35 公顷土地控制》等规划的编修。

2012 年，以提升旧城区配套功能、改善人居环境为目标，北滘系统编制旧城区 3 平方千米的改造规划。

2013 年，将君兰、北滘、三洪奇、林头、广教、顺江 6 个社区共 20. 67 平方千米纳入中心镇区，合理规划与建设，形成国道 G105 线东西两翼协调发展的格局。至 2014 年，北滘继续强化规划，全年共完成规划编修 13 项，完成西南片区、新城区益丰路以东控制性详细规划编制，开展中心城区 10 千米环形水道规划、城市雕塑专项规划。

第三节　地籍管理

一、土地资源详查

改革开放后，随着产业结构的调整，北滘各类土地的利用状况变化甚快。根据

1996年的土地资源利用状况详查数据，北滘的土地利用结构如表4—4—2。

1996年北滘镇土地利用结构表

表4—4—2　　　　单位：公顷

项目	农用地	园地	林地	水面	居民点及独立工矿	交通用地	水利水工	未利用地	合计
面积	1849.2	171.1	136.5	4040.3	2481.1	131	251.5	181.8	9242.5
占比（%）	20	1.9	1.5	43.7	26.8	1.4	2.7	2	100

二、土地调查、登记发证

1985年2月，北滘成立北滘区房产管理所。

1987年11月30日，北滘印发《北滘房产所有权的有关规定》，开始对辖区内的用地及房产所有权进行核查、登记和发证。

1988年，北滘完成全镇土地资源详查后，在全镇范围内全面铺开农村宅基地调查工作。同年10月，成立由镇政府、镇建委、国土办、房管所、司法办、水利会等机关部门和单位组成的领导组。随后，各管理区、街区亦相应成立地籍调查、发证领导小组，在全镇范围内开展地籍调查、登记、发证工作。至2001年，基本完成北滘区域内土地证的登记、发放。

第四节　建设用地管理

根据《中华人民共和国土地管理法》《广东省土地管理实施办法》以及市、区相关建设用地管理的各项规定和要求，北滘以“合理合法，提前规划、节约控制”为原则，进行建设用地管理，严格控制农用地转为建设用地，确保镇内农用地总量动态平衡。

北滘执行县（市、区）政府审批建设用地的权限，即农用地（含水田、菜地、旱地、园地、鱼塘）2000平方米以下，其他土地6666.7平方米以下，超过此权限均须报上一级人民政府审批。从1980年开始，为配合工业发展，工业开发征地、用地逐渐增多。

1980年1月4日，对北滘大队8个生产队进行土地征用并签订征地协议书。

1981年3月30日，征用碧中、彰义两大队部分土地。

1992年2月，北滘镇开始开发商业住宅区和高科技工业加工区。同年3月，顺德市政府同意开发北滘镇碧桂新村及广教工业小区。5月，规划在三洪奇大桥以东至白鸽咀划出220公顷的土地、投入2.8亿元开发北滘经济工业区（工业园）。6月，北滘镇与伦教街道政府就有偿转让土地达成协议。12月，全镇农村逐步推行“土地分包改投包”。同年，为加速北滘第三产业发展，北滘分期建设当时全国最大的花园式高档别墅洋房、度假村群——碧桂园，占地153.33公顷。

1993年8月，北滘镇政府同意北滘医院用地自建房并向本院职工出售。

1998年9月，北滘筹建碧江、坤洲、桃村、都宁集约工业区，面积268公顷。11月，正式动工兴建美的海岸花园，占地45公顷，被建设部正式列入“岭南现代城镇生态居住模式”。

1999年5月，碧桂园兴建高层住宅和别墅——西苑，配套种植园、农庄、人工湖和山顶公园，面积173.33公顷。

2008年1月，西滘村作为佛山市15个旧村居改造工程示范村居之一，开始实施改造。是年，北滘加速土地规划与建设，完成全镇的土地利用总体规划、新城区控制性详细规划以及西区工业园等重点项目与用地规划的修编工作。进行违法用地整治，查处整治历年违法用地74宗27.31公顷，拆除违章建筑17.8公顷，复耕14.78公顷。鼓励企业集约利用土地，美的、浦项、怡辉、艺恒信等企业积极挖掘土地资源潜力，主动兴建多层厂房或利用厂区现有空置地拓宽发展空间。

2009年1月，北滘土地储备中心与高村股份社就北滘新城西片区40.67公顷的土地签订征地协议。3月，北滘镇“三旧”改造创新模式，因高度契合顺德区“产业升级和城市发展紧密结合”的策略，在顺德全区推广。6月，广东工业设计城规划建设工作启动，规划建设28公顷的广东工业设计城。同月，引入华南国际采购与区域物流配送中心项目，总规划用地233.33公顷。是年，北滘共拆除35宗违法用地搭建，巩固了土地整治成果。

2010年7月，北滘社区一宗占地超10万平方米的提留用地顺利成交，成为北滘镇村级征地提留用地的首例。是年，针对不同的旧村（社区）、旧厂房、旧城区，北滘制订不同的改造计划，对镇区及周边的村（社区）“三旧”项目，以“优二进三”为主，对镇工业园区和其余各村级工业区以提高土地利用率为目标，加大“三旧”改造力度，提升整体环境。全年全镇获认定批复的“三旧”改造项目4个，面积10.27公顷。9月，北滘举行高村旧村改造暨“三旧”改造项目推介和签约仪式，高村旧村、都宁工业区等8个共面积85.2公顷的改造项目于当天签约，碧江轻轨站南侧地块等11个共面积868.6公顷的改造项目正式向社会公开推介。

2012年，推进“三旧”改造项目32个，都宁工业区、北滘社区旧工业区改造顺利推进，上僚麦家沙拆迁工作和安置区建设有序进行。11月，西海村廉租房项目正式启动。该项目是佛山首个农村廉租房项目，用地面积为3400.48平方米，建筑面积约为7500平方米，计划建设住房100套，由西海股份社提供用地，北滘镇政府及镇慈善会投资1600万元进行建设，是北滘发展三年行动计划30个重点项目之一。建成后，有效解决该村100多户低收入家庭的基本住房需求。

2013年，出台《北滘镇保障性住房管理暂行办法》，继西海廉租房后，计划在碧江、马龙再建两个村级廉租房项目。2014年，位于碧江社区德云街1号用地的碧江保障房项目奠基，规划用地面积1354平方米。2015年，推进违法土地、违章建筑专项整治，查处违法用地371宗，拆除违法违规用地62450平方米。

第五节　农用地保护与开发

一、基本农田保护

1994年，北滘镇开始重视并落实农用地的保护与开发，成立由分管副镇长，办公室、镇农办、镇国土建设办公室、镇财政所、水利会责任人和各管理区支部书记等组成的农田保护领导小组，负责镇内基本农田保护区的监督和管理。各管理区成立基本农田保护小组，负责辖区内基本农田保护区土地的巡查监督和保护工作。设立保护标志，建立资料档案，并专人专管。同时，制定监管制度，责任到村，责任到人。至1994年6月，北滘全镇划定的保护区共65个，总面积3046.8公顷（合45701.68亩），其中禾田195.96公顷（合2939.43亩）、旱地335.06公顷（合5025.87亩）、基地975.61公顷（合14634.13亩）、鱼塘1540.16公顷（合23102.25亩）。

此后，在编制各阶段土地利用总体规划中，北滘镇一方面兼顾保障城镇建设用地需求，一方面贯彻落实对农用地保有量和基本农田保护区的保护，至2003年，北滘镇基本农田保护区面积如下：

2017年，北滘镇坚持加大基本农田保护力度，继续实施财政补贴政策，鼓励农民将农田变为城市的绿色屏障、城市生态补充基地。

二、土地开发和复耕

20世纪90年代开始，北滘镇积极推进以“基塘整治”为主的土地整理工作，并以“占补平衡”为原则，实现镇内农用地总量的动态平衡。

2000年，对莘村、坤洲、桃村、西海4个村的土地整理补充农用地项目，经广东省国土资源厅验收确认，共认定土地整理后新增农用地100.85公顷。

2003年，为配合佛山中心城区建设，对两块总面积为102.2公顷进行易地保护。同年，为配合佛山一环战略部署，对4块面积共59.9公顷的农田保护区进行易地保护。

此外，从2000年开始，北滘开始加快对部分不合理的园地和鱼塘进行整治，逐步实行退园还耕，退塘还耕。

2001—2005年，北滘共投入8800万元，高标准整治传统旧基塘2667公顷，建成花卉种植、禽畜及水产养殖三大特色农业产区。

2006—2010年，北滘共建成10个现代农业园，完成423.4公顷基塘的整治，农业用地价值不断提高。

1994 年北滘镇基本农田保护情况一览表

表 4—4—3　　　　单位：亩

管理区	已划定保护区		Ⅰ级保护区					Ⅱ级保护区			
	片数	保护面积	小计	禾田	基地	鱼塘	旱地	小计	基地	鱼塘	旱地
合计	65	45701. 18	21955. 2	2939. 43	6802. 38	10562. 76	1650. 63	23745. 98	7854. 47	12516. 64	3374. 87
北滘	1	2715. 22	1355	676. 5	277. 36	401. 14	—	1360. 22	354. 66	512. 88	492. 68
广教	1	255. 51	—	—	—	—	—	255. 51	42. 98	100. 28	112. 25
林头	3	1546. 13	—	—	—	—	—	1546. 13	211. 52	797. 3	537. 31
都宁	4	861. 22	441. 38	14	193. 63	233. 75	—	419. 84	128. 71	166. 25	124. 88
西海	3	6847. 05	3432	1000	987. 33	1444. 67	—	3415. 05	1259. 72	1805. 33	350
坤洲	4	2425. 44	1216	194	278	492	252	1209. 44	410. 63	748. 81	50
桃村	5	1225. 7	614. 75	—	230. 89	323. 86	60	610. 95	260. 76	310. 19	40
三桂	3	2296. 02	1155	—	329. 33	716. 67	109	1141. 02	306. 49	671. 08	163. 45
高村	4	3347. 08	1678	672. 42	378. 11	589. 47	38	1669. 08	489. 14	824. 59	355. 35
西滘	3	3948. 74	1953. 41	325. 88	487. 66	731. 49	408. 38	1995. 33	660. 88	991. 35	343. 1
莘村	4	4611. 22	2312. 11	—	899. 69	1293. 42	119	2299. 11	892. 58	1225. 53	181
水口	4	1963. 52	947. 38	—	374. 58	478. 3	94. 5	1016. 14	387. 94	502. 7	125. 5
上僚	3	2337. 12	1172	—	574. 3	597. 7	—	1165. 12	588. 46	576. 66	—
马村	2	2147. 01	1077	—	431	646	—	1070. 01	357. 91	517. 1	195
现龙	2	1532. 59	753	—	276. 5	476. 5	—	779. 59	276. 09	503. 5	—
龙涌	6	1894. 81	949. 81	—	116. 96	558. 1	274. 75	945	209. 65	443	292. 35
黄涌	5	1453. 45	740. 38	—	294. 83	445. 55	—	713. 07	308. 62	404. 45	—
槎涌	4	1645. 76	825	—	339. 82	485. 18	—	820. 76	275. 45	545. 31	—
三洪奇	1	1159. 46	584. 98	56. 63	87. 39	145. 96	295	574. 48	210. 65	351. 83	12
碧江	3	1488. 13	748	—	245	503	—	740. 13	221. 63	518. 5	—

2003 年北滘镇基本农田保护区面积统计表

表 4—4—4　　　　　　　　　　　　　　　　　　　　　　　　单位：亩

村、社区	片数	片名	保护面积	其中		
				鱼塘	基地	旱地
北滘	1	北三耕作区	2315.21	1389.13	578.8	347.28
槎涌	2	禄洲	414.44	248.66	82.89	82.89
		煤柱	137.18	0	72.65	64.53
三洪奇	1	三丰围	839.27	503.56	251.78	83.93
碧江	2	都宁	140.93	0	80.75	60.18
		磨面沙	1131.52	678.91	339.46	113.15
西海	3	横沙围	697.96	348.98	69.8	279.18
		八十亩	164.15	98.49	65.66	0
		横沙围	1107.57	734.33	274.77	98.47
三桂	1	利安围	2076.97	1246.18	519.24	311.55
西滘	4	北便沙	1306.99	799.94	342.45	164.6
		大塘	111.55	72.51	27.89	11.15
		南桓	1546.31	927.79	463.89	154.63
		格尺尾	236.55	0	165.59	70.96
高村	2	东围	1489.48	893.69	357.48	238.31
		南围	426.03	255.62	106.51	63.9
上僚	2	万安养殖场	601.49	390.97	126.31	84.21
		下桓	515.69	335.2	99.27	81.22
水口	1	涌口	1638	982.8	491.4	163.8
莘村	3	竹围	1611	966.6	402.75	241.65
		十份沙	2670.25	1576.75	675.75	417.75
		车公基	243.03	97.21	125.56	20.26
马龙	6	卅亩	457.89	288.47	123.63	45.79
		甘青沙	436.21	274.81	117.78	43.62
		大围	1162.28	689.26	307.46	165.56
		大围	633.92	399.37	171.26	63.29
		龙涌大围	213.12	127.87	85.25	0
		莘村沙	50.04	30.02	20.02	0

续表

村、社区	片数	片名	保护面积	其中		
				鱼塘	基地	旱地
黄龙	6	徐村滘	957.26	603.07	258.46	95.73
		叁涌口	170.51	107.42	46.04	17.05
		蚬肉迳	350.97	221.11	94.76	35.1
		穗丰片	838.2	547.41	167.47	123.32
		孖闸	124.8	78.63	33.69	12.48
		孖闸	99.84	59.9	39.94	0
合计	34		26916.61	15821.42	7137.5	3692.34

第五章 审计

第一节 管理机构

1990 年 3 月 17 日，北滘镇政府出台《关于建立审计制度，健全企业管理的通知》。同年 5 月，北滘经济发展总公司正式组建审计科。审计科主要职责是负责下属集体经济单位财务收支审计、专项审计、单位（部门）领导人的离任审计和经济效益审计评议，纠正各种违规违纪行为。

1999 年 10 月 15 日，审计科从北滘镇经济发展办公室中脱离，成立北滘镇财务审计室，镇事业单位编制，隶属镇公有资产管理办公室。同年 12 月，印发《北滘镇财务审计室工作制度》。财务审计室负责镇政府全资和控股企业、村属集体企业、各村（街区）、股份社的财务审计工作；负责全镇行政部门及镇属工商事业单位的审计，负责落实领导干部任期经济责任审计制度。镇财务审计室设置后，各线单位和有关部门不再设置审计人员。

2001 年 7 月 10 日，成立北滘镇财务管理中心，北滘镇财务审计室并入财务管理中心，并设立审计科，隶属北滘镇财政管理办公室管理。2004 年，成立北滘镇农村财务审计小组，负责全镇农村财务检查、年度常规审计、经济责任审计。

2010 年 7 月，成立北滘镇监察审计办公室，将财务管理中心的审计职能划入审计办公室，成立审计股。

第二节　审计实施

一、财政审计

1990 年北滘设立审计部门后，以税收、财务、物价大检查和专项审计相结合的方式，开展财政审计工作。1990—1994 年，镇审计部门按照《中华人民共和国审计条例》规定，开展对北滘镇政府财政决算审计工作。1995 年起，财政审计工作实施“同级审”（对本级政府财政预算执行情况的审计）和“上审下”（对下级部门财政决算执行情况的审计）的方针。

二、企业审计

（一）企业经济效益审计

1988 年初，汽配厂、陆运站两家亏损企业分别合并到蚬华电器厂、裕华实业公司，北滘经济发展总公司财务科对上述两家企业进行审计，明确债权债务，组织财务清理、财产移交，确保合并工作清晰明了。1988 年底，北滘经济发展总公司财务科正式以“一审、二帮、三促进”（全面企业审计、帮助查找问题、促进提升管理）为原则，开展内部审计工作，协助镇办集体企业开展企业生产管理与经济效益审计，协助企业提升经济效益。1988 年，对北滘威利厨用设备厂 1983—1988 年的生产经营及财务状况进行全面审计，发现该厂实际亏损 94 万元，而非账上所列的 34 万元。经审计分析，帮助该厂明确造成亏损的原因是：（1）产品质量及造型欠佳，欠缺市场竞争导致滞销；（2）主要产品的材料费用占产品成本的 70% 以上，增值额太少，利润不足；（3）新产品市场定位不当，研发后无销路。根据审计意见，该厂 1989 年进行整改，生产逐步走上正轨，效益得到提升。1989 年，共完成企业审计调查 8 项。

1990 年，北滘经济发展总公司审计科对水运公司、华达西服厂、依达服装厂、顺捷装饰设计工程公司、鸿基工程塑料厂、坤洲农工商公司、坤洲塑料厂、自来水公司、华润公司、裕华钢瓶厂、西海砖厂 11 家镇属企业经济效益的审计进一步加强，引导企业逐步改善会计核算不清、财务管理制度不明、资金效益不高、成本观念不强等问题。是年，对华润唱机厂、威利厨具厂、电器塑料厂 3 家亏损企业审计，及时改进存在问题，加强财务管理、节支增收，均在 1992 年实现扭亏为盈。审计员原则性强，业务扎实，积极提出有针对性意见，获得企业好评。在对财务管理混乱的顺捷公司及其所属的鸿基工程塑料厂审计中发现，该公司虚列利润 14.7 万元，而实际亏损额达 131.1 万元；鸿基工程塑料有限公司隐瞒亏损 53.1 万元。依据审计结果，上级对顺捷公司做出即时清理，更换领导人的处理；对开办时间短、亏损数额较大的鸿基塑料厂进行结业清理和法纪审计。

1991 年，对鸿基工程塑料有限公司等 7 家结业企业进行财务清算、资产处理及债权债务清理追收；对 2 家企业进行财经法纪审计；协助村办企业办公室对北滘街办 11 个核算单位进行以清产核资为重点的审计，查明上述企业亏损达 554 万元，比账上所列的 164 万元多出 390 万元。通过查阅外资企业南海手袋厂 1986—1990 年的会计凭证、账册，对该厂的经营情况、财务收支合法性、企业盈亏真实性进行全面审计，查明该厂多年来的实际利润额比账面利润多出 69 万元。同年，对 90 家镇办企业（其中商业企业 23 家、工业企业 67 家）开展以核实 1990 年盈亏额为重点的审计。经审计发现，少报利润的企业 47 家，少报亏损的企业 39 家。经审计核实，至 1990 年底，亏损企业有 40 家，资不抵债企业 17 家，实际亏损额 5643 万元，实际盈利企业 49 家，盈利 9592.3 万元。此外，还对 13 家企业 1991 年的盈亏额进行审计。经审计发现，少报盈利企业 4 家，少报盈利 13.3 万元；少报亏损企业 9 家，少报亏损 848.2 万元。

1992 年，配合顺德市审计局，对鸿基工程塑料厂开展为期 1 个月的专案审计，厘清该厂的盈亏和存在问题。对昌华、纸化、药厂等 4 家企业进行清理移交至碧江街道办事处审计。同年，还完成对 7 家亏损企业的审计及对南方电器厂厂长的离任审计。1992 年，共对 80 家企业（其中工业企业 62 户、商业企业 18 户）进行审计，各企业报表反映利润为 3680.9 万元，实际审计后利润为 1493.4 万元，差异达 2187.5 万元。企业自报盈亏与审计相符仅 21 家，相符率 26.2%，73.8% 的企业存在不同程度的多报、少报利润现象。同年，还抽取部分企业进行资产及负债情况审计，经审计，发现资不抵债企业有 5 家，其中亏损最大的两家企业：华龙家具厂亏损 2281.7 万元，钢瓶厂亏损 1438.1 万元。

1993 年初，对 31 家企业进行上一年度的盈亏审计；6 月，开始对镇属企业开展全面清产核资。

1995 年，北滘审计部门着重对华龙家具有限公司、裕华电子科技公司、乐仕音响厂 3 家亏损企业进行经济审计；并对西达电厂自筹建至 1994 年底的财务收支状况进行专项审计，针对该厂财务管理和核算混乱，特别是未按规定处理原始凭证和填制会计凭证现象，提出审计意见。同年，经财务收支状况调查和审计，对北滘港有限公司、报关公司两家未转制镇属企业的经营目标进行调整。

1996 年后，由于大量集体企业转制，审计工作重点逐步转向镇属企业的财务收支审计及行政事业单位的财务收支审计。1999 年，完成对北滘港、佳而美公司、自来水公司 3 家镇属全资公司的审计，发现佳而美公司少报亏损 47.64 万元，自来水公司少报利润 51.17 万元；完成蚬华电器公司、华星集团公司等 4 家控股企业的审计；完成伟顺鳗业有限公司、富华公司等 13 家镇属企业的审计，发现上述企业不同程度存在少报或多报利润的现象，其中富华公司少报亏损 9517.31 万元，曼丰公司少报亏损 7436.22 万元。

2002 年，进行北滘港清产核资审计。随后，政企分离，企业经济效益审计逐渐成为企业行为，由企业自行聘请第三方公司执行。

（二）企业承包经营责任审计

1988年2月，北滘开始在镇办企业推行三年期的承包经营责任制。1989年，北滘制订任期阶段审计计划，重点选取指标完成进度垫后、超前的两类代表性企业，逐步开展承包经营责任审计。1990年，对南方电器厂责任目标完成情况进行升级。1991年，按“先审计，后兑现”的原则，加强对承包企业经营合同执行情况的审计监督。1993年，对16家企业厂长（经理）任期目标完成情况进行审计。1994年，对15家上报完成或超额完成厂长（经理）任期经营目标企业审计。审计发现，部分企业未按制度要求摊提费用、结转成本，造成利润不全。此后，由于企业逐步转制，不再实行承包经营，对企业的承包经营责任审计随之终止，只对北滘港、西达电厂、报关公司、佳而美塑料制品厂、自来水公司等几个镇属全资企业的经理任期目标完成情况进行审计。

（三）企业转制审计

1993年开始，对逐步转换经营机制的镇属企业进行全面审计，至12月，共完成31家转制企业的审计，其中签约转制16家。通过审计，发现转制企业普遍存在多转费用、少付利润、少入资产的情况。1994年，继续对26家转制企业进行审计、评估。1995年，对联营顺达毛纺厂、花木公司、道路工程队3家未转制企业进行审计。至此，全面完成对镇办企业转制的审计和评估。随后，审计重点转至对转制企业特别是股份制和亏损企业的资金运作监控。1995年，对已转制的49家企业全面进行资产转让金缴交调查。

2001年，对北滘粮油综合贸易公司、北滘供销社金属材料公司、供销社商业综合公司3家转制企业进行审计。

1990、1996、2001年北滘镇企业审计统计表

表4—5—1

年份	审计企业数量（家）	企业名单
1990	11	水运公司、华达西服厂、依达服装厂、顺捷装饰设计工程公司、鸿基工程塑料厂、坤洲农工商、坤洲塑料厂、自来水公司、华润公司、裕华钢瓶厂、西海砖厂
1996	19	裕华电子科技实业公司、西达电厂、裕华实业公司、裕华音响、乐仕音响、北滘港、裕丰塑料公司、伟顺鳗鱼场、富华公司、虹桥绝缘材料公司、大同饲料厂、鳗鱼场、小蓬莱宾馆、蚬华电器工业集团公司、曼丰公司、同力仪表厂、加美家具厂、德堡印刷机械厂、南方包装厂
2001	3	北滘粮油综合贸易公司、北滘供销社金属材料公司、供销社商业综合公司

三、行政事业财务审计

进入21世纪，审计重点逐步转移到对村（社区）、各行政事业单位的审计。

2002年，对北滘余荫院1999—2001年三个年度的财务收支、资产负债进行审计，审计发现存在账簿设置不规范、会计报表编制不合理、部分账务处理不合要求、部分固定资产未入账等问题。

2004年3月，对北滘镇怡兴物业管理有限公司进行经营情况审计（该公司为镇公有资产管理委员会属下资产单位），发现存在实际经费开支与申请有差异、部分购置的固定资产未入账等漏洞。4月，对镇直属单位土地发展公司（属镇公有资产管理委员会下属资产单位）进行2003年度经营状况审计，发现存在重要的原始凭证如土地转让合同等未报处理、购置的资产未入账、应收账未及时收回等问题。同年，还对部分镇属企业及事业单位进行专项审计。8月，联合规划国土管理所、农村工作办公室、纪检部门等，在1999年1月1日至2004年4月30日之间所征的农民集体用地19宗中，选取上僚麦家沙等镇内6宗用地补偿及实际使用情况进行审计，审计比例为31.57%。12月，对碧江中学联合办学、饭堂财务管理等13个项目进行专项审计。审计发现存在报销手续不全、现金记账不明、财务收支报表无编制、原始凭证无存档等问题。

2008年，根据《北滘镇行政事业单位财务管理办法》规定，对北滘林场等镇属企、事业单位进行财务收支状况审计，发现存在工资福利支出超预算、代收代缴款项不规范等现象。同年，还对北滘城区中学饭堂进行专项审计，发现城区中学饭堂存在项目支出混乱（如教职工补助、教职工外出参观、汽车费用等无关项目在饭堂项目支出）、物品出入仓无登记、存在现金错支、利息未登记入账、会计基础工作不规范、无编制月收支情况表、违反《北滘镇政府物资采购管理暂行办法》以私人名义购买小货车等违纪问题。

2009年，对水利所、土地储备发展中心、北滘供销社、北滘医院、流动人员和出租屋综合管理服务中心等镇属企事业进行财务收支审计，发现存在部分往来款项票据不规范、部分原始单据审核手续不全、部分设备购置未按要求呈批、部分开支费用重复挂账、部分奖金及慰问金发放不规范、部分材料与固定资产管理不规范、费用支出控制不严等问题。

2010年，着手对镇内17个慈善会（福利会）资金进行2009年度的财务收支审计。2012年，对北滘镇余荫院、市场安全监管局北滘分局、环境运输和城市管理局北滘分局、北滘镇卫生和人口计划生育局、北滘镇人力资源和社会保障局、北滘镇行政服务中心等行政事业单位2011年度财务收支情况进行审计。

2013年，对经科局、教育局、祥宁园、文化管理中心4个行政事业单位进行审计。同年，协调审计中介对村（社区）2011—2012年共57个财务收支项目进行审计。

此外，每届村（社区）委员会换届选举前，均配合对股份社、村（社区）委员会、资产管理办公室的资产、财务审计。

2007—2013 年若干年份北滘镇行政事业单位审计统计表

表 4—5—2

年份	审计数量(家)	行政事业单位明细
2007	26	碧江股份社、碧江社区居民委员会、碧江资产管理办公室、坤洲股份合作社、坤洲资产管理办公室、都宁资产管理办公室、都宁股份合作社、西海村股份合作、西海村民委员会、西海资产管理办公室、三桂村民委员会、三桂村资产管理办公室、三桂村股份合作社、北滘社区股份合作社、马龙村马村股份合作社、马龙村马村资产管理办公室、马龙村现龙股份合作社、马龙村现龙资产管理办公室、马龙村民委员会、三洪奇社区股份合作社、黄龙村龙涌资产管理办公室、黄龙村黄涌资产管理办公室、黄龙村民委员会、槎涌社区资产管理办公室、槎涌社区股份合作社、槎涌社区居民委员会
2008	58	各村（社区）、股份合作社、资产管理办公室
2009	60	各村（社区）、股份合作社、资产管理办公室
2010	57	各村（社区）、股份合作社、资产管理办公室
2013	4	经科局、教育局、祥宁园、文化管理中心

四、采购审计

2012 年，对“2011 年北滘镇朝亮小学、上僚小学和水口小学学生接送服务”“北滘镇新城区及北滘社区居委会、顺江社区居委会辖区公共环境除‘四害’服务”两个采购项目进行审计。

五、领导干部任期经济责任审计

2001 年，制定《北滘镇直属单位领导干部任期经济责任审计实施办法（试行）》及《北滘镇权益企业领导人员任期经济责任审计实施办法》。2008 年，对北滘镇水利所进行任期经济责任审计，及时纠正用公款为临时工购买商业保险、固定资产管理欠规范、车辆使用费用控制不严等问题。2009 年，对劳动管理所、文化站领导任期经济责任审计。2010 年，颁发《北滘镇中小学校任期经济责任审计工作方案》《北滘镇第五届村（居）干部任期和离任经济责任专项审计工作实施方案》，对镇内北滘中学、中心幼儿园、城区小学等 20 所中小学校校长以及 20 个村（社区）干部进行任期经济责任审计。2012 年，对北滘镇怡兴物业管理有限公司、北滘镇投资管理有限公司、槎涌社区福利会 3 名干部进行任期经济审计。2013 年，对消防队、北滘医院干部进行任期经济审计。

六、固定资产投资审计

20 世纪 90 年代，开始对固定资产投资的重点建设项目进行审计。审计内容包括资金来源与运用是否合理，建设内容是否按设计执行，材料、设备是否按规定购置与使用，项目决策是否合理，施工质量是否符合规范等。

2008 年，对坤洲洋浦拆迁等固定资产投资项目进行审计，发现拆迁项目存在违反有关规定，部分造价在 15 万元以上的工程没有进行招标、财务入账资料不齐全等问题。

2009 年，根据《顺德区政府投资建设项目审计监督办法》，对北滘工业设计中心一期项目建设情况进行审计。2011 年，对碧江尊明苏公祠（五间祠）修复工程、怡兴物业公司业务用房工程进行审计。2013 年，对广东工业设计城基于工业设计的快速成型技术开发项目进行审计。2014 年，对城区幼儿园机电安装、装修，以及园林景观工程、林港路改造工程、西南片区道路改造工程等项目进行审计。

七、其他审计监督

2005 年开始，对阶段性或专项性项目进行相应审计。当年，配合莘村村委会，对莘村百运油墨有限公司 1994—1999 年的资产、负债及各年度经济效益进行审计，严肃查处账外账、核算混乱、财务假账、设置小金库等问题。2014 年，针对各村（社区）股份社土地出让增多的情况，开展土地出让收支及农用地保护情况审计。

2011 年，出台《北滘镇财政性资金和集体资金审计监督办法》，规定对使用财政性资金、集体资金的单位或项目，不定期进行审计。

2013 年，对英德市 3 个帮扶村扶贫专项专户资金开展审计。

2016 年，针对部分村（社区）资产交易、合同管理等问题，组成专责小组开展专项审计。

第三节　企业内部审计与社会审计

20 世纪 80 年代中期起，随着内部管理制度的提升与完善，北滘镇工农商贸等主管部门（总公司）以及一些大型集团公司，如美的、碧桂园等，逐步设立内审机构。

美的集团内部审计起源于 20 世纪 80 年代中后期，在总经理办公室设置稽核岗位，负责对生产销售计划的制订及执行情况进行检查，由此形成美的集团最早的审计职能。90 年代后，审计职能从总经理办公室独立出来，成立专门的审计部门。到 90 年代后期，成立审计监察委员会，由总裁任委员会主任，并定期召开会议听取审计部门汇报。至 2012 年，美的集团形成两级审计体系为主，三级审计职能并存的审计体系。审计部门的工作内容亦随之完善，从最初的审核计划制订及执行情况，到差错防弊、经济责任审计、内控管理审计，审计领域逐渐覆盖到全集团所有经营管理环节，并将涉及监察投诉案件处理亦归入审计部门。

2000年3月8日，碧桂园集团设立审计部，以财务审计、内部控制审计为主，同时开展离任审计、工程招投标和采购流程审计等。

1999年，根据上级有关做好审计事务所脱钩改制的要求，北滘镇审计部门与所挂靠的审计事务所脱钩，社会审计组织由注册会计师协会实行行业管理。2006年，北滘镇15个村（社区）、股份社与佛山市智信会计师事务所签订合同，引进第三方进村接账审计，服务年限为五年半。至2017年，北滘镇内社会审计机构包括佛山市康诚会计师事务所、佛山市智信会计师事务所有限公司、广东五羊会计师事务所有限公司、广东恒信德律会计师事务所等。

第四节　审计制度建设

一、审计制度

自1990年设立审计科后，北滘逐步制定相关审计制度，完善审计建设。1991年，制订《厂长（经理）任期目标责任制审计方案》。随后，印发《北滘镇行政事业单位财务管理办法》，加强对行政事业单位的财务监督；印发《北滘镇直属单位领导干部任期经济责任审计实施办法（试行）》《北滘镇权益企业领导人员任期经济责任审计实施办法（试行）》，进一步细化和完善领导干部任职经济责任审查；制定《北滘镇监察审计办公室审计文书种类和参考格式》，规范审计文书的种类、内容和格式。2011年4月20日，制定《北滘镇财政性资金和集体资金审计监督办法》，强化财政资金的审计监督。2014年3月10日，制定《北滘镇审计工作联席会议制度》，加强对审计的领导工作。

二、审计计划

从1990年起，根据各级审计工作会议精神，结合北滘镇的实际情况，审计部门在调研和总结分析前期审计工作的基础上，每年都提出年度审计计划，经审计联席会议通过、镇政府批准后实施，确保审计工作有理有据有计划开展。2013年，针对村（社区）居民委员会换届选举，制定《北滘镇第五届村（居）委会换届审计工作方案》。

三、审计队伍培训

1996年审计科成立后，以品德为核心、作风为基础、能力为重点、业绩为导向，加强审计队伍建设，组织举办或外送培训，提升审计人员的审计业务知识、审计技能、信息化审计能力和审计科学管理能力。此外，通过强化审计人员法治思维和法治意识，提升审计人员用法治方式解决问题的能力，推进审计理念、审计管理、审计工作方式“三创新”，逐步优化审计队伍。

第六章　工商行政管理

第一节　管理机构

1972 年 5 月，顺德恢复县工商行政管理局建置，北滘设立工商所，负责工商行政管理。1993 年 5 月 5 日，顺德市工商物价局北滘分局成立。1999 年 5 月 6 日，顺德市工商物价局北滘分局改名为顺德市工商行政管理局北滘分局。2010 年 3 月，顺德区推行大部制改革，同年 7 月 30 日，顺德区市场安全监管局北滘分局正式在原顺德市工商行政管理局北滘分局原址挂牌成立，实行双重领导体制。下设 6 个股、2 个站，即：综合股、登记管理股、农产品监管股、安全生产监管股、市场监管股、执法股、农产品质量监督监测站、动物防疫检疫站。

第二节　注册登记管理

20 世纪 80 年代开始，北滘工商业登记管理逐渐走向规范化管理。1988 年，执行国务院颁发的《企业法人登记管理条例》，全镇共核发工商企业 68 户，完成企业年检 617 户，上缴县工商局工商规费 25398.5 元。1989 年，根据国务院《关于进一步清理整顿公司的通知》，结合公司整顿，换发全国统一的营业执照。共核发营业执照 24 户（其中工业 11 户、商业 11 户、金融业 2 户），变更登记 29 户，完成企业年检 653 户，企业换证 694 户，取消 4 户，降格 1 户，上缴县局工商规费 13.296 万元。

1993 年，全镇核准登记的国营及集体企业共 711 户、私营企业 192 户（其中工业 139 户、商业 40 户、服务业 4 户、饮食业 9 户）、个体工商业 2036 户（其中工业 233 户、商业 1304 户、服务业 177 户、修理业 165 户、运输业 8 户、饮食业 145 户、其他 4 户）、私营有限责任公司 4 家。

1993 年起，以“前期遵章守法、严格把关，事中全面配合，合理优惠，事后快速发照、跟踪回访”为原则，对转制企业开展注册登记。至 2003 年，除蚬华工业公司、华星股份有限公司外，镇办企业基本完成转制登记注册。同时，解决北滘供销社、北滘铭牌厂等 10 户集体企业的转制遗留问题，注销名存实亡集体企业执照 19 户。

1995 年，改革企业登记：将个人审批改为集体审批，增强透明度；核定经营范围时，除国家政策规定的专控商品外不作限制，并可核给大行业；核定企业名称时，尽量满足企业个性需要；遇特殊急办，可先照后证；外来领照，只需出具暂住证、计生证及相关办照证明即可办理登记注册；办证时限缩减到 7 天内，急办更可当天领照。同时，全面落实《企业法人年度检验办法》（1996 年 12 月改为《企业年度检验办法》），着重审查企业进行注册资本、住所、经营范围项目，对注册资金不实的企业，责令重新验资，限期提交验资报告。同年，共清理“三无”企业25户，对擅自改变经营地点的3家公司，督促办理变更手续。

1997年，对镇级工商业户登记注册权力进行调整，规定镇级工商物价分局具备审批个体工商业户开户登记发照的权限，具备审批管理区（街区）集体企业（不含冠市以上区域名称的企业）的开业登记，营业执照由顺德市工商物价局盖章后下发。

1999年，顺德市工商行政管理局北滘分局设立工商登记股，专管企业个人注册登记管理。此后，北滘工商部门逐步优化工商注册登记流程，并先后出台一系列的便企惠企措施。2003年，北滘工商部门多方筹措，明确陈大滘工业区为集约工业区的属性，协助园区内企业顺利申领筹建执照；为养殖户开通登记注册的“绿色通道”，即来即审批，简化办照程序，协助养殖户申办出口权、退税等手续。是年1—11月，共核发该类营业执照8份。2004年，对登记注册大厅进行改造，进行功能分区，设置电脑触摸显示屏、排队叫号系统等。推行免检、重点检和一般检分级检验制度，对个体经营户试行滚动年检政策，并自主开发电脑年检验照程序，简化年检流程并提高年检效率。2005年，“广东省工商行政管理业务信息系统”全面上线。同年，贯彻《佛山市企业及个体工商业户登记程序暂行规定》，推行“分层分类登记”事权划分和登记体制，落实“一审一核”制度，推行登记窗口“主动服务、准确服务、延时服务、规范服务”制度，进一步规范和简化工商业务登记注册流程。2006年，启动网上年检系统，为6户企业实行网上年检。2007年，对个协、私协开设会员服务窗，大幅提升业务窗口工作效率；对老弱病残等特殊群体提供上门年检服务；对集贸市场经营的个体工商业户，采用集中到场、现场年检的方式。2008年，北滘工商注册登记窗口全面推行“首问责任制”“一审一核制”“延时服务制”“预约服务制”等制度。2009年，推行“一个窗口许可”制度，实现“一站式”办理服务；推进电子服务平台，推广网上年检，网上预约，为大企业集团开辟绿色通道，实现“三零”（服务过程零障碍、服务方式零距离、服务质量零投诉），对北滘市场、合诚市场、德云市场592户经营户给予集中验照，对美的集团下属55家企业提供上门年检，并安排专人上门为营业网点众多的北滘信用社指导网上年检工作，同时利用日常巡查监管的时机为符合条件的个体户现场验照；2210户工商业户进行网上年检。2010年，创新性实施“企业直通车”，为镇内龙头企业、大型工业园、纳入“龙腾计划”的重点企业开通直通车服务窗口，为企业提供优质登记年检服务。2012年7月16日，对商事登记制度进行改革，个人及企业可在“家门口”办理商事登记营业执照，至11月底，共受理商事登记公司105户。是年，北滘共有私营企业3349户、个体工商业户5901户，当年新增私营企业501户、个体工商业户766户。2013—2014年，共进行企业及个体工商户登记7570宗，食品流通许可证登记711户，餐饮服务许可证登记293户，户外广告登记97户，特种设备使用登记1257户，组织机构代码证9184户。

2017年，全镇登记在册市场主体总数17812家，其中：内资企业（含私营企业）8694家、外资企业262家、个体工商户8850户、农民专业合作社6家，注册资本总额1394.83亿元。

1993—2003 年北滘镇企业登记注册及各类工商业户统计表

表 4—6—1　　单位：户

年份	期末登记数							本年新登记						参加年检企业	年检率（%）
	合计	国营集体企业	个体工商户	私营企业	有限责任公司	外资企业	专业合作社	合计	国营集体企业	个体工商业	私营企业	有限责任公司	外资企业		
1993	2256	635	1805	112	4	—	—	—	—	—	—	—	—	—	—
1994	2976	711	2039	198	28	—	—	—	76	234	86	24	—	—	—
1995	—	—	2090	285	43	—	—	—	—	473	63	39	—	—	—
1996	—	—	2416	406	138	—	—	—	—	520	132	94	—	—	—
1997	—	—	2579	330	215	—	—	—	—	156	-76	69	—	—	—
2000	4372	373	3084	385	411	119	—	—	—	—	—	—	—	—	—
2001	4453	261	3085	444	531	132	—	—	—	—	—	—	—	—	—
2002	4724	192	3301	471	631	129	—	1173	2	843	182	138	8	4329	93.3
2003	5234	153	3641	497	818	125	—	1373	—	1012	141	214	6	4190	91.9

注：数据来源于顺德工商局北滘分局统计报表。

2005—2017 北滘镇企业注册登记情况表

表 4—6—2　　　　单位：家

年份			2005	2006	2007	2008	2009	2010	2011	2012	2013	2014	2015	2016	2017
工商登记	国有、集体、联营企业		45	43	27	27	28	27	29	26	22	25	26	25	25
	国有、集体、联营企业分支机构		91	87	58	58	57	16	14	11	11	11	12	11	11
	内资有限责任公司		928	1074	1173	1310	1519	1745	2063	2395	2968	3961	4796	6013	7445
	内资有限责任公司分公司		151	157	198	198	225	281	297	301	329	374	417	481	564
	个人独资企业		557	568	489	478	497	511	511	475	485	499	523	536	528
	个人独资企业分支机构		15	16	24	20	17	15	12	12	11	10	9	10	12
	合伙企业		94	99	85	82	81	83	83	75	74	80	92	98	105
	合伙企业分支机构		2	2	2	2	3	3	4	3	3	2	3	3	4
	外商投资企业		145	157	159	161	164	168	171	162	163	160	179	175	195
	外商投资企业分支机构		29	31	32	38	37	38	44	50	52	53	57	57	67
	农民专业合作社		0	0	0	0	1	1	1	1	1	1	1	3	6
	农民专业合作社分支机构		0	0	0	0	0	0	0	0	0	0	0	0	0
	个体工商户		4566	4807	5264	5393	6017	6227	6189	6040	6210	6550	7171	8133	8850
	三次产业合计		6623	7041	7511	7767	8646	9115	9418	9551	10307	11726	13286	15545	17812
	其中	第一产业	42	56	67	77	90	111	129	133	141	162	168	182	192
		第二产业	1766	1995	2099	2072	2157	2199	2319	2351	2699	2932	3188	3406	4352
		第三产业	4815	4990	5345	5618	6399	6805	6970	7067	7467	8634	9930	11957	13268
	当年新设立		1550	1427	1505	1489	1540	1482	1313	1398	1716	1897	2109	2802	3219
	当年注销		718	1009	1035	1233	661	1013	1010	1265	938	560	623	709	952
企业	企业总数		2057	2234	2247	2374	2628	2887	3228	3510	4096	5050	6114	7409	8956
	当年新增		–	–	–	–	–	418	441	545	751	942	1064	1449	1787
	当年注销		–	–	–	–	–	131	100	269	143	140	152	223	273
	其中	工业企业	1278	1416	1498	1541	1607	1672	1748	1883	2068	2227	2477	2671	2924
		当年新增工业企业	205	186	114	80	103	112	131	217	226	241	250	234	338
		当年注销工业企业	30	48	32	37	37	47	55	72	37	46	48	48	76
规模	产值超亿元的工业企业		–	–	44	44	44	58	55	50	56	62	59	60	69
	其中：10 亿元以上企业		–	–	5	6	5	7	8	8	8	8	7	7	6

第三节 “三资”企业管理

1979年7月，《中华人民共和国中外合资经营企业法》颁布，允许外资和港澳企业与国内企业或其他经济组织共同兴办合营企业。1982年，北滘引进“三来一补”（来料加工、来件装配、来样加工、补偿贸易）企业。北滘首批与港商合作企业——永强雨衣厂和南海手袋厂如期开业。1983年3月，办理首家外资企业美林皮革制品厂注册登记。

1986年5月，北滘成立“对外经济管理小组”，隶属区农工商联合公司。1988年8月，成立对外经济工作管理办公室，负责北滘镇招商引资、对外经济管理。

进入90年代，北滘对“三资”（中外合资、中外合作、外商独资）企业放宽登记条件，简化程序，扶持发展。1995年，按《关于进一步加强外商投资企业审批和登记管理有关问题的通知》，对镇内外资企业登记核准，对长期经营而不办理手续的冠丰复合手袋有限公司等6家外商投资企业予以扣证并上报上级部门处理。1999年，根据国家产业政策，凡属国家禁止外商投资的项目，一律不予登记注册。

2000年，凡涉及安全生产项目，必须取得相关主管部门批准方可登记注册。至2001年，北滘登记在册的“三资”企业132家，合计利用外资3.7亿元。2008年起，对外商投资企业的年检权限下放到镇级工商管理部门，北滘工商管理分局受理外资企业年检。到2017年，北滘镇“三资”企业达262户。

2000—2017年北滘镇“三资”企业统计情况表

表4—6—3　　单位：家

年份	年末外资企业数	当年登记企业	年份	年末外资企业数	当年登记企业
2000	119	—	2009	201	11
2001	132	13	2010	206	10
2002	129	8	2011	215	11
2003	125	6	2012	212	10
2004	158	35	2013	215	10
2005	180	25	2014	217	13
2006	190	22	2015	237	20
2007	191	12	2016	244	14
2008	199	11	2017	262	33

第四节 个体、私营经济管理

1985年1月，北滘召开三级干部会议，提出扶持农村专业户、重点户和个体户"两户一体"，加速经济发展。1988年全面贯彻落实《城乡个体工商业户管理暂行条例》，对工商业户实行扶持和管理的方针，引导个体经济健康发展，全年发展个体工商业户237户。1989年，共发展个体户282户，合作经营（私营）户18户。

1993年，北滘集体企业转换经营机制，为个体经济创造发展机遇，北滘以"积极支持鼓励，加强引导发展"为原则，大力推进个体、私营经济发展。全年共发展个体工商业户412户，私营企业36户。至1994年，全镇共有个体工商业户2039户，私营企业198户。

2002年，全面放宽审批条件，允许同一持照人在同一镇（区）内开办三家以下个体工商户，允许不同行业的企业、个体工商户使用同一字号；允许经营非危险物品和从事非危险性行业的企业，允许个体工商户在不影响他人的前提下以住宅为经营场地从事经营活动；允许未办理或正在办理房产证的场地在当地居委、村委或国土出具证明的前提下作为经营场所；同时，有效缩减证照审批时限并实行首问责任制。年底，北滘个体工商户3301户，私营企业471户。

2009年，以"宽进严管"为原则，进一步放宽市场准入限制和出资形式限制，设立公司注册资本的最低限额降至3万元，试行注册资本"零首期"，放宽经营场所要求，同时鼓励个体户转型为企业，允许个体户升级后保留原字号名称和行业特点，允许个体工商户经营者"一人多照"。2012年，改革商事登记制度，降低准入门槛，贯彻实施一系列支持企业发展的优惠政策，同时优化服务机制，减免部分行政收费。至2012年11月，北滘共有私营企业及分支机构3349户，比2011年同期2808户增加19.27%；个体工商户共有5901户，同比2011年5073户增加16.32%。2015年，个体工商户7436户；至2017年，达8850户。

1988—1997年北滘镇私营企业、个体工商户统计情况表

表4—6—4　　　　单位：户

年份	年末登记数		当年新增数		个体工商业户		私营企业	
	个体工商户	私营企业	个体工商户	私营企业	完成年检企业	年检率（%）	完成年检企业	年检率（%）
1988	—	—	—	—	938	—	—	—
1989	—	—	—	—	1075	—	—	—
1993	1805	112	—	—	个体、私营企业共换证1581户，清理死照65户，换照率达100%			
1994	2039	198	234	86	—	—	—	—
1995	2090	285	473	63	1729	98.6	198	99.5

续表

年份	年末登记数		当年新增数		个体工商业户		私营企业	
	个体工商户	私营企业	个体工商户	私营企业	完成年检企业	年检率（%）	完成年检企业	年检率（%）
1996	2416	406	520	132	2023	99	229	98
1997	2579	330	156	76	—	98.9	—	99.7

注：数据来源于顺德工商局北滘分局统计报表。

2000—2003 年北滘镇私营企业、个体工商户统计情况表

表 4—6—5　　单位：户

年份	年末登记数			当年登记数		
	个体工商户（户）	独资私营企业	合伙私营企业	个体工商业户（户）	独资私营企业	合伙私营企业
2000	3084	385		—	—	—
2001	3085	444		—	—	—
2002	3301	471		843	182	
2003	3641	497		1012	141	

注：数据来源于顺德工商局北滘分局统计报表。

2004—2017 年北滘镇企业、个体工商户统计情况表

表 4—6—6　　单位：户

年度	2004	2005	2006	2007	2008	2009	2010	2011	2012	2013	2014	2015	2016	2017
私营企业	8	0	0	0	0	0	0	0	0	0	0	0	0	0
国有、集体、联营企业	146	136	43	27	27	28	27	29	26	22	25	26	26	24
国有、集体、联营企业分支机构			85	58	58	57	16	14	11	11	11	12	11	11
内资有限责任公司	855	928	1120	1106	1310	1519	1745	2063	2395	2968	3813	4653	5805	7448
内资有限责任公司分公司	145	151	157	155	198	225	281	297	301	329	337	375	436	557
个人独资企业	479	557	564	471	478	497	511	511	475	485	489	511	524	526

续表

年度	2004	2005	2006	2007	2008	2009	2010	2011	2012	2013	2014	2015	2016	2017
个人独资企业分支机构	9	15	16	18	20	17	15	12	12	11	11	10	10	16
个人合伙企业	93	94	96	81	82	81	83	83	75	74	76	88	94	107
个人合伙企业分支机构	0	2	2	2	2	3	3	4	3	3	2	2	2	5
外商投资企业	139	145	158	159	161	164	168	171	162	163	166	180	184	201
外商投资企业分支机构	19	29	32	34	38	37	338	44	50	52	51	57	60	61
农民专业合作社	0	0	0	0	0	1	1	1	1	1	1	1	2	6
合作社分支机构	0	0	0	0	0	0	0	0	0	0	0	0	0	0
个体	4008	4566	5017	4346	5393	6017	6227	6189	6040	6210	6791	7436	8362	8850
合计	5901	6623	7290	6457	7767	8646	9415	9418	9551	10329	11773	13351	15516	17812

注：数据来源于顺德工商局北滘分局统计报表。

第五节　商标、广告管理

一、商标管理

（一）注册监管

1988 年，国家颁布《中华人民共和国商标法实施细则》，北滘是年批准注册商标 2 个，新办商标 1 个。至 1989 年，全镇共办理商标注册 41 个。

1993 年，《中华人民共和国商标法》颁发后，北滘试行行政核转商标代理制，是年，共有各类注册商标 109 个。1995 年新办商标 25 个，注册商标总数量达 157 个。1997 年通过“对照名称，摸清底细，宣传发动，审验办理”，共验证商标 249 个，查明名存实亡商标 18 个、无用商标 21 个。

2000 年后，北滘工商业规模发展，企业注册登记商标的意识增强。2002 年，新《商标法》实施，两年间，北滘共办理商标注册申请 82 宗。2003 年，跨区域协助本地一家企业在上海进行商标维权。2005 年，借助年检验证之机，北滘对全镇商标登记注册情况进行摸底调查，建立企业商标档案。2005—2008 年，共协助企业办理商标注册登记 96 宗。2009—2017 年，共协助企业办理商标注册登记 30 宗。

（二）培育名牌商标

改革开放后，北滘逐步确立“工业立镇”的产业发展思路，工业产品得到长足发展，形成一批国内外知名品牌。1978 年，裕华风扇厂开始生产鸿运扇，并冠以“梅花”“万宝”商标。1981 年，美的风扇厂生产第一批“明珠”牌台扇，1983 年改为“美的”牌，产品连年被评为省优、部优产品。1985 年 11 月，裕华实业公司冠名独资赞助在广州举行的“万宝杯”长跑赛，“万宝”商标广泛相传。90 年代，北滘工商行政部门对商标实施“重点培育，保护发展”的措施。1999 年，美的空调器获得国家驰名商标称号。

2002 年，全面推进名牌战略，引导企业创建“全国驰名商标”“广东省著名商标”。是年，北滘共有驰名商标 1 个（“美的”旧商标），著名商标 3 个（“碧桂园”“威灵”“Midea”），推荐申报著名商标 1 个（“嘉意”）。2003 年，推荐省著名商标 1 个（“嘉意”洋服），引导“蚬华”“祥立”2 家企业申报著名商标，协助“银河”“祥立”“日美”等 12 家企业成功冠以省名。同年 12 月 8 日，广东美的集团股份有限公司的“美的”品牌，以 121.5 亿元的品牌价值，名列全国第八位。2004 年，推荐广东祥立实业有限公司“祥立”商标申报省著名商标。2005 年，全面排查镇内各企业经营和商标使用情况，挖掘著名商标培育对象，推荐广东银河摩托车公司、先达树脂有限公司等多家大型企业参加省著名商标评审。2006 年，打击商标侵权，保护名牌产品共培育全国驰名商标 2 个（“美的”“碧桂园”），形成“嘉意”洋服、“银河”摩托车等系列名牌群体。2007 年，进一步实施商标战略，提升企业运用商标实施“走出去”战略的能力，全年共成功协助 3 家规模企业参加省著名商标的申请认定。2008 年 1 月 22 日，在顺德区实施品牌战略表彰大会上，北滘被评为顺德“名牌带动战略实施工作先进单位”。是年，北滘共有全国驰名商标 2 个、广东省著名商标 1 个，驰名商标总量在顺德各镇街内名列前茅。2009 年，成功推荐广东万联包装机械有限公司和广东银河摩托车集团有限公司申请省著名商标。2010 年，北滘将商标、名牌和标准化战略三项工作进行合并，作为品牌战略的有机组成部分，一起部署，全面落实；制定《北滘镇中小企业品牌发展扶持规划》，新增省著名商标 1 个（“万联”），新推荐条件相对成熟的企业争创省著名商标 3 家，并获广东省著名商标评审委员会评审通过；积极扶持企业争创省名牌产品，全年新增省名牌产品 5 个，推荐 9 家企业 15 种产品参加名牌产品申报和复评，其中 7 家企业共 13 种产品进入最后的审议、确定阶段。2010 年还积极推动广东省万联包装机械公司商标在海外注册，提升品牌企业在海外市场产权保护意识。

2011 年，成功推荐盈科电子、恒兴微电机、奥玛健身器材 3 家企业争创省著名商标；引导 7 家企业 19 个产品申报省名牌产品；推进区域品牌建设，得到国家商标局的认可与支持，成功驳回“北滘家电”商标的抢注申请。北滘成为佛山市申报首届“全国知名品牌创建示范区”的唯一镇街。2012 年，北滘镇共引导 5 家企业申报省著名商标，其中 2 家通过省商标评委会审查和公示；新申报省名牌产品企业 3 家共

3个产品，申报名牌复评企业5家共7个产品；重点推荐的美的生活电器公司通过专家评审，进入综合评价环节。此后五年，新增省名牌产品20个、省著名商标7个。2014年，中国美的集团居最有价值品牌评价排行榜第五位。截至2017年，北滘镇共拥有国家、省名牌产品、著名商标41个，其中，中国驰名商标2个、广东省著名商标11个、广东省名牌产品28个。

（三）侵权管理

进入20世纪90年代，涉及商标侵权案件渐多，为保护注册商标专用权，维护企业合法权益，引导正当竞争，北滘连年开展专项检查行动，坚决打击查处假冒违法侵权行为。1993年，查处假冒农药、假冒商标案件共2宗，罚没金额6万元。1994年，查处假冒企业商标侵权案3宗。1995年，查处假冒“钻石牌”风扇、非法印刷“万众乐”热水器商标、出售假冒“美的”牌风扇3宗侵权案件。1996年，北滘工商部门联合美的、蚬华电器、裕华、蚬华微波炉4家企业成立打假行动检查组，立足本地，先内后外开展打假检查联合行动，共查处假冒美的风扇生产窝点1个，假冒包装等侵权案件2宗，上缴入库金额4万元。1997年，共查处假冒伪劣案件9宗，上缴国库罚没款28.6万元。2000年，查处一宗假冒“南海”牌润滑油7吨的案件，依《广东省查处生产销售假冒伪劣商品违法行为条例》，罚款10万元。

2002年，查处非法印制商标标识案12宗、冒充注册商标案4宗、商标侵权案1宗、制售假冒伪劣商品案6宗、虚假标识案6宗。2003年，开展“三反”专项检查，重锤打击企业“傍名牌”行为，共查处不正当竞争案件10宗、假冒伪劣产品案件2宗、商标侵权案件1宗，其中不正当竞争案件90%为“傍名牌”现象，即编造虚假的企业名称、原产地、“境外企业监制”标识，误导消费者。2005年，以印刷业为重点，加强商标印制管理，共查处商标侵权案件18宗，罚没50.21万元，其中商标侵权案13宗（其中3宗是涉外案件），罚没45.75万元，收缴和消除商标标识2.93万件，收缴相关模具印版32万件，没收销毁侵权物品0.5吨，首次查处2宗服务商标侵权案件。

2008年，立案查处冒充注册商标案件2宗，侵犯注册商标专用权10宗，其中涉外商标案件3宗，没收侵权物品一批。2010年，共查处制售假冒伪劣案件3宗、商标案件4宗。2011年，再查处商标侵权4宗、销售假冒伪劣产品2宗。2013年，集中开展对侵犯知识产权和制售假冒伪劣商品打击治理行动，全年检查辖区内日化用品、音像制品、图书报刊、印刷、家电、汽配等行业企业300多家次，立案查处商标侵权案件16宗，冒用认证案件1宗，虚假宣传案件3宗，销售不符合法定要求商品案件7宗。“十二五”（2011—2015年）期间，北滘共计查处侵权、假冒伪劣案件386宗，涉案货值累计780多万元。

二、广告管理

宣传广告管理 20世纪90年代，北滘镇非法印刷品广告逐渐增多，内容以药品、保健品、医疗器械、招聘招工和致富信息等为主，部分广告内容夸大，涉嫌欺骗，且随意张贴，被称为“牛皮癣”。北滘以佛山市政府颁发的《关于加强户外张贴广告管理的通告》为指引，要求工商、邮电、城管等部门相互配合，加大对虚假广告的查处力度。1995 年，查处某土元养殖场在北滘发布虚假、误导群众购买假土元种苗广告。

进入 21 世纪，加大对电视植入广告的管理。2002 年，查处虚假广告案 2 件。2010 年，北滘利用广告监测系统对北滘广播电视站在他台节目插播的广告监测，共 1483 条，对其中一例擅自发布医疗服务广告进行查处。

户外广告管理 2001 年，顺德市工商管理局下发部分户外广告登记职权。2002—2003 年，北滘共核发户外广告登记证 228 宗。2004 年，针对户外广告登记管理相对混乱的状况，开展“查广告净化视听”专项行动，除组织辖区内 16 户广告经营者进行自查自纠外，不定期对镇内户外广告进行检查。上半年，查处未登记户外广告 5 例。2005—2008 年，北滘共核发户外广告登记证 256 宗。2005 年，查处未经登记擅自发布户外广告案件 2 宗，罚没金额 1.5 万元。2011 年，受理户外广告登记 98 户。2013—2014 年，受理户外广告登记 97 户。

企业广告宣传 20 世纪 90 年代以后，随着市场竞争的加剧，企业更注重企业的广告宣传。北滘工商管理部门帮助企业策划出不少经典的宣传广告语。如美的电器集团的“原来生活可以更美的”，以及碧桂园集团的“碧桂园，给你一个五星级的家”，短小精炼朗朗上口而家喻户晓。2003 年 12 月 19 日，在第十届中国广告节上，美的电饭煲电视广告《足球篇》获得大奖。2006 年 1 月，“美的空调乡镇市场普及革命”的营销案例入选 2005 年“中国十大营销事件”评选活动。

第六节 经济合同管理

一、合同鉴证

1982 年，《中华人民共和国经济合同法》实施。1983 年，北滘印发《关于农村经济合同的意见》和《北滘公社经济合同备案制度（试行）》，此后，以工商部门牵头，开始对经济合同统一管理并办理经济合同鉴证，逐步形成合同年检制度，加强合同履约的检查和监督。

1984—1986年北滘部分经济合同检查统计表

表 4—6—7 金额单位：万元

企业			北滘工业公司	裕丰塑料制袋厂	裕华电风扇厂	实业开发公司	顺捷装饰设计工程公司	永华家具公司	南方电器厂
1984年	签订合同	份数	30	85	35	—	—	—	—
		金额	485	84	2270	—	—	—	—
	实际履行合同	份数	10	85	35	—	—	—	—
		金额	68	84	2270	—	—	—	—
1985年	签订合同	份数	15	186	250	2	—	—	—
		金额	268	230	7940	95.75	—	—	—
	实际履行合同	份数	5	181	248	2	—	—	—
		金额	52	228	7929	95.75	—	—	—
1986年	签订合同	份数	10	143	325	—	8	1	48
		金额	85	150	8720	—	58	151.8	717
	实际履行合同	份数	6	135	321	—	8	1	31
		金额	62	145	8634.28	—	58	151.8	450

1988年，鉴证经济合同1份，金额6万元。翌年，北滘工商所通过合同检查，协助企业追回欠款303万元。

90年代，北滘加大合同管理力度，普及合同示范文本。仅1993年，企业领购合同文本约200份。随后，加强对化肥购销、种子购销、大宗农副产品购销及建设工程承包合同的鉴证。1999年开始，全镇范围内推广使用《顺德市建筑施工合同》，对属财政拨款施工的合同实行鉴证。

2008年后，北滘积极支持企业拓宽融资渠道，解决中小企业融资问题。2009—2011年，共为企业办理动产抵押合同约130宗，主债权担保金额17.1亿元。

二、“重合同、守信用”活动

1986年开始，北滘逐步开展“重合同、守信用”活动，引导企业建立市场信誉管理机制。至2001年，北滘获“重合同、守信用”企业有3家。2002年，加大力度开展“重合同、守信用”企业评选工作。是年，通过对镇内大中型企业社会信用度的调查，初步确定20家推选对象，再经过实地调研、合同检查、履约跟踪，确定上报参评企业16家，并于当年全部审核通过。2003年，对已评信用企业给予优惠，包括开通“绿色通道”专人受理业务申请，实行免予年检、上门送法、专人服务等，推动“重合同、守信用”诚信活动示范效应，是年，共向顺德区推送“诚信单位”

企业8家。2004年，北滘推进企业信用分类监管体系，对企业实行分级登记。2005年，对A级信用企业推荐参与“重合同、守信用”（以下简称“重守”）认定。是年，共有16家企业被认定为2004年度“重守”企业。至2005年，北滘共有国家级“重守”企业1家、省级“重守”企业1家、区级“重守”企业16家。

2007年，北滘严格落实“重守”企业的申请和年度考核工作，共有2家企业因开空头支票被取消“重守”称号，有5家企业因信用良好获得推荐参评“重守”企业。至2008年，北滘共有4家企业获佛山市“重守”企业称号，有30家企业获得顺德区“重守”企业称号。

2011年，以“龙腾企业”中的29家工业企业为重点，推进产品质量诚信体系建设，协助8家企业获评顺德区产品质量信用评级A级企业，30家企业获省工商局颁发“重守”企业称号。2012年，新增6家企业通过评价（5家A级、1家B级），新增“重守”企业3家。是年，北滘共有15家A级企业、1家B级企业、31家“重守”企业。2016年，“守重”企业增至40家，向社会公示55家企业诚信经营行为，并建立质量失信“黑名单”管理制度。

第七节　市场管理

一、培育市场

改革开放后，取消限制社员自留地和家庭副业产销的相关规定，北滘各乡开始兴建市集、圩市。1983年11月，征用北滘大队大晒场，兴建北滘首个规模农贸市场——北滘南源市场。1989年3月18日，北滘南源市场正式投入使用。

1993年，市场建设重点向加强“双生市场”（生产资料市场、生产要素市场）转移。至1993年，北滘共有4个直管市场，总面积6345平方米。1993年1—11月，北滘各市场上市成交额达5622万元。同年，筹建碧江、三洪奇2个新综合性批发市场。

1994年，着力对集贸市场和工业品市场进行建设和管理，对市场摊位采取公开投标，全年市场成交额达6876万元。

1995年，加快市场建设，扩大集贸市场容量，优化市场管理，加强廉政建设，个体管理费、市场折旧费委托银行代收，全年共签订委托代收协议2106份。改善市场交易环境，北滘南源市场总成交额7972.38万元。

1996年，开展“公平交易执法年”活动，市场固定摊档改“定价执筹”方式为“明码开投”。是年扩建碧江农贸市场。1997年，北滘市场改造完毕。2003年，北滘实行集贸市场“一票制”，工商、国税、地税委托市场开办者，对集贸市场内经营者统一代收税费。是年生产资料成交额2.528亿元，消费品市场成交额2.091亿元。

2004年，北滘领取“市场登记证”的市场有17个，其中消费品综合市场14个、农副产品综合市场1个、工业消费品综合市场1个、钢材交易市场1个；被确定为禽类经营重点市场的有：北滘市场、碧江市场、西海市场、三洪奇市场；由公司法人自行投资和管理的市场有 1 个，由街道或乡镇投资及管理的市场有 9 个。2004 年，镇内各市场商品成交总额 4. 807 亿元，其中消费品市场成交额 1. 302 亿元、生产资料市场成交额 1. 547 亿元。是年，核发“商品展销会登记证”6 个，共有持证从业经纪人 135 人。

2005 年，因部分村委及企业无法提供市场年检的前置材料，经工商部门实地审查和书面检查，共注销市场登记证 13 个。至 2005 年，北滘共有市场 4 个，均为消费品市场。是年，因多个市场被撤销，消费品、生产资料成交额统计数额大幅下降，消费品市场成交额 9228. 89 万元，生产资料市场成交额 7665. 8 万元。2006 年，北滘消费品市场全年成交额 4838. 64 万元，核发“商品展销会登记证”8 个。2007 年，消费品市场全年成交额 4943. 7 万元。

2008 年，全面推进农贸市场升级改造，投资近百万元，对合诚市场进行改造，并搬迁“天光圩”。是年 11 月 4 日，合诚市场通过顺德区示范集贸市场创建小组的考核验收。随后，按照“完善一批、改造一批、新建一批”的原则，北滘镇全面铺开各村（社区）的市场改造。

2011 年，北滘将农贸市场升级改造和“创文”“国家卫生镇”复审工作相结合，大力整体改造村（社区）市场，重点推进南源市场、碧江德云市场、黄涌市场等农贸市场改造。至 2015 年，全镇共 14 个村（社区）农贸市场升级改造完毕，其中碧江德云市场、上僚市场成为样板市场；西滘、西海和林头市场亦在 2016 年基本改造完毕。此外，从 2015 年起，北滘着手推进农贸市场“碎片化”工作，选取蓬莱新村生鲜蔬果店为试点，引导社会资金建设“北滘生鲜超市”。

二、规范管理

1982 年 7 月，成立北滘公社市场管理委员会。1987 年，北滘工商分局市场管理股改为经济监督股，实现市场管理职能的转变和到位。

80 年代后期，北滘逐年加大市场监管力度，规范市场管理。1988 年，共查处市场违章案件 44 宗，处理 44 人，上缴罚款 220 元。1989 年，共查处市场违规案件 62 宗，其中短斤缺两 8 宗、无证经营 12 宗、盗窃销赃 2 宗、拒交管理费 6 宗、销售违禁品 4 宗。1989 年，北滘工商所制订《市场规范化管理实施方案》，健全市场管理制度。

90 年代以后，根据“加强市场制度和法规建设，促进和保护公平竞争”的要求，增大市场整顿力度，强化市场管理，大力打击制售假冒伪劣商品等违法行为，市场监管逐步规范化、制度化、系统化。

“放心肉”上市　1993 年，着手整顿镇内市场的灌水肉档和不卫生熟食档。1995 年，重新核发猪肉、牛肉档营业执照，与肉贩签订肉类经营合约，规定肉贩必须持“两证”“一照”营业，坚决查处“灌水肉”。工商联合镇政府、兽医、卫生等部门，在都宁岗旁设置统一屠场，规定私设屠场私宰猪牛每头罚款 5 万元。是年 12 月，查处龙涌、莘村私宰屠场。1996 年，对北滘市场肉档检查，销毁注水牛肉 82.3 公斤。

2010 年，工商部门与北滘永丰公司签订猪肉质量安全责任书，明确北滘生猪定点屠宰率要达 100%，病害猪肉产品无害化处理率要达 100%。同时，对 7 家不合格活禽经营场所（批发市场），进行整改、改变用途或整体搬迁。

2011 年，严打“瘦肉精”猪肉销售行为。是年 1—10 月，定点屠宰生猪达 104211 头，“瘦肉精”检测抽取尿样 7560 份，抽检合格率 99.99%，销毁“瘦肉精”猪 44 头，无害化销毁处理病害肉 22700 公斤。2013 年，共屠宰检疫生猪 11.8 万头，产地检疫上市生猪 1.5 万头，检疫家禽 350 万只，检疫水禽 3.2 万只，合格率 100%，销毁问题病料 3048 公斤；瘦肉精检验 21300 份，合格率 100%。

“净菜”上市 1995 年起，在全镇范围内开展“杜绝灌水肉，实行净菜上市”，要求上市蔬菜达到无公害、无泥巴、无菜头、无黄叶、无杂物。2004 年，印发《北滘镇蔬菜市场准入制度实施方案》，全面实施蔬菜销售市场检测与监督制度，提升蔬菜质量安全管理水平，保障全镇人民吃上“放心菜”。2011 年，由农检站负责超市（蔬菜）检测工作，共检出蔬菜农药残留 504 份，销毁问题蔬菜 7678.5 公斤。2013 年，共检测蔬菜样品 26.4 万份，合格率为 99.8%，销毁有毒蔬菜 3700 公斤。

强化节日市场监管 加强元旦、春节、五一、中秋、国庆等节日监管，重点对集贸市场、超市食品、副食店及饭店的检查。2002 年，节假日检查共 126 户次，其中超市 14 户次，查处 19 户无照经营户，没收过期食品数十批次。2010 年，开展节前食品检查，对乳制品、豇豆、食用油、一次性筷子进行专项检查，共查办食品案件 14 宗，销毁不合格肉类、肉制品 260 公斤，没收假冒食用油 332.8 升、红米酒 485 瓶、啤酒 156 瓶。2011 年后，逢节必检，镇领导挂帅，联合工商、公安、消防、城建等部门，开展专项大检查。

印刷品及音像制品市场整治 从 20 世纪 90 年代开始，重锤整治与规范印刷品市场。1994 年，整顿文化刊物市场，查处出售色情盗版书刊及书贩子。2002 年，检查镇 168 家印刷企业，立案 9 宗，罚没款项 20 万元。2013 年，开展“净网”行动，以日常巡查专项检查相结合，开展对文化娱乐市场的检查，销毁没收的盗版音像制品逾 5000 张。

重点市场整顿 坚持边整顿边规范，打击与防范相结合的原则，重点整治规模较大且未达规范管理要求的农贸市场。2002 年，重点整顿碧江、西海、林头等集贸市场，检查其他集贸市场 47 个次，清理各类经营主体 772 户，纠正各类违章 124 宗。

专业专项整治 2002 年，对恐怖淫秽玩具、传销窝点、娱乐行业、印制销售假证照以及旅游业市场等进行专项检查与整治。2003 年，工商与卫生、防疫部门联合对食品市场进行专项整治共 7 次，依法对 13 户违法户立案查处，并首次对短斤缺两欺诈行为进行查处。是年，还对剧毒农药和剧毒鼠药市场进行整治，共收缴剧毒鼠药 13 公斤，取缔流动鼠药摊 5 档。2004 年，重点整治食品市场，共查处假冒伪劣食品 4 宗，查获假奶粉 50 罐、伪劣啤酒米酒 2232 支、假白酒 720 公斤；整治野生动物及禽类市场，共查获国家保护野生动物 66 只，拆除“野味”违法广告 152 份。2007 年起，对镇内 19 个集贸市场、10 个超市进行产品质量和食品安全专项行动。2013 年，出台应急预案，下拨10万元应急资金，补充电动消毒机等大批防疫应急储备物资，在家禽经营场所、农贸市场执行“一天一清洁、一周一扫除、一月一休市”制度，落实禽流感防控措施。同年，制定《北滘镇食品类“三打”专项行动方案》，打击清理食品市场制假售假行为，全年立案查处食品类“三打”类案件41宗，罚没金额3.22万元。“十二五”期间，每年对村（社区）集体聚餐、中高考、岭南美食文化节等中大型活动的餐饮，近500万人次提供食品安全保障，其间未发生食品安全事故。2015年，开展51项食品安全专项整治，查处食品类案件52宗。2011—2012年，以马龙、莘村、水口、黄龙村为重点整治区域，持续开展家具企业专项整治。2013—2014年，对镇内无证照及不规范经营的废旧物资回收站（点）强制清理，清理无证照经营170多家。

市场食品准入管控 2004年，构建农产品质量监督检验体系，逐步推进农产品准入制度。加强生猪强制免疫、定点屠场的管理，强化检疫检测，完善生猪凭证入场制度。是年12月1日起，实行蔬菜准入制度。北滘成为佛山市市场食品准入工作的25个先行试点之一。2005年起，落实五项制度（推行食品“场厂挂钩”“场地挂钩”，把好食品质量市场准入关；落实市场巡查制度；实施不合格食品退市制度；完善食品质量信息公示制度；推行食品生产经营企业信用分类监管制度），以碧江德云市场、广教德兴市场、北滘合诚市场，以及新喜源、天天、百惠、新锦华超市为重点，带动全镇推进市场食品准入制度。招聘24名专职农产品检测员，建设村、社区市场检测室（点）23个，配置检测设备，加大监管力度。探索实施熟食品集中加工的管理制度。2006年，食品准入制度普及北滘、广教、德云、合诚4个农贸市场和百惠、天天等5个超市；全镇19个市场分成4个片区，设立24个监测站，共检测蔬菜样本63325个，合格率99.2%，销毁农药超标蔬菜15293公斤。2007年，北滘市场定为佛山市“农村食品市场整顿年”试点，市场内经营户、超市与定点屠宰企业签订协议，实施市场巡查、不合格食品退市、食品安全信息公示等制度，推进行政执法、行业自律、社会监督、企业参与“四位一体”农村食品安全畅销监管体系建设，受到省、市的肯定。

2008年，印发《关于进一步加强北滘镇食品安全工作的通知》，进一步加强食品安全机构建设，明确监管职责分工，食品安全监管责任网、食品安全现代流通网、食品安全社会监督网推进建设。突出“一个示范”（食品安全示范店），管好“两个源头”（市场超市、批发部）的索票索证和台账制度落实，推进“一个网络”（“12315”行政执法网络），促进“三员”全覆盖（“12315”维权员、食品安全监督员、消协会员）等措施，实现对全镇食品经营户的监管，在“广东省食品安全示范镇”考评验收中，得到肯定。

2011年，共创建区级食品安全示范点6家、食品安全示范街1条，对全镇391户餐饮企业和食堂实行分级分类监管，餐饮单位量化分级覆盖率达100%，其中A级单位5家、B级单位140家、C级221家、新成立暂未定级25家。2013年，全镇共有食品安全示范单位17家，其中省级餐饮示范单位2家、区级生产加工示范单位5家、餐饮示范单位8家、流通示范店2家。同年，全镇范围内推行食品生产企业风险防控体系（HACCP），积极推进“阳光厨房”工程建设。2014年，23家食品生产企业完成HACCP体系建设，105家餐饮企业实施“阳光厨房”建设。

整顿农业生产资料市场 2005年，根据国家工商局统一部署，开展“红盾护农”行动，以西海、莘村为重点地区，以点带面展开，在全镇16个村、社区设立“红盾护农工作站”，健全四项制度：（1）严把农资市场主体准入关，经全面核查，北滘具备经营资格的农资经营户共29户（其中个体工商户26户，公司、合伙企业、独资企业各1户）；（2）强化农资企业内部管理，督促其建立健全“两账两票，一卡一书”制度；（3）对农资经营企业实施信用分类监管；（4）建立完善举报投诉处理机制。2007年，经检查，共查处3家经营户的销售伪劣农药及不合格化肥的违法行为。同年，推进农村消费维权监督网络体系建设，建成“红盾服务维权北滘居委会工作站”“红盾服务为全槎涌居委会工作站”。2008年，再增4个红盾服务维权工作站，农资市场强化“市场准入”。是年，北滘共有农资经营户34户，其中经营农药化肥的16家，全部证照齐全，并纳入信用分类监管体系。2009年，北滘启用新版农资台账登记系统，通过系统监控，查处不合格农资产品1宗。

三、创建文明市场

1988年，佛山市制定《佛山市文明市场评比标准》，北滘以此为依据推进文明市场创建。1997年，北滘市场被评为“顺德市文明市场”；1998年，北滘市场被评为佛山市文明市场；1997—1998年，北滘市场被评为省文明市场。2008年，北滘工商分局根据商品交易市场开办单位和场内经营者的信用状况，开展建立商品交易市场信用分类监管的认定工作。经评定，予以认定信用等级的市场共4个，其中A类标准2个、B类标准2个。

2011年，以合诚市场为点，开展创建广东省诚信市场。

第八节　经济检查

1988—1989年，北滘在经济检查中，收缴罚款10300元。20世纪90年代，逐步加大经济检查和处罚的力度。21世纪后，北滘经济违法案件呈大幅上升态势。2002年，共立案查处各类经济违法违章案294件，罚没210.64万元，暂扣款32万元。2003年，查处经济违法案件301件，罚没240.78万元。2005年，查处各类经济违法违章案共297件，累计罚没入库250.08万元，暂扣款13.63万元。2006年，立案查处各类经济违法案497件，结案385宗，罚没254.03万元，暂扣款30.46万元。

2002—2017 年北滘镇查处经济违法案件统计表

表 4—6—8　　单位：件、万元

年份	经济违法案	结案	罚没金额	年份	经济违法案	结案	罚没金额
2002	294	296	210.64	2010	141	140	54.12
2003	301	253	240.78	2011	100	145	54.51
2004	402	—	260.2	2012	245	219	162.03
2005	297	—	250.08	2013	206	130	111.5
2006	497	385	254.03	2014	147	83	150.49
2007	293	339	183.56	2015	187	179	164.84
2008	195	195	223.20	2016	144	184	282.58
2009	197	264	126.23	2017	321	237	240.34

一、反不正当竞争

1993 年，《中华人民共和国反不正当竞争法》颁布，将经营上虚假标识，虚假宣传，仿冒他人注册商标名称、包装、装潢，商业贿赂，侵犯商业秘密，不正当有奖销售，商业诋毁，串通投标等均列为不正当竞争行为。2003 年，北滘开展“三反”专项检查，重锤打击企业“傍名牌”行为，共查处不正当竞争案件 10 宗，其中不正当竞争案件 90% 为“傍名牌”现象，即编造虚假的企业名称、原产地、“境外企业监制”标识，误导消费者。首次查办商业贿赂案件，查处某经济发展公司“账外账”、暗中给予买方回扣贿赂案件，罚没 5 万元。2004 年，共查处违反不正当竞争法规 9 宗，罚没 31.13 万元。

2008 年，以查办商业贿赂案件为重点，加大对不正当竞争行为的整治力度，共查处不正当竞争案件 5 宗，罚没 39.9 万元，其中查处商业贿赂案 3 宗，罚没 30.9 万元。2009 年，共查处不正当竞争案 5 宗。

二、查处假冒伪劣商品

20 世纪 90 年代北滘工业崛起，制造、销售假冒伪劣商品的违法行为也逐渐增多。从 1993 年开始，北滘工商部门开始连年大力打假。是年，查处假冒伪劣案件 2 宗，罚没 6 万元。1994 年，查处假冒彩电、假冒电风扇案件共 2 宗，查处假冒劣质鳗鱼饲料 9.025 吨。1995 年，查处某校办工厂生产假冒“钻石牌”风扇，某公司销售假冒“美的”牌风扇违法案件 2 宗。1996 年，加大对汽车、摩托车、农药、化肥、食品、药品、家电、服装等行业查处力度。全年共查处制售假洗发水 2 宗、出售假冒香烟 1 宗、假冒包装 2 宗、生产假冒美的名牌风扇窝点 1 个、假冒摩托车 30 辆，罚没金额4万元。1997年，查处假冒伪劣案件9宗，上缴罚没款28.6万元。是年4月，查获林头商业街一地下金属粉末涂料加工厂假冒“TM”牌金属粉末料20.975吨；查获假冒“星湖”“双桥”味精115箱；跨镇在勒流一制假地下工厂查获冒牌“美的”电风扇3000多台，冒牌“顺华”抽油烟机400台。2000年，查处一宗假冒“南海”牌润滑油7吨的案件，共没收销售收入及罚款10万元。2002年，查处制售假冒伪劣商品案6件。2003年，查处假冒伪劣产品案件2宗。2004年，查处制售假冒伪劣商品14宗，罚没金额37.29万元。2007年，查处制售假冒伪劣食品案件4宗，没收白酒108瓶、葡萄酒13瓶、食盐392包、奶糖16包、花生油12瓶。2009年，查处制售假冒伪劣案2宗。2010年，查处制售假冒伪劣案3宗。2011年后，继续保持高压态势，重点对镇乡交界区域开展持续整治，在林头社区设立“打私打假打传（销）”基层联络点，群防群治。2017年，查处涉嫌侵犯注册商品案件5宗。

三、查禁传销和变相传销

1998年后，根据国务院《关于禁止传销经营活动的通知》，北滘工商部门对非法传销进行严厉查禁。2002年，捣毁传销窝点6家，驱散传销人员46人，查获传销物品一批。2003年，以“发现苗头及时扑灭”为原则，以出租屋为重点查处涉嫌变相传销的经营户3户。2007年，将化妆品、保健品等行业列为重点监控行业，广布眼线，密切监控；开展打击传销行动15次，检查嫌疑场所42个，共捣毁传销场所2个，遣散传销人员16人。

2012年，与各村（社区）签订《创建“无传销社区”责任书》，全年共出动巡查人员1820人次，开展大规模行动26次，检查6218间出租屋和587家商铺，处理传销活动投诉7宗。

第九节　消费者权益保护

20世纪90年代，以《消费者权益法》为依据，开始受理并处理消费者投诉。1996年，接受消费投诉18次。1997年，受理消费者投诉9宗。

2002年，受理消费者投诉259宗，接待信访61人次，为消费者挽回经济损失6.87万元。2003年，共受理来信来电及部门交办投诉案件235件，挽回经济损失9.12万元。2005年，共受理消费者投诉280宗，挽回经济损失9.02万元。是年5月3日，工商部门接对某建材经营部存在欺骗行为的投诉，经彻夜调查取证，最终为消费者追回6200元经济损失。2006年后，随着消费者权益保护意识加强，以及“12315”“12365”“12350”“12345”等投诉热线的普及，北滘工商部门及时处理大量群众的投诉。2009年，针对供电公司多收碧桂园部分用户的电费事件，消委会及早介入调解，问题得到圆满解决。

1996—2017 年若干年份北滘镇受理投诉案统计表

表 4—6—9　　　　单位：件、万元

年份	受理投诉案	结案	挽回经济缺失	年份	受理投诉案	结案	挽回经济缺失
1996	18	18	—	2009	270	270	7.1
1997	9	9	—	2010	561	561	10.7
2002	259	259	6.87	2011	702	702	11.2
2003	235	235	9.12	2012	726	726	2.9
2005	280	277	9.02	2014	780	780	18.6
2006	221	221	18.1	2015	1369	1369	25.3
2007	248	248	59.6	2016	1617	1617	27.8
2008	284	284	18.3	2017	3648	3648	30.1

第七章　物价管理

第一节　管理机构

1972 年，物价管理由公社工商所负责，北滘生产、经营企业的大小商品价格（新定、调整）均按照国家规定的“统一领导、分级管理”原则，遵照主管部门规定的地区差率、批零差率和收费规定，制定销售价格及非商品收费标准。

每年不定期组织各战线、各主管部门到工厂、公司、供销社、基层门店审查价格执行情况，并根据情况需要，如节日前、新定或调整价格后，加强检查工作。对违纪行为，以批评教育为主，严重者则书面通报批评。

1979 年后，检查监督主要集中在国家定价的商品价格和收费项目上。1985 年以后，连年开展财政税收物价大检查，同时不定期开展各种形式的监督检查。1986 年 10 月，北滘成立物价检查站。1989 年 4 月，北滘设立兼职物价管理员。1993 年 5 月 5 日，顺德市工商物价局北滘分局成立，负责镇内物价管理工作。1999 年，顺德市工商物价局北滘分局改为顺德市工商行政管理局北滘分局，物价管理职能移交经济发展与促进局北滘分局。

第二节　主要商品价格

一、农副产品价格

1965年，为提高农民生产积极性，由县统一部署，北滘对甘蔗、塘鱼、稻谷等农产品收购价作出调整，其余农产品除生猪收购价格外提高16.5%，香（大）蕉、“三鸟”、白菜干、大头菜、中药材提高幅度均超过20%以上。针对提价幅度受国家、企业、群众的承受能力所限，价格仍未反映价值，国家腾出一批化肥、饲料等对主要出口农产品实行奖励和换购政策，以弥补偏低的收购价格。

1966—1978年，基本上冻结物价，商品供应宁可脱销也不提价，原来合理设置的地区差价、季节差价、品质差价被取消或缩小。1971年，对甘蔗调整过一次价格外，其余塘鱼、稻谷的购销价格则十年不变。

1979年，贯彻中央批准广东实行“特殊政策、灵活措施”的精神，北滘对农产品物价全面调整，逐步放开，一方面逐步缩小统购范围及任务基数，一方面大幅度提高主要农产品收购价格。与1978年相比，甘蔗提高20%，塘鱼30.7%，稻谷21.94%，生猪21.9%，花生32.7%，大豆13.6%，鸡蛋28%，鸭蛋19%。在完成国家交售任务后，塘鱼允许自由上市，议价成交。1979年冬，还提高8种副食品销价，其提幅为猪肉22.63%、塘鱼26.27%、咸鱼21.3%、牛肉67.64%、鸡蛋28%、鸭蛋19%等。

1985年初，北滘取消塘鱼指令性计划，全面放开购销价格；同时取消生猪派购，放开购销价格。同年4月起，取消粮油统购政策，实行分别按“倒三七”和“倒四六”比例计价（“倒三七”即国务院关于“三成按原统购价，七成按原超购价”的比例；“倒四六”即“四成按原统购价，六成按原超购价”），实行合同定购，合同定购外的可自由上市，议价成交。对城镇居民定量供应口粮，仍执行统销价，对经济作物区的农业人口定销量则按购销同价，生油按议价供应。到1988年，除蚕茧、甘蔗仍执行国家定价外，北滘其余各种农产品购销价格放开，实行市场调节。

1975—2000年若干年份北滘主要农产品收购价统计表

表4—7—1　　　　单位：元/50公斤

农产品	规格	1975年	1979年	1985年	1991年	1995年	2000年
甘蔗	统级	1.6	2.03	3.29	—	—	—
稻谷	三号中等	9.8	11.95	16.13	—	—	—
塘鱼	一号中等大鱼	39.33	47.17	112.1	233.77	354.63	254.14
生猪	—	81.5	81.5	125	200.54	445.09	320

二、工业产品价格管理

1961 年下半年，政府对少数高档、名优商品实行高价放开供应的政策，以“卖得出，顶得住”的原则安排价格，一般高于牌价一至三倍不等，如上海产永久牌和凤凰牌自行车每辆 600 元，高于牌价 2 倍多。1964 年末，基本停止高价供应政策。1967 年 8 月起，执行国务院指示，物价基本冻结。1981 年，大幅度调高铁、木、竹及船艇等销售价格，总水平提高 77%。1982 年，再次提高中小农具价格（总体调高 36.8%），并下放给企业自行协商定价，产销直接衔接。

1981 年 11 月，逐步对 200 种日用小商品价格放开管理。1985 年，三类日用工业品全面放开，由企业自行定价，工业品价格放开的范围逐步向一、二类商品扩展。同年 4 月，放开“五大件”（缝纫机、国产手表、收音机、电风扇、非名牌自行车）价格，取消国家统一定价。1986 年 8 月，国家放开“七大件”（自行车、黑白电视机、电冰箱、洗衣机、收录机、80 支纱以上纯棉纱及其织物、中长纤维布）价格；1988 年，放开食糖销售价格。至此，除水泥、冰箱、酒类、酱料等主要品种和重点厂的饮料等商品，以及变动厂价必须申报的饲料和复合肥外，北滘的产品价格均放开。1995 年，北滘物价指数稳中有升，上升幅度在 10%—12%。至 2017 年 1 月 1 日，取消食盐专营，放开所有盐产品价格。

1975—2000 年若干年份北滘部分商品零售价统计表

表 4—7—2　　单位：元/公斤

商品	规格	1975 年	1979 年	1985 年	1991 年	1995 年	2000 年
生油	土榨花生油	1.88	1.88	3.22	7.92	12.32	11.65
猪上肉	带皮无骨	1.74	5	7.76	9	16.36	13.45
鸡蛋	一级	1.76	1.8	3.7	6.24	8.25	5.03
大鱼	一级	0.96	1	2.62	4.5	—	—
食盐	粗粒生盐	0.3	0.3	0.24	0.47	—	—
白糖	细砂糖	1.36	1.36	1.36	2.84	—	—

第三节　收费管理

一、电费

1950—1954 年，米机（粮食加工厂）的发电，15 瓦每支每月收费 2.5 元，25 瓦收费 3.5 元，每千瓦时电合 1.5 元。1955—1960 年，顺德电厂发电，每千瓦时

0.45—0.5元（不分行业用电）。1960年后，从广州电厂输入用电，初期每千瓦时0.45元，后降为0.35元。1962年，顺德建成供电公司直接供电，并由物价部门规定电价。1983年电费增加燃料附加费，1987年增加电力建设费，1988年增加省直收用户附加费。此后，按商业、工业、民用照明等不同性质，电力按不同价格收费。

2012年7月1日起，按大工业用电、普通工业用电、非工业用电、商业用电、居民用电五大类，分别取价。居民用电实行阶梯电价：0—260千瓦时为第一档，单价0.62元/千瓦时；261—600千瓦时为第二档，每千瓦时电价加价0.05元，单价0.67元/千瓦时；601千瓦时以上为第三档，每千瓦时电价加价0.3元，单价0.92元/千瓦时。商业电价也分三档，不满1千伏，1.0178元/千瓦时；1—10千伏，0.9928元/千瓦时；35千伏及以上，0.9678元/千瓦时。

1962—1991年北滘地区电费价格一览表

表4—7—3　　单位：元/千瓦时

用电性质	民用照明	商业用电	工业用电	用电性质	民用照明	商业用电	工业用电
1962—1982年	0.2	0.2	0.085	1987年	0.24	0.482	0.365
1983年	0.2	0.26	0.152	1988年	0.287	0.482	0.365
1984年	0.2	0.2475	0.1275	1989年	0.42	0.63	0.515
1985年	0.21	0.29	0.175	1990年	0.39	0.61	0.495
1986年	0.24	0.389	0.274	1991年	0.41	0.655	0.54

二、水费

1984年4月，北滘自来水厂建成通水，按顺德统一实行的水价收费。1987年6月开始，水费中加收城建费0.03元/吨，1988年后调为0.05元/吨。

2013年7月，北滘自来水价格及居民用水实行阶梯式水价，居民用水分三级：小于或等于23立方米，水价1.5元/立方米；超过23立方米但少于或等于36立方米，水价1.95元/立方米；超过36立方米的按照2.7元/立方米收取。行政、事业用水1.95元/立方米；工业用水2.10元/立方米；商业用水2.65元/立方米；特殊行业用水4.00元/立方米。

1984—2013年若干年份北滘地区水的价格一览表

表4—7—4　　单位：元/立方米

时间	居民用水	行政机关用水	事业单位用水	工商服务业、基建用水
1984—1987年	0.15	0.15	0.2	0.43
1988年	0.15	0.15	0.3	0.5
1989年1—6月	0.15	0.15	0.3	0.5

续表

时间	居民用水	行政机关用水	事业单位用水	工商服务业、基建用水
1989 年 7—12 月	0.2	0.2	0.3	0.5
1990 年	0.2	0.2	0.3	0.5
1991 年	0.3	0.3	0.3	0.5
2013 年	1.5/1.95/2.7	1.95	1.95	工业 2.1/商业 2.65/特殊行业 4

三、学费

学费由国家统一定价，实际执行时酌情加收各种杂费，各校标准不一。1950—1982 年，小学每学期（下同）学费 3.2 元，初中 5.5 元，高中 7 元。1983—1985 年，小学、初中、高中均收联合办学经费 12 元。1986 年起，推行九年义务教育制，小学、初中免收学费，各收杂费 12 元；高中学费 7 元，杂费 12 元。1988—1989 年小学收办学经费 60 元，初中收 80 元，高中收 100 元。1990 年，小学杂费 60 元，初中 80 元，高中 110 元，民办教师统筹费各收 10 元，高中另收学费 7 元。碧桂园学校等民办中小学执行经物价局批准的不同于公办学校的学费。

2005 年北滘镇公办中小学校学费收费标准表

表 4—7—5　　单位：元/人·学期

收费项目	收费标准	备注
（一）小学		其中课本费均为 100 元，作业本费均为 10 元，其余为杂费
1. 普通小学		
普通生书杂费	270	
借读生书杂费	730	
2. 县一级小学		
普通生书杂费	300	
借读生书杂费	800	
（二）初中		其中课本费均为 150 元，作业本费均为 13 元，其余为杂费
1. 普通初中		
普通生书杂费	410	
借读生书杂费	850	
2. 县（区）一级初中		
普通生书杂费	450	
借读生书杂费	930	

续表

收费项目	收费标准	备注
（三）高中		其中课本费均为 230 元，作业本费均为 16 元，其余为杂费
1. 普通高中		
普通生	950	
借读生	1900	
2. 县一级高中		
普通生	1045	
借读生	2090	
（四）职业高中		其中课本费均为 230 元，作业本费均为 16 元，其余为杂费
1. 普通职业高中		
普通生一般专业	1150	
普通生高耗专业	1250	
借读生一般专业	2300	
借读生高耗专业	2400	
2. 县（区）级重点职业高中		
普通生一般专业	1260	
普通生高耗专业	1360	
借读生一般专业	2410	
借读生高耗专业	2510	

四、医疗收费

医疗收费标准由国家作社会福利事业单一计划管理，收费从低安排。北滘各种医疗处理项目收费，均按县（区）以上物价部门审定标准征收，医疗部门收不抵支部分，由地方财政拨款补贴。改革开放后，为促进医疗卫生事业发展，北滘在上级部门指引下，对各种医疗项目收费作了多次适度的调整。

第四节　监督检查

1994 年，贯彻国家发展计划委员会《关于商品和服务实行明码标价的规定》，北滘共组织物价检查 5 次 450 户，强调实行明码标价，查处机动车检测中心违反规定擅自收费的违章行为。针对洪水泛滥可能引起粮食趁机提价的情况，北滘物价部门加强媒体宣传，组织全镇粮食经营户开会，贯彻稳定粮食价格的要求，对个别趁机提价者进行严肃处理。

1995 年 4 月，海关食检科对商业部门销售进口食品发证、验证。是年，北滘共出动20人次，4次对行政事业性和“四性”商品进行检查，重点抓粮油、肉类等商品的标价出售。开发北滘市场信息网，每月定期发布市场物价信息表，有效调控市场物价。

1997年，北滘共检查督促32户明码标价、赃物估价服务7宗，全额27410.7元。2003年，“非典”爆发期间，醋、食盐、粮食价格一度上涨，北滘物价部门共出动83人次，检查商店245家、集贸市场38个、副食店357个、对哄抬物价的28人警告并责令改正。针对北滘食盐脱销的情况，北滘工商物价部门与佛山盐业局对接，由供销社批发部组织大批食盐供应市场，从而稳定市场食盐价格。

第八章　统计

第一节　管理机构

1953年6月，顺德县人民政府成立统计科，北滘区域各乡陆续配备专（兼）职统计员。1963年5月，北滘设立统计组。

1980年，北滘工业交通办公室（1983年更名为农工商联合总公司）、经济发展办公室、北滘经济发展总公司、农村工作办公室等，分别设置统计员，对工业、农业、商业等进行归口统计。

1984年，顺德县区乡企业总公司发文“加强统计队伍建设，提高企业管理水平”，北滘各企业加强统计工作，健全统计队伍，建立车间（班组）一级的日常生产统计，设立统计台账。各企业车间（班组），一般设兼职统计员。

2005年10月28日，北滘镇正式设立统计组，隶属党政人大办公室管理。2010年7月，北滘镇实行大部制改革，统计组更名为统计股，仍隶属党政人大办公室管理，负责全镇统计工作，并指导各相关单位统计业务的开展。包括：通过建立统计报表制度，按国家统计局统一制定指标、计算标准，完成各项报表和专项统计，并定期进行公布。根据上级和北滘镇政府决策需要进行专项的全面调查、典型调查、抽样调查，及时整理、分析统计资料，做好统计汇编。

第二节　统计报表

1979年改革开放后，随着北滘经济的发展和社会的进步，北滘逐渐开展农业、工业、商业、劳动工资、交通运输、外经外贸、文化教育、旅游等专业门类统计，进而对国民经济和社会发展全面统计。

农业统计　包括农用地面积、播种面积、生产情况、主要农产品产量、产值、总收入等项。1954年起定期统计报表，有人口、农用地、牲畜、生产互助组织、生产合作社基本情况等项。1959年起增加农业机械拥有量，1964年起增加农田水利基本建设，1982 年起增加农业净产值，1985 年起增加农村社会总产值、农业商品产值等项统计。

工业统计 按经济性质〔即全民、集体（镇办、村办）、合营、私营、个体〕，分产品、产量、产值、从业人数、劳动生产率、固定资产等指标项进行统计。1983 年起增加净产值和独立核算企业经济效益统计，采用“工厂法”计算工业总产值，采用“生产法”或“分配法”计算工业净产值。1990 年起增加反映全民、集体、合营、私营、个体工业发展速度、规模、效益的全面工业统计。

商业统计 新中国建立后，随着商品经济发展及生活水平提升，统计指标逐步扩展到社会商品流转总值，零售总额，购、销、存总额及数量，主要农副产品收购量，国营、集体、合作、合营、私营、个体商业经营、饮食业网点分布、从业人员、效益和社会购买力等项。

物资统计 1958 年起开始进行物资统计，主要统计全民、集体所有制企业的原煤、生铁、钢材、原木、水泥、烧（纯）碱等原材料的消费与库存情况。1981 年起增加物资消耗定额执行情况、产品销售与库存总值情况统计；1982 年起增加工业企业消费，高、新技术改造消费，新机电设备使用与库存，工业产品收、拨、存等指标统计。

固定资产投资统计 亦称基建统计，始于 1962 年。主要统计各项基本建设投资、技术更新改造投资情况，全民、集体、个人的房屋、建筑物、设备安装的生产经济效果，开垦荒地、水利、道路修筑、建筑勘察设计等。1988 年起增加建筑业统计。

外贸、外经、旅游统计 1952 年建立主要商品进口分类统计和出口分类统计制度；1987 年开始统计旅游业发展情况，包括国内外游客人数、宾馆客房间数、开房率、旅游收入等项。

综合统计 开始于 1985 年，主要进行社会总产值、国民收入、国民生产总值的计算统计和横向资料交流等。

除上述统计内容外，还有交通运输、金融税收、财政、教育、卫生、人口、计划生育等项，分别由主管部门搜集综合，上报镇统计部门。镇统计部门对各方面统计资料进行汇总整理后，以统计表形式编印分发。20 世纪 70 年代起，北滘按分农业、工业、商业等，编印月度、季度、年度等不同类型的统计报表；1989 年开始使用微电脑汇总整理统计资料。

2008 年以前，北滘镇有关企（事）单位填报的统计报表以纸质报表为主，并由上级统计部门规定模板并统一下发。2008 年以后，顺德区统计局委托企业开发“顺德区统计信息管理系统”，北滘镇“三上企业”（规模以上工业企业、限额以上批发零售住宿餐饮企业、资质以内的主业企业和房地产开发企业）均通过互联网直接登录填报统计报表，统计工作逐步实现无纸化。到 2011 年末，国家统计局正式实施“企业一套表和联网直报制度”，全镇“四上企业”（规模以上工业企业、资质等级建筑业企业、限额以上批发零售住宿餐饭企业、规模以上服务业企业）均通过互联网直接登录国家“企业一套表”联网系统填报统计报表。

第三节　重大专项统计调查

建置后，北滘统计调查逐步制度化、规范化，除执行国家规定的统计报表制度外，还根据北滘辖区具体情况，分别采用抽样调查、典型调查、重点调查、普遍调查、一次性调查等方法，获取统计资料。

抽样调查　1982年，为促进经济发展，北滘公社对1980—1982年的专业户、重点户抽样调查分析。同年，开展对农村新经济联合体的调查分析。

2010年11月，北滘镇全体党委委员与党政办、经济局、人力局等负责人组成3个调研组，分赴镇内24家中小企业（涉及家电、金属、机械、家具、服装、工业设计和种植）开展年终调研，全面调查了解企业发展中遇到的困难。

人口普查　人口普查一般每十年进行一次，1953年、1964年、1982年，北滘进行三次全国人口普查。1990年3月，北滘镇开展为时4个月的第四次人口普查及普查前户口整顿工作。1991年8月，北滘被评为人口普查先进镇。2000年3月，北滘全镇展开为时8个月的全国人口第五次普查。2010年11月开始，北滘范围内进行全国人口第六次普查。

工业普查　北滘于1952年和1985年进行两次工业普查。1995年10月，全镇范围内开始第三次全国工业普查，对生产经营、资产负债、生产能力、技术装备等进行调查统计。

经济普查　经济普查一般每五年进行一次，于2003年、2008年、2013年，北滘镇开展了三次全国经济普查工作。

农业普查　一般每十年进行一次，在1996年、2006年，北滘进行过两次全国性农业普查。

第四节　统计报告

1980年后，北滘统计报告的类型主要有下列几种：统计公报、进度统计分析报告、综合统计分析报告、专题统计分析报告、典型调查报告。北滘镇日常统计工作主要以撰写统计公报和统计分析报告为主。其中，统计公报以各类大型专项普查数据为基础，待普查结束后整理汇总形成报告向镇委、镇政府汇报；统计分析报告一个季度撰写一篇，主要是根据统计报表和有关部门提供的统计数据进行分析研究，成文后向镇主要领导汇报。

第五节　统计监督

1984年1月1日，国家施行《统计法》，统计工作纳入法治轨道。北滘要求各统计单位均须按照《统计法》的规定提供统计资料，不得虚报、瞒报、拒报、迟报，不得伪造、篡改统计调查所规定的指标含义、调查范围、计算方法、分类目录、调查表式、统计编码等；未经制定机关同意，任何单位和个人，无权修改、变更统计调查方案。并以《统计法》为依据，监督开展各项统计工作。

2011 年，北滘实施国家统计局“四大工程”（建设基本单位名录库、设置企业一套表、统一数据采集处理软件系统、联网直报）的规定，统计执法检查成为一年一度的常规工作。执法对象主要是镇内各村（社区）及有关企业等单位。

第九章　质量技术监督

第一节　管理机构

一、行政管理机构

20 世纪 80 年代，镇办企业的质量管理和监督工作，统一由经济发展总公司负责。1988 年，北滘经济发展总公司制订《关于加强企业质量管理的暂行规定》，要求：各企业设置专职质量管理机构，建立严格的质量责任制；建立专职的计量机构和质量检验机构，配置能保障产品质量达到技术标准所必需的计量设备和检验设备，逐步建立和健全标准化管理制度，执行“五不准”（不合格产品不准出厂，也不得计算产值、产量；不合格原材料、零部件不准投料、组装；已公布淘汰的产品不准生产和销售；没有产品质量标准、没有质量检验机构、没有质量检测手段的产品不准生产；不准弄虚作假、以次充好、伪造商标、假冒名牌）；产品执行送检制度，实行“三包”（包退、包换、包修理）。

2010 年，顺德区市场安全监管局北滘分局成立，质量技术监督职能包括：（1）负责农产品、食品、工业产品等质量抽样检查；管理、指导全镇工业产品质量工作；组织拟定提高全镇质量水平的质量发展规划、意见；负责生产、流通领域的产品质量监管；推进企业质量诚信系统建设；工业产品质量实施分类监管；协助上级做好工业产品生产许可证、产品质量认证、质量体系认证的管理；依法负责产品防伪的监督管理工作。（2）负责全镇标准化管理工作，制定并组织实施全镇标准化工作的规划和计划，依法监督管理企业标准化工作，治理“无标”非法生产；指导企业开展产品标准备案和产品执行标准登记工作及新产品、引进技术和设备的标准化审查工作；管理全镇组织机构代码和商品条码工作；推行采用国际标准或国外先进标准，组织宣贯重要的国家标准、行业标准及地方标准，推动企业参与国家和国际标准化活动。（3）负责全镇计量工作的监督管理，推行工业计量现代化；监督管理商品计量、市场计量行为。

二、专业监督检验机构

1981 年，北滘建立“农业技术服务”“禽畜生产服务”“水产养殖服务”“花木生产服务”“社办企业服务”“队办企业服务”“商业服务”7 个专业服务公司，对农、工、商各业提供质量技术服务指导和监督。1988 年 3 月，成立北滘镇畜禽养殖专业技术服务组。

2004 年，北滘投入 80 多万元成立农产品质量监督监测站，负责农产品及相关产品的检疫、检测和质量监督工作。2006 年 2 月，国内首个由民间团体斥资兴建的鳗鱼检验中心，在北滘镇的广东工商联鳗鱼业商会挂牌运行。2013 年，完成镇农产品检测站实验室改造，升级购置自动酶标仪、冷冻高速离心机、均质仪及氮吹仪等 29 种仪器。

第二节　标准化

1978 年全国科学大会召开后，北滘组建一支 80 人的农业科研队伍，负责全公社水稻、甘蔗、禽畜、水产养殖的技术指导，随后，各大队办起科学种养示范点。这是北滘农业领域标准化种养的雏形。1982 年 10 月，北滘印发《建筑施工技术管理暂行规定》，对建筑行业标准化进行初步管理。

1983 年，佛山市政府发布《佛山市制（修）订市、县企业标准工作程序的规定》后，北滘要求工厂企业产品、农副产品积极采用国际标准和推广国外先进标准。1988 年后，美的、裕华等企业相关员工参加县举办标准化业务培训学习，推进所在企业的标准化工作。各企业逐步加强产品定标、计量整顿验收、产品技术鉴定、产品认证等一系列基础工作。

1989 年《中华人民共和国标准化法》颁布实施后，北滘质监部门协助企业起草、修改产品标准，倡导企业开展按标准组织生产。1999 年，以美的集团为试点，进行 ISO9000 和 ISO14000 一体化国际标准认证。随后，蚬华、恒兴微电机等多家企业逐步通过质量体系认证，按国际标准生产产品。

进入 21 世纪，北滘积极推动企业参加行业标准制定。2006 年 3 月，美的集团发起制定饮水机节能标准。2009 年 3 月，全国家电标准化技术委员会电风扇工作组在美的集团成立，指定美的牵头制订风扇类产品的国家标准。

2010 年，北滘共协助 3 家企业 4 类产品（服务）申报参与制定广东省战略性新兴产业地方标准，协助 3 家企业共 10 个项目申报“广东省实施技术标准战略性项目资助”。从 2006 年至 2010 年，镇企事业单位参与制订国家标准、行业标准、地方标准 189 项。

2011 年，北滘以标准化战略提升行业竞争力，全年共有 8 项由美的集团主导或参与制订的各类标准正式公布；引导 9 家企业建立健全企业标准化体系；引导和协助精艺、丰明、盈科、星徽等家电元器件生产企业将 6 项核心技术转化为标准；协助广东工业设计城申报的“工业设计园区建设规范”“工业产品评价与认定”2 个地标项目，美高环保设备公司的“环保型商用废弃食物处理器”地标项目成功立项；协助盈科电子参与制订“匀光节能灯箱”“太阳能光伏 LED 景观灯”地方标准送审等。是年6月，由美的集团等电压力锅标准联盟成员组团参加IEC/TC61第83届年会，具有多项知识产权的顺德电压力锅联盟标准正式通过国际标准提案，这项具有中国自主知识产权的电压力锅国际标准在2012年底由国际标准化组织（IEC）颁布实施，是广东省首次成功以产业联盟形式参与国际标准制订工作。是年，共有4家企业建立跟踪应对技术贸易措施机制，有18件产品获省质监局采用国际标准认可。

2012年，北滘编制各类范本，引导电压力锅生产经营企业建立健全原材料产品采购、过程管理、产品检测、不合格产品控制、质量事故处理、销售记录以及质量诚信自律管理机制；同时，引入中国家电研究院与区标研中心、区标准与编码所，开展电压力锅行业质量分析、探索产业研发平台建设、推进联盟标准及集体商标应用、编制监管体系标准化文件，进一步推进全镇电压力锅行业标准化。

2013年，配合建设“全国家电配套制造产业知名品牌创建示范区”，对六大类27种家用电器共100批次产品开展专项监督抽查；协助13家生产企业做好执行标准备案、登记工作，监督企业严格实施备案登记标准，引导鼓励企业申报制定国家和行业标准。同年，以科技型企业、新产品研发企业为培育重点，从质量管理、标准化、计量、认证认可等基础性工作入手，建立培育信息档案。至2014年，共建立600个家电及配套制造企业的基本信息和质量信用信息档案。

自2012年起，北滘全面推进企业安全生产标准化工作。至2013年，规模以上企业全部达标。至2015年，规模以下企业全部达标。

第三节　计量

一、计量制度

明清两代，北滘辖区内，长度采用丈、尺、寸、分十进制，容量采用石、斗、升、合十进制。清代后期，普遍混合使用，中外计量衡器混用更为普遍。长度市尺、排线尺与英尺并行，布匹量度多用英制的码，道路里程也是市制、英制、公制杂陈，重量则是司码秤和英磅混杂使用。

民国17年（1928年），国民政府订立统一的计量制度，公布《中华民国权度标准方案》，以公制为标准制，以市制为过渡辅制。标准长度以1米为标准尺，容量以1公升为标准升，重量以1公斤为标准斤。市制与标准制的折算比率分别为：3市尺等于1米，1市升等于1公升，2市斤等于1公斤。民国37年，顺德县政府和县权度检定所饬令商户自当年5月起一律改用市制或公制，此后市制得到一定程度的推广，但迄至解放，各种旧制仍在市面上通用。

新中国成立后，国家对计量制度进行一系列改革，推行公制，沿用市制，限用英制，废除杂制。50年代初期，废除150斤为一石的计量单位，实行以100市斤为一担；废除斗、升量器，改用衡器计量。1953年后，北滘辖区基本划一采用市制。1963年，贯彻国务院1959年颁布的《关于统一计量制度的命令》，将每市斤16两制改为10两制（中医药业暂保留旧制）。1978年起，中医药业一律改用公制计量单位克、毫克、升、毫升。1988年4月，顺德下发《关于实行法定计量单位的通知》后，北滘工业、商业、医疗等各行业计量器具逐步改制。1990年底，废除市制单位。2017年，常用长度计量单位有公里（千米）、米、厘米，尺、寸等旧长度计量单位也尚未禁止；容量单位多用公升（升）、毫升；重量单位则混用较多，公斤（千克）、克、担、斤、两、磅等均为常用重量计量单位。

二、商业计量管理

20世纪50年代起，北滘地域全面进行衡器更换改革，逐步废止升、斗等商用量具，取缔旧杂秤，更换定量砣刀纽秤。1984年，北滘停止使用非标准的木杆秤。

60、70年代，北滘国营商业部门使用计量器具自律性较强，失准自行检修，作弊现象甚少。农贸市场、个体摊贩和合作商店则由工商行政部门管理。80年代监督工作没有投放足够力量，致使商用衡器失修失检失准的情形屡有出现，一些商贩为非法盈利，故意调整计量器，短斤缺两。

三、工业计量管理

1986年以前，北滘工业企业尚未设立专职人员负责计量工作。1986年，随着工业逐步发展，企业在开展仪器检定的同时，计量工作的重点转移到计量定级上来。1990年，通过二级计量标准的有裕华风扇厂、华达电器厂、美的风扇厂和南方电器厂，通过三级计量标准的有20家企业。

四、计量检查监督

1987年2月，《中华人民共和国计量法实施细则》颁布后，北滘展开辖区工商业计量衡器的检查监督。

1997年，顺德制订《顺德市商品交易市场管理暂行办法》，规定经营者销售商品，应使用国家法定计算单位和计量器具，农贸市场应设置公平秤。北滘工商部门深入农贸市场，督促市场主办者按照计量法律法规的有关要求，在市场设置公平秤，对市场使用的计量器登记造册。

进入21世纪，北滘全面开展汽车衡计量商品包装计量专项检查和民用“四表”监督检查，对群众较为关注的加油机等电子计量器具加强监督检查。2010年，市场安全监管局北滘分局配合计量所强制检定计量器具126台，合格率100%；对辖区内工业区重点路段提供汽车衡服务的21家经营场所的43件衡器进行检查，合格率100%。2011年，共协助4家企业成功获省质监局二级计量保证体系认证。“十二五”

期间，对全镇1343台（件）在用计量器具开展免费强制检定工作，培育14家诚信计量示范单位，对集贸市场及卫生医疗单位计量器具进行强检，受检率达99%，市场设置的公平秤受检率达100%。2014年，强化加油站计量监督，倡导诚信计量经营，全面检查镇内10家加油站200多把加油枪，敦促各加油站开展诚信计量承诺活动，签订《顺德区诚信计量自律承诺书》，接受社会公众监督，保证遵守计量法律法规，统一使用法定计量单位，执行计量短缺行为先行赔付的制度。

第十章　安全生产管理

第一节　管理机构

1984年6月，北滘区工商联合公司发出《关于安全生产问题的若干决定》，成立安全生产领导组，确定裕华风扇厂、美的风扇厂、金属加工厂为安全生产重点企业，设立专职安全员。

1987年7月，北滘镇安全生产委员会成立。同年8月，北滘经济发展总公司安全生产委员会成立，隶属北滘镇经济发展办公室，负责镇内各企业生产安全管理与监督。

至2006年12月，北滘镇经济发展办公室安全管理科具体负责全镇工贸企业安全生产监督管理工作。2006年12月后，北滘根据顺德区的部署，成立安全生产监督管理办公室（简称“安监办”），承担北滘镇安全生产综合监督管理工作。

2010年7月底，北滘镇安全生产监督管理办公室与北滘工商分局等部门合并，成立顺德区市场安全监管局北滘分局（简称“市监分局”），负责镇安全生产综合监督管理工作，承接北滘镇安委会、安委办的日常管理工作，承担特种设备安全监管职能、危化科事权审批职能、安全生产执法等职能。

第二节　宣传教育

一、安全生产宣传活动

1978年7月，北滘镇安全委员会成立后，全面落实安全生产责任制，完善各企业各村（社区）安全生产制度和措施，连年开展系统性安全生产宣传教育。首先，针对不同人群制定宣传教育和培训计划。充分利用辖区内宣传手册、安全社区宣传栏、宣传板、LED显示屏、镇政务网站，开展形式多样、内容丰富的宣教活动，为各村（社区）、公共场所、公园、员工村制作安装36个安全社区宣传栏，向广大居民宣传安全社区理念；各企业借助自有专业人员和宣传栏等资源对从业人员开展安全生产宣传教育。其次，创办《安全生产监管信息报》《北滘市场安全监管》（月报）、《北滘市场监督管理》（月报），传播全镇各领域的安全生产信息动态、政策法规、安全常识。再次，安委办、市监局、消防、交警中队、综治办、卫计局等部门，根据各自职能，印制《安全社区宣传画册》《企业员工安全知识读本》等各类安全宣传单张、小册子，广为派发。至2017年，各单位、各部门印制和派发的各类安全宣传资料超过30万册（份）。

二、“安全生产周”“安全月”活动

20世纪90年代起，每年5月的第2周，在全镇范围内组织开展“安全生产周”宣传教育活动。2002年起，国家将每年6月定为“安全月”。北滘安监部门注重实效，在每年6月和11月广泛深入开展“安全生产月”“119消防安全活动月”活动，组织宣传咨询、文艺晚会、中小学生安全教育书画节、安全长跑、安全宣传单车巡游、消防竞技等活动，组织安全发展知识竞赛、组织企业参加“安康杯”“神华杯”全国危险化学品安全法规知识竞赛。2007年6月，组织企业员工、各村（社区）居民、镇属中学学生逾千人参加的“关爱生命、关注安全”千人长跑活动。通过颇具规模的体育活动，宣传安全生产意识，推动、提升全民安全文化。

三、安全生产培训考核

20世纪90年代，北滘多措并举，扎实、有效地推进安全生产培训工作。

一是加强行业、村（社区）安全生产分管领导和安全生产监管监察人员教育培训工作。每年分期分批进行业务培训，适时选派人员参加上级组织的执法培训及各专题培训，提高安全监管监察人员的综合素质。2005年5月，北滘安委会组织全镇村（社区）67名安全生产员举办为期两天的培训。2006年起，每年均组织村（社区）级新增安全生产监管人员培训，考取广东省乡镇安全生产监督检查员证书。2013年，村（社区）级监管人员接受培训及再教育培训有116人。

二是加强“三项岗位人员”（企业负责人、安全生产管理人员和特种作业人员）安全培训。2013年，共组织初级安全主任714名、企业主要负责人796名、乙类以下危化品经营单位主要负责人和管理人员26名参加培训及再教育培训；组织近130名企业安全管理人员参加安全教育讲座。

三是开展安全生产专题（专项）培训。结合行业特点，每年还组织安全生产标准化、安全社区建设、有限作业空间、建设项目安全设施“三同时”管理、应急救援管理等重点项目、重点内容、重点领域安全生产专题培训。

四是加强对村（社区）、园区、企业、学校等一线组织的普及型安全培训。结合辖区实际，北滘安监部门向电信公司购买服务，开通短信群发平台，向全镇市民普及安全知识；在美的集团、职工服务中心、北滘职业技术学校建立北滘镇安全教育培训基地，设置宣教室、消防安全、交通安全、应急救援等专项设施展示台，对社区居民开放；同时，依托辖区内学校建立各自的学生交通安全教育基地。1990—2017 年，全镇举办燃气、交通、消防等各类安全知识讲座 90 余次，受教育人数达 10 万多人次。此外，北滘镇安全监督分局联合镇派出所、交警中队、专职消防队等部门亦送教上门，安排专业人员依据各村（社区）、各企业、学校需求，开展作业现场安全、用电安全、交通安全、居家防火、家庭防盗、防电信诈骗、应急等方面的安全知识讲座，累计 500 多场次，参加培训居民、员工达 16 万人次。

2015 年，各重点行业人员轮训 21 场，培训各类人员 5742 名。2016 年，聘请安全机构安全专家对 20 个村（社区）及辖区企业开展 40 多场安全生产管理知识宣讲和培训。

四、安全生产示范活动

自 20 世纪 90 年代起，北滘安全委员会定期召开安全生产现场经验交流会，以安全生产先进典型为示范，加强安全生产管理。1991 年，美的家用电器公司被评为佛山市社会治安先进单位及安全生产消防工作先进企业。

2007 年，北滘开始推进机械、家具、印刷包装等重点行业的安全生产标准化工作。8 月 23 日，顺德区政府在北滘召开全区食品安全会议暨北滘镇创建省级食品安全示范镇动员大会，北滘被选定为佛山创建省安全示范镇 3 个试点之一。

2008 年，完善安全生产监管网络和队伍的建设，强化村（社区）安全监督技能，健全食品安全生产机制，成功通过“广东省食品安全示范镇”的验收。

2010 年，通过政府划拨专项资金的形式，北滘聘请专业公司在 19 个村（社区）各建立 2 家中小企业示范企业，通过打造安全生产标准化建设、职业卫生基础工作建设、职业危害现状评估以及安全生产文化建设等示范典型，带动其他中小企业安全生产基础建设，同时镇政府引入安全技术管理服务公司、中介服务机构等第三方专业安全管理力量，全员提升安全管理水平。

2011 年 10 月，国务院安委办督查组到北滘镇检查安全生产，对美的集团、浦项公司等受检企业所能建立的安全管理体系，有效落实安全责任等给予肯定。

2012 年，按照国家、省、区创建企业安全生产标准工作的要求，北滘以上市公司、拟上市公司、规模以上工贸企业为重点推进企业安全生产标准化工作，共有 54 家企业报名，其中创建标准化二级 10 家、三级 44 家。龙华雷克萨斯汽车销售服务公司、祥立电器公司、精艺铜业公司、智趣之星体育用品公司 4 家企业成为北滘镇首批安全生产标准化达标企业。2012 年 12 月，碧江坤洲鳗鱼场成为“广东省水产养殖质量安全示范点”。

“十二五”期间，全镇签订安全生产责任书率达 100%。2017 年，全镇共有 1502 家企业开展创建标准化创建，创建率达 96.5%。

第三节　监督管理

2001 年，北滘落实安全生产各种制度，在顺德市各镇安全生产考核中排名第二。

2002 年，北滘顺利通过市安全生产考核。2004 年，北滘编制小城镇消防规划，实行隐患举报制度，安全生产形势有所好转，全年企业工商事故 482 宗，下降 19%。2005 年，北滘深化“三小”场所、危险化学品、高压线保护区内违章建筑、建筑施工安全、消防安全和交通安全专项整治。完善社区消防硬件设施建设和队伍建设，探索镇村共建专职安全生产检查队，防止各种重特大安全事故。2009 年，北滘巩固“创建省食品安全示范镇”成果，健全食品安全管理机制，抓好各项食品安全及动物防疫检疫工作，引入安全生产中介服务。是年，北滘生产形势平稳，无发生重大、特大生产安全事故。2010 年，北滘共发生各类安全事故 1606 起，死亡 1 起，没有发生较大以上生产安全事故。2011 年，北滘将强化食品、药品等重点领域的监管，作为落实安全生产的重点。自 1998 年起至 2013 年，北滘质监工程安全生产工作连续十五年无重大事故，成为顺德区唯一达标镇街。2014 年 7 月，北滘被评为“全国安全社区”。2017 年，村级工业区“双达标”工作成为安全生产的重点工作。上半年，北滘标准化达标企业达 649 家。

一、安全生产大检查

1987 年，国家颁发《国务院关于加强安全生产管理指示的紧急通知》，北滘镇安全生产委员会及北滘经济发展总公司，进行全镇范围的安全生产大检查，发现隐患 567 处，敦促各企业落实安全生产规章制度和措施。珠江包装公司锅炉旁山坡，因连天大雨山泥倾泻，总倾斜量 3000 多立方米，立即采取措施，清除山坡滑泥，排除安全隐患。1988 年，开展系统性安全大检查 6 次，发现较大隐患 17 处并及时落实整改。1989 年，北滘按照佛山市乡镇企业系统开展“事故为零”活动的要求，进一步加强安全生产管控。自 1991 年起，北滘每年开展安全检查次数不少于 3 次，逢年过节均组织开展安全生产大检查。

2000 年后，为进一步加大安全巡查、检查和隐患排查治理力度，提升企业安全检查实效，创新安全检查方式，按地域位置将辖区内 19 个村（社区）共分成 4 个片区，每月村（社区）之间开展交叉检查，每季开展片区与片区之间交叉检查，取得很好成效。

2010 年，亚运会召开期间，北滘开展多次安全生产大检查，对公众场所、商场、宾馆、网吧、卡拉 OK、校园周边场所、易燃易爆单位、危险化学品生产、存储企业等高危场所进行排查，共出动 980 多人次，检查单位 930 多家（间）次，发现和整治隐患 2500 多处，收缴烟花爆竹 15 箱。

2012 年，北滘安监部门联合公安、消防、城建等部门，开展安全专项检查，共检查单位 160 多间次，发现并整改隐患 240 多处。2013 年上半年，北滘重点开展全局性、综合性工贸企业安全大检查。2017 年，北滘加强生产安全、消防安全和交通安全大检查及专项整治，检查单位（场所）10032 家次，消除安全隐患 9653 处。

二、专项治理

（一）食品安全监督

2006年，北滘对辖区536户食品行业经营户建立食品安全网格式管理，设立食品监测站，确保食品生产和流通环节的安全。2007年，北滘以“市场食品准入制”“食品安全专项整治”为抓手，加强食品安全质量监督，全年共出动执法人员2209人次，检查奶茶食品经营主体1212户，立案查处食品案件69宗。2008年，以创建“广东省食品安全示范镇”为契机，加强食品安全监管，全年共出动执法人员1965人次，检查流通领域食品经营场所3873户次，发出限期整改通知书549份，查处食品案件37宗，罚没16.86万元。

2009年，利用信用分类监管系统信息，对辖区内2308户食品经营户划分等级，按等级监管，开展多项食品质量安全专项整治。2010年，北滘生产领域共有食品加工企业127户，流通领域的食品经营户2168户，消费领域餐饮行业520户。北滘强化食品生产加工行业的规范管理，重点规范康鹏熟食加工场的禽畜检验、检疫，落实每季度视频送检制度，确保熟食品加工源头安全；开展食品小作坊整治、规范，全年核发“食品加工小作坊许可证”21个；开展餐厨废物回收加工行业整治，从源头堵塞“地沟油”出现；全年共出动执法人员1812人次，检查经营户3225户次，查办食品案件50宗。

2012年，以落实生产、流通、餐饮消费三大环节，进行食品安全监管工作，对全镇1194户食品流通经营单位、411户餐饮经营单位、21家食品生产企业及47户食品生产加工小作坊巡查监管，立案查处各类违法案件56宗，排查食品安全隐患74处。同年，北滘委托顺德区卫生监督协会对北滘镇重大活动的就餐食品安全监督管理提供专业技术指导服务，并选出食品加工企业5家、流通单位2家、餐饮单位10家作为试点单位，推进食品安全示范点建设。

2016年，顺德创建国家食品安全城市，按照区统一部署，北滘全面推进食品安全示范化、食品安全信息化、食品安全标准化、“放心粮油”保障工程、“放心肉菜”保障工程、农产品市场管理提升工程、过程管控效能提升工程。

（二）特种设备监管

2010年，北滘共有特种设备3845台，安监部门对美的总部、浦项钢板、阿力山液化气站、华美达酒店等重点特种设备使用单位开展专项检查，全年共出动60多人次，检查特种设备企业50多家次，发现和整改隐患20处，发出《特种设备安全监察指令书》2份。2011年，北滘安监部门加强监管，共检查各类危化品企业、特种设备企业1200多家次，整治各种隐患1000多处，其中排查治理特种设备重大隐患81处，立案查处各类安全生产案件15宗。2012年，制定《2012年北滘镇特种设备使用单位安全生产质量标准化建设工作方案》，北滘继续开展特种设备安全生产检查和专项整治，跟进处理各类特种设备的投诉举报，共检查特种设备企业410家、设备869台次，排查治理一般隐患408处、重大隐患437处，立案15宗。镇财政划拨18万元专项经费购买特种设备社会服务。

2014年，检查特种设备企业456家次，完成3家企业特种设备事故应急救援演练，推行1009台电梯使用单位签订质量安全承诺书。2015年，共检查特种设备企业337家次，完成2家企业特种设备事故应急救援演练，签订电梯安全责任承诺书1338台，签订率为96%。

（三）小石场、小砖窑、“三无”船只及违法废旧物资回收站治理

20世纪70年代，北滘小石场、小砖窑逐步兴办，且多为乡、村或私人经营，土法上马，设施简陋，隐患极多。80年代，北滘加强对小石场、小砖窑的规范管理，落实相关措施。2004年10月20日，北滘镇政府、交管所、安全委员会等部门对辖区水域的“三无船舶”进行集中拆解，整顿水域船运，严防安全事故。

2013年开始，北滘在全镇范围内开展废旧物资回收行业专项整治行动，查处180多户无证照或异地经营废旧物资回收站，停止经营，清理场地。

（四）建筑施工安全整治

1988年，北滘发生外来工触电致死事故。是年，镇成立整顿质安小组，落实各项安全施工制度，加强对工地的安全监督及对职工外来工的安全教育，落实“一穿三带（戴）”（穿工作鞋、带安全手册、带机具操作证、戴工作安全帽）施工规定，定期做好机械维修保养。1998—2013年，北滘镇实现连续十五年没有重大质量和安全事故，成为顺德区唯一达标的镇街。

（五）易燃易爆化工行业专项整治

2006年，立案查处超越范围经营危险化学品4宗。2007年，立案查处超越范围经营危险化学品5宗。是年7月26日，北滘工商分局联合安全生产监督管理办公室、公安局部门，取缔一个隐藏在西滘村堤围附近存在重大安全隐患的化学品加工场。2008年，加大对易燃易爆化工行业专项整治力度，全年共立案查处擅自从事危险化学品经营企业7家，罚没35.58万元。2010年，对加油站、危险化学品生产单位及门市进行地毯式检查，检查企业60家次、门市150家次、加油站40间次，整改隐患130处。2012年，检查危险化学品企业35家次、化工门市55家次、加油站42间次，整改隐患116处，立案3宗。同年，查禁烟花爆竹，在春节、清明节前后开展专项检

查，收缴 800 多箱。“十二五”期间，北滘通过危险化学品、烟花爆竹、“飓风”安全隐患百日整治大行动、安全生产“三大行动计划”等专项整治，共检查各类生产经营单位 4641 家次，查出安全隐患 6541 处，整改 6421 条，整改率达 98.2%。

（六）公共娱乐场所整治

2005 年始，北滘开展对公共娱乐场所进行持久的专项整治。全年共检查网吧、电子游戏厅、书店等公共娱乐场所 467 家（户），立案查处 128 宗，没收电脑 745 套。2006 年，立案查处无证黑网吧 105 家，查扣电脑设备 1285 套。2007 年，以黑网吧为监管重点，加大对公共娱乐场所的整治，共立案查处无证黑网吧 74 宗，查扣电脑设备 573 套。

2009 年，针对当年投诉热点，开展代号为“飓风行动”黑网吧综合专项整治行动，全年共清理黑网吧 107 户，查扣电脑设备 1254 套。

2011 年，建立村（社区）网吧监督员机制，共聘请网吧监督员 34 人，推行村（社区）自治，部门执法的监管模式。至是年 10 月底，共检查黑网吧 108 家次，取缔黑网吧 55 家，立案 44 宗，收缴电脑设备 585 套，对一家涉嫌黑网吧的电子阅览室实施重点监控。2013 年，北滘“疏堵结合”，对全镇 16 家网吧、6 家电子游戏机室、4 家娱乐场所全面监控，构建治理黑网吧的长效机制，共立案查处黑网吧 36 宗，查扣电脑设备 556 套。

（七）村级工业园区“双达标”

2017 年，按照区“三年内完成全区 249 个村级工业园‘双达标’”的目标，北滘加强村级工业园区内的消防、交通等公共安全的整治，落实村（社区）、企业、物业的责任，有序推进年内高标准完成 11 个村级工业园的整治提升达标任务。累计开展“双达标”联合检查 175 次，638 家企业作出行政处罚金额 59.7 万元。至年底，共完成 11 个工业园区 441 家企业的改造，其中 9 个工业园区全部达标通过。

三、重大安全事故案例

1964 年，北滘供销社生产资料仓库发生火灾。

1980 年 4—5 月，北滘发生饮酒中毒事故，19 人中毒，2 人死亡。

1986 年 8 月 28 日晚，南方电器第三号半成品厂仓库发生重大火灾事故，造成经济损失 97 万多元。

1987 年，二建公司第二工程队新市场工地发生触电事故，1 名外来工死亡。同年 6 月 29 日，北滘颗粒饲料厂叉车操作失误，造成重伤 1 人；拆船厂发生安全事故，重伤 1 人；12 月 6 日，北滘金属加工厂拆解油轮时造成火灾。

1988 年，马村砖厂 1 名外来工跌落，被砖机搅拌致死。

1989 年，华龙家具厂违章烧焊，造成较大火灾。

1989 年 8 月 9 日，蚬华微波炉制品厂有限公司油压机操作不当，造成 1 人重伤。

1992 年 5 月 25 日，永高皮革厂、迅发鞋厂发生特大火灾。

1995 年 12 月 24 日，顺德碧桂园一别墅失火，造成 3 人死亡。

2001 年，北滘东风路房屋（瓦屋）发生火灾，造成 3 人死亡。

2002 年，西滘美威泡沫厂毒气泄漏，造成 1 人死亡。

2005 年，高村塘边农业工棚发生火灾，造成 2 人死亡。

2007 年 3 月 11 日，碧江象岗广州志茂建筑材料有限公司广珠轻轨工程搅拌站发生触电伤害事故，造成 3 人死亡。

2013 年 8 月 21 日，北滘公交车司机驾车恶意伤人，造成 1 人死亡，27 人受伤。

2017 年 1 月 18 日，北滘南源花园发生煤气泄漏爆炸，造成 1 人死亡，7 人受伤。

第五篇　农业

北滘境属于平原水网地带，水利条件优越，农业资源丰富。1985 年，都宁象岗出土的西汉陶器表明，北滘在西汉时期，已有居民进行农耕劳作。宋代起，北滘围垦造田，塞堑为塘，叠土成基，种稻养鱼，植果树桑。至明初，形成以果基鱼塘为主、桑基鱼塘为次的农业生产布局。明代中期起，桑基鱼塘在北滘境内比重不断增大。明嘉靖后，蚕桑业迅速发展，低洼的稻田挖筑成基塘，基上树桑，塘内放鱼，蚕沙养鱼，塘泥作肥。由于经济作物生产更能获得较大的经济效益，清乾隆至光绪年间，北滘两度掀起“挖田为塘，废稻树桑”的高潮，“禾田多变基塘，莳禾之地，不及十一”，以经营种桑养鱼生产为主。

民国后，北滘经济作物向商品化发展，蚕桑种植面积继续扩大。民国 19 年（1930 年）后，由于世界经济危机，蚕丝价格急剧下降（每 50 公斤生丝均价由 1930 年的 728 元跌到 1934 年的 298 元），北滘蚕桑业迅速衰落。大量桑基改植甘蔗，部分改种柑、桔、柚和水稻、蔬菜。民国 27 年 10 月，日本军队入侵顺德，广大农村遭侵略军疯狂的烧杀抢掠，基塘荒废，农业遭受严重破坏。抗日战争胜利后，苛捐杂税多，金融动荡，通货膨胀，农业生产恢复缓慢。

中华人民共和国成立初期，通过土地改革，实现“耕者有其田”，北滘农业生产得到恢复。1953 年开始的第一个五年计划期间，推行农业互助合作化，改革农村生产关系；提倡科学种养，大搞水利建设，引进推广良种，调整农作物布局，改进耕作制度和耕作技术，有效促进农业生产的发展。

1958 年 10 月人民公社化后，农村实行“一大二公”体制，推行公社统一经营，统一分配，取消家庭副业，严重破坏农业生产。1959 年北滘人民公社成立之时，农村已经出现十分困难的局面，农民已经吃不饱饭了。

1962—1965 年，北滘贯彻国民经济“调整、巩固、充实、提高”的方针，实行以生产队为基本核算单位的体制，恢复社员自留地，加强农业基础建设，增加农业投入。1965 年，北滘农业产值达 899 万元，比 1962 年增长 47.2%。在“文化大革命”期间，长时期开展农业学大寨运动，把发展家庭副业，发展多种经营作为“资本主义”“修正主义”来批判，扼杀农村商品经济的发展。在这困难形势下，北滘广大干部群众坚持促生产的方针，辛勤劳动，保持农业生产的稳定。1976 年，北滘农业产值 1156.7 万元，比 1965 年增长 28.7%。“文化大革命”结束后，北滘农业出现转机，许多大队实行包工生产责任制，开展家庭副业。1978 年，北滘农业产值达 2096.5 万元，比 1976 年增长 81.2%。

1979 年后，实行家庭联产承包责任制，深化经济体制改革，以市场经济为主导，调整农业生产结构，农民有了生产自主权，积极性空前高涨，农业生产进入蓬勃发展阶段。80 年代后，北滘建立“农业技术服务”“禽畜生产服务”“水产养殖服务”“花木生产服务”等专业服务公司，为农户提供技术、种苗、资金和产品收购、加工等产前、产中、产后服务；大幅度调整农业生产结构，引导农户将以粮、蔗为主的传统种植业，逐步向以优质花卉、蔬菜、水果种植，优质水产养殖，优质禽畜养殖三者并举的农业格局转移；农业生产由分散型、粗放型转向规模化、集约化；推行“贸工农”方针，扶持“两户一体”（专业户、重点户和个体户），促进农业专业化、商品化、社会化。1989 年，全镇有规模经营生产专业户 400 多个，建立起系列饲料产品基地、各类种苗基地、冷冻加工基地、优质鱼虾基地、鳗鱼水产基地、花卉基地、瘦肉型猪基地。是年，北滘农业产值达 1.4 亿元，比 1978 年增长 567.8%；农民人均纯收入 1435 元，比 1978 年增长 692.8%。

1990 年，北滘镇农业社会化服务体系日趋完善。农业向高质、高产、高效（简称“三高”农业）方向发展，加大基础设施建设、农业投入、配套服务建设和引进名优良种与开发，形成“三大基地”，即种苗基地、饲料基地、农副产品加工基地。1994 年，有大型鸡苗繁殖场 2 个，年繁殖鸡苗 2000 多万只；规模鱼苗繁殖场 5 个，年繁殖近 4 亿鱼苗；规模饲料厂 4 间，年产量 40 多万吨；肉鸡加工厂 1 间，年加工能力 600 万只；鳗鱼加工厂 2 间，生产规模达 2500 吨/年；冷冻厂 1 间，年加工能力 16000 多吨。北滘农业的发展开始走上商品化、现代化道路。1996 年，中共北滘镇党委、镇人民政府提出“把北滘建设成为现代化小都会”的长期奋斗目标，向农业现代化发展。2000 年，初步形成优质水产区、畜禽水产综合养殖区、花卉苗木绿色产区，全年农业产值达 7.7 亿元，比 1990 年增长 316.2%。

进入 2000 年后，北滘进一步深化农村体制改革，规范农村集体经济管理。全面推进建设、发展、改革三大战略转移，以市场化、城市化为目标，对农村经济结构、行政架构、管理方式和运行机制等方面实行战略性调整及改革，建立适应城市化进程的农村基层新体制。2002 年，以“调整水产业、稳定畜禽业、发展种植业”思路，全力推进三大农业产区的建设，大搞农田基本建设。2003 年，大力推进农业产业化，进一步搞活流通，实施“科技兴农”和农产品质量建设战略，积极扶持农产品精深加工、流通业及农业龙头骨干企业的发展，着力扶持和培育一批产业关联度大、辐射能力强、有国际竞争力的农产品加工骨干企业、流通业和生产、加工、销售一体化的农业龙头企业；全面实施蔬菜准入制度，建立完善的农产品质量管理体系，全面提高农业竞争能力；促进农业增效、农民增收和社会经济发展。2006 年，统筹城乡发展，加大工业反哺农业、城市支持农村的力度，树立“三农”工作新形象，建设社会主义新农村，发展现代农业，提高农业产业化水平。

2001 年后，北滘农业有五个明显特点：一是重点发展水产养殖业、花卉业和农副产品流通加工业，建设现代农业园区。二是实施科技兴农战略，推进农业信息化、标准化建设，提高农业科学含量。三是完善农产品流通和深加工体系，建设水产、花卉大型批发市场，打造全省乃至华南地区有影响力的农产品物流基地。创办海峡两岸农业合作试验区，加大对外招商和技术引进力度。四是建立健全农业标准和质量安全体系，加强动植物病虫害预防和畜禽防疫工作。五是发展生态农业、绿色农业、观光农业，以第一产业带动服务业的发展。但农业增长仍远远落于工商业，至2017年，北滘农业产值为8.35亿元，比2000年仅增长8.44%。

第一章 农业结构

第一节 农业生产结构

20世纪60、70年代，北滘农业生产以种植业为主，水产业生产比重较小，畜牧业只是家庭事业，仅有少量饲养。1962年，全社农业总产值610.9万元。其中：种植业506万元，占总产值的82.83%；水产业68万元，占11.13%；畜牧业11.9万元，占1.95%；林业及事业产值25万元，占4.1%。至1978年，农业总产值2096.5万元。其中：种植业占总产值的64.6%，较1962年下降18.2个百分点；水产业占17.6%，上升6.5个百分点；畜牧业占11.2%，上升9.2个百分点。

1979年后，北滘调整种植业内部结构，减少水稻、甘蔗种植面积，大力发展水产养殖和畜牧业，逐步放开对农副业在农用地面积和劳动力投放等方面的限制，打破传统的以粮为主的农业生产布局，种植业、水产业、畜牧业的产值均逐年提高，水产业占农业总产值的比重越来越大，畜牧业从家庭副业逐步发展为农业支柱产业。1990年，鱼塘面积20354亩，水产业产值5293万元，比1979年分别增长26.1%和16.6倍；全年养殖生猪10.09万头、家禽661.49万只，畜牧业产值7851万元，分别比1979年增长1.65倍、33.8倍、173倍。是年全镇农业产值1.85亿元，种植业占28.97%，水产业占28.60%，畜牧业占42.42%。

1992年起，大力发展“三高”（高质、高产、高经济效益）农业，水稻、甘蔗等传统低值作物大幅减少，优质花卉、水果、鳗鱼种养面积逐年增加，形成以水产业为龙头，种植业、畜牧业齐发展的格局。1996年，全镇农业总产值11.2亿元，为历史最高峰，其中：水产业产值8.48亿元，占总产值的75.44%；畜牧业1.83亿元，占16.31%；种植业0.93亿元，占8.26%。

2000年起，北滘调整生产布局、优化品种结构，增加优质花卉种植面积，减少鳗鱼养殖。全年花卉种植面积10330亩，比1999年增加3027亩；水产养殖面积35264亩，比1999年减少3309亩。是年全镇农业总产值7.72亿元，其中：种植业1.93亿元，占24.97%；水产业4.82亿元，占62.38%；禽畜业0.98亿元，占12.65%。其后，以花卉种植为主的种植业迅速发展，逐渐成为北滘农业的支柱，水产业产值则逐年下降，禽畜业稳步发展。至2010年，水产养殖面积下降至10446亩，花卉种植面积增加至16349亩，养殖生猪67.17万只、家禽717.27万只，农业总产值8.4亿元，种植业、水产业、禽畜业产值比调整为36∶39∶25。

2011 年起，北滘农业生产在国民经济发展中的地位日益下降。种植业，除花卉种植面积逐年上升外，水果种植日见萎缩；水产业、畜牧业均呈全面下降趋势。2017 年，全镇农业生产总值 8.35 亿元，其中：种植业 4.92 亿元，占 58.92%；水产业 1.92 亿元，占 23%；畜牧业 1.51 亿元，占 18.08%。

1960—2017 年北滘镇农用地和鱼塘面积

表 5—1—1

年份	种植业面积（亩）	鱼塘面积（亩）	畜牧业养殖量		年份	种植业面积（亩）	鱼塘面积（亩）	畜牧业养殖量	
			生猪（头）	家禽（万只）				生猪（头）	家禽（万只）
1960	59276	17200	11566	—	1989	57436.69	19964.7	85415	393.67
1961	64359	15631	11541	—	1990	56910.08	20354	100910	661.49
1962	64531	15420		—	1991	57095.06	19973	103288	908.37
1963	62297.2	15949	19018	—	1992	46506	28295.3	111200	1005
1964	61144.2	16344		—	1993	32040.37	40028	116358	1070.1
1965	62411	17780	21410	—	1994	22902	40734	90300	1163.81
1966	61116.9	17780	24317	—	1995	21941.87	40034.5	83575	1251.32
1967	61222.02	16378	25500	—	1996	19611	39517	65500	1219
1968	62593	16378	28870	—	1997	19301	39122	45287	1048.2
1969	62352	16378	36414	—	1998	18980	39243	48035	896.5
1970	61516.77	16200	33731	—	1999	19549	38573	42814	894
1971	61470.11	16200	40704	—	2000	19604	35264	50340	952.73
1972	61292.48	16200	39096	—	2001	22454	29869	44980	1098
1973	61824	16200	42369	—	2002	24901	26959	51934	1183.3
1974	61960.76	16200	41155	—	2003	26125	24560	51068	1142.7
1975	61695.13	16200	41669	—	2004	25421	21098	62377	1252.43
1976	61980.01	16200	41729	—	2005	21576	19564	71565	1529.28
1977	61979.64	16200	42180	—	2006	21602	18958	69308	1219.44
1978	61519.38	16138.93	41159	—	2007	21962	18341	71354	1084.7
1979	61519.38	16138.93	38029	19	2008	21444	17050	83233	763.38
1980	61519.38	16138.93	35967	—	2009	19042	14385	84503	567.78
1981	61479.3	16134	31084	41	2010	17787	10446	67166	717.27
1982	61529.57	16083.73	35194	90.75	2011	18388	8868	93233	776.39
1983	61603.89	15943.56	34070	121.64	2012	16177	9134	91384	756.27
1984	61644.05	16173.2	33621	49.15	2013	19430	8892	37034	688.11
1985	61698.55	16118.7	35630	76.36	2014	20634	7098	24400	561.84
1986	61403.05	16361.1	43110	68.01	2015	22593	6909	2550	351.1
1987	59381.45	18382.7	40662	97.06	2016	21024	6723	1600	305.25
1988	57806.45	19957.7	54586	178.04	2017	21689	5597	1900	282.89

1962—1990 年北滘镇农业产值表

表 5—1—2 单位：万元

年份	农业总产值	其中					
		种植业	比重（%）	水产业	比重（%）	畜牧业	比重（%）
1962	610. 9	506	82. 83	68	11. 13	11. 9	1. 95
1963	1236. 8	1068. 7	86. 41	101. 7	8. 22	37. 1	3. 00
1964	716. 2	528. 7	73. 82	138. 7	19. 37	24. 4	3. 41
1965	899	716. 2	79. 67	148. 5	16. 52	18. 4	2. 05
1966	865. 8	665. 6	76. 88	164. 2	18. 97	23. 9	2. 76
1967	998	793. 7	79. 53	169. 9	17. 02	20. 9	2. 09
1968	939. 5	734. 7	78. 20	172. 6	18. 37	19. 8	2. 11
1969	979. 5	754. 5	77. 03	191. 5	19. 55	19. 8	2. 02
1970	1027. 6	791	76. 98	202. 2	19. 68	20. 6	2. 00
1971	1045	804. 3	76. 97	204. 2	19. 54	22. 8	2. 18
1972	1137. 9	893. 1	78. 49	206. 3	18. 13	20. 4	1. 79
1973	1128. 4	865. 3	76. 68	213. 1	18. 89	31. 7	2. 81
1974	1187. 5	921. 8	77. 63	211. 2	17. 79	31. 2	2. 63
1975	1065. 5	784	73. 58	224. 7	21. 09	32. 6	3. 06
1976	1156. 7	843. 5	72. 92	193. 9	16. 76	29. 3	2. 53
1977	1203. 2	940. 5	78. 17	205. 7	17. 10	25. 3	2. 10
1978	2096. 5	1355	64. 63	369	17. 60	234	11. 16
1979	1567. 6	1159. 2	73. 95	301	19. 20	45. 1	2. 88
1980	2265. 9	1593. 9	70. 34	253. 8	11. 20	261. 7	11. 55
1981	1815	1282. 6	70. 67	408. 3	22. 50	21. 7	1. 20
1982	2796	1706	61. 02	480. 9	17. 20	456. 3	16. 32
1983	2771. 1	1536. 6	55. 45	570. 5	20. 59	528. 7	19. 08
1984	3500	2090. 9	59. 74	682. 2	19. 49	573. 3	16. 38
1985	5025. 63	2634. 64	52. 42	1301. 22	25. 89	1089. 77	21. 68
1986	5500. 1	2863	52. 05	1577. 4	28. 68	1059. 7	19. 27
1987	7500	3946. 8	52. 62	2261. 8	30. 16	1291. 4	17. 22
1988	9999. 6	4221. 6	42. 22	2871. 2	28. 71	2906. 8	29. 07
1989	14100	4903. 3	34. 78	3984	28. 26	5212. 7	36. 97
1990	18506	5362	28. 97	5293	28. 60	7851	42. 42

注：1962—1984 年农业产值中，含工副业及林业产值；1985—1990 年农业总产值中仅统计种植业、水产业、畜牧业。

1991—2017 年北滘镇农业产值表

表 5—1—3 单位：亿元

年份	农业总产值	其中					
		种植业	比重（%）	水产业	比重（%）	畜牧业	比重（%）
1991	2. 3	0. 8	34. 76	0. 62	27. 05	0. 88	38. 19
1992	3. 68	0. 57	15. 59	2. 12	57. 66	0. 99	26. 87
1993	6. 8	0. 58	8. 60	4. 77	70. 2	1. 44	21. 2
1994	9. 6	0. 69	7. 21	7. 32	76. 21	1. 59	16. 58
1995	10. 1	0. 67	6. 61	7. 98	78. 79	1. 45	14. 30
1996	11. 2	0. 93	8. 26	8. 48	75. 44	1. 83	16. 31
1997	7. 7	0. 83	10. 74	5. 67	73. 47	1. 22	15. 79
1998	7. 89	1. 16	14. 72	5. 68	71. 92	1. 06	13. 37
1999	7	1. 43	20. 45	4. 66	66. 53	0. 91	13. 02
2000	7. 72	1. 93	24. 97	4. 82	62. 38	0. 98	12. 65
2001	6. 04	2. 30	38. 07	2. 72	44. 94	1. 03	16. 99
2002	6. 48	2. 64	40. 73	2. 75	42. 49	1. 09	16. 78
2003	6. 81	3. 02	44. 27	2. 75	40. 31	1. 05	15. 42
2004	7. 28	3. 22	44. 17	2. 90	39. 79	1. 17	16. 04
2005	7. 48	3. 20	42. 74	3. 05	40. 72	1. 24	16. 53
2006	7. 32	3. 14	42. 93	2. 96	40. 46	1. 22	16. 61
2007	7. 84	3. 33	42. 45	3. 08	39. 25	1. 43	18. 30
2008	7. 9	3. 12	39. 54	2. 89	36. 53	1. 51	19. 16
2009	8. 1	2. 84	35. 11	3. 02	37. 24	1. 85	22. 89
2010	8. 4	2. 87	34. 17	3. 16	37. 59	1. 97	23. 47
2011	9. 27	3. 5	37. 78	2. 31	24. 93	3. 01	32. 47
2012	9. 44	3. 65	38. 67	2. 45	25. 95	2. 86	30. 30
2013	9. 35	3. 75	40. 10	2. 38	25. 48	2. 56	27. 37
2014	9. 57	5. 32	55. 62	1. 75	18. 24	2. 01	20. 97
2015	8. 96	5. 2	58. 00	2. 08	23. 19	1. 69	18. 81
2016	8. 62	5. 03	58. 30	2	23. 57	1. 53	17. 78
2017	8. 35	4. 92	58. 92	1. 92	23	1. 51	18. 08

注：1991—2007 年农业总产值中仅统计种植业、水产业、畜牧业。

第二节　农村产业结构

1959年5月，北滘人民公社成立之时，以传统农业为主，工副业处于起步阶段，农业产值是工业产值的2.7倍。20世纪70年代，社队企业不断发展，推动北滘农村产业结构的第一次调整。1975年，工业产值与农业产值相当。

80年代，乡镇企业迅速发展，农村产业结构在发展中不断调整，第一产业比重大幅下降，第三产业比重先升后降，第二产业比重持续上升并占主导地位。三次产业结构从1984年的6.08：79.35：14.57调整为2008年的1.21：82.70：16.09。2009年起，北滘优化、升级产业结构，第三产业比重逐渐上升，第一产业比重继续下降，第二产业比重呈下降趋势。2017年，三次产业结构从2009年的1.13：79.08：19.79调整为0.52：70.86：28.62。

1984—2017年北滘镇产业结构表

表5—1—4　　单位：亿元

年份	生产总值	其中					
		第一产业		第二产业		第三产业	
		产值	比重（%）	产值	比重（%）	产值	比重（%）
1984	0.62	0.04	6.08	0.50	79.35	0.09	14.57
1985	1.34	0.08	6.06	1.07	79.82	0.19	14.12
1986	1.42	0.09	6.07	1.13	79.70	0.20	14.23
1987	2.05	0.12	6.06	1.60	78.10	0.32	15.84
1988	3.94	0.24	6.06	3.12	79.13	0.58	14.81
1989	5.61	0.34	6.04	4.44	79.17	0.83	14.78
1990	7.12	0.43	6.05	5.67	79.66	1.02	14.29
1991	9.33	0.56	6.04	7.30	78.18	1.47	15.78
1992	12.87	0.77	6.02	9.97	77.44	2.13	16.54
1993	16.25	0.98	6.03	12.53	77.12	2.74	16.86
1994	14.00	0.84	6.01	10.94	78.17	2.21	15.82
1995	22.66	1.36	6.01	17.85	78.80	3.44	15.20
1996	21.30	1.28	6.00	16.51	77.53	3.51	16.47
1997	16.23	0.97	6.00	12.44	76.61	2.82	17.39
1998	27.91	1.67	5.99	21.22	76.05	5.01	17.96
1999	33.72	2.02	5.98	25.45	75.47	6.25	18.54
2000	38.36	2.29	5.97	28.79	75.05	7.28	18.98
2001	43.41	1.81	4.17	32.98	75.97	8.62	19.86

续表

年份	生产总值	其中					
		第一产业		第二产业		第三产业	
		产值	比重（%）	产值	比重（%）	产值	比重（%）
2002	48.75	1.9	3.90	37.98	77.91	8.87	18.19
2003	56.28	2.09	3.71	44.11	78.38	10.08	17.91
2004	85.73	2.24	2.61	65.41	76.30	18.08	21.09
2005	106.9	2.37	2.22	84.66	79.20	19.88	18.60
2006	132.35	2.37	1.79	107.62	81.31	22.36	16.89
2007	158.23	2.39	1.51	128.82	81.41	27.02	17.08
2008	210	2.55	1.21	173.67	82.70	33.78	16.09
2009	230	2.6	1.13	181.89	79.08	45.51	19.79
2010	288	2.7	0.94	225.6	78.33	59.7	20.73
2011	339	2.8	0.83	261.2	77.05	75	22.12
2012	365.75	2.99	0.82	273.32	74.73	89.44	24.45
2013	403	2.8	0.69	301	74.69	99.2	24.62
2014	439	2.94	0.67	324.86	74.00	111.2	25.33
2015	475	2.86	0.60	342.29	72.06	129.85	27.34
2016	515	2.99	0.58	365.91	71.05	146.1	28.37
2017	559	2.89	0.52	396.09	70.86	160.02	28.62

随着产业结构的调整，农村劳动力结构也相应改变。1959—1982年，农村实行人民公社体制，农村人口的迁移和流动受到严格管控，大部分农村劳动力被禁锢在农村土地上。1963年，全社户籍人口42028人，其中农业人口41593人；劳动力19650人，其中农业劳动力19602人，占99.76%。至1981年，全社户籍人口71024人，其中农业人口60846人。劳动力39774人，其中农业劳动力31141人，占78.29%；工业劳动力6877人，占17.29%；建筑业劳动力318人，占0.8%；从事交通运输、邮电、商业饮食服务、文教卫生和社会福利事业、外出临时工和其他工作的劳动力1438人，占3.62%。

1983年起，逐步放松人口流动的政策性限制，加上乡镇企业迅速发展，第二、三产业比重大幅上升，农村大量剩余劳动力转向第二、三产业。1997年，全镇户籍人口91934人，其中农业人口72701人；劳动力46323人，农业、工业、建筑业、其他劳动力比例从1987年的44：37.25：5.59：13.16调整为30.39：48.46：6.69：14.46。

第二章　种植业

第一节　水稻

一、种植概况

1959 年，北滘种植水稻面积为 35889 亩，年产稻谷 13315. 25 吨，平均亩产 371 公斤。20 世纪 60 年代，贯彻“以粮为纲”方针，水稻产量平稳增长。1969 年种植 40223. 55 亩，总产 25903. 05 吨，平均亩产 643. 98 公斤，分别比 1959 年提高 12. 08%、94. 54%、73. 58%。1972 年后，推行稻蔗轮作制，水稻面积略有下降，但由于耕作技术提高并推广良种，水稻单位面积产量大幅度提高。1978 年，北滘种植水稻面积 37203. 77 亩，占总农用地面积 50%，平均亩产 698. 27 公斤，比 1969 年提高 8. 43%。1979 年，北滘调整农业经济结构及农作物布局，边远低产稻田改挖鱼塘，部分稻田改种花生、豆类等经济作物，稻田面积陆续减少，但单位面积产量进一步提高。如林头大队二十七生产队，对水稻生产实行联产到户，1980 年亩产达 867. 5 公斤。1989 年，北滘水稻面积 33931. 1 亩，比 1979 年减少 7. 56%，总产 29625. 7 吨，比 1979 年增加 7. 82%，平均亩产 873. 11 公斤，比 1979 年提高 16. 64%。1992 年，水稻面积减至 22210. 5 亩，仅占农用地面积 29. 69%；1993 年后，北滘农业形成以养殖业为主的格局；1995 年，北滘水稻种植面积 2075 亩。随着工业化、现代化的快速发展，1999 年后，北滘不再种植水稻。

二、耕作制度

新中国成立后，北滘区域水稻的耕作制度有如下演变。

（一）双季间作（挣稿）

早晚造间作，俗称挣稿，是在排灌条件较差、田多劳力少的沙田区，不得不采用的粗放耕作方法，即在已插早造秧苗的禾田中，利用其宽阔行距，再插下晚稻秧苗。一般早稻在 3 月上中旬播种，4 月中旬插早稻秧；晚稻 4 月初播种，在早造秧苗插下 10 天左右，即间作插晚稻秧。7 月上旬至下旬收获早稻时，晚稻已有相当高度，任其继续生长至 11、12 月再收割。两季稻全年亩产合计约 210 公斤。

1959—1997 年北滘稻谷生产情况统计表

表 5—2—1　　　　单位：亩、公斤、吨

年份	全年			早造			晚造		
	种植面积	亩产	总产	种植面积	亩产	总产	种植面积	亩产	总产
1959	35889	371	13315. 25	—	—	—	—	—	—
1960	37289	429. 38	16011. 3	—	—	—	—	—	—
1961	37641	367. 29	13825	—	—	—	—	—	—
1962	41565	243. 79	10133. 2	—	—	—	—	—	—
1963	42057. 11	519. 02	21828. 5	42384. 13	262. 60	11130. 2	41725. 56	256. 40	10698. 3
1964	39314. 28	463. 04	18204. 1	39293. 57	261. 86	10289. 4	39258. 99	201. 60	7914. 7
1965	39113. 68	619. 67	24237. 6	38882. 6	346. 76	13482. 9	39344. 75	273. 35	10754. 7
1966	39626. 73	602. 60	23879	39440. 25	263. 59	10396. 1	39813. 2	338. 65	13482. 9
1967	40251. 95	633. 04	25480. 9	40771. 9	327. 18	13339. 6	39732	305. 58	12141. 3
1968	39766. 43	655. 59	26081	39899. 7	323. 47	12906. 3	39633. 16	332. 42	13174. 7
1969	40223. 55	643. 98	25903. 05	40229	317. 01	12753. 1	40218. 1	327	13150
1970	39616	616. 97	24441. 7	39616	355. 01	14067	39616	261. 89	10374. 8
1971	39616	664. 12	26309. 7	39616	289. 60	11472. 7	39616	374. 52	14837
1972	37204. 34	685. 10	25488. 8	37204. 34	317. 44	11810. 1	37204. 34	367. 66	13678. 7
1973	37204. 34	697. 85	25963. 2	37204. 34	324. 43	12070. 1	37204. 34	373. 43	13893. 1
1974	37204. 34	709. 30	26388. 9	37204. 34	379. 36	14113. 8	37204. 34	329. 94	12275. 1
1975	37204. 34	595. 16	22142. 4	37204. 34	368. 79	13720. 6	37204. 34	226. 37	8421. 9
1976	37203. 77	661. 70	24617. 6	37203. 77	386. 93	14395. 2	37203. 77	274. 77	10222. 4
1977	37203. 77	737. 21	27427	37203. 77	388. 42	14450. 6	37203. 77	348. 79	12976. 4

续表

年份	全年			早造			晚造		
	种植面积	亩产	总产	种植面积	亩产	总产	种植面积	亩产	总产
1978	37203. 77	698. 27	25978. 3	37203. 77	365. 89	13612. 6	37203. 77	332. 30	12362. 7
1979	36706. 67	748. 56	27477. 3	36706. 67	359. 90	13210. 6	36706. 67	388. 67	14266. 7
1980	36706. 67	835. 46	30666. 9	36706. 67	416. 40	15284. 6	36706. 67	419. 06	15382. 2
1981	33851	613. 33	20761. 7	31554	346. 83	10943. 9	36148	271. 67	9820. 2
1982	34761	782. 28	27192. 9	33690. 74	397. 27	13384. 2	35831. 24	385. 38	13808. 8
1983	35742. 5	742	26520. 8	35002	413. 43	14470. 8	36483	330. 29	12049. 9
1984	35887. 5	809. 83	29062. 9	35075	393. 31	13795. 2	36700	416. 02	15267. 8
1985	29881. 2	781. 07	23339. 2	29818. 6	388. 45	11583	30543. 8	384. 99	11759. 2
1986	34215. 3	817. 26	27962. 9	33785. 8	406. 03	13718. 1	34644. 7	411. 17	14244. 8
1987	35803. 4	878. 31	31446. 4	35508. 1	439. 37	15601. 3	36098. 7	438. 94	15845. 1
1988	33213. 7	824. 34	27379. 4	33039. 7	429. 97	14206. 2	33387. 7	394. 55	13173. 2
1989	33931. 1	873. 11	29625. 7	33880	431	14602. 3	33982. 2	442. 1	15023. 4
1990	34630. 4	884. 43	30628. 3	34587. 4	438. 38	15162. 3	34673. 4	446. 05	15466
1991	34596	889	30756	34596	442. 51	15309	34596	446. 5	15447
1992	22210. 5	889. 92	19765. 6	25259	448. 2	11321	19162	440. 77	8446
1993	6747. 5	842. 47	5684. 6	7135	449	3203. 6	6360	390. 09	2481
1994	4241	779. 77	3307	4093	350. 84	1436	4389	426. 29	1871
1995	2075	714. 80	1483. 2	2075	364. 82	757	2075	350	726. 2
1996	120	816. 67	98	120	391. 67	47	120	425	51
1997	91	802. 20	73	91	395. 60	36	91	406. 59	37

（二）双季连作（翻耕）

即在早造割禾后，经过犁耙田，再插晚造禾；翻耕比挣稿产量要高得多，但需要较好的水利、劳力和牛力（或机耕）条件。

1954年后，政府倡导双季连作制，北滘由于加强水利建设，购买耕牛，修造船艇，调拨种子，推广良种、肥料、农药、防治病虫害技术，推广双季连作的条件逐渐具备，稻田实行翻耕的面积迅速增加。1956年基本实现“翻耕”化，年亩产稻谷328.5公斤。

（三）多熟制

多熟制的各熟安排形式主要有：

稻—稻—小麦 1970年试验稻—稻—麦三熟制，一年除种两造水稻外，冬季又种一造小麦。1971年，冬种小麦7388.3亩，收获590.2吨，亩产79.88公斤。1976年种植12327.4亩，总产968.25吨，亩产78.54公斤。1971—1979年，共种植冬小麦9.62万亩，总产6502.75吨。1979年以后，粮食供应紧张局面缓解，加上大面积连作禾本科粮食作物，土壤肥力消耗大，地力下降，土壤板结，酸性增大，病虫害增加，影响稻谷产量，而终止种植冬小麦。

1971—1979年北滘公社小麦生产情况统计表

表5—2—2　　单位：亩、公斤、吨

年份	种植面积	亩产	总产	年份	种植面积	亩产	总产
1971	7388.3	79.88	590.2	1976	12327.4	78.54	968.25
1972	11146.7	84.52	942.15	1977	11369.5	71.01	807.35
1973	11700	36.96	432.45	1978	11579	65.4	757.3
1974	11418.6	82.46	941.6	1979	5502.4	77.61	427.05
1975	13736.2	46.5	636.4	合计	96168.1		6502.75

稻—稻—油菜 20世纪70年代初，食油供应紧张，在晚稻收割之后，种植一造油菜，以解决食油问题。1976年，全社种植油菜222亩，亩产油菜籽34.95公斤，总产7.76吨。1978年后，因农作物结构调整，油菜产量低，食味差，经济效益不高，遂终止种植油菜。

（四）两稻两肥

1964年省绿肥工作会议后，北滘公社贯彻夏季绿肥、冬季绿肥、水田绿肥和山坡绿肥，专用绿肥和兼用绿肥并举的方针，推广夏种田菁、红萍，冬种紫云英。1966

年夏，播种田菁种子2000公斤，试放养红萍1000亩；1966年冬，种植紫云英和苕子14000亩。20世纪70年代，冬种以小麦、油菜为主，紫云英种植面积逐年减少。1972年，春放红萍6000亩，夏种田菁22000亩，冬种紫云英8000亩。1979年后，化学肥料的广泛应用，两稻两肥耕作制逐年减少。1989年后，北滘恢复冬种绿肥，1990年冬种紫云英7331亩。

（五）轮作、间作制

1. 稻蔗轮作

1972年，北滘开始推行稻（水作）蔗（旱作）轮作制，周期为三年，即一年种稻，两年种蔗。是年按县下达种植计划调整粮蔗布局，将2412.23亩稻田改植甘蔗，实行稻蔗轮作。蔗田间种花生，畦边间种黄豆。实行稻蔗轮作，可促进土壤风化，改善土壤理化性能，减少稻、蔗病虫害，促进稻、蔗双丰收，效益显著。

2. 花生、晚稻轮作

1979年开始，北滘推行花生、晚稻轮作制度，即上半年种植春花生，收获后下半年插植水稻。利用春植花生的茎叶作晚稻的基肥，提高土壤肥力；同时，通过水旱轮作，改善土壤理化性状，提高水稻产量。是年，北滘公社在县内率先大面积推行花生与晚稻轮作，将7442亩禾田改植花生，晚稻平均亩产比1978年增加56.5公斤。1981年，将8741亩早稻田改植花生，实行花生、晚稻轮作制，收获花生1080吨，为晚稻增加绿肥4850吨。1983年起，大幅度调整农业生产结构，种植业转向高值经济作物，花生、晚稻轮作终止。

三、品种

民国时期，早稻以新兴白、红头赤为主，晚稻以金风雪、金边赤为主。这些品种植株高大、迟熟、不耐肥、易倒伏，改双季连作后被逐渐淘汰。

1950—1959年，早稻有新兴白、七担种（白谷糯16号）、暹黑7号、北江粘、广场13，晚稻有金风雪、黄壳齐眉、白壳齐眉、大黄粒。

1960—1969年，早造推广矮脚南特、广场矮、珍珠矮、江矮早、江南矮，晚造推广矮澄、广秋矮、溪南矮、木泉、木钦、广二矮、竹矮、秋矮；1966年，珍珠矮和矮脚南特种植面积占早造的90%以上。

1970—1979年，早造推广珍珠矮、北早3号、科六、广六、协作69、广二矮、红梅早、IR24、IR661、科十，晚稻推广秋矮、北晚、秋二矮、木泉、广二白矮。1971年后，推广早造中迟熟品种。1971—1977年早稻种植以科六、广二矮、红梅早、协作69、珍珠矮为主；1978年起，晚造推广广二白矮。

1980—1989年，早造推广桂朝13号、广二104、汕优2号、特青，晚造推广广二白矮、广秋桂矮。1982年，北滘试种杂交稻汕优2号取得成功，但由于杂交水稻种子价格高，推广受到一定限制。1983—1986年，早稻当家品种为广二104。1987

年，特青成为早稻当家品种，种植面积达17300亩；晚稻则以广秋桂矮为主，种植面积27300亩。

1990年后，水稻品种以特青、新桂早、三五糯、七山占、粳汕占、广秋桂矮为主。20世纪90年代后，"两优"品种（杂交水稻和优质稻）全面代替常规种植品种。1993年起，水稻种植以七山占和粳汕占为主。

四、栽培技术

（一）育秧

北滘地区育秧方法大致采用露地育秧、保温育秧两种方法。

1. 露地育秧

传统的育秧方法播种密度大，早造大秧亩播稻种100公斤以上，趸仔秧亩播400公斤以上；晚造亩播100公斤以上，秧质较差。新中国成立后，推广疏播育壮秧。60年代推广矮秆品种后，大秧播种，早造田亩播量在40—50公斤，晚造25—30公斤，趸仔秧亩播100公斤左右。80年代初推广杂交稻，亩播种量减少至10—15公斤（常规稻30—40公斤）。

2. 保温育秧

20世纪60年代中期，北滘在早造推广保温育秧——尼龙膜育秧。这种育秧方式有利于保温、保湿、增温，防止烂芽、烂秧，能防避低温冷害提高成秧率，且秧苗茁壮，可提前7天插秧。1980年后农村经济迅速发展，尼龙薄膜育秧全面普及。

（二）插秧

传统方式是大科疏植，每科插秧7—8苗，株距、行距均为27厘米，亩播6000科左右，土地利用率低，产量偏低。1956年后实行小科密植，每科5—6苗，株距20厘米，行距23厘米，每亩插植12万至14万苗，效果较好。1958年"大跃进"期间，盲目强调"越密越好"，搞"高度密植"，违反植物生长规律，最后以减产失败告终。20世纪60年代初恢复正常的小科密植。70年代初，插植规格一般采用16厘米×20厘米、20厘米×20厘米，每亩插基本苗16万至18万苗，有效穗数达每亩24万至26万穗。1980年以后，推广杂交中迟熟稻种，实行"低群体健身栽培法"，以群体生态平衡为中心，穗数构成比例化，推广小科（常规种每科插3—4苗、杂交种每科插2—3苗）、疏植（20厘米×23厘米、23厘米×26厘米）浅插，每亩插基本苗5万至6万苗，控制苗数28万至30万苗，成穗率达60%以上。

（三）施肥

北滘当地传统，稻田肥料以农家肥、塘涌泥为主，辅以各种绿肥（紫云英、红萍、田菁）或以花生、豆类的茎叶、蔗叶及稻秆回田。本章第一节《水稻·制作制度·两稻两肥》已有记述。20世纪70年代普及化肥，主要有氨水、尿素、碳铵、磷酸钾、磷酸钙等，80年代后逐步普及使用尿素、氯化钾、复合肥等高效粒状化肥。针对北滘稻田缺磷少钾的状况，大面积推广“早稻增施磷肥”（每亩施过磷酸钙30—60公斤）、“晚稻增施钾肥”（每亩施氯化钾7.5—10公斤），有效地控制早稻慢发、晚稻早衰。

1973年，北滘农科站总结经验，推广“施足基肥，合理追肥”以及“前重、后轻、中间空或补”（即插秧后20—25天追肥量占70%—80%，孕穗后占15%—20%，中期根据禾苗长势，弱则补施化肥壮蘖，壮则不追施化肥）和“两头重、中间空”（即前期施足基肥，后期施足壮穗肥，中期不追施化肥）的两种施肥方法供生产队按地力选用，达到合理施肥。

（四）排灌

民国时期，北滘利用自然潮汐涨退变化实行“浸耕”。20世纪50年代后期，平基改土，规划田网，开挖“非”字形水沟，以利排灌。60年代，建设田间电网，广设电动排灌站，配置农田抽水机，根据水稻不同的生长期进行肥水调控，推广“前期浅水、中期晒田、后期湿润”的用水措施，具体为：前期（插秧起至有效分蘖止）浅水移栽，寸水护苗，薄水促蘖；中期（从无效分蘖至幼秧形成）早露轻晒，控水练禾；后期（从孕穗期至抽穗成熟）浅水孕穗，薄水抽穗，湿润灌浆。

（五）病虫害防治

水稻病虫害主要有纹枯病、稻瘟病、白叶枯病、细菌性条斑病、三化螟虫、稻飞虱、稻纵卷叶虫、稻瘿蚊、黏虫和鼠害。

新中国建立前，较少用化学农药进行防治，一般采用人工捕捉、拍打、拔掉病株等方法，或用烟骨石灰水、鱼藤水等土农药防治，效果不够理想。1959年后，建立农业技术推广站、农科站，贯彻预防为主、药剂防治为辅的方针，大力推广农业技术，改善生态环境，提高植株抗性。同时有专人分管植保工作，建立病虫测报网络，设立通报机制，及时掌握病虫发生情况，实行群测群防，统一部署防治措施。

水稻病害的预防措施有用石灰水、福尔马林（甲醛）浸种，进行种子消毒。

治病药物有波尔多液、赛力散、叶枯净、稻瘟净、多菌灵、石硫合剂、西力生、代森安、托布津、田安、稻宁粉剂、稻脚青、胶体硫、多硫化钠、敌枯霜、富士1号、川化018等。防治水稻纹枯病的特效药是生物药剂井冈霉素。

水稻虫害的重点是三化螟，其幼虫蛀食稻茎秆，苗期至拔节期可导致枯心，孕穗至抽穗期可导致“枯孕穗”或“白穗”，以致颗粒无收。防治措施有：提早灌水浸春，淹死越冬螟虫；人到秧田摘除叶上螟虫卵块。60年代中期后曾采用“黑光灯”诱杀螟蛾，70年代使用杀螟特效药“苏化203”，80年代推广“杀虫脒”防治三化螟。

治虫药还有20世纪50年代用“六六六”“滴滴涕”，60年代使用“乐果”“敌百虫”“敌敌畏”和马拉硫磷等，70年代使用杀螟杆菌，80年代用甲胺磷、速灭杀丁、防治稻飞虱和稻叶蝉的叶蝉散等。

消灭鼠害措施是在田边寻找鼠洞，日间进行挖掘，或用烟熏，夜间用老鼠夹捕捉。毒药灭鼠：20世纪60年代用磷化锌，70年代使用敌鼠钠盐，80年代使用毒鼠强等。

第二节 甘蔗

一、种植概况

明代，北滘已种植甘蔗。清光绪十年（1884年）后，台湾糖和英国糖大量输入广东，外来糖关税低、成本低，严重影响广东糖蔗生产。北滘糖蔗种植面积锐减。第一次世界大战期间，进口糖下降，广东糖蔗生产稍有好转，北滘种植糖蔗面积也有所扩大。1929年，资本主义世界发生经济危机，蚕业衰退，桑地荒废，农民毁桑种蔗，北滘甘蔗种植面积迅速扩大。民国23年（1934年），省农林局推行复兴广东糖业计划，从菲律宾大量引入良种，顺德民营中小型糖厂、糖寮增加，北滘先后建成合利、诚记、益丰、中兴等糖厂，甘蔗种植面积发展很快。民国27年10月，日本军队侵略顺德封锁航道，北滘的蔗农陷入严重粮荒窘境，蔗业遭受严重破坏，蔗地丢荒，甘蔗种植面积锐减。抗战胜利后，甘蔗种植面积虽有所恢复。但由于当局苛捐杂税，压价收购，北滘甘蔗种植面积未能恢复原来水平。

新中国成立初期，政府接管糖厂，取缔私营“蔗行”，农民直接向糖厂交售甘蔗，实行计划种植，统购包销，提高甘蔗收购价格，并在生产资金、生产资料和技术上予以扶持。1957年，北滘糖蔗种植面积、糖蔗总产，均超过历史水平。

1959年，粮食紧张，征购任务重，北滘减少甘蔗种植面积810亩。1963年，国家提高糖蔗收购价，实行糖蔗奖售政策，对超产糖实行来料加工、议价收购或换购等办法，调动起农民生产积极性。1963年，种植甘蔗17594亩，总产10.19万吨，亩产5.79吨。1966—1976年，逐步取消糖蔗奖售政策，挫伤农民种蔗积极性，产量下降。1971年，全镇甘蔗种植18881亩，亩产3.32吨，总产6.26万吨。1972年，省政府调减粮食生产任务，调高甘蔗收购价，由每吨29元提高至33.8元，恢复奖售政策，甘蔗面积迅速扩大。是年，种植21477亩，总产9.02万吨。1981年，实行“核定基数，糖粮挂钩，超过基数，吨糖吨粮，全奖全罚，一定五年”的粮糖挂钩政策。1982年，种植面积19934亩，总产13.65万吨，平均亩产6.85吨。1984年，每吨糖蔗价格提高到59.16元，并实行“综合变通价”。1985年，甘蔗种植面积25362.1亩，达到历史种植的最高峰。其后生产资料价格上升，蔗价偏低，价外补贴不多，农村劳动力逐渐向高值种养业转移，甘蔗种植面积逐渐减少。1988年降至12316亩。1989年，国家调整蔗价，每吨从75.79元提高到140元，超额售价180元，种植面积略有回升。1990年，全镇植蔗13814.6亩，总产10.3万吨，平均亩产7.46吨，分别比1988年提高12.17%、37.82%、22.90%。1992年，糖蔗种植面积降至9591亩。1998年，甘蔗种植基本消失。

1959—1997年北滘糖蔗生产情况统计表

表5—2—3　　单位：亩、吨

年份	面积	亩产	总产	年份	面积	亩产	总产
1959	13954	2.41	33651.6	1979	19780	4.28	84706
1960	13514	2.81	37962.7	1980	19850	5.68	112697
1961	12940	2.24	28972.8	1981	19934	5.56	110833
1962	13508	1.75	23679.3	1982	19934	6.85	136469
1963	17594	5.79	101926.7	1983	20621	5.16	106442
1964	20442	3.3	67534.6	1984	21067	6.57	138365.1
1965	19739	4.06	80095	1985	25362.1	6.13	155384
1966	19174	2.54	48743	1986	20148.5	5.89	118684
1967	18373	4.5	82769	1987	15135	5.63	85270.2
1968	17775	2.95	52381	1988	12316	6.07	74746
1969	17646	2.94	51928	1989	12496	6.44	80514
1970	18820	4.31	81109	1990	13814.6	7.46	103015.5
1971	18881	3.32	62601	1991	13663	7.62	104151
1972	21477	4.2	90242.1	1992	9591	7.35	70494
1973	22117	4.03	89030	1993	3960	3	11880
1974	22083.1	4.15	91755.2	1994	1250	3.34	4175
1975	22095.4	3.58	79101.5	1995	276	3	828
1976	22162.8	3.67	81351	1996	126	3.49	440
1977	20767.3	4.25	88339	1997	50	3.2	160
1978	19840	5.08	100734				

二、品种

明清时期，以种植竹蔗和白蔗（又名紫蔗）为主。民国26年（1937年）起，陆续引进“东爪哇2725”“东爪哇2883”“东爪哇2878”“印度331”“印度290”等糖蔗品种。

1949—1956年，种植“东爪哇2878”（灰白蔗）为主，年均亩产3.36吨。

1957 年起，推广耐旱、耐贫瘠，抗风、抗病虫害能力强的“台糖 134”良种，年均亩产 4.07 吨，并迅速扩大种植规模，成为北滘甘蔗首个当家品种。

1975—1983 年，种植“粤糖 57/423”（大碌种）为主，年均亩产 5.29 吨，是北滘甘蔗的第二个当家品种。该品种茎粗、产量高，蔗叶柔软可作塘鱼饲料，但生长周期长，糖分偏低。

1984—1990 年，种植“粤糖 71/210”为主，年均亩产 5.41 吨。1990 年，全镇种植“粤糖 71/210”8150 亩、“粤糖 65/1279”2980 亩、“粤糖 65/296”1559 亩、“粤糖 57/423”350 亩、“沙选 72/111”251 亩，平均亩产 7.46 吨。

1993 年，全镇种植“粤糖 C1”2222 亩、“粤糖 81/3254”1284 亩、“粤糖 83/271”698 亩，占全镇甘蔗种植面积的 86%。

三、栽培管理

20 世纪 30、40 年代，在农历二月直播下种（双芽蔗茎），收获后留宿根 1—2 节，粗耕粗种，病虫害多，疏密难控，产量不高。

50 年代起推广改进栽培技术，产量稳步提高，逐渐形成一套科学耕作技术：

（1）深耕：犁田深翻土壤，种蔗沟深度一般在 30 厘米左右。

（2）浅种：蔗种回土盖种深度一般在 5 厘米左右。

（3）浸种、育苗：采用 2% 石灰水、“六六六”、赛力散（因毒性残留，后停用）浸种消毒催芽 1—2 天，以育苗（露地育、尼龙薄膜育）移植替代直播下种，种植时间由春育春移为主；个别到冬育春移。

（4）宽行、密植：改单行疏植为双行“狗脚迹”，行距 0.9—1 米，通风透气，便于田间管理。植蔗沟每米播蔗种 5—6 节，亩播双芽苗蔗种 3000—3500 节。

（5）科学用肥：实行配方施肥，根据地力调整氮、磷、钾比例 1∶0.5∶0.5 或 1∶0.5∶1，并增加有机肥（塘泥、绿肥等），重施基肥，适时分期追肥。

（6）病虫害防治：病害主要有凤梨病、赤腐病和黑穗病，虫害主要有条螟、蚜虫和蔗龟；使用农药有“六六六”、石灰水、呋喃丹、敌百虫；采用放养赤眼蜂、性诱剂迷向法防治条螟；采用黑光灯诱杀蔗龟。

（7）其他保育措施：“新植五早”（早消毒催芽、早施基肥、早淋水、早防除杂草、早覆盖地膜）；宿根管理推行“一选”（选择蔗头齐全地域留宿根）、“两保”（收获时保护蔗头不破裂，保护冬芽至惊蛰前后斩除）、“八早”（早开垄、早松土、早喷药、早施肥、早除虫、早浇水保湿、早查苗补苗、早盖地膜增温）。

（8）稻蔗轮作。

（9）培土防倒：在生长后期高培土、湿培土固定蔗根以抑止后期分蘖的发生和防止倒伏。

第三节　花卉

一、种植

明初，北滘花木业已有一定发展。明中叶后进入兴盛时期，花圃密集。清代诗人苏鹤《碧江廿四咏》描述："昆岗沙口渡平阳，艇子招摇送客忙。问客买花还买竹？竹场四面卖花香。"清朝后期，碧江聚龙沙设有水上花市。

1959年北滘人民公社成立后，建立花木苗圃场生产花卉出口创汇。1979年，成立北滘花木公司。1980年，全镇有集体办花木场17个，种植主要品种有盆桔、茉莉、米兰、白兰、龙柏、石山盆景等。1985年，全镇共有花卉场、盆桔场275个，经营面积达1480.7亩，其中茉莉花924.3亩、盆桔458.9亩、其他品种97.5亩。

1986年始，北滘花卉种植引入国外先进技术和先进设备。从荷兰引进一套电脑自动控光照、调温湿、施水肥生产设备，建立起5000平方米全天候花卉生产绿色工厂。1992年，北滘种植花卉（含水果、蔬菜）面积达1.9万亩，花卉种植遍及全镇，鲜切花和年宵花的种类和数量迅速增加。1996年，为适应"三高"农业需要，北滘调整农业产业布局，改低产、低值塘（地）种植花卉，充分利用主干公路优势，在碧桂路、国道G105线北滘段两旁开发花卉生产基地。是年，全镇花卉种植面积增至4663.5亩，产值达5596万元，种植规模在2亩以上专业户有411户，其中20—50亩以上的有16户、50亩以上的有8户。

1999年，建立群力围万亩花卉苗木绿色产区。是年，填塘平基种花木1400亩，全镇花卉桔果种植面积7303亩，花卉场有544个，其中种植规模50亩以上的13个，产值1.09亿元，品种主要有盆景、盆桔、兰花、菊花、玫瑰、姜花、桃花、富贵竹等。2004年，花卉盆桔种植面积达15890亩，涌现一批如兴隆花木有限公司、莘村富临花场花卉生产骨干企业。是年，兴隆花木有限公司被评选为顺德区"十大农产品流通企业"。2007年，建成集花卉生产、销售、研发、产业信息、旅游及进出口贸易等多功能于一体的海峡两岸农业合作与交流平台——顺德花博园，加大对外招商和技术引进力度，开拓国际市场，提高花卉生产的国际化水平。同年，成立顺德区首个通过政府扶持、民间投资、企业推动、市场运作、农民参与的农民农业创业园。

2017年，全镇花卉种植面积19288亩，产值4.71亿元；花卉场（企业）130个，其中种植规模3公顷以上的10个；从业人员6362人，其中专业技术人员140人；年产鲜切花464.64万支、观赏苗木963.3万株、盆栽1140.8万盆，销售额9.42亿元。

1994—2017 年北滘镇花卉种植面积统计表

表 5—2—4　　　　　　　　　　　　　　　　　　　　　　单位：亩

年份	种植面积	年份	种植面积	年份	种植面积	年份	种植面积
1994	2687	2000	10330	2006	16208. 1	2012	14736
1995	3967	2001	11830	2007	19437	2013	18018
1996	4663. 5	2002	14130	2008	19549	2014	19142
1997	5213	2003	16785	2009	17459	2015	21146
1998	5293	2004	15890	2010	16349	2016	19602
1999	7303	2005	15619	2011	16965	2017	19288

二、品种

北滘花卉栽培品种丰富，按花卉的形态及用途分为六大类：

观花类。包括鲜切花和盆花两种，常见的品种有菊花、兰花、茉莉、佛桑、含笑、葵、芙蓉、蔷薇、紫薇、紫荆、蜀葵、莲、腊梅、碧桃、瑞香、玉绣球、长春花、狗牙、鸡冠花、豆蔻、凤仙花、萱草、玉簪、剪春罗、金银花、月季、百合、康乃馨、吊钟、非洲紫罗兰、君子兰、火鹤花、白鹤花、仙人指等。

观果类。如金桔、朱砂桔、金蛋果、代代果、四季桔、千叶石榴、盆桃、佛手、五彩椒、乳茄、珊瑚樱、朱砂根等。

观叶类。常见的品种有芦头、富贵竹、苏铁、观赏凤梨、变叶木、米兰、吊兰、芦荟、文竹、垂叶榕、虎尾兰、酒瓶兰、龙舌兰、袖珍椰子、印度橡皮树、广东万年青、花叶万年青、花叶芋、五色苋、金边龙舌兰、铁线蕨、常春藤、鹅掌藤、龟背竹、绿萝、吊竹梅、爬山虎等。

观茎类。以仙人掌科植物、竹类为主，以及麒麟角、三角霸王鞭等。

盆景树桩类。如桂花、山茶、蜀茶、九里香、福建茶、发财树、罗汉松、雀梅、榆、细叶榕、黄杨等。

园林绿化类。如树兰（米兰花）、凤凰木、凤尾花、鹰爪、夜合、女贞、木槿、杜鹃、使君子、辛夷、白玉兰、夹竹桃、鸡蛋花、棕榈、龙柏、酒瓶椰子等。

三、主要花木栽培

（一）菊花

20 世纪 80 年代，北滘出现不少菊花场，品种以普通盆菊为主，90 年代中后期逐渐形成了潭洲水道千亩菊花种植基地。为适应市场需求，花农不断革新栽培技术：一是利用电灯光调控花期，使鲜切菊花、盆菊按时按节上市；二是将菊花进行艺术加工，如使用激素和叶面施肥矮化成“案头菊”，迎合大众需求；三是用尼龙线拉网固定取代竹子绑扎，降低成本。

（二）盆桔

盆桔是春节传统观赏花木之一，自清代起长期种植。20 世纪 80 年代起发展迅速，主要品种有金桔、四季桔（贵桔）、金蛋果、朱砂桔、年桔、代代果等。1980 年全镇种植金桔 38550 株。1988 年全镇种植盆桔 416 亩，产值 241.6 万元。1999 年发展至 3870 亩，产值 5804.7 万元。20 世纪 90 年代后，盆桔栽种朝多元化发展，有直径 1—2 米、株高 2—5 米的大型、特大型盆桔，挂果 1 万多个；有株高 10—20 厘米的小巧玲珑的小型、微型盆桔。

（三）茶花

20 世纪 60 年代前，茶花仅在庭院零星种植。20 世纪 70 年代，农户在盆桔场兼种茶花。1982—1985 年，兴起“茶花热”，从外地大量引进名种，如六角宫粉、红梅、白梅、五彩皇后、金花、铁甲珍珠、嫦娥彩、雪塔、红绣球等。但“茶花热”快热快冷，市场不稳定。80 年代中后期，兰花、盆景盛行，茶花种植规模缩减。

（四）兰花

明代，北滘农户开始种植兰花，并以种植兰花谋生。清末民国初年，碧江的兰花种植远近闻名。新中国成立后，兰花种植作为一种副业在不少群众庭院占有一席之位。20 世纪 80 年代起，国内外大量名优品种传入，家庭养兰专业户和兰圃显著增加。80 年代末，社会兴起兰花热，有大量人家利用庭院、阳台和楼顶养兰。养兰专业户大量增加，斥资建金属棚架，使用电气抽风喷雾、浇灌设备。一般种植以金嘴墨兰、银边黑墨、企剑黑墨、素心白墨四大传统墨兰为主，银边赤龙岩（小桃红）、银针素、龙岩素、仁化白及金丝马尾等建兰品种亦有相当数量。1991 年，成立北滘镇兰花协会。1992 年起，大量往韩国、日本等国出口兰花。进入 21 世纪，兰花种植出现三大特点：一是从庭园农业逐渐走向产业化，农民农业创业园和顺德花卉博览园为兰花的生产、销售、研发、产业信息等提供全方位的服务；二是经历从精品兰到消费兰，再到精品兰与消费兰共同发展的过程；三是从大盆（23 厘米 ×23 厘米）塘泥多株丛植向小盆（16 厘米 ×16 厘米、塑胶培养袋）硬料单株丛植发展。

（五）茉莉花

20 世纪 60—80 年代，茉莉花种植已有一定规模，主要在土地上连片种植，收获鲜花制作花茶。70 年代末 80 年代初，社会上兴起“茉莉花热”。1981 年，种植面积达 3000 多亩。80 年代中期起，因茉莉花经济效益不及其他花卉，种植规模逐渐缩小，1986 年降至 1093 亩，80 年代末仅有零星种植。

第四节　水果

北滘水果资源比较丰富，主要品种有龙眼、荔枝、柑、桔、橙、柚、桃、石榴、番石榴、葡萄、杨桃、人心果、凤眼果、黄皮、蒲桃、柠檬、枇杷、芒果、香蕉、大蕉等，以柑、桔、橙、龙眼、香蕉、大蕉为大宗。

明初兴起果基鱼塘农业，基面大量栽植龙眼和荔枝，至明代中期达到全盛。明万历年后，蚕桑业兴起，部分果木向山岗坡地转移，龙眼和荔枝仍保持较大的种植规模。

新中国成立后，北滘的水果生产呈波浪式缓慢发展。1958 年大炼钢铁，砍掉大量果树烧炭炼钢，北滘水果业种植跌落低谷。1960 年，鼓励和支持农民在屋前屋后种植果树，新植各种果树 633 亩，其中柚子 7 亩、香蕉 217 亩、大蕉 364 亩、其他 45 亩，加上原有果树，全镇共有果树 1380 亩，是年收获总产 700 吨。其后由于粮食短缺，农民生产情绪低落，水果生产持续下降，到 1963 年下降至 367. 5 亩，总产下降至 401. 8 吨。

1970 年，全镇种植香蕉 367. 4 亩，总产 635. 6 吨，大蕉 230. 7 亩，总产 370. 5 吨。1974 年，香蕉面积降至 39. 3 亩，总产 60 吨，大蕉面积降至 41. 7 亩，总产 105 吨。

1979 年后，香（大）蕉、柑、桔、橙、荔枝、龙眼等水果种植业迅速发展。1981 年全镇水果总产量 160. 1 吨，1987 年达 1195. 7 吨，增加 7. 5 倍，其中柑桔橙 157. 8 吨、香蕉 321 吨、大蕉 706. 6 吨、荔枝 0. 5 吨、龙眼 1. 2 吨、其他杂果 8. 6 吨。

20 世纪 90 年代，致力发展“三高”农业，增植优质水果，1992 年至 1994 年，新种 20 万株果苗，其中以龙眼为主，荔枝次之。1995 年扩种、补种优质水果 5 万株。但由于疏于管理，挂果低。是年，挂果 3 万株，收入 300 万元。1998 年，全镇种植香蕉 535 亩，产量 1102 吨；大蕉 427 亩，产量 858 吨；龙眼 3863 亩，收获面积仅 80 亩，产量 6 吨；其他水果 315 亩，产量 47 吨。20 世纪末至 21 世纪初期，北滘调整农业生产布局，水果生产走向低谷。2002 年，水果种植面积仅 465 亩，其中香（大）蕉 283 亩、木本水果 182 亩。

1964—2017 年北滘水果种植面积统计表

表 5—2—5　　单位：亩

年份	面积	年份	面积	年份	面积	年份	面积
1964	275	1978	4. 8	1992	2457. 4	2006	77
1965	210	1979	4. 8	1993	6746. 88	2007	34
1966	225	1980	4. 8	1994	4541. 8	2008	39
1967	232. 05	1981	263. 6	1995	5843	2009	30
1968	334	1982	201. 9	1996	2719	2010	30
1969	173	1983	142. 45	1997	1926	2011	10
1970	685. 1	1984	—	1998	1997	2012	28
1971	—	1985	85. 4	1999	3287	2013	24
1972	—	1986	132. 7	2000	2260	2014	33
1973	—	1987	187	2001	278	2015	32
1974	88. 3	1988	359. 11	2002	465	2016	0
1975	4. 8	1989	341. 25	2003	602	2017	11
1976	4. 8	1990	254	2004	161		
1977	4. 8	1991	243. 8	2005	97		

附：清代水果名优品种

水口碌柚：在清初时从陈村弼教引进繁殖，清中叶起，开始大规模种植，至1930年达于全盛，大批运销广州、港澳及东南亚地区。其主要特点是“汁多、肉爽、清甜”。1987年至1988年，镇农办从省农科所引进1000多株柚苗，聘请果农护理。至1991年，仅数十棵柚树挂果，且产量低、果质欠佳。

高村黑叶荔枝：细核、肉厚、清甜。

都宁独核黄皮：味甜、独核，每个果实几乎都只有一个核，极少有两个核的。据说当时的商贩用“都宁黄皮”这一金字招牌来推销黄皮。

都宁鹦嘴甜桃：周易坊出产，色美味甜，爽脆可口，个头大。因成熟时果实黄中带红，色似鹦鹉嘴，故称“鹦嘴”。多栽种于房前屋后，每到夏季桃熟时，树上果实压枝。

都宁村心胭脂棯：番石榴的一种，个大肉厚，瓢小呈胭脂红色。

第五节　蔬菜

宋代以后，北滘农民充分利用涌边、塘边、基边种植蔬菜。至民国，北滘蔬菜品种主要有冬瓜、青瓜、节瓜、苦瓜、丝瓜、水瓜、茄子、西红柿、荷兰豆、白菜、生菜、茼蒿、蕹菜、菠菜、椰菜、西兰花、芥蓝、红萝卜、葛、姜、芋头、沙葛、茭笋、西洋菜等59个品种。在长期的栽植过程中，不少乡村种植的品种自成特色，比较出名的有以下几个品种：一是冬瓜，个体大、肉质爽甜，亩产可达6000公斤，其中以黄涌所产冬瓜品质为最，有“碧江出只鸡，黄涌出个瓜”的美誉；二是上僚、水口的沙葛，皮薄肉甜，有“土雪梨”的美称，可作水果生食；三是高村的粉葛，以“香甜可口，松软无渣”，驰名于香港、澳门；四是三桂隔涌面豆，“夹大，味甘甜，香滑可口”。

1959年，北滘人民公社成立后，蔬菜种植面积达14520亩，总产15346.6吨。1966年蔬菜种植面积3855亩，总产5580.3吨。此后，强调粮食生产，种植面积缩小，至1969年降至3209.1亩，总产8869.1吨。1970年至1977年期间，种植面积维持在3300亩至4200亩间，1972年面积3669亩，总产8393吨。1973年面积3339亩，总产8047.3吨。

1979年后，逐渐放开蔬菜市场价格，蔬菜种植效益显著提高，出现一批专业户、重点户；同时，不断引进和发展优质高值新品种（油麦菜、意大利生菜），采用塑料薄膜保湿、黑色塑料编织网遮光等技术进行反季节蔬菜生产，缩短种植时间，提高复种指数，使土地利用率和蔬菜产量倍增。1988年全镇蔬菜种植面积8346亩，亩产5874.73公斤，总产16343.5吨。1991年种植面积1969.1亩，亩产3270.17公斤，总产3963吨，总产量创历史最高水平。

2001年，实施“科技兴农”，推广无公害种养技术。莘村启动无公害蔬菜生产项目，建起1400亩蔬菜生产基地，同年，北滘社区规划面积达3500多亩，推广农业综合示范区建设，示范区以种植无公害蔬菜为主，配套水产、畜禽生产。至2006年，建成北滘、西海2个农业示范园区，总面积5333亩。2003年，张冠贤在槎涌建立丰盛菜场，种植面积350亩，连片规模种植无公害蔬菜，成为2003年顺德区个体规模最大的专业户。西滘青年农民何锦添建立益丰蔬果种植场，采用气压式煤油喷火机除草、银膜覆盖、频振式杀虫灯防治病虫害和有机滴灌等技术，搭建20亩的钢架塑料温室大棚，发展宾馆西餐生食蔬菜，种植日本小青瓜、日本网纹瓜、荷兰甜椒、太空南瓜等蔬果，销往广州、深圳、东莞、上海、重庆等多家星级宾馆，是年总产量达72吨。2004年起，北滘实行蔬菜市场准入制度，加强检查、检测与监督，建立基层蔬菜检测室（点）23个，培训检测员40余人，购置农药残留速测仪36台，核发“无公害蔬菜生产经营许可证”4800多个。2004—2008年，共查处农药残留超标4262宗，销毁有害有毒蔬菜77.72吨。2008年，全年检测蔬菜样品18.8万个，检出阳性样品250个，合格率达99.87%。2017年，全镇蔬菜种植面积3963亩，总产8182吨。

1966—2017 年若干年份北滘镇蔬菜生产情况统计表

表 5—2—6　　单位：亩、吨

年份	用地面积	产量	年份	用地面积	产量	年份	用地面积	产量
1966	1285	5580.3	1989	2230	16438	2004	2585	9529
1969	1069.7	8869.1	1991	3989.7	39141	2005	2228	7191
1970	1173.4	9124.1	1992	3745.6	24837.6	2006	2073	7278
1972	1223	8393	1993	4792.5	37575	2007	1824	4821
1973	1113	8047.3	1994	5327	38144	2008	1856	4763
1974	1218	10874	1995	5537.6	38039	2009	1553	6361
1976	1223	10690.9	1996	6883.5	37182	2010	1408	5398
1977	1345	9929.7	1997	5312	36483	2011	1413	5763
1981	554	3266.3	1998	—	31465	2012	1413	4873
1984	833.7	6313.1	1999	—	35513	2013	1388	4262
1985	835	5260.5	2000	—	23760	2014	1459	5945
1986	1276	6890	2001	—	33530	2015	1441	8325
1987	1451.1	7458.7	2002	—	24214	2016	1422	8072
1988	2782	16343.5	2003	4046	20694	2017	1321	8182

第三章　水产业

北滘塘鱼生产可溯源至唐代，农民将鲤鱼种“蓄于池塘间，一年可供口腹”。明万历年间，碧江“堑负廓之田为圃”，“圃中凿池蓄鱼，春则涸之播秧，大者至数十亩。若筑海为池，则以顷计”。塘鱼养殖进入商品性生产时期，初步形成以桑基、果基或蔗基同鱼塘相互关联的生产形态。

新中国成立后，政府出台一系列政策，扶持塘鱼生产，养殖品种以鳙鱼、鲢鱼、草鱼、鲮鱼“四大家鱼”为主。1957 年，北滘鱼塘 14604 亩，亩产 110 公斤，总产 1606.44 吨。

1958 年后，实行高度集中计划经济，塘鱼按牌价由国家收购，渠道单一、价格低。1960 年粮食供应紧张，精饲料短缺，塘鱼生产陷入低谷。1961 年总产比 1957 年减少 332.51 吨，平均亩产减少 28.5 公斤。1963 年调整农村经济方针，实行奖售政策，鱼物挂钩，生产队完成派购任务后，允许在贸易市场出售，塘鱼生产逐渐恢复。1966 年，鱼塘面积 17780 亩，总产 2151.38 吨，平均亩产 121 公斤，分别比 1961 年增长 13.75%、68.88% 和 48.47%。

“文化大革命”期间，对塘鱼生产实行“一管二统三派购”政策，只允许国家统一收购，1966—1978年每50公斤塘鱼平均收购价仅为38元。1977年，北滘鱼塘面积16200亩，总产2575.8吨，亩产159公斤，仅比1966年增长19.7%和31.4%，平均年增长1.77%和2.85%。

1979年以后，实行优惠政策和灵活措施，开放塘鱼市场，推行联产承包责任制，实行个体承包经营，塘鱼生产迅速发展。20世纪80年代初，塘鱼养殖从传统“四大家鱼”为主逐步转向优质、高产、高值鱼类养殖，引进鳗鲡、鳜鱼（桂花鲈）、加州鲈、鳖、锦鲤、叉尾鱼、长吻鮠、罗氏虾等20多个品种，并实行科学饲养，集约化经营，产量和收益大幅度增长。1979—1988年十年间，全镇塘鱼总产从3001.84吨增至10308.15吨，平均亩产由186公斤增至516.5公斤。

1992年后，调整农业产业结构，水产养殖业向优质、高产、高效方向发展，其中最为特出的是鳗鲡养殖业。1995年，全镇鱼塘面积40034.5亩，总产量19719吨，总产值7.98亿元（1990年不变价），占全镇农业总产值的78.8%。其中鳗鲡总产值7亿元，占全镇农业总产值的69.17%。

1999年起，受国际市场和出口检疫等因素影响，北滘减少鳗鱼的养殖，增加其他优质鱼养殖，逐渐形成三乐路两旁及顺德水道堤围周边2万亩优质水产产区、林上路为主线周边及第二联围沿西线堤脚5000亩禽畜水产综合产区。2007年，北滘塘鱼面积18341亩，其中鳗鲡3446亩、优质鱼9448亩，总产鱼16884吨。

2009年起，受工业化、城市化、成本上涨等因素影响，水产业逐渐衰落。2017年，全镇鱼塘面积5597亩，总产9478吨，总产值1.92亿元，占农业总产值的23%，比高峰期（1996年）分别下降85.84%、51.67%、77.3%。

1957—2017年北滘镇淡水鱼养殖情况统计表

表5—3—1　　单位：亩、公斤、吨

年度	塘鱼			年度	塘鱼		
	养殖面积	亩产	总产量		养殖面积	亩产	总产量
1957	14604	110	1606.44	1968	16378	132	2161.9
1958	18171	110	1998.81	1969	16378	148	2423.94
1959	17409	98.5	1714.79	1970	16200	158	2559.6
1960	17200	105	1806	1971	16200	160.5	2600.1
1961	15631	81.5	1273.93	1972	16200	164	2656.8
1962	15420	38.5	593.67	1973	16200	167.5	2713.5
1963	15949	71.5	1140.35	1974	16200	168	2721.6
1964	16344	96.5	1577.2	1975	16200	176	2851.2
1965	17780	100	1778	1976	16200	146.5	2373.3
1966	17780	121	2151.38	1977	16200	159	2575.8
1967	16378	136	2227.41	1978	16138.93	170.5	2751.69

续表

年度	塘鱼			年度	塘鱼		
	养殖面积	亩产	总产量		养殖面积	亩产	总产量
1979	16138.93	186	3001.84	1999	38573	578.38	22310
1980	16138.93	187.5	3026.05	2000	35264	592.05	20878
1981	16134	200.20	3230.03	2001	29869	651.34	19455
1982	16083.73	246.5	3964.64	2002	26959	722.62	19481
1983	15943.56	286.9	4574.21	2003	24560	798.74	19617
1984	16173.2	328.2	5308.04	2004	21098	811.59	17123
1985	16118.7	371.30	5984.87	2005	19564	858.06	16787
1986	16361.1	423.7	6932.2	2006	18958	868.02	16456
1987	18382.7	467	8584.72	2007	18341	909.66	16684
1988	19957.7	516.5	10308.15	2008	17050	904.57	15423
1989	19964.7	541.66	10814.09	2009	14385	1173.03	16874
1990	20354	567.02	11541.05	2010	10446	1495.69	15624
1991	19973	583.5	11654.2	2011	8868	1355.77	12023
1992	28295.3	580.10	16414.2	2012	9134	1205.5	11011
1993	40028	420.04	16813.26	2013	8892	1312.19	11668
1994	40734	471.23	19195	2014	7098	1425.61	10119
1995	40034.5	492.55	19719	2015	6909	1665.22	11505
1996	39517	496.24	19610	2016	6723	1508.55	10142
1997	39122	552.63	21620	2017	5597	1693.41	9478
1998	39243	605.18	23749				

第一节　传统品种养殖

一、养殖概况

明代，北滘水产养殖品种主要有草鱼（俗称鲩鱼）、鲢鱼（俗称扁鱼）、鳙鱼（俗称大头鱼）、鲮鱼，统称“四大家鱼”。此外，还有青鱼（俗称黑鲩）、鳊鱼（俗称边鱼）、鲤鱼、胡子鲶（俗称塘鲺）、乌鳢（俗称生鱼）等。

1959 年北滘人民公社成立后，推广“水、种、饵、密、混、轮、防、管”八字养殖技术，主要品种有鳙鱼、鲢鱼、鲩鱼、鲮鱼、鲤鱼等，平均亩产 120 公斤。

1966 年起，推广“三级轮养”法，平均亩产由 1966 年的 121 公斤提高到 1971

年的160.5公斤。1975年后推广普及“多级轮养”法，增加放养密度。1980年后，推广“主攻鲩鱼，早育鲮鱼”“冬春育鲢，夏秋攻鳙”技术。

1985年后，鲤鱼、鲫鱼、胡子鲶、乌鳢等品种养殖面积不断增加，但“四大家鱼”仍占塘鱼养殖的绝大部分。20世纪90年代，优质鱼养殖高速发展，传统品种的养殖面积保持稳定，产量产值占塘鱼养殖比例不断下降。1991年，传统品种养殖面积17725亩，产量10342.7吨，占总产的88.75%，其中鳙鱼2146.4吨、鲩鱼3526.3吨、鲢鱼1067吨、鲮鱼3603吨。1995年，传统家鱼养殖面积17974亩，产量14005吨，占总产的71.02%，其中鳙鱼2000吨、鲩鱼1800吨、鲢鱼300吨、鲮鱼9905吨。是年，“四大家鱼”塘头价均值为6200元/吨，产值8683万元，约占塘鱼产值的10%。1997年，传统家鱼养殖面积18565亩，产量7567吨，占总产的35%，其中鳙鱼1980吨、鲩鱼1858吨、鲢鱼354吨、鲮鱼3375吨，产值3807万元，占塘鱼产值56682万元的6.7%。

进入21世纪后，受环境污染、成本上涨的影响，传统品种养殖逐渐衰落。2001年“四大家鱼”5170亩，2002年减少至2990亩。2017年传统品种养殖面积3268亩，为1997年的17.6%。

二、养殖方式

传统家鱼分植物食性和杂食性两类。在长期的生产实践中，北滘渔农根据鱼种习性进行混养，以充分利用池塘各水层和饲料、肥料，合理搭配品种，逐渐形成以下四种养殖方式：

“四大家鱼”混养法 20世纪50—70年代，北滘塘鱼养殖采用“四大家鱼”混养法。1973年，每亩放养数为：草鱼（规格0.4公斤）50—70尾、鳙（规格0.5公斤）25尾（年养两罟）、鲢（规格0.25公斤）15尾、鲮（规格40条/公斤）800—1000尾。此外还混养少量鲤鱼、鲫鱼、青鱼等品种。

鲩鱼为主混养法 鲩鱼是以植物食性为主的杂食性鱼类，生长速度快，可直接摄食青饲料和合成颗粒饲料，排泄物可作其他混养鱼的肥料和饲料。混养其他鱼类，可避免池水肥度过高，加速池水净化，增加产量。20世纪80年代普遍采用鲩鱼为主，适当搭配鳙鱼、鲢鱼、鲮鱼的饲养方法，间养福寿鱼、野鲮、长春鳊、鲤鱼、鲫鱼、生鱼、青鱼等品种。

鲮鱼为主混养法 鲮鱼属杂食性鱼类，体型小，生长较慢，但适应较肥水体环境、抗病力较强、群体产量高。20世纪80年代，部分农户形成以鲮鱼为主，间养鲩鱼、鳙鱼、鲢鱼、福寿鱼、鲤鱼、鲫鱼、长春鱼、野鲮、生鱼等品种的养殖方式。

福寿鱼为主混养法 福寿鱼是莫桑比克罗非鱼与尼罗河罗非鱼的杂交品种，杂食，病害少，生长快，群体产量高，最适宜水质肥、饲料足和水温高的条件生长。以福寿鱼为主，混养鳙鱼、鲢鱼、鲩鱼、鲮鱼、长春鳊、鲫鱼、青鱼、野鲮，产量较高。20世纪90年代，部分农户采用这种饲养方法。

三、基塘生产形式

从明代开始，北滘农民大量挖田筑塘，塘基种植作物，塘中储水养鱼。因塘基所栽作物不同或塘基利用不同，称为“桑基鱼塘”“蔗基鱼塘”“菜基鱼塘”。新中国成立后，农业多种经营和农副产品加工业快速发展，形成以池塘养鱼业为主，种植业、畜禽饲养业、农副产品加工业综合利用的人工生态系统。种植业为农副产品加工提供原料，农副产品加工为塘鱼和畜禽提供饲料，畜禽粪便和残饵、菜叶也可用作鱼饲料，而塘泥又是农作物的优质肥料。这种循环利用的综合养鱼方式有：

（一）鱼—蔗—鱼

即蔗基鱼塘生产方式，始于20世纪30年代初，兴于20世纪70、80年代。塘鱼残饵和粪便等有机物沉积池底，形成肥沃的淤泥，将淤泥用作蔗苗肥料，蔗叶再作塘鱼的饲料或肥料，鱼肥蔗壮。

（二）鱼—果—鱼

始于明代，兴于20世纪80、90年代。塘基种植果树，树叶、残果作塘鱼饲料或肥料，塘泥作果树肥料。

（三）鱼—菜—鱼

塘基种植蔬菜，蔬菜残叶、菜头作塘鱼青饲料或肥料，塘泥作蔬菜肥料。

（四）鱼—畜—鱼

养鱼户在塘基建猪舍、牛舍，将猪、牛粪便和残食用作养鱼饲料及肥料。1985年起大量发展瘦肉型猪养殖，“上养猪下养鱼”，扩大了综合利用范围。

（五）鱼—禽—鱼

历史上，养鸭户多在鱼塘边或塘面上建鸭棚，并在池坡或池角围圈部分水面，用作养鸭场所。鸭粪和残食抛入鱼塘，成为鱼的饲料。每亩鱼塘可放养鸭100—200只。1985年起兴办现代化养鸡场，“上养鸡下养鱼”，进一步发展这种生态养殖方式。

第二节　名优特水产养殖

1985年后，北滘名优特水产品养殖迅速发展，逐渐从池塘中少量混养，发展到大面积放养、纯养。鳗鲡、鳜鱼、加州鲈、鳖、罗氏虾、观赏鱼等特色品种养殖面积不断扩大，形成了规模化养殖。2002年，全镇优质鱼养殖面积达17129亩，产量11304吨，分别占塘鱼养殖面积、产量的63.5%、58%。2009年后，水产业逐渐萎缩，名优特水产养殖相应减少。2017年，全镇优质鱼养殖面积下降至2329亩，产量5568吨，分别占塘鱼养殖面积、产量的41.61%、58.75%。

一、鳗鲡（鳗鱼）

1985年，西海、三洪奇等乡养鱼专业户在池塘中混养少量的鳗鱼。1986年，北滘承担了“星火计划”科技发展项目——特种水产养殖场，推广鳗鱼养殖技术。鳗苗大多从汕头、福建、浙江、江苏等地购入。是年8月，与香港日东水产公司合作建立东顺特种水产养殖开发公司，引进台湾地区、日本等高新养殖设备、优质鱼苗、饲料。1987年，全镇共有集体鳗鱼养殖场3个，养殖面积53.2亩，成鳗上市30吨。1989年，集体鳗鱼场达10个，养殖面积达565亩，占顺德700多亩鳗鱼养殖的80%。1994年，鳗鱼养殖面积达18785亩，成鳗上市达6500吨。1995年4—6月，鳗鱼价格急升，规格鳗达12万元/吨，大鳗10万元/吨，单重0.4—0.6斤规格的小鳗升到17万元/吨，是年购进鳗苗4500万尾。1996年，鳗鱼养殖面积达15493亩，总产6552吨。

1996年起，日本鳗苗短缺价高，鳗鱼生产成本高，1997年北滘大幅减少日本鳗养殖，开始大范围推广欧洲鳗、美洲鳗的养殖。三桂管理区办的养鳗场，于1996年和1997年先后从清远市阳山培苗场购进204万尾欧洲鳗苗进行养殖，1997年产出170吨，经济效益较好。与此同时，北滘镇自培欧美鳗1000万尾。1998年，全镇投放欧洲鳗鱼861万尾（占鳗苗总投放量的69.7%），美洲鳗335万尾（占鳗鱼总投放量的27.1%）。

养鳗业作为北滘农业的支柱产业，逐步走上区域化布局、专业化生产、企业化管理、社会化服务、国际化销售、农工贸一体化、产加销一条龙的产业轨道，并涌现了一批知名企业。1996年成立北滘曼丰鳗业有限公司，当年养殖鳗鱼3000亩，配套1个鳗苗培育场，投入1000多万元建起一间年产2万吨的鳗鱼饲料加工厂，与外商合资建起1间每小时加工600公斤的烤鳗加工厂和冷藏能力为700吨的冷冻库，并在日本东京、大阪设立购销部，建起国内外鳗鱼市场的销售网络。1997年，该公司销售鳗鱼饲料7000吨，出口烤鳗800多吨。1998年，北滘鳗鱼养殖面积10024亩，总产量7617吨，有18家欧洲鳗、16家美洲鳗规模养殖场（户），并建有4间鳗鱼饲料厂，年生产能力5万吨，实现鳗鱼饲料自给，同时建有2间烤鳗厂。是年，北滘（鳗鱼养殖示范基地）、曼丰鳗业有限公司成为广东省“三个一百工程”典型之一。

2002年，受出口检验检疫贸易壁垒的制约，严重依赖日本市场的鳗鱼养殖业大受打击。北滘鳗鱼养殖面积缩减至5030亩，2007年下降至3446亩，下降31.49%。2017年，全镇鳗鱼养殖面积306亩，其中三洪奇80亩、黄龙75亩、西滘75亩、碧江36亩、高村30亩、马龙10亩，总产291吨。

二、鳖

1993年，北滘开始批量养殖，养殖面积92亩，主要集中在三洪奇、龙涌等地。1994年后，鳖的养殖快速发展，形成规模养殖。1998年，全年投放469万只鳖苗，养殖面积3396亩，养殖场（户）65家，其中林头养殖场自孵、自育、加温（控温）越冬的高效鳖养殖技术取得较大成效，得以推广。1999年，全镇投放鳖苗340万只，养殖面积2875亩，主要集中在坤洲、高村、林头、北滘等村（社区）。1999年，鳖的价格大幅下滑，由1998年的每吨10万元下降为5万元，下跌5万元/吨。2001年，养殖面积降至981亩。2002—2007年，每年投放30万只左右。2012年起，鳖已没有规模化养殖。

三、鳜鱼（桂花鲈）

1990年开始养殖，面积30多亩，放养鳜鱼18650尾。至1995年，养殖面积扩大到400亩，放养40万尾。1996年，养殖面积达1053亩，全年放种100万尾，总产369吨。1999年，养殖面积2670亩，总产1015吨，分别比1996年增加153.56%、175.07%。1999年，鳜鱼市场供过于求，成鱼价格比1998年下跌2.6万元/吨。2000年，养殖面积降至1630亩，全年放种245万尾，总产620吨。2000年起，鳜鱼养殖主要集中在林上路五千亩畜禽水产综合养殖区。2001—2007年，养殖面积大约在1200至1500亩之间。2017年，全镇鳜鱼养殖面积483亩，其中水口250亩、三洪奇100亩、西滘42亩、黄龙39亩、西海30亩、北滘（社区）22亩，总产596吨。

四、加州鲈

1987年，北滘从珠江水产研究所引进加州鲈5000尾。1989年形成批量养殖。1990年，放养加州鲈75000尾，养殖面积300多亩。1995年，养殖面积扩大到1570亩，放种150万尾。1996年，加州鲈养殖大幅增加，养殖面积达4512亩，全年放种500万尾，总产2256吨。1999年达到历史最高峰，养殖面积4875亩，总产2681吨。2000—2002年，养殖面积不断下降。2000年，养殖面积2822亩，全年投苗451万尾，总产1552吨。2001年养殖面积降至847亩。2017年，全镇养殖面积312亩，其中水口110亩、西海50亩、三洪奇40亩、马龙40亩、莘村30亩、北滘（社区）18亩、黄龙14亩、林头10亩，总产529吨。

五、锦鲤

1987 年，从珠江水产研究所引进钻石锦鲤（A12.9－017－013 型），开始零星养殖。1999 年，纯养面积 858 亩，占顺德市锦鲤放养总面积 1133 亩的 75.73%。2000 年，锦鲤养殖面积 881 亩，投苗 497 万尾，总产 441 吨，其中上僚村周广秋养殖观赏鱼 100 多亩，饲养 30 多个品种共 70 万尾，单日本锦鲤就有 20 多个品种，60% 供出口，主要销往欧、美、东南亚市场。2002 年，海皇锦鲤养殖有限公司在高村设立养殖场，面积 180 亩，占全镇养殖面积 935 亩的 19.25%，并建成高标准水泥养殖孵化池 1000 立方米；引进日本亲鱼、种苗和先进技术，养殖品种达 30 多个，产品销往国内外市场。2017 年，锦鲤养殖仍集中在高村，西滘有零星散养，全镇养殖面积 207 亩，总产 21 吨。

六、其他

1987 年，试养白鲳鱼成功，1990 年放养 6.6 万尾，其中碧江放养 3.09 万尾。2002 年，养殖面积 235 亩。

1987 年，试养珍珠立成功，1990 年放养 7.8 万尾。

1987 年，试养罗氏虾 15 万只成功，翌年放养虾苗 40 多万只。2012 年，碧江放养罗氏虾 45 万只，放养面积 95 亩，总产 15 吨。

1989 年，试养长吻鮠成功，翌年放养 3350 尾。2012 年养殖面积 170 亩，其中槎涌 140 亩、黄龙 30 亩，总产 233 吨。

1990 年，放养叉尾鱼 9.4 万尾、石斑 3200 尾、云斑 1500 尾。

1993 年，引进澳大利亚龙虾，养殖面积 8 亩。

1994 年，引进甘旨鱼 22 万尾、红尼罗鱼 500 尾。

1999 年起，扩大太阳鱼的养殖，至 2000 年养殖面积达 500 亩。

2000 年，放养鲟鱼 3 万尾，2002 年养殖面积 40 亩。

第三节　内河捕捞

唐代始北滘人就在内河捕捞鱼类，逐渐成为行业。捕捞品种以鲤鱼、鲮鱼、鳙鱼、鲢鱼、草鱼、鲫鱼、三角鲂等鱼类为主，捕捞渔具主要有刺网、抛网、虾笼、钓、捞缯、缯网、大罟、围罟等。民国期间，有一批捕捞专业户。1958 年人民公社化后，捕捞普遍弃渔从农，而沿江有相当农民仍以江河捕捞作为家庭副业。1983 年开始进行人工增殖放流，在潭洲水道、三洪奇水道投放各种鱼苗，包括有鲤鱼、长春鳊、白鲢、东北鲫、青鱼等。2000 年，全镇内河捕捞专业户仅 50 多户。

第四节　鱼苗繁殖

1958年以前，鱼苗主要从南海九江和西江上游县市等地购入为主，境内主干河道装捞鱼苗作为补充，鱼苗以“四大家鱼”为主。

北滘人民公社成立后，设有鱼苗场，繁育各种鱼苗，生产大队成立鱼苗培育组，负责本大队范围内各种鱼苗培育和鱼种供应，其中北滘、西滘、莘村、西海等乡的鱼苗组规模较大。1963年，北滘鱼苗场共孵化及培育鱼苗合计2210万尾，其中鲮鱼1800万尾、鲩鱼190万尾、鳙鱼120万尾、鲢鱼100万尾，孵化鱼苗338万尾，成活率为65%。除满足公社鱼塘种苗需求外，还售往杏坛、从化、河源等地980万尾。

20世纪70年代中期后，与县水产研究所、珠江水产研究所合作，对“四大家鱼”进行提纯复壮，提高科学繁育水平。

1985年后，陆续引进各种名优特水产品种。经过多年科学繁殖，鳜鱼、加州鲈、鳖、叉尾鱼等品种获得人工繁殖成功。

鳗苗大部分从江苏、浙江、福建等沿海河口省市购进。1995年后，先后建成2家鳗苗培育场，培苗池12000平方米，全年培育日本鳗苗1500万尾。1996年开始培育欧洲鳗和美洲鳗，翌年，自培鳗苗达1000万尾。

2002年，全镇有鱼苗场13个，其中林头4个、上僚3个、碧江2个、莘村2个、北滘（社区）1个、西海1个，总面积555亩，培育各类鱼苗28亿尾，培育鳗苗1498万尾，孵化鳖85万只。2003—2007年，全镇自孵各类鱼苗3.72亿尾，培育鳗苗5698万尾，孵化（投放）鳖162万只。2017年，北滘规模水产种苗场仅有西滘的黄英名龟水产养殖场，面积39.9亩，以繁育巴西龟、鳄鱼龟为主。

第五节　科学养殖与鱼病防治

一、科学养殖

（一）多级轮养，轮放轮捕，适当密养，合理混养

20世纪60年代至70年代初，每亩成鱼塘放养密度：鳙鱼23—25尾（规格250—400克），鲩鱼40—50尾（规格250克以下），鲢鱼10—15尾（规格150—200克），鲮鱼500—600尾（规格每25—30尾500克）。

1973年起，改变传统的“三级轮养”法，普及“多级轮养，轮放轮捕”法，即：根据池塘面积多少，以初养量和允养量为依据，将鱼塘按比例分为幼格塘（约占5%面积）、中格塘（约占15%面积）、粗格塘（约占30%面积）、成鱼塘（约占50%面积）；分阶段培育养殖，各级鱼塘在品种、规格、数量、时间上互相衔接，逐

级过塘，保持适当密度，分级使用饲料，缩短养殖周期，形成一种规格整齐、成长快、养成率高的流水线作业生产。每亩养殖鳙鱼25—30尾（规格500—600克），鲩鱼60—80尾（规格250—400克），鲢鱼15—20尾（规格250克），鲮鱼800—1000尾（规格20尾500克以上）。每年可捕捞：鳙鱼四罟半，鲩鱼随各类混养鱼每次收获捕大留小，鲢鱼两罟，鲮鱼大多两年三罟。

1983年后，全面推广万亩连片鱼塘高产技术，实行轮放轮捕，增加复养指数，保持合理密度，一年可获两罟，产量显著提高。

（二）主攻草鱼，早育鲮鱼

1979年以前，草鱼产量低、价格高，不能满足需求。1980年起，改革养殖技术，抓好种苗培育、分级标粗育养、饲料均匀投放和病害防治，草鱼产量大幅提高。1987年平均亩产达120公斤，比1978年增加45公斤。

鲮鱼是暖水性鱼类，抗寒能力差，最适水温为15℃—30℃，及早育养，延长育肥时间，避开恶劣天气风险，提高经济效益。

（三）冬春育鲢，夏秋攻鳙

根据鲢、鳙的生活习性和对季节变更适应力的差异，在“多级轮殖”基础上，分季重点养殖鲢、鳙，获得良好收益。

二、鱼病防治

（一）常见鱼病

分为细菌性鱼病、病毒性鱼病、真菌性鱼病和寄生虫鱼病四大类。细菌性鱼病主要有：烂鳃、白皮、赤皮、肠炎、弧菌；病毒性鱼病主要有：草鱼出血、痘疮；真菌性鱼病主要有：水霉、鳃霉；寄生虫病主要有：隐鞭虫、车轮虫、中华鳋、小瓜虫、指环虫、毛细线虫。北滘塘鱼病害多见于草鱼（鲩鱼），成鱼养殖阶段常见且危害性较大有细菌性烂鳃病、赤皮病、肠炎病和草鱼出血病；危害鳗鲡较大的有细菌性鳃病、弧菌病。

（二）鱼病防治方法

1. 生态预防

放养、捕捞、运输要精心操作，不伤鱼体；使用新鲜、优质饲料，均匀适量适时投喂；及时注换新水，确保塘水清新，溶氧充足；每天定时增氧；适当混养杂食性、消化能力强的鱼类，如福寿鱼、塘鲺等，改善水质。

2. 土法免疫

应用预防接种原理，对草鱼进行免疫注射。1972 年，公社党委、鱼苗场、财贸部门组成塘鱼防疫组推广“土法免疫”。是年，生产草鱼免疫疫苗 10 万毫升，培训 480 人次，成活率达 80%。1987 年，全面普及应用土法免疫注射，成活率达 90%。是年，全镇草鱼平均亩产 120 公斤，比 1986 年增长 20 多公斤。

3. 药物防治

新中国成立前，防治鱼病常用生草药、茶籽饼等，效果差，死亡率高。新中国成立后，实行“以防为主，防治结合”方针，推广使用生石灰、敌百虫、漂白粉等药物，实行“三消”“四定”，即鱼种消毒、池水消毒、饲料消毒和定时、定量、定质、定位投放饲料。1984 年推广颗粒饲料，在配方中添加适量的中草药（大黄、穿心莲等）或呋喃唑酮、磺胺嘧啶等多种西药，对防治细菌性病效果较理想。

第四章　禽畜业

第一节　生猪

一、饲养

明代中叶，北滘农户普遍饲养生猪。清代与民国初期，粮食加工业兴旺，农户、米店、粮食加工店均有饲养生猪。生猪饲养成为商品生产。

1959 年，北滘人民公社成立后，开展集体规模饲养生猪，但缺乏专业化养猪的经验。饲料不足，防疫设施落后，仔猪死亡率高。1959 年 10 月，全社出生 774 头仔猪，死亡 658 头。1960 年死亡仔猪达 7698 只，1961 年达 10005 只。

1962 年，贯彻落实“合理派购，平衡负担”“购六留四”政策。采取“私养为主，公私并举”“公助私养”等措施，健全公社畜医站，加强检疫和良种推广工作，全面开展防疫注射。1963 年，全社饲养生猪总量达 19018 头，上市 6267 头，北滘母猪场获省养猪先进单位和县养猪标兵单位称号。其后，大力发展种猪养殖，自繁自育。至 1969 年，全镇生猪饲养量达 36414 头，比 1961 年增长 2. 16 倍。

1971 年，继续贯彻“生猪派购调六留四”政策，落实分配饲料地、收购农家肥等措施。1974 年 9 月，中共佛山地委养猪现场会议后，执行《关于大力繁殖母猪的决定》，给予每头母猪一年 150 公斤饲料稻谷、幼猪给予补助饲料粮等奖励。对全社生猪统一保险，实行生猪畜病合作制度，提高仔猪成活率。1971—1978 年全公社饲养量稳定在 4 万头左右。

1980 年，生猪派购政策从“购六留四”改为“购五留五”。1984 年，全镇饲养生猪 33621 头，年终存栏 13356 头，私人饲养占总量的 96.84%。1985 年，取消生猪派购任务和计划供应猪肉制度，实行议购议销，全面放开生猪市场。生猪饲养逐渐从家庭分散零养变为专业户、养殖基地规模性养殖。1983 年，全镇有畜禽养殖重点户和专业户 600 户。1991 年增至 1515 户，其中养猪专业户 478 户。其间，大力发展瘦肉型猪养殖，从资金、种苗、饲料、技术、收购、保险六个方面实行“一条龙”服务。1986 年后，北滘禽畜服务公司和外贸局食出公司联营建立瘦肉型猪出口基地，大批瘦肉型生猪出口港澳地区。1993 年，全镇生猪全年饲养量达 116358 头，比 1978 年增长 182.70%；出栏量 80043 头，比 1978 年增长 364.21%，创下北滘镇生猪饲养量和存栏量的最高纪录。

20 世纪 90 年代中后期，由于生猪价格起伏不定，土地租金上涨，养殖效益低，风险大，养殖规模逐年减少。1997 年，全镇饲养生猪 45287 头，出栏量 31516 头，分别为 1993 年的 38.92% 和 39.37%。

2006 年下半年，由于各地猪源短缺，生猪价格飙升，省出台母猪补贴、奖励标准化养猪小区政策，导致 2008 年北滘生猪饲养量回升，达 83233 头，出栏量 44459 头。2011 年 9 月，生猪价格突破 24 元/公斤。是年，全镇饲养生猪 93233 头，出栏 59339 头。2012 年 9 月，顺德区划定畜禽禁养区，实行禁养区“零养殖”，北滘生猪养殖业逐渐萎缩。

1959—2017 年北滘生猪生产情况统计表

表 5—4—1　　　　单位：头

年份	总饲养量	年终存栏数			出栏数		
		合计	其中		合计	其中	
			集体所有	母猪		上市量	自宰
1959	10161	7773	—	—	2388	1579	809
1960	11566	6861	—	—	4705	—	—
1961	11541	6404	4218	520	5137	—	—
1962	—	5237	—	—	—	—	—
1963	19018	12751	4713	724	6267	—	—
1964	—	17062	5469	815	—	—	—
1965	21410	12660	5541	695	8750	—	—
1966	24317	13461	5226	807	10856	—	—
1967	25500	15095	4875	1065	10405	—	—
1968	28870	17094	5372	1005	11776	11776	—
1969	36414	20816	7145	1020	15598	15598	—
1970	33731	21058	8204	1436	12673	12673	—
1971	40704	25895	11159	2206	12221	12221	—

续表

年份	总饲养量	年终存栏数			出栏数		
		合计	其中		合计	其中	
			集体所有	母猪		上市量	自宰
1972	39096	26110	9828	1629	12986	12531	455
1973	42369	25338	9266	1581	17031	16789	242
1974	41155	24140	8487	1804	16975	16527	448
1975	41669	24767	10238	2013	16409	16296	113
1976	41729	26700	10390	1884	15029	14733	296
1977	42180	26795	10472	1605	15385	15034	351
1978	41159	23916	8493	1332	17243	16698	545
1979	38029	20247	5739	950	17782	17503	279
1980	35967	16318	2677	525	19649	19385	264
1981	31084	15362	2197	629	15722	15278	444
1982	35194	17620	1701	419	17574	16708	866
1983	34070	16354	1677	469	17716	17467	249
1984	33621	13356	422	445	20265	19734	531
1985	35630	12855	—	502	22775	22775	—
1986	43110	16376	—	648	26734	26734	—
1987	40662	14910	—	481	25752	25752	—
1988	54586	18039	—	1463	36547	36547	—
1989	85415	27664	—	1635	57749	57749	—
1990	100910	34253	—	1884	66657	66657	—
1991	103288	33923	—	2168	69365	69365	—
1992	111200	32700	—	1394	78500	78500	—
1993	116358	36315	—	1117	80043	80043	—
1994	90300	20187	—	574	70113	70113	—
1995	83575	19524	—	387	67651	67651	—
1996	65500	10500	—	420	55000	55000	—
1997	45287	13771	—	704	31516	31516	—
1998	48035	10614	—	1272	37421	37421	—
1999	42814	11047	—	—	31767	31767	—
2000	50340	13264	—	—	37076	37076	—
2001	44980	11983	—	—	32997	32997	—
2002	51934	13734	—	1840	38200	38200	—

续表

年份	总饲养量	年终存栏数			出栏数		
		合计	其中		合计	其中	
			集体所有	母猪		上市量	自宰
2003	51068	15357	—	—	35711	35711	—
2004	62377	21133	—	—	41244	41244	—
2005	71565	22635	—	—	48930	48930	—
2006	69308	24045	—	—	45263	45263	—
2007	71354	36893	—	—	34461	34461	—
2008	83233	38774	—	—	44459	44459	—
2009	84503	32220	—	—	52283	52283	—
2010	67166	19980	—	—	47186	47186	—
2011	93233	33884	—	—	59339	59339	—
2012	91384	32840	—	—	58544	58544	—
2013	37034	9987	—	—	27047	27047	—
2014	24400	7093	—	—	17307	17307	—
2015	2550	700	—	—	1850	1850	—
2016	1600	600	—	—	1000	1000	—
2017	2196	496	—	—	1700	1700	—

二、品种

1962年后，北滘母猪场采用人工授精方法，培育大花白良种猪。1962年，大花白猪年产1.5胎，每胎5.5头，产量共32.5公斤，小猪成活率达70%。1963年母猪实现了年产2胎，每胎9头，产量共53公斤，成活率达96%。1973年母猪每胎12头，产量共80公斤。1960年至1973年，北滘母猪场产出大花白良种母猪1754头、公猪117头、大花白猪苗10910头。

与此同时，北滘还引入江西猪、阳江猪、湖南猪和国外的巴克夏、长白猪（一译“兰特瑞斯”）等品种，与本地母猪杂交产生“二元杂”，其中“巴克夏杂”肉质较好，逐步为农民所接受。

1985年后，北滘农民普遍饲养瘦肉型猪，莘村梁苏虾与林头、碧江农工商公司合作，以“杜杜花”为主培育出“三元杂”瘦肉型猪种。次年，年产“三元杂”瘦肉型生猪1万头。随后，引入“汉普夏”良种公猪250头，与“三元杂”杂交，再以“杜洛克”“汉普夏”为第二代父本，形成“杜杜花”“汉杜花”体系。

三、管理

1959年12月18日，北滘公社召开桃村养猪现场会议，推广使用酒饼（酵母）发酵饲料。1964年后全面推广喂酵母饲料方法，逐渐普及生喂取代熟喂。70年代初，改以青饲料、粗饲料为主，少量搭配精料。70年代后期，改用精料细饲料为主，适当搭配青饲料、粗饲料，并改稀喂为稠喂、干喂为主，一餐改多餐等，生猪生长明显加快。1978年，开始使用各发育阶段的饲料，推广混合饲料养猪。80年代中期，大力推广富含矿物质、维生素、氨基酸等添加剂的全价配方饲料，工业饲料全面取代青粗饲料。

猪舍搭建。20世纪60年代，北滘猪场样式多为坐北朝南，北面开窗，南面半敞以通风透光，内设工作通道，半敞开的阳栏为饮水、活动和排泄场所，舍内每栏一般20平方米。猪栏每栏8—9平方米，设小猪保湿箱、补料栏，方便收集猪粪肥，卫生条件好，冬暖夏凉。80年代，推广现代化养猪场建设，按照空怀母猪混群、分娩栏离地高床饲养的形式改造猪舍，设置独立怀孕舍、分娩舍、保育舍、生长舍、育成舍，实行生猪发育阶段分栏分类管理，形成流水作业线。

四、防疫、检疫

20世纪60、70年代，常见疫病有猪瘟、猪丹毒、猪肺疫、仔猪副伤寒、传染性胃肠炎。1973年发生猪二号病。80年代初，常有猪肺疫散发，猪瘟、猪丹毒也时有发生。从国外引种的同时，也导致猪传染性萎缩性鼻炎、猪繁殖与呼吸障碍综合征（蓝耳病）、猪伪狂犬病等新猪病引入，并一直有零星发生。1985年4月和9月，在北滘食品站猪仓分别发生一号病和五号病。1991年1月初，林头管理区德顺猪场发生五号病。

防疫　1959年，北滘公社成立后，重视对畜禽疫病防治，坚持“预防为主、防重于治”的方针，设立北滘畜牧兽医站。1974年全公社实行“一猪三针”（猪瘟、猪丹毒、猪肺疫疫苗）生猪合作防治制度。1977年将猪苗纳入生猪合作防治制度。1986年，实施凭检疫证、完税证（经由屠宰场、点代收畜主防疫费和检疫费后发放的税款收据）、检疫印戳“三证”上市制度，确保疫病防治各项工作的开展。1989年后，规范养殖场的防疫工作，落实猪瘟、猪丹毒、猪肺疫等疫苗的免疫工作，并制定相应的卫生防疫制度和免疫程序。1995年起，持续开展畜禽疫情普查、夏季查源灭源、强制免疫等工作，强化对生产、流通、加工各环节的检查监督，落实有效的综合防治措施。全镇畜禽疫病逐年得到有效控制。

检疫　1986年后，实行生猪生产屠宰卫生防疫制度。1995年底，建立北滘屠宰场（永丰食品有限公司）实行定点屠宰，兽医站派驻检疫员，实施屠宰检疫。检疫项目包括“瘦肉精”和“莱克多巴胺”两种药物残留检测。2012年，将“沙丁胺醇”列入检疫项目。

第二节　家禽（“三鸟”）

一、概况

宋元之际，北滘农民普遍饲养鸡、鸭、鹅。北滘水田多，适宜群鸭的饲养。人们在水田放养群鸭，啄食田中蟛蜞、虫和田间遗落谷粒。明成化年间，上僚乡出了一位人工孵化雏鸭的能人，他采用火培法，所孵雏鸭，体壮毛鲜，易养快大。北滘形成鸭埠，朝廷向养鸭者收税。民国初期，北滘有一批养鸭专业户，每户饲养数量普遍有一二千只。

1963 年后，北滘公社积极发展家禽饲养业，实行集体和个体并举的方针。是年，全社饲养总量达 11. 23 万只。1978 年，上升到 22. 94 万只。

1979 年下半年，以碧中大队为养鸡示范点，推广科学养鸡，人带人、户带户。1981 年，全社饲养鸡量，从 1979 年 19 万只发展到 41 万只，其中专业户饲养 22 万只；碧中、北滘、三洪奇、马村 4 个大队有养鸡专业户 600 多户，占这 4 个大队总户数的 25%。1982 年，北滘农业部门建立畜禽服务公司，对专业户进行产前、产中、产后有偿服务，并在资金、种苗、饲料、技术、销售等方面对专业户给予帮助。1982 年全社养鸡专业户达 815 户，其中碧江超过 700 户。1983 年下半年后，农业部门引入优质出口品种竹丝鸡和仿土黄鸡，以“星火计划”为依托，建立起竹丝鸡、广源鸡生产基地，逐渐形成包括饲料生产加工、良种繁殖供应、优质产品生产、技术指导、防疫治病、产品流通、信息指导等比较完善的生产体系。广源鸡开发中心、竹丝鸡种苗场年产数百万。1989 年，全镇“三鸟”总饲养量 393. 67 万只、年产鲜蛋 248. 6 吨。1991 年增加到 908. 37 万只、鲜蛋 1316. 4 吨，分别是 1989 年的 2. 3 倍、5. 3 倍。是年，肉鸡专业户有 884 户，蛋畜专业户 153 户。

1997 年起，受重大疫情的冲击与市场需求的反复拉动，不少农户退出家禽养殖业。1999 年全镇家禽养殖量 894 万只，是 1991—2000 年十年间的最低水平。2001 年，加快畜禽水产综合产区建设步伐，建立 17 个畜禽养殖小区，其中上僚 7 个、西滘 4 个、高村 5 个、坤洲 1 个。2004 年 6 月至 2005 年 9 月，肉鸡价格一路走高，2005 年全镇家禽饲养业又迅速发展，总饲养量达 1529. 28 万只，其中鸡 1449. 32 万只，创下历史最高水平。2006 年后，随着产业结构的调整，家禽养殖业逐渐萎缩。2017 年，全镇家禽饲养量 282. 89 万只，鲜蛋 79 吨。

1979—2017年北滘“三鸟”（鸡、鸭、鹅）饲养情况统计表

表5—4—2

年度	总饲养量（万只）	其中			出售和自食（万只）	蛋品量（吨）
		鸡	鸭	鹅		
1979	19	—	—	—	—	—
1980	—	—	—	—	—	—
1981	41	—	—	—	—	—
1982	90. 75	82. 6	8. 15	—	75. 85	58. 9
1983	121. 64	83. 73	37. 91	—	95. 65	128. 33
1984	49. 15	34. 78	14. 37	—	31. 76	107. 1
1985	76. 36	60	10. 48	5. 88	59. 84	44. 85
1986	68. 01	46. 13	12. 65	9. 23	48. 79	77. 55
1987	97. 06	78. 98	11. 07	7. 01	74. 63	134. 15
1988	178. 04	119. 72	33. 88	24. 44	100. 8	160. 45
1989	393. 67	361. 49	23. 67	8. 51	277. 21	248. 6
1990	661. 49	594. 52	51. 54	15. 43	494. 22	590
1991	908. 37	868. 26	32. 68	7. 43	713. 13	1316. 4
1992	1005	965	32. 6	7. 4	826. 32	1438. 1
1993	1070. 1	1033. 2	30. 4	6. 5	840. 2	1733. 7
1994	1163. 81	1125. 22	30. 94	7. 65	901	1788. 7
1995	1251. 32	1214. 42	25. 92	10. 98	1001. 99	1535. 6
1996	1219	1185. 97	24. 95	8. 08	937. 2	888
1997	1048. 2	1014. 23	30. 82	3. 15	834	729. 9
1998	896. 5	867. 2	28. 6	0. 7	698	136
1999	894	862. 51	30. 49	1	644. 73	—
2000	952. 73	909. 42	34. 02	9. 29	689. 32	—
2001	1098	1052. 68	39. 17	6. 15	781. 69	—
2002	1183. 3	1123. 92	42. 06	17. 32	845. 22	—
2003	1142. 7	1088. 65	39. 78	14. 27	812. 67	—
2004	1252. 43	1184. 98	45. 32	22. 13	892. 34	—
2005	1529. 28	1449. 32	53. 64	26. 32	1077. 64	—
2006	1219. 44	1143. 64	41. 54	34. 26	866. 73	—
2007	1084. 7	1031. 2	37. 28	16. 22	768. 42	—
2008	763. 38	683. 9	26. 94	52. 54	541. 92	—

续表

年度	总饲养量（万只）	其中			出售和自食（万只）	蛋品量（吨）
		鸡	鸭	鹅		
2009	795.86	713.1	27.13	55.63	567.78	—
2010	952.08	862.12	35.44	54.52	714.33	—
2011	1024.3	962.04	28	34.26	776.39	—
2012	925.5	868.5	25.75	31.25	710.27	—
2013	732.34	681.78	20.96	29.6	592.04	—
2014	561.84	523.05	16.08	22.71	454.2	—
2015	351.1	254	36.58	47	258.52	66
2016	305.25	286.45	1	1	235.82	87
2017	282.89	272.66	—	—	210.98	79

二、品种

鸡 传统鸡品种以本地鸡（北滘俗称“草鸡”）为主，肉质鲜美，但生长缓慢，体型中等，饲养4个月才达1公斤左右。1980年起，北滘引进的石岐杂、广源鸡、竹丝鸡、新浦东鸡，生长周期一般为90天；从国外引进的美国AA鸡、白洛克鸡，法国的红布罗和加拿大的星布罗、星杂288蛋鸡，生长周期一般为45—50天。1983年起种苗实现自给自足。1986年顺德全县繁殖鸡苗126万只，北滘繁育基地占90%以上。1992年，全镇有种苗场20个，孵化机108台，年出鸡苗1300多万只。

鸭 以中山麻鸭和东莞麻鸭为主，1979年后，相继引进北京鸭、樱桃谷、松香黄、澳大利亚狄高鸭、康贝尔蛋鸭等品种。1991年，繁殖鸭苗16.7万羽。

鹅 传统鹅体型小，耐粗饲、易育肥、骨细、成熟快，饲养70—90天体重可达2.5—3.5公斤。1979年后，主要饲养清远鹅、阳江鹅和开平鹅等品种。1991年，繁殖鹅苗2.7万羽。

珍禽 20世纪80年代初，珍禽饲养先后引进鹌鹑、美国鹧鸪、美国皇鸽、珍珠鸡、鸵鸟等品种。1986年引进美国皇鸽1000只，建有专用良种舍1幢。

三、饲养管理

1979年下半年，推广碧中大队科学养鸡法。这方法主要是科学搭配饲料、集中群养及加强科学防疫。

1982年，把传统的青贮饲料改用混合饲料、全价颗粒饲料喂养。根据不同鸡种、不同鸡龄，喂养不同营养的饲料，实行饲料科学搭配：玉米粉50%、小麦粉12%、谷粉10%、花生麸15%、淡鱼粉12%、生长素1%；35日龄后，玉米粉58%、小麦粉 11%、谷粉 8%、花生麸 12%、淡鱼粉 10%、生长素 1%。并进行合理群养，一般每平方米鸡舍养小鸡 30 只或大鸡 10 只、种鸡 5 只，推广使用厚垫料地面平养、网上平养和笼养三种形式。根据鸡只育雏期、生长期、育肥期（产蛋期），实行分阶段科学饲养，分别实施光照、保湿、饲料、防疫等技术手段，实行全进全出生产制度。

防治疫病。1980 年起，逐渐形成科学免疫方法。一日龄小鸡接种马立克氏弱毒疫苗，七日龄鸡接种鸡痘弱毒疫苗，十日龄接种 I 系鸡瘟弱毒疫苗，四十日接种 II 系鸡瘟弱毒疫苗。1985 年起，北滘加强对传染性支气管炎、传染性法氏囊、减蛋综合征的防疫管理，使用传染性支气管弱毒苗和传染性法氏囊弱毒苗，并在饲料中添加驱虫药防治球虫病，小鸡成活率达 90% 以上。1989 年以后，全面推行对鸡法氏囊、鸡马立克氏病、鸡传染性支气管炎、鸡传染性喉气管炎、禽大肠杆菌病、鸭病毒性肝炎等病的免疫注射。

第五章　林业

第一节　植树造林

南宋时的都宁岗和绿道村已“种槐夹道”“古木参天”。

明初，北滘基塘区多栽植果树，果木成林。明中叶至清代期间，栽植水松、水翁和水沙柳（俗称“三水”）。

1960 年初，北滘林地面积 287 亩，未造林荒山 997 亩。是年，植树造林 211 亩，其中桉树 153 亩、竹 20 亩；绿化河岸 51.5 千米；绿化道路 104 千米；屋前屋后、村头村尾植树 10.46 万株。年底，北滘林地面积 339 亩，未造林荒山 861 亩。1962 年，采用分片分段包干、包种、包活的责任制，在主要丘陵山岗栽种马尾松和台湾相思。1963 年成立北滘竹场，引进 5000 趸“广宁竹”，采用顺峰山农（林）场“浅、平、埋”的科学种植方法，实行三定五包评比责任制，成活率达 95%。1967 年种竹造林达到历史最高峰，栽种竹子 3000 多亩，以青皮竹、粉单竹、撑篙竹、毛竹为主，其次为大头典笋用竹，全公社林地面积为 741.2 亩，种树 15 万株。

20 世纪 70 年代初，佛山专区推广平原种杉。1972 年，全社共种杉 150 亩，占全年造林面积的 17.6%。1977—1978 年，在田边、河涌边广种落羽杉，营造农田林网，防护农田上万亩。

1985 年，省委、省人民政府作出十年绿化广东的决定，北滘成立绿化达标指挥部，落实绿化责任制。要求年满 18 周岁公民每年义务植树 3—5 株，农村劳动力每年抽出 2 个劳动日义务植树，全面实行封山育林，造林种果和灭荒绿化。1990 年，四旁植树 67292 株，其中河涌造林 61084 株，长度 106.56 千米；林业面积达 2623 亩，其中有林地 2522 亩、灌木林地 6 亩、未成林 95 亩。

20 世纪 90 年代，在建设绿化达标任务的同时，实行山、水、林、田、路综合治理。1991 年，全镇农田林网绿化率、城市建成区绿化覆盖率、国管养道路、省管养道路和地方管养道路绿化率分别达 24.3%、20.4%、96.5%、98.6% 和 95.4%，镇区人均公共绿化地达 7.96 平方米。针对农田林网绿化率偏低情况，1992 年起，加大河涌和公路绿化补植。1993—1994 年，河涌绿化补植落羽杉 7.45 万株，公路绿化补植桉树 1.4 万株。至 1994 年，全镇农田林网已绿化长度 81.98 千米，农田林网绿化率 44.8%。

1997 年北滘植树绿化情况统计表

表 5—5—1

项目名称	山岗（亩）	四旁植树（千米）	路渠农田（千米）	城镇绿化（千米）	公路植树（千米）
面积或长度	2235	313	268	37.8	52.2
覆盖率（%）	98	90	96	98.3	89

1999 年 6 月，启动“全民植树绿化工程”，采用连片绿化、连线绿化、见缝插针绿化等方式，掀起“二次改貌”新高潮，建成各类绿地面积 217 亩，全镇人均公共绿地面积 2.69 平方米。2000 年末，北滘中心镇区拥有园林绿化面积 5861.9 亩，绿地率 19%，绿化覆盖率 23%。其中公共绿地面积 455.7 亩，全镇人均公共绿地面积 5.48 平方米。

2001 年起，实施“十年绿化北滘”计划，以“提高意识、加强领导、遵循规划、保证投入、抓住重点、见缝插绿、突出特点、强化管理”为方针，推进园林绿化建设。2001—2002 年，共栽种落羽彬、垂榕、细叶榕、海南葡萄、盆介子、柳树等树木 13.6 万棵，面积 40 多亩。

2006 年 3 月，开展生物防火林带建设，在西州岗、桃村岗、下村岗、大岗头、白石岗、葫芦岗、羊头岗 7 个山岗种植木荷 12883 株，总面积 84.86 亩（总长 5143.2 米、宽 11 米）。

2008 年起，对都宁岗、狮岗等林地升级改造，以常绿阔叶景观生态林为设计类型，保留乡土阔叶树种，清理清杂带范围内的桉树、台湾相思，改种乐昌含笑、油茶、火力楠、山杜英、阴香、红花紫荆、山乌桕等树，改造面积 765 亩，改种苗木 67971 株。

2017 年，全镇共有山岗 21 个，林地面积共计 1722.35 亩，全部归属集体所有，其中省级生态公益林面积共 986.3 亩。

第二节　树木品种

2017 年，北滘镇主要树种有杉科：落羽杉、水杉、柳杉、池杉、水松；松科：马尾松、黑松、湿地松；柏科：桧柏、龙柏；桃金娘科：水翁、大叶桉、细叶桉、柠檬桉、桉树、红千层、白千层；含羞草科：台湾相思、楹树；苏木科：凤凰木（红花榲)、紫荆、皂荚；桑科：细叶榕、大叶榕、高山榕、构树；楝科：苦楝、麻楝；樟科：樟树、阴香、潺槁树；竹亚科：青皮竹、粉单竹、撑篙竹、毛竹、麻竹、唐竹。

境内常见的林木还有木棉、白兰、木麻黄、柳树、罗汉松、银桦 、洋槐、石栗等。水果类有龙眼、荔枝、芒果、柑桔、柚子、黄皮、番石榴、蒲桃等。

山地及公路栽植树种主要有桉、松、榕、竹；村边宅旁多种植水果；河道水旁则以杉居多，其中引进于20世纪50年代末的落羽杉，树干笔直、羽叶茂密、树根耐浸、生长快速、防风固堤能力强，20世纪70年代中后期逐渐成为农田林网的主要树种。

2017年，北滘镇百年以上古树共有69株，其中细叶榕20株、龙眼17株、大叶榕8株、木棉4株、芒果3株、萍婆3株、水翁3株、凤凰木2株，樟树、葵树、鲜枝、秋枫、桂花、香樟、高山榕、黄葛榕、朱砂桔各1株。

第三节　有害生物防治

历史上，北滘树木的主要虫害有马尾松毛虫、松突圆蚧、竹蝗和竹象鼻虫等，其中以松毛虫和松突圆蚧对马尾松的危害最大；其他生物病害还有薇甘菊、五爪金龙等，尤以薇甘菊对林木的危害最为严重。1991年，北滘发生松毛虫危害，受害松林叶被吃光，状似火烧。松突圆蚧是20世纪80年代初发现的外来入侵害虫，对马尾松危害严重。2008年起，薇甘菊蔓延成灾，攀援缠绕林木，严重阻碍附主植物的光合作用。

松毛虫防治主要采取喷洒白僵菌粉（油）剂或白僵菌（油）剂混合农药（马拉硫磷、溴氰菊酯、松脂柴油乳剂）。松突圆蚧主要采取放养花角蚜小蜂防治，效果显著。2009年起，启动为期五年的薇甘菊防治工程，采用人工清除及化学药物（森草净、草甘膦、灭薇净等）施杀两种方式进行，整治山岗面积共1175亩。

第四节　林场建设

民国35年（1946年），北滘有1个小型林场，负责管理公有林。1963年3月，北滘公社成立集体所有制林场，承担全社山地和农田河网林带造林及管理，并为农户植树提供90%以上的种苗。20世纪60年代末至70年代中期，平均每年为集体提供青竹40多万斤、基建木材3万多斤、木柴9万多斤、果苗树苗4万多株。1973年，林场总面积3020亩，其中山林2860亩、稻田70亩、蔗地25亩、苗圃50亩，职工62人。1994年，林场经营管理面积798亩，经营范围内蓄积毛竹15万根，采伐竹材4万根，工、农业总产值分别为35万元和7.8万元，其中林业收入4万元。其后，实行产权改革转制，保留山林组，隶属镇农村工作办公室。2003年，北滘林场正式确定为公益性镇属事业单位，承担镇内山岗的山林防火、封山育林、绿化补植和上级林业部门下达的工作，在册人员9人。2010年，顺德大部制改革，林场隶属国土水利和城建局管理。2014年4月起，转属农业和社会工作局，在册人员5人，其中编内人员1人、编外人员4人。

第六篇　工业

北滘工业萌芽于清末民国初年，以缫丝、竹器、刺绣、造纸等手工业起家。新中国成立后逐步发展粮油加工、砖瓦制造、农机维修、塑料制品、小家电、皮革制衣、饲料产业。1979 年改革开放后，工业发展进入鼎盛时期，逐步形成家电、金属材料、机械制造及工业设计等行业。

建置之初，北滘以农业为主，1962 工业总产值仅 225.53 万元；1978 年工业总产值亦只有 1736.4 万元，位列顺德 11 个镇区倒数第二；1989 年，北滘工业总产值首超十亿；1998 年过百亿；2008 年破千亿；2012 年，工业产值达 1592.5 亿元；2016 年，全镇规模以上工业总产值 2178 亿元；至 2017 年，北滘工业总产值提升至 2381 亿元。

主导产业逐步形成　改革开放后，北滘工业发展迅猛，到 21 世纪初，以工业立镇，家用电器、金属材料、机械制造、电子科技等成为北滘支柱产业，家电业更是北滘的龙头产业。2002 年，北滘家电工业产值 146.95 亿元，占当年全镇工业产值 194 亿元的 75.75%。2004 年，北滘家电及其配件业年产值 205 亿元，占顺德全区家电产业总产值的 33%；全镇有 130 多家金属材料加工企业，年产值约 36 亿元，占顺德金属材料产业总产值的 60%。2005 年，北滘家电产业产值约 360 亿元，出口创汇 16 亿美元，占顺德区家电产业工业总产值的 33%，约占全国家电总产值的 5%，被中国轻工业联合会及中国家用电器协会评为“中国家电制造业重镇”。2012 年，北滘拥有家电及配套企业约 900 家，年产值超千亿元，形成完整的空调、洗衣机、冰箱和微波炉等白色家电产业链，家电产值占全镇总产值的 70% 左右，占全区家电总产值的一半以上。此外，金属材料、机械制造业亦异军突起，成为北滘第二、第三支柱产业。

外向型经济渐成格局　北滘是顺德最早引入外资办厂、最早发展外向型经济的乡镇之一。1982 年，北滘引进首批“三资”企业（中外合资企业、中外合作企业、外商独资企业）。1987 年，兴建亚洲最大的风扇厂——蚬华电器制造厂，年产风扇 600 万台，95% 供出口，产值 4 亿元以上。1988 年，兴办蚬华微波炉厂，年产微波炉 30 万台，亦以出口为主。1994—1999 年，北滘共引进“三资”企业与项目 53 个，总投资 2.88 亿美元。1981 年，南方风扇厂首次出口风扇。1986 年，北滘出口创汇仅 0.02 亿美元；至 2000 年，达 3.86 亿美元；2012 年，飙升至 68.89 亿美元（人民币 433 亿元），十二年间，增长近 17 倍。2016 年，北滘全年实际利用外资 26432 万美元，出口交货值达 615 亿元。到 2017 年，全镇实际利用外资 5 亿美元，合同利用外资 4.9

亿元。

乡镇企业、民营企业快速发展 改革发展初期，北滘大力发展乡镇企业。20世纪80年代，蚬华风扇厂、裕华风扇厂、美的风扇厂、南方电器厂等一批镇办工厂先后办起，并迅速成长，成为当时全国有名的乡镇企业。1987年，北滘陆续组建13个企业集团，镇办工业抱团飞速发展。1992年，省体改委批准北滘推行企业股份制的试点方案，促进企业从单一集体所有制向混合型所有制转变。从1992年3月，美的集团有限公司、裕华风扇厂、顺德华星饲料厂3家企业实行内部股份制改造开始，北滘的乡镇企业逐步自负盈亏、自主经营；美的等集团企业，更成为销售额超千亿的行业翘楚。与此同时，民营工业企业如雨后春笋涌现出来，成为北滘工业重要组成部分。至2015年，全镇国有集体企业及其分支机构仅为38户。

产业化、总部化、园区化初具特色 20世纪90年代后期，北滘采取有力措施，引导扶持民营企业做大做强。2000年，北滘年产值超亿元的工业企业有16家，超5亿元的有3家；到2008年，年产值超亿元的工业企业达43家。与此同时，北滘注重产业化发展，以家电、金属材料等支柱产业带动相关产业集群发展，加大自主创新力度，获评“广东省创新示范专业镇”；2007年开始，启动实施总部经济战略，吸引众多优质企业争相进驻，一大批成长型中小企业纷纷加入实施总部经济的梯队，以工业设计为代表的新型经济助力产业升级。北滘工业园区、广东工业设计城、西南工业区、临港现代都市产业园等特色园区亦纷纷落成投产，产业链进一步完善。

1962—1983年北滘工业产值情况表

表6—0—1　　单位：万元

年份	工业总产值	年份	工业总产值	年份	工业总产值
1962	225.53	1970	443.67	1978	1736.4
1963	270.78	1971	479	1979	1412.12
1964	344.36	1972	574.54	1980	2454.7
1965	365.7	1973	720.07	1981	2404.55
1966	413.8	1974	717.94	1982	4023.9
1967	367.8	1975	975.8	1983	5819.9
1968	344.82	1976	1129.57		
1969	415.33	1977	1442.2		

注：1. 工业总产值为当年价，仅填规模以上企业工业产值。
2. 从2008年起，工业总产值统计数据含部分异地产值。

1984—2017 年北滘镇工业总产值增长情况表

表 6—0—2　　单位：亿元

年份	工业总产值	年份	工业总产值	年份	工业总产值
1984	1.24	1996	72.3	2008	1015
1985	3	1997	74	2009	1112.9
1986	2.45	1998	101.4	2010	1370
1987	3.5	1999	130	2011	1453.7
1988	9	2000	140	2012	1592.5
1989	12.8	2001	166.98	2013	1781
1990	16.2	2002	193.9	2014	1956.7
1991	21.3	2003	224.3	2015	2010
1992	28.76	2004	265.7	2016	2178
1993	38.8	2005	469	2017	2381
1994	47.2	2006	616		
1995	60.5	2007	790		

注：1. 数据来自北滘镇党委办公室《佛山市顺德区北滘镇基础数字汇编（1984—2017）》。
2. 工业总产值为当年价，仅填规模以上企业工业产值，规模以上企业认定标准：指年主营业务收入为 2000 万元及以上的工业企业。
3. 从 2008 年起，工业总产值统计数含部分异地产值。

第一章　工业结构

第一节　行业结构

明清两代，北滘以缫丝带动织布业发展。清光绪年间，林头、北滘刺绣业名声在外。民国时期，陆续出现陶瓷、竹器、制糖、碾米、造船等行业，特别是制糖业兴起，促使北滘成为顺德县制糖产区。

1959 年 5 月建置后，在巩固提高制糖、刺绣、船艇制造、陶瓷、竹器、粮食加工行业的基础上，陆续发展五金制品、农业机械、塑料、建筑材料、酿酒等行业。

20 世纪 80 年代，重点发展家用电器、机械、塑料、皮革、服装、电子、纸箱包装、饲料等行业，特别是家用电器成为北滘主要产业支柱，北滘被誉为“风扇城”。

1980、1985 年北滘镇办工业主要产业比较表

表 6—1—1

年份	工业生产总值（万元）	其中占比（%）				
		机械工业	家用电器制造业	建材工业	塑料工业	家具工业
1980	1569.54	36.50	27.18	11.02	1.10	—
1985	22866.67	0.50	81.30	0.05	3.60	6.77

1990 年后，促进家用电器、家具、金属材料、机械设备制造业发展，形成产业集群程度高、产业链完善的态势，北滘成为国际重要家电生产基地和广东省金属材料产业基地。2003 年，北滘规模以上家电企业产值 151 亿元、金属制品产值 15 亿元，两者一共占全镇工业总产值的 74%。2005 年，规模以上企业家电、金属制品总产值达 400 亿元，占全镇工业总产值的 85.28%。

2012 年，北滘主要工业行业包括家用电器、金属材料、机械设备、家具、塑料、电子、服装、包装等行业。家用电器、金属材料、机械制造业居前三位，产值分别达 683.75 亿元、125.36 亿元和 57.35 亿元，分别占全镇工业总产值的 66.23%、12.05% 和 5.52%（数据仅统计北滘属地产值）。2016 年，先进制造业占规模以上工业增加值比重达 45.6%，以高端装备制造业和传统家电制造业为基础，构建“智能制造 + 智能家居”特色产业，家电全产业链更日趋完善，总部经济集聚效应逐步显现，电子商务、工业设计、仓储物流等产业呈飞跃式发展。

第二节　产品结构①

20 世纪 60、70 年代，北滘工业主要行业以机械、食糖、刺绣为主，其次是竹器制品（谷箩、谷围、竹篸、鸭围等）、酒、农艇、农具，再是水泥、红砖和塑料制品（薄膜、软管、瓶盖、牙膏盖）、小五金制品。

随着乡镇工业发展，陆续开发家用电器、金属家具、饲料、皮革、纸类、橡胶、机械、食品等产业，迅速占领市场。

1979 年后，开发家具制造业，产品主要有钢木家具、塑料家具和红木家具。华龙家具有限公司、北滘金属家具厂等厂企均先后引进国外先进设备，采用机械化生产。80 年代初期，华龙家具有限公司年产家具达 30 万件。至 2012 年，全镇家具产品产值达 18.37 亿元，占全镇生产总值的 1.77%。毛皮制品业发展较快，开办南海手袋厂，真皮、人造革等各类手袋产品 80% 出口。造纸印刷业主要产品有瓦楞纸、牛皮卡纸、油毡原纸。1991 年，全县生产机制纸及纸板 4.6 万吨，仅北滘珠江包装

① 本节的统计数据来源于第三次经济普查，工业总产值不含异地产值。

公司已占1.8万吨。橡胶制品业产品主要有橡胶雨鞋、雪靴。1986年，年生产各类雨鞋、靴达40万双，产品主要销往国内北方城市及美国、加拿大。塑料主要产品有泡沫包装品、石英钟壳、CD录音带内外盒。

家电制造业 家用电器是北滘工业支柱产品。从1980年起，家用电器从风扇起步，快速发展，1989年全镇生产电风扇650万台，微波炉10.15万台，空调6938台；1990年顺德年产电风扇1460万台，其中仅北滘蚬华、裕华、美的3间厂年产量达600多万台，占全县电风扇总产量的四成多。2000年，全镇生产电风扇增至1882万台，成为中国电风扇生产的重镇。从90年代中期起，北滘进一步拓展家用电器产业，至21世纪，家用电器产品涵盖空调、电饭煲、微波炉、电暖器、饮水机、电冰箱、抽油烟机，其产值约占全镇工业总产值八成。外贸出口数量一直保持逐年增长。北滘家电业总产值在全国行业占比超过5%，成为中国最具规模的空调器、电饭煲、微波炉、电风扇、饮水机生产基地，并成功培育出“美的”“惠而浦”“蚬华”“威灵”“祥立”“顺华”等知名品牌，带动北滘整个家电上下游产业的发展。以美的集团为龙头，众多家电企业同步发展，一大批中小企业跟着做配套，这种区域产业发展模式已成为北滘模式。2005年，北滘围绕家电产业上下游做配套生产的中小企业有600多家，包括零部件、五金、模具、包装印刷等几乎所有相关产业。2012年，家电及配套企业发展到近900家，年产值超千亿元，占顺德全区家电总产值的50%以上。2017年，北滘家用电器制造业年产值2039.07亿元，占全镇工业总产值85.64%，占顺德区工业总产值30.8%。

金属材料业 继2003年引入金型重工，2004年引入上海宝钢、富生不锈钢等一批大型金属材料制造企业，至2004年底，北滘金属材料制造业企业已达126家，金属材料产业聚集效应开始显现。2005年11月，“广东省金属材料产业基地暨家电专业镇创新平台”在北滘揭牌。由此，金属材料产品成为北滘继家电产品之后又一支柱工业产品。北滘的金属材料产业依托家电制造业的优势和“珠三角经济圈”的旺盛需求，形成由冷轧钢板及其加工配送产业、模具钢为主的特殊钢产业，以铜材加工为主的有色金属产业和稀有金属产业组成的产业结构。2005年，北滘金属材料加工企业多达130家，金属材料产品供应松下、格力、美的、格兰仕等国内外多家知名企业，工业产值超50亿元。2017年，北滘规模以上金属材料加工企业多达42家，工业产值159.1亿元，占全镇工业总产值6.7%，占顺德区工业2.41%。

纺织服装业 1986年兴办的北滘中联植绒厂，是国内首家生产植绒布的乡镇企业，年生产能力达274万米。1990年后，又兴办嘉意服装厂、佑威服装有限公司等，主要产品有西服、牛仔裤、运动服等。2017年，全镇纺织服装产值2.79亿元，占全镇工业总产值的0.1%。

饲料业 为适应畜牧业、水产养殖迅速的发展，1983年，北滘颗粒饲料厂建成投产（后改名为华星饲料厂），年产饲料2000吨，至2012年，全镇饲料总产量约48万吨。2017年，全镇规模以上工业企业配（混）合饲料产量14.84万吨。

食品饮料业 1988年，北滘糖厂转产口香糖、泡泡糖、胶母。1990年投产的北滘兴顺食品发展有限公司，加工生产速冻保鲜出口家禽水产品（冻鸡、鳕鱼、冻蟹等）

1.6万吨，产品90%外销。此外，主产冷冻肉类（冻烤鳗、冻烤秋刀鱼、冻烤罗非鱼等）的杨氏水产品有限公司及主产方便面的日清食品有限公司等，都是镇内年产值超亿元的大型企业。2017年，食品饮料总产值21.41亿元，占全镇工业总产值0.9%。

机械装备业 20世纪70年代，北滘村办小型企业开始生产小型车床、刨床、铣床、滚齿机、台钻床等机床产品。80年代前期，莘村开办南方粉末冶金制品厂，生产粉末冶金磨擦件、含油轴承。进入90年代，美的集团、广东星徽精密制造有限公司、百年科技有限公司等企业，陆续开发各种高密度的塑料模具、五金冲压模具、铝合金模具等产品，至2013年，北滘机械装备业主要产品有：各种高精度注塑模具、注塑零部件，以及滑轨、铰链等合金模具。2017年，工业产值70.06亿元，占全镇工业总产值的2.9%。

电子信息行业 20世纪90年代，电子通讯制造业兴起，主要生产电话机、电子管等。2000年后，随着光电产业快速发展及顺德工业设计园的成立，开始生产计算机配件、各种光电控制器等高档电子产品，并迅速发展形成规模。至2013年，主要产品有：各种电子控制器、电路板、电子元件、通信设备等。2017年，工业产值32.81亿元，占全镇工业总产值的1.4%。

其他 摩托车产业始于2001年，初期年产量较低，至2013年，上升到22.5万辆。

第三节 企业结构

1978年，北滘企业规模偏小，大部分为乡村生产组。1985年1月25日，北滘召开三级干部会议，提出“无工不富”的思路，以集体为主（即农村专业户、重点户和个体户）发展工业，实行集约化发展。组建规模企业，将企业做大做强。以裕华为试点，陆续组建13家以骨干企业为依托，以名优产品为龙头的企业集团，包括：裕华集团公司[下辖风扇厂、塑料厂、钢瓶厂、电塑厂、实业（香港）公司、电子实业公司、汽车装配厂]，广东美的电器集团股份有限公司（下辖家电公司、风扇厂、冷气机制造公司、空调设备厂、电器进出口公司、销售公司），蚬华微波炉制品厂有限公司，南方电器工业公司（下辖风扇厂、电器厂），北滘畜禽服务公司（下辖华星饲料厂、颗粒饲料厂、饲料添加剂厂、广源鸡开发中心、种鸡场、鳗鱼场、兽医站），北滘农业开发公司（下辖粤顺水产品冷冻厂、兴顺食品公司、威顺水产养殖开发公司、华发粉末涂料厂、群益网具制品厂、大同鳗鱼饲料厂），珠江包装集团公司（下辖珠江包装公司、美安达包装公司、珠江加油站），工业贸易公司（下辖顺达毛纺厂、嘉意洋服公司、加美家具厂），实业开发公司（下辖富华漆包线厂、迅发鞋厂、彩印厂、建筑工程队），华达电器公司（下辖华达电器厂、迅达真空镀膜厂、迅达电线电缆厂、华达电子元件厂），塑料皮革公司（下辖南海手袋厂、佳而美纸制品厂、永强雨衣厂、永华皮革厂），裕丰塑料实业公司（下辖裕丰塑料厂、塑料制袋厂、五丰塑料制品厂、五金喷漆厂、裕丰印刷溶剂厂、穗丰经销部、北珍蒸馏水厂、玮丰塑瓶公司），乐仕电子实业公司（下辖乐仕音响厂、电唱机厂、嘉宏电子公司），其中：紧密型企业集团10个、松散型集团3个，一共拥有固定资产值2亿元，占镇办企业固定资产值的90%；职工11000人，占镇办企业职工的85%；年产值7.5亿元，占镇办工业总产值的90%；利润占镇属工业的90%以上。

1990年，北滘共有工业企业241间，其中镇办31家、村办210家，镇办工业总产值13.7亿元，出口产值6.1亿元。其中，产值亿元规模以上企业有：蚬华风扇厂（4.16亿元）、美的风扇厂（2亿元）、裕华风扇厂（1.5亿元）、南方电器厂（1.2亿元）、蚬华微波炉制品厂（1.2亿元）；规模企业有：珠江包装厂、华达电器厂、永华木业厂、家用电器厂、富华漆包线厂、裕华塑料厂、华星饲料厂、南海手袋厂、塑料加工厂、迅发鞋厂、江南机器厂、华龙家具厂、裕华钢瓶厂、威利厨具厂、玮丰制瓶厂、华润家具厂、华润唱机厂、美安达包装厂、珠江包装厂等。1992年，全镇工业企业发展至255家，总产值28.76亿元，其中镇办企业25.46亿元、村办企业3.3亿元，超亿元以上企业7家。

至2002年，全镇超5000万元销售工业企业35家，其中超亿元企业19家。进入21世纪，美的集团成为“顺德首个总部企业”。

2008年，年产值超亿元的工业企业共有43家，其中超10亿元的有6家，年工业产值占全镇规模以上企业（此处规模以上工业企业指年产品销售500万元及以上的企业）的89.6%。

2012年，北滘年产值超亿元的工业企业共有49家，其中超10亿元的有9家，完成的工业产值占全镇规模以上企业（注：此处规模以上工业企业指全年营业收入达2000万元以上的企业）的96.8%。到2013年，产值超亿元的工业企业共有59家，其中超10亿元的有8家。2017年，全镇工业企业2924家，产值超亿元的工业企业69家，其中10亿元以上的6家，超亿元企业工业产值2318.26亿元。

1990—2017年若干年份北滘重点工业行业、大中型企业分布情况表

表6—1—2　　单位：家、亿元

年份	项目	年产值超亿元企业	其中									
			家电行业	机械制造	金属材料	饲料	包装材料	皮革服装	食品饮料	电子信息	家具	其他
1990	企业数	5	5	—	—	—	—	—	—	—	—	—
	工业产值	10.06	10.06	—	—	—	—	—	—	—	—	—
	占比（%）	100	100	—	—	—	—	—	—	—	—	—
1998	企业数	9	4	—	—	2	1	—	1	—	—	1
	工业产值	79.3	66.06	—	—	8.25	1.8	—	1.89	—	—	1.3
	占比（%）	100	83.3	—	—	10.4	2.3	—	2.4	—	—	1.6
2008	企业数	43	10	4	9	4	2	3	2	4	2	3
	工业产值	670.3	528.63	13.16	69.28	15.73	2.96	6.89	3.7	12.18	7.63	10.14
	占比（%）	100	78.86	1.96	10.34	2.35	0.44	1.03	0.55	1.82	1.14	1.51

续表

年份	项目	年产值超亿元企业	其中									
			家电行业	机械制造	金属材料	饲料	包装材料	皮革服装	食品饮料	电子信息	家具	其他
2012	企业数	49	12	8	9	4	3	1	2	5	2	3
	工业产值	825.86	667.27	27.68	73	18.12	4.32	3.89	5.33	12.69	5.34	8.22
	占比（%）	100	80.8	3.35	8.84	2.19	0.52	0.47	0.65	1.54	0.65	1
2017	企业数	69	11	15	14	2	3	1	3	11	2	7
	工业产值	2318.26	2002.52	71.22	157.02	14.40	6.14	2.28	6.33	33.91	4.65	19.79
	占比（%）	100	86.38	3.07	6.77	0.62	0.26	0.10	0.27	1.46	0.20	0.85

注：数据来源于全国经济普查报表、顺德年鉴。

第四节　所有制结构

1959年北滘建置至1978年，北滘工业企业只有国营和集体两种体制。1979年后，工业所有制结构逐步向多元化方向发展，国营、集体企业逐步减少，“三资”企业（即中外合资、中外合作、外商独资企业）、民营企业、私营企业、个体户逐步增加。

1959年北滘建区，把各行业的生产合作社转化为国营或公社集体所有。社办集体企业13个，从业人员434人，年产值65万元。乡办企业33家，从业人员300多人，年产值72万元。1962年，社办企业增至20家，从业人员1000多人，总产值304.4万元，上缴利润73.5万元，比1959年同比分别增长3.58倍和3倍。

20世纪70年代，先后成立裕华风扇厂（前身是电器塑料厂）、北滘南方电器厂、北滘美的风扇厂等集体所有制企业；同期，各村办、街办集体企业迅速发展，集体所有制企业达92家。

1983年起，北滘先后在裕华实业公司、塑料皮革工业公司等试行股份制。至1988年，北滘镇办股份制企业12家。1992年3月，美的、裕华、华星等3家企业实行内部股份制改造。同年7月，创立美的股份有限公司。

1993年，美的集团成为中国第一家经证监会批准的、由乡镇企业改制的上市公司，在深圳证券交易所上市。同时，对镇办32家企业产权转让，转为民营企业、私营企业。

北滘是顺德最早发展外向型经济、引入外资的乡镇之一。1982年，与港商签订协议兴办外资企业永强雨衣厂。1987年，香港吊扇大王翁祐与北滘合作，投资近1亿元，建成亚洲最大的风扇厂——蚬华电器制造厂。同年，又与北滘镇合资兴办蚬华微波炉厂。1986—1989年，北滘共吸入外商投资1996.12万美元，办起合资合作企业29家。

1994年，北滘共引进“三资”企业18家，总投资5848万美元。主要有：台资投入2000多万港元兴办兴顺烤鳗厂，引入日资7000万港元，兴办日清食品有限公司；蚬华微波炉厂与美国大财团惠而浦公司合作，扩大生产规模。1996年，引进韩国浦项、三星公司、意大利先达等多家大公司、大财团共9个项目，总投资7203万美元。1997年，引进外资项目10个，总投资2260万美元。1998年，新引进“三资”项目5个，总投资3344万美元。

随着产权制度改革，私营工业经济迅速发展。至1996年，全镇工商企业达400多家，个体户约2300户。

1999年，进一步减少公有资产比重，非公有制投资规模越来越大。是年，全镇私营、个体资本投资达12亿元。引进外资新项目11个，合同投资总额10180万美元。2000年，北滘共有“三资”企业120家，累计投资达10亿美元。村级企业产值达20亿元，民营企业产值达13.7亿元。

2008年，北滘工业企业共有1378家，按所有制性质分：集体所有制企业5家、集体联营企业2家、其他有限责任公司420家、股份有限公司9家、私营企业794家、其他内资企业31家、港澳台商企业65家、外商投资企业52家。

2013年，据全国第三次经济普查数据，北滘工业企业共有1758家，按性质分，其中集体所有制企业1家、集体联营企业1家、国有独资公司1家、其他有限责任公司910家、股份有限公司11家、私营企业740家、其他内资企业12家、港澳台商企业56家、外商投资企业26家。

第二章　工业技术

第一节　工业技术进步

清末，北滘引进缫丝蒸汽机，促进缫丝工业发展。民国期间，引进榨糖的技术与设备，兴办糖厂。

1975年，北滘电器塑料厂（裕华风扇厂的前身）成功研制出梅花牌9英寸金属台扇。20世纪80年代，兴起工业技术改造和技术引进热潮。1980年，美的通过自行摸索，生产出了第一台金属风扇。1984年，一直生产小风扇的裕华电风扇厂在全国一哄而上的狂潮中，突然面临产品积压的困境。时任裕华风扇厂厂长的区鉴泉看到日本生产的小型风扇在香港大行其道，受到启发，与技术人员一起根据国外先进技术，对原金属风扇进行技术改造创新。成功研发“鸿运扇”——DF－250导风格栅无级调速10英寸座钟式“鸿运扇”，获省“四新”产品奖。1985年，在全省质量评比获得亚军，并获省优质产品称号。是年，裕华风扇厂年产值超1亿元，成为当年全省产值最高的乡镇企业。随着技术不断进步，从原来只生产16英寸台扇，发展到生产品种齐全、款式多样的16英寸台扇、落地扇、壁扇，36英寸、42英寸、56英寸吊扇，还开发12英寸转页扇，1985年产值从1984年的170万元提高到3500万元。是年，北滘还引进设备，进口关键元器件，开发冷气机、自动熄灭石油气电子炉、植绒、电容器、西服、复合印刷包装、红木家具等新产品。1985 年，全镇工业产值猛增至 2.9 亿元，比 1984 年翻了一番。

1988 年，通过技术革新活动，促使风扇电机，每个节省原料 3.1 元，全年共节省资金 1000 多万元。其中蚬华风扇厂每台风扇成本降低 3 元，一年增加效益达 570 万元。美的采用转子轴铆装配新工艺，使每条转子轴成本降低 0.1 元，采用 40 厘米风扇风叶节料设计，使每个风叶节约塑料 100 克；成功研制第三代电机，降低矽钢片和漆包线等原材料的消耗，综合效益达 5.1 元/台。

1992 年，北滘实施国家和省的星火技术项目取得显著成绩，被国家科委正式命名为“国家星火技术密集区”和“国家星火科技产业示范镇”。全年实施国家星火项目 11 个，移动电话、超标磁钢、无氧铜杆等进入设备安装和试产阶段。顺德华立实业公司、广东威灵电机制造有限公司、广东美的电饭煲有限公司等 3 家企业被定为顺德市首批高新技术企业。全年北滘纳入国家级、省市级各类科技计划 19 项，开发新科技产品 7 项，高新技术产品产值 37 亿元，占全镇工业产值的 36%。

1998 年，全镇纳入国家级和省、市各类科技计划 19 项；开发科技新产品 7 项，获国家科技奖 9 项。其中，惠而浦蚬华微波炉制品有限公司自行开发的带抽油烟机微波炉新产品被美国《消费者》杂志评为最佳整体表现组合炉，惠而浦微波炉全球市场占有率达 9.6%。

2000 年，北滘纳入国家级和省、市级各类科技计划共 27 项，开发科技新产品 210 项。2001 年，一批高科技、高附加值的项目相继投产，是年高新技术产值占全镇工业总产值的 35%。

2003 年，批准立项的科技项目 95 项，其中国家火炬计划 2 项，省重点新产品计划 19 项，省重点创新项目计划 11 项，顺德区科技新产品开发计划 49 项，顺德区科技计划项目 14 项；批准成为高新科技企业 5 家；共申请专利 200 多项；有 8 个项目获得配套资金支持，总金额超过 400 万元；19 个项目获得减免税 150 万元优惠。全年共有 11 个科技项目获奖，其中省科技进步三等奖 2 项、佛山市科技进步二等奖 1 项、三等奖 2 项。

2004 年，获批准的科技立项有 62 项，其中省级科技立项 8 项；新产品计划项目 25 项，占全区新产品项目总数的 21%。被认定为广东省高新技术企业的有广东顺德浦项钢板公司、广东万联包装机械有限公司、广东冠邦科技有限公司等 3 家企业；通过广东省民营科技企业认定的有美的、冠邦、网盈电脑科技有限公司 3 家企业。

2005 年，北滘被省科技厅确定为“广东省火炬计划顺德金属材料特色产业基地”核心发展园区。新增省级高新技术企业 7 家，累计达 16 家；新增省重点技术创新项目 3 个；共有 7 个项目获得 2004 年各级科技进步奖，其中美的集团家电产业创新系统工程建设获广东省科技进步特等奖，是当年广东省唯一的工业科技进步奖；共有 31 个项目纳入省、市、区级科技计划；57 个新产品计划。获授权专利 448 项，其中获发明专利 11 项。美的集团获广东省科技进步特等奖，其博士后工作站被评为“全国优秀企业博士后工作站”。2005 年，北滘建立包括 1 个国家级和 1 个省级在内的 9

个研发中心，拥有1650多项家电专利。

2006年，北滘家电产业以“嵌入式软件技术”为支撑点，加快家电嵌入式软件及核心技术的开发。全镇新增省级高新技术企业3家、新增省级工程技术研究开发中心1家（广东精艺金属股份有限公司）、新增区级工程研发中心3家；组织企业申报各类科技计划80多项；全镇专利申请量达700多项，获授权510多项，发明专利量、专利申请量、专利授权量同比分别增长180%、15%和22%。共有5个项目获得佛山市科技进步奖、7个项目获得顺德区科技进步奖。其中威特真空电子制造公司的“沥青路面微波养护设备”项目获佛山市一等奖和顺德区内唯一的特等奖。

2008年，新增“产学研”合作项目20多个，美的集团成立中央研究院，加强家电共性和前瞻性技术研究。浦项钢板有限公司投入50多万元对厂内14台风机进行“钢板加工生产线节能减排综合技术研究”，节约电费超过160万元。是年1—10月，北滘专利申请1300多件，授权1180件，居各镇街专利授权量之首，其中发明专利授权6件。

2009年，新增“产学研”合作项目达26个，企业自主创新能力持续提升。2010年，北滘镇各级工程、技术中心达23个；国家级高新技术企业达25家，产值占全镇工业总产值的82%。2011年，北滘新增佛山市顺德区丰明电子科技有限公司、广东日美光电科技有限公司等6家高新技术企业，至此，北滘高新技术企业数达28家。2012年，北滘再添佛山市盈峰粉末冶金科技有限公司、佛山市太阳花散热器有限公司、广东佛山顺德潜龙工业设计有限公司等高新技术企业5家，高新技术企业总数达33家，广东精艺金属股份有限公司、广东工业设计城发展有限公司增设博士后工作站，北滘企业博士后工作站达3个；新增蚬华多媒体制品有限公司、银河摩托车集团有限公司2个技术研发开发中心，全镇各级工程中心达27家。

2011—2016年，全镇共申请专利34082件，授权专利23390件，专利及授权数量几年来一直保持顺德领先地位。美的集团开发出全球第一台半导体微波炉，具备高智能、长寿命、低电压、全直流等优势，并申请7项专利，其中4项发明专利。

2017年，专利申请共13186件，授权专利6839件。全镇高新技术企业增至151家，全镇规模以上企业组建研发机构率达51%，广东顺德创新设计研究院成为首个全国示范性工程专业学位研究生联合培养开放基地。美的集团筹建广东省白色家电技术创新中心，获评全省自主创新标杆企业。

2015年北滘镇博士后工作站情况表

表6—2—1

企业名称	博士后工作站成立年份
美的集团有限公司	1999年
广东精艺金属股份有限公司	2013年
广东工业设计城发展有限公司	2013年
碧桂园集团有限公司	2015年

2017 年北滘高新技术企业名录表

表 6—2—2

高新技术企业名单	高新技术企业名单
顺德市华立实业公司	佛山市顺德区新的电器实业有限公司
广东威灵电机制造有限公司	佛山市威奇电工材料有限公司
广东美的电饭煲有限公司	广东银河摩托车集团有限公司
佛山市顺德区精艺万希铜业有限公司	佛山市顺德区奥玛健身器材制造有限公司
佛山市顺德区美的洗涤电器制造有限公司	佛山市顺德区荣兴锻压设备有限公司
佛山市顺德区美的饮水机制造有限公司	佛山市顺德区丰明电子科技有限公司
佛山市顺德区纳思实业有限公司	广东日美光电科技有限公司
佛山市顺德区怡辉空调设备有限公司	佛山市太阳花散热器有限公司
佛山市威灵洗涤电机制造有限公司	广东海川智能机器有限公司
广东精艺金属股份有限公司	广东盈科电子有限公司
广东美的制冷设备有限公司	佛山市顺德区美的微波电器制造有限公司
广东威特真空电子制造有限公司	帝斯曼先达合成树脂（佛山）有限公司
广东美的商用空调设备有限公司	佛山市顺德区奥格威电器制造有限公司
广东顺德浦项钢板有限公司	佛山市盈峰粉末冶金科技有限公司
广东冠邦科技有限公司	佛山市太阳花散热器有限公司
广东万联包装机械有限公司	广东佛山顺德潜龙工业设计有限公司
佛山市顺德区美的电热电器制造有限公司	

第二节　引进先进技术与设备

20 世纪 80 年代开始，北滘借助海外宗亲，“攀乡亲，找搭档”，引入国外资金和项目，加快工业技术引进。1982 年，与港商签订协议，以“三来一补”（来料加工、来样加工、来件装配、补偿贸易）方式兴办永强雨衣厂；随后办起南海手袋厂、美林皮革厂、佳而美袋类制品厂等多家来料加工企业，引进先进技术和先进设备。据统计，1979 年至 1985 年上半年，北滘共引进设备 640 台（套），金额达 216.98 万美元。其中：注塑机 25 台、静电喷漆线 6 套、塑料制袋设备 11 台、木工机械 17 台、海绵设备 2 套、工业衣车 20 台、皮革缝制设备 420 台、缝压雨具设备 102 台等。仅裕华实业公司，1983—1985 年先后引进注塑机 25 台、废料再生机 1 台、模具 17 台、静电喷漆器 2 台，引进设备金额达 107.68 万美元。其他企业引进一批电脑控制的质量检测仪器。1985 年，华星饲料厂引进荷兰时产 40 吨饲料生产线 1 条，随后，又从澳大利亚引进全套时产 60 吨的自动化饲料生产线，年生产能力上升至 12 万吨，生产能力居全国同行业第一。

“七五”期间（1986—1990年），北滘镇政府确立“以市场需求为导向，以‘星火计划’为依托，以科技进步为经济发展的潜在动力，以开发生产力为目标”的经济发展指导思想。1986年，北滘争取到四个“星火”计划项目，并成为“星火技术”的密集区。到1989年底，北滘先后从美国、日本、德国、瑞典、意大利、荷兰等国家和香港地区引进先进网罩生产线、喷漆生产线、电机生产线、包装生产线、安装生产线、植绒生产线以及冲压铸挤等机械设备、电脑自动控制检测设备等，使工业产品的质量和产量双双获得提升。美的风扇厂斥资500万美元，从日本、英国等国家引进电机、网罩、静电喷粉生产线及大型高速冲床、注塑机等先进设备。与港商翁祐合作的北滘蚬华微波炉厂，引进微波炉生产线，年产微波炉数十万台。至1990年，北滘镇办工业企业共引进国外先进设备3060多套（台），投资达2856万美元，镇办工业企业固定资产上升至2.95亿元，其中生产设备占1.65亿元。在生产设备中，属于引进的设备总额达1.4亿元，占设备总额的85%。

90年代，北滘继续加大招商引资及技术设备引进的步伐，华星饲料厂引进当时最先进的饲料添加剂配方和电脑控制的生产流水线，各种饲料的生产配方都编成电脑程序，整个饲料厂不足百人，产值却超过1亿元。1994—1998年，北滘共引进外资企业与项目42个，引进外资超过1亿美元。

2000年后，引进先进技术和先进设备，成为北滘工业企业发展的常态。

第三节 新产品开发

1984年，成功研发DF-250导风格栅无级调速10英寸座钟式“鸿运扇”。1985年，开发出7种鸿运扇、12英寸转页扇、系列豪华型吊扇及自动熄灭石油气电子炉、复合型包装材料等新产品。

“七五”期间（1986—1990年），北滘镇党委提出“开发外向型新产品，形成拳头产品打入国际市场，发展家电、饲料、高档家具等专业市场，依靠科技进步开发生产力”的构想。美的集团成为北滘工业企业新产品开发的先锋。一是产品更新快，每年均有新产品补充和扩展品种规格系列。1986年自行设计彩虹系列塑料风扇，1987年成功研制FS4-40等5种新型风扇产品，1988年开发FT4-30等3种系列风扇，1989年完成200毫米台扇和可拆式台扇的设计与投产。二是产品从完成设计到形成生产力，时效很快。三是从广泛的角度和长远的发展去组织新产品的开发。成功研制出抽油烟机、电炒锅、暖风机、超声波加湿器等新产品。1988年，裕华电风扇厂开发电脑遥控扇、300毫米转页扇、250毫米万宝座钟鸿运扇等。其他企业开发的电子微波炉、真空有色金属镀膜、饲料添加剂、组合音响电唱机等，新产品年经济效益达3亿元。1988—1989年，裕华钢瓶厂开发乙炔气钢瓶、卡式石油气炉、充油式电暖器。

20世纪90年代，北滘的企业更加重视对新产品的开发，建立产品技术开发机构。1994年，美的公司与日本三洋公司合作，开发出“快思逻辑”电脑型电饭煲；1998年，惠而浦蚬华微波炉制品有限公司开发的新产品——“带抽油机微波炉”。

1999年，美的集团开发生产空调、微波炉、饮水机、电饭煲、洗碗机、洗衣机等新产品；研究开发MDV智能变频空调、数字变频空调、新冷媒压缩机、变频微波炉等新产品，占企业销售总量60%以上。

进入21世纪，大力推进工程中心建设，推动企业自主创新，不断开发新产品。广东精艺公司在1999年成立之初，总经理李伟斌发现国内空调企业需要的铜管大多从国外进口，于是开始自主创新的历程，着力于该生产线的研发和生产。2005年，成功推出10条铜管生产线，填补国内空白。厂企科研力量，进一步提升企业的技术创新和新产品开发水平。佑威集团控股神羽公司，与中国纺织科学研究院签订技术合作协议，致力于世界高端的羽毛纺织技术的研究开发。

美的集团从2012年开始转型，从原来一级研发到构建四级研发创新体系，涵括各个事业部研发平台和中央研究院，事业部层面有产品开发和先行研发，与100多个国外知名院校和机构紧密合作进行新产品研发。2012年到2016年产品研发累计投入200亿元。

2012年6月，北滘成立协创产学研促进中心，成为广东省内首个以促进产学研合作为核心业务，获得多家高等学校和科研机构技术支持的镇级公共服务平台，镇内多家企业与广东工业大学等5家高校签订产学研合作协议，翌年先后与美的制冷设备、科鸿电器、方正包装等30多家企业成功对接并取得多项成果。同年，北滘与中国赛宝实验室签订共建中小微企业质量检测服务平台合作框架协议，为镇内企业提供集产品研发、技术改造、进货验收、出厂检测于一体的公共质量检测服务。2014年起，投资30亿元兴建美的全球创新中心，以促进企业新产品研发，引领家电产业发展。

第四节　名牌战略

1979年11月，国家经济委员会颁发《优质产品标志实施办法》；1981年6月19日，下发《关于大力发展名牌优质产品的通知》。北滘以此为契机，通过促进企业上等级、抓质量，至1991年，出现一大批国优、部优、省优名牌产品，在国内外市场的占有率稳步提升。

1987年起，开始强化企业管理，逐步加强产品定标、计量整顿验收、产品技术鉴定、产品认证等一系列基础工作，以“创优质、提水平、上等级”为目标，推行全面质量管理。1988年，华达电器厂在开展企业升级的过程中，同步实现原料国产化。该厂的技术科、质检科、供应科、设备科、生产车间等协调配合，对国产材料逐个进行质量审核，然后与生产厂家签订技术协议，在降低生产成本的同时，提升产品质量，赢得质优价廉的品牌效应。

1990年，北滘镇办企业中，通过二级计量标准的有4家：裕华风扇厂、华达电器厂、美的风扇厂和南方电器厂，通过三级计量标准的有20家。另外获得省级先进企业有10家：裕华风扇厂、华达电器厂、美的风扇厂、南方电器厂、蚬华风扇厂、珠江包装公司、美安达包装公司、南海手袋厂、华星饲料厂和富华漆包线厂，其中华达电器厂、美的风扇厂和南方电器厂被评为国家二级企业。1991 年，华达电器厂获省质量管理奖。

1991 年北滘国优、部优产品情况表

表 6—2—3

行业	企业名称	奖项	获奖产品
机械	裕华钢瓶厂	部优质奖	石油气炉系列
家电	美的风扇厂	部优质奖	16 英寸金属台扇
家具	永华家具厂	部优质奖	植绒套装沙发
家具	永华家具厂	部优质奖	人造革全包两用沙发
家电	裕华风扇厂	部优质奖	10 英寸鸿运扇
家电	美的风扇厂	部优质奖	16 英寸金属地扇
家电	美的风扇厂	部优质奖	12 英寸转页扇
家电	华达电器厂	部优质奖	60 型电容器
家电	华达电器厂	部优质奖	61 型电容器
家电	南方风扇厂	国家优质产品银质奖	南方牌吊扇
家电	蚬华风扇厂	部优质奖	SMC 牌 PC52H42S 豪华吊扇
家电	蚬华风扇厂	部优质奖	冠球牌（蚬华）1200 毫米工业吊扇
家电	蚬华风扇厂	部优质奖	冠球牌（蚬华）1050 毫米工业吊扇
家电	蚬华微波制品厂	国家优质产品奖	SMC 微波炉
饲料	华星饲料厂	部优质奖	302 小猪料
皮革	南海手袋厂	部优质奖	“幸运牌”真皮系列手袋
皮革	南海手袋厂	部优质奖	“幸运牌”人造革系列手袋

1991 年北滘获省优产品情况表

表 6—2—4

行业	企业名称	奖项	获奖产品
包装	珠江包装公司	省优质奖	瓦楞纸箱
包装	珠江包装公司	省优质奖	出口罐头纸箱
包装	美安达包装公司	省优质奖	瓦楞纸箱
包装	美安达包装公司	省优质奖	啤酒纸箱
包装	美安达包装公司	省优质奖	彩色瓦楞纸箱
家电	裕华风扇厂	省优质奖	10 英寸鸿运扇
机械	裕华钢瓶厂	省优质奖	石油气炉
机械	裕华钢瓶厂	省优质奖	石油气钢瓶

续表

行业	企业名称	奖项	获奖产品
家电	美的风扇厂	省优质奖	12 英寸转页台扇
家电	美的风扇厂	省优质奖	彩虹塑料台扇
家电	南方风扇厂	省优质奖	南方牌吊扇
饲料	华星饲料厂	省优质奖	112 中鸡饲料
饲料	华星饲料厂	省优质奖	113 大鸡饲料
饲料	华星饲料厂	省优质奖	502 鸭饲料
饲料	华星饲料厂	省优质奖	604 草鱼料
饮料	北珍蒸馏水有限公司	省优质奖	食用蒸馏水

1997 年，国家停止评优，5 月 4 日广东省经委下发《关于广东省工交系统开展创优质产品活动的通知》，北滘再次掀起争优创先热潮。1999 年，“美的”空调器被评为中国驰名商标。2001 年，国家质量监督检验检疫局开展中国名牌产品评价活动，“美的”牌家用分体空调获“中国名牌产品”称号。

2002 年开始，北滘确立名牌战略，大力实施品牌经营战略，采取有效措施大力扶持明星企业和名牌产品，以名牌带动招商引资，以名牌开拓市场，以名牌延伸产业链以及提升企业规模和技术创新能力。

2003 年，国家评出最有价值 32 个品牌，广东美的集团股份有限公司“美的”品牌，以 121.50 亿元的品牌价值名列第 8 位。

2004 年，北滘积极创建广东省家电技术创新专业镇，8 月正式获广东省科技厅批准。随后，北滘编制《北滘专业镇技术创新规划实施方案》，加速提升北滘家电品牌效应。

2005 年，北滘共申报中国名牌产品 5 个，广东省名牌产品 4 个。

2006 年，“中国家电制造业重镇”区域品牌落户北滘，“北滘家电”品牌效应持续增强，并有效带动金属材料、机械装备等新兴产业迅速成长，产业集群优势增强。是年，北滘组织举办“2006 年北滘企业品牌战略研讨会”，扶持特色行业的龙头企业争创名牌。全年，北滘新增中国名牌产品 2 个，新增广东省名牌产品 3 个。

2007 年，继续发挥“中国家电制造业重镇”品牌效应，加强宣传推介，进一步提升区域形象。北滘被评为“顺德区名牌带动战略实施工作先进单位”。

2009 年 12 月，“美的”入选“共和国 60 年最具影响品牌 60 强”。

2005—2010 年，北滘新增中国驰名商标 1 件，中国名牌产品 8 个，广东省著名商标 6 件，广东省名牌产品 6 个。在“2008 中国最有价值品牌”评定中，“美的”系列品牌价值达 412.08 亿元，名列全国最有价值品牌第 6 位，“美的”系列分别拥有“美的”“小天鹅”“威灵”“华凌”等十余个著名品牌。

2010 年英国品牌价值咨询公司 Brand Finance 发布了“2010 年全球最有价值 500 品牌”排行榜，美的与沃尔玛、谷歌、可口可乐等跨国企业一起入选，成为唯一入选的中国家电品牌。在《福布斯》中文版和 Interbrand 联合发布的“2010 中国品牌价值排行榜”，美的以37.4亿元的品牌价值位居第31位，成为佛山市唯一上榜企业。

2011年，北滘在佛山市率先申报首届“全国知名品牌创建示范区”。是年新增恒兴、奥玛、盈科3个“广东省著名商标”。

2012年，北滘再添3个著名商标，是年，北滘拥有省著名商标12个，中国驰名商标2个，广东省名牌产品35个。2013年8月14日，经国家质检总局批复，北滘成为顺德首个获准筹建“全国家电配套产业知名品牌示范区”的镇街。2014年，美的集团居中国最有价值品牌评价排行榜第5位。2016年1月，北滘顺利通过“全国家电配套制造业知名品牌创建示范区”验收；7月，获国家质检总局命名国家级知名品牌示范区。至2016年，北滘拥有国家、省名牌产品、著名商标合共40项，包括中国驰名商标2个，广东省著名商标13个，广东省名牌产品25个。2017年，北滘再新增省名牌产品2件。

2016年北滘镇“中国驰名商标”一览表

表6—2—5

商标名称	使用商品	商标持有人	认定时间
美的	风扇、电饭煲	广东美的电器股份有限公司	1999年1月5日
碧桂园	不动产管理、不动产出租	佛山市顺德区碧桂园物业发展有限公司	2006年6月1日

2013—2015年北滘镇“广东省著名商标”一览表

表6—2—6

年份	企业名称	注册商标	产品
2013	广东威灵电机制造有限公司	Welling	塑封电机、铁壳电机
2013	广东美的电器股份有限公司	美的	空调，电风扇
2013	冼锡彬（佛山市顺德区骏特电器有限公司）	骏特	风扇（空气调节）
2013	广东星徽精密制造股份有限公司	星徽	金属铰链、家具用金属附件（滑轨）
2013	广东丰明电子科技有限公司	百明	电容器
2013	广东海川智能机器股份有限公司	海川	衡量器具
2013	广东日美光电科技有限公司	日美	灯箱、霓虹灯广告牌、电子公告牌
2014	佛山市顺德区恒兴微电机有限公司	恒兴	电机（同步电机）
2014	广东奥玛健身器材制造有限公司	奥玛	锻炼身体器械
2015	佛山市顺德区富豪木工机械制造有限公司	富豪	木材加工机
2015	广东祥立实业有限公司	祥立	风扇
2015	广东威奇电工材料有限公司	威奇	电线、磁线、电磁线圈
2015	广东万联包装机械有限公司	万联	纸板机

2016年北滘镇“广东省名牌产品”一览表

表6—2—7

产品名称	商标	企业名称
电磁炉	Midea	广东美的生活电器制造有限公司
电动食品加工机（榨汁机、搅拌机）	Midea	广东美的生活电器制造有限公司
薄膜电容器	BM	广东丰明电子科技有限公司
高效节能瓦楞纸板生产线	图形+萬聯	广东万联包装机械有限公司
家具五金配件（导轨）	SH-ABC	广东星徽精密制造股份有限公司
办公家具专用漆	世纪金彩	广东顺德迪邦涂料实业有限公司
电饭锅	美的 Midea	广东美的生活电器制造有限公司
电热开水壶（瓶）	美的 Midea	
蒸汽挂烫机	美的	
家用燃气灶具	美的	广东美的厨房电器制造有限公司
消毒碗柜	美的	
家用空调	Midea	广东美的制冷设备有限公司
微型电动机	图案	佛山市顺德区恒兴微电机有限公司
跑步机	图形	广东奥玛健身器材有限公司
卫浴用品涂料	一品迪邦	广东顺德迪邦涂料实业有限公司
电炖锅（盅）	美的+Midea	广东美的生活电器制造有限公司
家用净水机	美的+Midea	佛山市美的清湖净水设备有限公司
吸油烟机	美的	广东美的厨卫电器制造有限公司
电压力锅	美的	广东美的生活电器制造有限公司
钢制采暖散热器	太阳花	佛山市太阳花散热器有限公司
铰链	SH-ABC	广东星徽精密制造股份有限公司
电风扇	机灵+图形+英文	佛山市顺德区机灵电器有限公司
蒸发式冷凝器冷水机组	高美+图形	佛山市顺德区高美空调设备有限公司
微波炉	美的	广东美的厨卫电器制造有限公司
搅拌机	美的 Midea	广东美的生活电器制造有限公司

2005—2017 年北滘镇科技创新与品牌建设统计表

表 6—2—8

年份			2005	2006	2007	2008	2009	2010	2011	2012	2013	2014	2015	2016	2017
科技创新	R&D 研发投入（亿元）		–	–	–	–	21.66	24.88	41.54	45.2	48.2	50.5	51	52	52.5
	国家高新技术企业（家）		2	2	2	14	23	26	27	30	33	32	36	77	151
	工程、技术中心（个）	国家级	1	1	1	1	1	1	1	1	1	1	1	1	1
		省级	1	2	2	2	4	5	6	6	7	8	14	20	27
		市区级	8	11	14	16	19	20	20	22	25	27	38	47	56
专利（项）	当年新增专利申请量		873	943	1373	1464	1440	2410	3101	3014	4264	5572	8103	10028	13186
	其中：	发明专利申请量	48	38	94	129	205	282	435	531	865	1539	2668	3680	5428
	当年新增专利授权量		513	706	929	1098	1452	1841	2270	2497	3190	4161	5299	5029	6839
	其中：	发明专利授权量	1	6	2	15	46	46	70	146	150	118	210	652	1425
		有效实用新型专利数	212	284	395	506	608	785	923	1167	1791	2766	3693	2792	4293
品牌建设（件）	中国驰名商标（累计）		1	2	2	2	2	2	2	2	2	2	2	2	2
	广东省著名商标（累计）		–	–	3	3	4	6	9	12	12	13	13	13	14
	中国名牌产品（累计）		5	7	10	10	10	10	8	0	0	0	0	0	0
	广东省名牌产品（累计）		4	6	7	8	13	22	25	35	31	25	25	25	27

注：1. R&D 为全镇研究与试验经费。

2. 中国名牌产品于 2008 年停止评比，原有的至 2012 年 9 月全部到期作废。

第三章　工业管理

第一节　管理机构

1959 年北滘人民公社成立“工业交通部”，下设办公室（简称工交办），负责组织实施公社党委对社办工业的计划和决策，给予供销方面的指导和服务。

1962 年初，顺德县大部分手工业厂企下放给公社管辖，北滘成立二轻手工业管理所，接管下放的手工业厂企；工交办管理其他的工业和交通企业。

1975 年 10 月，顺德成立县社队工业管理局。1976 年 12 月，北滘二轻系统大部分企业转为公社集体所有制企业，所属工厂及人员重新拨归公社工交办管理，同时，撤销二轻手工业管理所。

1980 年 7 月，根据队办工业及镇区工业迅速发展的形势，北滘成立农工商联合公司；8 月，成立北滘公社社办企业管理办公室。

1983 年，北滘工交办与农工商联合公司合并，成立农工商联合总公司。1984 年，顺德县社办企业管理办公室改为县区乡企业总公司，北滘农工商联合总公司的工业公司、乡办企业办公室为县区乡企业总公司的下属对口部门。1987 年 5 月 18 日，县区乡企业总公司改为县乡镇企业管理局，北滘农工商联合总公司改称北滘经济发展总公司。

1992 年后，全方位实行改革，北滘镇政府不再直接干预企业经营管理，不再投资兴办竞争性企业。北滘镇政府以“保持宽松、透明的运营成本，提供细致到位的政策服务”为宗旨，进行工业企业的管理和培植。

2011 年 1 月，顺德进行大部制改革，北滘镇成立北滘经济促进局，2012 年 12 月，更名为经济和科技促进局，负责工业行业管理、指导企业技术进步、技术创新、技术改造、技术引进和消化吸收工作，组织和推进新技术、新产品的开发推广。

第二节　企业管理

1978 年以前，北滘社队工业企业的厂长（经理）由主管部门调派或委任，企业只管生产和经营管理，没有人事权，生产利润保留约 10% 给企业支配，其余上缴，行政管理费用和工资由公社下拨，企业发展方针、方向和发展项目的决策由公社或大队决定。

1982 年后，借鉴农业联产承包责任制的成功经验，逐步将承包责任制推广到工业。首先，改革企业职工分配制度，将按月计薪改为按件计酬，继而又将按件计酬改为按利润浮动的工资制度，将职工的个人利益和企业的整体发展紧密联系起来。其次，改革企业的用工制度，打破原有的企业职工终身制，实行工人合同制。再次，改革企业的干部委任制，从1984年开始，由原来的干部委任制改为干部聘请制，一聘三年，规定任期的职、责、权范围，定期考察。

1987年，贯彻顺德县政府制订《顺德县乡镇工业股份制试行办法》，在乡镇企业推行股份制。股份制企业拥有自主经营权。人事任免和人员的招聘、奖惩方法以及各种规章制度，均由企业自行决定。

1988年，全面推行厂长（经理）任期目标责任制。镇领导、北滘镇经济发展总公司任人唯贤唯能，通过考察和选拔，任命一批能人为镇办企业的厂长（经理）。如区鉴泉，因大胆创新，率先在裕华风扇厂内部实行合股联办，解决了企业发展资金；敏锐掌握市场动态，及时把握时机，首创以塑料代替金属的无级调速座钟式鸿运扇，被聘为裕华实业公司总经理。何享健，1980年以风扇进入家电业，1985年进军空调业，因锐意创新，目光长远，管理能力强，被聘为美的家用电器公司总经理。此外，冼添被聘为蚬华电器制造厂厂长，苏培被聘为南方电器厂厂长。

厂长（经理）任期目标内容包括：（1）产值、销售、利润、上缴、劳动生产率、人均创税利等主要经济指标；（2）固定资产增值、自有流动资金增长、资金周转率、信贷资金等资金指标；（3）开发新产品，引进新技术，推行现代化管理，提高产品质量，企业上等级管理水平与技术进步指标；（4）改善职工福利目标，包括人均收入、劳动保险、生活福利、保健设施等；（5）精神文明建设目标。完成任期目标的，厂长分配可高于职工人均收入的1到2倍，超额完成任期目标的，可在超额利润部分另行计提奖励。不完成任期目标的，在经济上、行政上都必须给予适当处罚。同年，进一步推行各种经营承包责任制。镇办企业一律不搞个人承包，由集体经营；管理区和村一级规模较大的企业和合资、“三来一补”企业也由集体经营；至于属手工性、劳务性、服务性和分散、小型或微利亏损企业，可实行个人或小组承包。明确上交总额或只收取企业管理费。微利企业上交总额参考企业承包前三年利润的平均基数，亏损企业则采用盈亏自负、超利分成的方法，或用定亏损额、超亏自负、减亏自得的方法。承包者可以是企业内部员工，也可以是外来人员。承包期限一般为三年。1988年，通过全面实施厂长任期目标责任制，经济效益显著提高，工业总产值、销售收入、利润分别比1987年提高了109.71%、117.8%、317.93%。

1992年6月18日，北滘出台《顺德市北滘镇乡镇企业股份制试点方案》，在全县率先对镇办企业推进转换经营机制、产权制度改革，对镇办76家企业进行全面资产清理，完成产权转让签约，实现政企分离，政府持有股份逐步从企业中退出。至2001年，美的、蚬华等企业实现了彻底转制，政府基本退出一般性经济竞争领域，完成了北滘自1992年开始的企业产权制度改革。

20世纪80年代中期起，随着企业经营承包责任制的推进，北滘各工业企业越来越重视企业自身的内部管理，从粗放型转向内涵型发展，向基础管理要效益。企业逐步健全多项管理制度，包括质量管理、标准化管理、成本管理、安全管理、定员定额管理、职称评定教育等。1985年，裕华电风扇厂获得“广东企业管理优秀企业”称号。1990年，裕华风扇厂、华达电器厂、美的风扇厂等10个企业被评为省级先进企业。

90 年代中期，鉴于市场经济的优胜劣汰，各企业更加注重内部管理，提升素质，从资金、财务、质量、能耗、人员培养等方面入手，逐步转向科学的现代化企业管理。包括：加强专业技术队伍建设，提高企业职工素质；以创优为动力，狠抓质量管理，做好 ISO9000 系列标准认证工作；以做大做强为目标，开展增收节支减员增效活动，做好库存压缩和追收货款工作，提高资金使用效率；以企业可持续发展为原则，以国家经济委员会推荐的“现代管理 18 法”为基础，推广计算机辅助管理，推进企业生产和管理的信息化。

一向重视企业内部管理的美的公司，在 1990 年即成为广东省乡镇企业首家获得部优和省优产品称号的企业。20 世纪 80 年代末期，美的设立 TQC 办公室，统管全厂的质量管理工作；配备质检员，分布在生产各环节，实行三级检验制度，添置电脑自动检测线等现代化测试器具和仪器，产品定期送上级检验机构检验，还建立以技术标准为主体的企业标准化体系，并扩大完善到工作标准和管理标准。1987 年，美的开始在全厂实行经济责任制，将核算单位从企业划小到车间。实行经济责任制，实现节能降耗。1989 年，电耗减少 30 万元，物耗减少 140. 2 万元。1990 年开始，逐步按国际化方法管理企业。如按现代化管理规划，创新财务管理，试点厂内银行制；规范统计工作，升级会计工作，着手档案管理的检索电脑化，逐步推广电脑运用范围，实现电脑联网；改变集团公司原来的大统购、大统销的经营管理体制，把经营管理权下放给产品分公司，责任清晰，提升效能。至 1999 年，美的基本建立现代企业制度，全面实行员工持股和高层领导持法人股机制。创新组织机制方面，坚持“集权有道，分权有序、授权有章，用权有度”的原则，深化事业部制改革，正确处理集权与分权，监控与自主的关系，成功进行 ISO9000 和 ISO14000 一体化认证。

进入 21 世纪，北滘工业企业管理重点转向企业机制创新与企业营销管理。

首先，加快推动企业机制创新。部分企业开始实施管理人员持股制度，率先在国内实施经理层融资持有法人股，实现投资主体多元化。在逐步向高附加值产品转移的同时，进行资产重组和资本低成本扩张。以北滘为总部，不断向国内外延拓生产基地。鼓励企业设立异地分公司、办事处、营销中心，完善销售网络，改革营销体制，拓展营销市场。2007 年，美的集团除在国内有关省、市和香港地区设立分支机构外，还在美国、德国、日本、韩国、加拿大、俄罗斯、印度、新加坡等国家设有 21 个机构，营销网络遍布国内外。树立良好的企业和产品形象。越来越多的规模企业，逐步转变过去忽视营销宣传的旧观念，通过多种途径进行大范围的企业和产品宣传。除广告投放、明星代言等途径外，企业更注重通过公益、慈善等活动，加大社会影响力，树立企业和产品良好的社会形象。美的集团连续多年成为国家跳水队和游泳队的主要赞助商；每年对全镇老年人发放敬老慰问金、慰问品；自 2008 年来每年捐款 1000 万元支持村级教育设施建设。盈峰集团有限公司成立“盈峰慈善基金”，成为顺德首家以企业为发起人的非公募捐基金会。2012 年美的集团“蒸立方”微波炉冠名谭咏麟演唱会首创“艺术营销”，开创全国家电行业营销先例。

其次，以优质服务作为营销保障，促进企业管理提升。提出“生产优质产品与注重优质服务并举”“以优质服务获取更大经营效益”的经营理念。各企业纷纷在全国各地设立服务网点，开通全国服务热线。在确保产品销售领先的情况下，进一步提升售后服务水平，美的集团携手绿色环保组织，推出为空调核心零部件“深度清洗”服务。共有229款空调产品被列入服务范围。

再次，以促进企业发展，解决企业资金瓶颈为目的，提升企业资金财务管理。2010年，美的财务有限公司、盈峰创业投资资金、粤科钜华创业投资基金等建立“创投基金”，有效拓宽企业的融资渠道，北滘镇政府加大对企业资金担保的力度，2010年全镇担保基金总额大幅增长，为中小企业提供总额达1亿元的担保贷款。

2010年，北滘在重点扶持龙头企业、骨干企业的基础上，大力扶持中小企业成长。一方面全面实施“龙腾计划”，共有35家企业入选，重点扶持推动骨干企业快速发展，另一方面出台《北滘镇关于促进中小企业发展扶持办法》《北滘镇促进工业设计产业发展暂行办法》，每年安排1500万元作为“金种子”专项扶持基金，扶持中小企业发展；安排200万元支持企业上市；专门安排1000万元的贷款额度扶持工业设计企业。全年共计向20家中小企业发放担保贷款6350万元；协助17家企业向区成功申请9800万元贷款；共向设计企业发放贷款850万元。2011年共计为120多家中小企业发放扶持资金约800万元，为14家企业办理5650万元的担保贷款。2012年，共向188家（次）中小企业发放各类扶持资金1750多万元，其中促进中小型企业转型升级资金1195万元，担保贷款贴息200万元，促进工业设计产业发展315万元。同时，打造多元化服务平台，建立“企业年会”研究探索企业发展思路。组织企业参加市、区各类产品推介会、融资座谈会、第十四届中国东西部合作与投资贸易洽谈会、第十二届深圳高交会，协助企业开拓市场；邀请知名专家教授举办讲座、培训；组织企业负责人、企业家协会会员等赴国内外先进企业参观学习，开阔视野。另外，深化落实创新提升计划，促进企业提升生产管理水平。指导和帮助企业申报及实施国家、省、市、区科技项目和新产品计划，协助企业筹备组建研发中心、工程中心。2010年9月，北滘与香港生产力促进局签订紧密合作协议，在北滘开展“企业创新体系建设提升计划”项目。首批加入的企业有太阳花、日美广电、怡辉空调、恒兴微电机4家，在完善生产流程、建立个性化知识产权和科技创新管理体系、完善企业品牌建设等方面均得到实质性的提升。

2013年，发布新修订的《北滘促进中小企业转型升级扶持办法》，镇财政每年安排1200万元，作为促进中小企业升级扶持资金，同时设立顺德首个镇街公共服务平台专项资金。同年，启动2000万元扶持资金对科研创新、品牌建设、企业上市、工业设计等进行扶持。是年累计向11家中小企业提供融资担保3400万元。出台《北滘镇加强对重点企业服务实施方案》，推动骨干企业做大做强，每年划拨350万元作为扶持基金，积极推动企业上市。至2017年，北滘镇共有上市（控股）企业11家，居顺德区十个镇街前列。

第三节　信息技术应用

自20世纪90年代初开始，北滘多家工业企业，如美的、华星等已陆续引入电脑控制的生产线、设备、检测仪器，将信息技术引入到日常的企业管理。(1) 推动信息技术在制造业的应用，促进信息技术产品和传统产品的融合，以及信息技术在新产品中的广泛应用，增加产品的信息技术附加值。如：美的集团将信息技术引入传统产品的生产，开发了“电脑电饭煲”“智能变频空调技术”。(2) 加速企业管理信息化。通过推进企业应用先进的信息管理技术，实行业务流程再造和管理创新，促进各种资源的优化配置，确保企业对市场的快速反应。1998 年，美的集团和惠而浦公司应用 MRPII（制造企业资源计划）管理系统。(3) 建设企业信息化的支撑服务体系，参与顺德经贸网、“两家一花”网站的建设，运用信息网站向企业提供政策信息、市场信息和技术信息，加快企业信息化进程。(4) 积极发展电子商务，大力推进企业上网，鼓励企业或企业协会等组织建立专业网站，通过互联网展示企业形象、推销产品、招商引资、搜集信息和技术情报。

1995 年，美的集团被认定为全国 CAD 应用工程示范企业。1999 年集团公司所属的主要公司均已全面应用 ERP 系统，非制造业全面实施 Oracle 财务系统，企业内部的产、供、销、财务、成本通过软件提供的功能，完全实现电脑化、集成化、自动化。2000 年后，美的集团与东大阿尔派合作，在东大阿尔派 CRM（客户关系管理）系统的基础上，共同开发出覆盖美的所有售后服务各个业务环节的顾客服务管理系统。系统包括服务结算管理、综合事务管理、配件综合管理、系统综合管理、用户服务管理、条码控货管理、互联网顾客服务系统等子系统，功能全面，服务规范。

2001 年 5 月，广东省企业信息化现场会在顺德召开，顺德明确提出“以信息化带动和提升工业化，运用信息技术促进产业升级和提高企业管理信息化水平”，集中力量扶持顺德高新技术开发区、北滘工业园等发展成为电子信息产品制造业基地，运用电子信息技术与传统产业嫁接，提升产品的质量档次和技术附加值，鼓励大型家电制造业切入信息产品制造业，实现家电产业向信息产业的渗透和转移。同年，北滘镇政府制定信息化建设的长远规划，以信息化带动工业化，推动生产力跨越式发展。

2002 年，北滘镇引导企业加大信息化的投入，运用信息技术加强企业管理，适应现代流通业的要求，大力发展电子商务，积极运用网上支付、物流配送等信息化手段。2002 年 1 月，美的集团开通网上银行系统，与招商银行、顺德信用社、工商银行、中国银行等银行系统对接，使原来需 20 天的资金在途时间缩短至 2 小时内。2005 年，美的开始对集团内所有下属单位的 ERP 进行升级、改造、集中和整合工作，规范、统一业务流程并在作业排程、供应链等方面进行了深层次的开发，并在美的总部先后建成了集团完全统一的资金管理系统、集团绩效管理系统和对外财务合并系统，利用信息化手段进行运营管理。

2008 年，为积极协助企业应对金融危机，帮助企业多渠道开拓市场，北滘镇政府与阿里巴巴达成合作意向，首批挑选 100 家中小企业，由政府补贴，支持企业免费使用其软件一年，由点及面启动中小企业电子商务建设。随后，北滘镇政府出台配套扶持发展政策，建设特色电子商务基地。探索电商个性化发展新趋势，支持鼓励企业“上网触电”，加速电子商务与本土制造业的深度对接。同时，鼓励企业以智能装备为突破口，加快互联网信息技术利用，以信息化驱动传统制造业转型。同期，北滘镇政府继续完善经济信息电子平台，将第一手的服务政策实时向企业发布，实现政府经济政策、信息和企业之间的无缝对接。从2009年开始，北滘政府着手进行北滘经贸网建设，推动“政企通”信息服务平台的广泛应用；建立“北滘镇工商企业数据库”，按照分类指导原则，整理企业基础数据、资产及经营数据、项目储备数据；做好国内外经济信息的采集、汇总、分析和研究，以信息化引领企业前瞻性发展。至2012年，北滘经济网正式启动，企业既可以便捷网上办事，又可与政府职能办事机构在线互动交流。

随后，以“互联网+”为契机，北滘工业企业在生产、营销、管理各个环节进一步加强信息技术的应用和深化。2014年，美的集团加快布局智慧家居以及移动互联网业务；一大部分中小企业则加快转型创新步伐，瞄准智能制造，积极布局高端制造业。至2016年，以高端装备制造业和传统家电制造业为基础，北滘逐步构建起“智能制造+智能家居”的特色产业体系。是年，北滘位列广东省工业组专业镇创新指数首位，同时成为全省唯一获得“互联网+制造”主题的应用型小镇。至2017年，北滘成立阿里巴巴顺德产业带（北滘）运营中心，大力推进电子商务三年行动计划。

第四章　工业行业

第一节　纺织服装业

北滘的纺织服装行业包括纺织业，服装、鞋帽制造业，皮革、毛皮、羽毛（绒）及其制品业，化学纤维制造业。北滘的缫丝、刺绣业，是传统产业，可追溯至清代。

2008年，北滘纺织服装行业共有30家企业，从业者4559人，工业总产值79774万元。行业占比（占全镇工业总产值）1.03%。是年，服装总产量718万件。2012年，北滘纺织服装行业共31家，从业人数3257人，工业总产值45783万元。行业占比0.62%，服装总产量52万件。至2013年，纺织服装企业共32家，工业总产值59554万元，服装总产量41万件。2017年，全镇纺织服装产值2.79亿元。

缫丝业　清代中期以前，北滘地区蚕农收获蚕茧，采用原始的手缫车，自行缫丝。后因销量渐增，缫丝工场应运而生，从而发展成独立的手工业。所缫的丝叫七里丝，随后又出现手工括丝。1866年，南海陈启沅创办广东第一家机器缫丝厂，因机器缫丝粗细均匀，品质优良，产量高，成本低，顺德境内各区乡竞相效尤，相继兴办机器缫丝厂。北滘地区内莘村、上僚等乡亦在此时开办多家机器缫丝厂（俗称“丝偈”）。

清宣统三年（1911 年）北滘区域部分缫丝厂一览表

表 6—4—1

厂名	厂址	建厂年份	资本（万元）	蒸汽机数/马力	职工/其中女工（人）	年产量（担）	年产值（万元）
妙成昌	莘村	1888	4	1 台/15 马力	649/620	600	52. 8
细丝纶	莘村	1899	3	1 台/12 马力	414/390	319	29. 29
德昌成	上僚	1904	2. 6	1 台/15 马力	587/560	488	45. 34
德昌纶	碧江	1909	2	1 台/12 马力	319/300	244	23. 89
永昌纶	马村	1890	2. 5	1 台/14 马力	624/600	375	34. 88
裕隆兴	马村	1909	2	1 台/10 马力	341/320	319	29. 31
广纯贞栈	西滘	1907	2	1 台/10 马力	371/350	320	29. 56

注：产量单位，1 担 =50 公斤。

据 1929 年 2 月《农业》月刊《1928 年广东丝业之调查》一文记载：“1928 年广东有丝厂 196 家，顺德占 135 家……其中，在北滘区域的，莘村 4 家，龙涌 1 家，马村 2 家，上僚 3 家……共 9 家。”当时，北滘境内缫丝厂多在乡内设厂，由当地士绅、宗族、商人或华侨兴办，缫丝工人亦以本村或邻村女工为主。诗曰：“红蚕成茧女工忙，相约缫丝过别庄。朝去暮回纷彩伴，沿街风送鬓云香。”

1937 年，北滘境内缫丝厂共 15 家。其中：莘村 7 家，以妙成昌为最大，占地 12 亩，蒸汽缫丝，产品全部销往上海；另曾联缫丝厂，有职工 600 余人。莘村除 7 家缫丝厂外，还有家庭作坊式缫丝手工业者 2000 多人，合计有缫丝工人 6000 多人。上僚乡有穗泰成记丝厂、福生丝厂、德昌成丝厂共 3 家，职工约 2400 人；马村乡有永昌纶丝厂、裕隆兴丝厂 2 家，职工约 1000 人；龙涌乡有伟成丝厂 1 家，职工约 500 人；碧江乡有德昌纶丝厂 1 家，西滘乡有广纯贞栈缫丝厂 1 家。

20 世纪 30 年代后期，日本人造丝涌入世界市场，蚕丝严重受挫。抗战期间，侵华日军通过各种手段垄断蚕丝业（丝厂所产蚕丝只准交售给三菱等两家日本公司，以香港丝价的一半甚至三分之一的价格收购，如运离顺德即加以重罚），北滘缫丝业全面崩溃，一蹶不振。

刺绣业 清末，驰名国内的“广绣”，七成从业人员都是顺德女工。顺德被誉为广绣重镇。而顺德刺绣，又以北滘一带为集中产区；据清咸丰《顺德县志》记载：“顺德北滘林头以出产刺绣而闻名”。

刺绣俗称“绣花”。20 世纪 20—30 年代，是刺绣业鼎盛时期，林头、北滘两地的成年女子，无人不会绣花，北滘在此期间设立刺绣行会。北滘、林头两地的刺绣经纪商（派花铺）约有 40 家，“花”分发到附近各村，甚至派发到番禺的紫坭、沙湾、新造等地的绣花户。林头本地绣花户约 800 户，绣花工 2000 多人。刺绣经纪商从香港、广州商行批量拿取缎料、绣线，派发给绣花户；绣出成品送还商行后再发放工钱。一般绣花工每日工钱约为六七毫（市值10市斤大米）。刺绣业鼎盛时期，林头、北滘两地盛行织制“扒花标”。“扒”，即“扒龙船”，“花标”，即比赛奖品，以刺绣工艺品为主，如罗伞、高标等，由派花铺精工设计制作，捐助用于赛事。每年均吸引众多海外宗亲和境外人士前来观赏。

抗战期间，刺绣业大幅衰落。至新中国成立后才逐渐恢复。1959年，北滘建置后，公社工交办公室组织家庭刺绣女工成立北滘刺绣厂。1964年，出口刺绣19808件，金额72.84万元；出口绣衣7087件，金额34.55万元。1968年，北滘刺绣厂有职工55人，年产值52.87万元。1975年，北滘刺绣厂员工70人，年产值114万元。北滘部分大队办有小型车缝组（车衣组），加工缝制衣服。1975年，北滘社办车衣组有职工17人，林头、高村亦设有车衣组，职工11人。至1980年，北滘、广教大队办有刺绣厂（刺绣组）24个，职工约百人；北滘、龙涌、槎涌大队办有车缝组。

改革开放后，随着“三来一补”、“三资”企业的引入，服装、皮具等相关行业逐步发展起来；刺绣业逐渐式微。至1987年，北滘刺绣厂被撤销，个体刺绣户亦随之消失。

服装业　北滘的服装业在改革开放后，随着“三资”企业的引入而发展。到20世纪90年代，北滘较大规模的服装类企业均是“三资”企业，包括北滘华达西服有限公司、顺德顺达毛纺厂、顺德利苑制衣有限公司、顺德伟联发制衣厂、顺德新荣制衣电脑车花厂有限公司、顺德佛罗伦制衣厂有限公司、佛山市佑威服装有限公司等。2007年，北滘引进威振服装大型外资项目，合同利用外资超1000万美元。

嘉意洋服有限公司　1985年注册成立，是中外合资企业。1992年起，先后创立Kayee（嘉意）休闲服品牌和Jiaweita（嘉纬拓）两大服装品牌。在广州友谊商店等全国各大城市百货公司开设一百多个专柜，产品种类有八大休闲系列，几百个品种。陆续获得“佛山市出口创汇飞鹰奖”“中国消费者信得过产品奖”“广东最具时尚服装品牌”等多个奖项，成为广东纺织服装业百强公司之一。2005年，年销售服装17万件。2012年，该公司集设计、生产、销售为一体，厂房面积超过10000平方米，拥有从日本、美国等国家引进的几百台服装生产设备，年产服装达80万件。2017年年产服装27.25万件，产值3018万元。

佛山市佑威服装有限公司　1992年建成投产，以U－RIGHT为品牌设计及生产款式繁多的时尚休闲服，旗下的产品包括T恤、衬衣、运动服、休闲裤、牛仔裤、外套及针织套衫等服饰。2002年推出纳米环保服装系列，并以每季推出500款设计的速度，引领行业潮流。2005年，累计生产服装543万件。2008年，佑威服装有限公司工业总产值达3.58亿元。

第二节　食品饮料业

北滘的食品饮料行业包括农副食品加工业、食品制造业、饮料制造业。2008年，北滘农副食品加工业企业12家，员工1468人；食品制造业8家，员工821人；饮料制造业7家，员工358人；是年，工业总产值18.67亿元，占全镇总产值的2.41%。

2012年，北滘农副食品加工业企业15家，员工1056人；食品制造业8家，员工805人；饮料制造业4家，员工182人，工业总产值25.13亿元，占比2.48%。至2013年，食品饮料企业共31家，年产值26.1亿元。

制糖业 20世纪30年代，广东农林局推广蔗糖业，顺德引进甘蔗种植技术，在九区甘蔗繁育场试种。1933年，劳村人劳楚翘开始试种甘蔗，1934年在劳村设顺利农场扩种，1937年在马村设300多亩的分场。随后，北滘各村农民纷纷弃桑种蔗，土榨、机榨糖厂顺应而兴。至1948年，北滘境内上规模的糖厂有：北滘乡的成记糖厂、合利糖厂、协成昌糖厂；马村乡的中兴糖厂、太龙糖厂；上水乡（今水口乡）的联丰糖厂；林头乡的益丰糖厂、祥兴糖厂；西城乡（今西海乡）的公益糖厂；另外，碧江乡3家；西滘2家。建厂最早、规模最大、产值最高、设备最先进的是北滘成记糖厂和合利糖厂。成记糖厂由周腾（绰号牛腾）开设。新中国成立后，成记糖厂收归国有，成为县属地方国营企业——北滘粤中糖厂（北滘糖厂前身），其余糖厂或合并撤销，或转营，不再单独经营。

北滘建置后，辖区内只有一家地方国营糖厂——北滘糖厂。据《顺德县工商行政管理志》记载，“解放后，顺德蔗糖业迅速恢复，产量迅速增加，北滘糖厂的赤砂糖和白红糖质量优良，畅销全国各地。”1962年，北滘糖厂引入压榨机组；1966年，北滘糖厂将压榨机改为1组5台式，日榨蔗能力达510吨。1979—1980年，顺德县政府投资148万元，对北滘糖厂的生产设备进行配套更新改造，北滘糖厂的日榨能力提高到700吨，1985年7月，所产的白糖注册商标为“金梭”。1987年，因蔗源不足而停产。1988年，北滘糖厂与香港国际包装公司合作成立顺德北滘中发口香糖有限公司，1990年建成投产。从法国引进泡泡糖生产线、口香糖生产线、胶基生产线各1条，年产口香糖、泡泡糖200吨，胶母80吨。年产值700多万元。随后，以北滘糖厂为基础，成立北滘顺华轻工实业公司，转产抽油烟机。

1947年北滘区域糖厂一览表

表6—4—2

厂名	地址	建厂年份	工人数（人）	主要设备	产品	年产量（万斤）
中兴	马村	1945年	57	10马力内燃机1台	片糖	210
大龙	马村	1945年	82	25马力蒸汽机1台	片糖	30
合利	北滘	1940年	70	木炭机、发电机、榨蔗机各1台，共50马力	红糖	300
诚记	北滘	1940年	70	蒸汽机、发电机各1台，共27马力	片糖	300
协成昌	北滘	1943年	68	13马力木炭机1台	片糖	25
祥兴	林头	1944年	70	蒸汽机1台	红糖	20
益丰	林头	1943年	52	20马力木炭机1台	片糖	200
联丰和	上水	1944年	68	10马力木炭机1台	片糖	220
公益	西城	1945年	105	20马力内燃机1台	片糖	30

饮料业 明代起，碧江人已开凿山脉水井，汲取优质泉水，酿造美酒，其时“远来酒庄”名酿“洞庭春”，便是采用现金楼景区“福井”的井水。民国期间，北滘饮料制造业主要是米酒酿造，以供应邻近乡民饮用为主，部分亦销往广州等地。碧江乡有长盛、裕丰、怡丰盛、诚丰、丰盛、远来、诚昌等7家酒厂，职工70余人，产值约8万银元（当年价）。莘村乡有广发、四合、梁池记、梁佑记等4家酒厂，职工近百人，全部用锡甑蒸米酒；马村也有4家酒厂，但规模较小，每家职工仅几人；三洪奇、龙涌、黄涌各有2家，高村有1家，共有职工约40人。

20世纪50年代中期，国家开始实行粮食统购统销，不分配粮食指标给私营酒厂，北滘私营酒厂逐步停产。及后，省烟酒专卖公司与佛山粤中分公司在顺德筹建桂洲酒类加工厂和北滘酿酒加工厂（北滘糖酒厂），主要生产桔水酒和配制药酒。到1978年改革开放后，北滘酿酒业（包括村办）全部结业。

1989年，北滘成立露星饮料有限公司，从丹麦引进先进设备生产食用蒸馏水。2012年，露星公司发展成为一家专业生产纯净水、矿泉水、蒸馏水、山泉水等4种饮用水的大型企业，在广东省内分设3个饮用水生产厂，拥有5条瓶装水生产线，3条桶装水生产线，日产瓶装水120万瓶、桶装水5万桶；并配套1家注塑厂、2家吹瓶厂；有PET注塑机10台，PET全自动吹瓶机5台，PC五加仑桶注吹机1台；拥有“露星”“碧桂园”“大可以”“绿牡丹”“粤星”5个饮用水品牌。产品获广东省质量评比第一名、广东省食品行业名牌产品称号。

露星公司还开发有健康概念的包装及饮料。至2012年，成功研发“一次性”饮用水塑料桶，获得国际和国家发明专利、实用新型专利和外观专利等一系列多项专利；所开发的“具有多重一次性使用与防盗功能饮用水桶”，亦获得国际和国家专利。镇内较大型的饮料企业有露星饮料有限公司，2005年产值及销售额超1000万元；甘碧饮料有限公司，2005年产值4010万元，销售额3062万元。2008年，北滘饮料制造业企业共有7家，从业人员358人。至2012年，缩减至4家，182人。2013年，缩至3家，从业人员163人。

食品加工及制造业 清末民国初年，碧江长堤两岸，谷埠林立，是顺德除陈村外的米粮集散地。

碧江苏氏是清末民国初年顺德少有的经营多种行业的经济雄厚的大宗族之一，经营范围包括丝业、米业、纸业等等，其中米业是苏氏经营的重点之一。在丝业严重衰退之时，碧江苏氏仍能保有较雄厚的资产，很大程度上，归功于米业、纸业的支持。民国《顺德三都四十堡图甲户口粮米表》所列的赋田单位中，有一千多个赋田单位。其中上一百户的只有三个：大良龙凌汉堂（137户）、冲鹤潘永盛堂（122户）、碧江苏怡谋堂（196户）。碧江大米来源有沙田地区的稻谷，也有大量越南、缅甸等地所产的洋米。苏氏在经营谷埠的基础上，增加了多家以蒸汽机做动力的大型米机（粮食加工厂），并设有运粮工人的工会组织——行有恒堂，清末民国初年会员达2000多人。20世纪30年代初，北滘、西滘两乡也分别开办和丰碾米厂、合群碾米厂。

抗战期间，侵华日军在顺德主要航道禁止运输粮食的船只过往出入，截断了顺德的粮源。北滘境内碾米厂被迫歇业，至抗战胜利后，才逐渐恢复生产。新中国成立后，碾米厂由国家接管，纳入国家统购统销。20 世纪 60 年代初，同顺德县内 9 家碾米厂一样，北滘碾米厂改称粮食加工厂。北滘当时因贯彻“以粮为纲”的生产方针，水稻产量大增，各大队先后办起规模不一的粮食饲料加工厂，加工生产粮食、生油和饲料。1975 年，北滘 20 个大队共办有粮食饲料加工厂 20 家，职工人数达 228 人，合计资金 47.15 万元（当年价）。到 20 世纪 80 年代，工业兴起，农民洗脚上田入厂务工，禾田减少，村办粮食加工厂逐渐歇业。

1988 年，北滘农业发展公司与香港兴伟海产公司合资兴办镇内首家食品企业——北滘兴顺食品发展有限公司，总投资 5000 万元，1990 年 10 月建成投产。拥有从荷兰、美国引进的先进设备，包括每小时屠宰分割活鸡 2000 只的生产线、鱼虾加工生产线、自动控温冷库 8 座（库容共 2.16 万吨）、个别快速冻结机、快冻结冰板机、30 吨透明冰条制冰设备等，年加工生产、速冻、保鲜家禽、水产品能力 1.6 万吨，产品 90% 外销。成为当时省内规模最大的家禽、水产品加工基地。1991 年，该企业建筑面积有 1.63 万平方米；职工 803 人，其中技术人员 70 人；年产值 7000 万元，出口产值 6465 万元，利润 10 万元。1998 年初，兴顺食品发展有限公司因经营管理不善而停业。

20 世纪 90 年代后，北滘陆续开办一批外商独资或合资的大型食品加工企业，包括杨氏水产品有限公司、日清食品有限公司、广怡食品有限公司、新雨润食品厂等；产品有冻烤鳗、冻烤秋刀鱼、冻烤罗非鱼、各种方便面、饼干、糖果、非酒精饮料等。其中北滘镇新雨润食品厂，是广东省规模最大的猪副产品制造加工企业。

佛山市顺德区杨氏水产品有限公司　2001 年 12 月投产，为港商与日商合资的有限责任公司。注册资本 565 万美元，其中香港世幸国际有限公司投资 517.32 万美元，占比 91.56%，日本佳成食品株式会社投资 47.68 万美元，占比 8.44%。

杨氏公司厂房面积 36739 平方米，员工 236 人，拥有各种先进仪器仪表、机械设备及运输设备，进行水产品、海产品的收购及加工，产品包括冻烤鳗、冻烤秋刀鱼、冻烤罗非鱼、冻面包鱼片、裹粉鱿鱼、冷冻鳗肝等，成为佛山市 6 家市级农业龙头企业之一。产品远销日本以及欧美。2006 年 7 月，获得欧盟卫生注册资格，是顺德首家向欧盟出口水产品的生产企业。

2008 年，杨氏水产品有限公司年产值 16989 万元。2012 年，该公司生产各种冷冻产品 730 吨，年产值及销售金额均近 1.6 亿元。2017 年，该公司生产各种冷冻产品 1111 吨，年产值及销售金额均近 1.5 亿元。

广东顺德日清食品有限公司　成立于 1994 年 11 月，投资额 1.3 亿港元，占地 52400 平方米，属外资企业，主要生产方便面。

日清公司有员工约 470 人，引进日本生产技术和质量管理手段，通过 ISO9001、ISO14001、HACCP 等体系认证，生产“出前一丁”“合味道”“UFO”“炒面大王”等品牌的各种方便面，销售网络遍布国内多个省市，还销往到香港、新加坡、澳门等地。2000 年，日清公司年产值 12018 万元，销售额 10415 万元。至 2008 年，年生产总值为 2 亿元。2012 年，年产值提升至约 4.5 亿元，年产方便面约 2 亿份。2017 年，该公司生产方便面 12662 吨，年产值及销售金额均近 3.65 亿元。

第三节　家具及竹木制品业

竹木制品业　清代晚期，碧江一带有些居民以生产软木制品为业，最早的一家软木制品厂开办于光绪二十一年（1895年），从业只有5人。因制作技术差，比不上舶来品——洋瓶塞，销路很窄，发展缓慢。

清代晚期北滘兴起搭棚竹织业，兴盛者首推西滘乡。此后在青沙、上僚、水口、高村等地陆续发展。竹料采购自西江、北江。竹织以织笪、织船篷、农用竹器（箩、篸等）为主；生产的竹篾销往国内外及香港。搭棚工皆为男工，编织多属女工，总数约2000人。搭棚编织的工场及店铺分支到县内外至广州、佛山等地。1880年前后，北滘简岸相当多竹织户前往商业发达的容奇镇从事竹器编织销售，在该处形成一条竹器街，相当兴旺。

1925年前后，西滘乡由搭棚、做木、织船篷三个行业合伙组建“搭棚会馆”，供奉鲁班先师，会员有100多人。每年农历六月十五日“师傅诞”，举办划艇赛、演大戏、烧炮仗等庆祝活动，参与盛会而在河岸停泊的紫洞艇多达数十艘。北滘区域居民出外从事搭棚的男工有三四百人，织船篷的男工有600多人。多数工人每月工资不足10元，最高亦不超过30元。抗战期间，会馆遭当地恶霸拆毁。解放前夕，会馆组织不复存在。搭棚工也分散到外地工作。

1957年，北滘从业50人以上的竹木作坊有碧江第一、第二轻木社。1959年北滘公社供销社拨款800元，召回一批搭棚工人组建北滘棚厂，迅速发展到数十人，先后由刘根、韦述煊任厂长。同期，将竹织个体户组成竹器社，厂址设在北滘简岸，由欧顺芝任社长。随后，适应农业大生产的要求，北滘设有铁器社、木器社，主要制造农业相关的竹木器具和铁锹、锄头等铁器。

1975年，北滘社办棚厂有职工80人、竹器社有职工255人、农具社（厂）有职工118人。各大队亦办有农具维修组、轻木组、竹木组等13个小组，职工353人。1977年，各大队共生产木制农具2.2万件，竹制农具0.6万件。1980年，各大队、生产队办农具维修、轻木、竹木组共36个。1981年，社队企业竹藤棕草葵制品产值12.54万元。1985年，年产值增加至65.76万元。

20世纪80年代起，对竹木农具需求量逐年下降，竹木器社逐步转为生产木制家具，引入外资和通过“三来一补”兴办家具厂、木业制品公司。1980年，建立永华家具厂，成为北滘镇内最早的家具企业。1985年，永华家具厂被列入广东省室内装饰陈设配套工业公司重点厂。1989年，顺德华润金属有限公司与台商合办锡山家具有限公司。1990年，建立华龙家具有限公司；1991年，分设华龙家具厂、永华木业厂和铝制品厂等3家分厂。

华龙家具厂是外向型企业，占地面积6336.5平方米，厂房建筑面积38019平方米，拥有从台湾、德国引进的先进木工机械1套，聚酯喷漆流动线1套，风车锯10台，以及锣木机、发电机等。建厂初期职工712人，其中技术人员36人。早期主产沙发、木家具。1984年，“永华”牌植绒沙发和人造革全包两用沙发获省和农牧渔业部优质产品奖。1991年，产品拓展至木门、聚酯餐椅、沙发、床垫、防火门，年产量30万件，年产值3138万元，出口创汇292万美元。1992年，增产橱柜，文件柜，产品销往各省市及港澳地区。

20世纪90年代早期，北滘家具业发展较快的有：北滘金属家具厂、华润家具有限公司、永华木业制品厂、碧江木器家具厂等，年产值超500万元。到90年代中后期，民营、中外合资家具企业发展壮大，北滘的家具业同家电业、金属制品业，成为三大支柱产业。

2008年，北滘家具行业共有147家（含家具制造、木材加工及木、竹、藤、棕、草制品业），家具产量182万件，工业总产值20.76亿元，在工业行业中占比2.68%。其中，锡山家具有限公司、顺德区经典通达装饰家具有限公司等产值超亿元。

2012年，北滘家具行业共有203家，含家具制造、木材加工及木、竹、藤、棕、草制品业，年产量175万件，工业总产值18.3725亿元，在工业行业中占比2.11%。至2013年，有家具企业212家，年产值16.75亿元。2017年，全镇共有家具企业174家，年产值达15.7亿元。

顺德区锡山家具有限公司 1989年由顺德华润金属家具有限公司与台湾锡山事业股份有限公司合资兴建。至1997年，由香港锡安实业有限公司独资经营，是一家集设计、开发、生产、销售于一体的全面发展型公司，具备多年的专业ODM设计及生产技术，并创立自主品牌——“Agio”。成为全球铝制品流行时尚庭院家具的龙头企业。2007年，该公司在北滘兴建锡山大楼，实行总部经济。2008年，总产值达6.58亿元。2012年，该公司成立品牌销售公司——佛山市顺德区锡山家居科技有限公司，年产值3.87亿元。2017年，公司年产值2.78亿元。

北滘刚艺家具实业有限公司 成立于1983年。1996年，该公司筹建刚艺大楼，成为当时顺德家具行业的地标建筑之一。1998年，实行外向型发展，产品远销欧洲、美国、澳大利亚、东南亚、日本等地。2002年，将营销重心重新转向国内。2004年，开始以海南黄花梨、紫檀木、红酸枝、高档花梨木等原料生产高档红木家具。2011年1月，获“最具创新力中国红木家具”十大品牌之一；同年8月，刚艺公司筹建中国首个文化主题的“刚艺红木体验馆”。2012年，已拥有“刚艺家具”“刚信家具”“刚艺领家”3个品牌，发展成广东红木家具行业最具影响力的企业之一，获“中国优秀绿色环保产品”“中国红木家具创新金牌奖”“2010年最具创新力的中国红木家具十大品牌”等荣誉。

第四节 家用电器业

20世纪70年代，北滘农机厂、机械厂、塑料厂等镇办工业，转向生产轻型家用电器。80年代中后期，大规模引进国外先进技术设备，扩大家用电器的生产规模，家用电器业迅速发展为以风扇、空调器、微波炉等产品为主的支柱产业。

进入21世纪，家用电器业成为北滘的龙头产业，总产值连年占比超过60%。美的集团是北滘乃至顺德最大家用电器工业企业，电器产品涵盖空调、电饭煲、微波炉、电暖器、厨具、微电机、压缩机、饮水机，洗碗机、冰箱、洗衣机等等，拥有中国最大、最完整的空调产业链，成为全国最大的白色家电生产基地和最重要的小家电生产基地。1998 年，美的集团销售额 45.7 亿元，位列顺德第二，风扇销售 1100 万台，占全国市场 30%；空调销售 120 万台，居同行业前两名。

随着美的不断壮大，带动北滘整个家电上下游产业的发展，北滘成功培育“美的”“蚬华”“威灵”“祥立”“顺华”等家电知名品牌；涌现了美的集团、蚬华集团、惠而浦家电、新的集团、盈峰集团等多个著名规模企业。

2005 年，北滘积极推进“广东省家电专业镇技术创新试点”工作，家电产业稳步提升。是年，家电产业产值约 360 亿元，出口创汇 16 亿美元，占顺德家电产业工业总产值的 33%，约占全国家电总产值的 5%。美的集团属地产值 229 亿元，同比增长 42%，出口 15.3 亿元，增长 70%。此外，在美的、惠而浦等龙头家电企业的带动下，其他的家电制造企业发展势头强劲，新的集团产值 6.5 亿元，增长 34%；恒力电器产值 4.5 亿元，增长 115%；祥立电器产值突破 1 亿元。

2008 年，家用电器企业共 130 家，工业总产值 519.80 亿元，占比 67.11%。生产家用吸尘器 269 万台、家用电暖器 564 万台、家用电风扇 434 万台、家用空调 1587 万台、电冷热饮水机 407 万台、抽油烟机 46 万台、电热水器 114 万台、微波炉 1922 万台、电饭锅 1878 万台、电磁炉 1403 万台。拥有美的、惠而浦、蚬华、恒力、奥格威、机灵电器等多家年产值超亿元企业，成为“中国家电制造业重镇”。2010 年，美的集团产销总值首次突破千亿大关，继海尔之后，成为国内第二个销售收入突破千亿大关的家电企业。

2012 年，家用电器企业共 154 家，工业总产值 683.75 万元，占比 66.23%。规模以上工业企业生产家用吸尘器 602 万台、家用电暖器 462 万台、家用电风扇 434 万台、家用空调 2253 万台、电冷热饮水机 425 万台、抽油烟机 70 万台、电热水器 402 万台、微波炉 2565 万台、电饭锅 1915 万台、电磁炉 1417 万台。至 2013 年，家用电器企业共 163 家，年产值 715.36 亿元。

到 2017 年，北滘作为中国家电制造业重镇，拥有家电及配套企业逾 900 家，年产值超千亿元，经过多年的产业积累和沉淀，已经形成了完整的空调、洗衣机、冰箱和微波炉等白色家电产业链，家电产值占全镇总产值的 70% 左右，占全区家电总产值的一半以上。随着广东工业设计城、美的集团创新中心、临港现代都市产业园、慧聪家电城等强势载体的建设，北滘家电全产业链已经全面打通，集研发、设计、制造、展销等各种功能于一身，被称为“南中国的家电总部基地”。

通风电器具制造业 1975 年，北滘电器塑料厂成功试制梅花牌 9 英寸金属台扇，翌年投产。1978 年成立北滘裕华电风扇厂，同年生产第一批“梅花”牌座钟式鸿运扇，年产量 1 万台。

1980 年，南方电器厂由北滘农机二厂改名成立，生产“南方”牌吊扇。1982 年，“南方”牌吊扇取得美国 UL 和加拿大 CSA 及澳大利亚国家标准认证，出口量占 70%。1991 年，该厂 90 厘米吊扇、105 厘米吊扇和 120 厘米吊扇均在全国首次吊扇业评比中获国家优质产品银奖；20 厘米排风扇和 25 厘米排风扇获部优质产品奖。20 世纪 80、90 年代，南方牌电风扇共有五大类 30 多个规格品种，远销欧美、中东、东南亚十多个国家和港澳地区。

1984 年，裕华风扇厂首创国内第一台 DF－250 导风格栅 10 英寸座钟式鸿运扇（塑料风扇），翌年产量上升到 125 万台。随后以"万宝"牌为商标，大规模生产鸿运扇。1985 年，"万宝"牌电风扇获省和农牧渔业部优质产品奖，1990 年再次获省和农业部优质产品奖。同年，KYT－30 转页扇获省优质产品奖。1991 年万宝牌风扇共 18 种款式，远销欧美、澳大利亚、中东、东南亚等十多个国家和地区。

1981 年，美的风扇厂由北滘电器厂改名诞生，生产第一批"明珠"牌台扇；1983 年，以"美的"为品牌，生产台扇、地扇、转页扇、壁扇等。此后，因鸿运扇投放市场后，国内厂家相继效仿，风扇市场竞争日趋激烈。面对市场渐趋饱和，原料价格大幅上涨，产品出口利润低等困境，北滘各风扇生产厂为提高生产效率，降低成本，先后引进国外先进生产线、注塑机和高速冲床等，按照国际标准进行生产，不断把新产品推向国内外市场。1986 年，美的风扇厂率先推出全塑型彩虹系列风扇，成本降低 1/3。1986—1989 年又推出全塑型落地扇、壁扇、如意扇、转页扇等 20 多个品种 100 个规格，颜色有浅红、浅蓝、浅绿、浅棕、紫罗兰和象牙白，在市场疲软情况下，仍保持出口畅销势头。从 1983 年起，"美的"牌 40 厘米金属台扇先后获省、部优质产品奖。40 厘米金属落地扇获省优质产品奖后，再获部优质产品奖；转页扇获省、部优质产品奖；彩虹塑料台扇获省、部优质产品奖。"美的"风扇产品先后取得 UL、CSA、GS、BS 等国外标准认证，外销占 70%，畅销世界五大洲 36 个国家和地区。

1987 年，北滘镇经济发展总公司与香港蚬壳（集团）有限公司兴办亚洲生产规模最大的吊扇厂家——蚬华电风扇厂。蚬华风扇厂建厂初期，厂区占地面积 10 万平方米，建筑面积 8.5 万平方米，拥有设备 1121 台（套），16 条生产线，通用设备 110 台，专用设备 823 台，其中高速冲床 4 台，同时引进香港的技术人才、管理人才和现代化企业管理经验。1989 年、1990 年产值分别为 3.32 亿元和 4.16 亿元，居全国十大乡镇企业榜首。1989 年获全国出口创汇先进企业称号；1990 年获广东省外商投资企业金匙奖；1991 年晋升为国家二级企业，是年产值 4.54 亿元，居全国十大乡镇企业第三位。1990 年，冠球（蚬华）牌工业吊扇、SMC 牌豪华吊扇等四个品种同获经贸部优质产品奖。产品 80% 以上出口欧美及东南亚、非洲、澳大利亚等 80 多个国家和地区，并获美国 UL、加拿大 CSA 和澳大利亚 SAA 等国家认证。

以蚬华风扇厂吊扇出口为契机，带动北滘美的、南方、裕华等风扇厂的风扇出口。1988—1991 年美的风扇厂连续四年成为全国出口全塑料台扇和落地扇最多的厂家，出口创汇 8000 多万美元。蚬华风扇厂连续四年出口吊扇逾千万台，创汇 1.6 亿美元，出口创汇在全国乡镇企业和全国风扇行业中居首位。

1987 年，北滘出口风扇 95.9 万台；1988 年，增至 254.4 万台；1989 年、1990 年，出口风扇均超 380 万台。1990 年，北滘电风扇产量 730 万台，销售 690 万台，成为全国闻名的风扇城。南方牌风扇、万宝牌风扇、美的电风扇、冠球（蚬华）和

SMC 牌吊扇等多个品牌电风扇分别获得省、部优产品，远销国内外。

1996 年，美的集团电风扇四大系列产品生产能力达 1000 万台，当年产量 950 万台。1998 年，美的集团在重庆投资风扇项目。2002 年，美的集团电风扇产量 1402 万台，销售 1390 万台，出口 729 万台。1999 年，“美的”电风扇被评为中国驰名商标；2002 年，“美的”电风扇被评为广东省著名商标，还被评为中国名牌产品。

2008 年，全镇电风扇产量 434 万台，约占顺德全区电风扇全年产量的 30%。至 2013 年，规模以上工业企业电风扇产量 605 万台。

制冷电器具制造业 1985 年，北滘成立美的空调设备厂，“美的”空调面世。是年，引进一条窗式空调器生产线，有冲床 20 台，胀管机 2 台，油压机 2 台，年生产能力 1.5 万台。1989 年，美的空调设备厂与香港兴伟制冷厂、香港西达有限公司合资成立顺德美威空调设备厂，并引进空调机总装配生产线和产品自动检测线，年生产能力提升至 5 万台。1992 年，顺德美威空调设备厂改名为顺德美的冷气机制造有限公司。

1988 年，北滘八达通用电器厂改名威利厨用设备厂，转产冷藏柜，翌年成为佛山市第一家获得全国工业产品生产许可证的冷藏柜专业厂家，年产量 2000 台。

1992 年 8 月，美的集团成立。1994 年，美的空调获“国产十大名牌空调”“全国最畅销国产名牌”称号。1997 年，美的空调事业部成立，自主研发推出全新产品——移动空调。1998 年，美的空调收购芜湖丽光空调，建立美的第一个异地工业园。1999 年，美的商用空调设备有限公司成立，上马商用空调和中央空调。此后，美的集团大力开发空调节能技术和室内空气清新技术，不断推出具有国际先进水平和自主知识产权的空调新产品、新技术。2001 年，美的制冷开始进军冰箱产业。2003 年，进行战略性结构调整，成立制冷事业本部。2004 年，武汉工业园正式投产，与东芝开利合资合作，收购华凌、荣事达，制冷事业版图逐步扩大。2005 年，重庆美的工业园投产，实现海外螺杆机出口零的突破。2006 年，美的集团再次进行战略结构调整，按产品划分事业部。2007 年，越南生产基地建成投产，成为美的空调第一个海外基地；合肥冰箱工业园竣工，制冷销售突破 350 亿元。2008 年，控股小天鹅，搭建了做大做强冰箱、洗衣机产业的新平台；美的集团与开利亚洲合资 2 亿元，兴建家用空调和轻型商务空调项目，该项目是顺德当年投资最大的工业项目之一，项目投产后五年内年销售量达 250 万套。2009 年，成立中国营销总部及国际事业部；同年 10 月，无锡洗衣机工业园正式竣工投产。2010 年 3 月，家用空调河北邯郸生产基地奠基；同年 5 月，家用空调、冰箱生产基地在广州南沙奠基；11 月，中央空调合肥高新区科技园奠基。至此，美的基本完成空调市场区域性产能大幅扩张全国的布局。

除不断进行产业并购和生产基地扩张外，美的集团更注重技术的投资，不断进行新技术新产品的开发。1993 年，按照省政府的相关要求，“广东省空调节能工程技术研究开发中心”在美的空调设备厂挂牌成立；至 2003 年初，累计开发空调新产品 320 项（其中国家级重点新产品 6 项，省级重点新产品 11 项），共开发专利技术 106 项。1999 年，美的集团建立博士后科研工作站，先后与西安交大、华中科技、上海交大、华南理工等国内名牌高校建立合作关系，加大力度进行空调技术创新课题研究。2001 年，“空调风机内流特性研究”和“风冷式换热器强化传热研究”通过广东省科技厅组织的专家会议鉴定，技术水平处于国内领先地位。此外，从 20 世纪 90 年代开始，美的集团积极开展对外技术合作，如与日本东芝进行分体式空调器、MDV 智能变频集中式空调、空调用变频压缩机和新冷媒体压缩机；与日本松下进行变频空调控制项目等的技术合作，使美的集团逐步建成国内最大最完善的空调产业链，并逐步壮大成为国内空调产业的领头羊。

至 2010 年底，美的制冷家电集团共有员工 8.5 万人，下辖美的、小天鹅、荣事达、华凌等多个品牌，拥有中国最大最完整的空调产业链，生产家用空调、商用空调、大型中央空调、冰箱、洗衣机等家电产品以及配套的空调压缩机、冰箱压缩机等家电核心配件，生产基地遍及全国。同年，制冷家电集团整体销售收入突破 487 亿元；家用空调国内销售名列前茅，并连续六年保持了出口第一的良好势头；中央空调销售居国内品牌第一；冰箱、洗衣机亦已进入行业前两位。2007 年，美的空调获得“全国质量奖”，2010 年复评成功。

2008 年，北滘规模以上工业企业生产家用空气调节器 1587 万台；2012 年，产量飙升至 2253 万台；2013 年，产量再提升到 2765 万台。

厨卫电器具制造业 厨卫电器包括抽油烟机、电饭锅、电压力锅、电汤煲、电子瓦罉、电不粘锅、电炒镬、微波炉（光波炉）、电磁炉、多士炉、电饮水机等厨用电器，以及电热淋浴器、石英电暖炉、加湿器、暖风机等卫浴电器。

1987 年，北滘糖厂转产，成立顺华电器厂，成为隶属轻工集团公司的县属地方国营企业，主要生产抽油烟机。产品有单双头普通机、单头强力机、双头自动吸排机、超薄型自动机、超薄型平背自动机、超薄电子轻触开关自动机等品种。顺华电器厂所生产的抽油烟机 1989—1990 年连续两年获得全国质量评比 A 级产品及最受消费者欢迎产品称号，在 1990 年首届抽油烟机全国质量跟踪评议中，获得优胜奖第一名。1991 年 YP5—4SZP 抽油烟机获轻工部优质产品奖，成为国内首批荣获轻工部优质产品奖的抽油烟机。是年，抽油烟机年产量 14.9 万台。

1988 年，北滘兴办裕华实业（香港）有限公司，生产电暖器、卡式炉。同年 8 月，顺德北滘蚬华微波炉制品厂有限公司（后更名为顺德惠而浦蚬华微波炉有限公司，以下简称“惠而浦”）投产，主要生产微波炉、多士炉、暖气炉、暖气机等，是佛山第一家微波炉生产厂家，亦是全国规模最大的微波炉制造企业。1991 年，蚬华微波制品厂年产微波炉 60 万台、多士炉 20 万台、暖风机 15 万台，产品 95% 出口欧美、中东、东南亚 50 多个国家和地区，出口创汇 311 万美元。蚬华 SMC 微波炉 1990 年被评为国家优质产品。

1991 年开始，美的集团公司开始生产暖风机、暖气机、加湿器等小家电。

1996 年，美的集团与日本三洋合作生产电饭锅，年产量 100 万个，是年电饭锅等小家电产销值超过 1 亿元。1999 年，“美的”电饭煲被认定为中国驰名商标。

1998 年，惠而浦公司销售额达 11.27 亿元，惠而浦微波炉全球品牌占有率达 9.6%。

2000 年，美的集团微波炉年生产能力达 150 万台。2001 年，美的微波炉、饮水机、洗碗机、燃气具等生产部门相应投产，同年成立磁控管公司、变压器公司，微波炉产业链初步形成。

2002 年，佛山市规模以上微波炉生产企业 3 家中，北滘占 2 家——美的、惠而浦。美的集团微波炉年生产能力 800 万台，当年产量 220 万台，出口 143 万台；惠而浦公司微波炉年生产能力 200 万台，当年产量 101 万台，出口 98 万台。2002 年北滘微波炉产量 321 万台，比 2000 年增长 1.7 倍。

2008 年，北滘规模以上工业企业生产家用电暖器 564 万台、电冷热饮水机 407 万台、吸排油烟机 46 万台、电热水器 114 万台、微波炉 1922 万台、电饭锅 1878 万个、电磁炉 1403 万个、燃气灶具 117 万台、燃气热水器 34 万台、家用吸尘器 369 万台。2011 年，美的集团在北滘镇马龙村建成全球最大微波炉产业基地——美的微波炉电器工业园，年产值 180 亿元，微波炉年产量 4000 万台。

此后，厨卫产品产量逐年提升。家用电暖气 2012 年产量 462 万台，2013 年提升到 509 万台；电冷热饮水机 2012 年为 425 万台，2013 年增加到 460 万台；抽油烟机 2012 年产量 70 万台，2013 年提升至 124 万台；电热水器 2012 年产量 402 万台，2013 年增加到 502 万台；2013 年微波炉产量 2764 万台，较 2012 年的 2565 万台增加 199 万台；2012 年电饭锅产量 1915 万台，2013 年达 2333 万台；电磁炉 2012 年产量 1417 万台，2013 年达 1707 万台，增加了 270 万台。

美的集团有限公司 美的集团有限公司（以下简称“美的”），是一家以家电制造业为主的大型综合性企业集团，于 1993 年在深交所上市，旗下拥有小天鹅（SZ000418）、威灵控股（HK00382）两家子上市公司。

美的前身是一家生产塑料瓶盖的圩办小厂，由何享健于 1968 年集资 5000 元创建。1980 年，美的转产电风扇，正式进入家电业；1981 年注册“美的”品牌，定名为“美的家用电器公司”。1985 年，美的进军空调业，同年 4 月 8 日，成立“美的空调厂”，开始组装生产窗式空调机。随后，美的提出“不与国内同行争天下，走出国门闯市场”的市场策略，将“转页扇”出口香港，开始海外市场的突破。1989 年 9 月，成立顺德美威空调设备厂，1991 年 12 月更名为“顺德美的冷气机制造有限公司”。

1992 年 3 月，美的转制，成立“广东美的电器企业集团公司”，5 月被广东省政府确定为首批 8 个内部股份制改造企业试点之一，6 月，募股 1.2 亿元，逐步建立起现代企业制度。1993 年 11 月 12 日，美的股票在深圳证券交易所挂牌上市，成为中国乡镇企业中第一家改组上市的股份制公司。1996 年，美的逐步将各产品中心改革为独立经营的利润中心。2000 年开始，美的大力推进国际化进程，在香港设立分公司的基础上，两年内，先后设立美国、欧洲分公司，日本株式会社，以及韩国、加拿大、俄罗斯 3 个办事处。2001 年，美的推行企业经营模式转型，率先在国内企业完成经理层融资收购（MBO），以何享健为首的管理层成为公司第一大股东。从 2002 年起，美的一方面布局国内生产基地，一方面通过并购、受让等方式进行资本扩张。2007 年，北滘美的总部大楼奠基开建，美的拥有生产基地约 100 万平方米，拥有 21 个海外机构。同年，美的在“广东企业 100 强”中排名第三。2008 年，经广东省科技厅、发改委等六单位联合评选，美的为广东省 29 个“创新型企业”之一。2010 年，美的集团成功收购开利埃及子公司 Miraco。2011 年，再斥资 2.233 亿元美元收购开利拉美空调业务公司 51% 权益。

至 2012 年，美的有员工 10.8 万人，旗下拥有美的、小天鹅、威灵、华凌、安得、美芝等十余个品牌。美的在国内建有广东顺德、广州、中山，安徽合肥及芜湖，湖北武汉及荆州，江苏无锡、淮安、苏州及常州，重庆、江西贵溪、河北邯郸等 14 个生产基地，辐射华南、华东、华中、西南、华北五大区域；在越南、白俄罗斯、埃及、巴西、阿根廷、印度等 6 个国家建有生产基地。主要家电产品有家用空调、商用空调、大型中央空调、冰箱、洗衣机、微波炉、风扇、洗碗机、电磁炉、电饭煲、电压力锅、豆浆机、饮水机、热水器、空气能热水机、吸尘器、取暖器、电水壶、烤箱、抽油烟机、净水设备、空气清新机、加湿器、灶具、消毒柜、照明等整件产品和空调压缩机、冰箱压缩机、电机、磁控管、变压器等家电配件产品。现拥有中国最完整的空调产业链、冰箱产业链、洗衣机产业链、微波炉产业链和洗碗机产业链；拥有中国最完整的小家电产品群和厨房家电产品群；在全球设有 60 多个海外分支机构，产品远销 200 多个国家和地区。是年，美的整体收入达 1027 亿元，其中外销销售收入 72 亿美元。

2015 年，美的集团位列福布斯世界 500 强第 436 位，销售额超 1400 亿元，成为国内首家获得国际评级的家电企业。2016 年美的集团收购东芝白电、德国机器人公司库卡、意大利空调企业 Clievt 等，加速推进国际化战略。2017 年公司本地年产值 1792 亿元。

广东蚬华电风扇有限公司 是中外合作的外向型企业，也是国内最大的吊扇生产基地企业之一。1987 年建厂，占地面积约 10 万平方米，投资 8500 万元，员工 1800 多人，初期主要开发和生产工业吊扇、豪华装饰吊扇、强力风扇、强力排气扇等，1995 年向灯饰、电线系列等产品发展，产品 95% 出口，行销世界各地。

2008 年，广东蚬华电风扇有限公司年产值 2.85 亿元；2012 年，年总产值 3.20 亿元，纳税 1300 万元，出口创汇 4500 万美元。2017 年，公司年产值 1.25 亿元。

第五节　机械装备与电子业

造船业 民国期间，北滘有大小不一的造船艇作坊分布于各乡。新中国成立后，造船艇手工作坊逐步走上互助合作道路。北滘建置后，组建车船队、水运站。20 世纪 70 年代初期，北滘水运站开办水泥造船厂。1975 年，北滘船厂有职工 70 人，资金 54651 元；水运站有员工 220 人，资金 32.04 万元。70 年代中期，由于木材供应紧张，木艇生产任务不足，农用小艇供不应求，北滘造船业生产重心转向水泥船，以水泥代替木材造船艇。80 年代以后，由于自行车、摩托车等其他交通工具逐步兴起，且钢筋、水泥的价格不断上升，水泥船产品利润甚微，北滘船厂濒临亏损，随后结业。

机械装备业 北滘建区后，陆续兴办农机厂、农机二厂、二轻农具厂、汽配厂。

1965 年 4 月兴办的北滘农机二厂，生产、维修简单的农业器具，至 1980 年开始生产风扇，后改名南方电器厂。1977 年，除龙涌大队外，各大队均办有农机维修站。

80 年代，北滘兴办北滘江南机器厂、北滘金属加工厂。

90 年代后，配合家电、电子等行业的发展，机械装备和模具生产逐步发展，初步形成产业规模。北滘镇政府着手进行产业调整，将北滘工业园的招商引资重点锁定在家电制造、新型金属、汽车配件、先进机械装备等 4 个行业，集中精力培育和发展传统产业、新兴材料基地、汽车配件和机械装备三大产业区。

2004 年，广东新的科技集团有限公司（以下简称“新的”）购地 200 亩建立生产基地，投资 1.6 亿元，开拓钣金模具项目；香港益达集团投资 2200 万美元，兴办顺德奥本机电有限公司，生产变压器、电机转定子等产品，投产后年产值达 6800 万美元；万联投资 2000 多万元，在北滘工业园二期扩建新厂房，同年 9 月正式投产，产能增加 1 倍多；此外，高航精密机械公司（以下简称“高航”）购地 100 亩，投资约 8000 万元建设大型母机生产基地。2006 年，生产机械装备的冠邦公司销售额 1 亿多元。

2006 年，北滘加大力度整合发展机械模具业，在新规划的工业用地中筹建机械装备及模具制造专业园区。一方面以包装机械业为基础，整合发展相关机械装备制造业；另一方面促进模具业发展，支持企业引进先进技术，加强产业协作，使一批中小型模具企业迅速发展。是年，引入海川智能机器和恒兴微电机两家规模企业，投资额分别为 8000 万元和 5000 万元；组织海德堡机械、科博机械两家公司参加了第二季专业机械展，促进了新兴企业的快速发展。

2008 年，北滘机械装备行业有企业 239 家，涵盖通用设备制造业、专用设备制造业、交通运输设备制造业、电气机械及器材制造业（不包括家用电器制造和非电力家用器具制造），仪器仪表及文化、办公机械制造业企业等，是年工业总产值 43.90 亿元，占比 5.67%，成为北滘第三大支柱产业。其中产值超亿元以上企业有广东银河摩托车集团有限公司，工业总产值 3.24 亿元；佛山市顺德区奥马健身器材制造有限公司，工业总产值 1.61 亿元。此外高航、万联以及专门生产汽车钣金的美达王钢材制品公司等亦是知名的发展型机械装备企业；新的、百年科技等则是镇内知名的模具企业。2010 年，金型重工有限公司投入 3.8 亿元，新建 3.5 万平方米模具制造标准厂房，提升改造节能环保模具钢轧钢生产线，构建国内模具制造上下游一体化规模产业。

2012 年，北滘机械装备行业发展到 327 家，是年工业总产值 58.07 亿元，行业占比 5.58%。此后，北滘围绕“珠江西岸先进装备制造产业带核心区”的战略目标，积极培育以万联包装机械、海川智能机器为代表的先进装备制造业，强化先进装备制造业集群，提升智能制造高度化水平。

广东万联包装机械有限公司　成立于 1997 年，注册资本 6800 万元，是一家集研发、制造、服务于一体，以生产大型、综合成套瓦楞纸板生产线装备为主的专业包装机械制造企业。

万联公司占地面积 35000 平方米，建筑面积 29000 平方米，共有职工 180 人。有科研设施与检测仪器24台，有各类机械设备196台，其中：高端精细数控设备12台。拥有精密数控车床、数控自动磨床、龙门式五面加工中心和日本Mazak卧式镗铣加工中心等先进的大型数控机械装备。

建厂初期，万联公司以生产瓦楞辊为主；发展到2012年，生产28个系列、56个品种、102种规格的各类瓦楞纸板生产线配套的机械设备，具有专利技术支撑的自主知识产权，生产技术处于同行领先水平，品种创新亦居行业之首。2012年万联公司总销售1.3亿元，其中整体瓦楞纸板生产线占比80%、出口销售占比4%，利税总额为2000万元。

万联公司是广东省包装机械设备的龙头企业，国家级高新技术企业，是广东省100家装备制造业重点培育企业，亦是中国成套瓦楞纸板生产线装备制造的10强企业，被中国包装联合会评为纸包装装备制造业的"五星级企业"。该公司的"成套瓦楞纸板生产线装备"被评为"广东省名牌产品"，并荣获"广东省著名商标"称号，其企业技术中心于2010年被评为省级企业技术中心，可开展瓦楞纸包装机械装备的研发，能独立开展大型、专用瓦楞纸包装机械生产线自动控制系统的研发、试验和应用，是行业标准"瓦楞纸板生产线"的修订单位。2017年，公司年产值0.96亿元。

佛山市顺德区恒兴微电机有限公司 与港方合资的企业，成立于1998年8月，由北滘镇恒兴微电机有限公司和香港恒丰企业发展公司共同组建，占地面积16543平方米，建筑面积40000平方米，员工600余人，其中工程技术人员40人。拥有各类生产、检测设备370多台（套），含各类生产线14条，自动化装配生产线4条。主产品从TYJ系列减速式永磁同步电动机派生出不同规格500余种。2012年，投入资金1500万元，开展新型风扇用节能直流电机的技术改造。同年，该公司获国家知识产权局授予18项专利证书，年产电机达6000万台。主要客户包括BSH、Dyson、Panasonics、Whirlpool、Carrier、Lasko、SEB、美的、格力、格兰仕、富士宝、艾美特、汇勋、联创、山湖等国内外知名家电企业。

恒兴公司建厂初期主要生产销售罩极式同步电机以及永磁同步电机，2000年开始介入新产品的研发与销售，产品扩充至电容电机、罩极电机、异步电机等微型电机产品。销售额从建厂之初的350万元逐渐提升至千万元。至2005年，年产值1.42亿元，销售额1.53亿元，出口交货值2257万元。2011年被评为"高新技术企业"，其产品被评为"广东省名牌产品""广东省著名商标"。2012年，被评为顺德"龙腾企业"。2012年，工业总产值达2.30亿元，销售额2.24亿元，出口创汇1902.2万元。至2017年，公司年产值达2.31亿元。

广东银河摩托车集团有限公司 成立于2000年10月，注册资金6770万元，厂房面积6万多平方米，有员工100多人。具备摩托车和摩托车发动机生产资质，生产两轮摩托车、三轮摩托车、摩托车发动机及其配件、散件等产品。有摩托车生产线4条，摩托车检测线2条，发动机生产线2条，发动机检测线1条，拥有价值700多万元的各类研发、检测设备，建厂之初进口"日本崛场"（HORIBA）的工况排放废气分析系统，和"日本明电舍株式会社"的底盘测功机。

银河公司的技术研发中心由几十名各类专业技术人员组成，2012 年，银河公司拥有专利 63 件。自 2006 年以来，银河公司每年投入研发的费用均超过销售收入的 3%。所生产的摩托车、摩托车发动机达到国内领先水平，产品技术符合国家科技部、国家财政部、国家税务总局联合发文的“机动车排放控制技术”，获得了 6 个“广东省高新技术产品证书”。该公司每年高新技术产品收入占当年总收入的 90%。

2005 年，公司年生产总值、销售额超 1.7 亿元，出口交货值达 1.18 亿元；2006 年，销售收入提升至 2.4 亿元；2012 年初，在新疆喀什伽师县注册成立了新疆嘉纳仕摩托车有限公司，奠基建厂。2012 年集团总部产值 6.09 亿元，净利润 750.9 万元，出口创汇 8874 万美元，纳税总额 951 万元。2017 年，公司年产值 6.32 亿元。

电子工业 1984 年，北滘兴办华达电器厂，占地面积 18000 平方米，厂房建筑面积 7200 平方米。主要生产华达牌金属化聚酯丙烯电容器。早期设电容器生产线一条，1988 年引进全自动卷线机 8 台。1991 年，电容器生产线拓展至两条，电容器年产量 1433.03 万只，产品行销全国各地及东南亚地区。同年获广东省质量管理奖。BB60 型及 BB61 型电容器获部优、省优称号。1993 年，华达电器厂上马“大哥大”项目，生产蜂窝式模拟手提电话及数字移动电话。

1987 年，北滘成立华润唱机厂，引进国外先进的检测仪器 20 套，主要生产动磁式唱片，年生产能力达 20 万片。所生产威龙牌高级动磁式唱盘，获省行业质量评比第一名。

此后，北滘组建乐仕电子实业公司集团，属下包括乐仕达音响厂、电唱机厂和嘉宏电子公司。1993 年，乐仕达音响厂先后推出 5 种系列激光音响，是年订货会订单从 4000 万元提升至 1.45 亿元，使北滘电子工业比重进一步提升。

2003 年，美的企业集团属下威特真空电子有限公司建成投产，占地 44 亩，总投资 1.8 亿元，主要产品为微波炉磁控管，年产值约 2.7 亿元。2005 年，威特真空电子有限公司再增资 220 万美元，扩建生产车间，扩大生产规模。

2004 年，北滘一方面大力支持传统家电产业的发展，一方面加强培育金属材料、机械装备及电子信息等新兴行业的发展。2005 年，新的集团对重庆旭光股份有限公司收购和控股，切入输电真空开关和广播发射管领域。2008 年，北滘确立“以西区工业园为载体，大力发展光电产业”的战略定位，从海外著名光电生产企业引入光电核心项目，带动发展光显示、光照明、光能源产业集群。是年，北滘电子信息行业有 55 家，总产值 16.69 亿元，行业占比 2.16%。其中年产值超亿元的企业有北滘盈科电子有限公司、迪皮茜电子有限公司、顺德丰明电子科技有限公司等。

2010 年，北滘盈科电子有限公司引入“LED 驱动电源关键技术”，纳入广东省重大科技立项专项，年销售收入增 5000 多万元。同年，北滘镇政府力促太阳能光复产业园的成型，强化新能源、新光源核心部件制造企业的招商，加快与伟景萨帕光伏建筑一体化产业基地的对接和落实，推动新能源和节能环保技术产业的发展。

2012 年，北滘电子信息行业企业共有 46 家，工业总产值 16.33 亿元，行业占比 1.61%。至 2013 年，电子信息企业保持 46 家，年产值 16.96 亿元。连续两年产值超亿元企业有佛山市顺德区蚬华多媒体制品有限公司、广东昇辉电子控股有限公司、佛山市顺德区丰明电子科技有限公司、广东盈科电子有限公司等。

佛山市顺德区蚬华多媒体制品有限公司 成立于1995年，集多媒体制品的设计、开发、采购、生产和销售为一体。设厂初期，主要设计、生产VCD、DVD影碟机等多媒体产品，是全国第一个开发、生产DVD的企业。1996年，该公司年产值2300万元，销售额2500万元。

2000年开始与美国500强企业合作生产激光打印机打印头、定影器和送纸器等激光打印机主要部件；同期又与美国另一家500强企业合作生产吸尘机、LED照明灯等工业用品。2009年介入LED封装、TO封装等半导体产品，并生产LED灯具，产品畅销海内外。2012年，厂房占地46000平方米，职工约1000人，专业技术人员156人，拥有十多条生产线，以及严格的管控测试流程。年产值达5.65亿元，销售额6.11亿元，创汇3.50亿元。2017年，公司年产值6.22亿元。

第六节 造纸、印刷、医药、化工、塑料、皮革、制鞋业

造纸、纸制品及印刷业 北滘土制造纸业、纸类加工业，源于清代，以碧江最为出名，兴盛于20世纪20—30年代，主要包括手工土制纸、加工制造迷信纸（如元宝扑、金银㡀等）。其时，碧江一带锡纸加工业有80多家，有男女工500多人，另家庭式生产的女工千余人。主要名铺有盛记栈、嘉大和、思日堂、方成记、协和、显合、泽记、两益记、均昌等，营业总额430多万银元，产品远销东南亚。

碧江出产的草纸，是制作祭祀品的材料，远销广西、贵州一带，并出口国外。抗日战争前，碧江从事造纸业有240多人，加工纸扑335人，加工迷信纸品130人，合计700多人。造纸业集中在上下村、上下涌、壮甲一带；坤洲也有抄纸作坊3家，职工百余人，年产值白银一万两；纸类加工主要在鳌头大笪地，遍布整个碧江乡。造纸和纸类加工是碧江的主要产业。碧江曾建有一间蔡伦庙，供奉造纸的始祖。至1936年，因为白银收归国有，更兼通货膨胀，加上税捐过重，碧江土制造纸业衰落。抗战时期，碧江沦陷，造纸业和纸类加工业全部倒闭。据当时报纸报道："今年工商业不景，各行业倒闭不少。碧江元宝、纸扑业，不久前尚有80余家，男女工百余人，住家女工千人，因神权衰落，生意难做，陆续倒闭，至8月只存十余家。"抗战结束后，碧江土制造纸业、纸类加工业逐渐恢复，但大多是家庭式经营。这种小手工业一般分成三个行业经营：一是打锡箔，由男工把锡锭打至薄片发售；二是煮制花黄色水售卖；三是把纸和锡箔切开，由女工将锡箔糊在土纸上，再涂上花黄色水，包装出售。

20世纪60年代，北滘兴办印刷厂，但设备简陋，仅有职工约200人，年产值3万元。1974年8月，北滘彩色印刷厂建成，生产各种铝印杂件、纸类印刷品，年产值约4.4万元。1981年，碧江复办纸类化工厂投产，年产锡纸8.5万条。同年，碧江街区开办纸箱厂（即协和包装材料厂）。

1982年，北滘油毛毡厂（前身北滘沥青厂）转产纸箱，改为包装厂。随后，成立珠江包装公司，属下包括纸箱厂、造纸厂等，1989年增设彩印厂。自1986年

起，珠江包装公司从国外引进先进的纸箱、纸板生产线设备和胶印、自动粘面、粘盒、自动成型机等设备，实现纸板、纸箱、彩色印刷生产流程化，珠江包装公司亦成为顺德集纸箱、造纸、彩印于一体的大型企业，生产瓦楞纸、牛皮卡纸、油毡原纸等产品。1990 年，珠江牌施乐华冰箱（163 升）的包装纸箱获部优质产品奖。至 1991 年，珠江包装公司已具备年产瓦楞纸、牛皮卡纸、油毡厚纸 1.8 万吨，彩印 8000 万印次，纸箱 4000 万平方米的生产能力；有职工 750 人，其中技术人员 73 人；厂区占地面积 24 万平方米，建筑面积 9.7 万平方米；产值 6623 万元，出口产值 300 万美元。

1986 年，开办美安达彩印包装有限公司，属国家、集体、私人三位一体股份合作企业，是顺德当时颇具规模的乡级企业，主要为大型企业提供印刷包装制品服务。美安达彩印包装有限公司位于北滘工业园，是北滘工业园开办的第一家企业，占地面积 60 亩，建筑面积 3.9 万平方米，有员工约 300 人，年产值约 1 亿元，曾获“广东省级先进企业”“顺德印刷包装十佳企业”“顺德十大纳税企业”等称号，亦是广东省出口包装生产基地。长期客户包括美的电器、青岛啤酒、珠江啤酒等大型企业。

1989 年，北滘镇办企业共生产纸箱 728.08 万平方米，原纸 4923.97 吨，纸类制品 12102 条。

20 世纪 90 年代，北滘的大型包装厂陆续引进国外先进设备，生产彩色纸箱、纸盒等产品。1991 年，美安达公司从德国引进双色胶印机，从丹麦引进全自动电脑切纸机，从美国引进电脑拷贝机等设备；珠江包装公司引进了具有世界先进水平的“海德堡”四色、双色印刷机及台湾产的水墨印刷机等。1990 年，珠江包装公司获“中国包装十年成果展览会”金奖；美安达彩印包装有限公司所生产的珠江瓦楞纸箱、啤酒纸箱、彩色瓦楞纸箱获省优产品称号，同年美安达公司获省印刷行业评比优秀奖、全国轻工包装装潢印刷优秀产品奖。

1991 年，北滘大型纸制品业及印刷业企业的总产值为：北滘彩印厂（主营招纸装潢彩印）516.15 万元、裕丰塑胶厂（主营印刷复合包装袋）780 万元、美安达纸箱厂（产销纸箱、彩盒）1606 万元、协和包装材料厂（生产纸板 13 万平方米）1884 万元。

1992 年，北滘高村兴办顺德美威包装品有限公司，占地面积近 4 万平方米，分设啡箱厂、纸板厂，产品广泛应用于各类小家电及小制品。2008 年，该公司发展成年产值 1.6 亿元的中型企业，是顺德印刷包装行业协会理事单位之一，客户包括美的环境电器、美的电饭煲、美的暖通、华凌空调、威灵电机、美的饮水机、美的微波炉等知名企业。

2005 年，美安达公司累计生产纸制品及瓦楞纸箱 21109 吨，年产值 8978.9 万元，销售额 9115.8 万元。2008 年，北滘造纸及纸制品业共有法人企业 97 家，从业人员 5799 人；印刷业及记录媒介的复制业共 50 家，从业人员 1872 人，年产值超亿元造纸及纸制品业企业有 2 家：佛山市顺德区北滘镇美威包装品有限公司（年产值 1.55 亿元）和佛山市顺德区美安达彩印包装有限公司（年产值 1.40 亿元）。

2012 年，北滘造纸及纸制品业企业有 45 家，从业人员 2516 人；印刷业及记录媒介复制业企业 142 家，从业人员 2462 人。至 2013 年，造纸及纸制品业企业有 42 家，印刷业及记录媒介复制业企业 146 家。

塑料制品业 20 世纪 60 年代末，北滘塑料制品业兴起，逐步办有北滘综合厂（后改名北滘电器塑料厂，即裕华风扇厂前身）、北滘金属塑料厂、北滘圩塑料厂、碧江圩综合厂等社办和队办企业，生产农用薄膜、软管、瓶盖、牙膏盖等。值得一提的是，1968 年，由当时的街道干部何享健牵头，组织 23 位居民，办起以生产塑料瓶盖为主的"北滘街办塑料生产组"，这就是日后闻名全国的美的集团的前身。

1983 年，以"三来一补"形式兴办的永强雨衣厂建成投产。1985 年，美的风扇厂内开设注塑车间。1988 年，兴办裕丰塑胶厂；同年，原来的北滘综合厂改建成裕华塑料厂。同期，组建企业集团裕丰塑胶实业公司（属下有裕丰塑料厂、塑料制袋厂、五丰塑料制品厂、五金喷漆厂、裕丰印刷溶剂厂、玮丰塑瓶公司等）。乡、村兴办的塑料厂，规模较大的有 1984 年开办的北滘华丰泡沫厂。1989 年，北滘生产塑料 2351.73 吨，塑料雨衣 92.16 万件。

20 世纪 60 年代，北滘塑料业产品多为各类瓶盖、牙膏盖、墨盒等日用小型塑料产品。80 年代起，随着电风扇行业的兴起，多个塑料厂及注塑车间专门生产为电风扇、空调机配套用的塑料外壳及塑料配件，以及生产电动搅拌器、雨衣、各类日用塑料制品、塑料包装袋和注塑包装等产品，塑料产品除满足镇内家电企业外，还销往省内各地。这段期间，北滘塑料制品行业相对规模较小，设备简单，仅有手啤机约 20 台，年生产能力仅 2000 吨。

80 年代末起，北滘塑料业各厂纷纷引进先进设备。1991 年裕华塑料厂引进电动搅拌器生产线一条，年产塑料制品 2000 吨，电动搅拌器 18075 台；1987 年美的风扇厂从日本、香港、台湾引进中型注塑机 10 台，1991 年再引进注塑机 10 台。

2008 年，北滘塑料制品业独立法人企业 177 家，从业人员 7960 人。

2012 年，北滘塑料制品业企业共 216 家，从业人员 5637 人，工业总产值 25.1736 亿元，行业占比 2.51%。2013 年，塑料制品企业发展到 225 家，年生产总值 25.85 亿元。

化工与医药业 北滘的医药与化工业相对起步较晚，规模也较小。1965 年，北滘碧江办起中药加工厂。20 世纪 80 年代末，逐步办起的化工企业有以生产热固性粉末涂料为主的华发粉末涂料厂，裕丰印刷溶剂厂以及一些规模较小的玻璃制品厂。

1986 年，北滘三洪奇友谊橡胶厂建成投产，投资 250 万元，是当时顺德最大的村办橡胶制品厂，生产橡胶雨鞋、雪靴，年产 40 万双，产品销往国内各省市及美国、加拿大等地。1991 年，职工有 305 人，年产量 80 万对，年产值 1167 万元。

1996 年，顺德先达合成树脂有限公司建成投产，生产"信德"牌各类树脂，包括酸树脂、饱和聚酯树脂、丙烯酸树脂、不饱和聚酯树脂、固化剂、氨基树脂和其它树脂等几大类，数百个品种。应用于木器、金属和汽车涂料。2005 年 10 月，顺德先达合成树脂有限公司正式由荷兰帝斯曼集团收购，更名为"帝斯曼先达合成树脂（佛山）有限公司"。是年，镇内大型化工企业还有金冠涂料有限公司，年生产及销售总额均超3亿元；伟利高涂料有限公司，年生产及销售总额均超6000万元；大东树脂有限公司，年生产及销售总额亦超6000万元。2008年，帝斯曼先达公司投资2000万美元增建亲水性乳液丙烯酸树脂生产线，年产量达20000吨，产值达2.66亿元。

2008年，北滘共有橡胶制品业独立法人企业15家，从业人员398人；化学原料及化学制品制造业29家，从业人员1238人；石油加工、炼焦及核燃料加工企业1家，员工6人；化学纤维制造业企业1家，员工45人；化工业工业生产总值5.21万元，占比0.67%。

2012年，化学原料及化学制品制造业企业共36家，从业人员1098人；橡胶制品业企业27家，从业人员431人；医药制造业企业1家，员工18人。是年化工与医药行业工业总产值12.1536亿元，行业占比1.13%。2013年，化学原料及化学制品制造业企业、橡胶制品业、医药制造业企业分别有37家、27家和1家，是年化工与医药行业企业年产值12亿元。

皮革、制鞋业 1983年3月，北滘兴办首家外商企业——美林皮革制品厂，主要生产钱包，是年职工有100人，年产值80万元。

1983年8月，南海手袋厂建成，由港商以来料加工形式合作兴办，并引进日本电动缝纫机和德国的铲皮机、油压机、压花机、开料机等一系列先进设备。1986年明确为中外合作企业，被列为广东省出口型企业。1990年出口创汇365万美元，被评为全国出口创汇大户、省级先进企业。1991年，厂区占地面积4100平方米；有职工470人，其中技术人员12人；产值2765万元，创汇320万美元，年产手袋120万只。产品远销欧美、澳大利亚等地。

1984年起，兴办佳而美袋类制品厂及永高皮革制品厂。随后，陆续兴办起多家皮革、制鞋企业。

佛山市顺德区盈毅鞋业有限公司、佛山市顺德区盈达鞋业有限公司 两者前身是顺德艺恒信制鞋厂有限公司，成立于1990年。公司注册资本为150万美元，有员工1700余人。早期仅代做鞋面加工，经过二十多年的发展，至2012年，成为规模较大的外商独资企业，专门生产莱尔斯丹品牌高档时款男、女装皮鞋及手袋，行销全国及世界各地。2008年，盈毅、盈达两公司工业总产值分别为1.68亿元、1.62亿元，成为北滘超亿元产值的制鞋企业。盈毅公司连续十年缴税超千万，2010年成为顺德区首批“龙腾企业”之一，2010—2014年以纳税超3000万元成为顺德区纳税百强企业。

2012年，盈毅公司资产总值超亿元，年销售额3.65亿元；盈达公司年销售额597.3万元。是年，两公司合计销售男鞋9065双，女鞋161万双，手袋10.38万个，钱包33165个。2017年产皮鞋95.8万双，手袋7.5万个，钱包0.98万个，产值22816万元。

兴顺鞋业皮具制品厂有限公司 始建于1993年，总投资100万美元，占地面积11000平方米，1994年投产，拥有意大利、德国、日本、台湾等先进设备和生产流水线3条，具备高档次、高品质皮鞋生产能力，拥有“金巴利”牌商标，以生产油皮、牛皮鞋为主，各种皮具为辅。曾获5项国家专利；获得国家级新产品、广东省新产品、广东省优秀新产品称号；获得佛山市、顺德市科技进步一等奖；1995年被评为中国乡镇企业名牌产品；是广东省首家获得1996年中国鞋业博览会设计“金奖”的制鞋企业。

第七节　饲料、制茶业

饲料业　北滘的饲料业起源于20世纪70年代后期，因当时禽畜饲养业、水产养殖业开始企业化生产为适应规模化生产的需求，各村均办小型的粮食饲料加工厂，每间厂职工4—6人，属机械化程度很低的小规模生产，年产总量约五六百吨。

1983年，北滘颗粒饲料厂建成投产，生产畜禽饲料，年产量2000吨。

1985年，镇办华星饲料厂，投资6400万元，厂房占地面积4325平方米，建筑面积13325平方米，从荷兰引进一条时产10吨的饲料生产线，成为当时全国最大的禽畜水产饲料基地。1988年，从加拿大引进整套技术，年产饲料添加剂7000吨，成为国内最大的饲料添加剂生产厂。1991年，该厂投资500万美元，从澳大利亚引进全套具有80年代末国际先进水平的时产60吨自动化饲料生产线，年产量达12万吨，单班生产能力居全国乡镇企业之首，成为国内规模较大的饲料生产厂家之一，是年，华星饲料厂有职工175人，年产值7307万元。

华星饲料厂建厂不久就克服产品单一的缺陷，以“华星”商标生产禽畜、水产两大类粒状、粉状全价配合饲料，浓缩精料和饲料预混添加剂等，共11大系列，45个品种。其中1987年开始生产的“302”小猪料，1991年获部优称号，达“国标”等级，年产量1184吨；1985年开始生产的“604”草鱼料在1991年获省优称号，达“企标”等级，年产量为718吨；1985年开始生产的“112”中鸡饲料和“113”大鸡饲料，在1990年同获省优称号，同达“国标”等级，年产量分别为1327吨、9738吨。

20世纪90年代后，随着北滘畜禽及水产养殖业的规模发展，饲料业随之快速发展，出现锦峰饲料有限公司、利宝饲料有限公司、泰峰膨化饲料有限公司、丰华饲料实业有限公司等一批规模饲料企业，饲料业也成为北滘的支柱工业。2002年，饲料加工业的工业总产值占比为2.6%。

2008年，北滘规模以上饲料企业共生产配（混）合饲料58万吨；2012年，年产量为48万吨；2013年是47万吨。2017年，全镇规模以上工业企业配（混）合饲料产量148399万吨，企业数6家。

佛山市顺德区丰华饲料实业有限公司　1999年3月建厂。分两期投资3660万元，厂区14700平方米，建筑面积2万多平方米，厂内有码头，是集畜禽、水产动物营养研究及开发、病害防治、饲料加工、生产和销售为一体的中型现代化饲料企业。生产“丰华”牌鸡饲料，颗粒鱼饲料，鸭饲料及猪饲料。2005年生产总值1.3亿元，累计销售配合饲料72043吨，销售额达1.3亿元；2006年，扩建膨化饲料生产线，开始生产“丰华”牌膨化鱼饲料。丰华公司拥有先进的生产设备，化验室配置FOSS多功能近红外分析仪，具有年产 12 万吨畜产饲料生产线和年产 6 万吨水产膨化饲料生产线，珠海罗非鱼养殖出口基地以及广西铁山港金鲳海水鱼养殖出口区的饲料均由丰华公司提供。

2008 年，丰华饲料实业有限公司年产值 1.61 亿元。2012 年，饲料销量 7 万多吨，年产值 2.5 亿元。2013 年，年产总值 2.23 亿元。2017 年，年产值 1.9 亿元。

佛山市顺德区锦峰饲料有限公司 以“金凤”为品牌，生产系列饲料，有猪配合饲料、鸡配合饲料、鹅配合饲料、鸭配合饲料、草鱼配合饲料、罗非鱼配合饲料、杂食性鱼配合饲料和猪浓缩饲料。2005 年总产值 1.3 亿元，累计销售配混合饲料 67563 吨，销售额达 1.31 亿元。2008 年总产值 1.95 亿元，2012 年总产值 1.87 亿元，2013 年总产值 1.6347 亿元。

佛山市顺德区利宝饲料有限公司 总投资 4000 万元，拥有 8 条专用生产线，各自独立生产猪、鸡、鸭、鹅、水产鱼饲料等系列产品，年产饲料能力 50 万吨，产销量多年荣居广东省前三甲。有水产鱼料（沉料、浮料）专用生产线 4 条，配备二次粉碎（其中第二次为超微粉碎）、双重熟化等先进工艺设备。2005 年总产值 4 亿元，累计销售配混合饲料 244104 吨，销售额超 4 亿元。2008 年总产值达 9.38 亿元。所生产的“青云牌”615 草鱼配合饲料、“利宝牌”肉鸭饲料、“利宝牌”236 红心蛋鸭配合饲料获广东省名牌产品称号。2012 年总产值超十亿，达 11.38 亿元。2013 年，总产值继续提升，达 12.5669 亿元。2017 年，公司总产值 12.51 亿元。

佛山市顺德区泰峰膨化饲料有限公司 是膨化水产饲料专业生产企业。引进台湾、美国的生产设备，配备完善的生产流程，有 3 条膨化饲料生产线。以“锦峰”为品牌，生产多个饲料系列，适合幼、中、大鱼各生长阶段的不同需要，适应草鱼、罗非鱼、塘鲺鱼、斑点叉尾鮰、鲶鱼、鲈鱼、鳝鱼、太阳鱼、鳗鱼、甲鱼、美国青蛙、泰国虎纹蛙等多种水产品需用的饲料，销售至国内各地，并远销至非洲和东南亚。2008 年总产值 2.77 亿元，2012 年 2.39 亿元，2013 年 2.1349 亿元，2017 年 0.44 亿元。

制茶业 北滘的制茶业起源于 20 世纪 70 年代末期。1979 年，北滘供销社兴办了顺德县最早一间茉莉花茶加工厂，到 1987 年停产，共收购茉莉花 952 吨，加工花茶 1120 吨。1980 年，莘村、西海筹建花茶厂。至 1991 年，莘村花茶厂职工 38 人，年产总值 1050 万元。随后，该厂由村集体办转为私营，于 1996 年改组为云峰土产茶叶有限公司，成为集茶叶加工、贸易、仓储和茶文化服务为一体的现代化茶叶企业，所经营的茶类有云南普洱茶、福建乌龙茶、绿茶、红茶、花茶等，所产“云枫”牌普洱茶曾在各类茶评比中获得多个奖项。

1999 年 9 月，碧丽源茶业有限公司于碧江工业区兴建，占地 14000 多平方米，有 4000 多平方米现代化厂房、仓库，以及安全、卫生、环保的加工设备，年加工能力达 5000—6000 吨。“碧丽源茶”100% 销往欧洲和美国，2005 年以后，开始在国内也有销售，是年销售额达 3289.7 万元，其中出口交货值 1945.7 万元。

第八节 建筑材料业

民国期间，北滘境内已有陶瓷业。据 1934 年《越华报》记载：“珠江三角洲陶瓷业，除石湾外，陈村亦颇发达，其产品不亚于石湾诸窑。陈村有陶窑三所，位于对海碧江乡，名秦山、惠安、新昌，规模颇大，年产甚丰，每窑有男女工百余名。年来石湾陶业稍形衰落，工人多迁于此（碧江）做工，其产品有饭甑、茶煲、盆、砵、塔和儿童玩具。”

20 世纪 40 年代后，碧江办有烧制蚬灰、蚝灰、阶砖、瓦筒、瓦片的作坊。

新中国成立后“大跃进”时期（1958—1960 年），北滘各乡、生产队纷纷兴办红砖厂、瓦厂。1958 年，北滘陶瓷厂设在碧江，有员工 85 人，设龙窑 1 条，辘轳机 6 台，链轮机 1 台，年产陶器 17 万只，瓷器 200 吨。1963 年开始，因原材料供应不足，产品滞销，转产沥青纸，改称油毛毡厂；1982 年转产包装材料，改称珠江包装公司。

20 世纪 60 年代，北滘公社和部分大队、生产队兴办红砖厂，多是小规模的土窑，除聘请一两个师傅外，其余由生产队派工，记工分。所产红砖除集体用外，其余以每万块 200—280 元低价卖给社员建房。70 年代起，民房改造告一段落，小土窑逐渐减少，机制砖窑逐步增多，红砖成为商品，进入市场。机制砖窑厂配备制砖机、搅拌机、鼓风机、柴油机等设备。其间，除社办砖厂之外，林头、西滘、上僚、高村等大队，亦办有较大的砖厂。

1975 年，北滘办有社办建材厂 1 家，职工 115 人；石灰厂 1 家，职工 25 人；队（圩）办砖厂 16 家，职工 1055 人；瓦厂 3 家，职工 179 人。是年 4—6 月，北滘、林头、西海、西滘等大队先后把土制方窑改为机制方窑；7—9 月，高村、上僚、都宁、三桂、黄涌等大队开办机制砖厂。

20 世纪 70 年代后期，兴办北滘水泥构件厂和三桂水利会采石场，各队办红砖厂亦越来越多。1979 年，北滘队办砖厂有 33 家。1980 年队办砖厂生产红砖 7390 万块；1981 年产量增至 8191 万块。至 1985 年，年产红砖产量 1.16 亿块；瓦 115.8 万块，阶砖 31.5 万块，采石 5920 立方米。

80 年代，机制砖窑厂发展较快，北滘、林头、莘村、黄涌、三洪奇、高村、西滘、三桂等地，都兴办较大型的机制砖厂，使用大型制砖机成套设备及碎煤机、推土机、挖泥机等操作。同期，桃村、槎涌、西海等地办起水泥构件厂。

90 年代中后期，红砖生产逐步被灰砂砖、轻质砖所取代。由于土地逐步转为商用，制砖企业利润微少且不利于环保，北滘制砖厂、采石场、水泥构件厂逐步转营或关闭，仅余极少数私营个体办的小作坊。

1994 年 6 月，佛山市顺德区鸿业水泥制品有限公司建成投产，生产销售预应力高强混凝土管桩（PHC 管桩）、水泥彩瓦、水泥彩砖、沙井盖等水泥制品。预应力砼管桩产品产量在广东省乃至全国位列前三甲，是水泥制品行业的规模企业。

北滘的玻璃制品业，起步较晚、规模较小。1991 年，桃村兴建光之缘玻璃工艺厂，职工 280 人，年产玻璃 5 万平方米，年产值 100 万元。至 2012 年，北滘并无大型的玻璃制品企业，只有为数不多的私营小厂和作坊生产玻璃制品。

2008 年，北滘陶瓷等建材行业有法人单位 42 个，从业人员 2988 人，年总产值 17.24 亿元。2012 年，陶瓷及其他建材行业企业共 46 家，是年工业总产值 5.6715 亿元，占比 0.53%。2013 年，共有陶瓷及其他建材行业企业 47 家，年产总值 5.81 亿元。

广东鸿业管桩有限公司 1993 年投资 196.73 万美元兴建，为中外合资企业。占地面积 20 万平方米，建筑面积 3 万多平方米，职工 630 人，拥有先进的生产设备及工艺流程，年产管桩 65 万米、水泥彩瓦 1000 万片、水泥彩砖 1000 万块。2008 年该公司将生产基地外延，在安徽巢湖设立分公司。分公司占地面积 7 万多平方米，引进日本和意大利全自动水泥彩瓦生产设备，年产各种规格彩瓦 900 万片。1996 年，该公司研制开发磨细砂工艺掺入混凝土中生产 PHC 管桩。1997—1998 年，对两条生产线砼搅拌系统进行工艺技术改造，采用电脑控制系统，自动化操作。1999 年起，先后参与多种预应力高强混凝土管桩的国家标准编制与修订工作，成为国家标准参编企业之一。2000 年上半年建成第三条生产线，年产量达 176 万米。2001 年上半年建成第四条生产线，年产量 239 万米。2002 年，磨细砂成为国家级星火计划项目，鸿业管桩公司是该项目的承担单位。2003 年第五条生产线建成，年生产量达 380 万米。2005 年，生产总量达 484 万米；同年 10 月，引进日式、西班牙模辊压彩瓦生产线，设计月生产能力达 30 万片。2006 年，对彩砖生产线改造、设计月生产能力 30 万块。2010 年 6 月，入选顺德龙腾企业 300 强。2012 年，该公司管桩产值 2.57 亿元，上缴税费 1290 万元，销售量 346 万米。2013 年，公司年产总值达 2.768 亿元。2017 年，公司年产总值 4.25 亿元。

第九节 金属材料加工与制品业

北滘金属材料加工与制品业从 20 世纪 80 年代开始发展。

1985 年，裕华钢瓶厂建厂，占地面积 2.25 万平方米，建筑面积 2.14 万平方米。生产换热器、高效换热器，年生产能力 150 吨。1985 年底，批量生产填补国内空白的保险式定时自动熄火石油气炉。1986 年，引进先进设备，生产钢瓶、石油气炉。1989 年，产品获省优和部优产品奖、省技术开发成果三等奖及省专利优秀项目奖。1991 年，获国家颁发的制造许可证，成为国内乡镇企业唯一获钢瓶制造许可证的企业；年生产能力：钢瓶 12 万只、乙炔瓶 2.5 万只、石油气炉 5 万台；年产值 2045 万元。

1986 年，北滘富华漆包线厂建厂，占地 2 万平方米，厂房面积 15000 平方米，具备先进的漆包线机 8 台，主要生产“乐华”牌聚酯漆包圆铜线、聚氨酯漆包圆铜线。1990 年被评为部级先进企业。1991 年，所生产的乐华牌 0.10—0.50 毫米聚酯漆包圆铜线、0.05—0.50 毫米聚氨酯漆包圆铜线获省优产品称号，年产量分别为 1000 吨和 500 吨。工业总产值 3800 万元，产品远销东南亚，是年创汇 180 万美元。

90 年代中后期诞生的广东精艺金属股份有限公司，是随着北滘家电产业的规模扩张，作为配套的金属材料产业而快速发展，成为广东省百强民营企业之一。该公司集“铜加工设备—精密铜管—铜管深加工产品”专业产业链为一体，拥有强大的金属管、棒、带、型材生产技术及设备的研究开发能力，技术水平处于国内领先地位。2005 年起，在国内市场占有率达 75%。在精密铜管领域，拥有光管、高效节能内螺纹铜管、瘦高齿内螺纹铜管、通讯电缆管等跨行业、多规格的产品系列；在铜管深加工领域，拥有配管、配件和连接管组件三大系列共 3000 多个品种的铜管深加工产品，具备全面配套、快速大量的供货能力。2007 年度内螺纹铜管产量居国内同行业第三位，精密铜管和铜管深加工产品的规模、效益居国内同行业前列。

2000 年，北滘钢材加工企业的总产值，占全镇工业总产值的比重为 3.4%。至 2002 年，提升至 4.5%，达 8.6 亿元，比 2000 年增加 4.3 亿元，年增长率 50%。同年，镇内销售超亿元的钢材加工企业有 3 家：浦项制铁、星浦钢材和华日钢材。2003 年上半年，浦项制铁增资 2000 多万美元的二期扩建工程正式投产，北滘钢材工业产值达 7.2 亿元，比 2002 年上半年增长 95.6%。2003 年，北滘着力加快产业调整，将北滘工业园的招商引资重点锁定在家电、新兴金属材料等 4 个行业。同年，兴办广东金型重工有限公司，占地 300 亩，总投资 5 亿元。至此，北滘金属材料加工业走上发展的快车道。

2004 年，上海宝钢集团在北滘购地 91 亩，打造华南地区最大的不锈钢加工销售基地，首期投资 2.2 亿元，生产冷轧不锈钢板、卷板等，设计年产量达 11.5 万吨，投产后产值将高达 30 亿元；佛山富生不锈钢公司投资 7000 万元，成立北滘不锈钢冷轧压延加工基地，年产量为 3 万至 4 万吨，产值 10 亿元；风威钢材开料公司亦投资 2000 多万元兴建钢材加工销售配送中心。作为北滘家电的上游配套，金属材料产业聚集效应初步形成。

2005 年，以精艺公司为代表，北滘的金属材料产业依托家电制造业的强大优势和“珠三角经济圈”的旺盛需求，形成了由冷轧钢板及其加工配送产业、模具钢为主的特殊钢产业、以铜材加工为主的有色金属产业和稀有金属产业组成的产业结构；企业超过 130 家，其总产值超 50 亿元，约占北滘工业总产值的 12%。吸引一大批骨干金属企业和知名品牌落户北滘，如世界 500 强的浦项钢板有限公司和星浦钢材加工有限公司、上海宝钢、华日钢材制品有限公司、雄峰特殊钢材有限公司等。其中，金型制钢总投资约 6 亿元，在北滘建立了大型的模具钢生产基地，其专业化中厚模具扁钢生产工艺属国内首创，投产后年产量达 25 万吨，产值约 15 亿元。至此，北滘已成为顺德区金属材料的主要加工生产园区，被省科技厅确定为“广东省火炬计划顺德金属材料特色产业基地”核心发展园区。2005 年 11 月，“广东省金属材料产业基地暨家电专业镇创新平台”在北滘揭牌。北滘金属材料产业聚集效应更加凸显，并逐步成为北滘增长最快、发展前景最好的新兴支柱产业。

2006 年，北滘金属材料产业在新投产的上海宝钢、金型重工等大企业的支撑下，持续壮大，精艺公司实现产值 11 亿元，增长 75%；上海宝钢销售额达 6.5 亿元，金型制钢产值超 2 亿元。

2007 年，北滘金属材料产业产值占全镇工业总产值的 14%，稳步发展成为全镇第二大支柱产业。

2008年，北滘金属材料加工与制品行业共有法人单位280家，总产值达70.40亿元，行业比重占比9.09%，其中浦项钢板公司年产值达11.84亿元。同年，浦项钢板公司投资2650万美元上马硅钢板项目，竣工后硅钢板年产量达28万吨。精艺公司年产值21.89亿元；佛山市宝钢不锈钢加工配送有限公司年产值15.86亿元；佛山市威奇电工材料有限公司年产值12.76亿元；广东星浦钢材加工有限公司年产值5.93亿元；佛山市顺德区华日钢材制品有限公司年产值4.37亿元；佛山市盈特金属制品有限公司年产值2.05亿元；美达王钢材制品有限公司年产值1.44亿元；佛山市广宇铝业有限公司年产值1.13亿元。当年规模以上工业企业共生产钢材42万吨，镀锌板5万吨；涂层板4万吨；电工钢板10万吨；铜加工材4万吨。

2009年精艺公司上市，成为继美的、威灵、碧桂园之后的北滘第四家上市公司。

2010年，精艺公司申请上市成功后，募集资金2.58亿元，在芜湖铜业建设年产3万吨的“节能高效精密铜管生产线项目”，投产后业务规模将增加一倍。盈峰集团属下威奇电工投资3亿元，在芜湖筹建生产基地，项目投产后年产销漆包线超过10万吨，位列国内同行业前两位。盈特金属公司亦在邯郸投资建设盈顺金属公司，并计划陆续在南沙、芜湖、合肥等地开设生产基地。北滘金属材料业逐步在全国各地拓展外延基地，突破了北滘土地资源受限无法扩张的瓶颈。

2012年，北滘金属材料加工与制品行业共有法人单位358家，工业总产值达126.3758亿元，行业比重占比11.96%。2013年，金属材料加工与制品行业企业共360家，年产总值131.9585亿元。

广东精艺金属股份有限公司 是顺德首家金属材料制造业上市公司，公司占地13万平方米，厂房面积5万平方米。注册资本为2.11亿元。于1999年7月成立。2009年9月在深圳证券交易所上市。有员工827人，其中具硕士、本科学历的专业技术人员102人，大专以上技术人员占总人数的32%。该公司立足于铜管的原材料生产及深加工，专业生产制冷行业用高效节能的内螺纹铜管、光管、直条管等系列产品，生产能力为60000吨/年。生产规模、加工能力、产品质量均处于国内同行业前列。2005年，精艺公司年产值7.98亿元，年销售额6.52亿元。

2012年，精艺公司年产值为20.55亿元，销售收入20.59亿元，利润558.08万元，上缴税费4465.86万元。

精艺公司自2011年起投入科技研发费用超过1.5亿元，占销售收入的3.12%；引进一批具有国际先进水平的试验及检验仪器设备，加速新产品的研发进程。精艺公司还与北京科技大学、西安理工大学、广东工业大学，华南理工大学等高校建立了合作关系，开展“超高性能轴向沟槽式微热管关键制造技术及产业化”等6个项目研究均有重大突破，被定为“铜管精密制造及其成型装备研发创新产业化基地”，同时被评为广东省民营企业创新产业化示范基地。2011—2012年，申请专利30余项，授权实用新型专利23项，发明授权专利2项。2013年，公司年产总值24.3961亿元。2017年，公司年产值飙升至54.7亿元。

2012 年精艺公司高新技术产品一览表

表 6—4—3

产品名称	奖项
高强度超长高速铁路接触线行星轧制技术及其装备产业化	顺德区科学技术三等奖
家电用高效铜合金管加工关键技术及产业化	顺德区科学技术三等奖
特细径铜管	高新技术产品
薄壁内螺纹铜管	高新技术产品
超高性能轴向沟槽式微热管	高新技术产品
特薄壁铜管材	高新技术产品
高强度换热耐腐蚀铜合金管材	高新技术产品
三辊行星棒材轧机	高新技术产品
方管冷轧管机	高新技术产品
方管矫直机	高新技术产品

广东顺德浦项钢板有限公司 1997 年 4 月 1 日成立，属中韩合资企业，由韩国 POSCO（世界 500 强企业排名 297 位）与顺德区北滘镇经济发展总公司联合投资兴建，总投资 9165 万美元，注册资本 4890 万美元，厂房占地面积 6 万平方米，生产及销售镀锌钢板。1998 年 9 月，第一期热浸镀锌钢板生产线投产，年生产能力 10 万吨；2003 年 2 月，第二期复合涂层生产线（MCL）投产，年生产能力为 18 万吨；2006 年 12 月 8 日，增加工钢退火炉投产；2010 年 8 月，电工钢板生产线投产，年产硅钢 18 万吨；2011 年 3 月，第三期汽车钢板生产线（CGL）在杏坛奠基。

2010 年 6 月，该公司被纳入“顺德区龙腾企业”；2011 年 1 月，被顺德区人民政府评为“2010 年度纳税百强企业”；2012 年 2 月，所产“高牌号冷轧硅钢产品”被广东省科学技术厅认定为广东省高新技术产品。

1998 年，浦项公司年产值 1.2 亿元，销售量 2.1 万吨。至 2003 年，年产值增至 8.76 亿元，销售量增至 11.6 万吨。2012 年，总产值 10.79 亿元（包括彩板 4.5 万吨，电工钢板 21.2 万吨），上缴税费 6139 万元（包括关税），出口收汇 3646 万美元。2013 年，公司年产总值 11.5097 亿元。2017 年，公司年产值 9.29 亿元。

顺德华日钢材制品有限公司［美达王（佛山）钢材制品有限公司］ 于 2008 年 6 月重组运营。公司占地面积约 13000 平方米，建筑面积 7000 平方米，有员工约 100 人，具备年产 10 万吨钢材的生产能力。包括钢材的横切、纵切、冲压以及金属有关产品的生产、销售。2005 年，公司生产总值及销售额均达 4.33 亿元，其中出口交货值 2.3 亿元。

2012 年，公司销售额 3.68 亿元，出口创汇 6054 万元。2013 年总产值提升至 4.4412 亿元。2017 年，公司总产值 5.15 亿元。

第十节　自来水工业

1979年，北滘自来水工业开始起步。是年，顺德县政府在北滘兴办三洪奇水厂，该项目包括抽水站和净水厂。

1980年11月，位于三洪奇的大良自来水新厂（三洪奇水厂）引水工程完工投产。水源为北江支流三洪奇水道，把水源加压引上旧水塔，再上新水塔制水，仍用自流式供水。

1981年12月，三洪奇水厂第一次扩容工程动工，连同原先的引水工程，总投资200万元，日生产能力为1.92万吨。

1986年3月，三洪奇水厂第二次扩容工程动工，总投资780万元，增建置水设备日生产能力为1.92万吨。1989年再增建一套同样生产能力的制水设备。

1982年8月，北滘筹建镇办北滘自来水厂，占地面积12516平方米，建筑面积3614平方米，投资757万元。职工30人，年产水量175万吨，总产值34万元。

1991年，北滘镇自来水厂主要设备有水泵4台，发电机组4台，自动天平器1台，分光光度计1个，浊度、预录连续监测器各1台，日供水5.7万吨，年供水量6876万吨。有职工247人，年产值362.5万元。

自北滘镇水厂建成后，镇区附近的管理区逐渐接用镇办水厂自来水。自1985年起，三洪奇、广教、林头共2.6万人接用镇水厂自来水。1986年，碧江接用陈村水厂自来水。

随后，一些管理区及大型企业自建简易水厂。1990年西海水厂建成供水，日供水能力6000吨。广东碧桂园有限公司于2000年自建江口水厂，供北滘碧桂园住户饮用，取水点位于陈村水道，水源水质属三类；采用穿孔旋流混凝反应、斜管沉淀、沙滤、两级加氯消毒的工艺制水，供碧桂园小区和北滘三桂村用水，超过5万人用水。

2001年，北滘制水系统进一步扩容，全镇日供水能力达20万吨。2005年，北滘自来水公司累计供水2921万吨。

2008年，北滘共有水生产与供应业企业法人单位3家，职工人数200人。

2010年12月29日，陈村、北滘供水主管连通工程动工，该工程从北滘碧江段DN1000供水主管开叉与陈村南涌海鲜坊侧DN800供水主管接驳，管线全长100米，投资28.5万元。工程历时半个月完工，实现了陈村与北滘供水资源互补共享。

2011年11月23日，总投资共4000多万元的北滘水厂扩建工程投产。扩建后，北滘水厂每日供水能力达28万吨，成为顺德区第二大主力水厂。

2012年，北滘水生产及供应企业共2家，有职工75人，营业收入7514万元。2017年，北滘有自来水厂1家，职工66人，营业收入10528.71万元，全年供水量6500万吨。

第五章　工业园区

1987 年 11 月，北滘镇政府根据北滘工业卫星镇的总体建设规划，在广珠公路两侧筹建北滘工业开发区。首期占地 480 亩，投资 6500 万元，在“七五”期间（1986—1990 年）分期实施。

1992 年 1 月，北滘再投入 2.8 亿元，开辟三洪奇大桥东侧到白鸽咀 220 公顷土地，建立经济开发区；同年 9 月，在北滘经济开发区筹建对外港口——北滘港。1998 年 3 月，北滘经济开发区正式命名为北滘工业园。1999 年，增加投资 1 亿多元、占地 933.3 公顷的北滘工业园建成。是年，园内企业工业总产值达 31 亿元。

2001 年，北滘计有“一园五区”：933.3 公顷的北滘工业园，333 公顷的碧江、桃村工业区，106 公顷的三洪奇、槎涌工业区和西滘高村工业区。北滘工业园区集约的发展格局初步形成。

2003 年，顺德区政府《关于认定全区 17 个集约工业区的通知》，确认北滘工业园和碧江工业区为顺德区集约工业区。同年 6 月，该两个工业园区进行整合，连同两个园区之间的西海工业小区，合并成一个总面积为 2150 公顷的集约工业园区（沿用北滘工业园的名称）。是年投入 1.74 亿元，用于新设立占地 45 公顷的林港中小企业创业园，完善工业园二期和占地 20 公顷的陈大滘中小企业创业园的基础设施，推进员工村和港口扩建工程，整个园区的发展环境日益完善。同年，新引入企业 44 家，其中新办外资企业 13 家，利用民营资本 6.84 亿元，实际利用外资 4030 万美元。

2004 年，推进北滘工业园第三期 133 公顷工业用地的开发和招商，投资 800 万元扩建北滘港，同时调整招商引资策略，拓宽招商领域，在继续做好对日韩招商的基础上，积极开拓对欧美的招商渠道，拓宽与港澳的合作领域，加大面向第三产业的招商引资力度。

2001—2005 年，投入 3 亿多元扩大和完善北滘工业园，吸引上海宝钢、金型制钢等 100 多家企业进驻；美的集团、浦项制钢等企业陆续增资扩能，累计实际利用外资 1.4 亿美元，利用民营资本 38 亿元。

2006 年，在北滘林港工业区规划约 13 公顷用地，建设欧洲工业园，实行厂房出租和土地出让两种方式相结合，引入优质的欧洲中小型企业。

2007 年，北滘参照新加坡异地开发工业园的做法，走异地开发道路，确立总部经济发展规划，引导企业在北滘设立总部，并鼓励企业将初级生产要素外迁，设立外延生产基地。同年，筹建北滘工业园（西区），采取与农民利益共享的做法，推进工业用地的开发，打造具备远期发展能力的产业环保园区。

2008 年，锡山家具总部大楼建成，同年 11 月美的总部正式封顶，日美公司确定投资 9000 万元建设 26 层总部大楼，“工业设计创意产业园区”全面着手建设。同年，北滘被评为全国“乡镇企业科技园区”。

2009 年年初，顺德工业设计园落户北滘。同年 9 月，广东省与顺德区共建广东工业设计城项目在园区揭牌，实现从“园”到“城”的跨越。是年，园区引进国内外著名设计企业和机构30家，超400名设计师进驻，园区整体改造工程亦基本完成。

2010年，北滘开始筹建以北滘西区工业园为载体的太阳能光伏产业园。强化新能源、新光源核心部件制造企业的招商，重点引入光伏产业前端的研发机构；同时加快与伟景萨帕光伏建筑一体化产业基地的对接和落实，推动北滘以发展新光源和节能环保技术改造来促进传统产业优化升级。同年，北滘继续深化工业企业的外延式发展，鼓励企业整合延伸产业链，不断对外扩张发展，形成外延式工业园区。美的集团，在北滘设立总部，生产基地除外延至顺德本土大良、容桂之后，继续延伸到广州、中山，以及安徽芜湖、湖北武汉、江苏淮安、云南昆明、湖南长沙、安徽合肥、重庆、江苏苏州；国外延伸到越南、白俄罗斯、埃及、巴西、阿根廷、印度等6个国家。精艺公司，在芜湖铜业建设“节能高效精密铜管生产线项目”；盈峰集团属下威奇电工公司，在安徽芜湖筹建生产基地，并购华北最大漆包线公司，实现华北、华东、华南三个生产基地的全国性战略布局。此外，还有不少配套企业也跟随美的等大企业外延的步伐，外延其生产基地。如盈特金属公司在邯郸投资建设盈顺金属公司，并逐步在南沙、芜湖、合肥开设生产基地；恒美电热器具公司在芜湖购地50亩扩建生产基地。基于北滘土地资源欠缺的瓶颈，企业的外延生产基地，是北滘工业园区的补充和延展，也是企业外向拓展的必由之路。同年，北滘本土的企业总部集群建设逐步成型，美的总部大楼于10月投入使用，日美总部大楼怡和中心进展顺利，另有安源投资、万联投资、盈海投资、丰明投资等10家中小企业达成了总部项目建设意向。至此，610亩的总部经济区初具规模。是年，广东工业设计城也通过“三旧”改造，初步形成了工业设计服务外包基地、新型产业孵化基地和原创产品研发基地，搭建了市场交易、金融、成果转化、人才引进培训、共性技术和品牌推广等六大服务平台。

2011年，北滘继续推动骨干企业外延扩能或将部分生产环节外迁，同时，以广东顺德（英德）产业园为载体，寻求更大的发展空间。同年，北滘新城区400亩都市产业园开始规划，南方高校高新科技产业创新园、中国（顺德）国际家电波兰中心项目顺利签约。

2012年，北滘以总部经济、都市型产业发展功能区、广东工业设计城三大片区共同促进“产城互融”的建设工作。一方面，结合《北滘镇总部商务区招商奖励办法》，深化落实总部经济内涵，推进总部商务区域建设；另一方面，启动中国（顺德）国际家电博览中心建设，同时推进新城区400亩都市型产业孵化基地的招商工作，启动南方高校高新科技产业创新园项目，加大与广东高校以及省外高校的科技项目合作。是年，引入慧聪中国家电电子商务产业基地项目，打造中国家电电子商务贸易中心。西南工业片区的建设，也加紧推进，重点引入先进制造、资源深加工和高新技术产业，形成特色鲜明的现代化产业园区。此外，在广东工业设计城的基础上，中国南方智谷美的创业园开园运营，园区主动承接企业孵化和产业转移发展，打造以新材料、先进装备制造、节能环保等产业为主的高新技术产业集聚的前沿基地。

2013年起，北滘开始建设总面积约1000亩的西南工业园区，投资超23亿元，投产后年产值150亿元。2016年，加快推进北滘科技产业园建设，重点引进生物医药、

"互联网 +"、软件及服务外包等前端产业，打造顺德北部片区标杆园区。

北滘工业园 总面积 12.3 平方千米。是按照整体规划、连片开发、统筹管理、协调利益的原则，由原北滘工业园和碧江工业区整合而成的区级集约工业园，至 2011 年，用于基础设施建设的资金投入超过 8 亿元。

北滘工业园的发展大致经历了以下几个阶段：

起步阶段（1981—1992 年）。1981 年起，按功能分区的原则进行粗线条的镇区规划，划定面积为 82.3 公顷的蓬莱工业区，逐步投入开发建设。

大发展阶段（1993—2000 年）。重点开发建设北滘工业园（第一期）。在镇区东南部开辟占地 262.8 公顷的对外经济开发区，建成装机容量 6 万千瓦的北滘发电厂、北滘港集装箱货运码头，设置海关、卫检、动植物检、商检、边防、港监及口岸办、报关公司、保税仓公司、海关陆路货检场等联检机构。1995 年 1 月，北滘工业区被评为"全国乡镇企业示范区"。1998 年，园区企业达 45 个，企业销售收入 63 亿元，出口交货值 21.57 亿元。

资源整合、集约发展阶段（2000 年以后）。2000 年起，将北滘工业园（第一、二期）、陈大滘工业区、蓬莱工业区整合相连成片。2001 年 9 月，被认定为集约工业园（总面积 934.6 公顷）。2002 年 9 月，将三洪奇、槎涌、黄龙、广教及西海工业区纳入北滘工业园。是年工业园企业总产值 174 亿元，占北滘全镇工业总产值的 90%。2003 年，拥有 176 公顷土地的碧江工业区也并入北滘集约工业园，总面积达 1470 公顷。同年 4 月，佛山市顺德区政府认定北滘工业园是顺德全区 17 个集约工业区之一。同年，工业园共引入企业 43 家。其中北滘工业园二期引进了金型制钢、鸿业管桩等 10 家企业，购地总面积 40 公顷，投资达 3 亿元。陈大滘和林港两个创业小区，引入汇成实业等 33 家中小企业，共购地 21.3 公顷，投资额达 1.5 亿元。此外，还有 2 个投资过亿、购地面积超过 13.3 公顷的项目，处于签约阶段。同年，北滘镇政府制定一系列工业园区扶持政策，促进招商引资，并配套建设生活社区。2004 年，美的集团公司投资 1 亿元，在临港工业区建立空调生产基地和钢材开料中心。北滘镇引入 2500 万元民营资本，建成可容纳近 3000 人的员工新村；投资 40 多万元，完善边检和联检的配套设施；投资 800 万元进行北滘港扩建工程。2006 年，引入社会资本约 5 亿元，扩建北滘港。

2011 年，园内共有企业约 480 家，美的集团、美国惠而浦、日清食品、韩国浦项制铁、上海宝钢、金型重工、蚬华电器等名牌企业荟萃；拥有省级二类口岸——北滘港，年吞吐能力 370 万吨，配套联检单位、员工村、物流仓储等设施；设有企业服务中心、镇政府常设服务机构，负责宣传推介投资环境、政策，为投资者提供咨询、洽谈、报批、报建、投产等一站式服务，还设立了国家级博士后科研工作站和技术研发中心。2012 年，北滘工业园园区共 32385 亩，分成 2 个功能片区。

总部经济区 2007 年，基于北滘土地资源受限无法扩张的瓶颈，以及处于优化产业结构，北滘提出建立总部经济区，将基础生产基地外延的设想。建成后，总部经济区以"一中心一集群"为招商目标，引进金融、电子商务、文化等产业的企业总部。至 2013 年，在建及已投入使用的总部大楼达 14 座，成为顺德三大总部聚集区中发展速度最快的一个。2017 年，盈峰 · 丰明中心及怡和中心已引进优质企业近 160 家。

1. 美的总部　2010 年 10 月建成使用，总建筑面积约 31 万平方米，楼高 138 米，共 31 层，项目总投资 6 亿元，是美的集团实施总部经济战略的载体，涵盖了中央研究院、培训学院、资财管理中心、IT 管理中心和运营管理等五大功能，是美的集团的战略决策中心、经营管理中心、科技创新中心和营销中心，也是美的整合全球资源的战略据点。

2. 碧桂园中心　由 22 层的主楼和 9 层的裙楼组成，是国内第一座全生态办公大楼，被喻为“立体森林”。中心的智能化系统包括便捷的出入口管理系统、先进的网络信息系统、电子会议系统和全方位的安全管理系统等。

3. 怡和中心　建筑面积达 38100 平方米，地下 2 层，地上 22 层，2012 年底投入使用。大楼主要采用弹性空间设计，灵活的商务模板可以自由组合，用以满足中小企业或者整层企业办公需要。已成功引入华南美国商会、飞鱼电子商务、赛意科技等单位，着力打造高端国际交流平台。

4. 盈峰 · 丰明中心　建筑面积约 10 万平方米，涵盖企业总部、金融服务、投资管理、商业配套、商务休闲等功能。两座主楼高约 100 米，地上 24 层，地下 2 层。其中写字楼 22 层，标准层面积约 1500 平方米，商业裙楼配套两层，面积逾 10000 平方米，车位逾 1000 个，呈现“双塔”“双广场”的建筑布局。

5. 北滘国际财富中心　由 8 家企业联合开发，总投资约 30 亿元，占地面积 9.8 万平方米，建筑面积约 64 万平方米，由 8 座高层建筑体组合而成，地上建筑面积约 45 万平方米，地下 2 层建筑面积约 19 万平方米。

广东工业设计城　2009 年 9 月在北滘启动建设，规划总面积为 2800 平方米，是当时国内规划最大的工业设计产业基地。2010 年 9 月 7 日竣工正式揭牌。是日，北滘镇政府与香港生产力促进局、顺德职业技术学院签订在该园搭建工业设计公共服务平台的合作协议。同日，粤港产业创新设计中心和顺德工业设计学院也在该园区揭牌。广东工业设计城以南的“美的海岸花园”，作为工业设计城重要的配套设施纳入工业设计城的统筹范围。

广东工业设计城采取政府扶持、企业主导、市场化运营的方式，立足于顺德乃至全国家电、家具、机械、服装、模具等支柱产业，为其提供工业设计服务。广东省、顺德区、北滘镇各级政府从产业发展政策、环境改造及公共平台建设等方面给予政策优惠和资金扶持。该项目重点建设“369”工程：即建成三个基地，包括广东省工业设计服务外包基地、国家级创新成果产业化基地、国家知识产权保护与转化服务基地；打造工业设计六大服务平台，包括交易服务平台、金融服务平台、成果转化服务平台、人才引进及培训服务平台、共性技术研发平台、品牌推介平台；建设九大重点项目，包括顺德工业设计园、国家工业设计实验室、国际工业设计交流中心、设计酒店、设计师公寓、工业设计资讯中心，中国（广东）工业设计研究生院、广东工业设计博物馆、设计创新体验馆，打造一个涵盖工业设计、教育培训、生活配套、服务推广等一体的综合性试验区。

根据省区共建方案，2009—2015 年，设计城将实施重点项目 12 项，总投资达 22.1 亿元，首批实施的项目有 7 项：国家工业设计与创意产业（顺德）基地、国家工业设计实验室、国际工业设计交流中心、设计广场、设计公寓、设计国际酒店、工业设计咨询中心。远期实施项目有 5 项：中国工业设计学院、工业设计博物馆、设计之谷、设计师休闲公园、多功能创意街区。

2009—2015 年，是广东工业设计城的启动阶段。规划到 2015 年工业设计城将实现：总产值 100 亿元，拉动工业产值达 10000 亿元；服务外包占总业务的 50%；入驻核心企业超过 300 家；吸引设计与创意人才超过 3000 人；就业人数 10000 人以上；每年举办两次以上的国际国内设计行业论坛；长期展示国际国内工业设计成果；每年成交工业设计成果数万例。

广东工业设计城自建设以来获得多项荣誉：国家知识产权局授予“国家工业设计与创意产业基地”、国家工信部授予“国家创新型产业示范基地”、广东省经济和信息化委员会授予“广东省工业设计示范基地”，2010 年广东省重点建设项目、广东省现代产业 500 强项目，广东省现代服务业集聚区、广东创意设计文化产业园区，纳入《广东省建设文化强省（2010—2020）规划纲要》。

临港现代都市产业园 园区规划面积 4.1 平方千米。核心项目为慧聪·中国家电城于 2013 年 4 月奠基，8 月进行试桩工作。慧聪项目首期总投资约 10 亿元，总建筑面积达 19 万平方米。一期建设内容包括：中国广东家电国际采购中心（中国慧聪家电城）、中国家电总部基地（中国家电总部大厦）、中国家电电子商务总部基地（广东家电电子商务大厦）、中国慧聪家电交易会展馆、中国家电博物馆、产业园配套设施（金融服务平台、信息平台、物流基地、慧聪大学、员工公寓与餐厅、员工健身房与运动场）、慧聪家电电子商务 4S 服务中心等。

西南工业区西南工业区总面积约 1500 亩，定位于集先进制造业、生产服务、优质生活配套为一体的现代化产业园区。至 2013 年，园区内美的微波电器项目投产，该项目占地 49 万平方米，投资总额 16 亿元，规划微波炉年产能 4000 万台，年产值 180 亿元，其中变频微波炉的年产能达 500 万台，项目设立了世界一流水平的研发中心，依托国家级企业技术中心和博士后工作站，为微波产业的未来发展提供技术支持。至 2014 年，再引入 9 个节能家用电器、智能机械、电子电器、金属材料、新型材料等产业的生产及研发项目，总投资额超 22 亿元，出让土地面积达 600 亩。打破以往旧工业区的单一功能格局，为工业园区的提升改造树立标杆典范。

附：北滘传统工艺特产

1. 林头刺绣：兴盛于清道光年间，闻名中外，远销国内外及南洋一带。

2. 桃村银链：明清时期，桃村一带以打银链为生的手工业相当出名，至民国年间已没落。

3. 都宁壁画：都宁壁画匠技艺高超。相传有一都宁老画匠，以八九十岁高龄，在重修佛山祖庙时被聘制作壁画；在该乡文武庙重修时曾作“醉仙醉酒”等多幅壁画，画面生动，构思独特。

4. 绿洲木雕：绿洲木雕盛名于外。著名木匠陈兆记，善雕刻花草，亦善雕龙头。

5. 碧江纸类：碧江造纸盛极一时，以造土纸、纸扑、加工拜神纸类（金、银纸）等出名，远销国内外及南洋各地。

6. 同安三乡竹器：盛于清嘉庆年间，各种竹器因工艺精良、质量上乘，远销各省市和香港。

第七篇　商业

明清时期，北滘商业已颇具规模。清代末年，北滘计有9圩，13市，以及12个专业市场。民国时期，碧江、北滘、林头、莘村成为北滘商贸集散地，经营行业包括酿酒、杂货、饼糕、木材、鱼苗、建材、饮食、百货、布匹、肉菜、烧腊、山货、木器、米、盐、中药、纸类、文具、金银首饰、当铺抵押等。

自1959年5月建置，北滘逐步建立起国营商业和集体商业。1979年改革开放后，北滘国营商业、供销合作商业、镇办商业、乡办商业、私营及个体商业百花齐放，形成多种经济成分、多种经营形式、多渠道、少环节、开放性的流通体制，其商贸的辐射力、影响力扩散到省内外，北滘发展成为珠三角有名的商贸集散地及家电名镇。

第一章　经营体制

第一节　管理机构

1959年5月，北滘人民公社成立，相应设立财贸办公室及工业交通部办公室。前者主管县辖商业、供销、税务及银信部门；后者主管社、乡办集体商业。1983年工业交通部办公室改称“农工商联合总公司”，1986年更名为“经济发展总公司”。1991年9月，顺德县政府把北滘供销集团、食品站、粮管所、合管会归口北滘镇管理。1992年，成立北滘商业总公司。1997年，设商贸办公室。1999年，机构改革，成立经济发展办公室，主管工业、商贸、科技、外经等工作。2009年，成立北滘镇经济和科技促进局，下设商贸发展股，负责商业、流通业、对外贸易管理，实施酒类商品的批发、零售行业管理。2012年2月17日，北滘总商会成立，会员来自全镇家电、家具、建筑、房地产开发、工业设计、种植、养殖等20多个行业，是北滘包含商业在内的经济管理协会机构。

第二节　国有与集体商业

一、国有商业

1956年，顺德完成对私营商业的社会主义改造，北滘区域内的国营商业单位分别有粮管所、食品站、水产站。

1959年北滘人民公社成立后，相应设立北滘粮食管理所，统管粮食征收与购销，下属设莘村、碧江、林头、西海4个大乡粮站。

1963年下半年，北滘粮食管理所兼设粮油交易门市部，开展计划外粮油购销业务。1967年8月关闭粮食集市，粮油交易门市部停业。

1979年3月，再度开放农村粮食集市，北滘成立粮油货栈。1980年3月，粮油货栈易名为粮油贸易公司。

20世纪80年代，北滘设粮管所1个，属顺德县粮食局下伸企业；各村分设粮油食品门市部、粮食加工厂、粮食购销站和饲料站。1993年后，随着企业转制和粮油交易放开，国营粮油商业逐步萎缩，名存实亡。

1959年5月，北滘食品购销站成立，主要负责全公社生猪收购、屠宰、销售，组织"三鸟"（鸡、鸭、鹅）饲养和收购、销售。碧江、西海、莘村分设食品分站。1993年后，随着产权制度改革，北滘食品站及下属食品分站分别被撤销。

1954年6月，广东省水产公司粤中分公司在三洪奇设置水产供销站。

1956年6月，三洪奇水产供销站归属顺德县水产公司管理，易名为三洪奇水产站。1961年，顺德县水产局设立北滘水产站。1966年，设北滘公社基层水产站。

1974年后，北滘水产站实行"分级管理，分级核算，自负盈亏"的体制。

1984年，北滘水产站的收入纳入北滘地方财政预算编制。20世纪90年代以后，北滘水产站结业倒闭。

二、集体商业

1979年后，北滘开始组建集体商业。1982—1991年，先后办起嘉禾公司、北滘商业公司、裕华公司、美的公司、美的商场、华润公司、穗丰经销部、恒昌公司、迅发购销部、建材购销部、农机公司、农机供应站、农业营业部、嘉禾贸易部、北滘工业公司、明兴公司、广州公司、深圳公司、小蓬莱宾馆、回收公司、昌华贸易行、河鲜酒家、兽医服务站、永华公司、珠江加油站等单位大小商业网点29家，职工620人。主要经营汽车、钢材、摩托车、家用电器、有色金属、建筑材料、塑料、饲料、钢材、木器家具、厨具、中西药材。1991年，购进额3.19亿元，销售额2.97亿元。

村（街）办商业始于1985年，是年全镇共有村（街）办公司22家，职工约100人，年销售额近2200万元，主营化肥、农药、饲料、水泥、钢材、农机具，兼营副食品、日用百货等。各村（街）办起饮食门店 14 家，职工近 100 人，年营业额约 5000 万元。20 世纪 90 年代后期，集体商业逐步转为私营或个体经营。

第三节　供销合作商业

一、供销合作社

北滘人民公社成立后，随之成立北滘人民公社商业经营处，归属顺德县商业局领导，下辖 9 个分站，50 间门店，职工 458 人。人员和门店大部分从陈村供销合作社划分过来（包括北滘、林头、西滘、西海、碧江、三洪奇等乡门店），小部分由乐从供销社划入（包括莘村、马村等）。1961 年 7 月，顺德县供销合作社和顺德县商业局分家，重新恢复基层供销社，北滘人民公社商业经营处改称“北滘供销社”，属集体企业，含生产资料、工业品、果蔬、副食、日杂废品、饮食服务 6 个专业批发部，32 个门市部，负责全公社商品分配、调拨业务。北滘供销社是完全按照供销合作社章程建立的基层供销社，当时社员自动加入的股金共 1.07 万股，合计 1.86 万元。

1968 年 12 月，顺德县供销合作社与顺德县商业局合并，北滘供销社改称为北滘贸易服务站。1971 年，恢复北滘供销合作社名称，仍属顺德县商业局领导。

1975 年 7 月，北滘供销社重归顺德供销合作社领导。1979 年，北滘供销合作社经营业务，主要支援农业生产，以经营农业生产资料和收购农副产品为主，扶助农村多种经营发展。

1981 年，北滘供销社推行“分级管理、分细核算、超额利润分段定率计奖”的经营承包责任制，属下 15 个单位实行超额利润提奖制度。91 个门市部中，有 85 个门市实行简易核算、以定额指标分段考核发奖，6 个门市实行综合评分计奖。下半年试行“包干利润、盈亏自负、全奖全罚”的分配制度，西海茶楼、三洪奇茶楼、碧江冰室、三洪奇门市、北滘肉菜门市、西滘收购门市，职工共 24 人，开展试点工作。

1983 年，北滘区供销社对内部实行层级承包责任制，参与单位 24 个，占总数的 22%。其中实行“超额利润分段定率计提”有 9 个，实行“利润保管，浮动工资，超额利润分段定率分配”的单位有 15 个（其中 2 个亏损商店采取个人投标承包），购销额及各项财务指标均有大幅度增长；全年纯购进 730 万元，比 1976 年增加 149.7%。

1984 年，贯彻“对外开放，对内搞活”的方针，经营方向从农副产品、农业生产资料和农村生活资料为主，逐步向多元化综合发展，实行批（发）零（售）结合个体商业的发展。但随着供销系统垄断优势逐渐削弱，亏损企业增加。1984 年 10 月开始，对零售服务网店进一步改革，在原来采取经营责任制的基础上，实行“利润包干、浮动工资”经营承包责任制，共 8 个单位实行集体承包。

1985 年，北滘供销社相应改称北滘供销联社。是年，推行以“定额上缴，超额自留”分配形式，参与单位共有 59 个，占总数的 71%；对 10 个批发部实行超利分成。

1987 年，为进一步放权自主经营，零售门店从集体经营承包改革为经济承包，涉及69间门店239人，其中实行租赁经营12间，集资承包6间，按金承包51间，职工共集资17万元。全年承包门店的销售总额1331万元，盈利总额59.8万元，分别比1986年增加21.3%、22%。

1988年，北滘供销社75家门店，全面实行承包与职工268人，其中抵押承包56家，集资承包5家，租赁14家。1—11月，75家门店销售额1771万元，盈利94万元。是年，北滘供销社销售额4.23亿元。

1989年，北滘供销社83间门店实行承包经营，其中租赁15间，抵押经营68间，集资41万元。同年，北滘供销社社会商品销售总额2.44亿元，与大良、容奇、乐从等10个基层供销社，被誉为佛山经济发展的“十匹骏马”。

1989年，北滘供销合作社被评为省级先进企业，商业部授予北滘供销社“全国商业先进企业”称号。1990—1991年，北滘供销社连续两年入选广东省最大100家服务企业之一，在全省基层供销合作社中排首位。1991年北滘供销社共有干部职工503人，设6个分社、13个购销站、14个商店、75间零售门店、22座仓库、1间小型工厂、1个汽车维修驾驶培训中心。是年销售总额2.94亿元。

此后，北滘供销社结合本镇工业发展，把经营重点放在工业原材料经营项目上，大力发展工业钢材、冷轧薄钢板的经营业务和汽车维修、培训、年检业务，并积极推销家电、皮具、家具等地方产品，开拓广东省和港澳市场贸易，形成具有北滘特色的经营格局。1992年，北滘供销社销售额4.45亿元，成为省内商业系统规模较大的企业，但是，一些下属单位出现负盈不负亏的情况，部分债务越来越重。1993年，北滘供销社年销售额达9.3亿元的高峰。

1994年，根据中共北滘镇党委《关于深化镇办企业产权制度改革，发展混合型经济的试行办法》，对零售门市部、饮食服务行业全部实行全资承包，以包干上缴、超利税后全得形式，实行自负盈亏，公有民营。是年，北滘供销社在全国供销合作社系统“双百强”评比中，被评为全国百强基层社第二名。

2000年，北滘供销社企业的全部权益转让给合适的自然人、企业法人和其他经济组织，北滘供销社归镇政府直接管理，职能从经营型转变为管理型，不再直接参与经营性活动。

2001年，北滘供销社商品总购进4.06亿元，商品总销售4.28亿元。共销售工业钢材80587吨，建筑钢材9460吨，木材9029立方米，燃油4652吨，摩托车1931辆，自行车2517辆，电风扇14022台，香烟23000条，废钢铁5100吨。

至2005年，北滘供销社权属企业只有北滘加油站、北滘汽训中心。是年，北滘供销社投资易地迁建新的加油站。2006年北滘供销社实现年总销售额3.3亿元，利润311万元。

1985—1991年北滘供销社销售额统计表

表7—1—1　　　　单位：万元

年份	1985年	1986年	1987年	1988年	1989年	1990年	1991年
销售额	7518	5970	12513	42345	24405	25715	29402

二、合作商店

1961年起，贯彻中共中央“调整、巩固、充实、提高”的方针，北滘供销社对并入供销社的小商贩，实行下放，恢复原来合作商店及合作小组体制，成立“北滘合作商店管理委员会”，以北滘为总站，林头、碧江、西海、莘村、三洪奇、西滘为中心站，下辖30多间商店，60多个门市，职工400余人，主要经营药材、饮食、杂货、纸扎、烟酒、肉菜等，年销售额约7万至8万元。

改革开放后，许多职工转做个体经营，造成合作商店逐年减少。1983年，北滘有合作商店52家，职工189人，年销售额341.5万元，利润5万元；1988年，减为45家，职工110人，年销售额2675万元，利润25万元；至1991年只有43家，职工84人，销售额1910万元，利润22万元。1994年后，北滘合作商店基本转制为个体经营。

第四节 个体、私营商业

北滘人民公社成立之初，个体商业户已经组建成合作商店（组），分别归口国营商业和供销合作社管理。

1979年后，个体、私营商业逐步恢复，经营范围从百货、糖烟酒、饮料、水果、食品、肉菜、杂货等扩大到五金、交电、化工、陶瓷等行业；饮食业从粥粉面饭等发展到酒楼、西餐厅、酒吧、茶艺馆等；服务业经营领域则从小修小补扩大到美容健身、摄影、托儿所、幼儿园等。特别是美容美发业，网点遍布各乡各村。20世纪80年代后期，个体商业形成一定规模，私营商业企业顺应而生。1985年，北滘共有个体商业户601户；至1988年，发展为882户；到1991年底，达1044户。至1994年共有个体工商业户2039家。其中商业户1304家，较上年增长13.78%；服务业商户177家，较上年增长12%；修理业165家，较上年增长20.4%；饮食业145家，较上年增长28.31%。此外，有私营商业40家，较上年增长207.7%；私营服务业4家，较上年增长100%；私营饮食业9家，较上年增长28.57%。

进入21世纪，个体工商业进一步发展。2003年，北滘共有商业个体户2941户，其中运输仓储业4户78人、批发零售贸易1805户2940人、餐饮业468户517人、社会服务业640户978人、旅馆业5户34人、娱乐服务业19户125人。至2004年，北滘共有商业个体户2941户，其中运输仓储业5户7883人、批发零售贸易1730户2518人、餐饮业592户1812人；社会服务业783户9716228人、旅馆业6户55人、娱乐服务业17户158人。2008年，北滘有个体工商户5393户。至2013年，个体户数为6210户。到2017年底，北滘登记在册的个体工商户8850户。

第二章　商业网点与市场

第一节　商业网点

一、批发零售门店

建置前，北滘分属乐从、陈村两个商业发达区，商业起步相对较早。据统计，至20世纪30年代初，北滘（现行政区域内）共500多家商铺，小贩100多档，皆为私营。商业从业人员3000多人，资金总额6607.16万银元（当时价）。小贩从业人员约150人，资金额25.11万银元。其中以北滘、碧江、莘村等地商铺最多。

抗日战争前，碧江计有杉栏13家，鱼苗批发1家，米业（批发）6家，米店25家，盐业批发1家，大小当铺9家，制饼铺6家，杂货海味店30家，茶楼15家，中药店8家，酒坊7家，寿板（棺材）店6家，肉菜市场6个，码头起卸1家，布匹业4家，纸扎作坊8家，木器店10家，豆腐店5家，烧腊店7家，小食店22家，建材店1家，文具店1家，服装店8家，服务业（巡城马、巡港马）7家，金银首饰店5间。

抗战期间，北滘辖区商业网点零落萧条。新中国成立后，对私营商业实行社会主义改造，随后，经过"大跃进""文化大革命"的冲击，北滘商品市场供应紧张、体制封闭，商业网点从数量及规模而言，均无起色。

改革开放后，北滘取消统购统销政策，镇村办农工商公司、私营企业、个体商贩逐步增加。随后，商业系统推行改革，实行经理任期目标责任制、集体租赁经营责任制、个人承包责任制等政策，北滘商业网点各处开花。1988年，北滘供销社有经营网点92间。其中零售门店68间，职工215人；批发部14间，职工252人。1989年，供销社完成经营承包责任制，共有经营网点100个，其中零售73个、饮食店5个、旅店1个、废旧物资回收2个、批发部15个、车队1个、其他3个（电器维修门市和西滘、莘村2个分社）。

至1988年，北滘共有零售商业、饮食、服务业企业60家，职工581人。其中商业36家，职工229人；饮食业15家，职工334人；服务业9家，职工18人。是年商业零售额5560.51万元，饮食业营业额434.19万元。

1991年，北滘共有各类商业网点1044个。90年代中后期，北滘逐步兴建及引入一批大型高档综合性商场、超市，并形成了一批以"商业街""购物广场"为冠名，成行成市的综合性零售商业区、商业圈。1993年，北滘逐步建成一批贸易市场和商场，兴建华厦商业街和商业娱乐中心。至1995年，华厦商业街和南源商业街等初具规模，是年，商业总公司销售额9.2亿元。1996年，占地18.5亩的北滘钢铁贸易中心基本建成；先后投入3700多万元，将商业娱乐城改造为文化广场，面积达2.4万平方米。1997年，北滘商业网点发展到1969家；投入943.6万元改造或新建北滘市场、水果市场和蔬菜批发市场。1998年，全镇社会商业总销售额10.6亿元，社会消费品零售额达3.9亿元。1999年，顺德市糖烟酒公司百惠商场、桂州新锦华商场等外地商家相继在北滘设点开业。同年，马村兴建占地40亩的建筑材料综合市场。

进入21世纪，北滘商贸随着工业飞速发展而更加繁盛。据北滘历次经济普查商业类统计数据：2003年，北滘批发零售业从业人员1187人，销售额合计16.6亿元；至2013年，从业人员达5245人，年销售额合计118.49亿元。住宿和餐饮业企业，2003年从业人员为731人，年营业收入6314万元；至2013年，从业人员增加至1740人，年营业额提高至2.33亿元。

2005年，北滘销售超亿元商业企业有3家，超5000万元6家。通过举办“缤纷购物嘉年华”“北滘美食节”等活动，创北滘商品销售、餐饮娱乐交易额的波峰。2011年，苏宁、乐购等国内外知名商家进驻北滘商业广场。

2008年，全镇共有批发零售业企业法人单位255个，其中批发业167个、零售业88个，商品购进总额28.9亿元，商品销售总额26亿元。餐饮和住宿业企业法人单位8个，年营业额8535万元；运输业法人单位18个，年营业额1.46亿元；服务业法人单位142个，年营业额16.05亿元。其中超亿元商业企业6个，包括广东雄峰特殊钢有限公司、北滘镇供销社、盈泰商贸有限公司、天天商业有限公司、庆宏隆汽车销售服务有限公司、托威电机制造有限公司。

2013年，全镇共有批发零售业企业法人单位670个，其中批发业415个、零售业255个，全年商品销售总额81亿元。餐饮和住宿业企业法人单位37个，年营业额2.33亿元；运输业法人单位56个，年营业额2.43亿元；服务业法人单位747个，年营业额47.32亿元。其中超亿元商业企业9个，包括广东雄峰特殊钢有限公司、北滘镇供销社、庆宏隆汽车销售服务有限公司、托威电机制造有限公司、顺路钢铁贸易有限公司、中升雷克萨斯汽车销售服务有限公司、庆丰豹虎汽车销售服务有限公司、明诚电器有限公司、世维汽车销售服务有限公司。

1988—2017年若干年份北滘商品销售额统计表

表7—2—1　　单位：亿元

年份	商品销售总额	限额以上商业营业额	年份	商品销售总额	限额以上商业营业额
1988	7.8	3.31	2008	26	12.78
1992	5.51	2.32	2011	47	27.93
2001	5.6	2.38	2012	73	43.71
2002	15	6.32	2013	81	49.3
2003	16	6.7	2014	138	83.92
2004	16.8	7.04	2015	192	116.54
2005	18	7.58	2016	239	144.73
2006	21	8.95	2017	311	187

二、大型购物商场、超市

（一）华泰商场

1994年，北滘供销社改制。同年与碧桂园公司合作，以原百货门市、烟酒门市为基础，兴建华泰商厦，1995年落成。华泰商厦占地约500平方米，首层二层作为商场经营。

（二）天天商场

位于北滘建设北路，建筑面积5000平方米，经营范围包括百货、服装、食品、糖烟酒、家用电器、建材等。

（三）百惠超市

1999年，顺德市糖烟酒公司设立北滘百惠购物商场，位于在跃进路165号，经营商品2万多种，是北滘镇的“广东省万村千乡市场工程连锁店”及“农副产品平价商店”。

（四）万胜易购物广场

万胜易购连锁经营商场位于北滘工业大道，于2005年底开业，商场经营面积超过12000平方米，零售批发商品3万多种。

（五）柏丽购物广场

位于北滘镇跃进北路，2006年1月开业，集超市、饮食、店铺等于一体。

（六）北滘商业广场（北滘购物广场）

2009年8月，北滘购物广场奠基建设，投资超3亿元，建筑面积达6万多平方米，设有商铺100多间，是北滘镇内首座集购物、饮食、娱乐、文化为一体的现代化购物广场。2011年4月正式封顶，同期已成功引入世界500强零售业乐购超市、苏宁电器、大地影院等国内外知名商家进驻，2012年4月29日开业。

第二节　市场

一、明清时期

明代，圩、市区分明确，“朝聚午散为圩，早晚营业为市”，也有“旧称贸易之场，大曰圩，小曰市，尤大者称埠”的说法。至明万历年间，北滘辖区内有圩无市，计有圩5个，分别是设在都粘堡的桃村圩，新良堡的马村圩，龙头堡的碧江圩、岗头圩，桂林堡的北滘圩。

据清康熙《顺德县志》载：龙头堡（碧江、三桂所在地）“有圩夹水而肆百货，多农商之业”，都粘堡（桃村、西海、高村、璋壁所在地）“余多农商之业”，新良堡（莘村、马村、龙涌所在地）“农什之五工商十二士什一焉，俗最俭朴称谨厚”，桂林堡“简岸多商”，可知，及至清康熙，北滘商业渐次繁荣，圩市增多。据黄培彝等著《顺德县志》记载，至康熙年间北滘境内有圩“都粘之桃村，新良之马村，龙头之岗头、碧江，桂林之北滘”。至清乾隆年间，新增新良堡新村圩。及后，到咸丰年间，三桂村设东市，马村设桑市。碧江是顺德规模较大的稻谷集散地，长堤岸上，坐落长达几百米谷铺，江上停满从广州、佛山各地来的商船。

二、民国时期

早期，“圩”是朝聚午散，“市”则早晚营业，到了清末民国时期，由于蚕丝及蔗糖工业的发展，带动了各地工商业的发展，圩市逐渐增多。民国时期，北滘已设有九圩十二市（广教圩、鸡鸭圩、南村圩、马村圩、德云圩、坝头圩、猪仔圩、莘村圩、北滘圩，德云市、下村市、上村市、埝头市、高桥头市、坝头市、猪仔市、万春市、新市、桥头市、广教市、坤洲市），十二个专业市场。

北滘各圩市之中，主要经营的大宗商品有：

大米：从本地及外地收购稻谷后加工成大米出售，主要销往广州，年销售额约1200万银元，有“广州米价看碧江”之说。

祭祀纸类：祭祀纸是民国期间北滘一大特产，以碧江上下村、壮甲一带生产的会纸、元宝纸、金银纸最为出名，远销至东南亚一带，年销售额430.4万银元。

木材：经营木材的木栏聚集于碧江长堤及聚龙沙，计有15家，主营山姆木、坤甸木、东京木、柚木、什木等，东京木及坤甸木从缅甸进口，其他木材从国内各地购入，年销售额约440万银元。

盐业：主要以碧江苏照林经营的批发行为主，盐从珠江三角洲沿海一带购进，销往南海、番禺、中山及顺德各地，年销售额约72万银元。

鱼苗：以碧江“同兴行”批发为主，从西江进货，再批发售卖至当地鱼农养殖，年销售额达60万银元。

饼类：主产月饼、光酥饼、公仔饼，有“昌隆号”“永同兴”“大盛”“会盛”“洪盛”“安昌”等饼铺分布于碧江一带。以“昌隆号”最大最出名，所产月饼、公仔饼等以出口为主，远销香港及东南亚一带，年销售额达48万银元。

其中知名商品主要有高桥头市“昌隆号”饼家的“月饼、公仔饼”，坝头市“永同兴”饼家的“肚脐饼”，坝头市的“寿板”，以及碧江之“金银纸”等祭祀用品，均远销东南亚各地。

20世纪30年代初，顺德蚕丝业受世界经济危机冲击，经济衰退，北滘商贸大受影响。抗日战争期间，日本侵略军肆虐，百业凋零，境内商业复苏乏力，直至新中国成立前，民贫商困，圩市长期萧条。

三、新中国成立后

新中国成立初期，仍沿袭传统的集市贸易。1959年9月，国务院颁发《关于组织农村集市贸易的指示》和《农村人民公社工作条例》（即“农业六十条”）等文件，指出集市贸易是国营商业和供销商业补充，提出“活而不乱，管而不死”的方针。集市贸易逐步开放，农村产品生产有所恢复和发展。

自1961年开始，北滘逐渐发展起来的市场有碧江德云市场、北滘市场、林头市场，其他各乡也设有圩市。

改革开放后，集市贸易全面开放，北滘商业不断发展，工商管理部门根据各地商业发展情况，投资建设市场。1982年，北滘成立市场管理委员会，有委员11人，由麦强任主任，梁冠钦任副主任。1982—1985年，先后共投资2000多万元，新建扩建市场。1982年，改建碧江德云市场，面积300平方米。1983年，新建北滘南源市场，面积1800平方米，市场内设有72个铺位；同年新建北滘肉类市场，面积2200平方米，内设有10个铺位。1984年，建设北滘蔬菜市场，面积900平方米，内设17个铺位。1985年，新建西海市场，面积1200平方米；同年新建林头市场，面积400多平方米。

1988年，由北滘镇政府投资1000万元，易地兴建北滘市场。新北滘市场占地面积5029平方米，建筑面积1.02万平方米。

1991年，纳入顺德县工商行政管理局直接管理的市场有4个，分别是碧江德云市场、北滘市场、北滘圩市场、南源市场。由工商行政管理部门委托各管理区代管理的市场有14个，分布在莘村、马村、槎涌、黄涌、龙涌、西滘、三桂、水口、上僚、广教、林头、西海、高村、三洪奇。未纳入管理的小型集市有3个，分别是坤洲、现龙、都宁。

2005年6月，北滘领取“市场登记证”的市场共有17个，包括：消费品综合市场14个，农副产品综合市场1个，工业消费品综合市场1个，钢材交易市场1个。其中由公司法人自行投资管理的市场1个，由街道或乡镇投资管理的市场9个。2005年上半年，北滘镇内市场商品总成交额14609.95万元，其中消费品市场成交额6941.15万元，生产资料市场成交总额7665.8万元。

2005 年下半年，鉴于部分市场无建设工程验收证明、无消防验收合格证等原因，注销市场登记证 13 个，登记在册市场共 4 个，均为消费品市场。

2011 年，北滘镇出台《北滘镇农贸市场升级改造工作方案》，开始分阶段对镇内农贸市场升级改造。至 2012 年，合诚市场改造完毕并通过验收，碧江市场、黄涌市场、龙涌市场、广教市场，高村市场、水口市场、上僚市场、马村市场、三桂市场、南源（北滘）市场等升级改造亦同步开展。2012 年，北滘共有各类农贸市场 17 个。至 2014 年，合诚、龙涌、黄涌等 14 个农贸市场升级改造完毕，另外西滘、西海、林头等 3 个农贸市场在 2015 年完成改造。

至 2017 年，除规范管理的大型农贸市场外，部分村（社区）也有自发性的圩市，大多固定举行。如民乐公园对面的碧江圩，每周日开圩；三桂大道旁的三桂圩，每周六开圩；西海大笪地的西海圩，每月 15、30 日开圩；水口市场附近的水口圩，每周六开圩。圩期当日，商品繁多，价格低廉，人流如鲫，叫卖声不绝。东兴路的“天光圩”，经营蔬菜批发，每天凌晨 1：00 至上午 8：00 开市。

碧江市场 位于北滘镇区东 5 千米。建于民国时期，原称德云市，新中国成立后称德云圩，1981 年改建，因在碧江街道地域而改称“碧江市场”。市场占地面积 502 平方米，建筑面积 400 平方米，为柱顶瓦结构，内设固定摊位 32 个，临时摊位 28 个，主要经营鲜鱼、肉类、烧腊、家禽、咸杂、大米、蔬菜及小百货等，是附近各村农副产品的集散地。2011 年，碧江市场进行全面升级改造。

北滘市场 因地处南源路，也叫南源市场，是北滘较大型的综合市场，由镇政府投资 1000 万元兴建，1988 年 1 月开业，占地面积 5029 平方米，建筑面积 1.02 万平方米，为三层混凝土结构。1997—2000 年，先后被顺德市、佛山市、广东省评为文明市场。内设固定摊档 236 个摊档，临时摊档 30 个，底层经营肉类、水产品、蔬菜、副食等。二、三楼经营服装、百货、家电、鞋业、钟表等，是镇区重要的商业经营地。1995 年，市场总成交额 7972.38 万元。

西海市场 位于北滘镇区东南 5 千米西海村，1985 年新建，占地面积 1188 平方米，建筑面积 1000 平方米，混合结构。内设固定摊位 32 个，主要经营鲜鱼、肉类、蔬菜、蛋类、百货，是附近各村农产品贸易集市。

北滘花博园国佳鲜切花交易市场 位于佛山一环北滘莘村段北滘花博园内，2008 年 9 月 1 日正式开业，首期占地近 20 万平方米，包括鲜切花中心交易广场、花卉超市、园艺资材广场、物流广场等，是国内最大型的鲜切花集散地之一。花博园国佳鲜切花交易市场，规划面积超 60 万平方米，首期铺位有 2000 多个。随后逐步向多样化、专业化、规模化发展，建成以鲜切花卉、盆栽植物交易物流为主的专业市场，划分为玫瑰区、菊花区、云南花区、剑兰区、阴生植物区、盆景区、种苗区、鱼虫鸟区、园艺资材区和装卸、储运区、生活区等配套设施。

北滘供销社钢铁中心 首期投资金额约 600 万元，于 1996 年 10 月 22 日开始兴建，1997 年 2 月 20 日建成投产，面积 12300 平方米，其中建筑面积 1700 平方米，堆放商品场地 10600 平方米，铺位 9 间，是年列入顺德大型商业市场之一。主要经营冷轧板、热轧板、马口铁、镀锌板等工业原材料及建筑钢材。1999 年，北滘供销社钢铁中心销售钢材近 10 万吨，销售总额近 4 亿元。

第三节　储运设备

一、仓储

北滘乡民素来重视积谷防饥，据清咸丰《顺德县志》载，“乾隆八年，建都宁司仓，贮存谷米，以防饥馑。”

从 1954 年开始，粮食实行“统一收购、统一销售、统一调拨、统一贮存”。1952—1956 年，顺德改建和新建粮仓 24 座，其中，北滘有 3 座，储量 130 万公斤。至 1991 年，北滘共有粮仓 5 座，储量 310 万公斤。此外一些大型的商业企业自设一定规模的物资存储仓库。1988 年，北滘供销社设仓库 2700 平方米，在春秋两季代储电风扇 29 万台。1993 年实行产权制度改革后，更多的企业将仓库向社会转让、出租。

随着电子商贸兴起，镇内多家品牌制造业企业转型电商并设置相应的仓储，同时镇内配套物流业亦逐步发展起来。2008 年，北滘有仓储企业 1 家，年营业收入 190 万元。至 2013 年，发展至 7 家，年营业额 712 万元。2014 年安捷电商物流园投产，为电商提供规模化、集约式的仓储，全年商品流转价值近 8 亿元。至 2016 年，镇内已有库运通、安捷仓储、飞驰物流、中通快递分拨中心等大型物流企业进入，在北滘设置仓储。

二、运输

清末民国初年，碧江已是西江至广州航运必经之地，碧江码头每日有 70 多艘拖渡及电船往来，商贾云集。

20 世纪 80 年代，北滘设有水运站、陆运站。北滘供销社自组汽车队，有各种汽车 29 辆。

90 年代，社会物流业逐步兴起，大部分的企业雇请专业运输公司代运物资。至 2012 年，北滘商业企业的物资运输，实行自运和雇请专业运输公司相结合的方式，天天商场、万胜易购等大型商业超市设有自行组建的运输队。

三、冷库

20 世纪 50 年代，北滘三洪奇开设水产站。70 年代，开办北滘水产站。80 年代北滘以水产站为基础，筹建冷库，储藏鲜活商品。80 年代末期，粤顺水产品冷冻厂、北滘兴顺食品发展有限公司相继投产，设有冷库，加工生产速冻保鲜出口家禽水产品（冻鸡、鳝鱼、冻蟹等）。

2011年，佛山市顺德区碧丽源茶叶有限公司，兴建茶叶冷库，成为顺德首家茶叶冷库。

第三章 商业行业

第一节 生产资料

一、木材

据1996年版《顺德县志》载，民国时期，碧江木业远近闻名，“木材店铺沿河而设，仅碧江长堤聚龙沙已有15家”。

新中国成立初期，木材经营私商从三水木材供应站进货。对私营商业实行社会主义改造后，木材实行计划分配，木材由顺德县木材公司按计划供应，且以支援农业为重点。

1960年后，木材原料逐渐缺乏。1969年，顺德县分配给北滘公社的木材只有210立方米，北滘到外地组织采伐计划外杉板145立方米，杉头尾30立方米，以解决维修农艇、农具所需，其中解决农艇维修6000多只。1971年，北滘公社财贸战线革委会和生资商店的有关领导亲自带队到广东广宁、广西等山区，共采购毛杉仔55立方米，杉头1400担（1担=50公斤），松叶木方32347条，松叶木材588立方米，什木条43800条，松板材36立方米，茅竹尾35000支以及其他竹木器一批，解决农具材料，一批搁置多年的农艇得以补修再用。

1982年，北滘共组织木材供应1625立方米，比1981年增加580立方米，其中杉木1225立方米，供应农具维修木材800立方米，同时组织毛竹11000支，木油274担。

1985年起，国家取消计划分配，允许各种所有制企业参与生产资料的生产和购销经营。许多企业积极拓展木材市场，北滘木材市场逐步供大于求。

二、金属材料

民国时期，顺德全县对钢材、生铁需求量不大，市面自由交易。1954年起，列入统配物资，按计划供应，优先供应农田水利建设、镇办村办工业，其次为华侨建房。因货源紧缺，民用钢材无法供应。

至20世纪80年代，随着北滘城乡建设发展，工业迅猛崛起，民房兴建增多，钢材需求量激增，成为北滘区的主要大宗商品之一，北滘供销社及部分企业相继开展议价钢材购销业务。1988年，北滘供销社把钢材业务列为开拓经营的主要项目，先后增设物资贸易部、物资公司、物资供应站，并把建材购销部改建为金属材料公司，以现货订购、电话送货、代办运输、串换品种等多种形式与15家村镇企业建立了密切的材料供求关系，并逐步把钢材销售网延展到邻近地区和县外的工厂企业，北滘钢材贸易市场初步出现。是年1—11月，全社销售各种冷轧板、矽钢片、镀锌板等薄板类钢材61420吨，销售额27182万元。

1992年，北滘供销社高度集中人力和资金经营冷轧板等工业原料，从市外、省外大量组织货源，12个购销部，投入近3000万元资金经营钢材。全年销售钢材总量达104929吨，其中销售冷轧板等工业用钢材10698吨，销售钢材总量比1991年增加25015吨；销售建筑钢材16006吨，增加10698吨；钢材销售金额共35673万元。

1993年，钢材市场需求猛增，价格上升，市场畅旺，北滘供销社向生产部门供应冷轧板为主的钢材4.5亿元。全年销售钢材176699吨，金额达8亿元，比1992年增加71770吨。

1994—1999年，因宏观调控，压缩投入，放缓发展速度，材料经营相应减少。1994年全年销售钢材120000吨，金额5.5亿元，废钢铁13000吨。1996年钢材共销售11.67万吨，金额5.58亿元。分别比1995年减少19.29%和24.7%。1996年销售建筑钢材2971吨，销售金额1027万元，比1995年减少1744吨，销售金额减少502.6万元。收购废钢铁业务也大幅度下降。1997年2月，投资约600万元，建成北滘镇钢铁专业市场面积12300平方米。

1998年，北滘供销社以金属材料公司为主，取得上海宝钢集团在顺德地区的专营权，全年钢材销售额达91888吨；二是逐步发展外省业务，既有从上海宝钢、武钢、安钢等购进钢材，也有把进口钢材销出外省；三是尝试开拓国际业务，直接向国外进口冷轧钢板，是年10月，分别两次委托省五矿公司向韩国、日本购进冷轧板2600吨。2001年，北滘供销社钢材销售总量达90047吨，销售总额达19314万元。

同时，北滘供销社在原来废品回收站的基础上组建废旧物资回收公司，扩大废品回收业务，2006年回收废钢铁2200吨，回收值达2863万元。

至2008年，金属材料产业发展成北滘第二大产业，金属材料交易量大幅提升，从传统店铺式经营转变为剪切配送式经营。是年，北滘镇内有佛山宝钢不锈钢加工配送有限公司、广东顺德浦项钢板有限公司、广东星浦钢材加工有限公司、佛山市顺德区华日钢材制品有限公司等多家产值超亿元的钢材工业企业，以及广东雄峰特殊钢有限公司、北滘供销社等销售额超亿元的钢材销售企业。

第二节　农业生产资料

一、肥料

（一）土杂肥

1959年，北滘公社办有肥料农药厂16间，共有职工95人，供应广州肥料15万担（1 担=50 公斤），自制土化肥 3 万担、颗粒肥 7000 担、胡敏酸氨 4000 担、人造尿 283 万担，解决肥料不足问题。

60 年代，肥料农药供应工作贯彻“土洋结合”方针，土杂肥和化肥同时供应。化肥购销品种主要有：硫酸铵、尿素、磷肥、氨水、碳酸铵、硝酸铵等，70 年代后期增加供应钾肥和复合肥。

1961 年，北滘供应化肥 1845 担。1963 年供应化肥 37870 担，石灰 21000 担。

1968 年 3 月，根据省革委会发出《关于调整各种绿肥种籽收购政策的通知》，提出抓好绿肥留种工作，以实现自供自给。北滘供销社积极帮助生产队组织留种紫云英、田菁等绿肥留种，除自给，也上调。

70 年代初，土杂肥逐渐被淘汰。

（二）化肥

化学肥料（简称化肥）包括氮肥、磷肥、钾肥、复合肥等。1981 年实行农村家庭联产承包责任制后，化肥需求量增加。是年，北滘供销社生产资料商店为保证化肥供给，派员到工厂和外省采购，直接从工厂购进化肥 2826 吨，其中尿素 681 吨、碳铵 1500 吨。全年供应化肥 6831 吨，比 1980 年增长 8.7%。为方便社员，采取与生产队结算指标的办法，把肥料直接供应到农户，氨水敞开供应。

1982 年，顺德县氮肥厂停产后，北滘供销社广开门路，从广州石化厂、广州氮肥厂购进尿素 3350 吨、硫铵肥 800 吨，基本满足农业所需化肥。

1984 年，放开化肥价格，实行议价经营，北滘供销社加强横向联系，扩大经营渠道。1984—1991 年，北滘供销社生产资料商店销售农业生产资料总值达 1.66 亿元，销售化肥达 63328 吨，利润 267 万元。

90 年代后，农药化肥市场全面开放，供销合作系统销售量逐步下降，且随着北滘工业发展，农业生产逐渐减少，农药化肥需求亦逐步下降。

二、农药

（一）土农药

1970 年，北滘推行 701、920 微生物农药。1973 年，大力推广 705 土农药。鉴于 705 土农药具有防治效果显著、大幅降低农业生产成本、药源广、使用安全的优点，此后，生产队普遍转入使用 705 土农药。1977 年达 1967 吨，化学农药供应比 1972 年减少 1557 吨，减少农业生产成本 64393 元。1978 年上半年销售 705 土农药 186.75 吨。是年，北滘供销社还根据顺德县委指示，大搞土农药。配制使用土农药 352 吨（其中 705 土农药、敌敌畏、波尔多液、井冈霉素）。

（二）化学农药

20 世纪 50 年代，广东省开始推广使用化学农药。1959 年，北滘的化学农药由北滘供销社经营，北滘供销社自负盈亏，按计划供应。经营化学农药的品种有杀虫剂、杀菌剂、除草剂、灭鼠剂四大类。1605 乳剂等剧毒农药，不售给生产队单独使用，由供销社集中配原药。

1961 年供应化学农药 45. 6 吨。1963 年供应 56 吨。

1964 年 12 月，为减少环节，合理供应，合理使用，省供销社决定将省、县、基层三级经营改为省、县两级经营，基层社代销的经营体制。

1967 年增加除草醚、马拉硫磷、亚胺硫磷、磷化锌等农药供应。70 年代增加供应的农药品种有稻脚青、杀虫双、杀虫脒、稻瘟净、田安、苏化 203、呋喃丹。

1972 年，北滘农业虫害严重，北滘供销社销售化学农药 340. 7 吨，金额 322990 元，占当年农业生产总支出的 7. 2% 。

1983 年 4 月，由于有机氯农药污染作物和破坏自然环境，有害人体健康，停止供应六六粉、滴滴涕等有机氯农药。增加托布津、氧化乐果、杀虫脒、叶蝉散、锌硫磷、除虫菊脂等高效低毒低残留农药供应量。

随后，为适应农村家庭联产承包责任制，方便农民购买农药，北滘供销社开展拆零供应，除剧毒农药外，农药拆装为几克，实行敞开销售。1980 年供应化学农药 20. 13 吨。1981 年供应 2202. 2 吨，其中呋喃丹 11 吨。

90 年代后，市场形成多渠道经营格局，农业结构调整，农药需求量相应减少。

三、农具

1957 年开始，执行农具保价供应（销售价低于成本价）。1962 年 12 月起，为保证农业生产单位对中小农具的基本需要，对犁头、犁壁、耙、锄头、田基刀、禾镰、秧盆、秧铲、禾桶、农艇、手锹、沙耙、水车、风柜、打禾机（脚踏式）、标榜、中耕器、粪桶、尿桶、牛马车、谷围、谷箩、畚箕、桑箩等 24 种中小农具实行保价（售价低于成本价）供应，顺德县根据地方实际增加至 36 种保价供应。进销价倒挂的亏损由供销社以盈补亏解决。

1963 年，贯彻农具以修为主，先修后制作、修制并举的方针，北滘供销社和工业部门组织手工业技术人员协助生产队修补农具，还组织固定修理小组 4 个，帮助社员修补农具。据不完全统计，1963 年共修补农具达 31000 件，其中小艇 12312 只、冬耕大犁 220 部、水车 1987 只、木桶 2399 只、谷箩 3660 只、禾囤 1627 个、其他农具 6000 件。

1970 年前，北滘谷箩年销售量 7000—8000 只；至 1975 年，北滘供销社销售谷箩 16000 多只；1977 年，销量提高至 18000 多只。

70 年代末，由于北滘农具加工单位大部分转产，加工量下降，供销社到外地采购成品或半成品以保证供给。1981 年，供销社组织塑料、铁锹供应，以塑料、铁代木，解决木材提价以及原材料缺乏导致农具价格升高问题。全年组织供应塑料屎桶、粪桶 7000 多只，弥补了木桶的供应。

随着农业生产责任制后推开，农具耗损逐步减少。1981 年，农具销售出现下降态势。是年中小农具销售 96600 件，比 1980 年减少 16500 件，其中铁器农具销售 19118 件，比 1980 年减少 4310 件。木器农具销售 11842 件，比 1980 年减少 6977 件，竹器农具销售 41000 件，比 1980 年减少 11090 件。谷箩、锄帮、木桶下降幅度最大。

随后，北滘执行省、县政策，取消农具保价供应，调整部分品种供应价格，全部实行市场调节价格。北滘供销社消除政策性亏损后，积极扶持手工业部门自产自销和动员农民、退休手工业工匠参与农具生产和维修。

进入 90 年代后，随着北滘工业大发展及农业现代化，农具经营收入锐减。

四、饲料

民国时期，饲料由加工米粮的商铺经营，主要经营米碎、玉糠。北滘设有米市，加工销售大米，日产大米 40 多万斤，生产大量玉糠出售。

新中国成立初期，饲料由国营粮食公司、供销社及私商经营。粮食实行统购统销后，饲料统一由粮食部门主管经营。1959 年，以蔗渣粉代用饲料，向猪场发售，解决饲料供应紧张问题。1960 年以后，外县调入的粮食由稻谷为主转为以大米为主，统糠（原糠、大糠混合物）来源减少，粮食部门大量收购玉米芯、豆梗、蔗渣等加工成杂品饲料。1964 年起，牌价饲料实行对户供应，对饲养公猪、母猪等农户发放 6 款饲料供应证，根据饲料货源和库存情况，按定量供应到户。

1962 年，北滘公社兴建镇办饲料厂，随后，各大队先后办起规模不一的粮食饲料加工厂。80 年代，饲料购销以精料为主。推行家庭联产承包责任制后，农民养鱼从过去以人粪、猪粪、蚕粪、草料等农家饲料转为合成商品饲料为主，饲料经营渠道也相应增多，供销社系统及各镇办企业相继经营议价饲料。1983 年，北滘颗粒饲料厂建成投产（后改名为华星饲料厂），年产饲料 2000 吨，供内销外销。1985 年，华星饲料厂引进荷兰设备，年产全价饲料 10 万吨。随后，饲料添加剂厂投产，年产饲料添加剂 5000 吨。90 年代，随着养殖业的发展，北滘饲料市场供需两旺。

第三节　日用工业品

一、针纺织品

清代，北滘境内莘村、马村、西滘、碧江等地均设有缫丝厂，丝织购销市场相当旺盛。民国时期，各大小圩市设有丝织绸缎布匹商号。

1954 年 9 月起，实施棉布统购统销，棉布及棉布制成品一律凭布票定量供应，是年，城镇居民每人发布票7.33米，农民每人6.67米。1955年9月至1956年8月，布票分三类发放：干部、职工10米，城镇居民8米，农民6.67米。1958年3月至1959年12月，每人发布票11米。

1960年7月，卫生衫裤、棉布衫裤、线衣、床单、线毯、浴巾、睡衣、毛巾被、绒毯等九种针棉织品实行凭布票供应。1960年1月至1961年2月，城乡统一每人发布票5.33米。1963年3月起，毛巾、袜子、汗衫背心亦凭布票购买。1962年起，布匹短缺。1964年，实行交售农副产品奖售棉布，是年农业人口人均有棉布13.9米。1965年9月至1966年12月，城镇居民发布票4.53米，农民3.2米。1965年化纤布、棉化混纺布开始上市，纺织品市场转好。1969—1978年，每人每年发布票4.53米。

1979—1983年，纯涤纶、纯腈纶、棉粘混纺、棉维混纺、棉腈混纺等纺织物大量上市。1983年12月1日起，所有纺织品、针棉织品免收布票，敞开供应，国营商店、供销合作社亦积极参与市场竞争，扩大销售。2008年，北滘共有纺织、服装及日用品批发法人单位7家，年销售额286.4万元，零售门店2家，年销售额6.5万元。2013年，纺织、服装及日用品批发法人单位发展至65家，年销售额180712万元；零售门店15家，年销售额304万元。

二、日用百货

日用百货，旧称洋杂货。清代至民国时期，北滘各圩市均有鞋帽、钟表、眼镜、镜画、蚊帐、棉被、文具、玩具等店铺。

1961年，北滘各乡、圩的日用百货由供销社及其下属门市经营，缝纫机、牙膏、胶鞋、手帕、搪瓷脸盆、皮鞋、布雨伞、手电池等实行凭证供应。1963年底，除缝纫机外，基本取消凭票供应。20世纪70年代，日用百货货源不稳定，香皂、火柴、肥皂、洗衣粉、牙膏不定期限量供应。1979年，供应日趋缓和。1988年，北滘供销社共有百货销售门店75家，零售销售额约2000万元。

90年代，北滘引入一批大型百货商场，如华泰商场、天天商场、百惠超市、万胜易购等。兴建南源商业街、北滘商业广场，日用百货经营成行成市。

三、五金交电商品

明清时期，五金器皿多由工匠在圩市设档自产自销。民国时期，经营五金器皿的店铺渐多，多为前店后坊、工商不分的家庭式经营。

新中国成立后至改革开放前，社会整体消费水平不高，五金交电商品供销平稳。80年代起，北滘家电产业逐步发展，成为远近闻名的“风扇城”，而市民对交电商品的需求和购买能力亦不断增加。

1986年起，北滘供销社开办电器配件厂，为镇内风扇厂供售零部件及五金零件。1988年，共供应排气扇铁外壳26737套，楼底扇铁外壳53273套，电风扇转定子32759套，扬声器盆架346000只，其他五金零件501000件。是年，北滘城乡集体所有制商业系统共购进电风扇 103297 台，销出 102861 台；购进电视机 942 台，销出 620 台；购进洗衣机 1250 台，销出 900 台；购进电冰箱 526 台，销出 4331 台；购进摩托车 120 辆，销出 80 辆；购进缝纫机 3000 台，售出 3000 台。

进入 90 年代，家电产业逐步发展成为北滘第一大支柱产业，本地自产电唱机、电炊具、石油气用具、电冰箱、电饭煲、洗衣机、空调、微波炉、热水器、抽油烟机陆续进入五金交电行业经营范围。至 2000 年，广东银河摩托车集团有限公司投产，北滘摩托车产销量大增。

2008 年，北滘五金交电（含机械设备、电子产品）批发企业 31 家，销售额 5.43 亿元。

2013 年，北滘五金交电（含机械设备、电子产品）批发企业 73 家，销售额 4.81 亿元。

四、日用杂货

新中国成立前，日用杂货由山货店铺经营，货品多从外地购进。产于北滘而运销外地的主要有纸品和竹制品。

纸品盛产于碧江，清中叶主要售往广西、贵州等地，品种有草纸和制作迷信用品的纸箔、会纸。民国初期，元宝纸、金银纸等年均销售额达 400 多万银元。

竹器盛产于北滘同安三乡（西滘、青沙、高村），清嘉庆年间已名声在外，主产品有大宗的搭棚、造艇篷，兼营谷围、谷箩、竹窝、竹筛、竹箕、鸡笼、米箩、菜篮等农用、家用竹制品，一般由生产者自产自销或批发给商贩销售。清末民国初年，同安三乡有 3 间竹织老字号：兴隆栈、永就祥、佑记，还有家庭作坊式商铺 10 余家。抗战期间，竹木器业衰落，至新中国成立前，仅存 8 户，主要编织售卖农用、家用竹器。

1954 年，陶瓷器皿、铁锅等大宗商品由国营贸易公司收购、批发；供销社只经营葵扇、土纸等商品，基层供销社负责农村市场零售。1955 年 4 月起，日用杂品由供销社接管经营，购销范围包括土纸、陶瓷器皿、炊具、日用杂货。

北滘人民公社成立初期，商品供不应求，产妇卫生纸凭证定量供应，铁锅要交旧购新。1961 年，北滘成立地产日用小商品管理机构，加强生产领导，使脱销及半脱销的陶瓷器皿、炊事用具等保持一定的供应数量。

70 年代，部分日用杂货更新换代，样式品种逐渐丰富。改革开放后，随着外向型经济的发展，北滘市面开始发售部分出口转内销的日用杂品、进口小商品等。90 年代后，市民生活水平进一步提高，日用杂品经营渠道增多，价格放开，经营范围、经营品种进一步扩大。

第四节　农副产品

一、蚕茧

明清时期，北滘属桑基鱼塘式半经济半农作物区，境内蚕茧交易繁荣。蚕茧购销主要有三种形式：一是蚕农把蚕茧直接运到茧市，通过茧市和茧贩（俗称水斗）议价成交；二是通过茧栈交易；三是茧贩直接到蚕农处购买“箔头茧”，视蚕茧成色进行交易。

民国时期，顺德是中国南方丝业集中产区，茧市交易旺盛，乐从、陈村等均设有茧市，北滘各乡蚕农就近到乐从、陈村茧市交易。而县境内其他茧栈，亦有运送蚕茧到西滘、上僚、莘村、马村等丝厂。

1938 年顺德沦陷后，蚕茧由日本三井、三菱商行强行收购，蚕农获利极微，纷纷弃业。北滘蚕茧交易迅速萎缩，没落。

新中国成立初期，尚有个体经营的茧市存在。1954 年，成立县缫丝工业收茧站，由厂家直接从茧农处收购蚕茧。

二、塘鱼

清代起，北滘各圩市设有鱼摊交易。

1954 年 6 月，广东省水产公司粤中分公司在三洪奇设立水产供销站。1956 年 6 月，顺德县水产供销公司成立，原三洪奇水产供销站归属顺德县水产供销公司。

1959 年，农民把塘鱼交售给国营水产部门。塘鱼作为二类商品，按照顺德县工商行政管理部门规定，统一价格。由于受“浮夸风”影响，塘鱼生产受到严重破坏，塘鱼凭证定量供应。

1960 年，由于增加鱼饲料供应、管理人力到位，塘鱼比 1959 年增产 33.55%。全年共上调塘鱼 30126 担（1 担 =50 公斤），比 1959 年上调 27131 担，增长 11.04%，当地销售只有 1262 担。

1961 年，实行鱼物挂钩，奖励交售，超额交售部分加价收购，并由外贸部门奖售大米。是年，北滘上调任务 23200 担，实际上调 16967 担，完成率 73.13%。1963 年 10 月，顺德县设立国营水产货栈。允许生产队完成上调任务后，超产的塘鱼可通过代购、代销、代运和协调换取薯莨、茶麸、漂白粉等渔需品。1964 年，塘鱼实行每担鱼奖售饲料粮 50 市斤、棉布 0.5 市尺。1965 年平均每担鱼奖售稻谷 50 市斤。1966 年后，因“文化大革命”对塘鱼购、留政策的影响以及对农贸市场、水产货栈的批判，塘鱼销售受到重挫。

1973 年，规定塘鱼不准在农贸市场自由交易，全部由国营水产（出口）部门收购，实行“一管、二统、三派”政策，只有单一渠道、单一价格，市场供应极度紧张，城镇居民“食无鱼”的情况十分突出。1966—1978 年，每公斤塘鱼平均收购价为 0.76 元。此后，每年在元旦、春节、国庆节和中国出口商品交易会期间，下达指令性上调指标，作为政治性任务完成，水产供销门派出大批干部职工下乡“追鱼”上市。

1970 年塘鱼收购 1752.35 吨。1971 年略有提升，收购量达 1892.6 吨。1972 年塘鱼上调计划 1989.35 吨，实际上调 1624.25 吨，完成上调任务 81.65%。1978 年塘鱼收购 1700.2 吨，完成任务 92.4%，比 1977 年增加 10.1%。

1979—1984 年，北滘塘鱼实行派购政策。同时推行议价收购政策，对农民自留的塘鱼，国有水产公司议价收购。

1985 年后，国家委托供销社主管的二类商品全部取消统派购，把统派购改为市场调节。塘鱼市场敞开，实行议价议销，多渠道经营。渔农可将塘鱼直接运往附近乐从、伦教专业鱼市（鱼栏）交易，或直接将塘鱼售给鱼贩。农贸市场鱼贩亦可自行到鱼栏批发塘鱼再零售。

2006 年，北滘水产品类消费品市场成交额为 627.55 万元；2007 年，水产品交易额提升至 712.12 万元。

三、禽畜

（一）生猪

清代至民国时期，生猪货源来自各乡农户自养，也有部分从江门、新会等邻近县运入。

新中国成立后，供销社开始兼营生猪。顺德从 1955 年 9 月开始实行全县生猪派购派养政策，任务落实到农户，上调、出口计划逐级包干。1956 年，顺德县政府发动农民培育母猪养殖猪苗。1957 年 4 月开始贯彻广东省生猪“三包”（即农业社包生产、包交售、包社员供应）政策，农民的肉食由农业社完成上调任务后才酌量自宰供应。1958 年开始实行猪肉凭证供应。1960 年，北滘公社万头猪场建成，贯彻“私用、公有、公助”和“以私养为主，公养为辅，公私并举”的政策，发展生猪饲养业。是年北滘生猪总饲养量 31570 头，比 1959 年底库存量 9937 头增加了 21623 头，上调 3484 头，自食 1703 头。1960 年，北滘共有猪场 63 个，年末，共有生猪 13785 头，其中含母猪 2384 头、公猪 744 头、仔猪 2566 头、奶猪 5251 头、肉猪 2840 头；生猪育肥任务 200 头，实际育肥 2185 头。

1961 年，执行生猪“卖六留四”政策，留成部分全部向社员兑现，实行多养多食；对集体物质支持社员养猪的，留成部分由养猪户与生产队适当分成。1959—1961 年，肉猪上市量少，上调、出口任务重，肉食供应奇缺。为解决社员肉食问题，北滘公社部分生产队实行“留成到户，队内调剂，分期配给”的办法，食品部门紧密配合，把肉票使用期限延长到三个月。

1961 年，养殖户每交售 100 公斤生猪，奖售 70 公斤稻谷。是年上调任务 990 头，实调 1003 头，完成 101.31%。此外，收购计划外生猪 1502 头。

1963 年 7 月起全省实行生猪统一管理，规定县城镇非农业人口每人每月猪肉定量供应，“四大节日”（元旦、春节、劳动节、国庆）每人总供应量不超过 1 公斤，实行全年“死定量，活供应”办法，货多时多供应，货少时少供应。是年，北滘生猪计划收购 1535 头，实际收购 1540 头，完成计划 100.3%。

1970 年，北滘生猪上市 12673 头，上调 4576 头。1971 年，生猪计划上市 15000 头，实际上市 12221 头，上调 4983 担（1 担 = 50 公斤），完成上调计划的 94%。1972 年，生猪货源紧张，从 2 月 1 日起，国家派购生猪“购六”部分，原则上不再返销农村。是年生猪计划上市 13000 头，实际上市 12594 头，上调 5301 担 5544 头，100% 完成上调计划。1978 年，生猪派购实绩 9839 头，完成任务 73.9%。

1980 年生猪派购由“购六留四”改为“购五留五”政策，农村社队和农民派养的生猪，统一由国有食品公司收购，“留五”部分允许饲养者在农贸市场出售，也可议价卖给国有公司代销。实行“斤猪斤粮”的奖售办法，交售 100 公斤平肚毛猪，奖售玉米或大麦 100 公斤，并实行价外补贴，收购 100 公斤总肉价补贴 10 元。

1985 年 1 月，取消生猪派购政策和指令性的上调、出口计划，开展议价购销，敞开供应猪肉。对原定量供应牌价猪肉的城镇居民实行差价补贴。

90 年代后，北滘各乡肉菜市场逐渐建成，部分大型超市也设立生鲜区，售卖各种肉类。至 2007 年，北滘镇售卖猪肉的市场有 19 家，超市 7 家，且全部与猪肉定点屠宰企业签订协议。

（二）家禽

新中国成立初期，家禽以私人销售为主，1955 年开始，家禽划入食品部门经营。北滘建社后，严格执行上调、出口计划，自供自销指标偏紧，出现“吃鸡难”现象，乡民一般在过年的时候才吃上鸡肉。1960 年，顺德实行活鸡派购，因粮食紧张，各家各户均不敢多养鸡。

1961 年，北滘“三鸟”上调任务 11028 只，实际完成 11962 只，完成率 108.47%；蛋品上调任务 6131 斤，实际完成 6498 斤，完成 105.99%。1963 年“三鸟”上调任务 18938 只，实际完成 20745 只，完成率 109.54%。蛋品上调任务 15460 斤，实际完成 16711 斤，完成 108.09%。

1972 年，活鸡收购进度缓慢，县商业局动员基层供销社组织人力下乡上门收购。是年，收购活鸡 6600 只，上调 5500 只，上市销售只有 1100 只。此后，每年都采用突击收购的方法，完成派购任务。

1981 年起取消活鸡派购政策，恢复蛋禽集市贸易，实行议价购销，多渠道经营，市场趋向繁荣畅旺。随后，北滘积极发展禽畜业，先后建成广源鸡基地，大规模养殖优质肉鸡，年养殖种鸡 11000 只，年产鸡苗 100 万只；禽畜公司下属竹丝鸡种鸡场，共养有竹丝鸡种 7500 只，所产种蛋由禽畜公司孵化，年产竹丝鸡苗 45 万只。因活禽蛋品等产量大增，除供本地自销外，所产禽蛋等还销往广州，以及出口到香港。

2006年，北滘肉禽蛋类交易额为1697.71万元。2007年，肉禽蛋类交易额1670.85万元。

四、蔬菜水果

新中国成立初期，蔬菜水果主要由私商经营，其次为菜农果农自由上市。1956年后，乡村蔬菜合作店由基层供销社管理。北滘建置后，北滘供销社设立蔬菜收购站。

1961年，北滘香大蕉上调任务3533担，实调1258担，完成率35.6%。1963年，香大蕉产量大幅下降，上调任务降为893担，实调818担，完成率91.7%。

大冬瓜一向是北滘的主要蔬菜品种，由北滘供销社安排出口和向大城市供货，70—80年代每年出口量950吨，供应广州市2000吨。同期下属果菜商店平均每年收购冬瓜2000多吨。1966—1991年共收购冬瓜81693吨，其中1977年收购5650吨，创历史最高水平，1987年后，冬瓜种植面积下降，但每年收购量仍保持在2000吨以上，1991年为2494吨。

1987年，收购销往大、中城市和供应出口的鲜瓜菜共2942吨，收购储存冬瓜400多吨。1988年，供销社进一步加强农产品购销，投资30万元，与镇联办农副产品加工厂，开展瓜菜、塘鱼等农产品的加工、冷藏保鲜业务。

2006年，蔬菜类交易额157.59万元；2007年，交易额为147.5万元。

附：北滘传统土特产

1. 北滘粉葛：以“香甜可口、松软无渣”驰名，远销港澳、台湾等地。

2. 隔涌面豆：每年七月至次年正月为收获季节，以“夹大、味甜、香滑可口”出名，在港澳海外享有盛名。

3. 水口柚子：清初从陈村弼教引入种植，主要特点是“水多、肉爽、清甜可口”。

4. 都宁土特产：都宁土特产颇多，如牛奶、独核黄皮、鸭嘴甜桃、胭脂番石榴、石尾降粘米等，其中以牛奶最为知名。

第五节　民用燃料

一、柴炭

北滘乡民素来对生产生活上的柴炭需求量甚大，清代、民国时期，北滘各圩市均有经营柴炭的店铺。柴炭产区的商人常年以木船大批量运送柴炭到北滘境内发售。

1956年后，北滘辖区私营柴炭店铺成立合作商店（小组），归北滘供销社管理，

1958 年并入供销社柴炭门市部。

木炭货源主要来自阳山、河源、和平等县，木柴的货源主要来自英德、怀集、广宁、封开等县。新中国成立初期，木柴木炭敞开购销。

20 世纪 60 年代，木炭由省计划分配，以供应蚕桑生产的需要为主。70 年代增加采购计划外货源。80 年代，北滘木炭需求量大幅下降。1985 年再次敞开购销，允许多渠道经营。

1956 年，木柴被列为国家保价（售价低于成本）供应商品。60 年代实行凭证定量供应，供应对象为城镇居民、机关团体单位饭堂、市场饮食服务行业。1965 年北滘非农业户居民取消保价供应，供销社以不赔不赚为原则，以成本价供应。80 年代，木柴市场放开，购销渠道增多。1983 年起木柴被列为三类商品，实行议价购销，取消凭证供应。此后，随着煤炭、石油气、电力充分供应，木柴需求量锐减。

二、煤炭

民国时期，北滘境内办有多家缫丝厂，对煤炭需求旺盛。其时国产煤多从广州进货，进口煤（主要是越南鸿基煤）多从香港进口。

新中国成立初期，煤炭由国家计划分配。北滘建置后，煤炭由北滘供销社经营销售，县属国营工业（北滘糖厂）用煤由县物资供应局经营。

20 世纪 70 年代后，北滘农村社队企业及镇办企业逐步发展，煤炭需求量增加，逐步出现供需缺口，对城镇居民实行凭煤票供应。

80 年代末期，饮食服务业逐步改用石油气，煤炭需求有所下降。1990 年，取消煤炭计划分配。

三、石油

民国时期，煤油主要由杂货店经营，有的煤油则再由批发商售给小贩肩挑到农村销售。其时，北滘动力机具不多，汽油、柴油供销量很少，以销售照明用煤油为主。

新中国成立后，石油被列为国家通配物资，实行计划分配，由国营百货公司与供销社合作经营。私营商业只准经营零售煤油和润滑油，北滘各乡设有燃料经营网点，遍布境内各大杂货店和供销社门市部。50 年代末期至 60 年代初，北滘各乡“挑灯夜战”修水利、积肥、深耕、改土以及大搞农业机械化等，柴油用量大增。1960 年，顺德县对北滘分配汽油 3 吨、柴油 16.65 吨、润滑油 5.2 吨、煤油 61 吨。

“文化大革命”期间，石油货源一直紧缺，供需矛盾突出。1973 年，对柴油实行凭证定量供应。改革开放后，北滘工业逐步兴起，居民生活逐步提升，对石油需求量连年增加。1983 年，对平价油实行计划包干，不足部分以市价弥补。此后，石油由高度集中的统购、统配、计划管理体制转变为以国家分配为主、市场调节为辅的管理形式。对中外合资企业及补偿贸易等单位改为供应市价油。其他用油部门以 1982 年计划为基数，基数以外全部供应市价油。1984 年 5 月起，市价油敞开供应。

20 世纪 60、70 年代，北滘供销社设有油库。80 年代，兴建北滘加油站。1985 年，北滘兴建珠江加油站，扩大石油储存量。加油站油库容量为 750 立方米，比过去增加 3 倍，设加油表 4 个，柴油机、汽油机、拖拉机和摩托车可同时进站加油，并增加供应 85#汽油。1985 年全年销售“三油”（汽油、柴油、煤油）1423 吨，比 1984 年增加 730 吨。1986 年全年销售石油 1385 吨，总值达 196 万元，其中向外组织计划外石油 1038 吨，弥补国家分配不足。

1986 年起，北滘加油站开通代储、代运、代购石油的服务项目，各单位购汽油或柴油票后可随时提取。1986 年代办油指标 150 吨。另外延长服务时间，加油站营业时间为 6：00 至 21：00，深夜叫门急需加油则照样供应。对用量较大的工厂企业或乡实行免费送货上门。

1988 年，北滘供销社投资 110 万元，迁建新的加油站，油库储油量 500 吨。是年 1—11 月，北滘供销社共销售石油 2288 吨，金额 335 万元。1987—1988 年，珠江加油站征地 5. 73 亩扩建加油站，马村征地 2. 8 亩新建马村加油站，碧江征地 2. 895 亩新建碧江加油站。

1989 年 11 月，开始进口柴油，北滘供销社批发价每升 1. 6 元，零售价最高限价 1. 76 元。随着国有物资企业逐步转为民营，以及越来越多个体、私营企业参与到生产资料经营的竞争，镇内石油销售网点更多，计有供销社加油站、中石油、中石化、富桥等不同商家。2005 年北滘供销社投资，易地迁建新的加油站，扩大加油场地，安装先进的加油设备，燃油销售比旧站增加了 5 倍。

四、石油气

20 世纪 80 年代中期，北滘开始设立机构经营石油气，并逐步批准设置代客充气网点。

90 年代后，民营企业、个体户逐步参与石油气经营，包括充气、送气，代客充石油气，送货上门，实行“三包”（包收空瓶、包充气、包送上门）。同期，在高档生活小区开始引入管道煤气。进入 21 世纪，石油气进入家家户户，实行管道供气和瓶装石油气并行的经营方式。

第六节　医药商业

明清时期，各圩市均有中药铺开设。抗日战争前，仅碧江便有中药店 8 家，前店后仓，部分中药铺设有中医坐堂看病，药材主要从广州进货，部分为自种和自制药。

1955 年，顺德县药材公司成立，经营药材并管理私营药店。北滘建社后，私营药材店划入北滘供销社的药材商店或建立合作店。

20 世纪 60 年代，药材货源紧缺，实行计划分配，黄连、茯苓、金银花、全虫、五味子、党参、当归、生地、黄芪、使君子、半夏等数十个品种，主要来自湖北、陕西、浙江、广西、河北、山东、湖南、四川等地。

70 年代，北滘便有农民自种药材，品种共 20 多种，有首乌、白芷、生地、川弓（1971 年从四川引进种植）、牛七、沙参、龙利叶、党参、淮山、薏米、百合、薄荷、泽泻等。1972 年，共收购生薏米 4000 多斤，以及收购川弓、薄荷、花粉、生地、首乌等，收购额 19852 元。1976—1979 年，北滘收购药材 223 万元，其中首乌 410 吨、生地 523 吨。1982 年收购药材 58400 元。1984 年，北滘设立明兴医药联合公司，专营药材批发，有职工 18 人。

90 年代，鼓励多渠道多形式经营医药商业：凡有医药企业（包括医药批发站、药材店、卫生服务公司等）作为挂靠单位，具备干净、整洁的经营场所，有防暑、通风的仓库，有药师值岗条件的，即可申请经营药品零售。全面放开药品市场后，北滘药品市场多渠道多形式经营结构开始形成。2008 年，北滘镇内共有医药及医疗器材专门零售企业 4 家，职工 30 人，年销售额 66.1 万元。2013 年，共有医药及医疗器材专门批发企业 2 家，年销售额 53 万元；零售门店发展到 12 家，年销售额 629 万元。

第七节　专卖行业

一、酒

明清时期，北滘境内主要由酿酒作坊自产自销各类米酒。民国 24 年（1935 年），碧江有酿酒作坊 7 家。

1952 年 8 月，成立顺德县专卖事业管理所。酒类由顺德县专卖事业管理所委托北滘供销社代卖。

1980 年开始，逐步取消对酒类的计划分配，酒类经营逐步放开，品种增加，市场上各种支装的低度酒（含啤酒）、滋补酒、名酒、洋酒等的销量日增，散装酒相对减少。1996 年开始，酒类不再列为国家专卖商品，酒业市场形成多渠道经营，涌现出酒类批发行、酒庄商店、酒店、酒吧、商场、小卖部等多种形式的销售网点。

二、盐

新中国成立后，盐业逐渐划入国家专营，对盐实行“三统”（即统购、统销、统价）政策。顺德盐业由广东省盐业局属下的分支机构中山盐务局（中山盐业总公司）管理，货源由中山市盐业总公司提供。80 年代前，北滘盐业销售由北滘供销社代为经营，实行统一售价，品种分为粗盐和精细盐，以散装出售。

1979 年，国务院颁布了中国第一个食盐加碘的法规性文件《关于批转食盐加碘防治地方性甲状腺肿暂行办法》，市面开始出现碘盐销售，刚开始市场上销售的碘盐是散装的。1984 年为防止碘盐中碘的挥发，开始出现使用单膜塑料袋包装碘盐，普遍规格为 500 克装。80 年代后期，允许个体户或其他行业商业经营，北滘供销社属下的副食批发部负责北滘全区的食盐批发业务。

1996年开始，强化食盐市场购销管理，食盐的批发、零售实行许可证制度，对食盐的购销实行统一调运、统一经营，按政府规定的价格销售，从市运销企业批给特许批发商，再批发给特许零售商。同年1月1日起，广东省供应的食盐全部加碘。至2016年，加碘食盐零售价为500克包装每包2元左右。

三、烟

民国时期，北滘的卷烟购销量起色不大，以自产自销烟丝为主。

1953年，卷烟实行专卖，货源由上级公司分配，县专卖事业（后称专卖事业公司）负责批发，农村委托基层供销社经营，零售烟店、烟摊凭许可证按分配计划进货。1959年起，卷烟被列为二类商品，实行计划管理。

60年代初，卷烟货源奇缺，烟丝供不应求。1965年，卷烟货源充足，低档烟供过于求。1967年，卷烟市场发生变化，高中档烟货源充足，低档烟反而不足。70年代，卷烟货源充裕，卷烟消费结构从低档转向中高档。

1981年11月起，全面调整卷烟售价，中高档烟供应从紧张趋向缓和，销量增长。1998年，香烟销售90258条，销售金额204万元。1999年，香烟销售117687条，销售金额230万元。进入21世纪，市民保健意识增强，香烟销售有所回落。

第四章　粮油商业

第一节　管理体制

民国之前，粮食由私商经营，在灾歉之年，官府亦介入调控管理。

新中国成立初期，粮食仍以私营为主。1954年，国家实行粮食统购统销政策，关闭粮食自由市场。1959年，北滘的粮食由粮食部门实行统一管制、统一经营，实行统购统销。1963年，北滘建立粮油交易门市部，负责全公社粮油征购和销售经营。

1979年3月，开放农村粮食集市。1983年，粮食部门从管理转型向经营，以粮食管控为主，多种经营，立足本镇，面向各地。

第二节　粮食收购

清朝后期，碧江是顺德重要的粮食经营地，不仅收购当地的粮食，而且还大量从越南、泰国、缅甸购进大批大米。

1954年夏，粮食实行统购统销，粮食购、销、调、存、加工均通过国家计划渠道进行。北滘作为顺德水稻生产大区，所生产的粮食，要按国家安排计划，上调公粮，出售余粮。1955年3月，实行粮食“三定”（定产、定购、定销），以农户为单位，确定常年计划产量和统购统销数量。1956年，粮食征购对象由农户改为农业生产合作社，粮食购销以原来农户的“三定”为基础，作为上调任务。

1960年，北滘区粮食总产16526吨，上调国家8788.4吨。

1961年，粮食总收购48587吨，其中稻谷收购5380吨，粮食总销售额502168元。是年，根据省委决定，北滘粮食征购以生产大队为计征单位。此外，为鼓励生产队多交售余粮，在征购基数任务之外，用工业品奖售办法向农民换购粮食。

1966年，粮食征购政策从“三年不变”改为“六年（1965—1970年）不变”，对增产地区的余粮征购，实行“三超”（即超产、超购、超奖）。1972年，国家调整征购任务，重申实行“一定六年”的政策（1961—1966年称为“换购”，1967—1970年称为“三超”，1971—1984年称“超购”）。在粮食统购方面，上僚、水口、莘村、龙涌、马村等村有余粮任务，每年约600吨，由马村粮站负责收购。

1977年，黄豆上缴8.5吨。1978年，北滘粮所大力宣传“节约用粮、计划用粮，广积粮食”的好人好事，鼓励生产队多交粮食，公社超额完成国家粮食征购和黄豆、花生上调任务，黄豆总入库250吨，超额完成上调任务42.85%。花生收购总入库131吨，超额完成任务。

1981年，推行联产承包责任制，交售粮食单位由队变为户，征购政策“一定三年”，并把征购与超购比例从原来4∶1调为3∶2。1984年，在国家征购粮食同时开放农村粮食集市。农民完成征购任务后，凭大队证明，可到市场出售。

1985年，根据中共中央、国务院发布《关于进一步活跃农村经济政策的十项政策》，取消粮食统购，改为合同定购。定购外的粮食可以自由上市。合同订购的粮食仍然纳入国家计划管理的粮食。按原来的征购任务执行。粮食统购超购价改为按“倒三七”比例价作为合同定购价，即三成按原统购价，七成按原超购价。油脂、油料按“倒四六”比例价作价。每超购50公斤贸易粮（小麦、大米、玉米、大豆和其他粮食品种的统称），奖售化肥20公斤。

1987年，为提高农民种粮、交售粮的积极性，全国实行粮食合同定购“三挂钩”政策，规定每定购50公斤贸易粮拨付优质标准化肥3公斤、柴油1.5公斤，合同定购粮食按计划价款的20%发放预购定金。1989年，挂钩化肥的标准提高至15公斤，1991年提高至25公斤，并将粮食合同定购改为国家定购。

1992年4月1日起，按照“计划指导，放开价格，加强调控，搞活经营”的原则，对粮食购销管理体制作进一步的改革。开放粮食购销经营和价格，国家定购任务，除农业税（公粮）继续征收实物外，其余改为指导性计划收购；定购任务以外收购的粮食，价格随行就市。

第三节　粮油经营

一、粮食经营

清末，碧江长堤一河两岸，谷铺林立，贸易旺盛。

民国前期，碧江米业仍兴盛，北滘各圩市设有各种粮油铺栈。

1953年，国家实行粮食统购统销政策后，私营粮商不得经营粮食，由粮食部门委托供销社代销粮食，当地农民和城镇居民用粮食分户供应册，按月定量供应。1956年下半年改用粮簿购粮。

1959年，顺德粮食调入不足，供应紧张，人均配售粮食从每月13.75公斤降至8.19公斤，北滘出现缺粮现象。

1963年，根据中共中央《关于粮食的工作的决定》，北滘开放农村粮食集市，并开展粮食议购议销。

1964年，粮食供应开始缓和，顺德县粮食部门按不同年龄阶段制定每月粮食供应标准。

1964年北滘公社粮食供应标准详表

表7—4—1　　单位：公斤

年龄	月供应量	年龄	月供应量	年龄	月供应量
1岁	3.5	6岁	7.5	12岁	10.5
2岁	4	8岁	8.5	13岁	11
3岁	4.5	9岁	9	14岁	11.5
4岁	5.5	10岁	9.5	15岁及以上	12
5岁	6.5	11岁	10	经济作物区劳动力	13

1972年，经济作物区成人粮食月供应提高到14公斤，城镇居民和经济作物区的小孩口粮供应，在1964年的基础上，每月每人提高0.5公斤，初中学生调为13公斤，高中学生调为14公斤。

1991年5月1日开始，根据广东省人民政府发出《关于调整粮食购销政策的通知》，北滘全面调整粮食统销价，把供应城镇居民大米的统销价，在原来价格的基础上每50公斤提高15元，供应农村的平价粮食与城镇同价销售。从1991年后，建立议价粮食批发市场，凡一次买卖超过一定数量都必须进入批发市场，不得在场外交易，议价粮食批发业务主要由国家粮食企业经营，其他粮食经营者以零售为主，个体经营者不得经营粮食批发业务。2001年7月，全面实行粮食购销市场化改革，粮食供应充裕，供求平衡，粮价稳定。粮食市场全面放开。

二、食油购销

北滘作为经济作物产区，食油货源以外地购入为主，各圩镇均有油坊、油店开设。1957 年，食油由粮食部门经营，食油定量凭证供应。城镇居民每人月定量供应生油 0.2 公斤，农民食油由农村集体以物易物或间种花生解决。

1963 年，开放食油、油料集市，实行议购议销，食油供应状况好转。

1971 年，食油货源再度紧张，北滘居民每月 0.2 公斤定量指标多以豆油、菜油替代。1976 年，为解决居民食油困难，北滘增大花生种植面积。1979 年，北滘人均年食油供应 2.25 公斤。

80 年代，食油紧张局面缓解，实行议价议销，多渠道经营。1985 年，花生油每 50 公斤 170 元，茶油每 50 公斤 169 元，菜油每 50 公斤 142 元。

1988 年 4 月 1 日起，取消食油定购统销，放开价格，全面实行市场调节。给予干部、职工差价补贴。给每个干部、职工每月补贴 1.49 元，随工资发放。大中专学生每人每月补贴 0.94 元，一年补 10 个月。供应工商行业用油和农村缺油农民的食油不予补贴。1990 年后，食油市场供应充裕，多渠道经营食油，从而终结二十多年来粮站单一经营食油的历史。

第五章　服务业

第一节　饮食业

民国前期，北滘饮食业十分兴旺，各圩设有饭肆、茶楼，其中碧江就有茶楼 15 家。

北滘建社后，饮食业归北滘供销社经营。截至 1981 年，北滘有饮食业门市部 9 家，职工 99 人，包括大同茶楼、北滘冰室、北滘饼厂，以及西海、林头、三洪奇、莘村、西海、碧江茶楼。其中经营承包的门店 2 家，14 人采取全奖全罚的利润承包形式。

1983 年，扩大国营、集体饮食业企业自主权，小型门店交由职工承包或租赁经营。1985 年后，北滘陆续办起多家大型的饭店、酒家等，计有小蓬莱酒家、碧江明园（松明阁）酒家等，实行大、中、小结合，高、中、低档并举，宴会酒会、筵席包桌、散座点菜、快餐便饭丰俭由人。茶位价视茶叶品种及厅堂设备不同而定，按每位茶客计算。

90 年代初，北滘各村、街道陆续办起 14 间茶楼，投入资金共 24 万元，职工约 100 人，每月营业额 420 万元。

90 年代中后期，集体企业逐步退出饮食市场，个体私营成为饮食业的经营主体。

随着北滘经济迅速发展，南来北往、中外交流，各菜系、各流派，以及各种连锁快餐，纷纷在北滘设点经营；而本地饮食店铺，也根据市场的变化，不断推陈出新。饮食业逐步形成多元化经营。食肆从原来的聚集于闹市中心逐步延伸到旅游景区、各乡村。北滘镇各类食肆鳞次栉比，在南源路、北滘文化广场附近，形成“食街”。

进入21世纪，北滘将饮食业管控重点放在食品安全上。2004年，北滘成为顺德首个实行食品加工集中统一管理的镇街，饮食业安全监管在全镇全面普及，随后，北滘建成全镇统一的熟食加工场——康鹏熟食加工场。至2006年，北滘镇内销售的熟食品（烧腊、豆腐或其他熟食）95%以上来自康鹏熟食加工场。康鹏熟食加工场所加工的熟食，除镇内自销，还销往其他镇街。至2007年上半年，北滘、合诚、德云、广教、槎涌、林头、西滘、龙涌、三桂、三洪奇等10个市场，天天、新喜源、金百惠、万胜易购、惠康、裕源、碧桂园顺益街便利店、碧桂园西苑超市、三洪奇华佳、碧江新上新等10个商场，以及南源商业街、跃进中路、济虹路、建设路、南昌路、坤洲中路、跃进北路、槎涌大道、东风路、燎原路等10条街道，均被列为食品安全监管重点。2006年底，饮食店（包括酒店餐饮）166户。

自2006年，顺德连年举办“中国岭南美食文化节”，并逐步办成顺德区乃至整个华南地区重要的美食节庆品牌，北滘作为分会场，带动饮食业加速兴旺。2012年第七届中国岭南美食文化节，主会场更设在北滘。中秋国庆期间，北滘主会场7天人流量超过120多万人次，152个展位美食总销售额突破1000万元。

第二节　旅业

20世纪90年代以前，北滘的旅业尚未形成规模。最早的旅店建于1967年，由北滘供销社经营，全店只有3—4间客房，工作人员1名。70年代中期，到北滘洽谈业务的外来人员逐渐增多，小旅店已无法满足入住需求。1976年，北滘旅店建成营业。该旅店位于北滘糖厂（现北滘文化广场）附近，有三层，约30间客房，每层有公共卫生间，各客房设床位3—4个，设施简陋。

20世纪80年代，通过中外合资、银行贷款等形式，北滘逐步建立起一批中高档酒店。1987年，由澳门恒艺建筑公司投资46.97万美元，北滘旅行社投资215.27万元，建成小蓬莱宾馆，员工约170人，主营饮食、商场及旅业。1989年，由碧江街道办事处和旅港邑人苏耀明合资建成碧江明园（松明阁）酒家，时为北滘规模最大、档次最高的酒店。1991年，明园（松明阁）酒家营业额达654万元。

进入21世纪，随着工商业发展，投资商考察交流日渐增多，以及北滘境内旅游资源进一步开发，国内大型连锁酒店，如7天连锁酒店、如家快捷酒店、柏高商务酒店等连锁酒店进驻北滘，北滘旅业逐步兴旺。镇内四星级酒店有碧桂园度假村酒店，三星级酒店有高升酒店，二星级酒店有小蓬莱宾馆。2010年，国际豪华品牌酒店金茂华美达酒店正式营业，2012年被评为五星级酒店。

2013年，全镇住宿及餐饮业企业37家，从业人员1740人，全年营业额23293万元。其中，限额以上（年主营业务收入达到或超过200万元）住宿餐饮业28家，从业人员 1352 人，年营业额 20184 万元；限额以下住宿餐饮业 9 家，从业人员 388 人，年营业额 3109 万元。至 2016 年，北滘镇内共有星级酒店 4 家，其中五星级 1 家，四星级 1 家，三星级 1 家，二星级 1 家。

小蓬莱宾馆 位于北滘镇蓬莱路，建于 1987 年，属于北滘镇中外合资企业。四周建有亭、台、楼阁、石山、水池，绿树成荫，环境优美，犹如“蓬莱仙境”，故名。占地面积 6600 平方米，建筑面积 6300 平方米，初期员工约 170 人，经营餐饮、旅业、商场、停车场等。其中有高级双人房和别墅套间 58 间，分设大餐厅和贵宾厅，可同时容纳 480 人就餐，此外还有会议厅、咖啡厅，是集会议、餐饮、住宿于一体的中高档宾馆。

明园（松明阁）酒家 位于北滘镇碧江，地近广珠公路。1989 年，由旅港邑人苏耀明与碧江街道办事处合资兴建，投资共 1700 多万元，占地面积 1.67 万平方米，建筑面积 1.07 万平方米，楼高三层，外形仿古，红墙黄瓦，斗拱飞檐。内设高级房座餐厅 12 间，贵宾房 9 间，茶厅设备高档，可筵开 80 席，供 960 多人同时就餐，另设停车场。

高陞酒店 位于北滘镇区广珠公路旁，属私营企业。建于 1994 年，取蒸蒸日上，步步高升之意。占地面积 7400 平方米，建筑面积 11000 平方米，有员工 200 人，设有卡拉 OK 房 9 间，餐厅设 50 席，同时可接待 500 人就餐，名菜有家乡彭公鹅、北京片皮鸭等。高陞酒店是三星级酒店。

碧桂园度假村酒店 位于北滘镇碧江大桥侧，建于 1992 年，因在碧桂园，并对国内外游客开放，故名。占地面积 4 万平方米，建筑面积 9000 平方米，员工约 600 人。设有购物中心、中餐厅、西餐厅、旅业部、歌舞娱乐室、卡拉 OK 室、游泳池、网球场、羽毛球场、溜冰场、高尔夫练习场、游戏机室、桑拿浴室、医疗所、儿童游乐园、停车场等，还有 10 万平方米的山顶公园，属集吃、住、游、玩于一体的场所，是四星级酒店。

金茂华美达广场酒店 位于北滘镇林上路 2 号，是北滘第一家按国际五星级标准兴建的大型涉外商务酒店，2010 年正式营业。金茂华美达广场酒店由温德姆国际酒店集团旗下 RAMADA 品牌特许经营管理。

金茂华美达广场酒店拥有 317 间客房，设中餐厅、西餐厅、日本料理、休闲娱乐以及 1200 平方米的无柱多功能厅、商务会议室。2012 年，金茂华美达广场酒店被评为五星级酒店。

第三节 美容美发业

改革开放前，北滘理发行业以流动摊档（俗称剃头佬）经营为主，档主只需一个理发袋、一张小凳子，或在街上再挂块镜子，便开始营业。20 世纪 70 年代，北滘开办一家合作理发店，位于如今的北滘镇跃进路。理发店有 7 个理发位，每个理发位设有手推剪、玻璃镜、吹风筒、梳子，一张可升降的磨盘椅，理发价格为每次 0.15 元，理发师傅每月工资约 20 元。

1980年，恢复个体理发店，各乡、村开始设有固定理发店，俗称“飞发铺”，除传统理发外，逐步增加洗头、洗脸等增值服务。90年代，个体私营理发业迅速发展，普遍称“发廊”或美发美容中心，服务设施和环境大为改善。配置各式洗、理、染、烫设施，一些高档店铺还引入港澳时尚美容美发设计概念，设有电脑分析仪、电脑发型设计系统等等，服务项目也从一般洗发理发转向美容美发，包括洗、剪、吹、烫，到护肤、化妆、发型设计、护发、染发。

进入21世纪，北滘出现各种档次的美发美容场所，有小型美容店铺，也有中高档美容会所。美容项目包括基础的皮肤清洁、美白护理、抗敏祛皱到功效性的激光祛斑、光子嫩肤等，还有减肥、推拿、针灸等身体保健。美发美容收费从每次几元，到几十元，中高档的达几百元甚至数千元；缴费形式也有即时清结、储值式月卡、年卡结算等方式。至2015年，北滘共有各类美发美容店铺70多家。

第四节　摄影

20世纪80年代前，北滘只有一间照相馆，采用黑白冲印系统，当时主要经营照相、冲印等简单业务。店员仅3人，分别负责照相、修底片、晒相。

80年代中后期，北滘摄影业有所发展。至90年代中后期，个体私营摄影店铺逐步兴起，经营业务亦从传统的照相、冲印、扩印逐步转向相架售卖、婚纱摄影、艺术写真摄影、产品广告摄影、旧相翻拍、证件照摄影等。随后，柯达、柯尼卡等冲印摄影连锁店相继落户北滘，一些婚纱摄影、艺术写真摄影专门店逐步开设。

80年代初期，主要采用黑白冲印系统。至90年代末，随着数码技术和数码相机的应用，数码摄影冲印也逐渐普及，全镇摄影业呈现多元化发展趋向。

至2015年，全镇注册登记摄影店超40家，全为个体私营商业。

第五节　娱乐休闲业

民国时期，北滘的文娱活动以上演粤剧为主。新中国成立后，文艺宣传队、电影放映队到各村巡回演出、放映电影，成为农村文娱活动的重要部分。

20世纪80年代，北滘市民娱乐休闲活动以户外体育活动、户内歌舞、卡拉OK、录像（电影）放映、电子游戏等为主。1982年，北滘仿广州友谊剧院建成北滘影剧院，作为北滘放映电影、文艺演出的主场地；随后，各大型酒店、娱乐场所，如高陞酒店、金三角酒店等，均建有卡拉OK房。90年代以后，录像放映室、电子游戏室、桌球室等逐步兴起。到21世纪初，大地影剧院、爱的3D影城、比高影城等电影院纷纷落户北滘。

此外，北滘活力体育中心选址于北滘镇新城区，从2003年开始兴建。占地12万平方米，被广东省体育局命名为“广东省休闲体育训练基地”，是佛山地区首个大型的集运动（羽毛球场35个，室外网球场6个，标准轮滑竞技场地，五人足球场，室外篮球场）、休闲、娱乐、住宿、饮食和展览于一体的多功能综合性运动休闲场所。

至2015年，全镇工商注册的娱乐服务业网点有13家，涵括电子游戏室、酒吧、卡拉OK店、电影录像放映室等。

第六节　物流业

2009年，中国美旗控股集团投资的华南国际采购与区域物流配送中心项目正式落户北滘，项目总投资达26亿美元，项目总用地面积3500亩。首期已注资500万美元，计划用地500—700亩。2010年，美旗物流城项目一期用地招拍挂项目全面启动。同年，区经济促进局《佛山市顺德区物流业发展规划（2010—2020）》正式出台，对北滘物流业起到指引作用。至2015年，由于北滘电子商务蓬勃发展以及慧聪家电城、北滘淘商城等的聚集效应，配套物流业飞跃发展。安捷物流、库运通、飞驰物流、中通快递等物流巨头先后进驻北滘。

第七节　现代创意产业

2008年，北滘现代服务业加速发展，工业设计和创意产业招商取得重大突破，“国家工业设计与创意产业（顺德）基地”和“顺德工业设计园”落户北滘。

2012年6月，由顺德区人民政府与美的集团共同出资6000万元建成的南方智谷美的创业园开园，首期进驻有来自日本、德国的9家高新技术企业。是年，北滘商务展览、电子商务、信息服务等现代服务业获长足发展，慧聪中国家电电子商务交易中心项目落户北滘。2016年3月，慧聪家电城开业，吸引飞鱼电商、小冰火人等顺德电商龙头企业进驻。同年9月，广东（潭洲）国际会展中心首期五个展馆启用，成为全区、全市制造业展览标杆平台。至2016年，广东工业设计城进驻企业共196家。2017年，慧聪家电城转型，建成集吃、喝、玩、乐、住、赏、购于一体的顺德最大商业综合体，规划布局家电区26485平方米，建设超10000平方米的超市、4453平方米的电影院、超2000平方米的KTV、超8000平方米的餐饮区，此外规划39000平方米的停车场，配备停车位达1500个，数量之多为顺德之最。同年，北滘淘商城升级为广东顺德电子商务创业孵化示范基地，并增加七大功能分区，包括创业体验区、大学生创业区、顺德区创新创业学院、顺德创业服务网、视觉营销服务中心、电商广场、“互联网+”创新体验馆。

第八篇 外贸经济

明代，碧江是顺德较早发展对外贸易的圩镇。到清末民国初年，辖区内林头、北滘、广教、莘村等乡的刺绣远销到西班牙、菲律宾、英国、法国、德国、意大利，成为广东省广绣出口重地。

北滘大规模对外贸易始于20世纪80年代。1982年，北滘以“三来一补”（来料加工、来样加工、来件装配、补偿贸易）形式，引进港资，兴办永强雨衣厂和南海手袋厂。1984年，南方电器厂开始出口吊式风扇，实现北滘家电产品对外贸易零的突破，至1989年，北滘成为全国风扇出口重要生产基地。1985年，北滘首次引入外资，兴办顺德县惠而浦蚬华微波炉制品有限公司。1986年起，按照贸工农方向，农业调整出口产品结构，注重出口产品生产体系的建设，实行繁育、饲养、饲料供应、产品销售、外贸出口系列化经营，扩大鲜活农副产品出口量，拓展国际市场，直接参与国际经济大循环。1989年，北滘镇办企业出口创汇6033万美元，至1990年，提升至7675万美元，升幅达27%。1992年2月，国务院副总理田纪云视察北滘，认为北滘“种养加、农工贸、内外贸相结合是农村现代化的希望”。是年底，全镇外贸收购总值10.2亿元，占工农业总产值的31.5%，出口创汇1.2亿美元，居全国乡镇前列。

1993年后，进一步提升开拓国际市场的能力，按照国际标准的要求，促进工业上规模、上档次、上水平，在产品销售上，形成国内外市场并举的新格局，出口创汇总额跃居全国镇级前列。与此同时，加大引进外资力度，至1996年，先后引进美国惠而浦公司、卡夫公司，日本日清公司，韩国浦项公司、三星公司，意大利先达公司等外资财团在北滘投资办厂。是年，北滘出口业务保持较大的增长幅度，年出口创汇总额2.56亿元，比上年增长28%。

1997年，北滘镇人民政府提出“加大招商引资力度，大力发展外资企业”，要求有关部门强化服务意识，为招商引资开绿灯，促进外贸企业资本多元化，使民营企业和外资企业成为对外贸易的主要力量。1999年，全镇“三资”企业达113家。外贸出口总额3.2亿美元，比上年增14%。

2000年后，以国家加入世界贸易组织的契机，适时调整招商引资政策，规范政府部门的职能行为，重组招商架构，发挥海关、银行、税务、工商等部门作用，建立跨部门的引资协调联动机制，为企业营造较好的对外贸易环境。2010年，全镇出口交货总值405亿元，占工业总产值的29.56%。

2011年后，以科技驱动、资本推动、项目带动、管理创新等方式，推动传统制造业优势提升，引领外贸企业发展和产业转型升级。2016年，龙头企业加速全球化、多元化步伐，依托美的全球创新中心、广东工业设计城、中国慧聪家电城等产业平台，推动家电产业链向高端延伸，形成高效率、有特色的外贸家电产业体系。2017年，全镇产品出口额达400.1589亿元，比2010年增长126.7124亿元。

第一章　对外贸易

第一节　出口贸易

明代末期，顺德开始出口刺绣，以北滘林头为著名，颜色鲜艳，工艺精巧，外商争相采购。清代后期，碧江生产的冥衣、纸钱、纸元宝，远销东南亚各国的华人区，在广州、香港设有经销商。民国前期，莘村、马村、西滘缫丝厂生产的蚕丝，通过丝庄卖至洋行出口。顺德刺绣以北滘、林头一带最发达，有经纪商40多家，林头的绣花户有800多家、2000多人，北滘地区的妇女90%以上从事刺绣业，产品供出口。此外，北滘较大宗出口商品还有纸扎品、竹织品。纸扎品以碧江、三桂为主，竹织品以西滘、青沙、高村尤盛。

新中国成立后，北滘蚕丝生产由县丝绸支公司收购，上调省丝绸公司出口。1967年后，北滘绣花厂为广东省纺织品进出口公司加工生产刺绣工艺品。从1973年起，北滘塑料厂少量生产塑料、墨盒供出口。1982年出口额为80.8万元。农产品出口，20世纪50年代至70年代，北滘向香港、澳门出口“四大家鱼”、生猪、冬瓜等农副产品，由北滘供销社收购后交给县外贸易公司统一出口。

1979年后，随着社队企业迅速发展，北滘家电工业开始进入大发展阶段，北滘出口产品从农副产品逐步转向以家电、机电等产品为主。1984年，国家批准佛山市开展计划外代理出口，北滘企业开始直接与客商签约、成交、结汇业务，工业主要出口产品有豪华型吊扇，36、42、48型吊扇，皮革钱包，塑料雨衣和纸制品，是年出口产值830.71万元，出口创汇563.87万港元。1988年，北滘实施“两头在外，大进大出”“产品销售向外向型转化”方针，各企业加强经营管理，调整出口商品结构，注重营销效益，重视出口商品生产体系建设，掌握适销对路又稳定的货源，如风扇系列产品、微波炉、钢木家具、石油气具、电容器、皮革、服装等商品，不仅销往香港、澳门，而且开始销往东南亚、欧美、日本等20多个国家和地区。1989年，北滘重点发展家电和家具外向型企业，出口产品包括电风扇系列产品、钢木家具、微波炉、石油气具、包装材料、饲料等6大类。其中出口各类电风扇500多万台，分别占美国、加拿大市场的20%和60%。全镇出口产值达5.5亿元，出口创汇达8064万美元，比1988年增长60%。另外，皮革制品、纺织服装、家具制品、塑料制品、轻工制品的出口，保持上升态势。

皮革制品　1982年，北滘办起首家“三来一补”企业——永强雨衣厂。1983

年，又办起南海手袋厂、美林皮革厂、佳而美袋类制品厂。1984 年，共加工出口皮革钱包 531.83 万个、人造革皮手袋 101.28 万个。1986 年，南海手袋厂生产幸运牌真皮、人造革皮及编织女装手袋，出口占产值的 80%。1989 年，南海手袋厂出口创汇 365 万元。1987 年 2 月，槎涌农工产品购销部与香港利发公司合资的利发制革厂有限公司，生产加工的生皮料 100% 外销。1988 年开业的迅发鞋业有限公司，生产各类男女皮鞋，内销占 30%，外销占 70%。至 1989 年，全镇镇办企业皮革制品出口 2100 万件，出口创汇 1620 万元。

纺织服装 1984 年，北滘刺绣厂出口刺绣品 603 件，创汇 3.01 万元。北滘依达服装厂来料加工出口服装 175.08 万件，创汇 11.84 万元。1987 年 8 月合资兴建华达西服有限公司，生产各类时尚服装，外销率占 70%。至 1989 年，全镇镇办企业服装出口 128 万件，创汇 565 万元。80 年代后期，北滘刺绣厂转营生产，从而结束百年刺绣品出口业务。

家具制品 1986 年 6 月，合资建成中兴家具材料发展公司，所生产的静电植绒布，外销率占 70%。北滘华龙家具有限公司、北滘华润家具公司、顺德区锡山家具有限公司所生产的家具远销美国、日本和欧洲、澳大利亚、东南亚等地。至 1989 年，全镇镇办企业出口家具 15 万件，创汇 638 万元。

机电产品 1980 年，北滘机电产品主要通过国有外贸公司收购出口。1984 年起，开始自营出口。1984 年、1986 年、1987 年，南方电器厂出口电风扇创收分别为 754.36 万元、500 万美元、670 万美元，成为广东省轻工业品进出口公司定点出口企业。1987 年，裕华电风扇出口创汇 100 多万元。1987—1989 年，美的风扇厂出口创汇分别为 200 万美元、800 万美元、1400 万美元，被国务院批准为“机电产品出口基地”。蚬华微波炉制品厂于 1988 年建成投产。1987—1989 年，全镇出口风扇分别为 95.9 万台、254.4 万台、387.5 万台。1989 年，全镇出口微波制品 8.1 万台，创汇 4800 万元。

塑料制品 1984 年，永强雨衣厂来料加工出口塑料雨衣 81.72 万件，金额 25.21 万元。1985 年上半年韦利玩具厂加工出口塑料玩具 18.84 万件，金额 1.73 万元。1986 年，北滘三洪奇友谊橡胶厂生产橡胶雨鞋、雨靴，销至美国、加拿大。

轻工制品 1984 年，北滘纸化厂出口纸制品 4.15 万条，创汇 72.91 万元。1985 年，珠江包装公司、美安达彩印包装有限公司开始出口纸箱、彩盒等包装材料。1987 年后，富华漆包线厂开始出口漆包线，主要销往东南亚，1989 年该厂出口创汇 330 多万元。

1990 年，北滘出口创汇达 9000 万美元，占工业总销售值的一半，其中农业出口创汇 1128 万美元，出口市场遍及五大洲 40 多个国家和地区。

1991 年，北滘镇村企业出口产品交货额 88035 万元，创汇 10608 万美元，主要出口电器产品包括电风扇 448 万台，微波炉 36 万台，木家具 13.5 万件，分别比上年增长 5.9%、44%、26%。1992 年全镇共有外向型企业 63 家，外贸收购总值 10.2 亿元，占工农业总产值的 31.5%，出口创汇 1.2 亿美元，位居顺德各镇之首。

1993 年，北滘发展以养殖为主的“三高”农业，推动农业外向型经济发展。镇农业公司同港商合股经营养殖场，饲养出口优质肉鸡和鳗鱼，年产值1850万元，利润283万元。曼丰鳗业有限公司从养鳗起家，逐步成为集培育、养殖、加工、烤制、出口销售于一体的贸工农企业。1997年，拥有鳗鱼养殖基地3000亩，年产鳗鱼3000吨，加工出口鳗鱼2000吨，年销售值达3亿多元，是顺德市十大农业企业之一。

从1996年起，随着家电产业发展，北滘家电出口产品拓展至空调机、冰箱、洗衣机、微波炉、洗碗机、电磁炉、电饭煲、电压力锅、热水器、抽油烟机、除湿机、固定电话、助听器、工艺灯、户外家电等。惠而浦蚬华微波制品有限公司的带抽油机微波炉被美国《消费者》杂志评为最佳整体表现组合炉，占全球市场占有率9.6%。1999年，全镇外贸出口总额3.2亿美元，比上年增长14%。

2000年后，随着美的集团、惠而浦等企业做大做强，空调器、微波炉、电饭煲、电风扇等，成为北滘主要大宗出口产品，产品远销至200多个国家。其次是服装家具出口量逐年增加，锡山家具有限公司家具更远销至欧洲、美国、澳大利亚、东南亚、日本等地。再是水产品出口，杨氏水产公司在加工烤鳗产品的基础上，开拓罗非鱼系统加工出口，日加工量达100吨。

2002年，北滘出口工业产品达62.74亿元，出口配混合饲料42.6万吨，水产加工品973吨，瓶装饮用水3万吨，服装319万件，家具124.58万件，多色印刷品27万对开色令，电风扇1753.69万台，空调244.76万台，微波炉311.17万台，电饭锅598.8万台。至2003年，工业产品出口提升到89.1亿元，出口配混合饲料43.6万吨，水产加工品220吨，瓶装饮用水3.55万吨，服装1827万件，家具212.64万件，多色印刷品21万对开色令，电风扇2083.35万台，空调506.13万台，微波炉499.29万台，电饭锅969.79万台。

2006年后，机械装备迅速成长为新兴出口行业，北滘出口产品产值连年大幅度增长，从当年28亿美元，至2010年增长到405亿元人民币，折59亿美元。

2011年，北滘围绕升级引领转型发展战略，产品出口向精密、成套、智能方向发展，节能环保产业初显成效。家电产品出口在国内同行业中占据绝对优势，是全省乃至全国出口空调机、微波炉、磁波炉、热水器、风扇、电饭煲最多的镇街之一。国外新兴市场不断扩大，范围包括美国、欧盟、中东、东盟、巴西、俄罗斯、印度。美的集团、惠而浦家电制品有限公司、蚬华、精艺、浦项成为全区重要出口企业。农业产品出口仍以烤鳗为主，主销地为日本。2017年，全镇产品出口总值769亿元。

第二节　主要出口企业

裕华实业集团公司　位于北滘镇东风路，前身是北滘裕华电风扇厂，成立于1978年。1984年首创国内首台鸿运扇（塑料风扇）。1987年开始出口家电产品。1989年注册资本2000万元。万宝牌电风扇远销欧美、中东、东南亚等地。1989年，该厂出口电风扇250万美元，微波炉出口创汇1250万美元。1990年，产品有立柱式风扇、鸿运扇、吸尘器、打蛋机、钢瓶、充油式电暖器等多种产品，是全国机电产品出口基地。1991年，出口风扇创汇445万美元。1997年下属裕华电风扇有限公司被评为“中国最大出口创汇乡镇企业1000家”的第337名。至2000年后，因经营管理不善，裕华实业集团公司结业。

南方电器厂 创办于1964年，前身是北滘农机二厂。20世纪80年代，从国外引进静电喷漆自动生产线等先进设备，年产各类电风扇、微电机等250万台以上，产品远销美国、加拿大、澳大利亚、新西兰、西欧、东南亚及港澳等国家和地区，1986年出口电风扇达40多万台，出口创汇500多万美元。1988年，获全国机电产品出口先进单位、广东最佳出口创汇企业称号。1991年出口创汇530万美元。1993年总产值2亿元，销售额1.65亿元。至90年代中，因企业改制等原因，原南方电器厂并入蚬华电风扇厂。

美的集团公司 成立于1968年5月；1980年正式进入家电行业；1981年开始生产台扇，注册“美的”品牌，1987年开始出口。1988—1991年连续成为全国出口全塑料台扇和落地扇最多的厂家，出口创汇800多万美元。1999年，上马生产并出口商用空调、微波炉、饮水机、电饭煲、洗碗机、洗衣机。2000年起，先后在香港、美国、欧洲、日本、韩国、加拿大设立办事处，进一步扩大海外市场产品销量，是年出口收入达1130万美元。2007年后，在越南、白俄罗斯、埃及、巴西、阿根廷、印度等6个国家建有生产基地，在全球设有60多个分支机构，产品远销200多个国家和地区。至2010年，出口销售收入4.3亿美元，2015年，推行绿色环保技术，瞄准全球产品质量标准，出口销售规模进一步扩大。2017年，出口产品主要有空调、微波炉、饮水机、电饭煲、洗碗机、洗衣机、热水器、豆浆机、抽油烟机、电压力锅等多种家用电器及空调压缩机、冰箱压缩机、电机、磁控管、变压器等家电配件产品。

广东惠而浦家电制品有限公司 成立于1995年5月，由惠而浦（B.I.V）有限公司控股90.14%，顺德北滘经济发展总公司占9.86%股份。主要出口产品有微波炉和微波制品、多士炉、暖气机、电咖啡壶、电茶壶、多用途煮食炉、喷射烤炉、超声波制湿机、电焗炉、电熨斗、灯饰、热水器、电饭锅、滤水器。初期投资为2996万美元，至2002年累计投资额为4796万美元。1998年9月，获评省外商投资出口先进企业。2000年出口额为1.34亿美元，2001年8952万美元，2002年8620万美元。2005年，生产总值13.78亿元，销售额14.07亿元，出口交货值13.97亿元。2007年出口额为1.37亿美元，2010年出口额11.37亿美元。至2016年主要出口商品有电冰箱、洗衣机、厨卫电器三大类，总值达10.98亿美元。

华星饲料厂 1983年在三洪奇大桥边建厂开业，1985年改为华星饲料厂，总投资6400万元，占地面积41325平方米，建筑面积13325平方米，是当时全国最大的禽畜水产饲料基地。1986年由农业部支持从荷兰引进具有当时先进水平的大型饲料生产线。1987年被列为国家“星火计划”项目，从加拿大引进软件配方技术及具有当代国际先进水平的微量添加剂预混设备。是年饲料总产量60000吨，添加剂7000吨。1991年，生产能力120000吨饲料，部分产品更远销港澳。1998年，澳大利亚淡水龙虾配合饲料、欧洲鳗鱼配合饲料被评为国家级新产品，次年，华星饲料厂被中国农业部评为“全国乡镇企业创名牌重点企业”。2005年，产值及销售额均超4.75亿元。随后，因企业转制及经营不善等多方面原因，华星饲料厂结业。

兴顺食品发展有限公司 位于北滘镇兴顺路，由香港兴伟集团海产食品公司与北滘镇农业开发公司合资经营，始建于1988年4月，1990年6月投产。投资金额367万美元（其中北滘投资210万美元，港方投资166万美元），占地面积5万平方米，建筑面积1.7万平方米，配有从美国、德国、日本、丹麦及中国台湾、香港、大连购进的先进冻结机、宰鸡生产线、自来水及污水处理装置、发电机等。主要经营加工速冻水产品、贝壳产品、蔬菜和“三鸟”产品，年产量达1.22万吨，年可加工鸡500万只。90%产品销往日本、东南亚、美洲等国家和地区。1990年产值2241.3万元，出口创汇169.6万美元。1991年产值7100万元，出口创汇901万美元。1994年总产值及销售收入近1.4亿元。1999年获评“出口创汇一百强”企业。2002年后，因经营管理不善结业注销营业执照。

佛山市顺德区杨氏水产品有限公司 位于北滘镇林头大桥边国道G105线旁，成立于2001年12月，为港商与日商合资的有限责任公司。注册资本565万美元，其中香港世幸国际有限公司投资517.32万美元，占比91.56%，日本佳成食品株式会社投资47.68万美元，占比8.44%，2001年12月投产。该公司拥有各种先进仪器仪表、机械设备及运输设备，进行水产品、海产品的收购及加工，产品包括冻烤鳗、冻烤秋刀鱼、冻烤罗非鱼、冻面包鱼片、裹粉鱿鱼、冷冻鳗肝等，产品远销日本以及欧美。2005年生产总值3.14亿元，销售额及出口交货值均超3.46亿元。2006年7月，获得欧盟卫生注册资格，是顺德首家向欧盟出口水产品的生产企业。2012年，该公司生产各种冷冻产品730吨，销售金额1.6亿元，其中出口收入1.58亿元。2016年，企业销售额1.71亿元，出口额1.625亿元。2017年，企业销售额达1.83亿元，出口额1.74亿元。

华龙家具有限公司 始建于1960年。1986年12月，香港龙邦家具有限公司注资联营后，改称为华龙家具有限公司。1988年2月正式投产，当年产值500万元人民币。主要生产高级聚酯餐台椅、手绘花鸟艺术餐台、配套橱柜、宾馆家具、办公家具、真皮沙发以及建筑配套高级木门等。1989年、1990年出口创汇分别是59万美元、256万美元。1991年产值达3400多万元人民币，产品80%出口，出口创汇328万美元。1991—1993年连续获佛山市出口创汇先进企业称号。2001年，年销售额为3528万元。随后，因企业经营管理不善，华龙家具厂结业。

珠江包装公司 建于1959年，原称北滘公社陶瓷厂，1982年与广州珠江啤酒厂合资合作，专营包装产业。1986年建成投产，厂房占地面积24万平方米，建筑面积9.7万平方米。属下有选纸厂、彩印厂、纸箱厂，主要产品有瓦楞纸、牛卡纸、纸箱、彩盒及纸板凳，兼营彩色印刷，是广东省外贸出口的包装生产基地。1994年总产值及销售收入均超亿元。2001年，珠江包装实业有限公司年销售额4628万元，珠江纸箱有限公司年销售额3574万元。随后，企业改制，归入碧江社区管理，成为联营公司，后因碧江居委会退出股份，转为私营企业。

富华漆包线厂 建厂于1986年，占地面积20000平方米，厂房面积15000平方米，主产“乐华”牌聚酯漆包圆铜线、聚氮酯漆包圆铜线。1987年后，富华漆包线厂开始出口漆包线，主要销往东南亚，1989年该厂出口创汇330多万元。90年代中后期，改制后结业。

第三节 进口贸易

明代，碧江商人从南洋进口铁力木。至清代初，碧江不仅进口酸枝木、坤甸木和柚木，还有进口锡锭。清末至民国期间，北滘进口的主要商品有大米、煤炭、玉糠、面粉、化肥、香烟、煤油等。大米主要由安南（越南）、暹罗（泰国）进口，煤炭、玉糠、面粉、化肥、香烟、煤油等主要经香港进口。

1959 年 5 月北滘建置后，进口业务由县外贸公司统一经营，进口商品主要为日本化肥。

1978 年改革开放后，北滘通过“外引”建成一批“三来一补”企业和“三资”企业，进口商品以工业生产设备为主。1979 年至 1985 年上半年，共进口各类机械设备 640 台（套），总值 216.98 万美元。1986 年后，北滘企业进口物资主要有塑料纸箱、模具和小马达、铜、铝、铁、钢、轴承、木叶等原材料。1990 年，兴顺食品发展有限公司引进荷兰、美国的宰割活鸡半自动生产线 1 条，自动控温冷库 8 座 2.16 万吨，个别快速冻结机 1 台、快冻结并板机 3 台、30 吨透明冰条制冷设备。90 年代进口物资主要集中在塑料、纸箱、铜、铝、铁、锡、钢材、轴承、木叶、开关、布、电子元件等生产原料。

进入 21 世纪，随着家电产业、金属材料、机械制造业飞跃发展，北滘大宗进口冷轧卷材用于生产镀锌钢板，进口冷板、镀锌钢板、镀铝钢板等生产洗碗机、电暖器、电饭煲等家用电器的金属件，进口聚酯切片生产电路绝缘件，进口 180#燃料油用作柴油机发电燃料。

第二章 利用外资

第一节 发展概况

1982 年北滘与港商签订协议，兴办首家“三来一补”企业——永强雨衣厂。随后，加大与外商合资合作规模，陆续办起佳而美袋类制品厂、依达服装加工厂、美林皮革制品厂、北滘塑料纸袋厂、顺德县西海制衣厂等“三来一补”企业。

1985 年，北滘确立“舍内求外为后劲，舍近求远为发展，舍旧求新为竞争，建立起点高、规模大的外向型经济架构”的发展战略，逐步把已办起来的“三来一补”企业转为合作企业，发展合资企业。至 1988 年，兴办“三资”企业 10 家，其中中外合资企业 6 家、中外合作 4 家。年底，北滘计有合资、合作、“三来一补”企业 20 家。1989 年，兴办“三资”企业 12 家，其中中外合资企业 6 家、中外合作企业 6 家。1986—1989 年，全镇共吸纳外资 1996.12 万美元，兴办合资合作企业 29 家、外贸出口基地1家。1990年，北滘共有“三资”企业38家，其中中外合资企业26家、中外合作10家、独资企业2家。

1991年后，北滘加强外资引进管理，加快对外资项目的审批工作。至1993年，“三资”企业共75家，其中中外合资企业57家、中外合作12家、独资企业6家。1994年，北滘工业总产值近48亿元，共有“三资”企业93家，产值达33亿元，占工业总产值的68.8%，产品出口创汇约2亿美元。其中中外合资企业71家、中外合作14家、独资企业8家。

1995年，是北滘史上引进外商投资较多的一年，共引进外商投资项目21个，其中中外合资企业15家、中外合作企业3家、外商独资企业3家，引进项目合同总投资额8690.5万美元，总注册资本6083.35万美元，协议利用外资4306万美元。是年全镇共有“三资”企业118家，其中中外合资企业89家、中外合作17家、独资企业12家。涉及的行业有电风扇、空调机、电暖器、电饭煲、微波炉、组合音响等家用电器、皮革制品、塑料制品、钢木家具、机电产品、包装材料、食品、饲料、服装、“三鸟”和水产鳗鱼养殖加工、房地产、饮食、文化娱乐及交通运输等十几个类，数百个品种，销往全球50多个国家和地区。“三资”企业总投资3.5亿美元，其中外商投资额2.2亿美元，占投资的63%，总产值33亿元，产品出口创汇约2亿元。1997年，受“亚洲金融风暴”影响，外商投资有所放缓。至1999年，北滘辖内“三资”企业共100家，其中中外合资66家、中外合作12家、独资企业22家。

2001年后，因应中国加入世贸（WTO），外商对华投资逐步增加，北滘出台多项政策，优化外商投资环境。当年到北滘投资的境外国家及地区达9个，“三资”企业共122家，其中中外合资76家、中外合作9家、独资企业37家。年销售额5000万元以上外资企业14家，其中超亿元的7家、超5亿元1家。是年，外资企业总产值达31亿元，占全镇工业产值的18%以上；出口产值11亿元，上缴国家税收2.7亿元，约占全镇税收的24.5%。外资累计投资总额达6.3亿美元，外资企业注册资金达3.9亿美元。2002年，全镇新办“三资”企业9家，增资企业6家，新增投资2270万元。2003年，新办外资企业22家，投资额5061万美元。2017年，全镇共有外资企业244家。随着北滘投资环境进一步完善，对外招商引资力度进一步加大，以及不断出台的各种外商投资利好政策，北滘利用外资连年提升，“三资”企业逐年增加。

2004—2017年北滘外资企业统计表

表8—2—1　　单位：家

年份	外资企业	其中		
		中外合资企业	中外合作企业	外商独资企业
2004	44	39	1	4
2005	53	43	1	9
2006	65	50	1	14
2007	71	53	1	17

续表

年份	外资企业	其中		
		中外合资企业	中外合作企业	外商独资企业
2008	75	54	1	20
2009	82	54	1	27
2010	87	54	1	32
2011	91	54	1	36
2012	93	56	1	36
2013	97	56	1	40
2014	103	59	1	43
2015	115	64	1	50
2016	121	65	1	55
2017	122	71	1	50

第二节 “三来一补”企业

美林皮革制品厂 1983年，与香港美林贸易公司签订来料加工业务，主要生产人造皮革钱包及袋类制品。港商安排技术人员进行负责生产管理及质量管理。1983年缴费收入23.04万港元。1987年，厂房面积扩展到2400平方米，职工人数扩充至330人，有四柱啤机4台，摇头啤机3台，高调波电压机8台，开料机2台，烫金机、打担机等10台，是年，加工产值达192万元，利润16万元。至90年代中期，因经营不善，外商撤资等原因而结业注销。

北滘佳而美袋类制品厂 1982年5月签订加工合同，1983年7月正式投产，厂房面积900平方米，职工192人。以港商来料、企业加工的方式运作，投产当年，有电动缝纫机、机械压力计、电压机、打细机等各种加工设备123台。主要生产公文袋、旅行袋等70多款产品，月加工能力达6万个。1983年7月—1984年6月，加工出口成品共29.16万个，销售收入18.27万元，利润7.52万元。至1993年，成立合资企业“顺德佳而美工业有限公司”。1998年，因港商未注入资金，至2001年公司注销。

顺德县西海制衣厂 厂房建筑面积650平方米，厂区面积500平方米，总投资26万元，1991年产值110万元，职工30人。主要为外商来料加工成衣，年加工绒布、棉布、化纤尼龙、牛仔布平均量达31万米。后改制成私营企业，更名为顺德区大壹服装厂。至2016年，公司员工超200人，主要经营时尚女装、外贸订单及来样加工，在香港、广州均设有门市部，年营业额近1000万元。

第三节 “三资”企业

美的制冷设备有限公司 位于北滘镇林港路美的第五工业区，集家用、商用空调和大型中央空调开发、生产、营销、服务于一体，成立于2004年，由广东美的电器股份有限公司、日本的东芝开利株式会社和英属维尔京群岛的MIDEA ELECTRIC INVESTMENT（BVI）LIMITED合资经营，占地面积261880.74平方米。注册资本为85400万元人民币，其中广东美的电器股份有限公司控股73%，东芝开利株式会社参股20%，MIDEA ELECTRIC INVESTMENT（BVI）LIMITED占股7%，总投资额为100400万元人民币。生产经营空调器、制冷空调设备配件，电子元、器件，模具，空气净化器、加湿器、其他室内环境调节设备及零配件。2005年度空调销量突破900万台/套，其中出口达460万台。2010年销售额、出口额分别是328.68亿元和138.26亿元。2016年销售额277.22亿元，出口总值120.47亿元。2017年企业销售额356.75亿元，出口总值140.59亿元。

美的冷气机制造有限公司 成立于1989年9月8日，前身为顺德美威冷气机制造有限公司，1991年11月更名为顺德美的冷气机制造有限公司，2002年6月再次更名为顺德康迈斯电器有限公司。2001年6月注册资本3988万美元，其中顺德美的控股有限公司控股60%，香港西达有限公司参股40%，投资总额4840.5万美元。主要经营各种系列空调器。

美的热水器制造有限公司 位于佛山市顺德区北滘镇蓬莱路工业大道美的工业城，前身为顺德美的厨卫电器制造有限公司，成立于2001年6月19日，2003年7月更名为佛山市美的热水器制造有限公司。由佛山市美的家庭电器制造有限公司与沃特有限公司合资经营，建筑面积约1000平方米。注册资本为121万美元，其中佛山市美的家庭电器制造有限公司占注册资本75%，沃特有限公司占25%，投资总额为170万美元。主要经营范围为贮水式电热水器、快热式电热水器、家用燃气快速热水器、家用燃气壁挂式两用炉、太阳热水器、家用和商用热泵热水器、卫浴电器。年产100万台，其中30%出口。后因改制合并而被取消。

美的微波电器制造有限公司 位于佛山市顺德区北滘镇环镇西路18号，成立于2006年9月4日。由广东美的微波炉制造有限公司和美的国际控股有限公司合资经营，占地面积76798.3平方米，经营面积为40107.5平方米。注册资本为3000万美元，其中佛广东美的微波炉制造有限公司控股75%，美的国际控股有限公司占股25%，总投资为3980万美元。主要经营微波炉、工业及商用微波炉设备、烤箱、消毒清洗设备、微波灭菌设备等离子灭菌设备、照明电器、电工产品及上述产品的零部件。2007年出口额达7.11亿美元，2008年增至73.2亿美元。2016年销售总额达136.33亿元，出口总值92.26亿元。

美的厨卫电器制造有限公司 位于佛山市顺德区美的工业园东门小家电综合楼二楼整体厨卫国内营销公司，成立于2001年。由佛山市美的日用家电集团有限公司与香港美的国际控股有限公司合资经营，集研发、制造、销售和服务为一体。注册资本

1500万美元，其中佛山市美的日用家电集团有限公司出资1125万美元，占75%，美的国际控股有限公司生产出资375万美元，占25%，投资总额为1600万美元。经营日用电器、燃气器具、抽油烟机、消毒柜、贮水式电热水器、快捷式电热水器、家用燃气快速热水器、家用燃气壁挂式两用炉、太阳能热水器等家用卫浴电器。现有工厂厂房面积5000平方米。拥有现代化的烟机生产线4条、灶具生产线4条、消毒柜生产线2条，年产能达烟机60万台、灶具180万台、消毒柜80万台，吸油烟机被列入国家免检产品。2010年销售额16.65亿元，出口总额7692万元。2017年，企业年销售额1.53亿元。

美的厨房电器制造有限公司 位于佛山市顺德区北滘镇蓬莱路工业大道美的工业城。成立于2003年3月19日，2004年9月变更为佛山市美的厨房电器制造有限公司。占地面积133702.4平方米，建筑面积147768.5平方米，由佛山市美的日用家电集团有限公司和美的国际控股有限公司合营，注册资本为4200万美元，其中佛山市美的日用家电集团有限公司控股75%，美的国际控股有限公司参股25%，投资总额为7580万美元。主要生产经营日用电器、燃气器具、抽油烟机、消毒柜、电灶头、整体厨房及上述产品的相关零配件。2014年8月该公司结业。

美的洗涤电器有限公司 位于佛山市顺德区北滘镇北滘工业园伟业路9号，成立于2000年1月18日，2007年6月更名为佛山市顺德区美的洗涤电器制造有限公司。由美的集团有限公司和美的国际控股有限公司合资经营，占地面积80139.58平方米，建筑面积为45000平方米。注册资本为4600万美元，其中美的集团有限公司控股75%，美的国际控股有限公司占股25%，总投资额为11502.63万美元。主要生产经营家用洗碗机、商用洗碗机、电动喷壶、垃圾粉碎机、垃圾处理器及其零配件。年产洗碗机及配件320万台/套，电动喷33.03亿元，出口总值32.36亿元。2017年，企业销售额37.06亿元，出口额37.06亿元。

美的生活电器制造有限公司 位于佛山市顺德区北滘镇三乐路19号，成立于1994年2月21日，由佛山市美的日用家电集团有限公司和美的家电投资（香港）有限公司合资经营，占地16000平方米，建筑面积14200平方米。注册资本为6926万美元，投资总额为17478万美元。生产经营家用电器、日用电器及配件、厨房用具、不锈钢制品、日用五金及炊具、塑料制品（不含废旧塑料）、饮水机、净水桶，家用电器、日用电器。2007年，生产电饭煲600万台，电磁炉、电水壶各480万台，慢炖锅、油炸锅、电火锅、压力锅、榨汁机各200万台。2016年产值19.80亿元，出口总值3.79亿元。2017年，企业销售额5.18亿元，出口额5.04亿元。

广东美的商用空调设备有限公司 位于佛山市顺德区北滘镇蓬莱路工业大道美的工业城，成立于2004年10月22日。由广东美的电器股份有限公司、东芝开利株式会社和沃特有限公司合资经营，占地面积6800平方米。注册资本为6000万元人民币，其中广东美的电器股份有限公司控股73%，东芝开利株式会社参股20%，沃特有限公司占股7%，总投资为1亿元人民币。生产经营商用空调器、集中式空调系统及中央空调系统，热泵热水机组、水源热泵机组、基站空调及专用空调，空调系统、热水系统的工程。其生产规模为年产中央空调相关产品20万件，热水机组相关产品

5 万件。销售额连年增加，从 2000 年的 2000 万元，到 2001 年的 3 亿元，再到 2002 年的 6 亿元。2007 年，该公司出口额达 18545.4 万元。2010 年销售额 10.57 亿元，2016 年达 24.35 亿元。

佛山市盈峰粉末冶金有限公司 位于佛山市顺德区北滘镇北滘工业园置业路 2 号，成立于 2004 年 2 月 16 日。由广东盈峰集团有限公司、CENSTAR ASIA DEVELOPMENT LIMITED 和佛山市顺德区东来贸易有限公司合资经营，占地 20000 平方米，厂房 8000 平方米。公司注册资本 4500 万元人民币，其中，广东盈峰集团有限公司占股 63.89%，CENSTAR ASIA DEVELOPMENT LIMITED 占股 25%，佛山市顺德区东来贸易有限公司参股 11.11%，是一家专业的粉末冶金零件制造企业。2010 年，销售额及出口总额分别是 6734 万元和 2387 万元；2016 年，销售额达 11196 万元，出口总值 4841 万元。2017 年，企业销售额 1.25 亿元，出口额 0.55 亿元。

威灵洗涤电机制造有限公司 位于佛山市顺德区北滘镇北滘工业园兴业路，成立于 1998 年 7 月。由顺德威灵电机制造有限公司、意大利的 MP ASIA S. R. L 公司及香港西达有限公司合资经营，占地面积 5000 平方米。注册资本为 640 万美元，其中，顺德威灵电机制造有限公司控股 75%，MP ASIA S. R. L 公司占股 15%，香港西达有限公司参股 10%，投资总额 1300 万美元。生产各类家用电动机（电泵）产品，年产量达 3000 万台。2010 年销量 3200 万台。2007 年威灵控股公司在香港正式上市。2010 年销售额 23.03 亿元，出口总值 9.33 亿元。2016 年销售额为 17.89 亿元，出口总值 10.69 亿元。2017 年企业销售额为 15.62 亿元，出口总值 11.06 亿元。

顺德威灵电子电器有限公司 位于佛山市顺德区北滘镇北滘工业园置业路 5 号，成立于 2001 年 6 月 1 日，由广东威灵电机制造有限公司和威灵国际香港有限公司合资经营。用地面积 44584.05 平方米，建筑面积为 23400 平方米。注册资本为 1500 万美元，其中广东威灵电机制造有限公司控股 75%，威灵国际香港有限公司占股 25%，投资总额为 3344 万美元。经营范围包括设计及生产经营驱动电机、控制电机、电抗器、变压器、镇流器及其配件。年产高压变压器 2500 万台，抵押变压器 160 万台，电抗器、罩极电机、镇流器、民用电机各 130 万台。2007 年出口额达 1480 万美元。2010 年销售额 71090 万元，出口总值 4854 万元。至 2016 年销售额为 2886 万元，出口总值 1485 万元。

威特真空电子制造有限公司 位于佛山市顺德区北滘镇北滘工业园，成立于 2001 年 7 月。由佛山市顺德区康迈斯电器有限公司和 ECHEN INTERNATIONAL（BVI）LIMITED 合资经营，占地面积 31983.3 平方米，经营面积为 29345.1 平方米。注册资本为 2500 万美元，其中佛山市顺德区康迈斯电器有限公司占股 55%，ECHEN INTERNATIONAL（BVI）LIMITED 参股 45%，投资总额 4100 万美元。主要生产磁控管及其配套产品，2007 年产量为 1200 万支，2008 年达 2300 万支。2007 年出口额为 6568.62 万美元，2008 年增至 6770.62 万美元。至 2016 年产销售额 11362 万元，出口总值 6815 万元。2017 年企业产销售额 0.7 亿元，出口总值 0.15 亿元。

广东顺德浦项制铁有限公司 位于佛山市顺德区北滘镇北滘工业园伟业路 1 号，成立于 1995 年 12 月，是一家中韩合资企业，由韩国 POSCO、浦项（中国）投资有限公司和佛山市顺德区北滘投资管理有限公司联合投资兴建。占地面积60000平方米，建筑面积28307.1平方米。注册资本4890.908万美元，其中POSCO控股87%，浦项（中国）投资有限公司占股10%，北滘投资管理有限公司参股3%，总投资9165.9万美元。主营产品包括热浸镀锌钢板、彩色涂层钢板、冷轧无取向电工钢板、建筑用彩板、自清洁彩板、硅钢板。年产彩涂板5万吨，硅钢板28万吨。2005年，生产总值7.2亿元，销售额4.6亿元，其中出口交货值4748.5万元。2007年出口额为2083.73万美元，2008年为1584.85万美元。2010年销售额14.84亿元，出口总值2.28亿元。2016年销售额为7亿元。2017年企业销售额9.29亿元，出口额0.36亿元。

顺德星浦钢材加工有限公司 位于佛山市顺德区北滘镇林港南路2号，前身为顺德星浦钢铁开料有限公司，成立于1997年6月5日。由佛山市顺德区北滘投资管理有限公司、韩国三星物产株式会社、韩国浦项综合制铁株式会社和韩国斗山商事株式会社合资经营，占地面积30000平方米，建筑面积为11899.4平方米。注册资本为1098.5万美元，其中韩国三星物产株式会社控股51.6%，韩国斗山商事株式会社占股21.1%，佛山市顺德区北滘投资管理有限公司占股16.8%，韩国浦项综合制铁株式会社占股10.5%，投资总额1240万美元。主要经营钢材的高精度开料深加工和销售，从事冷轧板、电镀锌板、镀铝锌板、镀铝板、矽钢板、不锈钢、酸洗板的批发和进出口业务，年度产量为16万吨。2005年出口交货值4.55亿元；2007年出口额为3916.25万美元；2008年增至25191.69万美元。2010年销售额4.75亿元，出口总值2.12亿元。2016年销售额为2926万元，出口总值1157万元。

顺德信昌机器工程有限公司 位于佛山市顺德区北滘镇北滘工业园伟业路10号，成立于1995年11月14日。占地面积14716.58平方米，建筑面积2713.6平方米。由香港信昌机器工程（南中国）有限公司和厦门森那美信昌机器工程有限公司合资经营，注册资金为16400万元港币，投资总额45800万元港币。主要生产经营采矿工程机械、土石工程机械、船用发动机、发电机组、农业机械、配电屏、集装箱正面吊、集装箱叉车、液压工作台、混凝土泵的批发、零售、进出口业务，并提供售后服务、维修服务、咨询服务及租赁服务。2005年，总产值及总销售额均达1.67亿元。2010年销售额15.41亿元，2016年销售额提升至16.06亿元。2017年销售额提升至24.5亿元。

广东顺德日清食品有限公司 位于佛山市顺德区北滘镇工业园港前路13号，成立于1994年11月13日。由日清食品公司、日本伊藤忠商事株式会社、伊藤忠商事香港有限公司及北滘投资管理有限公司合资经营，占地面积5.24万平方米，厂房建筑面积6600平方米。注册资金13000万港元。主要生产经营方便面、方便米粉（米线）、粉丝、调味料。2005年销售额1.465亿元，其中出口交货额3867万元。2008年的出口额达208万美元。2010年销售额2.33亿元，出口总值2095万元。2016年销售额为2.92亿元，出口总值5957万元。2017年企业销售额提升至3.72亿元，出口总值0.79亿元。

顺德区银河电动车有限公司 位于佛山市顺德区北滘镇三乐路东路25号，成立于2004年。由外资企业淦通发展有限公司独资经营，厂房用地52825平方米，公司的注册资本和投资总额均为92.8168万美元。经营制造开发电动自行车及其零配件、摩托车化油器、汽油机助力自行车机器零配件、汽车零配件及模具。年产汽车零配件3万套，产品70%外销，30%内销。2010年产销售额6.95亿元，出口总值5.61亿元。2016年销售额为5.89亿元，出口总值5.51亿元。2017年企业销售额提升至6.32亿元，出口总值6.15亿元。

嘉意洋服有限公司 位于佛山市顺德区北滘嘉意路13号，成立于1985年4月。由佛山市顺德区佳艺斯服饰有限公司和香港嘉意实业投资有限公司合资经营。注册资本为2000万元人民币，其中佳艺斯服饰有限公司控股75%，嘉意实业投资有限公司占股25%，总投资亦为2000万元人民币。主要生产经营西服、时装。2005年销售额2324万元。2010年销售额3674万元，2016年销售额为3185万元，2017年销售额2200万元。

广东星徽精密制造股份有限公司 位于佛山市顺德区北滘镇工业园兴业路7号，成立于1994年11月，由顺德星野实业有限公司及香港星火贸易有限公司合资经营，注册资本6299万元人民币。经营范围为研发生产销售各类精密五金制品，研发制造销售自动化装配设备及技术服务，经营和代理各类商品及技术的进出口业务。2005年生产总值7138.9万元，销售额达9560万元，其中出口交货值6656.2万元。2010年销售额3.32亿元，出口总值1.1亿元。2016年销售额为1.92亿元，出口总值9252万元。2017年，企业销售额提升至2.25亿元，出口额为0.97亿元。

广东蚬华电器制造有限公司 位于佛山市顺德区北滘镇工业大道41号，成立于1987年12月15日。由佛山市顺德区旭华电器实业有限公司与英属处女岛的蚬壳电器工业（中国）有限公司合作经营，占地面积10万平方米，经营面积为8万平方米。注册资本为325万美元，其中佛山市顺德区旭华电器实业有限公司出资231万美元，蚬壳电器工业（中国）有限公司出资94万美元，投资总额为5200万元人民币。主要生产各种吊扇、电风扇、漆包线。1998年，被评为广东省乡镇企业“百强企业”“全国出口创汇先进乡镇企业”。2005年生产总值4.17亿元，销售额3.25亿元，出口交货值3.12亿元。2008年生产各种吊扇、电风扇450万台，漆包线1万吨，出口额为2074万美元，出口结汇额为1633万美元。2010年销售额2.62亿元，出口总值2.53亿元。2016年销售额为2.18亿元，出口总值2.16亿元。2017年企业销售额为1.22亿元，出口额1.18亿元。

帝斯曼先达合成树脂有限公司 位于佛山市顺德区北滘工业园林港南路9号，成立于1996年3月，2005年10月由荷兰帝斯曼（即DSM）收购，变更为“帝斯曼先达合成树脂（佛山）有限公司。占地面积4万平方米，建筑面积1.1万平方米。注册资本为1703万美元，投资总额为2940万美元。生产经营合成树脂、水溶性涂料用树脂，从事丙烯酸树脂、环氧树脂、醇酸树脂、不饱和聚酯、饱和聚酯、氨基树脂、水性树脂和聚氨基甲酸酯等合成树脂的进出口业务。2005年生产总值2.47亿元，销售额2.2亿元。2010年销售额3.04亿元；2016年销售额为2.98亿元，出口总值1763万元。2017年，企业销售额提升至3.96亿元。

阿塔卡涂料（佛山）有限公司　位于佛山市顺德区北滘镇北滘工业园兴业路22号，成立于1997年4月15日。由德国阿塔卡有限公司独资经营，占地40000平方米。注册资本为5624211欧元，投资总额6646794欧元。主要生产金属涂料、粘合剂、密封垫片、密封胶等产品以及相关的技术与售后服务。2010年销售额9834万元；2016年销售额为4282万元；2017年企业销售额5736万元。

三阳精工有限公司　位于佛山市顺德区骏业东路5号，成立于2005年8月15日。占地面积15641.7平方米，建筑面积为3638平方米，由日本的SAN－ESU株式会社独资经营，注册资本为3亿日元，投资总额为5亿日元。主要经营汽车模具、夹具及高档五金件。2010年后企业销售额逐年提升，2010年为1.48亿元，2016年提升至1.78亿元，至2017年达2.03亿元。

锡山家具有限公司　位于佛山市顺德区北滘镇居委会北滘工业园港前北路25号，成立于1997年，由香港锡安实业有限公司独资经营，投资总额1237万美元。主要生产经营室外金属家具、复合塑木板材；提供家具咨询服务和售后服务。2005年生产总值、销售总额及出口交货值均达6.9亿元；2007年生产家具375万套，出口额为10711万美元，出口结汇额7909万美元。2010年销售额4.16亿元，出口总值4.16亿元；2016年销售额为2.86亿元，出口总值2.75亿元；2017年，企业销售额为2.38亿元，出口总值2.16亿元。

顺德兴顺烤鳗有限公司　位于广东省佛山市顺德区北滘镇莘村工业区，成立于1993年12月30日。占地15093平方米，由香港的东智国际有限公司独资经营，注册资本为300万美元，投资总额380万美元。经营加工鳗鱼等水产品。2005年生产总值8616万元，销售额9224万元，其中出口交货值7251万元。2008年产量1200吨，出口额210.52万美元。2010年后企业销售额连年提升，2010年销售额为4481万元，出口总值4429万元；2016年销售额为9551万元，2017年销售额达1.1944亿元。

蚬华多媒体有限公司　位于佛山市顺德区北滘镇北滘工业区三乐东路18号，成立于1995年6月12日。由维尔京群岛的蚬壳多媒体科技有限公司独资经营，注册资本为2087万美元，投资总额为2181万美元，占地面积4.6万平方米。2005年，销售额3.86亿元，出口交货值3.84亿元。2008年生产激光打印机机头130万个，电话机160万台，助听器10万台，吸尘机15万台，打印机定影器130万个，光学镜1亿个，出口额9452.81万美元。2012年产值达5.65亿元，创汇3.5亿元，先后获得“北滘镇10大纳税企业”“北滘优秀外来投资企业”“北滘镇企业30强”等称号。主要产品有影画方向机、音响系统、影音游戏机、吸尘机、灯饰、抽油烟机、电脑打印机、通讯光纤分线器、电话机、助听器、数码相机、精度2400dbi及以上高分辨率彩色激光打印机机头等。2010年起企业销售额及出口额双双逐年提升，2010年销售额为5.72亿元，出口总值5.71亿元；2016年销售额为6.25亿元，出口总值6.08亿元；2017年企业销售额达6.26亿元，出口额6.16亿元。

博意建筑设计有限公司　位于佛山市顺德区北滘镇蓬莱路23号，成立于2006年3月21日。由英属维京群岛的伊东发展有限公司独资经营，注册资本为300万元人民币，投资总额428.4万元人民币，主要业务为建筑工程及相应的工程咨询和装饰设计。2010 年营业额 1.86 亿元，2016 年大幅提升至 7.84 亿元，2017 年更达 15.31 亿元。

广东腾越建筑工程有限公司　位于佛山市顺德区北滘镇工业大道 18 号，成立于 1997 年 3 月，由英属维尔京群岛的伊东发展有限公司独资经营，注册资本为 2080 万元人民币，投资总额为 4160 万元人民币。承担工程造价 1000 万元及以下各类地基与基础工程的施工，建筑机械安装维修，生产、销售混凝土。年施工能力超 1000 万平方米。2010 年以来，公司年度产值均超过 50 亿元、上缴税金超过 2 亿元。2010 年营业额 74.23 亿元。2016 年大幅提升至 109.03 亿元。2017 年企业营业额 94 亿元。

碧桂园物业发展有限公司　位于佛山市顺德区北滘镇碧江大桥边，成立于 1997 年 4 月 2 日。现由英属维尔京群岛的恒宙国际有限公司独资经营，注册资本为 5000 万元人民币，投资总额为 12500 万元人民币。其经营范围为物业管理，饮食，蒸气浴，电子游戏机，桌球，卡拉 OK 歌舞，美容美发，保龄球，乒乓球、壁球，游泳，健身服务；房地产投资、开发，房地产买卖、租赁；旅业（住宿）及配套商场。2017 年，企业年营业额 20.98 亿元。

顺德区盈毅（达）鞋业有限公司　位于佛山市顺德区北滘镇莘村工业区，成立于 2006 年 3 月 14 日，是香港的庆华企业有限公司独资经营的企业。生产经营男女皮鞋、皮制手袋、银包、锁匙包及名片袋，主要的品牌为“Le Saunda”。产品主要销售于全国各地。占地面积和经营面积均为 2752 平方米，注册资本为 150 万美元，投资总额 210 万美元。2005 年出口交货值 1.27 亿元。2007 年生产男女皮鞋、皮制手袋 33 万双（个）；2008 年生产男女装鞋 120 万双、手袋 10 万个。2007 年出口额 527 万美元，出口结汇额为 585 万美元；2008 年出口额达 1377 万美元，出口结汇额为 764 万美元。2010 年企业销售额 3.96 亿元，出口总值 1.3 亿元。2016 年销售额为 2.42 亿元，出口总值 1395 万元。2017 年，企业销售额达 2.53 亿元，出口额 1066 万元。

蚬华微波制品厂有限公司　位于北滘镇工业大道，1987 年底由香港蚬壳工业（集团）有限公司和北滘裕华实业公司合资兴办，总投资 3500 万元，其中港商投资 3200 万元港币。建筑面积 7 万平方米，主要产品有微波炉、多功能电热锅、喷射烤炉、暖气机、加温器等。1989 年，共生产微波炉 11 万台，产值 8250 万元，出口创汇 1250 万美元；1990 年，微波炉产量提高到 17 万台，产值 15000 万元，出口创汇 1500 万美元。1990 年 10 月 23 日，蚬华微波炉制品厂有限公司的母公司，即蚬壳电器工业（集团）有限公司与美国惠而浦海外控股公司签订《蚬华微波炉制品厂有限公司——承包经营补充合约》，将蚬壳微波炉制品厂全部已发行股本的 65% 出售给惠而浦海外控股公司。随后，更名为惠而浦家电制品有限公司，1994 年，该公司总产值 13.2 亿元。2002 年，该公司生产微波炉 101 万台，出口 98 万台。

第四节　口岸建设

1985 年起，容奇海关为方便北滘镇企业进出口货物，在裕华风扇厂内设置海关工作组，负责北滘企业进出境货运车辆的查验、监管工作。1993 年，建成北滘港澳货运车辆检查场，同年，着手新建北滘港货运码头。

北滘港澳货运车辆检查场 1993年，北滘镇政府投资1700万元，在广珠路三乐路口建成13000平方米的港澳货运车辆检查场，其中综合办公楼3200平方米，仓库6000平方米，车辆检查台10个，港澳货运车辆检查场内设有海关、卫检、动检、商检等检查检验机构，工作人员18人（其中容奇海关驻点9人，顺德市卫生检疫局3人，顺德市商检局3人，顺德市动植物检疫局3人），是年底投入使用，月查验车达800辆次。1996年，北滘港澳货运车辆检查场补办申请成为二类口岸，归口顺德市口岸办公室管理。2000年检验场迁至北滘港内，成为集中统一管理的水陆通关口岸。

北滘港 20世纪90年代，北滘对外经济发展迅猛，外向型企业数量不断增多，规模不断扩大。1991年出口总值超8亿元，出口创汇超1.2亿美元，进出口货物达86615吨（其中进口41118吨、出口45497吨），出口集装箱6150个。1992年出口创汇2.02亿美元，货物进出口量达24万吨。北滘进出口货物主要依赖深圳、广州港口及容奇港。为改善北滘投资环境，减少企业进出口货物的迂回运输，1993年3月1日，获广东省人民政府口岸办公室批准，在顺德水道三洪奇大桥北岸东面兴建一个外贸货物装卸码头，称"北滘港"，并纳入广东省口岸"八五"规划，定为镇级国家二类口岸。

1993年，北滘港一期动工，1995年底正式启用。总投资1.17亿元。港池水深3.8米，距离香港68海里，常年可航行500吨级货轮，最大可泊1000吨级货轮。装卸点站点面积11万平方米，码头岸线300米，建1000吨级集装箱的泊位2个，设计年吞吐能力100万吨，货柜堆场35000平方米，散货堆场7000平方米，货仓三座共3960平方米，两座简易仓库共1710平方米。办公综合楼1500平方米，码头固定吊40吨2台、50吨1台、10吨吊2台、5吨吊2台，500吨级集装箱机动船2艘，进口设备306.24万美元。1997年1月18日起，北滘港货运联营公司与深圳市蛇口集装箱码头有限公司合作，北滘港与蛇口港合作通航，减少经香港转口的环节。

2000年新建报检报验报关中心大楼，占地面积1350平方米，共4层，二层为报检报验报关大厅。整座大楼工程建筑面积4685平方米，查验货物平台建筑面积1350平方米，共建筑面积6035平方米。合计造价858.7万元。

2004年，北滘镇政府投资800万元扩建改造北滘港，改善边检和联检的配套设施。至2005年，北滘港有1000吨级泊位6个，码头岸线长405米，设计年吞吐能力120万吨，进出口集装箱20万TEU（标准集装箱）。

2008年，为解决北滘港泊位和堆场严重不足问题，北滘镇政府采用由政府与私营企业合作的方式推进北滘港扩建工程，北滘港二期工程由北滘镇投资管理公司、中国航天基金会、盛湖投资有限公司共同投资4亿元人民币兴建。2008年11月工程动工，至2010年6月完工，2010年10月15日投入试行，开展内贸运作。2010年10月底，对北滘港进行改造扩能，决定将北滘港二期纳入海关监管，实行外贸码头运作，2011年1月试行开通运作。

北滘港二期扩建港区位于北滘港一期港区的上游，占地面积122528.61平方米，建筑总面积31799.67平方米。主要包括新建2个1000吨级多用途泊位、2个1000吨级杂货泊位，扩建码头岸线总长320米，设计年通过能力170万吨，其中集装箱40万TEU、杂货130万吨。北滘港扩建工程完成后，1000吨级泊位达10个，码头岸线总长725米，年通过能力370万吨，其中集装箱80万TEU。

北滘港正式启用后，1996年进出口标准集装箱31500个，比1995年翻一番。2002年，北滘港吞吐量标准集装箱达12万个，散货30万吨。2004年，吞吐量124.3万吨，其中集装箱16.17万TEU。2005年北滘港总吞吐量达160万吨，进出口集装箱达20.1万TEU，比2001年增长超1倍。2006年北滘港出口26.67万TEU，同比增长32.69%。2007年总吞吐量达194.35万吨，同比增长17.85%，进出口集装箱34.28万TEU。2008年上半年货运总量达127万吨，进出口集装箱超过22万TEU，下半年受全球金融海啸影响，进出口量减少，全年吞吐总量191.43万吨，35.34万TEU，与2007年基本持平。2013年，集装箱吞吐量为41.2万标准箱。2015年为50.1万标准箱，散货1.089万吨。

北滘港货运联合有限公司　1993年12月18日，北滘港企业发展有限公司与香港珠江船务有限公司签订合资合同，共同注资成立“顺德市北滘港货运联合有限公司”，合作开发和经营北滘港。注册资本为517万美元。北滘港企业发展有限公司出资388万美元，占75%股权；香港珠江船务有限公司出资129万美元，占25%股权。1998年9月7日，香港珠江船务有限公司将所持有的25%股权转让给北滘港企业发展有限公司。北滘港产权100%归北滘港企业发展有限公司所有。随后，北滘港货运联营有限公司把北滘港租给顺德海益丰口岸物业管理有限公司经营，租赁期为2003年1月1日至2012年12月31日，每年租金850万元。2013年1月1日镇政府收回经营权，大力拓展WGO车转船业务，开辟深圳盐田港新航线，新增2万多标准箱，占总业务量的10%。2014年向海关申请进出口粮食和危险品的资质，开通粮食和危险品的进出口业务，并向海关申报建设露天保税仓，以引进台塑集团进出口业务。此后，北滘港经营逐渐步入正轨。2014年，港口装卸能力提高50%。

2005—2017年北滘港货物吞吐量情况表

表8—2—2　　　　单位：万吨、万标准集装箱

年份	货物吞吐量	集装箱吞吐量	年份	货物吞吐量	集装箱吞吐量
2005	133.3	20.1	2012	221	40
2006	164.91	26.67	2013	112.16	41.2
2007	194.35	34.28	2014	103.9	45.9
2008	191.43	35.34	2015	224.56	50.1
2009	202.02	34.8	2016	320.58	59.1
2010	216.88	41.43	2017	220.33	64.75
2011	230.01	44.03			

1992—2017 年北滘镇对外经济贸易情况表

表 8—2—3　　　　单位：万美元、个、亿元

年份	协议利用外资	实际利用外资	引进（增资）外资项目	出口创汇
1992	—	—	—	1.22（美元）
1993	—	—	—	1.68（美元）
1994	3742	—	19	1.6（美元）
1995	4306	2696	21	2.9（美元）
1996	7569	4205	9	2.56（美元）
1997	—	1590	10	—
1998	—	1123	5	2.8（美元）
1999	—	—	—	3.2（美元）
2000		778	6	3.86（美元）
2001	—	—	—	—
2002	2878	3152	1	5.5（美元）
2003	4030	—	13	7.4（美元）
2004	4000	—	1	12.3（美元）
2005	6883	4120	—	21（美元）
2006	7060	3680	47	28（美元）
2007	16868	10092	3	35（美元）
2008	8624	16616	3	315（人民币）
2009	22915	23587	—	281（人民币）
2010	25556	15576	1	405（人民币）
2011	33815	13047	1	472（人民币）
2012	35374.73	43258.57	—	433（人民币）
2013	12001	16051.68	1	442（人民币）
2014	35725.62	12525.5	—	471（人民币）
2015	21500	24445	2	559（人民币）
2016	26431	23141	5	615（人民币）
2017	48953.79	50817.55		769（人民币）

注：数据来源于北滘政府工作报告。

第九篇　基础设施与城乡建设

第一章　水利

明代，北滘区域居民为防御洪水，发展农业生产，开始在潭洲水道、陈村水道、顺德水道修筑堤围。至民国初期，北滘区域堤围初成规模，建成20多个围。民国27年（1938年）10月，日本军队侵占顺德，造成堤围全面失修。民国36年和民国38年两次夏季超强洪水，导致北滘许多堤围不同程度的损坏。

1949年10月新中国成立后，北滘开展持续的、有规模的水利建设。1950—1952年，进行堤围复建，加高培厚，维修窦闸。1953—1957年，联围筑闸，完成顺德县第二联围北滘段建设工程。1958—1960年，整治排灌系统，开挖三马河、林西河。1961—1965年，大力开展电动排灌站工程建设，先后建起三洪奇、林广、龙涌、西滘等电动排灌站。初现“大沙田、大电网、大贡献”远景规划的成效。1970—1979年，在“农业学大寨”运动中，北滘农民发扬自力更生、艰苦奋斗精神，节衣缩食，开展长达十年的农田基本建设，修堤补闸，建电排站，疏河清淤，开挖新河，全公社水利建设迈上新的台阶。

1979年改革开放后，北滘深化水利体制改革，扩宽水利建设资金来源，不断推动水利建设的发展。1994年，镇政府提出：切实抓好水利工程达标建设。进入2000年，镇政府将水利建设列入城市化建设重要内容，提出要加强重点水利工程建设，尽快实现所有堤围硬底化（堤面浇筑混凝土）。2006年9月，中共北滘镇第十二次代表大会提出：要高标准进行水利设施建设，实现人与自然的和谐发展。经过1979年以来三十多年的不懈努力，2000年，顺德第二联围北滘段达防御五十年一遇洪水标准，群力围等堤围达防御二十年一遇洪水标准，建起三洪奇水利枢纽、上僚水利枢纽、灰口水利枢纽等一批现代化水利工程，及一大批中大型电动排灌站。水利建设实现机械化施工，水利管理向信息化迈进，建立起三防水利信息网络系统。

第一节 江河堤围

一、堤围建设

明嘉靖十四年（1535 年），庚流海（今细海河）淤积成小川，村民开始在淤积小川上修筑和安围、贤祖围和郑姓小围。

清康熙三十九年（1700 年），在桂林堡之槎涌村修筑长乐围（350 丈）、大成围。道光二十九年（1849 年），在西滘、上僚、水口一带修筑了长 4300 丈的盘石围。同治五年（1866 年），简岸、禄洲、槎涌三乡筑成长 4000 丈的三乡围，并将旧有郑姓小围并入。此外境内还修筑有义和围、和安围、大沙围、凤安围、益丰围、保安围、同乐围、现龙围、和益围、都宁围、林濠围、长丰围、南安围。清代共修筑堤围 17 条。

民国期间，北滘共联筑围 41 条，其中护卫面积 500 亩以上的有 8 条，包括逆龙围、麦家沙围、锡丰围、兆丰围、路西围、阜民围、大围、穗丰围。其余 33 条是 500 亩以下的小围。

民国 38 年（1949 年）7 月，珠江三角洲发生大洪水，北滘较大型的盘石围崩决，其他堤围大部分遭冲刷和漫顶而损毁。

新中国成立后，1950 年，顺德县召开防洪复堤会议，动员群众对盘石围进行堵口复堤，对其他崩坏堤围进行培修加固。1950 年 10 月至 1953 年，对群力围进行联围筑闸，兴建灰口水闸，堵塞河涌 15 条，完成联围筑闸土方 20. 1 万立方米。1953 年 9 月，群力围联围完成。至 1953 年底，北滘全面完成堵口复堤，增强抵御洪水能力。

1953 年，顺德县根据“以防洪防潮为主，结合排灌，方便交通，缩短堤线，增强防洪防潮能力”的方针，对重点堤围开展综合治理，联围筑闸。至 1957 年春，北滘区域分别将 9 个小围联入南顺第二联围，将碧江、西海等乡 16 个小围联成群力围，将三桂、马州乡 10 个小围联入番顺石龙围（三桂段），共完成土方 60. 1 万立方米，修筑新堤长度共 64. 8 千米，缩短堤线 108. 12 千米，初步形成比较完整合理的堤围体系。

1962 年 7 月 2 日、3 日，受严重洪水冲击，南顺第二联围上华段决口 170 米。群力围林头桥至都宁西闸堤段，渗漏塌坡崩决 40 米。北滘受浸农田 7. 67 万亩，灾后迅速堵口复堤。

1966 年至 1976 年，北滘每年组织冬季水利岁修工作，培厚加高堤围，共完成土方 90. 7 万立方米，抗御了 1966 年、1968 年大洪水。

1976 年 11 月至 1978 年 2 月，开展南顺第二联围扩建工程，把现龙围、三丰围联入南顺第二联围，使堤线更合理，进一步加强抗洪排涝能力。

1985 年起，对堤围整治实行综合治理，加高培厚，除险加固。1985 年至 1995 年，共投入土方量 144. 98 万立方米，其中二联围北滘段 87. 21 万立方米、群力围

57.77 万立方米。1988 年至 1995 年，对南顺二联围北滘段堤围开展填塘固堤建设。首先是对堤脚鱼塘抛石护堤脚，随后对堤脚鱼塘覆盖沙、泥土，共完成 11.26 千米，投入土方 76.61 万立方米、石方 3.81 万立方米。同时在青沙白茶亭、风柜手等险段，砌石护岸，加高培厚，基本消除隐患。1995 年底，北滘堤围宽度，从原来 3.5—4 米，增加到 6—8 米，堤内外坡由原来 1∶1.5 和 1∶2，加强到 1∶2.5 和 1∶3。堤围防御洪水能力，达到广东省规定五十年一遇洪水位超高一米的标准。

1996 年后，继续开展填塘固基工作。至 2003 年，共完成土方 54.41 万立方米、石方 14.84 万立方米、砼方 0.03 万立方米，全镇堤围基脚加固工作基本完成。与此同时，兼顾交通需要，进行堤路建设。2000 年，建设三洪奇至北滘港堤段公路 17.39 千米，面宽 6—7 米，完成土方 15.98 万立方米、石方 6.56 万立方米、砼方 2.51 万立方米。2001 年 10 月，群力围堤段完成浇筑混凝土，全长 14.4 千米，路面宽度 6 米。全镇基本实现堤围公路化。

2017 年，北滘主干堤围有 49.82 千米，其中：南顺第二联围北滘段（从上僚麦家沙与乐从分界处至良马闸转弯处），全长 26.123 千米，堤顶高程 +5.5— +7.8 米，堤面宽度 8—10 米，防御洪水标准为五十年一遇；群力围，堤长 18.705 千米，堤顶高程 +5.0— +5.8 米，堤面宽度 5—8 米，防御洪水标准为五十年一遇；番顺石龙围三桂段（西线堤段从陈村四方磨至马州医院，长度 2.8 千米；东线从都罗岗口至古坝田交界，长度 2.2 千米），全长 5 千米，防御洪水标准为五十年一遇。

二、重点堤围整治

南顺第二联围　位于顺德区西北部，跨禅城区南庄镇和顺德区乐从、北滘镇。2008 年底全堤长 71.544 千米，涵闸 37 座，电排站 17 座，机组 67 台，总装机容量 18990 千瓦，捍卫常住人口 23.64 万人（其中北滘 10.27 万人），捍卫农业面积 81200 亩（其中北滘 36950 亩）。全围防洪能力达五十年一遇防御洪水标准，排涝能力达十年一遇一天暴雨二天排干。该围由原南顺东西围、白驹围、蟠龙围、盘石围、同乐围、义和围、和益围、南安围等 21 个围联成，原堤长 175 千米，水闸 96 座。1955 年开始联围筑闸，分两期施工。第一期于 1955 年冬开始，至翌年 5 月培修堤线，建成三洪奇、林广、北滘沙水闸，大修龙涌水闸，堵塞沙寮口菊花湾涌口后，联围合龙。第二期工程于 1956 年冬动工，翌年建成上华水闸和菊花湾水闸，大修迳口水闸，联围工程结束，共新建水闸 5 座，修理 19 座，总工程费 141.2 万元，完成土方 101 万立方米，护岸砖石方 6300 立方米。联围后缩短堤线 108 千米，减少旧闸 76 座，解决易涝农用地 2.5 万亩，提高了原有各围抗洪能力。1976 年 11 月，在马村涌口兴建良马水、船闸，1978 年 2 月完成，把现龙、三丰、翁花沙等围联入第二联围，扩大联围效益。1994 年特大洪水后，按五十年一遇洪水位超高 1.5 米的标准全面开展达标建设。

群力围　位于顺德区东北部，围内有碧江、碧桂园、西海、桃村 4 个村（社区）。联围前有 16 个面积为 150—1500 亩的小围，水闸 5 座。1950 年 8 月，驻碧江、西海两乡军管中队召开九乡筑围筹备会议，决定大围名“群力”，以示群众力量之意。是年冬开始堵塞涌口，修筑新堤。至1952年，完成土方20.1万立方米，建成19.1千米新堤，堵塞15处涌口。1952年3月，建成灰口水闸，工程费5万元，堤围合龙。1953年建成西海水闸，工程费7.3万元，联围完成，工程费8.6万元，缩短堤线32.56千米。1955年续建龙头滘水闸，1958年建大东海水闸，同期完成堤围土方327万立方米。1991年，全围捍卫面积3.15万亩，其中农用地面积占2.05万亩，受益人口2.02万人。

番顺石龙围三桂段 位于顺德区东北部，由锡丰、利安、马州、中兴等9个小围联成，原堤长12.6千米，有水闸12座。经过1951年和1952年联围筑闸，修筑了防洪堤3.7千米，防洪水闸1座。三桂段联围后缩短堤线6.06千米和6座水闸，提高了抗洪排涝能力。1991年，番顺石龙围三桂段捍卫面积0.71万亩，其中农用地面积占0.38万亩，受益人口0.32万人。

2017年北滘境内堤围情况表

表9—1—1

堤围名称	所在河流	堤线长度（千米）	捍卫面积（平方千米）	捍卫人口（万人）	水闸（座）	兴建时间	防御标准
南顺第二联围北滘段	顺德水道、潭洲水道	26.12	68.7	23.89	17	1955年开工，1956年联成	五十年一遇
群力围	陈村水道、潭洲水道	18.71	23.54	7.36	8	1950年开工，1953年联成	五十年一遇
番顺石龙围三桂段	陈村水道	6.54	0.71	1.23	5	1951年开工，1952年联成	五十年一遇

三、险段整治

（一）青沙白茶亭

自1962年、1966年、1968年大洪水后，曾出现多次滑坡。经过1970—1971年对潭洲水道疏深时，采用退坡筑堤，外坡脚抛石护岸，堤坡脚至常浸水位线砌石护岸，以及历年堤围加高培厚，目前该险段已相对稳定。

（二）风柜手

该堤段地处白鸽嘴上游，历史上处于前临大海，后枕深塘，堤身单薄，整段堤的外坡常年受风浪和海浪冲刷。1964 年 8 月 9 日，11 号强台风登陆，风力 9 级，阵风 10 级，风柜手堤段外坡受风浪冲刷，崩塌长达 100 米；1994 年 6 月，西北江洪水过境时，适遇台风袭击，中心风力达 10 级以上，风柜手出现险情，外坡从堤面一半向外滑坡，长度达 100 多米。1993—1995 年，北滘镇经济发展总公司开发原广教围和林头大沙围大片土地，填沙抬高地盘，风柜手部分堤脚向外填土 100—200 米，填土高程达堤面高程，目前该险段已不存在。

（三）黄涌大坝头

位于南线北滘蚬肉迳水闸下游，长 200 米，临顺德水道，“前临大海，后枕深塘”。1968 年，该险段出现跌窝（2—3 米深），当时采用回填处理。是年冬修，采用堤顶退建，新筑堤面，在堤脚离开坝头深陷地方进行抛石护堤，稳定险情。20 世纪 80 年代测量离堤脚外 30—50 米处有深槽，深度达 15—20 米，水流湍急形成旋涡。1992 年冬修期间，在该段的堤脚至常水位线采用浆砌石处理。1996 年 4 月进行汛前抢护，抛石 2300 立方米。2000 年汛前全段浇筑砼护坡。目前深槽是珠基 -12 米左右，趋于稳定。

（四）大沙桥险段

该险段位于北滘雷滘水闸上游，临潭洲水道。由于大沙桥的桥墩与水流方向斜交，影响河水流态，在洪水期间形成挑流，冲刷大桥下游的堤岸。1995—1996 年对该险段进行抛石护岸和浇筑砼护坡，控制了险情的发展。2003 年实施局部抛石加固。

（五）鬼涌口险段

该险段水深流急，外坡陡。1989 年进行抛石护岸，完成石方 3000 立方米。1999 年再次进行抛石护岸，外坡浇混凝土 560 米。险患基本消除。

第二节　涵闸

北滘的涵闸（俗称为窦），可分为节制闸、引水闸、排水闸、水船闸等。明清时，境内堤围涵闸，一般采用条石砌筑，沙田区排水窦使用木料制成。民国时期以木、石结构为主。一般每 100—150 亩配备水窦一个，基底硬实的用石窦，基底软的则先用木窦或芒窦，以后再改用石窦。境内共有 71 座水闸。

20 世纪 50 年代，新筑涵闸普通使用桩基础，结构多是重力式挡土墙，浆砌石或素混凝土墙身，素混凝土防渗护底，小型田间节制闸多用砖浆砌；联围筑闸期间，减少涵闸 40 座，新（重修）建水（船）闸 7 座，分别是三洪奇、白鸽嘴、北滘沙、灰口、西海、大东海、龙头滘水闸。50 年代末，境内共有 31 座水闸。

1959年起，重点抓二级闸的配套建设。其间，南顺二联围北滘段兴建（改建）三洪奇、马村、龙涌细、龙涌大、梁家、中间涌、罗滘、深涌、横滘、上涌、下涌、上僚上、上僚下、西滘、北滘沙、新涌、青沙上、连元、高村19座水闸；群力围兴建聚龙沙、龙头滘、西海、灰口4座水闸。1962年冬兴建三洪奇二级闸时，运用前后闸改造成简易船闸，成为北滘区域第一座船闸，也是规模最大的一座水闸，每年过往船只吞吐量达15万吨。1979年又竣工了蚬肉迳水（船）闸。

20世纪70年代，新建或改建的水闸普遍使用人字平开双掩门，1980年后逐渐改装为电动提升门。闸门材料采用洋杂木、土杂木、钢筋混凝土直至钢门。1963年三洪奇二级防洪闸试用钢筋混凝土平板式人字门。至1980年北滘所有木质闸门改（新）建为钢筋混凝土闸门。

1981年后逐渐改为钢结构电动闸门。1990—2004年，将全镇尚未改建的水闸陆续重建，总量达41座。2017年，北滘有大小涵闸31座。

三洪奇水利枢纽 位于南顺第二联围北滘段。建于1956年春，4孔，总孔宽17米，桩基础，重力式圬工结构，木闸门，设计抵御1949年洪水位。但遇1962年洪水时，洪水高于设计高度，船闸接近漫顶，险情严峻，经抢高加固才度过危险，是年冬，在闸后50米处，按原闸孔宽新建二级闸一座，设计抵御2米水位差，闸高5.8米，闸门采用钢筋混凝土结构，5米孔用人字门，3米孔用一字门，并按简易船闸要求，加高和改造前闸，增加导航设施，成为简易船闸，三洪奇船闸后闸是顺德县首例使用钢筋砼平板式双掩门的水闸。1963年竣工后，不仅保障了防洪安全，而且畅通了航运交通。这是南顺第二联围第一座船闸，每年过往船只吞吐量达15万吨。1995年10月，在三洪奇涌出海口处（即旧渡口西侧）兴建一座集水闸、船闸、电排站于一体的水利枢纽工程，以防洪排涝为主，水闸3孔，每孔净宽7米；船闸净宽8米，设计过水流量110.2立方米/秒；电排站为直径1.6米的卧式泵5台，设计过水流量35.1立方米/秒，总装机容量1800千瓦，使北滘镇排涝能力达十年一遇24小时暴雨两天排干的省定标准。同时建有一座桥宽7米荷载20吨的交通桥。工程完成土方46.6万立方米，石方1.76万立方米，混凝土2.015万立方米，使用钢材948.8吨、水泥6328吨、木材717.94立方米，工程费6391.79万元。工程完成后，拆除三洪奇旧闸站和三丰围旧闸站。1996年5月17日验收。是顺德继20世纪70年代甘竹滩洪潮电站枢纽工程之后规模最大的水利工程。

林广水闸 位于细海河的出口处（白鸽嘴），始建于1955年9月，1956年4月竣工，4孔，净宽17米，闸身以重力式砼构件砌结，闸门大孔是一字形东京木门，完成工程土方23700立方米、石方445立方米，工程费用16.8万元。1959年兴建与前闸的孔数孔宽相同的二级顶水闸，设计过水流量64.6立方米/秒，排灌面积5050亩。1991年对林广水闸加固。2000年拆建林广水闸，设计3孔，7米宽水闸，总孔宽21米，设计过水流量78.6立方米/秒，闸底高程－2.2米，闸顶高程6.05米，闸上建有一座宽8米荷载20吨的交通桥，工程费用765.94万元。

上僚水利枢纽 位于南顺第二联围北滘段，潭洲水道上游，水闸、泵站、新开河涌三位一体，是广东省计划委员会批准立项的中型工程，也是顺德区2004年度重点农林水利工程，工程是以防洪排涝为主，兼顾灌溉、通航和改善水环境。2003 年 10 月动工，2004 年 10 月通过验收投入使用。水闸有 2 孔，净孔宽 14 米，设计流量 61.4 立方米/秒。安装 6 台直径为 1.4 米的立式轴流泵，采用 10 千伏同步电机，总装机容量 2700 千瓦。设计双向排灌两用，排水流量 34.3 立方米/秒，灌溉流量 39 立方米/秒。新开河由枢纽引水渠贯穿上僚、水口两村，接通细海河，全长 2460 米，河面宽度 40—50 米。建有一座宽 8 米荷载 20 吨的交通桥。工程费用 4998.71 万元。

西海水闸 位于北滘镇群力围，潭洲水道下游出口处。1953 年 9 月建成，有 3 孔，总净宽 11 米。1971 年 3 月按前闸尺寸完成西海二级顶水闸工程。1997 年冬原址重建后，为 3 孔水闸（中孔 6 米，2 个边孔 2.8 米），总孔宽 11.6 米，闸室宽 14 米，闸室长 7 米，设计过水流量为 44.8 立方米/秒，工程费用 380.57 万元，1998 年 6 月完成。

灰口水利枢纽 位于北滘镇群力围，陈村水道下游。始建于 1952 年，按传统技术建造，1972 年 3 月重建成 1 孔，宽 5 米。2000 年重建灰口水利枢纽工程，2001 年 7 月竣工。工程由防洪水闸、电排站（泵站）两部分组成，水闸 3 孔，中孔宽 6 米，两边孔宽 4 米，总净宽 14 米。电排站（泵站）装机 5 台，总装机容量 1150 千瓦，设计总流量 53.40 立方米/秒，设计扬程 3.4 米，工程投资 1300 万元。

2017 年南顺二联围北滘镇段涵闸情况表

表 9—1—2

名称	桩号（南顺二北）	孔数（个）	每孔净宽（米）	总净孔宽（米）	设计过闸流量（立方米/秒）
上僚上闸	1+345	1	5.0	5.0	9.30
上僚枢纽	2+200	2	7.0	14.0	61.40
西滘水闸	4+250	1	6.0	6.0	11.90
青沙水闸	5+043	1	5.0	5.0	8.90
高村水闸	7+050	1	4.5	4.5	7.91
北滘沙闸	9+213	2	6.0	12.0	38.53
横滘水闸	10+150	1	2.5	2.5	5.26
上涌水闸	11+325	1	5.0	5.0	15.00
下涌水闸	12+775	1	4.5	4.5	10.72
雷滘水闸	15+442	1	4.0	4.0	12.00
林广水闸	17+940	3	7.0	21	78.60
新涌水闸	18+775	1	4.0	4.0	12.90
连元水闸	20+735	1	3.5	3.5	10.00
三洪奇闸	21+800	4	3×7.0+8.0	29	110.20
蚬肉迳闸	25+170	1	7.0	7.0	26.80

续表

名 称	桩号（南顺二北）	孔数（个）	每孔净宽（米）	总净孔宽（米）	设计过闸流量（立方米/秒）
马村节制闸	—	3	5 +2 ×2.93	10.86	—
水口节制闸	—	1	4.0	4.0	—
合计	17	26	—	141.86	419.42

2017 年群力围北滘镇段涵闸情况表

表 9—1—3 单位：个、米、立方米/秒

名称	桩号（南顺二北）	孔数	每孔净宽	总净孔宽	设计过闸流量
都宁西闸	1 +780	1	4.0	4.0	6.50
西海水闸	6 +330	3	2 ×2.8 +6.0	11.6	44.80
大东海闸	8 +450	1	4.0	4.0	7.00
灰口水闸	10 +580	3	6.0 +2 ×4.0	14.0	53.40
龙头滘闸	14 +100	1	4.5	4.5	7.30
新涌水闸	16 +490	1	2.0	2.0	3.80
聚龙沙闸	17 +100	1	4.0	4.0	11.97
都宁北闸	18 +500	1	3.0	3.0	12.30
合计	8	12		47.10	147.07

第三节 排灌工程

一、疏河开河

新中国成立后，人民政府十分重视排灌工程。20 世纪 50 年代，在堵口复堤的同时，开始疏深河道，整治排灌渠系。

1959 年 10 月，以“排灌自流化、水位标准化、渠道系统化”为要求，北滘公社党委决定动工开挖林西河、三马河 2 条人工河，由顺德县委书记凌伯棠任指挥。是年，开通龙头滘至灰口水闸大河（英雄河），裁弯取直灰口涌至西海涌河段，达到速排速灌、改善航运交通的效果。

1970 年 7 月 30 日，县疏浚潭洲水道指挥部成立，由县组织疏浚潭洲水道。8 月 25 日，北滘公社与沙滘公社、陈村公社联合，出动 4 万多人，通过拦江堵河、抽干河水、挖深河床、破堤通水四个阶段，历时 70 天，合力完成疏浚任务。是年 11 月 4 日完成通航，完成土方 280 万立方米。由于没有解决水量分配和改变河相，工程完成

后不到三年，基本淤回原状。同年10月，北滘公社组织疏浚河涌，陆续整治林西河、三马河、细海河、北滘沙涌，完成长度18.25千米，完成土方17.46万立方米。

1974年冬，成立1000余人的农田基本建设民兵团。至1976年4月，完成南河、西河开挖工程，完成长度10.1千米，完成土方31.4万立方米。

1978年，为改善排灌交通，完善林西河、三马河续建工程，林西河从西滘起，按同一规格开挖至上僚（该段称西上河），三马河从莘村起，按同一规格开挖至马村，完成长度4.7千米，完成土方14.5万立方米。南顺第二联围北滘段的河道初步形成“井”字形河网，大大提高排灌流量。

1980年实行土地承包制后，北滘基本没有组织大规模河流疏浚，造成河涌淤浅，甚至堵塞。进入90年代，镇政府重新将河涌疏浚作为水利建设重要内容。1993年3月，北滘镇政府投资200万元，购进挖泥船1艘，开底运泥船10艘，组建起疏浚队伍，对境内主干河涌实行常态清淤。1993年至1997年，疏浚11条主干河涌（三马河、林上河、南河、细海河、三丰河、北滘沙河、西河、三洪奇河、西海大涌、灰口河、二支涌）58.3千米，完成土方34.5万立方米。投入资金283万元。同时，投入资金27.04万元，疏浚支涌20条23.4千米，完成土方19.9万立方米。

2004年4月，启动上僚水利枢纽新开河工程，完成长度2.46千米，开挖土方24.9万立方米。至2008年累计疏浚7条主干河涌（灰口河、林上河、细海河、西海大涌、三丰河、三马河、二支涌）38千米，完成土方28.4万立方米。

2009年起，对全镇主干河涌、支干河涌、村级支河涌进行全面清淤疏深，至2012年，合计疏浚河涌169.15千米，疏浚土方83.12万立方米。

附：新开主要干河

林上河 林头南部至西滘的大片土地素有“镬底地”之称，河涌浅窄弯曲，排灌交通不便。暴雨后稻田积水达1.4米深。1959年冬，北滘公社党委动员全社力量，开挖林西河（从西滘村至林头太平沙涌口），党委第一书记亲自指挥，抽调全社劳动力，集中突击，分段包干，全面推广“标榜传泥”（使用“标榜”工具滑动传送泥块）、车子运土、肩膀托泥等方法，提高劳动效率。于12月底完成工程，河长6.4千米，面宽20米，底宽9米，深2.3米，完成土方22.7万立方米，投入劳动力7.56万工。

1978年为改善上僚排灌交通，延长林西河，从西滘开挖至上僚，长2.8千米，完成土方9.9万立方米。20世纪90年代又进行截弯取直后，迄今，该河全长8.35千米。

三马河 为解决内涝渍水，加快排灌流量，缓解农业生产用水矛盾，1959年下半年，沿三洪奇大沉龙至莘村公路边开挖三马河。11月初开工，12月上旬完工，长4.2千米，宽15米，深2.3米，完成土方10.05万立方米，投入劳动力3.35万工。1978年冬，延至马村，完成长度1.9千米，完成土方4.55万立方米。三马河长6.1千米。

南河 1976年至1977年，开挖南河，由三洪奇陈大滘至马村，接通三洪奇大涌，河长5.9千米，河面宽20米，底宽10.8米，深2.3米，完成土方20.9万立方米。

西河　与南河同期开挖。由蚬肉迳至莘村鹅场，接通细海河，连贯三马河，长4.2千米，宽16米，底宽6.8米，深2.3米，完成土方10.5万立方米。2010年起，启动西河扩宽整治工程，长8.845千米，重建4座桥梁、4座箱涵，新建2座桥梁、3座箱涵，开挖土方56.27万立方米，2014年12月完工。

上水河　2004年4月，根据上僚水利枢纽工程设计，开挖引河，由上僚水闸至水口细海河，称为上水河。全长2460米，河断面为梯形，底高程－2.5米，底宽30—20米变截面，边坡1∶2，河东设7米机耕路，河堤西留5米绿化带作，开挖土方24.9万立方米。

二、电动排灌站建设

1949年，北滘区域仅有西海乡逆龙围有抽水机1台。绝大部分农用地抗旱、排涝和鱼塘抽水均靠人力使用传统的工具——水车。

1952年，北滘区高村乡建成顺德县第一个（也是唯一的）固定机械排水站，该站由省机械排灌处设计，122匹马力，配14寸水泵两台，后因设备及管理问题，未发挥应有效益。

在联围筑闸、疏浚开河、整治灌区后，水利条件有所改善，但内涝积水仍时有发生。1959年4月，早造禾熟，天降暴雨，造成围内稻田渍水1.4米，全公社损失稻谷3000多吨。1960年8月，当月雨量528毫米，是历年周期最大降雨量，禾田全面受浸，围内渍水1.2米深，损失严重。

1959年，中共广东省委、省人民委员会规划在珠江三角洲建设电动排灌网络，提出要实现“大沙田、大电网、大贡献”的目标。北滘规划纳入全省第一期电动排灌网络建设工程。为了实现沙田电网化，从1960年起，北滘配合省和县开展电网建设及电业技术员培训工作。至1961年，建起三洪奇、林广、龙涌、灰口4个电动排灌站。1962年建成西滘电动排灌站，1964年又建成大东海电排站。这6个电动排灌站拥有机组16台，装机容量1465千瓦，总投资90.71万元，其中国家投入62.58万元，社队自筹28.13万元。建成后，全社7.8万亩农用地，如遇一天230毫米暴雨，4天内能够排干。

1960年1月20日，顺德首条35千伏安高压输电线路——广州至北滘线（17.5千米）、北滘至大良线（10.85千米）建成通电，北滘变电站（主变压器一台1800千伏安），同日建成验收运行。

1961年8月，北滘公社水电会在林广水闸举办第一期电工训练班，各大队派人参加，总人数52人，时间35天。是年，全面推广水泥杆、两线一地制，钢筋混凝土外壳等方法（即行距400米，杆距50米，用钢筋混凝土杆，导线用A—16或A—25，每隔四档杆引装接线开关，在适当地点安装变压器）。是年，群力围架设10.5千伏安高压线路24.4千米，农田低压线路37.8千米。

1963年4月，北滘水利会在三洪奇举办第二期电工训练班，人数达50余人，时间为7天。为解决旱灾和围内农用地高低不平的矛盾，1964年2月成立电网建设领导组，着手进行“四化电网”建设，经过一年努力，基本完成电网建设，满足了当时691台农用水泵生产运行。该工程耗资80.11万元，使用器材：钢材247.9吨，线材82.5吨，木材10立方米，水泥495.9吨，安装变压器54台，容量6370千伏。

1976年后，北滘开拓新一轮电排站建设热潮，至1979年12月，先后兴建连元电排站、林广第二电排站、三丰电排站，对龙涌电排站进行升级改造，迁移到蚬肉迳，兴建西河电排站。这4个新建电排站，共有24个机组，装机容量1250千瓦，总投资48.36万元，其中国家投入22.52万元、社队自筹25.84万元，排灌面积2万多亩。与此同时，进一步推进电线网络建设。

1980年，随着社会经济的迅速发展，北滘进一步加大电排站建设力度。是年4月，建成西海电排站，4个机组，总装机容量520千瓦，投资额199.6万元。1982年，又建成林广第三电排站。

1985年统计，南顺第二联围北滘段架设农用高低压输电线路达214.08千米，电网覆盖的农业受益面积达53143亩。

1988年兴建西滘电排站，1992年重建林广电排二站，1991年整合重建三洪奇电排站，1994年重建大东海电排站，1999年调整巩固蚬肉迳自排站，2006年新建上僚自排站，2008年新建北滘沙自排站。这些电排站特点是技术新，排水量大，效率高。机组合计41台，装机容量9915千瓦。2008年，排涝能力达十年一遇暴雨1.17天排干。

2017年，北滘镇共有电排站15个，机组50台，装机容量16515千瓦，排涝能力达二十年一遇暴雨一天排干。

林广排灌站 由3个站建成，总装机1310千瓦。按兴建时间分一、二、三站。一站建于1960年，水工按卧式轴流泵设计，机房砖木结构，压力涵条石砌结，排灌两用式，装立式轴流泵五台，配110千瓦电动机2台、95千瓦电动机3台，用半交叉皮带传动，工程费23.6万元，国家投资9.1万元。1979年，将绝缘最差的2台电动机更换，容量增至535千瓦。二站建于1979年，为单排站，装泵15台，配17千瓦电动机直接传动，总容量255千瓦，工程费8.6万元，国家投资6万元，翌年装置了群机集中自动控制，操作管理方便。三站建于1982年，为代替一站而建水工结构单机单涵，4台机组，配130千瓦电动机直接传动，共520千瓦，造价18.8万元，国家投资18万元。2000年10月，对林广排灌站进行机组调整，改用水泵9台，装机容量1420千瓦，设计流量23.8立方米/秒。

灰口排灌站 始建于1960年冬，1961年4月竣工，装机1台，容量50千瓦，工程费用2.5万元。1962年群力围决堤，灰口排灌站受淹，国家拨款5000元帮助修复。1964年又遭强台风摧毁，国家拨款5500元重建。该站水工压力涵均为石砌体，机房砖木结构，装5台混凝土泵，配60千瓦电动机，间接传动，总装机300千瓦，工程费17.4万元，国家投资6.3万元，设计流量5.29立方米/秒。该站长期运行，机泵磨损老化，效率下降。1981年测试，流量仅为原设计的70%。2001年，在原址上重建，安装5台1200毫米立式轴流泵，装机容量1150千瓦，设计流量20.06立方米/秒。

西海排灌站 单机单涵装4台水泵，总容量520千瓦，设计扬程4.79米，排水能力8立方米/秒。工程费19.95万元，国家投资15万元。2011年对西海电排站进行重造，采用斜式轴流泵3台，装机容量1890千瓦，设计流量30立方米/秒。

西河排灌站 1978年，翁花沙围、现龙围和三丰围并入二联围，龙涌排灌站需要外迁。1979年12月，动工兴建西河排灌站，取替龙涌排灌站。次年12月竣工投产，机组4台，装机容量320千瓦。2009年11月，重建西河排灌站，安装4台1000毫米斜式轴流泵，装机容量4000千瓦，设计流量52.5立方米/秒。2011年12月竣工，概算投资5151.43万元。

2017年北滘电动排灌站情况表

表9—1—4　　单位：年、米、台/千瓦、立方米/秒

名称	所在堤围	建站（重建调巩）时间	装机容量	水泵设计净扬程	总流量
北滘沙	二联围	1957（2007）	2/1120	3.8	15.22（排） 17.86（灌）
三洪奇	二联围	1961（1997）	5/1800	3.4	35
林广	二联围	1960（2000）	9/1420	3.25（旧站） 3.83（新站）	23.8
灰口	群力围	1961（2001）	5/1150	3.4	20.06
西滘	二联围	1962（2003）	3/480	3.88	7.05
太和	二联围（内）	1962（2008）	1/160	1.2	4.5
大东海	群力围	1964（1994）	2/260	3.25	5.16
连元	二联围	1976（1999）	1/155	5.4	2.2
西河	二联围	1979（2011）	4/4000	4.1	52.5
西海	群力围	1980（2011）	3/1890	3	30
新开涌	石龙围三桂段	1994（2017）	2/160	2.38	2.66
龙头滘	群力围	1999	3/540	3.38	8.67
上僚	二联围	2003	6/2700	5.3	34.30（排） 36.00（灌）
聚龙沙	群力围	2011	2/460	3.77	6
都宁北	群力围	2012	2/220	3.8	3
合计			16515		250.21

第四节　农田基本建设

1958年，顺德县水利工作会议后，北滘区域各生产队根据县部署的“排灌自流化、水位标准化、渠道系统化、堤围公路化、水力电气化”的方向，大力发展小型水利，掀起一个开大河、挖大塘、整治排灌系统、平基改土农田基本建设高潮。下半年，改造低洼田，整治田间排涝系统，在大小横沙、磨面沙、洲尾沙、竹排沙等禾田区，开挖井字形河涌，以利于排渍和小艇交通。

1970年，掀起“农业学大寨”高潮，大规模开展农田基本建设。1972年秋收后，北滘公社集中上万劳动力，历时半个月，疏浚林西河、三马河、北滘沙河，挖出淤泥17.46万立方米。1971—1972年底，平整基地4500多亩，并大塘、改小塘3300多亩，平整改良水稻田8000多亩，开挖排灌河420条，维修节制闸120个，筑田头基50千米，建成旱涝保收农田60000亩。

1974年8月，北滘公社党委作出《关于建立农田水利基本建设专业队伍的决议》，从各大队抽出基干民兵，共1680人，组成农田水利基本建设民兵团，大搞农田基本建设，调整插花地，推进禾田基塘连片，开挖主支干河涌，建设配套桥梁节制闸，全面平整土地，整治鱼塘。1974年冬至1975年春，合计出动劳动力31166人次，完成土方262.4万立方米。1975年冬至1976年春，共完成土方620多万立方米，农田基建受益面积16700多亩，其中扫平单基3300亩，建设标准化鱼塘1500亩，扩大耕地面积630亩。

1975年11月28日，以莘村大队劳动力为主，公社农田基本建设民兵团出动1500人，最高每天出动3500多人，对莘村灌区进行重点整治。新开面宽7米，底宽2米的支干河涌7条，总长7700米，挖标准塘18个，共162亩，配套机耕桥17座，全面平基改土，完成土方49.75万立方米，投入劳动力24万工，工程费55.4万元。

1989年，再掀农田基本建设高潮。1989年冬至1990年春，整治鱼塘1010个，面积6779亩，塘基长度56千米，其中水泥板墙36千米、砖砌墙17.2千米、石砌墙2.8千米；疏浚河涌172条，总长41千米，完成土方92万立方米；清理禾田排灌沟458条，总长67千米，完成土方67万立方米；新建机耕路12条，总长6.3千米；新建机耕桥14座；架设田间电网7千米；河涌两岸造林绿化80.7千米，植树9.8万株。

1999年冬至2002年，高标准整治旧基塘8939亩，填塘平基9768亩；清涌疏河104.9千米；修建农用电网168千米；修建机耕路160条，总长169千米；修建农桥67座；修建排灌渠道55条，总长51.3千米；修建农业主干路31.1千米；建成畜禽小区16个。一系列高标准大规模农田基本建设投入5300多万元，各村（社区）累计获得市级政策补贴647.9万元，镇级补贴1469.9万元。

1999—2002 年鱼塘河涌整治情况表

表 9—1—5

项目	整治要求	财政补贴标准
旧基塘整治	1. 四基六水，排灌方便，每口塘面积 10 亩左右 2. 基面至塘底净高 2.5 米以上，基坡比例 1∶2.5，基面宽度 8—10 米 3. 基面、坡面、塘底平整、压实，连片面积不小于 100 亩	1. 连片 100—300 亩达标每亩补贴 300 元 2. 连片 300 亩以上达标每亩补贴 400 元
旧鳗塘整治	1. 塘底全面推深 15—20 厘米 2. 基面、坡面和塘底整体平整、压实，连片面积不小于 100 亩	1. 连片 200—300 亩达标每亩补贴 80 元 2. 连片 300 亩以上达标每亩补贴 100 元
清涌疏河	1. 河底清淤深度 50 厘米以上，长度不少于 1000 米 2. 河基坡底比例 1∶2 或 1∶2.5 3. 河底基本平坦，退潮能通农艇，枯水期可抽水排灌	1. 河面宽 5 米以下，每清淤 1000 米长度补贴 1 万元 2. 河面宽 5 米以上，每清淤 1000 米长补贴 1.3 万元
填塘平基	1. 整体平整，有统一规划 2. 有主干路（宽度 4—6 米）可通汽车 3. 有排水沟（宽 1.5 米，深度 1.2 米） 4. 整治后任何时候均无积水	1. 连片 100—300 亩达标每亩补贴 80 元 2. 连片 300 亩以上达标每亩补贴 100 元

第五节　防汛、防旱、防风工作

一、组织机构

民国时期防汛由县建设科兼管。各围的围董会负责堤围修防工作，洪水期间，由围董会组织雇工巡逻堤围，遇有险情则鸣锣传递，召集围民上堤抢险。

1963 年 7 月顺德县成立防汛、防旱、防风指挥部（简称“三防”指挥部），将防旱、防风列入防灾工作范围。北滘公社相应设立防汛指挥所；1973 年，改称防汛防旱防风指挥所（部）。正副指挥由党政主要领导担任，成员由水利、粮食、物资、卫生、邮政、电信、交通、供电、农业、公安等有关单位领导组成。办公室主任由水利部门主要领导兼任，每年 4 月 1 日至 9 月 30 日进行汛期办公。各乡设防汛大队，组织防汛抢险队，分设打桩、巡逻、运输、通讯、后勤、潜水、导渗、抢险等班组。工厂、企业、单位组织防汛队伍，实行全民防汛。1987 年 5 月，“三防”指挥部（所）

改为常设机构。

20 世纪 90 年代后，根据国家防汛总指挥“安全第一，常备不懈，以防为主，全力抢险”方针，“三防”指挥所建立行政首长负责制、分组责任制、部门责任制、岗位责任制等工作制度。

二、防洪设防规定

1959 年，北滘公社成立后，确立的防汛方针是“以防为主，抢险为辅，防重于抢”，境内南顺第二联围、群力围要求按 1949 年最高洪水位设防；在十年一遇洪水时保证不出大乱子，在二十年一遇洪水位时力争不成灾。

1980 年修改堤围防洪标准，要求南顺第二联围北滘段达防御五十年一遇洪水标准，群力围达防御二十年一遇洪水标准，并定出两级设防水位：警戒水位、危险水位。凡达到警戒水位时，巡逻队上堤巡守，达到危险水位时，全民动员。1986 年 4 月起，试行把设防水位改为防守水位（三洪奇 2.80 米、西海 2.60 米）、警戒水位（三洪奇 3.10 米、西海 2.80 米）、危险水位（三洪奇 3.58 米、西海 3.22 米）三级，在防守水位内，由水利部门负责防守巡检工作。

三、防洪物资贮备

民国时期，各围董会有防汛杉、草包等贮存。

1950 年 5 月第一届防汛会议后，发起“一桩一包”防洪物资筹集运动。1951 年第四届各界人民代表会议，又发动“一户一器材”策划筹集防汛器材运动。1968 年后，逐年增加物资储备。防汛物资有木桩、编织袋、铁笼、砂、砖、石块等，指定各有关部门统一储备在册。1984 年统计，全镇防洪抢险物资储存木杉 1390 条，草包 12120 个，麻包 530 个，大石块 1258 立方米，砾石 260 立方米，碎石 770 立方米，海沙 701 立方米。

90 年代，根据防汛工程规模大小，制订防洪物资贮备标准。每年汛期前检查，不足及时按标准补充。捍卫 5 万亩以上的堤围，防洪区每千米堤防储备标准是：粗砂 60 立方米、砾石 60 立方米、碎石 60 立方米、块石 120 立方米、杉桩 100 条、草包 1000 个。第二联围所备砂石数量在原标准基础上增加 50%。

2002 年，在林头上涌水闸新建占地面积 25 亩、建筑面积 1313 平方米的“三防”物料仓库管理室和场地，集中存放“三防”物料，以适应车辆快速装运。

2017 年，北滘建有防洪物料仓库 9 座，贮备防洪杉 3374 条、纤维包 90000 个、大石 4090 立方米、碎石 3840 立方米、砾石 3735 立方米、河沙 2450 立方米。

四、“三防”信息化建设

报汛预警 20 世纪 60、70、80 年代，汛情传递主要以电话机为主。1980 年后，增设无线电对讲机。1990 年后，通过 BB 机、无线移动电话传递信息等。1997 年后开始使用电脑、卫星云图、水位遥测数传仪，提高快速应变信息能力。

信息化系统建设 起步于 1992 年，根据顺德水利局的部署，建立“水位雨量自动测报系统”“卫星云图接收系统”。1995 年应用顺德水利局开发的“珠江三角洲顺德河网三防信息系统”。1999 年应用“天眼 2000 水情气象信息系统”，在“三防”指挥所安装大型屏幕投影和自动电子水位显示牌，各水闸安装简易自动电子水位显示牌。2002 年，顺德市“三防”地理信息系统通过 10 兆光纤传输，开通到镇“三防”指挥所，将防汛指挥系统升级为以 GIS（地理信息系统）为基础的“防汛工程系统”，并把电排站的运行情况纳入“顺德区电排站运行信息系统”管理。

水利工程闸群监控系统 2002 年 8 月，北滘首期闸群监控工程竣工，实现蚬肉迳、三洪奇、连元、新涌、林广、雷滘、下涌、上涌等 8 座水闸自动化控制。该系统利用现代信息技术、监控技术和光纤通信技术，以水闸、船闸、电排站为监控对象，以镇水利部门为中心建成一套远距离集中监控系统，将辖区内水、船闸的日常启闭和管理，集中控制中心进行远程监控操作，实现工程运行控制集中化、管理信息化、日常维护专业化，达到“遥测、遥控、遥调和遥视”效果。完成 430 平方米群控中心大楼、铺设 13.8 千米光纤，总投资 500 万元。次年 4 月，投入 336 万元，将上僚上闸、西滘闸、青沙闸、高村闸、北滘沙闸、横滘闸、都宁西闸、西海闸、大东海闸、灰口闸 10 座水闸并入闸群监控系统。

2017 年，全镇 17 个水闸、9 个电动排灌站纳入闸群监控系统，铺设光纤 44.8 千米。

第六节　水利投资

民国期间，水利所需费用主要由农民负担。新中国成立后，采用“民办公助，合理负担”的方针，实行国家补助和群众自筹相结合的原则。20 世纪 80 年代，根据“以水养水”的方针，逐渐推行征收堤围防护费、水资源费、河道采砂管理费、船闸养护费的制度，实施水利劳动积累式以资代劳，还发动社会捐助，规范水利规费，形成多渠道多元化筹资机制。

一、堤围防护费

明清期间，北滘地区堤围内的农户、工商企业均要交纳堤围防护费。堤围岁修、防汛经费一般由农民负担，按受益田亩采取“按亩科派”。清同治五年（1866 年）简岸、禄洲、槎涌三乡围合筑，“工费以围内税业按亩派收，日后岁修俱归三乡料理”。

民国期间，境内沙田区修筑小围，多由地主出资，围筑成出租后，所需工程费用则向佃户分派。如 1947 年冬，修建深涌水闸，工程费按 2000 亩筹收水利谷，每亩 10 公斤。

新中国成立初期，北滘堤围防护费按受益田亩负担。群力围按土地产量和租佃关系计征，鱼塘蔗地每亩8.5元，禾田每亩5元，杂地每亩3.5元，“主八佃二”分担（即地主占八成，佃户占二成）。工商业则按与农业受益比例负担金额，自报公议。

1958年，水利经费由公社、大队统一开支。至1961年9月，恢复开征收水利费。农业以受益田亩按亩计收。国营工商企业及农场不负担，公私合营、集体及个体工商业、手工业、摊贩按营业总额2‰征收，供销合作社则按1‰以下征收。

1983年起，根据佛山专署《关于重申执行征收水利费水利粮的通知》，向国营工商业和国营农场征收水利受益费，计算标准以企业年度营业额或产值为依据，工商业按0.1%、国有企业按1%、集体企业按2%。

1991年10月起，根据顺德县政府《关于水利受益费征收及水利劳动积累投入的通知》，提高水利受益费征收标准：工业企业和商业零售按销售总额的1.5%，商业批发企业按营业额的0.45%。1992年7月1日起，又规定商业批发企业按营业额的0.5%计征，对无法计算营业额的个体摊贩按经营规模核定，每年每户不少于30元。

1993年2月，根据广东省政府《广东省水利工程水费核订、计收和管理办法》：粮食作物每年每亩收费不超过4元，经济作物每年每亩不超过5元。工商业、供电企业按营业（销售）总额1.5%—1.8%计征。银行按纳税营业额、保险公司按保险收入额的1.5%—1.8%计征。个体工商业户每年每户不少于20元。

1995年3月，北滘镇政府颁发《镇经济工业区出让土地若干优惠政策》，规定：水利费征收按土地使用面积每平方米每年3元，基建期间免收，但最长时间不超过两年，以后每五年为一个收费标准周期；公共设施（道路、消防通道、河涌、大小公园）占地免收水利费。

2002年6月，北滘镇按顺德统一规定：各单位在申报交纳“三税”的同时计交堤围防护费。

1986—2001年北滘二联围段防护费征收情况表

表9—1—6　　单位：万元

年份	堤围防护费	年份	堤围防护费	年份	堤围防护费
1986	36.3	1992	231.3	1998	1001
1987	31	1993	359.1	1999	1636
1988	53	1994	512.5	2000	2274
1989	90.3	1995	577.9	2001	2040
1990	135.3	1996	973.6		
1991	144.1	1997	973		

二、水利劳动积累工及以资代劳

1959年，北滘人民公社成立后，堤围岁修由堤围保护范围的大队负责，政府按水利受益亩数分配责任土方。1978 年后，堤围保护范围内的工厂、企业单位也需投入劳动力。

20 世纪 90 年代起，水利工程建设专业化、机械化程度高。1991 年 10 月 9 日，顺德县政府颁发关于《水利受益费征收及水利劳动积累工投入》的通知，将水利劳动积累工制度调整为：农村每个劳动力每年投入水利建设 2—6 个工日任务，分配到户，可出工或以款顶工，每工日折算不得低于 5 元；单位职工、城乡居民每年每人负担水利土方 5 立方米，以款代方，每方折款不低于 6 元；企业利润提留的"以款补工"基金不少于三分之一。90 年代中期，镇内劳动力每年计收 80 元，外来工每年 30 元。2003 年 4 月 23 日，镇政府印发《关于土方代金、农业水利费收取问题的批复》，该政策废止。

1986—2001 年北滘二联围段土方代金筹收情况表

表 9—1—7　　　　单位：万元

年份	土方代金	年份	土方代金	年份	土方代金
1986	10.6	1992	88.7	1998	496
1987	10.1	1993	91	1999	493
1988	10.8	1994	144.8	2000	476
1989	16	1995	263.5	2001	488
1990	19.4	1996	378.3		
1991	22.3	1997	367		

三、水资源费

1997 年 10 月 5 日，顺德市政府颁发《顺德市取水许可制度与水资源费征收管理实施细则》，该细则规定：从 1998 年 1 月 1 日起，对在辖区内利用水工程、机械提水设施直接从江河、围内河涌或者地下取水的自来水厂、单位或个人，征收水资源费。征收标准：生活用水每立方米 1.8 分；工业用水 2.5 分；生活、工业混合用水 2.5 分；其他用水 2 分；地下取水按上述标准加收 50%。1998 年，征收水资源费 27 万元。1999 年起，改由顺德市（区）统一征收。

四、船闸养护费

1963 年春，三洪奇船闸竣工。经顺德水电局批准，对经过水闸的船舶，征收养护费。机动船舶按净吨位，非机动船舶按登记吨位，每次每吨 0.05 元，竹木排筏按扎排体积，每立方米每次 0.10 元计征。

1984 年 7 月 1 日起，按县政府调整征收过闸费的通知，船舶过闸费每吨 0.1 元，竹木排筏过闸每立方米0.2元。所收过闸费上缴县水电局10%，其余留作船闸管理经费及工程维修养护开支。

1992年11月16日，按顺德市政府通知，将船闸养护费调整为：船舶每吨收费0.3元，竹木排筏每立方米（次）0.3元。

1986—1995年，南顺第二联围北滘段共征收船闸养护费55.3万元。1996年，全镇共征收船闸养护费3.5万元，1997年4万元。20世纪90年代末，内河运输日渐式微，2002年停止征收。

五、河道采砂管理费

1992年，顺德开征河道采砂管理费，收费标准：每立方米河砂为0.5元。实行分级分成管理使用。1998年，协助市水利局征收河道采砂管理费5.5万元。

1999年6月24日，市政府颁发《顺德境内部分河道（段）实施禁止采砂的通知》，将顺德水道、潭洲水道列入禁采砂区河道（段），实施时间从1999年8月1日至2001年7月31日。其后，2002年1月18日顺德市政府印发《关于我市境内部分河道（段）实施禁止采砂的通知》，均将顺德水道、潭洲水道列入禁采砂区河道（段）。征收河道采砂管理费从而终止。

六、银行贷款

1995年9月，动工兴建三洪奇水利枢纽，北滘镇向银行贷款1400万元。

七、社会捐助

1994年两场特大洪水过后，人民群众水患意识增强，镇政府决定高标准建设三洪奇水利枢纽工程。机关、团体、企业及各界群众、港澳同胞慷慨解囊，筹得资金1000万元。

第七节　水利资金投入

1950—1984年，南顺第二联围北滘段总投入501.41万元，其中县级以上投资152.44万元、镇级财政投资40.25万元、自筹308.72万元，完成工程土方167.35万立方米、石方2.5万立方米、砼0.98万立方米。

1986—1995年，南顺第二联围北滘段总投入9500多万元，完成工程土方163.82万立方米。

1998—2004年，全镇水利建设总投入2.04亿元，其中区（市）以上投资3845万元、镇级投资7675万元、水利会自筹8971万元，完成工程土方168.55万立方米、石方34.68万立方米、砼12.62万立方米。

2005—2017 年，全镇水利建设总投入 4.91 亿元，其中区（市）以上投资 2.71 亿元、镇级投资 2.2 亿元。

2000—2017 年北滘水利建设资金统计表

表 9—1—8　　单位：万元

年份	投入资金	其中		年份	投入资金	其中	
		区（市）及以上	镇级财政			区（市）及以上	镇级财政
2000	1025	365	660	2009	2839.87	2009.49	830.38
2001	4356.56	300	4056.56	2010	5846.38	4086.2	1760.18
2002	1304.54	140	1164.54	2011	6848.15	4599.83	2248.32
2003	3985.54	1340	2645.54	2012	5801.47	3340.94	2460.53
2004	2818.59	770	2048.59	2013	4181.22	1815.82	2365.4
2005	960.7	793	167.7	2014	4900	4200	700
2006	3468.3	470	2998.3	2015	900	300	600
2007	3606.84	0	3606.84	2016	3400	3000	400
2008	2183.22	100	2083.22	2017	4150	2400	1750

第八节　水利管理

一、管理机构

民国期间沿袭清代体制，各堤围设有围董会，属民间组织。

新中国成立后，政府设立管理机构，取代旧的围董会。1950 年 1 月 25 日顺德县防洪复堤会议后，北滘区域的盘石围、大沙围、现龙围、麦家沙围等堤围相应成立防洪复堤委员会。1950 年 8 月，驻碧江、西海军管中队主持成立九乡联围筹备委员会。同年 10 月，北滘境内各堤围成立水利委员会。

1954 年 6 月至 1957 年，群力围属顺德县三区水利会直接领导。1957 年 8 月至 1959 年 5 月，群力围属顺德县陈村区（公社）水利会领导。

1955 年 10 月至 1957 年，成立南顺第二联围水利委员会，相应设立南顺第二联围三洪奇办事处。1964 年 4 月至 5 月，按佛山专区和省水电厅指示，成立南顺第二联围工程管理所。

1959 年 5 月，设立公社水利委员会，负责管理北滘辖区的南顺第二联围北滘段水利设施。

1962 年，水利会易名为水利电力管理委员会。1968 年 10 月，称水利电力革命领导小组。1972 年，复称水利电力管理委员会。1984 年 1 月起统称水利会。

1997 年以前，南顺第二联围北滘段与群力围财务独立核算，经费各自筹收。1998 年，群力围并入北滘镇水利会，资产、人员财务统一划归镇水利会管理。内设行政组、工程工管组、水政监察组、“三防”、财务、电排分站 6 个专业组。

2001 年 6 月 1 日，顺德市实施水利事业单位机构改革，市水利局与北滘镇政府签订《北滘水利会下放到北滘镇管理交接协议书》，水利会正式下放至镇管理。

2007 年 10 月，佛山市水利管理体制改革。同年 12 月 10 日，北滘镇水利会改为“水利所”。

2010 年 7 月，北滘镇实施大部制改革，组建镇国土城建和水利局，下设“三防水利管理股”。

1988 年，北滘有水利管理干部 7 人，职工 92 人，其中工程技术人员 10 人。2002 年有在职人员 153 人。2005 年精简至 86 人，其中：大专以上学历 19 人，取得工程师职称 3 人、助理工程师 15 人。2012 年，北滘镇三防水利管理股有职工 82 人，其中：在编人员 69 人、工勤人员 13 人，大专以上学历 36 人，高级工程师 3 人、工程师 5 人、助理工程师 6 人。

二、工程管理

1950—1959 年，对堤围实行统一规划、统一建设、统一管理。设有水利工程管养组，负责日常工作，并筹收水利金、水利谷。1959 年，为弥补经费不足，管养组开展副业生产，种植蔬菜、捞捕鱼虾、饲养家禽，当年收入 5000 元。

1960—1980 年，对堤围进行封堤育草，严禁乱挖乱铲。对电排站实行“三勤三检”管理方法，即勤保养、勤清洁、勤检查。1974 年开展“四查四定”，即定任务、定措施、定计划和定检查，建立规章制度、建立资料档案。

1981—1984 年，进行堤围加高培厚和旧闸改建工作。电排站管理贯彻八项经济技术指标（设备完好率、能源单耗、用水定额、排灌成本、单位功率效益、渠道水利用系数、自给率和产量），实行运行许可证制度。

1984 年 7 月起，贯彻县政府《河道堤防管理条例》，查处违章建筑和非法占用河滩地行为，维修养护堤围。

90 年代初起，对堤围进行全面安全监测，监测内容是：堤围有无移位、塌坡、裂缝，堤脚护坦有无冲刷、掏空、河道淤积等情况。日常做好堤围杂草清除和填补雨淋沟等项工作，做好年度防洪工作方案，组建防汛抢险队伍，落实各单位防洪岗位责任，筹备防洪物资。

2002 年起，对水闸实行年度冬修和汛期前检测制度，及时对闸门损坏设施进行维修保养。2003 年，镇政府制定《北滘镇水闸运行安全操作指引》，进一步强化水闸安全运行制度，确保涵闸工程无塌陷、渗漏和堵塞，机械开关零活、运行安全。

三、依法治水

1987年9月15日，北滘成立河道、堤防清障领导组，开展河道清障，查处河道、堤围违章建筑。

1988年6月，按照国务院发布《中华人民共和国河道管理条例》，加强河道管理。是年9月，水利会设立水利民警2名，执行河道堤防清障工作。

1991年4月17日，按照顺德县政府《关于建立水政监察队伍的通知》，北滘相应成立水政组。

1996年12月24日，顺德成立水下监察大队，北滘镇水利会相应成立水政监察分队。

1997年4月，对主干河涌进行全面检查。是年5月7日，镇政府颁发《围内主干河涌管理暂行规定实施细则》，清理乱占建、堆填、停泊的违章建筑物。

1998—2008年，共清拆临时性违章建筑物152处11900平方米；取缔砂石场、堆场29处9060平方米；清理违章线杆（高压、低压、电话、电视）25.5千米；清理堤上葬坟5穴28平方米；清理“三无”船35艘；查处非法河道采砂5宗。2009年，处理违章建筑450平方米、堆放物350平方米、花卉桔果场400平方米，取缔无证砂石场7处。

2010年7月起，水政执法交由区环境运输和城市管理局北滘分局执法股、“三防水利管理股”负责管理。2013—2017年，共处理违章建筑50宗，取缔无证砂石堆放场2处。

第二章　交通

明代，北滘境内有驿道1条，即县城至江村、都宁、紫泥的中路，路面采用麻石铺设；至20世纪80年代，都宁周易坊、寨边，桃村、绿道仍保留着古驿道遗迹，宽1.5米，长2千米。

清末民国初年，北滘河道开始行驶“火轮”和“电船”运载货物。往返广州、江门、石岐、三埠、均安、大岗的客轮必经北滘河道，三洪奇江面是当时珠江三角洲客轮重要上落站。

民国17年（1928年），县开始集资建公路，其中北滘境内的碧三（碧江至三洪奇）支线（全长6.8千米），于民国21年建成，宽7米，砂土路面。民国25年，碧三支线开通短途汽车客运，由鸿生行车公司承运。

新中国成立后，1951年顺德县通过义工捐款办法修复公路，恢复交通。1956年上半年，修筑三（洪奇）乐（从）公路。20世纪70年代，基本实现公社与主要乡村通车。1981年按二级公路标准改建，广珠公路北滘段兴建三洪奇大桥。90年代，掀起筑路高潮，先后兴建（扩宽）国道G105线、碧桂路、三乐路、林西路、林港路等主干道路。至2000年，北滘形成“三纵两横”（国道G105线、碧桂路、广珠西线高速公路、林西路、三乐路）的交通格局，公路网密度达1.4千米/平方千米。

进入21世纪，北滘作为中心城镇，纳入“大佛山”新规划中，逐渐形成“三纵二横”（佛山一环、国道G105线、广珠西线高速公路，横五路、三乐路）的对外交通格局。随着太澳高速及广珠城际轨道北滘站和碧江站的相继开通，北滘迈入以高速、高铁为标志的“两高时代”，珠江三角洲一体化、广佛同城使北滘呈现出更优越的交通优势。

第一节 水上运输

一、航道与港（渡）口

北滘的主航道有顺德水道、陈村水道、潭洲水道，长度分别为11.98千米、6.3千米、16.36千米，总长34.64千米，是珠江三角洲主要水运通道。至2017年，顺德水道达到国家Ⅲ级通航标准，河面宽一般为400—600米，航道水深在5米以上，弯曲半径在600米以上，航道标准尺度为4.0米×80米×500米，可通航1000吨级船舶；陈村水道达到国家Ⅲ级通道标准，航道底宽60米，弯曲半径330米，水深达3.2米，可通航1000吨级船舶；潭洲水道九尾沙以北段达到Ⅴ级通航标准，可通航300吨级船舶，九尾沙至西海嘴达到Ⅵ级通航标准，可通航100吨级船舶。境内有支流航道11条，总长46.23千米，可通35吨级以下船只。

北滘港区 位于顺德北滘镇，顺德水道北岸，广珠线国道G105线三洪奇大桥东面。河面最宽处460米，最窄处370米，常年维护水深2米，可通航2000吨以下船舶。

1993年3月1日，经省人民政府口岸办公室批准兴建，是广东省第一个镇级二类口岸，1994年12月28日投入使用。港区总面积18万平方米，护岸460米，码头岸线300米，有泊位5个，最大停泊能力1000吨级，有重力型仓库3座，面积3960平方米，堆场面积7.55万平方米，综合办公楼5层，建筑面积共2446平方米。港区主要设施有50吨桅杆吊机1台、40吨旋转式固定吊机1台、10吨散货吊机3台、16吨汽车起重机1台、40吨正面吊机1台，2吨至25吨叉车、拖车33台，500吨级集装箱机动船2艘。总投资1.17亿元。

此后，又经过多年建设，至2002年，港区有堆场面积12万平方米，码头岸线405米，有泊位6个，最大停泊能力2000吨，有仓库7座，面积8000平方米。港区主要设施有10吨至45吨岸边吊机6台、45吨集装箱正面吊机3台及2吨至25吨叉车、拖车50台。设计年吞吐能力150万吨，集装箱30万TEU（集装箱运量统计单位），全年实际完成9.4万TEU。

2008年11月，由北滘镇投资管理公司、中国航天基金会及盛湖投资有限公司联合投资启动北滘港的二期扩建工程，于2010年6月竣工，2011年1月营运。工程位于一期港区的上游，占地面积 122528.61 平方米，建筑面积 31799.67 平方米，新建 1000 吨级多用途泊位 2 个，1000 吨级杂货泊位 2 个，扩建码头岸线长 320 米，设计年吞吐能力 170 万吨，集装箱 40 万 TEU，项目总投资 2.8 亿元。

2017 年，北滘港共有 1000 吨级泊位数 10 个，码头岸线总长 725 米，年吞吐能力 370 万吨，集装箱 80 万 TEU。

三洪奇渡口 连接广珠公路，横渡北江支流顺德水道，常水河宽 670 米。建于 1951 年，起初配备木结构二车平板船（20 吨）1 艘，小型机动拖船 1 艘。两岸各建一级码头。1969 年设二车机动船 1 艘，三车平板船配拖船 1 艘，日均渡 176 车次。1983 年配备八车船 5 艘，日均渡 2660 车次，最高达 3560 车次，车辆排队待渡现象突出。1984 年 1 月三洪奇大桥建成后渡口被撤销。

1970—1977 年三洪奇渡口基本概况表

表 9—2—1 单位：辆

年份	职工人数	全年渡车量	日均渡车量	年份	职工人数	全年渡车量	日均渡车量
1970	45	64284	179	1974	53	130539	363
1971	45	69222	192	1975	50	147568	410
1972	45	81507	226	1976	58	160166	445
1973	47	96661	269	1977	51	201147	555

碧江码头（渡口） 清咸丰年间，碧江长堤、聚龙沙一带客货运码头众多，是珠江三角洲重要的内河中途港。1958 年 10 月，设立碧江码头，辖长堤、聚龙、三桂等 3 个渡口。1970 年，有木船 8 只，载重 13.5 吨，职工 16 人，日均渡客量近千人。1983 年，香港同胞何细珠等人捐资 10 万元改善三桂渡口，在孖岗脚侧（即三桂水闸附近）兴建长 40 米的引桥，保障群众上落安全。次年，碧江码头投资 8000 元，委托北滘船厂为三桂渡口装设载重 5 吨的木制机动渡客船 1 艘，该船亦可渡运手扶拖拉机和小汽车。1989 年 4 月 1 日起，长堤渡口从原来每人每车（二轮）收 5 分调整为 1 角，聚龙渡口从原来每人每车（二轮）收 3 分调整为 5 分。1990 年，长堤、聚龙 2 个渡口划归珠江包装公司代管，三桂渡口移交三桂管理区管理。碧江大桥建成通车后，客运量锐减，1992 年撤销三桂渡口。20 世纪 90 年代中后期，碧江码头（渡口）仅有木船 4 艘，职工 6 人。1999 年，长堤、聚龙渡口相继结束营运。

二、水上运输企业

1967 年，由均安水运站调出人员 10 余人、船舶 20 多艘设立北滘水上运办理管理站，隶属于县水上运输公社。当时折船价入股共 13000 多元。1972 年兴起水路、公路、铁路联运，县水上运输公社改组为水陆运输联社；翌年改称水上运输联社；1985 年 9 月改组为顺德县水运公司。1987 年，北滘水运站下放至镇管理。

1978 年以前，货物运输以粮食、甘蔗、塘鱼及防洪抢险物资等为主，同时承担国家计划运输任务。1984年后，因陆路交通运输事业飞速发展造成，水运公司运输业务大幅下降。北滘水运站创办塑料厂，后分设为水运风扇配件厂、华联电器厂。1993年，北滘水运站、水运物资购销部、华联电器厂产权改革。水运站登记成立有限公司，更名为三力电器有限公司，至1997年7月停业。

第二节　公路运输

一、公路桥梁

国道G105线［广珠（广州至珠海）线］　该路北滘段（都宁至三洪奇段），总长6.8千米，于民国21年（1932年）建成通车。抗日战争时期，公路受到严重损坏。1951年县政府组织全面修复，在潭洲水道（林头段）架设木桥，三洪奇开设轮渡。1981年，按二级公路技术标准拓宽改造，1984年建成三洪奇大桥，1988年建成林头大桥，1989年建成碧江大桥。1988年完成路基、路面工程，路基宽15米，路面宽13米。1997年4月，以北滘为先行点，顺德市开展国道G105线拓宽改造工程。至2000年，路面扩宽至42米、双向8车道水泥路，中间绿化带10米。2005年4月起进行美化改造，在原路幅、路面的基础上将中间花基10米改造为2米，两边各增加1条车道，全段改铺沥青面，同年10月完成改造。至2017年，国道G105线北滘路段长9.3千米，路宽60米，双向10车道，交通标志及各项配套设施完善，达到平原微丘区一级公路标准。

三乐路　三洪奇至乐从段始建于1956年，1958年2月建成通车，路基宽6米，砂土路面宽4米。1985年按二级标准扩修，改建水泥混凝土路面，宽9米，1988年完工通车。1992年初，推进三乐路北滘段（12.97千米）拓宽改造工程，同年10月竣工通车，路拓宽至24米、双向4车道。1993年5月，动工兴建三乐路东延线（大沙路段，即国道G105线至西海接东线公路），全线5995米，总投资2200多万元，1995年1月建成通车。2005年再次拓宽改造三乐路，路宽拓宽至42米、双向8车道，2006年10月完成改造。

碧桂路　从碧江经过北滘镇域东部，北接佛陈路，南跨顺德水道，连接大良和容桂组团，镇域内长度6.09千米。始建于1992年，按照城市快速路标准建设，1995年6月竣工通车，宽42米，控制宽度100米。2005年起，广珠西线高速公路并线碧桂路（碧江至西海路段）；二期工程通车后，镇域（群力路口至西海大桥脚）长度不足2千米。

群力路　2003年，由北滘镇政府筹划修建。同年8月6日，碧江、桃村、西海等3个村（社区）参与。2003年12月4日，动工修建群力路，该路北起国道G105线（原烈士路口），途经碧江、桃村、西海，南至三乐路，长4.28千米、宽30米，水泥路，总投资5000万元，2006年8月竣工通车。2009年7—9月，投资3220万元进行路面改造，工程路线长3723米，宽度30米；车行道宽22米，人行道宽4+4

米，铺筑沥青，人行道铺筑环保砖。

广珠西线高速公路 是连接广州市至珠海市的高速公路，为国家重点公路太澳公路（太原至澳门）干线南端的重要路段，总长120千米，路基宽度33米、双向6车道沥青路，桥涵设计荷载为汽车—超20级，挂—120。首期工程于2004年4月30日建成通车，从碧江直达广州芳村；二期工程北起碧江，向南途经桃村、西海、伦教、大良、容桂以及中山市，于2010年6月25日开通。在国道G105线碧江路段与佛陈路交界处设有互通式立交桥，北滘路段长7.3千米。

佛山一环高速公路 是环绕佛山市的城市快速路，总投资约130亿元，2006年11月18日建成通车，全线总长158千米。北滘至乐从公路主干线为一环南路，长15.3千米，道路等级主路为一级公路兼城际快速路，辅路为城市主干路；主路设计时速100千米，设双向8车道；辅路的设计时速50千米，设双向6车道；总造价约20亿元。

林上路 始建于1959年，砂土路面。1988年全线实施铺设水泥工程，总投资300万元，总长7498米，路宽6米，有大小桥梁14座（载重8吨）。1993—2001年，先后5次对林上路进行扩宽改造。其中：1993年，投资758万元，扩宽林上路广珠路口至陇西路路段，全长960米；1995年，完成陇西路至百福路路段；1997—1998年，投资491万元，扩宽百福公园至新斗桥路段，全长900米；2000年7月，扩宽高村至西滘路段，总长3.86千米，车道宽2×7.0米，总投资1168万元，2001年4月竣工投入使用；2001年7月起，扩宽西滘至上僚路段，总投资1500万元，2001年1月3日竣工。2007年11月15日，林上（南）路道路改造工程动工，长2.2千米，路宽24.5—27米，总投资1775.21万元，次年6月20日竣工。2004年8月起，沿林上河东侧新建24米宽的林上北路，路长4.7千米，路宽24米。

林港路 途经镇工业园区，南至三乐路。1997—1998年，投资1486万元，推进林港路的“三通一平”（水通、电通、路通、场地平整）建设。1999年4月22日，启动林港路工程，2001年2月10日竣工通车，总长2.33千米，宽43米，双向6车道。

三洪奇大桥 北枕北滘镇三洪奇，南枕伦教街道羊额，跨顺德水道，连通广珠线。1982年3月动工兴建，1984年1月竣工通车，总投资1825万元。预应力混凝土T形连续梁式结构，全长697.84米，19孔；跨径分别为2×4.5米、4×54米和13×30米；桥面净宽13米，人行道各宽0.75米；引桥分别为6孔30米（北岸）和7孔30米（南岸）。桥下通航净高8米。设计荷载为汽车—20级，挂—100。1998年10月，启动新三洪奇大桥扩建工程。新桥位于旧三洪奇大桥右侧上游，新旧两桥中心线间距20米，总长726.7米，宽15.2米。桥跨组合为6×30米+42.5米+4×54米+42.5米+7×30米，北岸引道长30米。2000年6月28日竣工。

碧江大桥 位于北滘镇，跨陈村水道，连通广珠线。旧桥于1987年9月动工兴建，1989年8月竣工通车，总投资1351.64万元。全长731.2米，桥面净宽13米，总宽15.5米，桥梁设计荷载为汽车—20级，挂—100。跨径组合为：15×16米+65米+100米+65米+16×16米。2003年上半年，启动碧江大桥扩宽改造工程，按一级公路标准在旧桥的上游再建新桥，利用新、旧桥形成分离式横断面，新旧桥间距4米，长731.44米，宽15米，设计荷载为汽车—超20级，挂—120。2005年竣工通车。

林头大桥 跨潭洲水道，连通广珠线。1951年建设，木架结构，长200多米，宽5米，是顺德县最长的木桥。1970年改建为水泥桥。1988年新林头大桥建成通车，长215.3米，宽13米，其中机动车道11米。荷载标准为汽车—20级，挂—100。1999年，在林头大桥上游增建同一规模桥梁，新旧桥间距4米，2000年初竣工通车。

西海大桥 北枕北滘镇西海，南枕伦教街道三洲，跨顺德水道。1992年10月动工兴建。1994年9月竣工通车，长1056.8米，宽17.5米，最大跨径75米，是顺德20世纪90年代缓解性“五路八桥”建设工程之一。

黄龙特大桥 北枕北滘镇黄龙，南枕伦教街道羊额，跨顺德水道，属于顺德区北滘至均安公路主干线工程，是佛山一环南延线的起点。2007年底动工，2010年6月23日实现双边通车，投资1.77亿元，长1117.4米，双孔通航净高10米，净宽75米，设计最高通航水位采用洪水重现期二十年一遇的洪水位5.346米。主跨跨径100米，设计荷载为公路—Ⅰ级。

北滘立交 是佛山市规模最大的互通式立交，地处佛山一环的东南角，位于一环南线及东延线、一环东线及南延线、三乐路3条主干道交汇点处，立交形式为环线加十字交叉，设主辅路两个独立的道路系统，占地面积93.33公顷。工程分两期实施：一期工程包括连接佛山“一环”东路和南路的主线桥及部分辅路，2006年11月18日竣工通车；二期工程包括“一环”南线东延线、东线南延线、立交全部转向匝道、三乐路部分改线、立交部分辅路及三马河改河工程，2010年7月3日竣工通车。工程总造价7.4亿元。

二、公路客运

20世纪30年代，三洪奇分别开通至陈村、碧江、大良、江门和佛山公路的汽车客运业务。新中国成立后，三洪奇成为珠三角重要汽车客运枢纽，从广州、佛山、大良、中山途经班车每天有数十班次。80年代，公路客运业迅速发展，每天途经北滘长途客运汽车班次达几百次。

1998年9月3日，投资310万元的北滘汽车客运站竣工试运，该站位于国道G105线广教路口旁，占地面积11022平方米，建筑面积405平方米，每日旅客发送能力2000人次。拥有现代化设施和管理技术，包括电脑联网售票、语音广播系统、闭路电视监控系统，售票大厅内设置显示各条线路班次的电子屏幕等现代设施。候车大厅、售票大厅安装开放式环保空调和电视，为旅客提供舒适的候车环境。2009年11月，升级为三级汽车客运站。

2014年，长途运输班线覆盖省内：广州汽车客运站、广州东站、花都、增城、清远、韶关、东莞、深圳等地；省外：湖南、四川、重庆、广西、河南、贵州、福建等地。进站经营车辆86辆，客运班线30多条，平均每日发车112班，日均发送旅客

400 人次，春运期间车站送客量超过 1000 人次/日。年客运量 14.2 万人次，年客运周转量 1305 万人千米。

2015 年 6 月 12 日，为配合慧聪家电城项目建设，北滘汽车客运站停业。

1999—2014 年北滘汽车客运站客运量情况表

表 9—2—2　　单位：人次、万人千米

年份	客运量	客运周转量	年份	客运量	客运周转量	年份	客运量	客运周转量
1999	75600	680	2005	115000	1058	2011	135000	1242
2000	79000	750	2006	121000	1113	2012	145000	1310
2001	82800	760	2007	128000	1177	2013	140000	1289
2002	91000	837	2008	128000	1083	2014	142000	1305
2003	109200	1005	2009	136000	1250			
2004	110000	1023	2010	138000	1280			

2014 年北滘汽车客运站班车一览表

表 9—2—3

终点站	途经站点	头班时间	尾班时间	每班车相隔时间
广州汽车客运站	芳村、坑口地铁站	7：30	18：00	20 分钟
广州东站	海珠客运站	7：45	17：30	30 分钟
广州滘口	芳村客运站	7：45	16：45	25 分钟
番禺客运站	广州南站、长隆正门口	8：55	15：10	60 分钟
花都客运站	—	7：50	17：40	50 分钟
从化客运站	—	8：40	17：50	一天 4 班
增城客运站	东圃、新塘	7：40	17：35	60 分钟
深圳罗湖侨社	同乐检查站、皇岗口岸	8：50	17：50	60 分钟
韶关西河站	佛岗、翁城、南华寺、曲江马坝	8：50	15：00	一天 4 班
东莞总站、东站		7：40	17：40	50 分钟
东莞虎门总站	虎门永安站	9：10	15：15	一天 2 班
东莞长安客运站	虎门中心站	8：25	17：50	80 分钟
清远新城站	—	8：15	16：05	一天 4 班
河南郑州	许昌、新郑	9：00	—	—
河南周口	西平、漯河	11：40	—	—
河南沁阳	驻马店、信阳	13：00	—	—
河南开封	太康、杞县	13：30	—	—
河南南阳	桐柏、唐河	14：30	—	—
湖南涟源	邵东、双峰	12：30	—	—

续表

终点站	途经站点	头班时间	尾班时间	每班车相隔时间
湖南桑植	龙山、张家界	15：00	—	—
湖南华容	南县、临湘	17：30	—	—
湖南安乡	桃源、石门	12：00	—	—
湖南怀化	洞口、武冈	16：00	17：30	—
湖南益阳	宁乡、湘潭、株洲	14：30	—	—
湖南邵阳	常宁、邵东	15：40	—	—
湖南永州	祁阳、冷水滩	9：10	—	—
四川泸州	大方、宜宾	7：00	—	—
四川富顺	永川、隆昌、内江	13：00	—	—
贵州印江	铜仁、沿河	9：30	—	—
贵州思南	石阡、德江	9：30	—	—
贵州毕节	大方、清镇	13：30	—	—
广西靖西	南宁、百色、德保	11：30	—	—
福建福州	厦门、泉州	13：00	16：00	—

第三节　城际轨道

广珠城际轨道又称广珠城际铁路，北起广州市广州南站，途经佛山市顺德区和中山市、江门市，南至珠海市拱北口岸的珠海站，线路总长177.53千米，设计时速200千米，于2005年12月18日全线动工，2011年1月7日开通运营。广珠城际轨道北滘路段长10千米，其中都宁岗隧道段325米，途经北滘镇碧江、桃村、西海3个村（社区），设有碧江站（位于碧江工业区西侧）和北滘站（位于桃村）。

第三章　城乡建设

1984年10月，北滘区成立乡镇建设委员会，负责监督和管理乡镇建设规划、市政建设公用事业，统筹下属的实业开发公司、房地产管理所、基本建设管理站等部门。

1987年2月，成立顺德县北滘镇村镇建设国土管理办公室，并接管乡镇建设委员会的城乡建设管理等职能，1991年10月改称顺德县北滘镇建设委员会。1994年9月，成立顺德市北滘镇建设国土管理办公室，1999年10月更名为顺德市北滘镇规划建设办公室，负责全镇的规划、国土、房地产建设和管理工作。

2003年6月23日，撤销北滘镇规划建设办公室，其职能由顺德区垂直管理，相应设立北滘镇城市建设管理办公室，负责有关工程建设、城市管理和环保监督管理等具体工作，并负责辖区房屋拆迁、工程招投标和配合做好征地的实施工作。同年12月，北滘镇城市建设管理办公室成立。

2003年12月，成立北滘镇土地储备发展中心，负责镇域土地开发、储备及集约工业区的开发工作，与镇城市建设管理办公室合署办公，实行“两块牌子，一套人马”的运作模式。

2010年7月，组建北滘镇国土城建和水利局，下设综合股、征地拆迁管理股、工程管理股、规划开发股、国土房产管理股、建设质量安全监督管理股、三旧改造股、三防水利管理股8个股室。2011年12月，增设总工室（技术股）和绿化林业股。

1984、1987和1994年先后3次修编《北滘镇区规划》，1998、2001和2005年全面修编《北滘城镇总体规划》。2005年编制《顺德区北滘镇总体规划（2005—2020年）》，确定北滘城镇性质为：“是广佛大都市区的新型工商业重镇，岭南传统文化特色与现代文明和谐共生，人居环境优美的现代化城镇。”

1994—2017年，北滘镇先后获全国乡镇之星（1994年）、广东省乡镇之星（1995年9月）、中国乡镇投资环境100强（1995年12月）、全国小城镇综合发展水平1000强（2006年10月）、广东省生态示范镇（2011年12月）、国家级生态乡镇（2012年12月）等称号。

第一节　城镇乡村建设规划

一、城镇总体规划

1984—2017年，北滘镇政府先后编制3次镇区规划和3次城镇总体规划。

第一次规划　1984年，编制《北滘镇市政建设规划说明书（1985—2000年）》。同年12月，经县圩镇总体规划评议会同意，获准上报。规划的总体思路：将北滘建成“以发展轻工业为主，积极发展商业贸易及服务业”的城镇，镇区用地规模从1平方千米扩展为3.85平方千米；人口规划从14200人发展到3万人，对工商业布局、旧城改造、道路规划等方面进行粗线条建设规划。

第二次规划　1988年10月，贯彻“积极发展小城镇”的方针，根据“有利生活、方便生活、节约用地、合理布局”的原则，在原规划的基础上加以补充完善，完成《北滘镇区总体规划（1987—2000年）》的修编，并于1989年10月23日和1990年2月15日分别经顺德县和佛山市人民政府批准实施。

镇区性质：北滘镇的政治、经济、文化和交通中心，以发展轻工业（主要是家用电器系列产品）和对外加工业为主，同时大力发展第三产业。

规划年限：近期1987—1995年，远期2000年。

人口规模：1987年1.3万人，2000年3.5万人。

用地规模：控制为3平方千米。

该规划对生产用地、仓库码头、生活居住用地、公共建筑、道路广场、绿化及环境保护、给排水、电力、通讯等领域作出明确发展方向。

第三次规划 由于经济持续发展，1992 年底突破规划用地指标，调整镇区规划势在必行。按照高起点、高标准、高效能、现代化、城乡一体化等要求，镇政府委托顺德市规划设计院对城镇区总体规划进行全面修编，制定《北滘镇区总体规划（1995—2010 年）》。

规划年限：近期 2000 年，远期 2010 年。

规划范围：北滘街区、国家星火城（对外经济开发区）及北滘、广教、林头、三洪奇等 4 个管理区，总面积 26. 9 平方千米。

城区城镇性质：以家电工业和外向型轻工业为支柱，科技先进、环境素质高的新兴工业卫生城镇和第三产业发达的镇域综合中心。

城区人口规模：近期 5. 3 万人，远期 8. 7 万人。

城区用地规模：近期 5. 775 平方千米，远期 10. 5 平方千米。

城区总体布局："一个整体、分片开发、双中心开放"，形成镇区内外结合的大环，镇区综合中心与商业、工贸展销中心并进，以重点开发、分期建设的原则，推进新城区、旧城区、林头、广教及三洪奇 5 个分片形成一个整体。

第四次规划 1998 年，在城乡一体化思想的指导下，按照"城乡融合发展"的规划思想，体现"主、副中心相互配合、同步发展、城乡整合"的特色，镇政府委托重庆建筑大学建筑城规学院共同编制完成《北滘镇总体规划（1998—2020 年）》。

城镇性质：顺德市东北部重要城镇，以发展轻工、电子等工业为主的，生态型现代化城镇。

规划期限：近期 2005 年，远期 2020 年。

中心城区人口规模：近期 6. 9 万人，远期 14. 5 万人。

中心城区用地规模：近期 9 平方千米，远期 14. 3 平方千米。

村镇体系布局：一个中心城镇，一个副中心城镇，两个片区组团。

中心城镇：由北滘、林头、广教、三洪奇行政辖区组成，是北滘镇的政治、经济、文化中心。区内分设旧城区、行政中心、金融商贸区和工业园区四大职能分区。

副中心城镇：由碧江、坤洲、碧桂园组成，以发展高级住宅区、生产为主，是顺德市东北部重要出入口，建设用地规模为 9. 03 平方千米。

两个片区组团：西北片区组团由西滘、高村组成，西片组团由莘村、马村、现龙、龙涌组成，是镇域的次级城镇集聚点和综合型片区，以居住为主。

第五次规划 1999 年 7 月 27 日，顺德市作为广东省基本率先实现现代化的试点城市，战略发展目标从"城乡一体化"转变为"城市化"，同时将碧桂路纳入广珠西线高速公路，北滘镇的行政区划亦有相应调整。2001 年下半年，镇政府委托华南理工大学建筑学院对原规划进行调整，编制《顺德市北滘镇总体规划（2001—2020）》，规划范围为北滘镇全境，面积 92. 21 平方千米；镇区规划范围包括北滘、三洪奇、槎涌、林头、广教等社区，以及市级工业园、君兰高尔夫用地，面积 30. 87 平方千米，2003 年 1 月 13 日，经顺德区人民政府批准实施。

规划年限：近期 2001—2005 年，中期 2006—2010 年，远期 2011—2020 年。

城镇性质：广佛大都市区的新型工业城郊镇，顺德市的北部重镇，具有岭南传统风貌特色的现代化河港城镇。

主要职能：广东省的中心镇，珠江三角洲的重要家电产业基地，广佛大都市区的城郊镇，传统民居与工业旅游城镇。

人口规模：近期镇域总人口 19.4 万人、城镇人口 13.7 万人，中期镇域总人口 20.8 万人、城镇人口 16.3 万人，远期镇域总人口 26 万人、城镇人口 22.5 万人。

建设用地规模：近期 23 平方千米、中期 24 平方千米、远期 26.5 平方千米。

总体布局：以北滘镇区为中心，碧江片区为次中心，以国道 G105 线、三乐路和环镇公路为纽带联系镇域东、西部各村，形成“一主一次”双环状组团式结构；合理分配滨水岸线，建立沿河生态绿化带，结合园林绿化公园、城市道路空间绿化、花卉苗木果圃基地，建设园林式、生态型水乡城镇。

村镇体系结构：集约发展中心镇区，优化调整碧江片区；形成东环以碧江为龙头，包括三桂、西海和桃村，西环以中心镇区为龙头，包括高村、西滘、上僚、水口、马龙、莘村和黄龙等村的空间结构；规划期末建成“一主一次，双环合璧”的组团式村镇结构。村镇体系的职能结构分为三个层次：中心镇区，由北滘、林头、广教、三洪奇、槎涌行政辖区组成，是镇的政治、经济、文化、交通、信息中心；碧江片区，北滘镇的次中心，在保护历史风貌区的基础上重点发展高尚住宅区和工业；行政村中心，包括莘村中心、西滘—高村中心、西海—桃村中心，综合解决周边村落的行政、文教、商贸等职能。

第六次规划 2002 年后，佛山市行政区划调整，将北滘镇纳入佛山市中心组团。2005 年，镇政府委托佛山市规划设计研究院、科技大学城市规划设计研究院共同编制完成《顺德区北滘镇总体规划（2005—2020）》。

规划年限：近期 2005—2010 年，远期 2011—2020 年。

城镇性质：广佛大都市区的新型工商业重镇，岭南传统文化特色与现代文明和谐共生，人居环境优美的现代化城镇。

人口规模：近期 27 万人，远期 46 万人。

建设用地规模：近期 40.82 平方千米，远期 48.38 平方千米。

建设用地规划：“一心担两翼，两带通九区”。“一心”：即中部组团主要指佛山一环以东、潭洲水道以西之间的地段；“两翼”：指东部组团、西部组团（东部组团是指潭洲水道以东所有北滘的区域，西部组团是指佛山一环以西的地段）；“两带”：指广碧路与林上路和林港路组成的生活发展带及沿三乐路的工业发展带；“九区”：中部组团的 5 个区和东西组团的 4 个区。

中部组团：分新区、城东区、城西区、区工业园及高滘区，是北滘镇区的行政、文化、娱乐和商业中心。

东部组团：分碧江片区和西海桃村片区。碧江片区为镇的次中心、历史风貌区，规划文物古迹用地 9.6 平方千米，规划配套仓储用地 8.16 平方千米；西海桃村片区以发展居住、生产为主，分担顺德区工业园和北滘工业园负荷。

西部组团：分莘村片区和水口上僚片区。近期控制工业用地整合居住服务用地；远期转换工业用地为居住用地，适当扩大居住用地规模，形成以居住、娱乐为主的居住服务用地。

规划路网格局：以镇域内的“二横三纵”（横五路、三乐路，佛山一环、国道G105 线、广珠公路）作为主导，由东环路、北环路、西环路形成中部组团的环路；林港路和林西路连接并贯穿西部组团和中部组团；广碧路东西连接加强中部组团和东部组团的联系；三乐路复线结合三乐路作为一个东西向联系中西组团、东西部组团的交通道路。

文化古迹保护：形成以西海烈士陵园和碧江金楼历史建筑群为核心，以都宁岗为制高点，以潭洲水道为纽带，“一水两岸，屹然对峙”的岭南风格山水城保护格局。

绿地系统布局：沿北滘河绿化带与中心区绿化主轴相结合、与外围自然水系和农田保护区所形成的外环绿化空间相呼应的具有北滘特色的绿地结构形态，并形成以园林绿化公园为点，以道路绿化和绿化隔离带为线，以大面积的苗圃、果圃、花卉、林地为面的点、线、面相结合的层次分明的绿地系统。

城镇景观布局：形成“一片两轴四楔七星”（农田保护景观区，潭洲水道和细海河，4 个楔型绿地，3 个历史文物保护区和 4 个公园）景观空间布局。

二、其他规划

村庄规划 1991 年起，按照留足“三地”（工业、商业、公建及住宅）合理布局的原则，北滘全面开展村庄建设用地规划，至 1994 年底完成全镇 20 个管理区的规划编制工作。

1995 年，根据“城乡一体化”的发展战略，协助三洪奇“样板村”功能分区规划，根据“一路三区”的方向，规划村级路网、划定居住、工业、农田保护区的功能分区。次年，完成三桂“样板村”功能分区规划。

1999 年，为适应城市建设发展二次改貌需要，配合北滘镇总体规划实施，合理安排基础设施配套及各项用地布局，落实市政府要求的“四个一工程”（各村建设一条入村大道、一个公园、一个村民住宅新区、一个市场），镇建设国土办委托顺德市规划设计院，全面展开村庄总体规划，规划年限为 1999—2010 年，主要内容包括：发展目标与措施、城镇性质与规模、用地布局与功能分区、市政工程设施规划等。2000 年上半年，各村（街道办）的规划方案全部完成，并上报市规划国土局审批。2000 年 12 月完成并上报调整方案，次年 1 月获准实施。

专项规划 北滘镇从 2002 年起进行各类专项规划，包括消防专项规划、排水规划、污水规划、道路交通规划、产业片区控制性详细规划、历史文化保护区规划等。

2012 年起，镇国土城建和水利局深入规划修编研究，开展村庄路网规划、北滘镇新城区未建成区（高村片）概念性规划、新城区中心轴建设规划方案、群力围片区污水管网规划修编工作、旧城改造总体规划、国道 G105 线道路节点规划、新城区中央商务区路网绿化规划等多项规划设计及修编工作。

2002—2017 年北滘镇主要专项规划情况表

表 9—3—1

编制时间	规划名称	委托单位	编制单位	规划内容简介
2002 年	《北滘镇消防专项总体规划》	北滘镇人民政府、佛山市规划局顺德分局、顺德区消防大队	顺德建筑设计院有限公司	对重点消防地区、责任区划分与消防站布局、消防装备、消防供水与消火栓设置、消防通信及电力、消防通道及危险品运输、消防疏散及避难场所、社会救援、镇区及各村消防等作出规划
2003 年	《北滘镇中心区排水专项规划》	北滘镇人民政府	广州市市政工程设计研究院	规划范围包括 5 个社区（北滘、林头、广教、槎涌、三洪奇）和 1 个村（黄涌部分区域）共 25 平方千米
2008 年	《北滘镇（西片）污水专项规划》	北滘镇人民政府	武汉市政工程设计研究院有限公司	规划范围包括中心镇区、新城区、工业园区、工业园西区、三洪奇社区、美的海岸花园、高村、西滘、黄龙、马龙、莘村、君兰高尔夫居住用地等，规划面积 62. 5 平方千米，规划期限为 2008 年至 2020 年
2010 年	《北滘镇群力围排水专项规划》	北滘镇人民政府	徐州市市政设计院有限公司	规划范围为南起顺德水道，北至陈村涌，西临潭洲水道，东接市桥水道，总面积 28. 5 平方千米的区域工管网、污水泵站及附属设施
2011 年	《北滘西北片区（东平新城东片）污水专项规划》	北滘镇人民政府	广东城建达设计院有限公司	规划范围为南起三乐路，北至潭洲水道，一环两侧的上僚、水口、西滘、莘村、高村等 5 个村，规划总面积 1701 公顷的区域管网及其它附属设施、污水泵站，规划年限为 2011—2020 年
2012 年	《北滘镇中心城区污水收集系统现状调查及规划修编》	北滘镇人民政府	深圳市市政设计研究院有限公司	规划范围为北滘镇，以镇域行政界线为界，总面积约 92 平方千米，对排水体制、污水收集系统布局、污水处理设施、实施计划作出规划

续表

编制时间	规划名称	委托单位	编制单位	规划内容简介
2006—2009 年	《北滘镇新城区市政工程专项规划》	北滘镇土地储备发展中心	佛山市城市规划勘测设计院	规划范围为林西河以北、国道 G105 线以西、君兰高尔夫球场以南的整个新城区 3.12 平方千米用地，规划内容具体包括：给水、雨水、污水、电力、电信、有线电视及燃气等市政管线的规划布置，并进行相应的管线综合和道路竖向规划
2008 年	《北滘镇工业园西区市政管线专项规划》	北滘镇土地储备发展中心	佛山市城市规划勘测设计院	规划范围为工业园西区北至三乐路、南至佛山一环南侧、东起佛山一环南延线、西接华阳路，总规划面积 421.7 公顷，同时考虑嵌入与邻近工业园西区的龙涌、现龙、黄龙、马龙等村 172 公顷用地的市政管理的预留
2007 年	《广珠城际轨道交通北滘站、碧江站站场及周边地区控制性详细规划》	佛山市规划局顺德分局	陕西省城乡规划设计研究院珠海分院	两站站场规划总用地均为 21.05 万平方米，规划内容：对各地块划分、道路交通、绿地与生态系统、给水工程、污水工程、雨水及防洪工程、电力工程、电信工程、工程管线、环境卫生设施等作出规划
2010 年	《广珠城际北滘站交通衔接详细规划》	北滘镇土地储备发展中心	深圳市城市交通规划设计研究中心有限公司	规划内容包括：功能定位及客流需求分析、交通衔接体系规划、接驳设施布局规划、周边地区土地利用
2002 年	《北滘镇中心区控制性详细规划》	北滘镇人民政府	华南理工大学建筑学院、顺德市建筑咨询设计研究所	中心区位于旧城区的东北面，与其仅相隔林上路，东南面为国道 G105 线，东北面为君兰高尔夫球场，西北面为规划的环城（镇）路；用地规划：中心区规划面积为 222.98 公顷
2005 年	《群力产业园区控制性详细规划》	北滘镇人民政府	佛山市顺德建筑设计院有限公司	用地范围为：南起顺德水道、陈村水道，北至国道 G105 线，西临潭洲水道，东接广珠西线高速公路、灰口涌，包括西海、桃村、都宁、坤洲及都宁岗森林公园，规划总用地面积 1298.3 公顷

续表

编制时间	规划名称	委托单位	编制单位	规划内容简介
2008 年	《北滘镇新城区控制性详细规划》	北滘镇人民政府	广东省建科建筑设计院	规划区位于北滘旧城的中部偏北，东至国道 G105 线，南至林上路，北以君兰高尔夫为界，规划总用地 404.46 公顷；总体布局："一环""两个中心""二纵二横"景观营造；对居住用地、公共设施、道路交通、绿地景观、城市设计作出规划
2008—2010 年	《北滘镇西南片区控制性详细规划》	北滘镇人民政府	佛山市顺德建筑设计院有限公司	规划编制区位于北滘西南部，东起佛山一环乐从段，西至华阳路，南起顺德水道良马水闸，北至规划区新规划的 30 米道路，规划总用地面积 366.12 公顷；规划目标为建立典型示范窗口及产业创新基地
2012 年	《北滘镇群力围片区控制性详细规划》	顺德区发展规划和统计局	广州市科城规划勘测技术有限公司	规划范围：东至广珠西线高速公路，西至潭洲水道，南至三乐路，北至工业大道，总用地面积 4.03 平方千米；内容包括产业发展与定位、空间发展、新市镇公共中心规划、市政工程规划、"三旧"改造规划、历史建筑保护等
2004 年	《北滘镇主干河涌整治控制性详细规划（2004—2007）》	顺德区水利局	顺德区水利水电勘测设计院有限公司	规划范围：北滘镇除上水河外的其余 11 条主干河涌，整治总长度 53.93 千米；规划标准：十年一遇 24 小时暴雨 1—2 天排干
2012 年	《北滘镇旧城改造规划》	北滘镇人民政府	广东省城乡规划设计研究院	规划的研究范围北以新基路为界，南至顺德大道（国道 G105 线），西临细海河，东沿林上路，总用地面积 201.46 公顷
2006 年	《北滘镇碧江历史文化街区保护规划》	佛山市规划局顺德分局	佛山市城市规划勘测设计院	规划范围以村心街历史文化街区和泰兴街历史文化街区为中心，向东至顺德碧桂园，向南至坤洲大道，向西至广珠西线高速公路，向北至国道 G105 线，规划总面积 1.66 平方千米

续表

编制时间	规划名称	委托单位	编制单位	规划内容简介
2009年	《顺德碧江金楼文化旅游区总体规划》	北滘镇人民政府碧江社区居委会	广东省旅游发展研究中心	规划区位东起琵琶洲大街，西至民族街、隔涌西街，南濒坤洲大道，北临承德路，规划面积46.9公顷；内容包括：旅游市场分析、综合开发条件分析、定位、功能布局与游憩设计、各项基础设施建设、策划与营销等
2013年	《北滘临港现代都市产业园专项规划》	北滘镇人民政府	综合开发研究院（中国·深圳）	规划总面积4.1平方千米，构建“一核两片两轴”总体空间布局（“一核”：以广教工业区、广教社区为主体的服务核心；“两片”：以顺德家电商务产业园为核心的北片，以北滘工业区、深水码头休闲区为核心的南片；“两轴”：南湖路、伟业路），对功能分区、道路系统、绿地系统、开发建设作出规划
2010年	《中国（顺德）工业设计研究生院地块规划研究专项规划》	北滘镇土地储备发展中心	深圳市新城市规划建筑设计有限公司	规划范围包括文化活动广场、水运新村、惠而浦公司用地，总用地面积约12公顷
2014年	《北滘镇西滘清沙村环境景观改造提升专项规划》	北滘镇人民政府	东莞市卓颐景观设计有限公司	以水元素为主题，规模西滘清沙村示范性水乡村落，总面积34.2公顷
2014年	《北滘三洪奇景观改造专项规划》	北滘镇人民政府	广州思哲设计院有限公司	规划内容包括景观改造工程、建筑立面整治工程、光亮工程、污水管网工程、公共设施工程

三、规划管理

1984 年 9 月 8 日，成立北滘区乡镇建设委员会，负责审理各中心村（乡府所在地）规划，审批和监督北滘镇总体规划范围内以及区内各单位、部门的建设，签发土地使用许可证和建设工程许可证。同年 9 月 10 日，北滘区公所印发《关于乡镇建设管理的规定》，规定乡村建设规划由乡人民政府及乡建设领导组编制；北滘、碧江两个圩镇总体规划与开发建设由区建委会统一管理。

1985 年 8 月 15 日，北滘区政府发布《关于加强公路交通管理的通知》，规定“广珠路由林头桥至三洪奇大桥为市区路段，路面两侧用地控制范围为 41 米，以公路面中线为准两边各 20.5 米，原三乐路口至新广珠路路面两侧用地宽度控制为 30 米”。

1988 年 12 月 28 日，镇政府发布《关于北滘镇市政建设管理细则》，细则包括规划管理、建设用地管理、建筑管理、市政公用设施管理、旧区改建管理等。

1990 年 9 月 5 日，镇政府颁布《关于开展精神文明建设综合治理的通知》，设立精神文明建设综合治理办公室，协调配合各有关行政管理部门实施监察和执法。

1994 年 6 月 1 日，镇建委制订《北滘镇新城开发小区规划建设管理的若干规定》，对镇新城区建筑物（包括个人住宅、商住楼、别墅住宅）的建筑红线、首层高度、建筑高度、基底建筑面积、外墙饰面等技术指标作具体规定。同年 9 月，镇建设国土管理办公室，设立城乡规划科，负责建设项目证书工作，统一管理、检查、监督全镇的规划建设工作，查处不符合规划的用地和建设项目。

1995 年 6 月 15 日，镇政府发布《关于成立顺德市城市管理监察大队北滘镇中队的通知》，实施对市政工程规划、建设、管理的监察，协助有关行政部门处理违章建筑工作。

1998 年 11 月 20 日，镇政府发布《关于加强工业小区规划建设管理工作的通知》，对北滘街道位于林上路北滘路段南侧、城区中学以东的工业小区的规划建设作出新的规定，内容包括用地功能转变、主干道两旁出入口设置、林上路拐弯处建筑物预留空间等。

2010 年 7 月，加强规划开发和建设质量安全监督。对镇级审批的建设工程，核发“建设工程规划许可证”；对辖区内镇级审批的城市建（构）筑物建设工程进行规划条件核实，办理规划验收手续；负责办理辖区内的建设工程施工报建业务，核发“建筑工程施工许可证”；对辖区内建设工程，会同区质监站实施验收、备案、监督。

2010 年 11 月，镇政府印发《碧江历史文化保护区民宅建设管理规定》，对规划范围民宅按历史街区和建设控制区实行分层次控制及管理，规定历史建筑的修缮要求及民宅建筑的层数、高度、风格、外观等指标。

第二节　市政建设

一、路桥建设

北滘人民公社成立初期，镇区只有一条街道（今跃进路）和10多条宽3米以下的砂土结构街巷。20世纪60年代起，先后建成林上路、海旁路（今东风路）、济虹路等砂土路，宽度分别为6—7米。

20世纪80年代初，改造西海烈士路、林上路和碧中公路，裁弯取直南源生产队道路，改建解放桥，兴建陈大滘桥、六洲桥、现龙围桥、水口桥。林头、坤洲、三桂等大队自筹资金兴建、修整村内的主要道路。1984年3月，香港同胞梁伟明捐赠修建的坤洲泮浦路，长3.5千米、宽7米，水泥路。

1987年8月19日，投资250万元，对广中公路车站桥至三洪奇路口道路进行扩宽改造，全长950米、宽32米，次年6月竣工。1990—1992年，累计投入近1亿元，修建北滘工业大道、蓬莱路、兴顺路、新基路、济虹路5条道路。

1993年，投入4023万元，扩宽蓬莱路、林上路、济虹路，覆盖杨家涌和红花庙涌成水泥路，重建简岸桥。1994年，建成镇区中心路（旧北中至广珠公路，后命名为南源路）、陇西桥和简岸桥，扩宽中发东路。1995年，扩宽中发西路，投资485万元建成生资桥（又称新街桥）。

1980—1995年，镇城区新建扩建道路17.5千米，道路面积23.96万平方米，人均道路面积9平方米。

1996—1998年，投入4300万元（其中社会化资金超1000万元），新建和扩建道路7.4千米，桥梁3座，新建路桥有：建设路、双桥路、百福路、水口大道、上水路、蓬莱桥、现龙桥、林港桥；扩宽道路有：林上路、东风路西段、跃进中路、跃进北路；形成以道路、桥梁为骨架的城乡一体化布局。此外，1996年还投资20万元，在镇城区23条主干道上安装83个配有中英文路牌标志，改变过去路街没标牌的历史。1998年，镇域范围内道路总长117.9千米，人均道路面积11.69平方米，道路铺装率90%，其中镇区道路总长32.9千米，人均道路面积14.35平方米，道路铺装率100%。

1999—2001年，累计投入1.2亿元，新建和扩建林港路、林上路等主干道路，建成林上桥、林广路2号桥、广林河桥、高村桥、中发桥5座桥梁；改建入村大道12条，新增路灯5600多盏。2001年底，镇域范围内道路总长171千米，人均公路面积14.91平方米。

2002—2005年，对工业大道、南源路、工业园内道路、跃进北路、林上路（新北滘医院段）等进行改造，推进中发西路、群力路建设，建成广教隧道、南源隧道、北滘立交桥、东基桥、济虹桥，改造南方桥。2006年，实有铺装道路总长度241.23千米，比2005年增长11.7%，铺装道路面积194.62万平方米，增长 16.8%。

2007 年，投入 9000 多万元完善镇内交通环境，建设广场南路、青年桥，动工改造林上南路以及工业园区部分道路。2008—2010 年，新建群力路、永安路主干道路竣工，先后对林上南路、跃进南路、东风路、济虹路、南源路、工业大道、建设路等旧区路网进行改造、拓宽。

2011 年，北滘致力于城市升级，优化发展空间，构筑宜居魅力新城。推进东辅道、环镇西路以及跨国道 G105 线、三乐路等 3 座人行天桥的建设。投入 435 万元，重点对三乐路美的东区段等交通节点以及镇内主干道路进行绿化配套和改造，建成区域绿道 13.2 千米，新增及改造绿化面积 7.84 万平方米。

2012 年，启动南源路、跃进路、福西路改造等综合项目 19 个。完成旧城区道路改造 9.01 千米，硬底化面积 16 万平方米；移植栽种绿化树木超过 5000 株；国道 G105 线林头段、三乐路槎涌路口、三乐路美的微波炉厂门前等 3 座人行天桥正式投入使用。2017 年底，北滘镇区道路长度 170.51 千米，道路面积 233.77 万平方米，人均道路面积 16.4 平方米。

二、排水管道工程建设

1983 年前，镇区的雨水和污水随地面、小沟或明渠排入附近河涌。1983 年，在跃进路（别称北滘大马路）沿线街道铺设地下排水道，污水和雨水同一管道排放。随后，海旁路（今东风路）、济虹路等镇区主干道相继铺设地下排水道。1991 年，镇区地下排水道总长 10 千米。1998 年，排水渠总长 13.13 千米，其中钢筋混凝土管 12.53 千米、沟渠 0.6 千米。钢筋砼管管径 400—1200 毫米。

2002 年起，根据《顺德市北滘镇总体规划（2001—2020 年）》要求，新建城区排水体制采用雨污分流制。2004 年起，逐步将旧城区排水管道改造为截流式合流制。此外，部分高档生活小区采用雨污分流制。

2006 年 1 月，由佛山市顺德区华盈环保水务公司以“BOT”（建设—经营—转让）模式运营的污水处理厂和污水管网首期工程竣工，总投资 1.4 亿元。次月，成功通水试运，日处理污水能力 3 万吨，纳污范围包括北滘、林头、广教、槎涌等社区 16 平方千米区域，受益人口达 8.65 万人。该污水收集管网工程主线管网总长 14 千米。

2009 年 9 月，北滘镇二期污水管网及工业污水预处理厂动工，总投资近 6000 万元，次年 3 月竣工投入使用，厂区总面积 4161 平方米，日处理污水能力 3 万吨。污水管道管网工程集中在工业大道及工业园，管网总长 9.3 千米；工业污水预处理厂总建筑面积 513 平方米，建筑物包括汽浮池、浮渣池、细格栅及沉砂池等，日处理污水能力 8000 吨，在顺德区率先实现工业污水预处理。

2011 年，投资 1.57 亿元，推进群力围片区的截污管道系统建设，管网总长 30.9 千米，截污管管径 300—1350 毫米，设有中途提升泵站 1 座。

2011—2012 年，投入 1.02 亿元，开展北滘镇污水管网三期工程、北滘及林头社

2002—2008 年北滘道路命名情况表

表 9—3—2　　　　单位：米

序号	年度	路名	宽度	长度	位置		命名含义
					起	止	
1	2002	双桥路	20	500	济虹路广播站路口	南源路中心小学路口	
2	2002	育才路	12	365	兴旺东路	合成路	该路南是城区小学，北是城区中学
3	2002	新基路	9	460	福西路	合成路	位于新基村范围内
4	2002	新基北路	13	550	合成路	环城路	与跃进路连接南北走向
5	2002	林港路	43	2300	林西路	林港南路	取林头村至北滘港之意
6	2002	林港南路	30	850	林港路	港前路	由林港路南端与林港路连接
7	2002	伟业路	30	820	三乐路	港前路	以创伟业的意义命名
8	2002	兴业路	20	1950	建业路	港前路	以此振兴北滘工业
9	2002	港前路	30	1750	顺德大道（北滘段）	白鸽嘴水闸	以北滘港码头前沿的大道命名
10	2002	科业路	20	365	三乐路	兴业路	以科技城而命名
11	2002	跃进北路	20	925	济虹路	林西路	与跃进路连接南北走向
12	2002	东兴路	25	1000	济虹西路	环城路	位于东涌村与兴旺村插花地之间
13	2002	兴旺东路	15	455	东兴路	跃进北路	位于兴旺村东边
14	2002	兴旺西路	15	615	东兴路	合成路	位于兴旺村西边
15	2002	合成路	25	1175	林西路	环城路	由林西路与环城路连成一体
16	2002	济虹西路	25	900	福西路	环城路	位于济虹路西，与济虹路东西走向
17	2003	环镇西路	40	3930	三乐路	林西路青年公园侧	北滘镇环镇区的西面
18	2003	工业大道、中发西路、中发东路、东风路、市场路、兴顺路、合成路、济虹西路、环镇西路、南方路、新兴路、南河路、南乐北路、南乐中路、南乐南路、百福路、英华路、南源路、济虹路、跃进路、新街路、环镇东路、兴业东路、骏业东路、骏业西路、成业路、创业路、置业路、安业路、宏业路、建业路、简岸路、福西路、蓬莱路、双桥路、育才路、新基北路、林港路、林港南路、伟业路、兴业路、港前路、科业路、跃进北路、东兴路、兴旺东路、兴旺西路						

续表

序号	年度	路名	宽度	长度	位置		命名含义
					起	止	
19	2003	南方路	40	660	南方桥脚	环镇西路	由南方桥跨越南方电器厂
20	2003	新兴路	15	480	生资桥	南乐北路	由生资桥向西穿越新兴队
21	2003	南河路	30	1250	蓬莱二路	环镇西路	由蓬莱新村起沿南河边向西走向
22	2003	中发西路	25	1230	工业大道	中发桥	由工业大道起沿中发香口糖厂向西走向
23	2003	南乐北路	25	700	南方路	南河路	由南方路至三乐路之北段
24	2003	南乐中路	25	430	南河路	中发西路	由南方路至三乐路之中段
25	2003	南乐南路	25	800	中发西路	三乐路	由南方路至三乐路之南段
26	2003	环镇东路	40	3930	顺德大道（北滘段）	骏业东、西两路交汇点	位于镇区东面的主干路
27	2003	兴业东路	20	1500	成业路	兴业路	与兴业路成一直线，位于兴业路东面
28	2003	骏业东路	20	1150	成业路	环镇东路	工业园以骏马飞驰的发展速度
29	2003	骏业西路	20	500	环镇东路	宏业路	工业园以骏马飞驰的发展速度
30	2003	成业路	20	680	三乐路大沙桥脚	骏业东路拐弯处	标志着工业区建成后宏伟壮观
31	2003	创业路	20	650	三乐路	骏业东路	是工业园大张旗鼓开创工业产品
32	2003	置业路	30	650	三乐路	骏业东路	企业家青睐工业园而投资办实业
33	2003	安业路	20	290	兴业东路	骏业西路	企业家看好工业园而投资办实业
34	2003	宏业路	15	780	三乐路	骏业西路拐弯处	镇政府对工业园有着宏观发展态势
35	2003	建业路	15	920	三乐路	港前路	是企业家创建基业的好地方
36	2003	新业一路	18	810	林港路	建业北路	镇工业园三期新开发的第一条路
37	2003	新业二路	20	1640	林港路	沿堤南路	镇工业园三期新开发的第二条路

续表

序号	年度	路名	宽度	长度	位置		命名含义
					起	止	
38	2003	新业三路	20	610	展业路	建业北路	镇工业园三期新开发的第三条路
39	2003	新业四路	25	1360	林港路	沿堤南路	镇工业园三期新开发的第四条路
40	2003	立业路	36	1830	林港路	沿堤南路	为企业家建基立业
41	2003	展业路	12	430	新业一路	新业四路	是镇工业园上规模发展工业企业
42	2003	拓业路	20	1000	三乐路	立业路	是镇大规模拓展工业企业
43	2003	建业北路	12	720	三乐路北滘河边	新业四路	与建业路相接，位于建业路北面
44	2003	沿堤南路	20	1460	大沙桥脚	立业路	沿二联围大堤南段内边
45	2003	青林一路	18	530	林港路	广乐路	共青团培植的千禧林北面第一条路
46	2003	青林二路	20	530	林港路	广乐路	共青团培植的千禧林北面第二条路
47	2003	青林三路	25	430	林港路	广乐路	共青团培植的千禧林北面第三条路
48	2003	广乐路	30	820	三乐路	林教路	三乐路至广教社区路段
49	2003	林教路	30	1280	林港路	国道 G105 线 广教新路	是由林港路起经广教社区
50	2003	东兴苑二区一街	8	74	兴旺西路	合成路	位于东兴苑北面（二区内），由东向命名为一街
51	2003	东兴苑二区二街	6	68	兴旺西路	合成路	位于东兴苑北面（二区内），由东向命名为二街
52	2003	东兴苑二区三街	6	61	兴旺西路	合成路	位于东兴苑北面（二区内），由东向命名为三街
53	2003	东兴苑二区四街	6	54	兴旺西路	合成路	位于东兴苑北面（二区内），由东向命名为四街
54	2003	东兴苑二区五街	6	120	兴旺西路	合成路	位于东兴苑北面（二区内），由东向命名为五街
55	2003	东兴苑二区六街	6	104	兴旺西路	合成路	位于东兴苑北面（二区内），由东向命名为六街
56	2003	东兴苑二区七街	6	88	兴旺西路	合成路	位于东兴苑北面（二区内），由东向命名为七街

续表

序号	年度	路名	宽度	长度	位置		命名含义
					起	止	
57	2003	东兴苑二区八街	8	99	兴旺西路	合成路	位于东兴苑北面（二区内），由东向命名为八街
58	2004	林上路	24	7441	顺德大道（林头隧道）	上僚村	由林头通往至上僚
59	2008	天宁路	36	3394	顺德大道（北滘段）	高村大道	取《周易》“三才（天、地、人）之道”命名
60	2008	人昌路	36	3250	顺德大道（北滘段）	高村大道	“三才（天、地、人）之道”命名
61	2008	怡欣路	25	504	美的大道	天宁路	取吉祥词语命名
62	2008	怡和路	25	400	美的大道	天宁路	取吉祥词语命名
63	2008	怡福路	36	620	天宁路	林上路	取吉祥词语命名
64	2008	怡兴路	25	636	顺德大道（北滘段）	诚德路	取吉祥词语命名
65	2008	诚德路	36	960	美的大道	林上路	以所在位置旧堤围名称——“诚德”命名
66	2008	明政路	15	460	诚德路	碧涧路	取吉祥词语命名
67	2008	绿洲路	15	540	明政路	人昌路	取环境优美之意
68	2008	翠影路	15	490	明政路	人昌路	取环境优美之意
69	2008	碧涧路	15	600	美的大道	人昌路	取环境优美之意
70	2008	水韵路	15	890	美的大道	林上路	取道家五行（金、木、水、火、土）学说而命名
71	2008	火炬路	36	900	美的大道	林上路	取道家五行（金、木、水、火、土）学说而命名
72	2008	木华路	25	890	美的大道	林上路	取道家五行（金、木、水、火、土）学说而命名
73	2008	土荫路	25	890	美的大道	林上路	取道家五行（金、木、水、火、土）学说而命名
74	2008	金风路	25	890	美的大道	林上路	取道家五行（金、木、水、火、土）学说而命名
75	2008	益丰路	46	900	美的大道	林上路	以所在位置旧堤围名称——“益丰”命名
77	2008	美的大道	46	3600	顺德大道（北滘段）	高村大道	以美的集团名称命名

区截污管网工程，污水管管网总长20.1千米，管径400—1200毫米。

2014年起，相继推进三桂、莘村、水口、西滘、马龙5个村的污水处理站及配套管网工程，污水管管网总长25.56千米，管径200—500毫米，累计投入资金5669万元。

2016年12月，启动群力围污水管网工程，纳污范围覆盖碧江、桃村、西海等村（社区），污水管管网总长36.93千米，管径400—1000毫米。

2017年，北滘污水处理厂截污范围覆盖北滘、顺江、林头、槎涌、三洪奇、广教、黄龙等11个村（社区），纳污范围26平方千米，人口达13万人，污水处理能力6万吨/日；碧江、碧桂园、上僚、三桂、莘村、水口、西滘、马龙8个村（社区）采用污水处理站方式处理生活污水。2017年，北滘污水处理厂全年处理生活污水2854.26万吨、工业污水363.53万吨；全镇共有排水管道609.093千米，其中雨水管长470.662千米、生活污水管长138.431千米，各种排水井20303个，排水管网纳污面积44.64平方千米。

1990—2007年北滘排水管网情况表

表9—3—3　　单位：千米

年份	排水管道长度	其中		年份	排水管道长度	其中	
		镇区	村（社区）			镇区	村（社区）
1990	4.13	—	—	1999	—	—	—
1991	7.2	—	—	2000	101.3	40	61.3
1992	9.34	—	—	2001	—	46.3	—
1993	18.82	—	—	2002	—	55.93	—
1994	24.75	—	—	2003	—	65.88	—
1995	55.28	33.25	22.03	2004	—	65.88	—
1996	57	—	—	2005	—	81.5	—
1997	59.1	—	—	2006	221.5	—	—
1998	65.7	—	—	2007	256	—	—

2004年北滘镇主要道路排水干管道情况表

表9—3—4

路名	污水管管径（毫米）	污水管管长（米）	埋深（米）
东基路	600—800	1200	1.3—2.0
虹济路	600—1000	720	1.4—2.3
林西路	600—1000	1400	1.4—2.5
南源路	300—800	2200	1.5—2.0

续表

路名	污水管管径（毫米）	污水管管长（米）	埋深（米）
建设路	600—800	1200	1. 3—2. 0
蓬莱路	600—1200	1900	1. 5—2. 5
跃进路	600	320	1. 4—2. 0
工业路	600—1000	1360	1. 3—2. 5
三乐路	600—1000	4950	1. 4—2. 5
兴业路	1000	380	1. 3—2. 6
港前路	400—1000	2480	1. 5—2. 7
合计		18110	

2005—2017 年北滘污水管网工程一览表

表 9—3—5

名称	长度（千米）	动工时间	竣工时间	污水管管径（毫米）
污水管网一期工程	31	2005 年 6 月	2006 年 1 月	400—1350
污水管网二期工程	9. 3	2009 年 9 月	2010 年 3 月	400—1000
污水管网三期工程	15. 3	2011 年 3 月	2011 年 11 月	400—1200
北滘社区截污管网工程	1	2012 年	2012 年 12 月	400—800
林头社区截污管网工程	3. 8	2012 年	2012 年 12 月	400—1000
新城区污水管网工程	14. 6	2008 年	2009 年	400—800
三桂村 1#污水处理站及配套管网一期工程	1. 2	2014 年 10 月	2015 年 12 月	200—400
三桂村 2#污水处理站及配套管网一期工程	1. 5	2014 年 10 月	2015 年 11 月	200—400
三桂村 3#污水处理站及配套管网一期工程	0. 46	2014 年 10 月	2015 年 11 月	200—400
莘村 1#污水处理站及配套管网一期工程	1. 9	2014 年 9 月	2015 年 12 月	300—500
莘村 2#污水处理站及配套管网一期工程	1. 2	2014 年 9 月	2015 年 12 月	300—500
莘村 3#污水处理站及配套管网一期工程	2. 3	2014 年 9 月	2015 年 12 月	300—500

续表

名称	长度（千米）	动工时间	竣工时间	污水管管径（毫米）
水口村 1#、3#污水处理站及配套管网工程	4.6	2014 年 9 月	2015 年 12 月	300—500
水口村 2#污水处理站及配套管网工程	0.6	2014 年 9 月	2015 年 12 月	300—500
西滘 1#污水处理站及配套管网一期工程	2.6	2016 年 8 月	2018 年下半年（预计）	313—500
西滘 2#污水处理站及配套管网一期工程	2.3	2016 年 9 月	2018 年下半年（预计）	300—500
西滘 3#污水处理站及配套管网一期工程	3.2	2016 年 10 月	2018 年下半年（预计）	300—400
马龙 1#污水处理站及配套管网一期工程	1.5	2016 年 9 月	2018 年下半年（预计）	300—400
马龙 2#污水处理站及配套管网一期工程	2.2	2017 年 7 月	2019 年上半年（预计）	300—400
群力围污水管网一期工程	36.93	2016 年 12 月	2019 年（预计）	400—1000

三、园林绿化

1981 年，全国人大第四次会议通过《关于开展全民义务植树运动的决议》后，北滘坚持不懈开展造林植树活动，绿化美化山岗、村庄、城镇。

1986 年，根据省委、省政府关于“五年消灭荒山，十年绿化广东”的决策，成立镇绿化委员会，要求年满 18 周岁公民每年义务植树 3 至 5 株，农村劳动力每年抽出 2 个劳动日义务植树，全面实行封山育林。1981—1989 年，镇区植树 6.15 万株、花草 15.35 万盆；村庄绿化面积 302.57 公顷、植树 34.79 万株，其中“四旁”（村旁、路旁、水旁、宅旁）绿化 180.54 公顷、25.75 万株，生产性绿化 119.45 公顷、8.67 万株，村企绿化 2.58 公顷、0.37 万株；道路绿化总长 60 千米、植树 18.9 万株；28 个山岗全面绿化，面积 197.9 公顷。

20 世纪 90 年代，在建设绿化达标任务的同时，推进山、水、林、田、路全方位绿化。1990 年，投入 23.5 万元，植树 13.18 万株，其中河涌田间林网 8.02 万株、镇区 4.14 万株、道路 0.57 万株、山岗 0.45 万株。1991 年，农田林网绿化率、镇区绿化覆盖率、国道绿化率、省道绿化率和地方道路绿化率分别达 24.3%、20.4%、96.5%、98.6%和 95.4%，城区人均公共绿化地达 7.96 平方米。1993—1994 年，河涌绿化补植落羽杉 7.45 万株，公路绿化补植桉树 1.4 万株。至 1994 年，全镇农田林网绿化长度81.98千米，农田林网绿化率44.8%。

1993年，投入467万元，建成镇区第一个公园——蓬莱公园，面积20000平方米，绿化覆盖率达94%。1994—1998年，相继建成百福、林苑、三洪奇等公园，全镇共有园林绿地面积38.3公顷，其中公共绿地20.12公顷、生产绿地8.11公顷、企业绿地4.18公顷、风景林地3.1公顷、宅区绿地1.35公顷、防护绿地0.7公顷；镇区绿化面积44.11公顷，人均公共绿地面积11.36平方米。

1999年6月，启动“全民植树绿化工程”，制订《北滘镇全民参与绿化家园计划纲要》，采用“连片绿化、连线绿化、见缝插针绿化”等方式，掀起植树绿化热潮，是年投入1562万元，建成森林（工业园）、世纪广场、青年园、千禧林、金三角、莱乐等公园，园林绿地面积达14.47公顷。

2000年，实施“十年绿化北滘”计划，以“提高意识、加强领导、遵循规划、保证投入、抓住重点、见缝插绿、突出特点、强化管理”为基本思想和措施，推进园林绿化建设步伐。是年年底，北滘中心区拥有园林绿化面积390.79公顷，绿地率19%，绿化覆盖率达23%，中心城区道路绿化率达85%。2001年，新增绿地面积45.2公顷，人均新增绿地5.5平方米。

1999—2002年北滘各村（社区）公园建设情况表

表9—3—6

名称	村（社区）	占地面积（平方米）	工程造价（万元）	财政补贴金额（万元）
民乐公园	碧江	53333.6	1000	52
承德公园		4000.02	200	
德云公园		3000.81	300	
都宁公园	都宁	3080	12	8
寨边公园		3200	23	8
坤洲公园	坤洲	7500	46	19.5
益丰公园	林头	26000	300	—
高村公园	高村	6523	48	18.5
村心公园	黄涌	3280	32.6	20
龙溪公园	龙涌	10250	52	22
马村公园	马村	3733	23	8
现龙公园	现龙	4000	18	11
桂南公园	三桂	7200	32	19
朝南公园	上僚	3900	63	8
中心公园		3000	28	8
街心公园		4900	82	8

续表

名称	村（社区）	占地面积（平方米）	工程造价（万元）	财政补贴金额（万元）
新沙公园	莘村	10000	38	21
涌口公园		4300	19.8	8
水口公园	水口	11500	156	23.5
桃村公园	桃村	3200	20	8
西海公园	西海	6680	30	18.65
林塘公园	西滘	7000	86	18.5
长塘公园		2000	20	8
文化公园		18000	220	30

2004 年，根据镇总体规划制定绿地布局的安排，加速园林绿化建设，优化生态绿地系统，建立镇区绿化公园、绿化广场、街头绿地、水系绿化带、铁路防护林带、单位附属绿地的多层次绿化系统。至 2008 年，相继建成北滘公园、北滘门广场、中山公园、简岸公园，改造林上河景观带，提升国道北滘段、美的大道、林头隧道、南源隧道及工业园区道路绿化景观。

2009 年 3 月，镇政府印发《北滘镇开展村（居）“美化家园工程”建设实施方案》，以“美化上档次，倡导新生活”为思路，美化入村大道，改造村心公园，绿化“五边地”（路边、村边、树边、河边、地边），强化环卫保洁和绿化管养工作。至 2011 年，绿化美化面积 36.97 万平方米。

2011 年起，以“一山一水一公园”为切入点，建设绿化生态小城。至 2015 年，累计投入资金逾 5 亿元，完成绿化提升面积 138.5 万平方米，新增绿化面积 36.8 万平方米，绿化道路 43 千米，种植树木 50000 多株；改造杨家涌、细海河等内河涌景观 4.6 千米；建成公园 18 个，面积 10.5 万平方米，实现“一村一公园”的目标。

2017 年，都宁岗森林公园、潭洲水道北滘段生态景观林带、和园相继竣工。年底，北滘镇镇区绿化面积 624.93 万平方米，人均绿地面积达 230.43 平方米，城区绿化覆盖率达 48.47%。

2017 年北滘镇主要园林绿地统计表

表 9—3—7　　　　单位：平方米

名称	建设年份	面积	名称	建设年份	面积
蓬莱公园	1993	18000	中山公园	2005	6500
百福公园	1995	24000	北滘公园	2006	130000
跃进南河堤公园	1996	5630	北滘门广场	2008	58000
建设南小公园	1997	2250	周家祠公园	2013	4300

续表

名称	建设年份	面积	名称	建设年份	面积
朝亮公园	2013	3200	君兰河岸公园	2015	150000
简岸社区公园	2013	2300	北滘生态水岸	2016	62175
简岸路小公园	2013	1650	都宁岗森林公园	2017	696000
顺江公园	2013	24000	新城区体育公园	2017	55000
东兴公园	2014	3900			

第三节　公用事业

一、供水

1984 年 3 月，成立北滘自来水公司，筹建自来水厂，厂址设在北江干流顺德水道三洪奇河段，占地面积 12516 平方米，厂房面积 3614 平方米，总投资 757 万元，于 1985 年 7 月 2 日正式投产，生产能力 5000 吨/日，供水范围为北滘、三洪奇、广教、林头 4 个管理区，受益人口 2.6 万人。1988 年和 1993 年北滘自来水厂进行扩建，供水规模达 5 万吨/日。

至 1992 年，北滘共完成黄涌、槎涌、高村、西滘、莘村、水口 6 个管理区的自来水管网安装，供水管网总长 74 千米。1994 年，投入 225 万元，铺设水管 8160 米，连通龙涌、三桂管理区。1995 年，北滘自来水厂供水范围扩展至南顺第二联围北滘段 14 个管理区，供水管网增至 104 千米。

1996 年 10 月，北滘自来水公司开始筹建第三期扩建工程，1998 年 8 月全面竣工投入使用，供水能力达 15 万吨/日，出厂水配套管网达到双保险的 DN（公称直径）1200 毫米环状管网，制水系统采用 V 形滤池气水反冲洗工艺。

2008 年 12 月 30 日，13 万吨/日制水系统扩建工程正式破土动工，于 2011 年 5 月竣工投入使用，北滘自来水厂总供水能力 28 万吨/日，达到中型水厂的标准。

20 世纪 80 年代末 90 年代初，部分管理区自办简易水厂。1989 年，西海自筹 240 多万元兴建自来水厂，1990 年建成投产，日供水能力 6000 吨，受益人口 8400 多人。1992 年 10 月，碧江建成自来水厂，总投资 600 多万元，日供水能力 1.6 万吨。1993 年，碧桂园水厂建成，日供水能力 1.1 万吨。1999 年，碧桂园集团斥资 2800 万元，易地新建自来水厂，于 2000 年 5 月正式投产运行，2003 年更名为“佛山市顺德区江口自来水有限公司”，日供水能力 8 万吨，年均供水量 800 万吨，至 2012 年供水范围覆盖顺德碧桂园的正苑、西苑、东苑以及相邻的三桂村，服务人口 5 万多。

20 世纪 90 年代，镇内部分企业自备供水设施，解决大规模生产用水之需。1995 年企业供水能力合计 1.5 万吨/日，其中：蚬华风扇厂 0.3 万吨/日，西达电厂 0.6 万吨/日，兴顺食品厂 0.6 万吨/日。此外，部分区域就近接用邻镇水厂自来水。1990

年，碧江投资300多万元，从陈村水厂敷设自来水管，8000多名村民用上自来水，自来水普及率达90%。

1998年，为保证水质，投资800万元，北滘自来水厂启动一级泵房西移工程，设立黄涌取水泵站，实行中央集中室控制。该河段水量充足，自净能力强，水质稳定，达到国家Ⅱ类饮用水水质标准，是顺德的一级水源保护区。北滘自来水厂相应设有水质化验中心，面积25平方米，检测项目8个。2012年，化验中心面积扩展至200平方米，检验项目增加至88项。

2000年起，先后添置日本原子吸收光谱、美国气相色谱、液相色谱和离子色谱，德国TOC、弱放射仪、原子荧光，及紫外分光光度计等大型仪器，同时建立一个1万级的标准无菌室。

2002年，北滘有自来水厂3间，供水能力为24万吨/日，受益人口16.6万人，全年完成供水2400多万吨。至2017年，北滘有自来水厂1间，供水管网贯通全镇，受益人口32.5万人，供水能力为28万吨/日，全年完成供水量6500万吨，水质合格率100%，供水管管径在100毫米以上的主管网总长500千米。

1995—2006年若干年份北滘镇自来水厂获奖情况表

表9—3—8

年份	授予单位	称号
1995	全国爱国卫生运动委员会	全国农村百佳水厂
1996	广东省爱国卫生运动委员会	省一级水厂
2003	全国爱国卫生运动委员会	全国农村优秀水厂
2006	广东省卫生厅	集中式供水A级水厂

二、电力供应

1960年，顺德县架设从北滘到广州芳村35千伏输电线路。同年10月，北滘35千伏变电站竣工（站中有变压器2台，总容量3600千伏安），珠江电网系统电源输入北滘。从此，工业、服务企业和农村灌溉用上电。1964年后，农民家庭普遍使用电灯照明。

1982年，北滘筹建110千伏变电站，主变压器容量6.3万千伏安，占地面积8000平方米，建筑面积1468平方米，1984年竣工投产。电源从大良青云变电站方向输入，全长13.6千米。

至1991年，北滘共架设10千伏馈线14回，配电线路总长130千米，安装配电变压器280台，总装机容量6.3万千伏安。

20世纪90年代，电力供需矛盾日益突显，各管理区（街区）及企业都备有发电机，以解决停电之需。1992年，全镇自备柴油发电机组总容量达30966千瓦，其中镇办工企业21177千瓦、农村9789千瓦。

为缓解电力供应不足的矛盾，改善投资环境，北滘镇政府加大对电力设施的投资建设。1992 年 4 月，镇政府（经济发展总公司）投入 1600 万元，在珠江包装集团兴建 1 座小型火力发电厂——珠江电厂，装机容量 6000 千瓦。次年 7 月，碧江街区与香港兴伟海产集团合资 4000 多万元，扩建珠江电厂，总装机容量提升至 1.2 万千瓦，1994 年 5 月建成投入使用，1995 年初接入 10 千伏电网，出线间隔总数 4 个。1993 年，投资 3.5 亿元在大沙桥以南兴建 1 座火力发电厂——西达电厂，占地面积 5.1 公顷，总装机容量 5.1 万千瓦，同年 10 月竣工投入使用，是北滘镇 20 世纪 90 年代一次性投资金额最大的项目。1994 年，投资 4600 万元筹建 110 千伏广教站，装机容量为 2×40 兆伏安，1996 年 10 月竣工投产，是顺德第一个全封闭式（GIS）的变电站；投资 4500 多万元，建设 220 千伏都宁变电站，装机容量 2×150 兆伏安，占地面积 47840 平方米，1997 年竣工投产，并架设都新线、都北线、都陈甲线 3 条输电线路。

1999 年，北滘对线路进行升级改造，投资 4000 多万元，将镇区的高压电线全部埋地，室外变电器迁入室内，率先在顺德市内实现 110 千伏、10 千伏环网供电和城区内 10 千伏电线电缆地埋工程，埋线总长 27.03 千米。2002 年，投入 1.3 亿元，推进新行政中心、工业大道、工业园、城区中学一带、南源商业街、蓬莱路等多个地段的电网地埋工程，进一步完善城区环网供电网络。

2002 年，北滘镇域内建有火力发电厂 2 座，总装机容量 6.9 万千瓦；220 千伏变电站（位于都宁）1 座，占地面积为 5 公顷，装机容量为 2×15 万千伏安；110 千伏变电站 2 座，北滘 110 千伏站占地面积为 0.7 公顷，装机容量为 1×5+1×3.15 万千伏安，电源从都宁 220 千伏站引来；广教 110 千伏站，占地面积为 1.8 公顷，装机容量为 2×4 万千伏安，电源由都宁 220 千伏站、广教 110 千伏站和西达发电厂引来；总装机容量共计 46.15 万千伏安；全镇 10 千伏线路有 47 条，线路总长 273.72 千米，其中架空线路 242.46 千米，地下电缆 251 条长 31.26 千米，变压器 616 台，总容量 24.973 万千伏安，绝大部分线路实现环网供电模式。

2003—2010 年，投入 5.2 亿元，新增 110 千伏变电站 4 座，分别是元基站、群力站、泰安站、西滘站，总装机容量 50.4 万千瓦。2008 年 9 月，按照电力企业“以大压小”的原则，关闭西达电厂和珠包电厂。

2017 年，总投入 7.62 亿元，新建 220 千伏熙悦变电站和 110 千伏槎涌变电站。其中：熙悦变电站占地 1.96 公顷，首期装机容量为 2×24 万千伏安，投资 6.6 亿元，是年 6 月竣工投入使用；槎涌变电站占地 0.48 公顷，装机容量为 2×6.3 万千伏安，投资 1.02 亿元，是年 9 月竣工投入使用。

至 2017 年底，北滘有 110 千伏变电站 7 座，220 千伏变电站 2 座，总装机容量 176.6 万千瓦；10 千伏线路有 174 条，线路总长为 1219.94 千米，其中架空线路 530.8 千米，地下电缆 3486 条长 689.14 千米；变压器 2287 台，总容量 151.57 万千伏安；低压营业户 98779 户和高压专变户 1066 户。

2017年北滘变电站基本情况表

表9—3—9

变电站名称	电压等级（千伏）	始建年份	容量构成（兆伏安）	供10千伏容量（兆伏）	最高负荷	10千伏出线间隔（个）	
						总数	已用
北滘站	110	1984	63+50	113	83	24	24
广教站	110	1996	2×40	80	78	24	24
都宁站	220	1997	3×150	2×75	435	24	24
元基站	110	2006	2×63	126	109	24	24
群力站	110	2007	2×63	126	61	24	14
泰安站	110	2009	2×63	126	85	30	30
西滘站	110	2010	2×63	126	48	30	26
熙悦站	220	2017	2×240	100	122	20	8
槎涌站	110	2017	2×63	126	24	30	12

1999—2017年北滘供电、售电情况表

表9—3—10　　单位：万千瓦时

年份	供电量	售电量	分类用电		
			农业	工业	生活及他用
1999	32394.310	29802.770	—	—	—
2000	41938.930	39422.590	—	—	—
2001	53157.100	50118.430	—	—	—
2002	56685.360	53539.320	—	—	—
2003	69632.49	63400.67	—	—	—
2004	81000	76000	—	—	—
2005	99608	95580	—	—	—
2006	114134	111697	—	—	—
2007	131763.332	124906.811	2621.037	106297.316	18123.829
2008	139407.170	134481.466	2553.934	111489.902	20437.627
2009	148275.185	144079.952	2854.610	119172.121	22053.221
2010	182907.176	175434.024	2913.989	146861.882	25658.153
2011	199361.240	197359.576	3126.299	164410.087	29823.19

续表

年份	供电量	售电量	分类用电		
			农业	工业	生活及他用
2012	193712.599	186621.137	3434.166	150739.655	32447.316
2013	205193.885	198831.236	3307.087	159386.718	36137.431
2014	216438.612	208167.568	3462.375	166870.890	37834.303
2015	218033.036	211533.762	3234.534	147365.215	60934.013
2016	238087.631	234972.588	3592.934	163693.897	67685.757
2017	262473.157	256023.268	3749.925	183791.485	68481.858

三、供气

20世纪80年代初，北滘镇区开始有瓶装气供应。1985年后，瓶装气的使用逐渐普及。1992年，北滘广播电视站与佛山储运公司合资在三乐路三洪奇段设立液化气储配站，占地面积5328平方米，建有4个100立方米储气罐，供气能力160吨，气源主要来自珠海、广州石化厂。

1995年，顺德市阿力山燃气有限公司在北滘设有10个燃气经营网点，储气能力160吨，钢瓶总数20万个，用户数量80320户，其中生产用户20户、家庭用户80000户、其他用户300户。同年，蓬莱新村设置液化气站，整个小区588个单元装有管道燃气设施，是北滘第一个使用管道燃气的住宅小区。是年，北滘镇燃气普及率达90%。

2000年8月，顺燃燃气有限公司和广顺燃气有限公司进入北滘镇燃气市场经营。

2005年，北滘镇域有3家燃气公司，设有14个燃气经营网点，日供气量23.5吨，其中顺德区阿力山燃气有限公司20吨、顺燃燃气有限公司1.5吨、佛山（碧辟）液化石油气有限公司顺德分公司（原广顺燃气）2吨。

2011年，北滘液化石油气年供应量7460吨，其中阿力山燃气有限公司3970吨、佛山（碧辟）液化石油气有限公司顺德分公司2210吨、顺燃燃气有限公司1280吨。

2005年起，北滘镇管道供气建设快速发展。2006年，在黄龙特大桥旁设立北滘天然气接收站，管线工程同时在北滘铺设。2007年，相继启动林上路天然气管道安装工程和三乐路大沙桥段天然气中压管道工程，管线长线分别为2.5千米、2.17千米。2011年8月，顺德港华燃气有限公司在北滘设立客户服务中心。至2017年底，北滘镇天然气管（中压管）网总长113.07千米，供应27个住宅小区3.03万用户，以及47家工业用户、55家商业用户；全年供应天然气2.26亿立方米，其中工商业用气2.23亿立方米、居民用气304.21万立方米。碧桂园西苑、美的海岸花园、南源花园、美的新海岸等住宅小区采用液化石油气瓶组气化站方式供气。

四、公共交通

1998 年 1 月 1 日，北滘开始发展公共交通业务，线路有北滘至大良、北滘至乐从（注：两条线路均为顺德客运站经营管理）。

2008 年 7 月 16 日，北滘镇率先开通以公交共同体模式（TC 模式）运营的镇巴，开创国内镇巴先河。首期 TC 公交开通 337 线、338 线、339 线 3 条线路 66 个站点，衔接北滘中心城区、林头、广教、三洪奇、槎涌、顺江 6 片区域，日客运量 5000 多人次，2009 年起超过 10000 人次/日。

2010 年 12 月 28 日，启动二期 TC 公交，新增 931 线和 932 线，贯穿西海、桃村、碧江、水口、高村、林头、西滘、上僚、莘村、马龙等村（社区），并与广珠城轨北滘站和碧江站接驳，覆盖居民区、学校、医院、工业区等 79 个候车点，是年北滘镇公交覆盖率 90%，基本实现城乡公交设施一体化。

2011 年 10 月 28 日，启动三期 TC 公交，增加 22 辆低能耗、低污染、使用液化天然气的新能源环保公交车辆（简称 LNG 公交车），并对公交网络进行优化调整，调整后共设置 6 条公交线路，其中保留 337 线、338 线，取消 339 线，调整 931 线、932 线，新增 933 线、934 线。

2014 年 6 月 10 日，优化公共交通系统，推进“公交进厂企”，934 线、938 线延伸至美的厨房电器生活区，方便 4000 多名群众出行。

2017 年底，北滘镇共有以 TC 模式运营的公交线路（镇巴）7 条，线路编号分别是 337、338、931、932、933、934、938 线，车辆 61 辆，首班车 6：30，末班车 21：00，营运线路总长 225.95 千米，日运营 604 趟 13.65 万千米；同时有 330、331、332、333、336、349、351、802 线等 18 条顺德区客运站营运跨镇 TC 公交专线。公交覆盖率 98%。

五、环境卫生

道路保洁与河道保洁　20 世纪 80 年代开始，北滘镇区开始建立正规环境卫生保洁制度，环卫机构和队伍日渐健全，碧江和北滘设有专业保洁队伍，每天定时清扫街道、收集垃圾、集中处理。1989 年，镇环卫队有环卫工人 38 名，镇区保洁清扫面积 2.3 万平方米，镇区街道实行一天两扫，每日保洁时间 12 小时。

1990 年，镇环卫队增设中型洒水车 1 辆。1998 年，政府拨款 78 万元购置一批保洁车辆，其中扫地车 1 辆、运输车 3 辆。

2004 年，镇环卫队将镇区划分 6 个保洁区域，引入竞争机制，实行区域评分和协管制度，实行 16 小时保洁。2005 年，镇环卫队有扫路车 1 辆、洒水车 2 辆，清扫总面积从 2004 年的 92 万平方米增至 110 万平方米。

2006 年，北滘镇道路清扫总面积达 319.5 万平方米，其中黄涌、三洪奇机械清扫面积 14.5 万平方米，占两个村（社区）清扫面积的 87.8%。至 2017 年，北滘镇城区环卫工人有272人，各村（社区）环卫工人有921人；全镇有洒水车13辆、扫地车15辆；道路保洁面积712.19万平方米，其中城区保洁面积139.17万平方米、各村（社区）保洁面积573.02万平方米；主干道路和公共场所每天保洁时间18小时，清扫率100%。

内河涌保洁 2004年，镇环卫队购置机船2艘、木艇6艘，开展河道保洁。是年，清理河涌垃圾1500多吨，清疏沙井16700多次。2012年，实行水政人员巡查河涌保洁制度，日均清理河涌垃圾18吨，作业船只25艘。

垃圾清运 1996年以前，北滘镇区生活垃圾的清运采用农用垃圾车（拖拉机）或人力车装运，在沿路设置垃圾收集桶。1997年起，逐步撤销垃圾收集桶，改由保洁员上门代收垃圾。当年，北滘镇环卫队共有1.5吨垃圾运输车（农用拖拉机）5台，5吨东风挂斗自卸车1辆，人力车70辆。

2004年，镇环卫队有垃圾压缩车5辆（其中3辆载重8吨、2辆载重5吨），吊桶垃圾运输车2辆，吊斗垃圾运输车3辆，人力车150台，年清运垃圾3.8万吨，全面采用密闭压缩车清运生活垃圾。

2017年，北滘镇有垃圾压缩车23辆，吊桶垃圾运输车2辆，三轮车81辆，年清运垃圾18.72万吨。

垃圾处理 20世纪80年代初，生活垃圾运输到都宁岗边填埋场，填满后作简单焚烧处理；粪便经堆沤作肥料。1989年，全年清运垃圾1.05万吨，清运粪便0.2万吨。

1998年，镇政府拨款480万元，在都宁岗兴建日处理垃圾量100吨的垃圾焚烧处理厂，占地面积2.53公顷，1998年11月竣工投入使用。第一期工程厂内设有焚化炉4座、净化烟道4条、净化水道4条、高烟囱2座、净化水塘3个。垃圾的焚化以自然焚烧为主，配以助燃风机，引入热能焚化垃圾，炉温达800℃—1000℃。焚化后的粉尘，通过安装有双重水帘式间格除尘设施，经高43米的烟囱排出，过滤率达95%。该厂于2003年10月停止运行。

2004年10月起，生活垃圾和工业垃圾经收集压缩后分别运往杏坛垃圾焚烧发电厂和番禺垃圾处理厂处理。

2006年下半年，顺德区实行统一扣收生活垃圾处理费，生活垃圾处理由区政府统一安排调度，可焚烧垃圾运到顺德区顺能垃圾发电有限公司作发电燃料进行无害化处理（约占40%），其他筛选垃圾运往高明苗村填埋场进行无害化处理（约占60%）。同年，镇政府投资1200万元，采用“BOT”（建设—经营—移交）运营模式，通过公开招标，选取运营商，把都宁垃圾焚烧厂改建成集垃圾压缩、运输、处理为一体的生活垃圾循环处理厂。2007年2月竣工投入使用，日处理垃圾能力350吨。是年，共清运处理垃圾9.25万吨。2010年，共清运处理垃圾10.83万吨。

2010年1月12日，北滘启用首个建筑垃圾受纳场，占地面积2.6公顷，场内分设淤泥、废土及建筑废渣等区域，并设置车辆轮胎清洗池，配置高压喷水枪，解决城区、广教、林头、槎涌、三洪奇、顺江等区域建筑垃圾倾倒的问题。

2017年，在发展垃圾“户分类”的基础上，北滘实行垃圾分拣、废品回收，将生活垃圾减量化、资源化、无害化、产业化管理。是年，垃圾无害化处理量 18.72 万吨。

卫生设施 1996 年，镇区设有 4 个垃圾中转站（分布在市场路、济虹路、新基路、简岸路），10 间垃圾收集屋，125 个果皮箱，200 个垃圾收集桶，6 间公共厕所（分布在城区内市场路、剧院边、周社巷、市场后街、陇西巷、五长沙）。

2004 年，镇区内共有环保果皮箱 396 个，垃圾池 15 个，简易中转站 7 个，垃圾压缩中转站 2 座，公共厕所 13 座，其中一类公厕 3 个、二类公厕 5 个、三类公厕 5 个。

2009 年，镇政府投资 180 多万元，在广教社区美的樱花工业区内增设 1 座垃圾压缩中转站，占地面积 1100 平方米，配 1 辆 25 吨钩臂车、2 台连体压缩箱，2010 年 7 月投入使用。2012 年，投资 205 万元，改造新基和陈大滘工业区内的垃圾压缩中转站。

2017 年，北滘镇共有 24 个垃圾压缩中转站，800 多个环保果皮箱，75 座公共厕所。

第四章　环境保护

第一节　管理机构

1981 年 7 月，设立北滘公社环境保护办公室。1995 年，设立顺德市环境监测站北滘分站。1999 年，北滘镇规划建设办公室下设环境保护科。2010 年 7 月，成立顺德区环境运输和城市管理局北滘分局。

第二节　污染源

废水污染 进入 20 世纪 80 年代，随着工业的迅速发展，北滘环境污染日益严重。工业、生活废水未经处理就通过下水道、内河涌水流入顺德水道、潭洲水道、陈村水道。2007 年，全镇生活污水排放总量为 1854.4 吨。至 2017 年，北滘镇污水处理厂年处理生活污水 2854.26 吨，工业污水 363.53 吨。

1992—2007年若干年份北滘生活污水排放及处理情况表

表9—4—1　　单位：人、万吨

年份	户籍人口	外来人口	合计人口	生活污水排放总量	处理量
1992	83607	21523	105130	374.4	—
1997	91934	31000	122934	716.8	—
2004	104773	79124	183897	1130	436
2006	109125	105342	214467	1304.48	993.6
2007	111346	107545	218891	1854.4	1357.7

2008—2017年北滘污水处理厂生活污水处理量统计表

表9—4—2　　单位：万吨

年份	生活污水处理量	年份	生活污水处理量	年份	生活污水处理量	年份	生活污水处理量
2008	1390.72	2011	1949.29	2014	2403.12	2017	2854.26
2009	1352.96	2012	2299.02	2015	2326.07		
2010	1881.45	2013	2380.44	2016	2181.77		

2011—2017年北滘污水处理厂工业废水处理量统计表

表9—4—3　　单位：万吨

年份	2011	2012	2013	2014	2015	2016	2017
处理量	141.83	356.8	368.77	403.15	373.35	87.22	363.53

1993年，北滘的工业废水污染主要有造纸废水、电镀废水、食品废水、印染废水和锅炉冲灰水。统计10家主要工业企业的废水排放量为153.78万吨，其中造纸和印染废水88.93万吨、电镀废水43.63万吨、食品废水19.67万吨，占主要工业企业废水总量的98.99%，废水达标排放率68.51%。1996年起，在市、镇两级政府和环保部门的强化管理下，治理得到落实，达标排放量、废水处理量、废水达标排放率等指标均有显著提高，工业废水污染得到一定的控制。2001年，统计12家主要工业企业的废水排放量为114.48万吨，废水排放以造纸、印染、食品、电镀为主，废水达标排放率89.99%。2017年，统计52家主要工业企业的废水排放总量为209.9万吨，废水排放以COD、氨氮、总氮、总磷等污染物为主。

1993—2003 年若干年份北滘主要企业工业废水排放及达标处理统计表

表 9—4—4　　　　　　　　　　　　　　　　　　单位：万吨

年份	工业废水排放总量	废水排放达标量	废水达标排放率（%）	年份	工业废水排放总量	废水排放达标量	废水达标排放率（%）
1993	153.78	105.35	68.51	1998	147.76	110.61	74.86
1994	127.72	115.62	90.53	1999	114.55	95.63	83.48
1995	118.08	68.86	58.32	2001	114.48	103.02	89.99
1996	123.72	73.98	59.8	2002	144.29	141.26	97.9
1997	121.66	79.47	65.32	2003	157.17	142.36	90.58

废气污染　1994 年，统计 14 家主要企业全年排放废气总量 8.56 亿标准立方米。通过改造旧锅炉和改进燃料，1999 年，统计 13 家主要企业全年排放废气总量仅降为 7.19 亿标准立方米。2017 年，北滘统计企业废气排放量为 34.63 亿标准立方米，主要排放行业有家具制造业、纸制品业、电子工业、屠宰业。

机动车尾气排放是污染环境的重要来源。2010 年，注册机动车辆 5.9 万辆，每日通过国道 G105 线、三乐路、碧桂路、林港路的汽车 13.17 万辆次，由此带来的尾气污染显著增加。

固体废弃物　北滘工业固体废物以炉渣、金属渣、建筑废料、塑料、橡胶、纤维、布料、橡胶为主。危险废物包括医疗废物和工业危险废物（废矿物油、废乳化液、废染料、电镀污泥、废酸碱液等）。1993 年，全镇 10 家主要"三废"排放企业的工业固体废弃物年产量为 4955.4 吨。

2008 年，北滘工业固体废物产生量 12270 吨，全镇 11 家医疗机构共产生医疗废物 98.5 吨。至 2017 年，全镇工业固体废物产生量达 17523.39 吨，比 2008 年增加 42.81%。

1993—2017 年若干年份北滘主要企业固体废弃物排放、利用情况表

表 9—4—5　　　　　　　　　　　　　　　　　　单位：万吨

年份	固体废弃物产生总量	固体废弃物综合利用量	固体废弃物综合利用率（%）	年份	固体废弃物产生总量	固体废弃物综合利用量	固体废弃物综合利用率（%）
1993	4955.4	4752.21	95.9	1999	9440.39	9382.19	99.38
1994	11176.98	10883.79	97.38	2001	12230.2	12131.2	99.2
1995	10190.45	10060.45	98.72	2008	12270	121473	99
1998	9747.6	9632.6	98.82	2017	17523.39	17523.39	100

噪声污染源 主要包括交通噪声、工业噪声、施工噪声和社会生活噪声。交通噪声主要源自机动车辆，与交通废气污染的分布重合，是主要污染源。2000 年以前，北滘区域环境噪声平均值 60 分贝以上，干线公路两侧普遍在 70 分贝以上；2002 年后，区域环境噪声有所下降，保持在 55 分贝左右，交通噪声保持在 70 分贝以下，均达到国家标准。工业噪声来自鼓风机、发电机和其他机械。90 年代前，柴油发电机噪声均在 80 分贝以上，其他机械噪声都在 65 分贝以上。部分小工厂，没有消声隔音设施，也是重要的污染源。施工噪声主要由打桩机、打夯机、搅拌机、电锯等机械施工及运输装卸建筑材料产生。社会生活噪声主要是农贸集市、夜间饮食业、音响设备和歌厅、卡拉 OK 等娱乐场所。

1996—2002 年若干年份北滘环境噪声统计表

表 9—4—6　　单位：分贝

网格大小	年份	网格总数	平均值
250 米 ×250 米	1996	28	62.6
	1997	29	63.6
	1998	29	61.3
	2002	29	58.3

1997—2017 年若干年份北滘交通噪声监测结果表

表 9—4—7　　单位：米、分贝

年份	监测路段数	总路长	平均路宽	噪声平均值	年份	监测路段数	总路长	平均路宽	噪声平均值
1997	5	13200	—	78.1	2013	7	14707	22.6	68.1
1998	6	10132	—	67.1	2014	7	14707	22.6	67.9
1999	7	14707	22.6	70.8	2015	7	14707	22.6	66.9
2000	7	14707	22.6	68	2016	7	14707	22.6	66.0
2002	7	14707	22.6	71.8	2017	7	14707	22.6	63.1

第三节　环境监测

一、大气监测

1981 年起，北滘执行“三同时”（即环保设施要与主体工程同时设计、同时施工、同时投产）制度，开始对大气监测（常规监测）在建设项目环境影响实行评价。

1993 年，设立北滘镇监测点，开始对大气环境质量进行常规监测，监测项目有二氧化硫、氮氧化物、降尘。1997 年，镇环保办投资 2 万多元建立大气监测室并增购一批监测仪器，对大气总悬浮微粒进行连续监测。2017 年，北滘唯一的大气监测点位于承德小学，常规监测项目有二氧化硫、二氧化氮、颗粒物（TSB）、可吸入颗粒物（PM2.5、PM10）、一氧化碳、臭氧等。

1993—2001 年，大气监测方法为人工取样与化验室分析，每季度取样 5 天，每天 4 次。2001 年底，投资 100 万元购进美国的大气全自动监测系统，可连续取样、实时监测、采集实时监测数据。2002 年起，实现大气自动监测，与市环境监测站联网，及时报告地区空气环境质量，同时通过北滘广播电视站向市民公布每日空气质量。

1993—2017 年若干年份北滘大气污染物浓度情况表

表 9—4—8　　　　单位：立方米/毫克、吨/平方千米

年份	二氧化硫	二氧化氮	颗粒物	月降尘	年份	二氧化硫	二氧化氮	颗粒物	月降尘
1993	0.064	0.07	—	7.49	2004	0.057	0.035	0.089	—
1994	0.027	0.077	—	5.48	2013	0.029	0.05	0.052	—
2000	0.023	0.048	0.29	—	2014	0.018	0.048	0.131	—
2001	0.019	0.043	0.37	—	2015	0.016	0.044	0.116	—
2002	0.052	0.038	0.13	—	2016	0.014	0.041	0.102	—
2003	0.079	0.037	0.103	—	2017	0.011	0.043	0.104	—

注：“颗粒物”一项 2000—2002 年为总悬浮微粒，2003—2004 年为 PM10。

二、地表水监测

1989 年起，县环境监测站每年一次在丰水期对北滘河作水质监测。监测项目包括：pH 值、汞及化合物、镉及化合物、石油类。1996 年后，监测工作由北滘环境监测分站负责。1999 年至 2000 年 6 月，监测结果显示北滘河水质符合农用灌水二类。

2001 年起，顺德市（区）环境监测站加强对北滘区域地表水水质监测工作，至 2008 年北滘内河共设 4 个水质监测断面，其中细海河 3 个、北滘河 1 个；潭洲水道北滘段设有西海断面，监测时间为每月 1 次，常规监测指标有 23 项。2017 年，北滘镇内河涌共有 12 个监测断面，分别位于西河（劣五类）、南河（五类）、北滘沙河（劣五类）、细海河（劣五类）、西海大涌（劣五类）、林上河（劣五类）、良马大涌（劣五类）、灰口大涌（劣五类）、二支涌（五类）、北滘河（五类）、三马河（五类）、上水河（四类）。

2001—2017 年北滘内河水质情况表

表 9—4—9

年份	污染指数	水质定类评价	年份	水质定类	水质定类评价
2001	0.28	较清洁	2010	劣Ⅴ类	重度污染
2002	0.21	清洁	2011	Ⅳ类	轻度污染
2003	0.28	重度污染	2012	Ⅳ类	轻度污染
2004	0.38	重度污染	2013	劣Ⅴ类	重度污染
2005	0.31	中度污染	2014	劣Ⅴ类	重度污染
2006	0.29	轻度污染	2015	劣Ⅴ类	重度污染
2007	Ⅴ类	中度污染	2016	劣Ⅴ类	重度污染
2008	Ⅳ类	轻度污染	2017	劣Ⅴ类	重度污染
2009	Ⅴ类	中度污染			

注：1. 污染指数是指各污染物浓度与标准值的比值之和。

2. 水质定类评价是根据中国环境监测总站《地表水环境质量评价有关问题的技术规定（暂行）》，按优、良好、轻度污染、中度污染、重度污染五个等级来评定，与综合污染指数无直接关系。

三、环境噪声监测

1996 年，北滘开展声学环境质量监测，在镇区布设 28 个监测点，对交通噪声及各区域环境噪声进行定期测定。2002 年，北滘镇区域环境噪声监测布点 29 个（详细分布参见表 9—4—10），交通干线噪声监测点 7 个，分别位于广珠路北、工业大道、广珠路南、济虹路、跃进路、南源路、建设路。2017 年，北滘镇区域环境噪声监测布点 29 个，交通干线噪声监测点 7 个。

2002 年北滘环境噪声监测点情况表

表 9—4—10

网络编号	监测点位名称	功能区类别	网络编号	监测点位名称	功能区类别
北 H01	简岸路十七巷 11 号	2 类	北 H08	跃进路英华街 11 号	2 类
北 H02	新基大园西 4 巷 2 号	2 类	北 H09	东风路欧家巷 8 号	2 类
北 H03	新基路五巷 4 号	2 类	北 H10	文化广场（河边）	2 类
北 H04	福德路 18 号	2 类	北 H11	北滘街七巷 4 号	2 类
北 H05	东风路海傍街 32 号	2 类	北 H12	跃进路珠矶街 3 号之一	2 类
北 H06	简岸路郑家街 5 号	2 类	北 H13	跃进路周社巷三胜街三巷 10 号	2 类
北 H07	济虹路南街二巷 2 号	2 类	北 H14	跃进路大庙街 13 号	2 类

续表

网络编号	监测点位名称	功能区类别	网络编号	监测点位名称	功能区类别
北 H15	电站街 13 号之一	2 类	北 H23	蚬华电器厂新厂房	3 类
北 H16	蓬莱新村 F2 座 701 号车文库前	2 类	北 H24	美的集团公司办公楼前	3 类
北 H17	自来水公司后	2 类	北 H25	美的风扇厂饭堂	3 类
北 H18	惠而浦微波炉厂内货柜装卸区	3 类	北 H26	美的企业技术中心	3 类
北 H19	物资供销公司总部	3 类	北 H27	美的电饭煲厂	3 类
北 H20	锡安厂内 100 米	3 类	北 H28	三洪奇建筑施工队后	3 类
北 H21	永高制革厂门前	4 类	北 H29	北滘中学内	2 类
北 H22	工业大道 22 号建筑集团公司门前	4 类			

2003—2017 年北滘环境噪声与交通噪声统计表

表 9—4—11　　　　单位：分贝

年份	区域环境噪声平均值	交通噪声平均值	年份	区域环境噪声平均值	交通噪声平均值
2003	56.7	68.8	2011	54.4	66.2
2004	54.4	68.6	2012	54.3	68.1
2005	55.8	67.6	2013	59.2	68.1
2006	55.4	67.3	2014	56.3	67.9
2007	55.1	67.3	2015	59.2	66.9
2008	55	66.9	2016	61.1	66
2009	54.6	66.3	2017	61.3	63.1
2010	54.4	66.6			

四、污染源普查

1989—1990 年，开展全国乡镇工业污染源普查，普查对象 53 家，占全镇 372 家工业企业总数的 26.79%，调查企业总产值 6.44 亿元，占 1989 年全镇工业总产值的 50.3%。调查内容包括：能源消耗量，工业用水量，污染治理设施运行情况，锅炉、炉窑、固体废物及环境管理情况。

1996 年 12 月至 1997 年 1 月，开展全省乡镇企业污染源调查，根据《顺德市乡镇企业污染源调查工作方案》，确定 374 家企业为调查对象，其中工业企业 84 家、第三产业 290 家，发出 136 份调查表，共收回调查表 126 份，其中工业企业 74 份、第三产业 52 份，其余未收回的 10 份为新投产工业企业。

2008年1月29日，为配合开展全国污染源普查，镇政府印发《北滘镇第一次污染源普查工作方案》的通知，普查对象为镇域所有排放污染物的工业源、农业源、生活源（包括医疗污染源、电磁辐射源），普查时点为2007年12月31日。据统计，共清查生活源1388家，经现场调查确认符合入户调查要求的共564家，实际完成入户调查564家，其中住宿、餐饮业323家，居民服务和其他服务业238家，医院污染源2家，城镇居民生活污染源1家；共清查工业源2108家，经现场调查确认符合入户调查要求的共1532家，实际完成入户调查1532家，其中完成工业源简表1137家、工业源详表395家。

第四节　保护与防治

一、生态保护

生态环境保护　1985年，设立生态保护区。2002年，设立饮用水源一级保护区1个，面积2.9平方千米；自然保护区（各山岗）面积1.209平方千米；镇城区园林绿化地面积3.147平方千米；风景名胜区生态保护面积0.033平方千米；全镇生态保护面积7.289平方千米。2017年，设有2个饮用水源保护区；自然保护区（山岗）面积1.029平方千米；镇城区园林绿化地面积5.62平方千米；风景名胜区生态保护面积0.033平方千米。

都宁岗森林公园　位于碧江社区，西临国道G105线，占地0.696平方千米，最高海拔87.8米，最低海拔23米。2007年通过佛山市农业局审批，确定在都宁岗一带设立“都宁岗森林公园”。2012年，北滘镇政府把建设都宁岗森林公园提上议程，打造“自然”“古朴”“野趣”的市民休闲空间。该公园于2014年6月动工，2016年底竣工对外开放。

西海烈士陵园　镇域内唯一作为生态保护范围的风景名胜区，入选1986年7月28日县审定公布的第一批风景区，面积0.033平方千米。

生态示范区建设　1999年开始，北滘镇加强创建生态示范区、镇村工作，走社会、经济与生态环境保护协调发展的可持续发展道路。2008年，西滘村和高村村获得“佛山市生态示范村”称号。

2010年，北滘镇以“改善城乡生态环境，打造生态宜居的魅力小城”为目标，加大生态建设和环境整治力度。2011年12月13日，被省环保厅授予“广东省生态示范镇”称号。2012年2月26日，启动创建国家生态镇工作，共建立佛山市生态示范村8个。同年12月24日，国家环境保护部授予北滘镇“国家级生态乡镇”称号。

北滘镇各行政村创建佛山市生态村情况一览表

表 9—4—12

行政村名称	生态村级别	创建年份	验收时间	行政村名称	生态村级别	创建年份	验收时间
西滘村	市级	2008	2008－1－4	黄龙村	市级	2010	2010－10－23
高村村	市级	2008	2008－1－4	莘村村	市级	2010	2010－10－23
上僚村	市级	2009	2009－2－24	水口村	市级	2010	2010－10－23
马龙村	市级	2010	2010－10－23	西海村	市级	2010	2010－10－23

二、饮用水源保护

1995 年，北滘贯彻落实《顺德市饮用水源保护管理规定》，加强水源保护区的监控管理，划定全镇水源保护区界线，分设饮用水源一、二级和准保护区，设置保护区和监测断面标志。是年，协助市环保局依法清理一级饮用水源保护区内砂石码头、取沙船、运沙船、油船以及杂物堆放场，展开限期整治、搬迁、取缔工作。同时，对沿岸及水源保护区内的企业加强监督和管理，严禁在一、二级水源保护区内新办有废水排放企业，严格把关北滘工业区内报批的建设项目，控制排污口数量。

1996 年，召开一级水源保护区的黄涌、三洪奇、北滘工业园主要领导人会议，镇政府与他们签订水源保护目标责任书。是年，镇环保办会同一级水源保护区沿线三区、水利会、自来水公司、北滘港等部门主要领导人，检查沿线企业环保情况。

1998 年，镇政府投资 850 万元将北滘自来水厂饮用水源吸水口向上游（西）迁移 3 千米。1999 年，北滘镇饮用水源一级保护区面积为 2.9 平方千米。

2001 年 7 月，广州市番禺区沙湾、东涌水厂因水质污染而影响正常供水，镇政府配合排查工作领导组对北滘工业园、林广水闸内的细海河沿途排污企业以及向顺德水道、陈村水道排污的单位进行全面排查，采取强制性应急措施，责令华龙家具厂、金冠涂料集团公司和永华木业制品厂有限公司停止排放生产废水。

2003 年，成立水环境综合整治领导小组，联合规划城建办、工商执法、公安等 9 个部门及各社区（村），根据《佛山市实施〈广东省珠江三角洲水质保护条例〉办法》，深入开展水环境整治，加强执法力度。2003 年至 2005 年间，关闭水源保护区内 5 家黏土砖厂，清理露天垃圾场 2 个、燃煤堆放点 4 个，拆除窝棚 16 处，清理无牌饮食店 10 家（含海鲜舫 2 艘），处罚饮食店 8 家（其中 2 家由法院强制执行，罚金 14 万元），清拆违章建筑 2 家厂房。

2007 年，根据《佛山市饮用水源保护规划》标准，对北滘镇饮用水源保护区进行调整，一级保护区面积为 148.65 公顷，二级保护区面积为 949.6 公顷。同年，配合佛山市创模督查督办组和顺德区工商、行政执法、公安等部门，清理饮用水源一级保护区 17 家无证照饮食店。2008 年起，镇政府以水利会、环保办、行政执法等职能部门为主要责任人，建立长效管理机制，以在日常工作中各自巡查、结合联合执法为主要方式，开展饮用水源保护工作。2008 年、2009 年和 2012 年分别强制拆除无证饮食店 7 家、4 家和 1 家，违法饮食店逐渐得到有效控制。

2007 年北滘生活饮用水源保护区划分方案表

表 9—4—13

保护区名称级别	水质保护目标	水域	陆域
顺德水道羊额—北滘段一级保护区	Ⅱ类	顺德水道沙栏至 5 号航标的水域，长度 1850 米，以及流入该水域的支涌向内纵深 150 米范围	相应一级保护区两岸堤外坡脚向陆纵深 150 米陆域
顺德水道羊额—北滘段二级保护区	Ⅱ类	顺德水道沙栏上溯至黄连码头的水域（距离约 3250 米）、5 号航标向下游至白鸽嘴林广电动排灌站的水域（距离 4500 米）以及注入该水域的支涌向内纵深 150 米范围	相应二级水源保护区两岸堤外坡脚向陆纵深 300 米的陆域，以及一级水源保护区陆域边界外延至 300 米的陆域
顺德水道羊额—北滘自来水厂准保护区	Ⅱ类	饮用水源二级保护区上界面迳口河口至黄边码头的水域（距离 4000 米）以及流入该水域的支涌向内纵深 150 米范围	相应准保护区水域两岸堤外坡脚向陆纵深 500 米的陆域，以及二级保护区陆域边界外延至 500 米的陆域

2007 年北滘饮用水源保护区面积一览表

表 9—4—14　　单位：公顷

水源保护区河段	一级保护区			二级保护区		
	总面积	水域面积	陆域面积	总面积	水域面积	陆域面积
顺德水道羊额—北滘段	148.65	93.62	55.03	949.6	404.3	545.3

三、水污染控制

内河整治　1993 年，为缓解内河的淤塞与污染，镇政府投资 200 万元购置挖泥船和运沙船，对主干河实行常态清淤。1995 年 8 月和 1997 年 5 月，镇政府分别印发《北滘镇围内主干河涌管理暂行规定》和《北滘镇围内主干河涌管理暂行规定实施细则》，镇水利会负责实施。1993—1997 年，共拨款 310 多万元疏浚 11 条主干河涌及 20 条支涌，内河淤塞的问题得到改善。

2000 年，整治树生桥涌（支涌）列入镇人大议案。2001—2003 年，镇政府投入

670 多万元整治李家涌、树生桥涌和杨家涌 3 条镇区支涌。

2003 年 8 月，镇政府印发《北滘镇水环境综合整治工作方案》，成立水环境综合整治领导小组，联合规划城建办、工商执法、公安等 9 个部门及各社区（村），开展水环境整治一系列行动。2004 年 10 月，镇政府印发《北滘镇村（居）支河涌综合整治实施方案》，整治年限为 2004—2007 年，对各村（社区）的河涌整治及河面保洁实行财政补贴，次年投入 26.6 万元整治莘村 10 条河涌共 5080 米，清挖淤泥 3 万多立方米。

2005 年，投入资金 800 多万元，重点整治林上河，长 2000 米，完成土方 2 万多立方米，拓宽河面至 30 米，全段砼体护坡 1700 多米。2006 年，投入 3000 万元，整治主干河涌和支涌 30 多条。其后，林上路污水管网、上僚水利枢纽陆续投入使用，水质得到明显改善。

2009 年，启动支干河涌整治工程和“顺德好村居”内河涌整治工程，至 2012 年共疏浚河涌 169.15 千米，疏浚土方 83.12 万立方米，工程概算投资 3575.61 万元。是年，北滘镇内河水质定类为Ⅳ类，水质定类评价为轻度污染。

2003—2004 年北滘水环境综合整治情况表

表 9—4—15

整治项目	负责部门	完成情况
重点污染企业污染物全面排放达标	规划建设办	摸清工业污染源，在 13 家企业安装在线监控器；对美的集团、珠江包装公司、西达发电厂等 3 家企业进行重点监控；每季度对镇内 53 家水污染源企业取样监测
清理河道两岸露天垃圾场	规划建设办	2003 年清理河堤外露天垃圾场 2 个、2004 年清理顺德水道堤外 4 个露天燃煤堆放点
清理河道沿岸无证照经营饮食店档	工商分局、行政执法中队	2003 年和 2004 年共清理无牌饮食店 10 家
清拆河道沿岸窝棚	各村（社区）、水利会、执法中队	2003 年和 2004 年间共拆除窝棚 14 处
取缔河道内网箱养殖	农村工作办	2003 年清理内河网箱养殖 28 户共 1300 平方米
取缔水源保护区和居住区畜禽养殖场	农村工作办	2003 年清理住宅区内的养鸡场 9 个
规模畜禽养殖场污水达标排放	农村工作办、规划建设办	2004 年度完成
污水处理厂建设	规划建设办	2006 年 1 月，污水处理厂和污水管网首期工程竣工，总投资 1.4 亿元，日处理污水能力 3 万吨
河涌整治	规划建设办、水利会	2003 年，投入 84 万元清疏 33 条河涌，总长 32.7 千米；投入 385 万元整治林上河（样板河涌）1400 米，疏浚土方 43600 立方米，浆砌石墙 2000 米
关闭黏土砖厂	行政执法中队	2003 年关闭镇内 5 家黏土砖厂

2009—2012 年北滘内河整治情况表

表 9—4—16　　　　　　　　　　　　　　　　　　　　　　　　　　单位：万元

项目名称	动工时间	完成时间	完成情况	概算投资
2009 年度支干河涌整治工程	2010 年 2 月	2010 年 9 月	整治全镇 17 个村（社区）45 条河涌共47.56 千米，开挖土方20.45 万平方米	665.03
北滘河、灰口涌疏浚工程	2010 年 5 月	2010 年 8 月	疏浚长度2.63 千米，开挖土方8.64 万平方米	184.73
2009 年度“顺德好村居”内河涌整治工程	2010 年 5 月	2010 年 8 月	整治莘村、槎涌、桃村等 3 个村 9 条河涌共8.74 千米，开挖土方5.27 万平方米，新建挡墙 1.72 千米	753.93
2010 年度支干河涌和支涌疏浚工程	2011 年 1 月	2011 年 7 月	疏浚 13 个村（社区）88 条河涌共60.14 千米，疏浚土方 18.85 万平方米	700.95
2011 年度支干河涌和支涌疏浚工程	2012 年 2 月	2012 年 7 月	疏浚 12 个村（社区）77 条河涌共50.08 千米，疏浚土方 29.91 万平方米	1270.97

生活污水、工业废水处理　20 世纪 80 年代后期，北滘厂企开始探索工业废水处理办法。1987 年竣工的蚬华风扇厂电镀和磷化废水处理系统，处理能力 40 吨/小时；1989 年、1991 年、1994 年和 1995 年，珠江包装公司分别投入 40 万元、30 万元、25.75 万元和 70 万元建设造纸废水回收及污水处理系统；1994 年竣工的美的电饭煲制造有限公司铝氧化及脱脂污水处理设施，处理能力 30 吨/小时，总投资 101 万元；1995 年竣工的美的风扇厂磷化废水处理系统每小时处理废水 40 吨；兴顺食品发展有限公司有机废水处理系统 2 套，合计投资 165 万元，日处理废水 1200 吨；1997 年美的空调厂投资 30 万元、惠而浦投资 25 万元，设置磷化污水处理系统。1991—1992 年，蚬华风扇厂与兴顺食品发展有限公司被评为佛山市环境治理先进单位。

2003 年，启动污水处理厂及污水管网工程，2006 年初竣工投入使用，处理量 3 万吨/日。2009 年 9 月，启动污水处理厂二期工程，2010 年竣工，处理量 6 万吨/日。2009 年 9 月，工业污水预处理厂工程启动，2010 年 3 月竣工投入使用。工程总建筑面积 513 平方米，建筑物包括汽浮池、浮渣池、细格栅及沉砂池等，日处理污水能力 8000 吨，在顺德区率先实现工业污水预处理，形成企业预处理、处理中心再处理、处理厂综合处理的治污模式。

2017 年，北滘镇政府投资 3 亿元，启动群力围污水工程，管网全长 36 千米，覆盖碧江、桃村、西海 3 个村（社区），首期处理能力为 3 万吨/日。

四、大气污染治理

创建烟尘控制区 2000年，镇政府开展创建烟尘控制区工作，建成烟尘控制区面积2.4平方千米。是年，区内有煤锅炉烟囱1条、餐饮业大灶烟囱22条，达标率达100%。2003年，设立北滘镇烟尘控制区建设领导组办公室，明确烟控区范围为镇建成区，具体界线为：林西路—环城路—北滘河—跃进路—蓬莱路—国道G105线，面积为7.8平方千米。烟尘控制区的各种锅炉、窑炉、茶炉和大灶，烟色（黑度）排放达标率达90%，排烟浓度达标率达80%以上。2006年烟尘控制区扩大至10.2平方千米。2017年，北滘镇建成区烟尘控制区覆盖率100%，全镇烟尘控制区15.78平方千米。

废气治理 20世纪80年代中期后，北滘企业推广使用锅炉消烟除尘设置和改进燃烧方式，对旧锅炉分期分批更新改造；民用燃料推广使用型煤或液化石油气。

1996年起，执行《顺德市大气污染防治管理规定》，北滘镇在日常的建设项目审批、工业园区开发、重点企业管理、产业控制上开展系列大气污染防治工作。是年，凌江泡沫塑料厂以燃油取代煤、重油，减少烟尘和二氧化硫的排放量。

1999年起，督促重点污染企业使用低硫燃料、脱（固）硫剂、脱硫设施等方法治理锅炉污染。同年，召开饮食行业会议，宣传使用清洁燃料和重要性。其后，在镇建成区范围内开展大规模“油改气”工作，1999年底完成整改。2000—2001年，继续推进村一级及机关、企事业单位的饭堂“油改气”及“油烟净化”工作，有效降低悬浮颗粒物（TSP）的污染。

2005年起，根据《佛山市2004—2006年二氧化硫污染控制实施方案》的要求，加强对西达电厂和珠江包装有限公司2家佛山市大气污染控制重点企业二氧化硫排放进行监控，同年珠江包装有限公司投入120万元增加脱硫设施，有效减少二氧化硫的排放。2006年后，严格控制企业新建、迁建、扩建燃煤（重油）锅炉，规定新建10吨/小时及以上燃煤锅炉必须使用循环流化床炉型。

2008年，关停西达电厂、珠包电厂、美加顺建筑材料有限公司和华星饲料厂。2008—2009年，完成浦项钢板有限公司、日清食品有限公司、利宝饲料有限公司、联信纸业有限公司、恒业合成材料有限公司、丰华饲料实业有限公司6家企业脱硫设施的改造，停用二和包装制品厂、鸿业水泥制品有限公司、美威包装有限公司、宏发灰沙砖厂4家企业的锅炉。

2010年4月，根据《广东省珠江三角洲清洁空气行动计划》要求，对镇内361家VOC（挥发性有机物）排放企业开展调查，全镇21家被佛山市环保局列入工业挥发性有机废气排放源重点企业监管范围，对不达标的企业实施停产，对重点区域内排放达标但污染排放量较大的企业实施限产。是年9月，威灵电机有限公司向佛山市环保局申报建设工业挥发性有机化合物治理示范工程。

2010年7月起，根据《顺德区在用锅炉污染物排放综合整治方案》，综合整治在用锅炉，2011年底完成对列入整治名单的17家企业锅炉的改造治理。

噪声防治 1995年5月，镇政府印发《北滘镇1995—1996年环境综合定量考核指标和工作措施》，加强城区环境噪声的治理，规定城乡住宅区内不准新办制衣、小五金、小加工等制造业；规定建筑施工单位作业时间，搅拌机为7：30至22：00，打桩机为7：30至20：00；将降噪声装置纳入机动车辆年检内容。1995年，城区环境噪声达标区面积0.447平方千米，城区建成区面积3平方千米，达标区覆盖率14.9%。

1997年1月，镇政府印发《关于春节期间规定时段内禁止燃放烟花爆竹的通知》，规定北滘街区在2月6日至2月21日的每天0：30至7：00禁止燃放烟花爆竹。1999年3月，镇政府颁布《关于禁止在规定范围内生产、销售、燃放烟花爆竹的暂行规定》，规定范围包括北滘城区、碧桂园区域及镇域内所有山岗。

2003年2月20日，镇政府印发《北滘镇环境噪声达标区建设工作方案》，成立领导小组，加强城区噪声达标区的建设。是年，城区环境噪声达标区面积5.12平方千米，城区建成区面积为7.8平方千米，达标区覆盖率65.64%。

2012年6月起，镇主城区和新城区禁鸣喇叭，实行全天禁鸣。2017年，城区环境噪声达标区面积15.78平方千米，覆盖率达100%。

第五节 环境宣传教育

一、社会宣传

1990年起，北滘镇政府和环保办利用各种舆论工具，展开《中华人民共和国环境保护法》宣传活动，并转发、制定环保规范性文件。1994年转发《顺德市饮用水源保护区污染防治管理规定》、1999年制定《北滘镇人民政府关于禁止在划定范围内生产、销售、燃放烟花爆竹的暂行规定》、1999年转发《顺德市环境管理规定》、2011年印发《北滘镇加强村（社区）环境保护工作意见》。

配合世界环境日、省环境宣传月、区创建国家环境保护模范城市、镇创建国家卫生镇等开展广泛宣传。1991年6月5日，是第18个世界环境日，全镇开展环保图片展览宣传活动。1996年6月5日，镇主管领导利用广播电视，发表世界环境日宣传电视讲话。1997年和1998年，北滘镇环保办利用广播电视、宣传车巡游、派发资料、挂横额、贴标语等传播手段，精心组织“世界环境日”系列活动，获顺德市环保局授予最佳组织奖。1997—2000年，全镇参加世界环境日宣传活动有15700多人次，拉挂横额120多条，张贴标语7170条。2002—2007年，镇城建办结合“顺德区创建国家环境保护模范城市”“北滘镇创建国家卫生镇”、亚洲艺术节等契机，开展形式多样的环保宣传，包括向企业推广先进技术、举办知识讲座、制作大型宣传壁画和“创模”主题广告等形式。

2010年6月3日，顺德区环境运输和城市管理局北滘分局举办固体废物污染防治专题培训，对镇内300多家企业及各社区（村）环保负责人，宣讲环保法律法规以及固体废物处理政策。

2012 年 2 月 26 日，北滘镇同创国家级生态镇启动仪式在北滘公园举行，来自镇机关、社区（村）、美的集团等单位的妇女代表以及社会各界人士 1300 多人，开展自行车环保骑行活动，以低碳的简约形式宣传环保。同年，响应省环保厅建设环境文化宣传阵地的号召，选址文化广场、北滘公园、北滘中学、中山公园设立 4 座环境文化橱窗，实现常态宣传。

发动订阅环境报刊。1996 年起，镇环保办为政府各部门、管理区（村、社区）及大企业订阅“两报一刊”（《中国环境报》《珠江环境报》《环境》）。至 2000 年，共订阅报刊 700 多套；1996 年至 1999 年，连续四年被评为顺德市环境报刊发行先进单位。

二、环境教育

1986 年，北滘镇内 25 所中小学开设环境教育课，开设环境知识讲座、培训师资，根据教学大纲，采用发掘、引伸、穿插的方法，把环保知识灵活渗透其中。语文、政治课着重宣讲环保法规；生物、地理着重阐述生态平衡与资源保护；物理、化学课着重讲解“三废（废气、废水、固体废弃物）”成因及危害。

2006 年起，三桂小学、西海小学、马龙小学、莘村中学、碧江中学等中小学陆续组织师生参观北滘污水处理厂。2008 年 9—12 月，莘村中学综合实践科组开展题为“水污染与节水调查”的活动，组织师生参观北滘自来水厂和北滘污水处理厂，调查研究校园用水情况及莘村河涌现状，并在校园墙报上展示研究成果。

2009 年，北滘镇妇联、教育组和公交办联合举办首届北滘小学镇巴（内部）设计装饰比赛。次年 5 月，以广州亚运会和低碳生活为主题，开展第二届设计装饰比赛，镇内 17 所小学的师生利用环保材料和废旧物料，对 20 辆镇巴进行环保特色创意设计。

1999 年起，省、市开展创建“绿色学校（幼儿园）”活动，镇内各学校积极参与评选。广东碧桂园学校和北滘镇第二幼儿园分别于 2001 年、2005 年获得广东省绿色学校称号。至 2017 年底，北滘镇获得顺德区（市）绿色学校（幼儿园）称号的学校有 11 间，获得佛山市绿色学校（幼儿园）称号的学校有 14 间，获得广东省绿色学校称号的学校有 2 间。

第十篇　建筑与房地产业

第一章　建筑业

第一节　管理机构

1973 年 8 月 19 日，成立北滘圩建设委员会，规定北滘圩范围内单位及个人一切建筑工程必须经审查批准后方可动工兴建。70 年代末，北滘区建筑队，成为顺德县联合建筑公司的主力队伍，至 1982 年 4 月改名为“顺德县第二建筑工程公司”（简称“顺德二建”）。同年 10 月 20 日，北滘印发县社建筑施工技术管理暂行规定，参照执行。1984 年 10 月，成立北滘地区统一建设指挥部以及北滘区乡镇建设委员会，负责管理审批北滘区相关建筑工程业务。1991 年 10 月 18 日，为适应北滘经济发展，提升城乡建设水平，成立北滘镇建设委员会。2010 年 7 月，大部制改革后，成立北滘镇国土城建和水利局，负责北滘辖区内地籍管理及房地产管理，负责房屋建筑及市政设施配套工程施工许可、质量安全监督、竣工验收备案，负责全镇重点建设项目、市政工程、交通建设工程等的建设、验收，负责协调辖区内工程招投标及“三旧”改造等工作。

第二节　勘察与设计

民国以前，北滘的私人建筑多是遵循业主意图，由建筑工匠根据经验绘制草图，征得业主同意后，按常规的进深和开间直接兴建。大型建筑物，如祠堂、庙宇等，一般由多人参与构思、画图、修改，最后按既定的图纸施工建造。

民国时期，政府开始审定重点公共建筑的营造平面图、四方立面图和剖面图，建筑设计开始正规化。

新中国成立后，逐步建立和完善专业勘测设计工作。60 年代后，北滘组建专门的建筑工程队，设有专职的制图设计人员，主要负责北滘地区建筑工程的设计业务。较大规模建筑工程的设计、勘察，包括给水、排水、道路工程、电器照明等项目，一般由顺德县一级的设计单位（顺德县建筑设计室）进行勘察、设计。

1988年6月，由顺德县建筑设计室设计的北滘小蓬莱宾馆和北滘觇华电器制造厂，分别获1988年度佛山市优秀设计三等奖和1990年度佛山市优秀设计三等奖。1990年建设的北滘裕华风扇厂，是顺德县勘察公司重点勘察工程。

90年代起，碧桂园集团和美的房地产集团先后成立专门的建筑设计部门，北滘建筑设计的专业队伍逐步庞大。1997年6月，广东博意建筑设计院有限公司成立，是国内最大的民营设计机构之一，也是碧桂园集团最大的合作伙伴，公司主要经营建筑工程及相应的工程咨询和装饰设计，具有建筑行业（建筑工程）甲级、城乡规划编制乙级、勘察专业类（岩土工程）乙级等设计资质。业务涵盖规划设计、建筑设计、装修设计和工程勘察等。到2009年10月，广东博意建筑设计院有限公司的总资产增至人民币6.1亿元。

2010年10月，美的总部大楼落成使用，大楼景观由知名设计公司广州土人景观顾问有限公司设计，其设计独到而饶富趣味，给人美的享受并有“饮水思源”的意境，入选2010年第六届欧洲景观双年展。

北滘文化中心由香港建筑设计师余啸峰设计，于2012年1月落成，获香港建筑师学会2012年建筑大奖。

第三节　技艺与材料

一、传统建筑施工技艺

民国以前，北滘地区一般民房，以及祠堂、庙宇等大型建筑，均按照地基处理——墙体砌筑——起重安装——屋面施工的工序进行。

地基处理　如修建平房，一般在地面以下挖数十厘米深，夯实后铺沙垫平，砌砖基础，一般是四隅两皮，三隅两皮，后转双隅实墙；若地基土质较差或建设大型建筑，则先打木桩（杉木、松木），在桩头上铺石块，再以砂石垫层，然后上砖石基础或砖基础。

墙体砌筑　墙体有蚝壳墙、土墙、砖石墙三种。砖石墙以清水墙为主。富裕门第或祠堂等，外墙多用大青砖，主要外墙和门面砌“磨光砖”或“壁上磨”。也有采用蚝壳为墙体材料的，如碧江金楼内的蚝壳墙，至今保存完好。

起重安装由于欠缺先进工器具，石柱、石梁、大型木结构等只能依靠人手、绳索、木杆，运用堆土、筑坡、滚轴等土办法，进行起重安装。

屋面施工　大户人家的建筑物屋面施工要求较高，形状种类繁多，主要有风火山墙屋面、斜山屋面、歇山屋面、卷棚屋面、庑殿式屋面、攒夹式屋面等。对于宗族祠堂、庙宇等，则除采用博古、正吻外，还有人物、鸟兽、虫鱼、花草、魁星、鳌鱼、龙凤等吉祥屋盖饰物。

建筑材料主要是砖（大青砖、普通青砖、方块阶砖）、瓦（土瓦、琉璃瓦）、木材（杉木、洋杂木和土杂木）、石材（红砂岩、花岗岩、火山灰岩）、灰（生石灰、蚝灰、蚬灰)、沙、竹、钢、玻璃、铅(石材接口用),以及桐油、油灰、油漆、颜料等。

二、现代建筑施工技艺

20 世纪 50—60 年代,房屋建筑大多是砖木结构平房,建筑施工仍沿用传统技艺,以手工操作为主。

70 年代起,房屋建筑逐步发展为 2—4 层。4 层以上房屋采用混合结构,地圈梁、大梁和楼面板采用钢筋混凝土捣制,门窗过梁采用水泥构建和砌砖体混合,木门木窗。80 年代,房屋建筑主体开始用钢筋混凝土捣制,6 层以上房屋建筑,相应配备高速卷扬机或采用吊塔解决垂直运输;地基多采用混凝土灌注桩、钻孔桩,一些工程还开始采用挖孔桩、预制桩;外墙采用水泥批荡或洗石米、贴马赛克瓷砖等;室内普遍采用刷墙涂料,地板铺贴彩釉砖。

90 年代以后,房屋建筑技艺推陈出新,建筑材料更加环保先进。“软土地基基础处理”“高层施工”“内外新材料装饰”等方面都取得长足进展。高层房屋建筑基本采用框架结构。装饰材料多用瓷片、马赛克、大理石、玻璃、铝合金、环保漆、纳米瓷砖、仿石瓷砖、实木线板等;内墙以灰砂、纸筋灰或石膏批荡后,再扫灰水或涂乳胶漆(俗称扇灰);厨房浴室多数铺贴白色瓷片;外墙一般铺贴条形瓷砖;地面多铺贴方形瓷砖,更高档的还有铺贴水磨石或大理石。

第四节 主要建筑工程

1959 年,北滘公社大型建筑不多,仅有北滘糖厂、北滘供销社、北滘中学、北滘卫生院、乡卫生所等。20 世纪 80 年代以后,公共设施向高层次、高标准发展,建筑工程涵盖旅业、文化、商业、工业、医疗等方面,北滘逐步从圩市发展成宜商宜居的魅力城镇。2013 年,全镇房屋建筑施工面积 403.29 万平方米,年内竣工面积 159.73 万平方米,其中住宅 153.63 万平方米。至 2016 年,全镇在建或已投入使用的总部大楼达 14 座,北滘特色总部商务区初具雏形;新城区建设渐成格局,市民活动中心(慈善大楼)、体育公园等公共服务设施落成启用,乐创中心、高端人才公寓、和园等项目动工建设,北滘特色小镇鲜明个性充分彰显。

20 世纪 60—70 年代主要建筑工程统计表

表 10—1—1

名称	位置	楼层	类别	名称	位置	楼层	类别
北滘旅店	跃进南路	4 层	旅业	北滘供销社	跃进南路	2 层	商业
北滘糖厂	跃进南路	2 层	工业	北滘戏院	跃进北路	1 层	文化

20世纪80年代主要建筑工程统计表

表10—1—2

名称	位置	楼层	类别	名称	位置	楼层	类别
裕华大厦	东风东路	11层	工业	北滘镇初级中学教学楼	济虹路	3层	教育
大同酒家	跃进中路	3层	饮食	北滘医院留医部	跃进中路	4层	医疗
北滘教育大楼	跃进中路	4层	教育	北滘影剧院	跃进中路	2层	文化
北滘中学教学楼	跃进中路	3层	教育	南源市场大楼	南源西路	3层	商业

20世纪90年代主要建筑工程统计表

表10—1—3

名称	位置	楼层	类别	名称	位置	楼层	类别
小蓬莱宾馆	蓬莱一路	3层	饮食旅业	北滘医院宿舍楼	跃进中路	6层	商住
文化广场大楼	跃进南路	8层	文化	北滘中学教学楼	济虹路	4层	教育
华泰商场	跃进南路	7层	商住	城区中学主楼	合成路	6层	教育
南源街商住楼	南源路	5层	商住	北滘余荫院	林上路	4层	福利
北滘医院门诊楼	跃进中路	5层	医疗				

2000—2009年主要建筑工程统计表

表10—1—4

名称	位置	楼层	类别	名称	位置	楼层	类别
北滘职校教学楼	林港路	6层	教育	锡山总部大楼	工业路	14层	工业
华泰商场	跃进南路	5层	商住	华美达酒店	林上路	18层	工业
北滘医院主楼	新城区东一路	7层	医疗	活力体育中心	火炬路	3层	体育
信合大厦	蓬莱一路	6层	金融				

2010—2017年主要建筑工程统计表

表10—1—5

名称	位置	简介	类别
美的总部大楼	美的大道	32层	工业
余荫院公寓大楼	林上路	6层	福利

续表

名称	位置	简介	类别
北滘文化中心	新城区人昌路	3层	文化
北滘商业广场	新城区人昌路	4层	商业
日美总部大楼	新城区人昌路	22层	工业
北滘财富中心	新城区人昌路	4号楼23层 5号楼29层 6号楼23层	商务办公
盈峰中心·丰明中心	新城区人昌路	24层	工业
市民活动中心（慈善大楼）	新城区人昌路	4层	福利
盈峰艺术博物馆	新城区人昌路	规划面积约1万平方米	文化
怡和中心	新城区怡和路	22层	商业
市民康体中心	新城区	占地面积5.6万平方米 建筑面积约2.6万平方米	福利
慧聪家电城	国道G105线东侧	建筑面积20万平方米	商务办公
广东（潭洲）国际会展中心	上僚片区	占地面积30万平方米 建筑面积20万平方米	商业
和园	新城区人昌路	占地面积41749平方米	园林

第五节　建筑施工管理

1982年1月，佛山国土资源局顺德县分局北滘管理所开始对北滘地区房屋建筑实施登记管理，规定新建或扩建住宅房屋必须向乡镇建设委员会申报，造册登记，获批准后方可施工。

1984年，顺德县北滘区公所印发《关于乡镇建设管理的规定》，规定北滘乡镇建设中的建筑设计和施工管理统一由北滘区建设委员会负责，规定公共场所、学校的建筑设计，建设单位必须持有经审批的建设许可证、设计图纸等相关资料才能动工建设，未持有工商部门核发的建筑企业执照和建设部门核发的施工许可证，不得承接工程任务，外区（县）建筑队伍进入本区施工，必须先向本区建设委员会提出申请，经批准并发给施工许可证方能进场施工，并要服从本区建设管理部门的管理。

1985年3月，根据北滘区建设委员会的精神，北滘实业开发公司开始对公司属下的建设工程实施公开招标投标。

1995年5月，北滘镇人民政府转发顺德市人民政府《关于加强建筑工程给排水、消防、高低压配电、装饰等安装工程承发包管理的通知》，加强对全镇建筑、安装工程施工企业的行业管理。

1995年6月，北滘镇人民政府转发顺德市人民政府《顺德市建设工程招标投标实施办法》，要求各建筑行业必须依照该实施办法中的条文严格执行。

1999 年 2 月，北滘镇人民政府先后印发顺德市《关于加强土地管理和工程建设管理的若干规定》《顺德市建设工程现场文明施工管理暂行规定》《顺德市建设工程招标实施办法》《顺德市建设工程招标投标补充规定》，并督促北滘镇规划建设办公室贯彻落实，对全镇建筑施工企业、施工工地进行检查。

2000 年 12 月，北滘镇人民政府印发并落实顺德市人民政府《顺德市建设工程招标投标管理规定》，规定建设工程的招标投标应遵循公开、公平、公正、择优、诚实信用的竞争原则，任何单位不得将依法必须进行招标的项目化整为零或者以其他任何方式规避招标。

2002 年 7 月 14 日，北滘镇人民政府印发《关于成立北滘镇建设工程招投标领导小组的通知》，进一步加强全镇建筑建设工程项目的管理，确保建筑建设工程招标投标制度的顺利实施。

2005 年 2 月，北滘镇人民政府印发《顺德区建筑工程招标投标管理暂行规定》，要求本镇行政区域内使用财政性资金、其他国有资金建设的以及村（居）民委员会、股份合作社投资或参与投资的规定建筑工程和服务项目，必须进入顺德区建设工程交易中心实行招标，北滘镇规划管理办公室负责有关招标投标活动的指导和协调，对重大建筑工程项目招标投标进行监督检查。

第六节　建筑施工企业

民国时期，北滘没有固定的建筑队伍，房屋多由各乡各村临时组合的建筑工匠承建，这些建筑工匠，俗称“泥水工”，分为泥瓦工、木工、石工三行。大多为师徒、父子、乡里组成，亦工亦农，忙时集中组队承揽工程，闲时就各自回家干农活，其中以桃村建筑工匠技艺尤佳。

1959 年北滘建立建筑社，后改为建筑工程队，是北滘历史上第一家建筑施工建设单位。工程队把全公社分散的建筑工人组织起来，承接北滘地区的工程施工任务。1979 年，北滘工程队改为建筑公司，员工约有 300 人。1989 年，杨国强任公司法人代表与经理。1993 年，杨国强和他人合伙收购建筑公司，北滘建筑工程公司成为民营企业。

20 世纪 80 年代，北滘建筑队成为顺德县内建筑工程施工建设的骨干力量，1982 年 4 月，正式改名为“顺德县第二建筑工程公司”。此后，随着经济发展，市民生活改善，对新建改建住房需求大幅增加，北滘建筑业迅速发展，北滘陆续出现一批中外合资、私营投资的建筑工程公司。2008 年，全镇建筑企业共 26 家，总产值 39.39 亿元，年内建筑施工面积 427.63 万平方米，竣工面积 82.78 万平方米。至 2013 年，全镇共有建筑企业 45 家，从业人员 6442 人，其中其他联营企业 1 家，其他有限责任公司 31 家，股份有限公司 1 家，私营企业 10 家，外商投资企业 2 家。是年建筑业总产值（当年价）102.25 亿元，营业收入 113.73 亿元。是年超亿元建筑企业有广东腾越建筑工程有限公司、佛山市顺德区雅俊装饰设计工程有限公司、佛山市顺德区碧日安防工程有限公司、广东万方工程有限公司、佛山市顺德区越顺基础工程有限公司。

广东腾越建筑工程有限公司 由原顺德第二建筑工程公司第二建筑队组建而成，位于顺德区北滘镇工业大道18号。1993年7月变更为顺德市北滘建筑工程有限公司。1993年底公司由集体企业转制为私营企业。1997年6月更名为顺德市碧桂园建筑工程有限公司，2001年3月更名为顺德市腾越建筑工程有限公司，2003年7月更名为广东腾越建筑工程有限公司。2006年6月，公司变更为外商独资经营企业，主要负责碧桂园公司各建筑项目的施工预算、建筑施工、现场管理等业务。

广东腾越建筑工程有限公司具备房屋建筑工程施工总承包一级资质，机电设备安装工程专业承包三级资质，市政工程总承包三级资质，防雷专业施工资质证。公司组织架构包括总经办、方案计划部、财务部、人力资源部、质安部、合同部、劳动服务部、园艺部、预算部、设备部、车队、车行、预制场、仓库监察部、测量队、铝窗部、工地保安部、材料监控部18个职能部门，注册资金9亿元。拥有预制构件、土石方施工、商品混凝土生产及施工作业各环节所需的大中型设备，年施工能力超1000万平方米，业务遍及广东、安徽、江苏、湖南、湖北、辽宁、海南、江西、山东、广西等省区，年度产值超100亿元。1999年，成为北滘镇十大纳税企业。2003年，获顺德区、佛山市先进民营企业。2004—2006年，连续三年获佛山市超亿元纳税大户；同年，成为全国建筑行业纳税第二名。2007年，位居“房屋与土木工程建筑业纳税百强”第五名，全国综合实力位居第二位。2007—2008年位居中国建筑业百强企业。2008年，成为佛山市纳税超5000万元企业。至2009年，广东腾越建筑工程有限公司拥有60多支施工队，施工管理人员3000多人，其中工程技术人员超过1000人。

1993年，腾越建筑工程有限公司承建的“大良直属税所综合楼”工程获广东省优良样板工程；1996年、1997年获顺德“十大商贸（建筑企业）奖”；2001年获“质安先进企业”奖；2004年，所承建的华南碧桂园紫腾翠园19、20、21、22幢被广州市建筑业协会评为“优良样板工程”；2008年，承建阳江酒店获阳江市“优质样板工程”奖。

顺德北滘镇林头建筑施工队 成立于1992年8月24日，注册地址为北滘镇林头大道口，注册资本20万元人民币，注册员工22人。公司主要经营承建3层以下和9米跨径以内的工程建筑。

顺德北滘镇水利建筑安装工程队 成立于1992年8月13日，注册地址为北滘镇三洪奇，注册资金120万元人民币，注册员工人数35人。公司主要经营水利工程施工安装业务。

顺德北滘镇槎涌建筑施工队 成立于1993年11月4日，注册地址为北滘镇槎涌管理区，注册资金33万元人民币，注册员工人数13人。公司主要经营3层以下、9米跨径以内土建工程，兼营建筑材料批发、零售。

顺德北滘镇广远建筑施工队 成立于1997年7月10日，注册地址为北滘镇广教管理区，注册资金12万元人民币，注册员工人数23人。公司成立之初主要经营承建3层以下和9米跨径以内的土木工程建筑。

顺德英马建筑工程有限公司 成立于1998年9月1日，注册地址为北滘镇三洪奇三乐公路1号，注册资金600万元人民币，在职员工180人。公司主要承建24米跨度以内或16层以下的建筑工程，及高度50米以下的构筑物工程施工。

顺德粤基建筑工程有限公司 成立于1999年4月6日，注册地址为北滘镇广珠路五长沙工业区，注册资金600万元人民币，注册员工265人。公司主要经营承接经营业务为30层以下、30米跨度以下的房屋建筑物，高度100米以下的构筑物的施工；承接金属和木材的室内外装修服务；销售各种建筑材料。

顺德和业建筑工程有限公司 成立于1999年5月10日，注册地址为北滘镇槎涌工业区。注册资金100万元人民币，注册员工300人。公司主要承接18米跨度以下、8层以下的房屋建筑施工，以及高度30米以下构筑物的建筑施工。

第二章　房地产业

1984年9月，北滘区公所成立北滘区经济开发公司，下设房地产经营部，开始在区内开发、经营商品房。1985年10月，成立北滘区房产管理所（隶属北滘区经济开发公司），负责全区住宅、房地产的开发和管理业务，北滘的房地产业开始走向市场化。1989年2月，北滘开发公司投资110万元，在跃进路汽车修配厂原址开发的商品楼工程动工，1990年3月竣工。建筑面积4700平方米。

1985—1991年，镇建设开发公司在围家墩、工人新村、跃进路建造发售商品住宅，总建筑面积1.5万平方米。1980—1991年，私人建造住宅22万平方米。

1992年8月，顺德市北滘房地产公司成立，本着“统一规划、合理布局、综合开发”的原则，征用镇区土地，按城区建设总体规划开发房地产业。同年，在北滘镇三桂村山岗旁、碧江河畔，兴建佛山全市规模最大的生活社区——顺德碧桂园，并与北京景山学校成功合办广东碧桂园学校，以学校为依托，组建星级会所、保龄球运动场等高尚配套设施，占地400万平方米，开创国内教育地产的先河。

1995年，组建碧桂园物业发展公司，实施“专业中心、多元发展”的经营策略，引领北滘房地产业快速发展，随后碧桂园集团迅速成为全省乃至全国的房地产知名企业。

进入21世纪，北滘镇房地产业蓬勃发展，深业集团、雅居乐集团等镇外的国内知名房地产企业先后进入北滘投资兴建大型楼盘。2008年，新城区内首块商贸项目用地成功拍出，投资2.2亿元建设4万平方米的大型购物中心，是年全镇房产销售收入8.1亿元，有8个高素质楼盘在建。2012年，房地产巨头碧桂园集团，全年实现合同销售金额432亿元，同比增长31%，企业综合实力稳居全国大型房地产企业前列。美的君兰江山、翰城、佳兆业君汇上品等住宅商品楼盘亦吸引广佛等周边客户置业投资，北滘房地产业大旺。2015年，受地铁交通规划和金融政策的利好带动，北滘房地产销售状况保持良好态势，商品房成交量超10000套，成交套数、面积及成交金额均居全区第一。至2016年，碧桂园集团在全国合同销售额超3000亿元，成为全国超大型房企。

2008年，全镇共有房地产企业60家，年末从业人员10161人。全年商品房销售面积10.05万平方米，销售额达7.36亿元。至2013年，全镇共有房地产企业14家，年末从业人员2193人；商品房销售面积41.87万平方米，销售额达35.96亿元。至2017年，全镇共有房地产企业20家，年末从业人员3156人。全年商品房销售面积60.7万平方米，销售额达78.5亿元。

第一节 房地产管理

一、管理机构

新中国成立前，北滘辖区内房产多数由各宗氏祠堂收租，乡间房屋买卖立契使用"砂纸契"，只要买卖双方同意，证明人签名便生效，属于民众自治性质。新中国成立后，1952年冬，顺德全县对房屋产权进行普查登记，全面换发广东省人民政府印发的买卖契纸及断卖契纸。1953年土改结束后，对农民新分的土地、房屋核发土地房产所有证。

20世纪60年代，北滘公社设公社住房管理所，隶属顺德县房管局。房管所有会计、出纳和施工员等职工19名，主要职责是对公社内的公有房屋进行管理、维护，以及对城乡房屋的建筑施工实施监管。1984年10月，成立北滘区城乡建设委员会，负责城乡建设及房地产开发、管理。1985年2月，成立北滘区房产管理所，行政归属北滘区经济开发公司，专门负责区内房地产开发及管理，落实华侨私房政策。1987年3月，成立顺德县北滘镇村镇建设国土管理办公室。1991年10月，国土管理办公室改称为顺德县北滘镇建设委员会。1994年9月，成立北滘镇建设国土管理办公室。1995年3月，北滘镇房管所并入北滘镇建设国土管理办公室。1999年10月，成立北滘镇规划建设办公室。2003年12月，根据《顺德区规划国土管理体制改革方案》，撤销镇规划建设办公室，成立北滘规划国土管理所，负责辖区内房屋拆迁、工程招标和配合做好征地的实施工作。2004年12月，设立顺德区建设局房地产管理所北滘分所。2009年9月，成立顺德区国土城建和水利局北滘国土房产管理所。2010年3月，改称为顺德区国土城建和水利局北滘国土城建管理所。2016年，成立公有资产集团化运营公司顺北集团，通过现代化企业管理手段运营镇属公有资产企业，以此推动镇属房地产物业、"三旧"改造等领域的发展。

二、房产管理

1979年4月，顺德县印发《关于落实华侨房屋政策，解决华侨房屋问题的几点意见》，要求清退经租、代管的华侨、港澳台同胞房产。1980年1月发文，要求在解决密居户房屋中，优先安排华侨房屋的租户，北滘以此全面落实相关政策，至1985

年，共退回华侨、港澳同胞房屋 47 户 104 间，总面积 10617 平方米。

1983 年，北滘公社执行顺德县颁布的《村镇建房用地管理条例》，并颁布《村镇建设和建房用地及宅基地使用管理规定》，规范村镇建设及房屋建筑施工行为。同年 5 月，北滘公社管委会印发《关于加速民房建设的决定》，明确改建和扩建公社的公产住房的规定，决定推广公寓式楼房，鼓励公社职工住楼房，提倡职工私人购房。1984 年 9 月，北滘区公所印发《关于乡镇建设管理的规定》，明确乡镇建房用地的标准，农民每户控制在 80 平方米以内，镇区居民每户控制在 60 平方米以内；单位和个人必须持建设用地证到房地产管理部门办理契约，才能受到法律保护。同年，对干部职工的住房进行改革，出售公有住房，逐步实施共有住房商品化，改革住房制度和建设方式，逐步实施住房商品化。

1985 年 3 月，北滘区公所印发《关于折价出售公有房的通知》，决定把现有居住的公房实行折价出售，并成立北滘区共有住宅折价出售评议小组，负责全区共有住宅折价出售的评议、协调工作。

1987 年 1 月，北滘镇开始实施公助私建住宅的有关规定，鼓励职工购买，或集资建房；同年 11 月，镇政府成立北滘地区房屋所有权登记发证领导组。1988 年，北滘房管所印发《关于房产登记、各类房屋情况确权有关规定》，对全区的公有住宅和个人住宅进行统一登记和重新确权，核发、换发全国制定的“房地产权证”。

1989 年 5 月，北滘镇政府成立住房改革领导小组，大力推进住房制度的改革和建设方式，加快全镇住房商品化步伐。1992 年 5 月，北滘镇开始对商品房开发经营收入征税。1993 年 5 月，成立北滘房地产交易分所，主管全镇房地产买卖、办证、过户等相关业务。

1999 年 10 月，北滘镇怡兴物业管理公司成立，公司注册资金 500 万元。公司受镇政府委托，对全镇经营性和非经常性物业进行登记、管理，办理镇属及各村（街区）属房地产交易的登记和鉴证手续，办理房地产价格评估业务，提供有关房地产市场的咨询服务。2000 年 4 月，北滘镇实施商品房按套内建筑面积计算商品房价格的制度。

第二节　房地产业开发

北滘房地产的开放经营始于 20 世纪 80 年代初。1984 年，北滘区实业开发公司成立，后改为北滘区经济开发公司，开展北滘地区的土地开发和房地产经营业务。

1985 年 3 月，建立北滘区公有住宅折价出售评议小组，按有关规定将镇内公有房屋折价出售。1987 年，北滘镇政府开始实施公助私建住宅有关规定。1989 年 5 月，成立北滘镇住房制度改革领导小组，开始推进本镇住房改革，促进第三产业发展，催生北滘镇的房地产业。

1989 年 2 月，位于跃进路旧汽配厂的开发公司商品楼工程动工，建筑面积 4700 平方米，投资 110 万元。1990 年 3 月，该商品楼工程竣工。1991 年 10 月，济虹新村住宅楼 A、B、C 座工程动工，建筑面积 3933 平方米，投资 119 万元，1993 年 3 月竣工。1992 年后，北滘房地产业进入高速发展阶段，镇政府开始开发商业住宅区和科技工业加工区，分期建设当时广东省最大的花园式高尚别墅洋房、度假村群——碧桂园，占地 2300 亩。1992 年 8 月，济虹新村商品房 B、C 座工程动工，建筑面积 2924 平方米，投资 87.7 万元；同年 11 月，简岸商住楼工程动工，建设规模 6772 平方米，投资 667 万元，1993 年 3 月竣工。1993 年 8 月，镇政府批准北滘医院向本单位职工出售公有房屋作为私人物业；同年 10 月，交警中队旁边的商品楼工程竣工，建筑面积 2345 平方米，投资 200 万元；同年，美的新村住宅商品楼竣工，占地面积 19700 平方米，总建筑面积 32888 平方米。

1994 年，杨国强和港商李伟强联合组建“顺德双强房地产开发有限公司”，主要经营改造旧城区，兴建、出租、出售商住楼宇、商场、写字楼及其配套设施。公司注册员工人数 40 人，注册资本 1200 万美元。同年，规划建设大型别墅楼群住宅小区——居宁小区，占地面积 76250 平方米，住户总数 251 户。同年，主要面向美的员工出售的住宅小区“美的新村”竣工落成，小区占地面积 21000 平方米，有 7 层高的住宅楼 14 栋，可供 600 户共 2400 人入住。1995 年，由双强房地产开发建设的南源商业街两边的商住楼竣工成型。1998 年 11 月，由美的电器股份公司属下房地产公司开发的北滘镇早期大型住宅小区“美的海岸花园”正式动工，工程占地 45 万平方米，规划建筑面积 28.8 万平方米，国家建设部正式将其列入“岭南现代城镇生态居住模式”。1999 年 5 月，碧桂园公司与碧江、坤洲签约购买用地 2600 亩，兴建碧桂园西苑，有高层住宅和别墅，配套设施有种植园、农庄、人工湖、山顶公园。

进入 2000 年，北滘镇房产业规模发展迅速，全镇房地产销售超 3.08 亿元。规模房地产企业保持良好的发展势头，碧桂园物业公司全年全国销售总额近 27 亿元，其中顺德碧桂园的销售总额达 11.5 亿元。

2007 年，全镇地产销售面积达 40 万平方米，销售收入 31 亿元，同比增长 78%。同年 6 月 8 日，总占地约 458 亩、位于北滘镇五长沙的三宗商住用地捆绑挂牌出让，被来自深圳的房地产企业巨头深业集团以 7.85 亿元购入。该地块挂牌底价 7.272 亿元，以 7.85 亿元成交，刷新了顺德土地交易纪录。

2011 年 5 月，北滘镇首个保障性住房（限价房）项目在北滘广教社区由美的房地产公司正式动工，项目命名为“广厦花园”。2012 年 5 月，北滘镇政府网站公布镇内通过审核符合申购资格的 875 位人员名单，开发商以带装修 4300 元/平方米（同地段档次的商品房价格为 6000—7000 元/平方米）的价格定向发售。

2012 年，美的广厦花园保障房项目建成，共设置公共租赁住房 400 套，限价房 2156 套。同年 12 月 25 日，佛山首个农村廉租房项目——北滘镇西海村廉租房项目正式动工，该项目由西海股份社提供用地面积 3400.48 平方米、北滘镇政府及镇慈善会投资 1600 万元进行建设。2014 年 3 月建成，建筑面积约为 6800 平方米，共建成 30—60 平方米保障房 102 套。同年 8 月 15 日，碧江保障房项目奠基，规划用地 1354 平方米。2016 年，碧江保障房项目竣工。

至 2016 年，镇内两家房地产集团——碧桂园集团公司和美的地产集团公司，成为国内知名房地产企业。两大房地产企业不仅立足本地，还跨省市多区域开拓业务，成为中国房地产公司的佼佼者。碧桂园集团以科技小镇、森林城市等项目为抓手，积极投身新型城镇化和全球绿色生态智慧城市建设。

2017 年，碧桂园在全国合同销售额达 5500.1 亿元，排名全国房企销售业绩榜首位，入选《财富》世界 500 强。

1985—2017 年若干年份北滘镇房地产业销售情况表

表 10—2—1　　　　单位：亿元

年份	销售额	同比增长（%）	备注
1985	0.06	—	—
1995	0.34	18.9	私房交易 104 宗，商品房交易 183 宗
1998	1.58	66.7	私房交易 121 宗，商品房交易 841 宗
2000	3.08	39.6	其中碧桂园全国销售总额为 27 亿元
2001	6.3	104.5	—
2002	4.2	-33	—
2003	6	42.9	—
2004	9	50	碧桂园在镇内销售额为 14.45 亿元
2005	12.4	38	—
2006	13.5	8.9	—
2007	31	130	—
2008	8.1	-74	碧桂园在全国合同销售额达 175 亿元
2009	17.2	112.3	碧桂园在全国合同销售额达 232 亿元
2010	11.1	27.8	碧桂园在全国合同销售额超 300 亿元
2011	14.9	34.2	碧桂园在全国合同销售额达 432 亿元
2012	19	27.5	碧桂园在全国合同销售额约 432 亿元
2013	35.97	89.3	碧桂园全年合同销售建筑面积 1593 万平方米，同比增长 108%；实现合同销售金额约 1060 亿元，同比增长 122%
2014	47.41	31.8	碧桂园在全国合同销售额超千亿元
2015	67.7	42.8	镇内商品房成交量超 10000 套，成交量、成交面积、成交金额均列全区首位；碧桂园在全国合同销售额达 1402 亿元，位列中国房地产企业销售排名第 7
2016	93.9	38.7	碧桂园在全国合同销售额达 3088 亿元，合同销售建筑面积约 3747 万平方米，排名全国房企第三名
2017	78.5	-16.4	碧桂园在全国合同销售额达 5500.1 亿元，排名全国房企销售业绩榜首位

2008—2017年北滘镇房地产开发固定资产投资情况表

表10—2—2　　　　单位：亿元

年份	2008	2009	2010	2011	2012	2013	2014	2015	2016	2017
房地产开发投资	9.13	12.02	14.08	15.38	25.19	28.87	40.99	44.84	47.53	40.61

第三节　主要企业

至2013年，北滘镇共有房地产企业14个，其中超亿元房企5家，包括佛山市顺德区碧桂园物业发展有限公司、佛山市顺德区深业房地产有限公司、佛山市美的房地产发展有限公司、广东美的置业有限公司、佛山市顺德区金泰房产有限公司（海琴水岸销售部）。

一、碧桂园集团

碧桂园集团，即碧桂园控股有限公司，前身是顺德碧桂园物业发展有限公司，1992年9月成立。创始人杨国强，1978年高中毕业后从事建筑业，从施工员做起，画图、预算、买材料等相关工作都做过。1984年，担任北滘建筑队队长，开始承包建筑工程。1989年出任北滘建筑公司法人代表兼经理。1992年起，承包碧桂园建筑工程。1993年，杨国强和他人合伙收购北滘建筑工程公司，开始私营化运作。1995年，碧桂园的开发商第一期销售情况不理想，有股东退股，杨国强以8000万元人民币购入碧桂园物业发展公司部分产权，成为股东。1997年又购入其他股东股份，成为公司经理，正式成立广东碧桂园集团。

1992年，碧桂园公司以大社区的概念发展房地产业，提出“碧桂园——给您一个五星级的家”的服务理念，将“大规模社区、优美环境、优质管理服务、社区配套系统”等概念引入房地产建设，成为全国房地产业同行的领跑者。1995年，碧桂园公司将酒店服务模式引入住宅式物业管理，成为国内首家提出将酒店服务引入社区的房地产商。是年，碧桂园积极拓展珠三角市场，并吸引三万港人前来置业，碧桂园被称为“缤纷小香港”。之后，开发了顺德碧桂园、广州碧桂园、华南碧桂园、碧桂园凤凰城、碧桂花城、碧桂园高尔夫生活村等大型、超大型住宅区。其中顺德碧桂园东靠三桂，西临碧江，水岸长堤达8000米，建有10000平方米的文化广场，4间高档会所，4座私家山顶公园，6个现代超市，一所IB国际学校，一间医院和一个农庄。

1997年起，碧桂园公司开始多元化发展，以房地产开发为主营业务，涉及建筑、装修、物业管理、酒店开发及管理、教育品牌、社区商业连锁等行业，逐步形成设计、生产、管理、教育综合发展模式。

2002年后，碧桂园公司提出“一年建一个碧桂园”的口号，业务延伸至湖南、内蒙古、江苏、辽宁等省（区）。2005年起，碧桂园公司经济效益和社会效益不断增长，每年纳税总额超亿元，成为全国私营企业纳税第一名。

2006 年，碧桂园成为中国房地产行业最早的两家驰名商标企业之一。

至 2007 年，碧桂园建成大型楼盘住宅 45 个，其中广东省内 26 个，省外 19 个，建筑面积 876.09 万平方米，住房 47998 万套，住宅居民 19.1 万人。同年 7 月，公司在香港联交所主板挂牌上市，成为碧桂园控股有限公司，公开发行股票 24 亿股，每股定价 5.38 港元，首日挂牌市值超过 1000 亿港元，募集资金 129 亿港元。2011 年，碧桂园被评为 2011 福布斯亚太上市公司 50 强。至 2012 年，碧桂园集团作为全国龙头房地产开发企业之一，进入超过 100 个国内城市，为各地带去了全新的居住理念和生活方式，并形成地产、酒店、物业、建筑四大产业，已开发项目（含海外）200 个，星级酒店 42 家，拥有近 60 万业主。公司先后获得全国物业管理优秀示范住宅小区、广东省地产资信 20 强、广东省纳税大户、广东省优良样板工程、广东省房地产诚信企业、中国建设银行和中国工商银行 AAA 级信用单位、中国农业银行省级黄金客户等多种荣誉和奖项。

2015 年，中国平安以 63 亿港元入股碧桂园，成为碧桂园第二大股东，在土地投资、营销、金融及社区服务等方面深度合作。是年碧桂园集团调整战略布局，“巩固三、四线，拥抱一、二线”，加大对一、二线城市投资，在三、四线城市拓展定位更高端的项目，契合国家“一带一路”发展战略，联合马来西亚开发城市森林项目。至 2016 年实现年销售额 3088 亿元，上榜福布斯世界 500 强。2017 年，碧桂园集团成为国内首个业绩超 5000 亿元的房地产企业，位列 2017 年房企销售榜首。是年，碧桂园集团和美的集团建立全面战略优先合作伙伴关系，在产城融合、科技小镇、智能家电、智慧家居、海外项目等领域多维度合作。

二、美的房地产发展有限公司

美的房地产发展有限公司前身是佛山市美的物业管理有限公司，是一家以房地产开发为主，涉足高端住宅、精品写字楼、五星级酒店、专业高尔夫球会经营、物业管理、高档餐饮、园林绿化、建筑施工等领域的综合性现代化企业。

1998 年，美的公司涉足地产业，开发占地 700 亩的海岸花园项目，同时开办附属美的学校、美的幼儿园。2000 年，成立佛山市美的物业管理有限公司。2004 年，成立美的地产发展集团，同年收购占地 1800 亩的君兰生活村及 18 洞高尔夫球场，开发“君领”大型高端别墅项目。2005 年，开发“美的新海岸”项目。2008 年，开发占地约 600 亩的“美的御海东郡”及“简岸花园”项目。2009 年，扩建 4000 亩君兰社区。2010—2011 年，美的地产集团加速全国化布局，先后在贵阳、株洲、顺德、徐州、高明、盘锦、邯郸、宁波等城市取得 4700 余亩土地，建筑面积超 810 万平方米，并逐步涉入商业地产和安居房建设。2012 年，美的集团进行股权改革，美的房地产公司成为美的控股旗下成员企业。

2013 年以来，美的房地产公司持续深化区域发展，先后获取沈阳、宁波、盘锦、镇江、佛山、遵义等城市约 6000 亩土地。同年，美的御海东郡花园（一期）被评为顺德区“优秀示范项目”，美的房地产公司荣膺“中国房企百强”，获“百强之星”称号；2014 年，荣登“中国房地产卓越 100 榜”，并荣获“2014 中国房地产百强企业”称号。

至 2015 年，美的房地产公司在北滘镇内开发兴建的大型住宅小区有：美的海岸花园、美的简岸花园、美的君兰江山、美的翰城花园等。

三、其他房地产企业

北滘镇建设综合开发公司 成立于 1989 年 10 月，是北滘镇集体性质的房地产企业。注册地址：北滘镇蓬莱路 13 号。注册资金 104 万元人民币，注册员工 38 人。主要经营土地、房地产开发业务。

顺德北滘房地产公司 成立于 1992 年 8 月 12 日，是北滘镇集体性质的房地产企业。注册地址：北滘镇蓬莱路 1 号。注册资金 500 万元人民币，注册员工 10 人。主要经营商品房开发销售业务，兼营建筑材料销售。公司在北滘镇开发的主要楼盘有蓬莱新村、小蓬莱宾馆等。

顺德双强房地产开发有限公司 成立于 1994 年 4 月 21 日。注册地址：北滘镇蓬莱路 23 号。注册资本 1000 万元人民币，注册员工 40 人。公司成立之初主要经营改造旧城区，建设商住楼宇、商场、写字楼及其配套设施等业务。至 2012 年，顺德双强房地产开发有限公司在北滘镇内的主要楼盘有南源商业街两侧商住楼、南源花园住宅小区。

顺德江湾房地产有限公司 成立于 1998 年 8 月。注册地址：北滘镇南源西路北侧。注册资本 1000 万元人民币。主要经营房地产开发业务。至 2012 年，顺德江湾房产有限公司在北滘镇内的主要楼盘有丽的花园住宅小区。

顺德顺雅房产有限公司 成立于 1999 年 8 月 23 日。注册地址：北滘镇广珠路五长沙工业区。注册资本 1000 万元人民币，注册员工 32 人。主要经营房产开发及工企业厂房的兴建。

顺德诚发房产有限公司 成立于 2000 年 2 月 29 日。注册地址：北滘镇跃进中路 276 号。注册资本 1000 万元人民币，注册员工 8 人。

顺德晟业房产有限公司 成立于 2000 年 6 月 15 日。注册地址：北滘镇广教幼儿园西北，公司注册资本 1000 万元人民币，注册员工 20 人。

第三章　圩镇改造

建置之初，公社驻地是一个农村圩市，房屋建筑简陋，街巷窄小，布局杂乱。20 世纪 80—90 年代，不少建筑墙皮剥落。2000 年，北滘镇政府着手规划，批复立项，对旧城区的部分地带进行拆迁改造。2009 年起，北滘镇政府加大力度，开展对面积约 6 平方千米的旧城区进行拆迁改造。2010 年，北滘力推“三旧”改造，共上报项目51个，改造面积约1800万平方米，占镇域面积的五分之一。其中旧城镇改造5项、旧村改造7项、旧厂房改造39项。2011年9月开始，北滘镇政府结合顺德区“美城行动”，着手全面推进旧城区的拆迁改造工作，将“旧城改造”专项经费纳入年度预算，三年时间投入1亿元。到2012年6月，投入财政资金3322万元，对南源路、济虹路、跃进路等老城区主要道路扩建改造，重新修整涂饰街道两边建筑外立面，绿化3200多平方米，新增道路花基约5千米，亮化面积近8000平方米，旧城面貌焕然一新。2012年推进“三旧”改造项目32项。2013年，继续扩大旧城改造范围，在北滘社区改造的基础上，对林头、广教、三洪奇约9平方千米旧区改貌提升，形成国道G105线东西两翼协调发展格局。2014年8月，启动百日清拆行动，依法拆除位于高村、黄龙两村的9宗违章建筑。2015年，广佛环线、横五路北滘段征地拆迁工作全面完成，潭洲水道北滘段堤围结合段和林上路、荷岳路、三乐路快速化改造动工。

第一节　旧工业区改造

2008年底，北滘镇政府对顺达毛纺厂及周边的厂房、建筑物施工改造。把原来的闲置厂房改建成工业设计园区。工业设计城吸引60余家国内外工业设计企业和机构进驻。

2010年，由镇政府牵头，美的集团具体实施，把美的旧园区9号仓库改造成为广东工业设计博物馆。2011年，又把原美的技术交流中心成功改造成为广东工业设计城国际设计中心，引进国际知名设计大师喜多俊之开设工作室。2012年6月，顺德区政府和美的集团共同建设，把位于工业大道的美的工业城南区的旧厂房改造成为“中国南方智谷美的创业园”，闲置破旧的旧厂房变成了颇具特色美观实用新型建筑物。2014年，启动北滘（社区）、都宁工业区“三旧”改造。至2016年，利用国道G105线串联起“北滘新城总部区—中国慧聪家电城—美的创新中心—广东工业设计城”，打造立足北滘、辐射广佛的“创业大道”，承接广州高端产业转移和外溢。2017年，对现状用地功能与周边发展存在矛盾、人居环境较差的区域进行社区微改造，加快村级工业园改造。分期推进北滘居委会工业区、林头工业区、都宁工业区等区域更新升级。

第二节　旧街道改造

2011年12月，北滘全面铺开大规模道路改造，先后启动南源路、跃进路、东基路、福西路等道路改造及环境提升综合项目19个，总投资额为3975万元。到2012年11月，共完成11个改造项目，主要是拆旧建新，扩建机动车道路，完善非机动车的通道，整修所有临街旧建筑物，绿化美化两旁街道。其中包括把旧的北滘影剧院拆掉，建成为大型的停车场，把旧北滘医院拆掉，建设成为一座集运动、休闲等功能的中心公园，完成道路改造4.97千米，移植栽种绿化树木6000多株，美化沿街建筑物立面153栋，改造花基353个，改建停车场2个，新增小车、摩托车停车位720个，改造双桥路、杨家涌、跃进南河堤栏杆，长度超过2千米。2013年，完成碧桂园大道、林港路、林上路等主干道路改造。2014年，完成林头社区13条街巷、广教工业大道、三洪奇大道等改造工程；完成东基路、建设北路等4条城区重点道路的“五位一体”道路景观改造，旧城改造全面深化。2015年，完成跃进南路“五位一体”景观提升。2016年，继续推进林上路、荷岳路、三乐路快速化改造，全面完成美的大道下穿国道G105线隧道工程，加快建设镇内主要路网，畅通旧城区交通节点，缓解旧城区交通拥堵。

第三节　旧民房改造

1997年，北滘镇政府按照当时制订的镇区总体规划，着手进行旧镇区、旧民房拆迁改造，对林西路占地面积16313平方米、建筑面积5839平方米的民房、厂房进行拆迁改造。1998年，镇政府对东基路占地面积460平方米、建筑面积1000平方米的5户民房进行拆迁，以扩宽街面道路。

2000年6月，镇政府批复立项，对东风北路两侧占地面积452平方米、建筑面积602.9平方米的三个地块和五间房屋进行拆迁改造，以扩宽街面道路。2000年11月，镇政府批复立项，对东风东路至城区小学一带路段占地面积855.83平方米、建筑面积1467.25平方米的六间房屋进行拆迁，以扩宽街面道路。2000年11月，镇政府批复立项，对北滘中学周边占地面积6600平方米、建筑面积2005.11平方米的22间旧厂房、民房进行拆迁，以扩宽街面道路，整治学校周围环境。2000年4月，镇政府批复立项，对跃进路73号的北滘食品站占地面积105.5平方米、建筑面积210平方米的旧房子进行拆迁，以扩宽跃进路，疏通镇面交通主干道。2000年5月，镇政府批复立项，对林上路南侧工业区占地面积100021平方米、建筑面积59240.64平方米的旧厂房进行拆迁改造，以拓宽林上路。2000年12月，镇政府批复立项，对占地面积41587万平方米、建筑面积35875万平方米的南方电器厂旧厂区厂房进行拆迁，拆迁后该地块用作居住用地，兴建住宅小区。

2005年，镇政府批复立项，对林上路边沿的旧厂房和一部分破旧民居（39间旧厂房、36间民居）进行拆迁改造，以扩宽林上路，疏通前往佛山一环的交通。2012年镇政府实施困难群众住房资助计划，共资助住房困难住户51户，其中镇财政、北滘慈善会及各村（社区）合共资助153.1万元，对32户困难户旧房修缮或重建。2013年，共资助重建、修缮旧民房54间。

第四章 住宅小区

进入21世纪，随着社会经济发展和城乡居民生活水平提高，镇内外房地产开发商大手笔投资开发北滘房地产，先后建成海琴水岸、深业城、美的翰城、君兰江山、君汇上品等一批住宅小区。

2000—2017年北滘镇大型住宅区统计表

表10—4—1　　单位：万平方米

年份	楼盘名称	开发商	占地面积	建筑面积	所在地址
2000	碧桂园西苑	碧桂园集团	—	1400	碧江大桥侧
2005	天福苑	志居房地产有限公司	1.5	4.5	枫映大道22号
2006	美的新海岸	美的房地产集团	20	75	三乐东路6号
2008	美的简岸	美的房地产集团	4.45	12	简岸路23号
2009	海畔嘉园	擎天置业发展有限公司	2.5	8	林上路东基路口
2009	海琴水岸	金泰房产有限公司	16.65	48	天宁路24号
2009	丽的花园	江湾房产有限公司	2.3	12	南源西路北侧（南方电器厂1号）
2011	君汇上品	香港佳兆业集团	3.28	7.22	林上路22号
2011	美的君兰江山	美的房地产集团	15	42	美的大道10号
2011	深业城	深圳深业集团	30.55	82.1	南源东路2号
2011	美的翰城	美的房地产集团	10	22	东兴路26号
2011	真美花园	真美实业发展有限公司	2.17	10	中发西路5号
2012	广厦花园	美的房地产集团	7	26	广教社区西洲街前25号
2014	金茂华美达	金茂控股有限公司	5	19	国道G105线与林上路交汇处
2017	雅居乐英伦首府	雅居乐地产控股有限公司	9.33	41.23	火炬路与人昌路交汇处

第十一篇　金融、保险

第一章　金融

第一节　机构

一、典当

典当是一种以实物作抵押、经营贷款业务的高利贷机构。它按满当的期限长短，大致分为三年期的当、两年期的按和一年期的押。清代到民国时期，北滘曾出现一些经营规模较大的按店和押店。此外，北滘民间还流行一种当期3—6个月的小押，名曰“雷公轰”（因为此种小押当期短但利息重，无奈受迫的穷苦大众愤无可泄，故骂其为“雷公轰”，意为其利息如雷轰下来般厉害），又叫“饷店”，尽管利息甚高但因押物不限零碎且不问来由，灵活济急，在穷苦民众间大行其道。无论是当、按、押店或是“雷公轰”小押铺，在北滘公开营业都需领有牌照，并向政府缴纳饷项。饷项多少按资本和规模分类，清末年间以白银计算，当字号每年饷300两，按字号200两，押字号100两，小押数十两；民国时期，北滘典当饷项由广东财政厅统一征收，年限和数目时常更改，但与清代相反，当期越短的典当铺饷银越高，如民国23年（1934年）在碧江经营的按店年饷360（银）元，押店540（银）元，小押更高。且民国时期对典当业增收印花税，北滘一些业务量较多的按押店年税费高达数百（银）元，负担甚重。

北滘典当业最为兴盛是在清朝。民国时期，典当业虽有所衰落，但仍然在民间金融中占据主流地位。据民国23年（1934年）的统计，碧江有按店一家（德成按），押店两家（济安押、惠吉押）；林头有按店一家（天和按）；北滘乡有押店一家（万和押）……再加上莘村等地未被记载的按、押店、不入册但为数不少的“雷公轰”及一些私押店。私押是除上述的当按押和“雷公轰”之外的另一种组织，为私自开设，不缴饷项、不领牌照，暗中在家里经营的小本生意，比“雷公轰”小押资本要少，既无当押店的设备，复无组织，仅是一二人集合一些资金或者独资经营，多在偏僻地点开设，以避稽查。其营业方法，靠别人介绍，故生意不多，因无饷项、印花等费用开支，故可维持。押物手续快捷，与私人贷款无异。可见当时北滘地区典当业之流行。但是，随着各类新式金融机构的出现以及日本军队入侵，典当业日渐萧条。抗日战争胜利后，仍有少部分典当店铺艰难维系，碧江的德成按铺，顺德沦陷时期（1938 年 10 月至 1945 年 8 月）生意惨淡，直至顺德解放后结业。

典当业兴盛时期曾出现一些同业公会。清光绪时期，北滘区域典当业设有行会，敦请师爷，应付官事，称济美堂。民国 20 年（1931 年），根据《工商业公会法》，将济美堂改组为按押业同业公会，会员为自愿加入的按押业。此外，清末匪盗猖獗，为联防自卫，多家典当业商号，集资组织当押联防花红会，并制订相关章程。联防会成立后，迭挫盗匪，深得同行信赖。民国初年，地方渐趋安定，会费积存渐多，盈余款项存籍保管，由各班轮流管理。其中，莘村、北滘、林头、碧江为一班。每到年底，挨次接盘，周而复始。

二、银号（钱庄）

清末到民国年间北滘蚕丝业兴盛，资金往来频繁，民间设一批钱庄在经济活动中扮演着相当重要的角色。银号，俗称银铺、钱庄、汇兑庄，有官办、民营、商店兼营数种。银号除办理兑换、存款、放款、汇兑以及押汇业务外，部分还发行纸币（即庄票、钱票）代替银元流通。当年，北滘的商人和居民在进行对应的金融活动时，大多到附近的陈村、乐从或是省城广州的银号去办理。

民国 20 年（1931 年）以后，由于经济萧条，银号业大受影响，逐渐萎缩，被新式银行所取代。

三、银行

中国人民银行顺德支行 1952 年 6 月，中国人民银行顺德县支行在碧江建立营业所，是顺德的二级营业所之一，主要办理机关、团体、私营企业的存款和放款，居民储蓄，汇兑结算，侨汇，代理财政金库，收兑金银、外币等项业务。并随即设立了基金保管支库的发行保管点，开展收兑旧人民币和发行新人民币的工作。

1960 年 1 月，碧江营业所下放给碧江人民公社管理。1963 年 12 月 28 日，根据上级银行的布置，中国农业银行顺德县支行重新恢复，负责统一管理国家支农资金和各项农业贷款。农业银行北滘营业所于次年组建，中国人民银行顺德县碧江营业所相关的农业贷款，划归农业银行北滘营业所。

1965 年，县人行和县农行机构再次合并，北滘地区金融机构统称为中国人民银行顺德县北滘营业处。

根据顺德县北滘公社财贸办公室资料反映：当时北滘任职人行系统干部有张翔、吴荣、何福谦、杨苏、陈耀良、关伟、刘艳容和钟德伦共 8 人。

1984 年开始，中国人民银行专门行使中央银行职能，不再承担专业银行的任务，中国人民银行顺德县支行北滘营业所随之撤销，业务统一由中国人民银行顺德支行进行管理。

中国工商银行北滘支行 1988 年，中国工商银行顺德县支行在北滘设立办事处，负责办理城镇居民储蓄和各类企业、机关、团体、学校的存款，经营国营企业、集体、个体工商业的信贷、结算、汇兑业务。1991 年，工商银行北滘办事处改为储蓄所。其间，顺德工商银行在南源路又新设一间储蓄所。

1999 年，工商银行北滘储蓄所开设“95588”电话银行、上门收款、收单及电话预约办理银行业务等服务；推出定期存单小额质押贷款、教育储蓄、定期自动转存和活期自动转定期等新型储蓄业务。开通全国资金汇划清算系统，与 127 个省、市开通活期储蓄通存通兑。2000 年，加强贷款营销，并对北滘美的集团股份有限公司综合授信额度由 2 亿元大幅调高至 8 亿元。

2001 年，为适应业务发展需要，北滘办事处升格调整为北滘（镇）支行。2005 年成为住房公积金管理中心的委托代理行之一。

2012 年，中国工商银行北滘支行提升为区域一级支行，隶属于顺德工商银行，具有代理财政非税业务承办权与顺德市民卡代理行资格。除跃进南路的北滘支行营业室外，工商银行在北滘还设有碧桂、海畔和顺碧 3 个营业网点。

中国农业银行北滘支行 1963 年 12 月，中国农业银行顺德支行在北滘设立分支机构。1966 年予以撤销。20 世纪 80 年代确定设置“中国农业银行顺德县支行北滘所社”，业务范围是统一管理支农资金、办理农村信贷，领导管理辖区内的农村信用合作社。80 年代末，北滘农行陆续在跃进路和碧江增设 2 个分理处。

90 年代初，北滘所社升级为中国农业银行顺德市支行北滘营业所。至 90 年代中期，北滘农行全部营业网点使用电脑联网。电子化结算系统的联网运行，实现了顺德市内的通存通兑和全国电子汇兑一日通。1996 年，北滘农行和信用社共拥超过 50 亿元的资产规模，占据了 80% 以上的全镇银行业务量，共有员工 320 人。年底，根据上级指示，“农信分家”，顺德信用社与农业银行脱离隶属关系，成为两家独立的银行机构，农业银行不再管理负责信用社的业务及相关事宜。1997 年，中国农业银行顺德市北滘支行挂牌成立。1998 年后，农业银行北滘各网点按照商业银行经营的原则，进行信贷结构调整，以优质资产为主攻方向，加大清贷收息力度，重点支持大型骨干企业，贯彻实施“双优战略”。至 1999 年底，农行对北滘镇美的集团累计投放达 14.7 亿元，授信额度为 6 亿元。此外，积极开拓中间业务，与中国人民保险公司联手推出代理车险业务，在原有代理交警罚款业务的基础上，简化操作程序，增加代收网点；代收 Call 台费，新增润迅、亚太两家传呼公司的代理业务；6 月开始，增加预储税的代收业务，开展大规模的清贷收息工作，摆脱历史包袱。

2000 年后，农行北滘支行陆续推出出口退税质押贷款、保单质押贷款等新业务。注重银企关系，与北滘碧桂园物业管理公司联合发行金穗（碧桂园）借记卡 18000 多张，并实现借记卡全国联网。2004 年 6 月，改名为中国农业银行佛山顺德北滘支行。截至年底，北滘支行各项存款余额达 42.3 亿元，各项贷款余额 32.98 亿元，全年完成国际业务结算量达 5.89 亿美元，实现中间业务收入达 1349 万元，清收不良贷款本息达7429万元，累计办理汇票贴现22.4亿元，累计开出银行承兑汇票12.9亿元，实现利润1.32亿元，比1999年创利增长近5倍。支行行长曾奋明获广东省农行系统首届“十大杰出青年”称号。2005年，农行北滘支行为北滘镇污水处理收集输送管道系统工程提供专门融资服务。2009年1月，农业银行整体改制为股份有限公司。次年7月，农业银行分别在上海证券交易所和香港联合交易所挂牌上市。至2012年底，农业银行在北滘地区设有跃进支行、碧江支行、莘村支行等7个营业机构。

中国银行北滘支行 20世纪80年代末，中国银行顺德县支行在北滘设立办事处，其后办事处又升级为营业部。1992年11月12日，注册成立“中国银行顺德北滘支行”，主要办理人民币存款、贷款、结算业务，代理发行金融债券，代理发行、兑付、销售政府债券，代理收付款项，外币储蓄存款及其他业务，注册员工15人。在北滘新设有1间泰宁储蓄所。

2003年10月，北滘支行重组成为区域一级支行，更名为“中国银行北滘镇支行”。

2011年底，北滘镇支行更名为“中国银行北滘支行”，下辖北滘地区的聚源和泰宁2间支行。升级后的北滘中行专门成立产品创新与推广小组，启动美的集团供应链融资业务，开展三方存管服务、车位分期、家装分期等产品的创新推广工作。

2012年底，中行北滘支行的业务产品超过200个。成立中小企业业务中心，启动“中银信贷工厂”新模式等措施，重点扶持中小企业发展，推出“时间管家”和“对公客户24小时金融自助服务”，解决网点排队难题，提高服务效率。

中国建设银行佛山北滘分理处 1989年，筹建中国建设银行顺德县支行北滘办事处，经办国家和地方基本建设投资拨款。根据政策金融与商业金融分离的原则，建设银行移交财政职能，向国有独资商业银行过渡。1994年起，建设银行北滘办事处逐步调整经营范围，开办住房公积金的存、贷款和收支结算业务等，之后因行政区域变更及业务范围扩大升级为“中国建设银行佛山北滘分理处”。2004年9月以后，北滘建行随着中国建设银行股份有限公司的成立，由国有商业银行向股份制商业银行转型，开办本外币存、贷款、汇划和信用卡、保管箱等业务，以及代收费、代办保险、代编（审）工程预决算、资产评估等多种服务。2007年前后，北滘建行对零售网点进行转型，转型后的建行网点将划分为五个功能服务区：自助银行区、大众服务区、理财服务区、客户体验区、贵宾服务区。专门设立个人业务顾问岗位，负责销售和处理复杂的非现金交易。2012年底，北滘地区除了“中国建设银行佛山北滘分理处”外，在新城区一间储蓄所升级成“中国建设银行北滘支行”。

交通银行北滘分理处 1995年，交通银行在北滘设立分理处，隶属于广州分行，2000年被撤销。至2012年，交行尚未再次于北滘设立营业网点，只设有自动柜员机。2015年，交行重新在北滘总部商务区怡和中心首层设点，1月15日，交通银行北滘支行正式开业。

兴业银行北滘支行 兴业银行是国有控股商业银行。2005年6月，兴业银行在北滘设立支行，全称为兴业银行北滘支行。

招商银行北滘支行　2011年，招商银行在北滘开设“中国招商银行北滘支行”，发展零售业务、中间业务和中小企业业务。

中信银行北滘支行　2011年10月12日，中信银行北滘支行在华美达广场开业，向企业和机构客户提供公司银行业务、国际业务、金融市场业务、机构业务、投资银行业务、保理业务、托管业务等综合金融服务；向个人客户提供一般零售银行、信用卡、消费金融、财富管理、私人银行、出国金融、电子银行等金融产品及服务。

广东发展银行北滘支行　1999年，广东发展银行顺德分行调整网点结构，将原西山营业网点迁往北滘，于建设南路38号建立广东发展银行北滘支行，同时推出ATM自动柜员机和理财通卡业务。2012年，广发银行佛山分行在北滘支行设立专门针对家电制造的小企业金融服务中心。

中国邮政储蓄银行北滘支行　20世纪90年代，北滘邮政营业所就设有储蓄网点。2008年前后，中国邮政储蓄银行北滘支行正式挂牌成立。同年，邮储银行加入广东人行金融结算服务平台，实现个人开办实时贷记、在线支付、批量贷记、定期借记、定期贷记、银行代理缴费业务、机构发起批量（实时）代收业务等业务，“95580”电话银行系统亦同步上线。

四、农村信用合作事业

1934—1935年，北滘地区分别建立起“顺德第三区北滘北乡无限责任信用兼营购买合作社”和“第三区桂林堡八乡有限责任耕牛利用合作社”。主要业务是融通农业资金、筹措生产资金。但开办不久便难以为继。抗日战争爆发后，合作事业受日伪破坏和战乱影响，进入低谷。

1944年，农村地区复办合作社。县政府设立合作室，负责指导各类合作社的组建和发展。当时北滘的合作社主要有三类：乡镇合作社、保障合作社、专营合作社。与前两类带有行政性和业务上综合性的合作社不一样，专营合作社分10种：生产合作社、利用合作社（开发水利）、运销合作社、运输合作社、劳动合作社、消费合作社、公用合作社（解决住宅问题）、信用合作社、供给合作社、保障合作社（保障耕牛）。但这些合作社存在时间较短，基本上在新中国成立之前解散。

新中国成立后，北滘的农村合作事业形成了两种基本类型：资金合作和土地合作。其中，资金合作以农村信用合作社为主要表现形式。

1955年4月，北滘区域实现乡乡有农村信用社，积极开展农村信贷业务，支持农业生产。

1958年10月人民公社化后，人民银行营业所与农村信用社合并成立公社信用部，实行“两放、三统、一包”（即把国家在农村的粮食、商业、财政、银行、信社等基层机构和人员下放给人民公社管理，统一政策、统一计划、统一资金管理，包财政任务）的体制。信用社失去独立自主经营权，资金被挤占挪用，动摇了农民群众对信用社的信赖，个人存款和贷款数额也随之减少。

1962年11月至1963年7月，随着国民经济调整的开展，北滘恢复信用社，恢复独立核算及自主经营权，各项工作也日趋正常化。

1966 年“文化大革命”开始后，北滘公社信用社被下放给生产大队管理，信用社干部工资福利被取消，改为记工分、吃队口粮，并被随意调动工作，整套规章制度被否定，规定信用社干部定期参加生产队农业生产劳动，导致财务管理混乱，一些大队干部趁机挪用信用社资金。1975 年，对信用社进行整顿，重新安排一批业务骨干返回信用社工作，严肃查处一批挪用信用社资金案件，对相关人员进行严肃处理，信用社业务经营逐步走向正轨。

1978 年后，北滘公社贯彻上级有关规定，将条件具备的信用社干部、职工逐步从农村人口转为城镇居民户口，并允许信用社职工加入金融工会，从而稳定北滘信用社的干部职工队伍。随着农业包干到户，北滘农村金融开始兴旺，至 1985 年，北滘地区共有信用社网点 19 个，分别为：北滘联社、西海分社、上僚分社、龙涌分社、高村分社、西滘分社、槎涌分社、黄涌分社、水口分社、桃村分社、三桂分社、碧江分社、林头分社、广教分社、北滘分社、三洪奇分社、莘村分社、马村分社、新城储蓄所。

1986 年，信用合作社北滘联社改革信贷管理体制，开拓乡镇企业、合作农业、专业户和重点户的贷款业务。随着业务量的增多，北滘信用社在 80 年代末又陆续设立了济虹和北滘圩两间储蓄所。90 年代后，北滘联社扩大对“三高”农业及第三产业的贷款业务。1996 年底，顺德农村信用合作社北滘联社与农业银行北滘营业所脱离隶属关系，北滘信用社迁址独立经营。北滘“农信分家”时，两家机构具体情况见表 11—1—1。

1996 年北滘农行、信用社基本情况统计表

表 11—1—1　　单位：个、人、万元

机构名称	网点数	职工人数	各项存款余额	各项贷款余额
北滘农行	11	126	88406	76964
北滘信用社	29	197	111784	168121

1996 年，信用社与农业银行分家之时，尽管北滘信用社在各项统计数据中占优势，但却面临着许多问题，主要有：（1）经济包袱沉重，资产负债率达 150%；1996 年，信用社的不良贷款达 12.77 亿元，占总贷款的 73.3%，其中呆滞贷款达 5.85 亿元，呆滞率达 46%。（2）结算功能尚未齐全。至 1997 年 6 月，信用社只开通了票据交换、省辖往来等结算渠道，全国往来和电子汇兑尚未运行。（3）信用社属于民办，信用知名度不高。为此，北滘镇成立专门的规范农村信用社领导小组，帮助协调信用社有序运作。独立后的北滘信用社，陆续新设立上僚分理处和广教、林头、三桂、现龙、南塘等多间储蓄所，增设碧江营业部等 4 个网点，易地重建新城储蓄所及莘村分社 2 个营业机构。1998 年 8 月，信用社投入使用自主研发的新一代银行综合业务电脑系统，陆续推出存折户、支票户通存通兑、定期一本通、往来业务、电话银行、各类报刊代订、自动柜员机、恒通卡、流动汽车银行等一批新型金融产品和业务品种；

全年开办 26 种代收付业务，代理业务金额达 7 亿多元。年末，北滘信用社各项存款余额为 19. 29 亿元，比上一年增长 46. 9%；累计发放各项贷款 30. 68 亿元，各项贷款余额为 20. 85 亿元，比上一年净增 2. 79 亿元。

1998 年 10 月，一份名为《金融信息》的匿名材料在北滘坊间流传，散布北滘信用社“违规经营”“即将被整顿”等不实信息，引起民众的不安，不少客户纷纷到网点询问，部分网点出现提现的状况。北滘信用社积极应对，耐心安抚客户情绪，镇政府及公安部门亦立即采取行动，及时遏制并澄清了谣言，维护信用社的名誉和金融秩序。

1999 年，北滘信用社升级硬件设施，易地重建营业大楼，以及高村、水口、马村、槎涌等网点，新增可用存折取款的自动柜员机。2000 年，北滘信用社新办公大楼落成。同年开办外汇业务，建立网上银行，支持网上支付，实现了银税、银证、银企“三联网”。2001 年，北滘信用社各项存款余额为 25 亿元，切实解决了信用社原来存贷款超负荷运用的问题；贷款余额为 28. 4 亿元，其中第一产业 1. 8 亿元、第二产业 15. 7 亿元、第三产业 5. 8 亿元。对贷款企业普遍采用了授信额度的贷款管理模式，方便企业的资金使用。全年利润总额达 1300 多万元。2002 年，重新设立林头分社。2003 年，北滘信用社设立外汇业务服务点。除存、贷款余额继续保持增长外，中间业务也得到较快发展，同年开出的银行承兑汇票金额累计达 3. 7 亿元，票据贴现贷款投放累计达 10. 2 亿元。截至 2008 年 10 月底，北滘信用社各项存款余额为 77. 9 亿元，各项贷款余额为 51. 51 亿元。

2009 年 12 月，顺德对金融体制进行重大改革，顺德信用合作联社转制为顺德农村商业银行。北滘信用社随之成为顺德农村商业银行北滘支行，构建起现代商业银行管理架构，积极实施产品创新战略和业务多元化战略，提升企业核心竞争能力。2011 年，在发行金融 IC 卡的同时，北滘农商行配套推出包括“灵活分期付”“iPhone 分期付”“购车分期付”等“恒通分期付”系列产品；发展多项中间业务新产品，实现供水联网扣费，开办网上银行自助理财业务、理财计划质押贷款业务等。2012 年底，顺德农商银行在北滘拥有分支机构 29 家，包括一级支行 1 家、二级支行 12 家、分理处 16 家，每股净资产 5. 82 元，每股净收益 1. 06 元。2017 年农商银行推出“顺支付”“顺才卡”等特色创新产品，成功开发上线第三方支付收单业务系统、互联网金融平台等系统，实现线上和线下业务协同快速发展。年度股份分红每 10 股派发现金红利 2. 2 元（含税）。

2017 年，北滘农商银行各项存款余额 219. 22 亿元，贷款金额 144. 22 亿元，外汇收支 15. 6 亿美元，收单交易额 36. 26 亿元，新增 POS 商户 135 户，新增第三方签约 1247 户，新增有效贷记卡 2640 张，车位分期金额 4850 万元，网点自助设备 34 个，自助银行 156 台，其中现金交易的 76 台，非现金交易的 80 台。电子渠道替贷率 86%。

2012年顺德农商行北滘营业网点一览表

表11—1—2

网点名称	网点地址	网点名称	网点地址
碧江支行	北滘镇碧江泰宁西路4号	马村分理处	北滘镇马龙村西街16号
莘村支行	北滘镇莘村建设路46号	三桂分理处	北滘镇三桂村三桂大道2号
济虹支行	北滘镇东基路134—140号铺	广源支行	北滘镇建设南路94—102号
林头分理处	北滘镇林头职校中路1号B	新源分理处	北滘镇南源路181号
承德支行	北滘镇碧江承德路29号	东源支行	北滘镇工业园伟业路3号之二
三洪奇支行	北滘镇三洪奇大道76号	东兴支行	北滘镇碧桂园凤鸣苑西一路1号
广教分理处	北滘镇广教工业大道29号	信盈分理处	北滘镇碧江坤洲迎西路
水口分理处	北滘镇水口村细街大路18号	简岸支行	北滘镇跃进中路122号
龙涌分理处	北滘镇黄龙村龙涌东路1号	北滘支行	北滘镇蓬莱一路22号
上僚分理处	北滘镇上僚大道28号	金岛分理处	北滘镇金字沙半岛碧桂园碧翠湾二街一号
槎涌分理处	北滘镇槎涌方兴道7号	东胜支行	碧桂园西苑翠茵居11街2—6号
高村分理处	北滘镇高村南便街2号	豪园支行	北滘镇碧桂园豪园度假村1座
桃村分理处	北滘镇桃村桃源大道2号	西海分理处	北滘镇西海大道1号
北区支行	北滘镇跃进西路1号	西滘分理处	北滘镇西滘村西滘大道73号
河西分理处	北滘镇南源路362号		

五、美的财务公司

2010年12月7日，美的集团财务有限公司在其总部大楼正式开业，标志着美的集团迈出产融结合第一步，它的成立也进一步丰富了北滘金融机构的多样性。美的集团财务有限公司注册资本为人民币5亿元。其中：美的集团出资人民币2.75亿元，占注册资本的55%；美的电器出资人民币2亿元，占注册资本的40%；威灵电机出资人民币0.25亿元，占注册资本的5%。

2009年，美的集团在北滘镇成立了美的财务公司，主要为上市公司提供存款、贷款、票据贴现、担保和结算等服务。2011年末，美的将9.77亿资金存放该财务公司中，半年后增加到16.12亿元。在美的电器2010年通过的关联交易议案中，美的电器在财务公司的存、贷款额度均是40亿元。按照40%股权比例计算，2011年美的电器从财务公司获得的投资收益为2.97亿元，占净利润总额的8.03%。此外，美的电器还通过使用合计不超过30亿元的自有资金进行委托理财的议案。2012年上半年，美的电器购买银行理财产品的资金额度达73.7亿元，实际收益1064万元，尚未到期的委托理财余额为3.2亿元。

六、顺德区科技金融服务中心北部片区分中心

2016 年 10 月 12 日，顺德区科技金融服务中心北部片区分中心在北滘丰明商务中心正式揭牌。顺德区科技金融服务中心北部片区分中心由北滘镇经科局和丰明投资有限公司合作共建，主要为北部片区企业提供各级政府科技金融产业政策、科技金融产品对接以及上市咨询、辅导的一站式服务，打造科技金融综合服务窗口。

七、北滘镇农村集体资产交易所

2012 年 7 月 11 日，北滘正式挂牌成立北滘镇农村集体资产交易所，并以西滘和桃村为试点向全镇推开。2013 年后，所有农村的集体资产交易均在该交易所进行。

第二节　存款

一、发展概况

北滘的存款业务最早可追溯到 20 世纪 50 年代初，但由于地方经济不发达，北滘银行机构存款主要以企业工厂、行政事业单位为主，各项存款余额均相对落后。

1959 年北滘人民公社成立后，北滘的银行存款主要有城乡居民储蓄、企事业单位存款和财政性存款（包括各级财政金库存款、机关团体存款和部队存款）三大类。1980 年后，增设信托存款类目。1990 年，中国建设银行在北滘设立办事处，其开办的业务又带来基本建设存款类目。

1979 年后，随着经济迅速发展，人民群众收入显著增加，城乡居民储蓄成为银行存款业务重要部分。各金融机构增设储蓄网点和储蓄种类，改善网点环境，宣传国家保护人民储蓄政策，贯彻“存款自愿，取款自由，存款有息，为储户保密”原则，引导鼓励群众储蓄。1981 年初，北滘信用社的社员存款超千万，1985—1986 年，金融机构扩大经营范围，各专业银行在北滘陆续开办存款业务，形成多家吸存，互相竞争的新格局。各银行以优质服务开辟储源和争取储户，各项储蓄存款业务发展迅速。

1986 年北滘银行、信用社存款统计表

表 11—1—3　　　　　　　　　　　　　　　　单位：万元

类别	个人存款	集体存款		合计
		总额	乡镇企业存款	
银行	252	3685	1162	3937
信用社	6096	669	569	6765
合计	6348	4354	1731	10702

20 世纪 80 年代末，市场一度出现物价上涨、抢购物品的情况，一些企业高息集资，给银行存款业务带来一定影响。为稳定金融市场，北滘的金融机构先后开办优惠利率的大额定期储蓄、保值储蓄、实物有奖储蓄等业务；在全镇开展“全民储蓄活动”，在各街道、农村张贴“增加储蓄，发展北滘”“全镇人民都要为北滘发展尽自己一分力”“参加储蓄，利国、利己、利集体”“用积极参加储蓄的实际行动，支持北滘发展”等标语，加强储蓄的宣传。通过努力，北滘的存款维持稳定增长。截至 1989 年底，北滘镇银行、信社人民币各项存款余额为 19797 万元，其中企事业存款（包括对公存款和集体存款）3019 万元；港币储蓄余额为 720 万元。

20 世纪 90 年代，中国建设银行北滘办事处开办基本建设存款业务，其分为财政性存款、自筹基本建设投资存款、专用基金存款和周转性资金存款，把北滘镇用于基本建设的预算资金、自筹资金、信贷资金、专用基金及流动资金全部集中起来；同时通过基建贷款和办理收付结算服务，将各个基建部门的经济活动联系起来，促使基建存款逐年增长。其他银行则积极挖掘新储源，其中农行北滘营业所、信用社北滘联社通过加强对种养专业户的支持培养储源，效果明显。1990 年发放贷款 230 万元支持北滘专业户养鸡，全镇上市活鸡 600 万只，农民收入 5000 万元，获纯利 800 万元，既促进地方农业发展，又培养储源。同时，北滘各金融机构结合国家利率调整，宣传集资风险意识，加强居民储蓄观念；以整顿金融秩序为契机，制止各种不规范集资，储蓄存款保持增长。1993 年，中国农业银行顺德市支行北滘营业所储蓄存款超过 5 亿元。90 年代中期，各金融机构纷纷加快金融业务电子化步伐，开通电子同城清算系统，提高服务效率。随着储蓄观念深入民心、银行卡等电子货币的普及，存款数额不断攀升。截至 1999 年末，北滘镇金融机构的各项存款余额 46.21 亿元。

2001 年起，进一步规范财政性存款的管理，要求所有镇属行政事业单位必须将 2000 年 12 月 31 日前的账户余额，设立经费账户（含代收代付），余额于 2001 年 1 月 18 日前转入经镇财政办公室批准的单位经费账户。

随着北滘经济发展，城镇居民收入的提高，储蓄金额稳步上升。截至 2007 年末，居民存款余额约 94 亿元。2007 年 4 月，“碧桂园”在香港成功上市后，大量资金回笼使北滘企业存款同比增长数亿元。2008 年，受全球金融危机影响，北滘企业存款总体下降，但居民储蓄仍保持上升势头。2009 年，受股市楼市影响，北滘居民储蓄存款增速放缓，新增定期存款比重大幅下调。2010 年末，北滘城乡居民储蓄存款余额达 148.84 亿元，五年年均递增约 13%。企业存款则因美的电器于 2009 年和 2011 年两次增资扩股募集资金而暴涨，其中北滘农商行在前后两次的资金募集中一共揽入美的电器共 17.8 亿元存款，其余的中行、农行和工行等亦分别有数亿存款进账。

2012 年，北滘存款增长放缓，主要原因：一是社会资金向理财产品等投资渠道的分流；二是生产成本全面上涨，企业资金占用增加，拉低了单位存款和派生存款的增长。2017 年全镇金融机构存款余额为 272.4 亿元。

1993—2017 年北滘城乡居民年末存款余额统计表

表 11—1—4 单位：亿元

年度	存款余额	年度	存款余额	年度	存款余额
1993	7.5	2002	50.6	2010	161.28
1994	10.2	2003	62.2	2011	171.14
1995	13.5	2004	72	2012	196.59
1996	16.1	2005	78.52	2013	211.86
1997	21.4	2006	86.58	2014	217.88
1998	27.6	2007	96.38	2015	228.1
1999	39.8	2008	119.34	2016	250.61
2000	44	2009	138.04	2017	272.4
2001	45.5				

二、城乡居民储蓄

（一）种类

1979 年，北滘金融机构开始发展多样化储蓄业务，种类分为活期储蓄和定期储蓄。定期储蓄分为整存整取和零存整取，期限分为一年、三年、五年期。20 世纪 80 年代，各金融机构增加活期有奖储蓄，并相继开办各种类储蓄业务。

1992 年 12 月 11 日，国务院颁布《储蓄管理条例》。1993 年起，北滘对全镇储蓄业务进行规范化管理，大额可转让定期只保留三个月、六个月、一年期 3 个档次。1998 年，接上级指示，北滘所有金融机构停办有奖储蓄。2000 年，开办教育积蓄资金储蓄。至 2012 年底，北滘金融机构的储蓄种类分别有：

（1）活期、定期两类。定期分为整存整取（存期为三个月、六个月、一年、两年、三年、五年）、零存整取、整存零取、存本取息（存期为一年、三年、五年）、定活两便。

（2）通知存款（存期 1 天、7 天），一种不约定存期、一次性存入、可多次支取，支取时需提前通知银行、约定支取日期和金额方能支取的存款。人民币通知存款最低起存金额 5 万元、外币最低起存金额为 1000 美元等值外币。不少银行有自助转存通知存款的业务办理，如顺德农商银行北滘机构的“周存易”7 天通知存款业务，客户无需多次预约支取日，系统自动转存，支取时存期内 7 的倍数的天数按通知存款利率计息。

（3）个人住房公积金存款。1999 年，中国人民银行颁发《人民币利率管理规定》，北滘各金融机构开办职工个人住房公积金存款业务。办理公积金提取的银行有建行、工行、农商行。

（4）社会劳动保险机构退休养老保险和职工待业保险金存款，两项基金都是在银行的专户中存储和管理。2011 年起，北滘的居民可在中行、工行、农行和建行中任选一间办理社会保障卡。可通过社保卡办理各项社会保障业务、申领各项社会保险待遇及医疗保险就医结算等，并加载了金融借记卡的全部功能。

（二）存款利率

1979—1985 年，国家先后进行 5 次利率调整和增加利率档次。1988—1989 年，市场物价上涨，国家先后两次提高储蓄利率，并对三年期以上定期储蓄实行保值，保值贴补率按物价指数计算，由中国人民银行每月公布保值率指数。1990 年，国民经济转入稳定发展，国家于同年 4 月、8 月先后对存款利率进行下调，恢复到 1988 年时的水平。1993 年 8 月，中国人民银行发布《关于不准擅自提高和变相提高存、贷款利率的十项规定》，统一利率管理。同年 7 月 11 日开始，对城乡居民三年期以上定期储蓄（指整存整取、存本取息、华侨人民币储蓄存款）实行保值，并对 1991 年 12 月 1 日以后存入的三年、五年、八年期储蓄保值贴补率，从 1993 年 7 月 11 日起计算。

1995—2002 年，国家根据经济金融市场变化和需要，先后 8 次下调存款利率。2004—2007 年，国家又先后 8 次上调存款利率。2008 年，国家为应对金融市场变化所需，在一年间连续 4 次下调存款利率，下调幅度超过 30%。维持两年后，于 2010—2012 年，国家再次密集性地连续 7 次调整存款利率。截至 2012 年 7 月 7 日，活期存款年利率为 0. 35%，定期一年存款年利率为 3. 00%，定期三年存款年利率为 4. 25%，定期五年存款年利率为 4. 75%。

1999 年 11 月 1 日，国家对在 1959 年已停征的储蓄利息所得税再次开征，税率为利息额的 20%。直到 2008 年 10 月 9 日，储蓄利息所得税停征。

第三节　贷款

一、清末民国时期贷款

（一）民间借贷、典当和银号、丝庄放款

清末民国时期，北滘地区民间借贷分两种：一种是在亲友之间低息或无息的借贷往来，包括现金或实物的直接借贷；另一种是高利贷性质的民间借贷，如西滘基鸽会等组织，通过贷放货币或其它物品，收取高额利息。其月息一般在 30% 以上，且以

利滚利，并附带条件。

北滘典当业流行于清末及民国时期，以按、押店为主。碧江德成按铺，是一座高约十层的麻石楼，气势宏大。其他乡村一般设有小押经营。典当者多为农民、小手工业者和圩镇居民。他们由于灾荒、疾病、婚姻、丧葬或产品积压滞销等原因，将金银、饰物、器皿、字画、棉胎、衣物或丝织品等作为抵押品典当。利息以月计息，一般按押为当本五两以下三分，五两以上二分。逾期不赎，所当物品由当铺拍卖，偿还本利。小押经营店一般规定当价九折，半年期满，月息三分，即“九出十三归”，或高至“八出十三归”。北滘一些违规私押月息更甚，且往往“当十付九”，以重利盘剥为盈，实质与高利贷无异。小押、私押的押品多为零碎低值之物，几无赎回。

图中高楼即德成按铺（摄于20世纪30年代）

银号（钱庄）、丝庄放款是北滘未设立银行之前的重要贷款渠道，以缫丝贷款为主。清末至民国20年（1931年）前后，缫丝业是北滘的支柱产业之一，据清宣统三年（1911年）的记录，北滘当时有6家规模较大的机器缫丝厂。工厂购买蚕茧之款，一年有多达数十万两银元，若光凭工厂自身之力难以应付，便向银号进行短期借贷，缴纳利息约一分五厘左右，在当造生丝上市后即行清还。银号把对机器缫丝厂的资金通融作为自己日常的主要业务。缫丝业以外的银号放款多为信用放款，也有少量抵押放款。分活期放款和定期放款两种。活期放款银号可根据资金营运需要，随时催收，定期放款期限有一年、半年、三个月、一个月四种。利息一般随行就市，由双方议定，隔夜利息一般为1%。当天无钱清算的银号，则向别的银号拆入资金。

丝厂也有向丝庄借款的。丝庄原是代丝厂出售生丝的经纪商号，设在广州沙基一带，最盛时有30多家。丝庄代丝厂售丝收取佣金，又付佣金委派经纪人（称孖毡）到洋行走盘，从中赚取差价为利。委托代理关系使丝庄与丝厂表里相依，丝厂是丝庄生丝和其他业务的来源，而丝庄又是丝厂产品推销的重要关口，两者兴衰密切相关。随着丝绸贸易的发展，不少丝庄为了抢夺生丝的销售权，主动向丝厂提供贷款，通常贷款条件有二：一是与丝庄签订合同，承允将所产生丝全部预售给丝庄；二是丝庄向工厂投资，使商业资本变成产业资本，与缫丝业在同一地区并存，共同发展，互相促进。当时善于经营者喜用后者，直接控制丝厂股份。鼎盛时期，有的丝庄甚至拥有多个丝厂，资本和利润都相当雄厚。据民国17年（1928年）的统计，当时位于北滘的丝庄下属丝厂共有7间，分属于6间丝庄。

（二）合作金融组织贷款

民国20—29年（1931—1940年），北滘兴起以发展农业、振兴农村经济为宗旨的合作运动。据民国26年的广东经济建设月刊统计，北滘在蚕丝区指导下筹组的蚕丝业合作社有林头蚕桑合作社、北滘蚕桑合作社等多间，主要是扶持蚕丝的生产和购销，并经营信用业务，向金融或有关部门申请贷款，再转放给社员。

民国37年（1948年）4月至6月，四联总处（即中央银行、中国银行、交通银行、中国农民银行联合总办事处）广州分处，办理年度丝茧贷款。核定全年三造贷款总额为法币5326亿元。这一批贷款顺德县9家丝厂共分配到4313.5亿元，占总数的81%。其中位于北滘莘村的鸿大丝厂分配到638亿元，占总数的12%。鸿大丝厂当时经营缫丝车数共500台，年产量为2268司担，合15120司斤。

抗日战争期间，合作社贷款业务全面停顿。

二、新中国成立后贷款

（一）农业贷款

新中国成立后，北滘人民银行贷款业务主要以农业贷款为主，扶持农业生产发展，至1960年，北滘各队所欠历年贷款，共计1935751元，其中互助组至高级社时期欠款828311元，约占43%；高级社至公社化时期占1107440元，约占57%。这些贷款的大部分是用于购买生产资料，以及由欠收的医药费和农业税等组成。

1963—1965年，银行和信用社派出干部帮助生产队发展农副业生产，提高农贷使用效益。1965年起，农业银行顺德县支行在北滘公社的粮食产区推行耕牛折旧存放款业务，以生产队为单位，每头耕牛按时价500元为折旧定额，分十年计提存入银行，若耕牛十年内无伤残、死亡，到期银行将本息全部返还给生产队；若耕牛在期内伤残或死亡，生产队可得到银行贷款数百元，及时补充畜力，其后每年继续存入50元，直至足够偿还贷款为止。

“文化大革命”期间（1966—1976年），北滘农贷主要投向农田基本建设和农业机械化等方面，种类有农业社队生产费用和生产设备贷款、农业社队副业生产费用贷款、耕畜农具折旧贷款和地方农业企业贷款等。农贷利率也逐次调低，1971年只有3.6‰和1.8‰两个档次，为历年最低点。

1970—1976 年北滘公社农业贷款统计表

表 11—1—5　　单位：元

年度	生产队贷款	生产大队贷款	合计
1970	272848	—	272848
1971	459478	64800	524278
1972	613377	42850	656227
1973	433310	98000	531310
1974	497043	51400	548443
1975	803532	537124	1340656
1976	667979	364632	1032611

1979 年后，农村推行家庭联产责任制，北滘银行和信用社对农业贷款的范围不断扩大，款项逐年增多，从原来粮食种植业贷款扩大到经济作物种植业、水产业、禽畜养殖业的贷款，支持专业户养鸡、养猪、养鳝、开发鱼塘。1980—1983 年，全社对有困难的 300 多户养鸡重点户提供贷款近 20 万元，产品上市后还款。1984 年 8 月，北滘区公所向顺德县农业委员会申请无息贷款 10 万元，用于开办农业良种繁殖场，引进种植法国葡萄 120 亩，水稻杂优新组合繁种 150 亩，及其他良种 50 亩。截至 1986 年末，北滘银行、信用社共发放农业贷款 109 万元。1987 年后，贷款主要流向新型农业，如经济作物种植及优质的家禽、水产养殖等。1987 年 1 月，顺德县农业银行给予北滘畜禽服务公司贷款 220 万元，用于引进和开发饲料添加剂。1988 年，北滘农行向北滘镇政府贷款 1090 万元用于农业开发，主要包括在全镇新办 13 个水产养殖场和建立一批竹笋、水果种植基地等，开发总面积约达 2250 亩。

20 世纪 90 年代，为促进“三高”农业发展，北滘镇银行在 1990 年度分两期发放农田基建专项贷款共 116 万元，用于全面整治农村基塘。贷款分三年归还，利息由县、镇政府及管理区（街区）按 4∶4∶2 分别负担。同年，北滘农行、信用社发放贷款共 230 万元支持专业户发展禽畜饲养，全镇上市活鸡 600 万只，创收 5000 万元。1991 年 11 月，北滘镇政府向顺德县金融机构申请两年农业开发专项贷款 1500 万元，贷款计划分三年偿还，用于在全镇开发“三高”农田 15000 亩、20 个养殖场。1995 年起，北滘镇银行连续两年发放过亿元专项贷款购买鳗鱼苗。

与此同时，北滘镇金融机构实行适度倾斜的投资政策，对农业采取多项措施扶持。1993 年，北滘镇受 18 号台风暴雨影响，经济损失达 6953 万元，各银行发放恢复农业生产贷款 800 万元。1996 年，为帮助受“2·17”低温寒潮受损严重的农户复产，发放救灾专项贷款 1000 万元。1998 年，为支持农户和农业企业办理转贷续贷手续，镇政府拨出财政专项资金 2000 万元作为周转资金，为农户成功转贷 4.76 亿元，减少利息支付 2134 万元。

2000 年后，经过产业结构调整，尽管农业生产不断减少，但地方银行仍适时给予资金扶持。2008 年，北滘信用社与22户水口村农户现场签订借款合同，投放支农贷款203万元。

（二）企业贷款

1979年后，根据北滘的企业（包括后来的乡镇工商业）迅速发展的状况，北滘金融机构逐步加大对企业生产贷款的力度。1985年，北滘乡办企业贷款新增17.48万元，贷款余额400.59万元。其中种植业企业11间，贷款余额10.60万元；工业企业51间，贷款余额373.07万元；商业企业10间，贷款余额16.92万元。

20世纪80年代末，北滘成立“北滘镇经济发展总公司”（以下简称“经发公司”），属下企业超过100家。当时北滘的企业贷款就大多由经发公司统一出面办理。采取这种方式，一方面解决了许多小企业借款难的问题，另一方面银行也可以保证其贷款的回收率。1989年末，北滘企业通过经济发展总公司向银行〔包括北滘农行（信用社）、北滘工商行、北滘建行、北滘中行、顺德县中行及其他银行〕贷款的余额为2.8亿元；顺德县中行美元贷款余额699.96万美元。至1995年末，北滘镇企业的银行贷款余额为18.08亿元。

1996年，为确保贷款资金安全，北滘镇率先进行改制，政府逐步退出企业。同时采取多项措施，联合地方银行，帮助企业贷款拓宽道路，调整信贷结构、优化贷款增量。对企业进行信用评估，确定贷款的投向和投量。对经济效益差、挤占挪用流动资金的企业，实行利率上浮或加收罚息处理。

2000年后，北滘的企业贷款普遍采用了授信额度的贷款管理模式。企业贷款以支柱产业和大型骨干企业为重点。2003年11月，北滘信用社投放流动资金贷款累计19亿元，其中投入支柱产业资金达15亿元，比率为78%，对美的、碧桂园、精艺和华星等大型企业投放资金累计达5亿元。2008年，北滘信用社对碧桂园、美的、盈峰、精艺、银河等企业投放流动资金贷款达21.9亿元，贴现累计发放20亿元。

为加快培育中小企业做强做大，北滘镇于2007年实施“金种子”计划，三年共投入4500万元，通过上市融资、整合品牌、市场营运等措施，引导中小企业实现新一轮发展。2008年，镇政府的“金种子”计划共发放420多万元扶持资金，29家企业受惠，涉及项目46个；下半年开展“暖冬行动”，政府出资300万元为企业融资贷款提供贴息支持，降低了企业融资成本。2009年，镇财政出资1000万元设立“北滘镇中小企业信用担保基金”，为一批优质成长型中小企业贷款融资提供信用担保，同时出资200万元为担保贷款进行贴息补贴。全年累计向155家中小企业发放扶持资金1700多万元、提供担保贷款3400万元，促成企业在金融危机中稳步发展，如精艺股份公司成功上市、美的电器公司实现再融资。2010年，“金种子”扶持项目累计扶持资金360多万元，提供担保贷款6350万元，22家中小企业受惠。2011年，北滘累计向17家优质中小企业融资担保6550万元。

2012年，对企业转型升级、科技创新、总部招商、工业设计发展、农业转型升级等方面进行专项扶持，投入2000万元转型升级扶持资金，向188家（次）中小企业发放扶持资金1750多万元。其中，发放促进中小企业转型升级扶持资金1195万元，担保贷款贴息200万元，促进工业设计产业发展资金315万元，促进农业转型升级资金40万元。此外，为78家企业发放担保贷款共计2.08亿元。同年，北滘镇建立“中小微企业信用担保基金”，由镇财政每年安排500万元作为中小微企业信用担保贷款贴息之用，对符合条件的中小微企业给予贷款利息30%的补贴。

2012年7月，顺德区公布了第一批800家顺德区星光企业名单，而北滘占了89家，这些企业将获得资金、融资等方面的扶持。区中小企业信用担保基金每年将安排5000万元专项额度用于星光企业贷款，每年贷款总额为10亿元，单个星光企业每年贷款总额不超过500万元。同时，给予30%贴息资金扶持，每年每家星光企业贴息最高不超过10万元。

北滘作为全国知名的经济强镇，镇政府为企业的发展搭建融资平台，鼓励和引导企业投资健康发展。2017年11月7日，北滘镇经促局组织金融系统与企业对接，进一步推动银企平台的建设，有效地帮助北滘的中小企业合理借力政策性金融工具，推动企业谋发展。

（三）外贸贷款

20世纪80年代，北滘镇银行先后开办外汇贷款，支持外贸完成收购出口创汇任务，拓展国际结算业务，办理出口押汇和打包放款、授信开证等新业务，多渠道、多形式地融通资金。在贷款的投向上，支持外向型企业发展。重点支持出口生产基地、外贸出口定点厂、“三资”企业和效益好、创汇高的外向型企业。

1984年秋，裕华实业公司上马投产的10英寸鸿运扇急需资金，经北滘区委、区政府出面担保，北滘银行打破“春放秋收冬不贷”的惯例，贷款80万元。1985年，裕华实业公司产值首次突破亿元大关，名列全国乡镇企业之冠。1988年1月，中国农业银行佛山市分行贷款美的风扇厂97428美元，用于引进电风扇网罩生产设备，贷款利率为9.125%，期限至1988年底。同年8月，北滘珠江造纸厂经国家经贸部审批，申请日本政府贷款75万美元，用于引进彩色胶印设备。同年11月，北滘华星饲料厂获批与中国机械进出口公司签订一项495万美元的贷款协议，用于发展颗粒饲料生产。该贷款是澳大利亚政府提供的八年免息优惠贷款，由北滘经济发展总公司签订担保协议。截至1990年，北滘企业通过经济发展总公司向银行办理的外汇贷款余额分别为2562.2万美元和1021万港元。

1991—2000年，北滘金融机构坚持“扶优”原则，支持效益好、风险小、创汇大的地方大中型企业和项目；新增贷款重点是效益较好的北滘民营、“三资”、股份制企业。

2001年后，北滘镇的金融机构针对发展潜力巨大的外资企业给予资源上的倾斜，加大信贷投放力度。北滘农行还针对国际业务市场配备了专职的客户经理，积极推进实施本外币一体化的战略；存贷相结合，保持外贸贷款质和量的持续增长。

（四）基本建设贷款

20 世纪 60、70 年代，北滘基本建设贷款较少，如地方建设资金不足，由银行向上级申请贷款。1963 年 11 月，为及时建设小型水利、一级电动排灌站，以实现 1964 年大幅度增产增收，北滘公社向顺德县委申请贷款 35000 元，并于次年秋收后全额归还。

1980 年后，随着金融体制改革，开始把部分基本建设投资由财政拨款改为银行贷款，改无偿使用公共投资为有偿使用。1988 年，为补充国家电力建设资金不足，根据省、县政府关于集资办电的要求，北滘镇经济发展总公司贷款向县电力开发公司购买电力建设债券 400 万元。

20 世纪 90 年代中后期，北滘各银行逐步实行“存贷挂钩”的办法，运用自身存款增加基本建设贷款资金；对有批准计划、资金落实、具备施工条件、经济效益好的项目给予贷款。1996 年度，北滘农行及信用社累计发放基础设施贷款为 1.03 亿元。1999 年，北滘镇信用社贷款 300 万元给镇自来水公司，用于扩建供水系统。同年，北滘农业银行贷款 200 万元给镇水利会，用于堤围工程建设。

2000 年以后，北滘的基建贷款主要用于土地开发以及建立相关环保工程。2009 年 4 月，北滘镇政府为基础设施、新农村建设项目向银行融资贷款 1.56 亿元。同年 11 月，北滘镇为建设污水管网二期项目 A、B、D 线工程发放贷款 1.2 亿元。

（五）其他贷款

20 世纪 80 年代末 90 年代初，为解决退伍军人的就业问题，县、镇两级银行发放“扶持复退军人劳动致富专项贷款”，对每年新复员的退伍军人每人发放一定数额的低息项目贷款，用作启动资金。1989 年以前，每人发放的数额是 500 元至 1000 元；1989 年开始，每人发放数额为 1000 元至 2000 元。据 1987 年的贷款效果报告显示，北滘镇 7 位领取贷款的退伍军人中，有 3 人的项目年纯利润达到或超过其贷款金额。1988 年，北滘镇共有 39 位领取贷款的退伍军人。1989 年，北滘镇发放给 25 位复退军人贷款共 7 万元，这些贷款对帮助退伍军人发展生产起到重要作用。当年有 23 人获取利润达到或超过贷款总额，做到当年贷款，当年还贷。随着就业渠道的拓宽，领取复退军人贷款的人数逐渐减少。1991 年，北滘镇发放复退军人贷款仅 2 万元。

90 年代中期，北滘农行开展个人抵押贷款业务，陆续推出汽车、摩托车、楼宇按揭等新型信贷业务。其中，北滘信用社积极开办以楼宇按揭为主的消费性贷款。1999 年，北滘信用社又推出购地建房按揭、生产经营型创业及融资租赁等新型贷款。

2000 年，北滘农行新增办理楼宇按揭业务楼盘 4 个，其中对碧桂园的按揭业务量，占据了 90% 以上的市场份额，成为效益的最优增长点。办理供车贷款业务 90 笔，至 10 月底，消费贷款比上一年增加 4.17 亿元。

2001 年，北滘镇的各项贷款增长加快。基本建设贷款拉动中长期贷款快速增长；

个人消费贷款增长，房地产信贷业务蓬勃发展。2003 年，北滘信用社已发放土地按揭贷款 32 笔，累计资金投放 6300 多万元。2008 年，北滘信用社累计投放消费贷款 8348 万元。

2009 年后，北滘小额贷款公司试点陆续推进。2010 年 4 月，美的集团牵头成立迅博小额贷款公司；年末，美的财务公司正式挂牌。北滘金融业的信贷结构日益多元化。

2012 年末，北滘镇政府出台“1000 万元创业扶持方案”，凡本地户籍居民进入北滘 4 个创业基地（电子商务创业基地、工业设计城、康鹏熟食品加工场和农民农业创业园）创业或在基地外创办个体工商户的，符合条件者将可获得政府 2 万至 8 万元的创业扶持资金，归还期限为三年。

（六）债务处置

20 世纪 90 年代初期，北滘镇镇办企业、公有企业、新上项目贷款，绝大部分是由政府作担保，至 1993 年，共向银行贷款 27 亿元，其中 23 亿元是由镇政府的经济发展总公司作担保，沉积下庞大债务。许多企业名盈实亏，无法偿还贷款，形成巨大金融风险隐患。

1997 年起，北滘金融业在镇政府有力支持下积极稳妥处理历史债务，一是对贷款企业进行信用等级评估，与重点企业签订银企协议，盘活贷款存量。二是通过法律途径清收贷款本息。北滘农行于 1999 年建立清贷收息小组，将清贷收息作为年度中心工作。营业所主任亲自负责清收难度极高的 4 家欠贷户的贷款，追回乐仕音响厂积欠多年的贷款本息 366 万元、美安达包装公司的不良贷款 508 万元。三是通过转换贷款方式，使债权得到真正落实。如对华达电器厂的贷款 440 万元，通过“以债易债”“以物抵债”，收回 270 万元。1999 年 8 月底，北滘农行累计收回不良贷款 5788 万元，利息 2182 万元，不良贷款同比下降 14.7 个百分点。北滘信用社安排 1.64 亿元的资金，采取让利的方式，调低北滘经济总公司的贷款利率到 9.24%，每月利息减少 94.5 万元，全年利息减少近 1132 万元；协助总公司转逾期贷款 4000 万元，每月减息最少达 13 万元，到期利息减少 72 万元，两项合计减轻利息负担 1204 万元。同时，对西达发电厂、北滘水利会的项目贷款调低利率。1998 年，对经济发展总公司、西达发电厂通过转贷、展期、减息、以地抵债、停息挂账等方式，共为其减轻利息支出 1859 万元。1999 年，对总公司、西达发电厂给予转贷让利，减少两企业利息共 1800 万元。

2000 年后，加快推进历史债务的处置工作。截至是年 6 月，北滘经济发展总公司担保及非担保信用社贷款余额合计 10.23 亿元，担保贷款余额 9.19 亿元。其中总公司直接债务 4.17 亿元，非担保贷款余额 1.04 亿元。根据贷款的属性和质量，其将历史债务分成三类，分别制订不同的处理方案。第一类为总公司（镇政府）的直接债务，包括总公司贷款 41730 万元、农业公司担保贷款 622.8 万元，合计 42352.8 万元。第二类为部分经营不佳、亏损严重的问题企业的贷款，共有 7 家企业，分别是：

裕华电子担保贷款2407.5万元、非担保贷款1123万元，裕港公司非担保贷款839万元，汽贸中心担保贷款1112万元、非担保贷款1256万元，富华漆包线厂担保贷款5511万元、非担保贷款3028万元，鱼苗场担保贷款710万元、非担保贷款22万元，丰恒电器厂、非担保贷款103万元，濠裕汽修担保贷款32万元，以上企业总公司担保贷款合计9772.5万元、非担保贷款合计6371万元。第三类为其他企业的总公司担保和非担保信用社贷款，担保贷款合计39802.5万元、非担保贷款合计4093万元。对北滘镇近6亿元的贷款实行停息固化，并对3.8亿元的贷款按人行基准利率计息。对西达电厂的1.4亿元贷款按人行基准利率的9.5折计收利息。通过采取以上积极措施，至2001年，镇属公司承担的债务已减至6.61亿元。2003年，镇政府以土地抵押在北滘信用社的7.72亿元历史债务，并固化分期还贷西达电厂9600多万元历史债务，一次性将政府大部分历史债务剥离。

村级历史债务处置。参照三桂村以地抵贷的做法，镇政府积极协助坤洲等5个村委会与北滘信用社签订以地抵贷合同。其中，三桂、坤洲、黄涌、都宁等村的债务已实现了停息固化，每年减轻利息负担达1045万元。村级债务通过以地抵贷的形式得到了有效处置。至2002年，北滘债务较重的村减少至5个，村级总负债减至6200万元。

针对总额仍然较大的农村贷款（参见表11—1—7），北滘镇于2002年及2004年，分别颁布《北滘镇村务公开及农村集体经济财务管理办法》及《北滘镇农村集体财务管理办法》。《北滘镇村务公开及农村集体经济财务管理办法》第十八条贷款担保管理规定："（一）严禁各村（居）委会及下属单位、资产管理公司、股份合作社等集体经济组织以其资产为其他单位和个人作贷款担保和抵押贷款。否则，其经济责任全部由批准担保的个人负责。（二）各股份合作社严禁为村（居）委会及其属下的全资、股份制企业、事业单位等集体经济组织作贷款担保和抵押贷款。对原为村（居）委会及其属下的全资、股份制企业、事业单位作贷款担保的，实行到期一笔清理一笔，原则上不进行续保。如需到期续保的，必须经股份社股东代表会议同意。（三）村（居）委会属下的全资、控股企业、事业单位确需贷款，并要求村（居）委会提供贷款担保的，需经两委会讨论通过，作为担保资产所有权单位的法人代表同意，方可担保，并报镇政府审批。（四）对原个体私营企业（公司）、私人的贷款担保，实行到期一笔清理一笔，原则上不进行续保。如需到期续保的，属村（居）委会的，必须由村（居）民代表会议同意；属股份合作社的，必须由股份社股东代表会议同意。"《北滘镇农村集体财务管理办法》第九条贷款担保管理规定："（一）严禁村（居）委会及下属单位、资产管理办公室、股份合作社等集体经济组织以其资产为其他单位和个人作贷款担保和抵押贷款。否则，其经济责任全部由批准担保的个人负责。（二）股份合作社严禁为村（居）委会及其属下的全资、股份制企业、事业单位等集体经济组织作贷款担保和抵押贷款。对原为村（居）委会及其属下的全资、股份制企业、事业单位作贷款担保的，实行到期一笔清理一笔，原则上不进行续保。如需到期续保的，必须经股份社股东代表会议表决同意，并要做好会议记录及与会代表签名。（三）村（居）委会属下的全资、控股企业、参股企业、事业单位确需贷款，并要求村（居）委会提供贷款担保的，需经两委会讨论通过，作为担保资产所有权单位的法人代表同意后，再提交村（居）民代表会议表决通过，并要做好会议记录及与会代表签名，方可担保。（四）对原个体私营企业（公司）、私人的贷款担保，实行到期一笔清理一笔，原则上不进行续保。如需到期续保的，属村（居）委会的，必须由村（居）民代表会议表决同意，并要做好会议记录及与会代表签名；属股份合作社的，必须由股份社股东代表会议表决同意，并要做好会议记录及与会代表签名。”

截至2008年末，北滘尚有村级遗留历史债务4077万元，主要是马村水产养殖场929万元、三洪奇特种水产养殖场900万元、桃村水产养殖场793万元、现龙水产养殖场310万元、高村资产管理公司143万元以及村担保债务1002万元。除此部分村级遗留历史债务之外，北滘镇在经济发展初期所累积的10亿多元历史债务终于处理完毕。

2002年北滘各村（社区）承贷和担保贷款统计表

表11—1—6　　单位：万元

村名	直接贷款	担保贷款	村名	直接贷款	担保贷款
碧江	3812	3730.75	水口	220	20
黄龙	743.3	—	桃村	959	50.57
林头	—	183	西滘	—	35.48
马龙	1239	901.5	高村	143	0.44
三桂	2749.18	7.78	上僚	—	118.06
三洪奇	—	1514.9	合计	9865.48	6562.48
贷款合计：16427.96万元					

第四节　证券

一、交易机构

安信证券股份有限公司佛山北滘证券营业部　安信证券佛山北滘营业部于1993年在北滘镇开业，前身为广东证券顺德北滘营业部，旧址位于国道G105线一侧；2007年11月领取佛山顺德区工商行政管理局核发的营业执照并变更为现名称。2011年后搬迁到建设北路102号天天商业大楼1座301、401、402号铺。营业部经营范围包括：证券投资咨询，与证券交易、证券投资活动有关的财务顾问，证券承销与保荐（仅限佛山市区），证券资产管理（仅限佛山市区），融资融券、证券投资、基金销售，为期货公司提供中间介绍业务，代销金融产品等。截至2012年末，营业部共有员工16人。

光大证券股份有限公司佛山顺德北滘证券营业部　光大证券股份有限公司佛山顺

德北滘证券营业部前身为光大证券股份有限公司湛江人民大道证券营业部雷州证券服务部，成立于2001年8月，2006年5月由广东省雷州市西湖大道53号迁至广东佛山市顺德区北滘镇蓬莱一路20号小蓬莱宾馆内新南楼首层，更名为光大证券股份有限公司佛山华远东路证券营业部北滘证券服务部，北滘服务部于2007年5月正式开业。2009年8月，经核准变更为现名，营业部地址不变。2011年4月，营业部迁址至建设北路102号天天商业大楼2座3层营业。营业部经营范围包括：证券投资咨询，证券投资基金代销，融资融券业务，与证券交易、证券投资活动有关的财务顾问，代销金融产品业务等。截至2012年末，营业部共有员工12人。2016年10月，在碧桂园社区西苑开设分部。

广发证券股份有限公司佛山顺德怡和路证券营业部　2013年9月开业，位于君兰社区怡和路2号。

国元证券股份有限公司佛山顺德北滘怡和路证券营业部　2017年5月开业，位于君兰社区怡和路2号。

二、证券交易

1983年，北滘裕华公司在全县乃至全省发行股票，在保证企业的公股占比60%的前提下，先向企业职工售股，逐步放开向北滘地区居民售私股。其后，北滘有十家企业仿效而行。1988年，北滘镇政府曾设想在镇内设立一个证券转让交易所，让本镇居民持有的企业股票可以在交易所买卖转让，但由于没有相关法规的支持，因此没有实施。据不完全统计，截至1989年，北滘企业共发行股票总额675.53万元人民币。

1991年，在国内刚恢复中断三十多年的证券交易业务不久，北滘信用社经佛山市人民银行批准，设立了镇内的第一个证券交易代办点。1993年，广东证券公司在北滘开办营业处。开办之初股票交易以柜台和电话委托为主，只有大户室安装了电脑委托机。其后陆续有银行设立证券交易代办点或是营业部。1994—1995年，场内电脑"币龙行情"系统交易逐渐普及，客户可通过电脑系统自行买卖股票。1995年，北滘经济发展总公司引入一套证券交易柜台系统，供内部使用。

1996年，为防范金融风险，根据中国人民银行的决定，工商银行、中国银行、农业银行、建设银行4家国家银行开始对所办的证券交易营业部实行脱钩转让。各证券交易营业部均成为独立法人，自主经营，自负盈亏。各证券营业部加强对证券交易制度管理，引进先进电脑通讯设备，建立证券交易电脑网络与卫星通讯接收系统，业务不断拓展。1997年以后，北滘证券交易营业部陆续推行网上交易，同时开通证券与银行电话转账等功能，代理证券交易量节节攀升。

2000年后，网上证券交易系统快速发展。至2012年，全镇实现证券电子网上交易，及智能手机软件随时随地操作证券买卖。2017年，北滘镇证券开户人数为49000多人，交易金额达1490亿元。

第五节　债券代理发行

一、国库券

20 世纪 80 年代，国库券恢复发行，采取行政摊派的形式，向国有企事业单位和个人推销。

1985 年，国家发行国库券 60 亿元，国务院同时规定：(1) 提高国库券利息，个人购买由年息 8 厘提为 9 厘。(2) 缩短国库券偿还期限，改为发行后第六年一次偿还本息。(3) 银行可以办理国库券贴现和抵押贷款业务。(4) 个人保管困难者可委托银行代保管。(5) 个人购买千元以上者，可开国库券收据。收据可记名、可挂失，以鼓励多认购国库券。分配给北滘区的国库券任务为 50.7 万元，其中分配到单位集体购买任务为 40700 元；分配到单位职工购买任务为每人 30 元，总额为 184440 元；分配至各乡认购任务总额为 286725 元。

1985 年农村农民认购国库券情况

表 11—1—7　　　　单位：元

乡别	金额	乡别	金额	乡别	金额
林头	32840	水口	10465	碧中	10495
北滘	24910	西滘	17905	三桂	13385
广教	9955	马村	9275	桃村	7645
三洪奇	14965	龙涌	8015	坤洲	12865
高村	15245	黄涌	6680	彰义	4420
莘村	20630	槎涌	6370	都宁	4955
上僚	11445	西海	37145	现龙	7115

1986 年国家发行的国库券为五年期，分配给北滘区的国库券任务为 52.29 万元，分配方案为：单位集体购买 52970 元；个人购买 470000 元。其中农业人口共 57845 人，每人认购 5 元，共计 289225 元；职工（合同工）每人认购 30 元，临时工每人认购 25 元。

1987 年国家发行国库券 54 亿元，为三年期。分配给北滘的国库券任务为 538600 元。其中集体购买 54500 元，个人购买 484100 元。

1988 年国库券发行数额为 90 亿元。同时，国务院对国库券发行办法作了重要改进，提高利率、缩短还本期限（五年缩短到三年）。分配给北滘的国库券任务为 874350 元，其中单位集体购买 82120 元，个人购买 792230 元。

1990 年国家发行国库券，为三年期，年利率 14%。分配给北滘的国库券任务为

805000 元，特种国债 75550 元。分配方案为：企事业单位职工购买国库券共 392390 元，各村农民购买国库券共 473580 元，特种国债全部由企事业单位集体摊派。

1990 年，北滘镇被要求兑换转换债，就是将企事业单位、机关、团体、部队等单位持有的当年到期的国债转换为等额的新债。1990 年的转换债，发行范围为以下两种国债：（1）1981—1985 年发行、在 1990 年到期的单位持有国库券；（2）1987 年发行、在 1990 年到期的单位持有国家重点建设债券。1990 年转换债从当年 7 月 1 日开始计息，期限为五年，年利率为 8%。为简化手续，1990 年转换债用原已签发的债券收款单代用。

1991 年国家发行国库券 100 亿元，为三年期，年利率为 10%；特种国债 20 亿元，为五年期，年利率为 9%。分配给北滘的国库券任务数额为 1127000 元，特种国债 45300 元。其中各村农民购买国库券共 443530 元，其余国库券和特种国债由企事业单位集体摊派。

1991 年 3 月起，开放地市级以上城市的国债流通市场，国库券市场走向全面开放。

1993 年国库券发行数额为 300 亿元，为三年期，年利率为 10%。分配给北滘镇的购买任务为 1858200 元，分配方案为：镇属行政、企事业单位职工（包括合同工）人均 100 元；余下部分按比例分配到各管理区。

二、特种债券

1989 年国家发行保值公债，为三年期，年利率 13.14%；分配给北滘镇的购买任务为 1365306 元，其中指定个体工商户任务为 233756 元，分配镇属企事业单位 787090 元、村办企业职工 337170 元、镇府机关（包括广播站）7290 元。

1990 年国家发行腰茂铁路债券。分配给北滘镇的任务共 275800 元，全部由企事业单位认购。

三、企业债券

1988 年，为补充国家电力建设资金不足，根据省、县政府关于集资办电的要求，北滘镇经济发展总公司贷款向县电力开发公司购买电力建设债券 400 万元。为了弥补贷款月息与投资利率的差额，镇政府决定向用电单位及用户征收集资办电贷款的利息，每千瓦时电为 0.012 元。

1988 年，北滘镇认购国家重点企业债券数额为 50 万元，期限五年，年利率为 6%。其中企业认购 40 万元，剩余 10 万元分配至各村完成。各单位的入库数额统一储存到建设银行北滘办事处。

1989 年，国家下达北滘重点企业债券数额 44.6 万元，全部分配至企事业单位认购。

1992 年，北滘华星饲料厂发行 2000 万元企业债券并委托中国科技财务公司购入。

第六节　中间业务

一、承兑汇票业务

20 世纪 80 年代后期，北滘的银行相继开办银行汇票业务，凡单位或个人汇款到外地的，均可将款交给银行，由银行签发汇票，由汇款人持汇票到外地办理转账或提取现金。

1990 年后，允许私营及个体经济户办理支票结算业务。90 年代中期，北滘农行全部营业网点使用电脑联网。电子化结算系统的联网运行，实现了顺德市内的通存通兑和全国电子汇兑一日通。

1996 年，北滘金融机构对结算制度进一步改革后，承兑汇票等支付结算业务迅速增加。承兑汇票是指单位之间根据合同进行延期付款的商品交易时，开具反映债权债务关系的票据，分商业承兑汇票和银行承兑汇票。结算制度改革后，各银行积极组织企业推广使用银行承兑汇票，通过票据贴现方式为企业提供周转资金，解决了企业生产和商品流通中的急需。

2000 年，北滘农行累计开出银行承兑汇票约 1300 笔，金额 107834 万元；办理贴现业务 200 多笔，数额 36886 万元，累计开出信用证 1793 万美元，外汇结算超过 2 亿元。2003 年，北滘信用社开出银行承兑汇票金额累计达 3. 7 亿元，票据贴现贷款投放累计达 10. 2 亿元。2009 年 10 月，农信银电子商业汇票系统顺利接入人民银行电子商业汇票系统，成功上线运行。2010 年，北滘农商行开通跨境人民币结算业务。次年，北滘农商行全面开办速汇金个人快速汇款业务，同时推广与人民币质押外汇贷款相结合的三合一无风险收益产品、创新外汇报价方式、拓展远期结售汇业务等。

二、银行卡业务

（一）借记卡（储蓄卡）

1990 年，北滘的金融机构开始陆续发行各种银行卡，具有存、取款功能，后来增加结算、消费功能以及理财等其它增值服务。1996 年，北滘农行发行储蓄卡（金穗卡和百灵卡）1. 2 万张，年消费金额 1800 万元。次年，农行又发行新一代“金穗”智能卡（通达百灵卡），以智能芯片为信息载体，实现离线消费。1999 年，广发银行北滘机构推出理财通卡业务；北滘信用社新开恒通卡 6000 多张，年消费金额为 723 万元。2000 年，北滘农行首推金穗借记卡，新开卡达 12000 多张。建行北滘支行与区内其他支行同步推出顺德龙卡。顺德龙卡是建设银行与顺德政府共同发行的首张联名借记卡。2011 年 8 月起，顺德龙卡升级为“万通卡”，具有建行的多币种活期、定期、转账结算、购物消费、网上支付龙卡通等多项功能。

2011 年，居民可在北滘的中行、工行、农行和建行中任选一间办理社会保障卡。通过社保卡办理各项社会保障业务、申领各项社会保险待遇及医疗保险就医结算等，并加载金融借记卡的全部功能。

2012 年，北滘农商行推出恒通借记白金卡、银政公务卡，并推出顺德职院校园卡项目、港华燃气充值卡项目等业务。2017 年底，顺德农村商业银行北滘支行、中国银行北滘支行、中国农业银行北滘支行、中国邮政储蓄银行北滘支行、广发银行北滘支行、招商银行北滘支行、交通银行北滘支行共办理借记卡 16. 2 万张。

（二）贷记卡（信用卡）

20 世纪 90 年代中后期，北滘的银行开始发行贷记卡，但由于许多人不接受贷记卡“先用未来钱”的消费理念，贷记卡业务发展缓慢。

2000 年后，随着金融市场加速发展，信用卡进入实质性启动阶段。2002 年 7 月，北滘工商银行发行牡丹贷记卡。北滘建设银行发行贷记卡（国际卡），并于 2003 年第 3 季度发行双币种贷记卡。招商银行也于 2002 年下半年开始发行贷记卡。

2002 年“银联”组织建立后，带有“银联”标识的信用卡，可在不同银行间联网使用。2004 年 9 月 8 日，银联卡分别在中国香港和澳门地区实现受理，北滘居民凭“银联”标识的人民币卡，就能在港澳刷卡消费，回来之后再用人民币还款。2004 年 1 月 18 日和 2005 年 1 月 10 日，中国银联正式开通银联卡在泰国、韩国及新加坡的自动取款机（ATM）和商户 POS 受理业务，

2010 年，农商银行在北滘地区正式发行恒通贷记卡。

2011 年，随着贷记卡业务的迅速发展，顺德农商银行推出包括“iPhone 分期付”“购车分期付”等多款针对个人消费的“微信贷”产品。2017 年，顺德农村商业银行北滘支行、中国银行北滘支行、中国邮政储蓄银行北滘支行、广发银行北滘支行、招商银行北滘支行贷记卡消费达 5. 5 亿元。

三、代理业务

（一）代收付业务

20 世纪 90 年代前后，北滘的金融机构相继开办代理业务，起初是为厂企单位代发工资，后来逐步发展为代收各项公共性收费项目，提供各种代收代付业务。

1996 年，北滘农行的代收代付业务已经有 72 种，几乎覆盖了常见的缴费项目，用户足不出户就可以定时缴纳各项费用。

1998 年，北滘信用社迅速开办 26 种代收付业务，代理业务金额达 7 亿元。次年，北滘信用社全年代收付金额达 7. 33 亿元。

2000年1月1日起，北滘镇的社会保险事业费统一由地税局负责征收，地税局委托北滘的农商行、农业银行、工商银行、建设银行四家银行代理征收。是年北滘农行代收付业务全年金额为15.44亿元。2001年北滘信用社也完成代收付金额超过13亿元。

2002年，为方便学生家长，信用社自行开发教育费收费系统。2005年10月10日起，开办代收非税收入业务。

2010年11月起，地税局代征的社保费改由ETS（广东省财税库行计算机联网系统）扣收，北滘的客户可于成功扣费3个工作日后到北滘农商行（原北滘信用社）的任一营业柜台打印ETS电子缴税回单，打印期限为3个月。对于"新农保"保险，统收扣费文件由社保局向农商行总行营业部提供，并委托总行营业部执行批扣，北滘支行配合社保局向北滘地区的所有参保人打印发放《佛山市新型农村社会养老保险个人账户记账折》。

2011年，北滘农商行与国税、自来水公司合作，开办"银税通"，上线国库直联系统，实现供水联网扣费，增加网上银行代收付等功能。

2012年至2017年，北滘农商行推出网银缴交交警罚款，并承办佛山社保批量集中支付业务，拓展顺德区镇级财政集中支付业务等；和北滘农商行建立系统联网，开展代收或代理业务的委托单位有：区财政局、国家税务局、地方税务局、供电局、供水公司、烟草公司、广东电视网络，以及电信、移动及联通三大通讯公司。农商行代收业务种类包括：税金、学杂费、保险费、慈善款、交通费、司法执行费、电信费、供电费、自来水费、商业保险费等。

（二）其他代理业务

2010年前后，北滘各间银行为拓展业务，相继开展多项金融产品代理，如保险代理、证券代理及第三方产品销售代理。

2011年，北滘农商行获得"债券结算代理业务"和"非金融机构债务融资工具承销商"业务资格，陆续推出基金代销业务、个人贵金属代理业务等；开办网上银行自助理财功能及理财计划质押贷款业务，涵盖多款新型理财产品，对中小微企业推出的"成功之路'易'"系列产品，获佛山市金融产品创新奖。

2012年后，北滘农商行陆续发行委托代理贷款、借款保函及非全额保证金履约保函业务等代理业务产品。

四、保管箱业务

1996年，北滘农行开办保管箱业务。其后多家金融机构亦在北滘陆续开办保管箱业务。保管箱设备大多从海外引进，其规格种类较多，常见的保管箱一般最大为254毫米×254毫米×600毫米，最小为72.6毫米×127毫米×600毫米。2010年5月31日起，北滘农商行启用保管箱业务系统。租箱人必须设置保管箱签约账户，保管箱业务费用（如租金、押金、钥匙工本费等）从签约账户支出或存入，不再受理现金方式缴纳或退回相关费用。至2017年，顺德农村商业银行北滘支行、中国农业银行北滘支行、中国银行北滘支行金融机构保管箱共有9300个，出租率61%。

五、私人银行业务

2000年，为适应个人资产规模不断扩大，北滘各大银行纷纷开拓专门业务，为这些高端客户定制提供各项服务。

2008年，北滘建行在顺德碧桂园设立私人银行，为高资产客户提供专业化、个性化私人的服务，包括私人财富管理和综合金融服务，还根据客户企业的需求提供公司金融、投资银行、中小企业等产品和服务。

2012年5月26日，北滘建行私人银行推出专门的网上银行，是国内最早面向私人银行客户群体提供的专属网上银行渠道。

第七节　银行电子化

一、设备及系统电子化

1992年起，北滘各银行积极推进业务技术电子化，通过计算机网络、电子清算系统、投产联机服务系统，北滘支行的客户从此可直接在柜台实现对私、对公以及长城卡存款、外币兑换、现金出纳等业务的处理。1995年9月，电子市辖清算网正式投入使用，并于次年实现卫星清算和市辖清算并网运行。北滘农行的全部营业网点使用电脑联网，运行电子化结算系统，实现北滘与顺德市内的其他地区通存通兑和全国电子汇兑一日通。随后，工行等多家银行也先后开通电子联行。

1999年，北滘建设银行推进电算化建设，进行全面的网络改造，实现企业网、清算网、生产网三合为一；完成了集中式储蓄系统SAVE40、集中式会计CCKJ20及信用卡新版的安装运用，实现了北滘与佛山市内其他地区储蓄业务的通存通兑。同年，北滘工商银行改善电算业务，开通全国资金汇划清算系统，与127个省、市开通活期储蓄通存通兑；北滘广发银行也在各部门安装MIS信息系统。同年末，北滘的所有金融机构都在紧急解决计算机的“千年虫”问题①。配合完成中国人民银行顺德支行下达的系统修改测试工作和相关应急演练工作；同城清算过渡系统经过20个工作日的测试后，正式进入实际业务环境中运行。

① 又叫“计算机2000年问题”，是指在某些使用了计算机程序的智能系统（包括计算机系统、自动控制芯片等）中，由于其中的年份只使用两位十进制数来表示，因此当系统进行（或涉及）跨世纪的日期处理运算时（如多个日期之间的计算或比较等），就会出现错误的结果，进而引发各种各样的系统功能紊乱甚至崩溃。

2001 年，新一代电脑综合应用系统在北滘的各大银行正式投入使用。该系统是由同城清算业务、天地对接业务、财税联网业务、账号管理业务共同组成的区域性城市电子支付网络系统。该系统开通全国实时汇兑业务，实现资金当日清算，往来业务逐笔核销，无需对账处理；账务当日结算，加快资金周转，提高资金使用率。同年 3 月，个人实盘外汇买卖系统投产；9 月，由 NCR 公司研发的现金存款机（PCD）投产。

2004 年，配合广东省同城清算业务的整合，北滘银行电子资金清算系统移交给广州结算中心佛山分中心负责运营。2009 年北滘的金融机构整合资金支付清算系统，畅通资金结算渠道。4 月起，地方财税业务切换到佛山财税库行联网横向（简称 ETS）系统运行，顺利完成旧系统向新系统的过渡，促进地区财税部门及金融机构与佛山上级部门的业务衔接，化解了旧系统因设备老化而产生的风险。同年，北滘农商行上线资金交易与风险管理系统（Misys Opics），实现农商行本外币资金业务的前、中、后台（部门）的一体化管理与运行，也实现资金业务风险指标的全程化电子化监控。截至 2012 年末，北滘农商行除配有资金交易与风险管理系统外，还有万得资讯系统（Wind）和路透系统（Reuters）等电子信息化系统。

二、服务电子化

（一）自助银行电子设备

20 世纪 90 年代中期，北滘农行开设自助银行，营业厅设有自动柜员机、存折补登机，供客户自行操作，办理有关取存款、查询等业务；之后各金融机构相继于北滘地区设立各种自助设备。1999 年间，北滘信用社设有自动柜员机 11 台。2000 年，北滘农行的柜员机使用量由日均 110 笔增加至日均 600 笔，增幅达 445.5%。2008 年 10 月底，北滘信用社东兴分社新增 24 小时自助服务区，提供的服务功能包括转账、查询/补登、自动打簿、修改密码等。

2011 年底，北滘农商行开发投入使用自助终端汇款功能，客户使用恒通借记卡可全天候自助办理汇款业务，免排队、免填单，但每日金额累计不能超过 20000 元。

2017 年底，顺德农村商业银行北滘支行、中国银行北滘支行、中国农业银行北滘支行、中国邮政储蓄银行北滘支行、广发银行北滘支行、招商银行北滘支行、交通银行北滘支行共有自助银行设备 326 台，其中自动柜员机 217 台，自助终端 97 台，打簿机 12 台，电子渠道分流率达 90%。

（二）网上银行

2000 年，北滘农商行率先推出网上银行服务，其网银可在微软的 Windows 系列操作系统中运行。通过 Internet（互联网）向客户提供开户、查询、对账、行内转账、跨行转账、信贷、网上证券、投资理财等传统服务项目，使客户可以足不出户就能够安全便捷地管理活期和定期存款、支票、信用卡及个人投资等。2001 年，北滘的农行、工行也相继推出网上银行。2004 年，农商行对网上银行系统进行升级，完善网上银行功能。2009 年 3 月 18 日，推出新一代农商行网上银行，进一步丰富系统功能并采用多项技术手段确保网上银行得以安全、稳定运行。

2011 年，多家机构的网上银行扩展业务范围，推出多项个性化的新功能。工行网上银行推出 iPad 个人网上银行、个人网上银行个性版、企业网上银行行业版、工银“e 支付”等多个新产品，实现铁路网上售票、网上银行支付票款；贷款查询、信用卡还款、公司金融理财产品销售、应收账款融资申请、国际结算单证服务等功能；在个人网银方面新增养老金、电子支付卡等多项服务。

2012 年，北滘农商行率先在同行业实现网上银行和自助设备的非税缴款功能。工行推出苹果电脑版的个人网上银行。北滘建行的网上银行账务性交易量比达 68.77%，是网点柜台交易量的 2.2 倍。2017 年底，顺德农村商业银行北滘支行、中国银行北滘支行、中国农业银行北滘支行、中国邮政储蓄银行北滘支行、广发银行北滘支行、招商银行北滘支行网上银行业务达 2.34 万亿元，其中企业用户 21815 户，交易额为 2.02 万亿元人民币；个人用户 143 万户，交易额为 3385.38 亿元人民币。

（三）电话银行

从 1999 年起，工行开设“95588”电话银行，北滘地区的客户可办理上门收款、收单及电话预约柜台业务等服务。其后，多家银行也纷纷开通电话银行业务，为客户提供相关服务，如查询余额及交易记录，办理挂失、转账、理财等多种业务。

（四）手机银行

手机银行是利用移动通信网络及终端办理相关银行业务。2010 年 10 月，北滘招商银行推出招行网银 iPhone 客户端，其他银行紧跟其后，纷纷发布多款手机银行客户端。

2011 年，北滘工行手机银行打造涵盖 WAP 手机银行、iPhone 手机银行、Android 手机银行、短信银行、iPad 个人网上银行等系列移动金融产品的“工银移动银行”子品牌，为客户提供账户查询、转账汇款、支付缴费、贵金属买卖、理财产品和结售汇等多种的移动金融服务。北滘中国银行新增双向宝、定向转账、理财产品销售等多项服务，推出对 Android 和 iPad 平台客户端的支持，以及电子地图和飞聚等新产品。

2012 年，北滘招商银行对手机银行技术升级，升级的 Android 手机银行不仅查询到就近的招行网点，而且还能查询到网点的实时排队情况。广发银行则提供手机银行直接预约网点排队号服务。客户通过手机直接预约网点排队号。而工行的手机银行则推出了无卡取现业务，用户预约成功后，后台系统会给手机发送预约码和随机密码，客户在取现时，输入预约手机号、预约码及动态密码，每笔可取 1000 元现金。至年底，北滘地区各金融机构的手机银行版本情况如下：

工商银行：WAP 手机银行、iPhone 手机银行、Android 手机银行、WindowsPhone 手机银行。

农业银行：WAP 流畅版、3G 时尚版、iPhone 版。

中国银行：WAP 手机银行、Android 手机银行、塞班手机银行、iPhone 手机银行、中行 WindowsPhone 手机银行、中行苹果 iPad 手机银行。

建设银行：建行 WAP 手机银行、建行 iPhone 客户端、建行 Android 客户端。

招商银行：WAP 手机银行、iPhone 手机银行、Android 手机银行。

邮储银行：iPhone 手机银行、Android 手机银行、Symbian 手机银行、Windows7 手机银行。

中信银行：WAP 手机银行、iPhone 手机银行、iPad 手机银行、Android 手机银行。

广发银行：WAP 手机银行、iPhone 手机银行、Android 手机银行。

兴业银行：WAP 手机银行、iPhone 手机银行、Android 手机银行。

顺德农商行：WAP 手机银行。

三、银联系统

2001 年 12 月，农商行已推出恒通卡的银联消费业务，恒通卡持卡人可以在“银联”标识的商户 POS（销售终端）进行查询、消费、预授权、预授权完成交易。

2002 年 3 月 26 日，中国银联股份有限公司正式成立，并以整合原有十八个城市信息交换中心的系统为基础，通过连接各商业银行行内业务处理系统实现了银行卡的联网通用。

2002 年 4 月，农商行开通 ATM 跨行取现业务，其所有 ATM 均可受理国内已开通跨行取现业务的“银联”标识卡、香港“银通”标识卡取款；农商行的恒通卡也可在全国范围内（含港澳地区）和境外带“银联”标识的 ATM 上取现，24 小时最高取款限额中境内是 20000 元人民币，港澳和境外是 10000 元等值人民币。2003 年 7 月，农商行开通 ATM 跨行转账业务，其所有 ATM 均可受理已开跨行转账业务的“银联”标识卡办理跨行转账，并可与农商行的恒通卡进行互转；在全国已开通跨行转账业务的“银联”标识 ATM 上办理跨行转账业务，并可与已开通该业务的“银联”标识卡进行互转，每日累计转出金额低于 5000 元的，持卡人无需申请即可开通。恒通卡办理跨行转账业务，交易资金可实时到账。

2003 年中国银联开通 Visa（威士卡）、Master（万事达卡）、JCB（日本信用卡），2005 年开通 American Express（运通卡）和 Diners Club（大来卡）收单业务。2004 年 1 月 18 日，北滘居民持有“银联”标识的人民币卡，就能在香港购物、餐饮、住宿，并提取每日不超过等值 5000 元人民币的港币现钞，回来之后再用人民币还款。

2012 年，北滘农商行开办的银联业务包括：“银联”标识卡（指恒通卡，下同）发卡、“银联”POS 收单、ATM 跨行取现和转账、“银联”标识卡在港澳地区及境外取现和消费、外币卡 POS 收单以及最新开办的贷记卡银联在线支付等。银联标识卡可以在中国银联标识的ATM取现和商户消费外，还可以在花旗银行（CITIBANK）的ATM取现，境外开通“银联”标识取现，以及在新加坡、日本、韩国、泰国、印尼、法国、德国、英国、美国、阿根廷、澳大利亚、比利时、巴西、文莱、加拿大、意大利、马来西亚、新西兰、挪威、秘鲁、菲律宾、俄罗斯、越南、西班牙、瑞典、瑞士等国家消费。

2017年，顺德农村商业银行北滘支行、中国农业银行北滘支行、中国邮政储蓄银行北滘支行、招商银行北滘支行、交通银行北滘支行签约“银联”的商户共3680家，安装“银联”POS机2302台，累计成功交易317万笔，总额1334亿元。

第二章 保险

第一节 概况

清宣统二年（1910年），顺德地区开始有保险代理业务，后逐渐延伸至北滘地区。民国时期，保险亦称“燕梳”。当时稍具规模的企业、商号都购买保险。险种主要有火险、人寿险、船舶险几种。据1935—1937年的《中国保险年鉴》《中国保险业概况》《各地保险业调查》等资料记载，北滘地区设有太平、安平及丰盛等多家保险公司的代理处。顺德沦陷期间，保险业随之萎缩。1945年抗战胜利后，部分华资保险公司业务有所恢复，主要办理船舶险和人寿险。

1965年4月1日，为适应经济社会发展的需要，顺德县保险公司成立，开办国内企业财产强制保险。是年承保单位有110户，投保额为5696万元，收入保险费达20.1万元，其中包括北滘糖酒厂。1966年“文化大革命”开始，保险机构被撤销。

在缺乏专业保险机构的情况下，互助性质的集体合作保险应运而生。1974年，北滘人民公社革命委员会根据上级通知，对全公社的生猪养殖统一实行与兽医站的合作保险，由公社的猪鱼领导组负责跟踪落实。生猪保险在实行过程中发现存在较多问题，理赔太多，投险入不敷支，1980年，北滘公社决定取消生猪保险。

1984年12月，北滘设立区社会劳动保险公司，创新性地开办集体企（事）业职工（干部）退休退职的统筹基金，被佛山市劳动局作为经验推广。同时，开办以“两户一体”为主要服务对象的农村企业财产保险和家庭财产保险，以及农村简易人身险。后来还陆续开办了中小学生平安险、人身意外伤害满期还本险等新险种。1986年，遵照国家劳动人事部规定，北滘区公所联同区劳动保险公司对外商企业职工保险福利费用情况进行全面排查，对部分违规企业督促其限期整改。1989年参加北滘镇社会劳动保险公司投保单位71个，投保人数7408人，比1988年度增长6.5%。

1987年筹建北滘保险站，之后升级为营业所，全称为“中国人民保险公司顺德县支公司北滘营业所”，（以下简称“北滘保险公司”）。1989年，北滘保险公司业务范围有：住院医疗保险、简易人身保险、农村（居民）用电保险、家庭财产保险。

1989 年，北滘保险公司给全镇的重点承保企业发出《致企业财产大户的一封信》，建议加强对厂房、仓库、设备的检查，安装避雷设施等，并派出技术人员到石油化工企业传授防火安全知识。1990 年，北滘镇政府和保险公司联合印发过千份保险宣传单张派发给相关单位及个人，并针对不同对象提出“养鸡户的福音”“欢迎参加农业保险”“户户保险、人人保险，欢迎参加保险”等口号，积极推广各个险种业务，大力倡导民众参加相关保险。

1987 年，北滘开始办理社会保险业务，其中包括为农村贫困户、五保户、城镇定补对象、孤老复退军人、义务兵家属及在乡荣军等办理家庭财产保险。1988 年开始，为镇内五保户、扶贫户、全部现役军属、烈属、荣誉军人和孤老复退军人购买房屋财产保险。1991 年开始，为解除二女户后顾之忧，对农村二女户实行养老保险制度，凡农村二女户满 60 周岁的男方和满 55 周岁的女方，可每月领养老金各 60 元。支付的比例是：凡属合理生育的，镇政府负责 30%，管理区负责 60%，对象个人负责 10%；凡属抢生的，镇政府负责 30%，管理区负责 40%，对象个人负责 30%。1993 年 8 月，北滘民政办为民政五保户参加家庭财产保险集体投保，每户保险费 2 元，保险金额是 2000 元。为贫困户买简易保险每人每年 50 元，老人统筹人身保险每人每年 40 元。医疗保险每人每年 33 元。

1994 年，北滘保险公司将简易人身险附加住院医疗险、农村基层干部养老保险金和农村纯女户养老金保险三项业务移交德安保险公司承办，之后北滘保险公司的业务发展大幅减缓。1994 年 10 月，农村二女户参加市德安养老保险统筹，参加人数有 1025 人，管理区占 50%，镇占 50%。根据次年统计，原北滘镇办的转制企业在德安保险公司办理住院医疗保险的职工占 85.5%，办理退休保险的职工占 91.1%；此外，在北滘镇经济发展总公司统筹办理待业保险的职工共计 12200 人。1995 年，镇办企业都为职工办理了住院医疗和养老保险。全镇 20 个管理区（街区）除了 5 个管理区坚持原来的合作医疗制度外，其余 15 个管理区和街区都为群众办理了住院医疗保险，共 44408 人。1999 年，合作医疗德安的住院保险每人要缴 99 元。

1996 年，原北滘人民保险公司转制为国有商业保险公司，分设为中保财产和中保人寿两家保险公司，政府不再参与其具体经营，打破北滘保险市场原来一家独大的状况，在财产保险业务方面形成多家竞争的格局。

1996 年，深化社会保障制度改革，加大了住院医疗保险和养老保险的社会覆盖面。全镇有 1.13 万人参加养老保险，有 7.57 万人参加住院医疗保险。全镇投保住院医疗保险和合作医疗的管理区有 18 个，投保农民达 5.58 万人。2.83 万人参加了工伤保险，切实保障了员工的利益。

1999 年 8 月，北滘镇人民政府发布《关于包干推行社会养老保险的通知》。全镇有顺德户籍员工 2 万多人，已办养老保险的仅 1.14 万人，参保率 50%。企业之间参保不平衡，造成养老保险基金出现收不抵支的现象。因此，为了确保社会养老保险参保工作的顺利推进，从 2000 年采取以村（街区）各有关企业为单位包干参保人数和征集养老金的办法，要求确保在职员工（顺德户籍）社会养老保险参保率达 80% 以上。

2000 年 8 月 30 日，成立北滘镇社会保险工作领导组，由崔建波任组长。随着社会保险覆盖全社会工作的全面推进，北滘镇逐步建立起一个包括养老、医疗、失业、工伤等涵盖居民生产生活多方面的社会保障体系。社保以外的商业保险也积极拓展业务渠道，大力推广新险种，北滘形成一个多元化格局的保险市场。

2001 年 1 月实施“基本医疗保险”。北滘镇各村（社区）自筹医疗情况不一样，莘村、北滘个人每人每年交 150 元，马龙村由集体和个人每年各出资 80 元，林头村委会负责集资金。住院和门诊的报销费用也各不相同。2003 年成立北滘镇城乡居民合作医疗保险领导小组。2006 年，北滘拨出 300 万元补助居民参加城乡居民合作医疗保险，实行合作医疗保险全覆盖，最高保额达每人 6 万元。2007 年 3 月 1 日起，在全镇范围内全面推行基本门诊合作医疗，通过“政府出一点、村居出一点、个人出一点、企业捐助一点、医院让利一点”，实现参与的居民只需交 2 元的挂号费便可享受到包括免费口服药、肌肉注射在内的基本门诊服务。北滘城乡居民基本门诊合作医疗首个保险年度为 2008 年 10 月 1 日至 2009 年 6 月 30 日，以后每年 7 月 1 日至翌年 6 月 30 日为一个保险年份。缴费标准每人每年 80 元，首个保险年度为九个月，保险费为每人每月 60 元。2008 年度城乡合作医疗保险工作方面，参保人数 68000 人，参保比例 99.5%。

2009 年 7 月 1 日起，对镇居民基本医疗保险作调整。住院部分保险费从每人每年 250 元，调整为 330 元，其中财政补助 170 元，个人缴纳 160 元。门诊部分保险费从每人每年 80 元调整为 120 元，其中财政补助 60 元、个人缴纳 60 元。低保人员等特殊对象的保险费，区镇两级财政的分担办法按原规定执行。截至 2011 年 10 月底，北滘镇共发放社保医疗卡 47900 张。2013 年社保年度，顺德区城镇居民基本医疗保险，住院部分保险费按 730 元的标准执行，其中本区户籍居民参保个人缴纳 258 元、财政补贴 472 元。符合一定条件的异地务工人员子女，参保费 690 元，由个人全额承担。门诊部分保险费标准按上年度标准 120 元维持不变，其中本区户籍居民参保，个人缴纳 60 元，财政补贴 60 元，符合一定条件的异地务工人员子女，参保费 120 元，由个人全额承担。

2013 年度，佛山市下达社会保险扩面征缴任务，各区在上年度缴费人数上增加 8 万人，其中分配顺德区扩面任务为 29054 人，占全市扩面人数的 36.32%，北滘扩面任务人数为 4782 人。当年，全镇养老保险缴费人数 118739 人，医疗保险缴费人数 117698 人，生育保险缴费人数 114744 人，失业保险缴费人数 115126 人，工伤保险缴费人数 116377 人；征收养老统筹 40269 万元，医疗保险 30767 万元，生育保险 3276 万元，失业保险 2727 万元，工伤保险 2237 万元。2014 年城乡居民基本养老保险缴费标准设为：每年按 360 元、480 元、600 元、720 元、840 元、960 元、1200 元、1800 元、2400 元、3600 元十个档次。参保人可以自主选择其中一个档次，按年、季度或月的方式缴费。顺德区城乡居保一次性补缴的缴费标准按最高不超过四规定的第六档（900 元/年，对应的月缴费标准为 80 元）执行。按省的调整幅度落实，顺德区城乡居民基础养老金提升工作，从 2014 年 7 月起，每人每月增加 15 元，达人均每月 135 元。从 2015 年 7 月起，每人每月增加 20 元，人均每月为 155 元。

第二节 机构

一、保险公司营业网点

中国人民保险公司顺德市支公司北滘营业所 原是顺德县保险公司站点，1987年筹建。1991年升级为北滘营业所。主要业务是：集体、个人养老保险、农村纯女户养老保险、农业保险、简易人身保险附加住院医疗保险等。1994年，简易人身险附加住院医疗险、农村基层干部养老保险金和农村纯女户养老金保险移交给北滘德安保险公司承办。1996年，因中国人民保险公司顺德市支公司分设为中保财产保险有限公司顺德市支公司和中保人寿保险有限公司顺德市支公司，北滘营业所随之被撤销。

中国人民财产保险股份有限公司北滘营业部 中国人民财产保险股份有限公司顺德分公司于1996年4月成立，北滘营业部是其最早设立网点之一。主要业务有企业财产保险、家庭财产保险、机动车辆保险、船舶保险、货物运输保险、建筑安装工程保险、出口信用保险、农业保险和各种责任保险等，险种达200多个。2007年，配合政府“关注民生”的举措，跟进城乡居民基本医疗门诊合作项目，承保北滘医院的基本医疗门诊超赔保险项目。

中国平安财产保险北滘营销服务部 1998年，中国平安财产保险股份有限公司在北滘镇枫映大道11－12号铺设立营销服务部，代办车险保户的故障援助、估价维修、代办索赔“一条龙服务”。2012年成功地承保了美的集团等规模较大的企业。

中国人寿保险股份有限公司佛山市顺德支公司北滘营业部 2000年后，中国人寿保险股份有限公司佛山市顺德支公司在北滘设立营业网点，向个人及团体提供人寿、意外和健康保险产品。

新华保险北滘营业部 2014年5月，于北滘怡和中心六楼开业，以个人保险为主，全面铺开银代产品、团险等业务。

天安保险北滘营业部 位于河畔路与南河路交界处。

华安保险北滘营销部 位于东基路97号。

太平洋保险北滘营销部 位于双桥路13号4号铺。

二、保险代理机构

佛山市天悦保险代理有限公司北滘营业部 2007年4月成立。业务范围包括：代理销售保险产品、代理收取保险费、代理相关保险业务的损失勘查和理赔以及中国保监会批准的其他业务。

佛山市泛邦保险代理公司北滘营业部 2010年3月成立。业务范围包括：代理销售保险产品、代理收取保险费、代理相关保险业务的损失勘查和理赔以及中国保监会批准的其他业务。

三、社会保险机构

顺德区社会保险基金管理局北滘办事处，前身为北滘镇社会劳动保险公司。职责范围：（1）贯彻执行国家、省、市、区制定的各项社会保险方针、政策、法规，落实和推进北滘镇各项社会保险工作；（2）办理社会保险登记和年审工作；（3）对违反社会保险有关规定行为联同劳动部门进行稽核和实施行政处罚；（4）管理参保单位和个人的各项社会保险缴费档案资料；（5）负责北滘镇的社会保险：养老保险、失业保险、基本医疗保险、工伤保险四大险种，并负责北滘镇的“城乡居民合作医疗保险”承保、理赔等相关业务。

第三节　险种

保险按业务保障对象分为财产保险、人身保险、责任保险和信用保险四个类别。其中财产保险以物质财富及其有关的利益为保险标的的险种，主要有企业财产保险、农业保险、家庭财产保险、海上保险、货物运输保险、工程保险、航空保险、火灾保险、汽车保险、盗窃保险等；人身保险以人的身体为保险标的的险种，主要有人身意外伤害保险、疾病保险（又称健康保险）、人寿保险等。

一、财产保险

企业财产保险　新中国成立之初，企业财产保险属国家规定的强制保险，顺德县保险公司在1951年初便开办了此项保险。在全县应受强制保险的30个单位中，当年投保的有27个。1958年11月停办，1965年4月复办，1967年12月因“文化大革命”再次停办。

1980年初，顺德保险公司恢复后，首先复办了企业财产保险业务。随着北滘经济迅速发展，企财险业务也呈现扩展的势头。

1984年，根据国务院《国营企业成本管理条例》中关于“企业财产和运输的保险费用可以列入成本”的规定，北滘所有企业投保。同年8月28日晚，北滘南方电器厂仓库发生火灾。由于其之前购买了企业财产保险，佛山市人民保险公司13个工作日后支付保险赔款97.51万元。

家庭财产保险　20世纪80年代，北滘的保险公司就有开办家庭财产保险业务，但群众认识不足，业务发展缓慢。

1990年，北滘镇政府联合保险公司，在全镇积极宣传推广家庭财产保险。制订低保费高保障的保险责任条款作为卖点，其具体赔付范围为：因自然灾害、意外事故造成的家庭财产、建筑物损失；可选择增加保盗窃险，被盗窃家庭财产由保险公司按实际损失赔付。收费：家财险根据建筑物及家庭财产价值按年费率0.1%计收，盗窃险按年费率0.2%计收。1992年，顺德市北滘镇人民政府民政办公室为民政对象统一购买家庭财产保险，保险金额为47.4万元，保费为474元。

农业保险 1975年，北滘公社革命委员会曾实施生猪统一合作保险，其业务由公社畜牧兽医站负责。公猪、母猪保险期一年，每头收费2元2角；肉猪保至上市、小母猪保至配种前每头收费1元5角。生猪患病，兽医站包免费治疗，病猪死亡则包赔偿。1980年，取消生猪保险。

20世纪80年代中后期，北滘地区开办农业保险，但购买的农民并不多。

1990年，北滘保险公司专门针对发展较快的新型农业，如经济作物种植及专业的家禽、水产养殖等方面制订推出了多款农业保险，具体包括养鸡户保险、鳗鱼保险、鱼塘保险、生猪保险。但由于北滘地区的自然灾害频繁，农业受灾频率高于保险费率，尽管保险公司采取低保额、保成本，规定单一保险责任等措施控制风险，但仍频繁出现保费、赔款收支倒挂状况。1991—1995年，农业险在北滘的综合赔付率超过100%，经济效益低。因此在1996年后，农业保险规模日渐缩小。至2000年后，商业保险公司对农业保险业务几乎不予开展。

2010年1月1日起，北滘镇开展政策性生猪保险试点工作，试行三年，至2012年12月31日止，承保单位为中国人民财产保险股份有限公司北滘营业部。生猪保险保费由农户和财政共同承担，按照每头生猪保费16元的标准，由财政补贴10元，农户承担6元；保险金额每头生猪200—290元。

二、人身保险

1990年，北滘保险公司推出人身伤害险，凡因触电致使人身死亡，或因用电引起火灾、雷击造成电视机等家用电器损毁，都给予赔偿：人身死亡和财产损失最高赔付8000元。收费：每户10元，由各自然村统一办理投保。

同年，北滘保险公司大力推广简易人身险附带医疗险，将住院医疗保险和简易人身保险进行捆绑销售。保险责任：因疾病及意外需入院治疗，其医疗费、药品费和检查费均可凭单证由保险公司赔付70%—75%，每年最高赔付3000元。收费按年龄不同分别年缴保费24—36元。简易人身保险，16—65周岁的身体健康者可投保。保险期满返还全部保险金（含缴纳保费及分红）；因意外造成残废、死亡及疾病死亡赔付保险金。保险金额（储蓄金额）可根据不同年龄及投保年期，每月缴纳（储蓄）不低于5元的保险费，以此确定保险金额大小。

简易人身险在北滘推出后，全镇的投保率超过10%。

1991年度，顺德县保险公司北滘营业所医疗保险理赔共26人次，赔付总额为13503.46元。1994年，德安保险公司承接简易人身险附加住院医疗险、农村基层干部养老保险和农村纯女户养老金保险三项业务后，加大宣传力度，吸引更多村民购买人身保险，至2012年末，简易人身保险发展为较成熟的城乡居民社会养老保险制度和城乡居民统一的基本医疗保险制度。

2009年1月，北滘镇全面推行“你献爱心，我送保险”活动，凡参加无偿献血的居民，获赠国寿绿洲保险。该保险特点是：一人献血，全家保障。当献血者及其直系亲属在保险期内发生意外伤害时，均可获得相应赔偿。献血越多，保额越高，最高可达 15 万元。受益人除献血者本人外，还包括献血者在国内任何地方居住工作的直系亲属（父母、配偶、子女）。根据献血量的不同，献血者及其直系亲属将获得不同保险金额，如献全血 200 毫升、300 毫升、400 毫升和机采血小板 1 人份，保险额分别是 2 万元、3.5 万元、5 万元和 10 万元，献血量越多，理赔的金额也就越多。

2012 年起，北滘卫计局开展计划生育保险工作。计划生育家庭保险方案，保障对象：符合国家计划生育政策且接受节育手术的夫妇及其子女（2—5 人家庭）。保险期间：一年。投保年龄：0—65 周岁（对象超出 65 周岁不列入投保范围）。这是运用保险和市场机制帮助育龄群众抵御风险，促进计生利益导向机制健全完善的重要举措。

2012 年 10 月，北滘镇卫计局在中国人寿公司投保“国寿计划生育家庭意外伤害保险”，总保费达 100080 元，受惠人群达 5690 人。

2013—2017 年北滘镇计划生育家庭意外伤害保险情况表

表 11—2—1　　　　单位：户、人、元

年份	受惠家庭	受惠人数	保险费
2013	1736	6039	104160
2014	1780	6192	106800
2015	2141	7510	128460
2016	600	2166	36000
2017	565	2126	33900

第十二篇　邮政、电信、信息

明朝，顺德设县，在北滘区域的都粘乡（今都宁村一带）设都宁铺（急递铺），传递官府文书。民国期间，先后在龙涌、莘村、马村等地设四乡信箱，隶属黄连二等邮局；莘村、碧江、都宁等乡设有邮政代办所；莘村、马村开办电话所，开始民间邮政电话业务。

1959 年，北滘人民公社成立，同年设立邮电支局，当时设施极为简陋，邮件靠人力及自行车传送，电话使用的是人工电话交换机，线路仅通到生产大队。1962 年北滘遭受特大洪水，邮电工人克服种种困难，确保通讯畅通，为抗洪抢险救灾作出贡献，受到县、公社的表彰。1974 年，北滘邮电支局自力更生，“一不等、二不靠、三不伸手向上要，三步合并两步走，自己动手变面貌”，推动现代通信技术发展。至 1977 年，北滘初步实现电话自动化。

1979 年后，现代化建设全面开展，北滘邮电业务范围快速扩展。从 1985 年起，相继开办程控电话、磁卡电话、无线寻呼、移动电话、IP 电话、图文传真等新业务，至 1998 年，全镇电话装机容量 30000 门，用户 19500 多户，电话普及率达 71%。2012 年，北滘程控电话用户达 81081 户，电信移动电话用户达 75932 户。至 2016 年，个人通讯全面普及，移动电话用户呈数量级增加，仅电信移动用户已达 91688 户。

自 2007 年起，全面推进信息化建设，以信息化推动工业化、城市化，大力开拓系统集成业务，逐渐实现政务信息化、社会事业信息化和企业信息化，涵盖行政管理、文化、教育、卫生、金融、旅游、气象、水、电、交通等公共设施与服务，以及农工商服务等各产业。2012 年，全镇基本“村村通光纤、户户可上网”。至 2017 年，北滘全面实现“光进铜退”，家家户户光纤接入，语音与数据通讯更加快速稳定。

第一章　机构设置

明弘治元年（1488 年），顺德在都粘乡设都宁急递铺，传递官府文书。清道光二年（1822 年），顺德设铺兵 7 人，其中中路铺铺兵 2 人，至江村都宁紫坭与番禺县邻接。民国时期，莘村、碧江、都宁设立邮政代办所。民国 36 年（1947 年），先后开设莘村、马村电话所。

1959 年 9 月，北滘成立邮电支局，地址跃进路 14 号。1961 年，碧江设立电话站。1969 年 11 月 30 日，邮政、电信分设，设立北滘邮政支局、北滘电信支局。1973 年 9 月 15 日，邮电重新合并，恢复北滘邮电支局建置，碧江邮政代办所升级为邮电所。1985 年，北滘邮电支局迁移至蓬莱路 6 号，原址改设跃进邮电所。1987 年，设立三桂、马村、莘村、林头邮电代办所。1992 年 11 月，碧江邮电所升格为碧江支局，局址碧江大道路口。1993 年 2 月，北滘邮电支局升级为北滘邮电分局。至此，北滘镇内邮电机构分三级设置，即北滘邮电分局、碧江邮电支局、跃进邮电营业所。

1998 年 10 月 6 日，邮电再次分营，设北滘邮政分局、北滘电信分局。中国电信上市后，北滘电信分局改称“中国电信股份有限公司佛山顺德区分公司北滘客户服务中心”，主要经营固定电话、宽带、数据、无线通信（含 2G、3G、4G）、系统集成（ICT）、主机托管（IDC）及其他信息化业务，同时也销售各类通信终端。

1999 年 1 月 28 日，广东移动通信有限责任公司顺德分公司在北滘设立营销服务中心，主营移动业务。1999 年 8 月 25 日，中国联通公司顺德分公司在北滘设立营销服务中心，成立之初主要经营无线寻呼和移动电话业务（GSM）。进入 21 世纪，无线寻呼逐渐淘汰，联通把经营重点放在移动通信上。2008 年，联通合并网通，改称新联通，逐渐涉入经营固话、宽带业务。2009 年 5 月，中国铁通正式并入移动，移动公司开始经营固话及宽带服务。此后北滘镇内三家电信业务运营商均全面经营有线固话、移动及宽带数据业务。

至 2017 年，北滘镇内邮电业务机构有：顺德区邮政局北滘分局、中国电信股份有限公司佛山顺德区分公司北滘客户服务中心、中国移动通信集团广东有限公司顺德分公司北滘服务销售中心、中国联通顺德分公司北滘营销中心。

第二章　邮政

第一节　邮政业务

1959 年北滘邮电支局设立后，邮政业务主要有：信函、包裹寄送、汇兑和报刊发行。实行社队邮递员制度，信报直接投递到户，寄出邮件经大良委托客车带至佛山市邮局分发寄送，县内寄往北滘乡村的邮件普遍当日到达。

20 世纪 80 年代，邮政业务迅速发展。1982 年 12 月，北滘开办集邮业务，经营纪念邮票、特种邮票、纪特邮票首日封、纪念封及集邮用品用具。1987 年 1 月，开办邮政储蓄业务，种类有活期、活期储蓄异地存取、通知存款、整存整取、零存整取、整存零取、定额定期等。1988 年 5 月，增办邮政快件汇款业务。1989 年 1 月，开办邮政快件业务，主要有信函快件、包裹快件和汇票快件。

90 年代，邮政业务呈现全面发展态势。1990 年，邮政储蓄为城乡居民提供多元化服务，北滘全年储蓄余额达 161.56 万元。1993 年 3 月，开办快件汇款业务，并与企业合作，利用特快专递买单寄月饼，快递专递物品实行上门揽收。报刊发行量年年上升，1993 年，收订《南方日报》《羊城晚报》3431 份，比上年增加 10%。1995 年，销售邮票 69264 枚。1998 年销售邮票达 150000 枚；同年还开通专递“185”热线（后改为“11185”热线）；开办话费代缴、BB 机话费和保险代收、工资代发等业务；EMS 邮件数据实现国内 200 多个城市联网。1999 年，建立大客户档案，为用户提供代购、代包装、代寄一条龙服务。1996 年，邮递员罗连科因“投递零差错、零积压、零超时、零投诉”，被评为“最美乡邮员”“佛山邮电十大服务明星”。

进入 2000 年，北滘邮政接连推出金融代理、邮购、证件代办等多项中间业务。金融代理主要包括代理保险、国债、彩票等；代收代付主要业务包括代发工资、养老金，代收有线电视费、物业费、燃气费、公益事业费、税金等；邮购是北滘邮政的新型业务，如为企业代办销售电器、酒类等业务；证件代办即为市民代办身份证、车牌照、税金等。2008 年，北滘邮政分局实行代办快速上门揽装业务。2012 年，推出“11183”热线，上门揽收快件，接受用户查询。当年底，北滘邮政分局开办业务主要有：邮政储蓄、速递、平常信件、商业信函、明信片、贺卡、集邮、包裹、报刊发行、代理保险、代办个人港澳游二次签注、代办缴纳交通违章金等，全年业务收入 1402.37 万元，其中函件 118.78 万元、包裹 7.54 万元、报刊 126.12 万元、集邮 142.1 万元、储蓄 744.38 万元、汇兑 102.62 万元、特快专递 44.42 万元、代理业 70.24 万元、其他业务 46.17 万元。至 2017 年，邮政业务收入提升到 2227.04 万元，其中函件 37.13 万元、包裹 447.55 万元、报刊 82.77 万元、集邮 70.11 万元、储蓄 1538.12 万元、汇兑 11.19 万元、特快专递 22.51 万元、代理业 5.14 万元、其他业务 12.52 万元。

1990—2017 年若干年份北滘镇邮政业务统计表

表 12—2—1 单位：千米、份、张、万元

年份	1990	1995	1998	2011	2012	2015	2016	2017
邮路长度	—	—	—	928	976	1040	1088	1100
给据收寄函件	91871	60156	99828	9440	7287	4128	3503	3855
进出口平常函件	595563	1750966	1765819	61046	29198	1026482	1135343	1039265
给据收寄包裹	9831	23439	31953	15910	16876	33256	29050	17963
汇兑	27076	109996	127129	129816	72889	1860	1620	1733
邮储余额	161.56	2489.74	3164.52	29225	41343	51516	58244	83966
收订报刊	12152	16248	16509	10612	10752	10543	10246	9980

注：数据来源于顺德邮政局。

第二节 邮政设施

20 世纪 60 年代，北滘邮政支局在区域内使用自行车投递邮件，与区域外交换邮

件主要依赖公共客车运送。1984年起，顺德自办汽车邮路，从集中投递改为分段直投，北滘镇内投递实现摩托车化。

1993年起，以“业务发展轻型化，生产作业机械化、自动化，管理科学化”为目标，北滘邮政逐步推行自动化。1994年，报刊发行及邮储事后监督实现微机化，商业信函自动自理系统投入使用；邮件过戳、逐单实现自动化。1997年9月，开通邮政储蓄联网，邮政营业计算机综合处理系统（一台清）投入使用，信函处理、邮政汇兑、报刊发行、邮政储蓄、代理业务均实现计算机系统处理。1999年起，北滘社区、楼盘陆续推行设置不锈钢信报箱，各小区均建起报刊亭。2012年，全镇共有报刊亭25个、邮筒12个。至2017年，全镇计有报刊亭11个、邮筒8个。

第三章　电信

第一节　电话

民国36年（1947年）11月，北滘区域首个电话所——莘村商办电话所成立，所址设于莘村乡，有员工2人。

1986年1月，北滘换装800门容量的自动电话总机，取代传统的人工手摇电话总机；同年顺德建成全国县级局容量最大、覆盖全县城乡的自动通信网。1989年，顺德建设城乡程控电话交换网（是全国第一个实现电话程控化的县），北滘同时开通3000门程控交换设备，步入程控交换电话时代。

1984年前，北滘区内电话只按用户类别区分，收取月租费和按次通话费。1985年，北滘取消县内区间通话按次计费，改包月计费。1986年北滘换装自动电话。1989年开通程控交换机设备后，分换装和新装，按不同用户类别加收不同档次的电话换装费或初装费。1992年，取消包月计费，改为复式计次收费。2001年7月开始，北滘全面取消电话初装费及其他附加费。

固话分独线电话、集团电话（用户小程控总机）、内线电话等不同的电话种类，收取不同的月租费和通话费用。

一、本地电话业务

北滘自1959年设立邮电支局，1986年换装自动电话，1989年开通3000门程控电话，电话普及率随着北滘经济发展逐年攀升。

1991年12月14日，北滘程控电话扩容3000门，由RSU模块局升级为容量达6000门的交换局，成为顺德县第一个使用体积小、免维护、无污染新电池的支局。是年，北滘电话放号488户，累计电话用户达1940户。是年北滘邮电支局工作成绩突出的苏绍元、杨燕珊被北滘镇党委批准入党，填补二十年来北滘邮电支局未有发展共产党员的空白。

1992 年，北滘邮电职工秉承“人民邮电为人民”的宗旨，继续致力提升全镇通讯水平，至年底，共开通电话 3322 门，其中长途 3117 门。是年，美的集团公司由旧厂搬迁到新厂，在时间紧、任务赶、人手短缺的情况下，邮电机线员不分昼夜、争分夺秒，终于赶在厂房搬迁前把电话线路全部割接妥当，确保电话畅通。9 月，北滘三乐路一条 200 对电缆被泥头车撞断，造成附近工厂企业和住宅电话通信中断。虽正值正午，但机线员黎锐添等立即赶赴现场抢修，因地处主干道路，交通繁忙，抢修难度大，直至深夜才抢修完毕，恢复通信，机线员几乎整天粒米、滴水未进。11 月 6 日，北滘被国家科委授予“国家星火技术密集区”“国家星火科技产业示范镇”，北滘邮电线员紧急受命，在线路满载的情况下灵活快速布放电缆，确保珠江电台顺利进行现场直播。

1993 年，在国家实行宏观调控、银根紧缩的情况下，北滘邮电分局加大通信基建投资，新建碧江支局电话交换设备 3000 门，全镇程控电话容量增至 9000 门；新建北滘至乐从光缆、大良至碧江 480 路数字微波、碧江数字微波塔，通信能力再上一个台阶。1993 年电话共放号 2242 户，全镇程控电话用户达 5584 户。

1997 年，北滘邮电分局共投资 650 万元加大线路投资，实现“一户一线”目标。全年共扩容程控电话 5000 门，建成西海、西滘、莘村光纤环路设备（SLC），实现光纤到管理区，为日后光纤到户打下了基础。配合电话初装费再次下调的利好，北滘邮电分局于 9 月 6 日、9 月 14 日进行现场批装，市民反应热烈，成为当时热门话题，两天共报装电话 855 户，创造了北滘史上单日电话放号最高纪录。1997 年全年共新增电话 2685 户，共建成户户装上电话的“电话村”10 个：林头二村、八村、十五村、十九村、二十三村，三洪奇东一、东三、东四、叙二村、槎涌西庙村。

1998 年，抓住顺德建设电话市的契机，北滘邮电局推出多项优惠措施，电话资费一再下调：安装电话“一口价”为 2200 元/户；“1 + 1”（即加装，一户安装 2 部电话机以上）用户 1100 元/户；迁移用户一律 380 元/户；移动电话入网费从 3000 元/户下调至 2200 元/户；商业网用户 1500 元/户。经济发展较慢的管理区，实行八折；其他管理区分期付款；管理区或自然村集体一次报装 10 户以上九折。自此，以往作为奢侈品标志的电话，大规模走入了平常百姓家。1998 年，是北滘电话大发展的飞跃年，程控电话装机容量达 3.18 万门，电话用户呈几何级数增长，达 19846 户，其中住宅电话用户 16572 户，电话普及率达 71%，电话村达 19 个。2016 年，北滘程控电话装机容量为 8.2544 万门，实装 72286 户。至 2017 年，因个人移动通信大幅提升，程控电话用户降至 65194 户。

二、公用电话业务

除私人及企业固定电话，为满足群众通信需求，从 1990 年，北滘开始在各乡、村及镇区人流密集地区安装公用电话。1990 年 3 月 29 日，省内联网的第一部磁卡电话机在顺德投入使用后，北滘加大力度发展磁卡电话、投币电话、IP 超市，售卖 200 电话卡等，是年，北滘允许私人经营公用电话业务，公用电话网点迅速增多。

1997 年，北滘建成 79 座公用电话亭，北滘卡式公用电话开始大规模发展，公众场所及学校逐步普及卡式公话，城区主要街道以 100 米间距设置卡式公话，2002 年，磁卡电话机全部由 IC 卡电话机取代。

至 20 世纪 90 年代末，北滘公用电话点发展至最高峰。此后，随着 IC 卡、200 电话的普及，“私话公用”的电话点逐渐减少。2001 年，北滘电信分局以社会代办点的形式迅速发展中国电信 IP 超市、IP 公话。

2002—2017 年北滘公用电话数量统计表

表 12—3—1　　　　单位：台

年份	IP 公话	卡式公话	200 电话	合计
2002	505	536	2040	3081
2003	2106	1008	4524	7638
2004	3268	701	5864	9833
2005	4084	328	6906	11318
2006	4927	307	5493	10727
2007	6141	278	5932	12351
2008	6217	243	5879	12339
2009	6201	237	5865	12303
2010	5738	186	5834	11758
2011	4969	65	5816	10850
2012	4849	53	5809	10711
2013	4681	53	5802	10536
2014	4543	53	5796	10392
2015	4408	53	3291	7752
2016	436	9	517	962
2017	422	8	515	945

注：数据来源于顺德区电信分公司。

三、流动市话业务（小灵通业务）

2003 年 3 月 27 日，顺德建成流动市话网络并开通小灵通业务，信号覆盖各镇街核心区域及主要村（社区）。由于流动市话兼具固话和移动电话的优点，既携带方便可移动通话，又单向收费且收费低廉与市话相同，建网当年，北滘已发展小灵通用户 15913 户。此后，作为固话的有效延伸和补充，北滘小灵通用户爆发式增长，至 2007 年，达到最高峰。此后，为保证 3G、4G 移动业务的发展，避免对 1880—1900MHz 频段 TD - SCDMA 系统产生有害干扰，国家工信部指示，2011 年起要妥善完成小灵通退市的相关工作，小灵通业务逐步萎缩，至 2014 年，北滘小灵通业务基本退出市场。

第二节　电报、传真

一、电报业务

1952 年 11 月，北滘与顺德各镇同时开通电报业务。电报种类有天气、水情、公益、政务、新闻、普通六种。虽称为电报，实际是定时用长途电路人工话传。

1956 年，收发电报由话传改为使用莫尔斯机。1960 年 6 月，载波电路投入使用，收发电报改用波纹机。进入 80 年代后期，陆续改用全电子电传打字机、自动发报机。1992 年 2 月，开办国内礼仪电报业务。1995 年 10 月，开办鲜花礼仪电报。

20 世纪 80 年代末 90 年代初，电话尚未向居民普及，即时通信未能普遍实现，北滘镇内电报业务一度达到巅峰。1991 年冬季，为配合美的公司订货会的准备工作，3 个月内北滘邮电支局共协助美的公司拍发电报 935 份。

90 年代中后期，北滘程控固定电话、BB 机、移动电话快速发展，北滘邮电分局收发的电报量逐年减少。1995 年，北滘进出口电报 39092 份，比 1990 年的 40195 份开始有所下降；至 1998 年则锐减至 12029 份。2001 年 8 月 1 日，邮局取消公众电报业务中的特急和加急业务。2005 年 11 月，取消公众礼仪和鲜花礼仪电报业务，随后，电报业务在北滘镇终结。

二、传真业务

1989 年 8 月，北滘邮电支局开办公众传真业务。业务内容是：用扫描技术，通过电路把相片、图表、报纸、手稿以及各种文字符号，从一地点传送给另一地点，按照原样复制给用户。

1991 年初，开设用户传真机业务。1992 年，北滘邮电支局营业厅对外开办传真机业务，增加电话计费机、电报计费机等设备，更方便用户使用电信业务，是年全镇共有传真机 58 门。1993 年 6 月，割接公用电报分集器，北滘实现公用电报的自动化。1998 年，北滘传真用户有 198 户。

进入 21 世纪，随着互联网和电脑的普及，网络传真开始投入使用，它通过类似收/发 E－mail（电子邮件）的操作，在电脑和手机上都可方便收发传真，网络传真成为一种新型通信增值服务。

第三节　无线寻呼

1988 年 12 月 18 日，北滘镇随着顺德县开设“无线人工寻呼台”而开展无线寻呼业务。寻呼台可为主叫用户通过无线寻呼系统和公用电话网，向被呼用户单向传递简单信息。无线寻呼用户端俗称“CALL 机”或“BB 机”（因用户可随身携带，收到信号后，寻呼机即发出B、B的响声或震动，并显示寻呼的电话号码而得名），寻呼机可有音响呼叫、数字显示、字母显示、汉字显示或混合显示等方式。一般采用包月制计费方式。至1992年，全镇共开通无线寻呼690户。

1993年6月24日，珠江联网台（127台）开通投入服务，北滘用户走出顺德漫游使用。业务收费：新开户收进网费360元，月服务费85元。

1993年10月，顺德无线人工寻呼台改称自动寻呼顺德一台（983台）。业务收费：新开户收进网费550元，月服务费36元。同年10月13日，顺德二台（988台）开通投入服务。业务收费：新开户收进网费150元，中文机月服务费90元，数字机月服务费40元。1995年1月1日，月服务费调整为中文机72元，数字机36元。同年7月1日，顺德三台（986台）开通投入服务。业务收费：新开户收进网费150元，中文机月服务费72元，数字机月服务费36元。1995年10月1日，通达联网台（989台）开通投入服务。业务收费：新开户收进网费300元，数字机月服务费40元。

至1998年，随着无线寻呼网络逐步完善，用户群逐步庞大，无线寻呼的新开户进网费以及每月的服务费大幅下调，各个台月服务费全部降为30元（联网台除外）。

无线自动寻呼业务开通初期，具备语音信箱、中文传呼、自动寻呼等功能，后期增加对数字机漫游寻呼、跟踪寻呼、秘书功能、数字/中文寻呼、短语代码寻呼、外汇、股市信息、天气预报、人工辅助语言留言、交通信息、体育消息等业务。

1998年10月，顺德邮电寻呼台合并归入广东电信寻呼有限公司。次年，广东电信寻呼有限公司更名为广东国信通信有限公司，推出全国无线公众寻呼网198（人工）/199（自动），全面经营本地网、全省联网、全国联网寻呼业务。1998年，北滘无线传呼用户有4802户。

进入2000年，由于移动通信的快速发展和电信新业务的不断涌现，特别是手机短信息、互联网等新技术带来冲击，寻呼业务逐步走向萎缩。至2007年，无线寻呼业务在北滘镇基本终结。

第四节　移动电话

1988年12月28日，北滘邮电局随同顺德县邮电局对公众开通模拟移动电话业务。当时的移动电话通信，是利用移动电话机，通过基站和自动交换设备进行相互通话，通过与公用电话网连接，可以与国内外电话用户进行通话。新开用户收一次性进网费6000元，另每月服务费150元。

1991年3月29日，珠江三角洲（含北滘）移动电话号码从6位升至7位。

1992年，建立北滘移动基地站，当年底，共有移动电话用户76户。1994年，开通数字移动电话。1995年6月，顺德建成独立区号的移动电话交换局。1997年9月，随着顺德GSM数字移动交换局建成，北滘进入移动电话的飞速发展期，是年，北滘移动电话放号2017户。

1999年1月28日，移动顺德分公司成立，在北滘设立营销服务中心，主营移动业务，移动业务从北滘电信分局剥离。此后，移动电话从功能单一的语音通话服务发展到来电显示、呼叫转移、呼出限制、彩信等增值服务，以及随着智能终端的普及，开发了手机上网、移动办公、掌上理财、移动银行、移动付费等各种应用服务，先后推出了“全球通”“神州行”“动感地带”等多个品牌。

1999 年 8 月 25 日，联通顺德分公司成立，也在北滘设立营销服务中心，主营移动电话业务（GSM）。2002 年，联通正式开通 CDMA 服务，并冠以“联通新时空”品牌名称。2009 年，中国联通正式发布 3G 品牌及 LOGO，“沃”成为联通旗下所有业务的单一品牌。

2009 年，中国电信收购联通 CDMA，重新经营移动业务，以“天翼”作为移动业务的品牌，并结合固话、宽带等业务，推出“我的 E 家”“天翼飞 YOUNG”等多种业务组合。

移动电话开通之初，仅提供通话、短信等基本功能。经过二十年的快速发展，已从最初的模拟移动电话系统，发展到第四代数字通信系统（4G），移动终端亦更加集成化、智能化，兼具电话、相机、视频播放器等多种功能；而各种应用开发也日新月异，手机淘宝、电影购票、微信支付……市民足不出户，也能享受移动生活的便利。

至 2017 年，移动电话终端兼容性越来越广，全网通手机普及，双卡槽的设计，使移动、电信、联通三大通讯运营商，GSM（2G）、CDMA（3G）、LTE（4G）三种通信制式相互兼容，北滘移动电话用户量大增，仅中国电信的移动用户已达 98219 户。

1991—2017 年若干年份北滘镇电信业务发展情况统计表

表 12—3—2　　单位：户

年份	固定电话	流动市话	公用电话	无线寻呼	移动电话（电信）
1991	2425	—	—	316	66
1992	3342	—	—	690	76
1995	10384	—	—	2812	2103
1998	19846	—	—	4802	9692
2001	40875	—	—	—	—
2003	54754	15913	7638	—	—
2004	59900	21269	9833	—	—
2006	67926	28800	10727	—	—
2008	74448	29187	12339	—	—
2009	75273	18485	12303	—	—
2010	78492	10481	11758	—	—
2011	90764	9853	10850	—	64789
2012	89189	9308	10711	—	83525

续表

年份	固定电话	流动市话	公用电话	无线寻呼	移动电话（电信）
2013	87407	—	10536	—	102618
2014	78948	—	10392	—	86547
2015	82518	—	7752	—	83469
2016	72286	—	962	—	91688
2017	65194	—	945	—	98219

注：数据来源于顺德区电信分公司。

第四章　信息技术应用

1997 年 5 月，北滘邮电分局开办 INTERNET（国际互联网）业务、视聆通业务，北滘迈出信息技术应用的第一步。1997 年 6 月 14 日、9 月 6 日、10 月 2 日，在北滘举办三场次的视聆通、国际互联网现场批装活动，参观者众，北滘中学还专门组织学生参观学习。由此，揭开北滘信息化应用的序幕。1997 年，北滘共开通互联网用户 67 户，视聆通用户 80 户。

1999 年 7 月 1 日，作为全省十大特色站点之一的“两家一花”（家电、家具、花卉）网站正式开通，为北滘“企业上网”信息化工程的实施开辟了一条方便快捷的可行之路。同年 10 月，由顺德市电信局全资收购原市政府属下的信息网络中心，组建顺电信息网络中心有限公司，建立了顺德市信息网络统一平台与现有各网、各站点相连，组成顺德区域网络，实现了资源共享和信息交换的智能化、实时化。11 月，顺德电信局与北滘镇政府签订“政府上网”协议。

2000 年，是北滘信息化发展历程的一个里程碑。年内，在原有数字数据网、分组交换网、综合业务数字网、ATM 网的基础上，建成北滘互联网出口节点，与广州节点相连，使北滘初步建成宽带化、智能化、综合化的高速信息网络平台；开通 1MMODEM 上网业务，引入 ADSL 宽带业务，镇内用户上网速度大大提高，同时，还利用以上两种接入技术，为企业提供 VPN（虚拟专网）服务；建成本地智能网平台，为镇内用户提供校园卡、公司卡、移机不改号等智能业务；同年年底，“两家一花”专题网站已有包括北滘家电、五金等全市 1100 家企业上网；北滘公安分局办公自动化系统全面建成。此外，为各企业、商铺提供网上买卖电子交易环境的顺德网上电子商厦、实现网上查号的网上黄页、网上费用查询缴费系统、移动电话网上选号系统、信息网络盗用系统、ETO 欧亚贸易桥等网上应用系统亦陆续建成。

2006 年以来，电信北滘客户服务中心大力开拓系统集成业务，推出综合办公、物流 E 通、企业总机、金视通、会易通、物流新干线、物联网等促进企业信息化；推出家校 E 通、社会治安视频监控项目等，促进社会事业信息化。

2007 年，移动北滘营销服务中心以中小企业集群化经营思路打造北滘信息化专业镇，校讯通、智能公交项目全面铺开，美的移动总机成功应用，信社通、家电销售数据卡等特色信息化产品取得发展。2008 年，成功实现蓬莱路、南源路等北滘主干道路 GPRS 监控，计生社保等民生信息系统广泛应用；推出手机支付、手机证券、手机异地缴纳罚款等系列便民信息化服务。2009 年，开展“为民邮箱”、加大校讯通业务覆盖；全面启动“信息顺德”无线城市建设，通过构筑有线、无线交叉覆盖的全方位的信息传输体系、助力北滘信息化建设。

2008 年，电信在北滘建成光纤网络，是年开始发展 FTTO（光纤到办公室）业务。2012 年开始，规模推进“光进铜退”（布放光纤，置换铜缆），大力发展 FTTH（光纤到户），网速最高可达 100M。

除此以外，政府机关、社会事业单位、企业公司也纷纷加大在政务、社会事业、生产销售等领域的信息化建设，全镇高速向信息化迈进。

2002—2017 年若干年份北滘宽带、光纤业务发展情况表

表 12—4—1　　单位：户

年份	宽带到达数	其中：ADSL 宽带	其中：光纤宽带
2002	1746	1746	—
2005	10820	10820	—
2008	26497	235	—
2011	44490	44086	404
2012	53610	49823	3787
2013	54535	43493	11042
2014	56772	40633	16139
2015	55762	23841	31921
2016	57622	3980	53642
2017	57403	126	56140

注：数据来源于顺德区电信分公司。

第一节　党政政务信息化

1999 年，按照顺德启动政府上网工程的部署，北滘开始建设市镇两级光纤网络和镇政府内部局域网。

2000 年初，北滘镇政府与顺德电信局达成信息上网协议，首期投入资金 212 万元，购置工作站 130 台，打印机 20 台，建立镇政府信息网，镇、村两级网络通过光纤互联，实现信息共享与实时通讯。同年 6 月 1 日，北滘镇机关在顺德率先推行办公自动化，为全镇 190 位镇村干部配备电脑，计算机应用融入政府办公运作中，实现机关公文文书处理及日常事务处理的“无纸化”，由此，北滘成为顺德第一个实现办公自动化的镇政府，政务处理时效与质量、政府综合管理水平、机关人员素质均得到提升。

同年，北滘镇党政机关投入51万元，增购电脑触摸屏24台，并完善电脑触摸屏的软件。至此，北滘21个村（社区）和镇政府均设置电脑触摸屏，借助于信息化，北滘政务公开化全面推广。

2001年，北滘电信分局加大对接入网设备和线路工程等通信设施的投资，为北滘镇推进信息化的发展提供载体。1月1日，北滘全面铺开村级办公自动化，是年全面建成“电子政府”，实现四个“率先”：率先在顺德实现镇级无纸化办公；率先在顺德实现镇、村居两级办公自动化联网和无纸化办公；率先在政府机关内部建立应用系统；率先在北滘网站上设立镇长电子邮箱，改革政府传统办公模式，促进了“六个行政”（即依法行政六个观念：越权无效、职权法定、权利本位、权力有限、权责统一、权利监督）的开展。

2002年起，北滘镇政府以多项举措提升信息化水平：

（1）推动政府办公运作信息化。

实现与市政府办公自动化联网，丰富政府部门软件应用系统，推进地理信息管理、人事管理等系统的开发与完善，提高政府信息化系统应用的广度和深度。

（2）全面加强政府上网工程建设。

做好网上镇长信箱、网上政府采购、网上招投标的实施工作，逐步完善公共资源交易平台建设。

（3）开通广播电视网络党政政务查询系统，设立政务频道。

由党政机关专门人员采取问答的形式，代替原有的电脑触摸屏，让群众通过电话更实时更便捷地免费查询政务公开的内容。

（4）设立政务咨询与投诉专线。

包括开通“6333000”镇长专线、“22318180”顺德区政务咨询和行政投诉热线（顺德政务百事通，简称“政务通”）等政府亲民信息化渠道和平台。自2002年开设镇长专线以来，形成多种政务互动渠道和平台，一方面最大限度地提高政府运作的透明度，另一方面进一步简化市民咨询办理民生实事的流程，有效提升政府的办事效能。例如在北滘工作而户籍在伦教的朱女士向“政务通”平台反映：她小孩入读小学，如按户籍回伦教入学，将非常不便。北滘镇政府接到咨询后立即转北滘教育局跟踪处理，获悉朱女士已在北滘参保十年，达到佛山市政策性照顾借读要求，即复朱女士：其小孩可以申请政策性借读。另外，北滘一低保户，向镇长专线电话咨询如何解决住房问题，北滘镇人力资源和社会保障局获悉后，即指导并帮助其按规定办理申请公租房手续。

据统计，2002年至2005年，北滘镇长专线共办结群众来电3150个，其中，仅2005年就占1120个次，以信息化的手段及时解决了市民反映的社会热点问题。

从2010年开始，北滘镇政府借鉴和学习先进地区的城市管理经验，探索数字城管平台建设，促进城市管理向数字化、信息化、网络化转变，将城市管理从传统的简单粗放、突击式运动、职责交叉、部门扯皮、低效迟钝，改变为创新精准、持续长效、无缝衔接、廉洁高效的方式。

2012 年 9 月，数字城管平台投入试运行，社会化团队逐步壮大，考评标准及内容逐步完善，在镇面区域网格化重点巡查的基础上，将考评范围辐射至全镇 19 个村（社区），形成以点带面的考评格局，促进各部门提高处理效率，及时整改问题，稳步提升北滘镇容镇貌水平。至 2014 年，北滘进一步完善“三级城市管理网络”，组建 17 个村（社区）城管工作站，在全区率先实现数字化城管村（社区）全覆盖。

2002—2017 年北滘镇政府网上采购、网上招标统计数据表

表 12—4—2　　单位：宗、万元

年份	网上采购	价格下浮率（%）	节约资金	工程招标	价格下浮率（%）	节约资金
2002	17	16	63	69	20	2900
2003	30	12	179	81	15	1062
2004	84	17.10	1601	169	17.90	3243
2005	33	7.18	327	76	12.56	1209
2006	43	6.20	260	179	8.91	1403
2007	54	5.40	660	228	19.7	4630
2008	43	3.14	411	201	5.81	1158
2010	32	3、52	524	245	11.42	2831
2011	64	2.23	244	131	10.97	1240
2012	78	9.46	1251	145	15.86	2361
2013	81	5.15	1262	186	20.93	14840
2014	56	3.92	725.98	193	12.88	8618
2015	56	4.23	703.65	66	11.51	1017
2016	60	1.96	2023.56	94	10.98	1487
2017	39	15.03	1684	79	7.51	2203

注：数据来源于北滘镇政府。

2010—2017 年北滘政务信息化统计表

表 12—4—3　　单位：条

年份	2010	2011	2012	2013	2014	2015	2016	2017
政务动态及通知公告	55	130	607	661	869	918	736	583
建设工程、采购信息	287	283	266	279	920	325	427	345
受理镇长专线邮件	430	432	445	270	239	156	114	63
已办结回复	389	391	406	270	239	156	114	63
政务论坛新发帖	504	501	650	433	334	427	484	383

续表

年份	2010	2011	2012	2013	2014	2015	2016	2017
回帖数	384	384	650	433	334	427	484	383
视频新闻	—	—	773	803	726	644	632	645
官方微博	—	—	—	579	2891	3880	5825	2350
官方微信	—	—	—	—	—	690	1086	845

注：数据来源于北滘政务网。

自2005年，佛山全市开始组建市、区、镇三级的人大预算联网监督系统，共设置预算审查、预算执行、预测分析、项目监控、预警防控、资料查询、链接镇区七大功能模块，利用信息化手段使北滘财政预算编制、过程监控、事后评估等更加规范、精准和透明。

从2009年开始，北滘镇政府一方面着手推进“政企通”信息平台的广泛应用，落实北滘经贸网站建设，打造镇级经济信息电子平台，进一步加强政企互动；另一方面建立“北滘镇工商企业数据库”，系统整理企业的基础资料、资产及经营数据、项目储备数据等，以信息化手段支撑全镇经济发展决策并引领企业可持续发展。此外，还加强对国内外经济形势和宏观政策的收集、汇总、分析和研究，关注和分析北滘经济指标的变化，为企业发展保驾护航。至2012年，北滘经济网正式启动，实现经济信息的及时反馈，以及为企业网上办事和在线互动交流提供了信息平台。2013年，北滘在新浪、腾讯开通“魅力小城—北滘”官方微博，相关职能部门、村（社区）亦随之开通政务微博共39个，全面实现政务信息化。是年，“魅力小城—北滘”微博共吸引1030人关注。2014年，北滘进一步拓宽政务信息化渠道，增强政务网站信息公开功能，完成北滘政务网站改版，推出村（社区）子页；打造新的政务发布载体，“魅力北滘”微博和微信公众号成为实现政民互动、政务信息化的主要手段，至2014年底，微博粉丝提升至2279人，微信订阅达3948人，影响力位列全省同类订阅号第五。2013年，建成农村综合信息服务系统。至2014年，有16个村（社区）参与使用。2015年，北滘在全镇20个村（社区）创新推出“手机村务通”平台，设置政策法规、办事指南、村（社区）动态等20个板块，进一步提升政务信息化水平。2016年，政务信息化力度继续加大，共通过政务网、政务微博、微信及广播、电视等共发布政务信息9197条。2017年，北滘政府共主动公开政务信息5542条，其中政府网站1765条、政务微博2350条、政务微信854条、其他573条。

此外，自2014年起，北滘开始推进网上办事大厅建设，新增碧江等4个服务网点，以信息化手段提升政府效能建设。2017年，北滘镇继续提升政府服务效能，推进全程电子化商事登记试点，实现“互联网+政务服务”。

第二节　社会事业信息化

从2000年开始，由北滘镇政府牵头，北滘各社会事业单位加快推进信息技术在医疗、教育、劳务、金融保险、税务等方面的运用和提升，实现全程全网、联网服务。同时，还逐步探索社区智能化建设，提高社区信息化应用水平。

一、教育系统信息化

2000 年，建成中心小学、北滘中学、莘村中学 3 家中小学校的校园网，吹响了北滘教育信息化进程的号角。

2001 年，建成校园网的学校达到 7 家。同年，按省教育厅、市教育局部署，开始推进“校校通”工程。

2002 年，北滘继续加大教育信息化的投入，建成校园网的学校增至 12 家。同年，北滘所有中小学全部实现“校校通”。

2005 年，全镇共建成校园网的学校达 13 家。到 2012 年，全镇中小学及镇属中心幼儿园、第二幼儿园、城区幼儿园基本建成校园信息网，并充分配置了教学所需电脑、投影仪等信息化器材，各中学、职校更开设电脑信息化课程，教育信息化在全镇基本普及。

二、医疗卫生信息化

从 20 世纪 90 年代后期开始，北滘医疗卫生网络建设逐年推进，预防保健体系和医疗卫生服务体系逐渐普及全镇。北滘医院针对门诊、住院计价收费服务，药品进、销、存实现电脑化管理。

进入 21 世纪，北滘医院与医疗保险部门联网，实现住院保险无缝衔接。2002 年 12 月 30 日，北滘按照顺德部署，全镇启用社会保障 IC 卡信息系统［顺德成为全省第一个使用符合部颁标准社保（个人）卡的市］。2009 年，北滘医院成为广佛“医保同城”首家广州市外广州社保定点医院。

2010 年，北滘医院投资 400 多万元全面启动医院信息化建设工程，结合佛山新医保系统上线和顺德医保系统全区联网结算，顺利完成两个社保信息系统的网络对接。此外，还完成院内一卡通的网络改造及一卡通设备安装，全面提升了亿元的现代化管理手段。2012 年，北滘上线 HIS（医院信息系统），成为顺德首个实现社区卫生服务站点信息系统管理的镇。至 2014 年，北滘医院全面普及信息化管理系统，与各村（社区）卫生服务站的信息共享，实现网上预约挂号、网上查询、专家问诊等功能。

三、社会服务保障体系信息化

（一）劳动就业

1999 年，顺德劳动服务中心建立了劳动就业数据库，劳动就业服务信息网络延伸到包括北滘在内的全市各镇劳动管理所。2002 年 3 月，实现市、镇两级联网运行，改进劳动力信息供求收集体系，构建完善的劳动就业服务网络。至 2003 年，顺德建成全国第一家三级（区、镇、村）就业信息网络，城乡失业居民信息、企业用工需求信息均可实现网上查询，农村居民亦可在村劳动服务站信息网查询和进行失业登记。2004 年 6 月，北滘投资 230 多万元，建成新劳动力市场，并全面普及区、镇、村（社区）三级就业信息网络，以信息化的手段为用工单位和失业市民提供双向服务的便利。同年，成功推荐再就业人员 3339 人次，同比增加 26.9%。至 2005 年底，成功为北滘企业推荐失业人员就业 13000 多人次。同年，北滘还通过搭建起来的劳动就业服务网络，在顺德率先免费为企业开展订单式培训，其中为碧桂园公司举办了建筑施工员培训，共培训人员 55 人，并全部成功就业。

（二）水利建设

2002 年，北滘投入 500 多万元完成水闸群控自动化首期工程。2003 年，继续加快水闸群控自动化二期工程，全面提高了水利信息化水平。2004 年，北滘全面启用投资 150 万元建成的水利信息自动化控制系统。此后，北滘水利建设与维护信息化水平逐年提升，并以水利信息化改善北滘人居环境。

（三）公共安全

2007 年，北滘实行全镇统筹，投入 2000 万元，以碧江社区为试点，在全镇范围内加快推进北滘社会治安视频监控系统。2008 年，北滘社会治安视频监控系统建成，首期投产监控点 636 个。镇财政每年投入运营费用 600 多万元，以信息化高科技的手段构筑社会公共安全网络。2009 年，该系统协助破获各类案件 252 宗。2010 年，再次投入 210 万元对该系统进行扩容改造。至 2014 年，北滘全面创建“平安村（社区）”，基本实现重要路段、重点场所视频监控全覆盖。至 2015 年，完成北滘社区、黄龙村等 5 家警务 E 超市建设，全镇共建成警务 E 超市 19 个，实现社区警务工作的智能化。2017 年，北滘率先在顺德区全面推进基层社会综合治理网格化管理机制，在全镇 116 个网格实行“中心 + 网格化 + 信息化”的工作模式，打造北滘基层综合治理新品牌。同年以高清视频监控系统、WiFi 采集设备和全镇“警务 E 超市”工程为抓手，全面提升社会治安防控体系信息化水平。

（四）文化宣传

2004 年，北滘投资 700 万元在全镇范围内改造电视光纤网络，增加电视频道，丰富市民的文化娱乐。从 2009 年开始，北滘探索开设“北滘城市生活”网站，推介北滘历史文化和人物事迹，宣传新时期的好人好事，导播各类市民喜闻乐见的文体活动信息；设立“心灵驿站”咨询热线，接听市民电话，同时通过网站、论坛等，为群众提供情感表达的渠道。通过电视、网站等信息化载体，进行“小城故事·北滘好人”的专题宣传，多维度多角度宣扬北滘的精神文明建设。

（五）民生福利

2014 年，北滘镇政府牵头，科学布局公共场所无线局域网建设，构建多层次、广覆盖、多热点的无线宽带网络，提升全镇信息化智能化水平，首批北滘医院、北滘公园、北滘公安局、北滘行政服务中心 4 个试点于同年 11 月建成开通。2015 年 11 月，北滘社区建成并试运行顺德首个“互联网 +”智能停车收费系统。2015 年 2 月，北滘 24 小时自助图书馆投入使用，为市民提供全天候、信息化的图书借阅服务，是年，已有超 4.4 万人次体验自助借阅服务。2017 年，采用“互联网 + 公交”的形式，开通 4 条“如约公交”线路；上线“共享汽车”，在 5 个城区重要节点率先投放使用；引进共享自行车，全年全镇共引入 360 辆共享自行车服务企业员工和居民。

四、金融、税务、保险业信息化

20 世纪 80 年代，北滘金融行业已经开始使用计算机进行数据统计。1984 年起，各专业银行相继采用计算机进行核算，逐步脱离手工操作，提高记账、算账、结账、计息等的工作效率和工作准确性；1986 年后，开始建立计算机网络系统；90 年代，逐步应用综合业务系统和管理信息系统。

1995 年，顺德农行各营业网点、柜员机实现联网，建成全国农行系统支行一级中最大的网络；1998 年 6 月 26 日，开通百灵通自动柜员机应用系统和证券保证金自动转账系统，成为国内第一个开通百灵通 ATM 应用系统的地区。

1997 年 1 月，工商银行顺德支行在全市范围内各网点率先实现储蓄业务与国内 16 个城市通存通兑。

2000 年，顺德农村信用社在全市金融同业中、在全国信用社系统中推出第一家网上银行，实现网上支付。

此后，各大银行进一步加大信息化的步伐，实现全程全网，通存通兑。至 2017 年，北滘金融系统各银行均开设电子银行、自助银行、网上银行、掌上银行，让民众足不出户即可轻松理财。

2017 年，北滘作为全省试点，积极推进全程电子化商事登记。6 月 9 日，为佛山市顺德区善盈文化发展有限公司开出全区首张具有金融结算功能的电子营业执照。电子营业执照既是传统的营业执照，又可当银行卡办理银行业务，涉及互联网、工商业务系统及银行系统，是金融系统和工商系统信息化水平全面提升和良好对接的标志。

1999 年 2 月，顺德地税局自行开发的“办公自动化”系统在全市地税系统正式启用，实现公文文书处理、日常事务处理的“无纸化”和市局与分局之间的实时联网。同时，顺德作为推广全省统一征管软件的试点单位之一，按钻研分析、补充改造、并行测试和数据转换四个阶段推广新软件，在全市地税系统逐步推广税务管理信息化。

2000 年，顺德国税局推进信息化建设。（1）实现各分局网点办公自动化。包括公文管理、审批管理、资料上报、工作传递、民意测评、人事管理、监察管理、后勤管理等。（2）开通“税灵通”网上税务系统。功能包括纳税申报、税款缴纳、延期申报、延期缴纳、发票管理、出口退税、纳税情况查询、税务文书受理等。（3）开通企业审计系统。该系统包括稽查选案、宏观经济指标分析、财务指标分析、征收监控分析、税源分析、征管报表统计、财务指标综合分析，该系统亦是国税局征管工作信息化的最重要的突破口。（4）开通计会统“大集中”系统。以征管信息集中处理为前提，打破市局、分局两级计会统处理的模式，实现全市计会集中处理，分局不再设会统员，但可共享到由集中处理所生成的各种计会统数据资料。（5）开通工商对碰系统。实现与工商局联网、互相交换信息。（6）开通办税员管理系统。通过计算机实现对办税员的培训、年检及加、扣分进行管理。

从 1999 年开始，人保、人寿、平安、太平洋等各保险公司，陆续开通 24 小时服务热线电话，方便群众咨询、投保和报案、索赔。同年，推进保险网络工程，将集局域网、广域网和高速数据服务为一体的网络技术，用于保险信息和保险数据资源的管理，积极推进保险的信息化、网络化、全球化。

进入 21 世纪，各商业保险企业，先后建成门户系统，实现网上投保，网上查询，网上理赔，方便快捷。国税地税的税务网点，也实现计算机联网，互联互通，信息共享，联网作业，简捷便民。

五、农业信息化

2005 年，北滘开始推动农业信息化建设，至 2010 年，北滘已初步建成区、镇、村三级互动的农业信息化网络，农民可以免费上网了解农业种养技术、价格行情、市场供求等多方面的农业信息。

2017 年起，北滘镇政府更借助“互联网 +”的契机，制定“智慧北滘”的发展规划，利用“大数据”实现交通、城管、治安等综合管理资源共享，信息化将再次推动北滘社会事业的飞速发展。

第三节　企业信息化

改革开放后，在推动工业化进程中，北滘不少企业致力于通过提升企业信息化水平，以达成提高企业内在管理水平，增强企业竞争力，适应国际化、现代化市场发展的目的。

1990 年，华星饲料厂引进世界上先进的饲料添加剂配方和电脑控制的生产流水线，能生产出大、中、小的“三鸟”、家畜、鱼类等各种全价饲料。各种饲料的生产配方都编成电脑程序，整个饲料厂不足百人，产值却超过一亿；厂内一间添加剂生产分厂，管理、技术、操作总共 9 人，年产值就超过 2000 万元。

1990 年，美的集团公司着手档案管理的检索电脑化，同时逐步扩大电脑运用范围，实现电脑联网。1994 年开始，美的集团公司着手企业的流程化建设。在进行充分的调查和分析后，投资超千万元引进 oracle MRPII（制造企业资源计划）系统，并于 1996 年开始在美的集团风扇厂进行试点。经过近两年的试验，MRPII 系统在风扇厂实施成功，达到预期的目的。

1995 年，美的集团公司开始引进 CAD（计算机辅助设计），实现开发设计、模具成型流程一体化，随后，更成为全国 CAD 应用工程试点，及被认定为全国 CAD 应用工程示范企业。同年，美的集团公司在其下属的主要公司实施 ERP 系统（企业资源计划系统），到 1999 年，相关公司均已全面应用 ERP 系统，非制造业全面实施了 oracle（甲骨文公司，仅次于微软的全球第二大独立软件公司）的财务系统，企业内部的产、供、销、财务、成本通过软件提供的功能，完全实现了电脑化、集成化、自动化，为管理人员提供了强有力的管理工具，亦提高了美的集团公司的整体管理水平和竞争力。此后，为提高售后服务质量，实现从分中心/网点到总部的全面售后服务管理，美的集团公司与东大阿尔派合作，在东大阿尔派 CRM（客户关系管理系统）的基础上，共同开发出覆盖所有售后服务各个业务环节的顾客服务管理系统。系统包括服务结算管理、综合事务管理、配件综合管理、系统综合管理、用户服务管理、条码控货管理、internet 顾客服务系统等子系统，功能全面，服务规范。据统计，国内企业中 ERP 实施成功率只有 10% 左右。而美的集团公司通过 oracle 应用产品建立起来的集生产、销售、供应、项目以及财务为一体的综合企业资源管理系统，实现了对企业人、财、物、产、供、销等全面、准确、实时的动态管理，不仅杜绝了管理过程中人为主观意识对企业决策造成的风险，还大大提高了企业对市场的灵敏度，显著增加了企业的竞争力。ERP 项目的实施使美的集团公司在企业管理的效率方面得到了显著的改善。

2001 年，北滘镇政府确立“把信息化建设作为推动产业升级的重点工作，做好全镇信息化战略研究，制定信息化建设的长远规划”的部署，逐步推动工业化和信息化的结合，以信息化带动工业化，实现生产力跨越式发展。2002 年，镇政府继续推动企业管理信息化，引导企业加大信息化的投入，运用信息技术加强企业管理，适应现代流通业的要求，大力发展电子商务，积极运用网上支付、物流配送等信息化手段。

进入 21 世纪，借助于镇政府的推动与协助，美的、惠而浦、浦项等一批规模企业和出口企业，开始大力开拓电子商务领域，建立企业产品销售与互联网相结合的电子渠道营销新策略。2000 年，美的集团公司决定投入 10 亿元巨资进军互联网，在完善 B2B（企业对企业）网络，建立全面的电子商务经营网络的同时，筹建国内第一家专业家电服务与销售网站，开展直接面对消费者的 B2C（企业对用户）业务，在两年内成为国内最权威、最具影响力的家电专业网站。

2002 年 1 月，美的集团开通网上银行系统，与招商银行、顺德信用社、工商银行、中国银行等银行系统对接，使原来需 20 天的资金在途时间缩短至 2 小时内。2005 年，美的开始对集团内所有下属单位的 ERP 进行升级、改造、集中和整合，规范、统一业务流程并在作业排程、供应链等方面进行了深层次的开发，与此同时，美的总部先后建成了集团完全统一的资金管理系统、集团绩效管理系统和对外财务合并系统，以信息化手段进行管理，降低风险，信息透明统一。

2008 年，为积极协助企业应对金融危机，加大对企业的扶持力度，帮助企业多渠道开拓市场，北滘镇政府与国内知名电子商务运营商阿里巴巴达成合作意向，首批挑选 100 家中小企业，由政府补贴，支持企业免费使用其软件一年，北滘由点及面启动中小企业电子商务建设。随后，北滘镇政府出台配套扶持发展政策，建设特色电子商务基地。探索电商个性化发展新趋势，支持鼓励企业“上网触电”，加速电子商务与本土制造业的深度对接。同时，鼓励企业以智能装备为突破口，加快互联网信息技术利用，以信息化驱动传统制造业转型。2009 年，由广东省政府多部门重点支持的“万家视频工程”在北滘率先推介，为北滘中小企业提供量身定做的视频电子商务平台。同年，北滘镇政府着手进行北滘经贸网建设。至 2012 年，北滘经济网正式启动，企业既可以便捷网上办事，又可与政府职能办事机构在线交流互动。

到 2013 年，广东精艺金属股份有限公司基本完成了 EAS（ERP 软件，即企业应用套件）系统，实现了销售、采购、供应链、制造等业务与财务一体化管理，达成了数据和流程的标准化、规范化作业目的。同时，为与 EAS 系统匹配，初步建立了精艺协同商务平台，表单管理、行政事务管理、IT 事务管理、用印申请管理等初步实现了电子化作业。

至 2014 年，北滘电商产业呈飞跃式发展，产业链逐步完善。以美的、飞鱼电商为首的一批企业积极拓展电子商务，“双十一”期间，北滘电商销售业绩突破 10 亿元，多种走红产品在综合性网购平台同类产品销售排名第一。飞鱼电商首创视觉营销成为国内综合性电商企业新贵，“双十一”销售额达 1.52 亿元；以美的集团电商为龙头，莱尔斯丹（盈毅鞋业有限公司、盈达鞋业有限公司）、嘉意洋服等一批新晋电商集聚发展，形成销售额达数百亿的北滘新的经济增长极。同时，以“互联网 +”为契机，信息技术在北滘工业企业生产、营销、管理各个环节的进一步应用和深化，已成为新常态。2016 年，北滘以高端装备制造业和传统家电制造业为基础，构建“智能制造 + 智能家居”特色产业体系，是年，北滘位列广东省工业组专业镇创新指数首位，并成为全省唯一获得“互联网 + 制造”主题的应用型小镇。2016 年全镇电商销售业绩突破 270 亿元，美的天猫电器城全年销售额突破一百亿，成为首个销售破亿的品牌。是年，广东美的制冷设备有限公司成为全省互联网与工业融合创新试点企业。2017 年，美的电商“双 11”全网销售 45 亿元，连续五年蝉联电商平台家电全品类线上销售第一名；飞鱼电商获国家级电子商务示范企业，淘商城升级为广东顺德电子商务创业孵化示范基地。

第十三篇　政治

第一章　中国共产党地方组织

第一节　组织沿革

一、中共顺德区（县、市）北滘镇（公社、区）委员会

1959年5月，北滘公社召开第一次代表大会，宣布中共顺德县北滘公社委员会成立。1961年5月，北滘公社党委改称中共顺德县北滘区委员会。1963年1月撤销北滘区党委，恢复北滘人民公社党委。“文化大革命”开始后的1967年2月，北滘公社党委被迫停止工作。

1959年5月—1967年2月中共北滘公社委员会书记、副书记名录

表13—1—1

届别	书记		副书记	
	姓名	任职时间	姓名	任职时间
第一届 1959.5—1960.6	罗　鸣 黄泽泉	1959.5—1960.1 1960.1—1960.6	梁应祺	1959.5—1960.6
			叶胜军	1959.5—1960.6
			黄泽泉	1959.5—1960.1
			黄　荣	1959.12—1960.6
			梁润根	1959.12—1960.6
			罗　明	1959.8—1960.6
			岑世钰	1960.1—1960.6
			陈炳照	1960.4—1960.6
第二届 1960.7—1967.2	黄泽泉 郑祖润 叶胜军	1960.6—1965.12 1965.12—1966.4 1966.4—1967.2	梁应祺	1960.6—1964.9
			叶胜军	1960.6—1962.11
				1966.1—1966.4

续表

届别	书记		副书记	
	姓名	任职时间	姓名	任职时间
第二届 1960.7—1967.2	黄泽泉 郑祖润 叶胜军	1960.6—1965.12 1965.12—1966.4 1966.4—1967.2	岑世玉	1960.6—1965.7
			梁润根	1960.6—1966.4
			黄　荣	1960.6—1966.4
			陈炳照	1960.6—1966.4
			陈　岗	1961.5—1965.8
			罗　明	1960.6—1960.9 1961.5—1967.2
			何连枝	1965.4—1966.4
			黄源贤	1966.4—1966.10
			冯维学	1963.3—1967.2
			区祥贤	1966.4—1967.2
			房　法	1966.4—1967.2

1969 年 9 月、1973 年 1 月、1980 年 6 月，北滘公社分别召开第三、四、五次党代会，先后选举产生第三、四、五届公社党委会，1983 年 11 月，北滘公社党委改称北滘区党委。

1969 年 9 月—1987 年 1 月中共北滘公社（区）委员会书记、副书记名录

表 13—1—2

届别	书记		副书记	
	姓名	任职时间	姓名	任职时间
第三届 1969.9—1972.12	叶胜军 何焯垣	1969.9—1970.7 1970.7—1972.12	黄秋发	1969.9—1972.11
			欧阳效根	1972.11—1972.12
第四届 1973.1—1980.5	何焯垣 刘炳汶 廖荣初	1973.1—1974.5 1974.5—1978.9 1978.9—1980.5	欧阳效根	1973.1—1978.9
			区祥贤	1973.2—1980.5
			潘毅敏	1973.4—1980.5
			罗　明	1973.7—1980.5
			房　法	1973.2—1975.7
			林鉴松	1975.7—1980.5
			周志坤	1976.7—1979.8
			黄干远	1978.9—1980.5
			麦　强	1979.2—1980.5

续表

届别	书记		副书记	
	姓名	任职时间	姓名	任职时间
第五届 1980.6—1987.1	廖荣初 何敏和 冯润胜	1980.6—1981.12 1981.12—1983.11 1983.11—1987.1	罗　明	1980.6—1980.8
			潘毅敏	1980.6—1980.8
			林鉴松	1980.6—1980.8
			区祥贤	1980.6—1987.2
			黄干远	1980.6—1987.2
			麦　强	1980.6—1983.11
			冯润胜	1982.3—1983.11

1987年2月，北滘区党委改称中共顺德县北滘镇委员会，同时召开北滘镇第六次代表大会，选举第六届镇党委会，至2016年，先后选举产生第七、八、九、十、十一、十二、十三、十四届镇党委会。

1987年2月—2016年12月中共北滘镇委员会书记、副书记名录

表13—1—3

届别	书记		副书记	
	姓名	任职时间	姓名	任职时间
第六届 （1987.2—1990.1）	冯润胜	1987.2—1990.1	黄干远	1987.2—1990.1
			区祥贤	1987.2—1990.1
			麦　强	1987.2—1990.1
			杜有国	1988.10—1990.1
第七届 （1990.1—1993.1）	冯润胜 区祥贤	1990.1—1990.4 1990.4—1993.1	黄干远	1990.1—1992.2
			区祥贤	1990.1—1993.1
			麦　强	1990.1—?
			杜有国	1990.1—1993.1
			林鉴松	1990.4—1991.3
			潘毅敏	1991.3—1993.1
			刘硕文	1990.4—1992.11
			陈宏林	1991.4—1992.11
第八届 （1993.1—1996.2）	区祥贤 邓伟根	1993.1—1995.12 1995.12—1996.2	杜有国	1993.1—1993.7
			潘毅敏	1993.1—1996.2
			黎志明	1993.1—1996.2
			周冠雄	1993.7—1996.2

续表

<table>
<tr><th rowspan="2">届别</th><th colspan="2">书记</th><th colspan="2">副书记</th></tr>
<tr><th>姓名</th><th>任职时间</th><th>姓名</th><th>任职时间</th></tr>
<tr><td rowspan="5">第九届
（1996. 2—1999. 1）</td><td rowspan="5">邓伟根</td><td rowspan="5">1996. 2—1999. 1</td><td>周冠雄</td><td>1996. 2—1997. 12</td></tr>
<tr><td>潘毅敏</td><td>1996. 2—1999. 1</td></tr>
<tr><td>黎志明</td><td>1996. 2—1999. 1</td></tr>
<tr><td>任　克</td><td>1996. 6—1999. 1</td></tr>
<tr><td>周志坤</td><td>1997. 12—1999. 1</td></tr>
<tr><td rowspan="4">第十届
（1999. 1—2002. 2）</td><td rowspan="4">邓伟根
周志坤</td><td rowspan="4">1999. 1—2000. 2
2000. 2—2002. 2</td><td>周志坤</td><td>1999. 1—2000. 2</td></tr>
<tr><td>崔健波</td><td>2000. 3—2002. 2</td></tr>
<tr><td>林润江</td><td>1999. 1—2002. 2</td></tr>
<tr><td>黎志明</td><td>1999. 1—2002. 1</td></tr>
<tr><td rowspan="5">第十一届
（2002. 1—2006. 9）</td><td rowspan="5">周志坤
列海坚</td><td rowspan="5">2002. 2—2005. 8
2005. 8—2006. 9</td><td>崔健波</td><td>2002. 2—2003. 6</td></tr>
<tr><td>列海坚</td><td>2003. 6—2005. 8</td></tr>
<tr><td>冼阳福</td><td>2005. 8—2006. 9</td></tr>
<tr><td>林润江</td><td>2002. 2—2003. 5</td></tr>
<tr><td>姜远国</td><td>2003. 5—2006. 8</td></tr>
<tr><td rowspan="4">第十二届
（2006. 9—2011. 7）</td><td rowspan="4">列海坚
徐国元
冼阳福</td><td rowspan="4">2006. 9—2007. 4
2007. 4—2011. 5
2011. 5—2011. 7</td><td>周　旭</td><td>2006. 8—2010. 10</td></tr>
<tr><td>冼阳福</td><td>2006. 9—2011. 5</td></tr>
<tr><td>麦广强</td><td>2010. 11—2011. 5</td></tr>
<tr><td>麦玉团</td><td>2011. 5—2011. 7</td></tr>
<tr><td rowspan="4">第十三届
（2011. 7—2016. 7）</td><td rowspan="4">冼阳福
罗厚光
余焯焜</td><td rowspan="4">2011. 7—2014. 9
2014. 9—2015. 12
2015. 12—2016. 6</td><td>麦玉团</td><td>2011. 7—2013. 9</td></tr>
<tr><td>余焯焜</td><td>2013. 9—2015. 12</td></tr>
<tr><td>李满连</td><td>2011. 5—2015. 6</td></tr>
<tr><td>梁晴尔</td><td>2015. 6—2016. 6</td></tr>
<tr><td rowspan="3">第十四届
（2016. 7—）</td><td rowspan="3">周　旭</td><td rowspan="3">2016. 6—</td><td>王崇曦</td><td>2016. 6—</td></tr>
<tr><td>何广辉</td><td>2016. 1—</td></tr>
<tr><td>伍时欣</td><td>2016. 7—</td></tr>
</table>

二、中共顺德区（县、市）北滘镇（公社、区）纪律检查委员会

1959 年 5 月，中共顺德县北滘公社委员会设立监察委员会，监委会工作由公社党委书记负总责，设有专职人员。“文化大革命”开始后，监察委员会工作终止。1990 年 1 月，成立中共顺德县北滘镇纪律检查委员会，至 2017 年，各届委员会书记、

副书记名录见表 13—1—4。

1990 年 1 月—2017 年 12 月中共北滘镇纪律检查委员会书记、副书记名录

表 13—1—4

时间	书记		副书记	
	姓名	任职时间	姓名	任职时间
1990. 1—1993. 1	区祥贤 林鉴松 潘毅敏	1990. 1—1990. 5 1990. 5—1991. 3 1991. 3—1993. 1	冯沃棠 杨光华 梁　绍	1990. 1—1993. 1 1990. 1—1991. 4 1991. 4—1993. 1
1993. 1—1996. 2	潘毅敏	1993. 1—1996. 2	冯沃棠	1993. 1—1996. 2
1996. 2—1999. 1	潘毅敏	1996. 2—1999. 1	梁　绍	1996. 2—1999. 1
1999. 2—2002. 2	林润江	1999. 2—2000. 2	梁　绍	1999. 2—2000. 2
2002. 2—2006. 9	林润江 姜远国	2002. 2—2003. 5 2003. 5—2006. 9	梁　绍 张雨勋	2002. 2—2002. 6 2002. 7—2006. 9
2006. 9—2011. 7	周　旭 黄智海 李满连	2006. 8—2007. 12 2007. 12—2010. 9 2010. 9—2011. 7	张雨勋	2006. 9—2011. 7
2011. 7—2016. 7	何锡辉 卢本忠 何锡辉	2011. 7—2013. 2 2013. 2—2016. 6 2016. 6—2016. 7	张雨勋 胡增文	2011. 7—2014. 1 2014. 1—2016. 7
2016. 7—	何锡辉	2016. 7—	胡增文 梁锐强 龙俊杰	2016. 7—2016. 8 2016. 8— 2016. 7—

第二节　党的代表大会

中共北滘公社第一次代表大会　1959 年 5 月，北滘公社成立后，于同月 26—29 日召开中共北滘公社第一次代表大会，出席代表 116 人，列席旁听人员 342 人。当时，正处于“大跃进”运动高潮，会议中心议题是总结 1958 年工作，认识形势，分清是非，鼓足更大干劲，为 1959 年全面跃进而奋斗，罗鸣代表公社党委致开幕词和作会议总结报告，黄泽泉作题为《认清形势、鼓足更大干劲，全党动员、全民动手，为完成 1959 年更大更好全面跃进而奋斗》的报告。尽管当时“浮夸风”“共产风”泛滥，但大会报告强调：党委任务工作要为群众利益着眼，坚持走群众路线，鼓足干劲与实事求是，因地结合，坚持按劳取酬。大会选出公社党委委员 21 人，监察委员会委员 7 人。

中共北滘公社第二次代表大会 1960年7月召开，会议选举产生北滘公社第二届党委（因档案资料缺失，此次会议内容不详）。

中共北滘公社第三次代表大会 1969年9月12—19日召开，出席大会正式代表600人，列席“工人、贫下中农代表”169人，这次大会是在“文化大革命”高潮下召开的，大会通过的决议，强调“坚持无产阶级专政下继续革命”，提出全面落实党的政策，团结一切可以团结的人，贯彻“以粮为纲、多种经营、全面发展”的方针，大力发展养猪业，发展农业生产，逐年增加粮食储备，社办工业要贯彻为农业服务的方针，抓好农副产品的购销工作，安排好市场供应，巩固提高合作医疗制度，发展农村医疗卫生事业，保障人民健康。大会选出第三届公社党委。

中共北滘公社第四次代表大会 1973年1月10日召开，大会代表401人，出席353人。何焯垣代表公社党委向大会作题为《沿着毛主席革命路线胜利前进》的工作报告，通过《关于深入地开展“农业学大寨”群众运动的决议》。大会总结第三次党代会以后近四年的工作，认为：由于落实党的各项政策（全面贯彻“以粮为纲，全面发展”方针，落实“各尽所能，按劳分配”的政策；落实干部政策，正确区分和处理不同性质的矛盾；在农业学大寨中，大搞农田基本建设和水利建设；积极发展社队企业，做好农业生产资料和农副产品购销，搞好农村医疗卫生），1972年全公社工农业生产均比1969年有较大增幅。大会号召要继续努力，争取更大的胜利，大会选出新一届公社党委会。

中共北滘公社第五次代表大会 中共十一届三中全会召开后，北滘转向以经济建设为中心，实行改革开放，各项工作取得突破性发展。1980年6月20—22日，中共北滘公社第五次代表大会召开。出席大会正式代表250人，候补代表18人，黄干远致开幕词，廖荣初作题为《共产党员要为实现社会主义现代化农业而奋斗》的工作报告，区祥贤致闭幕词。大会确定今后公社党委主要工作：认清形势，加快建设步伐，深化改革，推动经济发展，加强各级党组织建设。大会选举产生第五届公社党委会和出席县第四次党代会的代表。

中共北滘镇第六次代表大会 1987年2月20日召开，出席大会代表172人。当时正于深化改革，全面推进两个文明建设的重要时刻，冯润胜代表党委作题为《大胆探索坚持改革开拓前进》报告，总结几年来全面开展整党，坚持改革开放，搞活经济，大力发展乡镇企业，推进经济发展；加强精神文明和文化教育建设；提高人民物质文化生活等方面的成绩和经验。明确今后任务主要是：以集体经济为主体，镇办经济为基础，推动北滘经济向贸工农外向型经济发展；在精神文明建设方面加强思想道德建设，深入开展文明村镇建设，普及教育、科学，繁荣文化教育，抓好计划生育；加强民主和法制建设、机关作风建设和党的建设等。会议选举产生第六届北滘镇党委会委员11人。

中共北滘镇第七次代表大会 1990年1月5日召开，出席大会代表有150人，其中妇女代表27人，冯润胜作了题为《坚持党的基本路线，全面推进两个文明建设，稳步协调发展北滘各项事业》的工作报告。会议选出第七届北滘镇党委会。

中共北滘镇第八次代表大会 1993年1月10—11日召开，出席大会代表157人，区祥贤作题为《加快改革开放步伐，把北滘两个文明建设推向新台阶》的报告，报告总结三年镇党委工作和基本经验，提出今后三年（1993—1996 年）的四项任务：围绕社会主义市场经济体制的建立，加快经济改革步伐；加快科技进步，大量招揽人才，大力发展教育；加快管理区一级经济发展，使镇村经济齐头并进；加快城镇建设，推动农村城市化的进程。大会选举产生镇第八届委员会委员 11 人、纪律检查委员会委员 5 人。

中共北滘镇第九次代表大会　1996 年 2 月 6 日召开，出席大会代表 174 人。镇委向大会作题为《加快两个转变，夺取新的成就》的报告，大会高度评价过去三年党委工作，认为过去三年，北滘主要经济指标增大，“三高”农业的发展取得新的飞跃，工业发展迈向新的阶梯，第三产业有新的发展，基础设施和城乡建设取得新的突破，科教工作上了一个新水平，精神文明建设和其他各项事业的发展取得新成绩，党建工作取得新的进步。大会提出今后三年的基本任务：以发展工业为主导，以科技进步为依托，以优化经济结构、提高整体素质和效益为重点，以深化和完善各项改革为动力，以增创新优势、全面提高综合镇力为目标，大力推进社会主义市场经济新体制的建立，切实转变经济增长效益的统一、经济效益和环境效益的统一，三大产业协调发展，两个文明建设同步推进，促进经济和社会全面进步。大会选举产生第九届镇委员会委员 12 人、纪律检查委员会委员 5 人。

中共北滘镇第十次代表大会　1999 年 1 月 3 日召开，大会代表 178 人，出席 174 人，列席代表 2 人。镇委向大会作题为《建设小城市，迈向新世纪》的工作报告，大会总结过去三年党委工作，提出今后工作任务：以建设小城市，迈向新世纪为发展方向，以全面推进二次创业为发展动力，加快培养经济新增长点，不断提高经济发展质量、城市化水平和文明法治程度，促进社会各项事业全面发展，把北滘建设成为“工业主导、组团发展、城乡融合、水乡特色、生态环境优美”的现代化小城市。大会选举产生镇第十届委员会委员 10 人、纪律纪检委员会委员 5 人。

中共北滘镇十一次代表大会　2002 年 1 月 24 日召开，出席大会代表 165 人。周志坤作题为《适应新形势，实现新跨越》的报告。报告回顾过去三年的工作：国民经济明显增长，整体实力明显增强；综合改革不断深化，发展机制明显改善；城市建设大跨度推进，城乡面貌明显改观；社会事业全面发展，文明程度明显提高；党组织的凝聚力和战斗力明显提高。报告提出今后三年工作的任务：坚定不移地推进改革、发展、建设三大战略转移，全面提高城市化、信息化和经济国际化水平，实现经济和社会的全面进步，把北滘建设成经济实力雄厚、生态环境优良、民主法制健全、社会文明进步、人民生活富足的现代化小城市。大会选举产生镇第十届委员会委员 9 人、纪律检查委员会委员 5 人。

中共北滘镇第十二次代表大会　2006 年 9 月 1 日召开，出席大会代表 161 人。列海坚作题为《落实科学发展观，努力建设和谐北滘》的报告。对 2002—2006 年五年的工作作了概括和总结，大会号召全镇各级党组织和共产党员，全面落实科学发展观，不断提高执政能力，振奋精神，团结一心，扎实工作，为建设富裕和谐北滘而努力奋斗。大会选举产生镇第十二届委员会委员 11 人、纪律检查委员会委员 5 人。

中共北滘镇第十三次代表大会 2011年7月22日召开，出席大会代表185人。冼阳福作题为《超前引领产业转型升级，以城市化带动区域发展，谱写北滘发展新篇章》的报告，总结过去五年的工作成效和基本经验，北滘综合实力跻身全省百强镇第6名，获得“中国家电制造业重镇”“国家卫生镇”“广东省专业镇建设先进单位”称号。报告提出今后五年工作的指导思想：以加快城镇建设步伐为主线，坚定不移地建设现代产业基地，再造农村优美环境，深化各项改革，创新党建工作和社会管理方式，提高社会民生事业水平，营造健康和谐发展的新环境，全面提升人们的幸福感。突出抓好四方面工作：拓展经济新领域，引领企业发展和产业转型升级；加快城镇建设步伐，构筑宜居魅力北滘；再造农村环境，改变农村发展滞后局面；重塑人文价值，建设和谐幸福北滘。大会选举产生镇第十三届委员会委员13人、纪律检查委员会委员7人、顺德区十二次党代会代表30人。

中共北滘镇第十四次代表大会 2016年7月26日召开，出席大会代表176人，周旭作镇委工作报告，大会提出：围绕中共顺德区委关于加快顺德北部片区一体化战略，抢抓机遇，深化改革，开放拓新，推动产业优化升级，融合发展，将北滘打造成开放引领先行区和产业创新驱动核心区及更具辐射带动力的国际化魅力小城。大会通过《关于建立党代会年会制度提案》，选举产生镇第十四届委员会委员13人、纪律检查委员会委员7人、顺德区十三次党代会代表30人。

第三节 组织建设

1959年5月中共北滘公社委员会成立后，建立健全基层组织各项制度，对党员开展艰苦奋斗，为人民服务的教育，引导党员密切联系群众，关心群众生活，当好人民勤务员，并按照“积极慎重”的方针，培养发展新党员。1965年初，全公社有基层党支部47个，其中机关3个、农村27个、企事业单位17个；党员775人，其中机关50人、农村541人、企事业单位184人。

1965年8月后，开展社会主义教育运动（即“四清”运动），按照《中国共产党章程》规定党员标准，来训练党员，增强党员组织观念。对运动和生产涌现出来的积极分子，加强培养教育，先后吸收党员932人（其中农村828人、企业事业单位99人、文化教育单位5人）。新党员中有21人提前转为正式党员，当选为党支部委员或生产大队干部。1966年9月，北滘公社共有党员1685人，其中25岁以下的党员519人，女党员339人。

1970年7月至1971年7月，根据县委的部署，全公社29个党支部开展整党建党运动，着重解决领导班子所谓的“社会主义方向”问题，对一些热心于生产，发展工副业经济的领导和党员作为“后进分子”来批评，产生了不良的效果。在“开门整党”形式下，对一些“不符合党员标准”“不起党员作用”的预备党员，劝告其退党或取消预备党员资格。在整党建党运动中，预备党员转正有900人，占97%，吸收党员217人。

1979年后，按照中共中央发展党员“要特别严格，宁缺毋滥”的精神，北滘党组织对发展党员进行控制。1984 年后，比较注意在知识分子和各行业骨干中发展党员。1985 年，全公社吸收党员 16 人，党员总人数 2278 人，其中本科、专科学历 14 人，高中、中专学历 110 人。1986 年，北滘区党支部共有 67 个，其中行政机关 1 个、公交企业 32 个、财贸企业 7 个、农村 19 个、其他 8 个。

1982 年起，北滘公社开展“创先进党支部、争当优秀共产党员”（简称“争先创优”）活动，引导、激励基层党组织和广大党员，充分发挥战斗堡垒作用和党员先锋模范作用，带领广大群众对外开放和搞活经济，取得显著成绩。1986 年，建立起“党员联系户”制度，全区 86% 党员 1223 人参加。有 21 个党支部被评为先进党组织，243 人被评为优秀共产党，受到北滘区委表彰。

1986 年下半年，根据县委部署，北滘区开展乡级整党工作。从实际出发，抓住增强党性，提高党员思想政治素质的中心环节，进行党员登记。1989 年下半年，开展民主评议党员工作，以支部为单位进行，通过调查摸底、民主评议、建章立制和总结表彰。每个党员对照党员标准，就个人在思想、工作、学习等方面进行总结，检查对深化改革、保持廉洁、加强纪律等方面的认识、态度和行动，肯定成绩，找出差距、明确努力方向。1990 年，进一步发展“创先争优”活动，开展两年一度的评比活动，大力表彰好人好事和先进集体，增强党员党性观念，努力为北滘经济发展作贡献。1990 年至 1992 年，北滘镇吸收党员 158 人，是 1979 年改革开放发展新党员最多的时期之一。

1993 年后，根据改革开放和市场经济发展的新形势，合理调整基层组织的设置，成立基层党委，调整和增设一批党（总支部）。至 1995 年底止，全镇基层党组织增至 40 个，其中基层党委 1 个、总支部 4 个、支部 35 个。三年共吸收党员 154 人，这批新党员大都是 35 岁以下、高中以上文化程度的青年。

1996 年起，认真抓好在生产和工作第一线的工人、农民、知识分子和青年中发展党员，突出解决农村发展党员难的问题。按照中共中央提出的“五个好”（建设一个好的党支部领导班子，培养锻炼一支好的党团干部队伍，选准一条发展经济的路子，创建一个好的社会环境，形成一套好的管理制度）的目标要求，抓好农村基层党组织的建设，分期分批对农村支部书记进行任职资格培训，对 40 岁以下未达到高中文化程度的支委进行中专学历培训，提高支部领导班子发展经济、带领群众致富的本领。2001 年农村党支部换届中，村（社区）支委平均年龄从 47.7 岁降为 42.3 岁，35 岁以下占 32.5%，大专以上文化占 10.4%。有 13 个村（社区）党支部配备 30 岁以下的年轻干部。1999 年至 2001 年共吸收党员 334 人，其中 35 岁以下 274 人，大专以上学历 207 人。

2002 年至 2006 年，以村（社区）党小组为阵地，深入推进“固本强基”工程，深入开展“三个代表”重要思想和共产党员先进性教育，健全完善基层党组织各项规章制度，进一步完善党员联系村务工作责任制，加强农村党支部建设。与此同时，注重非公有制经济组织党建工作，成立村企联合党支部。开拓党建工作新路子，发展党员实行民主测评制，预审制和票决制，五年共吸收党员 807 人。

2007 年后，紧紧围绕加强党的先进性建设的重心，进一步加强基层党组织建设，各党支部普遍建立起党员先锋岗、党代表工作室，收集群众意见建议，为群众解决实际问题，进一步密切联系群众。在中共建党 90 周年之际，全镇基层党组织和党员深入开展“创先争优”活动，为群众办好事，办实事，为党旗增添光彩。至 2010 年底，共吸收党员 769 人。

2012 年 12 月 24 日，中共北滘镇委召开“两新”（新经济组织和新社会组织）党组织工作，推动“两新”党组织和党员在转型发展中发挥作用。全年全镇新组建“两新”党组织 175 个，全镇“两新”党组织达 251 个，规模以上企业党组织覆盖率达 100%。美的集团党委（党员 3529 人）、碧桂园物业发展有限公司党委（党员 977 人），广东精艺金属股份有限公司党支部（党员 34 人）、广东工业设计城发展有限公司党支部（党员 22 人）、盈峰投资控股集团有限公司党支部（党员 9 人）、广东金型重工有限公司党支部（党员 12 人）、广东万联包装机械有限公司党支部（党员 12 人）、顺德区北滘港货运联营有限公司党支部（党员 37 人）、广东蚬华电风扇有限公司党支部（党员 91 人）、顺德区蚬华多媒体制品有限公司党支部（党员 9 人）成为顺德百家典型的“两新”党组织之一，受到中共顺德区委表彰，推广经验。

2013—2016 年，中共北滘镇委以强化党的执政能力建设为重点，坚持民主集中制，进一步完善党政班子联席会议、党委议事决策、党内重大决策征求意见等项制度。继续强化社区（村）基层党组织建设，在顺德率先采用“公推直选”方式，推进战线党组织换届选举，试点推进“1 + N + X”区域化党建格局，以块为条，条块结合，实行以社区（村）为主体的党建工作格局。深入进行共产党员先锋队教育，增强共产党员“先锋战士”的意识，不忘初心，为中国社会主义现代化和共产主义伟大事业奋斗终身。2017 年，从社区营造工作理念出版，推进基层党组织培养、资源供给、矛盾化解领导机制的建设，充分发挥党对村（社区）工作领导核心地位，教育、激励广大党员干部勇于担当，思想解放，开拓创新，推进区域经济社会的发展。

1984—1997 年北滘基层党组织情况表

表 13—1—5　　　　单位：个

年份	党支部总数	其中				
		行政机关	公交	财贸	农村	其他
1984	35	1	1	1	21	11
1985	30	3	1	1	19	6
1986	67	1	32	7	19	8
1986	30	1	1	1	19	8
1987	73	1	0	0	19	53
1988	67	1	47		19	0
1989	28	1	8		19	0

续表

年份	党支部总数	其中				
		行政机关	公交	财贸	农村	其他
1990	68	1	48		19	0
1991	69	2	48		19	0
1992	70	2	49		19	0
1993	38	2	17		19	0
1994	91	2	64		25	0
1996	105	11	76		18	0
1997	44	11	15		18	0

1999—2003 年北滘基层党组织情况表

表 13—1—6 单位：个

年份	党支部总数	其中		
		独立党支部	总支	其中总支下属支部
1999	42	36	6	63
2000	39	34	5	63
2001	35	30	5	58
2003	35	28	7	65

2006—2017 年若干年份北滘基层党组织情况表

表 13—1—7 单位：个

年份	党组织总数	其中						
		二级党委	党支部	党总支	总支下属支部	独立党支部	总支	总支下属支部数
2006	132	2	30	3	15	39	7	36
2010	149	3	50	2	19	24	8	43
2014	209	9	90	13	31	22	7	37
2017	366	23	294	12	13	8	3	13

1959—2017 年若干年份北滘党员统计表

表 13—1—8　　　　　　　　　　　　　　　　　　　　单位：人

<table>
<tr><th rowspan="4">年份</th><th rowspan="4">总人数</th><th colspan="11">其中</th></tr>
<tr><th rowspan="3">女党员</th><th rowspan="3">新吸收党员</th><th colspan="9">文化程度</th></tr>
<tr><th rowspan="2">研究生</th><th colspan="2">大学</th><th rowspan="2">中专</th><th rowspan="2">高中</th><th rowspan="2">初中</th><th rowspan="2">高小</th><th rowspan="2">初小</th><th rowspan="2">文盲</th></tr>
<tr><th>本科</th><th>专科</th></tr>
<tr><td>1959</td><td>740</td><td>134</td><td>145</td><td></td><td></td><td></td><td></td><td></td><td></td><td></td><td></td><td></td></tr>
<tr><td>1963</td><td>818</td><td>116</td><td></td><td></td><td colspan="2"></td><td></td><td>5</td><td>60</td><td>212</td><td>532</td><td>9</td></tr>
<tr><td>1965</td><td>1701</td><td>359</td><td></td><td></td><td colspan="2">1</td><td></td><td>23</td><td>142</td><td>747</td><td>725</td><td>63</td></tr>
<tr><td>1975</td><td>2126</td><td>400</td><td>24</td><td></td><td></td><td></td><td></td><td></td><td></td><td></td><td></td><td></td></tr>
<tr><td>1980</td><td>2278</td><td></td><td></td><td></td><td></td><td></td><td></td><td></td><td></td><td></td><td></td><td></td></tr>
<tr><td>1985</td><td>2278</td><td>413</td><td>16</td><td></td><td colspan="2">14</td><td>18</td><td>92</td><td>415</td><td colspan="2">1725</td><td>14</td></tr>
<tr><td>1990</td><td>2509</td><td>432</td><td>31</td><td></td><td colspan="2">73</td><td>56</td><td>164</td><td>631</td><td colspan="2">1574</td><td>11</td></tr>
<tr><td>1991</td><td>2562</td><td>439</td><td>59</td><td></td><td colspan="2">85</td><td>70</td><td>181</td><td>645</td><td colspan="2">1571</td><td>10</td></tr>
<tr><td>1993</td><td>2760</td><td>474</td><td></td><td></td><td></td><td>181</td><td>93</td><td>222</td><td>657</td><td colspan="2">1595</td><td>12</td></tr>
<tr><td>1994</td><td>2805</td><td>477</td><td>33</td><td></td><td></td><td>201</td><td>102</td><td>252</td><td>680</td><td colspan="2">1559</td><td>11</td></tr>
<tr><td>1995</td><td>2915</td><td>493</td><td>88</td><td></td><td></td><td>240</td><td>136</td><td>300</td><td>701</td><td colspan="2">1527</td><td>11</td></tr>
<tr><td>1996</td><td>3077</td><td>525</td><td>105</td><td></td><td></td><td>317</td><td>174</td><td>330</td><td>763</td><td colspan="2">1483</td><td>10</td></tr>
<tr><td>1997</td><td>3196</td><td>558</td><td>—</td><td></td><td></td><td>399</td><td>210</td><td>368</td><td>762</td><td colspan="2">1451</td><td>6</td></tr>
<tr><td>1998</td><td>3254</td><td>579</td><td>91</td><td>23</td><td></td><td>459</td><td>325</td><td>424</td><td>813</td><td colspan="2">1202</td><td>8</td></tr>
<tr><td>1999</td><td>3438</td><td>628</td><td></td><td>26</td><td></td><td>702</td><td>342</td><td>413</td><td>773</td><td colspan="2">1176</td><td>6</td></tr>
<tr><td>2000</td><td>3696</td><td>694</td><td></td><td></td><td></td><td></td><td></td><td></td><td></td><td colspan="2"></td><td></td></tr>
<tr><td>2001</td><td>4088</td><td>775</td><td>154</td><td>38</td><td>721</td><td>563</td><td>401</td><td>509</td><td>764</td><td colspan="2">1089</td><td>3</td></tr>
<tr><td>2002</td><td>4316</td><td>816</td><td>166</td><td>47</td><td>823</td><td>606</td><td>418</td><td>570</td><td>773</td><td colspan="2">1076</td><td>3</td></tr>
<tr><td>2003</td><td>4463</td><td>912</td><td>138</td><td>69</td><td>937</td><td>657</td><td>340</td><td>580</td><td colspan="4">1880</td></tr>
<tr><td>2004</td><td>4832</td><td>1063</td><td>163</td><td>59</td><td>1117</td><td>747</td><td>324</td><td>673</td><td colspan="4">1912</td></tr>
<tr><td>2005</td><td>5585</td><td>1268</td><td>186</td><td>95</td><td>1447</td><td>1024</td><td>432</td><td>656</td><td colspan="4">1931</td></tr>
<tr><td>2006</td><td>5977</td><td>1364</td><td>198</td><td>135</td><td>2333</td><td>732</td><td>324</td><td>626</td><td colspan="4">1827</td></tr>
<tr><td>2007</td><td>6679</td><td>1646</td><td>108</td><td>148</td><td>2666</td><td>812</td><td>356</td><td>688</td><td colspan="4">2009</td></tr>
<tr><td>2008</td><td>7507</td><td>2010</td><td>105</td><td>254</td><td>3406</td><td>1017</td><td>315</td><td>747</td><td colspan="4">1768</td></tr>
<tr><td>2009</td><td>7806</td><td>2126</td><td>102</td><td>237</td><td>3615</td><td>1121</td><td>335</td><td>769</td><td colspan="4">1729</td></tr>
<tr><td>2010</td><td>8557</td><td>2408</td><td>64</td><td>261</td><td>4292</td><td>1186</td><td>347</td><td>798</td><td colspan="4">1673</td></tr>
<tr><td>2011</td><td>9491</td><td>2776</td><td>109</td><td>314</td><td>5073</td><td>1300</td><td>355</td><td>812</td><td colspan="4">1637</td></tr>
<tr><td>2012</td><td>9785</td><td>2945</td><td>72</td><td>360</td><td>5265</td><td>1376</td><td>358</td><td>825</td><td colspan="4">1601</td></tr>
</table>

续表

年份	总人数	其中										
		女党员	新吸收党员	文化程度								
				研究生	大学		中专	高中	初中	高小	初小	文盲
					本科	专科						
2013	10361	3228	59	433	5674	1486	360	837	1571			
2014	10927	3442	94	538	6118	1542	355	840	1534			
2015	11454	3649	107	698	6444	1588	365	857	1502			
2016	12432	3980	99	946	7254	1599	347	812	1474			
2017	12195	3995	142	1224	6939	1538	325	771	1398			

第四节　纪律检查

1962 年，中共北滘公社党委监察委员会主要工作是：对 1958 年以来政治运动所立案查处的案件，进行复查甄别。1958 年至 1961 年，北滘公社在反右倾、“新三反”（反官僚主义、反贪污盗窃、反铺张浪费）和整风整社运动中受到纪律处分的党员干部 27 人。经复查：更改结论的有 15 人，其中全错全改的 10 人，处分偏重的 5 人。同时，复查一批未经上级党委审批的案件，补办手续案件 6 宗，撤销案件 21 宗。对过去历次政治运动中被错误批斗的 15 名党员干部平反、恢复名誉。为群众平反 135 人。1963 年，在公社机关和大队、生产队一级干部中开展“五反”（反官僚主义、反分散主义、反本位主义、反贪污盗窃、反投机倒把）运动。1963 年处分党员 13 人（贪污受贿 4 人），开除党籍 2 人，留党察看 4 人，党内警告 7 人。1964 年处分党员 7 人，其中，开除党籍 5 人，党内警告 2 人。1965 年至 1966 年 9 月，配合社会主义教育运动（即“四清”运动），开展党委监察工作。

1979 年后，北滘党委纪检监察部门对“五反”“四清”“文化大革命”运动的案件进行复查，大部分是“冤、假、错”案，分别给予纠正和平反；并立足于增强党员干部的思想政治素质，坚持抓好党性、党风、党纪教育，切实加强党员领导干部的廉洁自律工作，从源头防治腐败；对用公款请客送礼、大吃大喝的问题，进行检查处理。1985 年后，北滘党委实行先整先改，采取有力措施，有力抑制乱发钱物、请客送礼、炒买炒卖外汇、倒卖洋货、机关经商的不正之风的蔓延，对“脚踏两只船”的党员干部进行耐心细致思想工作，教育他们专心致志做好集体本职工作。

1993 年 1 月，北滘党委提出要“执好廉政建设，克服消极腐败现象”，强调：党风和廉政建设，要从领导干部做起，党员领导要严于律己，以身作则；要切实加强对党员干部的监督，要健全各方面制度和防范机制；要加大惩治力度，对腐败分子，不论是什么人，都要绳之以法。至 1995 年 12 月，全镇对 18 名违法违纪人员进行处理。

1996 年后，北滘坚持抓好反腐保廉工作，健全各项规章制度，落实工作责任制，实施内抓教育，外设防线，从体制上、制度上筑起反腐保廉的防线。1999 年 11 月，中共佛山市委、市人民政府下发《贯彻落实中共中央、国务院〈关于实行党风廉政建设责任制的规定〉的实施办法》后，北滘全面落实“收支两条线”的规定，对行政事业收费、基金和罚没进行严格规范管理。2002 年后，根据中共十五届六中全会通过的《中共中央关于加强和改进党的作风建设的决定》，北滘各级党组织努力转变工作作风，党员领导干部深入实际，调查研究，倾听广大群众意见，坚持从严治党，严肃查处侵害群众利益的违法违纪行为，进一步完善落实党风廉政建设责任制，重点抓好检查、考核、责任追究三个环节，标本兼治、综合治理。2002 年至 2006 年 9 月，共受理群众来信来访 107 件，查处案件 5 宗，对 5 名党员作出开除出党的处分。

2007—2011 年，北滘把廉洁从政作为党风廉政建设的重心，着重抓好领导干部的教育，建立“一把手”重点抓、班子成员集体抓、分管领导具体抓的机制，制订《北滘镇党员干部廉政谈话实施办法》，健全“收支两条线”机制，实施政府工程招投标和采购制度，强化财政资金收支监管，从各方面堵塞漏洞，防患于未然。

2012—2016 年，贯彻标本兼治、综合治理、惩防并举、注重预防的方针，继续开展党风廉政建设和反腐败斗争；聘请特约监察员，委托社会第三方中介结构，推行明查暗防制度的建立；积极探索“制度 + 科技 + 文化”的廉政风险防控的新思路，完善涉及“人、财、物”各方面管理制度，依章办事，违章必究，提高办事透明度，以制度管人管事，堵塞漏洞。2017 年，强化党员干部尊法守法，筑好底线的教育，坚决落实中共中央八项规定，党风廉政建设成效明显。

第二章　镇人民代表大会

第一节　人民代表

根据 1979 年 7 月颁布的《中华人民共和国全国人民代表大会和地方各级人民代表大会选举法》，从 1980 年 6 月起，北滘开始设置人民代表大会。至 2016 年 9 月先后召开第七至第十七届镇人民代表大会。镇人大代表由选民直接投票选出。同时，选出县人民代表大会代表。县和镇人大代表采用差额形式选举。代表来自党派、工农及其他劳动者、干部、知识分子、军人等各个阶层、各个方面。代表的任期，与同届人民代表大会的任期相同，从每届本级人民代表大会举行第一次会议开始，到下届本级人民代表大会举行第一次会议为止。第七届至第十二届，每届任期三年；第十三届开始，每届任期五年。

1980—2016年北滘镇第七至第十七届人大代表选举情况表

表13—2—1

届别	投票选举日	划分选区数量（个）	镇总人口数（人）	登记选民总人数（人）	选民参选人数（人）	参选率（%）
第七届	1980年6月12—13日	158	69157	41968	40997	97.69
第九届	1987年1月9—10日	54	75387	54334	50259	92.5
第十届	1990年3月9日	63	80819	55634	51739	93
第十一届	1993年1月5日	60	85577	61812	61144	98.92
第十二届	1995年12月20日	62	89025	61965	59114	95.4
第十三届	1998年11月22日	60	91871	68848	65485	95.12
第十四届	2002年1月22日	32	99828	77904	72836	93.49
第十五届	2006年9月10日	35	106771	91037	86041	94.51
第十六届	2011年9月28日	34	118360	101145	92143	91.1
第十七届	2016年9月21日	36	133770	103912	92336	88.86

注：第八届人民代表大会资料缺失。

1980—2002年北滘镇第七至第十四届人大代表构成表

表13—2—2　　单位：人

届别	代表总数	代表类别							党派情况
		工人	农民	知识分子	港澳属侨	民营企业家	军烈属	干部	中共党员
第七届	354	农村代表246人，企事业代表108人							181
第九届	110	13	47	12	3	—	2	33	69
第十届	113	66		18	4	—	2	23	77
第十一届	119	54		27	6	—	6	26	79
第十二届	100	55		20	3	5	2	15	74
第十三届	100	20	29	29	3	2	2	15	73
第十四届	99	12	15	22	1	7	2	40	63

注：第八届人民代表大会资料缺失。

2006—2016 年北滘镇第十五至第十七届人大代表构成表

表 13—2—3　　　　　　　　　　　　　　　　　　　　　　　　单位：人

届别	代表名额	应选代表比例				其中		
		工农及其他劳动者	干部	知识分子	民主党派及归侨、侨眷等	党员	非党	妇女
第十五届	98	42	16	35	5	61	37	23
第十六届	115	49	21	39	6	74	41	27
第十七届	115	52	20	39	4	71	44	31

第二节　常设机构

1980 年北滘镇第七届人大一次会议由公社革命委员会召集。以后各次会议均由人大常委会会议产生的主席团主持召开。1987 年 2 月后，设立镇人大代表联络组，作为人大日常工作机构。1990 年 3 月后，改设为人大主席团，配有主席团办公室，开展各项工作。

1987—2016 年北滘镇人大工作机构领导情况表

表 13—2—4

届次	任职时间（年月）	主席	副主席
九	1987. 2—1990. 3	罗明	李耀锦
十	1990. 3—1993. 2	冯润胜	李耀锦（1990. 3—1990. 8） 潘毅敏（常务副主席）（1990. 8—1993. 2）
十一	1993. 2—1996. 1	潘毅敏（常务主席）	
十二	1996. 1—1999. 1	区祥贤	梁绍
十三	1999. 1—2002. 2	潘毅敏	梁绍
十四	2002. 2—2006. 8	周志坤	张带兴（2002. 2—2005. 4） 黎志明（2005. 4—2006. 8）
十五	2006. 9—2011. 10	列海坚（2006. 9—2007. 6） 徐国元（2007. 6—2011. 10）	霍兆华
十六	2011. 10—2016. 9	冼阳福（2011. 10—2014. 9） 罗厚光（2014. 9—2015. 12） 余焯焜（2015. 12—2016. 9）	梁垣刚
十七	2016. 9—	卢本忠	梁垣刚

注：第九届机构设组长、副组长。

第三节　人大历次重要会议

1980—2016年，历届镇人大共召开过20余次会议，基本每年召开一次例会。1980年北滘第七届第一次会议由公社革命委员会召集，以后各次会议均由人大常委会召集。每次会议均设立主席团、秘书长、议案审查委员会、代表资格审查委员会（第九届始不再在会议设立，改在人大常委会设立）等会议组织领导机构。自第十一届起，主席团中还推选有常务主席若干人为会议召集和主持人。会议主要议程是审议政府工作报告、国民经济五年计划、年度地方财政决算和财政预算、选举镇长和副镇长、通过代表方案。

一、北滘公社第七届人民代表大会

第一次会议　1980年6月27日召开，会议选举第七届人民公社管委会主任、副主任和委员，黄干远作工作报告，总结北滘人民公社革命委员会十二年来的工作，提出今后两年工作的指导思想是："加速发展农村经济，使全社人民尽快富裕起来。"

二、北滘镇第九届人民代表大会

第一次会议　1987年2月12日召开，林鉴松致开幕词，审议通过《北滘国民经济第七个五年计划草案》，强调：深化以改革为动力，以市场需求为龙头，以技术进步为潜力，以解放生产力为目标，实行工业抓发展，农业抓开发，商业抓流通，重心抓效益，全面抓管理。会议选举黄干远为镇长，杜有国、林鉴松、黎志明、潘毅敏为副镇长。

第二次会议　1987年12月28日召开，会议接受杜有国辞去副镇长的请求，补选冯锦泉为副镇长。

第三次会议　1988年4月8日召开，会议要求：要坚持改革开放，搞活经济，经济工作要着重讲求效益，加大对外经济贸易的工作力度，持续拓展工农业产品的国际市场，引进外资和国际先进科技，壮大工农业经济发展规模和实力。

三、北滘镇第十届人民代表大会

第一次会议　1990年3月15日召开，会议通过黄干远所作题为《在整理整顿中，充分发挥我们的优势，把我镇两个文明建设引向更高层次发展》的政府工作报告和《北滘镇1989年财政决算和1990年财政预算草案》。选举产生第十届政府组成人员：黄干远为镇长，黎志明、梁胜添、潘毅敏、林鉴松为副镇长。

第二次会议　1991年4月6日召开，选出梁细妹为北滘镇副镇长。

第三次会议 1992 年 3 月 23 日召开，补选周冠雄为北滘镇副镇长。

四、北滘镇第十一届人民代表大会

第一次会议 1993 年 2 月 18 日召开，审议通过政府工作报告、财务决算和财政预算草案报告和镇人大主席团工作报告，选举第十一届人民政府组成人员，区祥贤为镇长，周冠雄、梁胜添、梁世妹、张带兴为副镇长。

第二次会议 1994 年 7 月 11 日召开，会议审议政府工作报告，地方财政预算、决算草案，会议强调：继续推进和完善企业产权制度改革，全面完成镇办企业转制，村办企业也要结合实际，加快推进产权制度改革，同时部署搞好养老、医疗保险，健全完善农村经济股份合作社，推进“三高”农业的发展；加快发展高新技术产业，大力发展非公有经济，培育经济发展新增长点，促进社会的全面进步。

五、北滘镇第十二届人民代表大会

第一次会议 1996 年 1 月 15 日召开，会议邀请 5 名列席代表，4 名特邀代表出席。选举区祥贤为人大主席、周冠雄为镇长，梁胜添、张带兴、李志强为副镇长。

第二次会议 1997 年 3 月 18 日召开，会议确定 1997 年镇政府工作指导思想是以邓小平建设有中国特色社会主义理论为指针，以顺德第二次创业的政策、要求为指引，以科学技术为动力，以加快经济发展为中心，以再造北滘投资环境新优势，提升北滘社会经济实力为目标，充分利用社会资源，全面推进二次创业，完善经济体制改革，推进城市化进程，加强精神文明建设和社会管理，向实现百亿镇的目标冲刺奠定坚实基础。

第三次会议 1998 年 2 月 16 日召开，接受周冠雄辞去镇长职务的请求，补选周志坤为镇长。

六、北滘镇第十三届人民代表大会

第一次会议 1999 年 1 月 18—19 日召开，到会代表 96 人，潘毅敏当选为人大主席，梁绍为副主席，周志坤为镇长，张带兴、卢健昌、梁国锋、列海坚为副镇长。

第三次会议 2000 年 5 月 12 日召开，出席会议 98 名代表，市委副书记杨肖英、市人大副主任梁桂洪到会祝贺。会议批准周志坤辞去北滘镇人民政府镇长职务，补选崔健波为北滘镇人民政府镇长。

第四次会议 2001 年 2 月 22 日在镇政府召开，出席会议代表 97 人。会议提出 2001 年工作的指导思想是：立足新世纪，开创建设新里程为工作主题，以率先基本实现现代化为总目标、总任务统揽全局，以建设现代化小城市为发展方向，大力推进城市化建设，加快经济结构调整步伐，完善深化经济体制改革和政府职能改革，促进经济和社会全面进步，迈向新世纪。

七、北滘镇第十四届人民代表大会

第一次会议 2002年2月27—28日召开。出席会议代表114人，会议提出今后三年的设想：以率先基本实现现代化统揽全局，坚定不移推进“改革、发展、建设”三大战略转移，全面提高城市化、信息化和经济国际化水平，把北滘建设成为经济实力雄厚、生态环境优良、民主法制健全、社会文明进步、人民生活富足的现代化小城市。大会选举新一届人大、镇政府领导班子，周志坤为镇人大主席，崔健波为镇长。

第三次会议 2004年3月19日召开，因崔健波工作调动，会议选举列海坚为北滘镇人民政府镇长。

八、北滘镇第十五届人民代表大会

第一次会议 2006年9月19—20日召开。会议充分肯定过去五年政府工作，认为：五年的发展成就，为北滘今后发展奠定坚实基础：经济综合实力稳步提升、城市品位持续提升、社会文明程度日益提升，政府公信力有效提升。会议审议通过今后五年政府工作的设想：围绕“工商并举、和谐发展”的主题，创新提升产业，提高综合实力，把北滘建设成为经济富裕、特色鲜明、环境优美、充满活力、社会和谐的现代化小城，2010年工农业产值超1000亿元。会议选举列海坚为镇人大主席，霍兆华为镇人大副主席，冼阳福为镇人民政府镇长，麦广强、王建、赖小越为镇人民政府副镇长。

九、北滘镇第十六届人民代表大会

第一次会议 2011年10月13—14日召开。会议审议政府工作报告，认为：过去五年，北滘综合实力强劲扩充，城市形象日新月异，人民生活大幅提升，2010年全镇工农业产值达1378.4亿元，成为“中国家电制造业重镇”，初现“魅力小镇”雏形。会议提出“未来五年的奋斗目标和主要任务”：到2015年，工农业生产总值超过2500亿元。着重做好五方面工作：突出城市升级，优化发展空间；突出产业升级，引领经济转型；突出社会建设升级，促进和谐发展；突出素质升级，激发创造活力；突出便民惠民，提高幸福指数。会议选出冼阳福为镇人大主席，梁垣刚为副主席，麦玉团为镇长，霍炳朝、李少玲、黄智海、邓河标为副镇长。

第四次会议 2014年1月8日召开，选出余焯焜为北滘镇镇长，霍兆华为北滘镇副镇长。

第七次会议 2016年1月29日召开，选举余焯焜为北滘镇人大主席，梁晴尔为北滘镇镇长。

十、北滘镇第十七届人民代表大会

第一次会议 2016年9月29日召开。会议听取镇政府工作报告，认为：过去五年，北滘实现跨越发展。在2015年度“中国科学发展百强镇”位列第八，北滘成为“产业先进、城市优美、水乡韵味独特”的“魅力小城”，规模以上工业产值达2010亿元。会议明确北滘今后五年的工作目标和发展思路：加速融入广（州）佛（山）城市圈，彰显有特色品位的城市魅力；加快转型升级，构建现代产业新体系，打造“创业之城”和“产业新城”；坚持改善民生，提升更为殷实和谐的幸福感受；提升治理能力、夯实长治久安的社会根基；把北滘打造成为城乡环境优美、生活便捷舒适、经济充满活力的魅力小城。会议选举卢本忠为镇人大主席团主席，梁垣刚为副主席；王崇曦为镇长，黄汉标、何翔威、康子年、黄师挺为副镇长。

第四节　代表议案督办

1990—1996年，收到议案5件，建议、批评和意见142件，内容涉及环境保护、卫生清洁、垃圾处理、教师宿舍、户籍管理等问题。经过镇政府和相关部门的努力，基本做到件件提案有着落。如镇政府决定把蓬莱新村60套商住房，以每平方米750元出售给教师；改革户政管理，对迁入镇区居民，停止征收城市增容费；取消自理粮户口，为农村剩余劳动力向第二、第三产业过渡创造条件。

2000年后，北滘镇人民代表议案督办工作向制度化、规范化方向迈进，镇人大主席团对代表提出的议案建设和批评意见，交由镇政府或有关部门办理，召开镇政府负责人参加的议案交办会议，明确办案要求和时限。2001年十三届四次会议上，代表提出的议案1件、建议意见30条，关于“实施十年绿化北滘计划，建设绿色美好家园”的议案，镇政府高度重视，责令有关部门深入调查，制定《十年绿化北滘实施纲领》，分步实施，取得明显效果。2001—2005年，共督办人大代表议案、建议75件，较好解决一批社会热点问题。

2003年，对人民代表提出的“美的新海岸物管提价”“村居流动摊贩管理”“西海、桃村通讯基地拆除”等建议，镇人大主席团协同相关部门介入协调处理，受到代表和群众的好评。

2006年，着重督办“兴建上僚西河水利枢纽工程”提案的落实，至2010年共督办区、镇两级人大议案、建议76件，为进一步建立制度化、规范化督办机制，制订《北滘镇督办工作制度的方案》，明确各有关部门所承担的职责，责任到人，有效保障办案工作的落实，对代表提出的污水治理、学前教育、停车场建设和农贸市场开放改造等问题，分门别类，交由镇政府12个部门办理，并组织代表视察办理和督办工作，办复率达100%。

2014年后，中共北滘镇党委和镇人大主席团不断完善相关制度，始终把督办代表建议作为了解社情民意，为民纾难解困的重要途径，加强组织领导，改进办理机制，强化督促检查，加强人民当家作主制度保障。至2017年，共收到代表建议、批评和意见101件，内容涉及村镇路网建设、水利设施滞后、低产能产业污染、环境污水处理等问题，引起政府和相关部门高度重视，被摆上政府日常工作。如对代表提出的“活化碧江古建筑”的建议，镇政府指定有关部门专项督办，取得较好成效。又如对代表提出的

"加快污水设施建设"的建议，组织人民代表专项视察，追踪督促有关责任部门的落实工作。2014年，人民代表对议案办理满意度为94%。2016年为100%。

第五节 人民代表视察

1987年，镇设立人大主席团后，每年都根据经济建设、社会发展和民生热点等重大问题，组织人民代表视察，通过视察，支持督促政府的工作。2000年后，人民代表视察形成常态化。当年，组织6次视察活动，先后对政务公开、检察院工作、村务和股份社财务公开、职业培训、水利建设等进行专题视察，并进行工作评议；对德安公司北滘分公司自1999年以来的社会医疗保险、养老保险购买和发放、北滘卫生院医风医德进行评议；组织部分代表，参加市人大常委会，征询对市政局执法的意见。人大主席团还参与镇地方财政开支审议工作。2001年，围绕镇经济和城镇建设的重点，组织视察活动，先后向镇政府提出"调整和优化工业结构""做好城镇总体规划修编和实施""加强环保工作""深入'打假'，依法维护市场经济秩序""加大劳动监察力度""维护劳资双方的合法权益"等方面的建议和意见；对自来水水源、水质、收费和价格进行评议，促使自来水公司进一步提升供水服务质量。2003年，围绕"三农"工作和教育的问题，组织代表视察蔬菜、禽畜、塘鱼、花卉种养基地和林头小学、北滘中学、北滘职业技术学校、国华纪念中学，向政府提出"继续对农业产区建设""在注重基础教育的同时，进一步办好职业教育，培养更多的实用型人才"的建议和意见；对8个政府执法部门作风进行评议，推行"作风转变年"活动，深受群众好评。2005年，按照"小型、深入、专题、实效"的原则，组织代表视察北滘新医院、北滘公园、林头立交工程建设，提出改善民生福利的建议和意见，镇政府作出免费结婚健康检查、促进本地人充分就业、支持村（社区）建设民生福利设施、"三控"地房屋易地重建等决策。

北滘镇十五届人民代表大会期间（2006年9月—2011年10月），镇人大主席团发出《关于进一步规范镇内人大代表闭会期间活动，充分发挥代表作用的通知》，制订《北滘镇的区人大代表专业小组活动指引》，从视察方式、组织、要求等方面，明确人民代表的职责，规范视察活动；并成立5个专业小组，针对经济社会发展的热点，对经济与城建环保、农业与农村、文化教育卫生、食品安全、社会治安和就业保障等问题，开展视察活动；对广珠轻轨北滘站实地考察，并就规划、车站与周边村（社区）的关系、交通接驳等问题提出意见和建议。

2012年，将全镇116名人民代表划为7个小组，对平安村围蔽、文化活动中心、行政服务中心、旧城区美城行动等工程建设进行视察，从一定程度上保证工程建设公正、公开、透明和规范操作。2013年，围绕北滘镇三年发展行动计划，组织专题视察，促使"一村一公园"建设、农贸市场升级改造、垃圾中转站等项目建设的顺利推进。

2014年后，北滘以"跟踪城市升级、城乡协调发展"为主题，组织人民代表视察。2015年，先后视察碧江金楼、都宁岗森林公园、污水处理厂、市民活动中心，督促政府进一步做好历史村落保护和开发，做好城乡协调发展的规划。2016年，以民生为重点，视察北滘污水处理厂二期工程、公安视频监控系统，督促推进工作落实。2017 年，通过视察，重点关注城乡治水、北滘青少宫、群力围污水管网工程建设进度，初步形成人大代表参与、专家论证与行政决策三结合，科学决策的常态机制。

第三章　镇人民政府

第一节　机构沿革

1959 年 5 月北滘人民公社成立后，实行政社合一体制，设立公社管理委员会，在管理生产建设、财政、粮食、贸易、民政、文教、卫生、治安、民兵和调解民事纠纷等各项工作方面，行使政府的职权，公社设正、副社长。1961 年 12 月，设北滘区，区不设政府工作机构，下设北滘、碧江、莘村、西海 4 个人民公社，设立公社管理委员会。1963 年 1 月，撤区和 4 个公社，恢复北滘人民公社。1967 年 8 月，北滘公社革命委员会成立，行使党政领导职能，下设政工、生产、保卫、办事组。1981 年撤销“革命委员会”，恢复公社管理委员会。1983 年 12 月，撤销政社合一的人民公社体制，改设北滘区公所，为县人民政府派出机构。1987 年 2 月，撤销区公所，成立镇人民政府，下设镇政府，办公室及农林水、财贸、乡村企业管理、经营管理、教育、计划生育、侨务等办公室和财政管理所，以及科技、司法、民政、统计、卫生等助理员。1993 年 5 月，根据顺德市党政机构改革部署，镇党委和政府合署办公，设立党委政府办公室，组织、纪检办公室，宣传、文化办公室，武装部、工业办公室、农业办公室，商贸办公室，科技办公室，教育办公室，统侨办公室，建设、国土办公室，计划生育办公室，司法办公室，民政办公室，环保办公室，财政管理所。公安、工商行政、物价、税务和法庭等机构由市属归口管理。1999 年，按照政企分开、政资分离，精简、统一、效能的原则，镇级机构压缩为 11 个，分别为党政人大办公室、组织纪检办公室、宣教文卫办公室、经济发展办公室、城市建设办公室、监察审计办公室、农村工作办公室、计划生育办公室、安监办公室、综治办公室和武装部。2010 年 7 月，顺德实行大部门体制，镇级设 5 个办公室和 8 个局，分别为党委办公室、监察审计办公室、组织工作办公室、宣传文体办公室、综合信访维稳办公室、经济促进局、社会工作局、财政局、人力资源和社会保障局、国土城建和水利局、卫生和人口计划生育局、区市场安全监管局北滘分局、区环境运输和城市管理局北滘分局。2017 年，镇级机构设 5 个办公室和 9 个局，分别有：党政人大办公室、监察审计办公室、组织工作办公室、宣传文体办公室、综治信访维稳办公室、经济和科技促进局、农业和社会工作局、财政局、人力资源和社会保障局、国土城建和水利局、卫生和计划生育局、区环境运输和城市管理局北滘分局、区市场监督管理局北滘分局、教育局。

1959—2017 年北滘镇（公社、区）历届政府机构负责人名单

表 13—3—1

<table>
<tr><th rowspan="2">政府机构名称</th><th rowspan="2">届期时间</th><th colspan="2">正职</th><th colspan="2">副职</th></tr>
<tr><th>职务</th><th>姓名及任职时间</th><th>职务</th><th>姓名及任职时间</th></tr>
<tr><td rowspan="2">公社管理委员会</td><td>1959. 5—1961. 5</td><td rowspan="2">社长</td><td>黄泽泉 1959. 5—1959. 8
叶胜军 1959. 8—1961. 5</td><td rowspan="2">副社长</td><td>叶胜军 1959. 5—1959. 8
梁应祺 1959. 5—1961. 5
梁润欢 1959. 9—1961. 5</td></tr>
<tr><td>1963. 3—1967. 2</td><td>罗　明 1963. 3—1965. 12
何连枝 1966. 1—1966. 3
黄源贤 1966. 4—1966. 10
黄秋发 1966. 10—1967. 2</td><td>梁应祺 1963. 3—1964. 9
高友航 1963. 3—1966. 10
梁　德 1966. 8—1967. 2
邓润根 1966. 8—1967. 2
黎　忠 1966. 10—1967. 2</td></tr>
<tr><td>北滘小公社管委会</td><td rowspan="4">1961. 5—1963. 1</td><td rowspan="4">社长</td><td>何增铸</td><td rowspan="4">副社长</td><td>区　煊
叶瑞彩 1961. 7—1963. 1</td></tr>
<tr><td>碧江小公社管委会</td><td>李　耀</td><td>区　恒
苏伟逢 1961. 7—1963. 1</td></tr>
<tr><td>莘村小公社管委会</td><td>周　德 1961. 5—1961. 10
陈　有 1961. 10—1963. 1</td><td>梁润欢
邓文光 1961. 10—1963. 1</td></tr>
<tr><td>西海小公社管委会</td><td>陈　九</td><td>梁　德　冯锦松</td></tr>
<tr><td>抓革命促生长“三结合”第一线指挥部</td><td>1967. 3—1968. 2</td><td>主任</td><td>黄秋发</td><td>副主任</td><td>高友航　梁　德　邓润根</td></tr>
<tr><td>公社革命委员会</td><td>1968. 2—1976. 10</td><td>主任</td><td>叶胜军 1968. 2—1970. 8
何焯垣 1970. 8—1974. 5
刘炳汶 1974. 5—1976. 10</td><td>副主任</td><td>吴有水 1968. 2—1976. 10
冯维学 1968. 2—1968. 12
廖侣维 1968. 2—1970. 12
黄秋发 1968. 2—1972. 11
区祥贤 1969. 6—1976. 10
房　法 1970. 7—1975. 7
潘毅敏 1970. 1—1976. 10
罗　明 1972. 3—1976. 10
欧阳效根 1972. 11—1976. 10
林鉴松 1974. 1—1976. 10
侯泰贞 1975. 4—1976. 10</td></tr>
</table>

续表

<table>
<tr><th rowspan="2">政府机构名称</th><th rowspan="2">届期时间</th><th colspan="2">正职</th><th colspan="2">副职</th></tr>
<tr><th>职务</th><th>姓名及任职时间</th><th>职务</th><th>姓名及任职时间</th></tr>
<tr><td>公社革命委员会</td><td>1968. 2—1976. 10</td><td>主任</td><td>叶胜军 1968. 2—1970. 8
何焯垣 1970. 8—1974. 5
刘炳汶 1974. 5—1976. 10</td><td>副主任</td><td>周志坤 1975. 6—1976. 10
冯润胜 1975. 6—1976. 10
李耀锦 1975. 7—1976. 10
麦　强 1975. 7—1976. 10
杜有国 1976. 7—1976. 10</td></tr>
<tr><td>北滘公社革委会</td><td>1976. 10—1980. 6</td><td>主任</td><td>刘炳汶 1976. 10—1978. 9
廖荣初 1978. 9—1980. 6</td><td>副主任</td><td>区祥贤　潘毅敏　罗　明
林鉴松　李耀锦　麦　强
杜有国　冯润胜　叶桂江
吴有水
欧阳效根 1976. 10—1978. 9
侯泰贞 1976. 10—1979. 5
周志坤 1976. 10—1979. 8
黄干远 1978. 9—1980. 6
梁　德 1979. 4—1980. 6</td></tr>
<tr><td>北滘公社管委会</td><td>1980. 6—1983. 11</td><td>社长</td><td>黄干远</td><td>副社长</td><td>潘毅敏　罗　明　林鉴松
李耀锦　梁　德　冯润胜</td></tr>
<tr><td>区公所</td><td>1983. 11—1987. 2</td><td>区长</td><td>黄干远</td><td>副区长</td><td>林鉴松　黎志明
杜有国 1984. 8—1987. 3</td></tr>
<tr><td rowspan="5">镇人民政府</td><td>1987. 2—1990. 2</td><td>镇长</td><td>黄干远</td><td>副镇长</td><td>杜有国　潘毅敏　黎志明
林鉴松　冯锦泉</td></tr>
<tr><td>1990. 3—1993. 2</td><td>镇长</td><td>黄干远</td><td>副镇长</td><td>潘毅敏 1990. 3—1991. 4
林鉴松 1990. 3—1991. 4
梁胜添 1990. 3—1993. 2
黎志明 1990. 3—1992. 12
梁世妹 1991. 4—1993. 2
周冠雄 1992. 3—1993. 2</td></tr>
<tr><td>1993. 2—1996. 1</td><td>镇长</td><td>区祥贤</td><td>副镇长</td><td>周冠雄　梁胜添　梁世妹
杜有国 1993. 2—1993. 8
张带兴 1994. 7—1996. 1</td></tr>
<tr><td>1996. 1—1999. 1</td><td>镇长</td><td>周冠雄</td><td>副镇长</td><td>李志强 1996. 1—1997. 3
张带兴　梁胜添　任　克</td></tr>
<tr><td>1999. 1—2002. 2</td><td>镇长</td><td>周志坤 1999. 1—2000. 5
崔健波 2000. 5—2002. 2</td><td>副镇长</td><td>列海坚　卢健昌　张带兴
梁国锋</td></tr>
</table>

续表

政府机构名称	届期时间	正职		副职	
		职务	姓名及任职时间	职务	姓名及任职时间
镇人民政府	2002. 2—2006. 8	镇长	崔健波 2002. 2—2003. 6 列海坚 2003. 6—2005. 9 冼阳福 2005. 9—2006. 8	副镇长	列海坚 2002. 2—2003. 6 黎志明 2002. 2—2005. 4 麦广强 谭志亮 2003. 6—2006. 8 徐国元 2005. 3—2006. 8
	2006. 9—2011. 10	镇长	冼阳福	副镇长	麦广强　王　建　赖小越
	2011. 10—2016. 9	镇长	麦玉团 2011. 10—2014. 1 余绰焜 2014. 1—2016. 1 梁晴尔 2016. 1—2016. 9	副镇长	霍炳朝　黄智海 邓河标 2011. 10—2013. 1 李少玲 2011. 10—2015. 8 黄志敏 2013. 1—2014. 1 霍兆华 2014. 1—2015. 5 何翔威 2015. 8—2016. 9
	2016. 9—	镇长	王崇曦	副镇长	何翔威 2016. 9—2017. 9 黄汉标　康子年　黄师挺 叶伟峰 2017. 4—

第二节　行政服务

1996 年，为适应市场经济形势发展的形势，镇人民政府提出“切实转变政府职能，促进政府工作水平的提高”的要求，强调：“依法行政、高效行政、透明行政、服务行政”，完善办事程序，增加办事透明度。1999 年起，推进“六个行政”，率先在全市实现镇村两级办公自动化联网，设立镇长邮箱，有效提高政府公共服务水平。

2003 年，镇政府进行“一站式”行政服务试点。同年 6 月 4 日，在西滘村召开社区服务中心建设现场会，推广“一站式”行政服务经验。“一站式”服务承办政府部分部门的业务，涉及社保、就业、工资监控、残废人服务、户口登记、居住证办理、计划生育、民政救济等方面，为群众办事提供方便。至 2004 年，全镇建立起社区服务设施 26 个、社区服务中心 15 个，社区工作人员 161 人。

2010 年 8 月 18 日，北滘镇召开深化公共事务管理体制改革动员大会。2011 年 11 月 29 日，北滘镇行政服务中心正式开始运作。该中心位于镇新城区明政路 1 号，一、二层为业务大厅，共进驻 9 个职能部门。首层为区市场安全监管局北滘分局、区社会保险基金管理局北滘办事处、教育局、财政局、区环境运输和城市管理局北滘分局，二层为国土城建和水利局、北滘地税分局、卫生和人口计划生育局、社会工作局。

2010 年 9 月 1 日，北滘镇举行村（社区）党组织换届选举总结大会暨村（社区）

行政服务站挂牌仪式，宣布镇、村（社区）行政服务中心（站）人员的任命。2011年1月，18个村（社区）行政服务站正式运作。

2012年12月，镇职工服务中心正式投入使用，为异地务工人员提供法律维权、技能培训、社交婚恋、子女照顾等免费服务。2012年，镇社会综合服务中心投入使用，并设立5个片区分站，为社区群众提供心理咨询、个案辅导等专业社工服务。入驻专业服务人员30多人，提供服务13000多人次。

2012年，深化"一门式"政务服务创新体系建设，组建"一门式"中心服务窗口和村、社区服务站，进一步拓展"12345"行政服务热线、顺德区政务热线服务范围，增强服务功能，至2016年8月，累计办理超万件，回复和办结满意一度达87%。

2014年，深化行政审批制度改革。优化审批事项16项，平均压缩审批时限17.3%，下放21项审批事项到村（社区）行政服务站。推进网上办事大厅建设，新增碧江等4个服务网点，完善政务投诉督办机制。

2016年，深化行政审批制度改革，厘清274项行政审批事项清单，全面推进"一门式"政务服务改革，切实推行商事登记改革，创新行政审批运行模式。

至2017年，北滘镇设行政服务中心1个，各村（社区）行政服务站20个，工作人员共有359人。

第三节　政务公开

1997年3月，在镇第十二届人民代表大会第二次会议上，镇人民政府所作的工作报告，提出：政府重大政策的出台前要广泛听取群众意见，征询法律专家意见，凡是能够公开的文件，都要通过报刊、电视、广播加以宣传，增加透明度。

2000年，为贯彻《中共广东省委办公厅、广东省人民政府办公厅关于在全省乡镇推行政务公开的意见》，镇政府采用举办政务发布会、设立政务公布栏、创办政务信息专栏、设立电脑触屏等形式，积极拓宽政务公开渠道。政务公开范围扩大至机构设置、领导分工、财务资产、法律法规、政策文件、政务动态等信息。

2000年下半年，进一步加大镇级政务公开的力度，进一步完善"北滘之窗"网站建设和维护，完善"北滘政务"电脑触摸系统的资料内容。投入51万元，增购电脑触摸屏24台，21个村、社区均设置电脑触摸屏，扩大了政务公开的普及面。各村委会把实行村务、财务公开作为推进村民自治工作的重点，促进村干部自觉执行村委会的工作制度和财经制度。

2001年1月1日，北滘镇政府信息网全面建立，镇村网络通过光纤互联，实现信息共享及实时通讯，有力地促进全镇信息化建设。2002年"阳光政府"建设见成效。当年全面推行政务公开，开通镇长专线，创办《北滘政务》，建立镇领导接访日制度，开展让群众和基层单位评议政府部门服务的问卷调查，认真做好群众来信来访工作。2003年创新政务公开的形式，设立电视政务查询系统，使群众在家中可随时通过电话免费查询政务公开的内容。2002年7月14日和2003年8月1日，广东省民政厅对北滘镇政务公开工作进行考察，充分肯定北滘镇的做法和经验。

2011 年，镇政府进一步加强信息公开工作，规定各有关部门要落实专人专责，做好信息梳理、分类，及时通过政府网站、报纸等形式向社会公布《关于加快推进网上办事服务工作意见》，加快推进网上办事服务工作，启动政务微博建设，设立北滘镇人民政府网，建立“政务信息公开”专栏，为群众和企业能够准确地查找政府信息提供有利条件。2013 年，开通职能部门、村（社区）政务微博 39 个。

2014 年，全面推进农村政务公开工作，10 个村、社区成立议事监事会，搭建农村党组织领导下的协同共治局面。黄龙、西滘试行手机村务通，利用新媒体及时发布村务信息。2014 年，开通政务微信——“魅力北滘”，仅半年，总用户达 3359 个，发布信息 618 条，阅读总量 70 万次，转发 2 万多次，订阅号影响力位列全省第五名，政务微博活跃度位列全区第五名。

第四节　民主决策

2000 年，为使经济社会的管理和服务更能吸纳民智，贴近民意，推动决策的民主，有效提升政府公信力，镇政府设立镇长信箱，举办“城镇论坛”，广泛听取群众、专家、学者意见，为政府决策提供依据。

2011 年 11 月 3 日，镇政府设立公共决策咨询委员会。2013 年 11 月 27 日、2016 年 4 月 13 日，先后完成北滘镇第二、第三届公共决策咨询委员换届，初步建立公众参与、专家论证和行政机关决策的机制。

2014 年，北滘人民政府网建立“政民互动”专栏，征集人民群众对政务的意见，使政务更透明、民主，对都宁岗森林公园等 3 项重大民生工程建设事前征询民众意见。同时规范公共资源交易运行。全年实施采购项目 56 宗、工程项目 194 宗，均采取公开招标，平均中标价分别比预算价格下浮 3.9% 和 12.9%。

第四章　人民团体

第一节　农民组织

民国 13 年（1924 年），顺德农民运动蓬勃发展。至民国 16 年初，北滘区域的林头、西滘、三洪奇、西海、路尾围、桃村、横岸、绿道、彰义、泮浦、三桂、简岸、北滘、高村、莘村、马村、龙涌、现龙、广教、槎涌分别建立起乡农会。民国 27 年，西海、路尾围农民成立抗日同志会，并提出“耕者有其田”“二五减租”等主张，调动全民的抗日积极性。

新中国成立后，1950 年 9 月—1953 年，北滘区域各乡普遍成立农民协会，协助中共组织和人民政府支援前线，退租度荒，复堤防洪，征收公粮，开展土地改革和合作化运动。1965 年，北滘开展社会主义教育［即“四清”（清政治、清思想、清组织、清经济）〕运动，重新组织阶级队伍，各生产大队建立起贫下中农协会。1972年6月、1975年7月、1976年8月、1977年9月，北滘公社先后召开四次贫下中农协会代表会议。部署安排政治、生产的相关工作。这时期，贫下中农协会开展政治思想教育，参与管理学校、合作医疗和知识青年再教育等工作，发动群众参加“农业学大寨”运动，大搞农田基本建设。1982年，根据县贫下中农协会委员会三届三次会议决议，贫下中农协会组织完成历史使命，结束所有工作。

第二节　工会

一、代表大会

1987年11月25日，北滘镇工会工作委员会成立，1997—2012年，先后召开四次会员代表大会，选举产生北滘镇总工会第一届至第四届委员会。

北滘镇总工会第一次代表大会　1997年5月28日，召开第一次会议，代表86人。有基层工会48个，会员6256人，会议讨论工会工作，宣告北滘镇工会成立，杨光华当选为首届总工会主席，黄景良为副主席。

北滘镇总工会第二次代表大会　2002年7月30日召开，出席代表113人，会议审议1997年后工会工作，部署下一步工会工作，提出要在工业园区、专业市场、社区企业建立工会组织，全面推进集体合同和工资协议签订工作，努力解决劳资矛盾，维护劳动者合法权益，加强劳动保护监督工作。卢健昌当选为第二届总工会主席，黄景良为副主席。2004年1月北滘镇工会被省总工会授予“广东省示范镇工会”。

北滘镇总工会第三次代表大会　2007年12月20日召开，出席代表120人，会议审议2002年后工会工作，部署下一步工会工作，提出深入开展宣传教育培训，提高职工队伍整体素质，加强基层工会规范化建设，完善工会维权机制，充分发挥帮扶平台的作用，推广职工医疗互助保障计划。卢健昌当选为第三届总工会主席，黄景良为副主席。

北滘镇总工会第四次代表大会　2012年11月29日召开，大会一致通过第三届委员会工作报告决议，要求各级工会推行改革和组织规范化建设，以维护职工权益，维护社会大局稳定，为根本、扎实推进各项维权维稳工作积极构建和谐劳动关系，着力提高职工队伍整体素质，选举产生新一届委员会成员。吴伟勤当选为第四届镇总工会主席，李京、黎霭莹分别当选为常务副主席和副主席。

二、工会活动

（一）宣传教育

1987年10月，北滘工会工作委员会成立后，坚定不移地贯彻中共改革开放经济建设的基本路线，根据改革和发展过程中出现的新情况新问题，深入开展思想政治教育。

1989年，为庆祝中华人民共和国成立54周年，各基层工会积极参与镇政府举办的“百歌颂中华”歌唱大赛。美的公司工会举办员工运动会，开展“爱我美的”征文活动，成立美的员工俱乐部，密切企业与员工的关系。1991年，在职工中普遍开展“双基”（即基本国情、基本路线）教育和“三热爱”（即爱国、爱党、爱社会主义）教育。1992年上半年，北滘各级工会组织职工学习邓小平南方讲话精神，开展改革开放、形势政策、法制和职业道德教育。1994年，根据产权制度改革，有针对性地开展思想政治教育，引导工会会员和工人坚持从大局利益、整体利益和长远利益出发，支持改革，坚守生产岗位，推动北滘社会经济的发展。与此同时，还抓好职工职业技能培训，镇工会多次举办技术培训、财务、电脑等培训班。至1996年，参加培训职工达1500多人。

1998—2002年，开展“致富思源，富而思进”教育，建设一支有思想、有理想、有道德、有文化、有纪律的职工队伍，增强职工对改革开放的信念，爱企业、爱岗位、爱劳动，创造美好幸福生活。2003—2007年，积极发动工会订阅《工人日报》《南方工报》，着重开展法律法规宣传教育，订购《职工权益读本》20万本，免费派发到企业经营者和员工手中，举办“女职工业务工作和维权”讲座，及有奖问答、文艺演出、广场咨询，通过一系列活动，增强职工法律和维权意识，提高工会干部维权工作的水平。

2008—2011年，加强对工会干部教育培训力度，选派66名干部参加全国、省和佛山市、顺德区工会培训班，镇总工会举办12期培训班，培训2000多人，通过培训，提高工会干部的工作水平，使工会干部整体素质有了新的提高。2012年中共十八大召开后，北滘总工会广泛深入，持续宣传中国特色社会主义思想，贯彻党的决定，团结动员群众，为实现中华民族伟大复兴的中国梦而奋斗。

（二）劳动竞赛

1987—1997年，各基层工会坚持以经济建设为重点，深入、广泛、持续开展劳动竞赛活动，把广大职工的积极性和创造性引导到企业各项管理技术创新生产发展上来，发动职工提合理化建议，组织技术攻关，技术革新，在全镇推广美的风扇厂的“电机技改”、华达电器厂的“物耗定额管理”、裕华风扇厂的“行使质量否决权”等经验。十年间，职工提出的合理化建议3800多项，采纳2100项，产生经济效益8200多万元，涌现出全国劳动模范1人、省级1人，省级优秀企业家1人，佛山市劳动模范2人。1998—2002年，提出合理化建议1500项，采纳380项，产生经济效益1600多万元。在劳动竞赛中产生成果的技术革新项目360个。

2003—2007年，深入开展“六比六”赛活动：比科学管理，赛工程质量；比精打细算，晒成本控制；比以人为赛，赛科技创新；比完成任务，赛工程进度；比规章制度，赛安全生产；比遵纪守法，赛廉政建设。镇工会分别举办电子信息行业技术、企业文员计算机办公技能、消防技能和女职工消防技能等劳动竞赛，组织企业参加国家年度“安康杯”竞赛，推动行业性、专业性、实用性技能的发展。一大批技术尖子和标兵脱颖而出。如美的集团2007年获奖技术先进项目192个、获奖个人150人，奖金总额750万元。五年间，兴隆花木有限公司董事长梁启棠被评为全国劳动模范，惠而浦有限公司余耀威（香港人）被评为广东省劳动模范，浦项钢板有限公司禹亨泽（韩国人）被评为佛山市劳动模范。碧桂园物业发展公司被评为佛山市先进集体，惠而浦家电制品有限公司被评为“全国模范劳动关系和谐企业”。2008—2012年，被评为全国劳动模范1人、省劳动模范1人、佛山市劳动模范6人，获全国五一劳动奖章和广东省五一劳动奖章各1人，被评为佛山市级先进集体6个。2013—2017年，开展“我为节能减排做贡献·安康杯”活动，引导职工节能降耗，安全生产，保护环境，推动资源节约型、劳动安全健康和环境友好型企业建设；深入开展创建“工人先锋号”活动，引导广大职工立足岗位，争做一流工作，创造一流业绩，凝练一流团队，为推动科学发展建功立业。

（三）权益保障

1994年，为解决企业转制后日益增长的劳动争议，由镇工会发起，联合劳动管理所、村企业办公室等部门，成立劳动争议仲裁委员会，协调劳资关系，处理有关劳动争议案件，责成各基层工会，坚决贯彻顺德市政府关于劳动权益保障、劳动合同制、外来劳动力管理相关政策，认真做好转制企业下岗工人工作安置和经济补偿等工作。进一步健全女职工委员会，坚决落实女职工“五期”（即月经期、孕期、产期、哺乳期、更年期）保护措施，在企业建立哺乳室，做到女职工怀孕7个月都调到轻工种或调离有毒工种，不上夜班。

2000—2007年，从五个方面加强工会维权机制建设。一是强化集体合同签订工作，全镇有881间企业与工会签订集体合同和工资协议，覆盖职工44323人，达84%。在已建立工会的非公有制企业有80%，建立厂务公开民主管理制度。二是建立信息网络，形成街道、村（社区）、企业三级劳动关系协调网络，人员有823人。通过网络，及早发现，及时处理相关劳资纠纷。三是与行政部门配合联动，开展劳动合同、企业欠薪的检查，对职工群体性劳动争议进行协调。四是创新维权方式，通过举办骨干企业劳动用工管理研讨会，邀请私营业主参加，提高他们对劳动合同法的法律意识，减少违法操作，预防和减少纠纷的发生。五是做好信访工作，五年间共处理职工信访75宗，涉及1350人，处理率达100%，其中为1500名职工追回欠薪800多万元。特别是做好农民工工伤赔偿，镇工会累计慰问工伤员工27人。

2008年，镇工会与政府有关部门联席会议制度、劳动关系三方协商会议制度，形成工会配合、劳动保障、公安、检察、法政等法制部门联动机制，进一步推行平等协商集体合同制度，工会组织与68%的私营企业签订集体合同或工资集体协议，与17个企事业单位签订女工特殊权益保护专项集体合同，推进厂务公开和职工代表会议制度，有70%的私营企业成立以职代会为主的厂务公开民主管理制度。其间，重点查处拖欠员工薪金问题。至2012年，共接处职工来信来访132宗，涉及职工2634人，金额达653万元。2003—2017年，全面推动企业工资集体协商机制建设，围绕工资增长、劳动定额、计件工资单价等重点开展协商，使职工与企业经营者共享发展成果。

（四）劳动保护

20世纪90年代初，北滘有44个基层工会成立劳动保护检查委员会，按照“安全第一，预防为主”的方针，直接参与企业安全生产管理和劳动保护监督检查。1998—2002年，镇总工会设立劳动保护监督检查委员会，配合镇安全生产委员会及主管部门到企业开展安全大检查，要求企业完善安全劳动保护条件和措施。同时动员企业参加全国“安康杯”知识竞赛活动，创造安全生产环境。美的集团获优秀企业称号。2003年后，劳动保护形成常态化管理格局，每年五一、十一、春节等重大节日前夕和重要时期，工会都联同安全监督、消防劳动等部门，检查安全生产劳动保护，消除事故隐患。2012年后，深入开展“安康杯”活动，引导职工节能降耗，安全生产，保护环境，建设劳动安全健康企业。

（五）送温暖

1987年后，企业普遍成立退休工人管理委员会，每逢春节和重阳节，上门慰问退休职工，对孤寡老人和困难老职工给予特殊照顾。至2002年7月，全镇成立退休工人管理委员会26个，涵盖退休员工1600多人，使退休员工“老有所养、老有所依、老有所学、老有所为、老有所乐”。

2003年后，积极开展帮扶困难职工活动，为职工解难，部分村（社区）成立困难职工帮扶中心，发展大型企业和相关单位工会开展结对帮扶。美的、碧桂园、锡山等企业为结对困难子女解决入学问题，中秋、国庆上门送温暖。至2007年，各级工会列入帮扶困难职工家庭520户，孤寡退休职工160人，发放慰问金31万元。

2008年后，帮扶送温暖从生活救济向助学、助医、助就业方向拓展。全镇16个村（社区）建立困难职工帮扶制，广泛开展“春送岗位、夏送清凉、秋送助学、冬送温暖”活动。至2012年，累计慰问困难职工680人，慰问金42万元；助学、助医296人，资金22万元。2013—2017年，动员社会力量，实施“社工进企业”“社工专业服务到家庭”，为困难职工、孤寡退休工人提供一站式多样化服务。

（六）组织建设

1987年底，北滘基层工会组织仅有10个。按照县总工会的要求，工会组织组建从镇办企业为主，逐步向中外合资企业、中外合作企业、外商独资企业、村办企业和民营企业扩展。至1997年4月，全镇已建立起工会组织49个，工会会员6256人。

与此同时，开展“建设职工之家”活动，建家率达50%左右，共25个。通过“职工之家”开展“双爱”活动（企业爱职工、职工爱企业活动）。

1998年后，重点推进新建企业工会组织的建设，建立村（社区）工会联合会，统一协调工会工作。五年时间，全镇新组建基层工会31个，村（社区）工会联合会16个。至2002年7月，村（社区）工会联合委员会属下企业工会共有400多个，新发展会员2万人，全镇建立职工之家40个，被省评为“双爱”活动先进单位3个，佛山市级先进集体25个，获佛山市“先进职工之家”称号20个。

2003—2007年，突出重点，加大非公企业工会组建力度。镇总工会积极与企业经营者沟通，协同村（社区）工会联合委员会帮助和指导企业组建工会742个。2007年，全镇工会组织发展到1142个，会员44323人，工会组建和职工入会分别达90%和83%，“职工之家”建家率达86%。

2008年后，在推动非公企业和工业园区建立工会组织上下功夫、求突破。一是抓住特色工业园建立机遇，推动外资企业、规模企业建立工会组织。二是帮助村（社区）工会联合会开拓基层工会建立工作。三是大力支持基层工会“职工之家”建设。至2012年，全镇新组建工会组织284个，发展会员21896人，碧江社区、顺江社区、镇社区活动中心、美的集团、锡山家具公司建立职工书屋。2013年，镇总工会制订工会组建规则，提出企业法人建会率达80%，职工入会率达85%，在全镇普遍建立区域或行业工会联合会，健全基层工会工作机构和工作制度，完善工会专职工作者、兼职干部选聘使用管理制度。2017年，全镇共有基层工会组织250家，会员156291人，达到佛山市下达工会组建指标。

第三节　中国共产主义青年团组织

1959年5月北滘公社成立后，建立中国共产主义青年团委员会（简称共青团）。1963年12月，全公社有青年8005人，团员451人，成立25个团支部。至1965年，经过社会主义教育运动（即“四清”运动），团支部增至36个，团员1308人。“文化大革命”期间，共青团组织缓慢发展，至1976年，全公社设有团支部34个，团员2636人。1979年改革开放后，共青团组织蓬勃发展，紧紧围绕经济现代改革开放的重心，发挥团员青年主力军的作用，开展适合青年特点的文体活动。2003年，被评为广东省“五四”红旗团委。2004年，被确定为全国“五四”红旗团委创建单位。2005年，被评为“全国五四”红旗团委。2017年，全镇设立共青团团支部219个，团员16130人。

1963—2017 年若干年份北滘镇（公社、区）共青团情况统计表

表 13—4—1　　　　单位：人

年份	团支部数	团员总数	其中		青年人数（包括团员）
			女	新团员	
1963	25	451	163	12	8005
1964	25	512	166	155	8814
1965	36	1308	612	736	7285
1973	27	2496	1392	386	14274
1974	58	2385	1282	321	15203
1975	32	2566	1346	102	15575
1976	34	2636	1358	840	15241
1977	53	2875	1439	489	16733
1978	63	3037	1464	378	17511
1978	53	3036	1460	399	17026
1979	53	2812	1402	219	17244
1980	38	3090	1494	336	17276
1981	38	3126	1574	352	16830
1982	30	3328	1089	341	14421
1983	32	3284	1211	358	16987
1984	32	3088	1365	247	17577
1985	32	2876	1320	210	17480
1986	32	2466	1110	678	15695
1987	34	2813	1266	526	11902
1988	36	3217	1448	438	13611
1989	37	3442	1549	514	14563
1990	38	3871	1742	582	16379
1991	38	4055	1825	730	17157
1992	42	4255	1915	766	18003
1993	43	3738	1682	673	15816
1994	43	3013	1356	542	12748
1995	46	2937	1322	529	12427
1996	48	3741	1683	673	15829
1997	48	4098	1844	738	17339
1998	49	3600	1620	648	15232

续表

年份	团支部数	团员总数	其中		青年人数（包括团员）
			女	新团员	
1999	49	3663	1648	659	15499
2000	53	3841	1728	691	16252
2001	53	3654	1644	658	15460
2002	54	3681	1656	663	15575
2003	76	4400	1980	792	18617
2004	96	4916	2212	885	20800
2005	110	5153	2319	928	23367
2006	131	5864	2639	1056	23311
2007	148	5875	2644	1058	23448
2008	152	5873	2643	1057	23158
2009	168	5993	2697	1079	23815
2010	182	6212	2795	1118	24112
2011	191	6316	2842	1137	24531
2012	201	6451	2903	1161	25124
2013	210	6341	2853	1141	25123
2014	221	6305	2837	1135	25788
2015	241	6305	2837	1135	26135
2016	246	3682	1657	663	27111
2017	261	3882	1747	699	27645

一、代表大会

1961 年，召开共青团北滘公社第一次代表大会，到会代表 120 人。部署安排团组织工作，要求充分发挥团员的作用。在广大青年中掀起学习毛泽东著作高潮，在建设社会主义新农村建功立业。大会选举产生公社首届团委会，叶瑞彩任书记。

1971 年 3 月 9—12 日，召开共青团北滘公社第二次代表大会，到会代表 370 人。会议通过《沿着毛主席的无产阶级建团路线——继续革命，乘胜前进》的报告，选举产生共青团北滘公社第二届委员会 15 人，潘毅敏当选为书记。

1972 年 11 月，召开共青团北滘公社第三次代表大会，出席代表 364 人。公社团委向大会所作的报告，提出把团组织建设成为毛泽东思想大学校，号召广大青年，积极投入“农业学大寨”运动。

1975 年 6 月 18—21 日，召开共青团北滘公社第四次代表大会，出席代表 363 人。

通过公社团委工作报告，号召广大青年团员积极参加农田基本建设，通过民主协商，产生由侯泰贞、邓基良、叶桂江、陈洁颜、梁汉坤、劳森泉、陈锦浩、陈颜玲、曾美容、江国荣、卢鉴恒、何家礼、何锡辉、冯凤池、梁瑞莲、林少明、郭志文17人组成新的共青团北滘公社委员会委员，侯泰贞任书记。

1979年5月22—23日，召开共青团北滘公社第五次代表大会，出席代表365名。公社团委向大会作工作报告，提出团组织当前的任务，新时期共青团任务重心是：动员全社团员、青年站在新长征的前列，为实现新时期的总任务而努力奋斗。选举产生新一届公社团委，叶桂江任书记。

1982年6月15日，召开共青团北滘公社第六次代表大会，出席代表201人。会议通过《把全社青年团结起来，为实现党在新时期的总任务贡献青春》报告，选举产生新一届公社团委，张雨勋任书记。

1987年3月27日，召开共青团北滘镇第七次代表大会，出席代表169人。会议通过《为建设文明富庶的北滘贡献青春》报告，选举产生共青团北滘镇第七届委员会，张雨勋任书记。

1990年4月7日，召开共青团北滘镇第八次代表大会，出席代表131人。会议通过《做好党的助手，让我们的青春在北滘的“两个文明建设中闪光》的工作报告，选举产生共青团北滘镇第八届委员会和共青团顺德县第十二次代表大会的代表，张雨勋任书记。

1993年4月23日，召开共青团北滘镇第九次代表大会。会议通过《勤奋务实、建功立业，将北滘的“两个文明”建设推向新高潮》的报告，选举产生第九届镇团委和出席市十三次团代会代表。

1996年5月23日，召开共青团北滘镇第十次代表大会，出席代表137人。会议通过《勤奋务实、积极奉献，在跨世纪中建功成才》的报告，选举产生第十届镇团委会，张雨勋任书记。

1999年6月25日，召开共青团北滘镇十一次代表大会，出席代表150人。会议通过《增创优势、跨越纪元，在建功立业中迈向新里程》的报告，选举产生第十一届镇团委，周伟雄任书记。

2002年6月28日，召开共青团北滘镇第十二次代表大会，出席代表170人。会议通过《实践“三个代表”，抓好团的建设，为率先基本实现现代化而奋斗》的报告，选举产生第十二届镇团委，洪浩鹏任书记。

2005年4月28日，召开共青团北滘镇第十三次代表大会，出席代表170人。会议通过《服务青年成长成才，展现青年文化风采，为建设和谐北滘而贡献青春力量》的报告，选举产生第十三届镇团委，洪浩鹏任书记。

2008年5月22日，召开共青团北滘镇第十四次代表大会，出席代表175人。会议通过《解放思想勇争先，奉献青春促发展》的报告，选举产生第十四届镇团委，陈宇莹任书记。

2011年11月29日，召开共青团北滘镇第十五次代表大会，出席代表179人。会议通过《引领青年文明新风，致力青年成才服务，推动社会管理创新》的报告，选举产生第十五届镇团委，韩治帮任书记。

2015 年 4 月 30 日，召开共青团北滘镇第十六次代表大会，出席代表 176 人。会议通过《建设枢纽平台，汇聚青年力量，创新社会服务》的报告，选举产生第十六届镇团委，韩治帮任书记。

二、团的组织活动

（一）思想教育

北滘公社团委建立后，按照中共组织的中心任务，教育引导团员青年做社会主义事业的建设者和接班人。1963 年，组织学习毛泽东著作，树立全心全意为人民服务的思想，以愚公移山的精神发展北滘农业生产。70 年代，在“农业学大寨”运动中，引导团员青年发扬“自力更生、艰苦奋斗”的精神，积极参加农田基本建设，开展“比、学、赶、超”的劳动竞赛。1979 年后，组织团员青年学习中共十一届三中全会精神，树立经济建设、改革开放意识，把青春和才华贡献给现代化建设事业。1982 年，中共十二大召开后教育团员青年做有理想、有文化、守纪律的社会主义现代化建设者。1990 年后，开展形势、理想、前途、革命传统、民主法制的教育，各团支部分别开展“党在我心中”“青年时代的挑战者”“企业是我家”等活动，坚定广大团员青年对社会主义的信念。1993 年 4 月，召开镇第九次团员代表大会，会议强调：要以“建功业、育新人”和培养“四有”新人这一目标，努力提高团员青年的思想道德。各级团组织以“坚信党的教育、坚定社会主义信念”为主题，有重点地开展爱党、爱国、爱社会主义的思想教育活动。莘村、碧江、西滘团支部，发动团员与青年交知心朋友，相互帮助，共同进步。1999—2002 年，围绕“努力提高跨世纪青年一代的思想道德素质”这个中心，通过联欢晚会、文艺演出、瞻仰抗日烈士陵园、表彰北滘镇十大杰出青年等活动，开展社会公德、职业道德、家庭美德教育，参加达 3000 多人（次）。2003—2005 年，各学校以“发挥潜能、立志成才、报效祖国”为主题的成人宣誓活动，6000 多名青年学生参加这一活动。先后举办第二届北滘镇十大杰出青年评选表彰活动、首届十佳外来务工青年评选表彰活动，激励引导广大青年同心共建文明北滘。这三年，全镇共有 40 人次获省、市、区各级团委奖励。2006 年后，在全镇团组织开展“八荣八耻”教育，举办“青少年发展公益讲坛”系列讲座，和百部爱国电影巡播活动，以纪念“五四”运动 90 周年为契机，开展“‘五四’——永不褪色的记忆”系列纪念活动，激励团员青年迎接挑战，为建设和谐幸福北滘贡献青春力量。2012 年，北滘镇团委组织青年团员，深入学习中共十八大文件，教育广大团员青年坚持走发展中国特色社会主义道路，为实现中华民族伟大复兴的梦想而奋斗。

（二）青年突击手系列活动

1959 年 5 月，北滘公社团组织建立后，组织青年参加突击队或试验小组，广泛开展科研活动和开荒改土、抗旱积肥、绿化造林等劳动竞赛。1963 年开展“四好支部、五好青年”（“五好”：听党的话宣传执行政策好、带头出勤劳动好、克服困难突击作用好、爱护公物维护集体利益好、团结社员尊重老农学习技术好）活动和“出满勤、创优质、超定额”竞赛，有 30 人被评为“五好青年”。

1972 年恢复共青团组织活动后，开展“工业学大庆，农业学大寨”活动。如工交战线团支部组织青年突击队，下乡为生产队修理农具和谷箩。1974 年建立以团员青年为主体的专业队，参加大规模农业基本建设。

1979 年后，组织团员青年开展争当新长征青年突击手活动，各企业团支部组织开展“创一流成绩”“为四化建功立业”活动，涌现一批积极分子，农村开展“争当优秀青年农民企业家”活动，涌现一批优秀青年专业户，他们以种植业和养殖业为主，逐步转向工商、服务、建筑、运输等行业，创造较高的经济效益。

1990 年，北滘团组织积极开展各种形式的突击手活动，引导激励广大青年在经济建设中建功立业，涌现出一批先进模范，如碧江苏喜连、广教杨境球、北滘周细祥、林头郑进颐、现龙何锦汉、西滘吴伟锡成为养殖大户，而且这些养殖大户带动乡亲们一起致富。工业企业青年团员开展“当好厂长经理好帮手”活动，增产节约，技术革新，创造经济效益 140 万多元。美的集团周冠煌带领青年攻关，企业产品有 95% 达到出口质量要求。畜禽公司总经理陈景流，获广东省星火计划带头人和新长征突击手称号。1992 年后，先后开展“争当‘八五’‘九五’建设突击手”竞赛，以各种形式培训农民青年。1999 年在金融、税务、工商、卫生、供水等行业开展“文明岗位”创建活动。

1993—1996 年，通过开展突击手活动，全镇青年职工技术革新项目达 74 项，增产节约共 810 多万元。在经济建设中，各级团组织发挥急、难、辛、重的作用。1994 年，在抗击二次特大洪水中，广大青年起到突击队作用，为抗洪胜利作出重要的贡献。1997 年，在“争当‘九五’建设突击手”活动中，顺德惠而浦蚬华微波制品有限公司讯息技术部、北滘中学教工团支部、北滘地税分团支部成为顺德市先进集体。1998 年，北滘地税分局团支部获广东省佛山市“青年文明号”称号。碧江花木公司梁启棠被推荐为“中国杰出青年农民”候选人。1999 年后，开展以“争当建设突击手”“青年星火带头人”为主题的竞赛活动，通过岗位练兵、技术比武，引导广大青年员工“学技术、创优质、当能手、争标兵”。至 2002 年，美的团委年均提出合理化建议 150 多条，被企业采纳 100 多条，创造经济效益 6000 多万元。2004 年，开展以“同城携手创业、奉献赤诚青春”为主题的活动，表彰十佳外来务工青年，激励团员青年敬岗爱业，共同营造“同心发展、共建文明”的社会氛围。2006 年起，积极推进“青年文明号”创建工作，坚持创建一个落实一个。至 2008 年，北滘镇共获得省级“青年文明号”2 个（中国农业银行北滘支行碧桂分理处、顺德地税局北滘分局)、市级“青年文明号”7个、区级“青年文明号”26个。2008年，实施“展翅计划”，至2012年，在惠而浦、碧桂园、美的等企业14个青年就业实习基地，举办6期技术培训班，内容包括会计、汽车修理、电工等21类，参加达2000多人，挑选来自全国各地高校280名大学生到社区（村）、企、事业单位挂职锻炼，增长才干，为大学毕业生创业创造有利条件。2013年，将青年就业与创业相结合，通过阳光行动，与大型企业合作，组织100多名大学生进慧聪家电城、广东工业设计城见习，以广东工业设计城、北滘镇创业孵化中心为基地，培育电商专业人才。至2016年，举办青年创业培训班6期，有24人成功创业。

（三）青年志愿行动

20世纪80年代，北滘镇各级团组织引导团员青年学雷锋，助人为乐，营造相互关心的社会氛围。至1989年，全镇成立学雷锋小组982个，成员有5982人。1990—1993年，做好事29480件。1994年后，结合社会主义精神建设，北滘团组织学雷锋活动进一步深入开展。一是扶贫助残。对全镇五保户、困难户、军烈属实行包户帮助方法，定期上门服务，逢年过节捐款捐物慰问。二是尊老敬老。镇团委坚持在每年的3月和中秋、重阳等节日，联合有关部门和单位，对镇属3家敬老院老人进行慰问。1991—1999年，送上慰问金和物品达60000多元。三是支教助学。1996年起，开展对贫困山区儿童“一帮一”捐书行动，至1999年捐赠书籍27370册。1991年，开展“希望工程”手牵手活动。对连南三排乡5间小学进行帮持助学。北滘中学和碧桂园学校团委扶助清新县3名儿童复学。至1999年，北滘投入扶贫助学资金达79870元。这些钱都是团员青年捐赠和义卖筹集而来的。四是美化绿化环境。1993年起，各级团组织广泛发动青年参加单位、社区、乡村环境卫生义务劳动，机关、事业单位团组织实行周末清洁劳动制度，镇团委与镇绿色委员会联合开展建造青年绿化林活动其中三桂村、美的团委取得较好成绩，树木成活率较高。

2000年后，通过学雷锋活动，不断扩展青年志愿行动的发动面、参与面和覆盖面。2001年开展义工行动，招募义工400多人，以关注弱势群体为主线，为老人、残疾人、困难家庭提供形式多样的服务。至2000年，全镇共有2000多人（次）参加义工活动，服务时间累计5000多小时。同时，实施“扶苗行动”，以“帮持结对”形式，帮助110多名贫困子弟入学，为36名扶苗对象赠送书桌，生活用品。2003年，以“送温暖、献爱心、关注弱势群体”为重点，推进社区义工行动持之以恒的开展，先后开展“北滘义工常敬老，双双结对忘年情”“义工在您身边——义务工作者便民服务集市”“抗击非典，青年当先”“青少年心声热线”“义务环卫行动日”等系列活动。至2006年，共举办活动达30多个，参与2000多人，志愿服务时间累计10000多小时。有162人获区级“星级义工”称号，黎霭莹被评为“佛山市十大杰出青年志愿者”，王茂浪、罗文冬被评为“佛山市优秀青年志愿者”。2007年，进一步完善青年义工队伍，调整基层服务队架构，定期组织联谊活动，交流经验。2008年，全镇注册青年义工达1600多人，志愿服务时间累计27.6万小时，为市、区举办的企业艺术节、慈善万人行募捐、国际儿童欢乐周等大型活动，作出重大贡献。2012年，镇团委创建北滘青年坊，作为培育青年社会组织和服务异地务工青年基地，按照“社工＋义工＋异地务工人员”的模式，为青少年提供“成长成才”“青年社团”“专业社区”“义务队伍”“青年社交”五大服务，有9个社团进驻，被共青团广东省委确定为“亲青家园”。2014年，建立镇的志愿者（义务工作者）联合会，创建“微助北滘”的社会公益项目，通过实数兑换和时数拍卖（交易）方式，推进志愿义工行动深入持久开展。至2016年，共兑换志愿服务时数1328小时，新增义工3791人，义工服务范围扩大至残障人士、老年人、青少年等12个领域。“微助北滘”先后被评为顺德区和佛山市社会建设创新项目，获得扶助资金20万元。

（四）青年文化

20世纪60年代，组织青年团员唱革命歌曲。1979年后，镇团委陆续建设青少年文化活动阵地。1990年4月至1993年4月，举办“珠江杯”卡拉OK青年歌手大赛、“农行储蓄杯”乒乓球赛等活动。每年“五四”青年节，举办联欢晚会、篮球赛和足球赛。1996年，举办“五四”长跑比赛。1997年，镇举办“北滘镇农行杯庆香港回归知识竞赛”“北滘精神”征文、“北滘信用”演讲比赛、“北滘青年歌手选拔赛”“青年友谊舞大赛”等活动，基层团支部普遍开展“五四”文体游园和卡拉OK晚会以及篮球、足球、乒乓球比赛。1999年“五四”青年节，举办“为青春喝彩，为北滘欢歌”青年团员手拉手联欢活动，基层团组织举办体育、烹饪比赛，学校团组织举办文艺晚会。2003—2005年，各基层团支部通过“大家乐”“文艺晚会”“全民健身”的形式，举办书画棋艺比赛、美食文化节、游泳友谊赛、射击比赛、文艺晚会等系列活动，丰富青年文化生活。2017年，北滘、碧江、西滘、碧桂园、顺江团组织开展青少年暑假培训班，设友谊舞、健身操、书法、美术、插花、乐器等课程，林头、三桂、莘村、上僚团支部开展篮球、羽毛球、足球联谊赛，增进各村青年之间的友谊。2008年起，镇团委以“设计梦想”“我的舞台我做主”“多彩夏日、闪亮青春”等为主题，连续举办四届北滘青年文化节。至2011年，先后举办晚会十场，深受青年人的喜爱。

2012—2016年，以村、社区团组织为阵地，开展各类青年文化主题活动，继续以青年文化节为载体，与镇文化部门联合推进每周的“激情周末·梦想舞台”活动，深入村、社区和厂企，为外来青年送去形式多样的文化节目，进一步增强青年凝聚力。

三、少年先锋队

20世纪80年代，在少年先锋队中广泛开展共产主义和爱国主义教育，学雷锋、学赖宁，学英雄、做先锋。每年“六一”儿童节，通报表彰奖励优秀少先队员。根据少年儿童特点，各学校开展以争当“三好少年”为主题的营火晚会、以游园会为形式的少先队主题活动。1990—1993年，全镇共发展少先队员4796名，少年儿童入队率达98.9%。1993年3月，镇第八次团员代表大会提出：要以培养社会主义事业未来接班人、建设者的眼光，进一步做好青年学生和少先队员工作，加强全团带队工作。各校少先队辅导员埋头苦干，勤奋学习，不断探索新时期少先队工作。1993年5月至1996年5月，共发展少先队员6547名，少年儿童入队率达98.9%。1997年后，全面实施“雏鹰行动”和“手拉手”活动。至1999年，共发展少先队员6429人，实现百分百的全入队。北滘中心小学仪仗队获顺德市少先队仪仗队大检阅一等奖，中心小学大队部、西滘小学六（2）班中队被评为佛山市雏鹰大队和中队手拉手活动先进单位。梁二妹、韦健发、谭纪影被评为顺德市优秀辅导员，霍耀光、苏嘉彦被评为佛山市优秀少先队员，欧永泉获佛山市三级雏鹰奖章，苏家燕和苏瑞凤获“顺德市十佳少年”称号。

2000年后，发扬全团带队优良传统，开创少先队工作新局面。中心小学、城区小学等九个学校被评为顺德市先进大队部，少先队员学雷锋做好事蔚然成风。至2003年，共做好人好事1万多件，3人被评为市优秀少年工作干部，15人被评为市优秀辅导员，66人被评为市优秀少先队员。

2006年，少先队工作以加强少年儿童思想道德建设为重点，开展“祖国发展我成长，民族精神代代传”“爱心助团”“文明出行，平安回家”等主题教育，抓好少先队推优工作，配合镇和各校大队、中队辅导员，做好少先队队室建设，办好少先队鼓号队，扩大板报、橱窗、图书角等宣传阵地，并开展相关项目的检查评比。至2008年，城区小学、中心小学、林头小学被评为顺德区先进少先队大队，其中中心小学被评为佛山市“十佳”少先队大队，吴海燕被评为全国优秀辅导员。

2009年，以纪念少先队建队60周年为契机，开展“寻找历史足迹、学习先烈精神”及“为亚运喝彩”等活动。各校普遍建立红领巾广播站，激发少年儿童创新意识和友爱互助意识。在“捐赠爱心压岁钱，幸福广东第一棒”和“南粤甘泉、爱心润旱田”活动中，广大少年儿童纷纷捐出压岁钱和零用钱，为扶贫帮困贡献力量。2010年，谭纪影获“广东优秀少先队辅导员”称号。

2011年后，各学校采取各种形式，不断推动少先队争先创优活动深入开展；中学开展“我优秀，我入团”活动，做好团队对接工作，广泛开展“我的中国梦”“我的家园”主题活动，每学期开展一次少先队大队检查。2017年全镇被评为佛山市级先进少先队2个，佛山市优秀少先队员5名，黄国坚、骆秀容被评为佛山市优秀辅导员，向四化、肖汉雄获市“支持少先队工作好校长”称号。

四、其他青年组织

2003年，为加强在校大学生的联系与交流，凝聚高素质年轻人才，引导大学生毕业后积极返乡参加北滘建设，北滘镇成立大学生联谊会，会员有100多人。镇团委从各方面支持联谊会发展，为他们提供联谊、实践、就业服务，暑期组织或推荐会员到各社区和企事业单位实习，多次举办联欢晚会、学习交流会和就业指导培训班，增强大学生归属感。2008年，在共青团镇第十次代表大会上，镇团委提出要建立本土青年和外来青年的平台，促进和谐北滘建设。根据这一思想，2010年成立北滘镇青年企业家协会，其宗旨是构筑平台，凝聚年轻企业家和骨干精英，同心同德，相互帮助，增进友谊，推动北滘产业的发展。

至2011年，大学生联谊会在17个村、社区均成立小组，会员超过1000人。每年寒暑假，在各村、社区开展义务教育和文艺晚会，参与社会管理，参加各项义务工作，成为团镇委与青年沟通联系的纽带，成为社会管理创新的人才资源。2015年，镇青年企业家协会致力于企业青年凝聚团结工作，带动社会青年创新就业，为青年职工提供工作技能、婚恋心理指导等服务。大学生联谊会为大学生提供学习与工作的服务。建立北滘青年智库，为北滘产业转型升级提供人力支撑。2017年，镇青年企业家协会和大学生联谊会会员分别有221人和40人。

五、团组织建设

1961年，召开首届北滘公社团代会后，进一步加强农村团的基层组织建设，强调按照“政治进步思想好、勤俭建国劳动好、勤学苦练学习好、体育卫生身体好、团结群众作风好”的标准，吸入团员。1965年社会主义教育运动（即“四清”运动），强调以阶级斗争为纲，着重从政治运动的积极分子中发展团员。

1979年后，随着党的工作重点转移到社会主义现代化建设上，北滘公社团组织按照“积极地、有计划地发展新团员，向一切先进青年敞开团大门”的方针，大力发展新团员。至1993年，全镇青年有17526人，团员4255人，建立起二级团委3个，团总支部8个，团支部26个，并建立和健全团组织各项工作制度，团员证注册率达98%以上。

1994年，北滘各级团组织“把握时代要求，迎接新世纪挑战”，积极探索新形势下团组织发展的路子，大力提倡青年入团，少年儿童入队，超龄团员离团，同时做好外来民工团员管理。1993年至1996年4月，全镇共发展团员1947名，办理超龄团员离团539名，团支部书记平均年龄从35.6岁下降到33.1岁。

1996年4月至1999年6月，根据顺德团市委《关于加强团的基层建设的意见》，按照“巩固、调整、发展”的工作思路，“坚持标准、保证质量、积极培养、协调发展”，有重点地抓好学校、机关、企事业单位的团建工作；同时理顺和健全转制企业和农村的团建工作，三年共发展新团员2209名，团员占青年总数的25%。至2002年，全镇在册团员5000多人，设有基层团组织42个，基层团支部书记平均年龄28.1岁。惠而浦企业转制时仅有几个团员，经过几年的努力，至2017年，该企业团员达250人。

2003年后，团组织发展狠抓农村薄弱环节，把6个村（社区）团支部升格为团总支部，基层团组织达38个，一批德才兼备的团员成为基层组织的领导班长，大专学历以上的团支书占93.8%。2012年后，推进“一对一”指导村（社区）团组织建设制度，进一步规范团员发展、团组织关系转移和团费收缴的工作程序。2016年，有30家企业建立起团委。2017年，全镇基层团组织54个，其中二级团委10个，团总支14个，团支部30个，团员7216人。团支部书记平均年龄为28.7岁，大专以上学历占97.8%。

共青团是中国共产党的助手和后备军。1990年后，北滘镇团委积极向党组织推荐优秀团员加入中国共产党，至2017年共有548名团员加入党组织。其中，1990年至1993年4月96人，1993年5月至1996年5月82人，1996年6月至1999年6月73人，1999年7月至2012年6月130人，2012年7月至2017年167人。

第四节 妇女联合会

1942年，中共西海组织领导成立姑嫂会和姐妹会，会员有200多人，会内分成生产、运输、救护、筹集、慰劳、后勤等小组，配合抗日游击队，开展开荒种地、生产自救、支援部队等。

1953年土地改革结束后，北滘区域各乡普遍建立起妇女组织，设有专职或兼职妇女干部。1965年，北滘公社妇女29501人，占总人口57%。妇女劳动力11970人，占总数55%。17个生产大队基本建立起妇女委员会。据对碧江、林头、马村、水口、龙涌、高村等8个生产大队调查，妇委会委员有79个，其中正、副主任14人。1967年因受“文化大革命”影响，各生产大队妇委会停止活动。1973年初，重新恢复妇委会，全公社26个生产大队（街道）均建立起妇女工作委员会，239个生产队建立起妇女工作小组，并于4月7日成立公社妇女联合会，至2016年先后召开全镇（公社）八次代表大会。2015年12月，以顺江社区为试点，全镇开展村（社区）妇代会改建妇联工作，至2017年，全镇社区、村妇女组织的组建率达100%，各级妇委会委员共有245人。

1973年4月7日，北滘公社第一次妇女代表大会召开，成立北滘公社妇女联合会。会议强调：“时代不同了，男女都一样，男同志能办到的事情，女同志也能办得到。”充分发挥妇女作用，推动农业学大寨运动开展，夺取农业大丰收。会议选举公社妇联委员13名，潘毅敏任主任。

1980年10月27日，北滘公社第二次妇女代表大会召开。此次妇女代表共有260名，其中妇女干部175名，会议通过潘毅敏所作的题为《全社妇女动员起来，为实现我社农业现代化而努力奋斗》的报告，选举公社妇联委员11名，潘毅敏任主任。

1990年6月24日，北滘公社第三次妇女代表大会召开。出席代表有110名，会议通过潘毅敏所作的题为《弘扬“四自”精神，发展北滘优势，做九十年代的新型妇女》的报告，选举产生北滘镇第三届妇女委员7名，潘毅敏任主任。

1995年7月29日，北滘镇第四次妇女代表大会召开。出席代表112人，会议通过张笑琼所作的题为《开创妇女工作新局面，为两个文明建设立新功》的报告，选举新一届妇联委员11名，张笑琼任主任。

2000年8月11日，北滘镇第五次妇女代表大会召开，出席代表121人，会议通过陈少桃所作的题为《团结务实　开拓创新　北滘妇女事业同步迈向新世纪》的报告，选举镇第五届妇联执行委员会委员 11 名，陈少桃任主任。

2005 年 7 月 31 日，北滘镇第六次妇女代表大会召开，会议通过《落实科学发展观，促进妇女事业全面发展，为北滘建设和谐社会再创新功》报告，选举产生北滘镇妇女联合会第六届执行委员会，陈少桃任主席。

2010 年 9 月 29 日，北滘镇第七次妇女代表大会召开，会议通过《凝聚巾帼智慧推发展，建设魅力小城创新功》报告，选举产生北滘镇妇女联合会第七届执行委员会委员以及顺德区妇女第十二次代表大会代表。胡增文为主席。

2016 年 9 月 26 日，北滘镇第八次妇女代表大会召开，会议通过朱芳所作的题为《创新组织建设激活力，凝聚巾帼智慧促发展》的报告，选举第八届妇联执行委员会委员 15 名，朱芳为主席。后执委会委员增补至 25 名。

一、提高妇女文化素质，推荐培养女干部

1970—1973 年，北滘公社举办四期妇女干部学习班，培训妇女干部 1400 多人。与此同时，各级妇女组织配合党支部，发动妇女参加夜校学习，扫盲识字学文化，全公社夜校学员，妇女占总数的 60%。1973 年，全公社担任党支部委员女干部有 30 人，女队长 54 人，民兵女干部 289 人。

1982 年，农村全面推行家庭承包经营责任制。至 1990 年农村妇女组织联合有关部门，先后举办水稻、甘蔗、养鱼、养猪、养鸡等农业技术培训班共 13 期，1120 名妇女参加。通过培训，提高妇女科学种植和养殖的技术水平。在工业贸易战线举办各种生产技术培训班、岗位培训班 28 期，3120 名女职工参与，使她们掌握多门的实用技能。在乡镇企业中，担任各级领导和技术主管的女员工 68 人，其中厂长（经理）5 人，车间主任 32 人，工程师、会计师、技术员 31 人。教育战线担任正、副校长 5 人，正、副教导主任 7 人。

1991 年后，为适应市场经济发展和现代生产的形势，各级妇女组织积极组织妇女参加各种科技培训，至 1995 年，全镇共举办良种、良法、优质养殖等各类农科培训班 73 期，5997 人参加培训，工业战线妇女接受岗前培训 1111 人，技术考核晋升 168 人，参加经济管理中专班学习妇女主任 11 人，其中 9 人领取大专文凭。

1996 年，紧紧抓住提高妇女素质的关键，组织妇女学文化、学科技、学管理，普及信息知识教育。教育线组织优秀课例大比武，卫生医疗线进行技术操作考核、论文比赛，金融单位进行点钞、珠算比赛及计算机应用知识培训。农村开办妇女学校 16 所，开展“三高”农业知识教育，入学 3500 多人。全镇妇女主任共有 41 人，其中中专学历 17 人，大专 11 人，大学本科 4 人。2002 年，全镇集体所有制单位女干部的比例达 27.7%，比 1995 年上升 2.7%。镇十届党代会、十三届人大女代表的比例分别占 19.1% 和 22%。

2001—2005 年，实施“女性素质工程”，采取各种形式举办培训班、研讨会、报告会和专题讲座，培养妇女参与经济建设的能力，提高妇女改善家庭生活质量的本领。各级妇女组织举办各类培训班 12 期，培训干部 1560 人次。全镇 18 所妇女学校，

根据不同层次妇女的要求，开展婚姻家庭、法律常识、卫生保健、家庭教育、家庭理财、家居安全等课程，深受妇女的欢迎。至2005年，参加学习达4.16万人次。北滘社区学校获“广东省先进妇女学校”荣誉。

2006—2010年，重点推进外来女工教育培训，以18所“外来女工流动学校”为载体，举办培训班60多期，课程涵盖法律法规、卫生保健和心理健康等内容，培训人员达3万多人。其次，开展下岗妇女再就业培训，开办家政、厨艺、插画、电器维修等技能知识学习班，培训4500多人，其中934人获取“职业资格证书”。2011年后，着重抓好妇女干部素质培训，至2015年，先后组织镇妇联干部、村（社区）妇女分别到香港考察社会组织创新服务，赴湖南大学、厦门大学专业培训，举办妇女干部培训班30多场，内容主要有法规、礼仪、婚姻家庭、亲子教育、健康知识等方面。

二、引领、激励各行业妇女建功立业

1970年，北滘公社深入开展“工业学大庆”“农业学大寨”运动，各级妇女组织号召广大妇女发挥“半边天”的作用，立足本职，胸怀祖国，坚守岗位，争当先进生产者。树立甘竹滩女民兵队先进典型。这支队伍共有100多名女民兵，他们不畏艰苦，攀悬崖，打炮眼，爆大石，堵滩口，为甘竹滩水电站建设，作出较大贡献。1976年10月后，动员各界妇女积极投身社会主义现代化建设，至1980年，被评为县公社先进集体34个，先进生产者408人。1981年后，广泛深入开展农业生产女能手大赛活动，碧江霍结彩年养10万只鸡，桃村黎艮芳年获甜橙10万公斤，广教梁玉桂种植水稻，年均亩产达1050公斤。1990年，北滘受县表彰的农业生产女能手有101人，被评为县优秀班主任12人，镇优秀班主任249人。

1991—1995年，全镇有14人被评为广东省、佛山市生产女能手，1215人被评为顺德生产女能手。如马村周旺兴，养殖鳗鱼200多亩，年产值超千万元。莘村养猪、养鸡专业户黄燕琼，采取综合经营、科学饲养，使养殖场规模大、效益高。西海果树专业户冯焕河，种植120多亩的龙眼，龙眼优质味美。北滘建筑事务所副所长、工程师夏翠微，大胆创新运用计算机理论，设计碧桂园学校工程，节约钢材570多吨，节约179万多元。朱梦霞承包镇百货批发部，带领职工扩大货源渠道，增加花式品种，购销业务越做越活。

1996年后，北滘涌现出一批善经营、懂管理、精明能干的女能人和效益显著的女科技工作者。惠而浦公司高级工程师王玲所主持设计的具有抽油烟功能的微波炉，成为公司主要产品，年产50万台，被美国《消费者》杂志评为“最佳整体表现组合炉”，全球品牌占有率9.6%。1997—2000年，美的公司工程师邓明义，分别获得8项外观专利和13项实用新型专利，其中“四拆式蒸发器”技术处于国际领先水平。侯少英所经营的北园酒家，文明经营，质优价廉，高效服务，成为饮食业的佼佼者。

2001—2005年，开展“巾帼文明岗”创建活动。北滘国税分局征收管理股、电信市话营业厅被评为省“巾帼文明岗”。北滘第二幼儿园等12家单位被评为顺德“巾帼文明（示范）岗”。邓明义、王玲获佛山市和顺德区“巾帼科技创新奖”。莘村黄燕琼获2002年广东省“巾帼科技兴农带头人”称号。

2006年后，进一步加强对“巾帼建功”活动的指导，重在坚持，贵在提高，引领广大妇女在岗位建功、岗位成才。2010年，镇妇联结合建设“智造北滘、魅力小城”目标，继续推进“巾帼文明岗”活动深入开展，激励广大妇女进一步解放思想、更新观念、奋发进取、开拓创新，积极投身北滘的经济和社会现代化的建设。至2015年，美的集团袁利群、顺德区恒兴微电机有限公司杨炜然分别获全国和广东省“三八红旗手”称号，梁结银等9人获顺德区“三八红旗手”称号。北滘中心小学、承德小学、北滘广播电视台新闻部、余荫院获广东省“巾帼文明岗”称号，高村小学等5个单位获顺德区“巾帼文明岗”称号。

三、妇幼保健和扶贫济困

1973年4月北滘公社第一次妇女代表大会召开后，各级妇女组织将妇幼保健工作作为妇女工作的重心，努力创造条件，减轻负担，解除后顾之忧。全公社办起249间托儿所、45间幼儿园。对全体妇女进行妇科病普查，及时医治一批患者。至1980年，先后进行4次妇科普查和儿童健康体检，普查率达70%，治愈妇科患者1614人。各种儿科疾病和蛔虫患者26219人次。1981年后，着重抓好托幼事业发展。至1990年，全镇新建、修建、扩建托儿所26间，投入295万元，开办幼儿园15间，托幼机构普遍设有膳食，开设音乐、舞蹈、美工、国画等课程，每年举办“六一”幼儿文艺汇演，为儿童健康成长创造良好环境。全镇幼儿入托率达91.2%。1991年，成立镇儿童少年工作协调领导小组，全面规划，进一步推进托幼事业发展。至1995年，全镇新建幼儿园11间，投入资金1400多万元，镇地方财政对新建幼儿园，每平方米补贴50元。对幼儿园进行环境装修，购置钢琴和大型玩具，配套睡室，安装空调机，设置午餐、午点，按照幼儿园不同年龄实施分班教育。北滘镇被评为“佛山市热爱儿童先进单位”。

1996年，各级妇女组织开展“巾帼扶贫”行动，发动妇女干部、女企业家、女能手帮扶困难妇女和儿童，解决他们生活、就业、入学上的困难。1998年扶贫活动，解决32名困难儿童的学习费用，资助贫困妇女28人。至2000年，为195名妇女解决了就业问题。2001—2005年，资助帮扶孤儿、特困家庭儿童、残疾儿童、困难家庭和妇女1089人次，资助资金22.67万元，援助特困单亲母亲家庭26000元。2006—2010年，组织发动妇女参加妇科普查，受检查妇女达45000多人次。2011年起，将妇女儿童民生实事作为妇幼事业的重点。2013年，设立“北滘镇妇女儿童关爱基金”。至2015年，慰问帮扶单亲困难母亲家庭140户，扶助重病妇女7人，扶助资金125000元；开展“冬日暖童心”行动，慰问困难儿童772人，助学200多人，帮扶重病儿童12人；2011—2015年，为650名困难妇女免费“两癌”筛查。

四、维护妇女儿童合法权益

1971年，贯彻中共中央文件精神，把实行男女同工同酬作为落实农村经济政策的一项重要内容来抓，从而调动广大妇女参加集体生产劳动的积极性，全公社妇女劳动力有 20110 人，占总数的 55%。

80 年代初期，北滘出现诬陷、欺负妇女的“黑心婆”事件。所谓的“黑心婆”，是某些村或家庭出现传染性的疾病，有的人无中生有，将其说成是某个妇女带来的，称之为“黑心婆”，而被村民疏远、欺凌。镇妇联协同司法、法医等部门，大张旗鼓宣传科学，破除封建迷信，组织学习《中华人民共和国刑法》《中华人民共和国民事诉讼法》，先后处置诬陷他人“黑心婆”案件 15 宗，将侵犯人权的犯罪分子绳之以法，查出虐待妇女案件 24 宗、拐卖儿童案件 1 宗，解救受害妇女 21 人、儿童 11 人。

90 年代前期，国家《妇女权益保障法》颁布后，镇妇联对外嫁女、纯女户宅基地分配问题深入调查研究，以维护妇女权益为依据，向中共北滘镇委、镇人民政府上报调查报告。通过党政部门的努力，使农村长期以来存在的外嫁女股份分红、纯女户宅基地分配不公平的问题初步得到解决。1996 年，镇妇联抓住农村股份社换届选举的机会，向镇党委和选举办公室提出建议，修改股份社章程，制定相关规定，从制度上保障妇女特别是外嫁女的权益。镇党委和选举办公室采纳妇联的建议，批转全镇农村股份社执行，从而彻底解决了外嫁女分配不公问题。全镇 12 个行政村农业户口的外嫁女享有自身和子女户籍保留、股份分红、医疗保险统筹等的“村民待遇”。

2000—2005 年，北滘妇女组织充分发挥职能作用，积极向人大、政协提交议案、提案，配合执法部门，努力解决家庭暴力、单亲家庭生活状况等问题，打击侵害妇女儿童的犯罪行为，共接待信访和法律咨询 1560 宗，结案处理 99.8%。2006—2010 年，妇女信访结案处理达 100%，共 520 宗。2011 年，成立妇女法律援助中心，设立“148 妇女维权热线”，充分发挥各职能部门优势，整合社会资源，构建社会化维护格局。至 2016 年，全镇发生婚姻家庭和妇女维权案件 205 宗，通过法庭和司法所诉前、诉中调解，化解矛盾纠纷案件 186 宗。

五、精神文明建设

1990 年，北滘镇妇联号召广大妇女积极参加创建文明村、文明户活动，营造社会主义新风尚，形成尊老爱幼、勤俭持家、夫妻和睦、邻里互助的风气。1991 年，华东地区遭受特大洪灾，北滘各行各业妇女共 16816 人，捐款 28900 元，支持华东地区人民救灾。1995 年，全镇评出 15 户文明家庭。现龙管理区周连娇、北滘卫生院林少兴获顺德市十佳文明家庭标兵称号。

1996 年起，北滘开展“家庭美德教育”，倡导文明健康的家庭生活方式，并开展“家庭美德”征文比赛，有奖测验，发动订阅《家庭》杂志 7300 多份，普及现代家庭知识。1998 年，全镇妇女通过投票方式，选出莘村梁细女等 10 户为“美好家庭”。1999 年，据不完全统计，全镇有 2137 户被评为“文明户”。

2000 年，继续把“文明家庭”创建活动纳入精神文明建设总体规划，突出抓好家庭思想道德建设，抵制黄、赌、毒等社会丑恶现象侵入。2005 年后，把“美德在家庭”活动与创建文明家庭、文明社区相结合，与活跃妇女文化、广场文化、社区文化相结合，组织各类家庭游戏活动，寓教于乐，使妇女享受到亲情，感悟社会的和谐。2011年，以培育社会主义核心价值观，开展以“好家风好家训”为主要内容的家庭文明建设，以好的家风支撑起好的社会风气。举办“晒好家风”的征文比赛，评选出北滘镇“十佳现代优秀母亲”和“最美妈妈”。2013年，开展创建“儿童友好社区”活动，关爱儿童健康成长，扎实推进家庭教育和儿童工作。2015年，北滘社区获省“儿童友好社区”，槎涌、碧江、西滘获顺德区“儿童友好社区”称号。

六、妇女文化活动

1980年后，北滘妇女组织定期组织妇女，特别是中青年妇女，参加龙舟、乒乓球、篮球、羽毛球、歌咏比赛活动。1986—1988年，西海女子龙舟队分别夺取县首届龙舟赛和“飞马杯”赛冠军。1995年后，镇和村、社区每年“三八”妇女节，都举办妇女文艺汇演、歌咏比赛活动。2000年后，妇女文化活动向纵深发展。各级妇女组织利用节假日，积极举办游园会，策划“家庭文艺赛”“家庭同乐日”“金秋庆金婚”专题活动，镇举办“女子健身大赛”“三月风华三八节大汇演”，贴近生活，吸引大批妇女参加。碧江、西海、林头、槎涌、水口等村、社区妇女组建起太极队、健身队。至2005年，全镇举办妇女文化活动共210场，参加演出人员6300多人。这些健身队“晨操晚练”，活跃村、社区文化。2011年，镇妇联先后举办“魅力小城·美丽同行”“活力巾帼·魅力飞扬”等文化活动，展现北滘现代女性风采，增强妇女凝聚力。

2017年，各村（社区）妇女之家持续开展“三月风华”活动，不断创新活动内容，如举办“妇女趣味游园会”“家庭私房菜”“点心大赛”“插花大赛”“水上拔河比赛”“巧手妈妈点心品尝会”等。

第五章　政事纪要

第一节　新中国成立前

一、国民革命时期的农民运动和工人运动

民国14年（1925年）5月1日，广东省第一次农民代表大会在广州召开后，广东农民运动在全省范围蓬勃发展。在中共顺德县支部发动下，顺德县各地纷纷成立农民协会，组织农民自卫军，实行减租、禁烟、禁赌，废除苛捐杂税，收缴地主土豪枪支，惩办土豪劣绅。

民国15年（1926年）3月，省农会批准林头乡、西滘乡成立农会。乡农会成立

后，立即废除了乡局、劣绅强加于农民的乡勇费、鱼塘捐、塘头捐、桑花捐、田亩捐等各种税项，实行减租减息。乡农会还刻有四方印鉴，制作画有犁头、镰刀图案的旗帜，会员戴上蓝色的竹帽。农会事事维护农民利益，处处反对封建的恶势力，使农民感受到农会的权威和力量，从中找到了希望和寄托。

民国 16 年（1927 年）初，黄涌、三洪奇、西海、路尾围、桃村、横岸、绿道、彰义、泮浦、三桂、简岸、北滘、广教、槎涌、高村、莘村、马村、现龙围乡相继成立农会。黄涌乡农会会址设在劳家祠堂，主席为陈兴全，副主席关行，会员有 200 多人。农会成立当日，召开庆祝大会，县农民协会和附近各乡派出代表参加，送来贺信和贺品，会上提出反对封建势力、军阀和帝国主义的口号。会议结束后，参加农会的会员举行大游行。随后，黄涌乡农会领导农民，废除苛捐杂税，对反动乡长梁寿荣欺压民众、为非作歹的罪行，进行控诉。

在农民运动的推动下，工人运动日益活跃。当时，顺德缫丝厂大都雇用女工，女工工价低（比男工低 25%），而且在年节不增加菜金（男工增加菜金）。招收女工时，厂方还要女工缴交学费，有的还要缴按金。为了改善待遇，西滘广顺祯栈丝厂女工推荐区大妹、区桂、潘科文等 6 人向厂方提出增加工资，同工同酬，改善待遇等要求，被厂方无理拒绝。工人们忍无可忍，于民国 14 年（1925 年）3 月爆发罢工，提出调整不合理工资，改革不合理的工作时间，不得轻视童工和年老工人。西滘乡农会支持工人正义斗争，派员前来参加，表示声援。罢工爆发后，厂方和地方土豪劣绅勾结，买凶手暗杀了乡农会负责人区容，以护厂为名急调军警包围厂区，肆行搜身，乘机侮辱妇女，激起工人的愤慨。龙懿范、区大妹、周冠卿提出抗议，即被军警拘捕解押广州。顺德党支部书记李民智得悉后，向县署提出抗议，往广州向国民党省党部以及廖仲恺报告，在廖仲恺的干预下，军警释放了区大妹和周冠卿。厂方的武力镇压失败后，又玩弄阴谋，利用农村封建宗族关系，要把区大妹、区桂和区意“出族”，威吓要用猪笼装着她们抛海浸死，区大妹等人坚强不屈，领导工人成立工会，并声明：成立工会后，厂方不能任意摧残工人；厂方要保证负责工会成员不受任何威胁，赔偿被打伤工友医药费，并给适当疗养假期，在假期内照发工资，不满足工人合理要求，决不复工。

民国 15 年（1926 年）1 月，鉴于社会舆论的压力，广顺祯栈丝厂抵受不了罢工带来的经济损失，被迫接受工人们提出的要求。同月 25 日，厂方和工人代表在县农会磋商，并请国民党中央工人部、县农会、县青年农工俱乐部各派 1 名代表及县乡局长区瑾生出面调处。厂方签字立据，承认女工组织工会，承诺复工后不再仇视工人，不得无故滥罚及开除工人，赔偿上年二月初七各工人罢工一日的薪工，另补回损失费大银 500 元，赔偿周冠卿、龙懿范“花红利是”和 30 斤的烧猪 1 只，10000 头爆竹两捆，100 头爆竹 300 包，并登报道歉。广顺祯栈丝厂工人罢工终于取得胜利。

民国 16 年（1927 年）4 月 12 日，蒋介石在上海发动反革命政变，国民党顺德党部也策动“清党运动”，派出军警、民团搜查和封闭农会及工会组织，在黄涌乡，梁寿荣之子梁万谦、侄梁觉带领军警和县民团，包围乡农会，当场杀害乡农会主席陈兴全和会员 20 多人，并逮捕乡农会会员几十人，在白色恐怖笼罩下，北滘地区农会、工会组织被迫中断活动。

二、建立西海抗日根据地

民国26年（1937年）7月7日，卢沟桥事变爆发，日本帝国主义大举侵犯中国，中国军民奋起还击，揭开了中国全面抗战的序幕。国家和民族到了生死存亡的紧急关头，顺德人民与全国人民一道，掀起了一场轰轰烈烈的爱国救亡运动。是年冬，中共广州教忠中学支部书记张江明，支委李琼英、李静两次带领党员和学生，以“抗日先锋队”独立第二支队的名义到西海、路尾围开展抗日宣传活动。发展原农民军骨干陈九加入中国共产党。民国27年（1938年）春，建立抗日战争时期珠江三角洲首个农村党支部——中共顺德西海路尾围党支部。随后又吸收路尾围农民梁德加入中共党组织。

民国27年（1938年）2月26日晚上，在中共组织领导下，西海、路尾围农民召开大会，筹备成立“抗日同志会”，参加会议还有小学学生和教职工，共600余人，会上各阶层代表上台演讲和演唱抗战歌曲，演出以抗日为内容的《最后一计》《墙隅》等话剧，号召民众起来开展抗日救亡活动，民众情绪激昂。3月1日，抗日同志会正式成立，陈九当选为主任，会员达200多人。此后，西海路尾围党支部通过“抗日同志会”，广泛发动团结群众，开展抗日救亡活动，逐步把范围拓展到碧江、坤洲、乌洲、大洲、龙眼及番禺的古坝、槎核、张松、溢涠等地。会员人数增至500余人。此时，西海和路尾围地主乘抗战爆发之机，实行加租，甚至要收回土地，使农民增加负担并面临失耕。西海路尾围党支部以抗日同志会名义，向碧江苏照林等地主提出：“耕者有其田”和“二五”减租的要求，迫使苏照林等作出让步，显示了抗日同志会的力量，使广大贫苦农民，更加团结在抗日的旗帜下。

民国29年（1940年）9月，中共南（海）番（禺）中（山）顺（德）中心县委在西海乡桔围召开会议，决定加强南番中顺敌后各抗日武装的领导，深入开展敌后抗日游击战。会议认为：西海位于顺德县东北部，邻近市桥、大良、广州，地理位置重要，水网地带、鱼塘相连成片，桑蔗蕉密布，到处是天然的“青纱帐”；有潭洲水道经过，是通往珠江口的要冲之一，交通便利；还有一些小山岗，而且群众基础好，国民革命时期农民运动曾蓬勃开展，抗日战争爆发后，抗日救亡运动又迅速兴起，是开展敌后抗日游击战的好地方。因而，决定在西海建立抗日游击根据地。

民国29年（1940年）11月，反动分子钟添、钟潮等人组成的“济群团”，劫走杀害西海乡长霍宜民父子3人，并勒令西海群众限期交出巨款，否则就铲平西海乡。西海群众强烈要求广州市区游击第二支队（广游二支队）派队伍进驻，保护他们生命财产安全。中心县委和广游二支队司令部决定派遣独立第一中队由路尾围开进西海，宣传群众，组织群众，武装群众，壮大队伍，建设西海抗日基地。为了加强力量，中心县委从第一大队每中队抽调1个班和1挺轻机枪、10支步枪，加强独立第一中队；派遣容海云、谢燕等党员干部到西海工作。

部队进驻西海后，在中共顺德县区工作委员会领导下，巩固发展西海中共党组织，在党支部内专门建立妇女党小组（后发展为中共西海妇女党支部）；同时，将一批思想进步，抗日坚决的贫雇农积极分子和知识分子吸收入党。开办夜校教群众识字，教唱抗日歌曲，讲故事，对群众宣传抗日救国的道理，激发广大群众特别是青年的抗战热情。很快就有10多名青年农民参军。将原来半武装性质的“利农会”群众组织加以扩大，由原来的30多人发展到80余人，组织“利农会”的民兵参加抗日斗争，保卫家乡，保护群众。还积极开展妇女工作。

民国30年（1941年）2月，成立西海抗日救国姐妹会和婶母会，组织动员妇女学习文化，筹集粮食，运送给养，救护伤员，拥军劳军，支援部队作战。

民国31年（1942年）1月，路尾围姑娘会与西海姐妹会、婶母会合并，成立西海抗日救国妇女会，会员有200多人。妇女会分成生产、运输、救护、筹集、后勤等小组，分工协作开展活动。据当年的妇女会成员冯二女（本志撰写时冯二女年届92岁）回忆：妇女会发动参会的妇女各自在家居附近开垦农田，收成后只留下些许口粮自用，其余全部献给抗日部队。妇女们空闲时帮战士们补衣服，煮饭菜。每逢节日将临，妇女会给会员分“任务”，每人做若干煎堆、松糕等食物，集中起来慰劳战士，材料都是从自己家里拿出来的。由于西海是水网地带，部队战士出发袭击日伪军或者调防，都要组织妇女们划小艇运送战士，一条小艇运载七八个战士。冯二女就曾多次运送战士来往于西海、林头、鸡洲、沙湾、市桥等地。

为了团结一切可以团结的力量，争取地方实力派共同抗日，广游二支队司令部认真执行中共中央抗日民族统一战线的方针政策，抽出一批干部，做地方实力派工作，用抗日救国道理引导他们，团结争取他们一致抗日。一些原来反对广游二支队的变得中立了，一些原来的中间派则开始倾向广游二支队。驻西海部队与周围的实力派订立了一项共同抗击日伪军和土匪的联防协议，订定“哪里枪响就到哪里增援”，建立起抗日保家的统一战线。

在西海广大人民支持下，广游二支队为解决部队的给养，开荒种田，筹粮借款，做汽油、煤油生意；建立救护医疗队和以西海为中心的交通、情报传送站。

民国29年（1940年）12月3日，日军二三百人从容奇出动装甲汽船8艘及拖船2艘偷袭西海。独立第一中队在谢立全、林锵云指挥下，奋起还击。民兵亦配合部队作战。当进攻西海的日军进到糖厂至南炮楼一带时，被西海军民多路阻击，从5时激战至14时，毙伤日军10余人，击退日军，保卫西海，西海成为珠江敌后抗日游击战争的坚强堡垒。

三、叶剑英、郭沫若在碧江抗日活动

民国27年（1938年）5月5日，从广州迁到北滘的广雅中学和顺德抗日同志会，特地邀请国民革命军第八路军参谋长叶剑英到碧江振响楼发表抗日演讲。

是日前来听演讲的群众有800多人。叶剑英发表题为《把握住抗战胜利的基本条件》的演讲。他在演讲中首先分析“七七卢沟桥事变”后全国抗日形势。他指出：日本帝国主义者制造“卢沟桥事变”发动侵略中国战争，无非是想灭亡中华民族，使全中国人民变成亡国奴。面对这种危机，全中国人民都希望有一个和平统一的局面，才能同心协力一致抗日。“西安事变”的和平解决，完成初步的统一，它推动了国民政府加紧进行抗日。

怎样才能打败日本侵略者？叶剑英指出必须具备三个基本条件：第一，全国军民团结一致抗日；第二，争取各国人民的同情和帮助；第三，运用巧妙的战术，去克服日本的长处，来对付日本的短处。中国抗战的前途如何，是否能取得胜利，要看我们能否把握住抗战胜利的基本条件，只有紧紧把握住这三个条件，才能够集中力量打败日本帝国主义者。

叶剑英强调：今日中国的命运，正处在民族革命的高潮中。我们不是得到自由，就是在这波涛中沉没。但是，这个命运是由我们去决定的。

演讲结束时，叶剑英满怀激情地说：“青年的同志们，自己决定自己的命运，希望各位努力于中华民族的解放事业，求得中华民族的自由，努力前进！”叶剑英的演讲，大大地鼓舞与会群众争取抗日胜利的信心。

其间，郭沫若也来到碧江，在高桥头作了抗日救亡的演讲。

叶剑英、郭沫若在碧江开展抗日宣传活动，大大激发广雅中学师生们对争取抗战胜利的信心。欧初等一批师生随即组建“广东青年抗日先锋队广雅支队”，立志投身民族解放事业。北滘地区群众也深受鼓舞，纷纷参加抗日同志会组织，群众性的抗日救亡运动在北滘初步推向高潮。

四、中共南番中顺中心县委进驻西海

民国29年（1940年）6月，中共广东省委召开扩大会议，进一步贯彻中共六届六中全会的路线方针，确定当时广东党组织的工作重点应放在敌后和前线，放手发动群众，开展独立自主的敌后游击战争，建立敌后抗日根据地。会议决定，在珠江三角洲敌后建立中共南（海）番（禺）中（山）顺（德）中心县委（以下简称“中心县委”），统一领导南番中顺地区党的组织和抗日武装。

同月，中心县委在西海乡桔围召开会议。中心县委书记罗范群，委员林锵云、陈翔南、刘向东、严尚民和部分党员干部参加。会议对敌后抗战形势作了分析和估计，认为珠江三角洲全面沦陷后，日军加紧对沦陷区的殖民统治，组织伪军伪政权，这对抗战是不利的；但也要看到沦陷区广大民众反对殖民统治，反对奴役的斗争正日益增强，共产党领导的人民抗日武装在十分困难的条件下有了发展，这对开展敌后抗日游击战争又是有利的。会议还就统一领导南番中顺各县地方组织和人民抗日武装，发动群众，开展敌后抗日游击战争等问题作了详细的讨论研究。

9月，中心县委又在西海乡桔围召开会议，决定加强对南番中顺敌后各抗日武装的领导，深入开展敌后抗日游击战争，建立八路军、新四军式的人民军队；加强党的领导和思想政治工作，把广游二支队整顿建设成为中国共产党领导下的人民抗日武装。会议还决定，以林锵云领导的顺德抗日游击队为基础，从中山、番禺抽调一批党员和青年，组成独立第一中队，编入广游二支队，由中心县委和广游二支队司令部领导。同月上旬，中共中央派来干部谢立全、谢斌到达西海，任中心县委委员，负责军事。

11 月，中心县委大部分领导成员和广游二支队司令部带领独立第一中队进驻西海后，积极领导南番中顺地区各县地方党的组织和各抗日武装，发动群众，独立自主，开展敌后抗日游击战争，先后指挥沙湾战斗、西海保卫战，开辟中山五桂山根据地，使珠江敌后抗日游击战争逐步开展，西海成为珠江敌后抗战的中心和坚强堡垒。

民国31 年（1942 年）10 月上旬，中心县委在西海召开会议，总结广游二支队进驻西海近两年来的经验。认为：自 1940 年 11 月广游二支队司令部率队进驻西海以后，与当地群众团结抗日，经营西海，保卫西海，建立起了以西海为中心的抗日游击基地，先后进行了大小战斗 20 多次，给予日伪军、伪政权及顽军严重打击。但也面临一些问题：由于珠江敌后只有西海一个抗日基地，五桂山抗日根据地也正在开辟中，人民抗日武装在敌后抗日游击战争中回旋余地小，而日伪军和顽军集中大部分兵力围攻西海，使西海抗日基地受到严重威胁，在敌强我弱的情况下，如集中兵力保卫西海，反而不利，应避开敌人锋芒，将大部分部队从内线转到外线作战，开辟新的抗日游击战，以利于更好地发展抗日力量，坚持敌后抗日游击战争。为此，会议决定实行在南番中顺地区开辟新区和扩大抗日游击区的游击战略方针，提出了除以小部分兵力留守西海外，大部分兵力撤出西海，转到外线进一步经营禺南，发展中心，开辟南（海）三（水）地区的任务。

会议结束后，各部队按照中心县委的决定和部署，有步骤地撤出西海，开赴各地区开展活动。至当年底，发展了（番）禺南敌后抗日游击战，开辟了五桂山抗日根据地，并且还开辟了南（海）三（水）边境地区，使原来只有 1 个西海抗日基地，发展扩大到具有中山、番禺和南三 3 个抗日游击基地或根据地。珠江人民抗日武装在民国 29 年（1940 年）7 月时只有 300 多人，到民国 31 年（1942 年）12 月已发展到 800 多人，珠江人民抗日武装在敌后游击战争中不断发展壮大。

五、西海战斗

侵粤日军和伪军为了维护在番顺地区的统治，以及广州外围地区各军事要点的安全，决心寻机进攻西海，摧毁西海抗日基地，消灭广游二支队。民国 30 年（1941 年）7 月起，伪军第二十师四十旅和护沙队 2000 余人，进驻西海外围的三善、紫坭、龙湾、碧江、韦涌等地，对西海形成包围的态势。

10 月 5 日（中秋节），伪军以 1 个营的兵力，对西海进行试探性的进攻。事前，广游二支队已获得伪军要进攻西海的情报，但当时西海一些上层人士对伪军抱有幻想，不主张打；群众也有很大顾虑，担心打不赢反遭伪军烧杀报复。中心县委和广游二支队司令部为照顾群众情绪，于是决定：敌人来犯，坚壁清野，不作正面迎击，主力隐蔽在蔗林，伺机行动。伪军窜进西海后，逐家逐户搜索掳掠，无所不为。伪军撤走后，群众回到家里，无不义愤填膺，后悔不该不打，乃纷纷向广游二支队表示，如果敌人再来进犯，一定要坚决还击。

中秋节过后不久，广游二支队司令部派员从市桥侦察到伪军即将大规模进攻西海的情报，林锵云、谢立全、刘向东迅即召开小队长以上干部参加的军事会议，认真研究敌人作战方案和部队应战方案，决定以伏击战、袭击战迟滞和消耗敌人，挫其进攻锐气；当伪军消耗到一定程度后，即集中兵力歼其一路，伤其元气；在歼灭伪军一路之后，实施全面反击，将其击溃。当时广游二支队驻西海及其附近的部队有独立第一中队、警卫小队和第二大队一个中队，加上中心县委办的军政干部训练班，能直接参战的兵力约250人。

10月17日凌晨4时，敌人分三路奔袭西海：一路为大涌口，一路为路尾围，一路为碧江，总指挥为李辅群（李塱鸡），共2000余人。在炮火掩护下，南路之伪军，在七十九团副团长祁宝林带领下，从涌口大江边和隆围登陆。广游二支队前哨小分队，杀伤部分敌人后撤进蔗林，将敌人诱入南炮楼涌尾阵地，陈胜、冯剑青、黄江平率领3个小分队立即进行反击，将突入阵地的几十名伪军大部歼灭，俘10余名。东西路之伪军护沙总队在河滘登陆，避开村庄，沿着路尾围北面堤围直上，企图占领横岸岗后向西海攻击前进，遭到埋伏在番稔基的梁国僚带领的小分队打击。当伪军进至石尾岗时，遭到霍文带领埋伏1个小队的射击，毙伤多人，余敌逃窜。东北路从碧江、洋浦方向来犯的伪军第八十团和补充一团，在猛烈火力掩护下，向广游二支队防守桃村岗的部队进攻，被郭彪和陈绍文带领的队伍顽强阻击，不能前进。

12时左右，经过五六个小时的激烈战斗，伪军遭到重大伤亡，并十分疲惫。谢立全决定举行反击。于是，集中预备队配以近10挺重机枪及迫击炮，首先对南炮楼方向之伪第七十九团实施包围聚歼。谢立全率领独立第一中队一部向糖厂一线伪军左后方迂回，断伪军退路，林锵云、刘向东率独立第一中队1个小分队和部分民兵向南炮楼对面的伪军出击，反击部队在两侧蔗林内以密集火力向敌射击，民兵和支前的妇女也纷纷拿着扁担赶来搜索蔗林。伪军顿时慌乱，纷纷涌向堤围，有的跳到河里逃命，有的跑进蔗林乱窜。伪军前线代理总指挥第七十九团副团长祁宝林发觉自己被包围后，带少数人突围，但被抗日部队打伤，跳至林头河急流涌口边时毙命。

歼灭伪军第七十九团战斗刚结束，广游二支队司令部接到报告，从碧江、洋浦方向来犯的伪军第八十团和补充一团，占领桃村岗和横岸岗后，已进至西海涌东北面。情况紧急，谢立全立即率领部队和近10挺机枪前往反击。部队先将两座行人桥拆掉，阻止伪军过涌，并在房顶上架起机枪射击，将第八十团和补充一团击溃。

保卫西海之战在当天下午4时左右全部结束，这一战，歼灭伪军1个团，击溃2个团和1个护沙总队，击毙伪军前线代理总指挥副团长祁宝林以下200余人，俘敌110余人，其中有少校副营长以下军官14人，还有百余人在逃命时溺毙江中，缴来步枪400多支、手枪50余支、轻机枪5挺、子弹10000余发。而广游二支队伤亡仅各一人，创造了华南抗日游击战中以少胜多的出色战例，被誉为“西海大捷”。

六、吴勤在水枝花遇害殉国

吴勤（1895—1942）早年参加革命，国民革命时期在佛山近郊南浦村组建农团军，蒋介石发动“四一二”反革命政变后，吴任南海农民赤卫军第二团团长，参加广州起义。起义失败后，吴去香港，后转去新加坡。民国26年（1937年）秋冬返回广州，积极开展抗日宣传活动。民国27年10月，在广州南郊组织成立抗日义勇队，队员有五六十人，先后在南海县平洲夏滘村河面和小塘火车站伏击日军，威声大振。11月，组建广州市郊区游击第二支队（简称“广游二支队”）并任司令。他积极寻找中共广东省委，请求中共加强对广游二支队的领导，派共产党员来队工作。根据吴勤的请求，中共广东省委东南特委先后派出刘向东、严尚民、林锋、黄友涯等到广游二支队工作。在吴勤的支持下，广游二支队成为中共领导下的一支人民抗日队伍，多次粉碎日伪的联合进攻，在西海大捷和三水保卫战、大良保卫战中，取得胜利。

国民党当局对吴勤所领导广游二支队的声望不断提高和部队的迅速发展感到不安。民国30年（1941年）秋，国民党第七战区司令部制定珠江敌后剿共和消灭广游二支队的秘密计划。12月28日，发出督字第3375号密令（并附《进剿吴勤匪部办法》）。对广游二支队强加所谓“非法活动”，盘踞顺德县属西海乡，掳人勒赎，广收队伍，企图自树奸伪政权等罪名，勒令由顽军第六十四军（或挺进第三、第五纵队）指挥，南海、番禺、顺德县政府派其地方部队协助，捕杀中心县委和广游二支队领导人。顽军挺进第三纵队林小亚接到密令后，即与伪军勾结，联合进攻广游二支队。

民国31年（1942年）3月，由林小亚发起，邀集伪军头目、汉奸和反动地主恶霸等，在陈村召开“花园会议”和“游艺会”，表示“汪蒋合作”的诚意。李辅群派伪二十师秘书长辛镜堂出席，陈村汉奸欧荣和地方恶霸欧驹荣等也到会。林小亚邀请吴勤参加，以达到诱降的目的。吴勤断然拒绝，说：“你们开的不是‘游艺会’，而是‘游伪会’，要抗日游击队同伪军开会，我不去，要是去了，我就开枪。”诱降失败后，林小亚布置其驻陈村的梁德明大队侦察掌握吴勤的行踪，企图予以抓捕或刺杀。

5月7日上午，吴勤和夫人霍淑英及警卫员潘秀从独州“三三”农场返陈村。驻陈村的挺进第三纵队梁德明大队，勾结陈村的汉奸欧荣，侦察到吴等人的行动路线后，预先派人埋伏在水枝花糖厂渡口旁的炮楼和蔗渣堆中。中午，当吴勤等人所乘的小船划到水枝花河中心时，梁德明、欧荣下令向小船猛烈射击，吴勤夫妇和警卫员当场中弹牺牲，林小亚立即派人将吴勤遗体送到市桥，李辅群下令将吴勤暴尸数日，充分暴露了国民党顽固派与汉奸、伪军互相勾结，疯狂反共，破坏抗战的罪恶阴谋。

5月9日，中心县委在西海召开紧急会议，决定在政治、军事上坚决反击国民党顽固派掀起的反共逆流：第一，为吴勤举行追悼会，以广游二支队全体人员名义发出《告各界同胞书》及《快邮代电》，揭露林小亚一伙与日伪勾结杀害吴勤的罪行，要求严惩祸首林小亚；第二，公布广游二支队由林锵云为代司令，要求国民党当局给予广游二支队合法名义；第三，军事上坚决实行自卫反击，打击国民党顽固派疯狂反共、破坏抗战的反动气焰，并加强防备，准备反击顽军和日伪军的联合“扫荡”；第四，继续做好统一战线工作，进一步加强同地方实力派的联合，共同打击日伪军和顽军。

随后，广游二支队和西海人民举行隆重的追悼大会，悼念为民族解放而牺牲的吴勤司令和其他同志。吴勤的英勇牺牲，激发起广游二支队和西海人民对反动派的仇恨，抗日斗争形势继续发展，抗日武装对日伪军和顽军的进攻给予狠狠的打击。

七、林头三战日伪军

吴勤牺牲后，中心县委带领广大抗日军民坚决反击国民党顽固派的反共逆流和日伪顽的联合“扫荡”，决定袭击林头顽军，实行自卫反击。

林头北面是公路，东面是潭洲水道，东南面距西海1000多米，是国民党顽军挺进第三纵队进攻西海抗日基地的前哨据点，是国民党顽军林小亚亲信梁桐的家乡，有顽军梁桐、梁德明、梁雨泉部共100多人，分驻在几个炮楼和祠堂。林头又是广游二支队通往友军曾岳大队防区莘村、良村、马村一带的重要交通线。因此，袭击林头，既惩罚反共的顽军，又为了打通西海外围的交通线。

民国31年（1942年）6月中旬一晚上，在谢斌指挥下，广游二支队100多人，联合友军曾岳大队，向驻林头之梁桐大队发起攻击，中午时分，夺取了梁桐大队所占的黄家祠、陈家祠和下闸炮楼，击毙顽军30多人，俘虏20多人，缴获轻机枪2挺、长短枪40支。梁桐从屋中地洞逃走。当天下午，梁桐、梁德明带领顽军数百人向林头疯狂反扑。谢立全、刘向东、冯扬武分别率领部队抗击顽军。经过3小时激战，打退顽军的反扑。广游二支队也随即撤出林头圩，胜利归来。

广游二支队袭击林头获胜后，梁桐、梁德明等人不甘心失败，半个月左右又纠集起二三百人，分驻林头各个炮楼和两座祠堂内，准备进攻西海。为进一步打击顽军，7月上旬的一天晚上，广游二支队在侦察掌握顽军驻地的地形、兵力、装备及哨位等情况后，联合曾岳大队，再次袭击林头。当晚倾盆大雨，广游二支队一路由林锵云和谢斌率领，一路由谢立全率领，迅速通过桑基、菜地，在曾岳大队的迫击炮和轻重机枪掩护下，向林头圩发起攻击，很快攻下西炮楼，接着向纵深发展，与顽军展开巷战。战斗至天亮，毙伤顽军200多人，缴获轻机枪2挺，步枪百余支，没收梁桐的财产。

几天后，谢立全率领二支队一部与曾岳大队一部分联合进攻驻北滘的伪军。部队从林头出发，包围北滘东孖桥头炮楼，一直攻至北滘孖仔祠堂的伪自卫队队部和伪自卫队队长周勤的家，没收周勤家的粮食及财物。不久，广游二支队又派出两个小队，与曾岳大队一部互相配合，进攻驻广教的伪军。经一夜战斗，将驻广教之伪自卫队击溃。此后，广游二支队的活动范围从西海扩展到莘村、良村、马村一带。

9月中旬，顽军林小亚部勾结日伪军2000余人，向林头、北滘、广教进行大规模“扫荡”，实施全线包围，妄图消灭广游二支队。

驻佛山日军一部，沿碧良公路进犯林头北面，以炮火向广游二支队驻守的炮楼猛烈轰击；顺德县伪县长苏德时调动驻顺德县伪军和伪警梁润等部进攻广教；番禺市桥李辅群伪军出动炮艇、汽艇在顺德沙亭、乌洲、河滘一带河面，封锁西海出入口岸；伪军第四十五师一三四团在碧江及坝头岗，发炮轰击西海的出入口道路及村民；梁雨泉、梁桐等部向林头、广教、北滘进攻。

在强敌的进攻面前，林锵云、谢立全、谢斌、刘向东等指挥广游二支队和民兵沉着应战，在林头、广教等地利用炮楼和交通要道阻击敌人。曾岳大队也前来增援。广游二支队利用林头北面的两个炮楼打得敌人无法接近，敌绕道进入林头圩中心驻下后，又被谢立全带领队伍突袭，打得失魂丧胆。在广教，小队长张实等人所守的炮楼也给敌人予重大杀伤。广游二支队为保存有生力量，第二天晚上部分队伍主动撤出林头，第三天晚上撤出广教，分两路转到西海和莘村。经三昼夜激战，广游二支队毙伤敌数十人。战斗中，谢斌、刘向东、吴孑仁、符和池4人负伤，8名战士牺牲。

广游二支队在顽军和日伪军的夹击中，三战林头，坚决反击国民党顽固派掀起的反共逆流。部队在战斗中再一次经受了磨炼。

八、侵华日本军队在北滘的罪行

日本军队侵占顺德，多次到北滘的村庄、圩场扫荡，日军所到之处，烧杀抢掠、杀害居民、蹂躏妇女，造成大量人员和财产的损失，犯下大量血腥罪行。

民国27年（1938年）9月1日，日本军队进犯三洪奇，途经东一村，将几十名村民强拉到塘边，用大刀将他们砍死。在码头，用枪扫射躲在堤边的难民和村民，当场被打死百余人。10月2日，日机六七架分批盘旋在达德乡上空，投燃烧弹50多枚，炸死2人，伤1人，毁屋132间。年底，日军窜到陈村，一次就打死杀死群众一二百人，当中新塘、碧江一带鱼塘边河边就杀死妇女儿童近百人。同月，日军包围碧江长堤协昌成米行，强令店员代为运米，运完后，将23人杀死。12月6日，日军再次窜入达德乡搜索，杀死16人，炸伤炸死十四五人；货物损失80.72万元。12月14日，达德乡遭日军轰炸，死25人、伤2人。

民国28年（1939年）1月13日，日军以顺德县陈村镇3间谷仓的封条被撤，谷仓被盗为借口，杀死沙湾、碧江两乡居民400余人。3月21日，有小艇5艘沿三洪奇乡、桂洲乡河道载难民过海，途中突遇日汽艇截劫，抢走所有财物，7名与日军搏斗的乡民被杀死，尸体被砍碎抛入江流。10月2日，日伪军从达德乡登陆，炮轰及火烧乡中房屋，造成死28人，重伤3人，被毁房屋6间。

民国29年（1940年）3月18日，驻陈村镇日军用炮轰炸碧江、炸死炸伤居民10余人，沿岸葵寮均遭焚毁。4月17日晨，日军又向碧江发炮10余响，炸毁和合、生昌2间杉厂（即杉店），炸死炸伤员工6人。10月17日，日军进犯北滘乡，焚烧店铺119间，房屋212间、祠堂2间、糖厂2间、渔船3艘，谷米53700斤，损失达5278.9万元，在这次掠劫中，村民被杀死、烧死52人，伤2人。

民国30年（1941年）春，北滘乡接涯陈公祠被日军焚毁。同年10月22日，日军从广州调1个联队1000多人，在炮兵和3架飞机配合下，分三路进犯西海进行“扫荡”，杀死抗日军民12人，烧毁民房及茅屋100余间。当年，日军先后两次进犯高村乡，捉鸡捉猪，强奸妇女，放火烧毁烟馆1间、梁家祠堂以及茅屋10多间，打死乡民4人。

民国31年（1942年）2月15日凌晨，日伪军数百人分三路进犯西海乡，遭到游击队顽强抗击，二支队政训员和吴祥牺牲。进村后，日伪军杀死群众23人，放火烧毁房屋100多间，掠劫大量财物。3月25日，日本军队进犯槎涌，纵火烧毁房屋数百间。

民国32年（1943年）3月，日军100多人分乘橡皮艇4艘窜犯西海，焚烧房屋100多间。同月，日军闯到林头乡，在南面闸口一带打死勒死逃难百姓260多人。

日本军队野蛮的抢掠和破坏，给北滘社会生活和经济活动带来极其严重的破坏。整个北滘地区许多工厂停工，商店关门，田园荒芜，农事衰退，粮价飞升，大量人口逃亡、饿死，饿殍遍野，极其悲惨。

第二节 新中国成立后

一、西海、桃村等六村的土地改革试点

1950年7月，中共顺德县委决定以西海、桃村、横岸、泮浦、都宁、绿道6个村作为全县土地改革试点。6个村共有居民5266人。其中贫农3884人，占73.76%；雇农217人，占4.13%；中农888人，占16.86%；富农95人，占1.8%；地主36人，占0.68%；商业、工人等其他职业146人，占2.77%。土地9313亩，其中地主有433.15亩，占5.06%。西海等6村多数土地主要由碧江和番禺三善的地主所占有。公尝田（即太公田）主要由被称为“二路地主”的人把持，地租每年每亩80公斤谷，但二路地主以每亩103.5公斤谷转租给农民耕种。按照当时每亩年产量181.5公斤计算，农民交租后的自己所得，仅占收成的42.98%。

中共顺德县委决定以西海、桃村等6个村作为全县土地改革试点后，派出县政府副科长吕子良率干部6人，到西海等6村进行调查，了解当地社会情况、阶级状况、群众发动情况，农民对土改态度及干部情况。当年11月，写出《土改试点乡情况初步调查报告》。1951年1月3日至18日，县委举办土改试点训练班，参加人员有县、区机关干部、省文艺学院学生、农会干部共205人，通过“谁养活谁”的诉苦阶级教育，学习《中华人民共和国土地改革法》，听取吕子良报告，全体人员提高阶级觉悟，明确土改的基本方针、政策、任务和步骤。训练班结束之前，县委宣布成立“中共顺德县委土地改革西海试点工作委员会”，由张旭（县委宣传部长）、王惠莲（女）为主任、副主任，下辖7个分队。

1951年1月20日，试点工作队200多人从大良出发，中午抵达西海各村。随即召开“西海六村土地改革誓师大会”，上千农民参加。县长郑群在会上庄严宣布顺德土改试点工作正式开始，指出：封建土地制度，是我们民族被侵略、被压迫、贫困、及落后的根源。要改变这种情况，就必须废除地主阶级封建剥削的土地所有制，实行农民的土地所有制，解放农村生产力，发展农业生产。并表示：土地改革不全胜，决不离开西海村。会后，举行声势浩大的游行，进一步扩大影响。

中共珠江地委对西海土改试点工作十分重视，1950年12月29日，地委副书记杨康华致信顺德县委书记曾源，根据顺德农村情况，对地主、二路地主和公尝田的处

理，提出分别对待的意见。指出，顺德全部农用地，太公田（公尝田）占6%，太公田的租谷收入有的用在祭祀上，有的用在一些公益性事业和学校经费，有的被管理者贪污，因此，必须弄清情况，分别处理。1951 年 1 月 22 日，县土地改革试点工作委员会印发《顺德县西海等六村土改工作计划》，制定一系列具体政策及工作步骤，强调：充分发动群众，彻底完成土改，实行“依靠贫雇农，团结中农，中立富农，有步骤地消灭封建剥削制度，发展农业生产”的方针。

西海等 6 村土改分三个阶段进行。第一阶段，从 1 月 20 日至 2 月 20 日，主要宣传政策，发动群众，组织队伍。先后召开公审地主恶霸大会，斗争欧阳伦、豆皮启、钟添及主要爪牙等 9 个恶霸；召开西海六村农民代表大会；通过扎根串连，访贫问苦，深入发动贫雇农，组织贫雇农在大会小会上控诉地主恶霸剥削之苦，激发阶级感情，提高阶级觉悟，成立贫雇农小组，建立农民协会。

第二阶段，从 2 月 21 日至 4 月 4 日，主要是划分阶级，没收、征收和分配地主的土地、财产。3 月 19 日，西海等村 500 多名农民，分成 5 个中队，前往碧江和番禺三善，没收地主的田契、多余粮食。3 月 23 日，对没收地主的土地、耕畜、农具和多余的粮食及其在乡村中多余的房屋进行分配。在分配中，充分发扬民主，公开、公平、合理，团结互让，首先是满足贫雇农的要求，同时也照顾其他阶层。土地按人口平均分配，地主家庭也按人口每人分配一份，使他们成为自食其力的劳动者。

第三阶段，从 4 月 5 日至 5 月 3 日，健全农村基层组织，发动生产。西海乡召开第三次农民代表大会，选出乡政农会委员会，通过《爱国公约》，号召开展爱国主义丰产运动。会后，乡政农会委员会和工作队从各方面引导、扶持农民开展生产。广大农民拥有自己土地，生产积极性空前高涨，掀起农业生产热潮。

1951 年 5 月 3 日，西海等 6 村土地改革试点工作结束。在整个试点过程中，县委高度重视，县委书记曾源和县长郑群多次前来指导，县委土地改革试点委员会制订《顺德县西海等六村土改工作计划》，提出试点工作的方针、步骤和做法。在试点中深入调查研究，根据中央的方针政策，结合西海等村的特点制订一系列具体措施，采取较稳妥的做法，因此试点村土改运动开展得稳妥，表现在广大农民得到充分发动，在打倒地主阶级斗争中提高自己觉悟和政策水平；没有侵犯工商业，没有侵犯中农，没有乱斗乱杀，社会经济稳定。同时在运动中训练了一批基层干部和土改干部，为日后全县土地改革运动，从思想上、组织上奠定基础。

二、人民公社化运动

1959 年 5 月，北滘人民公社成立，当时，全国农村正处于人民公社化高潮。

1953 年土地改革后，广大农民成为农村的主人，北滘农村每人分得土地 2.2 亩，生产积极性空前高涨，生活有了很大改善。1954 年，广大农民响应共产党的号召，组织起来，走农业合作化的道路。各乡组织农业生产互助组、农业生产合作社。1956 年 6 月，根据中共广东省委对农业生产合作社进行升级、并社的指示，北滘、碧江、莘村、林头、广教、三洪奇、高村、西滘、上僚、水口、马村、龙涌、西海、三桂、桃村均成立起高级社。入社农户达99%。虽然将农民土地无偿划归高级合作社，耕畜、大中农具折价归高级社所有，但是在生产资料集体所有制的前提下，仍实行互利的原则，对投入建设的土地，尚未收回成本者，给予适当补偿，入社果树保持分红三年，保留社员的自留地，允许社队和社员将完成计划派购任务后的农产品上市，推行包工包产形式，建立奖惩制度，对超产部分，按比例奖给个人。因而，1957 年北滘地区农业生产与全县一样，保持增产的势头。

1958 年 10 月北滘跟随全国掀起人民公社化运动，追求实行所谓的“一大二公”，将原来各乡的高级合作社撤销，分别并入沙滘和陈村两个人民公社；原先高级合作社的土地、农具、耕牛、资金、公共积累，一律转归人民公社所有，个人拥有的自留地、蚕房、猪舍，也强行收归人民公社；原先个人折价入合作社的耕牛、农艇、大农具的款项，不再归还；而农户自养的生猪也折价入社。在劳动组织和生活方式方面，实行军事化，按原来乡、社、队、组的建制，改称为营、连、排、班编制，采取大兵团作战方式从事生产劳动。同时，将家庭传统生活方式改为生产队为单位的集体生活方式，每个生产队办起公共食堂、托儿所、幼儿园，对社员家庭实行几包，即包孩子学费、包理发、包看电影、包看大戏等生活费用，实行以工资制和生活供给制为特点的分配制度，社员伙食供给，吃饭不要钱，推行所谓的“各尽所能、各取所需”，向共产主义过渡。

人民公社化运动，脱离当时农村客观实际，违背了广大农民的意愿，造成劳动效率低；“放开肚皮，一天三餐吃干饭”，很快将粮食吃光；到 1959 年春天，北滘与全县各地一样，出现缺粮现象。许多党员干部和群众对人民公社化带来的问题提出质疑。

1959 年 2 月，根据省委的指示，顺德开展对人民公社整顿。6 月 29 日，北滘公社党委召开公社成立后第一届干部扩大会议，部署下半年生产工作，会议提出：既要有大集体，也要有小自由，耕畜、大农具生产资料的归属，为生产大队所有，公共食堂可自愿参加，社员每个月要有三天休息，社员自留地不能收归队所有，私人果树要退还给社员；生产方针上要扩大耕作面积，增加粮食生产，加强经济作物发展；分配报酬要实行多得多发，少得少发，不得不发。这些政策对纠正“共产风”，起到了积极作用，受到社员的拥护。可是不到两三个月，被开展的“反右倾”斗争所中断。

1959 年 8 月，根据中共中央指示，顺德开展“反右倾、鼓干劲”运动。8 月 27 日，北滘党委召开干部大会，开展“反右倾，保卫人民公社”的大辩论。9 月中旬，县委以北滘大队为试点，按照“左、中、右”对社员进行排队，对“大跃进”“人民公社”有质疑的意见被视为“反动”言论，进行批判。10 月、11 月，在全公社开展反“右倾”辩论，对干部进行排队，排出一类、二类、三类、四类干部。这样排队，伤害一大批人。

1960 年上半年，顺德再次掀起“大跃进”高潮。要求各公社大力发展养猪业。为此，北滘公社成立畜牧业生产领导小组，在钢材、水泥等原材料十分紧缺的情况下，向各生产队摊派砖、瓦、木材等材料，建起“万头养猪场”。6 月下旬，中共佛山地委书记带领各县、市代表前来参观。可是，在粮食越来越紧张的情况下，“万头猪场”的生猪越养越瘦，许多猪不断病死，损失惨重。与此同时，大刮“共产风”，从生产队无偿抽调劳动力，大办公社工业，大搞水利建设，严重损害生产队权益，挫伤群众积极性，造成农业生产再次下降，除了水稻因扩大种植面积增产之外，其他各项作物都减产。从1959年起，农村自留口粮大幅度减少，造成农民口粮严重不足，许多家庭以蔬菜、番薯充饥，餐粥餐饭，不少人因营养不足，患上水肿病和肝炎，不少妇女闭经、子宫下垂。人民公社化带来的严重问题全面暴露出来。

三、“三反”运动和整风整社

为了帮助基层干部改进公社化运动以来出现的一些不良工作作风，改善党和群众的紧张关系，1960年4月，根据中共中央指示，中共广东省委作出在全省农村开展“三反”运动的决定，内容是：反对官僚主义、形式主义和铺张浪费。方法是：发动群众大鸣大放，层层发动，层层审查，达到提高认识，弄清问题，彻底整顿的目的。

1960年4月，北滘公社党委成立“三反”运动核心小组，实行分片包干负责制。运动分三个阶段进行。一是思想发动，提高干部的思想认识；二是对照检查，揭露问题，分析原因；三是组织建设。根据运动查揭：公社化运动以来，为完成上级下达的高指标任务，不少基层干部产生浮躁情绪，强迫命令，对不服从分配的群众以罚代教，仅1960年上半年，被打群众达65人，其中1人重伤致死，私设劳改队2个，送去“劳改”群众254人，对饥饿而偷吃谷物菜蔬和出勤懒散的社员扣口粮。有的干部多吃多占，侵犯集体财产。运动中交代有贪污行为的有185人，金额48141元，退赔了41517元。

“三反”运动于1960年11月结束。是月18日，公社党委召开总结大会。这次运动，对端正干部作风，缓和和改善干部与群众关系，起到了一定的作用。但这次运动是在极左路线指导下进行的，把一些基层干部、仓管员和食堂人员多吃多占，说成是阶级斗争现象，运动还清理出“政治不纯”和“社会关系复杂人员”41人。对中农成分110名干部职务进行调整，其中撤职14人。

1960年下半年，中共中央发出《关于农村人民公社当前政策问题的紧急指示信》，决定对政策做重大调整，开展整风整社运动，纠正1958年后农村中的“左”的错误。1961年4月下旬至6月，北滘公社作为县第二批单位，开展整风整社运动，主要是纠正“浮夸风”和“共产风”的问题。在县委工作组的指导下，各生产大队在干部队伍中普遍进行政策教育，引导干部深入分析产生“浮夸风”和“共产风”的原因，分析问题，总结经验，吸取教训，端正思想作风。

在整风整社运动中，宣布实行以生产队为基础的三级所有制，北滘公社党委对食堂问题、粮食征购问题、社员家庭副业问题的政策进行适当的调整，允许各生队推行包产包工分配制度，解散公共食堂，允许社员发展家庭副业。同时，积极清理退赔公社化运动期间无偿平调的财物。对1959年下半年以来“反右倾”“反瞒产”“拔白旗”运动受到错误处分的党员、干部案件进行甄别复查。据1962年4月5日统计，撤销或更改处分案件19宗，占原案件总数的70%。随后，对“三反”运动受到处分的49人进行复查甄别，免于或减轻处分的有4人。1962年下半年，对工人、农民、学生案件进行全面清查平反工作，据统计，1958年至1961年，全北滘受到各类处分和批判的有348人，除去地主、富农、反革命、坏分子、右派之外，其他135人全部给予平反，并召开大会向群众宣布。

通过整风整社运动，调整农村政策，在干部作风上，通过批评与自我批评，赔退“共产风”中平调生产队和社员的财物，纠正“浮夸风”“命令风”“瞎指挥风”，使干部受到教育，同时，纠正1958年以来干部、群众中的冤假错案，在一定程度上改善党和政府与人民群众的联系，调动群众生产积极性。

四、农村政策的调整和农业生产的恢复

1961年6月，中共中央下发《农村人民公社工作条例（修正草案）》（简称“农业六十条”）之后，县委、县人民委员会对农村政策进行调整，缩小农村生产大队和生产队规模，北滘改设为区，下设北滘、碧江、莘村、西海4个人民公社，辖39个生产大队，正式实行三级所有制。在生产队建立起土地、劳动力、耕畜、农具“四固定”的制度，成为一级经济核算单位。在社员分配报酬上，按劳分配，超产奖励，减产扣罚到个人，重新开放农贸市场。农村经济和农业生产得到初步好转。1961年粮食亩产346.5公斤，总产量13869.2吨；甘蔗、塘鱼也有一定的增幅。

1962年6、7月发生洪涝灾害，对正在恢复中的农业生产造成极大损害。7月初，北滘遭遇新中国成立以来最大的洪水，堤围崩塌，农田全面被浸，水深平均1米以上，农作物几乎绝收。洪灾后，北滘区党委动员群众，及时修复堤围，发放种子、化肥，开展救灾复产工作，争取晚造的好收成。

1963年初，县委确定用三年的时间，继续贯彻执行“调整、巩固、充实、提高”的方针，对国民经济进一步调整，建设粮食亩产千斤公社，农业生产要达到或超过1957年的水平。为适应形势的变化，是年1月，北滘撤区，恢复人民公社建制，下属17个生产大队，67个村，并根据县委的部署，对农业生产结构进行调整。

北滘是传统经济作物产区，以甘蔗、塘鱼为主，1958年后，由于国家强调粮食生产，逐年增加上调粮食指标，北滘只好扩大水稻种植面积，减少甘蔗、塘鱼种养面积，1963年，北滘根据县的计划安排，增加经济作物种植（养殖）面积，并实行生产责任制和奖励政策，对超额交售糖蔗、塘鱼，奖售一定数量的化肥、大米、布票，交售塘鱼完成派购任务后，多余的产品允许到农贸市场出售。

加强农业水利设施建设。1962年秋收后，全公社动员上万人，奋战100日，修复加厚被洪水冲崩的堤围，完成土方达40万立方米。1963年，全面规划排灌系统，以堰围、河渠系统划分灌区，建起电动排灌站5座，全公社电动排灌站增至9座，装机容量达2320千瓦，建成调水涵闸32个，开挖灌溉河6700米，提高田埂高度7571亩，为农业生产发展奠定良好基础。是年，北滘出现百年一遇旱情，200多日没有下

过一场透雨。公社党委动员全体农民投入抗旱，开河引水，堵河蓄水，动力灌水，人力车水，工具淋水，每日参加抗旱14600多人，水车1708架，各类工具19071件，确保每一亩地农作物苗壮成长。

推广农业科学新技术。一是推广良种，水稻采用"南特选""珍珠矮选""广场矮选"新品种，实行小株密植，尼龙薄膜育秧。甘蔗引进"粤糖423"良种，耕作从"一丈三坑"改革为"一丈四坑"。二是"旱为纲"，"肥为帅"。首先是搞好犁田晒冬，秋收后，全社集中1303头耕牛，7辆拖拉机，在冬至前夕，完成犁田任务，晚造一边收割，一边犁田、入泥，沤田达30日至40日，保证地力恢复；其次是施足基肥，广泛收集塘泥、人畜粪，总量达1695万多担（每担为50公斤），基本做到水稻田亩亩有基肥。三是建立试验田，公社机关40多名干部和大队书记、大队长25人分别办起试验田，不少生产队干部也积极大搞试验田，并取得良好效果。如水稻良种试植，有的试验田亩产达450公斤，从而带动面上生产的发展。四是各生产大队和生产队，普遍成立技术站和试验小组，全公社农艺师共有1146人，平均36亩田有一名农艺师负责，健全田间管理。

坚持干部参加集体生产劳动。1963年，公社党委5位书记和15位党委委员，分别在生产队蹲点，分片包干，指导工作，同社员同吃、同住、同劳动。他们围绕生产实际，广泛深入发动群众，普及农业新技术，帮助解决困难和问题，从而推动农业生产的恢复发展。

1963年，北滘农村经济得到全面的恢复，稻谷亩产521公斤，总产量21924.6吨，比1961年分别增长50%和58%，人均口粮266.5公斤。甘蔗亩产4900公斤，总产量86132.2吨，比历史最高年的1957年分别增长30%和23%。由于农业丰收，社员集体分配收入大幅度增加。

五、农村社会主义教育运动

1962年9月，中共中央召开第八届十中全会，强调阶级斗争。认为"存在着资本主义危险，存在着一部分生产者自发资本主义的倾向"，"对阶级斗争必须要年年讲、月月讲"。会后，中共中央决定在全国城乡开展社会主义教育运动（简称"社教运动"）。运动大体分为两个阶段，前一阶段以清理账目、清理仓库、清理财务、清理工分为主要内容（简称"小四清"）；后一阶段，即1965年1月中共中央颁发《农村社会主义教育运动目前提出的一些问题》（简称"二十三条"）后，改为清政治、清经济、清思想、清组织（简称"大四清"）。

（一）"小四清"运动的情况

1963年3、4月，顺德举办训练干部学习班。5月10日至13日，北滘公社党委举办三级（公社、生产大队、生产队）干部阶级斗争学习班，学习毛泽东关于阶级斗争理论和"六十条"等文件，开展社会主义教育。干部学习班结束后，公社党委决定在莘村、龙涌生产大队进行试点。

试点的指导方针是：在抓好当前生产和抗旱为中心的前提下，广泛发动贫下中农，重新组织阶级队伍，向资本主义势力开展“有声有势的斗争”。工作队进村后，与生产大队干部分别到群众中“访贫问苦”“扎根串连”，调查摸底。莘村大队组织贫下中农“根子队伍”640人，通过忆苦诉苦，激发阶级感情，揭开阶级斗争盖子，查出有历史问题（主要是曾经在国民党政权任过职的人员）和有“投机倒把”行为的干部7人，有严重破坏活动的地（主）、富（农）、反（革命）、坏分子11人，一般破坏活动的23人。召开上千人批判斗争大会，指控他们通过拉亲结契、请饮请吃、送钱送物拉拢党员干部，偷窃集体财物，组织偷渡，聚众赌博，混进革命队伍篡夺领导权。随后，全大队掀起阶级斗争的高潮，号召群众与阶级敌人划清界线，反复交代政策，强调干部带头“报上当”（“四清运动”中，对一些与地主富农有交往的干部作为重点帮助对象或批斗对象，通过开展“报上当”活动，希望这些干部与地主富农中断关系）；在贫下中农根子会议上，有160个代表“报上当”，伤害了不少群众。龙涌大队以大批判开路，首先斗争地富反坏分子10人。随后，在青年团员中开展阶级教育，引导他们增强阶级斗争观念，积极参加集体生产，不与地富反坏分子来往，不与他们子女交友和通婚。

与此同时，共青团北滘公社团委向团员青年开展阶级斗争形势教育，认为地主富农子女绝大多数仇恨共产党，仇恨干部，准备报复，有的混入革命组织，有的篡夺生产队和社队厂组领导权，有的搞投机倒把，问题很严重，要求在团内大审查，消除混入团内阶级敌人。对地富子女实行“监督劳动”，不准他们参加社员会议，不准他们与贫下中农交往，不准他们与干部通婚，这些“左”的做法，扩大打击面。

8月中旬，公社党委先后举办三期训练班，每期13日至15日，参加党员有608人，其中大队干部72人，生产队干部347人，机关、财贸、农场等企事业单位党员56人，社员党员133人，训练班主要内容是形势教育，坚定思想。要求党员干部“洗手洗澡”，放下包袱，轻装上阵。由于人民公社化运动以来，提出提前进入共产主义，搞“一大二公”，许多干部为了完成任务，产生急躁情绪，搞强迫命令。群众对基层干部特别有气，埋怨坏事尽是他们干的；基层干部也怨气满腹，在训练班纷纷发言表达不满情绪，认为基层干部吃亏。为了消除党员干部怨气，公社党委坚持从实际出发，一方面鼓励大家讲真话，另一方面进行“忆苦诉苦”，引导大家正确对待群众意见，加强组织纪律性，带领群众，坚定走社会主义道路，努力发展集体经济。训练班后，公社党监察委员会对暴露出来违纪的65个案件进行审查，这些案件大都涉及经济问题，定性为“投机倒把”性质，金额7345.6元，公债1570元，财物一批，38名党员受到处分。但“文化大革命”后对这些案件复查，其中不少是冤假错案。

为了进一步转变作风，密切联系群众，深入基层，更好指挥生产，公社党委制定干部参加集体劳动制度。据统计，公社机关干部45人，人均月参加劳动9.3日；大队干部127人，人均月参加劳动16日；生产队干部1016人，人均月参加劳动21日。

这阶段运动，由于公社党委从实际出发，有什么问题就解决什么问题，点面结合，坚持开展正面教育，尽管在处理所谓“投机倒把”案件时伤害了一些干部，但总体上没有对基层干部队伍造成较大冲击，第一阶段社会主义教育运动于 1963 年底基本结束。

（二）“大四清”运动的情况

1965 年 6 月，中共佛山地委决定从下半年起到 1967 年三年内，全佛山专区分三批在农村地区开展“四清”运动。顺德全县、公社、生产大队均列入第二批开展运动范围。北滘公社运动从 1965 年 8 月正式开始。

北滘公社“四清”工作团共有 600 多人，队员主要来自开平、三水两县和省文艺曲艺等单位，县委副书记霍庆瑞任分团长，省人民银行副行长陈宗、佛山专署人事局副局长麦华任副分团长，分团设有办公室、政治部和专案组，分成 22 个工作队，分别进驻公社机关、社属工商企事业单位和 21 个生产大队。

由于“二十三条”强调“四清”运动要“以阶级斗争为纲”，运动重点是“整党内那些走资本主义道路的当权派”，因而，工作团进驻后，立即夺公社党政大权，公社党委正副书记、正副社长全部靠边站，被赶到北滘大队集中交代问题，由民兵监护。工作队在没有取得证据的情况下，对公社主要领导日夜审讯，变相进行逼供。随后举办公社干部集训班，从公社干部至大队、生产队干部及记工员、仓管员、财务人员也要参加，时间长达十多日，并规定干部不准回家，生活用品由家属送到会场，每逢开大会由民兵护送，组织亲戚朋友规劝，气氛紧张。在强大的压力下，参加集训班人员交代“贪污”金额 36631 元，表示退赔 34638 元。

11 月 1 日后，运动转入经济退赔落实定案阶段，采用“干部自报，群众民主评议”的办法，强调退赔是干部认识错误、改正错误的表现；如果不是自觉退赔，就是错上加错。还组织 230 名民兵参加查账，内查外调，搜集证据，与本人核实；北滘工作队要求干部“自己脱衣自己洗，自找凭证自落实”。许多干部为了退赔，不惜变卖家具、自行车、手表、衣服，向亲戚朋友借钱。至月底，退赔金额达 50% 以上。但在后来复查中发现交代“贪污”“应予退赔”的虚数很大：一是不属政策界限必须退赔的，也计入退赔；二是交代计价过高；三是重复计算；四是没有贪污被迫承认贪污。

1966 年 2 月后，运动转入干部鉴定、党员登记处理阶段，引导党员对照党员标准十项条件，发扬成绩，克服缺点，振作精神，积极工作。同时，调整班子，将一些在运动中表现突出的人员补充到领导班子中来。将一些有所谓“有问题”的干部调离岗位，降职使用。公社主要领导有 7 人调离原岗位。

在运动过程中，坚持用生产成效检验运动成果。各单位普遍组织两套班子，一套搞运动，一套抓生产。在农忙季节停止运动，将主要精力投入生产中去。因而各生产大队农业生产保持发展态势。

1966 年下半年，“文化大革命”爆发后，根据中共佛山地委的通知精神，8 月底，“四清”工作队撤出北滘。长达一年的“四清”运动结束。“四清”运动是新中国成立后一场规模较大、影响较深的政治运动，尽管运动对纠正干部队伍存在多食多占、强迫命令、欺压群众等作风方面起到一定作用，但这场运动以阶级斗争为纲，将斗争矛头指向基层干部，乱批乱斗，先定案后找证据，伤害了不少人。运动过后，不少干部躺倒不干。据1966年2月统计，全公社躺倒不干的大队干部有42人，占总数22.7%，生产队干部438人，占37%。北滘历来商品经济发达，广大农民具有善于开展多种经营的传统，但在这次运动中被批判为“资本主义倾向”，把远途贩运说成是“投机倒把”，成了运动清理批判对象。这些都严重地挫伤干部和群众发展经济的积极性。

六、破“四旧”和造反派夺权

1966年8月18日，首都举行百万群众庆祝进行“文化大革命”集会。毛泽东在天安门城楼接见红卫兵代表，这标志着全国“文化大革命”开始进入高潮。北京红卫兵在“造反有理”的号召下，开展所谓大破“四旧”（即“剥削阶级”的“旧思想、旧文化、旧风俗、旧习惯”）行动，并向全国城乡迅速蔓延。

8月24日，北滘中学学生成立红卫兵组织。随后在碧江圩贴出大字报，号召群众迅速投入“破四旧革命行动”，这些青年学生以简单、粗暴、蛮横的方式，打击他们认为是“封（建主义）、资（本主义）、修（正主义）”的货色，统统加以“砸烂”。西海北帝庙、高村大庙等庙宇神像被烧毁，各村祠堂、牌坊上的木雕、石雕、砖雕和灰雕，遭不同程度的破坏；农民家中供奉的“神主牌”被打碎，“出入平安”“丁财两旺”“勤俭兴家”“天官赐福”等民俗张贴的门额，均被撕下；扒龙舟、唱粤曲、说书等传统文化，被禁止活动和演出。一些老地名、老名称、老店号，被改为有“革命化”内容的名称，不少生产队改名为“红旗生产队”“东风生产队”，茶楼改名为“向阳茶楼”。各处街头、村头、墙边、室内、室外、祠堂、学校、商店的门口两侧，都刷上革命标语和毛主席语录。公共场所都悬挂毛泽东画像，人人佩戴毛泽东像章，形成所谓“红海洋”。

进入9月后，开展“破私立公”运动，掀起学习“老三篇”（指毛泽东著作《为人民服务》《纪念白求恩》《愚公移山》）高潮，把农民搞家庭副业，上升为阶级斗争和路线斗争，说成是公和私的矛盾，要求农民将全部精力，放到集体生产上来，动员生产队多交超产粮，社员家庭饲养的鸡、鸭、鹅、生猪等禽畜蛋品只能卖给供销社，把原来塘鱼购留政策，以及农贸市场、水产货栈，当作资本主义进行批判，农副产品要凭完成派购任务证明上市，并规定农贸市场由过去传统“十日三圩”，改为五至七天才有一圩期，造成农贸集市一片萧条。

随着“文化革命”的深入，1966年12月，北滘公社机关干部和一些企事业单位群众，也先后成立起“革命造反组织”。这些造反派把矛头对准公社党政领导干部，从此，各级党组织普遍陷入瘫痪状态。在上海“一月夺权”的带动下，1967年1月下旬，北滘部分造反派组成“北滘革命造反联合委员会”，宣布即日起，“接管”中共顺德县北滘公社委员会、北滘人民公社管理委员会的党、政、财、文一切领导权。公社党政主要领导统统被打倒，多次被批斗，经济生产无人指挥，全公社陷入无政府状态。

1967年2月，面对春耕大忙关键时刻，公社书记叶胜军贴出一张题为《自己解放自己》的大字报，呼吁各级领导干部站出来，争分夺秒，不失时机，带领群众努力完成春耕春种任务。由于绝大多数干部，无论是被错误打倒的，或者是“靠边站”的，始终坚持“抓革命，促生产”的方针，带领群众奋斗在生产第一线，从而保持农业生产发展势头。

1967年3月，北滘公社成立“抓革命促生产三结合委员会”。1968年2月，成立革命委员会，在一定程度上，结束“文化大革命”前期的动乱局面，使北滘公社的各项工作重新恢复正常秩序。

七、清理阶级队伍

1968年5月，中共中央转发《北京新华印刷厂军管会发动群众开展对敌斗争的经验》，根据这一经验，全国陆续开展“清理阶级队伍”。6月中旬，顺德县革命委员会召开会议，对全县清理阶级队伍进行部署。7月初，北滘公社革命委员会召开会议，研究贯彻落实。会议确定：北滘清理阶级队伍，以文教卫生战线为重点。强调要“以阶级斗争为纲，以‘三忠于’（即忠于毛主席、忠于毛泽东思想、忠于毛主席革命路线）为核心，增强敌情观念，大反右倾情绪，坚决放手发动群众，依靠群众，持久深入开展革命的大批判，牢牢地掌握斗争大方向，正确处理两类不同性质的矛盾，团结一切可以团结的力量，主动向阶级敌人发动猛烈的进攻，稳、准、狠地打击一小撮阶级敌人”。

7月10日，成立公社文教卫战线清理阶级队伍领导小组，由公社革委会一副主任任组长，各大队相应成立领导组，由贫下中农代表、大队干部和文教卫战线干部参与，各大队党支部派一领导挂帅；全公社领导小组成员共66人。各大队以大批判开路，多次召开贫下中农大会，掀起大揭发大批判高潮。

在形成强大攻势气氛下，召开对敌斗争学习班，查揭所谓的“阶级敌人”，并将他们挂“黑牌”游街。在“左”的思想指导下，文教战线捕风捉影，无限上纲，伤害无辜。碧江小学共有教师15人，查出出身政历有问题的9人，不关心政治的2人。至9月初，全公社264名教师，查出“有问题”的102人，约占教师总数的39%。卫生战线123人，查出“有问题”的47人，约占卫生战线员工总人数38%。在运动中，有11人被监护审查。

农村“清理阶级队伍”重点是“攻克封建堡垒”和“清查反革命集团”。县、公社革委会组织500人的“毛泽东思想宣传队”进驻西海，将一批抗日战争时期参加革命的干部诬陷为“叛徒”“投机革命”，加以监护审查。当地抗日游击队“广游二支队”的早期骨干陈九被指控为“假党员政治骗子”，大队党支部书记梁德被指控为“阶级异己分子”“地方主义集团死党”；把西海说成是“地方主义老巢、独立王国”。

1969年3月，“清理阶级队伍”基本结束。“文化大革命”后经过复查，这次“清理阶级队伍”所“挖出”的案件，基本上全是冤假错案。

八、“斗、批、改”运动

中共第九次全国代表大会（简称“九大”）召开以后，“文化大革命”即进入“巩固胜利成果”阶段。全国广泛深入开展“斗、批、改”运动。所谓“斗、批、改”，是“斗垮走资本主义道路当权派，批判资产阶级反动路线，改革不合理的规章制度”。北滘的“斗、批、改”运动内容，主要有以下几项：

建立革命委员会。1969 年初，公社革命委员会为了恢复农村社会的正常秩序，把巩固“无产阶级专政”的任务落实到基层，开展组建生产大队革命委员会的工作。据当时统计，全公社共有生产大队 17 个，生产队 265 个，属于一类（好的）生产大队 3 个、生产队 55 个；二类（存在一定问题）的生产大队 11 个，生产队 156 个；三类（差的）生产大队 3 个、生产队 54 个。二、三类单位有相当部分干部因受到政治运动的冲击，出现躺倒不干的情况；同时普遍存在着不敢抓生产和业务的倾向。在这样的背景下，公社革委会以三洪奇大队为试点，通过召开贫下中农和干部座谈会，以“无产阶级专政继续革命理论”武装思想，回忆解放前劳动人民无权的苦，批判“要钱不要权，有权不掌搞自发”的资本主义思想，引导干部珍惜手中权力，为贫下中农掌好权。把当不当干部，提到“两条路线斗争”的高度来认识。在这样的情况下，解决部分人不愿当干部的思想，建立起大队革命委员会，同时，建立起有关大队管理和干部分片劳动和蹲点等制度。随后，根据三洪奇经验，公社机关三分之二干部，分别到各生产大队，开展组建生产大队革委会工作。至 4 月初，17 个大队均建立起以干部为主的革命委员会，有 228 个生产队成立了革命领导小组。农村基层革委会的成立，在一定程度上推动干部的“解放”，恢复农村社会正常秩序，建立起农村经济管理制度。

开展大批判。中共“九大”闭幕后，提出要狠抓意识形态领域阶级斗争，开展对资产阶级、修正主义大批判。在这场大批判中，北滘公社采取层层举办学习班方式，推动大批判的展开。1969 年上半年，举办学习班 17 期，现场交流会 15 次，3540 人参加；这些“大批判”，把“三自一包”（自留地、自由市场、自负盈亏，包产到户）、“四大自由”、（雇工、租佃、贸易、借贷自由）、“家庭副业”，统统作为“资本主义”和“修正主义”的罪恶行径来批判，还提出“把破私立公提到两条路线斗争的高度”，号召“狠斗一个‘私’字，落实一个‘用’字”。县革委会总结龙涌大队处理“公私”关系经验，号召各生产队“超额完成公余粮任务，按比例留足储备粮”。这一连串大批判后，许多人不敢搞家庭副业，严重障碍农村经济的发展。

加强市场管理。在大批判中，北滘以“进一步深挖阶级敌人，搞好社会治安，维护革命秩序，粉碎一小撮阶级敌人的破坏”为目标，加强市场管理。认为：市场商品短缺，物价时高时低，是“阶级敌人”和“投机倒把分子”，搞“抬价、哄价、抢购、套购造成的”。为此，成立公社“三结合”市场管理小组，大队成立以贫下中农为主体的管理小组，明确规定：农民家庭生产的农副产品，到市场出卖，必须凭大队证明。这些政策的实施，造成农贸市场更加萧条，许多市场都没有虾鱼卖，造成鱼米之乡无鱼吃的局面。

整党建党。1969年春，县革委确定以三洪奇大队为全县整党建党的试点。1969年9月，北滘公社召开第三次党代会，产生新的公社的党委会。新党委成立后，逐步开展整党工作。1970年下半年，整党工作加快。至1971年7月，全公社29个党支部基本完成整党工作。这次整党是在对党的队伍作错误估计的认识基础上进行，把“对阶级敌人进行战斗”作为党组织的首要任务，实行“开门整党”，“放手发动群众”，以领导班子为重点，进行思想整顿，解决方向路线问题。强调“用革命统帅生产”，对一些“热心于生产，开展家庭副业”的所谓“后进党员”进行帮助。在此基础上，进行组织整顿，“吐故纳新”，将一批“不起党员作用的预备党员劝其退党或取消预备党员资格”，预备党员转正有900人，占97%。吸收新党员217人。在基层组织恢复的基础上，各生产大队重新产生新的党的支部委员会，支委会委员中，新当选的有44人，在近年政治运动中下台而这次重新当选的有11人，其中有2人还担任支部书记职务。1972年8月，有60%的生产队建立起党小组。

九、“农业学大寨”运动

1964年毛泽东发出“农业学大寨”之后，北滘人民公社逐渐掀起“农业学大寨”运动，涌现龙涌大队、三桂大队、坤洲大队增基生产队、碧中大队东五生产队等一批典型单位，这些单位学习大寨“自力更生、艰苦奋斗”的精神，大搞农田基本建设，积极扩大农用地面积，发展农村集体经济。如龙涌大队改造低产田440多亩，增加水稻面积80亩，通过拆基并塘，将鱼塘改造为方格化，开挖水利灌溉渠100多条，每条长约120米，基本达到10丈一渠，解决了水田渍水的问题；1968年，龙涌大队的稻谷、甘蔗、塘鱼总产量，分别比上年增长28.6%、39.79%、46.39%。三桂大队在甘蔗地间种花生，解决社员食油自给问题。

1969年7月21日至25日，县革委会在三桂大队召开全县“农业学大寨”经验交流现场会议，推广龙涌大队建设高标准农田和三桂大队甘蔗地间种花生的经验。会议之后，北滘公社各生产队以龙涌、三桂大队为榜样，努力建设高产稳产农田，提高单位面积产量，充分发挥土地潜力，在蔗地、桑地、果地间种、套种花生，逐步实现农村人口食油自给。

1970年9月23日，《人民日报》发表《农业学大寨》社论。11月17日至22日，县委县革委召开“农业学大寨”四级（县、公社、大队、生产队）干部会议，提出“树雄心、立壮志、学大寨、赶昔阳，奋战一年誓把顺德建设成为大寨式的县”的口号。北滘公社党委、革委会提出了“学大寨要学在根本上”，要求“掀起农田水利建设高潮，有计划分期分批地逐年进行平基、改土和小型水利建设”。其间，虽然公社党委和革委会提出“学大寨要学在根本上”的口号，但主要精力仍然放在“促生产”上，扎实开展农田基本建设。至1972年，全公社共完成土方510万平方米，平整基地4500多亩，并大塘改塘3300亩，改造低产禾田8000多亩，建成水利工程650项，其中开挖排灌河420条，维修节制闸120个，筑田头基50千米，建成旱涝保丰收农田60000亩；1972年，全公社粮食亩产731.5公斤，分别比1969年、1971年增产13.6%和8%；塘鱼亩产170公斤，分别比1969年、1971年增产17.2%和6%；甘蔗亩产4500公斤，分别比1969年、1971年增产53%和35.3%；生猪饲养总量43304头，分别比1969年、1971年增产19%和7.9%；多种经营收入243万元，比1971年增长61%，社员集体分配人均收入136元，分别比1969年、1971年增长21.4%和14.3%。

1973年后，根据上级部署，北滘公社“农业学大寨”运动进入一个持续高潮阶段。1974年至1978年，连续召开年度表彰会议，不断给运动升温加热，希望通过运动推动农业生产和农村各项工作的开展。但是，随着“左”倾错误路线的进一步发展，“农业学大寨”转为“以阶级斗争为纲”，大搞“两条路线斗争”。1973年1月11日，中共北滘公社第四次代表大会通过《关于深入地开展“农业学大寨”群众运动的决议》，强调：“路线不正学不开，学大寨就是要学在路线上”，要求“联系本地路线斗争实际，不断提出路线教育的新课题，以革命大批判开路”，“与阶级敌人斗，与资本主义势力斗，与封建残余斗，把农业学大寨群众运动不断推向新高潮”。1973年4月25日至29日，北滘公社召开三级干部会议，有760人参加。会议以“批林（林彪）整风”为纲，讨论通过《北滘公社“农业学大寨”三年规划》，强调：为了实现规划所提出的目标，必须进一步狠抓阶级斗争，狠批资本主义倾向，反对“包产到户”“多分自留地”“自由种植”“重钱轻粮”“重副（业）轻农”。

其间，还不顾客观条件，不考虑当年生产和分配，开展大规模农田基本建设。1974年9月，按照“一大二公”的模式，组织起公社农田水利基本建设民兵团，按各生产队总劳力的5.5%抽调青年民兵，全公社共集中1680人，编成民兵营、排、班，以营为施工作业单位，由公社统一指挥，进行全社性工程建设，协助一些大队啃难度大的“硬骨头”工程。尽管向大队承诺“不搞一平二调，不刮共产风”，但规定“工具原则上出工自带”“队员报酬由所在生产队记工分”。在公社党委、革委会反复动员下，公社掀起以民兵团为主体的农田水利基本建设高潮。经过两个冬春的奋斗，投入总劳动160万人（次），完成土石方882.4万立方米，实现超历史的突破。1975年12月29日，中共北滘公社委员会发出《坚持大批促大干，夺取农田基本建设和冬季生产双胜利》的文件，要求加强领导，清理外出搞副业人员，集中50%的劳动力，进一步将农田基本建设引向深入。但由于长时间农田基本建设，增加生产队负担，严重影响当年集体收入和分配，而且部分工程“重量不重质，规划质量差，不注意讲求实效”，因此，引起许多基层干部和社员的不满。1976年，农田基本建设处于停滞的状态。

1977年后，随着对“左”的路线危害的认识逐步加深，公社党委、革委会对学大寨运动方向进行一些调整，根据1975年和1976年晚造减产的情况，把甘蔗、塘鱼、生猪生产放到重要位置上来抓，平整土地，改造低产田，实行水稻、甘蔗轮作制度，积极兴办社队企业；在反对包产到户、反对谁种谁收的前提下，推行小组作业，定额管理，任务到组到人。这在一定程度上激励农民参加集体生产的积极性。1977年粮食（稻谷、小麦）平均亩产759公斤，增长14%，是历史上产量最高的一年；

甘蔗减少种植1300亩，但由于亩产大幅度增产，总产量超过上一年；塘鱼亩产156公斤，增长9.4%；生猪上调增加1100多头，总量达7075头；社队企业产值208.4万元，增长17%；生产队一级多种经营收入100万元，增长10.3%；社员人均集体分配收入131元，增长12.93%。经过验收考核，桃村大队、三洪奇大队、西海大队、黄涌大队被评为“大寨式大队”。

1978年下半年，随着全国真理标准大讨论的深入，逐步减少对大寨的宣传。1979年，北滘公社不再提“农业学大寨”的口号，“农业学大寨”运动从而结束。

十、农村党的基本路线教育运动

1973年6月，中共广东省委决定，在全省农村结合“农业学大寨”，开展“党的基本路线教育运动”。按照省委的部署，1973年8月至1978年5月，顺德县在农村分五批开展“党的基本路线教育运动”。北滘公社的农村、城区分别按照县统一部署，在第一、第三、第五期开展教育运动。运动的主要内容，是开展阶级斗争和两条路线斗争，批判“资本主义”、批判“三自一包”（自留地、自由市场、自负盈亏，包产到户）、“四大自由”（雇工、租佃、贸易、借贷自由），批判农民的“重副轻农、重钱轻粮、重个人轻集体”的“资本主义倾向”，强行推广大寨式的“民主评分”；同时，开展大规模农田基本建设，大力发展以集体为主体的农业经济。

第一批运动，从1973年8月底开始，至1974年7月结束。采用以点带面、点面结合的办法，派出工作队进驻莘村、槎涌、龙涌、西海、桃村、坤洲、马村、黄涌。首先对大队领导班子进行整顿，解决领导班子的方向道路问题，提高干部“阶级斗争和两条路线斗争的自觉性”，改选17个党支部委员会，新当选委员有27人，占委员总数17%。其次是打击“三偷一赌”，打击“复辟资本主义的阶级敌人”，召开大型批斗会6次，巡回批斗3次，批斗38人，其中“未改造好的四类分子”26人，“刑事犯罪分子”12人。再次是批判“资本主义倾向”，制止“自由种植”“包产到户”“农副业单干”和侵占集体土地，扩大自留地行为，另外是整顿和健全贫下中农协会，入会贫下中农共22649人，占农业劳动力总数的80%。

第三批运动（按县顺序排列），从1975年9月上旬开始，至1976年6月结束。县、公社组织工作队共210多人，分别进驻10个大队和北滘圩。运动主要是对重点大队进行巩固提高，着重解决四个问题：一是以无产阶级专政理论为武器，批斗“阶级敌人和犯罪分子”147人，查出“反革命”案件3宗，“贪污盗窃、投机倒把”案件5宗，“偷渡港澳”案件15宗62人，“赌博”案件24宗437人。二是“改造小生产者”，限制所谓的“资产阶级法权”，强行把768艘私人农艇折价收归集体；把社员开垦的156亩土地收归集体所有；收回私人多占集体土地343.6亩；动员外出单干搞副业的504人回队参加集体劳动，把家庭绣花、竹器生产等纳入集体管理。在此基础上，进行整党整风，组织学习毛泽东关于“资产阶级就在共产党内”的理论，批判干部队伍内中所谓的“民主革命阶段”思想，以后又转入“反击右倾翻案风”，开展所谓“批邓、批唯生产力论”。1976年上半年，根据“老、中、青”三结合原则，对17个农村党支部进行改选（占总数的89%），当选为党支部委员中的青年人占总数的17%，其中6位青年人当上了党支部副书记。三是狠抓“意识形态领域阶级斗争”，建立起“五七”农民学校和政治夜校20间，“社会主义文化室”18个，“业余文艺宣传队”8支，共有612人，培训“贫下中农理论辅导队伍”900人，各生产队实行所谓“工前学”的制度。

第五批运动，从1977年6月铺开，至1978年5月底结束。运动重点是解决后进和困难较大单位问题。铺开运动大队有16个，工交、财贸、卫生线单位有6个，驻点工作队共207人。这次运动仍然“以阶级斗争为纲”，结合开展“一批二打三整顿”（揭批“四人帮”，打击阶级敌人破坏活动、打击贪污盗窃分子、投机倒把分子，整顿领导班子、整顿企业管理、整顿经济工作）运动，仍然是将打击“资本主义”势力作为运动的重点，查出“贪污盗窃、投机倒把”案件17宗，金额12991元，收回社员拖欠超支款15万元。在党内“抓解剖典型，揭露矛盾，开展积极的思想斗争”，解剖莘村党支部书记“以权谋私，大吃大喝”的典型，安排一批公社机关到后进队挂钩办点。显然，由于这次运动是在粉碎“四人帮”之后开展的，随着对“左”的理论和路线批判的深入，公社党委在抓运动的同时，把一定精力放在制度调整建设上，在不准“包产到户和谁种谁收”的前提下，推广“小组作业、定额管理、任务到户（人）”的劳动管理制度；调整生产结构，在努力提高粮食产量的同时，把甘蔗的种植和禽畜、塘鱼养饲放在同等重要位置，开展支穷扶贫工作，组织工交、供销、粮食、银行等部门实行对口挂钩帮扶，筹集粮食5000公斤，杭杉33万立方米，现金5000元，以及一批寒衣、棉被，解决262户贫困户缺衣缺粮和住房困难。

北滘农村所进行的三批党的基本路线教育运动，尽管公社党委和县驻社工作队始终坚持促生产的方针，对纠正干部队伍存在的不正之风，加强经济管理做了一些有益的工作，但运动基本上沿袭1957年以来历次政治运动“左”的方法进行，打击一大批基层干部和群众，对农村经济不同程度地起到了削弱和破坏作用。

首先，阶级斗争扩大化。1973年8月，运动一开始，就提出“大批促大干”的口号，强调“揭开阶级斗争和两条路线斗争盖子”“抓住主要矛盾，斗敌人，批判资本主义倾向”，人为地制造阶级斗争，把集体生产方向，家庭工副业、长途贩运以及社会上出现的盗窃、赌博、偷渡（往港澳）等问题，都当作阶级斗争的反映、资本主义复辟的倾向。1975年9月开展的第三批运动，强调“用无产阶级专政理论教育、改造小生产”，在农村基层干部和农民群众中查找“小生产自发倾向比较严重的富裕农民”，将外出搞副业单干、经营自留地的行为当作是“资本主义复辟”活动加以批判斗争。1977年6月后开展的第五批运动，在粉碎“四人帮”的形势下，仍然提出“大批资本主义”口号，把“包产到户、谁种谁收”“自由种植”、产量计分、甘蔗地承包，作为“阶级斗争新动向”。

其次，打击多种经营，破坏了农村经济。在运动中，进行清理自留地、自留人、自留时间，以及批判“私人与集体争劳动力、争肥料、争劳动时间”的行为，清理地下包工队、运输队，清退进城务工农民，强行折价收买私人艇只，“刹住工副业单干妖风”，把出河捕鱼虾、挖水松头、装田鼠、运销农产品都当作“资本主义”自发行为进行清理。为堵塞社员外出搞副业，北滘大队强行规定：男社员每月要出勤28日，女社员每月要出勤26日，才能领到口粮，如有违犯，每人每日要交给生产队3元“误勤钱”。一些大队加强检查，截查社员到农贸市场出售的猪、鱼、糖、粮等农副产品。1976年上半年，广教大队严禁在出勤时间“男人揾鱼虾，女人做绣花”，将生产队的砖厂收回大队经营。由于长期持续对工副业和家庭副业实行“打压”政策，使社队企业和农村多种经营遭到破坏。

再次，在干部队伍进行“两条路线、两条道路”斗争的教育，搞乱了干部队伍的思想。运动中将广大基层干部作为斗争重点，伤害了一批干部。1973年8月第一批运动开始，就提出“狠抓教育，提高干部路线觉悟”，把一些积极经营家庭副业的党员干部，作为“资本主义”自发倾向的典型来批判。据统计，全公社划为“后进党员”有252人，占党员总数的15.06%，被划为“犯有各种错误”的有42人，占党员总数的2.51%。第三批运动期间，在党支部领导班子中批判“右倾”“守旧”思想，把热心于发展经济、搞多种经营的领导干部批判为“顾钱不顾线（路线）”，把增加甘蔗种植面积提高到“路线高度”来分析，要求各个大队领导“端正集体经济的路线方向”，“一个一个队地解决方向道路问题”。不少干部被迫检讨，严重挫伤和打击干部发展多种经济的积极性。

由于农村党的基本路线教育运动，没有搞清楚什么是社会主义，抓不住农村的主要矛盾，运动矛头指向基层干部和广大农民，因此，得不到农民的拥护。运动之后，许多队和农民冲破运动划定的条条框框，继续发展工副业。如高村大队不准农民外出挖松头、做泥水（建筑业散工），但农民纷纷改种盆栽柑桔，全大队栽种柑桔的从2户发展到73户，党支部副书记也种了252盆。一些生产队转去办木器厂和生产轻工产品的小企业。

十一、揭批“四人帮”与平反冤假错案

1976年10月粉碎“四人帮”后，北滘公社举行规模盛大集会，庆祝粉碎“四人帮”集团的胜利。随后，在全公社广泛开展揭批“四人帮”的斗争，着重揭露和批判他们祸国殃民的理论，肃清他们的流毒和影响。

1977年，随着揭批“四人帮”极左路线的深入，尽管当时在指导思想上尚未能摆脱“左”倾错误路线影响的情况下，中共北滘公社党委逐步纠正“四人帮”所推行“左”的经济政策，对恢复经济和发展农业生产采取了一系列重大措施。

第一，恢复和建立各项规章制度，加强集体经济的经营管理，尊重生产队的自主权，严格控制调用生产队的劳力、资金，努力减轻生产队和社员的负担。全社生产成本占比从1976年的36.1%下降为1977年的32.3%。

第二，坚持按劳分配的原则。在不准分田包干的前提下，允许生产队推行小组作业、定额管理、任务到户到人和满勤满（口）粮的制度。如林头大队第十九生产队制订各种工种的规格质量、数量和工分标准，将出勤工分与口粮分配挂钩，做到生产有指标，工作有要求，规格有标准，管理有责任，报酬有区别，克服过去干与不干一

个样，干多干少一个样，干好干坏一个样的现象，开始了改革农业管理体制的探索。

第三，开展多种经营，允许和鼓励社员经营好自留地和开展家庭副业。允许生产队在完成国家上调粮食任务的前提下，扩大甘蔗、塘鱼和花生生产，以及兴办队属工业企业。

这些措施，对恢复与发展农业生产起了积极作用。1977 年，在自然灾害较多和国家供应肥料、电力、汽油指标减少的情况下，北滘公社粮食大丰收，亩产比上年增加 9.42%；甘蔗种植面积减少，但总产量增加 8.6%；塘鱼亩产增加 9.47%，生猪上调数量增加 18.4%；社员集体分配增加 13.36%，当年人均分配 131.5 元，年人均分配 100 元以下的生产队，从上年 83 个减为 49 个。

在深入揭批"四人帮"极左路线，落实农村经济政策的同时，1977 年起，北滘公社加强了落实干部政策工作，对"文化大革命"期间制造的案件，进行复查纠正，根据实事求是的原则，凡是冤假错案，坚决平反；凡属应纠正的，坚决纠正；错多少，纠多少，复查结论可留可不留尾巴的坚决不留。

1978 年 12 月 27 日，中共北滘公社党委会作出决定：为在 1966 年 9 月至 1968 年 10 月期间，被错定为"走资本主义道路当权派、叛徒、地方主义分子、反革命分子、阶级异己分子、大黑手、坏头头和国民党残渣余孽"的黄泽泉、陈九等 27 人给予平反，恢复名誉，彻底清理、烧毁相关档案资料。同日，公社党委作出决定，对 1968 年"清理阶级队伍"期间，被错误打成"反共救国军北滘支队反革命集团"的 11 名小学教师彻底平反，恢复名誉。这个案件曾在 1973 年初进行复查，作出"假案"的结论，但是由于当时认识的局限性，"对这起案件还没有公开平反"，政策落实得不彻底。1978 年下半年，中共北滘公社党委重新复查此案件，为这批受到迫害的教师公开平反，落实相关政策，进一步推动全面落实政策工作。

1979 年，北滘对"文化大革命"其他案件进行复查。其中，1967 年下半年发生在碧江大队的"抬尸游街反革命事件"①，纯粹是冤假错案。经复查，遭受批斗和隔离审查的 7 名群众蒙受不白之冤。另外，有一批基层干部，在"文化大革命"期间被打成"走资本主义道路的当权派""民主派""走资本主义道路带头人"，以及在"四清运动"中，有的基层干部被当作"贪污分子"拘留审查。是年 3 月 5 日，中共北滘公社委员会发出 2 份文件，宣布为碧江大队所谓的"抬尸游街反革命事件"案中涉及的 7 名群众以及在"文化大革命"和"四清运动"受迫害的 10 名基层干部一律给予平反，恢复名誉。

1979 年下半年，北滘公社对因所谓"海外关系"问题而造成冤假错案的干部给予平反，落实政策。对重戴"华侨地主""富农"成分帽子的，给予纠正。对 1956 年前改变成分时该改而未改的华侨、港澳地主富农户，进行补改。

---

① 1967 年 7 月发生的所谓"抬尸游街反革命事件"，起因于社员高某参与赌博，被大队治保会传唤教育。高某回家后第二天早上打水，突然跌倒不幸身亡。经法医验尸，鉴定为脑出血急病突发，造成猝死。当时曾传出有坏人借此事挑动部分群众抬尸游街。1968 年"清理阶级队伍"期间，作为"反革命事件"追查，把苏某等人作为怀疑对象批斗和隔离审查，使这批社员蒙受不白之冤。

由于北滘落实政策比较彻底，为1979年开始改革开放、大规模经济建设，创造有利的环境。

十二、农业生产结构调整和农业体制改革

1978年12月召开的中共十一届三中全会，作出了“把全党工作的着重点和全国人民的注意力，转移到社会主义现代化建设上来”的重大决策。在贯彻这一精神过程中，北滘公社党委主要领导感到：要迅速改变北滘农村经济贫穷局面，必须从农业生产布局调整抓起。

北滘公社以水稻生产为主，种植面积37204亩，占农用地面积的一半；全社农业人口59619人，人均稻田面积0.62亩，每人每年（1970年至1978年平均数）生产粮食（包含冬小麦）427.5公斤，除去种子、化肥等成本，经济效益较低，社员年均现金分配只有129.9元。1979年初，公社党委研究如何实现党的工作重点转移，尽快把农业搞上去；通过总结经验教训，按现有条件，继续走过去的老路，肯定是改变不大的。于是设想，如腾出一部分稻田改种花生、黄豆，经济效益高，又可抵顶部分粮食任务，在相对减少肥料、劳动力投放的情况下，仍可以增加社员收入。在县委和县粮食部门的支持下，当年全公社缩减7442亩稻田改种花生、2015亩改种黄豆，早造收获黄豆后即作晚造秧田，培育壮秧，晚造除安排1100亩稻田种植秋花生之外，其余全部插上晚稻。为了调动社员的生产积极性，对花生、黄豆种植实行责任制、包到户。

粮食生产布局的调整，立竿见影，一年就发生了很大的变化。首先，增产增收，由于花生、黄豆藤可作绿肥，加上轮作提高了地力，水稻普遍增产。虽然公社种植水稻面积减少，但1979年稻谷总产量比上年增加147.5万公斤，实现七年第一次完成国家任务，社员口粮也比上年提高。全社267个生产队，人均月口粮25公斤以上的达到238个。此外，食油也得到解决，1979年人均食油供应达2.25公斤。粮食丰收后有更多的饲料来养猪养鱼，五年来第一次完成上调国家生猪、塘鱼任务。全社农副业收入1866万元，比上年增加302万元，社员人均分配提高了200元。其次，解放了劳动力，发展了工副业。由于种了近万亩花生、黄豆，错开了农事季节，又将花生、黄豆生产包到户，使更多的劳动力去搞工副业，许多生产队办起制砖、绣花、织竹、五金等厂企，其中，砖厂从2间发展到73间。

在农作物生产结构调整的同时，公社党委还采取积极措施，扶持专业养鸡户的发展。1977年起，北滘农户兴起饲养群鸡的热潮，逐渐形成一批专业户（每户年上市量300只以上，最多的有6000只）。对于这些饲养群鸡专业户的出现，有的领导心有余悸，怕“复辟资本主义”，但绝大多数领导认为：专业户出现是党在农村实行改革开放政策的必然结果，不但不会“复辟资本主义”，反而会促进农村商品经济迅速发展，使广大农民尽快脱贫致富，单从养鸡业来说，不仅增加社员收入，增加市场供应，还为各种农作物和塘鱼生产提供大量的优质肥料，促进生产良性循环。1980年初，公社党委对发展家庭副业作了专门研究，决定从各方面对家庭养鸡业发展创造有

利条件：一是提供科学技术，1980 年至 1982 年，全公社共培训养鸡人员 1000 多人次，组织专业户到上海、无锡、广州等鸡场学习，引入先进技术，成立畜牧兽医站，挨家逐户上门指导，统一接种疫苗，提供良种，鸡苗成活率达 90% 以上。二是建立饲料加工厂，建立一间年产 3000 吨颗粒饲料厂，送货上门，方便群众。三是广开销路，由公社出面与珠海、广州、佛山、石歧等地商贸单位签订合同，建立稳定销售渠道；并在本公社内设多个收购点，方便社员出售，对于饲养数量多的，则上门收购，较好地解决了群众卖鸡难的后顾之忧。四是提供贷款，统一由公社畜禽服务公司向银行贷款，然后向养鸡户赊销饲料、种苗，待产品上市后还款。公社这些措施，有力促进专业化养鸡迅速发展。1979 年，全社养鸡户 15 家，上市 1.5 万只；至 1985 年，发展为 815 家，上市 55 万只。

20 世纪 70 年代末至 80 年代初，为调动农民的生产积极性，一些生产队暗地里推行包产到户。林头大队第二十七生产队有水稻田 188 亩，产量长期上不去，农业生产效率低下到让农民忍受不下去的地步。1980 年上半年，生产队将六成稻田分到农户，实行联产到户责任制，超产的归农户所有，减产的则由农户口粮中顶扣。早造承包稻田 110 亩，实收稻谷 41000 公斤，花生 78 亩，实收 17550 公斤。晚造将农田全部承包出去，实插稻田 147 亩，实收 67500 公斤，种植花生 27 亩，实收 4320 公斤。连同集体耕作部分，该队全年稻谷总产量 163175 公斤，平均亩产 867.5 公斤，分别比上年增长 14.52% 和 12.82%。52 家承包户，户户超产增收。

在当时中央文件硬性规定“不许分田单干”“不准包产到户”的情况下，有的人对林头大队二十七生产队搞联产到户的做法有疑虑，害怕搞不好就背上“复辟资本主义”的罪名。但在思想解放、改革开放的大气候下，公社党委主要领导认为：农村经济政策的出发点，是应当充分发挥农民的积极性，坚持按劳分配的原则，在这一前提下，允许他们搞试验。随后，公社经营管理组协同县委农村部到二十七队调查研究，写出了《林头大队二十七生产队水稻联产到户的做法》的调查报告，县委把这份报告在《顺德通讯》1981 年第 2 期上刊登，从而为农村改革注入了强大推动力，引发全公社各生产队掀起包产到户的热潮。1981 年底，全公社包产到户的生产队达 60%。

1982 年 1 月，中共中央转发《全国农村工作会议纪要》，正式肯定了农村土地的家庭承包经营制度。以包产到户为主要形式的家庭承包责任制在北滘迅速推开。到 1983 年 6 月，实行包产到户责任制的生产队达 95% 以上。

通过对农业生产结构的调整和家庭承包责任制的推广，极大调动了农民的生产积极性，解放和发展了农村生产力。短短几年，农村经济商品化水平不断提高。1983 年，全社农业生产总值达 2796 万元，粮食总产量 27192 吨，甘蔗 136469 吨，塘鱼 79286 吨，生猪 35194 头，鸡 90.7 万只。因为农业生产结构调整，除稻谷减少种植面积，生猪饲养量有所减少外，其他农产品比 1979 年大幅度增长，农业产值增长 78.43%，甘蔗产量增长 61.1%，塘鱼增长 31.18%，鸡增长几十倍（1979 年仅 2 万只）。农民集体人均分配 761.7 元，比 1979 年增长 272.1%。人民开始过上温饱生活。

十三、“三个为主”指导思想的形成和发展

1976年10月粉碎“四人帮”后，北滘公社响应县委的号召，积极发展社队工业，至20世纪80年代初，形成以裕华、美的、华润、华达、南方、裕丰、永华等一批骨干企业为主体的工业体系，为推动全社经济发展，发挥了重要作用，但同顺德全县各公社相比，仍处于后进地位。

1982年9月，中共十二大在北京召开，制定了开创社会主义现代化建设新局面的纲领，提出在20世纪末全国工农业总产值“翻两番”的奋斗目标。如何按照中共十二大精神，尽快把北滘建设成为社会主义现代化的新城镇，让人民过上富裕幸福生活，1983年11月接任北滘区党委书记的冯润胜感悟到一定要开创一条新路。他十分欣赏当时流传的新谚语：“无工不富，无农不稳，无商不活”，觉得这就是人心所向的农村建设新道路！况且，随着家庭承包责任制广泛推行，大量劳动力富余，需要解决出路。1984年初，冯润胜多次召开区委会议研究大办工业的问题，启发区委集思广益，如何使北滘经济在已有基础上来一个大突破，实现致富和提前翻两番的目标，大家结合北滘实际，逐步取得共识：要坚持“三个为主”的指导思想：一是产业结构要以工业为主。发展农村经济，农民不能只种粮食。要冲破“以粮为纲”的僵硬观念，改变不敢离开稻田半步的状况，要贸、工、农齐发展，干部要把主要精力放在办工业上面，想方设法发展工业生产，通过工业发展，解决农民富余劳动力的出路，增加社会财富，反哺农业生产，带动整个社会经济的发展，逐步实现城乡一体化，缩小工农差别、城乡差别。二是以抓好镇办的骨干企业为主。当时北滘已形成一批骨干企业，具有一定的规模和实力，可以带动资金、技术、设备等各种生产要素的优化组合，北滘领导提出要善用骨干企业的龙头作用，采取协作加工、配套办厂的办法，带动村、组、个体企业和其他行业的发展，这样以大带小，多层次发展，效益就更好。三是以集体经营为主。当时曾经有人认为：农田包产到户效果显著，办工业也应分到私人，把社队企业全部让给私人经营。北滘的领导班子认为：工业的经营管理绝不能同农业相提并论，把集体企业分给私人，不符合社会主义方向，而且当时北滘由集体经营的企业发展势头强劲，个体经济的竞争力远远不及集体经济，连做工的人都喜欢到集体企业打工。主张分的意见很快被否定了，以集体经营为主成为党委以至干部队伍内的共识。

根据“三个为主”的指导思想，区党委采取五个方面措施：一是继续深化改革，完善承包责任制，使农村腾出更多劳动力投入工业生产。进一步开放农贸市场，允许农民进城经商，务工，长途贩运，承包工程，加速商品流通，促进工业发展。二是充分发挥优越的地理条件和改善投资环境，通过港澳渠道，利用外资，引进先进技术设备，创办新兴工业，改造传统产业，扩大出口创汇能力；与此同时，注重对交通、通讯、卫生、电力、生活设施等投资环境的改造，使地理优越条件得到更好的发挥。三是争取各方面的支持，推行银行、税务、财政包干责任制，增大地方财力，坚持负债发展方针，先当债主，后当财主。区委领导每日为企业跑银行，走科技部门，为企业

穿针引线，疏通渠道，引入资金，引入新技术。四是推动科学技术的进步，引进了大批先进设备，改进了生产工艺，培养和聘请大批专业技术人才。1983 年以前没有一个工程师，1986 年镇办工业就有 130 多名大专和初级以上的专业人才。五是充分调动基层干部、党员、群众的积极性。1984 年后，改革了企业按月计薪的分配制度、人事制度、用工制度，逐步实行企业股份制，将干部群众利益与企业经济效益挂钩。干部群众每天工作普遍都是 10 小时以上。很多农民白天在工厂劳动，下班后回家做农业生产。不少的职工是“星期天农民”。

在“三个为主”指导思想指引下，北滘工农业生产实现飞跃发展。1984 年，通过“以拳头产品为龙头”，组建 9 家集团式企业，1987 年就显示出规模效应，其中裕华风扇厂，产值达 1.03 亿元，成为全省首批超亿元企业。全镇工业形成系列风扇、冷气机、微波焗炉、钢木家具、饲料、石油气具、塑料制品七大类骨干产品，其中风扇产量占全国产量的五分之一。随着乡镇工业的发展，不仅解决北滘镇居民和农业富余劳动力的就业，还从外地输入外来工 6000 多人。1987 年全镇工农业总产值 4.5 亿元，上缴税收 1800 多万元，工业与农业产值比例，从过去的三七开，变成八二开，工业占 85%，农业占 15%。乡镇企业的发展，不仅没有使农业萎缩，反而促进农业生产的发展，农业总产值从 1980 年的 2000 万元发展到 1987 年的 7000 多万元，接近翻了两番。全镇人均年分配 1100 元，比 1980 年翻了三番。

十四、推动外向型经济发展

1984 年和 1985 年，中共中央和国务院强调，沿海开放地带应当面向世界，开拓国际市场，扩大出口，把国外的先进技术和先进经营管理方法引进来，加以消化吸收、创新，向内地转移，成为对外辐射和对内辐射的两个扇面的枢纽。1988 年，更进一步明确提出：沿海地带应当着重发展外向型经济。北滘抓住这个机遇，把发展外向型经济推向一个新阶段。

北滘产品销售以国内市场为主，很多产品不愁销路。1985 年，县委、县人民政府提出：经济要逐步转到以外向型为主的轨道上来。当时，许多企业经营者认为：外销不如内销，要搞外向型经济，就要放弃一部分国内市场，况且外销市场售价低廉，效益较低；到国际市场去竞争，就要提高产品的质量，注重装潢，这就必须投资更新设备，加大成本。然而，北滘镇委和镇政府从世界发达国家和地区发展外向型经济的经验中认识到：北滘地处珠江三角洲腹部，具有天时地利的优势，加上内地资源的支持，完全可以发展外向型经济，走向国际市场，参与国际市场竞争。而且多一个市场就多一条生路，暂时牺牲一些短期利益，也是值得的。当时正逢新兴工业化国家和地区经济结构调整，低值产品的生产、加工，向经济欠发达国家和地区转移，全镇必须抓住这一有利时机，有领导、有计划、有步骤地走向国际市场，进一步参加国际交换和国际竞争，大力发展外向型经济，并以此带动工农业生产的发展。

根据这一战略思想，镇党委、镇政府前前后后采取了几方面措施：

首先，建立农副产品深加工基地。1981 年之前，北滘养殖业以家庭养殖为主。

1982 年，北滘党委、政府组建畜禽生产服务公司，以公司为实体，兴办良种场、孵化场、饲料加工场、产品购销部，以此来扶持和服务农户共同发展养殖业，初步形成一体化生产基地。1986 年，镇政府投资 1300 万元，从荷兰、加拿大引进年产 10 万吨饲料生产先进设备，建成佛山较大的一个禽畜饲料生产基地。1988 年又投资 1300 万港元，兴建年加工 10.2 万吨禽畜加工企业，搞现代化大规模农副产品深加工出口，一年可加工鸡 500 万只，还可加工烤鳗、淡水鱼、虾、咸水鱼、蔬菜，为北滘奠定发展外向型农业的基础。

其次，向高层次产业推进。1979 年后，北滘陆续办起皮革制品、女装手袋等一批劳动密集型的"三来一补"企业。这些企业虽然可以解决部分劳动力的就业问题，积累一定资金，但没有自己的产品，无法取得在市场的主动权。1986 年后，北滘经与外商协商，逐步把已办起来的"三来一补"主要企业转为合资企业，扩大规模。同时吸引一批外商投资，建立高层次企业。如蚬华电器制造厂，总投资 1 亿元，年产风扇 400 万台，产值 4 亿元，产品 95% 外销。1987 年底，北滘与外商联合兴办微波制品厂，年产量微波炉 30 万台，产值 2 亿元。随着外贸体制改革的深入，镇政府又不失时机地帮助一批大型出口企业取得自营出口权，与国营外贸公司和外商合作，借助他们销售网络的优势，把生产经营过程的两头，即原材料来源和产品销售，主要放到国际市场上去，大进大出，使经济活动由国内循环扩大到国际循环。

再次，优化产品结构。1989 年，为了进一步适应国际市场，北滘对风扇、家具、农产品等主要外贸出口产品进行优化升级。北滘镇有 4 家风扇厂，具有年产千万台风扇的能力，品种有 50 多个。根据国外现代化家居的需求，推出新款的装饰吊扇和塑料台扇，深受消费者欢迎，在国外市场十分畅销，供不应求。是年全镇风扇总产量达 700 万台，比上年增幅 35%，产量约占全国的六分之一，其中，出口 500 万台，比上年增加 107%。在总产量中，新款的装饰吊扇和塑料台扇占了 70%。风扇行业的飞速发展，带动了漆包线、电容器、轴承、网罩、泡沫、纸包装等配件小企业的发展。北滘的家具，品种齐全，但先前"周身刀无把利"，1988 年，北滘家具业根据香港市场的需要，调整产品结构，发展高量、高产值产品。单单永华家具公司这一年销往香港的产品产值，就由几百万元上升到 2700 万元。农副产品同样着重发展高值优质品种，如淡水鱼养殖业主攻鳗鱼，家禽则以发展竹丝鸡和 AA 鸡为主。

随着外向型经济发展，全镇形成电风扇系列、钢木家具、微波炉、石油气具、包装材料、饲料 6 大类产品，销售遍及 20 多个国家和地区，其中风扇产品占美国市场的 20%、加拿大市场的 60%。1989 年，全镇出口总值 5.5 亿元，占全镇产品销售总值的六成；出口总值折合外汇 8000 万美元，居全省镇一级出口创汇之冠，人均创汇 1025 美元。尽管 1989 年国内市场出现疲软状况，但由于几年来坚定不移实施外向型经济的战略，为整个经济的持续高速发展注入活力，是年全镇工农业总产值增长 23.9%，其中工业产值增长 24.6%，农业产值增长 18%，上缴税金增长 75%。

十五、整党和民主评议党员

1986 年，根据广东省委《关于贯彻中央农村整党工作部署的意见》，北滘开展全面整党。当时，拨乱反正任务已经完成，政治经济局势稳定，经济体制改革和对外开放已经起步并逐步深入，但党的基层组织和党员思想状态普遍存在与改革开放的形势不相适应的问题。这次整党的主要任务是统一思想，整顿作风，加强纪律，纯洁组织。

北滘整党分二期进行，第一期在区委、区公所、区农工商联合公司进行，共有10个党（总）支部、党员753人，其中副股级以上干部50人。在整党过程中，区委认真贯彻执行中共中央整党决定和县委一系列指示精神，从北滘实际出发，抓住增强党性、提高党员思想政治素质的中心环节，组织党员认真学习，统一思想，对照检查，边整边改。各党支部普遍举办干部和党员学习班，进行四个专题学习：(1)《农村整党的动员报告》，明确整党的基本任务、方针、政策和方法，端正态度，积极投入到整党中去；(2)《党风报告》，增强党性观念，纠正新的不正之风；(3)《党的宗旨教育》，树立全心全意为人民服务思想，增强改革开放和发展经济为重心的意识，做一个合格的共产党员；(4)《法纪教育》，增强法制观念，端正业务工作的指导思想，进一步深化改革，扩大开放，加快经济发展。每个专题都由区委或支部负责人讲课。

从总的来看，多数单位较好地完成了整党的各项任务。1986年4月30日，区委向县委上报《北滘区区级整党工作第一阶段总结报告》，指出：整风学习任务达到预期目的。(1) 提高对整党重大意义的认识，全体党员增强参加整党学习的自觉性，许多基层党员克服路远、天气不好等困难，坚持早起晚归，依时参加学习。(2) 明确整党的指导思想、方针、政策、任务和方法，明确这次整党主要是依靠党内力量来解决党内矛盾，坚持以总结经验教训为主，自己教育自己；摒弃过去那种“一级斗一级”“上级斗下级”的做法。这次整党是为了促进改革和经济发展，把党组织建设成为领导社会主义现代化事业的坚强领导核心，从而使全体党员心情舒畅参加整党。(3) 基本统一对全区党风状况的估计，增强纠正新的不正之风的自觉性，整党期间，许多企业对用公款建超标准住宅、滥发奖金和补贴、公车私用、领导干部“一脚踏两船”办私人企业等问题进行清理，并建立相关的规章制度。(4) 初步端正经济工作的指导思想。通过剖析正反两方面典型案例，明确农村经济必须以工农业为主，集体经济为主，走共同富裕道路。经营要从实际出发，立足于当地工农业生产和组织人民生活必需品方面来，把微观经济效益同宏观经济效益统一起来。(5) 教育和转化一批后进党员。但仍有6位“跳槽”党员拒不参加整党学习。

根据整党提出的问题，北滘区党委采取有力措施进行整改。(1) 纠正机关不正之风，加强对小汽车管理，实行定编使用。不设专人专车，不能假公济私，领导不准配女秘书；制止公款旅游，纠正乱发钱物，清退服装费1400元、各种不合理奖金补贴15376元，清理用公款建超标准住宅7间128平方米；控制公款请客送礼。(2) 坚持党要管党，调整和充实了乡一级和两个单位的支部书记，制定《关于加强领导班子自身革命化建设的规定》，建立各级党的建设的岗位责任制。发展新党员55人，表彰奖励先进党支部22个，优秀共产党员243名。(3) 及时查处案件。先后查处领导干部经济犯罪案件4宗，对2名涉案党员作出开除党籍的处分和法律惩处。(4) 端正经济工作的指导思想，根据“无农不稳，无工不富，无商不活”的方针，加强农业发展，把开发农业新项目和发展多种经营种养业作为主攻方向，计划开挖鱼塘10000亩，饲养鳗鱼、鲈鱼等名优水产品，投资1600多万元建立饲料工业，畜禽种苗、花卉种植等基地；以外向型、横向型方向为主，继续调整镇村工业企业；完善农村商业，撤销19家“皮包公司”，以及区属7家与外地联营的购销部。使全区经济以较快的速度发展。

1985年5月至7月，根据中共十三大提出关于从严治党的要求，按照县委的部署，北滘开展民主评议党员工作。区委成立领导小组，镇委书记和一名副书记分别任正、副组长，评议工作分三个阶段进行：第一阶段是学习理论，提高思想；第二阶段是联系实际，对照检查，民主评议；第三阶段是立章建制，处置不合格党员。通过评议活动，全镇共评出优秀共产党员500人，先进党支部22个；处置不合格党员21人，其中自行脱党处理5人，劝告退党3人，要求退党4人，限期改正2人，取消预备党员资格1人，纪律处分6人。广大党员普遍增强了党性党纪观念，坚定改革开放和发展经济信心；加大惩治腐败和处置不合格党员的力度，达到从严治党，增强党组织凝聚力的目的。

1990年后，民主评议党员作为党员教育管理的一项管理制度，每年开展一次。

十六、改革开放十年总结

1989年，正当北滘改革开放向深度发展的时候，风云骤起，一场政治风波引发了巨大震荡，社会上出现了对改革开放否定的浪潮，对全镇经济造成巨大冲击，一些干部彷徨，“你追我赶精神有所减弱”。北滘镇党委清醒地认识到，如此下去，北滘的改革开放和经济建设有可能出现严重倒退。对十年来改革开放和经济建设所取得的伟大成绩，应当充分地认识和肯定，要通过总结，引导教育党员干部分清主流和支流，统一思想，增强信心，继续推进深化改革，扩大开放，加速经济建设发展。

1989年9月15日，北滘镇党委邀集党员干部，召开十年改革开放大会。上午，欧祥贤、黄干远分别传达省委主要领导在县委书记学习班的讲话精神。下午，北滘镇党委书记冯润胜发表了题为《总结经验，振奋精神，努力工作，稳住局势》的讲话，从理论上、实践上对十年改革开放工作作了详细分析。他指出：北滘十年改革开放所取得的成绩，是伟大的，是前所未有的，是新中国成立后取得成绩最大的十年，解放生产力，促进社会主义商品经济发展，国家、集体、个人共同得益。主要表现在四个方面：

（1）经济发生了五个历史性的转变：一是经济发展从徘徊不前转变为高速发展，工农业产值，十年来年均递增40%；二是经济从以农业为主转变为工业为主，工农业产值比例，从1978年的47：53到1988年转变为90：10；三是农业从种植业为主转变为养殖业为主，种植与养殖业的比例从1978年的60：40到1988年转变为36：64；四是劳动力从事各产业的比例结构，从以农业为主转变为从事工业商业为主，1978年从事农业生产的劳力占90%，1988年下降到35%；五是产品从全部内销转为以外销为主，1978年全镇产品出口为空白，1988年出口产品总值占全镇工农业总产值的40%。

（2）走出一条具有北滘特色的经济发展路子。就是“以集体经济为主体，镇办经济为基础，带动全镇向贸工农外向型经济发展”。1989 年北滘镇的经济状况有如一个农工商联合企业，省委副书记郭荣昌视察北滘之后说：“北滘的今天，是广东省 2000 年的明天。”县委领导也充分肯定北滘发展之路，指出：“今天的北滘农业，是明天顺德的农业。”

（3）国家、集体、个人三者同步得益。北滘为国家作出贡献越来越多，1988 年上缴税金比 1979 年增加 9 倍；镇村两级集体积累，是 1978 年的 10 倍，达 3.6 亿元；农村年人均分配比 1978 年增 8 倍多，达 1399 元；职工年人均收入比 1978 年增 3 倍，达 2600 元；居民年末人均存款从 1978 年的 50 元上升到 2000 元；十年全镇新建房屋 12.6 万平方米，实现居者有其屋。

（4）精神文明建设结出硕果。过去那种“以人斗人、以人整人”的状况已经一去不复返，出现干部与群众关系、上下关系、内外关系密切团结的新风尚，群众性精神文明活动广泛深入开展，文明村镇创建活动一浪高于一浪，人人讲文明，讲礼貌，婚事新办，计划生育蔚然成风，公共福利事业越办越好，基本实现村村通水泥路，部分村庄用上了自来水，港澳乡亲爱国爱乡的热情前所未有。十年间，港澳乡亲捐助家乡办福利事业的款项达 1500 多万元。

冯润胜讲话还分析改革开放以来基本经验。他指出：这十年为什么北滘发展这么快，关键是结合自己的实际，以经济建设为中心，深化各项改革，不断解放生产力。一是改革了农业的经营方式，实行土地一定十五年承包制，过去是日日派工，现在是十五年才派一次工，用商品经济的价值观念指导生产，充分调动农民的积极性，发挥经营的自主权。二是改革经营管理权制，推行厂长（经理）任期目标经营责任制，扩大经营自主权。三是改革分配制度，既打破“大锅饭”的平均主义，又坚持“上封顶、下保底”走共同富裕道路的原则，充分调动经营者和生产者两方面的积极性。四是改革用人制度，逐步实行聘任制和合同制，尊重知识、尊重人才。五是改革住房制度，实行公有住宅商品化。另外，各级干部牢固树立为人民服务的思想，坚持带领群众走共同富裕的社会主义道路。

冯润胜指出：回顾过去是更好地指导未来，十年的成绩要珍惜，好的经验要坚持下去，决不动摇，不足的要主动纠正，不要让它泛滥下去。在明确今后主要任务的基础上，冯润胜代表党委、政府，提出一系列重要决策：第一，千方百计保住经济，保生产，保就业，保工资，保税收，保利息，抓产品推销，组织资金回笼，保住重点，保住企业，农业要加快发展市场产品。第二，狠下决心，惩治腐败。既要理直气壮保护改革开拓者，又要下决心整顿不良倾向，既要惩治腐败，又要防止诬告陷害。第三，遵纪守法，清理欠款。第四，全民发动，整顿治安，稳定社会。

改革开放十年总结大会，鼓舞了广大干部党员斗志，为北滘新一轮改革开放指明了方向，使全镇改革开放和经济建设进入了一个新的阶段。

十七、产权制度改革

20 世纪 90 年代初期，改革开放进入关键时期。自 1979 年以来，北滘按照“集体经济为主、乡镇工业为主、骨干企业为主”的模式，大力发展工业经济。尽管取得巨大成绩，但由于集体经济是公有制经济，要扩大规模，就要走“向政府寻求财政支援”的路，形成“企业花钱，政府买单”，日益陷入一种“厂长负盈，企业负亏，银行负贷，政府负债”的恶性循环。

1992 年初，邓小平南方谈话发表后，中共北滘镇委深切感到，“原来的一套传统运行机制已经不适应新形势发展的要求，越来越阻碍生产力的进一步发展。唯一的出路在于改革”，决定进一步加大开放改革的力度，并且将企业产权制度改革作为重点，大胆试验。

随后，北滘以美的企业集团为试点，进行股份制试验。1992 年 3 月，成立“广东美的电器企业集团公司”。同年 5 月，被广东省政府批准为全省首批 8 个内部股份制改造企业试点之一。6 月，完成 1.2 亿元的募股工作，完成企业治理结构、财务及管理制度的改造，逐步建立现代企业制度，于 1993 年 11 月 12 日在深圳证券交易所挂牌上市。

1993 年下半年，北滘根据中共顺德市委、市人民政府《关于转换企业经营机制，发展混合经济的试行办法》，对镇办企业全面实施产权制度改革。决定通过清产核资，资产评估，以内部协商转让为主、公开拍卖为辅的方式，把一批风险大、缺乏竞争力的企业转让出去。通过转让镇属集体企业，改革单一公有制的产权结构，发展股份制和劳动者股份合作制等混合所有制企业，对少部分条件尚未成熟的企业，则实行租赁、抵押经营，待条件成熟后，再实行转制。在改革中，注意解决好企业人员负担和债务负担，推动劳动用工制度改革和建立社会保障制度，创造平等竞争环境，使企业真正成为市场主体。

为保障改革顺利进行，成立镇办企业转换经营机制领导小组，由镇委、镇政府主要领导牵头。至 1994 年 7 月，镇属 35 家企业，已签约转制的 32 家，其中股份合作制 20 家，公有民营 6 家，股份制 3 家，转让外商 3 家。转制企业净资产为 4.3 亿元。与此同时，各管理区也根据自己的实际，通过转让产权、租赁、抵押承包形式转制企业 214 家，占管理区办企业总数的 77.81%。

通过转制，大部分企业许多深层次矛盾得到解决。一是明晰产权。企业成为自主经营、自负盈亏的独立法人实体；政府不直接管理企业，而是实行间接调控，使政府腾出更多的人力、物力，加强城乡基础设施建设，发展文化、教育、卫生、医疗等事业；同时，减轻政府负担，化解地方财政 10 多亿元的债务风险。二是企业以市场为导向，以利润最大化为目标，开展经营活动。许多企业减少盲目性投资，压缩非生产开支，退出闲置土地，腾出高级写字楼，缩减招待费，缓和资金紧缺的矛盾。三是激发企业活力，由于企业成为自负盈亏、自主经营、利益共享、风险共担的经济实体，在一定程度上调动起生产者与经营者的积极性。大部分企业转制后，产销量都有大幅度增长，经济效益也有明显好转。

1994 年，北滘继续推进和完善产权制度改革。一方面推进村办企业转制，向经营者出让产权，不具备转制条件的，实行租赁经营和风险抵押承包，使经营者既负盈又负亏；另一方面，扶持转制企业发展壮大，做好项目、资金、技术引进和信息服务等工作，对镇有资产占有一定股份企业，加强跟踪和监控。

2000年，完善镇有资产运营方式。对镇有资产还占有一定股份的美的、华星、蚬华等企业推行二次转制，镇政府将所持有的股份转让给这些企业经营者，彻底退出市场，完成自1993年开始的企业产权改革。

北滘产权制度改革，完成计划经济向市场经济的转变，解放生产力，把各个方面的积极性充分调动起来，使经济增长的潜力充分发挥出来，实现经济的持续快速健康发展。2000年全镇工业产值达140亿元，比1992年增长480.66%。

十八、推进现代化建设

1999年11月17—18日，中共北滘镇委和镇人民政府在深圳市召开现代化建设和发展研讨会，镇委委员、镇人大常委会主任、机关各部门和工会、共青团、妇联主要领导参加会议，与会人员考察深圳市城市建设，结合实际，围绕北滘镇现代化建设和发展主题，各抒己见，提出今后发展的指导方针和主要思路。

会议认为：改革开放以来，北滘社会经济迅速发展，初步形成以工业为主导、三大产业协调发展的经济基础；形成组团发展、城乡结合、基础配套完善的建设基础；形成社会风气明显好转、人的素质不断提高的文明基础；尽管经济社会发展仍然存在一些问题，但从总体上来看，北滘具备率先基本实现现代化的现实基础和客观条件。会议强调，当前北滘各项工作，应当按照中共顺德市委和市人民政府的要求，以率先基本实现现代化为发展动力，以建设小城市、跨越新世纪为发展方向，以六年再造一个北滘为目标，全力加快经济的发展，推进二次创业和城镇城市化、农村城镇化进程，力争到2005年基本实现现代化。

会议提出推进现代化的相关措施：一是以推动市场化为目的，加大改革力度，进一步推进现代企业制度建设，彻底理顺政府与权益企业之间的经济、法律关系，建立起更能适应市场经济运行的机制。二是以经济国际化为方向，按照“加强第一产业，提高第二产业，发展第三产业”的方针，调整产业结构，推进工业园建设，大力发展高新技术，走集约化路子，实现全镇工业上规模、上档次，农业重点抓好“优质水产”“畜禽水产综合养殖”“花卉苗木”三大产区建设，确保农业产值和效益有效增长；第三产业以碧桂园、美的海岸花园等规模房产企业为龙头，推进房地产业向更大规模、更高格调、更高品位方向发展；引进大规模的商业企业，促进商业中心快速成型。三是提高城镇建设水平。以规划为主导，增强城镇建设的科学性、合法性和可操作性，加强土地资源集约开发利用，全面推进道路网络、文化体育中心、中心医院、商业中心的建设，按照社区发展的模式，将住宅小区建设成为配套完善、环境优美生活小区，以绿化为重点，实现“大树进村”，推进乡村建设。四是以人为本，促进社会各项事业全面进步。教育重点着力改善办学条件，推进校舍升级改造，发展民办学校和职业技术学校；努力提高干部整体素质，着力抓好村级干部队伍建设，加强党风廉政建设，推进村民自治，强化民主法制建设，依法治村；推进文化、体育、广播、电视等各项事业发展，倡导文明健康的生活方式，加大环保整治力度。

这次会议，对北滘实现跨世纪发展意义重大，影响深远。会议之后，全镇全面启动实现现代化建设，至2001年，取得显著成效。

第一，经济实现持续快速增长，初步形成“一园五区”为中心的工业发展格局，年产值超5000万元的规模工业企业达33家，其中，超5亿元以上的有3家，这33家企业产值占全镇工业总产值的88%；以“优质水产”“畜禽水产综合养殖”“花卉苗木”为重点的“三高”农业已具雏形；第三产业形成以房地产、高尔夫项目为重点，商贸、金融、中介服务共同发展的格局；投资体制从单一政府体制向多元化体制转变，1999年至2001年引进外资5986.2万美元，实际利用外资总额1140万美元，出口创汇9.5亿美元。民营经济总值占全镇经济总量11%左右。

2000年，北滘地区生产总值38.36亿元，工业总产值147.7亿元，年均递增分别为11.7%和20.6%，三年累计上缴税金22亿元，职工年均工资达10587元，农民年均收入4830元，分别比1998年增长5.8%和24.8%。是年全镇年末存款余额61.5亿元，其中居民储蓄余额44亿元，比1998年增长57%。

第二，深化完善发展机制。为适应社会主义市场经济发展的要求，改革镇政府机构，建立全新的宏观调控体系，实行政务公开，率先在顺德实现镇、村两级办公自动化联网，强化镇政府在统筹规划、制定政策、信息引导、服务监督方面的职能。完成农村体制新一轮改革，实现各村区域重组和股权固化、资产量化，完善镇公有资产运营方式，确保公有资产的增值，2000年，全镇9家权益企业有7家盈利，5个村还清债务。

第三，加快城乡基础设施建设。1999年至2000年，分别投入9335.9万元和1.16亿元，推进交通和水利建设，新建和扩建道路15.8千米，改建林广水闸、龙头滘水闸，39.3千米堤围实现硬底化；供电总量达3.98亿千瓦时，比1998年增长15%，自来水供水能力达20万吨，新建和扩建城区小学、马村小学，推进余荫院一、二期和林港派出所综合大楼等多个建设项目；新增绿地677.9亩，全镇公园数量达27个，新建市场5个，入村大道11条，整个城市化进程实现重大跨越。

第四，社会各项事业蓬勃发展。1999年至2001年共投入教育资金1.02亿元，改善办学条件，教育信息化进程不断加快，连续八年北滘被评为顺德教育先进镇，全面加强医疗卫生网络建设，完善预防保健体系和医疗，群众性文化体育活动深入广泛开展，举办北滘第二届文化艺术节，举办北滘“十大杰出青年”评选活动；扶贫济困，乐善好施社会风气逐步形成，筹得社会福利基金1100万元，有力地推动全镇两个文明建设的发展。

十九、文明镇建设活动

1994年1月，中共顺德市北滘镇委、镇人民政府联合召开首次“两个文明建设会议”，提出：深化创建文明镇活动，增强群众的文明意识，激发广大干部群众建设“经济繁荣、社会文明、环境优美、城乡一体”的社会主义新北滘。

会议后，镇委、镇政府按照高起点、高标准的要求，在广泛调查研究、听取群众意见的基础上，专门聘请专家学者，规划开展创建文明镇活动各阶段的具体任务，细化量化各有关部门的具体指标。

根据规划，首先是营造北滘良好的道德风尚，努力提高公民道德素质，全镇开展征集“北滘精神词”活动，共收到各方面意见和建议55份，经过全民反复讨论，确定“和谐、勤奋、诚信、至善”为北滘精神，成为鼓舞北滘人民奋发创业、开拓进取的动力。1996年1月，北滘镇有8人被评为“顺德市文明市民”。

行政机关以“服务人民、奉献社会”为宗旨，开展文明创建活动。根据顺德市政府提出的“依法行政、高效行政、透明行政、服务行政”的要求，镇委、镇政府先后制定《北滘镇党政机关制度暂行规定》《文件审批制度》和《文件报送制度》，明确部门职能，完善办事程序，增加办事透明度，落实社会服务承诺制，突出解决好爱岗敬业、方便群众、规范服务、优质高效、廉洁勤政5个方面问题，扭转长期以来存在的“门难进、脸难看、话难听、事难办”的现象，密切了党、政府和人民群众的关系。

在开展创建活动中，北滘镇着力改善城镇环境，大刀阔斧进行旧城改造。至1999年9月，投资350万元，建成南塘拆迁安置小区，妥善安置因几条旧路扩建而拆迁住宅的居民；投资943万元，改建和建设北滘市场、水果市场、蔬菜批发市场。与此同时，始终把绿化、美化作为城乡是否文明的又一重要标志。1998年投入60多万元，开展“绿化美化北滘工程”，绿化面积20000平方米，安装路（街）灯130多盏，并在文化广场和主要交通路口安装10多支射灯，使夜幕下的北滘镇区处处灯火通明，灿若星河。

北滘镇还十分重视引导群众提高创建水平。1995年底，投资3700万元兴建北滘文化广场，为北滘文化建设树立了标志。1997年后，北滘把文明村庄建设的标准提高，注重坚持具有地方特色的文化活动，促进文化广场建设，营造良好文化氛围。此后经过几年的努力，北滘还形成以美的集团为代表的企业文化、以碧桂园为代表的社区文化、以蓬莱公园为代表的园林文化、以南源商业街为代表的商业文化和以君兰高尔夫国际俱乐部为代表的体育文化等不同特色的文化。各村相继办起读书会、粤剧社、各种球队、棋类协会，多地开展各类文体活动，使各乡村充满浓郁乡土气息和现代文明生活气息。

北滘还注意社会治安方面的建设。各村普遍建起治保会、调解委员会、治安队等组织，建立安全文明小区88个，覆盖常住人口100%，对维护社会治安，促进精神文明的建设起了积极作用。

精神文明建设水平不断提高，使北滘的经济社会建设得以持续稳步发展。1997年10月，北滘被评为“广东省文明单位”。1999年9月16日，中央精神文明建设指导委员会对全国创建文明城市、文明村镇、文明行业、文明单位工作先进单位进行表彰，北滘获“全国创建文明村镇工作先进镇”称号。

二十、增创党建工作新优势

1999年3月3日，中共北滘镇第十次代表大会召开。大会凝聚一个共识：完成跨世纪改革发展任务，关键在于坚持、加强和改善党的领导。大会提出：要进一步把全镇党组织建设好，不断增强凝聚力和战斗力，真正成为带领全镇人民完成新的历史任务的坚强领导核心。

根据镇第十次党代会部署，北滘各级党组织从三个方面开展党建工作：

第一，加强党的思想建设。1999 年至 2001 年，全镇组织举办各种类型培训班，基本上对全体党员和干部轮训一至两次。通过轮训，进一步增强全体党员、干部建设中国特色社会主义现代化的信念，推动思想的进一步大解放，观念的进一步大更新，从传统观念的束缚中解放出来，从旧的利益格局中解放出来。各级领导班子大胆创新，在实践中坚持着眼于解决实际问题，着眼于新的实践和新的发展。不断推进行政管理体制改革。镇政府投入几千万元，把原来分散各处的商检、海关、报关公司等部门，全部搬迁到新码头，为招商引资创造有利环境。东芝、三洋、惠尔浦、NEC 等 10 多个国际跨国公司纷纷进驻北滘投资兴业。在当时许多台资企业一窝蜂搬至江浙的大背景下，北滘几家台资企业不但没有搬迁，而且还年年增大投资。他们说：“这是一块投资热土，政府高效廉洁，经济人文环境优良。”

第二，加强党的组织建设。1999 年以来，北滘镇党委狠抓各级领导班子政治理论学习，不断提高理论水平和政策水平，坚持民主集中制原则，增强决策科学化和民主化。一项决策出台，反复征求群众意见，并向群众作好解释工作，使党委和镇政府的决定，成为群众的自觉行动。如 1999 年镇政府提出禁燃鞭炮。鞭炮在传统农村的喜庆婚丧中占有重要地位。为了说服群众，镇党委委员分头到各村、社区，一面广泛听取群众意见，一面广泛宣传禁放鞭炮的环保意义，之后，又把它作为镇人民代表大会的一个重要议案，交由代表们表决，使禁放鞭炮深入人心。当年，就连清明节也没出现过燃放鞭炮现象。

进一步健全党的基层组织建设，提高党对农村的领导水平。通过培训，提高农村干部驾驭市场经济的能力。不断选拔培养优秀年轻干部，推进干部交流。2001 年农村党支部换届前的统计资料，在村支委 77 名委员中，平均年龄 42.3 岁，35 岁以下占 32.5%，大专以上文化占 10.4%。经过 1999 至 2001 年间发展新党员 334 名，换届后统计，全体党员中，35 岁以下占 82.2%，大专以上学历占 61.97%，农村基层党组织呈现出朝气蓬勃、奋发向上的气象。

第三，加强党的作风建设。各级党员干部坚持全心全意为人民服务宗旨，充分发挥党密切联系群众的优势，关心群众疾苦，为群众办实事、办好事，为人民造福，为党旗增辉，建立各种形式的扶贫救济活动。1999 年起三年间共扶助各类困难对象 4300 人，筹款款项 610 多万元，落实优先本地人就业的政策，努力解决各类劳资纠纷，维护工人的经济权益，赢得广大群众的拥戴。

为了端正党风，镇党委建立党风廉政责任制，健全各项规章制度，规定凡镇属经济建设项目，无论大小，一律经集体讨论决定；党委书记、镇长只能独自审批 10 万元以下的项目。2000 年，镇政府对公车制度进行改革，规定党委委员、副镇长只能使用国产汽车，超标进口车全部公开拍卖。从制度上形成反腐倡廉的格局。

2001 年 7 月 1 日，北滘镇党委被中共中央组织部授予“全国先进基层党组织”

称号。

二十一、现代化小城市的建设

2001 年，北滘镇地区生产总值达 44.5 亿元，工农业总产值达 173.3 亿元，财税收入 13.8 亿元，职工人均年收入 10905 元，农民人均年收入 4906 元，在全省百强镇中位列前 5 位。但是，也积累一些社会矛盾和经济问题，主要是经济结构不够合理，企业整体素质偏低，就业矛盾较为突出，社会保障机制不完善，面临新世纪开端，作为广东省经济强镇的北滘如何发展，成为全镇人民关注的问题。

2002 年 1 月召开的中共北滘镇第十一次代表大会指明了方向。党代会凝聚共识：要充分利用中国加入世贸组织的良好机遇，趋利避害，坚定不移地推进改革，发展建设三大战略转移，全面提高城市化、信息化和经济国际化水平，实现经济和社会的全面进步；提出把北滘建设成为“经济实力雄厚、生态环境优良、民主法制健全、社会文明进步、人民生活富足的现代化小城市”的战略目标。

2002 年至 2005 年，北滘镇党委、镇政府围绕建设“人民生活富足的现代化小城市”的战略目标，统揽全局工作。

（1）着力提高发展质量，实现经济持续协调发展。一是优化产业结构，引导传统产业升级改造，扶持新兴产业迅速成长，实现从专业镇向产业综合镇的转型。2006 年 10 月被评为“中国家电业重镇”，进一步增强“北滘家电”品牌效应，建成花卉种植、禽畜养殖以及水产养殖三大特色农业产区，初步实现农业产业化格局，第三产业发展提速，房地产、商贸、酒店、物流、休闲旅游、中介服务等行业稳步发展。二是改变经济增长方式，充分发挥经济杠杆作用，实施将土地价格与税收、投资密度或科技含量挂钩政策，实现资源优化配置，积极应用高新技术改造传统产业，提升产业发展质量和效益；通过转变运营和引资方式，提升政府资源价值。如北滘港实施“一个品牌、多家经营”的模式，生活污水处理厂、新城区体育训练基地实行社会化经营，使政府节省投入，又为市民提供良好的公共服务设施。三是增强发展后劲。五年累计引进外资 1.4 亿美元，利用民营资本 38 亿元，引入 100 多家企业，投资市场化、国际化，成为经济发展重要推动力。

（2）推进城区有序建设，提升城镇品位。按照以人为本，环境美化，宜居宜商的理念，高起点修编城区总体规划，初步构筑起主要路网骨架，完善基础设施，建成林头立交桥、林上路、南源隧道、广教隧道等一批交通设施，完成广珠西线、国道 G105 线、碧桂路改造项目，推动佛山一环、广珠轻轨等省、市重点工程建设，加快自来水厂、生活污水处理厂及供电、水利枢纽工程建设；综合整治环境污染，整治细海河、林上河，投入 1600 万元，扶持村级 42 个民生项目建设，绿化美化镇区，全力加强市容环境卫生管理，生态环境有较大改善。

（3）高度重视民生，全面发展社会各项事业，基本形成社会保障体系，形成扶贫济困的社会氛围，2001—2005 年共投入 2800 多万元，用于改造危房、救济贫困户及资助其子女学业，免费为居民提供多种形式就业培训，解决 13000 多人就业，落实教育“一费制”，减轻群众负担，提高教师的福利待遇，投入1.5亿元建成设备先进、功能齐全的镇级医院，建立新型城乡居民合作医疗制度，有效防控“非典”、禽流感疾病传播，落实安全生产责任制和食品安全机制，五年来没有发生重大安全生产和食品安全事故。强化社会治安综合治理，成立镇治安联防大队，深入开展平安社区创建活动，破获各类刑事案件2800多宗，治安形势平稳。营造文明和谐氛围，大力开展篮球和太极拳运动进社区活动，举办年度文化艺术节，活跃群众生活，碧江社区被评为“中国历史文化名村”，共青团北滘镇委员会被评为“全国五四红旗团委”。

2006年9月召开的中共北滘镇第十二次代表大会宣告，经过几年的努力，圆满完成了第十一次党代表大会提出的奋斗目标和任务。2005年，全镇地区生产总值106亿元，比2001年增1.4倍，年均递增25%；工农业总产值476亿元，年平均递增29%；税收16.3亿元，比2001年增36%，年均递增8%；城乡居民存款余额80亿元，年均递增15%。呈现政通人和、人民安居乐业的局面。同年北滘获“全国文明镇”称号。中共中央总书记胡锦涛、国务院总理温家宝分别来北滘视察。

二十二、全面贯彻科学发展观

2006年初，中共北滘镇委、镇人民政府根据科学发展观的指导思想，分析形势和未来战略定位。认为北滘正处于新的发展阶段，面临新的挑战，存在一些亟待解决的问题和薄弱环节。如受资源、环境等因素制约经济的发展，招商引资压力大，粗放型经济增长方式仍占较大比重，农业经济效益低，产业化水平不高；安全生产形势仍然严峻，城镇管理水平有待提高。为此，镇委、镇政府提出今后发展思路：由过去注重追求发展的速度和规模，转变为以科学发展观统揽经济社会发展全局，确立“工商并举，和谐发展”的指导思想。

2006年9月召开中共北滘镇第十二次代表大会，明确提出：今后的五年，要发挥优势，围绕“工商并举，和谐发展”的主题，以创新为主线，和谐发展，提升综合竞争力，将北滘发展成为以家电制造业为主的国际性轻工业产品研发与生产中心，成为经济富裕、特色鲜明、环境优美、充满活力、社会和谐的现代化小城市。

2007年，根据国内外大企业加快在广（州）佛（山）周边地区开设研发中心和营销中心，竞争日益激烈的形势，在北滘镇十五届二次人大会议上，镇政府在工作报告中提出：树立升级发展意识，产业要从加工制造向研发、销售等高端方向升级；要加速新城区成型、丰富城市元素和内涵，全面提升城市品位；要进一步畅通民意沟通渠道，完善各项民生政策，让经济成果更多地惠及群众；大力引入高素质人才和全面提升市民素质，为升级发展提供人才支撑。

2008年，在经济实现持续提升、城镇建设初现现代化雏形、民生福利和社会各项事业全面协调发展的好形势下，镇委、镇政府保持清醒头脑，提出进一步解放思想，要围绕着以人为本和全面提升重点、加强节能减排及环境保护，更加重视城市建设，注重民生福利，提升人的素质，努力构建和谐北滘。

2009年，镇委、镇政府提出：“向‘中国家电名镇、珠三角魅力小城’的迈进目标，争当实践科学发展观的排头兵。”着重抓好巩固“家电名镇”、擦亮“魅力小城”品牌、推进“美化家园工程”、改善社会民生、发展文化事业等项工作，全面开创经济社会发展的新局面。

2010年，北滘党政工作继续按照科学发展观，围绕转变发展方式，调整经济结构，提升城市价值，促进社会和谐，在转变发展方式与城市化发展上，迈出坚实步伐，全面完成镇第十二次党代会所提出的目标和任务。科学发展考评，连续三年位居顺德首位。

2010年底，全镇地区生产总值、工农业产值、国地税收入，均比2005年增长1至3倍，分别达288亿元、1378亿元、51.3亿元，特别是美的集团销售收入超过1100亿元，成为广东省首个销售超千亿元的家电企业。碧桂园集团销售超300亿元，名列全国大型房地产企业前列。总部经济和现代化服务业全面启动，有12家企业总部驻在北滘，广东工业设计城成为“国家新型工业化产业示范基地”，新城区建设全面提速，投入2.6亿元进行基础设施建设和旧城区改造，融入广佛都市圈发展蓝图。社会事业全面进步，完善社会保障体系，老有所养、病有所医、居有其所，失业率控制在2.5%以下，投入1850万元建成老年公寓新大楼，8.5亿元投入教育事业，在全省率先推行居民基本门诊合作医疗制度，建成了3个村级社区文化活动中心，林头、槎涌等5个村被评为“佛山市和谐文明村居”。全镇职工人均年工资23686元，农村居民人均年纯收入11003元，分别比2005年增86%和59%。五年间，北滘还获得“中国家电制造业重镇”“国家卫生镇”“广东省专业镇建设先进单位”等称号。综合实力为广东省百强镇第6名。

二十三、习近平视察北滘①

中共十八大召开后，全党全国掀起学习贯彻十八大精神，坚定不移走改革开放的强国之路，更加注重改革的系统性、整体性、协同性，改革不停顿，开放不止步，围绕全面建成小康社会，加快推进社会主义现代化而奋斗。

2012年12月7日至11日，中共中央总书记、中央军委主席习近平到广东省的深圳、珠海、佛山、广州视察，深入农村、企业、社区、部队和科研所进行调研。习近平说：这次调研之所以到广东来，就是要到在我国改革开放中得风气之先的地方，现场回顾我国改革开放的历史进程，将改革开放继续推向前进。

12月9日上午10时20分左右，习近平来到位于北滘的广东工业设计城，听取了顺德区委书记梁维东和广东工业设计城总经理邵继民关于工业设计城组建三年来发展情况的汇报，仔细观看设计城所创新的集烤多士、煮鸡蛋、蒸鸡蛋多功能为一体的早餐机，长者按摩浴缸，符合人体工学的椅子。临别之际，邵继民对习近平说，他代表设计城800位设计师，感谢总书记对设计企业的关心。习近平说，希望下次再来时候，设计师达8000位。

---

① 资料来源于2012年12月12日《佛山日报》。

10时55分，习近平来到北滘镇黄龙村，步入村行政服务站，习近平问：村行政服务站是做什么用的？黄龙村党支部书记林文钜回答：顺德在每个村设立行政服务站，方便群众就近办事。它与统筹集体经济发展的股份社、负责村民自治的村委会，组成“三驾马车”，带动基层发展。另外，还通过党代表工作室、党支部、党员三个基面发挥党在基层的核心作用。在社区文化活动中心，习近平与一位老人握手交谈，问：现在生活好不好？老人是黄龙村黄涌股份社社长廖自友，他回答：好啊。习近平又问：老人福利怎么样？廖自友回答：全部买了新农保，对每位老人，村委会每月发给100元，保险公司每月给100元，股份社分红今年每月300元，老党员外加130元。习近平再次握住廖自友的手，祝大家晚年安康。

随后，习近平来到村民张锡尧的家。张锡尧夫妻因长期患病，靠打散工维持生活，住房多处漏水，是村里低保户。进屋后，习近平与张锡尧一家四口一一握手，亲切地说：“你们好！”并与张锡尧一家拉起家常。习近平亲切地问：“家里为什么困难？”妻子陈燕容说自己得过大病，做手术花了不少钱。“现在有收入来源没有？”“股份社有分红，政府帮我们夫妻俩找了一些散工做。”看到墙上贴满张锡尧女儿张俭娜在学校获得的奖状，习近平问小姑娘：“你学习成绩很好。今年读几年级？”小姑娘回答：“高三。”习近平又问：“想考哪所大学？以后有什么打算？”张俭娜说：“可能会考广东外语外贸大学，我想当一名英语翻译。”习近平点头，叮嘱张俭娜努力学习，并向张俭娜赠送电子词典、汉语字典和英汉字典，向张锡尧夫妻送上棉被、食品，与张家一一握手道别。

习近平走出巷口，见到四处闻讯赶来欢迎的群众，十分高兴，不断与群众握手问好。登车临走前，习近平打开车窗，与路旁群众挥手告别。

习近平视察北滘，对北滘进一步深化改革、加快发展给予的鼓励使广大人民群众欢欣鼓舞。中共北滘镇委书记冼阳福对镇的领导班子传达时说：习总书记对于公共服务、社会保障对村民的覆盖非常关心。在视察广东工业设计城时，习总书记对提高经济发展质量、推动经济转型升级、用创新驱动发展，高度重视，这为北滘新一轮经济改革指明了方向。镇领导班子表示，要以习近平视察为契机，提出新的发展思路：在经济转型过程中，政府要搭建更多的公共服务平台，引导企业朝高端转型；推进公共服务均等化，改善农村农民生活，扶持困难家庭盖房子；争取再用一两年时间，解决所有外来工子女的上学问题；加大对职业教育的投入，培养更多、更优秀的产业工程师；逐步加大保障力度，从基本保障提高到充分保障。

二十四、实施“北滘镇三年发展行动计划”

2011年以后，伴随着践行科学发展观步伐的加快，北滘经济社会进入一个新的发展时期。面对全省乃至全国正在进行的经济战略转型，北滘镇亟须作出新的适应部署。根据中共顺德区委提出的“建宜居城乡，拓现代产业”“领跑全国县域经济发展”的发展纲领，2011年7月召开的中共北滘镇第十三次代表大会，制订今后五年全镇经济社会发展纲领，提出要以“围绕引领产业转型升级，以城市化带动区域发展”的总体目标，将北滘建设成为现代产业基地；加快城镇建设步伐，营造健康和谐发展的新环境，全面提升人民的幸福感。2011年，镇委、镇人民政府在阳江召开会议，制订“北滘镇三年发展行动计划”，进一步补充细化新的内容，规划“开展好重点项目及重点工作，更加注重提升城市品质，更加注重产业转型升级，更加注重改善民生福祉，更加注重强化政府和社会建设，全力以赴建设宜居幸福北滘”，并提出“时不我待，大干三年”，争取在“新一轮”发展中抢占先机。这成为以后三年镇政府施政的重要思路。

2012年，正在北滘加快转型升级之时，金融海啸余波仍影响全球，珠三角一带的实体经济遭到重大冲击，不少外向型的劳动密集型企业应声而倒；北滘工业化经过三十多年来的高速发展，城乡生态环境付出沉重代价，缺乏高端产业和高端人才，制约产业升级。为了推行产业升级顺利进行，2012年2月21日，镇人民政府在镇十六届人大二次会议上所作的《政府工作报告》中指出：“以发展新经济为突破，助力经济转型升级。”一是推进产业载体建设，加快总部经济区、都市型产业区、广东工业设计城、现代物流区建设，改造提升旧厂房、旧工业区，实现“腾笼换鸟”；二是“引领工程”提速转型发展，着力引入优质企业，构建集本地骨干企业、国内现代化服务业总部集聚区，加大技改创新、自主研发、市场开拓、名牌和标准化战略的支持力度；三是完善企业服务平台，扩大产学研合作，组织多层次、多渠道合作交流，完善镇经济信息电子平台，实现政府经济政策、信息和企业之间的无缝对接。2013年1月8日，镇人民政府在镇十六届人大三次会议上的《政府工作报告》进一步指出：“立足质量和效益，推动产业转型升级”，规划以总部经济区为中心，打造集科技创新、人才引进、管理先进、资源节约为一体的产业转型升级核心区，推动工业设计向产业链上下游延伸，推动产学研基地全面建成。2014年1月8日，在镇十六届四次会议上，镇人民政府对推动转型升级再次作出部署。强调：以增强产业核心竞争力，推动转型升级提速；以“增总量，优结构”作为下阶段产业转型升级的主要方向，继续扩大产业有效规模，推动优质企业增资扩能和引入优质项目；继续优化产业结构，推动产业链向高附加值环节延伸。

至2014年底，北滘初步实现转型升级主要目标。总部经济厚积薄发，盈峰、丰明总部大楼和美的销售中心竣工，新增设计企业和机构15家，设计师近200名，设计产品达6000件，获得知识产权439项，企业孵化中心累计孵化电商企业76家，安捷物流等电商仓储物流发展迅速，引入路虎、雷克萨斯、保时捷等国际汽车品牌，汽车销售行业形成发展态势。当年底，全镇地区生产总值439亿元，规模以上工业产值1956亿元，固定资产投资67.5亿元，国地税收入83亿元，分别比2012年增长19.94%、22.86%、29.06%、7.7%，成为“中国家电制造重镇”“国家生态镇”，在全国经济强镇中位列第九。

加快转型升级，人民群众过上幸福美满生活。2012年2月，镇人民政府提出工作思路是：更加注重提升城市品质，更加注重改善民生福祉，全力以赴建设宜居幸福北滘。根据这一方向，镇政府重新编制城镇升级建设规划，明确优化城市功能和产业功能布局，完善生态发展，确定三年城市升级重点项目，包括西海廉租房、堤围绿化美化、林头社区改貌、都宁岗森林公园、北滘门等，进一步提升北滘整体形象。至2014年，城镇升级建设任务基本完成，城市功能不断完善，建设形成核心路网，推进完成一批公共交通、水利、电力等基础设施，推进“三旧”改造项目，美化沿街建筑，绿化美化一批路口、国道和江河堤围景观，开发利用特色山岗、自然水道等生态资源，农村逐步恢复岭南水乡风貌，推进古村落活化，祠堂修复，传承历史人文资源，使市民享受到更多经济社会发展带来的成果。

二十五、为民办实事

2015年起，北滘镇人民政府在历年人大会议的《政府工作报告》中都提出每年为市民办好10件民生实事，作为政府当年重要工作，让市民共享魅力小城的发展成果。

2015年，推进都宁岗森林公园建设；建成黄龙鲤鱼沙、马村河堤等6个村级公园；推进治理污水工程建设，扩建北滘污水处理厂（二期工程），完成9个行政村污水处理站和管网工程，并投入运营；分别完成细海河“一河两岸”（2.3千米）、林头社区河岸（3千米）改造工程和潭州水道（23千米）景观提升工程，建成潭洲水道河堤公园和16千米村间绿道，重现岭南水乡特色；开通与广州芳村客运站、广州南站、白云机场、番禺公交线路，建成启用顺德城市候机楼北滘新城站；发展公共自行车行业，新增自行车650辆、锁柱910个、换乘点39个；增加公办学位300个，增设小学3个班、初中2个班、高中1个班；镇慈善大楼竣工；“24小时”自助图书馆投入使用，全年为4.4万人提供服务；强化、提升社区（村）警务力量，建成5家社区“警务E超市”，全镇“警务E超市”增至19个。

2016年，镇档案馆大楼主体工程竣工；镇污水处理厂三期工程完成通水调试；增加学前教育投入，按人均700元下拨公用经费，增加学位200个；提升治安保障，全镇新安装高清探头592支，加大巡警巡视力度；都宁岗森林公园正式开放；“阅读北滘”工程延伸至社区，在广教社区新建1座自助图书馆，与区、镇图书馆通借通还；提升医疗服务，增加北滘医院医疗设备，改造提升碧江分院，恢复群力围片区急诊和住院服务；建行政中心服务大厅和24小时公安自助办证大厅，推进便民“一门式服务；落实道路交通安全三年行动计划，交通事故率下降；新城区体育公园建成并开放。

2017年，建设华师附属顺德北滘学校；完善公共交通设施，全面规划轨道交通与公共交通衔接和换乘；推进顺德北部片区医院项目建设，融合北滘医院和社区卫生服务中心的建设；镇青少年宫落成启用；完善社会治安防控体系建设和“一门式”政府服务配套；启动群力围污水处理工程；以黄龙、林头、北滘3个村（社区）为试点，打造美丽文明村庄；推进镇体育公园“二期”工程；改造提升余荫院，以春晖园为试点，推广社区家门口“一站式”养老服务。

从2015年至2017年，镇政府所提出要办的实事，都关系群众切身利益，镇政府从财政、人力等方面给予统筹安排，将相关责任落实到相关部门，加强检查督促；并在每年人代会，向代表报告进展情况，各年所规划的10件大事基本按计划完成。

二十六、美丽文明村（社区）试点

2014年8月，北滘镇人民政府制订《村居发展三年行动计划》，致力打造优美乡村环境，恢复岭南水乡风貌。通过两年努力，至2016年，北滘农村建起公园22个，修复西滘郡马祠、林头双溪祠等5间祠堂，全面修复以碧江金楼为核心的传统民居群，再现碧江昔日辉煌，北滘成为国家首批特色小镇。

2017年初，为了推动社会主义新农村建设，提升北滘文化软实力，中共北滘镇委、镇人民政府决定以黄龙村、林头社区、北滘社区为试点，根据“一村一品牌”的原则，挖掘与保护村落历史文化资源，规划先行，精心打造“美丽文明村居”，留住村貌，让村民望得见山，看得见水，记住乡愁，延续历史文脉。镇成立美丽村居工作小组，镇党委书记周旭为组长，亲自统筹部署，协调工作，采取“领导负责、专人跟进”的形式重点跟进。镇和试点村共投入资金1460万元，邀请华南理工大学、广州美术学院对试点村村貌和重点建设项目，进行全面规划和设计，将古村落活化提升项目建设与强化城乡管理、创造森林城市、河涌整治、大气治理有机结合起来。通过一年努力，试点工作初见成效。

黄龙村是中共中央总书记习近平上任后首个视察村庄。在创建互动中，突出“互帮互助，精准扶贫，共同致富奔小康”的主题，进一步加强基层党组织建设，将习近平视察过的农居打造成为党建公园，设立党建活动室，拍摄党建宣传片《遇见黄龙》，建立村史展览室，展示村和党组织发展壮大历史，组成一支有200多人以党员、团员为主体的志愿者队伍，开展邻里互助志愿服务活动；倡导好善行善精神，设立村善行义榜、好人榜、乡贤榜，评选“道德模范”“身边好人”“最美人物”；改善村容村貌，修缮穗丰桥、入村大道及两侧民居，建起福临公园，弘扬传统乡村文化，在端午、中秋、重阳、春节，开展“我们的节日”活动，放电影、做大戏，举办篮球比赛，丰富村民文化生活。村还建立“黄龙村微信群”，广泛收集民意、民情，密切村委会与村民联系，全村呈现出政通人和的局面。

林头始建于唐代，自然环境优美，历史文化底蕴丰厚，全村有7座古石桥、7间祠堂、1座牌坊、11座庙宇，一河两岸遍布古老民居。在试点工作中，该社区按照“传承岭南文化、发展乡村旅游”的格局，对这些古建筑活化，建起牌坊公园，在祠堂分别设立起村史馆、村民活动中心、诗书画社、曲艺社；在传统节日，组织粤剧表演、龙狮表演、龙舟竞渡、重阳敬老活动。林头是广东省广绣业重要生产基地，该社区传承这一古老艺术，举办广绣技术培训班，培育了一批新人，使广绣艺术后继有人。迄今，再现“书香桥韵，水墨林头”的水乡风貌。

北滘社区，是广东省著名教育家简朝亮的故乡。在美丽文明村建设中，该社区以简朝亮“有教无类”“忧道不忧贫”“驾行之道”精神，升级改造简朝亮公园，打造乐善文化，倡导爱国爱乡，促进社区多元文化的融合发展，发扬友爱互助和乐善好施的风气。2017年下半年，该社区还全面整治下水道，维修旧街巷面，社区面貌焕然一新。

黄龙村、林头和北滘社区的试点工作，为北滘镇美丽文明村居建设，提供了示范引领作用。

二十七、魅力小镇建设

2015 年 1 月 15 日，在北滘镇十六届人大五次会议上，镇人民政府首次提出“魅力小城建设”的施政理念。经过一年的实践，2016 年 1 月，镇人民政府将“魅力小城”建设内容概括为：城乡环境优美、经济充满活力、生活便捷舒适、精英人才汇聚。紧扣顺德北部片区一体化发展战略，加强与佛山新城、广州的对接，加速融入广（州）佛（山）都市经济圈，优化城镇功能品质，增强城市基础设施、公共设施、资源环境的承载能力；依托现有产业集聚优势，依靠技术和创新，在广州地铁 7 号线沿线地区产业分工中定好位，打造“创业之城”和“产业新城”。

2017 年，中共顺德区委和区人民政府提出建设“屹立珠三角，面向全世界的创新顺德”目标。为此，中共北滘镇委、镇人民政府提出：大力实施“开放引领、创新驱动”发展战略，紧紧围绕“创特色、强优势、补短板”，实施“五大发展行动”（开放发展行动、创新发展行动、协调发展行动、共享发展行动、提质发展行动），进一步推进“魅力小城”建设，“将北滘努力打造成区域开放引领先行区、产业创新驱动核心区和高端人才集聚区”。实现经济社会稳定健康发展，继 2016 年获全国第一批“特色小镇”称号后，又获全国第四批“美丽宜居”小镇、广东特色小镇创建工作示范点、省级公共文化服务体系项目等称号。

产业从制造向创造方向发展。美的、日美、锡山等集团企业加快创新驱动和转型变革，推进全球并购与资源整合，加速智能制造和智慧家居的发展，积极推动机器人、军民融合、卫勤装备等创新产业起步发展。依托“省级‘互联网’+制造”小镇的模式，推进电子商务六年发展计划，成立阿里巴巴顺德产业带（北滘）运营中心，总部经济初具规模，盈峰丰明中心、怡和中心吸引 160 家企业进驻，美的电商销售连续五年全球第一，淘商城成为广东顺德电子商务创业孵化示范基地。北滘经济综合实力位于全国十强镇的第八位。

城镇化水平稳步提升。以美丽村庄、美化家园为重点，完成村级基础设施建设，社区改貌、古建筑修葺项目 93 个，绿化美化面积 30000 平方米，美的大道下穿国道 G105 线隧道建成通行，广州地铁 7 号线，佛山地铁 3 号线相继开工，广佛环线主线工程进入收尾阶段，全面整治镇内 236 条河涌，碧江、碧桂园、顺江、三洪奇、广教成为“四星级广东省宜居社区”。

教育文化卫生事业全面发展。扩建西海小学、朝亮小学、西滘小学，重建莘村爱心幼儿园、三洪奇幼儿园，新建华南师范大学附属北滘学校；以北滘文化中心为载体，推进公共文化服务建设；佛山市青少年宫北滘宫对外开放；建成岭南园林和园、都宁岗森林公园；投入 5000 万元，打造美丽乡村项目 43 个，全年全镇开展各类文体活动达 1826 场次；强化和提升基层公共卫生服务能力，全镇基本形成社区医疗网格化和卫生防疫全覆盖。

民生保障持续改善。全镇居民就业率达97.5%，成为“国家级充分就业社区”，慈善事业蓬勃发展，全年救助支出达2100万元，受助民众达30000人，为132户困难家庭提供廉租房居住，探索创新养老服务体系，全面提升余荫院服务能力，基本实现困难对象救助全覆盖。

和谐稳定，人民安居乐业。以维稳安全为中心，大力加强立体治安防控体系，建设平安村庄、平安校园，全镇总警情、刑事警情大幅度下降；加强安全生产、消防安全和交通安全检查和专项整治，消防安全隐患近万处，建立食品快检实验室，构筑食品药品安全，群众安全感切实提升，社会呈现升平繁荣景象。

附：

1995—2017年北滘镇获省、部级颁发的荣誉称号一览表

表13—5—1

时间	荣誉称号	颁奖部门
1995年9月	广东省乡镇之星	广东省民政厅
1995年12月	广东省文明单位	中共广东省委广东省人民政府
1996年12月	广东省体育先进镇	广东省体育运动委员会
1997年5月	无吸烟单位	广东省爱国卫生运动委员会、广东省卫生厅、广东省控制吸烟协会
1997年5月	普及九年义务教育扫除青壮年文盲工作先进单位	广东省人民政府
1997年8月	1997年度广东省卫生先进镇	广东省爱国卫生运动委员会
1997年10月	全国群众体育先进集体	中华人民共和国国家体育运动委员会
1997年12月	广东省文明单位	中共广东省委、广东省人民政府
1998年10月	广东省乡镇企业“百强镇”	广东省人民政府农业办公室、广东省乡镇企业管理局
1998年6月	全国乡镇企业出口创汇五强镇	中华人民共和国农业部对外贸易经济合作部
1999年9月	全国创建文明村镇工作	中央精神文明建设指导委员会
2001年7月	全国先进基层党组织	中共中央组织部
2001年7月	先进基层党组织（北滘镇党委）	中共广东省委
2001年10月	广东农村团组织“学习‘三个代表’，服务百镇千村”行动先进示范点	共青团广东省委员会
2002年12月	广东省财政系统先进集体	广东省人事厅、广东省财政厅
2002年6月	模范乡镇党委（北滘镇党委）	中共广东省委

续表

时间	荣誉称号	颁奖部门
2002 年 12 月	广东省卫生镇	广东省爱国卫生运动委员会
2004 年 4 月	广东省基层人口和计划生育工作先进集体	广东省人口和计划生育委员会
2004 年 8 月	广东省固本强基工程省级示范点	中共广东省委组织部、中共广东省委基层办
2004 年 11 月	全国人口计生系统作风建设先进单位	中华人民共和国国家人口和计划生育委员会
2004 年 12 月	广东省第五届“体育节”活动先进单位	广东省体育局
2005 年 10 月	全国文明村镇	中央精神文明建设指导委员会
2006 年 9 月	中国家电制造业重镇	中国轻工业联合会、中国家用电器协会
2006 年 10 月	2005 年度全国小城镇综合发展水平 1000 强	国家统计局农村社会经济调查司、中国信息报社
2007 年 9 月	国家卫生镇	全国爱国卫生运动委员会
2008 年 9 月	全国乡镇企业科技园区	中华人民共和国农业部
2008 年 9 月	广东省教育强镇	广东省教育厅
2008 年 12 月	广东食品安全示范镇	广东省食品安全委员会
2009 年 4 月	广东省特级档案综合管理单位	广东省档案局
2010 年 7 月	2006—2009 年度广东省群众体育先进单位	广东省体育局
2010 年 12 月	2009 年广东镇域经济综合发展力十强	广东县域经济研究与发展促进会、中共广东省委党校省情研究中心
2010 年 12 月	2010 年中国城市化工业设计典范案例	中国国际城市化发展战略研究委员会
2010 年 12 月	广东省“双提升”示范专业镇	广东省科学技术厅
2010 年 12 月	广东省专业镇建设先进单位	广东省科学技术厅
2011 年 9 月	中国家电制造业重镇	中国轻工业联合会、中国家用电器协会
2011 年 11 月	第十八届美的杯全球华人羽毛球锦标赛“最佳承办单位”	全球华人羽毛球联合会
2011 年 12 月	国家卫生镇	全国爱国卫生运动委员会
2012 年 2 月	广东省第十二届“体育节”活动先进单位	广东省体育局
2012 年 12 月	国家级生态乡镇	中华人民共和国环境保护部
2013 年 1 月	广东省就业先进工作单位	广东省人民政府
2013 年	广东省农村劳动力转移就业示范县	广东省人力资源和社会保障局

续表

时间	荣誉称号	颁奖部门
2013 年	广东省扶贫开发“规划到户、责任到人”工作优秀单位	中共广东省委办公厅、广东省人民政府办公厅
2014 年	2014 年度中国中小城市综合实力百强镇第九位	中小城市经济发展委员会等
2014 年	全国安全社区	国家安全生产监督管理总局、中国职业安全健康协会
2014 年	国家卫生镇	全国爱国卫生运动委员会
2014 年	中国家电制造业重镇	中国轻工业联合会、中国家用电器协会
2014 年 11 月	第二届全国 110 消防奖先进集体（北滘镇专职消防队）	中华人民共和国公安部
2014 年 12 月	产业设计奖（广东工业设计公共服务平台建设项目）	广东省“省长杯”工业设计大赛组委会
2015 年	“中国科学发展百强镇”排名榜第八位	《中国中小城市发展报告（2015）》绿皮书发布
2015 年	2015 年度中国中小城市综合实力百强镇第八位	中小城市经济发展委员会
2015 年 3 月	广东省宜居示范城镇	广东省住房和城乡建设厅
2016 年	“广东专业镇创新指数”工业组第一位	广东省社会科学院、广东省专业镇发展促进会
2016 年	全国社区教育示范街道（乡镇）	中国成人教育协会社区教育专业委员会
2016 年	国家卫生镇	全国爱国卫生运动委员会
2016 年 10 月	中国特色小镇	中华人民共和国住房和城乡建设部
2017 年	广东特色小镇创建工作示范点［顺德特色小镇集群示范区（北滘—龙江—乐从—陈村）］	广东省发展改革委
2017 年	广东省公共文化服务体系示范项目（北滘镇创建公共文化服务体系助推“魅力小城”建设）	广东省文化厅
2017 年	2017 年全国综合实力千强镇第八位	中小城市经济发展委员会等

第十四篇　政法和国防建设

1959 年 5 月，北滘人民公社成立后，陆续建立起公安、司法、军事等部门，社会秩序稳定，治安良好。“文化大革命”期间，公安、司法、治安组织受到冲击，法制遭到破坏。1980 年后，治安、司法调解等组织重新恢复，依靠社会力量，维护社会主义法制，全面实行综合治理，严厉打击各种刑事犯罪活动，做好教育、感化、拯救工作，预防犯罪，及时调解群众内部纠纷，减少矛盾，维护社会治安稳定，保障人民生命财产安全，境域内治安形势逐步好转。

第一章　公安

第一节　机构与警队建设

机构发展　1959 年 5 月，北滘人民公社设立派出所。1968 年 2 月 20 日，其职能由北滘公社革命委员会保卫组取代。1983 年 4 月 16 日，重新设立北滘派出所。1986 年 7 月和 1987 年 9 月，北滘派出所设立了分所——碧江办事处派出所和北滘办事处派出所。1991 年 3 月 30 日，北滘派出所升格为顺德县公安局北滘分局，下设碧江、莘村、北滘 3 个派出所。2001 年，增设林港派出所，全镇共有 4 个派出所，共有警力 132 人，占总警力的 65.3%。2002 年 9 月，增设碧桂园派出所。2004 年 7 月 23 日，北滘公安分局易名为北滘镇派出所，全称为“佛山市公安局顺德分局北滘镇派出所”。2014 年 6 月 24 日，加挂北滘公安分局牌子，主要职责任务是：负责辖区内的户口管理，维护辖区内的治安秩序，侦破各类罪案，维持指导社区、村治保会工作开展，帮助群众处理、调解内部矛盾纠纷，管理特种行业，预防灾害事故等；有办公室、刑警队、治安股、巡警队、预审股等内设机构。

警队建设　北滘派出所成立后，先后在济虹路、天宁路等地办公。1994 年，北滘镇根据市委决定，加强公安体制改革，把各管理区（街区）报警站全部升格为公安分队。同年治安建设及其他福利事业投入 1096.2 万元。新建、扩建治安队办公楼、报警站 7 座。1998 年 12 月，投入 450 万元，北滘公安分局办公楼竣工，5 栋 3 层楼房，占地 4730.9 平方米，建筑面积 3421.9 平方米。1998 年，投入 510 万元兴建莘村派出所、碧江派出所。2002 年，投资 820 多万元的林港派出所、巡警中队综合办公大楼竣工。2009 年初，北滘派出所新办公楼落成，楼高 5 层，占地面积 1897 平方米，建筑面积 9150 平方米。

1993 年至 1995 年，随着经济的发展，北滘派出所不断加强队伍建设，增设一批武器设备，建立电脑联网报警指挥中心。1996 年，北滘公安新增加对硬件的投入约 450 万元。1997 年，北滘镇投入 50 多万元建立“110”指挥室，5 月 9 日，与市指挥中心联网开通。1998 年，北滘镇根据上级的要求，成立整顿工作领导组，全面整顿治安队，统一治安队伍服装和装备，加强政审培训和建档工作。同年全镇共有治安队 25 支，治安队员 215 人。2000 年下半年，在原来预算的基础上，增加 160 万元购置先进设备，提升网络系统工程，实现信息管理一体化。2001 年 10 月购买芬兰“威马”32 米云臂梯车。2002 年，投资 100 多万元的公安分局网络系统工程已经投入使用，230 户安装了电脑联网报警装置。2004 年 3 月 29 日，一批巡逻犬首次亮相北滘镇街头，开展夜间的治安巡逻。同年全镇增加治安队员 134 人，增配警用摩托车 60 辆。2005 年 8 月，投入 40 多万元添置警用治安巡逻摩托车 30 辆。同年，全镇增加治安员至 526 人，超出顺德区下达编制。2006 年，美的集团捐出 100 万元支持公安系统建设。2008 年 8 月治安视频监控系统投入使用，全年投入 600 多万元，在 18 个村（社区），全面安装视频监控系统 608 个。2010 年，投入 240 万元改造视频监控系统。2012 年 7 月，北滘派出所有民警和治安联防队员 740 多人。2013 年 7 月，北滘镇政府投入 60 多万元为北滘派出所添置警用装备，包括 29 辆治安巡逻摩托车和 50 个对讲机。2014 年，镇政府新划拨 3000 多万元的公安专项经费，用于执法办案中心的建设、视频监控、治安联防队员的武装、警用车辆、执勤装备等 7 个项目建设；设立治安闸门 158 个，治安亭 117 个，以亭配岗，监控点达 675 个。2015 年，新增高清监控点 293 个，高清视频 600 支，2 个高清治安卡口。2016 年，管辖区内已完成 592 只高清探头安装工作，129 家大型出租屋门禁视频安装，“E 超市”和“警企联动”制度及相关工作均百分之百，完成强化交通巡警职能的综合执法能力，提高见警率和管事率。在 2017 年，新增近千支的高清监控视频，扩大覆盖重要场所、重点行业、重点部位及重点道路主要出入口和案件高发的区域，其中包括村（社区）公园、广场、景点、学校、政府、商住区及主干道等。2017 年 8 月，林港派出所一台自助接报案笔录机器人正式启用，需报案的市民可根据提示操作，语音或手写自行完成报案笔录整理，提高接报案笔录的效率和准确性。

业务培训 1980 年后，北滘派出所每年划出专门时间，对全体警员进行离岗培训或转训，加强警队思想教育和业务技术学习，警队业务能力不断增强。1996 年，因学习济南交通警察先进经验成绩突出，北滘公安分局受到顺德市局表彰。1997 年，对全镇 103 支保安队伍，921 名保安人员，全部进行业务培训，持证上岗。经过整顿的保安队伍，面貌焕然一新，在佛山市率先创建了保安队伍管理的“北滘模式”，得到上级的表扬，并定为佛山市保安管理的示范点。2000 年，加强刑侦建设，民警学习电脑，为办公自动化铺路，档案管理升级达标，北滘公安分局成为该市公安系统第二个全部达到省特级的分局。2000 年后，北滘警队政治学习和业务培训班进一步常态化，每年均进行业务考试和训练考试。2004 年 11 月 20 日，北滘警方在北滘职业技术学校内举行练兵汇报表演。2005 年 7 月，北滘对 185 名已聘保安进行连续一个月的消防培训。2006 年 10 月 14 日，北滘镇保安年度培训班在林港社区民警中队会议室正式开班。来自全镇 100 多家企业的保安员，在这里分批进行保安业务、军事技能和消防安全的年度培训。2013 年 5 月，为提高民警和辅警处置各类突发事件的能力，增强民警、辅警综合素质和实战本领，北滘派出所专门制订了巡警岗位练兵方案，聘请了区局巡警大队资深教官对 96 名队员授课。2013 年 6 月，北滘组织全镇巡警力量，开展了为期两周的大巡防练兵活动，训练以实战为主，专攻日常巡防遇到的难题。2013 年 10 月 16 日，香港警务处警署警长晋升课程培训班的 21 名学员们，在陈进团长的率领下来到北滘派出所进行考察交流。2017 年 10 月 26—27 日，北滘镇组织 40 名预备役人员进行“三防”抢险业务知识培训，从“三防”抢险知识学习，到进行开沟导渗、反滤围井、筑牛尾墩、绑绳练习等项目实操培训，熟练掌握防汛抢险技能知识。

宣传教育 2006 年 10 月 22 日，北滘镇政府组织的综管服务中心、公安、计生等十多个职能部门联合在全镇 18 个村（社区）范围内开展了题为“提升流动人员和出租屋综合管理服务，共建和谐北滘”宣传月活动。2010 年 9 月 24 日，北滘镇召开亚运维稳安保总结表彰大会，总结亚运维稳安保工作经验，表彰先进个人。9 月 26 日晚，北滘镇举行警队和治安联防队员“迎亚运、保平安”治安大巡逻，现场进行擒拿格斗、日常勤务抓捕、围捕持枪歹徒、处置群体性事件等 6 项技击演练。2013 年公安部门积极开展宣传活动。9 月 6 日，北滘派出所召集辖区内的农商行、农行等 10 多家银行安全保卫负责人，召开“警银协作 共建平安”防范电信诈骗座谈会，深入推进防范电信诈骗宣传活动；10 月 22 日，北滘派出所在美的微波炉公司举办了“安全防范进企业宣传交流会”，现场教企业员工如何防盗防抢防骗；12 月林头警务室的民警到社区的农贸市场开展安全防范宣传活动，通过宣传展板、现场宣讲、解答群众咨询等多种形式，向市民宣传安全防范知识，

公安成绩 1983—1986 年，北滘派出所两次被市委、市政府授予“打击刑事犯罪”先进单位，顺德县和北滘镇精神文明建设先进单位。指导员陈金龙被公安厅授予“二等功臣”。1990 年 12 月，北滘镇被顺德县人民政府授予第四次全国人口普查先进单位，被佛山市人民政府授予第一个五年普法教育先进单位和扫除“七害”成绩显著单位。1993 年度获佛山市文明镇和社会治安综合治理先进单位。1993 年，刑事破案率达 80.7%，治安案件查破率达 87%。北滘公安分局、碧江派出所、北滘巡警队分别被佛山市局授予集体三等功。2000 年，北滘公安分局、人秘股、莘村派出所分别被省厅授予集体三等功，刑警中队被省公安厅授予优秀刑警中队，三洪奇警务区被评为市先进警务区。2009 年度，林头社区获得顺德区禁毒工作优秀单位称号；顺江社区、碧桂园社区获得“无毒”社区称号；北滘派出所获得顺德区反邪教工作优秀单位、“全省优秀公安基层单位”称号。2011 年 3 月，北滘派出所被评为“全国一级公安派出所”。2012—2016 年，有 91 名民警立二等功、三等功及嘉奖。

第二节　治安管理

1959年5月，北滘各生产大队设立治保会，协助公安机关开展经常性的治安防范工作。当时，社会治安稳定，极少出现治安案件，“夜不闭户，路不拾遗”，群众安居乐业。

20世纪80年代起，治安案件增多。1981年公安机关开展打击强奸、流氓犯罪的专项斗争。1981年12月到1982年1月开展清查流窜犯的统一行动。1983年8月按照全国全省部署开展为期三年的严厉打击严重刑事犯罪活动。

80年代中，乡镇居民住宅被盗案件增多。各管理区建立由公安警察、民兵和治保会委员组成的治安联防队伍，分别到各辖区和内部单位检查治安防范工作。各乡镇企业普遍设立保安队。1987年7月，成立北滘镇安全委员会，由镇政府黎志明担任主任。1988年1月，北滘镇成立保安大队，为各企业、单位提供守护、门卫、巡逻、押送现钞和贵重物品等安全服务。1991年3月，成立保安队的做法，已经推广到镇属下的部分村，把这些村一级的治安承包队、巡逻队、治保会等整改整建成为保安中队。同年全镇治安承包队19个（部分已改建为保安中队），专业治安队3个，共有队员236名。1991年4月，成立北滘镇社会治安综合治理委员会，潘毅敏任主任。1991年4月至1992年3月，全镇共破获刑事案件93宗，治安案件15宗，惩治犯罪分子139人。

1983年，贯彻“从重从快”方针，依法严厉打击严重危害社会治安刑事犯罪，对青少年犯罪采取综合治理办法，普遍以基层治保干部、帮教对象家属、群众积极分子等组成帮教小组，实行责任到人，落实帮教措施，有针对性地帮助、教育违法青少年。1988年，青少年犯罪案件增多，实行警校挂钩，加强青少年的法制教育。

1985—1987年三年坚持严厉打击刑事犯罪活动，快速侦破大要案件。80年代末，流窜犯罪案件大量的出现，成为扰乱社会治安秩序的突出问题，随着交通事业的发展，运输车辆和旅客流量不断地增大，许多犯罪分子，尤其是外省市流窜犯罪分子流入佛山市地区公路沿线频频作案，公安机关在主要路段增设治安卡哨，打击“车匪路霸”犯罪活动。为震慑犯罪分子，教育广大群众，1989年9月4日，召开打击刑事犯罪专项斗争宣判大会。1991年也先后召开了两次大规模的宣判大会。

1993年，随着市场经济的发展，治安形势呈现复杂、多变的态势，北滘镇结合形势变化，建立有自己特色的治安防范体系，以分局为核心，以3个中心派出所为主，以公安分队和报警站为依托，形成一个三级治安防范网络，做到点线面结合，统一指挥，相互策应。分局还针对本地治安复杂的实际情况，将镇面划分为17块，并建成了一支60人的专职保安队，实行方格化管理，治安包干，责任到人。公安队伍和治安巡逻队相互配合，24小时全天候巡逻，以确保社会治安的稳定。全镇有治安巡逻队22支、195人。治安巡逻队以地段，自然村为主，补充公安防范网络留下的空档，充分发挥群防群治作用，提高了整体防范能力。“北滘模式”治安打击防范网络显示出巨大的威力，协助公安部门破获了一批重特大刑事案件。全年全镇发生刑事案件166宗，破获134宗，破案率达80.72%，北滘治安防范网络的做法，得到上级公安机关的肯定，省公安厅于7月28日用简报的形式在全省推广北滘的经验做法。

80年代中后期，盗窃、抢劫机动车案件逐渐增多，进入90年代之后更呈现高发趋势，为此，公安部门要求各车主安装防盗系统。1993年，全镇小汽车已全部安装了防盗报警系统，已有120辆大小汽车安装了方向盘防盗锁，全镇企业已有90%以上安装的防盗报警系统，有效地避免和减少了各类案件的发生。1998年9月至12月，北滘公安局开展打击走私、盗窃、抢劫机动车犯罪专项斗争。是年，全镇共设安全小区91个，有小区治安员、保安员750多名，覆盖率为常住人口的100%。1999年，全镇查处各类犯罪团伙14个，捕获各类犯罪嫌疑人228人。

1988年，切实抓好扫赌、扫毒、扫黄专项斗争。1995年下大力气扫除“黄、赌、毒”，开展了声势浩大的禁毒专项斗争，全县破获毒品案件42宗，抓获贩毒案件5人，查获吸毒人员77人，缴获毒品海洛因45克，查获卖淫嫖娼人员34名，赌徒460名，还缴获一批毒资、毒具，有60名到戒毒所戒毒。1995年11月，北滘武装部组建一支20人的民兵预备役武装执勤队，加强镇面的执法力量，维护社会治安秩序。1996年，继续大规模开展扫除“黄、赌、毒”斗争。全年破获犯罪案件229宗，查封赌博电子游戏机室10间，收缴赌博电子游戏机205台，翻版、盗版录像带450多盒，镭射影碟80多片。1997年3月，成立北滘镇依法治镇工作领导小组和北滘镇禁毒专项斗争指挥部。

1994年，各管理区、街区和各企事业有关单位成立“打黑”指导小组，开展以打击恶性势力刑事犯罪和带黑社会性质的恶势力团伙犯罪。人防、技防双管齐下，除坚持“设卡巡逻抓现行”的打击方针，还斥资40多万元人民币，建立北滘镇电脑联网报警中心，进网的企事业单位达124户、个体13户，指挥中心总部设在巡警队，实行24小时全方位监控。全年全境共破获刑事案件159宗，破案率达76.8%，其中大案105宗、带黑团伙案件11宗、抢劫团伙案件10宗、盗窃团伙案件22宗、贩毒团伙案件1宗、诈骗团伙案件1宗。

1997年，北滘设立“110”报警中心。1998年2月，镇政府制定《顺德市北滘镇公安机关“110”报警服务台接处警工作暂行规定》，该规定明确赋予“110”统一调度权，只要是“110”发出的指令，任何部门和单位都要按指令去办。2000年，“110”报警服务台受理各类报警、求助和投诉电话7015起，其中刑事案件1293起、治安案件450起、交通事故1716起、求助224起、火警65起、其他3267起。

1991—1999年，各年刑事案件呈逐渐递增趋势，从166宗上升到483宗，各年破案率达74%以上。进入2000年后，社会治安形势严峻。2000年开展打黑除恶、打击拐卖妇女儿童、扫除黄赌毒为主要内容的“两打一扫”专项斗争和专项整治。全年共发生刑事案件1136宗，比1999年上升了653宗，增加一倍多。其中，大案688宗，比1999年上升367宗。两年破案率分别为27.6%和29.8%。2001年7月25日上午，西海村发生村民千人聚集事件，公安干警果断采取行动，妥善处理事件。2001年共发生刑事案件1737宗，2002年共发生刑事案件1411宗，社会治安形势不容乐观。因此，北滘镇进一步完善各村、社区治保主任责任制，加强治安联动系统建设，充实“110”指挥中心各项设施，新招80多名退伍军人组成巡逻队，增强防御能力。继续开展“扫黑除恶”，打击拐卖妇女儿童，扫除“黄赌毒”等专项斗争；积极开展打击传销和“邪教”组织非法活动，规范了“网吧”行业的管理，认真做好群众信访工作。2002年，公安部门深入开展严打斗争，12月开展打击盗抢机动车和“双抢”犯罪区域性联合行动，在稳定社会大局中发挥了重要作用。全年共破获刑事案件616宗，抓获犯罪嫌疑人456人；大力整顿市场经济秩序，重点查处制假、售假较为严重的行业和产品，全年共查处各类经济犯罪违章案件240多宗。2003年11月，加强打击侵害妇女合法权益违法犯罪工作。2001—2005年，全镇破获刑事案件2800多宗，刑事案件呈下降态势。2006—2008年，共妥善处理各类信访案件1730宗，有效化解、疏导各种矛盾，社会治安平稳，刑事案件有所下降。

2003年，成立北滘镇打击走私综合治理领导小组。2003年3月12日，北滘公安水上快艇站成立。2009年，成立北滘镇防范和处理邪教问题工作领导小组。

2010年，北滘派出所充分发挥“网上追逃”的优势，深入推广应用“实有人口管理企业申报系统”，积极采取网上比对、秘密侦控、节日追踪等手段，有效地打击了各类违法犯罪行为，全镇社会治安大局持续稳定。2011年，北滘镇公安和基层治安组织开展平安创建、道路护理工作，加大视频监控网络，做好对刑释人员安置帮教工作。深入广泛开展平安创建活动，治安报警下降31.8%，刑事案件下降18.8%。

2012年，深入开展“三打两建”（指打击欺行霸市、打击制假售假、打击商业贿赂、建设社会信用体系、建设市场监管体系）专项斗争。5月30日，北滘镇各村（社区）有关负责人和治安联防队员一起参加“三打”业务专题培训，为下一阶段在全镇全面扩大和加大“三打”的覆盖范围和力度作准备。6月14日印发《北滘镇综合提升法制治安环境工作实施方案》，严厉打击各类刑事犯罪。全年共处理446宗案件，打掉欺行霸市团伙25个，捣毁制假售假窝点15个。

2012年9月21日，顺德警方在北滘新城区广场举办了“创平安幸福顺德·喜迎党的十八大”治安“大巡防”启动仪式。北滘派出所也结合北滘的实际情况，制订了相应的工作方案，以巡警为主，充分发挥辅警、治安联防队员的积极作用，落实群防群治，积极宣传发动，进一步提高群众的防范和参与的意识。北滘派出所还成立了平安办，在全镇的19个村（社区）推行了平安村（社区）的建设，推进“大巡防”机制，提升社会面动态治安控制力，全镇刑事治安警情下降30%，治安环境进一步好转。2013年大力推进平安北滘建设、农村治安环境净化工程和全国安全社区创建工作，全年刑事治安警情同比下降35%。2014年深化社会治安综合治理，治安环境持续改善，全年刑事治安原始警情同比下降7.4%。全面创建“平安村（社区）”，基本实现重要路段、重点场所视频监控全覆盖，新增北滘社区、黄龙村等5家警务E超市，实现社区警务工作智能化。

2014年，北滘开设130个警企联动点提升群防群治力量，遇到突发情况，企业按下紧急按钮，警员5分钟就会到现场。它是加快了处警速度，快速反应，使企业在不打“110”的情况下能快速地通知指挥中心。北滘在路面执法时将启用警务通系统。同年8月，黄龙村打造“天、地、人、屋”的村居治安防控体系，在5个出入口设置警务E超市，加强出入口的行人和车辆监控；同时全村的主干道路、街巷、人员密集地方设置视频监控点，并增加警力加强巡逻，全面覆盖村内的治安重点和黑点区域，有效打击了各项犯罪行为。全年全村共发治安警情79起，比上年减少36起，刑事警情67起，比上年减少56起，警情下降明显。2015年1月13日，佛山市对北滘黄龙村“警务E超市”进行考评，并把黄龙村“警务E超市”建设经验在全市推广。

2015年社会安全体系成功构建，强化“平安北滘”建设，全镇刑事、治安警情同比下降18.7%。2015年8月，北滘公安分局联合上级部门打掉了一个盗窃汽车团伙，共破获案件7起，缴获赃车3辆。12月24日，北滘公安分局出动警力300多人次，排查安全隐患，清查歌舞娱乐场所16间次，游艺场所9间次，有效保障北滘镇的治安秩序环境的安全祥和。2016年，北滘被评为“全国安全社区”。2017年6月，“反走私基层联络点”在林头社区居委会内正式挂牌成立，专门设立2名反走私联络员，并通过张贴宣传海报，设置反走私宣传栏，利用社区LED电子屏等多种手段宣传反走私工作。

2005—2017年北滘社会治安情况表

表14—1—1　　　　单位：起、人、张

年份	治安案件受理数	治安案件查结数	治安案件查结率（%）	治安案件处理人数	刑事案件立案数	破案件数	破案率（%）	居住证发放数
2005	575	350	60.8	709	1664	679	40.8	74841
2006	728	531	72.9	1088	1581	756	47.8	83358
2007	1654	725	43.8	1467	1571	760	48.4	91102
2008	3411	1081	31.6	1876	1640	764	46.6	98579
2009	6297	2164	34.3	5382	1777	571	32.1	78212
2010	4812	1271	26.4	2489	1697	667	39.3	87336
2011	4088	1418	34.7	1717	1606	671	41.9	24435
2012	4206	1479	35.16	3289	3592	688	19.2	28305
2013	3934	1373	34.9	3563	3340	583	17.5	26134
2014	4460	1834	40.9	3557	3314	974	29.4	26722
2015	5512	1713	31.08	3024	1857	676	36.4	22023
2016	4667	1310	28.07	2408	1462	973	66.5	13262
2017	4343	1492	34.35	2535	1265	969	76.6	10239

第三节　人口管理

一、户籍人口管理

1950年，县人民政府相继颁发《户口管理规则》《管理市镇户口暂行规定》和《居民申报户口暂行办法》，北滘实行户口申报和城镇颁发居民证制度。公安部门管理城镇户口，民政部门管理农村户口。各乡政府均设有专人负责日常事务，实行人口出生、死亡、迁出、迁入四项变动登记。1956年8月，公安部门接管农村户口管理。1959年，域内户籍由北滘公社管理委员会代行管理。1964年，换发户口簿，在各大队分别建立户口底册。

1978年，根据县的部署，北滘公社重整户籍档案资料，加强对户口簿册的管理，统一更换户口簿，纠正重、差、错、漏等情况。1983年，全镇城乡户籍统一由北滘派出所管理，设户籍民警。1984年，放宽科技人才及其家属的户口迁移，农民进入镇区自理口粮落户。1985年5月开始，全镇集中发放16周岁以上居民的身份证。1990年，北滘镇第四次人口普查办公室按上级的有关规定开展户籍整顿工作。

1993年，经县人民政府同意，北滘为在新镇区的居民入户，转为非农业户口，全年共办理农转非户口227人。1993年，根据省政府批转省公安厅《关于调整户口迁移若干政策的请示》，北滘城镇居民户口与当地非农业户口享受同等待遇，从外地迁入北滘镇区户口不收市政增容费。70年代末80年代初以“自筹粮”入厂的职工，部分被转制企业淘汰下岗，回流至原来农业户口所在地，户籍问题有待解决。1996年6月1日，北滘公安根据市政府《关于加强户政管理工作的通知》精神，整顿和理顺户口管理关系。从1996年10月30日之后，取消自理粮户口。街道办的自理粮户口原则上转为非农业户口，各管理区的自理粮户口，原则上转为农业户口。严格控制非农业户口转农业户口。对户口实行分类管理，非农业户口发红色户口本，农业户口发绿色户口本，外来暂住户口发蓝色暂住证。1997年，北滘再次对城镇居民户口进行清理整顿，统一城乡户籍登记制度，派出所建成人口信息微机管理系统，建立常住人口登记表底册，为换发全国统一户口簿做好准备。1999年7月16日，北滘街道办事处提出《关于理顺企事业单位招聘人员迁入户籍管理的建议》，整治人户分离现象。2000年全年办理边防证7700张，身份证4847人次，批办户口迁移745人次。2001年，全年共办理边防证13690张，身份证7135人次，批办户口迁移1000人次。2001年起，由镇公安分局集中办理户政业务，完善和加强农村户口城市化管理。2002年2月，镇政府结合该镇的实际提出了《关于完善我镇户籍管理若干问题的意见》，对日常户口管理问题、收养子女入户问题、育龄妇女户口迁移问题，提出了具体的要求，其中规定，1999年3月1日之后合理出生的婴儿可随父入户。

为进一步加大便民利民力度，从2011年9月26日起，市民可以就近到北滘派出所办理“港澳游”签证业务。2012年7月派出所也有对外服务的窗口，为市民办理户口、身份证等业务。2014 年 5 月 20 日开始，广东试点受理申请电子往来港澳通行证，市民可到北滘派出所办证大厅办理相关业务。2016 年，新建 24 小时公安自助办证大厅，市民可自助办理出入境、交通管理及身份证相关业务。

2005—2017 年北滘户籍统计表

表 14—1—2　　　　单位：人、户

年份	常住人口	户籍人口	总户数（户籍）	非户籍常住人口
2005	186336	106771	28983	79565
2006	214467	109125	29171	105342
2007	218891	111346	29890	107546
2008	238772	113194	29881	125578
2009	271923	114573	31336	157350
2010	272132	116106	32088	156026
2011	272586	118360	32829	154226
2012	259129	119448	33479	139681
2013	265687	120745	36943	144942
2014	283416	121956	34597	161460
2015	288126	123606	35118	164520
2016	304945	130589	37840	174356
2017	324764	142514	42163	182250

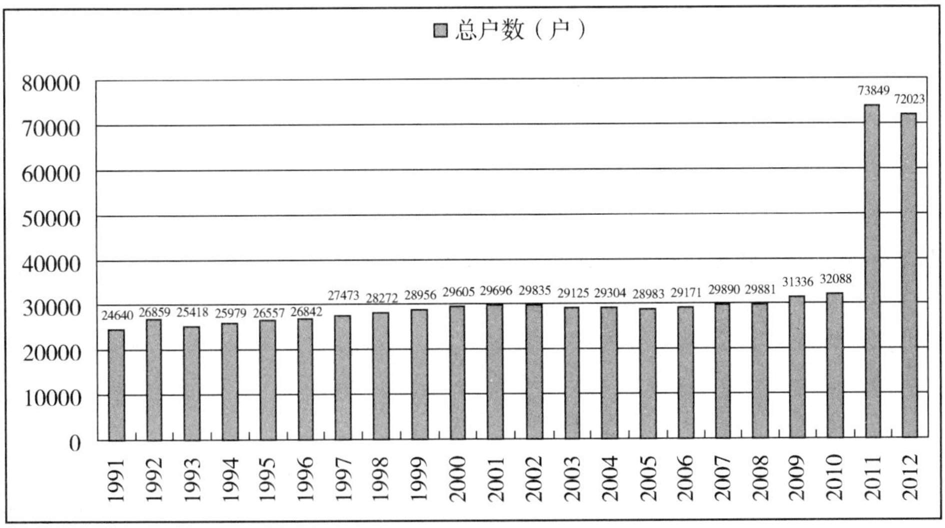

1991—2012 年北滘镇户籍统计示意图

二、流动人口管理

1980 年后，大量外地人涌入北滘务工。为加强对外来人口统一管理，1985 年起，根据公安部《关于城镇暂住人口管理的暂行规定》，北滘对居住三个月以上，从事务工、经商的暂住人口发给暂住证。1987 年 7 月，北滘派出所与镇劳动服务公司成立“外来劳动力管理办公室”，联合管理外来人口暂住登记工作，把办理劳动务工手续和暂住手续管理职能“二合一”。1986—1988 年陆续制定了《关于加强区、乡劳动管理的通知》《北滘镇外来劳动力管理规定》《北滘镇劳动管理办法》，明确对外来人口实行申报登记和领取暂住证制度，并按外来人口千分之一比例配备专管人员，使外来暂住人口工作纳入制度化、规范化的轨道。1988 年，北滘流动人口管理经验被县和佛山市确认，作为典型经验，向佛山全市加以推广。

1987 年至 1990 年，外工人数每年均增加 1500 人左右。1991 年增幅较大，北滘登记在册的外来暂住人口达 16016 人，比 1987 年增加近 2.5 倍，占全镇劳动力总量的 30.2%。为适应形势的变化，北滘进一步加强管理力量，外来劳动力管理办公室人员编制增至 10 人，全面推进以村、社区为块管理制度，定期召开块块企业、村委会负责人和个体企业三个不同类型的专题会议，制订相关措施，推广经验；并适当提高全镇 23 个管理小组 70 名工作人员的薪酬。

1993 年，外工登记办理暂住证 30648 人，比上年增加 8854 人。

1994 年，外工登记办理暂住证 36284 人。1994 年 5 月 5 日，成立北滘镇流动人口管理领导小组，下设办公室。在各村民委员会、居民委员会相应建立流动人口管理站。1995 年 6 月 15 日，镇流动人口主管部门（包括劳动管理所、公安分局、计划生育办公室）各自抽调若干人员，组成流动人口联合管理办公室，实行合署办公，对流动人口进行综合管理，统一办证，统一收费。办公地点设在劳动管理所。1995 年 6 月 20 日，镇人民政府印发《北滘镇流动人口管理暂行规定》。北滘镇流动人口联合管理办公室协同公安、司法、计划生育等部门轮流到企业和建筑工地，开展法制宣传教育与各种服务。1996 年 10 月 1 日，北滘统一使用广东省流动人口暂住证，同时加强暂住证的检查验证工作。该年全镇有外来人口 32627 人，办理暂住证 31066 人，办证率达 95.2%。1998 年，外工办证 31926 人次，办证率达 92%。2000 年，核发了外来暂住证 67533 个，清理“三无”人员 809 人。

2001 年 2 月，改革流动人口办证和管理方法。由流动人口办派驻人员到各派出所，负责对流动人员办证及管理。

2005—2017 年北滘镇外工居住证发放情况表

表 14—1—3

年份	居住证发放数	年份	居住证发放数	年份	居住证发放数
2005	74841	2010	87336	2015	22023
2006	83358	2011	24435	2016	13262
2007	91102	2012	28305	2017	10239
2008	98579	2013	26134		
2009	78212	2014	26722		

第四节　交通安全管理

交通安全管理机构　1986 年，北滘公安部门接管交通管理之后，原有的交通监理站随之被撤销。由于缺乏专门的管理，导致交通秩序混乱，事故纠纷增多，影响了交通运输，妨碍了经济的发展。为了解决这个矛盾，1987 年 4 月，北滘交通警察中队成立，开始负责北滘镇交通安全管理工作。积极开展交通法制宣传加强，路查路检，加强对机动车驾驶员和群众的交通安全教育，搞好镇内交通设施和标志，清除路障，疏导道路，及时调解交通纠纷，减少了交通堵塞。

2001 年，顺德设交通警察支队，北滘相应设交通警察大队（顺德交通警察第二大队）。2005 年，顺德复设交通警察大队，北滘相应复设交通警察中队。

北滘镇交通管理所根据市委办《关于深化市直属事业单位机构改革的实施办法》文件要求，在 2001 年 6 月起正式把交通管理权下放到镇管理。下放时，与镇政府签订了《北滘交通管理所下放到北滘镇管理交接协议书》，交通管理所直属镇委、镇政府管理，没有内设机构。2008 年 6 月，根据区编委《关于区交通系统事业单位机构改革的通知》要求，北滘镇交通管理所收归区交通局交通管理总站直接管理。

2010 年 8 月 4 日，顺德交警驻碧桂园交通管理服务站正式挂牌成立，这是顺德首个综合性交管社区服务站。2012 年 4 月 11 日，北滘设立全区首个镇级交通事故紧急救助基金，针对发生在辖区内的交通事故者实行救援，提供最高 1 万元的救助。2013 年 9 月 13 日，北滘镇道路交通事故人民调解委员会在北滘交警中队正式挂牌成立，为交通事故当事人提供民事损害赔偿方面的专业法律指导。

2016 年，顺德区公安局交通警察大队北滘中队为副科级建制，有民警 29 人，配有警车 5 辆，警用摩托车 10 辆。队址在北滘镇三乐东路，管辖路网 400 余千米，负责辖区内道路交通情况监控、轻微交通事故处理、道路安全设施排查、交通法规宣传和安全教育、交通违法处理、摩托车准办等。2010—2016 年，北滘交警中队共立集体三等功 3 次，26 人次获上级嘉奖或被评为先进个人，其中 4 人荣立个人三等功。

道路交通安全管理　1987 年，北滘交警中队根据省公安厅《开展整顿交通秩序的通告》的精神，结合辖区实际情况整治车辆违章，使镇内交通秩序明显好转。1990

年1—8月，全镇发生在管辖区内的交通事故40宗，伤35人、死8人，直接或间接经济损失超过12万元。1993年，交通中队一共纠正各种违法违章18万起，处理交通事故314宗，其中死亡25人、伤123人，直接经济损失155.92万元。1994年，北滘镇辖区内共发生交通事故470中，其中一般事故275宗，死亡29人、受伤90人，直接经济损失116.54万元。1995年，北滘镇辖区内发生交通事故235宗，死亡28人、受伤87人，直接经济损失100.79万元。

1996年，针对摩托车搭客的混乱现象，交警中队制定了《摩托车搭客暂行规定》，使全镇摩托车营运有一个全新的面貌。1996年，北滘镇辖区共发生交通事故619宗，其中重大事故45宗、一般事故88宗、轻微事故486宗，死亡39人、伤136人，直接经济损失311.6万元。1998年，交警中队受理交通事故889宗，已结案的803宗，结案达90.33%，其中重大事故23宗、一般事故36宗、轻微事故830宗，死亡15人、伤33人，直接经济损失257万元。四项指数分别与1997年同期相比，交通事故下降17%、死亡事故下降40%、受伤人数上升9%、经济损失下降8%。1998年交警中队被省交警总队评为先进交警中队，跻身于全省52个先进中队之列。

2000年后，交通事故骤增。2000年，发生交通事故1569宗，死亡39人，受伤279人，直接经济损失324.60万元。四项指数与1999年对比，分别上升19.4%、5.4%、318%、271%。2001年，发生交通事故1611宗，死亡39人、伤425人，直接经济损失315.4万元。2002年，发生交通事故1477宗，死亡35人、受伤703人，直接经济损失308.32万元。

2001年，北滘交警中队贯彻公安部《全国集中治理严重超载违章行动实施方案》、省公安厅《全省整顿交通秩序百日专项行动工作方案》，集中力量对机动车严重违章超载进行专项治理。每年春运期间，北滘交警均设点执勤细查春运车辆。

2003年9月前，各村（社区）、相关部门道路交通安全负责任签订《顺德区北滘镇道路交通安全管理工作目标责任书》。2003年北滘镇辖区路段共发生交通事故1422宗，其中特大事故1宗、重大事故38宗、一般事故789宗、轻微事故594宗，死亡36人、伤302人，直接经济损失达280.92万元。四项指数与2002年同期比较，事故宗数减少12%、死亡人数减少12.2%、受伤人数减少58.57%、直接经济损失减少15.96%。

2008年，加强道路交通安全综合管制，查纠违法行为25658宗，查处无证驾驶344宗、酒后驾驶8宗，查获假牌假证32宗，暂扣车辆6718辆，电子抓拍违法行为19981宗。

2010年4月，北滘镇综合整治道路运输秩序工作。2011年2月16—17日，针对部分出租车拒载客、不按表计费、车内环境卫生较差等现象，交警部门开展了为期两天的专项整治行动，对镇内主要的出租车上落客站点进行了集中抽查。是年9月在限摩区域内分区域路段时段实施交通管制，禁止无证通行标志的摩托车通行。2012年起，北滘交警中队以“防事故，保安全，保畅通”为目标，全力做好道路交通安全管理工作，辖区内交通安全形势总体平稳。

从2014年3月1日起，对黄标车限时禁行，除了国道、佛山一环、高速公路之外的所有道路将禁止黄标车通行。2014 年 11 月中旬至 2015 年 1 月 31 日，北滘交警中队在镇内开展摩托车交通违法行为专项整治行动。

2015 年第一季度，北滘交警中队先后组织 10 次查处酒驾行为专项行动，共查处醉酒驾车 29 人、酒后驾车 17 人，其中因醉酒驾车而发生交通事故有 19 宗，酒后驾车发生交通事故有 10 宗。是年 9 月，北滘公安分局开展“八网风暴”第七次全镇统一行动。统一行动出动警力 742 人次，按照大设卡、大清查、大采集工作要求，在全镇范围内设置治安卡点 5 个，重点对无牌无证摩托车、酒驾、毒驾、嫌疑车辆和人员的盘查。2015 年 11 月 10 日晚，北滘交警中队在林上路东基路口和林港路新业四路路口设置执勤岗点，对过往车辆严查各类交通违法行为，并重点进行毒驾、酒驾的检查。该次行动共查处各类交通违法行为 76 宗，暂扣机动车辆 31 辆，查处醉驾 1 宗、酒驾 2 宗，未发现毒驾行为。

2016 年 9 月，北滘 13 条主要道路实施视频抓拍监控，抓拍、监控、记录车辆的各类交通违法行为外，还对车辆的乱停乱放等行为进行实时监控记录。

驾驶员管理 北滘交警中队重视对驾驶员的安全教育，常年坚持对违章驾驶员与肇事人员办学习班。如 1991 年共办班 90 余期，参加学习班的驾驶员达 2500 余人次。办学习班的同时，中队又联合北滘驾驶员协会、广播电视站、文化站、教育办，在全镇范围内开展交通安全知识有奖测试活动，印制大量交通安全知识测试卷，分发给广大交通参与者，然后收集答卷，进行公开抽奖。活动掀起学习交通法规的热潮，社会效果良好。此外，北滘交警中队还发放机动车驾驶员学习卡，对辖内摩托车、泥头车、中巴驾驶员等进行重点教育。近年来，北滘交警中队利用多媒体信息技术，分批集中违章驾驶员到中队观看警示录像，并通过年审换证等，对辖内机动车驾驶员进行教育，提高驾驶员们的交通安全意识。1999 年 12 月成立顺德市北滘镇机动车驾驶员管理协会。2002 年，北滘交警中队还通过与顺德交警大队联网，实现了传输网络数字化改造，方便机动车驾驶员在中队办理年审签证，优化对机动车驾驶员的管理与服务。2012 年 3 月开始，北滘交警中队又与移动运营商合作，每月至少编制一期手机彩信报，以图文并茂的形式，及时将办事指引、交通管制、交通安全信息等，免费发送到北滘驾驶员协会 6600 名驾驶员手机上，为广大驾驶员提供及时、全面、丰富的交管信息。2012 年 9 月 26 日起，原来由交警中队办理的车辆证照业务转到北滘派出所审批中队，市民办理相关业务要到北滘派出所一楼办证大堂。原来在北滘交警中队办证窗口办理的驾驶证和行驶证补证、换证，驾驶证审验、降级等业务，将由北滘派出所审批中队承接，北滘交警中队不再受理以上业务。2015 年 5 月 13 日，北滘交警中队为方便群众办事，到美的集团厨房电器事业部马龙基地开展交通管理业务咨询、解答以及驾驶证、年检代办等服务。

车辆管理 20 世纪 80 年代，汽车、拖拉机均以单位或专业运输户为主，而摩托车则较多为购销人员、贩运人员或建筑队队长拥有。进入 90 年代，运输大户多改为购置大型汽车，原拥有摩托车的多以小汽车取代，而摩托车则逐渐进入家庭取代自行车。进入 21 世纪后，私人小汽车每年大幅度增加，私人小汽车更是逐步在寻常家庭得到普及。

2012 年 4 月，国家正式出台了《校车安全管理条例》加强校车安全管理，保障乘坐校车学生的人身安全。6 月 21 日，北滘交警中队就对镇内的中小学、托幼机构的校车管理负责人进行了条例解读和培训。2014 年全部校车实行 GPS 实时监控。2015 年 8 月 31 日，交警中队联同教育局对北滘镇内的明阳学校、朝亮小学等 5 所学校的 20 辆校车进行了全面检查，为学生上学、放学创造良好的交通环境。同年 10 月 20 日，北滘交警部门组织北滘镇校车、旅客运输车辆单位，进行政策宣传活动，解读《中华人民共和国刑法修正案》相关要求。

从 2011 年 9 月 1 日开始实施《顺德区加强摩托车管理实施方案》，在限摩区域内停止办理摩托车注册登记业务，限摩区域外的其他地方，仍维持“一户一摩”的政策。2014 年北滘镇建立了禁摩限电联合执法工作机制，严格落实一户一摩，严禁超标电动车上路等政策，纠正摩托车超速、抢行等各类违法违规行为共 600 余起，查处货车交通违法行为 7653 宗。从 2014 年 9 月 1 日起，北滘试行非营运轿车、非营运小型和微型载客汽车等车辆六年内免上线检验政策。2014 年 10 月 31 日，交警部门对镇内的“僵尸车”进行整治，同时也会对私自划定停车位的市民进行处罚。

2012—2017 年北滘镇人口、驾驶员与机动车情况表

表 14—1—4　　　　单位：人、辆

类别	2012 年	2013 年	2014 年	2015 年	2016 年	2017 年
常住人口	259129	265687	283416	288126	304945	324764
流动人口	28305	26134	26722	22023	13262	10239
驾驶员	53806	55922	59057	61072	63923	65706
机动车	47424	65271	74114	85827	95157	100596
汽车类	22001	36793	43406	53348	65181	72318
小汽车类	20396	35028	41815	51907	63612	70844
摩托车	25423	28478	30708	32479	29976	28278

交通设施　2010 年成立北滘镇交通标示检查监督小组，规范和完善北滘镇辖区各项交通标示设施设置，提高道路通行能力和减少交通事故发生。

安全宣传　2012 年 12 月 18 日，北滘交警部门联合明阳学校举办了一次校车安全预防演练活动。2013 年 10 月 26 日，2013“畅行顺德·走进镇街”交通安全系列宣传活动首站走进北滘，活动以汽车巡游和交通安全知识 PK 赛等多种新颖形式向市民宣传交通安全知识。12 月 2 日是全国交通安全日，北滘交警中队联合教育局在镇内的中小学校和幼儿园中开展为期五天的交通安全周宣传活动。2014 年 12 月 1 日晚，北滘交警中队就在中山公园举办了 2014 年全国交通安全日主题活动，向市民普及交通安全知识。

违规处罚　2014 年，交警启用“警务通”执勤。“警务通”通过电脑联网即时查到驾驶员或者车辆的资料，核对当事人的车辆和驾驶员的资料，现场做出比较准确的处理；确定了处罚决定后，即时打印处罚决定书，并录入系统，当事人拿到处罚决定书可以即时到镇的网点交罚款。2014 年 2 月部分外地罚单可以通过交警中队的自助缴纳罚款终端机来办理。2014 年 7 月 28 日，北滘镇交警部门在《交通事故自行协商处理办法》的基础上，在镇内推行新的交通事故快处快撤方案，以进一步加快交通事故处理速度，快速清理现场，减少因交通事故造成的交通堵塞。

第五节 消防队伍

20 世纪 80 年代初，北滘主要依靠县消防中队扑救与预防火灾。1986 年 8 月 28 日，南方电器厂火灾后，北滘区党委、区公所决定筹建北滘消防队伍。这是全国第一支镇级专职消防队，队址设在广珠公路北滘路口恒昌汽车维修中心内，1988 年迁至蓬莱桥侧。1992 年底，在中发东路 2 号，划地 4.5 亩，斥资 350 万元，新建队营区。1993 年 6 月建成投入使用，同年 8 月 25 日，经广东省消防总队批准，成立佛山市顺德市（区）公安局北滘分局（派出所）消防中队。2010 年 12 月，根据顺德区府办公室文件精神，撤销“佛山市顺德区公安局北滘分局消防中队”，设立“佛山市顺德区北滘镇专职消防队”。2012 年 6 月 26 日，美的集团消防队成立，该消防队是北滘镇第一支由企业组建的消防队。2014 年 10 月 21 日，碧桂园集团专门成立了“碧桂园企业消防队”。

2017 年，北滘镇专职消防队为镇属事业单位，编制 27 人，由北滘派出所（公安分局）负责管理，业务上接受区公安消防机构的指导。其主要职责为灭火救援，协助公安消防部门开展防火巡查和消防宣传培训工作，参与危险化学品泄漏事故、建筑物倒塌事故、交通事故、台风、洪涝灾害等抢险救援工作，接受上级公安消防机构的调动指挥，参与其他地区的灭火救援工作。

设备设施 1989 年，40 多家企业基本落实防火安全责任人，消防器材，足以应付一般火警。全年新增小型消防车 4 台，消防队队员 14 人，总公司拨款 3 万元搬迁费。1990 年，镇消防队拥有消防汽车 2 辆，小型消防车 2 台，管理区、街区和企事业单位拥有小型消防车 53 台，其中 21 个管理区（街区）已完全配备了小型消防车。各生产单位都按消防规定设置消防栓灭火筒、1211 手提灭火器。危险工厂、重要仓库还设置了 100 公升泡沫灭火机。1993 年，为全镇企业提供消防器材，1211 气体灭火器 1579 个，泡沫灭火器 317 个，小型消防车 10 台。1999 年，北滘消防队加强对消防技术装备的配备，共投入消防器材装备，购置资金近 20 万元。2010 年，北滘专职消防队营房、装备建设达到城市二级消防站标准，有消防车 6 辆，升高云梯车 1 辆，消防指挥车 1 辆，工作小车 1 辆，以及各类先进的灭火、破拆、堵漏、抢险救援等装备器材一大批。2012 年 6 月，顺德区消防大队将一辆东风消防车赠送给新成立的美的消防队。2014 年，在全区率先投放 22 辆消防电瓶车到村（社区），提升基层消防机动能力和响应速度。镇专职消防队被评为“第二届全国 119 消防奖先进集体”。2014 年 7 月，北滘社区居委会开展为民配灭火器的优惠活动。消防公安排查了北滘社区工业区，投入约 30 万对地下消防栓进行改造。10 月，碧桂园企业消防队新购置了一辆消防水灌车，消防器材装备齐全，配备专职消防队员12名。全年北滘镇投入1449.13万元，推进公共消防基础建设、深化多种形式的消防队伍发展。针对消防问题突出的大中型出租屋，开展技防推广，推动出租屋安装感烟火灾探测报警器和悬挂式干粉灭火器等设施。同时为北滘镇专职消防队增设水罐车、小型消防车以及灭火救援装备。

2015年8月，耗资约300万元人民币的北滘镇消防安全教育体验中心投入使用。该中心面积约300平方米，设立消防器材展示、剧场、互动答题、模拟火灾逃生等14个功能区，让市民通过参与体验，学习消防常识，是顺德区首家专门设立的消防互动体验中心。

2016年，专职消防队有27人（其中队长1人、指导员1人、副队长1人、队员24人），防火办副主任1人，消防办工作人员6人；营区为独立营房，用地面积约3000平方米。按照《城市消防站建设标准》二级普通消防站标准，配备消防车5辆：大功率水罐车、云梯车、抢险救援车各1辆，五十铃水罐车2辆。

监督管理 1986年，北滘专职消防队推行三级防火管理制度，一是每逢节假日组织防火安全检查，发现问题及时整改；二是抓重点企业和危险行业，定期派员监督和检查，对重大火险隐患发出警告，责令限期整改；三是实行单位安全防火责任制，联合镇安全生产工作委员会、劳动、工商管理等部门进行专项检查监督。1987年，北滘消防队协助各企业健全和组建的企业义务消防队68个，并对40个队进行业务培训，受训人员达千人。

1988年，成立安全生产防火委员会，组织机构是临时的，工作人员是从总公司、公安等部门抽调，负责管理全镇的生产、交通、卫生、防火等工作。1989年，增强镇政府安全生产防火委员会的职能范围，镇的消防队、交通中队等维护安全的实体单位统一由镇政府安全生产防火委员会直接领导和指挥，并设立镇安委会办公室。镇安委会落实《乡镇企业防火安全管理细则》，健全各事业单位安全生产防火组织，实行三级安全生产防火责任制，即厂（场）、车间（作业队）、班组均有一名领导抓安全生产防火工作。村办事处已实现一村一机的消防措施，镇属企业一厂一机的消防措施已落实72%。全镇村办事处、企事业单位初步具备的火灾自救能力。

1993年，对全镇近300家企业进行安全防火检查，发出安全防火整改通知书82份，指出火灾隐患246条，落实整改96条，处理“三合一”（生产、仓库、住宿）企业23家。1994年，北滘镇消防中队发出火灾隐患整改通知书58份，指出火灾隐患275条，强制落实整改的235条，处理整改“三合一”企业13家，有效地落实了安全防火责任制。

由于较多的火警是由燃放烟花爆竹引起的，所以早在1986年11月5日，北滘就全镇禁止出售燃放烟花爆竹，但执行不力。1997年春节期间，全镇在规定时段内禁止燃放烟花爆竹，北滘街区禁止燃放烟花爆竹。1999年1月30日，镇政府颁布《禁止生产销售燃放烟花爆竹暂行规定》。1999年4月1日，镇人大十三届一次会议通过决议，禁止在山岗坟地燃放烟花爆竹。自此，由燃放烟花爆竹引起的火警大量减少。

1999年，北滘重新调整镇级消防重点保卫单位，制定消防重点保卫单位灭火作战计划，全镇有市镇级消防重点单位29个，制定重点部位灭火作战计划29个，按照灭火作战计划要求，组织实地演练50多次。

2000年，成立公共娱乐场所消防清理整顿领导小组，坚决清理消除公共娱乐场所火灾隐患。2001年6月，北滘镇组织检查中小学校、幼儿园消防安全措施，消除火灾隐患。1986年12月至2003年12月，北滘消防安全专项检查参与人数达10万人，累计单位8296个，查出火险隐患20万多处，下发整改通知书1670多份，责令51个违章企业停业。专职安全员1200余人。2005年亚洲艺术节前夕，对危险化学品、建筑工地等重点企业进行一次拉网式检查，发出整改书16份。至2012年，整改单位达6182家。2006年8月，容桂某歌舞厅发生火灾后，北滘全面检查宾馆旅业、商场、市场、网吧、卡拉OK厅等场所消防安全。2007年，在发动企业自查自改的基础上，以危险化学品生产经营、工商贸企业防火安全为重点，排查、治理事故隐患，落实防火安全责任制。2008年后，将"三合一"企业作为检查监督重点。2009年11月，成立北滘镇防火安全委员会。2011年9月，北滘镇开展火灾隐患排查整治专项行动，镇政府成立"三小场所"专项执法组，检查各类场所432个，临时查封67个隐患突出场所，搬迁违规住人近700人，有力打击了"三小场所"违规住人。北滘镇还实行消防安全网格化管理，建立起镇、村、村民小组三级的网络，并配备190名网格员，实行联查联防，有效地减少"三小场所"火灾事故的发生。2011年17起，2012年10起，2013年6起，逐年呈减少的趋势。

根据北滘镇政府统一部署，成立由安委办牵头，市监分局、城管分局（环保）、消防等部门组成的督导小组，自2014年8月中旬至9月底，在全镇范围内开展预防粉尘爆炸事故专项联合检查。是年通过社区警卫移动平台，把全镇分成86个网格，网格里由警长带领社区民警和村（社区）相关人员一起，对消防包括治安等进行检查，全年未发生重特大火灾事故。

2017年9月15日，北滘召开迎接党的十九大消防安全大排查整治工作会议。会后各职能部门、村（社区）认真开展企业的生产、消防大检查，排查整治各类安全隐患，进一步强化监管力度。是年火警宗数比上年减少58.27%。

消防宣传 1986—1991年，北滘镇每年均召开7次以上防火责任人会议，学习贯彻《中华人民共和国消防条例实施细则》《仓库防火安全管理规则》《广东省乡镇企业消防管理规定》《乡镇企业防火安全管理细则》等有关法规，印发上级政府有关文件、资料10万余份，制作宣传横额200多条；进社区和进校园，举行消防演练和消防器械表演。1992—2003年，共有2655日利用电视播放消防安全警句，月播出达8000多条次；发布各类火灾、会议电视新闻报道1200多篇；制作消防宣传板报3000多期，宣传横额500多条；派发各类消防宣传单张20多万份，消防业务知识资料10万多份；在镇文化广场开展消防宣传活动24场次，接待消防业务咨询人员20多万人次。2006年6月北滘镇集中开展"火灾隐患大排查大整改"工作。2005—2017年，重点抓好"安全生产月"（6月）宣传教育，开展消防火警演练，并在"11·9"（11月9日）举行"消防安全日"咨询活动，派发相关宣传资料，通过现场教学使用灭火器，向市民普及消防安全知识。

2015年8月，北滘镇消防安全教育体验中心投入使用，这是顺德区首个专门设立的消防互动体验中心，为提升青少年自我保护意识，普及全民消防知识等，提供教育场所。2017年6月24日，成立北滘消防安全宣传志愿者队伍，志愿者负责深入北滘村居、厂企和“三小场所”出租屋等地，宣传消防安全的义务。

技能训练 1986年后，北滘镇形成专职和义务消防机制，2016年全镇有150多支义务消防队。每年镇定期举行义务消防队消防技能运动会，使消防队员的消防技能不断提升。1986年至1995年，镇消防队为各管理区（村）、企事业单位消防人员和员工进行消防安全培训20多万人次。1987年至2003年，中队年均有130日开展消防技能训练课程，共制作灭火作战计划26份、灭火战术教案30份，“六熟悉”登记卡35份，实地灭火演练300多次，建立重点消防单位档案60份。基本上做到“四个一”（每年一方案、每月一计划、每月一总结、每周一小结）。参加省、市、区消防技能比赛10多次，取得集体、单项荣誉10多次。2003年11月8日，北滘第三届义务消防队消防技能运动会在文化广场举行，近200名义务消防员参加了消防技能比赛。2006年3月7日，队员谷勇军在省赛中爬8层楼不用一分钟，被誉为“广东第一爬”消防队员。2006年8月20日，北滘消防中队联合佛山市公安消防局与顺德区消防大队，举办了大型消防安全知识培训班。2011年8月24日，北滘镇2011年社会消防培训在北滘中学举行，来自北滘辖区的上百名厂企代表参加了消防灭火实操演练和消防知识考试。2012年8月23—24日，北滘专职消防队在北滘中学开展了为期两天的社会消防安全培训，来自镇内的机关、企事业单位和村（社区）等的消防安全人员550多人参加了培训。2013年11月6日，北滘镇在北滘广场举办“119”消防技能竞赛活动，全镇19个村（社区）以及镇内大型企事业单位共37支队伍参加比赛。2013年3月13日，北滘消防安全“网格化”推进工作暨消防协管员培训班在北滘派出所举行，通过网格化实现消防管理全覆盖。11月9日是全国消防日，每年北滘镇均举办消防安全宣传月系列活动，如举办全镇消防队消防大演练活动或技能比赛，以提高基层消防工作人员的消防知识和业务能力；在各中小学、各工厂、燃气站、娱乐场所等进行检查和消防演练，以提高市民的消防意识和技能。

2012年6月13日，北滘专职消防队、北滘市监分局、南医大北滘医院联合浦项公司开展特种设备应急演练。2011、2012年，美的集团安委会联合区消防大队，大良、容桂、乐从消防中队，伦教专职消防队、北滘专职消防队，北滘镇安委办等单位，开展美的总部大楼消防演习活动。2016年8月26日，北滘社区就组织工业区的企业和员工，进行了一场进行消防演练和技能培训，进一步提高企业员工消防安全意识。

灭火救援 1987年，北滘消防队扑灭了火警6宗，比1986年下降了20%，经济损失下降了90%。1988年1—6月火警发生5宗，比上年同期下降62.5%。1990年，由于各级重视消防工作，全镇只发生9宗火警，比上年同期下降6.5%，经济损失减少31.2%。1993年，共接到火警39次，出动灭火39次，其中外援5次，扑灭大小火警28起。1994年，全年出动灭火救灾77车次，其中外援11次，扑灭大小火灾69起，全镇火灾造成的损失约250万元。1999年，共受理火警139宗，出车139次，出水灭火72次。与1998年同期相比，受理火警数上升为43%，出水灭火次数上升28.6%。2000年，共发生火警105宗，烧死4人，烧伤7人，直接经济损失20多万元，与上年对比，事故宗数下降14%，死亡人数上升4倍，受伤人数上升2.5倍，经济损失下降55%。2001年，全年发生火警155宗，火灾5宗，受伤5人，直接经济损失6.4万元。与上年相比，火警宗数上升47.62%，火灾宗数下降20%，受伤人数下降28.57%，直接经济损失下降70%。2002年，受理火警114宗，成灾4宗，烧伤2人，直接经济损失22.4万元。

1986—2014年，北滘专职消防队共接警5986起，扑灭火灾1382起，参与社会救援3725起，现场抢救人员563人，挽回经济损失逾亿元。火灾事故基本以家庭用火不慎和电器线路老化或短路引起，占火灾总数近六成。

2004—2017年北滘火警情况表

表14—1—5　　　　单位：宗

年度	接警数	其中		
		出水灭火	火灾	抢险救援
2004	203	117	5	43
2005	250	97	7	60
2006	221	83	7	35
2007	307	103	2	94
2008	347	131	4	66
2009	290	68	0	32
2010	302	95	3	56
2011	456	117	0	113
2012	574	93	0	338
2013	430	121	0	241
2014	530	104	0	167
2015	485	97	0	159
2016	568	70	0	421
2017	237	69	0	61

重大火灾事件　1951年12月15日，北滘国营林头糖厂发生火灾，损失6530万元（旧人民币）。

1964年3月17日，北滘林头村因小孩玩火引起火灾，烧毁房屋（茅房）9间，大米600斤、稻谷2000多斤、衣物100多件。是年北滘供销社生资仓发生火灾。

1978年12月20日深夜，彰义大队粮食加工厂因机械摩擦和值班看守人员严重失职而发生重大火灾事故，厂房被烧毁，损失价值3.9万多元，稻谷折米3万多斤。这是继三洪奇、坤洲、莘村大队米机发生火灾之后，又一起粮食加工厂发生重大的火灾事故。

1986 年 8 月 28 日，北滘南方电器厂发生大火，造成直接经济损失 90 多万元。事故载入《中国火灾大典》。

1992 年 5 月 25 日，永高、迅发两个镇办企业发生特大火灾。虽然出动 23 辆消防车，200 多名消防战士，近 14 小时的奋力扑救，但损失仍达 710 多万元。

1995 年 12 月 24 日凌晨，北滘镇碧桂园别墅区一幢别墅发生火灾，造成 4 人死亡，3 人受伤。

2008 年 3 月 25 日凌晨，北滘镇都宁工业区科力顺电器实业有限公司的半成品仓库突然起火，火情在短时期内发展迅速。过火面积达 600 多平方米，直接经济损失约 12.5 万元。

2010 年发生 3 宗火灾，分别是：1 月 17 日晚发生在碧江工业区的歌林手表厂火灾事故，过火面积约 500 平方米，直接经济损失 17.5 万元；10 月 30 日发生在龙涌工业区的名汉派家具厂火灾事故，过火面积达 900 平方米，直接经济损失 19 万元；11 月 5 日发生在三桂村的裕泰包装有限公司火灾事故，死亡 1 人。

消防大事 1995 年 11 月，公安部消防局局长刘式浦、省消防总队总队长陈建辉、顺德市公安局局长梁超朋一行到消防中队检查工作；1996 年 7 月 10 日，全国专职消防队建设现场经验交流会在北滘举行，消防中队作为先进典型，为全国与会代表介绍经验并进行消防业务技能汇报表演，公安部部长助理杨焕宁、公安部消防局局长孙伦率全国 23 个省市主管消防工作的领导参加。1998 年 5 月 19 日，公安部等部门检查组到北滘镇检查消防工作，召开消防杂志编辑工作经验交流会。2004 年 4 月，广东省消防总队、上海市消防总队、江苏省南通市消防支队的领导到北滘消防中队参观。2004 年 11 月 9 日，参加广东省“今冬明春防火工作会议”和“专职消防队伍建设会议”的副省长李容根，及省公安厅、省消防总队、全省各地级市主管消防工作的副市长、公安局长、消防支队长等领导，一行 120 多人，到北滘消防中队参观指导。

2014 年 4 月，北滘镇被列为佛山市第六批火灾隐患重点地区，进行挂牌督办。7 月 23 日，市消防局督导组来到北滘，对是年北滘火灾隐患重点地区整治工作的开展情况进行检查。12 月 23 日，顺德区验收组对北滘火灾隐患重点地区整治工作进行验收。12 月 31 日，佛山市验收组也对北滘的整治工作进行初检。

消防队荣誉 1988 年 7 月，参加佛山市第二届消防体育运动，夺总分第二名，集体第二名，麻包灭火、持水带跑两个第一名。1990 年，北滘消防队参加佛山市消防比赛，夺得总分第三名，获得 1211 灭火筒灭火第一名。1992 年，获佛山市消防技能运动会专职队集体第一名。1998 年，获顺德市公安、专职消防队技能运动会团体总分第一名。获 1998—2004 年佛山市专职消防队考核集体第一名。

专职消防队组建后，5 次被评为全省标兵专职消防队，连续二十六年被评为全省执勤岗位练兵先进集体，8 次被佛山市消防支队评为先进专职消防队，10 多次被顺德区消防大队评为先进单位。2014 年底，北滘镇专职消防队获公安部颁布的“第二届全国 119 消防奖先进集体”称号，是广东省唯一入选的地方专职消防队。

第二章　法庭

第一节　机构

1951 年 1 月，为配合土改运动，在西海乡成立县土地改革法庭第三区分庭，专门处理土地改革中的案件，土改结束后被撤销。1953 年 12 月，在三区设立第二巡回法庭。1955 年，在巡回法庭基础上成立陈村勒流人民法庭，分别受理北滘部分境域的民事案件和轻微刑事案件。1968 年，陈村勒流人民法庭被撤销，其审判职能由公社革命委员会保卫组承担。

1975 年 7 月，顺德县实行“一社一庭”，以公社（镇）为单位设法庭，北滘人民法庭成立，人员编制为 2 人。1979 年 1 月，编制增至 4 人。1991 年底，北滘人民法庭改为顺德县人民法院下设的基层法庭。2000 年，在编人员 7 人。2006 年 5 月 11 日，位于北滘新城区广场北二路 2 号的北滘法庭办公楼正式投入使用。2007—2009 年，受顺德区法院委托，北滘法庭还负责审理陈村的有关案件。2009 年，北滘法庭一线人员 12 名，2012 年增加到 18 名。北滘法庭设有办公室、审判庭、调解室。庭长、副庭长和审判员分别由县人大常委会任免。北滘法庭的业务范围，涉及民事审判、刑事审判、经济审判、信访接待等，并参与镇的社会治安综合治理，以及指导人民调解委员会调处各种矛盾纠纷。

2010 年和 2011 年，北滘法庭分别获得集体三等功和二等功，并连续两年被评为顺德区法院先进单位。

第二节　立案

1975 年，北滘法庭初建时，一年的立案只有 5 到 6 件，1984 年的立案仅有 30 宗。主要受理婚姻、家庭继承纠纷案件，其中 80% 是离婚案件。1985 年后，经济纠纷案件增多。

随着市场经济发展和法制日益健全，各类案件呈逐年上升态势。1994 年，北滘法庭受理各类案件 55 宗，1995 年激增至 99 宗，比 1994 年同期多收 44 宗，升幅为 80%。1996 年北滘法庭受理各类案件 131 宗，比 1995 年同期多收 32 宗，升幅为 32.32%。2011 年后，北滘法庭审理案件逐年呈上升态势，详细见表 14—2—1。

2011—2017 年北滘法庭立案明细表

表 14—2—1

年份	立案	其中									
		交通事故	民间借贷	物业服务合同	买卖合同	金融借款合同	信用卡纠纷	离婚	房屋租赁合同	商品房销售合同	其他
2011	2945	619	97	25	155	4	87	69	11	23	1855
2012	1888	950	125	2	173	21	53	69	11	13	471
2013	1476	537	159	17	175	35	62	73	31	11	376
2014	1941	415	219	47	209	109	85	96	27	28	706
2015	1664	233	188	224	186	282	102	77	24	44	304
2016	2597	213	300	372	332	211	229	99	41	45	755
2017	3406	176	221	232	512	59	225	76	25	63	1817

1996 年，全国法院立案工作座谈会后，北滘法庭严格执行“立审、审执、审监”三分立原则。1997 年 5 月 29 日，《最高人民法院关于人民法院立案工作的暂行规定》发布，北滘法庭以“便利人民群众诉讼、便利人民法院审判”为遵循，开展立案工作，切实保护当事人的诉讼权利。2005 年 9 月 23 日《最高人民法院关于全面加强人民法庭工作的决定》明确，经基层人民法院同意，人民法庭可以直接受理案件，北滘法庭着手优化立案流程，随后又启动立案直通车，积极回应群众“便捷高效”的司法需求。2009 年，最高人民法院《关于进一步加强人民法院立案信访窗口建设的若干意见》，进一步明确了立案工作的八大基本功能（即诉讼引导、立案审查、立案调解、救助服务、查询咨询、材料收转、判后答疑、信访接待）。北滘法庭随即推出改革措施，不断完善立案机制。2010 年，北滘法庭与司法所联合，在法庭门前设立诉前调解中心，安排司法所法律工作者和人民调解员轮流值班，诉前调解矛盾纠纷；对经济确有困难的当事人，提供司法救助，准许口头起诉，诉讼费实行缓、减、免，对老弱病残等行动不方便的当事人起诉，还实行上门立案、电话立案。为进一步拓宽立案渠道，减少群众诉累，北滘法庭还力推偏远村（社区）优先立案、网上预约立案。为破解案多人少的问题，北滘法庭实行外部引援及人力资源整合，构建诉调对接机制，严格控制节点流程，细化立、审、结案件动态通报管理。

2012 年开始，北滘法庭与北滘劳动仲裁委协调合作，抽调干警常驻仲裁委协助做好调解工作，将纠纷化解节点前移，使案件尽量在仲裁委得到妥善解决，减少涉诉案件的发生。双方通过定期召开联席会议、平时加强联系沟通以及裁审信息共享，来避免因裁审不一引发的矛盾，减少群体性案件的发生。双方还进一步完善仲裁程序中财产保全的工作机制，当劳动仲裁委遇到诸如资方转移财产、抽资出逃等损害劳动者利益的紧急情况时，立刻通报北滘法庭，北滘法庭然后迅速启动立案“绿色通道”，第一时间进行立案和采取保全措施。

第三节　刑事审判

1951 年，西海土改法庭主要审判各类反革命案件。在 1950 年、1955 年两次“镇压反革命”运动中，境域人民法庭参与判处多宗重大“反革命案件”，其中包括潜伏西海乡的国民党“粤中军区反共救国游击总部”首领程福。“文化大革命”期间，北滘公社革委会保卫组判处的“反革命案件”，其中大部分为冤假错案，以后均得到平反纠正。1979 年后，法庭主要审判的是强奸、抢劫、流氓、重大盗窃等严重危害社会治安的犯罪。1987 年，重点打击盗窃、抢劫和卖淫嫖娼犯罪活动。1989 年后，主要审判贪污、受贿、投机倒把、行贿、诈骗和盗窃经济犯罪。1991 年，北滘法庭主动配合协助顺德县法院刑事审判庭审案件 5 宗。1992 年，北滘镇刑事审判共受理案件 46 宗 56 人，全部审结，其中抢劫 5 宗 6 人，盗窃、扒窃 41 宗 50 人。1993 年北滘法庭停止审判刑事案件。

第四节　民商事审判

北滘法庭的民商事审判主要是负责依法审判一审婚姻和家庭继承案件，损害赔偿案件，人身权案件，债权、债务案件，房地产案件，财产权属及相关合同纠纷案件，劳动争议等民事纠纷案件和经济案件。

1980 年，北滘法庭推行就地审理、就地宣判、就地执行的“三就地”审判方式妥善解决大量民事纠纷。1982 年 10 月，《民事诉讼法（试行）》颁布施行，民事案件增多。90 年代之后，国家颁布《专利法》《劳动法》等大量民事法律法规，关于名誉权著作权等民事纠纷大量出现，房屋、贷款、损害赔偿等案件数量上升。1992 年民事审判方式改革的重点是将以往的就问式为主的评审方式改为辩论式庭审，改变以前由审判人员进行调查、取证的做法，强化和落实民事审判中的当事人举证责任。1990—1994 年北滘法庭办理的民事案都不超 20 宗，结案率达 100%。1995 年后北滘法庭受理的民事案件大幅增加。1995 年受理 40 宗，结案率 97.5%；1996 年受理 60 件，结案率为 98.3%；1998 年，民事案件收案 53 件，结案率为 100%。1999 年后民商案件数量剧增，上半年法庭受理的民事、经济案件就达 118 件，与上年同期比上升了 80%。主要是工伤事故赔偿、道路交通事故赔偿，以及群体性劳动争议纠纷案件大量的增长。1999 年继续推行审判方式改革，全面贯彻“五公开”（开庭时间公开，争议公开，举证、质证、辩论公开，认证和评判公开，宣判公开）原则，提高办案透明度。2000 年，法庭重点提高民事审判法官对证据的认证能力和调节能力，对民事证据交换程序或民事简易程序的运用和明细裁判文书等进行了一系列的改革，法庭人员必须加强业务学习。

20 世纪 50—70 年代，经济贸易尚不活跃，境域内经济纠纷案件相对较少，一般归入民事审判。20 世纪 80 年代初，随着城乡商品经济的迅速发展，对内对外贸易活动日趋频繁，经济纠纷案件逐年增多。1984 年第一次全国经济审判工作会议以后，北滘法庭积极探索，办理了大量的经济纠纷案件。1985 年，北滘法庭审判人员针对经济合同纠纷案件多，走进乡镇村委会、工商企业等地办案，指导乡镇村委会调处纠纷和促进当事人自行和解。90 年代，社会主义商品生产不断发展，在生产和流通过程中出现大量的经济纠纷案件。一方面是因为一些企业的管理制度、财务制度混乱；另一方面是因为中央为防止经济过热，实施金融宏观调控政策以后，镇企业同全国企业一样存在资金紧张问题，企业经营机制转换后，资金更加紧张，企业外面的许多债务无法回收，产生“三角连环债”问题。1991 年法庭受理经济案件 19 宗，总标的 236.4 万元。1992 年北滘法庭共受理经济案件 21 宗，总标的 187.2 万元。1993 年北滘法庭受理立案的经济案件 16 宗，总标的 301.15 万元；结案 12 宗，标的 180.25 万元。1995 年共受理的经济案件 39 宗，结案率 97.4%，结案标的 214.8 万元。1996 年大力加强经济审判，调节经济关系，受理经济案件 40 宗。1998 年，积极稳妥地处理金融证券纠纷案件，防止金融风险，为农业和农村工作提供司法保障。全年经济案件收案 126 宗，已结 122 宗，结案率为 97%。1999 年加强对国有企业改革、改组过程中发生的经济纠纷案件的审判工作，破产审判作为审理重点。21 世纪后，经济纠纷案激增。在 20 世纪 80—90 年代北滘法庭审理的经济纠纷案件中，美的集团、裕华集团的经济纠纷案件较为引人关注，其争议标的往往超 100 万元。

2002 年，经济审判改为商事审判。2004 年，民事案件和经济案件合并为民商事案件。

2007 年，民商事案件的特点为传统的婚姻家庭纠纷、人身损害赔偿纠纷、借贷合同纠纷、买卖合同纠纷等民事案件仍然占所受理的案件的绝大多数。

2008 年，表现为总受理案数增幅大，原因是是年《劳动合同法》《劳动争议调解仲裁法》等劳动法律法规的实行，极大地提高劳动者的维权意识，劳动者纷纷追讨加班工资、双倍工资、补缴社会保险金等，呈现劳动争议案件数量激增、劳资关系紧张、案件调解难度大等局面。全年共受理劳动争议案件 88 件，同比上升 83.3%。是年共受理各类民商事案件 996 件（含旧存 8 件），审结 982 件，同比增加 253 件，上升 34.7%，结案率 98.6%，与 2007 年基本持平；调解案件 480 件，调解率为 49%，同比增加了 5.4%，调撤率有较大幅度的提高；全年上诉案件 183 件，上诉率为 18.6%，退回上诉案件 149 件，被改判案件 17 件，改判率为 11.4%，发回重审案件 4 件，发回重审率为 2.7%。

2009 年，全年受理商事类案件 516 件，同比增加 34%，其中劳资纠纷案件 194 件，同比增加 120.5%。借贷纠纷案件大幅下降，全年受理借贷纠纷案件 66 件，同比大幅下降 28.3%。因小区物业管理纠纷案件大幅增加，全年受理该类案件 108 件。合同纠纷案也有较大的增幅。

2010 年民事案件如交通事故、婚姻家庭、劳动争议案件稳中有升，受宏观经济好转，金融危机消退影响，商业纠纷明显减少进入诉讼阶段，交通事故等人身损害赔偿案件和劳资纠纷案件调解难度大。物业管理公司及业主吸取教训，物业管理纠纷案件大幅下降，全年受理各类案件 38 件，同比下降 64.81%。北滘法庭出于社会大局的稳定，积极与相关部门进行联动，采取提前介入的模式指导和协助相关部门处理案件，使矛盾纠纷未激化而消除。例如莘村“花博园”系列案、北滘（社区）“律师费”案、“汇铭轩欠薪”系列案。

2011年，北滘法庭充分利用“1+10”的执行模式构建执行快速反应机制，还积极利用综治中心平台的调节功能，预防群体性案件矛盾激化，经过北滘法庭诉前调解的交通事故达700多件，劳动争议案件接近200件，取得较好的社会效果。全年审结民商事案件共2097件，结案率97.5%，全年受理各类执行案件837件，执结率为95.3%。审结、执结都位居全院法庭前列。

2012年，北滘法庭的工作效果良好。2010年后，北滘法庭贯彻案件合议讨论原则，发挥审判人员集体聚会促进案件质效的提升，上诉案件发改率逐年下降，从2009年度的17.83%降至2012年度的6.95%。从2010年北滘法庭恢复办理执行案件之后，每年申请执行率均保持在40%以下，2012年申请执行率更低于35.3%。北滘法庭结案均衡度从2010年度的53%，到2011年至2012年连续两年保持在80%以上，位于顺德法院各庭的前列。

2013年，北滘法庭采用“1+2”执行工作模式（即由一名执行员对执行案件全程负责，两名辅助人员协助），在保证了提升案件质量的同时，又提高了执行工作的灵活性和机动性，效率大大提升。在区法院下达建立执行联络员制度的通知之后，北滘法庭更积极主动与镇综治部门联系，率先建立了北滘镇执行联络员的制度，从而加大执行案的结案实效。北滘法庭还发挥法庭与镇交警、劳动仲裁委员会、司法所等部门的诉前联调机制，在北滘交警中队设立了处理交通事故的理赔调解委员会，及时有效的处理纠纷，案件数量逐渐下降，是年新受理民商事件907件，执行案件313件，成为了“案件小镇”。

2014年度，北滘法庭受理各类新收传统民商事审判和执行案件共1783件，案件数量大幅上升。下半年，北滘法庭积极落实法院的审判权运行机制改革试点工作，实行主审法官负责制，建立法庭的主审法官联席会议，提高案件审判质效和执行实效。6月至12月法庭与镇人大、行政服务中心等部门联合，每月定期举办一次司法公开活动，选择不同类型的案件，邀请村镇两级不同岗位的干部、群众参与旁听庭审。

2015—2017年，北滘法庭继续多措并举，提升司法公信，充分利用人民陪审员，邀请人大代表、政协委员、群众代表旁听案件审理和见证执行，积极开展“三官一师”的直联村（社区）工作。2016年推进裁判文书上网工作，全年供上网裁判文书1000余份。2017年供上网裁判文书2000余份，安排人民陪审员参审300多人次。北滘法庭成立送达组，有效破解送达难问题，还不定期召开主审法官（执行员）联席会议，提升案件质效。

婚姻案件　新中国成立之初，民事审判中婚姻案件所占比例最大。1951—1956年，受理的婚姻案件，一般是新中国成立前的封建包办婚姻，多由原遭受屈辱的女方提出离婚诉讼。1957年后受理的婚姻纠纷案件，多为新中国成立后自愿结婚的青年人，双方因感情破裂而提起离婚诉讼。也有因政治问题、经济问题或因一方偷渡外流下落不明，另一方提出离婚诉讼的。1975年北滘人民法庭成立后受理的民事案件中，婚姻纠纷案件仍占很大比例。20世纪80年代，随着新《婚姻法》的实施，北滘人民法庭审结的婚姻纠纷案件，占到民事案件的比例更大。此时期离婚案件多为婚姻基础差、喜新厌旧、无生育能力等要求离婚。婚姻家庭纠纷案中，抚养、赡养、扶养、收养纠纷案件第二位，继承纠纷案件占第三位。90年代，随着经济的发展，搞婚外情、纳妾、嫖娼等丑恶行为出现，导致了家庭破裂，大量的离婚案件出现。此时期的婚姻纠纷案件当事人低龄化、身份多样化、矛盾复杂化、原因多样化的特点，矛盾容易激化，处理难度加大，法院根据婚姻案件出现的新变化，严格从婚姻基础，婚后感情引起纠纷的原因，以及有无和好的条件等各方面认定夫妻感情是否已经破裂，在查清事实，分清责任的基础上进行调解，调解无效再进行判决。1991年婚姻家庭纠纷案7件，占民事案件63.6%；1994年婚姻家庭纠纷案14件，占民事案件70%；1998年受理婚姻家庭案件26件，占民事案件的49%。1992年，民事审判共受理案件19宗，其中离婚判决占3宗，占民事案件15.8%；1996年，离婚案件上升势头最猛，是史上最多的一年，离婚案件29宗，占民事审判47.5%。2000年后婚姻纠纷案件逐渐下降，但是因财产分割、子女抚养和亲子鉴定等问题，导致案件处理难度加大。2009年，离婚案件明显增加，全年共受理离婚、婚姻家庭案件143件，同比增加30%。

房屋纠纷案件 20世纪50年代初期，房屋纠纷案件也较为常见。1956年，城镇私有房产实行社会主义改造后随着所有权的变动，房屋纠纷案件逐渐减少。1958年实行人民公社化，受“一平二调”政策影响，民间房屋纠纷案件再度减少。1962年，贯彻执行《农村人民公社工作条例（修正草案）》，明确房屋等生活资料属个人所有，房屋纠纷案件逐渐增多。80年代，随着私房改造政策的落实，归还了产权后出现使用权的纠纷。同时随着经济政策的放宽，房地产进入市场，房屋经营、买卖活动中发生的纠纷案件进一步增加。1993年国家加强宏观调控房地产业，一批工程停工下马，引发包方和承包商之间的纠纷增多。1994年之后，房屋买卖、租赁、改造装修纠纷不断增加。2010年后，房地产市场不稳定，楼价大起大落，北滘大型的商品房楼盘又较多，导致商品房买卖纠纷大增。此外北滘棚改政策还涉及较多的农村征地案件和房屋纠纷案。2016年，由于顺德区发布北部片区一体化及广州地铁7号线西延北滘规划之后，房地产市场变化较大，各类的房产升值较多，法庭依法审理因房价上涨导致的房屋买卖合同纠纷案件53件。2017年受理涉及房屋买卖纠纷案件102件，其中房屋买卖合同纠纷案就有60多件，同比上年增幅明显。2017年6月28日，顺德法院“开放法院·阳光司法”系列活动在北滘法庭举行，市、区、镇人大代表和政协委员等，现场旁听了北滘法庭第二审判庭公开审理的发生于北滘的一宗房屋买卖合同纠纷案。

劳动争议案件 随着《劳动法》的深入贯彻实施，企业与员工之间的劳动工资支付、工伤事故赔偿等纠纷投诉案越来越多。为保障企业和员工双方的合法权益，1996年1月成立北滘镇劳动争议仲裁办公室，办公室设在北滘劳动管理所。2000年，积极处理劳动争议，共受理工伤故事赔偿案件137宗，涉及人数145人，调解结案132宗，调解补偿金额1600743元；受理工资纠纷案件185宗，涉及人数463人，调解补偿金额1897459元；开庭仲裁9宗，涉案人数138人，仲裁金额达214763元。2002年，依法处理劳动争议282宗，涉案人员1396人，涉案金额

1900多万元；立案仲裁73宗，是历年案件涉及人数最多，涉及金额最多的一年。是年北滘法庭依法监察企业用工单位405家，补签劳动合同7078人，为1132名劳动者追回拖欠工资和押金82万多元，及时处理来信来访投诉594宗。2004年依法处理了华龙家具厂等企业欠薪问题，查处克扣和拖欠工资的企业146家，处理劳动争议案件559宗。2008年《劳动合同法》《劳动争议调解仲裁法》等劳动法律法规先后施行。是年法庭共受理劳动争议230件，比上年增加了近3倍。2010年，镇内编藤行业出现大量劳资纠纷，北滘法庭在审理相关案件时，对纠纷起因进行深入调查，促成北滘镇编藤行业协会的建立。自此，编藤行业的劳资纠纷大幅减少。2011年，佳兆业建筑纠纷案件涉及700多名工人及600多万元工资，经法庭调庭促使纠纷顺利化解。

债务案件 20世纪50年代初，债务案件较多，主要是城乡农工商进行贸易贷款以及农民个人之间因生活、生产借贷引起的债务纠纷。实行合作化后，集体经营，平均分配，借贷减少，债务诉讼案件因而减少，50年代末至70年代末，审理债务诉讼案件较少。进入80年代，伴随着各项经济政策的不断落实，生产发展，经济繁荣，各种债务案件逐年增多。1989年5月成立了北滘镇追偿经济债务小组，由党委副书记杜永国担任组长，下设专案办公室，由法庭、司法、公安、工商等部门的负责人组成。是年，追偿经济债务小组参与诉讼和非诉讼代理有68宗，总标的金额354万元，有效地维护厂企的合法权益。1994年前，债务案不多，一般不超过3宗。如1992年，债务案件3宗，诉讼标的12.8万元；但到1998年，信贷不良资金较多，非法集资违规吸储情况较为突出，起诉到法院的金融纠纷案件大幅上升，是年金融纠纷案件11件，标的165万元，占经济案件的20%。2008年美国金融海啸引发的全球金融危机波及实体经济，少数企业因倒闭、破产等引发较多的债务案件。2007年11月华星公司破产，2009年佑威服装有限公司破产，北滘法庭花费大量人力物力处理这两家公司的资产，此两宗案件涉案金额超过亿元。2016—2017年，受全球经济下滑的影响和国家对企业的调控，形成中小型企业的倒闭潮，债务案件增多。

合同纠纷案件 20世纪80年代开始，北滘镇的企业发展起来，在生产和流通过程中，出现了不少的合同纠纷案。如1993年，北滘法庭处理裕华集团公司诉扬子电器公司辽宁分公司因仓储保管合同纠纷一案，为裕华集团追回价值40万元的货物和13万元的货款。北滘镇还是“三高”农业比较发达的地区，养殖业是农村的经济支柱，在养殖过程中，农村承包合同纠纷时有发生。如1995年西海管理区有200多个养殖户拖欠承包款达400多万元，法庭办理此案，收回承包360多万元。1998年农村承包合同纠纷案件30件，占该经济案件总数的15%。2009年，受国际金融危机影响，企业资金周转困难，生产规模缩小，引起买卖合同、承揽合同等商事案件和劳资纠纷案件增幅明显。2016年受经济下滑的影响，中小营企业经营困难，合同纠纷案增多，是年审结的各类合同纠纷1549件，占总结案的四分之三左右。

第五节　执行案

执行案指民事案件、刑事案件、行政案件通过法院判决，裁定或仲裁案件，被告没有履行，在法院所需要进行的下一步工作。1991 年《民事诉讼法（试行）》修订实施，对于各种诉讼案件上升，执行案件数量增加，工作难度加大，群众性生效判决执行难的问题，法院开展“执行大会战”“执行月”“执行兑现大会”等多种形式，努力扭转执行难的被动局面。

1994 年，法庭注重审执结合，审结后多做债务人的思想教育工作，督促债务人按时履行义务，对赖账不还或者转移财产或者拒不执行发生法律效力的判决裁定等情况，采取一些相应的执行措施和执行手段，保护企业的合法权益。至 10 月底，通过诉讼为企业追回债务 104. 1 万元，通过非诉讼为企业追回债务 594. 7 万元，合计 698. 8 万元。1994 年前，执行案不多，一般不超过 10 宗。1995 年猛增至 20 宗，结案率 75%，1998 年法院开展为期四个月的“执行工作百日会战”“突击执行月活动”，集中清理未结执行。是年执行案件增至 78 宗，结案率为 83. 3%。1999 年加大执行工作力度，提高执行结案率。如 6 月 21 日采取执行大会的形式，集中清理金融执行案不履行生效判决的卢某实施司法拘留，以警示他人。当日执结 4 件金融案。

2000 年后，执行案件上升势头更明显增至几百宗。2004—2010 年，北滘法庭停止受理执行案件，专门审理民商事案件。2010 年 6 月，北滘法庭恢复受理执行案件。北滘法庭针对审判执行的特点，3 名法官及 4 名书记组成审判组，负责审判案件的送达与审判工作，而将 2 名法官和 3 名书记组成执行组，负责案件的执行工作。通过合理的资源优化配置，促进案件质量及效率的提升。全年受理执行案件 553 件，执结案件 527 件，实际执结率为 95. 3%，位居顺德法院各法庭前列。

2015—2017 年，执法方面还得益于网络拍卖制度，改革财产查控方式，改进信用体系制度，完善办案量较 2015 年大幅增加。2016 年北滘法庭受理行政非诉执行（包含城建、环运、计生移送）案件 179 件，执结 127 件，使行政机关具体行政行为得以实施。2017 年北滘法庭共拘留被执行人 13 人，罚款 3 人，移送刑事侦查 3 人，运用淘宝司法拍卖平台拍卖、变卖 102 套房屋，25 辆车。还通过镇文体中心对外公开失信人员名单，进一步提升执行效率。

2007—2017 年北滘人民法庭受理的民商事案件审判和执行情况表

表 14—2—2　　　　单位：宗

年度	审判案件			执行案件			总案数
	受理	结案	结案率（%）	受理	结案	结案率（%）	
2007	737	729	99	—	—	—	737
2008	996	982	98. 6	—	—	—	996
2009	1320	1296	98. 2	—	—	—	1320

续表

年度	审判案件			执行案件			总案数
	受理	结案	结案率（%）	受理	结案	结案率（%）	
2010	1616	1597	98.8	553	527	95.3	2169
2011	2150	2097	97.5	837	798	95.3	2987
2012	1688	1653	97.9	424	299	70.5	2112
2013	997	846	86.7	414	314	75.8	1411
2014	1114	1020	91.6	669	653	79.4	1783
2015	1703	1517	89.1	724	546	71.3	2427
2016	2276	2004	88.1	1251	908	72.6	3527
2017	1966	1689	85.9	1764	1413	80.1	3730

第三章　检察室

第一节　机构

1998 年 7 月 28 日，北滘检察室正式挂牌成立，主要负责北滘、陈村两镇的检察工作。

2012 年 9 月 25 日，顺德区人民检察院在顺德区东部、北部、西南三大片区分别对应设立大良、北滘、杏坛 3 个检察室。北滘检察室工作围绕扩大至北滘、乐从、陈村、龙江 4 个镇街，实现从“临时性的巡回驻点”向“固定开展常驻工作”的转变。在职能上重点定位为“三个协助”：（1）协助区院履行法律监督职能，特别是职务犯罪的侦查和预防；（2）主动融入当地党委政府全职工作中；（3）协助检察机关的各个部门更好地去开展工作。开展对下辖镇街审判工作的监督，同时受理群众控告申诉，开展社区矫正。检察室工作人员为 6 人。2014 年 2 月 18 日，中共佛山市顺德区纪律检查委员会派驻北滘纪检组，佛山市顺德区政务监察和审计局派驻北滘镇监察审计室正式成立。

第二节　检察

作为顺德区人民检察院的巡回驻点，北滘检察室为充分发挥自身的职能，加强对审判活动的法律监督，对北滘、陈村、乐从、龙江 4 个镇街法庭进行了经济、法纪以及控告申诉等方面的检察。北滘检察室跟踪 4 个法庭的受理、结案情况，查阅卷宗和有关档案资料，并针对发现的问题，从规范司法行为、统一法律适用标准、维护法律正确实施等方面，提出具体的整改意见建议。北滘检察室还联合侦监、公诉、研究室等有关部门，定期到北滘、陈村、乐从、龙江4个镇街法庭召开联席会议，就4个法庭的审判活动及检察室自身的监督工作进行沟通交流。2012年北滘检察室采取“3242”的工作模式，4名工作人员调配时间到各镇街办公。

线索初查与立案侦查 1998年7月，北滘检察室成立后，协助顺德市人民法院进行线索初查与立案侦查工作，主要侦查经济领域的贪污贿赂以及社会经济犯罪、职务犯罪等。

2013年北滘检察室参与顺德人民法院反贪局立案侦查10人，与反贪局合作侦查5人，初查案件线索5条，审结不属顺德人民法院管辖案件线索4条。2014年，启动职务犯罪线索初查联动和立案协助模式。北滘检察室善于运用北滘镇反腐败协调小组平台，在线索初查、立案侦查过程中，充分发挥北滘镇反腐败协调小组成员单位的地源优势、信息优势、技术优势、资料优势和人力优势，推进职务犯罪案件的查办。是年初查答复和结案线索3条，启动初查案件线索10条，移送办案线索1件，审查不属于顺德人民法院管辖线索2条。重点是对涉及农村维稳的3条实名举报线索集中人力进行查办。立案侦查行贿案件1人，受贿案件3宗5人。

2015年初查线索6条，结案3条，审查不属于管辖线索1条。与案件管理科（控申）联合答复举报人1次。与佛山新城纪工委联合对上级交办的4宗涉嫌腐败案件开展调查。对某警务区工作人员涉嫌受贿与院诉讼监督局组成专案组联合开展初查、侦查工作。经侦查，立案5人，其中立滥用职权、受贿罪4人，立介绍贿赂罪1人。

2016年重点开展涉农领域和教育系统职务犯罪线索的收集、初查及立案侦查工作；加强对重大安全事故的调查，共初查职务犯罪线索14条，结案9条，审查移交不属于顺德法院管辖线索1条，移交乐从纪委1宗1人，在查线索3条。检察室自行立案2宗2人，协助法院反贪渎局立案5人（包括教育系统、供电系统、农业系统案件），协助杏坛检察室立案1人，协助市院纪委立案2人。与乐从镇纪委紧密合作，立案查处贪污111人次困难群体及特殊群体节日慰问补贴的犯罪嫌疑人梁某某，被省、市、区检察院及纪委作为表扬的典型案例。

2017年查结案新旧办案系统职务犯罪线索47条，立案侦查3宗3人。另参与5宗重大安全事故的调查工作。

犯罪预防 1985年后经济领域的犯罪出现新情况、新特点，贪污贿赂以及涉外经济犯罪，金融、建筑等行业经济犯罪尤为严重。1989年北滘检察室成立后，重点强化对国家工作人员贪污贿赂犯罪的检察与侦查。

2012年北滘检察室与职务犯罪预防科协作，为镇公务员作职务犯罪预防法制专题辅导课3次；通过联系陈村镇纪委，与职务犯罪预防科到陈村环运执法局落实TC公交招标工程同步预防职务犯罪有关措施；联同顺德人民法院职务犯罪预防科带领乐从红星美凯林管理人员到顺德看守所接受警示教育。2012年针对广东联塑科技实业有限公司在货物监管方面重大的漏洞，致使发生多起刑事案件的问题，发出检察建议。

2013 年与职务犯罪预防科协作，积极配合辖区 4 镇开展职务犯罪预防教育活动，对辖区 4 镇公务人员、村两委及股份社人员、医务人员等开展职务犯罪预防教育 10 次，对在校学生开展法制教育课 2 次，开展重大工程预防犯罪教育 2 次；与北滘纪检监察室到北滘人力资源和社保局及土地储备中心开展重大工程同步预防工作，对北滘西海廉租工程和林头、北滘社区排污工程两个过千万工程进行监督预防。

2014 年北滘检察院以预防和查办职务犯罪线索为主要工作，建立职务犯罪线索共享共查机制。首先与北滘镇纪检监察审计办公室建立职务犯罪线索共享共查机制。北滘检察室参与北滘镇纪检监察审计办公室等部门，制定《中共北滘镇委反腐败协调小组关于查办案件协调暂行办法》《开展村居干部违规违法联合处置工作办法》。与北滘镇纪检监察审计办公室、北滘镇公安分局联合对北滘国土部门土地某巡查员等人涉嫌受贿线索开展调查，查实梁某某等人涉嫌受贿案 3 宗 5 人犯罪事实。

2014 年开展“一镇街一名企”活动，预防商业贿赂犯罪。12 月 9 日，北滘检察室和反贪污贿赂渎职侵权局联合佛山新城纪工委、乐从镇纪委组织乐从镇家具城商会部分成员单位的负责人和财务人员一行 40 多人前往顺德区看守所开展“一镇一协会”的法制教育活动；协助建立全市预防职务犯罪法制教育基地；组织医疗系统法庭观摩活动，开展北滘医疗系统案件剖析讲座；6 月 30 日，北滘检察室和北滘镇纪检监察审计办公室组织北滘镇计生、卫生、医疗系统 50 多人观摩被告人李某全受贿案开庭，接受职务犯罪警示教育。

2015 年为基层作法制辅导课 5 次，开展重大工程预防活动 7 次，开展“一镇街一名企”活动 8 次，开展警示教育 2 次，与 2 家国企签署预防职务犯罪备忘录，并为名企和国企提供法律服务 3 次；为北滘纪委组织村（社区）工作人员 600 人到看守所开展警示教育。

2016 年开展职务犯罪预防及法制宣传工作 11 次，其中举办职务犯罪法制课及案件剖析会 9 次，开展重大工程职务犯罪预防 2 次；接受《南方日报》《佛山日报》拍摄采访廉政建设工作 1 次；与片区 4 镇供电所开展廉政共建活动座谈，协同法院反贪渎局在片区 4 镇供电部门举办职务犯罪法制课 4 次。2017 年在辖区 4 个行业协会、8 家名企开展廉洁诚信共建活动。

维稳信访 2012 年后，北滘检察室重视涉及维稳信访工作，参加各镇维稳工作会议及协调会议 10 次，参与重大综治维稳工作 6 次，为镇街维稳工作提供帮助 12 次；协助乐从镇妥善处理复退军人上访事件及后续上访工作；协助陈村镇处理某公司员工意外死亡赔偿纠纷；协助处理村民投诉村委主任滥用职权。

2013 年共参加各镇维稳工作会议及协调会议 12 次，参与重大综治维稳工作 11 次，为镇街维稳工作提供帮助 13 次；接待来访 24 宗 156 人，为群众提供法律帮助，维护群众合法权益。

2014 年积极开展走访和接访工作，共接待群众来访 33 人次，走访机关单位 74 次；通过送法下乡、明察暗访，了解基层情况；利用综治维稳信访平台，建立综治维稳信访信息共享机制，为镇街提供工作帮助 20 次。2015 年共接待群众来访 29 次 36 人，接访 3 名群众，走访 55 次；到北滘上僚村委、陈村庄头、北滘教育局、北滘国土城建和水利局、龙江龙山等部门走访调研。

2016 年共接待群众来访 57 次 85 人，接访长期上访人员程某，听取程某的诉求，并为其进行释法与引导。2017 年共接待群众来访 17 次 23 人，走访机关单位、村（社区）、企业 78 次，通过一系列工作，及时化解相关矛盾，将不和谐问题消灭在萌芽状态之中。

工作协作　2012 年协助顺德人民法院反贪局、反渎职侵权检察局做好调查取证、审讯、布控、代收证据材料工作，共提供工作协助 11 次；协助上级和顺德人民法院职务犯罪预防、办公室等部门开展工作，共提供工作协助 22 次；协助顺德人民法院刑检部门开展工作，提供工作协助 6 次；协助顺德人民法院各业务部门工作 20 多次。

2013 年共为上级和顺德人民法院提供工作协助 62 次，其中为全院性工作提供协助 6 次、为法院各部门提供工作协作 42 次、为上级提供工作协助 8 次、为其他检察院提供工作协助 6 次。

2014 年为顺德人民法院和上级提供工作协助 38 次，如协助反贪渎局到乐从搜查犯罪嫌疑人住宅、到北滘找寻证人、到陈村开展“12·13”责任事故的调查和现场勘查工作。

2015 年协助反贪渎局办理侦查案件 5 人，其中立案 5 人；协助顺德人民法院、反贪渎局查获犯罪嫌疑人 3 名；为顺德人民法院到龙江开展侦查取证工作 3 次；协助顺德人民法院反贪渎局调查取证 3 次；参与顺德人民法院反贪渎局立案侦查工作提供协助之外，另协助顺德人民法院反贪渎局到镇街调取查取证 17 次，协助诉讼监督局到镇街调查取证 1 次，协助顺德人民法院反贪渎局开展职务犯罪预防工作等 6 次。

2016 年加强与纪委等部门开展线索查处协作和职务犯罪预防宣传协作，开展工作沟通 68 次，为镇纪委提供协助 33 次，开展纪检衔接工作 34 次，向区镇纪检部门提供检纪衔接刑事法律文书 20 份；协助市纪委调查案件证人 4 人，立案 1 人；协助区纪委调查案件 1 人，立案 1 人；与乐从镇纪委联合对 3 条案件线索协同开展调查工作；配合北滘镇纪委开展“好家风好民风及探索建立新型廉洁政商关系”活动。

2017 年协助顺德人民法院反贪渎局立案侦查 2 人、传讯犯罪嫌疑人 2 名；协助顺德人民法院反贪渎局到镇街各部门调查取证、查找证人、发出检察建议、送达法律文书等 28 次；协助原诉讼监督局到镇街调查取证 7 次；为上级及外地检察院侦查工作提供协助 27 次，如协助省检察院及江门市检察院调查邓某根案的证据及联系证人；为佛山市检察院和各区检察院，以及东莞、韶关、云浮市等检察院到辖区开展调查取证、查找犯罪嫌疑人及证人工作提供协助；为镇街综治信访维稳办提供工作协助 22 次；加强检纪衔接，为镇街纪委提供协助 19 次，如协助区纪委调查案件 1 人；协助北部片区纪委调查案件 2 人等。

服务基层　2011—2017 年，北滘镇检察室以保障村（社区）居委会换届选举，预防职务犯罪、家庭暴力、征地拆迁等问题，先后 217 次深入村（社区）了解情况，征询群众意见，提供法律咨询服务，排除一批重大维稳隐患。为镇党委、政府提供工作协助 8 次，工作沟通 51 次，为依法行政提供有力支撑。

法律监督　2012 年加强对司法机关的法律监督和行政机关的执法监督。

第四章　司法行政

第一节　机构

1982年3月，北滘公社成立司法办公室，为顺德县司法行政机关的基层单位，配有司法助理员和办事员各1人。1992年3月26日，北滘镇司法办公室改为镇人民政府部门机构。1997年改称北滘镇司法所，8月1日起启用新印。2004年4月，北滘司法所恢复为顺德区司法局的派出机构，由顺德区司法局主管，编制4人。2009年11月8日，迁到翠影路新址办公。2010年4月，划入北滘镇综治信访维稳办公室，仍挂北滘镇司法所牌子，人员5人。主要职能有：（1）指导管理人民调解工作，参与调解疑难、复杂民间纠纷；（2）承担社区矫正日常工作，组织开展社区矫正人员的管理、教育和帮扶；（3）指导管理基层法律服务工作；（4）协调有关部门和单位开展对刑释解教人员的安置帮教工作；（5）组织开展法制宣传教育工作；（6）组织开展基层依法治理工作，为镇人民政府依法行政、依法管理提供法律意见和建议；（7）协助基层政府处置社会矛盾纠纷；（8）参与社会治安综合治理工作；（9）承办上级政法委（司法行政机关）和镇人民政府交办的其他事项。

1985年，建立镇法律服务所，与司法办公室实行“一套人马，两块牌子”；并在街道办事处和农村管理区建立法律服务站，在机关、团体、企事业单位建立法律室。1989年，全镇建立法律服务站、法律室共有35个，人员编制177人。1990年，全镇聘请法律顾问的单位共有15个。1995年7月成立顺德市北滘律师事务所，开展相关律师业务，为401家机关、企业等单位担任常年法律顾问。

2011年7月19日，以政府购买法律服务形式设立的恒创法律咨询服务中心正式投入运作。该中心位于北滘镇蓬莱二路，是顺德首家免费法律服务中心，为市民提供免费法律咨询和调解纠纷等服务。

2014年8月起，推行律师服务进村（社区）。2015年7月，全镇20个村（社区）设立公共法律服务站，为群众提供便捷的法律服务。同月，成立镇公共法律服务中心，设置人民调解、法律援助、社区矫正、协办公证窗口，由司法所、镇法律服务所工作人员开展工作。

2011年9月29日，挂牌成立广东省妇女维权与信息服务站顺德北滘分站（简称“北滘维权站”），2014年开设妇女维权热线。

2017年1月6日，粤港澳国际商事法律服务中心在北滘丰明中心正式揭幕，这个服务平台筹办了视频视像会议办公场所，实现三地零距离实时交流，为有需要的客户提供高效便捷的跨境法律服务。

1996年，北滘镇司法办公室荣获顺德市司法行政系统基础建设先进集体。1998年，北滘司法所荣获顺德市司法行政系统司法行政工作先进集体。2007年、2008年，北滘司法所荣获“顺德区法律援助工作先进集体”“顺德区司法局先进集体”。2007年，北滘司法所被佛山市司法局记“集体三等功”。

第二节 公证

1985年起，北滘法律服务所主要工作为涉外公证、经济合同公证、公民权利义务公证三大类，证明机关、团体、企事业单位和公民的各种法律行为；证明合同、购销、贷款、财产、委托、承包、租赁、投标、建筑、遗嘱、继承、赠与、分割、收养、身份、学历、出生、婚姻、死亡、签名、印鉴、文件副本、节本、译本、影本、代管遗嘱或证明文件等。

1988年，司法部门协办建筑工程合同109件，总标的达1029万多元；各类的公证23件，总标的达7.7万多元。1990年，积极运用“三书”（法律意见书、法律证明书、调解协议书），提供法律服务29件，为全镇挽回经济损失达45万元。与此同时，实行“两公开一监督”，建立“六簿一册”（即调解纠纷登记簿、法律宣传登记簿、写办公证登记簿、律师工作登记簿、来信来访登记簿、学习开会登记簿和调解人员花名册）制度，健全司法行政工作档案。

1990年，积极参与代理诉讼非诉讼案件，办理案件48宗，总标的约277万元，为全镇挽回经济损失100多万元；协办各类公证共150件，总标的达280万元。1992年，为适应市场经济发展，拓展借款抵押见证业务，办理房屋抵押借款合同见证业务共305件，总达1030万元；开展“三书”服务406件，总达1508万元。1994年，共办理各类律师见证805件，中标的达2600多万元，有效及时支持经济发展。2005年，对127项工程项目招标投标进行法律见证，涉及金额7900多万元，中标金额6900多万元。2006年，共对170多项招标投标进行法律见证，见证中标金额1.4亿多元，其中海峡两岸粤台农业合作试验园——顺德花卉博览园首期要承包莘村2500亩土地，涉及近2亿元土地承包款，区、镇两级对此项工作高度重视，司法所协助双方签订合同，使得该项目得以顺利推进。

2009年共对223项招标投标进行法律见证，见证中标金额1.5亿多元。2010年，协办公证877件；2011年948件；2012年1223件；2013年1607件；2014年1232件。

2015年为基层政府、村（社区）、各部门提供司法建议13条，参与严打整治及专项整治行动20次，参与拆违任务见证工作61次。2016年，为基层政府、村（社区）、各部门提供司法建议22条，参与严打整治及专项整治行动24次，参与拆违任务见证工作32次。2017年，为基层政府、村（社区）、各部门提供司法建议20条，参与严打整治及专项整治行动19次，参与拆违任务见证工作42次。

第三节 人民调解

队伍建设 1954年3月22日，政务院公布《人民调解委员会暂行组织通则》。

北滘境域各乡相继建立调解委员会，农业合作社成立调解小组。人民调解委员会主要职责是：调解公民之间、村与村之间、单位与单位之间的一般民事纠纷及轻微刑事纠纷，化解矛盾、搞好内部团结、减少刑事案件发生。1972 年，北滘公社对各级调解委员会进行整顿恢复。1976 年后，公社治安保卫组内设民事调解。1981 年 4 月，县司法局成立后，进一步加强对调解工作的领导，采取各种形式对调解会成员进行业务培训，使调解会整体素质不断提高。1988 年，全镇有 25 个调解委员会。调解人员有 401 人，全部工作人员都经过培训才上岗。2005 年 6 月 9 日，北滘法庭与镇妇联、司法所联合举办维权调解工作培训班。2007 年，北滘将调解工作延伸至村（社区），建立以村（社区）为基础的 70 个调解小组。2007 年，着力建立和规范厂企调解会，建立北滘医院、新的科技有限公司、美的集团有限公司、美力华投资有限公司人民调解会。镇人民调解会还和劳动监察部门联合起来，建立起双方联动调解机制，劳动部门遇到不能通过劳动仲裁处理的纠纷，引导双方通过人民调解解决，调解不成再指导当事人到法院诉讼。2008 年，针对医患关系紧张的情况，加强医院调解工作。2009 年 10 月 20 日，北滘法庭人民调解工作室成立，北滘司法所安排 2 名工作人员调解与诉讼调解衔接工作。至 2012 年，北滘有镇级调解委员会 1 个，村（社区）人民调解委员会 20 个，厂企人民调解委员会 9 个，行业性、专业性人民调解委员会 4 个，专职人民调解员 32 人，兼职人民调解员 87 人。

2013 年 4 月，镇司法所在人力资源和社会保障局设立松高劳动保障咨询服务中心，专门对劳资纠纷进行调处。9 月 13 日，北滘交通事故人民调解委员会在北滘交警中队挂牌成立，这是顺德首个道路交通事故人民调解委员会。通过及时化解因交通事故产生的民事纠纷和社会矛盾，维护事故当事人的合法权益，提高交通事故处理效率。2014 年 9 月，在北滘镇总商会成立商事调解委员会，商事调委会主要是调解会员企业之间、会员企业与客户之间发生的商事纠纷。至此，北滘司法所已在北滘设立了 3 个专业性的调解委员会。

2015 年，在各村（社区）设置一名专职调解员，建立北滘镇妇女儿童权益纠纷调解会，解决镇内妇女儿童相关纠纷的调解工作。10 月 20 日，首次在住宅小区设立人民调解委员会，以村（社区）工作人员、物业管理公司相关工作人员为主，主要解决小区内的矛盾纠纷，维护住宅小区公共秩序。

2016 年 3 月 29 日，北滘公安分局调解室正式成立，北滘公安分局以此为契机，让更多矛盾化解在基层，及时消除社会不安定因素。

纠纷调解　司法办成立后，协助镇政府处理重大民间纠纷，化解社会矛盾，维护社会稳定。1988 年共调处民间纠纷 154 宗。1993 年，接待群众来访 85 次，调解处理商务纠纷 36 宗，处理群众来信 18 宗。1999 年共调解各类纠纷 102 宗，其中婚姻案 59 宗，调解率 100%，成功率 98%。2000 年共调解各类纠纷 202 宗，其中婚姻案 60 宗、继承案 75 宗、赡养案 6 宗、家庭纠纷案 24 宗、宅基地案 9 宗、赔偿案 8 宗、其他 20 宗，调解率 100%，成功率 98%。2002 年，共调解各类纠纷 151 宗，其中婚姻案 60 宗、继承案 8 宗、赡养案 6 宗、家庭纠纷案 40 宗、宅基地案 9 宗、赔偿案 8 件、其他 20 宗，调解率为 100%，成功率 98%。2003 年，北滘镇司法所累计婚姻调解108宗、家庭调解67宗、瞻仰抚养调解2宗、房屋宅基地调解6宗、债务调解9宗、赔偿调解6宗，合计调解198宗，调解率100%，成功率100%。

2004—2014年，各级调解会调处的民间纠纷案件共2726宗，调解成功率达99%以上，案件集中在婚姻家庭纠纷、工伤纠纷、经济纠纷、房产纠纷等。此外医疗纠纷和建筑工地纠纷有所增加。2009年，镇调解委员会共调解医疗纠纷5宗。2010年，共处理涉及建筑工地的纠纷5宗。

2015年，参与调解案件36件，其中成功33件，成功率91%。另外，劳动保障调处案件数429件，调处成功达93%；交通事故调解案件数13件，成功率为100%。

2016年，参与调解案件45件，调解成功率89%；劳动保障调处案件364件，调处成功率达92%；各村（社区）调解纠纷129件，调处成功率达87%。

2017年，发挥调解工作第一道防线作用。司法所共参与调解案件47件，调解成功率97.9%。另外，劳动保障调解案件727件，调解成功率96%，涉及金额1484万。通过第三方律师、法律工作者调解的案件共45宗，调解成功率97%，涉案金额767万元，涉及当事人119人。

1992年后，北滘镇调解委员会多次获奖。三洪奇管理区调解会获1992、1993年度顺德市司法行政系统基层先进调解会；美的股份有限公司调解会、碧江街区调解会获1996年度顺德市司法行政系统先进调解会；北滘街区调解会、马村管理区调解会获1997年度顺德市司法行政系统人民调解工作先进集体；碧江街区调解会、桃村村调解会获1998年度顺德市司法行政系统人民调解工作先进集体；北滘社区调解会、水口村调解会获2000年度顺德市司法行政系统人民调解工作先进集体；北滘社区人民调解委员会、广教社区人民调解委员会获2002年度顺德市司法行政系统人民调解工作先进集体；北滘社区人民调解委员会、碧江社区人民调解委员会获2002年至2003年顺德区人民调解工作先进集体；马龙村人民调解委员会获2006年至2008年佛山市人民调解工作先进集体。2013年，北滘镇人民调解委员会被评为“顺德区人民调解工作优秀单位”。

第四节　法律援助

1985年，北滘法律服务所开始参与办理法律援助工作，主要接待来人来电来信，义务解答法律咨询，进行普法宣传，接受案件，受理部分困难群众的法律援助，免费办理代写法律意见书、法律见证书、法律协议书、协办公证、代理诉讼和非诉讼等法律事务。2004年，北滘镇法律援助工作站挂牌成立，由司法所所长兼任站长。

2006年，建立“法律援助质量监督进法庭”制度，运用调解、法律咨询、代书等手段，确保法律援助案件的办案质量。2007年，创新法律援助平台，在北滘镇工业园员工村成立“法律援助服务点”，设立法律援助宣传栏，针对外来工关心的热点问题，印制《北滘司法园地》《法援须知》供外来工取阅，使外来工了解相关的法律知识。11月，由司法部法律援助中心副主任王军益、省司法厅副巡视员蒲皆祐一行58人的全省法律援助处主任培训班到北滘司法所参观交流，对司法所的法律援助工作给予高度评价。至2014年，共接待群众来访、来电、来信咨询2830人次，受理法律援助193件。其中，2006年共受理法律援助案件19件，符合法律援助条件的案件12件，接受并书面登记群众来电来信来访240人次。2009年共受理法律援助案件19件，符合法律援助条件的案件12件，接受并书面登记群众来电来信来访134人次。2011年，某塑胶五金有限公司、某家具有限公司经营不善，老板相继逃匿，拖欠410名工人薪金。法律援助律师引导工人申请劳动仲裁，申请法院强制执行工资补偿。2012年，共受理法援案件29宗，案件主要是涉及劳资纠纷，其中13宗是劳动争议仲裁纠纷，6宗是群体性劳资纠纷，涉及工人数349人，拖欠的工资和经济补偿金200多万元。2013年受理法律援助案件申请33件，其中8件为群体性的劳资纠纷，涉及的工资和经济补偿金200万元，涉及职工人数160多人。2014年，受理法律援助案件申请19件，其中13件为群体性的劳资纠纷，涉及的工资和经济补偿金400多万元，涉及职工人数500多人。

2015年，案件仍以劳资纠纷为主，受理法律援助案件33宗，其中27件是劳动争议仲裁纠纷，10件是劳资纠纷执行案类及工伤，涉及工人数500多人，涉及的工资和经济补偿金300多万元。2016年，受理法律援助案件27件，其中群体性案件14件，受援人数180多人，涉及金额140多万元。2017年，受理法律援助案件29件，其中群体性案件16件，受援人数320多人，涉及金额180多万元。

第五节　安置帮教和社区矫正

刑释解教人员安置帮教工作，简称安置帮教工作。1998年6月成立北滘镇刑释、解教人员安置帮教工作协调小组。1999—2003年，北滘司法所对刑释解教人员安置累计196人，重新就业148人，重新就业率达76%。2004—2014年，北滘镇司法所共帮教317名刑释解教人员。2010—2014年，共有92名社区矫正人员顺利解除社区矫正。

2015年，根据《顺德区建立社区矫正与安置帮教重点对象“一对一”帮矫机制实施方案》，镇司法所组织发动各村（社区），成立由村（社区）治保主任、大学生村官、社区民警、其他村干部及居民组成的社区矫正与安置帮教志愿者队伍，建立起社区矫正、安置帮教重点对象“一对一”帮矫工作机制。2015年全镇在册的社区矫正对象84人，其中缓刑83人、暂予监外执行1人。新入矫社区矫正人员73名，解除社区矫正53名。全镇在册的安置帮教对象163人，刑满释放人员162人，解除劳动教养1人。全年新接收刑释解教人员46人（其中特赦1人），落实安置人员46人，安置率达100%；落实帮教人员46人，帮教率达100%。

2016年，完善村级社矫网络。9月20日，全镇的村级社区矫正工作站全面完成挂牌。村级社区矫正工作站设站长1名，由主管综治工作的两委兼任，业务上受区司法局和镇司法所指导，镇司法所统一制定下发社区矫正工作站制度、职责和纪律，做到规范运行，促使两类人员遵纪守法，保持镇内社区矫正人员无重新犯罪。全年全镇在册的社区矫正对象69人，其中缓刑66人、假释3人；新入矫社区矫正人员50名，解除社区矫正66名，迁出2名。

2017年，司法所累计接收社区服刑人员92人，累计解矫89人，有69人在接受矫正，其中缓刑66人、暂予监外执行1人、假释2人，居住地变更（迁出）1人；开展审前调查评估35件；组织集中教育15次共1070人次，组织社区服务12次共842人次。在册刑满释放人员251人，重点帮教对象26人，接回省内外重点刑满释放人员5人，完成司法部规定重点帮教对象衔接率100%。

第六节　法制宣传

北滘镇司法办公室和法律服务所成立后，结合党委、政府各时期的中心工作，积极开展法制宣传活动。1985年8月，贯彻落实中共中央“用五年时间在全体公民中基本普及法律常识”的精神，北滘设立普法办公室。从1985年下半年至1988年底，北滘组织普法教育对象系统学习《宪法》《刑法》《刑事诉讼法》《民事诉讼法》《民法通则》《婚姻法》《经济合同法》《继承法》《兵役法》《森林法》《治安管理处罚条例》《信访条例》《土地管理法》等，参加者占全镇普法教育对象的99%以上。1988年，开展农村普法教育，全镇参加普法的农户有13816户，参与考试的有13660户，占参加普法户数的98.8%，合格率97.7%，北滘提前一年完成“一五”普法工作。

1989年，北滘提前进入“二五”普法阶段，制定《深化普法教育，开展依法治镇三年规划》。1991年，北滘镇成立普法领导小组，潘毅敏当组长。对镇属各战线系统、管理区、街区等169个单位，共7万多人次的干部、农民、职工、外工进行全面普及法律常识教育。1994年，司法、教育、工商等职能部门通力协作，突出抓好《教师法》《农业法》《妇女权益保护法》《消费者权益保护法》等法规的宣传教育。

1996—2000年是“三五”普法工作实施阶段，司法办通过《北滘报》“法制园地”专栏，以灵活的形式宣传《刑法》《婚姻法》《继承法》。全镇参加学法83528人，普及率为88%，其中，镇机关和各级干部党员、中小学教师及学生，普及率达100%，城镇居民普及率达91%，98%以上的外来工参加学法教育考试。北滘镇“三五”普法工作考核验收95.5分。

2001—2005年“四五”普法期间，北滘重点关注未成年人。司法办与教育办合作，组织观看禁毒题材电影，举办“预防未成年人犯罪教育大会”，组织服刑人员到中小学校进行现身说法。在中小学设法制副校长，由公安干警和司法所工作人员每年定期到学校讲授2—3期法制课。2004年7月，司法所通过《司法园地》《警讯》等刊物，采用问答、图画、简介等方式，向群众介绍国家新出台法律法规，加深群众对新法规的认识。

2006—2010年“五五”普法期间，北滘镇共举办各类法制教育讲座128场，制作电视法律宣传55期，举办或参与户外咨询活动32场，制作宣传栏121期，发放宣传资料286700余份，悬挂宣传标语148幅，解答群众咨询12000多人次，举办大型法律宣传活动56场，举办各类法律培训班23场，举办模拟法庭4次；开辟各类法制专栏共计27个，其中报刊栏目1个、宣传栏栏目21个；发放各类法制宣传资料8万册；发放各类宣传图片3.5万张；发放各类法制宣传音像制品3万盒；摄制法制宣传电视专题片1部；建立法制宣传教育基地28个，其中建立青少年法制宣传教育基地26个；聘请兼职法制副校长的镇以上中小学校26所，镇以上中小学校兼职法制副校长聘请率100%；专职法制宣传人员4人；投入普法宣传经费120万元。

2011—2015年，充分利用“论坛平台”“模拟法庭”“主流媒体”“普法基地”等多种渠道广泛进行普法宣传，开展普法系列宣传活动810场，开展普法阵地建设109个，制作普法宣传栏226期，以及电视法制宣传60期，解答法律咨询超过7500人次；发放各类法制宣传资料4万册，发放各类宣传图片1.5万张，发放各类法制宣传音像制品5000盒。2013年，投入26万元打造“北滘法治公园”和“法治文化绿道”，划拨10万元专项经费对全镇“法治文化示范村”和“法治文化示范学校”进行硬件升级和软件补充。2014年再投入40万元建设了北滘法治文化中心和碧江、广教、西滘3个村（社区）的法治文化设施。五年投入普法经费达120万元。2014年，在全镇范围内对邪教组织开展专项整治“百日会战”宣传行动。2015年，建立反邪教警示教育基地。2015年8月12日，顺德区司法局局长、区普及法律常识领导小组副组长关庆祥一行到北滘镇展开普法检查，对北滘镇的普法宣传给予充分肯定。

2016年是“七五”普法启动之年，北滘镇司法所坚持法制教育与法制实践相结合，以法律咨询和普法文艺表演形式开展宣传活动。3月，借助“乐业北滘”南粤春暖人力资源招聘会活动开展“送法进招聘会”大型法律宣传活动，开展妇女权益保障系列宣传，在“3·15”国际消费者权益日开展户外宣传活动；6月6日，在莘村中学举办禁毒暨环保宣传活动；10月26日，在西海村举办法治文化宣传活动。

2017年，以法律进学校、村（社区）为重点，推进青少年普法活动。君兰中学以典型案例，向学生们宣传安全防范常识，让学生直接、深刻掌握防范技能。5月9日，举行“国家安全教育日”暨模拟法庭进学校法制宣传，近千名学生现场接受教育。6月28日，在高村开展国际禁毒日暨“反邪教”法治文化宣传；7月12日，在顺江开展“与法同行”新顺德人普法宣传；12月1日，联合区司法局在北滘门广场开展2017年“12·4”国家宪法日暨全国法制宣传日活动，以群众喜闻乐见的形式进行法制宣传。配合村（社区）换届、股份社换届选举，编印换届选举宣传小册子6.5万多份，派发到镇内每家每户；保证选举工作依法依规进行，同时举办新一届村（社区）委员会、股份社成员的法制讲座，增强依法行政意识。

1990、1995、2001、2006、2011年北滘镇先后被佛山市评为第一、第二、第三、第四、第五个五年普法教育先进单位。2001—2005年获佛山市顺德区法制宣传教育先进集体称号。北滘镇普法办公室、北滘镇劳动管理所、北滘社区居委会被评为顺德区“四五”普法工作先进集体。北滘镇综治信访维稳办公室（司法所）、北滘交警中队、槎涌居委会被评为顺德区“五五”普法工作先进集体。

第五章 地方军事

第一节 机构

1959年北滘人民公社设人民武装部，是镇党委的军事部门，镇政府的兵役机关，受镇党委、政府和县人民武装部双重领导。其主要职责为：负责民兵、预备役、战时动员和征兵工作；负责民兵军事训练、民兵整组和组建应急队伍工作；负责武器装备、国防军事的保养管理工作；负责开展军民共建、拥军优属、国防教育工作。

第二节 民兵

民兵组织 新中国成立初期，为保卫土地改革，境域内建有农民自卫武装。1950年4月，县成立武装大队，境域内各乡相应成立中队。1952年，县建立基干民兵团，区建民兵营，乡建民兵排或班。1954年结合整风整社，大力整顿和发展民兵，开展预备役训练，并按社队编成第一和第二类预备役。1956年撤区并乡，以乡（镇）为单位设民兵队部，农业社按民兵多少编中队或小队，基干民兵与普通民兵分编。1958年“大办民兵师”，除地、富、反、坏、右分子和残废人员外，凡满16—45岁的男性，16—35岁的女性，一律编入民兵组织。1959年北滘公社成立后，成立民兵团，民兵团的团政委和团长分别由公社党委书记和社长兼任。民兵团设立武装基干连。各大队设民兵营，并建立武装民兵排。1965年，调整民兵编制，北滘民兵团下设21个民兵营，公社武装基干连下设21个武装基干排。1970年，北滘公社组建民兵独立营，下设7个连，21个排。1971年后，民兵实行每年一次组织整顿制度，实行年度军事训练制度。至1975年，北滘公社民兵队伍从单一的步兵发展到卫生、防化、通讯、侦察、高炮等多专业的兵种。

1981年开始，调整民兵组织，县取消民兵师改设团建制，北滘相应改设民兵营，辖下各大队建民兵连。按《兵役法》规定，应服兵役的人员除服现役者外，全部编入民兵组织服预备役。民兵年龄由原来16—45岁，改为18—35岁，基干民兵为18—28岁。

1985年，贯彻中共中央关于“减少数量，提高质量，抓好重点，打好基础”的基本方针，继续调整巩固民兵组织，扩大专业技术兵的组建面。1993年12月底至1994年1月上旬，北滘武装部进行了民兵预备役整组工作。1995年9月，成立北滘镇地方与军事专业对口的技术人员进行预备役士兵登记领导小组。

2009年，北滘镇武装部，按上级要求，将政治合格、身体健康、高中文化程度以上的男性公民编入民兵组织，组建成拥有基干民兵连、普通民兵连、通讯连、应急分队、森林防火应急分队的民兵组织。

民兵训练 新中国成立后，境域内民兵组织都根据形势要求开展训练。训练制度基本上是劳武结合，实行小型、就地、分散形式，因时因地制宜，每年训练一次。训练主要有两大主题：一是政治教育，二是军事训练。1951—1957 年，以射击、投弹、拳术三大科目为主，训练对象是基干民兵，其中 1955 年，规定参训人员集中于大良。1958 年，训练内容除射击、投弹、战术、队列以外，还开展"三防"（防原子武器、防化学武器、防细菌武器）、"一反"（反坦克）专业技术训练。1962 年，民兵干部训练以射击、反袭扰、反空降、防暴乱、战术为主。1965 年，民兵干部、民兵骨干、军事教员、基干民兵训练以反袭扰、反空降、防爆乱为主。是年，推广"郭兴福教学法"，开展大练兵、大比武。1966—1967 年，北滘公社集训民兵排以上干部 15—20 天，大队集训基干民兵 7 天，训练以射击、投弹、刺杀、爆破、战术、列队、游泳、武装泅渡为主。1970—1976 年，除上述训练内容外，民兵射击增加高机枪射击和反坦克训练。1977—1980 年，以射击、投弹、战术、列队为主，另有 82 迫击炮、60 迫击炮、高射机枪等科目训练。1981 年后，调整和改革民兵的军事训练，重点抓专武干部训练。1983—1984 年，贯彻"减少数量，缩短周期，调整内容，改进方法，抓好重点，保证质量"的方针，训练实行 15 天一个周期，由公社组织一次完成，以民兵干部为重点。1985 年后，训练对象以中学生为主。2010 年，北滘组织民兵预备役森林消防分队集训、轻舟分队集训、高炮训练、佛联 2010 军地联合实兵演习、无线电通信演练等训练。

2011 年 3 月 23 日至 3 月 25 日，镇武装部 14 名民兵森林消防员集训。2011 年 4 月 25 日至 4 月 29 日，北滘镇操舟手 4 人，参加区轻舟分队集训。2011 年 7 月 10 日至 7 月 17 日组织民兵参加海训。2011 年 10 月 18 日至 11 月 5 日，北滘武装部二营四连参加防空兵群指挥所实兵演习。

生产建设 1950 年，境域内民兵率先组织生产小组开荒发展生产；1953 年后，带头掀起爱国丰产竞赛；1957 年在积极参加"旱地变水地""浅塘变深塘"的农业生产基本建设；1958 年，参加修造农艇大会战；1970—1976 年，北滘公社组织上千名民兵，成立专业队伍，参加大规模农田基本建设，疏浚河涌，整治禾田和基塘地区，修建堤坝涵闸，整治潭洲水道。

维护治安 顺德解放初期，境域民兵参加站岗放哨，在水道建立哨站巡逻警戒，担负区公所、乡政府、堤坝、水闸、桥梁、公路、粮仓等的保卫工作；1962 年台湾海峡局势紧张，参加战备执勤；20 世纪 70 年代，协助公安部门维护社会治安，破获各种案件；1980 年后，维护治安，禁毒扫黄，打击刑事犯罪，处理交通事故和突发事件；2005 年 11 月"亚艺节"期间，北滘镇出动 40 人配合公安部门开展保卫警戒工作，还组织 30 人参加佛山市应急分队的集结工作；2006 年，北滘共出动民兵预备役队伍执行任务 300 余次；2007 年清明节期间，北滘组织近 50 人次民兵预备役队员，协助祥宁园和林场维持治安秩序和森林防火执勤工作；2010 年，除担任春节、五一、国庆战备值班外，亚运会期间，还组建亚运安保民兵应急连，抽调 20 名预备役队员参加 45 天的亚运安保值勤任务，全年派出执行任务共 2600 多人次。

抢险救灾 1953 年 5 月，群力围段出现险情，西海民兵队长黄牛率数百民兵坚守堤围14小时，终于使群力围段转危为安。1959年6月，发生大洪水，民兵连续奋战四昼夜加固抢险，保住堤围。1961年抗涝中，全体民兵连续26天奋战在排洪第一线。1962年，暴雨成灾，水位超历史水平，民兵经过18天日夜苦战，抢救险段闸，保住主要堤围。2005年6月22日至26日，北滘镇遭受五十年一遇特大洪水，45名民兵应急分队队员，组成抗洪抢险突击队，对三洪奇大桥、德胜大桥和乐从菊花湾出现的险段进行抢险，成功控制险情；同年10月27、28日，大良顺峰山发生山火事故，北滘集结52名民兵应急分队队员赶往现场扑救山火。2006年6至7月，北滘民兵预备役战士参与韶关、清远等地的抗洪抢险任务。2007年7月，北滘选派骨干民兵远赴雷州半岛参加抗洪抢险，成功救出受困群众200多人。2008年6月，北滘两次选派骨干民兵参加飞鹅岭山地质灾害排险，在气温高达36℃和山体崩塌的情况下，争分夺秒，搬运沙包3000多个，堆砌沙包墙600立方米，为排除地质险情作出贡献。

民兵荣誉 2005年10月30日，北滘镇征兵工作大会表彰三洪奇社区居委、北滘社区居委，碧江社区居委为三个征兵工作先进单位。2010年度，北滘镇武装部被佛山市顺德区人民武装部评为武装工作标兵单位。北滘镇、西海村、三桂村民兵营被评为顺德区基层民兵营“四个基本”建设标兵单位。2011年度，北滘镇、西滘村、高村、黄龙村民兵营被评为顺德区基础民兵营“四个基本”建设先进单位。

第三节 兵役

1950年至1954年，境域内青年以参军为荣，踊跃加入中国人民志愿军。1955年7月30日，国家颁布《中华人民共和国兵役法》，每年征兵。北滘成立办公室，根据征兵任务，制订方案，设立体检站。按国防部颁发的《应征青年体格条件》确定体检合格人员，然后由村、镇、县三级按《征集兵员政治条件的规定》进行严格的政治审查。然后将批准名单在基层张榜公布，向入伍者发送《应征入伍通知书》。每年送兵，应征者佩戴大红花，由所在村委会或居委会敲锣打鼓，组织醒狮队欢送到镇，再由镇送到县，县举行欢送大会后，将新兵交给接兵队伍。1979年对越自卫还击战中，有北滘民兵积极报名应征入伍，共有22名北滘子弟奔赴前线，其中2人在战争中献出生命。

征集新兵 根据兵役法规定和上级安排，1993年10月下旬，全镇设登记站28个，应登561人，实登558人，占应登的99.5%。1994年10月1日北滘镇人民政府为保证征兵工作的顺利进行，确保兵员质量，根据国家和省的有关规定，结合北滘镇的实际，研究制定《北滘镇征兵工作暂行规定》，共17条。是年，北滘镇共有适龄青年2976人。其中，初中毕业文化程度有1106人，高中或中专以上文化程度有723人。通过复检，最后双合格的人数有126人，其中高中文化51人、初中文化75人。全镇征兵任务为38名，比1993年增加了4名。1995年12月上旬北滘镇冬季征兵工作圆满结束，38名适龄青年合格入选。

2005年12月14日，北滘镇为第三批应征入伍的33名新兵举行隆重的欢送仪式。

2006年11月5日，北滘镇在北滘中学礼堂隆重召开2006年征兵动员大会。征兵征集对象是2006年年满18—20周岁的男青年，高中文化和企事业单位工作的青年可放宽到21周岁，大专以上文化的青年可放宽到22周岁，女青年为2006年年满18—19周岁。

2007年冬季征兵，兵役适龄公民962人，实际登记人数889人。进站青年共519人，初检合格142人，复检合格113人，双合格共79人，双合格率为15.2%。11月24日，对双合格青年进行了内定兵体格复查，合格54人，被批准入伍43人。2008年10月，全镇报名人数862人，大专以上86人、高中702人、初中74人，经过预测目测合格544人，体检政审合格64人，被批准入伍42人。2010年，共征集新兵40人，其中：大专以上学历10人、高中文化程度30人，圆满完成了区下达的兵员征集任务，实现了无一责任退兵。

根据2011年新修改的《兵役法》，从2012年冬起，国家取消了非农业户口青年征集的比例限制，对高校学生征集也有新的规定：对正在全日制普通高等学校就读的学生取消缓征规定，对高职（专科）毕业生，征集年龄放宽至23周岁，本科及以上学历可放宽至24周岁。

2013年起，根据国务院、中央军委决定，调整征兵政策。一是征集任务的调整，要以常住户籍人口为依据。二是征集对象的调整，征集对象以高中（含职高、中专、技校毕业）文化程度的青年为主，优先批准学历高的青年入伍，优先批准应届毕业生入伍。三是征集办法的调整，大学应届毕业生和在校生既可在学校所在地报名应征，也可回入学前户籍所在地报名应征。2013年，北滘从424名进站青年中优选出合格兵员41名。其中高等学历新兵17人，高等学历兵率占入伍新兵的41.5%，党员2人，团员15人。

2014年，征集对象是以高中（含职高、中专、技校毕业）以上的文化程度的青年为主，重点是大学生的征集，优先批准学历高的青年入伍，优先批准迎接毕业生入伍。北滘的双合格青年共有76人。9月5日，在北滘中学礼堂召开欢送大会，祝贺45名适龄青年光荣入伍。

2015年，征兵工作对青年的身体素质要求更高，各个镇街体检完后再全部集中起来进行一次复检，高中生以及大专生的年龄比上年放宽了一周岁。2016年，北滘为国家送去47名优质兵源，其中高中学历100%，大专和在读学生学历74.5%，学历排名全区第一，优秀地完成征兵工作。

2003—2017年北滘征兵情况表

表14—5—1

年度	人数	年度	人数	年度	人数
2003	40	2008	42	2013	41
2004	44	2009	45	2014	45
2005	33	2010	40	2015	48
2006	42	2011	37	2016	47
2007	43	2012	43	2017	40

预备役 1955年国家《兵役法》颁布后，境域内依法进行预备役登记。1957年6月，调整预备役与民兵工作，使之合二为一。1958年8月大办民兵师后，预备役中断。1980年12月，恢复退伍军人预备役制度，对退伍军人实行登记，编入各级民兵组织。1984年10月，兵役分为现役与预备役，凡编入民兵组织或登记服预备役的称为预备役人员。预备役人员分为士兵和军官两类。1991年，北滘进行转业干部预备役军官登记试点工作，调整专职武装干部和预备役干部。

镇民兵预备役大部分为各村（社区）退伍军人和青年职工，人员难集中，武装部采取分散集训和集中训练相结合的方法，训练突出防汛抢险，冲锋舟操舟手培训，森林防火等突发事件的训练，从体能、专业知识、操作等角度，全方位提高民兵预备役的整体素质和应急能力。1993年民兵预备役训练中学生245人次，经过队列、武器常识，国防知识，实弹射击考核，总评分合格239人，合格率达97.6%。

2012年5月23—25日，北滘镇组织镇内的部分预备役官兵进行“三防”知识培训，这也是北滘连续第四年举办预备役“三防”培训。

2013年北滘镇组织25名高炮预备役队员参加预备役师为期一个月的战队集训及实弹射击活动。在训练考核中取得了11项个人前三名的佳绩，在实弹射击中，荣获57炮班协同第一名、第二名的成绩。武装部还组织20名预备役队员，对碧江中学初一、初三过千名学生进行基础军事训练。

征兵工作荣誉 截至2010年，北滘镇连续二十七年获得顺德区“征兵工作全优单位”的光荣称号，其中西海、三洪奇2个村（社区）获得镇“征兵工作先进单位”的称号。北滘镇党委委员李达恒被评为征兵工作先进个人。2012年10月26日，北滘召开2012年征兵工作会议，授予三洪奇、高村、西海3个村（社区）“2011年度征兵工作先进单位”称号。2013年北滘、林头、西海社区（村）被评为征兵工作先进单位。2014年，镇民兵预备役基层建设被佛山军分区评为“红旗”单位。

第十五篇　民政

1959 年 5 月，北滘人民公社设民政股。“文化大革命”开始后，民政机构瘫痪。1972 年 5 月恢复，公社办公室设“民政助理”，负责辖内的民政事务，并接受县民政局的业务指导。1989 年，北滘镇设立民政办公室。2010 年 8 月，成立社会工作局，2014 年 4 月，民政归入镇农业和社会工作局，内设民政优抚股。

1978 年 12 月中共十一届三中全会后，北滘镇出台众多政策，制定和完善一系列规章制度，北滘民政事业获得长足发展。1994 年度、1997 年度，获顺德市民政工作先进镇称号。1995 年 9 月获广东省民政厅授予（民政工作）“广东省乡镇之星”称号。11 月，获国家民政部“全国最佳乡镇”称号。

第一章　基层政权与群众性自治组织建设

第一节　乡村政权组织

民国期间，北滘农村设置乡、保、甲建制。

新中国成立后，实行乡、村建制。1950 年，北滘区域分设广教、北滘、三洪奇、西海、彰义、桂西、都粘、林头南、林头北、桂马、桃村、洋浦、同安、同乐 14 个乡人民政府，乡下设村。1952 年 8 月，调整乡、村建制，北滘区域设林头、桂马、碧江、北滘、广教、奇西、同安、都和、莘村、马龙 10 个乡人民政府。1954 年全县并乡后，北滘区域分别设立林头、桂马、碧江、北滘、广教、西海、三洪奇、同安、马龙、新村 10 个乡人民政府。1955 年 5 月，乡人民政府改称为乡人民委员会，增设三桂、奇西、西滘、高村、林头、碧江、北滘、广教、西海、马龙、新村等 11 个乡人民委员会。1956 年 4 月，区域调整，北滘区域设碧江、北滘、高村、莘村乡人民委员会，村的建制被农业生产合作社取代，一村几社或几社一村。1958 年 2 月，全县划分为 15 个大乡、5 个乡级镇及 2 个区级镇，碧江镇和北滘镇维持不变；各乡分别归属陈村、仙涌、沙滘、劳村乡。1950—1958 年，乡机构设乡长 1 名，脱产干部 2—7 名。

1959 年 5 月，成立北滘人民公社后，实行政社合一，乡、村分别改为生产大队和生产队，至 1963 年 1 月，北滘人民公社设林头、北滘、广教、三洪奇、高村、莘村、上僚、水口、西滘、马村、龙涌、黄涌、槎涌、西海、碧江、三桂、桃村17个生产大队，下辖310个生产队。生产大队设管理委员会，在公社管理委员会的领导下，管理大队范围内各生产队的生产工作和行政工作，设半脱离生产干部若干人。1968年2月，生产大队管理委员会改为革命委员会，生产队设革命领导小组。1980年撤销革命委员会机构，恢复管理委员会机构。1983年12月，撤销人民公社，农村恢复乡、村建制。北滘分为林头、北滘、广教、三洪奇、高村、莘村、上僚、水口、西滘、马村、龙涌、黄涌、槎涌、西海、碧中、三桂、桃村、坤洲、彰义、都宁、现龙21乡和北滘、碧江2镇，设立乡、镇人民政府。1987年2月，乡人民政府改设为村民委员会。1989年，乡改设管理区，管理区辖村，管理区设办事处，属镇人民政府派出机构，全镇设有19个管理区和2个街区，辖182个村，碧江镇和北滘镇撤镇改为街区，辖3个居民区、16个村。1992年，撤销生产队，建立村民委员会。1998年，撤销管理区，设立村民委员会，村改设为村民小组。2000年12月起，部分村改设社区，设有北滘、碧江、碧桂园3个社区，设立居民委员会。实行村（居）民自治。

第二节　村（社区）民自治

1987年，全国人大常委会审议通过了《村民委员会组织法（试行)》，明确提出村民自治的原则。1986年北滘设立村委会后，开始推行村民自治制度，实行民主选举村长和村委员会成员。前3次的换届选举，均以村民小组为单位组织提名，协商确定候选人，或由村党支部提名候选人，然后由村民大会或村民代表大会进行选举。《村民委员会组织法》颁布实施后，1998年11月，北滘镇撤销管理区，改设村委会，原村委会改按自然村设立村民小组，全面推行村级民主选举，依法选出58位村委会成员。选举结束后，各村制定《村民自治章程》和村规民约，对村民的权利与义务、各种村组织的关系、工作程序以及经济管理、社会治安、村风民俗、婚姻家庭、计划生育等方面的要求，作出明确规定；重大事项由村民大会或村民代表会议讨论决定、村委会定期报告工作、村务公开等制度初具雏形。

2000年，北滘开始启动社区建设。社区建立群众自治性组织——居民委员会，居民委员会成员均从居民中产生，居民委员会下设居民小组，设立北滘、碧江、碧桂园社区居民委员会。2001年设立广教、槎涌、林头和三洪奇居民委员会。2006年6月，成立顺江社区居委会。2012年3月26日，成立君兰社区居民委员会。2015年6月5日，成立设计城社区居委会。至此，北滘共有10个社区居委会，分别为：北滘社区、碧桂园社区、碧江社区、槎涌社区、广教社区、君兰社区、林头社区、三洪奇社区、顺江社区、设计城社区委员会。

2000年后，北滘全面推行村（居）民自治，镇人民政府设立村民自治工作领导小组和办公室，具体负责相关工作的开展，逐步形成工作程序化和制度化。

民主选举村（社区）委员会。2002年，全镇村（社区）委员会进行换届选举，实行由村民直接提名村委会成员候选人，直接选举村委会成员；社区由居民代表5人和社区中共支部提出候选人建议名单，召开居民代表大会选举产生社区居委会干部。至2011年，北滘镇先后进行村（社区）（居）民委员会换届选举。换届选举后，镇政府均举办业务培训班，对新当选干部进行财务、国土管理、工程招投标、环保等知识的培训。2011年后，镇政府统一举行新一届村（社区）（居）民委员会当选成员就职宣誓。

村（社区）委员会换届选举情况汇总表

表15—1—1　　　　　　　　　　　　　　　　　　　　　　　　单位：人

	时间	正、副主任	兼任支部书记	委员	其中				
					中共党员	女性	高中学历	大专学历	本科学历
西滘	2002年1月	2	1	3	3	0	3	0	0
	2005年3月	2	1	4	4	0	4	0	0
	2008年7月	2	1	3	3	0	3	0	0
	2011年4月	2	1	4	4	1	2	2	0
	2014年1月	2	1	4	4	1	1	3	0
	2017年5月	2	1	3	3	1	0	2	0
西海	2002年1月	2	0	1	2	0	2	1	0
	2005年4月	2	0	2	2	1	3	1	0
	2008年5月	2	0	2	1	0	4	0	0
	2011年4月	2	0	2	0	1	4	0	0
	2014年1月	2	0	2	2	2	3	0	1
	2017年5月	2	0	2	2	1	3	0	1
桃村	1998年11月	2	1	3	3	0	3	0	0
	2002年1月	2	0	3	0	0	1	0	0
	2005年4月	2	0	3	1	0	0	0	1
	2008年4月	2	0	3	1	0	0	0	1
	2011年4月	2	0	3	0	1	1	0	0
	2014年1月	2	0	3	1	1	2	0	0
	2017年5月	2	1	3	3	1	1	1	1
顺江	2008年4月	2	1	4	4	2	0	4	0
	2011年3月	2	1	4	4	2	0	1	3
	2014年1月	2	1	3	3	2	0	2	1
	2017年5月	2	1	4	4	1	0	0	4

续表

	时间	正、副主任	兼任支部书记	委员	其中				
					中共党员	女性	高中学历	大专学历	本科学历
水口	1999年3月—2002年1月	2	0	4	4	0	0	0	0
	2002年2月—2005年3月	2	0	3	0	0	0	0	0
	2005年4月—2008年3月	2	0	3	0	0	0	0	0
	2008年4月	2	0	3	1	0	2	0	0
	2011年4月	2	0	3	0	1	1	0	0
	2014年1月	2	1	4	2	1	3	0	0
	2017年5月	2	1	4	3	1	2	1	0
马龙	2002年1月	2	0	1	1	0	0	0	0
	2005年3月	2	0	2	1	0	0	0	0
	2008年4月	2	0	2	1	0	0	0	0
	2011年1月	2	0	2	3	1	0	0	1
	2014年1月	2	1	2	4	1	0	1	2
	2017年5月	2	1	2	4	1	0	1	2
莘村	1998年12月	2	1	4	4	1	2	0	0
	2002年1月	2	1	3	3	1	2	0	0
	2005年3月	2	1	4	2	1	2	0	0
	2008年5月	2	0	4	3	1	0	3	0
	2011年4月	2	0	4	3	1	2	2	0
	2014年1月	2	0	4	3	1	2	1	0
	2017年5月	2	1	4	3	1	2	1	1
三桂	1998年10月—2002年3月	2	1	1	3	0	2	0	1
	2002年4月—2005年2月	2	1	1	3	1	2	0	1
	2005年3月—2008年5月	2	1	1	3	0	2	0	1
	2008年6月—2011年4月	2	0	1	2	0	2	1	0
	2011年5月—2014年5月	2	0	1	3	1	1	1	1
	2014年6月—2017年5月	2	0	1	3	1	1	1	1
	2017年6月	2	0	1	3	1	1	1	1
三洪奇	2003年8月	2	0	4	0	1	2	0	0
	2006年8月	2	0	4	3	1	2	1	1
	2009年8月	2	1	4	3	1	2	1	1
	2011年3月	2	1	4	4	1	2	1	1

续表

	时间	正、副主任	兼任支部书记	委员	其中				
					中共党员	女性	高中学历	大专学历	本科学历
三洪奇	2014 年 1 月	2	1	4	4	1	2	1	1
	2017 年 5 月	2	1	5	5	1	2	1	1
上僚	1998 年 12 月	2	1	3	3	1	3	0	0
	2002 年 1 月	2	1	3	3	1	3	0	0
	2006 年 8 月	2	0	3	3	0	1	2	0
	2008 年 5 月	2	0	3	1	0	0	0	0
	2011 年 4 月	2	0	4	3	1	0	1	0
	2014 年 1 月	2	0	3	3	1	0	2	0
	2017 年 5 月	2	1	3	2	1	0	2	0
林头	2003 年 3 月	3	1	4	4	1	4	0	0
	2005 年 3 月	2	1	4	4	1	4	0	0
	2008 年 4 月	2	1	4	4	1	1	3	0
	2011 年 4 月	2	1	4	4	1	0	3	1
	2014 年 1 月	2	1	4	4	1	0	3	1
	2017 年 5 月	2	1	4	4	1	0	2	2
君兰	2014 年 1 月	2	1	3	3	1	0	1	2
	2017 年 5 月	2	1	4	4	2	0	0	4
黄龙	龙涌 1998 年 9 月	2	1	3	3	1	2	1	0
	黄涌 1998 年 9 月	1	1	2	3	1	2	1	0
	合并 2001 年 10 月	3	1	5	5	1	2	3	0
	2005 年 3 月	2	1	4	4	1	1	3	0
	2008 年 5 月	2	0	3	1	0	3	0	0
	2011 年 5 月	2	0	4	1	1	3	1	0
	2014 年 1 月	2	0	5	2	1	4	1	0
	2017 年 5 月	2	1	5	4	1	2	3	0
高村	2002 年 1 月	2	1	4	4	1	2	0	0
	2005 年 3 月	2	0	4	1	1	0	0	0
	2008 年 7 月	2	0	4	2	1	1	0	1
	2011 年 4 月	2	0	4	1	1	1	0	1
	2014 年 1 月	2	0	4	3	1	1	0	3
	2017 年 5 月	2	0	4	2	1	1	0	2

续表

	时间	正、副主任	兼任支部书记	委员	其中				
					中共党员	女性	高中学历	大专学历	本科学历
碧江	2003 年 1 月	3	1	6	6	1	1	3	0
	2005 年 3 月	3	1	6	6	1	1	3	0
	2008 年 4 月	3	1	6	6	1	1	4	0
	2011 年 4 月	3	1	6	6	2	1	5	0
	2014 年 1 月	3	1	6	6	2	1	4	1
	2017 年 5 月	3	1	6	6	2	0	4	2
广教	2001 年 9 月	2	1	3	3	1	0	3	0
	2003 年 3 月	2	1	3	3	1	0	3	0
	2005 年 3 月	2	1	3	3	1	0	3	0
	2008 年 3 月	2	1	3	3	1	2	1	0
	2011 年 4 月	2	1	3	3	1	2	0	1
	2014 年 1 月	2	1	3	3	1	2	0	1
	2017 年 5 月	2	1	4	4	1	1	1	2
碧桂园	2003 年 3 月	2	1	3	1	1	2	1	0
	2005 年 3 月	2	1	3	3	1	0	1	2
	2008 年 4 月	2	1	3	3	1	0	3	0
	2011 年 4 月	2	2	3	3	1	0	2	1
	2014 年 1 月	2	2	3	3	2	0	3	0
	2017 年 5 月	2	2	4	4	1	0	3	1
北滘	2002 年 1 月	3	3	2	5	1	3	1	1
	2005 年 3 月	3	3	3	6	2	5	1	2
	2008 年 4 月	2	1	2	4	1	2	1	1
	2011 年 4 月	3	2	3	5	1	3	1	1
	2014 年 1 月	2	2	3	7	2	1	3	3
	2017 年 4 月	2	2	4	6	2	2	3	1
槎涌	2003 年 3 月	3	1	3	3	1	3	0	0
	2005 年 3 月	2	1	3	3	1	3	0	0
	2008 年 4 月	2	1	4	3	1	2	2	0
	2011 年 4 月	2	1	3	3	1	1	1	1
	2014 年 1 月	2	1	3	3	1	1	1	1
	2017 年 5 月	2	1	3	3	1	0	2	1

民主决策 2000年后，各村普遍建立村民代表会议制度，每年召开2—3次会议，村委员会向村民代表报告工作，征询意见。凡属重要事项诸如经济重大项目招投标、分配方案、财务支出和村干部年薪福利待遇，均提交村民代表会议审查批准。2001年后，推行村务公开，各村设置公布栏，及时向村民公布村务财务的情况，保障村民享有充分的知情权。2002年，各村成立民主理财小组，定期审核村的行政收支账目，加强村民的民主监督。2013年，启动村务微博建设，开设39个村（居）委会微博，及时公开相关镇、村政务。2014年积极推动农村信息化建设工作，2014年上半年发动了三洪奇社区、三桂村、西滘村、上僚村等16个村（社区），参与顺德区“村务通”农村综合信息服务平台系统使用。各村（社区）将辖区数据导入系统，并利用系统，通过短信、电子邮件、网站等方式，将政府信息、日常生活信息及时传达到村民，提升村居管理和村民生活的智能化水平。

2014年，10个村（居）委会成立议事监事会，进一步扩大村务监督范围。同年，对重大民生工程实行公众咨询制度，全年全镇各村实施采购项目56条，工程招标194宗，平均中标价分别比预算价下浮3.9%和12.9%。

新型居委会建设 2000年，北滘镇对村（社区）村（居）民委员会工作人员实行向社会公开招聘，让文化层次高、有社会工作经验的人才走上工作岗位。同年，全镇招录工作人员14人。2017年，全镇村、社区（村）居委会工作人员共有128人，其中中共党员71人，大专以上文化程度53人，女性23人。

20世纪90年代，北滘村、社区居委会办公楼房比较陈旧；2000年，北滘镇政府对各村（社区）居委会办公地点重新装修，或重新安排地点，为社区、村提供舒适、美观的办公环境。2004年起，为了转变社区管理和社区服务职能，各村普遍设立起“一站式”村务服务中心或村、社区服务站，为村民办事提供服务。

村、社区服务体系建设 2000年，各村、社区通过各种途径，推进康乐活动中心（星光老人之家）建设，至2017年，全镇共有康乐中心26家，每家康乐中心面积一般有200—300平方米，设有阅览室、健身室、书画室、棋牌室、歌舞厅、卡拉OK娱乐室。各村、社区还购置了一批文体设施。2017年，全镇村级公园140多个，篮球场82个，露天舞台3个，为村（居）民文体活动提供良好环境。

第二章 救灾救济

第一节 救灾

新中国成立后，北滘经历了多次的风灾、洪灾等自然灾害：1950年的水灾，1951年的冻灾，1955年的旱灾，1959年的洪灾，1961年11月暴风雨造成的涝灾，1962年9月夏洪水决堤，1962年北滘中学校舍被飓风破坏，1966年12月上僚麦家沙受灾严重，1964年台风，1964年6月北滘供销社生产资料仓库发生严重火警，1978

年风灾，1979年风灾，1981年7月黄涌、槎涌2个大队遭受龙卷风袭击，1987年风灾，1988年洪灾。每次灾害发生后，镇政府及有关部门都立即动员全社会的力量，做好灾民转移安置、发放救灾物资等工作，确保广大人民群众的生命与财产安全。同时，动员组织群众开展生产自救，努力减轻灾害带来的损失。

20世纪90年代初，北滘建立起救灾救援工作方案。1998年，镇政府设立救灾预备金，救灾工作进入制度化和规范化的阶段。

1993年18号台风暴雨，造成全镇农村经济损失达6953万元，受灾户2183户。镇政府下拨生活救济金503万元，贷款指标800万元；为扶持养殖场养殖户尽快恢复生产，镇政府出面向中国农业银行申请贷款1000万元，由地方财政贴息一年，使"三高"农业顺利推进。1994年，北滘镇洪水受浸，农业损失（不包括"三鸟"）约600万元。2003年，非典型肺炎肆虐，镇政府增拨预算200多万元，美的集团和碧桂园集团分别捐款50万元，支持抗击非典型肺炎。2005年6月下旬，遭受百年一遇的特大洪水，部分群众遭受洪涝造成一定的财产损失，导致生活出现暂时的困难。根据"以自救为主，政府辅以适当的救治"的原则，及时下拨5万元救济困难家庭。2008年2月持续冷冻寒潮，北滘镇及时启动防寒救灾应急预案，较好地做好了防寒救灾工作，没有发生因寒潮造成人员伤亡的事件。2015年10月4日，马龙遭遇龙卷风袭击，受灾面积约17万平方米，涉及厂房18间，死亡2人，伤及民众93人，其中重伤5人。镇政府和国土、水务、供电、电信、公安等部门分别派出救险队伍，应对开展水利工程巡查、排涝抢险、供电和电讯抢修、农业灾后复产指导等工作，确保防灾救灾措施落实到位。每次灾害发生后，受灾群众均能较快渡过难关。

1998年夏季，长江流域和松花江嫩江流域遭受百年未遇的特大洪水灾害，北滘镇各界积极开展赈灾捐款和募集衣被活动。2005年1月，美的集团为印度洋海啸灾区人民捐款160万元，北滘镇各中小学校近万名师生捐款数额达18万元。2008年2月，南方各省区发生大范围冰灾，北滘开展"送温暖、献爱心"社会捐助活动，其中美的集团和碧桂园集团分别向受灾地区人民捐款450万元和305万元，社会各界人士为受雪灾影响的灾民捐赠棉衣4740件、棉被16张等御寒衣物。2008年5月12日，四川省汶川县等地发生里氏震级8级大地震，北滘镇企业和群众为灾区捐款超过5500万元，捐献物资超过400万元，其中碧桂园集团捐款2300万元，美的集团捐款1000万元，美的集团员工捐款450万元，教育线捐款175万元，工会系统捐款73万元，碧桂园集团董事杨惠妍女士个人捐款1000万元。2013年4月26日四川雅安地震发生后，北滘镇机关干部通过"情系雅安"慈善捐款3万元，北滘青年企业家协会发动青年企业家捐款14万元，北滘慈善会共接收各单位各界人士捐助善款共58万元，为雅安抗震救灾作出贡献。

第二节　救济和资助

一、生活救济

1959 年 5 月北滘人民公社成立后，公社民政部门对无依无靠、无劳动能力、无生活来源的特殊困难人员实行救济，临时救济标准每人每次 3 元至 5 元。1987 年定期救济标准，城镇人月均为 80 元，农村为 65 元。同年 1 月，北滘区公所救济户数 610 户，救济总额为 52.197 万元。1989 年，对五保户、孤家寡人、贫困户、孤老烈属和复员退伍军人，增拨定期救济补助经费 1200 元，发放御寒衣被；对春荒缺粮 184 户村民发放口粮救济和生活救济，总支出 14000 元；对患病致贫、失火和房屋破损 22 户村民发放临时救济款共 4150 元。1992 年，定期救济 27 人，发放救济金额，城镇月人均 86 元，农村月人均为 71 元；临时救济 389 户，全年总额 110000 元；冬令救济 392 户，发放救济物资包括棉胎、棉被、卫生衣、卫生裤、衣服、蚊帐、毛毯，总支出 84800 元。

从 1993 年起，北滘镇逐年扩大救济范围，建立最低生活保障制度。同年调整社会救济对象救济标准。定期定量救济，从原来月人均居民 86 元、农业人口 71 元（包含粮差补贴），调整为居民 120 元、农业人口 112 元。精减退职救济 40%，社会退职老职工救济从原来月人均 91 元调整为 120 元。由市负责定救的农村特殊困难户，从原来每户 40 元调整为 60 元。

1995 年，北滘镇城乡和农村贫困户收入的界定线分别为年人均收入低于 1800 元和 1200 元。对于审核确定为救济补助对象的补助标准是属城镇居民户口，月人均收入不足 100 元的，补足至 150 元。属农村户口，月人均收入不足 100 元的补足至 100 元。救济款由市政府按月人均 20 元的标准下拨，不足部分由镇、管理区（街区）各负责 50% 给予解决。救济款从 1995 年 7 月 1 日起计发。

1999 年，全镇最低生活救助 380 户 1054 人（城镇 32 户 75 人、农村 348 户 979 人），救助款共 1513380 元，临时救济 43 户，金额 38700 元。2003 年 11 月最低生活保障金发放全镇 956 户 2621 人，补助金额为 21 万多元。2004 年申请过临救定救的困难户 242 户，慰问总额 146 万元，户均近 980 元。2005 年，北滘镇低保对象 1141 户 2964 人，三级发放就是经费 298.7 万元。截至 2005 年 11 月上旬，北滘镇共办理 151 户临救户，合共 48.45 万元，办理特殊救济 61 户，救助总金额为 79.2 万元；对 152 位贫困子女助学对象发放资助款 69.5 万多元；全年改造 15 户危房，三级投入 24.3 万元。2006 年北滘镇低保对象 939 户 2302 人，全年三级救助总金额为 2389288 元。

2007 年，根据顺德区统一标准，北滘农村村民最低生活保障线标准为月人均 300 元。同年 1 月至 11 月，全镇共办理临时救济 216 户，金额 78.45 万元，特殊救济 131 户，金额 189.9 万元；镇社会福利基金救助 16 户，金额 6.7 万元。2009 年度，北滘镇最低生活保障，核定低保人数 1873 人，低保经费全年合计 223.1 万元。2008 年低保标准月人均 320 元；2009 年低保临界标准上浮 50 元，即月人均 320 元上调至 370 元。

2012 年北滘最低生活保障（含“三无”）户数 489 户，经费全年合计 2467727.8 元。2014 年全镇居民困难户 69 户，还有未享受定期定量救济 31 户。

2005—2017 年北滘镇特困户人员救济情况表

表 15—2—1　　单位：元

年度	常年救济						救助金额				临时救济	
	户数	人数	城镇		农村		总额	区（市）	镇	村（社区）	户数	金额
			户数	人数	户数	人数						
2005	1261	3054	521	1302	740	1752	3503984	1936880	1216728	350376	179	558750
2006	1035	2398	497	1186	538	1212	3282170	1654363	1219810	407997	197	570200
2007	1035	2329	449	1045	586	1284	3707555	1657601	1679199	370755	245	875600
2008	982	2206	448	986	534	1220	3086364	1688287	1092441	305636	323	938250
2009	952	1948	455	945	497	1003	2717040	1450176	995160	271704	302	898605
2010	761	1482	454	919	307	563	4379672	2483151	1458554	437967	274	972500
2011	611	992	313	543	298	449	3094991	1666984	1118508	309499	406	1263200
2012	547	878	317	496	230	382	3815451	1181343	2252563	381545	374	1150616
2013	481	759	275	398	206	361	4025715	2050035	1778112	197568	409	1298713
2014	404	593	244	339	160	254	3835750	1638310	2197440	—	478	1794300
2015	357	507	192	240	165	267	4173376	1366336	2807040	—	300	1171000
2016	283	386	174	213	109	173	4029280	1199176	2830104	—	144	778000
2017	295	423	180	221	115	202	4516729	1414249	3102480	—	109	597700

二、扶贫

1986 年 8 月 18 日，北滘区政府成立扶贫领导小组，各级领导与贫困户结对子，帮助他们寻找脱贫办法，发展生产，增加收入，改善生活。据 1987 年统计，全区扶贫人数 286 户 879 人，经过扶贫，家庭人均年纯收入超过 420 元的列为脱贫。已经脱贫的有 20 户 50 人。扶贫的方式是区、乡两级共拨生活救济费，安排贫困户在区、乡、村企业就业，补助贫困子女读书学杂费。1988 年脱贫户 23 户。1989 年，为 210 户贫困户减免农业税 25199 元，资助 15612 元购买化肥，给 138 户供应化肥 11.48 吨。同年有 21 户 70 人脱贫，脱贫率为 12%。1992 年，向贫困户供应化肥，每亩 50 公斤。1998 年后，北滘扶贫工作重点逐步扩大到助学助医、改善住房等方面，增强贫困户抵御各种风险的能力。1999 年，为贫困户拨款购买人身、医疗和房屋保险。2000—2002 年，共扶助各类困难贫困户 4300 多人，款项达 610 多万元。2008 年，全镇脱贫 176 户 510 人。2012 年，北滘镇在顺德首创开展镇机关与困难户开展“一对一”帮扶结对活动，全镇 492 名干部与 720 户困难户结成结对，同年有 78 户脱贫。2013 年，实行“双到”（责任到人、规划到户）扶贫，筹集扶贫资金 150 万元，以资金扶持，就业帮扶。北滘总商会举办“爱心访贫送温暖”活动，30 家会员企业与 165 户贫困户结对子；北滘慈善会、社工局、广播电视网络分公司联合发起“电视资讯走进困难家庭”活动，为 48 户贫困户捐赠电视机并送上电视资费优惠。2013—2017 年，全镇有 224 户贫困户实现脱贫。年底，全镇贫困户仍有 251 户。

2017 年，慈善事业蓬勃发展。碧桂园捐赠善款 1 亿元启动惠妍教育助学基金。广东省和的慈善基金会捐赠 60 亿元，为区域慈善事业发展进行了富有创造性的探索。救急助难渠道多元化，全年慈善救助支出超 2100 万元，直接帮扶弱势群体达 3 万多人次，基本实现了困难对象救助全覆盖。

助学　2000 年 9 月 14 日，北滘开展“扶苗活动”，分别对幼儿园、小学、中学、大学四个学龄段的困难家庭子女给予资助。2001 年 10 月，镇体育总会高尔夫球协会，为“扶苗活动”筹得专项资金 19.69 万元。全镇共有 11 个单位参与“扶贫助学献爱心”的“扶苗活动”，筹得资金近 28 万元。2003 年，全镇共有扶苗对象 73 人，其中小学生 34 人、中学生 39 人，帮扶者共有 96 人，共青团镇委先后两批共资助 116 人，帮助他们完成学业。

2002 年《顺德市低收入市民子女上学费用补助的实施办法》规定，对就读中专和中小学的顺德低收入市民子女进行补助。顺德市低保对象助学金补助学杂费分摊，市财政占 50%、市教育基金占 10%、镇财政占 30%、村居委占 10%。2002—2003 年，北滘符合助学金补助的低保对象共 934 人，镇财政支出 250915.5 元，村居支出 83638.5 元。

2004 年，镇人民政府为 1216 名贫困户子女减免学杂费和发放助学金 225 万元，资助 230 名就读大学和中专，发放资助款共 86.1 万元。2005 年，实施佛山市相关扶贫助学文件精神，扶贫助学经费实行分级负担，区财政负责 50%、北滘镇负责 30%、村（社）区负责 10%、区教育基金负责 10%。2006 学年第一学期扶贫助学，小学统一免收书费 110 元，初中统一免收书费 163 元，高中阶段以上学校按原标准免收书杂费，同时给予学生补助生活费，补助标准为小学年人均 800 元，中学年人均 1200 元，另外中专学校学生年人均补助 3000 元，并补助生活费 1200 元。2007 年，北滘 7 人（小学初中高中）领取佛山市最低生活保障家庭助学金。2007 年下半年北滘镇发放大学助学金，低保助学 85 人、临界助学 46 人，合共 131 人，每人发放 5000 元，总金额 65.5 万元，区负担 65%、镇政府负担 25%、村居负担 10%。2008 年 9 月 1 日起实施年人均补助 3000 元助学金，全年 12 个月计算，即月人均 250 元。

2009 年 11 月，北滘慈善会助学基金正式启动，助学基金标准为：幼儿园每人 1500 元，小学和中学分别为每人 800 元和 1200 元，大学分为 3000 元和 5000 元两个档次，全镇共有 180 人受惠，总金额 30 余万元。2010 年 7 月，碧江慈善会暨梁英伟教育基金举行奖学和助学发放仪式，25 名学生获奖励，13 名学生获赠助学金。2011 年 10 月，广东盈峰慈善基金会继续在北滘镇开展爱心助学活动，共资助学生 81 人，发放助学金共9万元。2006年至2011年，北滘港货运联营有限公司资助贫困大学生共144人次，累计金额50.4万元。2013年12月30日，美的集团向北滘慈善会再捐1000万元，其中276万元用于幼儿园建设。2017年，碧桂园集团捐赠1亿元人民币启动“惠妍教育助学基金”，每年出资1000万元资助本土贫困学子学习，支持顺德区公益教育事业发展。

改善住房 2000年后，北滘镇通过经济补助和安排保障房形式，开始改善贫困户住房。至2016年，全镇对16户危房进行改造。2008年至2010年，北滘镇和社区两级共为贫困户补贴住房资金21万元。安排入住保障房12户。2011年初，镇政府和镇慈善会制订三年计划，着力解决贫困户住房问题：（1）全面修缮低保户、五保户残破简陋的住房；（2）为人均居住13平方米、家庭人均收入低于780元的贫困户安排保障房；（3）解决人均收入低于780元无房的单亲家庭住房问题。2011年至2015年，以租赁补贴形式，共安排186户贫困户入住保障房。2014年，慈善会投入360万元，至2017年为135户贫困户改造危房。2017年，西海、碧江兴建廉租房，为全镇132户困难户解决住房问题。

对外扶贫 1997年，北滘镇承担英德市黄花镇对口扶贫。同年10月6、7日，中共北滘镇委副书记黎志明、副镇长梁胜添率有关人员到连南瑶族自治县三排乡考察，捐资20万元建东芒小学教学楼。2004年，北滘镇从对口扶贫经费中列出10万元，用作支付连南三排镇的扶贫款。2005年5月26日，北滘工商分局全体工作人员在镇团委带领下赴连南三排镇南岗小学助学。1996年至2005年，北滘镇帮扶落后地区连南三排镇共有205万元。2005年至2006年，北滘镇对口帮扶连南三排镇、大坪镇共50万元，主要用于三排小学修建，大坪镇中心小学扩建和修桥建路等项目。

2001年11月，北滘各界掀起为广西百色贫困地区“扶贫济困送温暖”活动，全镇人民捐出衣服6.2万件、棉被900多床、书包450个。

2004年，北滘镇从口扶贫经费中列出30万元，用作支付清远市扶贫款。

2009年，成立北滘镇对口扶贫工作领导小组，对口帮扶英德市黄花镇的工作。2010年3月31日，镇党委书记徐国元带队赴英德黄花镇签订对口帮扶的脱贫工作协议，在基础设施建设、村级集体经济发展等方面对其给予全方位支持，力争三年内有80%的贫困户脱贫致富。2012年6月18日，镇领导冼阳福、李满连等一行到黄花镇检查对口帮扶工作情况，视察对口帮扶项目——启德农业环保养殖示范基地，详细了解该基地自落成以来的运作情况。2012年9月18日，镇领导冼阳福、麦玉团、李满连探访“双到”帮扶对象。2012年12月28日，北滘三年扶贫开发“双到”工作总结会在英德黄花镇召开，当晚北滘镇政府捐赠60万元，用于援建黄花中学。2010—2012年北滘投入2954万元，调动各方力量，圆满完成对英德市黄花镇溪村、岩背、公正3个村的“双到”扶贫工作，实现2700人脱贫。2013年，获省扶贫开发“双到”工作优秀单位称号。

2012年，美的地产集团全面启动“黑眼睛”寻找光明系列爱心公益活动，帮助云南马吉米村儿童解决上学问题。

2013年11月28日，北滘镇党政人大领导及企业家到英德市东华镇扶贫帮困，为当地重点贫困村解决路桥交通、农田灌溉、高产种植等的实际问题。

2016年4月，北滘扶贫组进驻湛江雷州市唐家镇、纪家镇的9个村。至2017年7月，北滘镇人民政府共投入44万元，向唐家镇、纪家镇捐赠4辆扶贫工作车辆；围绕“发展教育脱贫一批”的工作任务，投入142万元开展各项教育扶贫活动，确保帮扶村入学率达93%以上。该年，北滘镇党委书记周旭和镇长王崇曦到扶贫村慰问贫困户。

2017年9月，北滘与凉山州雷波县箐口乡签订帮扶协议，并捐赠10万元帮扶资金。协议加强两地在产业发展扶持、人才交流、劳务输出、农产品销售、捐资助学、社会帮扶等方面协作，共同完成脱贫任务。

第三节　助残

20世纪60—70年代，北滘公社组织盲、聋、哑、肢残人员（简称“四残”人员）从事力所能及的劳动，以维持生计，还与县卫生部门合办1所麻风病院——马洲医院。80年代，随着经济社会的发展，北滘不仅注重残疾人员的就业安置，而且重视病残人员文体娱乐生活。

1990年起，全镇各部门在每年全国助残日（5月的第三个周日），开展对残疾人慰问和做好事活动。1992年3月30日，成立北滘镇残疾人联合会和残疾人福利基金会，镇政府向残疾人福利基金会赠送贺金3000元。黄干远任理事会名誉会长。北滘残疾人联合会成立后，积极帮助残疾人就业，碧江、水口2家福利厂安置80多名残疾人就业，其他残疾人安置在镇办企业和村办企业就业，还有十几名残疾人开办个体业。

2003年，北滘余荫院开办学前智残儿童训练班，2006年，对残疾儿童进行筛查和评估，北滘共有8名残疾儿童作为首批对象给予康复救助。2007年，镇民政部门制订对残疾儿童康复救助的专项预算，获镇政府的批准。用于残疾人康复经费预算为30.5万元，其中：低视力康复费1万元，残疾人用品用具2.5万元，肢体康复训练费1万元，聋哑、脑瘫、弱智儿童康复训练费23万元。

据2004年统计，北滘镇残疾人总数为3094人，占总人口的比例3.1%。2004年11月，根据佛山市残疾人联合会《关于开展残疾人康复救助工作方案的通知》的规定，康复救助人员经费由市、区、镇（街）分担，低保类比例为40：30：30，非低保类为20：30：30。2005年组织实施低保家庭残疾儿童“明天计划”，对低保家庭残疾儿童实施康复治疗手术。2007年，全面开展瘫痪儿童的康复救助，全镇共有32人受助，资助金额137106元。2007年镇共支助38名重度精神病患者到伍仲佩医院接受治疗，共支出68701元；为185名精神病患者建立起医疗防护档案；每月约有90人领取药物，全年支出医疗费2万元。2008年，镇政府出资10万元，全资资助26个残障儿童入学。

2012年7月，北滘余荫院内成立康园中心，为北滘镇残障人士提供职业康复和康复治疗服务。2015年，怡康园投入使用，成为顺德区镇首家公办托残机构。其他5

个村康复站也同时启动。2013 年康园中心以及 5 个村（社区）康复站，为残障人员开展职业训练康复治疗等服务。人社部门及下辖 13 个社区工作坊为 67 名残疾人安排就业。

从 2012 年开始举办慈善缤纷嘉年华爱心后备箱慈善义卖活动，此活动由北滘慈善会组织并向社会发出倡议。2015 年 3 月 15 日，报名参与该项活动的有学校、企业、社会团体等超 200 家，当天所得善款共 73992.9 元，其中部分用于残疾儿童的康复和教育之用。

2013 年 6 月 27 日，国强慈善基金扶残行动辅助器材发放仪式在北滘文化中心音乐厅举行。是年国强慈善基金共捐出 235 万元帮扶困难残疾人士，其中 150 万元用于为全区 1500 名残疾人配置辅助器械；余下的 85 万元用于定向帮扶北滘镇的三桂、广教、碧江三个村（社区）170 多名重度残疾人士。2013 年国强慈善基金会增加接近 200 万元，对顺德区的儿童福利会残障儿童的康复设施进行单独投放。

2014 年，全镇残疾人 662 人。2014 年 5 月 18 日，顺德区第 24 次“全国助残日”活动在北滘文化中心举行，全区各镇街的 300 多名残疾人代表以及他们的亲属、残疾人工作者前来参加了活动。

2017 年，全镇共有残疾病人 2501 名，其中已充分就业 661 人，镇、村、社区投入经费 478476.67 元。

就业安排和职业培训　2007 年上半年，北滘镇利用民间资本，建成了顺德首个农民创业园。园区采用“公司 + 农户”的模式，主要吸收当地低保和失业农民入园就业、创业。镇政府计划制定相关鼓励扶持政策，投入 150 万元进行补贴，以解决约 150 户失业或低保家庭的就业问题。2006—2010 年以“乐业工程”为代表的就业政策成效显著，较好地解决了农村困难群体的就业问题，林头社区被评为“国家级充分就业示范社区”。

2009 年 11 月，北滘镇与金茂华美达广场酒店签订公益性岗位就业基地协议，本地就业困难群众可被优先录用。除社区工作坊、日班生产线等生产性岗位就业之外，服务性岗位将成为当地居民就业的又一选择。

2011 年 3 月 15 日，镇人力资源和社会保障局举行就业援助基地协议续签仪式，14 个村（社区）和 28 家企业续签协议，继续扶持社区工作坊、日班生产线、家政服务中心等 28 个就业援助基地的建设发展。

助保助医　1987 年，北滘开始为农村贫困户、五保户、城镇定补对象、孤老复退军人、义务兵家属及在乡荣军等办理家庭财产保险。1988 年开始，还为他们购买房屋财产保险。1991 年开始，为解除二女户后顾之忧，对农村二女户实行养老保险制度，凡农村二女户满 60 周岁的男方和满 55 周岁的女方，可每月领养老金各 60 元。1992 年政府为 266 户民政对象购买家财保险，共 532 元，还为全镇 157 名特困户买了简易人身保险。1996 年开始，北滘镇政府为贫困户办理家庭财产、简易人身和住院医疗保险。2007 年，镇政府制订《基本门诊合作医疗制度管理暂行办法》，对低保户合作医疗自负部门，实行由慈善会解决，全镇在册低保对象 2328 人，慈善会出资 69840 元。

第三章 拥军优抚安置

第一节 拥军

1959 年 5 月北滘人民公社成立后，每逢春节、“八一”建军节，组织慰问队到驻军开展慰问和联欢活动，听取部队对地方的意见。1991 年，北滘建立“双拥”（拥政爱民、拥军优属）服务小组。1992 年 1 月，顺德县获“拥军优属模范县”称号，1993 年，被中共佛山市委、市人民政府、佛山军分区授予“拥军优属模范镇”称号。1993 年 10 月 24 日，中央电视台报道“顺德北滘镇是佛山市拥军优属模范镇”。

节日慰问 1979 年 4 月后，北滘公社组织有关人员上门、慰问对越自卫反击战英雄。1980 年后，每逢“八一”建军节和春节，公社领导协同民政部门组成多个慰问组，走访驻地部队和烈军属，赠送慰问品（金）。1989 年春节和“八一”建军节，北滘以管理区为点，对现役义务兵家属、伤残军人、复员退伍军人以及西海老区革命老同志慰问，赠送纪念品。1992 年“八一”节，慰问 15 名伤残军人。2005—2008 年拥军优属慰问金及慰问品价值每年均有提高。

2010 年 7 月 22 日，北滘爱国拥军促进会成立，此后每年都组织扫墓、实弹射击等不同形式的活动来促进会员间的沟通交流，增强爱国拥军意识，并筹集资金慰问困难的退役军人。2011 年“八一”建军节期间，镇委镇政府共组织慰问了镇内的 44 户困难退伍军人。2012 年 7 月 27 日，顺德爱国拥军促进会北滘分会举行建军节慰问老兵活动，活动对参加解放战争、抗美援朝战争以及对越自卫反击战当中英勇负伤的老兵进行了慰问。2013 年 1 月 17 日，顺德爱国拥国促进会北滘分会在坚记酒家召开了年会，还请来了抗美援朝和越战老兵等共聚一堂，共同庆祝。2013 年 7 月 29 日，北滘镇副镇长黄智海以及北滘社工局有关负责人，联同镇内的奥玛、机灵和星徽 3 家企业，在八一建军节到来之际慰问了驻北滘港的武警官兵。2014 年 1 月 10 日晚，北滘爱国拥军促进会在坚记酒家举办了北滘镇参战立功人员表彰慰问会，为曾获得二等功和三等功的 18 位退伍老兵颁奖。2014 年 7 月 22 日晚，北滘爱国拥军促进会庆祝该会成立四周年，并对该会工作有积极贡献的会员进行了表彰。

2017 年 7 月 21 日晚，北滘爱国拥军促进会组织会员和会员单位 200 多名退伍军人，齐聚坚记酒家共庆八一建军 90 周年。

军营探访 1986—1992 年，北滘镇和管理区组织慰问团到部队慰问新兵 15 次，慰问北滘籍干部战士 202 人，配合部队做好入伍新兵的思想，勉励他们安心服役，为家乡争光。2002 年 12 月 25 日，镇组织慰问团远赴“两湖”地带探望北滘子弟兵。2003 年、2004 年“八一”建军节前夕，镇委有关领导到武警某部六连北滘驻地慰问人民子弟兵。2010 年 6 月 4 日，区委、区政府组织慰问团前往西藏慰问进藏新兵，北滘镇政府给北滘镇 6 名进藏新兵发放慰问金。2012 年 1 月 9 日，镇组织慰问团，分别到广州花都以及广西贵港探望北滘籍新兵。2013 年 1 月 5 日，北滘镇党委副书记李满连，党委委员、武装部部长吴伟勤，以及北滘镇武装部、各村（社区）有关负责人等一行 30 多人，专程到北京某部队探望北滘镇在这里服役的新兵。2013 年 8 月 13 日，北滘镇党委委员、镇武装部部长何锡辉等到佛山某预备役团，探望在该团集训的北滘籍预备役官兵。2013 年 10 月 11 日，北滘镇组织慰问团远赴湖北襄阳，探望在此服役的北滘籍新兵。2013 年 10 月 14 日，北滘镇党委书记冼阳福带队，到甘肃临泽某部队探望北滘籍新兵。2014 年 10 月 9 日，北滘镇领导余焯焜、黄智海、何锡辉以及各村（社区）的民兵营长等一行去到珠海某部队，探望新兵。2014 年 10 月 15 日，北滘镇党委委员、武装部部长何锡辉以及各村（社区）民兵营长等到天津某部队，探望北滘籍新兵。2015 年 10 月 15 日，北滘镇党委委员、武装部部长何锡辉以及各村（社区）民兵营长等到深圳某部队，探望北滘籍新兵。2015 年 10 月 22 日，北滘镇领导梁晴尔、何锡辉以及各村（社区）的民兵营长一行，到北京军区唐山某部队，探望北滘籍新兵。2016 年 10 月 17 日，北滘镇党委委员、武装部部长何锡辉以及各村（社区）的民兵营长一行到珠海某部队，探望新兵。

2016 年 10 月 19 日，北滘镇组织慰问团到湖北、河南探望新兵。2016 年 11 月 1 日，北滘镇武装部相关负责人以及各村（社区）民兵营长一行远赴北京探望新兵。

职业培训学校　2007 年 12 月 12 日，碧桂园董事局主席杨国强个人出资兴建国良职业培训学校。这是一所为中西部贫困家庭退役士兵设立的全免费学校，目的是帮助退伍军人掌握职业技能，实现就业，提高收入。该校位于广东省清远市清城区东城街道大学东路，校园环境优美，设施齐全，拥有建筑面积 6200 平方米的多媒体培训教学楼（含学员食堂）、6700 平方米的学员宿舍、3700 平方米的教工宿舍、3000 平方米的鉴定站、5200 平方米的综合楼，还设有图书室、医务室、小卖部、篮球场、羽毛球场、全国“雨露计划示范基地”暨“全军退役士兵职业培训和就业示范基地”。2008 年 4 月 24 日，民政部副部长罗平飞在广东省民政厅厅长刘洪、中共顺德区委书记刘海等陪同下到国良职业培训学校考察。罗平飞对杨国强拥军善举高度肯定与赞扬。

第二节　优待和抚恤

20 世纪 60—70 年代，北滘公社对优抚对象的优待或抚恤工作，主要采取政府、社会、群众相结合的方式，确保优抚对象的生活不低于或略高于一般群众的生活水平。生产队对服役战士，按照社员标准，分配口粮和各类农副产品。1979 年，对烈士家属实行经济补助。

1981 年后，实行普遍优待制，每年以固定数额给予现金补助，或按大队人均收入给予现金补助，由集体提留支出，并随经济发展而适时增加。1982 年，对烈属及义务兵战士的家属实行普遍优待，普遍优待达 100%。不同时期，还发给部分优抚对象临时或定期补助费用。1985 年，对烈士家属定期定量补助改为定期抚恤，并换发定期抚恤证。

1991年后，随着经济发展不断提高，义务兵家属优待金发放逐年提高，并超过省提出的标准。同时，烈属、病故属、孤老军人、在乡残疾军人、老复员军人和退伍军人中的困难户定期补助的金额不断提高。对优抚特困户的补助，也相应有所提高。1995年8月，《佛山市军人抚恤优待实施办法》公布，北滘制定相应措施，全面落实优待抚恤工作。1997年，建立拥军优属基金，同时还建立抚恤补助标准自然增长机制和走访慰问、医疗保障、优先优惠相结合的抚恤保障制度。

第三节　安置

20世纪50—70年代，北滘镇严格执行国家规定，将复员、退伍军人的安置列入民政工作范畴，根据实际情况通过分配工作、介绍就业、回乡务农的形式，对服役期满的复退军人给予妥善安置。

安排工作　1950年10月，首批复员军人回乡，一部分被安排到机关单位工作，一部分回到农村参加土地改革，成为基层干部。1952—1954年，多数家在农村的复员军人被安排回乡务农，少数被安排到区乡有关部门、企事业单位，对其中的有功人员和伤残者则给予特殊照顾。1955年，按国务院“人尽其才，各得其所”“行业归口包干”的精神，对复员军人中有技术专长或高中文化程度者实行对口安置。1955年义务兵役制开始实行，1958年第一批退伍军人回乡，根据“何处来则何处去”原则，对家居农村的退伍义务兵，一般安置回农村，对家居城镇或有文化技术特长的，则安置到城镇单位工作。1960年，部分退伍军人被动员到海南岛国营农场。20世纪60年代，部分退伍军人被安排担任公社、生产大队、生产队的领导职务。70年代，多数退伍军人被安排回农村参加生产，部分被安排到机关单位工作。80年代起，乡镇企业成为安置退伍军人的主渠道。1990年，被安排到企业的退伍军人占总数的100%。1984年后，北滘对尚未脱贫的复退军人开展扶持，采取提供资金、技术、物资、信息等综合手段，帮助他们致富。经不懈努力，不少复退军人走上劳动致富之路。1989年，政府拨出2万元贷款扶持退伍军人劳动致富，利息由民政部门贴付，共扶持25户，其中种养业24户，扶持户的产值达173350元。1992年扶持服务员退伍军人16人发展养殖业，每人申请免息贷款2000—3000元。1993年退伍军人贴息贷款24人，合计20万元。

1994年，《顺德市退伍义务兵安置暂行办法》出台，顺德在广东省首次实行退伍军人由政府安排就业与政府一次性发放就业补助金自谋职业相结合的办法，就业补助金按每人不低于优待金的原则，由市、镇、村三级负担。北滘认真执行该办法，安置补助费的标准从高。

2005年开始，为更好地解决退役士兵的就业安置问题，对退役士兵免费进行职业技能培训。北滘镇100%退役士兵参加培训。2006年北滘镇共有37名服役期满的士兵参加培训。2016年，对自主就业的参战复退军人实行工资差额补贴，并减免其医疗补助、水费、电视管理费。2017年，全镇自谋就业复退军人48人。

第四章　社会福利

第一节　五保供养

1956 年，境域内人民政府根据民政部的规定，结合县人民委员会的要求，对丧失劳动力的孤寡老人、残疾人和无亲属供养的未成年人，实行“五保”［保吃、保穿、保住、保医、保葬（教）］供养。农业合作化后，农村五保户的生活补给由乡村统筹负担。自北滘公社成立后较长一段时间，农村“五保”供养由生产大队和生产队集体承担，公社（区、镇）酌予补贴。1986 年开始，“五保”供养由镇、管理区、村统筹负责（三级供养）。1994 年开始，贯彻国务院《农村五保供养工作条例》，北滘的“五保”工作走上法制化轨道。

不同时期，“五保”供养有不同的内容与标准。20 世纪 50 年代供给口粮、柴草并月给 1—2 元零用钱，使五保户的生活水平普遍不低于所在地群众水平。1983 年后，供给生活费逐年提高，从 20 元增至翌年的 30 元。1988 年 9 月 1 日，五保户补贴从每人每月 40 元，提高到 50 元（镇、村各增加补助 5 元）。1989 年北滘镇绝大多数管理区月给生活费高于 50 元。北滘、莘村、槎涌、碧江等管理区、街区除月给生活费外，还每年给五保老人添置 1 至 2 套新衣服。北滘管理区还每人每月供给 0.5 公斤花生油。除此之外，镇、管理区两级还负责五保户的家庭财产保险。月生活费加上医、住、穿、保险等项费用，全年人均 1374 元，达到该年全县农村人均收入水平，“五保”对象的生活从温饱型走向福利型。1995 年 7 月 1 日起，提高五保户生活供给标准，仍由镇、区、村三级负担，由原来月人均 110 元调高到 160 元，其中镇政府负担 60 元、管理区负责 50 元、股份合作社负担 50 元。2006 年顺德区五保户的生活费标准按 2005 年顺德区农村年人均收入的 70% 核定，标准由原来月人均 370 元提高到 407 元。2007 年 1 月 1 日起农村五保供养标准，从月人均 407 元提高到 450 元，由区镇街村按 6.5：2.5：1 的比例分担。2009 年五保供养标准为月人均 540 元。

2007 年，镇政府积极推进居家养老社会化，对 60 岁以上五保户、低保户购买居家养老服务。北滘镇作为顺德第一批推进居家养老服务点，在推进过程中，制定相关工作方案和措施，严格挑选服务机构（家得乐居家养老服务中心），指导承办单位开展工作。半年来，承办单位培训了 70 多名服务员，全镇有 206 名对象享受每天 1 小时的家居服务。

北滘民政办还为五保户购买保险。1989 年为五保户家庭财产保险续保，1993 年为 278 名五保老人购买统筹医疗保险，共 26410 元。在保障吃、住、穿、医、保险的同时，社会各界还以不同方式关心“五保”对象的生活，利用节假日慰问他们。

1995 年北滘五保对象普查统计表

表 15—4—1　　单位：户、人、元

管理区	五保户								孤寡老人及其他									
	总户数	总人数	其中			年人均生活费	入住敬老院		城镇				农村					
			老人	残疾人	孤儿		人数	人年生活费	总户数	总人数	其中		总户数	总人数	未入保原因			
											入住敬老院	孤儿			本人不同意	管理区不同意	亲属不同意	其他原因
林头	12	13	7	6	—	2900	—	—	—	—	—	—	12	14	6	—	7	1
北滘	18	18	18	—	—	2000	—	—	2	3	—	3	13	13	11	—	2	—
广教	2	3	3	—	—	3320	—	—	—	—	—	—	9	9	2	—	—	7
三洪奇	17	17	16	—	1	4037	—	—	—	—	—	—	2	2	2	—	—	—
高村	—	—	—	—	—	—	—	—	—	—	—	—	7	7	1	2	1	3
上僚	8	8	8	—	—	2520	—	—	—	—	—	—	6	6	6	—	—	—
水口	7	7	5	2	—	2500	—	—	—	—	—	—	3	4	4	—	—	—
莘村	18	18	11	7	—	2220	—	—	—	—	—	—	23	26	5	7	3	11
西滘	11	11	9	2	—	3046	—	—	6	6	—	—	15	15	1	—	—	14
马村	5	6	6	—	—	2620	—	—	—	—	—	—	—	—	—	—	—	—
现龙	5	5	5	—	—	2500	—	—	—	—	—	—	—	—	—	—	—	—
龙涌	18	22	19	3	—	1800	—	—	—	—	—	—	5	5	—	—	—	5
黄涌	4	4	4	—	—	1900	—	—	—	—	—	—	11	17	—	—	—	17
搓涌	5	5	2	3	—	3190	—	—	—	—	—	—	4	5	2	—	3	—

续表

管理区	五保户								孤寡老人及其他									
			其中				入住敬老院		城镇				农村					
											其中				未入保原因			
	总户数	总人数	老人	残疾人	孤儿	年人均生活费	人数	人年生活费	总户数	总人数	入住敬老院	孤儿	总户数	总人数	本人不同意	管理区不同意	亲属不同意	其他原因
西海	31	31	27	4	—	1440	—	—	—	—	—	—	7	7	3	—	—	4
桃村	16	16	16	—	—	1700	1	6230	—	—	—	—	4	4	—	—	—	4
三桂	18	18	18	—	—	3600			—	—	—	—	3	3	—	—	—	3
坤洲	14	16	16	—	—	4800	15	4800	—	—	—	—	20	21	6	—	—	15
都宁	6	6	6	—	—	1920	—	—	—	—	—	—	8	9	3	—	—	6
碧江	13	14	14	—	—	1420	10	6230	22	22	5	2	26	26	15	2	—	9
总计	228	238	210	27	1	49453	26	17260	30	31	5	5	178	193	67	11	16	99

注：年人均生活费包括三级统筹供养标准（菜金）和股份分红及其他收入。

第二节　敬老院和福利院

村级敬老院　1958年，境域内开始兴办敬老院，照顾孤寡老人的生活。20世纪60年代初因经济困难而停办。1974年，北滘公社复办小型敬老院。1985年，北滘区公所及各乡通过集体出资、群众和港澳同胞海外侨胞捐助等办法，兴建高标准的敬老院。1986年，碧江荫老院建成使用。稍后，坤洲颐老院也建成投用。1997年10月西海敬老院落成投用。三者均隶属于管理区一级，除安排“五保”老人入院外，还吸收该地或外地生活自费的老人入院。碧江荫老院为一座高水准的园林建筑，共投资198万元，占地面积13852平方米，建筑面积4800平方米，床位34张，1989年向社会开放，1995年3月10日被命名为佛山市首批爱国主义教育基地，2000年入住老人32人。西海敬老院总投资150万元，占地面积7860平方米，建筑面积1600平方米，2000年入住老人22人。2003年，碧江敬老院30人，西海敬老院21人。

镇级余荫院　1999年10月17日，由镇政府拨款及美的、碧桂园等单位捐资4000多万元兴建的余荫院落成并投入使用。该院可供310名老人入住。占地面积26520平方米，建筑面积12578平方米，绿化面积20726平方米，院内设有舞厅、卡拉OK室、录影室、阅览室、棋艺室、麻将室、天九室、健身室、乒乓球室、电视室、理发裁缝室、接待室等功能室，集居住、娱乐、康复于一体。2000年入住老人90人，90%是“五保”老人和其他困难户老人。随着时间推移，自费入住者逐渐增多。2002年8月14日，省民政厅福利和社会事务处处长黄祖金视察该院。年底，该院举行“省一级敬老院”揭匾暨第三期工程竣工剪彩仪式。入院居住老人增至131人。2006年1月1日起，将五保户入住收费标准从原来月人均370元调整为407元。2008年入住长者达168人，入住率保持在90%以上，其中五保户孤寡66人、自费102人。2010年，入住余荫院的五保老人，月人均收费从540元调整为600元。2010年10月26日，由政府拨款2000多万元，企业、个人、港澳乡亲捐款140多万元，兴建高6层、建筑面积8195平方米的余荫院老年公寓大楼竣工。该楼共有床位260多个，集居住、娱乐、医疗、康复于一体的多功能综合性大楼。新大楼落成后，北滘余荫院的床位增至460多个，成为顺德区当时规模最大、设施最好、服务优秀的敬老院，获民政部授予“全国模范敬老院”称号。

第三节　福利生产

北滘社会福利生产始于1955年。该年，将圩镇的失业工人、贫民及“四残”人员，组织成各类生产小组，生产各种手工产品，进行生产自救。20世纪60年代初期，福利生产单位由民政部门移交给工业部门管理，安置对象仍是烈军属、无业贫民及有劳动能力的“四残”人员。1976年，全公社有劳动能力的“四残”人员，基本被安排到社会福利厂组工作，保证生活来源，实现自食其力。1979年，把福利生产单位的产、供、销纳入国民经济发展规划，税务部门制定减免税收的优惠政策，促进了福利生产的发展。1985年，福利生产单位逐步推行经济承包责任制。1989年起，福利企业在市场竞争中逐步转变经营机制。1992年北滘镇福利企业有2家，职工170人，其中“四残”人员78人，创造税利19.19万元。

1997年，福利企业向市场经济过渡。但在转制过程中，镇政府采取有力措施，维护“四残”工人的权益，规定每月最低工资标准从230元提高到250元，为残疾员工购买社会统筹保险，使残疾员工在就业、生育、工伤和养老方面均有保障。2000年，北滘镇福利生产企业达9家，其中集体厂8家、转制厂1家。2000年全镇有残疾人812人，其中在福利厂就业101人。2002年，政府为福利企业落实税金返还并减免税金，解决了福利企业资金周转问题。同年，还为福利企业自用车辆落实养路费减半征收的优惠政策。

2010年12月1日起，北滘执行《顺德区分散按比例安排残疾人就业实施办法》，严格要求各企业按不低于上年度平均在职职工人数的1.5%比例安排残疾人就业。凡达不到规定比例的，应当依规缴纳残疾人就业保障金。逾期不缴纳残疾人就业保障金的，除补缴欠缴数额外，自欠缴之日起，按日加收5‰的滞纳金。2013年11月19日，北滘镇成立首家社会企业——“甜梦成真”甜品屋，该企业的雇员全部为残疾人，其利润的一半也投入残疾人事业。

1999年1—6月北滘社会福利企业情况统计表

表15—4—2　　　　单位：万元

企业名称	职工人数		销售（或营业）收入	利润		增值税营业税附加税合计	税利合计	免税金额
	合计	其中残疾人员		盈	亏			
民政友谊塑料厂	24	9	70	13	—	13	26	26
益丰民政五金电器塑料厂	30	15	536	29.8	—	15.5	45.3	15
万灵家用电器厂	64	25	94.8	—	18.7	3.3	22	40
马洲民政五金电器厂	17	7	220.1	6.3	—	22.2	28.5	22.2
马洲民政五金喷料厂	50	21	170	6	—	11.5	17.5	11.5
马洲民政砖厂	32	16	18.2	0.9	—	1.26	2.15	1.09
龙丰实业有限公司	17	8	45	6.21	—	1.5	7.71	3.5
小计	283	127	1504.1	82.61	18.7	86.86	188.16	158.29

第四节　社会福利

一、福利基金筹集

新中国成立后，北滘社会福利事业经费一般由政府拨款或由相关单位自行筹集。1988 年起，顺德县民政局在北滘销售社会福利彩票，筹备社会福利基金。1992 年后，一些先富起来的企业和企业家，自觉承担社会责任，积极为镇的福利事业捐款。多年来，北滘镇政府重视对社会力量兴办福利机构的政策引导和资金扶持。除公办外，镇内其他形式的福利机构不断兴办，社区服务内容也不断丰富。

1998 年 6 月《佛山市社会福利社会化试点方案》出台后，北滘积极筹建各种形式的福利基金。1999 年 12 月 2 日，北滘镇成立社会福利基金，12 月 26 日，举行福利基金千禧纪念晚会，倡导“团结互助、奉献爱心”的精神。2001 年 8 月 27 日，北滘镇社会福利基金理事会成立，福利基金达 1700 多万元。2002 年 3 月 22 日晚，北滘镇举行慈善基金暨北滘镇社会福利基金筹款活动，筹到 650 万元。2005 年 12 月，顺德区举行慈善万人行活动，北滘企业和个人共捐出善款 1800 万元，其中碧桂园集团公司 500 万元，何享健 500 万元，北滘投资管理有限公司、怡兴物业管理有限公司各 100 万元，锡山家具有限公司 40 万元。2006 年，美的集团为社区福利会慈善基金和精神病患者残疾人慰问金共 880 万元。2007 年 1 月 24 日，北滘镇举行企业支持社会福利事业建设支票递交仪式，美的、碧桂园、锡山家具共捐资 580 万元，支持北滘社会福利事业的建设。2007 年 2 月，北滘社区福利会成立，4 月 6 日该会“慈善基金”募捐正式启动，首批募捐达 28 万元。2007 年，北滘镇有 6 个村成立福利会，慈善基金总额逾 650 万元。

2009 年 3 月，北滘慈善会成立，秉承“乐善好施、功德无量、济困助残、福至攸归”的宗旨，各企业共向慈善会捐款 630 万元，其中碧桂园集团 100 万元、美的集团 500 万元、深业房地产有限公司 30 万元。同年 8 月 14 日，北滘镇政府举行慈善捐款支票交接仪式，碧桂园集团向碧江、三桂福利会捐赠善款 300 万元。至此，北滘镇已在 14 个村（社区）成立福利会，累计筹措慈善基金 5000 万元。从 2009 年起，北滘镇将每年 3 月的第三个周日定为“北滘慈善日”，每年通过植树节认种认捐、缤纷嘉年华“爱心后备箱”慈善义卖、慈善公益徒步、鲜花义卖、慈善新年音乐会、慈善拍卖晚宴、公益时数拍等活动筹备基金。

2010 年 7 月 22 日，顺德首家以企业为发起人的非公募基金会——广东省盈峰慈善基金会正式成立。是年全镇企业向镇慈善事业共捐款 1060 万元，其中美的集团 1000 万元、锡山家具有限公司 30 万元、碧桂园集团 30 万元。2011 年 9 月 28 日，广东省凯业慈善基金会成立，凯业慈善基金会是北滘镇第二个非公募慈善基金。

截至 2011 年，美的集团已向社会累计捐赠超过 5 亿元。2011 年 7 月 15 日，第六届中华慈善奖表彰大会在北京举行，会上美的集团荣获国家民政部授予“最具爱心企业”称号。从2008年至2013年，美的集团已累计向北滘慈善会捐赠超过8000万元。2017年1月，美的集团连续八年捐资千万元支持北滘慈善。

2012年，北滘慈善会日美慈善基金成立。是年向北滘慈善会捐款810万元，其中，国强慈善基金700万元、加利源塑料公司100万元、和新集团10万元。2013年，北滘慈善会募集慈善资金4600多万元。2012—2013年两年间，国强慈善基金已经向顺德慈善会捐款2300万元，开展助学、助困、敬老等慈善活动。

2014年，北滘再次掀起慈善新高潮，全镇形成扶贫济困、尊老敬老的氛围。美的、碧桂园等企业为顺德善耆家园养老院捐款1.26亿元，数额位列全区首位。一批热心企业和热心人士慷慨解囊，共为慈善会募捐善款3200多万元。2014年国强慈善基金继续在北滘投放了400多万元，包括在助学、助残和助困方面。2014年6月3日，北滘青年企业家协会慈善基金会正式成立，大会捐款60万元作为启动资金，并请北滘慈善会按协会的意愿管理慈善款项。2014年6月30日，“广东扶贫济困日”，北滘镇机关工作人员现场募捐，筹集善款54250元。

2015年5月19日晚，西海村福利会正式成立，现场举办慈善捐款活动，热心人士纷纷慷慨解囊，共筹得善款414万元。2015年11月8日晚，三桂村福利会举行第六届慈善晚宴，不少热心慈善事业的企业与个人踊跃捐款捐物，共有收到善款37万元。2016年10月8日，北滘女企慈善基金正式成立，基金将定向和不定向形式用于帮扶镇内困难家庭以及重阳慰问。2016年10月，三桂村福利会敬老宴募集善款近40万元。

2016年，北滘慈善收入达2534.73万元，救助、帮扶弱势群众共3万多人次。镇慈善大楼（市民活动中心）交付使用，以公益为主、收益为辅的运营模式，反哺慈善事业发展。2012—2016年，北滘慈善会共筹得善款1.4亿元，扶助贫困家庭、残疾人、老人生活达2.55万人（次）。

二、敬老

2000年后，北滘各村（社区）每年春节、重阳节都举行形式多样的敬老活动。2001年春节和重阳节，美的集团与碧桂园物业公司联合出资，邀请省内著名粤剧团演出10场，派出专车接送各村60岁以上老人观看。2002年10月，为120对金婚夫妇举行庆祝活动；碧桂园举办第三届粤剧欣赏晚会，连续演出11个晚上，邀请60岁以上老人观看。2004年，北滘镇重阳节慰问33名分散居住的五保老人、155名低保孤寡老人，每人发放慰问金200元。2005年10月31日，北滘信用社团员青年慰问65名孤寡老人，为每位老人送上300元慰问金。2007年，碧桂园联系第八年邀请全镇老人观看粤剧。2008—2009年，镇人民政府联合美的、碧桂园、锡山等企业，在重阳节，为年满60岁以上户籍老人每人发放300元，金额共800万元。一些村、社区还组织老人免费体检，发放老人福利金。2008年，全镇村、社区发放老人金共822万元，人均648元。2009年，碧桂园集团延续多年传统，邀请全镇老人欣赏粤剧；美的集团出资100万元为“美的城”项目相关村、社区的老人派发200元红包，举办老人宴。2010 年，延续上年的传统，继续为年满 60 周岁的长者每人发放 300 元节日慰问金，美的集团捐赠 100 万元，给予大力支持，政府投入 341.75 万元支持全镇活动，14725 名老人收到祝福。2012 年 10 月 29 日，北滘镇家庭综合服务中心邀请镇内的 39 名家庭困难老人和孤寡老人游览番禺宝墨园。2012 年 11 月 9 日，北滘镇“双到帮扶，爱心助行”活动为全镇各村（社区）的“双到”帮扶对象发放了 103 张轮椅。2015 年 8 月 28 日，西海村福利会在西海村开展敬老慰问暨奖学金颁奖活动，为西海村满 60 周岁的 1700 名老人每人发放 200 元慰问金。2017 年，政府、企业集团、村（社区）居委等联合继续为年满 60 周岁的长者每人发放节日慰问金 300—500 元。

老年人补贴 2008 年 1 月 1 日起，北滘老年人补贴进入常态化。老人供养经费由原来的月人均 450 元提高到 500 元，并由区、镇、村（社区）三级按 6.5：2.5：1 的比例分担。2009 年提高两类老人服务标准。对低收入困难户里 70 岁以上的独居或仅有残疾子女生活的老人，以及民政、社保代管退休人员中月退休金 600 元以下且 70 岁以下的独居及生活自理困难的老人，两类老人的福利标准由原来的月人均 200 元提高到 300 元。

从 2010 年 7 月 1 日起，根据区政府《关于对顺德户籍老年人发放长者津贴的通知》规定，对具有本地户籍、年满 80 周岁以上的长者，按年龄段发放长者津贴，津贴标准为：80—89 周岁月人均 100 元，90—99 周岁月人均 150 元。100 周岁以上月人均 300 元。2010 年 7 月到 9 月，北滘镇分别有 80 周岁以上老人 2023 人、2058 人、2082 人。

办理老年优待证从 2007 年起，共为 1516 位老人申办老人优待证，为 124 位老人遗失补办优待证，使老年人享受到市内医疗卫生、交通服务、公共设施等的各种优惠。2014 年，给行动不便的居家老人家中安装防滑扶手 230 多处，给 60 岁以上的本地户籍老人免费派发卫浴间防滑垫 16700 张，为 505 户独居老人提供平安钟服务。

三、关心困难群众

春节慰问 2003 年，美的、碧桂园各捐赠 30 万元，对镇内贫困户进行春节慰问，给每个孤儿和贫困户分别发放慰问金 1000 元和 2000 元。2004 年 1 月 13 日，碧桂园、美的等企业与镇政府一道对部分贫困家庭进行春节慰问。2005 年 1 月，慰问贫困户总数 1400 户，发放慰问金额达 140 余万元。2006 年 1 月，扩大对贫困户的春节慰问范围。2007 年春节慰问贫困户数 1197 户。2008 年 1 月，美的集团和碧桂园集团各捐资 100 万元，锡山家具有限公司捐资 30 万元，共 230 万元，对镇内困难群众进行春节慰问和帮扶。2009 年春节慰问对象 500 元慰问金。2010 年 2 月，镇政府携手北滘慈善会、美的集团，为全镇近 2 万困难群众送上“新年利是”。其中，家庭人口为 1 人的低保户慰问标准为 900 元，年满 60 周岁的本地户籍老人为 300 元。

2004 年 10 月 10 日，北滘镇工会困难职工帮扶中心筹建机构成立。该机构按惯例春节慰问困难职工，标准是困难职工每户 500 元，特困职工每户 1000 元；孤寡老人 500 元，另外对 40 人按月人均 150 元标准发放门诊医疗费补贴，住院自费部分由镇工会补足。

2006年春节，中共北滘镇委和镇人民政府联合美的、碧桂园、锡山等企业，慰问全镇所有低保户、临时救济户、五保户和生活在余荫院的长者，发放慰问金140万多元；同时，投入16.5万元购置发放物资——棉被336张、被套301张、蚊帐241张、毛毯204张、草席132张、内衣321套、外套448件。镇总工会救助困难职工146户，发放慰问金17.38万元。

2013年1月，北滘慈善会启用美的、碧桂园、锡山等企业的慈善基金，为镇内的近3000户困难家庭以及残疾人士发放春节慰问品和慰问金。1月24日，顺德区和北滘镇两级总工会到北滘职工服务中心开展春节送温暖活动，为北滘96名困难职工送来节日的温暖。1月31日，国强慈善基金会对广教的23户困难家庭进行慰问，在春节来临之际送上祝福和问候。2月1日，锡山公司向三洪奇慈善会捐助5万元，主要用作定向帮扶三洪奇社区内的39户低保困难家庭。

2015年1月30日，北滘高协慈善基金为北滘的31户困难家庭送来液晶电视，广电网络北滘支公司也为他们送来机顶盒。2015年2月9日，北滘镇政府、北滘慈善会继续携手美的集团、国强慈善基金、锡山家具有限公司等热心企业单位向镇内2800多户困难家庭派送价值390万元的新年礼品。

送温暖、献爱心 2003年1月10日，区、镇领导杨肖英、周志坤、崔健波等人登门慰问困难群众。5月31日，镇委委员陈少桃率领镇宣教文卫办、妇联等部门负责人慰问部分贫困儿童。7月15日，佛山市“双拥办”副主任、市民政局纪委书记谭耀恒、区民政局副局长吴钍金、镇委委员陈少桃一行慰问镇部分孤寡、困难军烈属和退伍军人。2012年1月9日，镇党委委员吴伟勤代表镇社会工作局和残疾人联合会，慰问镇内部分残疾人士。6月27日，顺德区人力资源和社会保障局局长谭志亮、北滘镇委委员何锡辉以及北滘社保局工作人员一行，慰问北滘的困难老党员和困难群众。2014年镇妇联“冬日暖童心”慰问困难儿童。

第五章 专项事务管理

第一节 婚姻登记

1950年《婚姻法》颁布后，境域内办理婚姻登记的地点分别在三、四、五区的区公所。1957年改由各乡的乡政府办理。1959年北滘人民公社成立后，农村的婚姻登记改由公社办理。1983年北滘人民公社改北滘区公所后，农村的婚姻登记由区公所办理。1986年区公所改镇后，农村的婚姻登记由镇人民政府管理。此后沿袭至今未变。

1950—1980年，除20世纪70年代一度强行按晚婚年龄（男、女均在25岁以上）登记外，凡符合《中华人民共和国婚姻法》规定，均可申请结婚登记。1981年

1月1日开始执行新《中华人民共和国婚姻法》。新的《婚姻法》规定，男不早于22岁，女不早于20岁，不是直系血亲和三代内旁系血亲，经体检证实适宜结婚者，均可申请结婚登记。男女结婚、离婚或复婚，按登记程序，当事人必须亲自到一方户口所在地登记。登记时须带户口簿验证年龄和所在单位出具的婚姻状况证明。复婚者按结婚登记程序办理，在发给结婚证书时收回离婚证书。男女双方自愿离婚，经调解无效，并已在子女抚养和财产处理上达成合理协议，由当事人持身份证或户口证明、结婚证书或夫妻关系证明书，到公社（镇）婚姻登记地点办理离婚手续。

1973年以前，涉外婚姻登记手续在公社即可办理。1973—1979年，须经县民政局审批同意后方由公社发给结（离）婚证书。1979年2月1日起，改由当事人先向大队、公社提出申请，再转送县民政局审批发证。华侨须持有中国驻所在国大使馆或领事馆出具的无配偶认证；港澳同胞则要验证居民身份证、回乡证或海员证及受中国司法机关委托的律师出具的无配偶公证书，此外还要有职业（或经济收入）证明和健康检查证明。材料经核准无误后，发给涉外婚姻证。中国公民与外国华侨、常住或临时来华的外国人结婚登记，男女双方须到中国公民一方户籍所在地的涉外婚姻登记处申请登记。外方当事人要交验本人护照、居留证和中国驻所在国使、领馆出示的婚姻状况认证，中国公民一方则须有所在地县级政府或工作单位的县级以上机关出具有关证明。

1985年，推行优生优育教育，实行婚前检查制度。2004年7月1日，北滘镇正式启用新式婚姻登记证书。2005年1月1日，根据上级《婚姻登记工作暂行规范》，北滘镇婚姻登记处设立标示牌，启用业务专用印章和钢印，并实行政务公开，涉外、华侨、港澳台婚姻登记，由顺德区民政局婚姻登记处负责办理。同年10月1日，北滘推行免费婚检服务，成为佛山市首个免费婚检镇。

1993—2017年若干年份北滘镇婚姻登记情况表

表15—5—1　　单位：对

年份	结婚	离婚	复婚登记	年份	结婚	离婚	复婚登记
1993	824	2	—	2010	1183	257	34
1995	776	10	—	2015	1236	273	102
2000	717	46	—	2017	1154	417	95
2004	1033	105	105				

第二节　殡葬改革

北滘长期沿袭土葬习俗，仪式繁缛，耗财占地，贫困人家常为殓葬而致债务缠身。民国后期，当局曾提倡取消土葬，实行火葬，简化丧葬礼俗。新中国成立后，倡导破除迷信，移风易俗，丧事简办，逐渐推行殡葬改革。1966年12月，大良镇金橘咀火葬场（后改称县殡仪馆）建成，北滘开始推进殡葬火化，但不少人仍坚持土葬。

1977 年，全县殡葬改革工作会议后，北滘公社成立殡葬改革小组，并于 11 月 5 日下发《关于推行火葬的通知》，强调不准占用农用地土葬，不准从事棺材加工业，实行火葬开追悼会，简化葬仪。1981 年 12 月全国殡葬改革工作会议后，北滘广泛开展殡改宣传。1985 年根据国务院有关文件精神，禁止占用农用地土葬，严禁加工出售棺材及土葬用品，制止和取缔巫婆神棍的封建迷信丧葬活动，国营职工去世不实行火葬者不得领取丧葬费和补助。但 1986—1991 年，土葬比例仍大于火葬。

进入 20 世纪 90 年代，北滘火化率呈上升趋势。1991 年，北滘镇死亡 398 人，火化 39 人，火化率 9.8%。1992 年北滘镇死亡 467 人，火化率 9.21%。1999 年 1—7 月死亡人数 335 人，火化率 22%；8 月 1 日，镇人民政府提出深化殡葬管理改革，全面实行遗体火化、一步到位，要求遗体火化率达 100%。镇长与各村委会主任签订《北滘镇殡葬管理目标责任书》，成立殡改执法队，实行殡改工作级级负责、层层落实。至 2002 年，实现遗体 100% 火化的目标。

在推行火葬的同时，北滘还积极筹建镇级骨灰楼与公墓，开展清理乱葬坟墓专项治理工作。2001 年 7 月，投资 5000 多万元、占地 18.1 万平方米（271.5 亩）的“祥宁园”骨灰堂在都宁横岗和独岗动工。2002 年 2 月正式投入使用。

1999 年，北滘镇清理乱葬山坟 2500 座，费用达 45 万元。2002 年整理北滘镇各村（社区）居委会辖区内乱葬坟，全镇共迁坟 50384 座，投入经费 250 多万元，并进行山林绿化，新增绿化面积 20 万平方米。2003 年 8 月 1 日起，全面清理无主山坟，全面禁止骨灰非法土葬，利用有线电视、广播和报刊，刊登迁坟公告，做到家喻户晓。全年清理山坟 3 万多座，实现无坟镇目标。对都宁岗、狮岗实行封山育林保护。2003 年北滘镇祥宁园获顺德区“十五”计划期间殡葬服务先进单位。2004 年 2 月，北滘镇获“佛山市顺德区殡葬改革先进单位”，碧江社区居委会等 20 个先进单位受镇表彰。2006 年，北滘镇祥宁园，被评为佛山市殡葬服务先进单位。2008 年，加强殡葬行业管理和规范收费行为。2009 年顺德区殡葬管理目标年度考核中北滘镇获总分 98 分。

第三节　收养登记

新中国成立初期，北滘民政部门为孤儿和弃婴寻找亲属或收养人，无着落者寄放敬老院由集体抚养，对委托亲属照管的孤儿，给予其定期定量救济补助。1956 年，农业合作化后，民政部门对农村不满 16 岁的孤儿办理“五保”手续。20 世纪 70 年代初实行计划生育后，个别家庭受重男轻女思想影响遗弃女婴，导致弃婴人数有所增加。1979—1991 年，孤儿弃婴主要由无生育能力的群众自愿领养或代养，没人领养的，则送县福利机构收容供养，孤儿就近安排学校免费就读，供养至就业年龄。

1991 年 12 月 29 日，《中华人民共和国收养法》颁布。翌年，北滘镇正式开始建立收养登记工作制度。收养登记工作分为非社会福利机构收养和社会福利机构收养。收养非社会福利机构抚养的弃婴、儿童，收养人须先向北滘派出所（公安分局）报案后才能进行收养登记。收养社会福利机构抚养的，收养人须提供有效证明材料，到县或市民政部门申请办理收养登记手续。2009 年北滘慈善会成立后，设立妇女儿童关爱基金，加强对孤儿弃婴的抚养工作，使孤儿弃婴的入学、生活更有保障。2014 年全镇未入户弃婴 244 人。

2000 年北滘镇收养登记情况表

表 15—5—2

村（街区）	需办理收养登记人数			已办理收养登记人数			未办理收养登记人数		
	男	女	小计	男	女	小计	男	女	小计
西海	38	40	78	27	31	58	11	9	20
北滘	8	29	37	4	0	4	4	29	33
林头	32	4	36	24	4	28	8	0	8
三洪奇	29	4	33	20	2	22	9	2	11
现龙	10	12	22	9	6	15	1	6	7
坤洲	9	8	17	8	4	12	1	4	5
黄涌	8	6	14	3	5	8	5	1	6
三桂	4	9	13	3	7	10	1	2	3
碧江	4	6	10	3	2	5	1	4	5
广教	2	7	9	1	4	5	1	3	4
莘村	5	4	9	5	3	8	0	1	1
高村	3	5	8	3	3	6	0	2	2
马村	5	3	8	5	1	6	0	2	2
水口	4	5	9	4	3	7	0	2	2
桃村	4	2	6	3	0	3	1	2	3
都宁	1	2	3	1	0	1	0	2	2
上僚	0	2	2	0	1	1	0	1	1
龙涌	1	1	2	0	0	0	1	1	2
西滘	1	1	2	0	1	1	1	0	1
槎涌	0	0	0	0	0	0	0	0	0
合计	168	150	318	123	77	200	45	73	118

第十六篇　人力资源与社会保障

第一章　人事

第一节　行政与企业事业编制干部

一、招录制度

1959年5月北滘人民公社成立后，公社有机关党政干部21人，事业单位干部28人，公社一级企业干部13人。这些干部大多是新中国成立后参加工作，年富力强，经历过土地改革、农业合作化运动，有丰富的实践经验，熟悉工农业生产，但文化学历偏低，许多人只有初中或小学文化程度。

从1965年社会主义教育运动开始，特别是“文化大革命”时期，注重从政治运动涌现出来的积极分子中培养选拔干部。由于当时干部编制偏紧，采用“以工代干”的形式，从生产、工作第一线中选拔一批工人、农民担任干部。1979年，公社机关“以工代干”2人。

1983年，北滘撤社设区，北滘区机关编制干部共51人，事业单位干部71人，区属企业单位干部111人。1986年6月，根据县委、县人民政府部署，开始改革干部制度，根据新时期干部队伍革命化、知识化、专业化、年轻化的方向，一是采用公开考试方法，招收党政机关干部。1987—1992年，共招收机关干部26人，主要安排到公安、工商、银行等部门。二是企业集体所有制干部实行聘任制，任期纳入政府人事部门管理，享受国家干部的相应待遇。三是接收安置军队专业干部。1989—1992年，接收、安置176人，其中分配到党政机关41人，事业单位18人，企业单位117人。四是通过培训、考试和择优的原则，从“以工代干”人员中录用干部2人。

1993年产权制度改革后，企业干部不再纳入政府人事部门管理。1995年，国家实行公务员凡进必考的制度。至2010年，北滘镇共录用公务员66人。2000年，北滘镇属事业单位及村镇工作人员推行公开招聘制度，是年共录用14人。

2011年，顺德区作为广东省试点，推行公务员聘任制度，聘任期限一至五年，明确工作任务和工作目标，实行年度考核。考核不合格，可解除其合同。至2017年，北滘录用聘任制公务员130人。

2017年，北滘行政编制与事业编制干部（公务员）总数132人，其中女性33人，占总数的25%；50岁以下的108人，占总数的81%；大专以上学历130人，占总数的98%。

2008—2017年北滘行政事业编制干部情况表

表16—1—1　　　　单位：人

年度	其中		大专以上学历	编制内公务员	编制外国家、集体干部	离岗退养	政府雇员
	干部	职工					
2008	76	—	73	67	9	8	27
2009	75	—	73	68	7	6	40
2010	72	—	72	66	6	5	45
2011	123	3	119	133	6	5	—
2012	131	3	127	131	5	4	—
2013	132	3	128	132	5	2	—
2014	130	3	129	130	5	2	—
2015	125	3	123	125	5	2	—
2016	131	3	118	119	5	—	—
2017	132	3	130	130	5	—	—

二、干部管理

20世纪80年代中期起，北滘根据省市有关文件精神，对干部考核坚持德才兼备的原则，按照各类干部胜任现职所具备的条件，从“德、能、勤、绩”（“德”：考核干部的政治思想觉悟和思想品质；“能”：考核干部的业务技术、管理水平、工作效率和文化水平；“勤”：考核干部的工作态度和事业心；“绩”：考核干部的工作实绩）四方面进行考核。干部考核一般是一年一次，考核由干部先行总结自己的思想、工作状况，再进行群众评议，最后由组织人事部门给予评定。

1994年，根据国家公务员考核暂行规定，制订《北滘镇国家机关工作人员考核试行办法》。考核结果评为优秀、称职、不称职三个等次。国家公务员在年度考核中被确定为优秀、称职等次的，具有晋职、晋级和晋升工资的资格。1998年，根据上级党委组织部与人事局联合下发的《关于建立健全平时岗位考核制度的意见》，北滘镇进一步规范干部考核制度，把考核结果的等次由原来的三个等次调整为优秀、称职、基本称职和不称职四个等次，提高年度考核的准确性。1999年，对机关、事业单位年度考核评定为基本称职和不称职等次的人员实行离岗培训制度。

2000年起，北滘镇机关实行工作任务量化管理，10个部门要提前制订下年度工作目标和各季度工作任务，进行年中汇报和年终述职。同时，推进干部首问责任制、办事限时承诺制。根据中共顺德市委组织部与市人事局联合印发《关于严格按平时考核结果兑现岗位津贴的通知》和《关于按平时考核结果兑现上半年考核奖金的通知》，将工作人员的岗位津贴与出勤表现挂钩，做到奖罚分明。

2011年，对镇机关部门领导干部实行轮岗制度，调整人员共29人。2012年，出台全镇机关“三定”（主要职责、内设机构和人员编制规定）工作方案。首次采用“两推荐一述评”的方式，竞争选拔部门领导干部。2013年，修订《北滘镇属单位工作人员管理办法》，制定《北滘镇专职消防队管理办法》《北滘镇教育局主要职责内设机构和人员编制规定》和《2013年北滘镇绩效管理与考评办法（试行）》，完善行政服务中心一类人员的岗位补贴发放办法。2014年，规范机关干部因私出境审批制度。对后备干部实行核实制度，调整科级以上干部的审批权限；加强干部人事档案规范管理，重新分类整理机关干部档案；加强对干部个人事项申报的管理，规定干部如实填报个人有关事项；规范干部请休假制度。2015年，推进公务员职务及职级并行工作，规范晋职人员待遇按职级任期时间发放制度。2016年，通过转岗、交流、外派等形式，加快干部流动，进一步营造务实、高效、竞争的干事氛围。通过让年轻后备干部压担子、给任务、参加班子会议等办法，完善年轻干部锻炼培养机制。2017年，出台《北滘镇“阶梯工程”中青年干部培养实施方案》，开展“阶梯工程”后备干部专项培养，纳入全镇中青年干部培养对象35人。

三、干部培训

1984年，对军转干部进行上岗业务培训，分设党政、企业管理等科目，学习时间大约为4个月。从1984年起，为适应现代化建设，北滘干部培训的重点是推进干部队伍初中、高中文化的补习。至1985年，共6名干部参加初中、高中文化补习班，并选拔2名干部报送到高校培训。1987年，选拔18名干部参加县委农村干部经济中专班。1990年起，干部培训转到以提升经济管理、科学技术水平为重点。北滘镇与县有关部门联合，先后开办企业管理、人事管理、财务管理等专业的大专班和“大专证书”班，全镇有近百名干部参加。人事干部参加广东行政学院举办的岗位业务培训，对被新分配到机关工作的大中专毕业生实行上岗培训，开展职业道德、法律法规方面的教育。

1991年，北滘镇根据佛山市人事部门制订《国家行政机关工作人员岗位培训工作方案》，对机关工作岗位培训实行“统一规划、部门组织、分级负责”的办法。全镇250多名干部接受“公务文书写作”“行政管理学”“法学基础与行政法”“社会调查研究方法”等公共课程的培训。

1996—1998年，北滘组织机关工作人员过渡为国家公务员的培训。1997年起，对机关新录用人员实行初任培训制度。是年下半年，推进信息化教育，全镇组织45岁以下的机关工作人员参加计算机应用知识的普及培训。

2000年，北滘镇政府明确规定，对40岁以下的机关干部，如未达到大专学历的，五年内要全部达到大专以上学历；现有大专学历的，也要在五年内达到本科以上学历；农村 40 岁以下未达到大专学历干部，要在三至五年内达到大专水平。同时，对公务员进行中国加入世界贸易组织相关知识的培训教育，使公务员尽快熟知与自身工作相关的世界贸易组织规则的知识；推行办公自动化，组织镇、村干部电脑操作的学习。2001 年，北滘镇组织干部现代化经济理论知识学习，更新知识，增强统揽全局和发展市场经济的本领。

2005 年，镇政府举办了两期培训班，对新当选的村级干部进行财务、国土管理、工程招投标、环保等方面的培训。

2009 年，围绕创新服务，提高机关效能“重心”，举办知名专家学者讲座，拓宽干部视野；推进“彩虹计划”，建立青年干部到机关挂职见习制度，选择社区、村级 23 名年轻干部分批到镇机关挂职学习，提高行政管理水平。

2012 年，北滘镇开展干部素质系列培训。组织机关副职以上干部，村、社区及“双管”单位［既受上级主管部门指导，又受地方领导的部门（单位）］主要负责人学习社会、城市管理先进理念；对新入职工作人员进行综合素质、执行力专题培训；对部分农村干部进行社会管理知识履职能力的专题培训。

2013 年，开展各类干部培训。组织四批机关干部、农村干部 137 人到香港金融管理学院培训；组织副股级以上干部及公务员共 130 人分两批到广东省委党校学习。2014 年，组织镇党政人大领导、常务副职及“双管”单位正职共 32 人到香港金融管理学院参加创新社会管理培训班；分两批组织机关中层以上干部、农村干部等 80 人到浙江大学学习，组织副股级以上干部及公务员共 139 人到厦门大学学习；组织工作干部到市委党校进行为期两天的业务培训。2015 年，邀请香港中文大学客座讲师李灿荣为镇政府机关及村、社区相关人员讲授如何正确处理与媒体的关系的课程。邀请省委党校钟立功、市委党校何良苏为镇委组工干部及村、社区党员进行党性专题讲课。6—7 月，副职以上干部及村、社区书记到贵州大学进行党性专题培训；副股级以上干部及公务员到湖南大学进行素质提升培训；组工干部到南昌市委党校进行党建培训。2016 年，创新干部培训模式。统筹干部教育培训，实施培训计划备案制度，对共性培训进行统筹组织、统一安排。优化培训形式，增加外出考察学习、结构化研讨等形式；扩大培训范围，共培训 6000 多人次。2017 年，加强党员干部教育培训力度，全面提升干部履职能力。对党员干部分类细化，根据不同层次的对象进行有目的性和针对性的教育培训，围绕着帮助新党员端正入党动机，增强“两委”（党支委委员、村委会委员）干部履职能力，开展“重温红色文化、传承井冈圣火”传统教育，先后举办培训班 9 期，受训人员 800 多人次。

第二节　专业技术人才引进

1979 年，北滘从事工业、农业专业技术干部仅有百人。1983 年后，随着国家和省级“星火技术”项目的实施，北滘陆续制订一套对科技人才的奖励办法，不断优化人才引进环境，实行优惠政策，为引入技术人员在住房、家属工作安排、子女入学等方面提供方便，招揽一大批外地科技人才。至 1992 年，全镇共有科技人员 700 多人，其中教授、高级工程师30多人，工程师100多人。

1993年初召开的中共北滘镇第八次代表大会提出：要继续敞开大门，招揽各类人才，尤其注意创造条件吸引高素质的人才和国外留学人员。镇人民政府继续推出优惠政策，进一步完善奖励制度，对有突出贡献的科技人员给予重奖，制订《北滘镇办企业科技人员分期付款购买住房暂行规定》，并成立人才交流服务机构，指导各单位开展人才智力交流服务工作，为基层企事业单位从外地引进急需的专业技术人才；开展流动人员行政关系的"挂靠"业务，为不具备接收和保管人事档案关系的外商投资企业、民办科研机构、私营企业用人提供方便；开展其他形式的人才、智力交流活动与咨询服务。至1995年底，全镇拥有初级职称以上技术人员1013人，其中中级职称193人、高级职称38人。

1996年后，北滘注重高新技术人才和熟悉现代化生产管理、营销的高层次人才的引进。2000年，根据中共顺德市委和市人民政府《关于加强人才队伍建设，推动经济结构优化升级的决定》，北滘加大引进高层次人才的力度。对高级人才实行工资外津贴制度；对外地来北滘镇工作暂不迁入户口、暂不接转人事关系、具有本科以上学历和中级职称以上的人才，实行特聘工作证制度。在特聘期间，享受北滘镇同类人才的同等待遇；取消非公有制单位用人限制；放宽人才职称评定限制；扩大人才政策受惠面。2011年7月，中共北滘镇第十次代表大会将"拓宽人才智力引进渠道"作为今后五年的重要工作之一。提出："鼓励企业与优秀管理机构、研发团队、高等院校合作，提高中小企业研发能力，为培育成长型企业梯队提供智力保障。科学规划，加快实施人才安居工程，完善各类人才服务政策，确保优秀人才进得来、留得住、用得好。"

2000年后，北滘不断采取有力措施，为人才流入创造有利环境。至2017年，全镇高、中级职称的技术人才共有2332人，其中高级职称103人、中级职称2229人。

第二章　劳动

第一节　户籍劳动力

20世纪60—70年代，根据国家劳动制度规定，北滘劳动力以圩镇非农业户口居民为主，用工实行计划集中管理，企事业单位劳动力由劳动部门统一分配安排，企业基本没有用工的自主权。1978年，全公社90%劳动力从事农业生产，社办企业职工2404人，大队企业劳动力3369人。20世纪80年代起，北滘农村富余劳动力开始向第二、第三产业转移，不少农民"洗脚上田"，寻找新的就业机遇。为适应劳动力形势的变化，北滘在就业用工方面改革，从"统包分配"，逐步向自谋职业方向过渡，允许农民自带口粮进入圩镇自谋职业。1984年，推行劳动合同工制度。1988年起，对技工学校毕业生不包分配，自谋职业，一律实行劳动合同制。1989年，全镇65%劳动力从事工商业，35%劳动力从事农业生产。1993年产权制度改革后，对私营企业个体工商户实行“用工许可证”制度，允许这些企业直接从社会上招聘劳动力。1995年，推行企业与职工集体签订劳动合同制度。至1999年，北滘镇机关、邮电、电力、金融及社会团体员工全部签订劳动合。2000年后，随着市场经济的确立，北滘形成自主择业的局面。由于当时有部分企业处于转型升级，有一批工人要下岗分流，就业形势严峻。为了缓解就业压力矛盾，一方面，政府采取有力措施，积极发展第二、第三产业，扶持企业扩大生产，增加就业面。另一方面，镇有关部门积极疏通供需之间渠道，对社区、村实行职业介绍补贴制度。凡由社区村劳动服务站成功推荐居（村）民就业，按人数给予奖励。

2002年，北滘镇以职业中学作为技能培训基地，重点开展失业人员和农村劳动力转移人员的培训工作，实行培训、推荐就业一站式服务。2003年，投资8000万元建设的北滘职业技术学校投入使用，并通过“国家级中等职业技术学校”的验收评估，成为培养蓝领工人和再就业工程的摇篮。全年共举办各类培训班7期，培训失业人员348人，培训人员的就业率超过七成。各社区（村）成功推荐就业2632人次，同比增加12%。2004年，北滘完善就业平台建设，投资230多万元建成新劳动力市场和区、镇、村（居）三级就业信息网络。成功推荐再就业人员3339人次，同比增加26.9%，城镇登记失业率为2%。2006年，镇政府每年投入1000万元，作为配套资金，在顺德区率先开展“企业培训”。

2007年10月起，镇政府投入3000万元，打造为期三年的“乐业工程”，美的集团、碧桂园集团、北滘商会分别捐资100万元，北滘港捐资30万元，并设立日班生产线，给社区村发放产品零配件加工业务，作为支持。各社区、村相应设置劳动服务站和配备专职劳动保障协理员；北滘社区家政服务中心、林头社区工作坊相继设立，近100名居（村）民走上新的工作岗位。“我工作、我快乐”的新型就业观念正逐步深入民心。是年，全镇失业登记率稳定在2%以内，成功推荐就业1800多人次。2008年，北滘新开办3个社区工作坊和9条日班生产线，近800名居民走上工作岗位。全年有2000名本地劳动力参加各类培训，再就业率超过八成，全镇失业登记率为1.84%，成功推荐就业4885人次。是年，还实施“展翅计划”就业帮扶措施，将帮扶对象从就业困难人员扩展到新成长劳动力，全年免费培训974人，经培训后再就业率超过八成。随着生产的迅速发展，北滘许多企业出现“招工难”的问题。为此，镇有关部门举办各类型招聘会58场，还分别组织多家企业到云浮、湛江、韶关等地招工。2008年10月16日，中共中央政治局委员、省委书记汪洋视察林头社区工作坊，充分肯定北滘劳动就业的经验，赞扬“乐业工程”。至2010年，北滘为期三年的乐业工程规划圆满完成预定目标。“一村一坊”“一村一就业基地”成效显著，林头社区获“国家级充分就业示范社区”称号，全镇全年失业登记率保持在2%以下。

2012年，北滘镇启动“创业扶持基金”，以创业推动全民就业。出台扶持自主创业实施方案。打造创业孵化中心、工业设计城、康鹏熟食品加工场、农民农业创业园4个创业基地，首批进驻企业达26家。举办专题招聘活动46场，推荐就业3250人，免费培训劳动力1000人次。2013年，出台《全民就业能力提升三年行动计划实施方案》，先后举办电工、叉车、点心、烹调、美容、会计等培训班30多个，提升劳动就业能力，为企业输送技术人才5000多人，自主就业800多人，大学生就业200多人。2017年全镇劳动力登记失业率在2.5%以下，北滘社区被评为“国家级充分就业社区”。

第二节　外来劳动力

1979年后，随着乡镇企业的兴起，北滘开始从外地招募劳动力，外地劳动力主要以广西、湖南、四川乡村农民为主，主要分布在家用电器、建筑、运输行业，各企业普遍实行同工同酬、多劳多得的分配制度，在生活上关心照顾，安排宿舍居住，定期进行技术培训。1986年11月20日，佛山市劳动局和公安局在北滘联合召开现场会，推广北滘管理外来劳动力的做法和经验。1987年6月5日，北滘镇人民政府转发《北滘镇外来劳动力管理规定》，认为“大批镇外劳动力进入我镇各地各单位，从事工商业、建筑、安装、搬运、商业及各种服务工作，这对我镇经济繁荣起到了积极的作用”，要求各有关部门做好服务管理工作，对外来劳动力的临时居住、招聘和管理监察作出统一规定，为外来劳动力创造安全和谐环境。1991年11月，镇人民政府转发《关于北滘镇劳动管理办法》，将外来工纳入正常管理范畴，与当地户籍劳动力实行一视同仁的政策，主要通过劳动力市场职业介绍所引进外来工，与企业签订劳动合同。年底，全镇登记在册的外来工达16000人，集中在北滘工作一年以上的有12964人。1992年5月23日，镇人民政府召开1991年度外来工积极分子表彰大会，参加表彰会的有653位外来工，受表彰的有76人。

1994年，北滘深入宣传贯彻《中华人民共和国劳动法》，维护企业和外来员工的合法权益。是年，妥善解决高村世纪五金包装厂拖欠工薪事件，责令该厂发还所拖欠的70多名员工三个月的工资。1995年，开展外来工宿舍安全和劳动合同鉴证大检查，责令整改3起。1996年，全镇共办理劳动合同鉴证32228人，其中外来工占29000人。1997年，办理外来工就业达30986人。

2000年后，北滘镇着力营造良好的人才聚集环境。通过完善各项文化设施、教育设施，举办高水平讲座、音乐会等，营造良好的文化氛围，加紧引进各类高水平的教育培训机构，为高素质人才的再教育提供条件。

2012年12月25日，北滘镇职工（异地务工人员）服务中心投入使用。服务中心是在区镇两级工会指导下成立的顺德第一个镇级综合性异地务工人员服务中心。中心的服务对象主要是北滘镇的企业职工和异地务工人员，服务范围涵盖北滘的职工、异地务工人员以及他们的子女和家庭，重点开展心理辅导、社交婚恋、子女照顾、技能培训、法律维权、外展服务等六位一体的专业化免费服务。

2013年，根据中共顺德区委、区人民政府《关于进一步推动异地务工人员更好地融入顺德的工作意见》，北滘将外来工纳入公共就业服务范围，建立用工岗位网上公布制度，推行外来工积分入户政策，解决他们子女就读问题，强化外来工人员医疗保险、社会退休保险等保障服务。2016年，着力稳定和扩大外来工就业创业，规范外来工的劳动用工管理，保障工资报酬权益，加强安全生产和职业健康保护及法律援助和法律服务工作。2017年，全镇登记在册外来工共有14.608万人，占全镇劳动力总量的69.81%。

2005—2017 年北滘劳动力就业情况表

表 16—2—1　　单位：万人

年份		2005	2006	2007	2008	2009	2010	2011	2012	2013	2014	2015	2016	2017
总就业人数		12. 81	15. 63	16. 02	18. 02	21. 37	21. 65	21. 83	20. 75	20. 82	20. 86	20. 88	20. 89	20. 90
其中	本镇户籍	5. 16	5. 43	5. 62	5. 82	6. 17	6. 35	6. 38	6. 23	6. 25	6. 27	6. 28	6. 29	6. 29
	镇外户籍	7. 65	10. 2	10. 4	12. 2	15. 2	15. 3	15. 45	14. 52	14. 57	14. 59	14. 6	14. 61	14. 61
	第一产业	0. 47	0. 51	0. 52	0. 52	0. 52	0. 52	0. 63	0. 61	0. 59	0. 58	0. 58	0. 57	0. 56
	第二产业	9. 14	11. 32	10. 6	12. 3	14. 55	14. 63	14. 5175	13. 79	13. 81	13. 84	13. 83	13. 81	13. 79
	其中工业	8. 77	10. 86	10. 2	11. 69	13. 96	14. 04	14. 08	13. 07	13. 05	13. 06	13. 05	13. 02	13. 01
	第三产业	3. 2	3. 8	4. 9	5. 2	6. 3	6. 5	6. 6825	6. 35	6. 42	6. 44	6. 47	6. 5	6. 55
企业员工总数		11. 5	14	14. 4	16. 2	19. 2	19. 5	19. 6	18. 90	18. 92	18. 94	18. 95	18. 95	18. 96
其中：本镇户籍人数		—	—	—	—	6. 09	6. 17	6. 35	5. 95	5. 96	5. 97	5. 99	6. 00	6. 01

第三章　社会保障

第一节　社会保险

一、养老保险

20 世纪 60—70 年代，北滘集体、乡镇企业没有形成相关的退休养老制度，只是根据企业经营状况，对年老不能工作的职工每月发给 15—25 元的生活费，一些经营状况不佳的企业连这部分的支出也无法负担，导致不少工人退休生活得不到保障。1981 年开始，北滘逐步建立完善退休养老制度，以独立企业为核算单位，从企业的工资总额中提取 3%，作为企业人员的退休养老金，由企业现支现用。但随着时间推移，1984 年，退休人员从 1980 年的 198 人增加到 382 人，退休金总额 10 万元增加到 19 万元，企业不堪重负。如北滘竹器厂 1983 年全厂职工 203 人，有退休职工 125 人，占在职人员的 61.6%，全年支付退休金 4.8 万元，按制度只能提取养老金 5364 元，不足的 4.3 万元只能在企业利润中支付，占了利润总额的 61.7%。中药加工厂 1983 年在职人员 210 人，退休人员 61 人，全年需支付退休金 26300 元，按工资总额提取 3%，仅得 5909 元，超支 20370 元，超支部分为当年利润的 67.2%。这两家厂企出现员工到年龄要排队等退休的状况。

1984 年 9 月，北滘贯彻顺德县政府下发的《统筹退休基金暂行办法》，开始实行社会退休统筹制度，企业按职工基本工资总额提取 25% 的比例，逐月向县劳动局交纳养老保险金。北滘按相关规定组建区社会劳动保险公司，配备专职人员，并规定全体区属企业的退休员工，按规定时间参加退休统筹金，实行“三统一”（统一从 1984 年 1 月起计收、统一按工资总额 25% 的标准计提、统一通过银行托收入库）。部分有亏损现象或资金短缺的企业，采取减、缓、免统筹金的办法，不搞“一刀切”。截至 1985 年 10 月底，参加统筹单位共 53 个，参保率达到 100%；参加统筹职工共 5415 人，占全部企业员工的 85%；退休 392 人，占在职人员的 7.2%。收取统筹金 108 万元，支付退休金及退休人员死亡丧葬、抚恤金共 35.2 万元。

1989 年度，参加北滘镇社会劳动保险公司统筹金的投保单位共 71 个，投保人数 7408 人，统筹金总支出占总收入的 39.6%，结余 703425 元。

1990 年度，参加北滘镇社会劳动保险公司统筹金的投保单位共 73 个，比上年增加了 2 个；投保人数 7654 人，增加 246 人；统筹金总支出占总收入 44%，同比增加了 4.4 个百分点。

1991 年 1 月 1 日起，北滘镇实施县《农村基层干部退休保险试行办法》及相关补充规定，建立管理区干部养老保险制度，此后农村基层干部退休人员的条件按照

"新人新制度，旧人旧制度"去执行，不满足新退休条件但已退休的人员继续享受退休待遇，没有退休的人员个人须缴纳少量退休养老费。第一个保险年度内每人每月缴费60元，从第二年起，每人每月缴费比上年递增3元。应缴纳的保险费由县、镇、管理区按照30：30：40的比例负担，每半年缴纳一次，每次缴纳50%。镇和管理区每年开支的干部退休保险费，可在镇、区的企业税前列支，专款专用。管理区退休干部凭退休证按月到保险公司北滘营业所领取退休金，其标准为：1991年每人每月基本退休金为130元，从第二年起每人每月领取金额比上年递增5元。1993年全镇的退休人员每月平均收入约为145元，位于全县各镇中上水平。

1994年，顺德市对原有养老保险待遇进行改革，职工的退休养老待遇改由基础养老金（按上年度市职工月平均工资的20%计算）、附加养老金（以工资和缴费比例计算）和个人专户养老金（划入个人账户的总额除以12个月）三部分组成。养老待遇每年随社会平均工资增长而浮动增加。同年，养老保险制度扩大到个体工商户和部分事业单位部分职工。1996年6月，要求私营企业从业人员、劳务输出人员，不分城乡户籍，均需参加社会保险，缴纳社会保险费，标准与国有企业职工相同。1997年，全镇参加养老保险11300多人。1998年，全面推行社会保险社会化管理，机关事业单位推行养老金社会化发放，镇属企业员工参加养老保险达12000多人。

1999年，北滘镇政府通过消防部门的经费拨款申请，为北滘消防队的24名消防员及2名勤杂工统一购买养老保险，保费支出共计56160元。2000年，北滘镇政府通过顺德市公安局北滘分局的经费拨款申请，为分局在编的17名警察参加德安保险公司的社会养老保险，由单位向德安公司续缴1994年至2000年的社会养老保险费共127400.04元。

2002年，北滘镇颁布《村务公开及农村集体经济财务管理办法》规定，社区党支部委员会、村（居）民委员会干部统一按规定购买社会保险，属个人支付部分由个人支付。其他工作人员根据村、社区的实际情况，自行确定，其经费由村（社区）及个人负担。同年5月，北滘镇改革医院退休人员管理制度，退休人员全部纳入社会保险体系。全镇全年参加社保人数共50813人。

2010年，北滘社会养老保险范围从城镇扩展到乡村。在农村推行新型农村社会养老保险，实行全社会养老保险的覆盖，凡年满60周岁，未享受企业职工待遇的户籍农村居民，均可享受"新农保"待遇。鼓励村民参加城镇职工基本养老保险。为推行"新农保"，北滘地方财政投入扶持资金358万元。年底，北滘养老保险保费收入71733万元，参保127117人；2017年，养老保险保费收入121156万元，比上年增长18.47%，参保149119人。

二、医疗保险

20世纪60—70年代，北滘公社机关干部实行公费医疗，医疗费100%报销。1961年起，其子女及无经济收入的直系亲属，实行统筹医疗，参加者每人每月缴纳统筹医疗费8角（1990年增至2元），持证到指定医院（卫生所）就诊，国营企业实行劳保医疗制度，自筹经费，基本参照公费医疗制度实行。社属部分集体企业实行定额报销医疗费，学校教师、公社医院员工也实行劳保医疗，医疗费100%报销。1968年，在农村推行合作医疗制度，由生产大队统筹，各生产队担负一定的开支比例，参加者每人每月交3至6角，基本覆盖全社农业人口。1980年后，随着农业经济体制改革，农村合作医疗站大部分解体，统筹费入不敷出。1990年，坚持合作医疗制度管理区仅有北滘街区、莘村管理区。

1989年6月，根据顺德县政府的统一要求，北滘镇试行《老年人住院医疗统筹保险办法》，为全镇年满66周岁以上、身体健康的农民统一向保险公司集体办理投保。保险金额每人定额3000元，保险费率每年为19‰，被保险人在保险期间，因疾病或意外伤害事故经镇级以上医院证明须住院治疗的，保险公司按相关规定给付70%的住院医疗费用。1991年，北滘镇为302名老年人集体购买住院医疗保险，保费共计906000元整。

1994年，根据顺德市政府规定北滘推行社会统筹住院医疗保险制度，参加社会统筹住院医疗保险单位150个，1.6万人，保费收入550万元，处理住院医疗赔案1250宗，给付375万元。1997年全镇参加住院医疗保险75700多人，其中村民有55800多人。1998年，镇属企业12000余人参加住院保险。1999年，镇机关干部门诊医疗实行定额报销，村、社区干部实行投保住院医疗保险。2000年，全镇医疗保险登记在册的单位2671个，47961人。

2001年，北滘镇的中小学教师通过投票决定，参加中国人民财产保险股份有限公司顺德分公司住院医疗保险，每人年缴保费700元，保险范围包括意外伤害致残或死亡、病故和住院治疗等，但不报销门诊药费。

2003年，北滘镇把建立新型农村合作医疗制度列入全民安康工程，安排专项资金300万元，补助村民参加城乡合作医疗保险，全镇参保率达100%。2004年1月1日起，降低基本医疗保险起付标准，在职人员起付标准由650元降至450元，退休人员起付标准由400元降至200元；降低共付段自付比例，但提高医疗保险的支付限额，从15万元提高至30万元。2005年，在部分社区、村试行合作门诊医疗。2007年3月1日，北滘全面实行基本门诊合作医疗制度，常住户口的城乡居民，以家庭为单位统一参加基本门诊合作医疗，每人每年缴交40元，每次就诊交挂号费2元，可享受基本门诊服务，全镇参加基本门诊合作医疗居（村）民达90%以上。镇地方财政拨出2000万元、美的集团捐资300万元，作为全镇基本门诊合作医疗基金。

2011年，居民医疗保险住院每年支付限额从10万元提高到16万元；一级医院的住院支付比例从75%提高至85%；从政策上向基层医院倾斜，引导和鼓励居民小病到社区医院就医；首次允许符合条件的外来工子女参加居民医保，解决外来务工人员子女的医疗保险问题；增加重型β地中海贫血、血友病—凝血因子治疗、丙肝—聚乙二醇α—2a干扰素治疗、慢性再生障碍性贫血治疗等4个门诊特定病种的药费报销，扩大保险范围；门诊报销药品从650种增加到960种；增设居民医保家庭病床、居家治病；将9项残疾人医疗康复治疗项目纳入报销范围，减轻残疾人员的医疗负担。

2017 年，北滘参加城镇医疗保险单位 12337 个，139749 人；农村参加居民医疗保险 64405 人，占农村总人口 45.19%。

三、失业保险

1991 年 4 月，北滘镇试行《镇办企业职工待业保险规定》，待业保险基金由地方财政补贴及企业缴纳待业保险基金组成，企业按照全部职工标准工资总额的 5% 缴纳（转入银行专户）管理和使用。发放标准以工龄和工资额相结合计算，具体为：（1）工龄满六年（含六年）以上的，按每年 1.5 个月计算发放期限，最长不超过 24 个月。（2）工龄在一至五年（含一年、五年）的，按每年 1 个月计算发放期限。（3）工龄不足一年的，不发放待业补助金。（4）按本人每月标准工资额的 75% 发给待业补助金，若超过 120 元的，按 120 元每月发给；若低于 60 元的，按 60 元每月发给。此外，职工待业期间及在待业期间退休的职工，医疗费一律按照每人每月 10 元发放。

1999 年，国家推行失业保险制度改革，将保障范围扩大到城镇企业、事业单位全部职工。是年 7 月，佛山市规定农村户籍职工必须参加农业保险。2000 年 3 月起，佛山市失业保险基金费率由原来征收 1% 调整为 2%，其中单位按职工工资总额 1% 征用，城镇户籍职工按缴费工资 1% 征收，农村户籍个人不缴费。2002 年底，北滘参加失业保险 6.5 万人。2010 年为 103076 人，2017 年为 131893 人。

四、工伤保险

1992 年之前，职工的工伤医疗费和医疗期间的工资均由所在单位承担。1996 年，北滘镇政府下发《关于工伤保险投保及计收保费事项的通知》，开始实行工伤保险制度，规定全镇所有参加养老、住院医疗保险的单位，均从是年 3 月起参加工伤保险。在册员工（即已参加养老及住院医疗保险的员工）在德安北滘分公司投保，其保费与养老及住院医疗保险金一并收取；未参加养老、住院医疗保险的临时工可分别在北滘劳动管理所和北滘外来民工办公室办理相关的投保手续；是年全镇共受理工伤事故申报 230 人，支付工伤保险金 18.4 万元。1998 年，根据《广东省社会工伤保险条例》，工伤职工医疗期间所需各项医疗费用社会保险支付比例由 50% 提高到 70%，单位负担比例则降为 30%；一次性残疾补偿金以市上年度职工月平均工资为基数计发，1 级为 24 个月，逐级发放。全镇参加工伤保险 39000 多人，占员工总数的 75.9%。

第二节　社保体系建设

1993 年底，成立德安保险股份公司，负责顺德全市社保相关工作。其中北滘镇政府占 5% 股份。1995 年 8 月，成立社会保险事业局北滘分局，与德安保险北滘分公司合并办公，实行两个牌子一套人马。至年底，原镇属已转制的企业在德安保险北滘分公司办理住院医疗保险的职工有 10442 人，占应办人员的 85.5%；办理退休保险的职工有11118人，占应办人数的91.9%；由镇经济发展总公司统筹办理待业保险的职工有1.22万人。

1997年5月，德安保险股份北滘分公司改为德安社会保障北滘分公司，在镇村办企业、私营企业、城镇个体工商户，全面推行社会养老保险制度。

2000年初，北滘镇社会保险形成规范管理模式，社会保险包括养老、医疗、工伤和失业保险。加大社会保险宣传力度，通过电视、电台、报刊等宣传媒介广泛宣传。在镇设多个定点张贴横额、标语；开展街头咨询活动；现场接受群众有关政策、待遇等问题的咨询；邮递、派发有关的小册子，派发到企业、个体工商户和各家各户。3月24日，北滘镇政府召开“社会保险覆盖全社会动员大会”。至6月，全镇2762户私营和个体工商户，有2628户办理社会保险，达95.15%。8月，镇政府向各村（社区）下达社会保险全覆盖包干任务。至12月底，全镇养老保险参保人数为47961人，完成任务指标的92.2%。其中莘村、西滘和上僚实现社会保险全覆盖。年末，北滘镇首次实行社会保险登记证的年度验证制度，规定在每年10—12月为全镇验证时间，验证内容主要为：参保单位参保险种情况、参保人数、缴费工资额、缴费情况及社会保险法规落实情况。对不办理社会保险登记和社会保险验证的单位、个体工商户，工商行政部门暂不通过营业执照的年检和验证。

2003年12月，北滘镇召开城乡居民合作医疗保险工作会议，主要内容为加强医疗赔付管理，加强医、患、保三方的约束机制，控制医疗费用不合理增长。

2009年，美的集团捐款1000万元建设的北滘医院特别服务中心投入使用，北滘医院成为广佛“医保同城”首家广州市外广州社保定点医院。同年3月，北滘镇“乐业工程”配套20多万元支持的杂工劳务市场在西海村正式挂牌成立。其中，进场参加灵活就业的本镇户籍村居民，由镇政府全额补贴为其购买保费为160元/人·年“意外伤害保险”；如自愿参加“灵活就业养老保险”的，由镇政府补贴100元/人·月。西海劳动保障服务站将同时设在杂工劳务市场内。5月15日，“乐业工程”灵活就业人员人身意外保险卡在北滘杂工劳务市场内发放，首批95名登记参加灵活就业的人员领到了保险卡，将享受赔偿限额最高达10万元的意外伤害保障。第二批登记的灵活就业人员共有40多名。北滘镇全年城乡合作医疗支出337万元，基本门诊合作医疗支出199万元。

2010年，根据《广东省社会保险业务档案管理办法》等文件及社保业务管理达标验收工作的要求，北滘社保局制定了一系列的档案管理制度并逐步贯彻落实，档案工作已实现规范化、标准化管理。同年末，北滘的居民可在中行、工行、农行和建行中任选一家银行办理新型社会保障卡。该卡涵括各项社会保障业务、申领各项社会保险待遇及医疗保险就医结算等，并加载了一般金融借记卡的全部功能。

2012年7月，养老保险、失业保险最低缴费工资由原来的2018元调升为2258元，医疗保险缴费工资维持2472元不变，各险种的缴费比例保持不变。

2014年7月，根据修正后的《广东省失业保险条例》，增加求职补贴、一次性失业保险金、生育加发失业保险金、稳定就业后一次性领取失业保险金、自主创业后一次性领取失业保险金、职业技能鉴定补贴等多项待遇；调整特定门诊报销比例，属

“恶性肿瘤（放疗）”的门诊特定病种参保人，自受理日起享受职工4万元、居民2万元的报销限额。

2015年，对一些已到退休年龄，仍没按规定缴足养老保险金的居民，实行一次性补缴政策。至2017年，全镇累计为537名城乡居民办理一次性补缴、待遇重核、补发手续。2017年，城乡居民基本医疗保险筹资标准为1155元/人·年，其中个人缴费462元、各级财政补助693元；工伤保险单位缴费比例为一类单位0.2%、二类单位0.4%、三类单位0.6%、四类单位0.9%、五类单位1%、六类单位1.1%、七类单位1.2%、八类单位1.3%，个人不需缴费；失业保险缴费基数下限为1510元，单位缴费比例0.5%，个人缴费比例0.2%；生育保险缴费基数下限为3863元，单位缴费比例0.5%，个人不需缴费。

第十七篇　教育

第一章　教育体制沿革

第一节　发展概况

从宋代起，北滘就设有社学，培养科举人才。至清朝末期，共考取进士26名、举人145名（大都集中有“文乡雅集”之称的碧江片区）。各乡村办有私塾。进入清代后期，北滘教育事业步入兴盛。光绪十六年（1890年），被后世称为“岭南大儒”的简朝亮在简岸开办“读书草堂”。简朝亮授课严谨，教学时“雄谈衮雪，声若洪钟”（据《简朝亮研究》记述，下同），讲到丧权辱国，割地求和等时事之时，更是“拍案而起，双目喷火”，“学生无不为之动容”。读书草堂闻名于南（海）番（禺）顺（德），邻近各乡上门求学的学生很多。光绪末年，北滘相继办起北池书院和龙溪书院。其间，“西学东渐”，风气日开，光绪三十年，清政府废科举办学堂，北滘又办起怡谋小学、远昌小学、种德小学。乡村私塾依然存在。

民国时期，北滘教育事业发展缓慢。各村教育场所仍以私塾为主。莘村办有秋坛、兰溪、陈宣、竹栅4间私塾，简岸、新基也办有私塾。学校规模小、校舍简陋，一间祠堂就是一间学校。一些富裕人家较重视教育，出资在宗族祠堂办学，让同族的子孙读书。如马村由乡绅黄康、黄化竹等人捐助，在黄氏宗祠办起私塾。此期间的私塾主要教读《三字经》《千字文》《千家诗》《百家姓》《幼学琼林》《成语考》，还教学生练字、写信等。由于私塾规模小，每馆学生一般仅有二三十人，收费高，每个学生一般每年需交学米稻谷100斤左右，因而，许多农民子弟无缘接受文化启蒙机会。农民人口中，文盲、半文盲占90%以上。民国末年，北滘学校仍以私塾为主，各乡村均有2—3间，每间私塾教师仅有1人。北滘仅有中学1所、小学6所、幼稚园1所，入学人数仅占适龄少年的20%左右。

1952年，人民政府对私塾教育实行限制、改造的方针，将各村私塾合并为小学。当年底基本结束私塾教育。

1959年，北滘人民公社成立，全社有中学1所、小学16所，教职员工216人，学生7744人，其中中学生108人、小学生7636人。1960年后，鉴于成年人中文盲比例很大，在青壮年中开展扫除文盲运动，兴办农业学校和民办小学。至1968年，全社共有学校47所，其中，中学4所（含3所农业中学）、公办小学16所、民办小学27所。

1978年起，根据全国教育工作会议精神，北滘把教育事业放上重要位置，开展教育体制改革，一面抓紧扫盲和普及小学教育，一面加快初级中学的建设。1980年，北滘基本扫除文盲。至1985年，建起林头中学（完全中学）和北滘镇初级中学、碧江中学、桃西中学、莘村中学、西滘中学。是年，全区有小学23所、初中5所、高中2所，教职员工639人，中小学生12118人，适龄儿童入学率达99%。小学升初中比率为55%，初中升高中比率为33.6%。学前教育也有较好的发展，各乡村普遍建起幼儿园和托儿所，幼儿入园率达98.4%，入托率达95.8%。

1988年后，根据中共佛山市委和市人民政府的部署，北滘镇进一步振兴教育事业。（1）分期分批对学校进行全面改造。至1997年，全镇共投入1.5亿元新建中学5所、小学16所，改造危劣校舍3所。（2）以普及高中阶段教育作为重点，巩固和提高九年义务教育。至2000年，有初中生5701人，高中生3652人，分别比1991年增长57.27%和303.23%。（3）发展职业教育，兴办北滘职业技术教育学校，成为国家教育部认定的首批国家级重点职业技术学校。北滘中学、莘村中学高中也开设职业技术班。（4）促进民办教育发展，引导、扶持社会各方面力量办学。1994年9月，广东碧桂园国际学校开学，这是一所十五年一贯制（从幼儿园到高中）的民办学校，开顺德市企业办学之先河，为中国教育事业作出了有益的尝试。至2006年，美的小学、美的实验幼儿园、国华纪念中学、明阳学校、莘村学校等民办学校也陆续开办。其中莘村学校属公有民办学校，幼儿园、小学、中学共存一村，开创在佛山乃至广东省民办学校的新模式。

进入2000年后，北滘整合教育资源，调整学校布局，大力推进集约办学，用信息化带动现代化，加快教育现代化步伐。2001年有省一级学校4所，佛山市一级学校5所，顺德市一级学校13所，学校上等级的比例为全佛山市之冠，已形成一个较完善的幼教、普教、职教、成教体系。2003年，北滘幼儿入园率为98.8%，小学入学率为100%，初中入学率为100%，高中入学率为97.03%。2005年，北滘连续第十二年被评为顺德区教育先进单位，成为广东省第一个拥有省一级幼儿园、小学、初中、高中、职中、成校的乡镇。

2012年，北滘镇提出教育“3+1”工程建设，在队伍提升、校园改貌、学生微笑和改革创新四个方面着力，整体提升教育质量，取得良好成效。是年，全镇有学前教育机构（托儿所、幼儿园）41所，入园幼儿7405人；小学16所，学生16098人；中学6所，学生15588人；职业中学（全日制）1所，在校学生2064人；成人学历教育在校生1041人。基本满足北滘经济社会对人才的需求。

2015年后，北滘构建“332”（三个主阵地、三个主基地、两个主队伍）社区教育体系，实施“强师、提质、创优”工程，引进省内重点示范学校联合办学，强化骨干教师队伍建设。建设以社区学校为主体，文化中心为基地，社区培训点、社区服务站、社会团体为延伸的社区教育阵地，进一步丰富社区教育的形式和内容，以完整的教育体系创建全国社区教育示范点。

1994年，北滘镇政府被省教育厅评为“南粤尊师重教先进单位”。1994年、1995年，北滘镇被评为省、市教育先进镇。2001年被命名为广东省首批“教育强镇”。至2003年连续九年被评为佛山市教育先进镇。至2017年连续四年获“顺德区教育先进镇”称号，2014—2015年连续两年获得佛山市、顺德区“促进学前教育发展先进镇”称号；镇政府被省教育厅评为“南粤尊师重教先进单位”。

第二节　教育管理

一、学校行政管理

民国时期，北滘区域私立学校一般设有校董会，执掌学校财政管理和人事任免权。新中国成立后，1952—1957年，实行校长负责制，规模较大的学校设副校长和教导主任。1958年起，建立中共党支部领导下的校长分工负责制。1968—1979年校长制度被废除，设立革命委员会，实行工人或贫下中农毛泽东思想宣传队领导管理体制。1979年起，恢复校长建制，各学校普遍设正、副校长和校务主任。1981年，明确校长、教导主任工作职责。1985年，试行校长负责制和教师岗位责任制。1989年8月，全面推行校长负责制和教师聘任制，镇中心小学校长由镇政府任命，管理区学校校长由镇教育办公室和办学单位呈报、镇政府审批后任命。推行一体化的人事管理体制，义务教育教师的聘用、交流由镇教育局统一调配，通过推进教师队伍尤其是骨干教师、行政干部的有序交流，均衡配置各校教师资源。2009年，全镇教师交流130多人。2011年，有6位行政干部轮岗。2013年，调任交流的教师89人，占在编教师总数的6.5%，其中骨干教师55人，占交流总数的63%。2015年7月，中小学校校长实行轮岗制，交流率达100%，任期为四年。

二、教育管理机构

北滘人民公社成立后，学校由顺德县教育局管理，公社设立文教助理员（后改文教委员），负责处理相关事务。1972年，县教育局将小学下放给公社管理，北滘公社成立教育领导组，管理全公社小学教育。1978年，北滘公社成立成人教育办公室，负责青壮年扫盲和文化学习。1983年，顺德试行“分级办学、分级管理”办学体制。1985年，北滘镇负责管理7所中学，各村负责管理本村小学，北滘办事处管理北滘中心小学，碧江办事处管理碧江第一、第二小学。1994年，设立北滘镇教育办公室，实施对全镇普通教育、职业教育、成人教育、幼儿教育的管理，同时撤销镇成人教育办公室。2002年，北滘镇教育办公室设有教研督导室、党政工团队室、基建勤工俭学室、财务审计室，编制12人。2003年，北滘镇教育办公室更名为北滘镇宣教文卫办教育组。2010年12月，北滘镇宣教文卫办公室教育组更名为北滘镇教育局，下设综合股、教育管理股、教育教学研究室，共有工作人员19名。

第二章　基础教育

第一节　幼儿教育

一、发展概况

民国36年（1947年），北滘开办首间幼儿园——碧江种德幼稚园，由苏玉泉（曾任顺德县县长）之女苏蕙兰负责。儿童多为富家子弟。幼稚园课目设游戏、谈话、唱歌、图画及手工。此外，有的小学也相继附设幼稚班，多为学前预备班，以读书识字为主。此时的幼儿园学制为两年。

1951年，政务院颁布《关于学制改革的决定》，提出重视幼儿教育。幼稚园改称幼儿园，招收3—7岁幼儿，学制为三年，分小、中、大班，设游戏、语言、音乐、图画、计算教学内容，实行“保教并重”。1959年，北滘人民公社成立后，掀起兴办托幼教育热潮。各生产队因陋就简，纷纷办起托儿所。所址设在生产队队址或祠堂内，识字班主要设施有黑板、少量玩具，对儿童以看护为主。

1980年，北滘公社成立托儿工作领导小组，增大幼儿教育的投资，改善园舍，充实设备，加强师资培训。1983年北滘第一中心幼儿园投入使用。1984年，北滘共有幼儿园32所，67个班。

1986—1990年（“七五”期间），实现乡乡有幼儿园，村村有托儿所。入园入托适龄儿童达99%。

1991年旅港乡亲李伟强出资135万元，兴建莘村爱心幼儿园，1992年投入使用。

1992年3月1日，碧江幼儿中心开办。

1992年下半年，全镇31所幼儿园中，被评为一类的幼儿园6所：北滘中心幼儿园、莘村爱心幼儿园、广教幼儿园、北二幼儿园、碧江幼儿中心、上僚幼儿园。二类幼儿园8所：槎涌幼儿园、桃村幼儿园、林头南村幼儿园、三桂幼儿园、西海东风幼儿园、三洪奇幼儿园、西滘桥西幼儿园、林头北村幼儿园。

1994年北滘第二幼儿园建成投入使用。1999年6月在济虹路易地重建北滘城区幼儿园。

2000年后，北滘民办幼儿教育进入蓬勃发展的阶段。同年5月，美的实验幼儿园开办。2013年，莘村爱心幼儿园在原地重建，投资1200万元。碧桂园囍居幼儿园、北滘洋紫荆幼儿园被评为顺德区一级幼儿园。2014年3月和5月，深业城（国际）幼儿园、美的广厦幼儿园相继开园。至此，北滘的民办幼儿园达5所。

2014年9月，北滘共有幼儿园26所，上等级幼儿园有20所，占总量的78%，省规范化幼儿园率达93%。2016年，上僚幼儿园、龙涌幼儿园分别投入使用，增加学位200个。2017年，全镇幼儿园共有27所，有268个班，入园儿童达8131人，占适龄儿童100%。

幼儿教育课程设置 北滘幼儿园普遍分小、中、大班，有的幼儿园还开设小小班。根据幼儿的年龄、生理、心理特点开展保育和教学活动，设体育、语言、常识、音乐、美术、计算等课程，使用部编或省编幼儿教材，施行以教师为主导，幼儿为主体，带趣味性和游戏性的教学方法，注重培养幼儿的良好思想品德及生活习惯，坚持开展幼儿体操、午睡、户外活动，定期为幼儿体检。

幼儿园建设 2011年，镇财政和村（社区）两级拨专项资金，加大对学前教育的投入，推进幼儿园等级化建设。园舍建设日益完善，全镇幼儿园普遍设有教室、睡室、活动室、保健室等，有的幼儿园还建有游戏室、舞蹈室、美工室、体育活动场等。2012年2月11日，广东省教育厅发布《广东省教育厅关于规范化农村幼儿园的办园标准（试行）》，北滘教育局根据标准，检查、督导各幼儿园按规范办园。

从2011年起，政府对北滘户籍的幼儿给予480元/人·学期的补助，对开设小小班的幼儿园给予6000元/班·学期的补助，对上等级的幼儿园给予80000元的启动扶持资金，对有帮扶任务的省一级幼儿园给予30000元/年的补助，对加建、扩建、改建的幼儿园每平方米给予600元的补助，对持证办园的托儿所给予10000元/年的补助等。至2013年，全镇共投入1700多万元，用于幼儿园上等级建设补助、幼儿教育补贴。

幼儿教育的荣誉 1993年，北滘镇人民政府被评为佛山市“热爱儿童工作先进单位”。2012年，获“顺德区学前教育先进镇”称号。2013年，被评为“佛山市学前教育先进镇”。

二、重点幼儿园

君兰幼儿园 前身为北滘镇中心幼儿园，创办于1982年。2005年后，投入330万元（其中幼儿园自筹180万元）添置设备设施及修葺园舍。有标准的体育活动室、阅览室、舞蹈室、音乐室、美术基地、综合电教室、科学操作室、教玩具陈列室、会议室等功能室；有游泳池、玩水池、玩沙池、小公园、饲养角、种植角、角色游戏区、结构游戏区等。2012年有13个班，幼儿400人，教职员工60人，教师平均年龄23岁，学历达标率100%，其中大专以上学历超71%。幼儿园以电教、艺术、双语教学为切入口，形成了特色，是广东省一级幼儿园。2013年9月，镇政府投入5700万元，将北滘中心幼儿园搬迁到君兰社区，更名为北滘君兰幼儿园，设有亲子阅览室、儿童电脑室、陶艺室、音体室等。有24个班，幼儿745人，有教职工99人。

北滘第二幼儿园 1994年建园，1997年被评为佛山市一级幼儿园，2003年被评为广东省一级幼儿园。是北滘镇政府所主办的一所全镇规模较大的示范幼儿园，占地面积8737平方米，建筑面积9248平方米。2012年，有18个班，幼儿603人，教职工90人。园内环境优雅，绿树成荫，设有教育教学和生活区、植物观赏区、玩沙嬉水区、体育活动区。设备设施配套先进齐全，教师学历达标100%，其中本科毕业20

人，大专毕业31人。

1991—2017年北滘镇托儿所、幼儿园情况表

表17—2—1

年份	托儿所数（家）	入托数（人）	幼儿园数（所）	入园幼儿数（人）
1991	—	—	37	5127
1992	57	2138	31	5461
1993	61	1893	26	5739
1994	121	1516	25	5122
1995	35	1139	26	5312
1996	35	1196	26	5501
1997	33	1917	23	5687
1998	31	1058	22	5583
1999	34	1599	23	5647
2000	39	1670	24	5897
2001	39	1723	24	5401
2002	39	1769	24	5278
2003	38	1819	23	5260
2004	38	1832	23	5294
2005	31	1902	23	5380
2006	26	1818	23	5090
2007	26	1988	23	5283
2008	24	2060	23	5679
2009	24	1840	23	5284
2010	24	1930	23	5992
2011	18	1670	23	6066
2012	18	1595	23	5810
2013	69	4189	25	7400
2014	69	4200	27	8108
2015	66	4216	27	8125
2016	38	4123	27	8128
2017	37	4123	27	8131

第二节　小学教育

一、发展概况

清光绪三十年（1904 年）后，碧江办起怡谋小学、远昌小学、种德小学。

民国初期，碧江又办起泰兴小学、流光小学；北滘乡办有国民小学、培才小学；莘村乡办有育才小学、莘培小学。课程设国语、算术（包括珠算）、历史、地理、自然、图画、音乐及手工。当时所担任校长的大都是有学问的人，如举人苏焕图任种德小学校长，曾任广东省政府秘书的苏陆超任泰兴小学校长。

新中国成立初期，北滘区域的小学有第三区第十小学、莘培小学、种德小学等 6 所。

1959 年，北滘人民公社成立之时，全公社共有乡村小学 14 所，城镇小学 2 所，教师 212 人。1964 年，为解决农民子女入学难，在办好全日制小学的同时，北滘开始兴办起半耕半读小学，实行半天学习，半天劳动，全公社办起耕读初小 27 所。1966 年后，各小学普遍办起学前班。1968 年 3 月至 1973 年 10 月，槎涌、碧江等将祠堂改建为校舍以改善学校环境。至 1977 年 9 月，全公社共有学校 21 所，耕读教学点 11 个，共 190 个班，学生 3641 人，儿童小学入学率达 98. 18%。

1979 年后，北滘小学教育进入蓬勃发展的时期。至 1984 年初，北滘有小学 23 所，分别是：槎涌小学、三洪奇小学、龙涌小学、马村小学、现龙小学、广教小学、西海小学、彰义小学、碧中小学、碧江圩小学、三桂小学、坤洲小学、莘村小学、上僚小学、高村小学、北滘小学、中心小学、林头小学、西滘小学、黄涌小学、水口小学、都宁小学、桃村小学。学龄儿童 6904 人，已入学 6888 人，入学率达 99. 7%。其中有 10 所小学附设学前班，学前班 12 个，学生 470 人。

1985 年 7 月，北滘区碧江圩小学改名为北滘区碧江镇第一小学。1986 年 9 月，碧中小学、彰义小学合并为北滘区碧江镇第二小学。

90 年代，北滘继续加大投资力度，改善办学条件，先后新建都宁小学、马村小学，改建高村小学、西滘小学、林头小学、上僚小学、中心小学、三桂小学、广教小学。1994 年、2000 年，北滘兴办了 2 所民办小学——碧桂园小学、美的小学。

2000 年起，按照推行现代化教育要求，对小学教育资源进行整合。马村小学和现龙小学合并为马龙小学。2002 年都宁小学并入坤洲小学。马龙小学改制为公立民办的莘村中学附属中英文小学，2010 年 7 月又恢复为公办。2003 年，桃村小学并入西海小学。2008 年 9 月 1 日，三洪奇小学、槎涌小学、黄涌小学、龙涌小学合并为朝亮小学。

2006 年 9 月，北滘开办首家外来工子弟学校——明阳学校，有教学班 40 个，学生 2036 人。2011 年，北滘镇公办学校对外来工子弟实行“积分录取入学”政策，与本籍儿童享受同等待遇。

2012年全镇共有小学16所。其中，北滘片6所：中心小学、城区小学、林头小学、广教小学、高村小学、西滘小学；莘村片4所：莘村小学、朝亮小学、马龙小学、美的小学（民办）；碧江片6所：碧江小学、坤洲小学、三桂小学、西海小学、碧桂园小学（民办）、明阳小学（民办）。全镇学生12116人，其中异地务工人员子女占比55.3%。2015年9月，碧桂园集团泮浦湾小学（民办）开学。2017年底，全镇共有小学17所，其中公办13所，民办4所，教学班410个，在校学生18922人，基本满足当地适龄儿童入学需求。另外，外地务工人员子弟入学占全镇小学生总量的52%。

学制 20世纪60年代实行六年制；1970—1984年，实行五年制教育；1984年秋季开始，有条件的小学先实行六年制。1986年秋季后，全镇各小学实行六年制，并沿用至今。

课本 1959年，北滘小学使用全国统编教材。1964年，耕读小学（班）使用县教研室编印的部分教材。1966年，“文化大革命”开始后，大量课时学习《毛主席语录》《为人民服务》《愚公移山》《纪念白求恩》等毛泽东著作。1968年起，各小学使用省或地区编写的课本。1980年后，全镇中小学统一使用教育部重新编写的教材。

课程 20世纪70年代，小学一至三年级设语文、算术、革命文艺、军体课，四年级以上增设政治、常识课。1974年，增设“农业常识课”。1977年9月后小学科目有：政治、语文、数学、常识、英语、俄语、体育、音乐、美术。虽然外语开设了英语、俄语课，但师资缺乏，能上课的学校不多，仅有北滘小学开设2个英语班。1984年秋季开始，执行教育部颁发的“全日制六年小学教学计划（草案）”，开设教学科目有：思想品德、语文、数学、外语、自然常识、地理常识、历史常识、体育、音乐、美术、劳动等课程。有22所小学开设外语课。1989年各小学执行六年制教学计划并使用六年制小学课本。开设的课程有：语文、数学、外语、思想品德、地理、历史、体育、音乐、美术。1997年后，为适应信息化迅速发展的形势，有条件的小学开设计算机课；2001年，全镇小学从三年级开始全面开设信息教育必修课。2012年开设教学科目有：语文、数学、英语、体育、音乐、美术、心理健康、品德与社会、科学、综合实践、信息技术等。2010年后，各校还根据国家基础教育课程改革的精神，设立校本课程。如坤洲小学开展经典诵读课程，北滘中心小学编撰了《写字校本教材》。

1991—2017年北滘镇小学情况表

表17—2—2　　单位：所、人

年份	小学	在校小学生	年份	小学	在校小学生
1991	22	9686	1995	23	12217
1992	22	10032	1996	22	12825
1993	22	10366	1997	22	13219
1994	22	10563	1998	21	13579

续表

年份	小学	在校小学生	年份	小学	在校小学生
1999	21	11117	2009	18	15685
2000	21	10881	2010	16	15596
2001	19	11117	2011	16	15990
2002	19	11216	2012	16	16098
2003	19	11837	2013	16	16832
2004	18	12329	2014	16	17398
2005	20	12653	2015	17	17656
2006	21	12584	2016	17	18084
2007	18	12564	2017	17	18922
2008	18	12541			

二、重点小学

北滘镇中心小学 民国10年（1921年）由周仲爵创办，以周氏大夫祠为校舍。1945年抗战胜利时，易名为“百教小学”，其含义既与“北滘”谐音，又有“百年树人，教育救国”之意。新中国成立后几次更名。1981年定为北滘镇中心小学。1994年9月，新校舍竣工，有36个教室与及阅览室、文娱室、电脑室等20个专用室场；有36个教学班，学生1600多人。学校坚持“德育为首、体艺见长”的办学特式。2017年有专任教师83人，其中高级教师5人、一级教师55人，本科以上学历的教师占70%。省级优秀教师2人，市（区）级优秀校长、优秀教师、教学科带头人、骨干教师20人，镇名师、骨干教师35人。1994年被评为“佛山市一级学校”，1997年被评为“广东省首批一级学校”，2007年被评为“佛山市优质学校”。近年来，先后被评为“广东省教育技术实验学校”“全国青少年校园足球特色学校”“省巾帼文明单位”“佛山市绿色学校”。

莘村小学 创建于1951年8月，前身为莘培小学。1992年由旅港乡贤李伟强先生捐资600多万元重建，易名莘村小学。学校占地1.33万平方米，建筑面积5060平方米。校园一河两岸，环境优美。2012年学生总数近600人，教职工30人。1995年被评为“佛山市一级学校”。2007年5月被评为首批“佛山市优质学校”“广东省规范化学校”。

华南师大附小美的学校 2000年6月由佛山市顺德区教育局审批成立，北滘镇教育组管辖。2000年9月3日正式开办，是美的集团和华师附小联合创办的走读与寄宿相结合的民办小学，面向珠三角招收适龄儿童，实施小学六年义务教育。学校坐落在北滘镇美的海岸内，校园环境优美。学校占地4.13万平方米，建筑面积1.3万平方米，绿化率达60%。学校已形成奥数、国学、武术、书画、综合英语五大教学特色，被评为“广东省首届十佳民办学校”“佛山市优质学校”“佛山市绿色学校”。

第三节　中学教育

一、发展概况

北滘镇的中学教育始办于民国期间。碧江种德中学创办于民国24年（1935年），是私立的初级中学，校长是曾任广东省府秘书的苏陆超。1937年“七七事变”之后，广州广雅中学迁来碧江，推动碧江教育发展，碧江成为附近各村的教育中心。1949年，种德中学有4个班，110名学生。1950年，军管会接管种德中学，随后移交给县人民政府文教科管理。1952年，种德中学合并到陈村青云中学，改称为顺德二中，成为公办中学。

1959年北滘公社创办首所中学——北滘中学，有2个班，共有学生108人，教师连同校长共4人；附设在镇中心小学，称为“帽子中学”。“文化大革命”期间，北滘公社掀起大办中学热潮，各小学纷纷兴办附设初中班，先后办起马村中学、高村中学、桃村中学、西海中学等。大大满足小学生升初中的愿望。据1977年9月统计，全公社有完全中学1所（北滘中学），附设中学21所，中学76班，高中24班，初中毕业生1074人，高中毕业生296人。

20世纪80年代，北滘区大力发展教育事业，先后拨款建成6所初级中学，分别于1982、1983、1984、1985年开课。至1985年，北滘区共有完全中学2所（北滘中学、林头中学），初级中学5所（北滘镇初级中学、碧江中学、桃西中学、莘村中学、西滘中学）。逐步形成读小学在大队，读初中在联中，读高中在公社（区）的教育新格局。1987年，北滘实现普及初中教育。

90年代，北滘进入普及高中教育时期，镇政府加强领导，在人、财、物等方面创造条件予以保证。1993年开始筹办莘村中学、碧江中学、城区中学，扩建林头中学。1994年，顺德市三和物业发展有限公司创办碧桂园中学。1997年北滘镇高中普及率达90.7%，是年11月，经顺德市教育局验收评估，北滘高中教育位居顺德市评审行列的7个镇之冠。1998年北滘镇共有中学6所，分别是北滘中学、林头中学、碧桂园中学、碧江中学、城区中学、莘村中学，实现普及高中阶段教育的目标，高中入学率达94.06%。

2002年10月，杨国强投资创办国华纪念中学。2007年起，北滘整合教育资源，莘村中学转为公有民办学校。2008年北滘中学转为全高中学校。2012年，全镇共有6所中学，其中城区中学、碧江中学、北滘中学是公办学校，广东碧桂园中学、国华纪念中学是民办学校，莘村中学是公立私办学校。公办学校在读初中学生5771人，其中异地务工子弟占30.1%；高中学生4936人，其中异地务工子弟占50%。

学制　北滘中学1959年至1966年5月实行的学制：年限为六年，分初、高中两段，各修业三年。1966年6月至1977年，初、高中学制由三年缩短为两年。1978年后，普通中学学制两年，重点中学学制恢复三年，有的学校则实行“三二制”（初中三年制，高中两年制）。1980 年，初中恢复三年制。1984 年秋季，高中全部为三年学制。

课程设置 1977 年 9 月后，高中开设的科目：政治、语文、数学、物理、化学、农村机电、英语、俄语、体育、音乐、美术；初中开设的科目：语文、数学（代数、几何）、物理、化学、农村机电、农业基础知识、地理、历史、英语、俄语、体育、音乐、美术。但初中、高中的音乐、美术、俄语并没安排教师上课。1989 年，全镇中学开始推行教育部颁发的全日制中学计划，课程设置有：政治、语文、数学、外语、物理、化学、历史、地理、生物、体育、音乐、美术和劳动技术课等。2001 年后，开设信息技术课。2002 年增加健康教育。2012 年课程设置有：政治、语文、数学、外语、物理、化学、历史、地理、生物、体育、音乐、美术、信息技术课等。

教学质量 1977 年，初中升学率仅有 51.18%。1981 年，北滘镇人民政府发出《关于搞好教育工作的几点意见》，提出要狠抓教学质量，促进学生德育、智育、体育的全面发展。至 1993 年，全镇初中考高中升学率名列顺德市第一。1994 年，高中升学试合格率和优秀率排在顺德市第一位，在全市 58 所职中、初级中学排位中，莘村中学、林头中学、碧江中学囊括前三名。1999 年，北滘的初中毕业会考优秀率和合格率名列全市第二名，其中，莘村中学排在顺德市学校首名，碧江中学第二名，林头中学第四名。2001、2003、2004、2005 年，全镇中考总分、合格率、优秀率皆获顺德区镇级中学第一名。2012 年，莘村中学中考成绩连续二十一年位于全区前列。

高考成绩 1993 年，全镇高中升大学率跃居顺德市第三。2003—2005 年，北滘高考、高职各类成绩显著：2003 年北滘中学有 162 人入本科分数线以上，位列全区镇级中学之首；2004 年高考中考成绩骄人，全镇有 1115 人上大专以上分数线，其中有 81 人上重点本科线，299 人上本科线，入读大学人数超千人，创历史新高。2005 年，全镇有 1000 多人上线，其中北滘中学有 40 人入重点线，保持龙头地位。北滘职业技术学校参加高职类招生考试，294 人上省大专线，上线人数居全区镇属职校之首。

2014 年，公办中学高考上线人数为 1111 人，其中本科以上 388 人，重点本科 44 人，职校高职类上线人数居全区第二。2013—2017 年，全镇高中升大学率分别为 90.1%、94.31%、94.36%、96.6%、95.87%。

北滘中学 1994 年，高考入线有 71 人，其中大专、本科 56 人，居全市镇级中学榜首。2001 年，高考有 174 名考生进入省大专录取线。2002、2003 年，高考上线率继续排在顺德前列。2013 年，上线人数达 527 人，其中重点本科 8 人，本科 183 人。2017 年，北滘中学参加高考有 583 人，其中重点本科上线 26 人，比上年增加 7 人；本科上线达到 310 人，比上年增加 44 人；总上线 577 人，比上年增加 11 人。本科上线率首次突破 50% 大关，达到 53.17%。

莘村中学 2012 年，有 563 名学生被录取，大学录取率和本科上线率排在全区前列。2000—2014 年，重点本科生 200 多人，本科生 1200 多人。2015 年，重点本科 42 人，本科 180 人，上线率超过 90%。2016 年，有 96% 的考生被录取，其中重点本科43人，本科253人，本科上线率比上年上升40.56%。2017年上重点本科分数线有66人（未计算艺术类单考人数），重本上线率为10%，较往年翻番，本科分数线人数达342人（未计算艺术类单考人数），本科上线率为51.7%。艺术生上重点线有27人，首届日语班上重点线2人。

国华纪念中学 2017年，考取北大清华人数创历史新高，该校高三参加高考人数为177人，有8人达到北大、清华录取线。重点率达96.6%，本科率100%。

1991—2017年北滘中学及学生情况统计表

表17—2—3 单位：所、人

年份	中学	初中生	高中生	年份	中学	初中生	高中生
1991	7	3625	899	2005	5	6013	5686
1992	7	4288	593	2006	5	6646	5852
1993	7	4170	1274	2007	5	6621	5879
1994	7	4394	1576	2008	5	6806	5926
1995	8	4746	1977	2009	7	15094	
1996	8	4926	2329	2010	7	15266	
1997	7	5014	2804	2011	6	15575	
1998	7	5524	3250	2012	6	15588	
1999	7	5360	3498	2013	6	15603	
2000	7	5701	3652	2014	6	15318	
2001	6	5719	4080	2015	7	15135	
2002	6	5848	4549	2016	7	14971	
2003	5	5884	5026	2017	7	14950	
2004	5	6015	5474				

二、重点中学

北滘中学 始创于1959年，是全公社最先兴办的“帽子中学”。校址在碧江乡。1961年县政府拨款在北滘跃进路建校，占地面积10500平方米。1969年晋升为完全中学。1983年按县安排升格为北滘、陈村、伦教3镇区的“片中”。1988年按中央教育体制改革的决定，北滘中学归北滘领导。1990年，易地重建北滘中学。总投资2500万元，占地面积达5.9万平方米，建筑面积3.82万平方米。成为当时顺德校园环境最靓、设施最齐全的学校之一。1999年及2002年，镇政府两次投资390余万元，兴建校园网，抓信息技术课程的基础建设，全校49个教室都安装了多媒体背投电视。学校建有可容纳1300人的礼堂和藏书10万多册的图书馆。全校有30多名教师被评为“南粤优秀教师”。到2003年连续十年被评为顺德区“先进学校”；2012年，北滘中学有2398名学生，148名教职工。

北滘君兰中学 创办于1983年，原名北滘联办初级中学（简称“联中”），曾先后更名为“北滘镇初级中学”（简称“镇中”）、“北滘镇新城中学”。1998年，镇政府投资3600多万元，将西滘中学合并进来成为“北滘城区中学”。学校占地面积47775平方米，总建筑面积31522平方米。学校环境优越，硬件齐备。具有可容纳2300人的多功能综合馆，多媒体电教室、电脑语音室、音乐舞蹈室、心理辅导室等均按省颁标准配齐。2012年学校有学生2800余人，教师170余人。2014年9月更名“北滘君兰中学”。1999年被评为“佛山市一级学校”，2002年被评为“广东省一级学校”，2009年被评为“广东省现代教育技术实验学校”。

莘村中学 于1983年创办。1984年3月，旅外乡亲捐助大量资金，进行扩建。旅港邑贤李伟强先生捐资近600万元港币，并以其母亲名义设立“郑美奖学金”。1993年，莘村中学升格为广东省职业高级中学。2000年7月，转制为“公有民营”（校产公有、校长承办、办学自主），聘请英国伦敦教育专家珍妮女士为该校副校长。学校占地面积2.4万平方米，建筑面积1.13万平方米，校园内绿树成荫，荷塘曲桥。转制后是全日制、全寄宿的完全中学，面向全国招生。2012年，初、高中学生4300多人，为佛山市学生人数最多的中学之一。教师320人中，有特级教师、副教授、高级工程师、省劳动模范、国家教委曾宪梓教育基金教师奖获得者等。高考升大学人数、增长率连续六年居于顺德区前列，一批学生考上北京大学、清华大学等众多全国著名重点大学。被评为“广东省一级学校”“广东省高中教学水平优秀等级学校”。

国华纪念中学 创办于2002年9月，是碧桂园控股集团公司创始人杨国强先生捐资兴办的全国第一所纯慈善、全免费、全寄宿民办高级中学。每年面向全国招收200名家庭生活贫困、学习成绩优异、素质超群的初中毕业生。学生从报考国华纪念中学开始，直至大学本科或研究生毕业，学习、生活、交通等一切费用全部由学校承担，每一个学生的全程培养费用超过20万元。2012年，有12个教学班，在校高中生500多人，并有1011名学子已从该校毕业。学校每年各项日常开支接近4000万元。学校师资质量、教学、生活设施及管理水平均居全国领先地位，为高质量的教育教学工作提供了重要保障。建校以来，每年高考本科上线率达100%，其中一类重点本科上线率达85%以上。学校先后被评为“广东省基础教育课程改革思想教育实验研究实验学校”“佛山市一级学校”“广东省一级学校”“广东省普通高中教学水平优秀学校”“顺德区先进学校”“顺德区‘十佳’民办学校”。2011年学校成为佛山市唯一校长实名制推荐上北大的学校。

广东碧桂园中学 是1994年9月由广东省顺德市碧桂园物业发展有限公司创办的全寄宿制民办中学。它坐落在顺德市北滘镇碧桂园中心，是广东省绿色学校，教学设施齐备，教学条件一流。实行校内联网和电脑管理，并上国际互联网，所有教室配有29英寸彩色电视机，586电脑、放像机、录音机、投影仪，全校有闭路电视网。学校12间理、化、生实验室的装修和设备，都是按全国最高标准来配置的。学校确立“保证基础，发展个性，服务社会”的办学模式，以“培养21世纪成功人士”为办学宗旨，实施双语教育。建校以来，办学质量不断提高，100%的高中毕业生考上大学，其中不少毕业生被北京大学、清华大学、浙江大学、复旦大学等重点大学录取。有众多学生入读世界排名前50大学以上学生入读剑桥大学、牛津大学、伦敦帝国理工学院、密歇根大学、多伦多大学等世界排名前50位的顶尖大学。先后被评为“广东省一级学校”“广东省先进民办学校”“广东省首届十佳民办学校”。

第三章　普通中高等职业技术教育

第一节　发展概况

1984年，北滘林头中学在初中基础上设置职业高中，成为一所职业中学。几年后，林头职业学校初步形成具有北滘特色职业学校体系，开设的专业有机械、机电、制冷、养殖等专业。

1986年实现普及九年义务教育，是年升高中、职业中学的达到42%。职业高中与普通高中学生人数比率4.5∶5.5。为了深化教育综合改革，进一步完善“三教”并举，相互沟通，布局合理的北滘教育体系，省要求北滘镇1990年职业中学与普通高中招生数达6∶4。因此北滘镇制订教育工作“七五”计划时，调整中等教育结构，大力发展职业技术教育，努力办好林头职业高中，创造条件争取北滘镇初级中学、桃西中学开设职业高中班，在北滘中学增办职业高中班，并且在普通的高中班也开设职业技术课。

1990年北滘中学依据国家教委的指示精神，在高一、高二选修技术培训课，并开设了电脑、机械、电器、电子等专业课和实习基地，为更好地服务地方做贡献。

1991年北滘镇制定了农村教育综合改革“八五”发展规划，大力发展职业技术教育，努力办好职业中学。北滘中学在校长曹叶萱的带领下，开拓创新，大胆进行教学改革，打破传统的办学旧体制，实行多渠道多层次的办学形式，在高中开设职业技术班和中专班，探索出一种“一校多制”的“立交桥”式办学新模式。1993年，莘村中学升格为广东省职业高级中学。

至1997年，北滘中学、莘村中学、林头中学、碧江中学都有职业高中。2003年9月1日北滘职业技术学校竣工使用，上述4所中学的职业高中停办。自此，北滘镇的职业教育蓬勃发展。

2011学年，北滘职业技术学校继续推行“岗位工作项目教学”的改革，学校加大资本投入，争取上级资金支持用于购置设备和完善教学条件，一学年共投入300万元，人均投入1500元用于实习、实训设备的添置，确保了教学改革的顺利进行。2013年，北滘职业技术学校高职类高考上线人数达261人，居区同类学校第二名。2017年是北滘职业技术学校历年高考上线人数最多的一年，高考报考人数411人，上线人数376人，上线率91.48%，其中“3+”证书考试上线人数121人，自主招生上线人数179人，“三二分段”上线人数76人。

第二节　重点学校

北滘职业技术学校　前身为林头初级中学，于1983年9月开办，1984年在初中基础上设置职业高中，更名为林头职业中学。后来，逐渐发展为初中、职中、中专、职业培训的“一校四制”型中学。2003年9月，投资8000万元、占地面积10万平方米的北滘职业技术学校竣工使用。将林头职业中学、北滘成人文化技术学校、碧江中学职中部、莘村中学职中部等4所学校合并，更名为北滘职业技术学校，是教育部首批认定的国家级重点中等职业技术学校，学校实行“校企联姻”，与企业联合办学，并借鉴德国“双元制”教学模式进行校外实习，借助企事业单位的场地、信息、技术，提升教学质量。学校还大力开办成人教育，走多元化发展的道路。职业学校与成人文化技术学校实施“两块牌子，一套班子”的管理体制，与华南理工大学、华南农业大学、顺德职业技术学院等高校联合开办大专、本科班。

该校承担着为该地区培养具有一技之长的中等技术工人和为当地企业、社会提供短期培训、考证、成人学历教育和社区教育的重任。学校有计算机实训室、电工电子实训室、焊工室、仿真实验室、数控室和财会金融室等实训实习室场42间，开设有适应社会需求的7个专业。2011学年有全日制在校学生2064人，成人学历教育在校生1041人。在编教师149人，全部本科以上学历，其中有研究生39人，中级、高级职称124人，占教师总数的83.7%。

学校连年被评为市、区、镇先进学校。2003年被广东省安全生产管理局指定为“安全生产注册主任”培训学校之一，被广东省人力资源和社会保障厅批准为“全国计算机信息高新技术考试站”。

广东碧桂园职业学院　该学院由杨国强和杨惠妍父女于2013年出资4.5亿元人民币兴建，位于广东省清远市清城区，是慈善性全日制普通高等学校，通过对贫困家庭学生实施免学费、教材费、食宿费，并提供服装费、床上用品费和寒暑假期探亲往返路费等。2014年9月，广东碧桂园职业学院采取综合评价录取方式，在广东省招收360名学生。至2017年，共招收贫困家庭学生1420人，成为全省扶贫助学的一面旗帜。2017年共有290名毕业生，就业率高达99.66%。

第四章　成人教育

第一节　发展概况

新中国刚成立时，全国文盲率大约为80%，文盲成为新中国发展道路上的拦路虎。20世纪50—60年代，轰轰烈烈的扫除文盲运动在全国范围内展开。北滘公社也掀起扫盲活动和业余教育，全日制的中学和小学在不影响正常教学工作的前提下，积极采取夜校形式，组织教师开展扫盲教学工作。

1962 年，全公社共有夜校教师 51 人，其中中学教师 4 人、公办小学教师 32 人、民办小学教师 10 人、群众教师 5 人。开设了 10 所夜校（北滘中学、北滘小学、三洪奇小学、广教小学、水口民校、黄涌民校、都宁民校、西海小学、上僚小学、大生围民校），设有识字班 8 个 122 人、珠算班 2 个 60 人、高小班 6 个 67 人、初中班 2 个 47 人。教学内容设有语文、算术、珠算等科目，个别夜校还设有农业常识、政治、音乐等科目。参加人数最高时期 300 多人，最少有 180 人左右。作为一场群众运动，单靠兼职的教师和业余时间的教学难以满足在短时间内全部扫除文盲的艰巨任务。因此，北滘公社还动员初中生、高中生加入扫盲的教师队伍，利用业余时间为文盲者扫盲。扫盲班遍布学校、工厂、农村、街道，人们以前所未有的热情投入到学习文化的热潮中。

据 1977 年 9 月统计，北滘公社大队干部 1327 人中，文盲 16 人、半文盲 106 人；北滘公社 12—40 周岁的 30810 人中，文盲 974 人、半文盲 4196 人。

北滘公社扫盲工作经过近二十年的努力，1980 年由县和地区检查验收，确认为“无盲区”。1984 年，继续抓好 16—40 岁的青壮年中半文盲的扫尾工作，要求 1985 年有 50% 达到小学文化程度。对 15 岁以下的半文盲，要让全日制小学组织他们复学，以防止新文盲的产生。

北滘镇先后被评为“广东省基本扫除文盲、基本实施义务教育先进单位”“广东省成人教育先进镇”。

北滘镇一方面努力抓扫盲工作，一方面注意提高群众的文化水平，1978 年至 1980 年，北滘镇面向群众开办高中毕业补习班。

1978 年，北滘镇成立北滘成人教育办公室。1979—2009 年，老师们积极参与学历培训，培训级别从中师到本科。培训形式基本为在职函授或自学考试。

1984 年，北滘镇支持和发动社会力量（包括港澳同胞、华侨）捐资办学，抓好职工、农民教育。要求有 30% 的大队办好业余夜校，学习农业科学技术，取得经验后逐步推广。职工教育的内容更丰富，如：1984 年糖厂开办技术补习班，开展机械、工艺技术补课，并制定有关的奖励制度。1986 年，顺德县北滘镇经济发展总公司工人参加“企业领导学”函授班，参加顺德县会计辅导站北滘镇 85 级学习。

1985 年，为帮助“文化大革命”期间初中、高中毕业的干部职工巩固文化基础知识，北滘中学增设成人初中文化补习班 6 个，学员 270 人；职业高中班 3 个，学员 150 人；高等教育 26 人；全科专业班学生 110 人，毕业人数 62 人；单科专业班学生 105 人，结业人数 55 人。

1986 年，为适应工业迅速发展和一线技术工人的需要，镇开办成人文化技术学校。校长由镇委副书记潘毅敏兼任，逐步发展成 4 个培训中心：（1）镇成人培训中心，设在北滘文化广场校本部和北滘林头职业中学等地，目的是培养高层次人才，主要举办高中、中专、大专等学历教育，学校还与顺德电视大学和顺德成人职工中专联合办学，成立了顺德电视大学北滘分教处和顺德成人职工中专的外校教学点；（2）工业培训中心，设在北滘经济发展总公司、科技办和下设在美的、裕华、华达等企业，目的是培训各类技术人员，主要举办企业管理、涉外经济、经济管理、质量管理、财会、印刷、电镀、模具、节能、电机、电工、机械制图等专业技能学习班；（3）农业培训中心，设在农业开发公司、农办、兽医站等，目的是培养现代化农民及基层干部，主要举办水产养殖、畜禽科技、水果种植等学习班；（4）职业培训中心，侧重岗前培训，兼办服务性短训班。成人教育不但内容丰富，办学形式也多样化，有短期和长期的，有夜校和日校的，有单位自办和联合办的，有请进来和送出去的。

镇成人文化技术学校成立后，短短的时间就开办了许多学习班。例如1988年，在总公司举办"净产值指标解释"学习班；1988年，开办北滘村干部企业人员学习班；1989年，开办北滘镇企业人员在职学习进修班。

村干部的文化水平决定了农村发展的进程，北滘镇管理区的干部年龄偏大，且文化程度也偏低，农民实用技术的培训还跟不上经济发展需要。据1987年10月对全镇村干部的文化状况调查统计，全镇村干部137人中，高中毕业5人、初中毕业34人、初中肄业以下的98人。因此北滘镇于1988年开始有计划地对45岁以下干部进行学历培训。先参加大中专进修班，之后组织他们参加电大、华农、成人高中等继续教育学习。

1988年，国家教委、农牧渔业部、财政部颁布《关于乡（镇）农民文化技术学校暂行规定》。北滘镇根据上级要求，开办农民文化技术学校，开展中等文化教育，初等、中等技术教育，以及丰富多彩的社会文化、体育和生活教育。任职的教师主要由镇招聘，另外在普通中小学抽调一些教师任职。1991年统计，成人教育专职教师3人，全部本科以上学历；兼职教师50人中，本科以上学历18人、大专22人、中专10人。成人教育经费投入共780.5万元。

"七五"期间（1986—1990年），成人教育办学规模不断扩大，办学条件不断完善，镇总公司、工厂和管理区开设的文化、技术学校或职工教育培训中心有8所。初步形成普通教育、职业教育、成人教育齐发展，层次结构比较完善、协调的教育体系。

虽然北滘镇一直致力提高群众的文化水平，但由于历史原因，文化技术素质仍较低。据1990年第四次人口普查资料统计，大学本科文化96人，专科文化311人，中专449人，高中4843人，初中21106人，小学36450人，不识字或识字较少的9895人（其中年龄12周岁以上8573人、15周岁以下8553人）。镇属企业职工（合同工以上）人数7812人中，本科毕业89人、专科93人、中专46人、高中1967人、初中3824人、小学1793人。

1994年，撤销"北滘成人教育办公室"，其职能由北滘教育办负责，以便更好地统筹、规划全镇的各种教育。

1997年北滘镇成人教育由侧重单纯的学历教育向以岗位（职业）培训、继续教育为重点转变。全镇在岗人员培训率达50%，接受各种教育培训已逐渐成为北滘镇各类人员的自觉行动。镇工业培训中心每年200万至300万元的培训费，15%—25%用于学历教育，其余大部分用于职前教育和职后教育。

1998 年培训量为 97638 人次（其中校本部 63282 人次，工业培训中心 18686 人次，农业培训中心 5483 人次，职业培训中心 10187 人次），包括了大中专以上学历班、远程教育等 65 个培训项目。

1999 学年成人教育共办了 8 个专科以上的学历班，招生人数为 294 人；专科以上的自考辅导班 8 个，学生 456 人。

2000 年北滘妇联要求各乡村、各企事业单位发动妇女参加妇女学校，提高妇女的文化水平。

2003 年 9 月，北滘成人文化技术学校合并到北滘职业技术学校，成立北滘成人教育领导组，加强对成人教育的管理和协调，组长由主管教育的副镇长担任。为此，北滘镇成人教育管理体制由单一的集中型向多元化、网络化方向发展。在省教厅指导下，北滘镇探索出开放式社区成人教育系列，巩固和发展由 4 个培训中心组成的开放式社区成人学校。4 个培训中心各自根据镇内各种教育需求而协调运作，在经济上又各自独立。北滘镇逐步形成了“市场引导、政府统筹、多方参与、资源共享、功能多样、社会共管、服务社区”的开放式社区成人教育体系。中山大学、中央农业管理学院、华南农业大学、华南师范大学、华南理工大学、广州中医学院、济南大学、顺德高等职业技术学院（以下简称顺德职院）、顺德电视大学相继在北滘成人教育学校设点办学。2007 年，碧桂园董事局主席杨国强出资兴建的国良职业培训学校开学，免费培训中西部退役士兵。2010 年，北滘镇成人教育已涵盖职业教育、成人高等学历教育、继续教育、远程教育、高等自学考试辅导、资格培训、紧缺人才培训、转岗培训、乡镇企业职工及乡干部培训、“三高”农业产业化培训、社会主义文化生活教育等多种功能。

2011 年，北滘成人职业学校设有大专、本科、研究生学历班 30 个，在校生 1041 人，其中 2012 级新生有 14 个班，482 人，新生入学人数名列顺德区第一。2012 年培训省内农村劳动力和外省农民工 894 人，在顺德区所有职校中名列第一。2013 年北滘成人学校在校生 1035 人，就业培训达 5235 人。

2017 年 3 月，北滘职业技术学校启动四大创新项目，与广东新协力集团、德牛电子商务有限公司、顺德职院合作，建立机电专业现代学徒制实训基地、大师工作室、电子商务人才孵化基地，开设“高技能 + 大专学历”双元班；通过邀请企业派驻专业人才授课指导，理论、实践相结合，进一步强化学生实训经验和操作技能，提升学生专业技能，拓宽学生就业渠道。

第二节　重点学校

成人文化技术学校　成立于 1986 年，是顺德区安全生产监督管理局和区劳动局的定点培训单位，可进行各类型、多工种的职工培训及特殊工种考试领证培训，各工种初中级技术等级考核领证培训、岗前培训、年审等。学校坚持走科研促教之路，承担了教育部多个重点课题的研究，并卓有成效。1996 年，通过广东省示范性成人文化技术学校的评估验收。1998 年 3 月 23 日，中共北滘镇委党校和省农村实用技术培训示范基地在北滘镇成人文化技术学校挂牌成立。2003 年 9 月，北滘成人文化技术学校合并到北滘职业技术学校，学校实施“两块牌子，一套班子”的管理体制。2009 年北滘镇“乐业工程”和“展翅计划”免费培训班在职业技术学校开班。2006 年 11 月，北滘镇首期（SYB）创业培训班开班，北滘成为顺德首个开设创业培训点的镇（街）。北滘镇成人文化技术学校先后被评为“顺德市先进成人文化技术学校”“佛山市十佳成人文化技术学校”“广东省示范性乡镇成人文化技术学校”“2007 年度全国农村成人教育先进单位”“2014 年度佛山市成人教育先进单位”。

美的学院 由美的公司创建，于 2006 年 5 月 23 日开学，投资达 3000 万元，占地面积 1.1 万平方米，建筑面积 1.6 万平方米，拥有教学楼 2 幢，综合楼 1 幢，设有体育、文化、住宿、餐饮等配套设施。美的学院的教学方针是“建立平台、专业协同、提升效益、共同成长”，主要为集团培训技术人才。组织“专家讲座”“名师讲座”“向跨国公司学管理”，以及各类主题培训、OFFICE 讲师培养、英语学习、内部交流、辩论赛等活动。至 2017 年，受训达 5000 多人次。

第五章 师资队伍

第一节 教学科研和教育改革

一、教学方法

清代私塾以启蒙教学为主，多用单人教授法（面授），教师读，一般不解释，强调熟读背诵。习字课先由私塾老师手把手地教学童写字，然后让学童临摹字帖，能背诵、临摹，且字迹端正，就算达到要求。清朝末年，一般采用集体讲、读、写与个别面授、解疑的教学方法。

民国初期，小学教育教学方法一般采用“先生讲，学生听”的注入式方法。后根据教学内容，分别使用“练习教学”“思考教学”“欣赏教学”“发表教学”等方法。

新中国成立后，废除训育制。1952 年起，推行全面发展教育和新教学法，对学生进行德、智、体、美教育，结合生产劳动进行教育。教师们能认真钻研教材。

1952 年，中学改革教学内容和教学方法，反对填鸭式的教学，推行苏联的“五个环节教学法”（组织教学、复习旧课、讲授新课、巩固新课、课后作业）。

1956 年北滘教育建立中心校区制，由北滘中心小学负责全镇的小学教研活动，组织各校行政检查学校教学工作。注重学生的学习目的教育、革命传统教育和学生守则教育，并三者连贯起来。

1958—1960 年“大跃进”时期，强调克服教学“三脱离”（脱离政治、脱离生产、脱离实际）现象，实行开门办学，师生走出校门，参加生产劳动，大炼钢铁，深耕改土等，田头上课，小学中高年级学生半天上课，半天劳动。

1962 年，教育行政部门贯彻中央“调整、巩固、充实、提高”的方针，恢复正常教学秩序，全日制学校以教学为主，保证教师业务学习时间。老师们抓好课堂教育，在教学中坚持精讲多练、讲练结合的教学方法。1963—1964 年，试行《全日制小学暂行工作条例（草案）》和《全日制十二年制教学计划》。

1966 年，“文化大革命”开始后，正常教学秩序受到严重冲击。其间，“破四旧，立四新”，将原有学制、课程、教材、教学计划、教学常规、考试制度等全部打破，以大批判取代教学工作，以劳动代替教学，教育教学质量严重下降。

1971 年，全面开展农业学大寨运动。学校大办工厂、农场。把工厂、农场办成教学现场、劳动基地和改造世界观的大课堂。采取队校结合的办学方式，学生参加三大实践锻炼（阶级斗争、生产斗争、科学实验），实行专业带基础、任务带教学、社会大课堂带学校小课堂。

1980 年，全镇中小学统一使用教育部重新编写的教材，教学方法百花齐放。教师可选用讲解法、讲读法、演示法、实验法、模拟法、启发法等教学方法，利用音像、图像、多媒体等手段进行教学。随着教学要求的提高，在以教师为主导、学生为主体的原则下，围绕启发式的教学法，各中小学积极开展教学方法、教学内容和课堂教学结构等方面改革。建立和健全各项规章制度，镇教育领导组或镇中心小学负责镇内各小学的教研活动。学校各学科设有科组，在市教研室领导下开展有计划、有组织的教学改革。有的学校（特别是毕业班）根据教学大纲，按学生知识水平的差异，在同年级设“快班”“慢班”，实施不同要求的教学，对学生进行知识查漏补缺。此做法在 2000 年后因反对声音较多，且 2006 年修订的《义务教育法》明确规定学校不得分设重点班和非重点班，便逐年取消此做法。

1988 年 12 月，顺德县小语、小数教学研究会北滘分会成立。

1989 年，北滘镇开展以教学为中心的整体改革，注重学习教育法律法规。提高课堂教学效率，向 45 分钟要质量。1991 年，各中小学校以改革教法，指导学法，减轻负担，提高质量为中心。

1991 学年第二学期，小学注重抓好“双基”（基本知识、基本技能）教学，以教学改革为中心，以教法改革为重点。中心小学语文试行丁有宽教学法，数学试行邱学华“尝试教学法”。1994—2001 年全镇推行数学邱学华“尝试教学法”和语文丁有宽教学法。中心校向上级主管部门申报了 4 个课题的科研立项：（1）小学语文四结合教改试验；（2）尝试法与单元目标教学的有机结合；（3）探索读写结合教材教法，全面提高素质教育；（4）在小学低年级开展英语教学的科学型、可行性探讨。该校被授予“尝试教学法全国先进单位”和“丁有宽教育理论与实践研究示范学校”称号。另外，西滘小学、高村小学、莘村小学、碧江小学也获得了“丁有宽教育理论与实践研究示范学校”称号。这 5 所学校的教师积极撰写的教学论文或经验，在全国各级刊物发表 46 篇次，并先后编写出版了《教师论文集》和《学生优秀习作选》。2001 年全国丁有宽教材教法科研成果展示暨研讨大会上，授予北滘镇教育办公室

"丁有宽教材理论与实践科研示范单位"荣誉证书。

中学改进课堂教学模式，将"读、讲、议、练"相结合，按不同层次和进度施教，开展"单元教学""尝试教学""导读自学""目标教学"。教学时注重老师的主导作用，同时充分调动学生的主体积极性。在加强基础知识教学和基本技能训练中，注重对学生智力的开发，培养他们分析、理解、运用、创造等能力。

1996年，镇教育局提出：减轻学生作业负担，强调要从课堂40分钟要质量；一、二年级不留家庭书面作业，三、四年级家庭作业不超半小时，五、六年级家庭作业不超1小时；每周设立一天无家庭作业日，让学生从繁重的作业堆中解放出来，有更多时间开展其他活动，全面发展。

1999年，《北滘镇实施"科教兴镇"的实践与经验》在全国"科教兴国"战略区域推进研究分课题研究会上发表。北滘中学协助省科教所主持的《社会主义经济条件下中小学道德教育研究》，成人教育技术学校的《以人为本，创建开放式社会成人教育系列》，参加佛山市"农村成人教育与乡镇企业发展"的科研项目评选，并由佛山市转送省科委，是全省乡镇唯一上送的材料。林头中学参加《顺德市职业教育办学体制研究》的子课题——《林头中学校企结合研究》在市科研会议上发表。2000年，教育办完成科研课题《珠江三角洲（北滘）地区加快教育现代化的研究》，并出版了论文集。北滘中学承办的国家级研究课题《口语测试促进英语素质教育的研究实验》顺利通过专家组的论证。小学语文丁有宽读写结合教材《单元练习册》《期中期末测验试题》结集出版，并开发了部分的教学软件。

2000年后，北滘教育线举行形式多样的教育教研活动，形成了"分片教学"的特色教育。全镇分为三个片：北滘片、莘村片、碧江片，各个学科都设有片长，由各学科片长组织该片的老师进行学科研讨、学科的工作检查。

2001年起，北滘教育办创办教育刊物《北滘教育》向老师们宣传教育、教学的新方法、新动向。中途停办，2013年再复刊。至2017年12月，共办10期。

2002年，北滘教育继续抓好美、音、体，并以英语教学为新的突破口，措施是引进一批外语专才，为中学配置外籍教师，加大对在职英语教师在岗培训力度和教研力度。教育组设一专职的干事主抓这项工作，以莘村中学为培训基地，以莘村中学附属英文小学为试点，找出路，以点带面，以期有所突破。教育办在适当的时候，对小学英语教学进行质量检查。开展名师、学科带头人、教学能手的评比活动，以促进教学的研究。

2002年，北滘镇对在"广东省教育科学十五规划课题"中立项的课题及在省市立项的课题，从人、才、物等方面给予倾斜，并积极向科研机构靠拢，确保有成果。

2004年，全镇有2个课题获得全国教育科学"十五"规划课题中期成果一等奖，3个获三等奖，70多个区级以上科研课题立项。2009年9月，北滘各小学成为"全国首批新世纪小学数学研究与应用基地"。

2015年3月，为推进课题研究，北滘镇教育局进行课改先锋评选、名课改家进北滘、教科研提升项目、种子教师培育、课改骨干班研训等提质创优系列工作。是年12月，镇教育局出台《关于全面推进中小学教学改革的指导意见》。莘村中学、美的学校、中心小学、西海小学、朝亮小学、承德小学获“课改先锋学校”称号。

2000年后，北滘教育部门开始重视幼儿教育科研，定期举办幼儿文艺汇演、教学观摩等活动，及时表扬先进，推广幼儿教育经验。2014年，城区幼儿园的《创新思维培养的家园合作研究》和《基于图画书读本分析的早期阅读指导策略研究》被划入佛山市教育科学“十二五”规划学前教育研究专项课题。2015年，美的实验幼儿园被定为区的“多元探索区角实验基地”和“全国家园共育实验基地”。2016年6月，北滘第二幼儿园承担的佛山市十二五规划课题《通过幼儿园安全教育活动提升幼儿园自我保护能力的实践研究》顺利结题。2017年，以北滘二幼、林头幼儿园、碧江幼儿中心、坤洲幼儿园组成共同体，共同抱团研创，通过培训学习、参观借鉴、研讨探索、动手尝试等，提高幼儿美术创造力，培养创造性思维。

二、教育交流

1997年1月8日，顺德市教育学会北滘分会成立。自此，北滘镇更重视教学科研，对教师的专业文化要求有所提高，举办了国内外教研交流、支教、学习培训、学科技术评比等活动。

赴港交流 从2012年开始，北滘镇教师分批赴香港开展培训交流，了解香港学校的治校方略、细节管理。同年10月29日至30日，第二批赴港交流的优秀教师有92人，赴香港顺德联谊总会属下的胡兆炽中学、李兆基中学、伍冕端小学、李金小学交流考察。

对口支教 为推进教师调任式交流，促进各校师资优质均衡的实现，2007年起北滘镇开始进行镇内的支教活动，教学水平较先进的学校与教学水平相对落后的学校结对帮扶，互相派出骨干教师到对方的学校进行学习交流一年。2007年中心小学与三洪奇小学结对，2008年中心小学与高村小学结对。

2009年北滘镇教师参加了广东省“千校扶千校”结对帮扶活动，中心小学先后派出学校行政人员和优秀班主任、优秀教师和骨干教师等多人到四会地豆镇中心小学开展支教活动。城区小学2名教师到四会市迳口学校支教，为期一年。

2011年11月，北滘碧桂园学校50名师生到英德黄花镇开展支教帮扶慰问活动。2014年、2015年，再有2名老师积极参加广东省的山区支教活动，到连南瑶族自治县香坪中心学校支教。桃村幼儿园1名老师赴菲律宾支教。

教研活动 1990年，开展对语文识字、说话、阅读、作文的教学研讨，进行“注音识字提前阅读”的实验，着眼于语言能力和思维能力的综合训练，整体发展。数学课在低年级开展以“愉快教学”为题的整体改革实验。教改不但减轻了学生的课业负担，而且提高了学生理解和独立操作能力。至1994年，多次聘请国家级教育专家丁有宽、邱学华传授经验。1997年1月全国幼儿园双语教育研讨会在北滘镇碧桂园举行。

2000年4月15—16日由中国教育学会数学教育研究发展中心多媒体教学研究部与尝试理论教学研究部联合主办，北滘承办的全国新世纪数学多媒体计算机辅助教学研讨会在北滘镇召开，来自全国各地教学专家、教育工作者700多人参加会议。

2011年，镇教育局从多方面推进教育交流，先后举办“北滘镇信息技术资源库建设研讨会”“杜郎口中学高效课堂经验报告会”“优质教育资源建设与应用培训专场会”“北滘镇素质教育成果展”“2011年度骨干教师示范课活动”。2013年，先后召开教育创新行动五年计划专家论证汇报会，举办了四场校训词主题论坛、“爱心是根育人为本”北滘镇中小学德育工作论坛，承办“顺德区学前儿童教育论坛”。2015年5月，邀请12位教育名家，通过听课、评课、诊课、讲座等形式，对北滘镇课改教学工作进行分析指导。11月，镇教育局在北滘中学礼堂举办如何“做一个EQ型高效能教师”讲座活动，全镇中小学校和幼儿园的500多名老师参加。

2016年3月，顺德区在北滘中心小学开展信息教学培训活动，让教师从整体上认识和掌握Scratch教学程序。

三、学科教育

品德教育　新中国成立后，北滘各学校按德智体全面发展的方针，把德育教育放首位，对学生进行社会主义和共产主义道德教育。开展爱祖国、爱人民、爱劳动、爱科学、爱护公共财物教育，“三好”（身体好、工作好、学习好）学生教育的运动。1963年，开展“向雷锋同志学习”，助人为乐，关心集体。

1979年后，北滘学校恢复品德教育课，各中小学开展“学雷锋，树新风，创三好”活动。

1986年，开展“五讲”（讲文明、讲礼貌、讲道德、讲纪律、讲卫生）、“四美”（语言美、仪表美、行为美、心灵美）、“三热爱”（热爱祖国、热爱人民、热爱社会主义）、争创“红花少年”的活动，向英雄学习，多做好事，“三好”学生率为20%—30%。

1989年，主要开展共产主义道德品德教育活动，规范“中小学生日常行为规范”，讲文明礼貌，美化、净化、绿化校园。1990年5月23日，成立北滘镇青少年德育教育领导小组。1991年，改革德育教育，各中小学“警校挂钩”，共建文明学校。

1993年2月，成立北滘镇儿童少年工作“三优工程”（优生、优育、优教工程）工作协调领导小组。1998年，关心青少年工作委员会成立。开展法制教育，进行禁毒宣传。1999年，推广北滘中学德育教学经验、西滘小学少先队“争章”活动经验、莘村中学全员管理经验、林头中学师德教育和碧江中学警校挂钩等德育经验。评选出德育先进单位7个，德育先进个人21人，全镇没有一个学生犯罪，违法率为0.08%，全勤率95%以上，“三好”学生率为35%。

2000年后，注重创新教育、科学教育、生活教育，加强家庭教育宣传，2009年3月1日，北滘镇首家社区家长学校在林头小学正式成立。2011年，中共十八大召开后，各中小学校普遍进行社会主义价值观教育，引导学生确立“富强、民主、文明、和谐，自由、平等、公正、法治，爱国、敬业、诚信、友善”思想，以“中国梦”

为主题开展各类活动。

综合素质教育 1991年起，北滘各校开展综合素质教育，积极开展第二课堂，抓好少先队活动，上好美术、音乐、体育课。1998年，佛山市教委下发《关于加强我市中小学艺术教育的意见》。北滘镇在加强艺术课堂教学改革的同时，开展课外艺术教育活动，增加艺术教育，开展艺术教育教学科研实验，配备艺术教育管理干部、专职的美术和音乐教师。镇每年举办中小学生文艺表演、书画比赛。选派队伍参加市中小学生文艺汇演。1999年，参加顺德市书法、美术、科技作品评比，获一等奖的人数居全市第一。参加佛山市第五届青少年"生物百项"科技活动，中心小学和碧桂园学校，分别获得一等奖和二等奖。

2000年后，各学校每周至少有一节课作为第二课堂教学，开设十多个课外兴趣小组，每年举办"艺术节"或"科技节"。中心小学组建仪仗队、合唱队，参加镇的各种重要活动的演出，每年参加镇、区的中小学生文艺汇演均获一等奖，2004年参加全区中小学少先队仪仗队大检阅中，获得第一名的好成绩。城区小学、西滘小学、坤洲小学也分别成立曲艺、舞蹈、诗词培训基地，培训基地硕果累累。城区小学曲艺教育、少儿舞蹈等项目在全国大赛屡获殊荣，如2011年，曲艺队员参加广东省青少年曲艺"明日之星"选拔赛，金奖选手4名，银奖选手3名。2011年11月城区小学创作舞蹈《劳动变奏曲》登上了人民大会堂的领奖台，勇夺三大最高奖项：节目荣获"魅力校园"第十一届全国校园文艺汇演暨校园春节联欢晚会金奖，亮相央视校园春晚；节目荣获"最具创意奖"；学校被评为"2010全国艺术教育先进单位"。2013年该校的节目《水弯弯荔枝湾》获全国蒲公英第十三届青少年优秀艺术新人赛金奖。2011年7月24日，城区中学花儿合唱团获"纪念辛亥革命一百周年，第五届中国童声合唱节"比赛少年组铜奖。西滘小学的舞蹈连续多年获得顺德区文艺汇演一等奖，2013年参加广东省少儿舞蹈大赛，荣获创作节目金奖。诗词成绩也突出，如2011年坤洲小学诗词培训基地，出版师生诗词集，获得国家级培训基地的荣誉称号。2013年，朝亮小学、林头小学被评为广东省诗教校园。

北滘重视学生社会实践教育。2013年12月24日，北滘镇中小学生社会实践基地授牌仪式在碧江金楼举行。至此，北滘镇共设立6个学生社会实践基地，分别是：碧江金楼、北滘文化中心、西海烈士陵园、北滘镇家庭综合服务中心、广东工业设计城、美的集团，为镇内中小学生提供岭南文化、科技教育、革命传统教育、社会综合服务、工业设计体验及家电成果体验方面的教育，取得丰硕成果。100多名学生参加国家级、省级各项软件制作、机器人竞赛活动。

2014年7月14日，北滘25个暑期公益艺术培训班全部开班，项目主要有书法、美术、摄影、陶艺、游泳、爵士舞等。2015年，北滘素质教育形成"一校一品"的态势，如中心小学足球、林头小学篮球操、君兰中学合唱、莘村小学花样跳绳等。西海小学被评为2016年全国国防教育特色学校。

信息化教育 1995年，北滘全面规划信息化发展教育，中心小学率先大力推广和普及电化教学工作，将传统教学媒体与现代教学媒体结合起来，通过广东省电教优秀学校的验收。

1996年，制定包括网络建设、应用系统开发、教师培训、教学资源建设等教育信息网建设方案。

1997年，中心小学率先于顺德市进行小学语文“四结合”的实验，实验班在编码打字、识字、阅读、写作等方面教学取得初步经验，在全市推广。

1998年，北滘镇被省教厅定为“广东省教育现代化试点镇”。城区小学投入150万元建成校园网络。1999年，镇政府制定实施电化教学设备补贴方案，投入200万元，重点补助中心小学、莘村中学、北滘中学实施校园网络化；分批轮训45岁以下教师，举办全镇首届计算机教学及电教成果汇报，收到论文40多篇，教学软件20多个。

2000年，北滘镇提出“实施教育信息技术教育的进程，建一流的数字化网络学校”的奋斗目标。是年，北滘教育信息网建成开通，与佛山教育信息网、顺德教育信息网联网，率先全市推行办公自动化工程。

2001年，全镇小学从三年级、中学从初一级起全面开设信息教育必修课，小学每学年不少于60学时、初中不少于80学时、高中不少于100学时，学生上机操作不少于总课时的70%。全镇基本实现统一教纲、统一教材、统一考核“三统一”教学。至2002年，全镇累计投入6280多万元推进信息化教学。年底，各校建立起网站（页），形成镇域的教育网络，实现了所有教育新闻、通知的网上发布，教学资源的上传和下载，教育网站的远程管理，并率先在全市建立网上教研组的虚拟社区；9所学校建成校园网，15所学校建成综合电教室；全镇26所中小学全部配备计算机教室，拥有计算机2500多台，小学每千人占100台，中学每千人占77台。上网台数比例：小学达34.7%，中学达48.3%。71.5%的小学教师和79.4%的中学教师家庭拥有电脑。全镇多媒体辅助教学学科覆盖率达100%。

2010年，全面普及现代化的教学手段。公办中小学各课室均配有多媒体设备。小学有多媒体课室284个，综合电教室16个；计算机2250台，学生机比例为5.4∶1。初中有多媒体设备144个，综合电教室5个；计算机1995台，学生机比例为4∶1。各校建有完善的信息化网络，实现“校校通”。

2011年7月，“中国移动校讯通杯”第12届全国中小学电脑制作比赛，北滘获一等奖2个，二等奖2个，三等奖5个，获奖数量列全国镇级之首。2014年12月12日，顺德区教育局在北滘承德小学举办顺德区网络学习空间人人通“蜂窝行动”启动仪式，国家教育部、佛山市、顺德区有关领导和顺德区各小学校长参加。2015年4月，广东省“三通两平台”建设与应用研讨会在北滘承德小学举行，通过上课验证，交流讨论，共同探讨“三通两平台”在教学上应用的实效。君兰中学开始探索智慧教室信息化教学系统建设，全校安装系统课室有18个。

第二节　教师队伍

一、发展概况

民国初年，北滘镇的小学教师主要由私塾先生充任。各乡村均有2—3间私塾，每间私塾教师仅有1人。抗日战争时期，学校大多停办，教师流失，无从统计。抗战胜利后，学校相继复办，民国36年（1947年），北滘区域约有老师60人。新中国成立初期，老师约有90人。“文化大革命”中，教师被批斗，部分被清理出教师队伍，公办编制缺额。其后又盲目发展初、高中教育，从工人、农民，以及应届高中、初中毕业生中抽调人员到学校充任教师。师资的文化、专业水平有所下降。至1977年，专任教师初中145人，高中54人；行政人员3人，勤工人员1人，校办厂、农场固定职工4人，小学公办支援初中、高中教师10人。

民师转公办教师　据统计，1984年全社共有教师600人，其中民办教师411人，占教师总数的69%。1986年，全区民办教师数量：中学64人，小学256人，幼儿园160人，其中35岁以下的206人。从1980年起，北滘镇继续分期分批对民办教师通过考核、考试转为公办教师。1981年14人，1982年7人，1983年9人，1984年4人，1985年10人，1986年2人，1987年21人，1988年17人。

这期间，北滘正处于工业迅速发展时期，企业工人收入普遍高，部分教师转行去工厂当行政、技术员等。为稳定民办教师队伍，1987年，北滘镇政府发出《关于搞好教育工作的几点意见》，提出“对民办教师加强管理，企业和单位不要招用现任民师”（民办教师）。与此同时，北滘镇还通过挂靠师范院校，代培等方式，从民办教师中吸收优秀教师转为公办教师。1988年7月，大专、中师毕业生分配到北滘镇做老师的有大专生19人、代培生1人、中师生5人、挂户口大专毕业4人、中师毕业3人、外地转入7人、民师转正11人。1994年，根据广东省人事厅、广东省教育厅《关于解决民办教师有关问题的通知》，通过考核、考试把优秀民办教师转为公办教师。1996年北滘镇通过民办教师转正、调入、招聘，增加公办教师106人。是年底，符合资格的民办教师全部转正为公办教师。

外地教师　1990年后，引进大批外地有识之士到北滘当教师。据统计，北滘中学有70%的教师是外地的。碧桂园学校的教师几乎是从外地招聘的。2000年后，碧桂园学校、莘村中学开始聘请外籍教师教授英语等学科。据2014年11月统计，碧桂园学校有外籍教师103人，其中6人来自欧美国家。

1991—2017 年北滘镇教师统计表

表 17—5—1　　　　单位：人

年度	教师总数	其中		
		幼儿	小学	中学
1991	874	145	448	281
1992	942	169	459	314
1993	1068	221	490	357
1994	1210	264	530	416
1995	1328	238	637	453
1996	1347	305	583	459
1997	1461	70	769	622
1998	1570	241	734	595
1999	1369	252	572	545
2000	1117	—	—	—
2001	1497	337	542	618
2002	1596	363	553	680
2003	1676	371	549	756
2004	1758	391	553	814
2005	1800	420	578	802
2006	1827	429	584	814
2007	1822	426	584	812
2008	1894	472	588	834
2009	1862	372	773	1089
2010	1996	376	809	1187
2011	2462	401	835	1226
2012	2499	427	849	1223
2013	3011	840	927	1244
2014	3193	890	1008	1295
2015	3238	893	1026	1319
2016	3239	895	1022	1322
2017	3251	897	1031	1323

二、师资水平

民国初年，小学教师主要由私塾先生充任。民国16年（1927年），国家规定小学教员必须是高师专科毕业或高中毕业任教三年以上者，简易师范毕业生只能任初小教员。当时，境内的教师大部分未受过师范培训。新中国成立后，提高对教师的学历要求。1977年9月，北滘初中教师145人，其中专科毕业1人，中师、中专毕业23人，高中毕业78人，初中毕业39人，小学程度4人；高中教师55人，其中大学毕业11人、专科毕业5人、中师毕业39人；幼儿园教职工1101人，其中文盲850人、半文盲212人、专科毕业12人、高中毕业21人、初中毕业4人、小学程度2人。

1983年，北滘重视教师学历水平培训工作，要求小学教师要有中师水平，初中教师有大专水平，高中教师要有本科学历。而据统计，全镇小学教师364人中，学历及格人数48人，合格率13.19%；中学教师150人，合格19人，合格率12.67%。

1986年3月对全镇的专任兼任教师进行学历结构调查，中学公办的一级11人，其中大专或中师毕业的8人；二级44人，其中大专或中师毕业的17人；三级16人，其中大专或中师毕业的2人。

1986年，初中教师159人，原本全部都是小学教师（其中民办教师87人，占54.72%），达到师范专科学历的只有33人，占20.75%，中师毕业的51人，占32.08%。同年6月，区公所制订《北滘区普及初中教育规划（草案）》，提出解决师资问题的办法：（1）小学教师中具有师专学历的教师调任中学教师；（2）鼓励应届高中毕业生代培，毕业后回来参加教学工作；（3）组织和鼓励在职教师参加大专函授进修学习。至1987年，全镇公办教师217人，其中本科1人、大专40人、中专116人、高中9人、初中以下51人。民办教师356人，其中大专15人、中专90人、高中163人、初中以下88人。

“七五”期间（1986—1990年）镇政府继续抓好培训，组织好老师参加各类型的进修，办好中师函授班。小学教师80%以上达到中师毕业，初中教师50%以上达到大专毕业。

1995年，小学教师学历达标率85%，初中教师学历达标率86%，高中教师学历达标率53%。1997年，小学教师学历达标率99.76%，初中教师学历达标率92.5%，高中教师学历达标率63%。

2002年，鼓励在职教师进修培训，争取小学教师大专以上学历达70%，初中教师本科以上学历达65%，高（职）中教师本科以上学历达100%。至2006年，全镇教师学历达标率达到100%。97%的教师取得计算机中级考试合格证。

2014年，北滘镇义务教育阶段专任教师1481人。初中阶段教师566人，学历达标率达到100%。其中具有本科学历的有486人，具有研究生学历或学位的有70人，具有中学高级教师职称的有35人，具有中学一级教师职称的有486人。小学阶段教师680人，学历达标率达到100%。其中具有本科学历的有609人，具有研究生学历或学位的有35人，具有小学高级教师职称的有516人，具有小学一级教师职称的有

164 人。

2017 年全镇共有 2 名省名师，佛山市优秀班主任、优秀教师 13 名。

三、教师待遇

政治待遇 新中国成立前，教师的政治待遇都不高。新中国成立后，教师的社会地位显著提高。1954 年建立人民代表大会制后，历届县、乡人民代表大会，教师占有一定比例。1961—1965 年，教育行政部门落实知识分子政策。对“反右倾”运动中错误受到批判的教师给予平反。1979 年 3 月 5 日，对在“文化大革命”中被错误处理的 9 位教师给予平反。对“文化大革命”以来的一些历史遗留问题进行清查，落实知识分子政策，受到批斗离开学校的教师，经审查、甄别又回到学校教学岗位上来。全年平反冤案错案共 27 宗。

1982 年 12 月 25 日，北滘公社首次召开三十年以上教龄教师庆祝会。1984 年 1 月 31 日召开北滘区教育工作暨第一届教师代表会议。1986 年 9 月 10 日北滘区隆重庆祝全国第一个教师节，以后每个教师节都得到政府、管理区和社会人士的关心和慰问，尊师重教的风气日渐浓厚。一是表彰奖励该年度表现出色的先进教育工作者。每年举办一次奖教奖学大会，奖教奖学金逐年递增，2006 年达 80 万元，2010—2012 年每年高达 150 万元，2013 年 180 万元，2015 年 203 万元，2017 年 270 多万元。二是树立先进典型。2012 年，共有 10 位老师被评为“十大师德标兵”，66 位老师被评为“我最喜爱的老师”。三是关心教师的家属。落实“农转非”的教师及家属的转户政策，民办转公办的教师，其 18 岁以下的子女可随父母入户。1981—1988 年为教师办理“农转非”84 人，教师家属“农转非”170 人。

2012 年，被推荐和选为各级人大代表、政协委员和党代表的教师有 9 人。普通教育系统被评为省、地（市）劳动模范和先进工作者 16 人。

工资待遇 新中国成立前，教师没有固定薪酬收入，多以谷米为薪，且较微薄。新中国成立后，1949 年 10 月—1954 年 6 月，教师生活待遇逐步提高，月人均工资为大米 200 斤，折合人民币 23 元。私立小学教师工资由各村农会统筹发出。1954 年 7 月，整顿小学结束，教师评级评薪，教师薪酬标准由谷米改为人民币。北滘教师月人均收入 28 元。

1956 年，教师工资改革，教师待遇有所提高，小学教师月人均工资 32.5 元。1976 年起，有的学校办起校办工厂，给民办教师补贴每月 5 元。1977 年 9 月，民办中学教师月人均工资 36 元、小学教师月人均工资 37 元。1977 年 10 月，调整公办教师的工资为 9 级工资 38.5 元、8 级工资 38 元。

1981 年 9 月，幼师工资约 30—40 元，由大队和家长以三七开或五五开比例负责幼师工资。

1979—1983 年，逐年提高教师生活福利。县、社、校三级分摊，县 30 元、公社 10 元。

1981 年，公社党委要求各大队对民办教师的报酬，采取几种方案：（1）相当于大队干部的85%—90%；（2）大队专业人员的最高水平；（3）在原基础上提高3—5元。是年，北滘公社的教师月人均工资是48元。

1984年，北滘教育组参考公办教师的调资方法，根据个人的学历、教龄、教学效果拟定民办教师工资定级方案。但各大队民办教师工资不尽相同。从总的来看，收入偏低，有的大队民师每月工资只有31.78元。

1985年9月，落实民办教师的报酬，月基本工资55元，生活补贴（含物资补贴）和奖金共40元，两项相加约为95元。

1986年，全区中小学民办教师收入在105元以上。工资性收入构成："国家补助费+地方自筹+其他"。1987年，北滘镇政府发出通知，提高教师待遇，小学民办教师每月总收入130元以上，中学民办教师150元以上，公办教师由乡支付每月生活补贴30元。

1987年下半年起，全镇民办教师与公办教师同等套级；对教龄长、表现好的民办老师，经县教育局考核评定，择优转为公办教师。

据1988年4月统计，小学公办教师155人，月人均收入为202.23元，民办教师287人，月人均收入为150元。中学公办教师95人，月人均收入为200.83元，中学民办教师80人，月人均收入170元。高于当地职工月人均收入。

1988年9月，镇政府提高教师工资，规定小学民办教师月人均工资230元（包括基本工资100元、浮动工资80元、奖励工资50元），公办教师280元（包括政策性补贴53.14元）；中学民办教师月人均收入250元（包括基本工资100元、浮动工资100元、奖励工资50元），公办教师300元（包括政策性补贴53.14元）。实行"三级（县、镇、村）办学，分工负责"，各校经费包干。同年12月，国家机关事业单位实行技术职务聘任制度。教师增资为：中学月人均增资3.94元。小学月人均增资2.94元，幼儿园月人均增资3.86元。

1989年，北滘镇政府发出《北滘镇中小学实施"两聘、两制、一包、一改"意见》，再次提高教师工资待遇，小学教师月人均工资300—330元，初中教师不低于350元，高中教师不低于370元，1992年对民办教师增发奖励工资。

1993年，根据国务院通知精神，全县中小学教师工资套改（工改），教师工资又一次较大提升。中小学教师津贴（活工资部分）比例由30%提高到40%，享受与机关公务员节日、住房、住院医疗补贴等福利待遇。

1994年，根据广东省人事厅通知，北滘镇教师工资分基本工资和浮动工资两部分，使教师的收入与所负责的工作和实绩挂钩。小学教师年人均11320元，初中13568元，高中15768元。1995年，根据人事部、财政部、国家计委的规定，从1995年10月1日起，中小学教师年度考核称职以上者，每两年正常晋升一个工资档次，而且连续两年考核优秀，成绩显著，有突出贡献的教师，提前或越级晋升工资。2000年，根据广东省人事厅通知，凡年度考核评定为优秀等次的人员，均发给本人该年12月基本工资数额的奖金。

1997年教师的年收入：高中教师由19525元提高到21477元，初中教师由16638元提高到18302元，小学教师由13772元提高到15149元。1999年、2001年，继续调整提升中小学教师工资。2002 年中小学教师平均年收入达到 3 万元。2010 年 1 月开始，北滘镇教师的节日慰问补贴每年 13000 元。

社会保障 1988 年建立教师养老保障制度。100% 的教师都参加了养老保险，养老保险金由财政部门按“上年度所属缴费个人月平均工薪收入总额的 20%”及个人按“本人上年度月平均工薪的 6%”缴纳。对教龄已满三十年的退休教师按 100% 领取退休金。退休教师年均补贴为：高级职称每年 1145 元，中级职称 890 元，助理级职称 800 元，初级级职称 710 元。资金来源由各级财政解决。与此同时，为在职的教师统一购买了失业和工伤保险。如果失业金收入达不到家庭成员人均 310 元的标准，可申请最低生活补助。其子女入学可免收学杂费，医疗费用可减免 20%。

1993 年建立教师医疗保险制度。医疗费用支出由医疗保险、财政补助、个人少量承担三部分组成。保险费的来源：单位缴纳的按“上年度所属缴费个人每月平均工薪收入总额的 6.5%”，由财政向社保部门缴纳；个人按“本人上年度月平均工薪的 2%”缴纳。教师门诊费由各级财政按财政预算拨付给各学校包干管理：在职人员每月人均 200 元和退休人员 300 元。在职教师住院医疗费用按社会保险局报销 50%、财政报销 25%、个人负担 25% 规定执行，退休教师则住院费用报销 90%。另外，由财政拨款，每两年进行一次教师体检，2016 年开始改为一年一次教师体检。2002 年 7 月 1 日起，基本医疗保险按新的补充规定执行。

2014 年提高教师医疗补助，且改为按年龄划分补助金额，在职人员月人均补助：30 周岁以下 200 元，30 周岁以上至 45 以下 250 元，45 周岁以上 300 元。退休人员月人均补助：70 周岁以下 300 元，70 周岁以上至 80 周岁以下 350 元，80 周岁以上 400 元。2015 年仍按上年年龄段划分医疗补助金额，补助金额提高一倍。

住房待遇 20 世纪 80 年代开始，镇政府每年都拨出大笔资金兴建教师宿舍，以月租的形式租给住房有困难的教师，让教师安居乐教。

1995—1997 年实施“安居工程”，对教师建房予以一定的补贴，尽量减免住房建设的有关税费，或实行私建公助、私买公助的政策来解决教师住房建设的实际问题。1996 年，镇政府对在北滘任教三年、没有房产的教师，以每平方米 750 元的均价，出售蓬莱新村 8、9 栋楼 56 个套间；投资 60 万元新建桃西中学教师周转房 8 套。至 2002 年解决教师周转房共 100 户，公助私建共 64 户。2003 年后，参照公务员待遇，每月发放住房公积金。

四、师资培训

新中国成立后，特别是改革开放以来，北滘通过举办各种教研活动、学习培训、支教、学科技术评比等多层次、多形式的活动，提高教师的政治思想和业务水平。

短期培训 1978 年 2 月，全公社公办教师、民办教师 498 人参加教师寒假学习班。

1979—1983 年，组织教师的业务学习，学习心理学、教材教法、普通话等。

1981 年 12 月，组织小学语文教师参加《小学语教法》考核。1983 年成立教师辅导站，负责教师培训工作和中小学教学工作。1983 年 7 月，北滘举办幼师学习班，9 月组织教师理论学习。1984—1985 年，教师们参加教材、教法进修和《教育学》考试。1985 年，举办中师语文教学班。1986 年 9 月，北滘中心幼儿园幼师参加学习培训。1986—1991 年，北滘镇中小学、幼儿园教师参加“专业合格证书”考试。1987—1990 年，组织全镇中小学、幼儿园教师参加“教材教法合格证书”考试。学历不达且教龄不到二十年的教师（小学 140 人、初中 54 人）参加进修。

1990 年起，实施“继续教育工程”，组织中小学教师参加计算机初级、中级考试。对校长和骨干教师进行培训，带动整体质量提升，并开展信息技术和英语培训。

2000 年，5 位中学校长参加北京师范大学举办的校长学习班，全镇高中教师参加教师再教育学习，初中小学教师参加教育信息化的等级考试学习。2013 年，举办北滘镇校（园）长高级研修班，43 名新入职教师参加入职培训。2014 年 9 月，召开教育服务专题报告会，各中小学全体行政干部、幼儿园园长 500 多人参加，增强教育服务意识。2012—2013 年，开始组织近 2000 名教师到香港中小学校学习交流，通过听课、观摩、座谈等形式，开阔视野，提升教学水平。2014 年，组织举办“北滘镇校（园）长高级研修班”“北滘镇中小学青年干部人才高级研修班”和暑期英语培训班，990 多名顺德英语教师接受培训。2015 年 10 月，举办专业教师文凭课程，来自北滘镇及其他地区的中小学教师共 130 多人参加。2016 年 9 月，北滘镇教育局开展种子教师培训计划，从年轻教师中挑选学员进行教育、教学的培训，36 名教师参加。

离职进修 1984—1985 年，镇选送教师参加顺德师范代培进修中师班。

2001 年起，北滘镇分批选送优秀英语老师到英国剑桥、哈士町、牛津、爱丁堡等城市的大使语言学校进修培训三个月，进一步提升英语的听说能力，学习美国中学英语教学方面的先进教学方法。每年一批，每批约 3—5 人，一般是分配小学、初中、高职各 1 人。至 2008 年，全镇共派出 34 名在职英语教师赴英培训。

在职函授 1979—2012 年，老师们积极参与学历培训，培训级别从中师到本科。培训形式基本为在职函授或自学考试，在职函授班由华南师范大学教授任课。为鼓励教师进修，教师取得学历证书时，教育办根据证书的等级作相应的奖励。

1981 年 8 月，北滘教师进修班开业。是年，北滘 12 人获得中师毕业文凭，41 人师专函授毕业，113 人参加新办中师函授班学习。1984 年 3 月，北滘函授第二期开设专业教材教法物理科学习班。2000 年，有 368 名在职教师参加了各类学历班的学习。

五、教师编制、职务评聘和资格认定

教师编制 1985 年北滘镇教师的定编：每个小学班配教师 1. 6 人，其中公办教师 0. 5 人，对超编的教师各校自行安排。

1990 年，北滘镇教师的编制：每个高中班配教师 4 人（其中职工 1. 2 人），初中班配 3. 5 人（其中职工 1 人），小学班 1. 4 人（其中职工 0. 1 人）。

2003 年，北滘镇教师的编制：普高班配 4. 1 人，职高班配 4 人，初中班配 3. 6 人，中心小学和城区小学保持每班 2. 5 人，其他小学 2. 1 人。

职务评聘 1985年教育组给各学校下达专业技术职务。

1987年第一学期，全镇中小学教师实行职称评定工作，参加职称评定的474人。

1989年，实行校长负责制和教师岗位责任制，加强对教师管理、考核。在首次职务评聘中，参评的中小学教师共257人，其中公办140人、民办117人，从学校类型分，中学27人、小学213人、幼儿园17人。教师通过个人申报，学校评审小组推荐经县、市、省各级教师职务评审委员会评定，县、市、省科技干部局批准，全镇审定符合任职资格的人数有176人。

以后与全省同步于1992年进行第二次中小学教师评聘工作，并逐步改为评聘分开和每年评审一次的制度。镇政府先按有关规定完成对校长及各校中层干部的聘任，然后再由各校进行教师的聘任。学校根据优化组合、竞争上岗、择优聘用的原则，在核定的编制内选聘教职工，允许低聘、短聘、转聘、待聘，把竞争激励机制引入教师队伍管理中。教师的聘任由校长与教师签订有效期三年的聘任书，2010年开始改为四年聘任书。实施聘任后，校长执行任期目标责任制，教师执行岗位责任制。

1994年秋季，北滘镇聘任教师628人，短聘、缓聘39人，不聘15人（其中9人是民办教师）。

1995年起，根据省市颁布的各级中小学校教师职级设置比例的意见，将高、中、初级教师岗位职数下达至学校，在职数范围内聘任教师职务。

根据顺德市教育局通知，北滘镇从1999年5月开始，由镇分管教育的副镇长组织教育办全体工作人员以及各村管校干部、校监会成员等，对全镇27所中小学、镇办2所幼儿园的校长（园长）以及中层干部进行了全面的考核和评议。方法首先是让各校校长在教师大会上进行述职，然后进行不记名的评议。工作人员还分别与领导班子成员和骨干教师个别征询意见，再根据教师推荐意见，对照聘任条件，反复研究，选出校长、中层干部。

2002年7月5日，北滘镇举行中小学校长、幼儿园园长聘任大会，34人被聘任为新一届校长、园长，任期三年。

资格认定 教师资格证是教育行业从业人员教师的许可证。师范类大学毕业生须在学期期末考试中通过学校开设的教育学和教育心理学课程考试，并且要在全省统一组织的普通话考试中成绩达到二级乙等（中文专业为二级甲等）以上，方可在毕业时领取教师资格证。非师范类和其他社会人员需要在社会上参加认证考试等一系列测试后才能申请教师资格证。2015年实行教师资格证考试改革。改革后不再分师范生和非师范生的区别，实行国考，考试内容增多，报考条件更为严格，考试形式分为笔试、面试和试讲。

1996年，第一次进行北滘镇中小学教师任职资格认定。是年教师资格认定，办理各类教师资格证一批313人。其中高中19人、初中68人、小学223人、幼儿园3人。2002年，教师资格认定，办理各类教师资格证一批347人，其中高中97人、初中93人、小学147人、幼儿园10人。

2016年12月，北滘根据广东省教育厅、广东省财政厅、广东省人力资源和社会保障厅《关于开展原民办教师和原代课教师自查工作的通知》精神，经个人申请，原任教学校、镇教育局调查、取证，北滘镇首批有529人通过原民办教师和原代课教师身份的工作年限认定初审。

第六章　教育经费

第一节　经费来源

古代官学经费由“学田”提供，部分由士绅捐田、捐款解决。私学经费由绅士富户捐赠学田、学款和族产（公田）供给。

民国期间，各类学校经费来源不相同，公立小学靠公堂出资和学生交纳学费，私立学校由校董会筹集和学生缴费。有些学校主要向在外地的乡亲捐集办学资金，个别学校主要由私人捐资办学。民国27年（1938年），日军入侵北滘，学校多因经费来源断绝而停办。抗战胜利后，乡村教育事业恢复，但是办学经费紧缺，支付教师工资困难。

1949—1952年，教育经费如教师工资等，由农会、乡府自筹和收学费等解决，当时国家没有教育经费拨款。

1952—1955年，学校由国家接管，教育事业列入国家预算，主要由政府下拨经费，地方财政给予一定的补助，还有乡镇、部门、单位筹集和个人捐助，以及学生缴纳的学费等。教育经费实行统收统支。教育经费的收支趋于稳定。若有特殊开支，如修建校舍或添置学生桌椅，须申请上级批准，专款专用。

1956—1968年，学费上交，教师工资、福利医疗、办学经费由上级拨给。国家下拨教育经费包括工资由公社文教办统一处理。1962年，压缩教育经费，精减人员，一批公办小学转为民办小学，民办学校经费由乡（大队）自筹。

1968年9月—1976年8月，中小学下放到公社、大队办，经费也随之下放。除中小学公办教师工资和福利由国家财政支付外，其余的由公社、大队支付，国家财政给予一定数额的补助。

1976年9月—1986年8月，国家下拨经费用于解决公办教师工资、医疗、福利和民办教师补助、年终奖金或补贴建设部分款项。

1986年9月—1995年8月，县财政下拨资金，解决教师工资、医疗、福利、生活补贴的50%等开支，而教办、学校的办公费、生活补贴的50%以及少量的教师奖金和小宗的校舍维修等都由教办做计划，镇审批下拨解决。

1995—2017年，教师工资由顺德市（区）财政下拨。教师养老金、医疗费均由国家下拨资金解决，镇政府解决教师生活补贴、奖金、校舍修建。

一、政府投入

中共十一届三中全会（1978年）以后，北滘各级党政领导重视教育，积极改善办学条件。1979—1983 年，公社共投资教育经费 459916 元，平均每年 91983.2 元，占全公社财政支出的 13%。

90 年代步入信息化，北滘镇投入了 6280 多万元改善各项教育教学设施，以推进教育信息化工程。1991—1995 年，北滘镇教育经费投入 4346.66 万元，占整个财政支出的 30% 以上。1996—1998 年，北滘教育资金投入 3953.3 万元。1999—2002 年，北滘教育资金投入 1.02 亿元，约占财政支出的三分之一。2004 年教育经费比 2003 年增加 3098 万元。2005 年投入 13167 万元。2006—2010 年，北滘镇财政总支出 531592 万元，教育经费投入 83821 万元，教育费占财政支出的 15.77%。

2011 年 3 月 24 日，北滘出台《关于进一步加快北滘镇学前教育发展全面提升学前教育水平的意见》，在原有基础上追加投入 5500 万元，是年教育支出 23947 万元，占全年总财政支出的 30.1%。此后几年，政府对教育的投入也保持上升趋势。2011—2015 年，北滘镇财政总支出 809911 万元，教育经费投入 119833 万元，占财政支出的 14.80%。2016 年政府对教育的投入达 29241 万元。

1990—2016 年北滘教育附加费的收入情况表

表 17—6—1　　　　单位：万元

年份	教育附加费收入	年份	教育附加费收入	年份	教育附加费收入
1990	38131.95	2002	—	2010	3308
1991	274.7593	2003	1361.67	2011	9348
1992	255.6559	2004	1505.6	2012	8878
1995	446.8671	2005	1252	2013	9109
1996	702.1419	2006	1394	2014	9937
1997	822.2527	2007	1608	2015	16188
1998	650	2008	2143	2016	11256
2001	2000	2009	1899		

二、社会投入

20 世纪 60—70 年代，国家提倡勤工俭学，解决学校开资困难问题。1978 年中共十一届三中全会以后，国家拨款逐年增加，大力提倡群众集资办学，改善办学条件。1980 年，北滘镇实行国家、集体、个人几方面集资办学。1984 年，掀起集资办学的热潮，发动社会力量，包括港澳、华侨捐资办学。

勤工俭学　1957 年，国家提倡勤工俭学，学校把劳动课正式列入课程表，学生每周 2—3 节劳动课。随后，各校办起小工厂、小农场，师生走出校门，到生产队、工厂挂钩劳动。例如 1961 年 12 月，北滘区各小学三年级以上的师生停课 12 天支援秋收生产，学校发给学生记分卡，记录工分和工种，劳动结束后，由学校总结评比。

老师们有的被安排带学生劳动，有的被安排和社员一起劳动。中心校检查督促各校的劳动情况，做总结。

20世纪60年代初，国家经济出现暂时困难，为改善师生生活，师生积极开荒扩种，校办农场有所发展。“文化大革命”期间，开展勤工俭学。各学校纷纷办起农场和工厂，通过生产收入，弥补教育经费的缺口。如广教小学1976年起办起校办厂，勤工俭学增设备，修校舍。

1979年，再次掀起勤工俭学活动，但形式改为学校办工厂。1982年全镇勤工俭学小工厂的产值334951元，纯利润26427元，是全县开展勤工俭学比较好的镇。

1983年镇设立勤工俭学办公室，派人兼管各校的勤工俭学。

1983年至1984年初，全镇的校办农场小学有9个，普通中学有1个；校办工厂小学有17个，普通中学有1个。

1987年12月统计，开展勤工俭学的学校有24所，勤工俭学开展率85.71%。勤工俭学固定资产净值10.89万元，全镇纯收入18.98万元，其中超万元的学校有：林头中学、中心小学、广教小学、坤洲小学、北滘小学。

1989年全镇有27所学校勤工俭学，固定资产净值69.716万元，总收入35.022万元。

1990年全镇有23所学校勤工俭学，固定资产净值94.42万元，总收入41.30万元，用于改善办学条件、集体福利、个人福利等。

1992年1月，全镇只剩下3所普通中学（西滘中学、桃西中学、莘村中学）和2所小学（中心小学、北滘小学）还有勤工俭学。

1993年，各校勤工俭学校办工厂停业或转让经营权。

地方集资办学 1978年，北滘镇对各学校进行“一无两有”验收，校舍扩建、拆建、新建3874.5平方米，投入28805元。资金来源于其他修建上的拨款、社队集资、勤工俭学、华侨港澳同胞捐款。

20世纪80年代初，北滘镇兴办6所初级中学，这些初级中学建校时除县负责每班“两个四”（即每班4000元，4吨水泥），余下的经费由社队负责。这些中学的经费来源主要有：（1）县拨民办补助，每班每年930元；（2）联办经费，每生每年24元；（3）调整收费标准，每生每学期9元，杂费5元；（4）积极开展勤工俭学活动；（5）县社队各级补贴。

除了负担联中的经费之外，北滘镇有不少的校舍、教学设备有待改善。各校从多个途径解决建校资金问题：（1）县拨款；（2）争取公社拨一部分款；（3）大队提取一部分；（4）发动本大队群众捐资；（5）争取本村的港澳同胞支持；（6）联办的单位也采取随缘乐助的方式。

1985年，各学校的电化教育的经费都是学校自筹，一般是500—1000元，用于购买唱机、录音机、扩音机、唱片、录音带等。添置体育教学设备费也是自筹，经费从几百到几千元不等。

1987年，北滘镇政府发出《关于搞好教育工作的几点意见》，规定各乡原来对教育事业费的供给渠道不变，而且每年按上年教育经费递增10%供给。

1989年，北滘镇政府发出《北滘镇中小学实施“两聘、两制、一包、一改”意见》规定教育经费包干可按下列标准：（1）未达县定标准的按县标准补足（县标准：如果按班算，小学每班8607元，初中每班17039元，高中每班22332元；如果按学生人数算，小学每生215.18元，初中每生370.40元，高中每生485.50元）；（2）以1988年经费为基数，递增15%；（3）按1989年教育经费为基数，适当增加。

1990年，北滘镇集资办学经费，合计724.03万元。其中国家包干经费102.17万元，县地方财政一次性拨款17.41万元，镇拨款66.43万元，村拨款68.37万元，征收教育附加费249.48万元，收取办学经费208.82万元，勤工俭学补充经费11.35万元。

教育基金百万行 1996年10月25日，全镇范围内开展“兴教育才，人人参与”的北滘首届教育基金百万行筹款活动，参加捐款有168个单位和4万人次，共筹1300万元。至2000年，一共办了5届。

企业集团办学 碧桂园集团1994年投资2亿多元兴办碧桂园学校。美的集团2000年兴办美的小学、美的实验幼儿园，2014年再兴办美的广厦幼儿园。2002年，碧桂园董事局主席杨国强捐资4亿元创办国华纪念中学。

港澳同胞捐资办学、助学 1984年，李伟强捐资600多万元扩建莘村中学。至2017年，先后捐助2000多万元用于校园建设，完善教学设备。另外1991—2017年，李伟强捐资设立教育基金，兴办幼儿园，重建中小学校舍，达2673万元。1994年北滘镇接受华侨、港澳同胞捐赠2826.50万元，用于中学、小学、幼儿园做奖学金、增设教学设备、新建和扩（修）建校舍。2008年碧江设立梁英伟教育基金。至2017年，奖学助学金额累计达115.1万元。另外，社会各界为梁英伟教育基金捐款达116.7万元。

社会团体及个人慈善助学 1997年，碧桂园董事局主席杨国强以其母之名成立仲明助学金。至2012年，累计捐出2100万元。2009年11月8日，北滘慈善会助学基金资助活动正式启动，分别对幼儿园、小学、初中、大学等4个学龄段的困难家庭学生给予资助。其中，幼儿园助学基金标准为每人1500元，大学助学基金则按照受助学生的困难程度分为3000元和5000元两种。小学和初中处于九年义务教育，助学金额分别为每人800元和每人1200元。此次活动中，全镇有180名来自低保临界困难家庭的学生受到资助，资助金额共计30余万元。

2011年10月，广东盈峰慈善基金会继续在北滘镇开展爱心助学活动，共资助学生81人，发放助学金共9万元。2006—2011年，北滘港货运联营有限公司共资助贫困大学生144人次，累计金额50.4万元。2013年12月30日，美的集团向北滘慈善会再捐1000万元，其中276万元用于幼儿园建设。2017年，碧桂园集团捐赠1亿元人民币启动“惠妍教育助学基金”，每年出资1000万元资助当地贫困学子学习，支持顺德区公益教育事业发展。

第二节　经费分配

一、教育事业费

经费分配办法　1986年前由佛山地区财政局将全区中小学经费的年度预算下达到各县（市）教育局，再由县（市）教育局具体分配到各镇（区）教育办公室，各镇（区）教育办公室再分配到所属的中小学。1986年开始，实行“分级办学，分级管理”，镇所属的中小学经费主要由镇、村负责筹措和分配。

教育行政费核定　1986年前，北滘镇中小学人员经费按各校教职工人数实际工资数据核定；公用经费按每个教学班定额核定。1986年开始，试行定编不定员，教师工资、福利费总额包干制，超支不补，节支不缴。

教育事业费分配　镇政府根据教育发展的情况，把基础教育作为经费投入重点。1900年教育事业费的支出517.76万元，其中国家财政预算内普通教育事业费支出121.12万元。

顺德县由人大通过决议，规定全县教育经费在1988年基础上每年递增15%以上，县教育局制定全县中小学教育经费匡算表，作为实行总额包干基数，再由镇、村根据实际需要和经济能力与学校签订经费包干协议。北滘镇按县里规定，教育经费每年递增15%，八五期间（1991—1995年）教育经费总投入4346.66万元。

1994年起，北滘镇以1993年经费为基数每年增幅10%以上，1994年投资教育事业1620.7万元。1997年镇属学校（七间中学、中心小学）实行包干经费，教育包干经费1282.07万元。其中公用经费比1996年提高10%，标准是初中每班每年71351元、普通高中每班每年95747.52元、职业高中每班每年106946元。中心小学执行初中标准，北滘中学比标准高20%。小学（不含中心小学）的教育包干经费387.83万元。市拨包干经费比上年递增15%，由于实行税制改革，1997年递增部分改为由镇政府负责。

二、教育基建费

清朝至新中国成立初期，境内的书院、学社、私塾的校舍设在宗祠，极少另外建校址，基建费不多。

由于祠堂年久失修，光线不足，已经不适应办学要求。“大跃进”时期，大队从生产队中抽调一些略懂泥水工的农民，到学校维修教室，改善学校环境。

20世纪60年代，从生产队抽调劳力，自己动手，建课室，改造学校。70年代，生产队出人力物力，为学校建造教室。

1982—1985年，是校舍建设的高峰期，增建中学6所，扩建或修建多所小学、幼儿园。

1984 年实现“一无两有”（学校无危房、班班有课室、人人有课桌），改善办学条件，增设图书室、体育室，充实教学设备。

1989 年 9 月，顺德县建筑工程质量安全监督站北滘分站鉴定北滘镇各小学校舍情况。每年初，学校向教育领导组申请基建费，由计委下达教育投资计划，然后由镇财政部门按当年投资计划拨款。

“七五”期间（1986—1990 年）全镇教育基建投资 1760 万元，改建校舍 6080 平方米，并易地兴建具有一定规模的北滘中学。

各级领导重视校舍的建设。1993 年，市政府发文规定，对不同类型管理区分别给予建筑面积每平方米 30 元、50 元、70 元的补助。1995—1997 年，建设校园补助费在市的标准基础上，北滘镇政府每平方米补 30 元。至 1997 年，全镇共投入 1.5 亿元新建中学 5 所，小学 16 所，改造危劣校舍 3 所。

1986—2002 年镇政府用于“改薄”（改造薄弱学校）和创建等级学校及教师住房建设所用资金，采用分级负责原则解决。

1988 年后，北滘镇把学校的设备费交由校长掌管，用于完善教学设施。设备费为小学生每生每期 15 元。初中生 30 元，高中生 50 元。该款专款专用，单独设账，教办每年检查一次。1991 年继续抓好“办学条件标准化”的配套工作（含师资、校舍、设备等）。小学抓好“四室一场”（图书阅览室、教学仪器室、体育器材室、团队活动室、运动场）建设工作。在此基础上继续推进电化教学设施建设，使全镇 50% 的学校实现班班有“双机”（幻灯投影机、录音机电化教学台及屏幕）。中学抓好实验室建设，常规实验仪器按国家教委一类标准配备，图书资料室不断充实。

1994 年，中心小学等 8 所新建校舍投入使用，总占地面积 47782 平方米，建筑面积 31900 平方米，共投入资金 3966 万元。1995 年，投入 450 万元建设碧江中学，200 万元扩建林头中学。1995 年，北滘镇教育文化福利事业建设总投资额 9129 万元，其中镇投资 4536 万元，管理区投资 4573 万元。用于学校建设 1916.1 万元，完成建筑面积 8590 平方米，标准 200 米田径场 2 个。用于幼儿园建设 564.8 万元，新建或扩建幼儿园 5 所，建筑面积 6825 平方米。

2004 年，全镇校舍建设共投入 3908 多万元。2011—2012 学年度，镇政府更投入 1300 多万元用于小学各校室场设施的添置、维护、修建，大大提高小学教育硬件设施水平。所有小学按照《义务教育学校规范化建设标准》规范设置计算机室、语言实验室、音乐室、美术室、体育室、图书室、广播室、心理辅导室、卫生室、科学实验室等教学及教学辅助用房。小学生人均图书不少于 20 册，初中生人均图书不少于 25 册，每年新增图书比例不少于藏书标准的 1%。

据 2014 年 3 月统计，北滘镇公办学校校舍建筑面积共 334591 平方米，其中初中 114019 平方米、小学 220572 平方米。校舍占地面积 694377 平方米，其中初中 275041 平方米，小学 419336 平方米，初中生人均占地面积 34.6 平方米。所有中小学校全部配备标准运动场。2016 年，投入 3.5 亿元兴建华南师范大学附属北滘学校。

第三节　教育收费

一、收费项目和标准调整

幼儿园收费　1985 年，北滘中心幼儿园提高入幼收费标准，每名儿童每月交费 10 元，家长负责 5 元，家长单位补贴 5 元。

1987 年 9 月，北滘镇政府发出《关于中心幼儿园提高入幼收费的通知》，入幼收费增加为每月 16 元，新入幼的儿童增加一次性办幼经费 40 元，由家长全部支付；合理生的孩子，每月交费的 50% 和办幼经费 40 元，可随家长一方报销。

1989 年 7 月起，提高入幼收费和增加办幼经费。入幼收费每月为 30 元，新入幼的儿童一次性办幼经费增加为 60 元，由家长全部支付。合理生的孩子，每月入幼收费的 50% 即 15 元和办幼经费 60 元可随家长一方报销。

中小学收费　1985 年统一各校收费：小学生每人每学期收 10 元，中心学校、碧江镇小及初中生收 12 元，高中生收 14 元。困难户学费减免，乡政府拿出部分资金进行补贴。

1987 年第二学期镇政府规定：（1）小学、初中学生不再缴交学费，高中生每学期收学费 7 元，计划外招收的学生可按加一倍的标准收费。（2）联办经费小学生每学期 24 元，中学生每学期 30 元（其中每生每期 12 元上缴教育组），新增的联办经费全部由家长负责，不得在单位报销。杂费，小学生每人每期 8 元、中学生每人每期 15 元。

1988 学年度第一学期起，北滘镇一般小学每人每学期收费 50 元，中心小学每人每学期收费 60 元，初级中学每人 70 元，普通高中、职业高中收 100 元。是年全镇学杂费共收取 222518. 5 元。

从 1993 年春季开始，北滘镇按顺德市政府通知精神，调整中小学收费。（1）学费：小学、初中免收，高中、职中每期学费 15 元。杂费：小学每期 110 元，初中每期收 130 元，普通高中每期 160 元，职业高中每期 170 元。教学设备费：小学每期 15 元，初中每期 30 元，高中、职中每期 60 元。以上三项收费借读生加收 50%。（2）代收代支项目：含水电费、书本费、资料费、班会费、文娱费等，按各校开支实际自行决定，不足的收够，多余的要发还本人。（3）北滘中学生加收管理费每学期 30 元。

1994 年 6 月，按《广东省教育收费管理规则》执行。北滘镇调整公办中小学收费项目和标准：（1）学费：小学、初中免收，高中、职中每期 15 元；（2）杂费：小学每期 190 元，中心小学每期 215 元，普通初中每期 239 元，北滘中学初中每期 303 元，普通高中、职中每期 328 元，北滘中学高中每期 408 元。（3）设备费：小学每期 15 元，初中每期 30 元，高中每期 60 元。（4）管理费：北滘中学每期 30 元。以上收费标准，借读生加收 50%。

1997年6月，北滘镇各类学校收费原则上按广东省统一的项目和标准：学费、设备费、管理费、代收代管费、择校费、借读生费暂不作调整，杂费收费标准调整如下。小学：一般小学238元；顺德市一级学校（水口小学）245元；佛山市一级学校（中心小学、莘村小学、碧江一小、西滘小学）252元。中学：省一级学校（北滘中学）初中341元，高中483元；镇属重点（莘村中学、林头中学）初中322元，职业高中478元；初级中学313元。

1998年后，全部按广东省同一项目和标准收费。2001年省拨款免收年人均收入1500元以下困难家庭子女义务教育阶段学杂费。

2002年，教育"一费制"改革顺利实施，改革过程中出现的书费、学杂费等缺口，基本按原来的渠道有镇、村居分别承担，其中补充镇属学校的缺口249万元，村属学校缺口184万元。2002学年，北滘镇各中小学按市的有关"一费制"的精神收费，并按"新生新办法，旧生旧办法"方法，对收取择校生费的学生，不退择校费，按普通生收取费用。

北滘"一费制"的收费按佛山市的标准先后作了多次的调整，2002年，一般小学每学期收168元，区一级学校收182元，地市一级学校收196元，省一级学校收210元。初中一般学校每学期收240元，区一级学校收260元，地市一级学校收280元，省一级学校收300元。高职中学费，每生每学期收费720—900元。

2010年北滘各小学学杂费每年1370元，其中课本费200元、作业本费20元、杂费1150元。2013年，对九年义务教育学生学生免借读费、书本费、杂费。

借读生收费 1987年，北滘镇对外来暂住人员子女（即无常住户口学生）加收收费项目为"借读费"。1997年6月广东省教育厅、财政厅、物价局统一界定"借读生"对象范围，并制定统一收费标准"借读费"。至2002年北滘镇仍按省统一规定办理。2007年政策性借读生书（学）杂费每学期340元，普通借读生书（学）杂费每学期905元。从2009年春季至2012年秋季，统一借读费每学期340元。2013年春季开始不再收取借读费。

二、收费管理

1952年，学校经费实行统筹统支，教育事业经费列入政府财政预算，由文教部门统一管理和安排使用，定期审核。

1954年起，全部公立小学的经费、校舍的修缮、修建列入预算。小学根据具体情况酌收学杂费，学校提留10%使用，以弥补小学教育经费的不足。是年，教育财务工作实行"统一领导，分级管理"，各小学都有兼职的出纳、会计。

"文化大革命"期间，教育事业经费的管理与使用处于混乱状态。1969年，把县掌握的国家教育经费主要项目，即由国家负担的公办教职工工资、办公费、福利费、民办补助费、修缮费、代课工资、粮价补贴等下放到公社管理，由公社统一掌握、安排使用。1973年，中小学的学费全部上缴教育局，统一使用。

1981年，实行"划分收支，分级包干"的财政管理体制。

1985年，各校教育经费上缴后，再由教育办公室下拨各校。北滘对各校的教育经费的计算方法：教育业务进修费，每生每月5元，12个月计算。学校办公费每生每月0.4元，12个月计算。

1986年前，由佛山地区财政局将全区中小学经费年度预算下达到各县（市）教育局，再由各县（市）教育局具体分配到镇（区）教育办公室，各镇（区）教育办公室再分配到所属的中小学。1986年开始，北滘镇实行“分级办学，分级管理”，中小学经费主要由镇、村负责筹措、分配。

1988年，实行教育经费包干，由镇财政所直接管理教育经费的支出。教育局下拨教育经费基数，按上年汇款的实际数和公办教职工人数下拨教育经费。

1990年后，北滘教育收费管理工作执行国家和省关于清理整顿“三乱”（乱收费、乱罚款、乱摊派）的规定，建立每年由市纪委、物价局和教育局组成联合检查组定期对学校进行收费检查制度等。此外，规定择校生的“择校费”标准，实行“收支两条线”管理办法。

1994年教育附加费实行“先收后支”，由教育行政部门根据需要统一分配。教育附加费主要用于义务教育阶段办学条件，扶持开展教育、教学改革活动等；教育附加费不可用于职工福利和发放资金。

1998年起，教育局下拨教育经费的标准，按照在校学生人数下拨教育经费，实行镇财政包干。

2000年起，学生缴费直接向北滘财政部门的银行专户缴款，再由财政部门审核返拨给学校安排使用。

第十八篇　科学技术

新中国成立后，人民政府重视科技立业，倡导科学种田，推广农业新技术。20世纪60年代北滘成立农科站，配备农业技术干部。每个大队配备一名农科人员协助大队抓生产，侧重农业生产。1963—1965年，从公社至生产大队领导都搞科学试验田，引进良种，致力于改革种桑养蚕、种蔗制糖、养鸡养鱼等生产技术，为科技的发展打下基础。

1978年3月全国科学大会后，北滘镇成立一支80人的农业科研队伍，负责全镇水稻、甘蔗、禽畜、水产养殖的技术指导。各大队普遍建立起科学种养示范点。公社还建立一个较完备的养鸡商品生产体系，每年为市场提供数以10万计的商品鸡。

80年代，北滘镇工业开始兴旺，大量引进先进技术和设备，以及引进大批科技人员，实施科技奖励制度，积极研制和开发有科技含量的新产品，有力地促进由农业生产走向发展工业生产的转变之路。

90年代，北滘镇政府和企业，进一步认识到技术创新在推动经济发展和企业转型升级中的重要性。美的集团投巨资组建了国内家电行业具有一流水平的产品开发设计研究所，吸收优秀科研人才，专门从事家电应用基础技术，实施了CAD（Computer Aided Design，计算机辅助设计）、CAM（Computer Aided Manufacturing，计算机辅助制造）、CAE（Computer Aided Engineering，计算机辅助工程），形成集团、事业部两级开发体制。用科技、创新驱动绿色经济，打造北滘镇科技创新的“最强大脑”。

2004年5月，北滘被定为“广东省专业镇技术创新试点”。2005年，北滘镇在顺德首开先河，每年举办科技活动，不断促进科学技术的普及和提升。同年，北滘被定为“广东省火炬计划顺德金属材料特色产业基地”的核心发展园区。

2009年，坐落北滘的顺德工业设计园成立，成为北滘镇高端人才聚集区。2012年，全镇高新技术企业总数达30家，各级工程中心总数达24家，企业技术中心4家，新增2家博士后工作站，为产业转型升级提供重要智慧支撑。共有10项科技成果获2012年度顺德区科学技术奖励，30多项科技项目获区级以上专项资金扶持，扶持资金超过1000万元。

2015年，美的集团联合华南理工大学、西安交通大学研究院、广东华南计算技术研究所、中国机器科学研究院等8家大学研究机构，投资20亿元建设华南智能机器人创新研究院。碧桂园获批设立博士后科研工作站，继美的、精艺、设计城之后，成为北滘镇第4个博士后工作站。全镇高新技术企业35家，20多家企业申请高企入库培育，6家企业获省关键技术创新专项资金扶持，入驻设计城的企业总计约140家，除常规工业设计企业外，还重点引入科技研发型企业或机构。如顺德区中源协和基因科技有限公司、顺德中山大学太阳能研究院、佛山中国科技学院产业技术研究院工业设计协同创新中心。北滘镇全年专利申请及授权保持全区领先。2017年，北滘镇政府推动机器人产业创新发展，协办“中国机器人及人工智能大赛”，积极推动安川美的、海川智能等一批本土机器人企业发展。美的集团与碧桂园集团建立全面战略优先合作伙伴关系，在产城融合、科技小镇、智能家电、智慧家居、海外项目等领域进行多维度的合作。美的还筹建省白色家电技术创新中心，被评为省自主创新标杆企业。

第一章　科技人员与科研机构

第一节　科研人员

一、人才队伍

民国时期，北滘仅有少量专业技术人员分布在水利、电信、医院等部门。

1964年，北滘镇设立农科站、技术站、兽医站、育苗场等单位，专业人员队伍稍有扩展。

20世纪70年代初，北滘成立农业技术指导小组，对农业技术员进行定期和不定期的培训，建立一支农村技术骨干队伍。全公社农科员40多人，农科员的经费全部由镇政府负责，每年要开支10万多元。

1980年，北滘企业只有2名技术人员。至1986年，即使是美的这样一个具有800名员工的大集团，也仅有一名大专毕业生。1988年，北滘镇实施人才引进政策，在顺德县人才交流中心帮助下，镇内各部门、各大企业以优惠条件从国内外引进技术人员。至1990年，先后从日本、加拿大、美国、荷兰等国聘请10多名技术专家从事技术指导工作；从外省、外县引进高级工程师6人，工程师16人，专业技术人员60多人。与此同时，采用多渠道、多层次的培养方法，提高劳动者的文化水平和技术水平，从在职的青年技术骨干中培训大批科技人才。至1991年5月，美的集团员工共3200人，拥有大学毕业以上文化程度的有362人，占员工总数的11.3%。其中，有博士1人、硕士12人、本科136人；按职称统计，有高级工程师3人、工程师72人、助理工程师108人，拥有技术职称人员占总职工人数的5.72%，超过国家级企业的标准3%；在这批人士中，从外地招聘来的人员153人，占83%。

进入90年代，北滘镇从政府到各企业，普遍树立人才意识，懂得发展经济必须爱才、招才、容才、用才。因此，很关心专业人才的实际生活问题，除了给予优厚薪酬待遇，对户口的迁入、家属就业、子女入学、提供住房等，均给予优先安排。1993年，北滘镇颁发《镇办企业科技人员分期付款购买住房暂行规定》，规定科技人员可以申请购房优惠，“住房总值由两部分组成：第一部分为购房者应付之购房款额。即核定价是60%，第二部分为用人企业应承担之款额，即核定价之40%”（科技人员购房，自付60%，用人企业负责40%，服务期满后，产权全归个人）。1995年，全镇有科技人员（高、中、初级工程师）1013人。2001年美的员工1万多人，其中专业人才4000多名，硕士、博士200多名。国家企业技术中心及博士后科研工作站1个。

2015年，中共北滘镇党委和人民政府提出：要走创新驱动、智能制造的发展路径，开创转型升级的北滘模式，启动实施“人才公寓建设”“人才创业扶持”“人才入户安居”“人才子女入学”“人才薪酬补贴”等一系列政策，进一步增强招才引智的综合实力。镇政府设立200套人才公寓，划拨200万元作为专项资金，用于企业新引进人才的安居补贴。2016年6月16日，镇政府发布《2016年企业新引进人才安居补贴试行办法》，该办法规定：从2016年1月1日起，北滘镇企业新招用的研究生以上学历人员，最高可获9600元的安居补贴。2017年，为全镇100多家高新技术企业近1500名高层次人才，提供高效贴心服务；建设人才公寓311栋，累计向201名新引进人才发放租房补贴。同年4月28日，北滘成立菁英荟，借助政府、市场、社会、人才等多方资源，推动社会管理创新，“以一流人才打造一流城市”。年底，全镇专业人才16312名，其中博士1936名、硕士11985名。

二、技术培训

20世纪50年代后期至改革开放前夕，北滘选派青年到县农业学校、工业学校和卫生学校学习技术知识。学习的方式是短期培训或夜校。

1979年起，北滘镇各主管部门设立人才培训机构、培训基地，多渠道、多形式开展培训工作。一是在职培训。除了选派部分骨干到县级的各类培训机构学习外，北滘镇成人文化技术学校、工厂的职工业余学校举办各类型的专业培训班，对在职人员进行培训，并规定科技人员在三年聘任期内必须系统接受一次继续教育，以更新专业知识，提高技术水平。二是与大专院校挂钩，选送技术骨干进校脱产进修。这批人回单位后，大都成为既懂技术又懂管理的复合型人才。三是“走出去，请进来”，不少使用国外先进生产设备的企业还直接派员出国学习，或邀请外国专家到厂进行技术指导。

1986—1990年（“七五”时期），开展专业人员培训和选送高中文化程度技术工人到大专院校培训深造。举办10期专业人员培训班，培训人员439人次，选送500人进大学或成人教育学院代培。同时继续向外招聘工程技术人员，以提高职工队伍科技人员的比例。

1993年全镇举办水产、禽畜、种植技术培训班20期，参加达2100人，有效促进“三高”农业生产的发展。

1995年，利用北滘中学的电脑设备和师资力量，组建科技人员再教育基地，全镇初级专业技术职称以上的人员普遍参加英语和电脑知识的再培训。北滘成为顺德市第二个镇科技人员再教育基地。

1998年，镇科技办公室邀请顺德市国际认证咨询中心、德国TUV产品服务亚洲公司举办ISO9000标准（质量管理体系）推广学习班。20多家企业的负责人和质量主管40多人参加。

1999年上半年，组织全镇科技人员参观在广州举办的第11届中国新科技新产品博览会和首届中国留学人员科技交流会，邀请市信息中心有关专家到北滘作《Internet商机及企业对策》《知识产权的司法保护》及《专利保护与二次创业》专题报告会。

2014—2017年，北滘经科局、人社局等单位举办企业电子商务专业业务培训班，累计培训1150多人次。

三、技术职称

1980年，对1967年以前中专毕业以上学历，一直从事技术工作的科级干部进行套改评定职称。1987年10月，根据国务院《关于改革职称评定、实行专业技术职务聘任制度的报告》，对北滘镇事业单位（包括全民和集体企业）职称改革。对北滘农科站、鱼苗场、兽医站第一线的科技人员增加浮动一级工资。北滘特种水产养殖场6人被评为工程技术人员，其中工程师和助理工程师4人。

北滘的企事业单位实行技术职称和行政职称聘任制。美的是北滘镇第一个实行聘任制的企业。从1988年起，打破唯学历、唯资历论，对企业的贡献成为评价人才的唯一标准，贡献大的可破格聘任，贡献小的就低聘任，聘任资格与补贴和浮动工资挂钩，实行一年一聘，平等竞争，不搞终身制。如华星饲料厂被评为技术员以上职称人员有15人，其中营养、机械、电器工程师共3人，助理工程师5人。

1989年，北滘的企事业单位继续实行技术职务聘任制，采取评、聘结合的办法，通过评委会评议，再由单位领导人聘任。聘任是根据工作设岗需要，在定编定员的基础上进行。受聘人员任期一般为三年，在任期内领取专业技术职务工资。是年10月，全镇职改评审工作基本完成，评定专业技术人员130人，其中高级职称6人、中级职称19人、初级职称105人。

1990年，北滘镇按国务院人事部通知，对专业技术职务评审聘任工作进行重点抽查，并复核专业技术人员的职务资格，然后发放任职资格证书。截至1991年，全镇专业技术职务资格经省、市、县各级评委会评审并经各级科技干部机构批准通过。至1993年底，拥有初级职称以上的科技人员1013人，比1992年增加了515人，中级职称的有193人，高级职称的有38人。

1995年，科技办组织上报，批准的技术职称有：高级职称4人，中级职称29人，初级职称104人，办理会计上岗证130人，会计证年审360人。

1997年上半年，科技办共组织292人次参加各类专业技术资格考试，结果5人通过高级工程师资格评审，38人通过工程师资格评审，114人通过初级技术资格评审。

1999 年上半年，科技办经初审共组织 39 人次参加中高级职称评审，119 人次参加初级专业技术职务资格评审。2000 年，科技人员职称评审形成常态化。2017 年，全镇 838 名科技人员通过职称评定，其中：高级 96 人、中级 463 人、初级 279 人。

2000—2017 年北滘镇科技人员职称评定统计表

表 18—1—1

年份	高级	中级	初级	年份	高级	中级	初级
2000	3	10	253	2009	—	—	—
2001	—	11	271	2010	—	—	—
2002	3	13	150	2011	—	179	18
2003	—	22	32	2012	33	235	180
2004	1	9	27	2013	9	242	221
2005	—	16	28	2014	4	402	363
2006	—	24	81	2015	17	336	141
2007	—	38	103	2016	69	403	59
2008	1	74	155	2017	96	463	279

第二节　科研机构

1964 年，北滘镇农科站、技术站、兽医站、育苗场等相继设立，在推广农业科学技术的同时，进行农业实验的研究。1982 年成立北滘镇科学技术普及协会，会员有 145 人。

80 年代后期，北滘镇贯彻执行佛山市提出“加快产业结构调整，经济建设向高技术、高层次、高效益方向发展”的方针。1988 年成立农业技术指导小组，对全镇农业实施农业生产技术指导。1994 年，成立水产、禽畜、水果 3 个研究协会，开展行业科技的协作、交流和技术指导。1989 年镇政府提出建立依托企业的工程技术研发中心，把技术开发机制植根于企业或企业集团。一批企业相继成立自办的科研机构，以技术改造和新产品开发为工作重点，把科研成果直接变为企业的生产技术和产品。成为北滘镇科技发展的一支重要力量。其中，成绩最突出的有美的电器集团公司。该公司于 1993 年组建了广东空调节能工程技术研究开发中心，于 1999 年组建广东省美的重点工程技术研究中心。这两个技术研发中心被认定为省级工程技术研发中心。2014 年，北滘镇经科局根据《顺德区企业科协组织建设工作指南》，组建北滘企业科技协会。至 2014 年全镇依托企业主体建立的各级工程技术研发中心 38 个，企业技术中心 4 家，设立美的、精艺、广东工业设计城 3 家博士后工作站。2016 年新增 2 家国家级众创空间，新增 17 家工程研发中心。2017 年，全镇技术研究机构共有 84

个，其中国家级1个，省级27个。

广东工业设计城 广东工业设计城位于北滘镇三乐路—国道G105线旁，2009年1月17日正式启动。其核心项目为顺德工业设计园，规划总面积为2.8平方千米，是顺德工业设计园规划面积的47倍，整体工程总投资6000万元，改造面积达3万平方米。入驻单位有来自北京、深圳、成都、广州、香港、意大利、德国、日本、韩国等地104家工业设计公司及设计大师，入园设计师超过1200人。

根据省区共建方案，广东工业设计城向着打造一个涵盖工业设计、教育培训、生活配套、服务推广等一体化的综合性试验区的方向发展。2009年至2015年，与清华大学美术学院、中央美术学院、北京电影学院、广东工业大学、北京航空航天大学、广州美术学院等国内著名高校，以及香港理工大学李德志教授、日本国宝级设计大师喜多俊之等国际知名设计大师建立产学研长期合作机制。实施重点项目12项，总投资22.1亿元，其中2014年实施的项目有7项：国家工业设计与创意产业（顺德）基地、国家工业设计实验室、国际工业设计交流中心、设计广场、设计公寓、设计国际酒店、工业设计资讯中心。远期实施项目有5项：中国工业设计学院、工业设计博物馆、设计之谷、设计师休闲公园、多功能创意街区。2013年8月，经国家人力资源和社会保障部、全国博士后管理委员会批准，广东工业设计城发展有限公司获批设立博士后科研工作站，聘请清华大学美术学院责任教授、国内工业设计城领域知名学者柳冠中担任博士后科研工作站导师，开展"未来厨房""智帆机器人""幸福生活长者体验区"项目研究，为顺德区50余家企业超过500款创新产品提供国内领先的展示形式。

北滘镇政府牢记中共中央总书记习近平视察北滘时所提出的"集聚8000名设计师"的殷切嘱托，2017年，设计城吸引8120名设计研发人员，238家国内外设计机构进驻。

广东工业设计城先后获工业和信息化部授予"国家新型工业化产业示范基地"、国家知识产权局授予"国家工业设计与创意产业基地"、工信部授予"国家创新型工业化产业示范基地"、中国工业设计协会授予"中国工业设计示范基地"、广东省经济和信息化委员会授予"广东省工业设计示范基地"、广东省文化厅授予"广东创意设计文化产业园区"、广东省科技厅授予"2010年广东省科技服务业百强企业"、广东省经济和信息化委员会授予"广东省工业设计中心"等称号。

孙大文院士工作站 2013年1月8日在美的厨房电器事业部成立，是国内首家微波食品研究领域的院士工作站，填补了国内该领域的空白。该工作站由华南理工大学"广东省领军人才"、欧洲自然与人文科学院、国际食品科学院院士孙大文的团队，与美的厨房电器科研人员共同开展科研工作。美的首期向工作站投入超过1000万元的科研经费。2017年，进行微波食品营养、储存、检测、解冻、加热、安全性等六大核心科研课题的研究，取得一定成效。

广东顺德工业设计研究院 2014年9月成立，位于北滘镇广东工业设计城内，总体建设包括研究院大楼与生活大楼，研究院大楼建筑面积达20000平方米，以科技与设计融合为诉求，以科学研究、产业孵化和研究生联合培养"三位一体"为宗旨的协同创新平台，共有高层次人才63人，其中博士后1人，博士6人，硕士40人；10人具有海外留学工作经验。还整合高校、设计城以及区镇企业导师资源，组建一支45人的师资队伍，其中，外聘高校导师5人，外聘企业导师20人，设计城高级人才20人。2015年，中源协和公司与研究院围绕生物试剂、蛋白质工程等领域，对生命科学仪器设备以及配套生物试剂、生物信息，进行工程化、产业化开发。先后获工业和信息化部信息中心授予“产业众创空间”，及省、市、区各级政府授予“广东省新型研发机构”“佛山市公共服务能力提升平台”“顺德区工业设计重点平台”“全国大学生工业设计大赛优秀组织单位”“佛山市工业设计公共服务平台”等称号，成为推动顺德产业转型升级和经济可持续增长的重要科学技术支撑平台。2017年，该研究院成为首个全国示范性工程专业学位研究生联合培养开放基地。

美的全球创新中心　2014年12月9日成立，位于北滘美的工业城东区，占地面积400亩，至2017年总投资30亿元，设有研发试验大楼、工业设计、消费者体验、创新工作坊、未来生活馆等技术和产品创新功能，并配套康体中心、餐饮、公寓楼、培训中心等服务，集研究、应用研究、产品开发为一体，推动空调、冰箱、洗衣机、洗碗机、微波炉等产品创新和升级。

第二章　科技计划

第一节　科技发展规划

1980年后，根据佛山市科委编制的《佛山市科学技术发展规划》，北滘镇政府对北滘镇的科技发展作了规划，制定了科研项目、重点攻关的项目，并开展“星火计划”及“重点科技成果推广计划”。2013年，佛山市政府提出“创建国家创新型城市”的目标，北滘镇政府围绕这目标，提出产业发展要以科技、创意设计为导向，把北滘建设成“智造小镇”，大力发展科技创新事业，如推动太阳能产业发展，筹建“全国家电配套制造产业知名品牌创建示范区”等。

第二节　星火计划

“星火计划”是1985年国务院批准实施的第一个依靠科学技术促进农村经济发展的计划。1986年，在国家、省和各级地方科委大力支持下，北滘镇建立“星火技术密集区”，发展养鸡、养鱼、饲料生产、农副产品加工和花卉种植五大项目，围绕五大项目，组建农业、禽畜、花卉服务公司。先后投资1.5亿元兴办禽畜、水产品种苗、饲料生产和农副产品加工基地。全镇办起养鸡场、育鳗鱼苗场20个，养鳗鱼场16个，与之配套的饲料厂2家。以现代的农业科技取代传统的种养技术，完成了全镇农业历史性大变革，初步形成较为完善的多层次利用资金、进行复合式生产和全方位发展经济的良性循环体系，并充分发挥基地在农业科技方面的推广、辐射和示范作用。全镇形成“生产—加工—销售”一条龙，贸、工、农一体化的现代农业经济架构。

通过实施星火计划，北滘镇从一个落后的农业小镇成为新兴工业卫星城镇，1987年被国家科委确定为建设“国家级星火技术密集区”之一。至1991年，顺德县纳入“星火计划”的国家级7个项目中，北滘镇占3个。1991年2月8日《科技日报》刊载北滘镇星火计划实施五周年的系列报道，累计安排星火项目25000多项，总投资达160亿元，完成项目14000多项，新增产值达300亿元，创税收75亿元，创汇30多亿美元。安排国家级星级装备开发项目280项，分三批向全国乡镇企业、中小企业推荐先进适用技术装备302项。

1992年，北滘镇成为“国家星火技术密集区”和“国家星火科技产业示范镇”，并获全国星火计划成果博览会金奖。

1993年到1995年，北滘镇选准项目发展一批星火产业和高新技术产业，利用新技术改造传统行业，促进产品的升级换代。电风扇、空调器、微波炉、饲料等产品质量和数量均在行业的前列。

1995年3月，国家科委批准北滘建立国家星火科技城。地址位于北滘经济开发区西侧，在北江顺德水道和潭洲水道交叉的三角地带。占地面积8.25万平方米，建筑面积约2.8万平方米。星火科技城是国家星火技术密集区建设的又一新发展，是推动星火计划进一步适应社会主义市场经济体制发展的一项开拓性工作。国家星火技术城享受有关对科技进步、科技体制改革、科技经济一体化、高新技术产业化、高新技术开发区和高新技术企业的优惠政策。是年，北滘镇经上级批准的科技立项项目达19项，在顺德市名列前茅。其中，国家级、省级重点新产品试制鉴定计划项目6项，国家级、省级新产品8项，国家星火计划项目1项，市级科技进步奖4项。1985—1995年，北滘实施国家级、省级“星火计划”项目共35项，其中工业18项、农业17项。1996国家科委出版的《中国星火计划大全》，认为北滘“星火计划”获得“举世瞩目的成绩”，增强北滘镇的经济实力和科技实力。

1997年，北滘镇科研共有22个项目纳入各类科技计划之中。其中国家级星火计划2项，国家级新产品计划2项，省级星火计划2项，省级重点新产品试制鉴定计划7项，市级科技新产品开发计划9项。

1986—1991年北滘镇纳入国家级“星火计划”项目表

表18—2—1

项目名称	实施时间	承担单位
饲料添加剂配方技术与原料国产化技术开发示范	1986年	北滘华星饲料厂
鳗鱼饲料生产技术开发	1991年	北滘镇农业开发公司
烤鳗生产技术开发	1991年	北滘镇农业开发公司

1986—1997年北滘镇实施的五个星火项目投资一览表

表18—2—2　　　　单位：万元

项目名称	总投资	其中	
		国家和地方各级科委投资	北滘镇投资
饲料生产技术示范基地	1300	265	1035
禽畜种苗技术示范基地	300	150	150
特种水产养殖示范场	130	60	70
工厂花卉生产试验示范基地	170	100	70
农副产品加工技术示范基地	800	305	495

第三节　高新技术和高新企业

1996年，北滘高新技术开发有新的突破，全镇有15个项目经国家有关部门审批，列入各类计划中，其中有5项新产品项目被纳入顺德市第一批享受税收优惠之列，华立实业公司、威灵电机、美的电饭煲3家企业，被认定为顺德市首批高新技术企业。

2005年新增省级高新技术企业2家，新增省级工程技术研究开发中心1家（精艺金属公司），新增区级工程研发中心3家。2007年3月，北滘有7个企业列入高新技术企业考核当中。

2011年，全镇拥有国家级高新技术企业27家。2013年，3家企业被评为高新技术企业。至2014年全镇拥有国家级高新技术企业32家。2015年，又有7家企业被评为高新技术企业。

2016年，共组织了52家企业申报高新技术企业认定，其中41家被认定为高新企业技术企业。2016年，全镇拥有国家级高新技术企业77家。2017年，北滘国家级高新企业达151家。2017年，顺德区下发高新技术企业补助，全镇共有399个单位产品获顺德区高新技术产品补助，每个产品1000元；83个中介机构获得认定补助，每个机构补助1万元；8个单位通过受理但不通过入库，每单位补助2万元；75个单位通过受理但不通过认定，每个单位补助3万元；13个单位重新认定，每个单位补助10万元；新认定的76个单位，每个单位补助20万元。以上各项补助都位列顺德区各镇前三名。

2005—2017 年北滘镇高新企业和工程技术中心的统计表

表 18—2—3　　　　　　　　　　　　　　　　　　　　单位：亿元、家、个

年份	R&D 研发投入	国家高新技术企业	工程、技术中心		
			国家级	省级	市区级
2005	—	2	1	1	8
2006	—	2	1	2	11
2007	—	2	1	2	14
2008	—	14	1	2	16
2009	21.66	23	1	4	19
2010	24.88	26	1	5	20
2011	41.54	27	1	6	20
2012	45.2	30	1	6	22
2013	48.2	33	1	7	25
2014	50.5	32	1	8	27
2015	51	36	1	14	38
2016	52	77	1	20	47
2017	52.5	151	1	27	56

第三章　科技成果

第一节　科技成果鉴定和登记

1983 年前，凡列入省、地科研项目的成果，由省、地科委主持鉴定，其余由县科委邀请专家进行鉴定。1984 年后，北滘镇的科技成果鉴定、登记由顺德区经科局科技发展科负责。在科技成果通过技术鉴定后，实行成果申报。1987 年起按照科技成果条件，对各行各业的科技成果实行全面登记，并发放了登记证书。2014 年 6 月，为引导、帮助企业运用知识产权提升核心竞争力，区经科局开展知识产权特派员派驻企业服务活动，北滘镇高新技术企业、龙腾及星光计划企业、科技创新型企业、未有申请过发明专利的中小企业都积极提出特派员派驻需求，主动参与特派员驻点工作。

2005 年，北滘共组织企业申报各类科技计划 80 多项，全镇专利申请量达 700 多项，获授权 510 多项。

2009—2011 年，北滘镇列入各级科技计划项目 130 多项，专利申请和授权分别达到 5341 件和 4391 件。

2012—2013 年，专利申请和授权数分别达到 10379 件和 7957 件，总量一直位居全区首位。2013 年专利申请和发明专利同比增长 43% 和 56%。

2014 年前三季度，专利申请和授权数分别达到 4012 件和 3177 件，增长 34.45% 和 32%，全镇有效发明专利 558 件，占全区总量的 22%。

2015 年 1—11 月，申请专利 7361 件，同比增长 57.55%，其中发明专利 2395 件，增长 90.68%。授权专利 4730 件，同比增长 22.51%，其中发明专利 168 件，增长 52.73%。

2016 年，全镇专利申请及授权继续在全区保持领先的地位，专利申请共 10028 件（其中发明 3680 件、实用新型 4786 件、外观 1562 件），同比增长 23.76%。授权专利共 5029 件（其中发明 652 件、实用新型 2792 件、外观 1585 件）。有效专利 1417 件，同比增长 80.74%。2017 年，专利申请共 13186 件，授权专利共 6839 件，申请和授权数居全区首位。

2004—2017 年北滘申请专利和专利授权情况表

表 18—3—1　　　　单位：件

年份	申请专利				专利授权			
	发明	实用新型	外观	合共	发明	实用新型	外观	合共
2004	13	201	485	699	2	101	345	488
2005	48	340	485	873	1	212	300	513
2006	38	371	534	943	6	284	416	706
2007	94	499	780	1373	2	395	532	929
2008	129	628	707	1464	15	506	577	1098
2009	205	635	600	1440	46	608	798	1452
2010	282	813	1315	2410	46	785	1010	1841
2011	435	2666		3101	70	923	1277	2270
2012	531	2483		3014	146	1167	1184	2497
2013	865	3399		4264	150	1791	1249	3190
2014	1539	4033		5572	118	2766	1277	4161
2015	2668	5435		8103	210	3693	1396	5299
2016	3680	6348		10028	652	2792	1585	5029
2017	5428	7758		13186	1425	4293	1121	6839

第二节　科技成果奖励

1985 年，中共顺德县委、县政府颁发《顺德县科技进步奖条例》和《顺德县科技进步奖若干规定》。北滘镇政府按县的规定，每年上半年向县申报上年度的成果。

根据县的有关奖励条例，北滘镇政府和各企业也制定各种奖励制度，按照科研任务完成情况和科技成果的经济收益，奖励科技人员。奖励办法规定：凡开发填补国内空白的新产品，从开始获利年度起，连续三年按实现利润提成3%—5%作奖金；填补省内空白的新产品，连续三年按实现利润提成2%—4%作奖金；发给个人的奖金人均最高限额为3万元。

1991年，北滘镇制定《关于促进我镇工业企业科技进步的奖励细则》，明确规定：凡科技进步在经济增长中的贡献份额大于35%的企业，经评审验收，授予年度科技进步先进企业称号。镇委、镇政府授牌，并颁发荣誉证书，企业可从盈利中，按销售额1%提取科技开发基金，专门用于科技发展。企业科技进步指标列入企业厂长、经理任期目标责任制。对获得国家自然科学奖，国家发明奖，国家科技进步奖和省科技进步一、二等奖及市科技进步一等奖的主持项目的主要科技人员，除按县委文件规定的办理，可晋升一级（档）或者二级（档）工资外，镇政府还按国家发给的奖金，再给予等量数额奖励。此外还设立新产品开发奖、技术改造效益奖、合理化建议奖。

1995年，国家计委、国家开发银行每年拨出一笔专款用于支持对国民经济发展有重大影响的重大科技成果产业化项目。北滘科技办公室积极组织属下各厂争取这笔贷款，推荐华星新材料厂和德宝印刷机械厂分别作为新材料和机电一体化两大类上报。是年，北滘镇纳入国家级重点新产品试制鉴定计划的6个项目，享受减税政策优惠，获退税835万元。与此同时，科技办组织上报的两个国家级重点新产品试制鉴定计划项目：美的的塑封电机和德宝的电脑控制印刷机，经批准均可享受减免税政策优惠。其中美的的塑封电机项目是顺德市获得减免税优惠最大的项目之一，退税额超过600万元。

1997年度的科技进步奖评选，北滘镇共获得科技进步奖一等奖一项，二等奖一项，三等奖四项。全镇有3个项目纳入顺德市第二批享受新产品税收优惠，享受退税额800多万元。

1998年，北滘镇开发科技新产品7项，获各级科技奖9项。一大批高科技、高附加值的项目相继投产，全年共有6个项目继续享受新产品税收优惠。其中美的公司就退税1100多万元。

1999年上半年北滘镇共有9个项目可以享受新产品退税优惠，退税金额超过1200万元。

2005年，全镇获得各级科技进步奖12个，其中美的集团的“家电产业创新系统工程建设”项目获得“2005年度广东省科技奖特等奖”。美的电器股份有限公司获2005年省财政技术创新专项资金项目补助100万元。

2010年，顺德政府发布《顺德区科学技术奖励办法》，北滘镇执行上级新政策。据统计，2009—2011年，北滘镇获各级科技进步奖33项。2014年全年推荐企业申报各类科技扶持项目奖励成果认定近百项。2016年，北滘镇审批企业各类科技扶持项目奖励成果认定28项。

2014年12月5日，北滘组织企业参加第三届中国创新创业大赛（广东·顺德赛区）暨第五届“创业顺德”活动，尚研电子科技有限公司的“基于DSP控制的谐振式可连续调节微波变频电源”项目与爱普克斯环保科技有限公司的“基于高纯二氧化氯气体制备装置甲醛清除项目”获得亚军。广东华液动力科技有限公司、科凡家居用品有限公司获得季军，永爱养老产业有限公司获得优秀奖。

2016年，北滘淘商城电子商务创业中心获得“2016年佛山市市级创业示范基地”称号，是佛山市创业孵化示范基地三个获奖单位之一。广东工业设计城获“2016年佛山市市级创业基地”。分别获佛山市、顺德区两级奖励30万元。

2005—2010年，北滘镇共有7个项目获省科技进步奖，2011—2017年北滘镇共有15个项目获得省科技进步奖。

1999—2015年美的集团获国家和省科技进步奖项目表

表18—3—2

项目名称	完成单位	授奖年度	奖励等级
模糊控制在家电中的推广应用	广东美的电饭锅制造有限公司（第六完成单位）	1999	国家二等
FB10、FB15、FB18模糊逻辑电饭锅	广东美的电饭锅制造有限公司	1997	省三等
静音节能型分体挂壁式空调器	顺德美的冷气机制造有限公司	1999	省二等
E型窗式空调机	顺德美的冷气机制造有限公司	1999	省三等
铁壳直流无刷电机	顺德威灵电机制造有限公司	2001	省三等
滚筒洗衣机用串激整流子电机	顺德美的梅洛尼电机制造有限公司	2001	省三等
空调风机内流特性及换热气强化传热的研究与应用	顺德美的冷气机制造有限公司	2002	省三等
空调节能技术研究与应用	顺德美的冷气机制造有限公司	2015	国家二等

第三节　农业科技成果

1960年建立北滘母猪场，由于经验不足，出现亏本。1961年推广母猪生产技术，使母猪一年产两胎，猪仔成活率96%。1963年扭亏为盈。

60年代初，北滘推广农业科学新技术。一是推广良种，水稻采用“南特选”“珍珠矮选”“广场矮选”新品种，实行小株密植，尼龙薄膜育秧。甘蔗引进“粤糖423”良种，耕作从“一丈三坑”改革为“一丈四坑”。二是“旱为纲”“肥为帅”。三是建立试验田，公社机关40多名干部和大队书记、大队长25人分别办起试验田，不少生产队干部也积极大搞试验田，并取得良好效果。四是各生产大队和生产队，普遍成立技术站和试验小组，全公社农艺师共有1146人，平均36亩田配备1名农艺师，负责田间管理。1963年，北滘农村经济得到全面的恢复，稻谷亩产521公斤，总产量21924.6吨，比1961年分别增50%和58%，人均口粮266.5公斤。甘蔗亩产4900公斤，总产量86132.2吨，比历史最高年的1957年分别增30%和23%。由于农业丰收，社员集体分配收入大幅度增加。1963年，北滘育苗场大搞试验，提高孵化技术，在培育和孵化育苗方面获得显著的成绩。北滘竹场建立专业培植基地，成功引进广宁青竹。1964年7月，在北滘技术站的支持下，碧江大队坚持科学实验，增基生产队干部试验田稻谷平均亩产900多斤，成为北滘公社的一面高产旗帜。

20世纪80年代，北滘农业向机协化方向迈进，实现拖拉机耕田，用赤眼蜂防治螟虫，取代化学药剂，节省大批劳动力和资金。1982年，北滘组建畜禽生产服务公司，兴办良种场、孵化场、饲料加工场、产品购销部，家禽养殖业初步形成机械化生产。1985年，北滘区按照国家“星火计划”，开发“广源鸡”的繁育及商品生产开发，引进国外先进的饲料生产设备和养鸡设备，初步建立养鸡商品生产体系，向农民提供良种、饲料、防疫、销售服务。每年为广州、佛山等大中城市及附近中小市镇提供数十万只商品鸡。为适应大规模养鸡商品生产发展的需要，建立了禽畜服务公司，下设有：种鸡场、饲料厂、兽医站、购销部，这些机构都从管理型变革为经营服务型。全社养鸡专业户发展迅速，从1979年15家，上市1.5万只，发展至1985年815家，上市55万只。

1985年以后，北滘镇以几个“星火项目”为依托，逐步建立起种苗（鸡种场、特种水产养殖基地）、饲料（华星饲料厂）、加工（兴顺食品有限公司）一条龙的社会服务体系，促进农业生产的大发展，使农村的传统农业向现代化农业转化。被纳入国家“杏花计划”的科技项目有：饲料生产、光源鸡繁育、鳗鱼等水产品技术和名贵花卉技术开发4个项目。是年全镇农业总产值达7000多万元，为1980年的3倍多。

1986年，镇政府投资1300万元，从荷兰、加拿大引进年产10万吨饲料生产先进设备，建成佛山较大的一个禽畜饲料生产基地。1988年又投资1300万港元，兴建年加工10.2万吨禽畜加工企业，还可加工烤鳗、淡水鱼、虾、咸水鱼、蔬菜，为北滘发展外向型农业奠定基础。

1986年，北滘工厂花卉生产试验示范基地从荷兰引进一套5000平方米的花卉设备，这套设备能适应华南高温、高湿、台风、暴雨等恶劣气候条件，能够调节光照、温度、湿度，可以大批培育名贵花卉种苗、反季节蔬菜、优质水果种苗。

1987年北滘镇承担国家级、省级星火项目鳗鱼等15种特种水产的养殖。引进台湾养鳗技术，与台商合资，建立一个60亩水面的养殖场，用水池养鳗。此后又进行技术革新，采用土塘饲养，成效显著；同时，试验养殖淡水白鲳、加州鲈、甲鱼等优质水产品，为全镇20000亩鱼塘提供种苗与技术。1989年，全镇上市鳗鱼300多吨，产值1500万元；上市鸡只300多万只，产值3000万元。是年农业总产值达1.4亿元，比1988年增长40%，比1978年增长7倍多。

“七五”期间（1986—1990年），北滘镇初步形成以“三大发展基地”（养殖基地、饮料生产基地、农副产品加工基地）、“六项社会化服务体系”（提供种苗、饲料、技术、资金、收购、保险服务）为架构的星火产业结构。

1991年3月，北滘星火技术密集区制订“第八个五年发展规划”，实现农业现代化（知识化、机械化、田园化、服务社会化、企业化、一体化、外向化）。

1992年起，北滘对镇属、集体企业进行“转制”。是年，“三高”农业占全镇农业总收入的80%，全镇共有鳗鱼养殖场43个，专业2436户，鸡苗、鱼苗繁殖场各1个，年繁殖鸡苗2000万只，鱼苗4亿尾，机械化生产程度达80%。北滘成为全国最大禽畜及种苗生产基地和最大的饲料生产基地。

1995年，北滘农业从单纯的种养转向生产—加工—销售一条龙的现代化农业。如北滘兴顺食品厂有一个500吨能力的冷库，对农副产品深加工，每天可分割2万只鸡进入国际市场销售。曼丰实业公司是一家集鳗苗、饲料、养殖、烤鳗、销售一体化的公司，仅养鳗一项，北滘镇1996年创汇560万元。

1998年起，北滘调整农业产业结构，推广林头集体养殖场自孵、自育、加温（控温）越冬的高效鳖养殖技术，鳖养殖场增至65家，养殖面积3396亩。

1999—2002年，市、镇、村三级投入5300多万元，推进花卉种植、禽畜及水产养殖三大特色农业产区建设。2004年，海皇锦鲤养殖有限公司、顺西畜牧有限公司、杨氏水产有限公司、兴隆花木有限公司等13家农业企业入选顺德区六项十大农业企业。

2007年，大面积推广花卉技术，其中：海峡两岸粤台农业合作试验园——顺德花卉博览园面积2500亩；农民农业创业园面积1000亩。

2010—2017年，推进设施栽培、设施养殖、种养结合的立体设施农业发展等技术；扩大农业农村信息化应用，实现网络到镇、信息到村、技术到户，及时提供农业信息服务。

第四章　科技管理与服务

第一节　管理机构

20世纪60年代，北滘设立技术站，共有技术干部5人。2012年12月12日，佛山市顺德区北滘镇经济促进局更名为佛山市顺德区北滘镇经济和科技促进局，负责北滘镇企业科技促进工作，指导企业技术进步、技术创新、技术引进和消化吸收工作；指导、受理企业各项科技项目立项和申报；推动产学研合作；建立科技服务体系，促进企业技术创新和发展；指导企业开展知识产权保护工作，申报专利资助、专利实施项目；指导企业开展电子商务、企业信息化、信息化与工业化融合工作、科普工作。

第二节　科技经费

20世纪80年代，北滘财政投入科技经费逐年增加。按照申报项目，分配经费，主要是无偿拨款。1985年进行改革，实行项目合同制，实行有偿或部分有偿使用科研经费；有的低息贷款，贷款贴息。使科研经费能够良性循环，解决科研经费短缺的问题。地方财政每年拨付科技情报事业费和专项研究费。1994年后改为差额拨款。

1990年，大部分科研项目以低息贷款的形式使用。1991年，中共广东省委、广东省人民政府发布关于科技进步推动经济发展的决定。明确要求"各级地方财政增加科技投入"。北滘镇相应增加对科技的投入，从地方总收入中拨出1%—2%作为地方科技三项费用，并纳入年度财政预算。

1999年，北滘贯彻佛山市科委、市财政局制订《佛山市科技发展专项资金管理办法》《佛山市科技发展专项资金操作细则（试行）》《佛山市科技发展资金项目监督管理实施方案（试行）》，进一步增强对科技专项资金的管理。

2000年，北滘镇根据上级精神，制订一系列科技创新扶持政策，包括：设立孵化项目专项资金，侧重于项目初期的支持，使得一个项目从开始孵化到生产出产品、实现产业化都得到扶持；鼓励企业申报高新技术企业，奖励金额由原来的8万元增加到10万元；鼓励发明创造，只要企业被认定为国家知识产权试点示范、广东省知识产权优势示范企业即可获得10万元和8万元的奖励，获得发明专利授权的每件给予2万元的奖励。在政府的支持和引导下，企业在研发方面也舍得投入，积极打造企业自身的"专利库"，巩固核心竞争力。因此，北滘专利申请量多年位居全区首位，2010年位列广东省专利镇创新指数工业组第一名，获得"广东省专利镇"称号。

2016年10月12日，顺德区科技金融服务中心北部片区分中心正式落户北滘丰明中心，为北部片区企业提供科技金融产业一站式服务。与区政府共建首批创新企业子基金，包括种子基金，天使联投基金（人才基金）等，集中投入需要扶持的战略性新兴产业。制定强化企业服务工作实施方案和产业扶持系列政策，每年安排2400万元财政资金，对企业科研创新、技术改造给予扶持。2017年投入3700万元专项资金，对企业技术研发电子商务发展等方面予以扶持。

2017年，北滘镇政府搭建多元化产业平台，参与出资成立招科创新智能产业投资基金、顺德区大学城创新创业种子基金、顺德区天使联投基金等产业基金，与顺德区金融业联合促进会成立全市首个融资租赁服务中心。

2015—2017年，地方财政每年投入科技经费总额均为2500万元。

第三节　科技情报

1982年，北滘镇科学技术普及协会成立，1983年北滘镇的科技办公室成立，组成专业的咨询服务队伍，提供以下的服务：一是为工农业出谋献策；二是提供资料；三是向科技人员广泛征询意见和合理化建议。

1990年8月，科技办公室通过《顺德科技》刊登"北滘镇专辑"，介绍北滘的科技发展情况。

1995年，北滘镇科技办公室在顺德市科技局电子信息科的支持和协助下，完成同《中国经济电讯》电脑信息网的联网工作，进一步密切北滘与外界的联系；与北滘对外经济办公室共同合作，编印《北滘投资指南》，使之成为北滘对外宣传、招商引资的权威工具书。北滘科技办还深入各企业，宣传、协助企业组织产品参加鉴定，提高产品的知名度。1995 年，科技办组织鉴定的产品有：华达公司的集团电话、同力仪表厂的电工仪表系列、怡辉空调设备有限公司的风柜系列及美的集团的 6 个品种柜机系列。

1996 年 1 月起，镇科技办公室编印《信息汇编》，向领导和企业提供经济动态、最新科技、国际贸易等信息，每月两期。科技办公室还与省、市各级科委加强联系，两次参加四川、北京举办的科技产品博览会，组织模糊逻辑电饭锅、微波炉、高级音响、超标磁钢、集团电话等高新技术产品参展，积极宣传和推广北滘的科技产品。

2012 年 6 月，北滘协创产学研促进中心正式成立。该中心主要为企事业单位与高校及科研机构在协同创新、科技成果转化、人才培养等方面，提供中介顾问服务，而广东工业大学、南方医科大学、中国人工智能学会智能制造专业委员会等机构已成为该中心一个强大的技术支撑资源库。

2015 年，北滘镇组织企业参加中国科协组办的第一届中国创新科技成果交流会、与“创客中国”华南综合赛暨“创客顺德”智能家电全球邀请赛。

第四节　科普工作

1978 年 3 月全国科技大会召开后，北滘通过各种形式，搭建各种平台，广泛、持久、深入地开展科技活动，在全民营造学科学、重科学、爱科学的氛围。

青少年科普　20 世纪 80 年代，北滘教育部门积极组织学生参加各类的青少年科技比赛。1999 年，北滘镇中小学参加佛山市第五届青少年“生物百项”科技活动，中心小学参赛作品 2 项、碧桂园学校 1 项，分别获得一等奖和二等奖，是顺德市唯一获奖的镇。参加顺德市科技作品评比获奖人数居全市第一。科技作品一等奖占全市七分之一。2000 年后，北滘每年举办青少年科技创新大赛，选拔优秀的科技作品参加全国青少年科技大赛，参赛作品分为科学研究论文、科技创新实践活动、科学幻想绘画、机械人创意作品等，每年都有学生作品获省、市、国家级奖励。

2007 年 5 月，以“幸福北滘，科技成就未来”为主题，首次在镇一级地区——北滘镇新城区举办国家级航天科技展“2007 年北滘国际儿童科技周”活动。活动为期 11 天，展览由神舟飞船、长征火箭模型、科学运动健康展、高水平航模表演等组成。2013 年 5 月 14 日早上，北滘镇经济和科技促进局、北滘居委会、北滘镇城区小学在城区小学校园内联合举办“魅力北滘，智慧城小”科技创意体验活动，以培养学生科学素养，激发学生从小爱科学、学科学、用科学的兴趣。2014 年，把广东工业设计城定为“顺德区青少年社会教育实践基地”，让青少年接触先进的科技技术。2014 年 3 月 5 日，北滘林头小学聘请中国科学院生物研究所研究员、博士生导师孙万儒到校，为师生宣讲生物研究科学知识。

2017 年 5 月，承德小学派出三个小组为代表队的参赛队，参加广东省第十五届中小学电脑机器人比赛，其中两个组分别获得两个项目的冠军，一组取得了三等奖的好成绩。2017 年 6 月 16 日，北滘镇首届中小学生航海模型比赛在北滘市民活动中心举行，来自全镇各中小学共 729 名学生参加。

全民科普 1999 年，中共北滘镇委和镇人民政府明确提出“科教兴镇”战略决策。全镇深入持久在厂企、农村、社区开展科普工作。北滘社区和部分乡村设立科普宣传栏，组织科技人员和干部开展科普活动。1997 年，对农区管理区干部进行实用技术培训，掌握“三高”农业种养技术。

2005 年起，北滘每年都举办不同主题的“科技进步活动月”活动。2009 年，广东工业设计城每年都举办“设计师之夜”“北滘设计沙龙”“清华国际艺术·设计学术月”等活动，邀请国内外工业设计领域的专家学者、产业界精英、知名设计师及院校师生参加，开展学术交流，探讨科技新问题，激发创新思维。每次活动都收到较好成效。如 2014 年 11 月的第六届“清华国际艺术·设计学术月”，围绕“大数据时代的设计思考”的议题，兮易咨询联合创造人张凯枫、维尚集团董事傅建平作了精彩的学术报告，深受与会者的好评。至 2017 年，“科技进步活动月”活动举办 13 届，“设计师之夜”和“清华国际艺术·设计学术月”分别举行 8 次和 9 次。

2010 年后，北滘科普工作转向以举办博览会和成果设计比赛为重点。2011 年 11 月，协助举办第四届中国（顺德）国际工业设计创意博览会，该届博览会展示包括台湾、香港在内的国内展品，还有日本、韩国、德国、荷兰等国知名设计团体的展品，参展团体达 100 多家。2014 年 11 月和 2016 年 11 月，北滘连续协办第七、八届“省长杯”工业设计大赛，参赛项目超过 8000 个。2014 年协办的全国大学生工业设计大赛，参展作品超过 20000 件。2015 年，北滘镇举办“艺术与设计”展览会，美的展示机器人产业产品，给数万参观者展示科技机器人发展的前景。

2015 年 12 月 1 日，北滘镇经科局联合北滘职业技术学校共同组织了 PLC 方面的技术培训课程供企业员工学习，以满足企业在职人员增强技能水平和安全生产的需求。

2016 年，顺德区和北滘镇农业、科技部分联合举办送科技下乡活动，向村民宣传农作物病虫害防治技术，农作物种植技术，派发相关科普资料，为村民解答有关问题。是年 12 月 8 日，举办“顺德荟—全国青年专家科技成果转化大赛”，北滘成为比赛会场之一，吸引上千名青年参加。

2017 年 5 月，举办“中山大学光伏科普公益讲座”，专家介绍光伏有关知识，邀请与会者参观光伏示范电站，使民众对光伏电站的设计、选址、运行、维护等知识有一个深刻的理解。2017 年 8 月，中国设计先锋奖暨大学城中外大学生工业设计邀请赛在北滘举行，以比赛搭建平台，推动产学研项目的合作。

第十九篇　文化

明清时期，北滘区域文化渐兴、文人辈出，科甲士子争相涌现。形成了碧江、林头、桃村、都宁、莘村等一批文化名村；书院、文社、私塾遍布乡间，更孕育出赵善鸣兄弟、梁有誉、苏葵、苏珥、李晚芳、郑济泰、甘学等一批文化大家。清朝至民国时期，教育家、文学家简朝亮，收藏家辛耀文，书画篆刻家谈月色，民主革命家、教育家周之贞、赵百则等名动一时。当代文化学者苏禹，致力于研究顺德历史文化，享誉坊间。

北滘群众性大规模的文化活动始于1979年后。先后修复明清、民国时期遗存下来的祠堂数十间，使以祠堂为特色的士族文化重新焕发生机；兴建影剧院、镇文化站、村文化室、北滘文化广场、星光老人活动中心等一系列文化设施；恢复龙舟、粤剧、舞狮等民间传统活动。2000年后，中共北滘镇委和人民政府将群众性的文化活动当作建设社会主义新农村的一项重要工作来开展，有计划地举办一系列的文化艺术节、嘉年华欢乐活动，吸引国家、省、市各级的文艺团体前来演出；举办一系列的书画、摄影、收藏等展览；兴建北滘文化中心、和园等一系列大型文化设施；办起小蓬莱艺术馆、周之贞纪念馆；将祠堂活化改造成群众文娱场所；形成以碧江、林头、桃村为重点的岭南文化旅游中心。建成西海、黄龙特色文化教育基地。成立广场舞、曲艺、太极、书法、收藏、摄影等各种形式的协会并形成规模的群众文化活动，北滘成为顺德区文化活动最活跃的地区之一。

第一章　文艺创作

第一节　文学

北滘区域，向来崇教尚学。特别是碧江乡一带文风氤氲，翰墨浓香，文人士子众多，素有“文乡雅集”之称。

明嘉靖年间，桂林堡圩滘（亦作乾滘，即今广教）的梁有誉牵头重振南园诗社，在明中叶“广五子”中名气甚大，更被誉为中国文学史上明代“后七子”之一。碧江乡苏葵，弘治年间以翰林编修升江西提学佥事。其间主持扩建中国四大书院之一的白鹿书院，并购置学田作助学基金。后升四川学政，重修大益书院，招募文学、德行优秀的读书人入学，贤声丕著。

明清时期，尤其清雍正、乾隆年间，顺德诗风愈盛，才人辈出，碧江乡苏珥、苏公辅，林头梁湘蘅、黄玉堂等成就尤为突出。苏珥早年求学于督学惠士奇门下，与罗天尺、陈海六、何梦瑶并称“惠门四俊”，被誉为“南海明珠”，诗、书俱佳，著有《宏简录辨定》《笔山堂类书》《古侪杂钞》《明登科入仕考》《安舟遗稿》。碧江苏公辅，香港中文大学文物馆藏有他的《题梦想罗浮诗》。林头梁湘蘅，著有《艺兰书屋诗钞》三卷。林头黄玉堂著有《莲瑞轩诗钞》二卷，《痴梦斋词钞》一卷。西滘区龙祯，著有《司饷疏抄》四卷、《辽阳全书》二卷。

清雍正、乾隆年间的碧江女学者李晚芳（1691—1767 年），她的几部著作引起历代学者的重视，其中《读史管见》一书，早在 150 多年前就被传到日本刊行，而且一版再版，名声远播。日本安政三年（中国的咸丰六年，公元 1856 年），日本学者陶所池内为浪华书林群玉堂翻刻的《读史管见》校订并作序，序中盛赞李晚芳审视历史时，灵心准确像一架天平、眼光雪亮如一把火炬。其主要著作有《读史管见》《释古周礼》《乡俗居丧辟谬》《女学言行纂》《续女戒》等，名播远近，被称为“女宗”。

清末民国初，北滘简岸简朝亮（1852—1933 年），受业于名儒朱次琦，著有《尚书集注述疏》35 卷、《论语集注补正述疏》10 卷、《孝经集注述疏》1 卷、《礼记子思子言郑注补正》4 卷、《读书堂集》13 卷、《读书草堂明诗》等。后人将简朝亮与康有为相提并论，认为康有为“思借治术使孔道昌明”，简朝亮“思借著述使孔道灿著”。

20 世纪 90 年代，北滘文学再掀热潮，成立北滘文学协会。会员夏泽奎的《枕在耳边的小人书》《明亮的地方》，盛慧的《白茫》《南方时间》，王维的《母亲的秘密》，李本长《“女明星性感六守则”PK“犹太人卖豆子”》，刘全胜的《顺德风物记》，尹啸的《听娘讲故事》，陈柳红的《七律·游芙蓉嶂》，刘凤阳的《职场拾遗》等作品先后在全国以及广东省、佛山市、顺德区获奖。北滘文学会先后举办“魅力小城征文比赛”“北滘文学走进校园活动”“北滘文学会论坛”“读书与我阅读活动”“数字阅读与传统阅读的碰撞”“党旗飘飘·我的骄傲征文大赛”等多项活动。

2001 年，北滘诗词学会成立，出版《颐园》《诗声颂北滘》《北滘诗词》等刊物。该学会在城区中学、碧江小学、坤洲小学、西海小学和莘村小学等学校开展校园诗教，其中城区中学和坤洲小学成为广东岭南诗社的挂牌校园诗教辅导站。2007 年林头社区成立“诗书画学会”。2009 年 7 月，诗词协会与北滘文化站举办诗词征集大赛，收到 500 多首诗词，评出的优秀作品，收录在《颐园》第八期。

20 世纪 90 年代起，北滘文学协会开始系统性组织文学爱好者参加顺德“金凤奖”文艺创作。1993 年，全镇有 60 多人参与，参选作品共 102 件。至 2004 年，北滘镇参加金凤奖作品共 350 件。北滘文化站站长苏禹著作《历史文化名村碧江》《顺德祠堂》。2011 年，北滘镇获“2011 年度顺德文化”精品金奖 1 个，银奖 1 个，铜奖 2 个，“群英奖”一等奖 1 个，二等奖 5 个，三等奖 7 个及优秀奖 25 个。同年 10 月 22

日，由北滘镇诗词学会主办的《果结滘城》——北滘镇诗词进校园作品集首发仪式在林头小学礼堂举行。2014 年，北滘文学协会创办期刊《北滘风》，迄今已出版 16 期，共刊登小说、散文、诗歌、评论等各类作品 398 篇。2017 年举办“阅读北滘”读书分享会，邀请获“鲁迅文学奖”“茅盾文学奖”的作家作专题演讲，进一步推动北滘文学创作的开展。

第二节　书画

明清时期，北滘在书法美术上成就颇丰。

明万历四十一年（1613 年），西滘区龙祯为《署顺德县知县王公去思碑记》书丹。

以行草名世者，明代有赵善鸣兄弟、赵崇信，其后有苏珥，清末民国初年有简朝亮。明代赵善鸣，碧江赵氏族谱载为碧江人，师从岭南名儒陈白沙，明弘治十四年（1501 年）中举人，博学工诗，著有《朱鸟洞集》，书法善真、行、草书，宗法颜真卿、褚遂良、米芾诸家，能书大字，时人誉其书法为“神品”。其兄长赵善和，工行草书，香港中文大学文物馆藏有他的《行草七言诗页》，以颜真卿为体，参以章草笔意，天真厚朴。更有赵崇信，明嘉靖七年（1528 年）举人，嘉靖十四年进士，著有《东台集》。赵氏一族相传，赵崇信曾因草书“一天门”受皇帝赏识，受赐龙头大笔一支。

苏珥（1699—1767 年），工书法，其行草书，宗法王献之、苏东坡，亦能隶书，尤擅榜书。《岭南书法丛谭》云：“其书俏劲拔俗，下笔不苟，每作一点一画，皆尽一身之力以送之，笔笔镇纸，力能扛鼎。”顺德博物馆藏有他写的《行草书轴》，广东博物馆藏有他写的《行书轴》《草书六言联》，广州美术馆藏有他写的《草书轴》《行书册》《行书轴》，新会市博物馆藏有他写的《草书轴》，香港中文大学文物馆藏有他写的《草书轴》《题梦想罗浮诗》。

另外，林头郑际泰、郑苌，在香港中文大学、顺德博物馆皆有藏品。

简朝亮（1852—1933 年），擅长行草书，《岭南书法丛谭》说他的行草“苍茫浩荡，元气浑然，为书法辟一新境界”，顺德博物馆藏有他写的《手札》，《广东文物》刊载有他写的《行书孝经句》，广东美术馆藏有他写于辛酉年（1921 年）的《行书扇面》。

李翘芬（1861—1899 年），简岸人，以楷书出名。清道光至光绪年间，林头黄玉筵书写《楷书八言联》和《行书七言联》，闻名全县，作品现藏于顺德博物馆；林头黄玉堂擅长行书，顺德博物馆藏有他写的《行书条幅》和《行书园面》。

历代北滘闻名于外的画家也有不少，清康熙年间，碧江苏士许擅长书画。嘉庆至道光年间，林头梁湘蘅擅长画花蝶草虫。龙涌女画家谈月色（1891—1976 年），师从国画大师黄宾虹。工诗善画，擅画梅花，工瘦金书体，尤擅治印，以瘦金书体融入印章，为篆刻艺术开拓新领域，驰誉海内外。顺德博物馆藏有她和蔡哲夫合作的《腊梅图》，广州美术馆藏有她画的《梅花轴》，广州集雅斋藏有她画的《铁骨寒香图轴》。

20世纪70年代，北滘涌现一批书画家，如：黎宗裕、苏禹、李九如、郑天聪、李华。

2004年7月10日，北滘镇书法协会成立，北滘美术协会也于同年成立。是年，北滘镇美术协会选送的5幅作品入选第九届省美展，在顺德美术赴中国美术馆展览中有10幅作品入选。2007年10月，邀请一批书画名家回乡采风联谊，举办“故土情深——北滘·顺德籍书画名家作品展”。2008年，北滘书法协会和美术协会，联合容桂书法协会和美术协会举办“容桂情、北滘韵”大型书画联展。2009年春，北滘镇“翰墨丹青”即席比赛在新城区广场举行，全镇360多位选手同场竞技。举办“庆祝中华人民共和国成立60周年暨北滘建制50年——诗书画雅集共庆活动”，本土诗书画家齐聚现场挥毫。2012年7月29日，香港顺德文艺社成立十周年书画展在北滘文化中心举行。是年10月举办的“喜迎十八大——顺德书法提名展”，这是顺德区书法家协会成立以来首次举办书法艺术作品精选展览。

第三节　戏剧曲艺与音乐舞蹈

戏剧和曲艺创作、表演，在北滘有着深厚的社会基础。早在清代中叶粤剧兴起之前，顺德已盛行“龙舟歌”的说唱艺术，艺人自编自唱，极具地方特色。随着粤剧的普及传唱，北滘各乡间多自组“私伙局”，乡人对于一些传统剧目，多能即兴演唱。每遇神诞、圩期等，多聘请大型红船、戏班搭棚演戏（俗称唱大戏）。

20世纪90年代，北滘戏剧曲艺与音乐舞蹈再现热潮。1991年，北滘镇珠江曲艺队成立。是年，珠江曲艺队与顺华轻工事业公司联合举办元旦、“三八”妇女节文艺晚会，珠江曲艺队与香港黄大仙曲艺组以及澳门的文艺爱好者举行联欢。

20世纪90年代中期，北滘曲艺活动从镇一级向社区、企业延伸。2003年，北滘、林头、西海、碧江、莘村5个村居成立曲艺社。2004年，启动“南国红豆·北滘新枝——古装粤剧送戏下乡活动”，北滘镇政府下拨10万元专项演出经费，由西海村戏剧社分别把23台粤剧晚会送到11个村（社区），累计42000人观看。同年，北滘曲协与三水区总工会协力在文化广场举行曲艺联欢晚会；郭少梅在第二届省曲协杯曲艺大赛中获银奖。

2005年2月，顺德粤剧团在北滘影剧院免费演出《郭子仪祝寿》等粤剧；11月，连续11天晚上在北滘影剧院举行粤剧表演。

2006年起，曲艺舞蹈艺术开始在各学校普及。2007年承德小学成立少儿戏剧团，在省青少年曲艺大赛中获多个奖项。2009年在顺德区青少年曲艺选拔赛中，北滘青少年获得金奖和银奖。2011年承德小学学生参加广东省青少年曲艺“明日之星”选拔赛，进入金奖和银奖决赛选手共有7人。

2009年1月6—7日，北滘镇举办第八届新年戏曲欣赏晚会。2012年6月，顺德区粤曲私伙局大赛暨“开心广场·百姓舞台”首届广东省粤曲私伙局选拔赛在北滘文化中心开赛。

2009年9月25日，北滘组建起交响乐团，先后聘请国家一级指挥、星海音乐学院指挥教授刘明等专家担任指挥，由学校器乐老师和社会音乐界60多名演奏精英组成。在2011年广东省第五届群众音乐舞蹈花会中，北滘交响乐团演绎著名作曲家丁家琳的交响乐作品《水乡畅想曲》，获音乐类金奖。另外还参加广州、韶关、番禺等周边地区的文艺交流和演出，平时深入到各镇街村居演出，到中小学校普及交响乐知识，培养青少年对交响乐的兴趣。2012年5月19日，在北滘音乐厅举行首场交响乐会，主题为“五月的鲜花”，赢得现场观众阵阵掌声。12月31日晚，北滘交响乐团再次公演，拉开“2013北滘音乐节跨年倒数狂欢夜”活动序幕。

从2013年起，每月一次在北滘文化中心举办的“指尖上的旋律”免费交响音乐会，成为北滘文化的品牌节目。

2012年7月，北滘成立少儿合唱团。2013年创作舞蹈《鸵鸟絮语》获第二届广东省少儿舞蹈大赛金奖。2014年7月，参加新加坡合唱节获银奖。2015年7月26日，北滘少儿合唱团自编自排的《渔父》《美好的远方》《落雨大》三首曲目获2015首届“中国和之声”声乐比赛获少年组金奖。2016年，北滘少儿合唱团参加第九届世界合唱比赛，再获两项金奖。

第四节　展览、摄影、收藏

展览　1983年9月，苏禹展品《今日水乡分外娇》参加全国集邮展览，获国家铜牌奖。20世纪90年代中期，北滘镇开始举办迎春书画摄影展，至2004年共举办8届。2003年7月，素有“水黑牧马人”之称的画家文万玉作品在北滘文化广场展览厅展出。2007年10月“故土情深——北滘·顺德籍书画名家作品展”在北滘文化站正式揭幕，顺德籍书画名家回乡采风联谊并展出作品。2008年，与容桂街道举办“容桂情·北滘韵”书画展览。

摄影　2001年11月，北滘摄影协会成立，至2017年共有中国摄影家协会会员4人，省级摄影家协会会员8人，顺德摄影家协会会员40多人。协会自成立以来，以“影”会友，组织摄影爱好者参加摄影活动，举办系列摄影比赛，开办各类摄影展览，邀请名师名家举办讲座，使北滘的摄影艺术氛围及摄影水平逐步提升。2004年1月22—25日，北滘镇第八届迎春书画摄影展在文化站展出。2008年摄影协会一名会员在全国摄影大赛获得银奖。2011年，北滘镇摄影协会成员获得全国摄影大展优秀奖作品10幅、省级赛事优秀作品16幅，其中广东省摄影家协会主办的摄影赛事银奖4幅，铜奖1幅，同年北滘镇摄影协会获“顺德摄影家协会先进镇街协会”称号。2012年3月，北滘摄影协会发出爱心倡议，用摄影人的爱心和热情，义卖会员摄影作品31件，共筹得善款9300元，这是北滘摄影协会首次与慈善挂钩。2012年3月20日，2012顺德摄影家协会会员作品邀请展暨北滘摄影协会季赛启动仪式在北滘文化中心举行，展出摄影作品250幅，均来自顺德10镇街150位作者的作品。2012年4月29日，HPA2011国际民俗摄影展、云南表情摄影展在北滘文化中心开展，展出HPA2011国际民俗摄影年赛的166组共1600多幅获奖作品，以及180多幅出自云南摄影家的优秀民俗摄影作品。

收藏 辛耀文，顺德北滘人，清光绪末年举人，广东省著名的书画收藏家。泰山《昂头天外》石碑的书写者，因家世经商而饶于资，故尤喜收藏，精于鉴赏。先后收购并收藏李唐《采微图》、钱舜举《折枝梨花卷》等珍品。宣统初年，辛耀文带3万两白银上京，购买字画。被称为“豪客”。不少破落王公贵胄，都乐于将藏品抛售给他。其间，辛耀文投入巨资收买宫廷流出的稀世珍品，如元代倪云林的《优钵昙花图》、赵孟頫的《三朝君臣故实图》、王叔明的《松山书屋图》、黄公望的《楚江秋晚图》，明代沈石田的《枫落吴江图》、仇十洲的《停琴听阮图》、董其昌的《溪山樾馆图》，清代黄端木的《万里寻亲图》、罗两峰的《鬼趣图》等。

2000年后，北滘兴起收藏古董、名画的热潮。2009年2月19日 北滘收藏家协会成立。至2017年，先后举办多次藏品展览，以木雕、根雕、石雕、陶塑、铸铜等雕塑艺术品，其中有国家级工艺美术大师向家华、封伟民等的作品；书画主要展出顺德历代书画名家的珍品。

2012—2017年北滘文化中心展览统计表

表19—1—1

年度	序号	名称	地点	时间
2012年	1	顺德美术名家邀请展	文化中心展览厅	1月12日
	2	炫动光影——顺德摄影协会邀请展	文化中心展览厅	3月20日
	3	HPA2011国际民俗摄影年赛展、云南表情摄影展	文化中心展览厅	4月29日
	4	北滘镇中小学师生书画展	文化中心展览厅	5月28日
	5	北滘镇幼儿园、中小学艺术特色展	文化中心二楼协会活动室	5月28日
	6	人体解剖及数字虚拟健康教育宣传展览	文化中心展览厅	6月18日
	7	香港顺德艺文社书画展	文化中心展览厅	7月29日
	8	“悦玩悦大”大画幅摄影作品展	文化中心展览厅	9月1日
	9	第七届中国岭南美食文化节美食特色展览	文化中心展览厅	9月28日
	10	顺德区诗词协会20周年与北滘镇诗词协会10周年诗词作品展	文化中心展览厅	10月20日
	11	2012年北滘镇青少年科技创新大赛成果展	文化中心展览厅	12月8日
	12	北滘、伦教、陈村三镇师生书画联展	文化中心展览厅	12月28日

续表

年度	序号	名称	地点	时间
2013 年	13	岭南风格——当代岭南名家中国画作品展	文化中心展览厅	1 月 16 日—2 月 1 日
	14	2013 年北滘收藏家协会会员藏品展	文化中心展览厅	2 月 5 日—3 月 1 日
	15	“大美岭南水墨丹青”书画精品邀请展暨《春暖顺德》国画精品交接仪式	文化中心展览厅	3 月 1—20 日
	16	顺德区女画家作品邀请展	文化中心展览厅	3 月 24 日—4 月 20 日
	17	“美城、美景、美在身边”北滘镇教工摄影展	文化中心展览厅	4 月 28 日—5 月 10 日
	18	北滘镇碧江小学师生书画作品展	文化中心展览厅	5 月 14 日—6 月 17 日
	19	顺德区刘伦斌校长工作室成员学校——学生书法美术作品展	文化中心展览厅	6 月 21 日—7 月 22 日
	20	宇宙的影像天文摄影展	文化中心展览厅	7 月 22—31 日
	21	纸墨观芳华第二届珠三角艺术巡展	文化中心展览厅	8 月 9—18 日
	22	2012 展览作品回顾	文化中心展览厅	8 月 20 日—9 月 4 日
	23	凡眼观婵——伍斌、吴少群艺术作品展	文化中心展览厅	9 月 8—20 日
	24	大良文艺沙龙、澳门基金会书画联展	文化中心展览厅	9 月 25 日—10 月 25 日
	25	《携手》李海基、马庆华书画作品展	碧江小蓬莱艺术馆	9 月 29 日—10 月 20 日
	26	顺德中小学生廉政书画展	文化中心展览厅	10 月 20—29 日
	27	大良晚晴书画会景德镇瓷绘作品展	文化中心展览厅	10 月 30 日—11 月 20 日
	28	薪火相传　文脉顺德——顺德区非物质文化遗产图片展	图书馆右侧	11 月 10—20 日
	29	香港李汝匡书画展	文化中心展览厅	11 月 21—30 日
	30	流金岁月——十年情书画作品邀请展	文化中心展览厅	2013 年 12 月 26 日—2014 年 1 月 12 日
	31	贺新年迎新岁“笔墨寄情”——伍海城中国画作品展	碧江小蓬莱艺术馆	2013 年 12 月 31 日—2014 年 2 月 8 日

续表

年度	序号	名称	地点	时间
2014年	32	2014年北滘镇第十届收藏家协会会员藏品展	文化中心展览厅	1月16—26日
	33	2014年第十七届北滘镇书法美术摄影迎春展	文化中心展览厅	1月26日—2月20日
	34	“润物无声”——李名辉、巫明生书画联展	碧江小蓬莱艺术馆	2月14—26日
	35	惠风和畅——“三八”综合作品邀请展	文化中心展览厅	3月7—20日
	36	星光童艺——自闭症儿童书画展	文化中心展览厅	3月30日—4月20日
	37	广东第五届当代油画艺术展	文化中心展览厅	4月26日—5月12日
	38	“黄山风韵艺缘中”——求奇堂藏品展	碧江小蓬莱艺术馆	4月30日—5月15日
	39	“光影传谊”——北滘、容桂、伦教三镇摄影优秀作品联展	文化中心展览厅	5月14日—6月8日
	40	北滘镇中小学师生书画摄影作品展	文化中心展览厅	6月1—25日
	41	童话故事——张熙健绘画作品展	碧江小蓬莱艺术馆	6月28日—7月4日
	42	“翰墨抒情怀，丹青颂党恩”——北滘镇首届夕阳红诗书画作品展	文化中心展览厅	6月30日—7月25日
	43	“气正道大”——李正天、林力夫作品联展	碧江小蓬莱艺术馆	7月12—26日
	44	“雀跃和鸣”——陈永康花鸟画展	文化中心展览厅	8月8—18日
	45	“用一年时间 做一生难忘的事”——顺德教师支教成果展	文化中心展览厅	9月4—10日
	46	刘一行现代水墨画作品展	文化中心展览厅	9月12—25日
	47	“翰墨情深”——佛山民进开明画院书画陶艺作品展	文化中心展览厅	9月29日—10月13日
	48	第十二届全国美展美协版画、漆画作品展	文化中心展览厅	10月17—29日
	49	“以诗育心·以美启真”——坤洲小学诗书画影作品展	文化中心展览厅	11月1—18日
	50	青少年科技创新作品及科普挂图展	文化中心展览厅	11月20—26日

续表

年度	序号	名称	地点	时间
2014年	51	中国（青海）三江源国际摄影展	文化中心展览厅	12月1—7日
	52	佛山市人民检察院“预防职务犯罪教育基地”展览	文化中心展览厅	12月10—24日
	53	走进顺德——广东省文史馆油画雕塑院作品展	文化中心展览厅	2014年12月28日—2015年1月13日
2015年	54	“理性教学的探索与实践”——素描作品联展	文化中心展览厅	1月17—27日
	55	2015年北滘镇收藏家协会会员藏品展	文化中心展览厅	2月2—9日
	56	北滘镇书法美术摄影优秀作品展	文化中心展览厅	2月12日—3月8日
	57	墨情——岭南书画十二家书画联展	文化中心展览厅	3月10—23日
	58	顺德华侨中学师生书画作品展	文化中心展览厅	3月28日—4月13日
	59	北滘镇承德小学师生作品展	文化中心展览厅	4月17—28日
	60	陈坚樵书法作品展	文化中心展览厅	4月30日—5月12日
	61	北滘镇摄影协会会员作品展	文化中心展览厅	5月15—28日
	62	北滘镇中小学师生优秀作品展	文化中心展览厅	6月1—13日
	63	高村小学师生作品展	文化中心展览厅	6月16—30日
	64	荆鸿艺术馆屏风展	文化中心展览厅	7月4—13日
	65	天地人——摄影展	文化中心展览厅	7月17—27日
	66	巧夺天工凭妙手——石湾陶艺名家精品展	文化中心展览厅	7月29日—8月10日
	67	铭记历史·开创未来——纪念抗日战争胜利70周年书画作品展	文化中心展览厅	8月25日—9月7日
	68	侯以方山水作品展	文化中心展览厅	9月25日—10月13日
	69	佛山政协书画院周年作品展	文化中心展览厅	10月16日—11月2日
	70	顺德人文图片展	北滘广场	10月30日—11月2日
	71	世界美食之都荣耀巡展	北滘广场	10月30日—11月2日
	72	魅力小城（北滘）展	北滘广场	10月30日—11月2日
	73	城市升级图片展	北滘广场	10月30日—11月2日
	74	北滘镇古建筑专题摄影作品展	文化中心展览厅	11月6—26日
	75	心经展	文化中心展览厅	12月5日—12月20日
	76	全国书法小品展	文化中心展览厅	2015年12月24日—2016年1月5日

续表

年度	序号	名称	地点	时间
2015 年	77	全国书法精品邀请展	文化中心展览厅	2015 年 12 月 24 日—2016 年 1 月 5 日
2016 年	78	曾力曾鹏百件陶瓷原作展	文化中心展览厅	1 月 10—18 日
	79	北滘镇书法美术摄影优秀作品展	文化中心展览厅	1 月 22 日—2 月 29 日
	80	艺境——岭南美术出版社丛书首发暨作品展	文化中心展览厅	4 月 2—12 日
	81	藏书票及版画作品收藏展	文化中心展览厅	4 月 13—22 日
	82	零·摄影“物有本性”黑白摄影三人展	文化中心展览厅	4 月 24 日—5 月 10 日
	83	快乐“6+9”——当代岭南画家九人展	文化中心展览厅	5 月 13—23 日
	84	创意无限·展我风采——2016 年北滘镇庆六一中小师生创意书画作品展	文化中心展览厅	6 月 1—13 日
	85	碧江小学师生家长艺能展	碧江小蓬莱艺术馆、碧江蓬莱书院	6 月 4—12 日
	86	顺德书协与天水书协书法联展	文化中心展览厅	6 月 15—27 日
	87	马乃淦人生四十乐事画展	碧江小蓬莱艺术馆、碧江蓬莱书院	6 月 15—30 日
	88	摄影国会四人展	文化中心展览厅	7 月 22 日—8 月 8 日
	89	五百年来最美——顺德经典文化遗产图片展	文化中心展览厅	8 月 1—8 日
	90	钟长春画展	文化中心展览厅	8 月 12—22 日
	91	“山水家园”——中国山水画创作院广东分院山水画顺德镇街基层巡回展	文化中心展览厅	8 月 26 日—9 月 6 日
	92	莘村中学艺术作品展	文化中心展览厅	9 月 9—26 日
	93	2016 新华书香节·顺德阅读季北滘书展	文化中心展览厅	9 月 30 日—10 月 7 日
	94	乡情——北滘镇收藏家协会书画藏品展	文化中心展览厅	10 月 12—20 日
	95	奉法自正　廉洁北滘——佛山市检察机关预防职务犯罪书法巡展	文化中心展览厅	10 月 21 日—11 月 15 日
	96	水墨情缘——柯林胶作品展	文化中心展览厅	11 月 19—30 日

续表

年度	序号	名称	地点	时间
2016年	97	陈伟雄、吴晓云、陈文翰联合画展	文化中心展览厅	12月3—23日
	98	顺德美协年展	文化中心展览厅	12月27日—1月10日
2017年	99	五谷丰登画展	文化中心展览厅	1月15日—2月11日
	100	2016年北滘镇书画摄影优秀作品展	文化中心展览厅	2月18日—3月6日
	101	广州美院书画作品八人展	文化中心展览厅	3月8—21日
	102	艺境——第二回	文化中心展览厅	3月25日—4月12日
	103	文学周活动之文学X艺术系列主题活动	文化中心展览厅	4月16—26日
	104	意象·空间——李朝臣雕塑、油画作品展	文化中心展览厅	4月28日—5月18日
	105	有馥其芳——顺德书协会员书法作品展	文化中心展览厅	5月21日—6月12日
	106	广美环保设计展	文化中心展览厅	6月26日—7月10日
	107	林头诗书画学会十周年作品展	文化中心展览厅	7月14—31日
	108	木棉我师——伍学文作品展	文化中心展览厅	8月6—15日
	109	荔子丹兮——柳州市美术书法作品展（佛山站）	文化中心展览厅	8月29日—9月2日
	110	北滘镇摄影协会会员精品展	文化中心展览厅	9月6—25日
	111	陈海中国画展	文化中心展览厅	9月29日—10月29日
	112	张公者作品展	文化中心展览厅	11月15—22日
	113	回顾、传承、创新、展望——北滘二幼美术共同体成果展暨23周年园庆“E”艺展	文化中心展览厅	11月24日—12月5日
	114	方向师生展	文化中心展览厅	12月8—28日
	115	大画幅黑白摄影展	文化中心展览厅	12月30日—1月17日

第二章　群众文化

第一节　文化活动

明清时期，北滘商品经济发展很快，人民生活较富庶，每逢神诞，各乡、村以及大型会馆都请外地戏班来演戏。乡间也经常有民间艺人来“讲古”“唱木鱼”“唱龙舟”。1945 年抗日战争胜利后，碧江、林头等乡经常邀请省城戏班来北滘公演粤剧，观看粤剧成为当时群众喜爱的文化生活。

1959 年北滘公社成立后，为丰富群众文化生活，定期请佛山地区粤剧团和顺德粤剧团下乡演出。同时，成立公社电影放映队，到各生产大队巡回放映电影，使村民每月能够看上一场电影。各生产大队组建业余文艺宣传队，每逢节假日，为群众演出文艺节目。1964 年后，组织群众特别是青年团员，开展大唱“革命歌曲”活动。每逢晚上，各生产大队和学校，来学唱歌的人络绎不绝，歌声嘹亮，响彻夜空。1974 年，北滘公社农田基本建设民兵团文艺宣传队，经常到各工地和乡村，运用话剧、演唱、歌剧等形式，生动活泼表演新社会新风尚的新人新事。话剧《支农俄歌》，表演农机二厂工人冒着炎暑、下乡抢修农具机械的故事，深受群众喜爱，并获佛山地区文艺汇报演出第二名。1975 年，各生产大队普遍办起文化室，组织社员开展文化活动，写诗歌，讲故事，唱“革命样板戏”。但是，这些文化活动均以“阶级斗争为纲”为主题，群众文化生活出现枯燥乏味的局面。

1979 年后，随着文化战线的拨乱反正，群众文化生活开始活跃起来。公社电影放映队，每晚轮流到各生产大队，放映禁锢十多年的电影，成为当时乡民文化生活一件盛事。放映场地，人山人海。公社戏院连续 18 个晚上放映《孙悟空三打白骨精》，座无虚席。省、地区文化团体经常下乡演出粤剧、话剧、歌舞等节目。

1984 年后，北滘调整、充实村级文化室，组建青年宣传队、曲艺社等群众性团体。1989 年，在基层推行“四位一体”（岗位培训、文化补习、技术进修、文娱活动）文化室建设。镇经济发展总公司、华达、美的、裕华等厂企文化室还办起舞厅。全镇办起文化室的企业达 40%。1996 年，加强镇区中心群众文化建设，将北滘商业娱乐城改造成为文化广场，分别建起图书馆、展览室、书市、宣传栏等设施，为群众文化生活开展创造有利条件。

20 世纪 90 年代后，北滘群众文化生活呈现出多姿多彩的态势，各种文艺汇演连年不断。除每年“六一”儿童节，全镇中小学校举办文艺汇演以外，2002 年起镇政府和文化部门连续举办大型群众文艺晚会。2002 年除夕夜和 2014 年 12 月 31 日晚，举办万众欢腾新年烟火晚会。2002 年至 2017 年，连年举办新年戏曲欣赏晚会，灯谜应众竞猜活动。2005 年 9 月 29 日晚，在文化广场举办国庆文艺晚会。2006 年 3—5 月，分别举行以“三月风华”“辛勤劳动好光荣”为主题的文艺晚会。2007 年 9 月，举办“北滘·顺德民间歌会”，吸引区各镇街民间歌手踊跃参赛。2009—2016年，举办中秋百企千家慈善晚会。2011年，举办“北滘镇庆祝建党90周年”和“月满中秋晴暖小城”文艺晚会，同年，还进行“和谐社区，幸福北滘”村、社区文艺巡演。2012年，连年举办“北滘仲夏音乐节”，进一步丰富群众文化生活。另外，群众自发组织各种文娱活动和粤剧私伙局，兴起“广场舞”，每日早晨和晚上，一群群妇女在社区（村）广场唱歌跳舞，成为退休妇女主要文娱方式。2015年，北滘镇被评为佛山市“城乡十分钟文化圈建设示范镇”。

2012—2017年北滘文化中心主要品牌项目场次统计表

表19—2—1

活动项目	场次	活动项目	场次
华语文学传媒盛典	59	北滘英语角	42
顺德·北滘仲夏音乐节系列活动	69	“品茶论摄”—北滘摄影协会会员交流活动	21
“阅读北滘”读书分享会	2	“发现北滘之美”—北滘摄影协会采风活动	7
“指尖上的旋律”顺德·北滘交响乐团音乐会	65	美丽村居行摄活动	26
顺德·北滘合唱团合唱音乐会	59	“慈善之夜”北滘少儿合唱团新年音乐会	4
美食文化节	22	大型少儿古装粤剧《花木兰》社区巡演	2
广东国际旅游文化节	2	论道顺德——南都顺德周末论坛	39
星海之夜	5	读书草堂	3
春风学堂	627	听老师讲故事	83
“时光影会”电影分享会	179	HI歌会	2
私房菜大赛	15	周末乐友会	11
“激情周末·梦想舞台”北滘镇才艺大赛	61	“巧手生花，创意无限”DIY制作比赛	3
北滘镇“朝亮奖”文艺创作大赛	6	主题音乐会	45
广东外语外贸大学音乐学院主题音乐会	3	幸福银行	5
华南师范大学音乐学院主题音乐会	7	童心童趣——童画说	7
深圳大学主题音乐会	3	北滘镇文联新年晚会	2
北滘镇春节系列文化活动	3	摄影名家系列讲座	11
“花前·月下·贺元宵”北滘镇元宵节活动	53	“微图友”系列活动	26
“月满星华·情暖中秋”北滘镇中秋系列活动	25	暑假、寒假青少年社会实践活动	4
青少年公益文艺培训班	2258	路边天文活动	95
“滘”劲拉阔BANDSHOW	19	北滘镇少儿英语故事比赛/故事大王比赛	23
星舞台	8	“健康北滘”系列讲座	12
家门口电影院	998	北滘论坛	3
柠檬派对	5	主题书画展	59
曲艺欣赏晚会	19	青年坊桌游之夜	66

续表

活动项目	场次	活动项目	场次
曲艺交流活动	440	义工系列活动	13
新年倒数晚会	3	北滘镇金牌主持人大赛	1
北滘镇幸福春联送万家活动	12	摄影展	62
私伙局大赛粤曲交流晚会	2	六一儿童节活动	30
一叶知心系列活动	126	三八妇女节活动	13
“七彩童年 喜阅365”亲子阅读	98	真人图书馆	3
“4·23”世界阅读日系列活动	5	普乐课堂	48
灯谜应众竞猜	53		

第二节　文艺赛事

1989年后北滘各类文艺比赛蓬勃开展。1989年春节和国庆节期间，举办歌咏大赛，评出镇内十大歌手。1990年9月，举办北滘镇“珠江杯”卡拉OK大赛和粤曲卡拉OK大赛。1992年12月15—16日，由美的集团、蚬华风扇厂、华星实业、珠江包装集团等7家企业赞助50万元，以北滘镇人民政府名义，与广州市府办海外中国文化传播中心联合主办“国际标准舞、拉丁舞大赛”广州站赛事，冠名“北滘杯”，来自澳大利亚、英国、法国等13个国家和地区体育舞蹈好手参与。1994年，镇文化体育办公室举行“百歌颂中华”歌唱大赛，企业、机关和农村、社区的青少年踊跃参加。2002—2004年，举办“与时俱进的北滘”文学大赛、“北滘十大歌手大赛”“环保杯”摄影大赛、第三届歌唱大赛。2007年5月1日，北滘镇与广东电视台体育频道联合主办“2007广东省活力北滘街舞挑战赛”。2008年9月，与区文体广电新闻出版局联合举办“魅力小城·乐动北滘——顺德民歌大赛”。2009年7月，文化部门和团组织联合举办“激情周末·梦想舞台”才艺大比拼活动。此后，每年都举办才艺大比拼活动，成为北滘群众文化一张名牌。2010年，北滘镇举办原创诗歌朗诵、“北滘十大原创金曲”选拔赛、北滘音像大赛、“北滘讲古”“左邻右里赛厨艺”“北滘十景”书画大赛等活动。2011年3月19日，举办“广绣·传统手工艺创作大赛”，100多名妇女参赛者，展示刺绣、剪纸、穿珠、丝网编织等民间技艺。2012年8月，“顺德北滘仲夏音乐节2012音乐达人秀”总决赛在北滘广场上演，9支进入决赛的乐队展开了激烈角逐，最终来自广州的吉他彩虹乐队夺得桂冠。至2017年，区文化部门连续五年都在北滘举办仲夏音乐节决赛，省内外近400支乐队参与赛事和演出。

第三节　艺术节

1997年，北滘镇人民政府要求广泛开展群众性文体活动，丰富群众的精神生活，根据镇政府的指示，在有关部门大力支持下，镇文化部门在1998年至2011年，先后举办六届文化艺术节。

1998 年，北滘镇举办首届文化艺术节，开展综合性文化活动，以“携手共进、迈向明天”为主题，设群儒献宝、乡土风情、粤韵绕梁、群英荟萃、狮龙大会、轻歌曼舞、彩云追月、楚河汉界、娱乐升平等十大系列节目。历时 3 个多月，共收到文艺爱好者 362 人的文艺创作作品 600 多件；送戏下乡 15 次，30 个单位组织 3000 多人次参与演出，观众达 10 万人次。艺术节中，倡议建立北滘文化发展基金，筹得款项逾 200 万元。

2000 年，举办第二届文化艺术节，主题为“思源思进，迈向文明新世纪”，共有十大项目 30 多个活动，邀请外来民工文艺爱好者参与表演，北滘镇文艺工作者和扶贫对象连南县民族歌舞团联袂演出，深受广大外来民工的欢迎。

2003 年 9 月 28 日，北滘镇第三届文化艺术节开幕，历时 4 个月，内容包括文艺演出、文学、美术、书法、摄影等形式系列活动，碧桂园发展公司投入 30 多万元，接送 1 万多名 60 岁以上老人到镇影剧院观看演出。3 篇散文入选省作协主编的《粤海散文集》，2 部文学作品入藏国家 863 计划中国数字图书馆。2 件美术作品在国家级杂志《美术》上发表。幼儿舞蹈《瓜儿数瓜》获“新苗杯”全国少儿舞蹈比赛银奖。碧江等 17 个社区获社区文化促进奖。

2009 年举办首届中国北滘创意文化艺术节，同时启动“中国北滘、金楼创意文化艺术节”，举办“金楼论剑”文化论坛、“金楼藏娇”摄影大赛和金楼美食街管活动，扩大碧江文化古村影响，北滘中学举办校园科技、文化艺术节，组织千人唱中华人民共和国国歌，诗朗诵比赛。

2010 年、2011 年举办的第二、第三届中国北滘创意文化艺术节，突出地方创意文化产业及城乡人居品质，相继开展“城市化进程中的中国当代影像特展”“金楼论剑——中国新市镇发展探案”“金楼藏娇粤曲之夜”等活动。2011 年第六届文化艺术节，举办“不一样的风景”主题摄影展、广府服饰藏品展和“屈汀南莨纱广绣时装展演”。2012 年后，不再举办文化艺术节活动。

第四节　嘉年华欢乐活动

2005 年 4 月，北滘镇人民政府提出：“开展经常性群众性的社区文化体育活动，活跃群众的业余生活，凝聚人心”。从这年起，北滘每年都举办嘉年华文化活动。

2005 年 1 月 28、29 日晚，北滘文化广场首次举行“新春广场欢乐嘉年华”活动。2006 年，北滘镇春节的嘉年华活动丰富多彩，分别有书画展览、歌舞演出、游园会、猜灯谜、文艺晚会等。5 月 28 日至 6 月 3 日，举办“首届北滘国际儿童欢乐周”，主要内容有：儿童书画展、“北滘新苗绘新城——儿童美术创作”、文艺晚会和“欢乐的印记——摄影大赛”，吸引来自十几个国家和地区的 10 多万人次参加。金秋时分，举办“北滘 2006 金秋欢乐节”，内容包括航模表演、龙舟竞渡、狮龙表演、放飞风筝、滑翔飞行表演等。其间举行“活力杯”钓鱼大赛和“美的北滘无人扎筋艇比赛”。12 月 23 日起，又举办“北滘迎春 · 新城接福”系列活动，“新城华灯”

亮灯仪式暨北滘原创歌曲文艺晚会在北滘公园举行。

2007 年 6 月 3—10 日，举办以“幸福北滘——科学成就未来”为主题的嘉年华活动，举行北滘国际儿童科技周活动，首次在佛山市镇一级地区举办国家级航天科技展，展出神舟飞船返回舱模型、航天服、飞船专用降落伞、航天食品等。吸引数以千计的青少年参观，在全镇形成“航天”热。

2011 年 4—7 月，举行“2011 中国·北滘首届动漫嘉年华活动”，展出中国原创动漫漫画展、原创动漫人偶展、原创动漫影片展播、原创动漫观众互动制作展示，进行 COSPLAY 表演大赛、动漫歌曲大赛、动漫宝贝大赛，以及动漫人偶花车巡游，上演《白雪公主》等节目。共吸引业内人士、学生、市民约 10 万人（次）参观。

2012 年 5 月 28 日，举办“六一缤纷嘉年华”活动，先后举办北滘镇中小学师生书画展、幼儿园中小学艺术特色展、“七彩画笔百米长卷即席挥毫”、中小学师生书画展、少儿环保创意 DIY 彩绘和“花花心思儿童环保时装设计比赛”。同年，承办“中国·北滘国际动漫产业节”，围绕“创意北滘·精彩动漫”的主题，举办包括动漫产业论坛、第三代电影试映、动漫人偶剧表演等多项动漫活动。

此外，自 2012 年起，北滘作为会场，开始举办美食文化节（美食嘉年华）活动。是年成功承办第七届岭南美食文化节，共吸引游客 110 万人次。

2013 年 9 月 30 日—10 月 4 日，第八届中国（美的）岭南美食文化节主会场活动在北滘广场举行，共设置 139 个展位，吸引 200 多家本土及海内外餐饮企业参与，进场各方游客达 125 万人次。

2014 年 9 月 29 日—10 月 4 日，第九届中国（美的）岭南美食文化节在北滘广场开幕。该届美食文化节以“鱼米水飨，创意顺德”为主线，设置 193 个展位，游客超过 100 万人次。

2016 年 4 月 29 日，“世界美食之都”——2016（春季）顺德美食文化节活动在北滘广场启动，共设 180 个展位。

第五节 文化市场管理

20 世纪 80 年代中期起，北滘陆续出现夜总会、歌舞厅、卡拉 OK 厅、电子游戏厅。镇政府一手抓繁荣，一手抓管理。1987 年，明确北滘文化站负责管理歌舞厅、音乐茶座、桌球室、电子游戏室、书报摊、音像市场，严厉查处“黄、赌、毒”行为。

1989 年，北滘镇成立社会文化管理组。是年，镇内文化场所包括营业舞厅 1 个、录像放映点 1 个、电子游戏室 1 个、书报摊档 3 个。每月例行检查一次。春节前进行清查文化市场的大检查，清理一批盗版音像制品。7 月，组织扫黄大行动，收缴非法出版、复制音像制品一大批。1989 年，通过检查行动共收缴非法出版图书 6 本，复制录音带 1205 盒，录像带 6 盒，分别审查处理了贩卖淫秽书刊的责任人，对其他经营非法出版图书、非法经营音像制品的店主亦进行罚款教育。

1992 年 5 月，文化站成立“顺德音像发行站北滘分站”，把个体经营的音像市场统管起来，文化市场进一步朝文明健康方向发展。

1993 年，逐步建立起娱乐场所规范管理。全镇共有卡拉 OK 厅 8 家，电子游戏机室 6 间，桌球室 5 间，录像投影室 3 间，药物蒸汽浴 1 间。社会文化管理小组每季度例行检查一次。全年文化站协同公安部门取缔 2 间扑克赌博游戏机室，停业整顿卡拉 OK 室 1 间。

2000 年，对书报、音像、电脑行业进行常规化清理检查，共查获各种翻版、色情书 2000 多本，VCD、录音带 500 多盒、电脑盗版软件 1200 多张；查处无证卡拉 OK 厅 1 间、酒吧 1 间；没收赌博机电脑板 18 块。

2006 年，加强对辖区内 205 家新闻出版和社会文化市场经营管理单位的监管。全面完成书报刊、电子出版物及印刷、包装业单位的年度审核和换发证工作。200 多宗与文化娱乐场馆签订责任协议书，取缔黑网吧、黑影吧、非法经营摊档，收缴电脑 798 台，影碟机 10 台，书刊 16000 本，音像制品 14700 多张。

2008 年，共检查文化市场经营场所 50 多家，取缔黑网吧 47 家，收缴电脑 500 多台，收缴非法出版物 2 万多本，音像制品 3 万多张。

2009 年，完善对 210 家文化娱乐、新闻出版、印刷业的管理及年度审核工作。检查经营场所 159 家次，取缔黑网吧 103 间，收缴电脑 1219 套，收缴非法出版物 6000 多本，音像制品 4000 多张。

第三章　文化设施

第一节　文化馆（站）

北滘镇文化馆于 20 世纪 70 年代成立，隶属顺德县文化局。

20 世纪 80 年代，北滘文化站下设科研组、灯谜组、宣传队等。

1997 年广东省委、省人民政府授予北滘镇文化站“省特级文化站”称号。

1998 年，开始举办各类粤剧曲艺培训班。2001 年新春期间，推出十大项目 30 多个内容的活动，包括创作、展览、竞技、演出、观赏等形式；创办“花灯一条街”、外工文艺大赛、“汉瑶携手共歌舞”等新项目；举行连续十场粤剧演出，接送全镇各村的老人到镇上欣赏。2003 年 12 月，北滘文化馆对场馆进行调整装修，增置计算机设备，增加藏书 2500 多册。选出 202 件艺术作品参加区金凤奖，有 3 篇散文入选省作协主编的《粤海散文集》；2 部文学作品入藏国家 863 计划中国数字图书馆示范工程超星数字图书馆；钟长春、马丽兴的美术作品在国家级杂志《美术》上发表；幼儿舞蹈《瓜儿数瓜》获“新苗杯”全国少儿舞蹈比赛银奖。

2011 年，共举办晚会活动近 60 场，协办 15 场，展览 10 个，电影放映 265 场，社会公益讲座 23 场，观看、参与活动的市民有 70 多万人（次）；暑假期间，举办青少年灯谜、曲艺、摄影等文化艺术培训班，近 300 人参加。至 2017 年，北滘有文化站 1 个。

第二节　影剧院

20世纪六七十年代，各大队的大晒场成为电影放映场所。

北滘大队将祠堂改建为北滘首间戏院。至70年代末，又兼做电影院。80年代初，三洪奇办起全镇首个录像投影室。

1982年初，投资125万元，在北滘镇中心建成北滘影剧院，占地面积6778平方米，建筑面积超4500平方米，主楼设1424个观众座位，并建有售票房、餐厅、小卖部、冰室、休息室、花园、停车场等配套设施。

90年代，各村、社区普遍设有录像投影室。1998年，斥资200多万元，将北滘影剧院改造为具有欧陆风格、高雅舒适的影剧院（2010年，影剧院改建为停车场）。

进入21世纪，深业城商业广场以及碧江、广厦相继设置电影院。至2017年，北滘有电影院3家。

第三节　文化广场

1996年，北滘商业娱乐城被改造成北滘文化广场，面积2.4万平方米，设有图书馆、展览室、书店、文化站等。同年，扩充修建北滘河堤公园，与文化广场连为一体。1998年，文化广场增设露天舞台、文化长廊等。1999年，文化广场升级改造成以文化、科技、艺术为主题内涵，汇集展览馆、博物馆、图书馆、露天音乐广场、雕塑群等文化活动设施于一体的文化场所。2000年1月1日，文化广场新建成的“世纪之门”“千禧林”和“北滘精神组雕”对外开放。“组雕”由“跨越”及以“和谐、勤奋、诚信、至善”的北滘精神为内涵的4尊雕塑组成。2008年3月，位于北滘镇新城区中轴线投资2500万元的北滘广场投入使用，占地面积达5.5万平方米，是镇内首个大型公众广场。广场内的绿化由美的集团捐资550万元，故取名为“美的林”。

2000年至2004年，西滘、西海、桃村和莘村先后建起村级文化广场。

第四节　图书馆

北滘全面普及教育后，辖区内中小学及职业技术学校分别建起规模不一的图书馆，供校内师生借阅。

1997年，北滘镇图书馆在北滘文化广场四楼建成。

2008年，启动“开卷工程”，图书馆走进村居。北滘、顺江、碧江、林头、三桂、碧桂园等村（社区），先后建成社区图书馆和儿童图书角，总藏书量超过12000册。在部分村（社区）同时开展图书漂流服务。同年，建成北滘社区、顺江社区“儿童书阁”，阁藏儿童图书3000多册，其中中国移动通信集团顺德分公司捐赠2100多本。2009年，高村、黄龙社区图书馆建成。2010年，顺德首台图书ATM在北滘社区投入使用，为市民提供24小时的自助借阅服务。北滘、顺江、碧桂园和黄龙图书馆实现资源共享。2011 年，村（社区）图书馆达 12 家，藏书 55000 册。2012 年 2 月，北滘 19 个社区实现区区有图书馆。2012 年 1 月 12 日，北滘文化中心图书馆建成。建筑面积为 4045 平方米，藏书 12 万册，可容纳读者 500 多人。一楼为图书阅览区、电子阅览区及报刊阅览区，二楼为学生自修室及培训室，三楼为主要图书阅览区。至 2017 年，北滘图书馆藏书达 15.4 万余册，进馆读者超过 230 万人（次），借阅超 61 万次，办理书证 7000 多份，流通业务量达 14 万多次。

2015 年，北滘首个 24 小时自助图书馆正式启用。至 2016 年，北滘共有镇级、村级图书馆 25 家，公共图书馆藏书量达 20.95 万册。2016—2017 年，碧江社区和黄龙村自助图书馆启用。

第五节　文化中心

北滘文化艺术中心于 2009 年 10 月在新城区破土动工，2012 年 1 月 12 日正式启用。占地面积 20000 平方米，建筑面积 26000 平方米，设图书馆、音乐馆、展览馆、青年活动中心和综合培训楼等，是一个集多种功能的文化聚集区。是年举办晚会、展览、沙龙、讲座、培训等各类文化活动 400 多场次，培训青少年 1600 多人（次），接待群众逾 45 万人（次）。2013 年，共举办各类文体活动超 1000 场次，接待人次逾 70 万。

2005—2016 年北滘文化设施统计表

表 19—3—1　　　　单位：家、万册、个

年份	镇级、村级图书馆	公共图书馆藏书量	文化站	影剧院	年份	镇级、村级图书馆	公共图书馆藏书量	文化站	影剧院
2005	—	2.6	1	1	2011	16	12.5	1	1
2006	—	2.8	1	1	2012	16	17.5	1	2
2007	—	3.1	1	1	2013	22	17.8	1	1
2008	3	4.35	1	1	2014	24	18.2	1	1
2009	6	5.66	1	1	2015	25	20.4	1	3
2010	10	7.3	1	1	2016	25	20.95	1	3

2012—2017 年北滘文化中心（文化站）文化活动统计表

表 19—3—2　　　　单位：场次

年份	文艺晚会	音乐会	展览	讲座、论坛	电影	赛事	协会活动	阅读活动	文艺培训	文艺培训人数	年度活动合计
2012	69	31	12	64	41	19	153	11	—	—	400
2013	67	49	18	79	42	47	182	7	240	1249	731
2014	78	68	22	77	295	0	240	21	169	2435	970

续表

年份	文艺晚会	音乐会	展览	讲座、论坛	电影	赛事	协会活动	阅读活动	文艺培训	文艺培训人数	年度活动合计
2015	37	59	25	71	294	21	285	98	431	2557	1321
2016	44	68	29	56	267	23	264	76	662	1887	1489
2017	32	83	48	39	268	15	218	133	528	2418	1364

第四章　古建筑、纪念馆

第一节　祠堂

祠堂是北滘古建筑的重要组成部分。珠江三角洲有“顺德祠堂南海庙”之说，而北滘祠堂构筑宏丽，驰名远近。早在宋代，北滘已有祠堂。位于桃村的报功祠始建于宋末。

明嘉靖十五年（1536 年），礼部尚书夏言向朝廷呈上《令臣民得祭始祖立家庙疏》，“乞召天下臣工立家庙”，民间“联宗立庙”之风才兴盛。北滘祠堂自此逐渐增多。明代的尊明苏公祠为当时代表作，祠堂面阔五向，俗称“五间祠”。较为宏大的有位于林头圩地街的梁氏二世祖祠、林头粮站街的郑氏大宗祠、广教林港路的杨氏大宗祠，这些祠堂规模较大，形制规整，采取疏密有致的布局，规整对称的结构，空间层次，层层深入，步步升高，门前是宽阔的地堂，是顺德清代晚期祠堂的典型代表。

祠堂是祭祀祖宗或先贤的庙堂，北滘的祠堂是祭祖场所，也是家族惩治邪恶、维系和睦、议事庆典及启蒙教学的地方。宗族中凡男丁出生，必到祠堂举行“开灯”仪式，启蒙入学可获得“太公”（氏族）田产资助，科举应考有经济支持，金榜题名和官场任职者得以奖励。

抗日战争时期，部分祠堂成为革命据点。如碧江村的振响楼成为广雅中学临时校舍，师生们在祠堂内创办抗日刊物《广雅之星》，演出爱国剧目，八路军参谋长叶剑英曾在祠堂内演讲，郭沫若、沈雁冰（茅盾）等爱国进步教授、作家、社会名流也到此地演讲；桃村袁氏大宗祠内成为“广游二支队”队部。新中国成立后，部分祠堂改建为校舍、卫生所和粮仓。1990 年后，在镇人民政府大力支持下，各村对保存下来的祠堂进行全面修葺。至 2017 年，北滘保留下来的祠堂共 112 间。其中较有代表性的祠堂如下：

尊明堂苏公祠　位于碧江泰兴街 40 号对面。又名兹德堂，俗称“五间祠”。祀奉碧江苏氏南房十三世祖苏祉。建于明嘉靖年间。坐西向东。总宽 32.45 米，现存建筑面积为 1107 平方米。硬山顶，龙船脊。原为五间三进，形制在珠江三角洲的祠堂中较为少见。头进和二进保存完好，三进已毁。头门面阔五间，进深两间六架 5.9

米，前设两步廊，四根鸭屎石前檐柱，出一插栱承挑檐檩。中堂面阔五间，进深三间十一架12.3米，前后双步廊。以驼峰、斗拱承托梁架及檩条。梁架及柱子粗壮。梁砍削成月梁形式，梁架间有托脚。檩间间隔较大。十二根鸭屎石檐柱，十二根木金柱。前后檐柱各出一插栱挑承檐檩，使出檐加深。后檐檩下砌墙，求得更大的室内空间。次间、梢间有石栏杆，堂前带阔大天井。祠堂前有沙石铺成的地堂。其建筑风格雄大而不失优雅，细部精美。2008年11月18日被公布为第五批省级文物保护单位。

慕堂苏公祠 位于碧江村心大街。始建于清光绪二十四年（1898年），20世纪40年代竣工。坐西向东。面阔三间12.4米，进深三进39.6米。镬耳山墙，博古脊，素胎瓦当。头门面阔三间，进深两间七架6.6米，前三步廊。梁架及柁墩雕刻精美花卉。步架间有托脚。石前檐柱及角柱，木金柱。虾公梁上施狮子，斗拱隔架。木门高大，下设腰门。两层素面门枕石。石狮座上浮雕麒麟、凤凰等瑞兽。次间设包台。中堂面阔三间，进深三间十二架11米。前设三步廊，后双步廊。两根石前檐柱及两根角柱，四根木金柱，两根木后檐柱。后檐柱向后挑出一插栱承托檐檩，檐檩下砌墙。次间设石栏杆，木檐枋上置去母片横披。后檐柱间设屏门。堂前带天井。后堂面阔三间，进深三间十三架8.5米，前后三步廊两根石前檐柱。四根木金柱。次间木檐枋上置云母片横披。堂前带天井及两廊。廊为六架卷棚顶。主体结构保存完整，但因年久失修，部分建筑装饰艺术品损毁，包括国民党元老于右任手书的堂匾。1958年人民公社化后，曾为生产大队队址所在，2015年后用作碧江村史馆。2002年7月17日，被列入广东省文物保护单位。

报功祠 位于桃村桃源大道。始建于南宋后期，明天顺四年（1460年）、清道光十九年（1839年）、光绪八年（1882年）、民国36年（1947年）重修。坐东北向西南。三间三进，有后厨。总面阔13.2米，总进深37.2米，面积491平方米。硬山顶，人字封火山墙，灰塑博古脊，绿琉璃瓦当，滴水剪边。头门面阔三间，进深两间共九架6.5米，前双步廊。石门额上阴刻三个行书大字“报功祠”，上下有款。上款为“赐进士第钦差福建巡按监察御史同里钟善经薰沐敬题”，下款为“大清光绪八年岁次壬午年仲夏吉旦合乡重建”。石门联上刻有“光绪八年岁在壬午仲夏吉旦”。前有精美花鸟木雕封檐板。前廊地面铺麻石，进深第二间铺红阶砖。中堂面阔三间，进深三间共九架6.7米。脊檩上刻有“□大清光绪捌年岁次壬午三月十六壬寅日合乡重建”。中堂前有天井。后堂面阔三间，进深三间共九架8.8米，前后双步廊。具有明代建筑风格。梁粗壮，三架梁、五架梁、双步架都是用月梁做法，五步梁梁底有刻花。脊檩旁有叉手，上刻有“大明天顺四年岁次庚辰十月二十九辛未日合乡重建”。驼峰做法古朴，柁墩雕花。瓦坡度平缓，有弧度。木柱及柱础有重修时接驳过的痕迹。柱櫍古旧。后檐柱上以一插栱向后挑出檐檩，使出檐加深。然后在檐檩下砌墙，求得更大的空间。2008年11月18日，被列入广东省文物保护单位。

报功祠古建筑群 位于桃村。包括报功祠、金紫名宗、黎氏大宗祠。2006年1月8日被公布为顺德区文物保护单位。2006年10月25日被公布为佛山市文物保护单位。

金紫名宗位于桃村上街。始建于南宋。分别于清乾隆四十三年（1778年）、2008年重修。坐东北向西南，原为三间三进，现存三间两进。面阔12.5米，进深29米。

硬山顶，人字封火山墙，素胎瓦当、滴水剪边，山墙、后墙都用蚝壳砌成，红砂岩石脚。头门进深两间八架，前设三步廊。前廊步梁较粗壮，“金紫名宗”木门额，有“乾隆戊戌仲春吉旦重修”落款。隔架科上的鸭屎石狮，须发毕现，细节讲究。高大门枕石石雕尤为突出，雕有太狮少狮图、仙人骑兽图。抱鼓石基座上雕石狮、人物、瑞兽，精美活泼。中堂光泽堂进深三间九架，前后双步廊。步梁砍削成月梁形式。置鳌鱼托脚。金柱略带梭形，墩形柱櫍特别。祠堂大量使用红砂岩、砂岩石料。2006年10月25日，被列入佛山市文物保护单位。

黎氏三世祠 位于桃村上街。始建于明代。坐东北向西南。面阔三间带左侧青云巷。原三进深，现后座已不存在。总面阔21.2米，进深44.4米。硬山顶，龙船脊，人字封火山墙，素胎瓦当，滴水剪边，青砖墙，红砂岩石脚。建筑较为低矮。头门进深两间七架，前双步廊。明间瓦顶高，次间瓦顶稍低，形成两级跌落式瓦顶。次间内外共设四个红砂岩石包台。前廊步架间的鳌鱼托脚做工精细。中堂进深三间九架，前后双步廊。步梁粗壮，并砍削成月梁形式，梁底有雕刻花纹。前檐墙开砖雕花窗。整个建筑的柱子、柱础、石脚主要使用红砂岩、砂岩石。2006年10月25日，被列入佛山市文物保护单位。

袁氏大宗祠 位于桃村怡谋街。始建于明代，清代重修，现存样式为清代建筑风格。坐西北向东南。面阔三间13.6米，进深三进45米。硬山顶，镬耳山墙，龙舟脊，素胎瓦当，滴水剪边，青砖墙，麻石脚。头门进深两间八架，前廊三步。步梁较精致，步架间鳌鱼托脚。柁橔上雕刻麒麟、戏剧人物。梁头雕花卉、瑞兽。梁下雕有喜鹊、花卉。雀替成鳌鱼状。中堂进深三间十一架，前后双步廊。檐墙上开砖雕花窗。后堂“贻谋堂”进深三间十三架，前后三步廊。堂内存有红砂岩石祭桌。抗日战争时期，该祠是广游二支队的队部。2006年10月25日，被列入佛山市文物保护单位。

杨氏大宗祠 位于广教社区林港路。建于清雍正二年（1724年）。坐东向西。广三路，中路三间三进。中路面阔17米；进深43.65米。硬山顶，高大人字封火山墙，砖雕墀头，灰塑脊，素胎瓦当、滴水剪边，青砖墙，麻石脚。房屋陡峭。头门进深两间十架，前廊三步。中堂积庆堂进深三间十四架，前四架轩廊，后五架梁。墙楣上有“寿比南山”等多幅壁画。梁架做工精美，步架间置鳌鱼托脚，驼峰雕刻麒麟、凤凰、卷草等多种图案。部分梁架呈月梁形式。墀头砖雕做工精细。中堂前带麻石月台。该祠开阔，规模较大，形制规整，是顺德清代晚期祠堂的典型代表。2006年10月25日，被列入佛山市文物保护单位。

郑氏宗祠 位于林头社区粮站街。始建于清康熙五十九年（1720年），2015年重修。广三路，面阔五间22.3米，进深三进62.3米。坐西南向东北。中、后堂硬山顶，灰塑龙舟脊，人字封火山墙，素胎瓦当、滴水剪边，青砖墙，红砂岩、麻石脚。中堂树德堂面阔五间、进深四间十五架，前三步廊，后两个双步廊。梁架及柱较粗壮。前檐墙开“福”形砖雕花窗，边框雕有麒麟、仙人等图案。后堂进深三间十五架，前四架轩廊，后六架轩廊。祠堂部分梁架呈月梁形式，体现清初建筑风格。石雕、砖雕、灰塑等工艺精湛。石台阶的垂带、栏板浮雕“暗八仙”“麒麟吐玉书”等石雕图案。是顺德少有的五开间祠堂。2006年10月25日，被列入佛山市文物保护单位。

曾氏大宗祠 又名宗圣南支，位于莘村武城街。建于明天启四年（1624年）。清光绪十五年（1889年）重修。坐东南向西北，广三路，三间三进，总面阔31.5米，中路面阔13.1米，总进深43.2米。硬山顶，人字封火山墙，绿琉璃瓦当，滴水剪边，青砖石脚。头门面阔三间，进深两间十一架9.1米，前设三步廊。梁架及柁橔上雕刻精美花卉及戏剧人物图案。步架间有鳌鱼托脚。四根石檐柱。灰塑博古脊有损毁。墙楣上的壁画依稀可见。虾公梁上施石狮、斗栱隔架。中悬红底楷书大字“宗圣南支”。鸭屎石门框，门上保存有兽形铜环一副，门下置枕石。次间设两石包台，长3.7米、宽3米、高0.9米。中堂“大学堂”面阔三间，进深三间十二架11.5米，前设四架轩廊，后双步廊。两根石方檐柱，四根木金柱，两根木后檐柱，并有辅柱2根。后檐柱出挑一插栱托檩。后金柱间悬木匾，上刻楷书大字“大学堂”，上款为“光绪乙丑冬月重建”，下款为“竹斋康衢敬书”。后檐柱间存屏门门槛。中堂前带天井及两廊。廊面阔三间，六架卷棚顶，博古梁架，瓦脊饰灰塑。后堂面阔三间，进深三间十三架9.75米，前后三步廊。次间砌墙承重，墙上开小拱门出入两廊。四根木金柱，连珠型石柱础。后金柱间悬挂木匾，上刻楷书大字“印心嫡派”，上款为“告天启四年岁在甲子仲春既望吉旦”，下款为“赐进士第文林郎知顺德县事吴裕中题”。堂前带天井及六架卷棚廊。存有《重修家庙碑记》。被列入佛山市第四批文物保护单位。

梁大夫祠 位于莘村义学街。始建于明朝，1998年重建。坐西北向东南。三间两进，左侧带二层砖石结构磐石书楼。祠堂面阔13.5米，进深30米，占地面积407平方米，建筑面积345.9平方米。硬山顶，人家封火山墙，龙船脊，素胎瓦当，青砖墙，红砂岩石脚。头门进深两间九架，前设三步廊。虾弓梁上施狮子，头栱隔架，梁下石雀替浮雕凤凰。后堂“裕德堂”进深三间十三架，前四架轩廊，后三步廊。祠堂墙楣“白鹅换经”等人物、花鸟壁画为清代壁画大师杨瑞石作品，形象生动。2006年10月25日，被列入佛山市文物保护单位。

南山苏公祠 位于碧江金楼景区职方第北邻，紧贴见龙门巷门楼。为苏氏南房私伙祠。建于清代。坐西向东。面阔三间12.4米，进深两进18.8米。硬山顶，龙舟脊，人字封火山墙。头门为凹肚式，进深5.3米。后堂面阔三间，进深两间十二架8.2米，前出挑一插栱承托檐檩。减柱，以墙承重。心间敞开，次间前檐墙开砖雕漏窗。堂前带天井，以条石铺砌地面。天井侧廊不存。2006年10月25日，被列入佛山市文物保护单位。

源庵苏公祠 位于碧江社区村心大街。祀奉苏氏北厅房二十世祖苏廷爵。建于清代中期，2004年重修。坐西向东，三间二进，总面阔11米，总进深18.35米，面积201.85平方米。硬山顶，镬耳山墙，灰塑脊，灰碌筒瓦，素胎瓦当，无滴水，青砖石脚。头门为凹肚式，进深4.5米。白石方檐柱。白石门框，后檐全开敞。后堂面阔三间，进深三间十三架8.4米，前后三步廊。以瓜柱承托梁架及檩条。白石前檐柱，四根坤甸木金柱。前檐柱出一插栱承托檐檩。明间樟木雕花檐板下，有八角形木格云母片横披。堂前带庭院，无侧廊，有侧门可通两旁青云巷。2006年10月25日，被列入佛山市文物保护单位。

楚珍苏公祠 位于碧江社区村心大街。祀奉苏氏北厅房十七世祖、苏廷爵（源庵）的曾祖父苏耀凤。始建于明代后期，清代中期重建。坐西向东，三间两进，总面阔11.1米，总进深17.55米，面积194.8平方米。硬山顶，方云龙纹及花鸟动物纹饰灰塑脊，镬耳山墙，灰碌筒瓦，素胎瓦当。头门为凹肚式，面阔三间11.1米，门洞阔4米，进深4.16米。两根石后檐柱，封檐板上雕刻戏曲人物故事图案，十分精美。后堂面阔三间11.7米，进深三间十三架8.38米，前后三步廊。两根白石檐柱，四根木金柱。庭前檐板长达11米，明间置八边形木格云母片组成的横披，面积为625平方米。后金柱间置木雕几脚花罩。堂前带天井。2006年10月25日，被列入佛山市文物保护单位。

肖岩苏公祠 又称"绳武堂"，位于碧江社区村心大街。祀奉苏氏北便房二十世祖苏弼。始建于清代早期，2005年修复。坐西向东，三间三进，总面阔14.17米，总进深32.8米，面积464.78平方米。龙舟脊，人字封火山墙，素胎瓦当和滴水。有生起。白石脚。头门为凹肚式，面阔三间14.17米，进深6.14米，六檩搁墙。前檐以砖墙承重，方石后檐柱。后檐柱挑出一檩作歇山转角处理，以两根木柱支撑。内设屏门。中堂面阔三间，进深三间十三架8.92米，前后双步廊。梁架间有托脚，双步梁砍削成月梁形式，瓜柱雕作鸭蹼状。石檐柱，木金柱。金柱柱櫍呈花瓶状。后金柱间置由六个隔扇组成的屏门。中堂前带四架卷棚廊，面阔三间。后寝面阔三间，进深二间6.97米，前设四架轩廊，后六檩搁墙。以瓜柱承托梁架及檩条。两根石前檐柱，两根石金柱，后檐以砖墙承檩。内设石雕神龛，次间前设石栏杆。选材全用细纹铁木，磨光咸水石，水磨青砖，工艺精巧。2006年10月25日，被列入佛山市文物保护单位。

黄家祠堂 位于碧江社区村心东厅。建于明末清初，清代中期重修。坐东向西，三间三进。硬山顶，龙舟脊，镬耳山墙。头门为凹肚式，水磨青砖墙，粗面岩勒脚。墙头的灰塑萱草和彩绘壁画应为清代中期重修时所作。迄今空置，部分墙体破损，2006年10月25日，被列入佛山市文物保护单位。

泰兴大街祠堂群 位于北滘碧江泰兴大街上。包括何求苏公祠、澄碧苏公祠、丛兰苏公祠、逸云苏公祠。均属明清古建筑。坐西向东，一字排开，保存情况较好，是一组紧凑的古祠堂群。2006年10月25日，被列入佛山市文物保护单位。

梁氏二世祖祠 位于林头社区桂林路。始建于明末清初。坐东北向西南，由头门和后堂组成，总面阔9.91米，总进深16.6米。头门为两柱三间斗拱，明间额枋上施三跳驼峰斗拱托屋顶，碌灰筒瓦，素胎瓦剪边，灰塑龙船脊，匾额上刻"梁氏二世祖祠"。牌坊两侧各建有一硬山顶偏房，墙檐间施砖雕纹饰。后堂佑启堂，硬山顶，灰塑龙舟脊，素胎瓦滴水剪边，青砖墙，麻石脚。进深三间9架，前后双步廊。梁头雕有如意纹饰。两次间各开砖雕花窗，砂岩柱础，有柱櫍。牌坊式头门在顺德祠堂中较少见，具有独特的建筑风格。2009年7月，被列入顺德区文物保护单位。

陈氏家庙 位于龙涌陈家坊大街。始建于明崇祯十三年（1640年）。清雍正七年（1729年）重修，2002年再度重修。坐南向北，广三路，中路面阔三间12.3米，进深三进45.8米。硬山顶，灰塑脊，青砖墙，麻石、砂岩石脚。头门进深三间十二架，前三步廊，后廊双步。中堂聚星堂进深四间十五架，前四架轩廊及双步廊，后双步廊。后堂进深三间十一架，前后双步廊。祠堂木雕、石雕工艺纯熟。梁架雕刻精细，回廊镂雕蝙蝠、云龙纹及铜钱纹，尤为工整大气。隔架科的斗栱雕有云纹，梁头雕成鳌鱼状，梁下刻花，梁下鳌鱼雀替两两相对，表现了族人重视功名的心理。鸭屎石狮子挑头活泼生动。头门内的“家庙碑记”，是重要的历史资料。该家庙具有较好的历史与艺术价值。2009 年 7 月，被列入顺德区文物保护单位。

2017 年北滘祠堂情况表

表 19—4—1　　单位：平方米

名称	村（社区）	地址	始建时间	重修时间	建筑简况	占地面积
周氏万松祖宗祠	北滘	新基街	清光绪年间	2014 年	一间一进	152. 3
辛氏宗祠	北滘	西榆路	南宋祥兴二年（1279 年）	2013 年	三间两进	807. 31
岭冬简公祠	北滘	简家街	清代	2014 年	一间一进	190. 4
李家祠（晚晴苑）	北滘	简岸路	不详	2006 年	一间三进	1000
北畦周公祠	北滘	百福街	不详	无	仅存头门	30
奇峰苏公祠	碧江	白门口街	清光绪十二年（1886 年）	2007 年	三间三进	311. 54
冼家祠	碧江	增基街	明万历年间	清道光二十年（1840 年）	仅存头门	913
尊明堂苏公祠	碧江	泰兴街	明嘉靖年间	2012 年	五间两进。广东省文物保护单位	1107
慕堂苏公祠	碧江	村心大街西	清光绪二十四年（1898 年）	2016 年	三间三进	507
峭岩苏公祠	碧江	村心大街西	明代	2005 年	三间三进	475. 02
李家祠（永思堂）	碧江	寨边岗边	明代	清代、2010 年	三间两进	644
宁波李公祠（敦泽堂）	碧江	寨边岗边	明代	清代、2010 年	三间两进	450. 23
程氏宗祠	碧江	狮岗边	明代	乾隆五十一年（1786 年）、2006 年	三间两进	933. 51
罗氏宗祠	碧江	都宁云溪街	明代	清代后期、2002 年、2008 年	三间两进	396

续表

名称	村（社区）	地址	始建时间	重修时间	建筑简况	占地面积
云溪罗公祠	碧江	都宁云溪街	不详	清嘉庆三年（1798年）	一间两进	209.21
赵氏裕德堂	碧江	碧江大道	明代	2011年	仅存中堂	2403
月舫赵公祠	碧江	民族街	明隆庆六年（1572年）	2007年	三间两进	112
南庄罗公祠	碧江	都宁云溪街	清代	清同治三年（1864年）	仅存头门	70.24
何求苏公祠	碧江	泰兴大街	清代	清代、2012年	三间三进。佛山市文物保护单位	395.6
澄碧苏公祠	碧江	泰兴大街	明代	清代、2004年	三间三进。佛山市文物保护单位	426.4
丛兰苏公祠	碧江	泰兴大街	清嘉庆十一年（1806年）	2004年	三间三进。佛山市文物保护单位	426
逸云苏公祠	碧江	泰兴大街	清代中后期	2012年	三间两进。佛山市文物保护单位	180.9
南山苏公祠	碧江	村心大街西	清嘉庆、道光年间	2015年	三间两进。佛山市文物保护单位	235.6
源庵苏公祠	碧江	村心大街西	清代中期	2004年	三间两进。佛山市文物保护单位	201.3
楚珍苏公祠	碧江	村心大街西	明代后期	清代中期、2013年	三间两进。佛山市文物保护单位	194.8
黄家祠	碧江	村心大街东	明末清初	清代中期	三间两进。佛山市文物保护单位	161.5
励堂赵公祠	碧江	民权街	清光绪三十三年（1907年）	2008年	三间两进带一后花园	490
萃所	广教	兆地西街1巷	清乾隆年间	2014年	两间一进	197
七世祠	广教	兆地东街	明天启年间	2014年	两间一进	313.5
杨氏大宗祠	广教	广乐路美的厂房旁	清雍正二年（1724年）	2005年	三间三进	749
三房祖	广教	西洲街前	清乾隆后期	2012年	两间一进	193.2
梁氏宗祠	广教	兰西街	清乾隆年间	2015年	两间一进	428.6

续表

名称	村（社区）	地址	始建时间	重修时间	建筑简况	占地面积
向西祠	广教	西华街	清乾隆年间	2014 年	两间一进	138.6
黎氏大宗祠	槎涌	高桥路三巷	清代	2015 年	仅存后院	286
云莊黎公祠	槎涌	大石桥路石狮巷	清代	2015 年	三间两进	173
东园黎公祠	槎涌	高桥路	清代	2015 年	三间两进	197
郑氏大宗祠（祐启堂）	槎涌	赤花路	清雍正元年（1723 年）	清道光十七年（1837 年）、2016 年	三间三进	647
郑氏东昌祠堂	槎涌	大石桥路	清代	无	仅存头门	138.5
南湾黄公祠	马龙	南街东安巷	清道光三十年（1850 年）	2011 年	三间两进	213
云溪黄公祠	马龙	马村南街	清代	1997 年	三间两进	589
张氏宗祠	水口	张家桥头巷	清光绪九年（1883 年）	2015 年	三间两进	420.6
梁氏宗祠	水口	旧村委会旁	清同治五年（1866 年）	1988 年	三间两进	307.4
成伸罗公祠	水口	上陈南便街	清代	1988 年	仅存头门	175.8
罗氏宗祠	水口	上陈西一巷	清代	2015 年	三间二进	318
梅林梁公祠	水口	水口东街坊	清代	2001 年	三间二进	347.81
国悦梁公祠	水口	北街村南街	清代	不详	仅存头门	82.9
叶氏太公厅（俭德堂）	水口	细叶三巷 1 号	清代	不详	仅存头门	81.06
叶氏大祠堂	水口	南阳新村大路西一巷旁	清代	2017 年	仅存头门	143.2
纯始张公祠	水口	张家居安里	清代	不详	仅存头门	66.76
月友区公祠	西滘	桥东路	清咸丰十年（1860 年）	2006 年	三间两进	250
椿堂区公祠	西滘	桥东路	清代	无	三间两进	300
梁氏家庙	西滘	南便路	北宋、南宋交替期间	无	三间三进	800
梁氏郡马祠	西滘	郡马祠街	明正德、嘉靖年间	2015 年	三间两进	300

续表

名称	村（社区）	地址	始建时间	重修时间	建筑简况	占地面积
仲房区公祠	西滘	西滘北村街	清乾隆年间	无	三间一进	61.6
玫昌区公祠	西滘	满堂街西三巷	清代后期	2017 年	三间两进	161.4
何氏八世祠堂	西滘	清沙大园街	南宋后期	2002 年	三间两进	384
东园祖	西滘	中心路	北宋、南宋交替期间	无	三间两进	180.5
袁氏大宗祠	桃村	怡谋街	明代	清代	三间三进。佛山市文物保护单位	820
曹氏大宗祠	桃村	曹地北街	明代	2007 年	三进	900
李氏大宗祠	桃村	绿道正街巷	明永乐年间	明万历年间、清道光年间、2008 年	三间两进	800
捷三李公祠（世昌堂）	桃村	新街北	清乾隆五十四年（1789 年）	无	一间一进	200
金紫名宗	桃村	桃村上街	南宋	乾隆四十三年（1778 年）、2008 年	三间两进。佛山市文物保护单位	1181
报功祠	桃村	桃源大道	南宋后期	明天顺四年（1460 年）、清道光十九年（1839 年）、清光绪八年（1882 年）、1947 年	三间三进，有后厨。广东省文物保护单位	624
黎氏三世祠	桃村	桃村上街	明代	2017 年	面阔三间带左侧青云巷。佛山市文物保护单位	875
中山黎公祠	桃村	桃村观音庙街	清代	清同治六年（1867 年）	两进	120
玉铉黎公祠	桃村	冬官大街	清代	不详	三间两进	180
大厅祠	桃村	桃村兰石大街	明代	明代后期	三间两进	200
东海公祠	桃村	曾地北街	清代	2017 年	重修中	280
兆美公祠	桃村	横岸东街东	清代	不详	仅存头门	190

续表

名称	村（社区）	地址	始建时间	重修时间	建筑简况	占地面积
兰昌公祠	桃村	东街西四巷	清代	2017 年	重修中	80
雪梅黎公祠	桃村	桃村充美坊	清代	清代	仅存头门及左路	120
珠玑黎公祠	桃村	基头大街 8 号	元代	清代	两廊结构	295
仰榕李公祠	桃村	新街南 1 号	明代	清代	两进一间	760
麦氏宗祠	莘村	麦家大街麦家巷	清代	2015 年	三间两进	315. 87
李氏大宗祠（圣维公）	莘村	李家下街	清光绪年间	2016 年	三间两进	219. 39
宗圣南支（曾家大学堂）	莘村	武城街	明天启四年（1624 年）	清光绪十五年（1889 年）	三间三进。佛山市文物保护单位	635
梁大夫祠	莘村	义学街	清代	1998 年	三间两进。佛山市文物保护单位	407
劳家祠堂	莘村	莘村中路	清代	2015 年	三间两进	202. 97
秋泉公祠堂	莘村	祠堂街	清代	2006 年	三间三进	649. 12
少泉公祠	莘村	镇龙街七巷	清代	2007	两进两间	200
东涧梁公祠	莘村	莘村中路	清乾隆二十一年（1756 年）	1996 年	两进两间	350
量川麦公祠	莘村	麦家大街麦家巷	清代	2014 年	两进两间	283. 1
李氏宗祠	莘村	李家下街一巷号	清代	1996 年	三间两进	400
文善梁公祠	莘村	麦家大街麦家巷	清代	2002 年	一间一进	93. 38
文一公祠堂	莘村	三乐路（北）	清代	2015 年	三间两进	192. 69
正伦堂	莘村	正伦堂街	清代	不详	三间三进	598. 77
陈氏家庙	黄龙	陈家坊大街	明崇祯十三年（1640 年）	清雍正七年（1729 年）、2002 年	面阔三间，进深三进。顺德区文物保护单位	800
养静杜公祠	黄龙	杜家高街坊大厅街	清康熙四年（1665 年）	1988 年、2014 年	三间两进	343. 2

续表

名称	村（社区）	地址	始建时间	重修时间	建筑简况	占地面积
东田杜公祠	黄龙	杜家高街坊大厅街	清康熙四年（1665年）	1988年	三间两进	96
谈氏宗祠	黄龙	九川公大街	清代	不详	两进三间	500
麦氏宗祠	上僚	上僚村大街	清代	2012年	广三路三间三进	2733
元珍钟公祠	西海	桥北大街	清康熙三十九年（1700年）	2006年	三间两进	350
克文钟公祠	西海	桥北大街	清康熙三十九年（1700年）	2006年	三间两进	600
郭氏宗祠	西海	桥北大街	清咸丰六年（1856年）	2012年	三间两进	320
吴氏宗祠	西海	桥西大街	清顺治十五年（1658年）	2012年	阁式建筑	450
黄氏宗祠	西海	桥西大街	清乾隆十五年（1750年）	2007年	三间两进	380
何氏宗祠	西海	桥南大街	清乾隆十七年（1752年）	2006年	三间两进	380
绎思堂	三桂	学祠街	清嘉庆二十一年（1816年）	2012年	三间三进	371
翠岩祖	三桂	下街	清嘉庆二十一年（1816年）	2014年	一间三进	510
红祠堂	三桂	南边坊	清光绪六年（1880年）	不详	三间两进	290
申锡堂（原光远堂）	三桂	官赤路	明代	无	一间两进	636
郑氏宗祠	林头	粮站街	明代	2015年	三路五间四进	2000
乐俭郑公祠	林头	林头大道北村	清代	1961年	三路五间四进	68
梁氏大宗祠（思远堂）	林头	祠堂大街	不详	2017年	原五间四进现三间两进	3200
梁氏二世祖祠	林头	桂林路	明代	清光绪年间、2007年	三间两进	240
梁氏九世祖祠	林头	花园街口	清代	2007年	三间两进	420
梁氏十世祖祠	林头	花园街口	清代	2007年	三间两进	500

续表

名称	村（社区）	地址	始建时间	重修时间	建筑简况	占地面积
双溪梁公祠	林头	拱桥直街楼巷	明代	2014 年	三间两进	200
秀所梁公祠	林头	大路北大塘边前街	明末清初	2014 年	三间两进	390

第二节　古桥、私塾、牌坊

德云桥　原位于碧江社区德云圩的河涌上。重建于清嘉庆年间，2002 年因旧区改造迁移至碧江社区民乐公园。南北走向跨越碧湖上。为单孔石拱桥，长 20.5 米，宽 3.2 米。桥拱由麻石横联式砌筑。桥身麻石构造，上阴刻“德云桥”行楷大字。桥面由 13 块麻石并排砌筑，素面栏杆围护。桥两端以 16 级麻石石阶上桥面，风度端庄稳重。虽易地重建，但“修旧如旧”保存原状。是顺德古石拱桥的代表作之一。2006 年 10 月 25 日，被列入佛山市文物保护单位。

曾氏家塾　位于莘村武城街 7 号。建于清代，民国 14—26 年（1925—1937 年）改作曾氏育才学校。坐东南向西北，面阔三间 9.6 米，进深两进 30 米。硬山顶，灰塑脊，人字封火山墙，素胎瓦当，青砖墙，麻石脚。头门回字门。进深十一檩，石门额上阴刻“曾氏家塾”大字。后堂进深三间十三架，前后三步廊。后堂前存有“创办育才学校碑记”，落款为“民国十四年岁次乙丑孟春上浣谷旦曾氏育才学校公立”。2006 年 10 月 25 日，被列入佛山市文物保护单位。

亦渔遗塾　位于碧江社区村心三兴巷内，建于清末。由两间小屋相连组成。右边正屋前四檩搁墙，卷棚顶，后十二檩搁墙。墙楣上存有壁画。木大门由十隔扇组成，雕刻精美图案。红阶砖铺地。屋前带天井及右廊。天井的围墙开花窗，墙上饰灰塑对联：“风声入竹有琴意，月影写梅无墨痕。”横批为“碧影”。右廊为六檩搁墙，卷棚顶。左边正屋前为四架轩廊，后十二檩搁墙。两根石前檐柱。木大门由六隔扇组成，雕刻花草、瑞兽图案。屋前带天井及两庑廊。右廊四檩搁墙，卷棚顶。左庑进深两间，前为四架卷棚廊，后为厢房。厢房四架梁，内有一个直径极小水井，取聚财之意。2006 年 10 月 25 日，被列入佛山市文物保护单位。

冯氏贞节牌坊　位于林头社区始平巷牌坊街。清康熙三十七年（1698 年），为旌表桂林梁林建妻子冯氏而立。坐西向东。四柱三间三楼石牌坊。阔 8.34 米，深 2.4 米，高 6.5 米。整座牌坊为砂岩石质。歇山顶，脊顶饰鳌鱼咬含。明楼中悬“圣旨”牌匾，匾框高浮雕云龙纹饰。坊额正背面阳刻“贞节”楷书，并署有“顺德县知县何玉度”的字样，额枋上雕刻有瑞狮、云龙、凤、麒麟、仙鹤等纹饰，雕刻精细流畅。次间额枋饰花卉、麒麟等图案。后柱根以高大抱鼓石夹护，石上饰草纹、云龙纹。该牌坊是顺德迄今制作最为精细牌坊。2008 年 7 月，被列入广东省文物保护单位。

简竹居牌坊、六角亭 位于简岸北侧南方厂桥南端河边。民国年间陈济棠等捐建，以纪念著名学者简朝亮（字“竹居”）。牌坊坐南向北，为四柱三间冲天式牌坊。总宽6.3米，明间宽3.2米，次间宽1.55米。柱批石米，明间两柱高8.3米，次间两柱高6.3米，方柱础0.75米×0.75米，圆柱直径为0.55米，花岗岩石质。明间坊额上“经明行修”四字。“文化大革命”期间被铲去，现依稀可见。枋下有雀替。六角亭呈六边形，以六根石柱支撑。对角线约5米。庑殿顶，顶尖饰珠宝，绿色碌筒瓦，绿琉璃瓦当，滴水剪边。2006年1月8日被公布为顺德区文物保护单位。2006年10月25日被公布为佛山市文物保护单位。

2017年北滘古桥情况表

表19—4—2

名称	村（社区）	现存地址	始建时间	重修时间	简况
白麻石桥	桃村	东楼细涌口	清朝初期	不详	石板桥面，长4.5米、宽1.2米
青云桥	高村	高村大街	清道光十八年（1838年）	无	花岗岩桥墩和石阶，桥墩雕刻有“青云桥”，桥面坤甸木（部分木块腐化），桥长16米、宽4.2米。为顺德区文物保护单位
五福桥	西滘	桥西	清乾隆年间	无	三孔石平桥，桥头麻石条，桥面原用厚木板铺垫，圆木护栏，现改用铁管，桥面改用铁板
进贤桥	西滘	桥东	清代	2013年	红色沙岩单孔石拱桥
见龙桥	槎涌	高桥路	清代	不详	桥长31.1米、宽约1.95米
衍庆桥	广教	杨氏大宗祠前	清代	光绪十七年（1891年）、2008年	单跨长石板桥，桥面跨度为6.2米、宽度为2.2米、石厚0.3米，由五块花岗岩砌成
德云桥	碧江	泰宁东路16号	清嘉庆年间	无	花岗岩石拱桥，总长20米，其中桥面长6.65米、宽3.3米，两端石级各15级，桥面宽3.3米，桥孔净跨度6.1米，净空高3米
南平石板桥（杏花桥）	碧江	南平街	清代	无	三段式结构，每一段采用4条共12条石条构成，桥长15米、宽2米
丛兴桥	林头	跃龙桥街	清代	不详	单孔石梁桥。长17米、宽1.9米。麻石构筑，桥身阳刻“丛兴桥”。两端11级麻石台阶
大通桥	林头	桂林路	清代	嘉庆二十五年（1820年）	单孔石栱桥，桥长23米，宽4米。桥面由七块麻石砌筑，无桥栏

续表

名称	村（社区）	现存地址	始建时间	重修时间	简况
见龙桥	林头	牌坊旁	清代	不详	三孔石梁桥，麻石砌筑，10级台阶上两端桥面
聚龙桥	林头	滘坊街	明代	2014年	单孔木桥，两边桥墩用红砂岩砌筑，桥面用木平铺砌成
扭另桥	林头	始平巷牌坊街	清代	不详	三孔石梁桥，由麻石砌筑，长16米、宽1.5米。桥面由4块麻石平铺砌成，形制呈八字形
跃龙桥	林头	花园街口	清代	不详	单孔石梁桥，长15.3米、阔1.8米。通体由麻石砌筑而成。东端桥墩上刻“跃龙桥”三字。此桥体量较大，形制规整，体态端庄稳重
通济桥	林头	林头市场附近	清代	不详	原为三孔石梁桥，现存两孔。红砂岩和麻石砌筑而成。桥墩上阴刻“通济桥”字样。桥面由四块麻石平铺而成
护龙桥	黄龙	龙涌桥头大街尾	元代	不详	桥长20米、宽2米，麻石结构，桥身分三跨，石砌桥墩
凤凰桥	黄龙	黄涌富临公园内	清代	嘉庆十八年（1813年）、2002年	麻石结构，桥长3米、宽1.36米，桥侧刻有“凤凰桥嘉庆癸酉重修”字样
彩虹桥	莘村	莘村工业区2号旁边	清代	无	桥墩桥身均以麻石铺设，桥长12米、宽2.2米，两端引桥各长3.2米
接龙桥	莘村	南方轴承厂边	清代	无	花岗岩桥墩，桥面以杂木铺设，桥长9米、宽1.6米，两端引桥各长3.8米
五彩桥	莘村	莘村警务区对面	不详	无	长3.2米、宽1.3米，由5块不同颜色石板铺设而成，迄今仅存3块石板
水埗桥	莘村	水埗桥大街	清代	20世纪90年代中期	桥墩以麻石铺设，桥面为3条坤甸木，重修后增设钢管护栏。桥长11.48米、宽2.14米，两侧引桥各长3.3米

续表

名称	村（社区）	现存地址	始建时间	重修时间	简况
崇雅桥	莘村	何家地塘边	清代	2015 年	花岗岩桥墩，桥面柚木，桥长 11.08 米、宽 2.2 米，两侧引桥各长 4.81 米
跃龙桥	莘村	麦家涌口	清代	20 世纪 90 年代	麻石铺设，桥长 27.18 米、宽 1.64 米，桥墩高 4.5 米、宽 3.12 米。重修后损坏桥身改为钢筋混凝土结构

2017 年北滘牌坊情况表

表 19—4—3

名称	村（社区）	现存地址	始建时间	重修时间	简况
牌坊	碧江	奇峰苏公祠内	清光绪十二年（1886 年）	无	正面上方刻有“圣旨”二字，下刻“熙朝人瑞”四字，背面上方刻有“恩泰”二字，下刻有“流芳百世”四字，檐口有灰雕
冯氏贞节牌坊	林头	扭另桥西街	清康熙三十七年（1698 年）	不详	四柱三间三楼鸭屎石质。歇山顶，脊顶饰鳌鱼咬含。前后柱根以高大抱鼓石夹护。一面雕龙纹，一面雕折枝花纹。为广东省文物保护单位
简竹居牌坊	北滘	南边桥脚	民国 23 年（1934 年）	2012 年	占地宽 6.3 米，方柱最高点 8.3 米，为四柱无楼冲天牌坊，牌坊额依稀可见“经明行修”四字。四方础座圆柱三架结构，批荡白石米，梁顶端呈半圆形，梁上有雀替装饰，柱距 1.55 米—3.2 米—1.55 米，中间两柱高 8.3 米，两边柱高 6.3 米，方柱础 0.75 米 × 0.75 米，圆柱直径 0.55 米。为佛山市文物保护单位

2017 年北滘古井情况表

表 19—4—4

名称	村（社区）	现存地址	始建时间	简况
观音庙旁古井	桃村	观音庙街 3 号	不详	褐色石井栏，井台和井身由青砖块砌成
楼巷尾古井	桃村	楼巷 13 号门口	不详	米青色石栏，井台和井身由青砖砌成
报功祠古井	桃村	桃源大道 22 号	南宋	井台和井身由灰色砖块砌
槎涌古井	槎涌	市头大街 4 号	不详	井台部分长 53 厘米、宽 49 厘米、高 48 厘米，井口直径 36 厘米
何求祠古井	碧江	泰兴大街 17 号	明代	壳花井，蚝壳井壁，水面上为青砖结构
福井	碧江	金楼赋鹤楼前庭	不详	清道光年间重修井壁为青砖，井栏花岗岩
金楼阴井	碧江	金楼赋鹤楼首层厅堂	清嘉庆、道光年间	口径 28 厘米，深 6 米，上部为青砖井壁，下部以蚝壳砌筑，井口以铁板“阶砖”覆盖
亦渔遗塾阴井	碧江	亦渔遗塾内	清代	口径 6 厘米

2017 年北滘私塾情况表

表 19—4—5　　　　单位：平方米

名称	村（社区）	现存地址	始建时间	重修时间	占地面积	备注
槐庵梁公祠	林头	林头大道北村	清代	不详	约 100	曾用作私塾
逸轩书舍	西滘	兴宁三巷	清代	不详	约 120	—
心槐书舍	西滘	兴宁三巷	清代	不详	约 170	—
亦渔遗塾	碧江	村心三兴巷内	清代	2015	229	广东省文物保护单位
济美社	林头	大南路北	明代	不详	177	—
曾家私塾	莘村	武城街	清代	2009 年	259.8	佛山市文物保护单位
东梁义学	莘村	义学街	光绪十五年（1889 年）	1999 年	371.9	—

2017年北滘镇其他古建筑情况表

表19—4—6

名称	村（社区）	现存地址	始建时间	重修时间	建筑简况
闸门楼	水口	水口村东街21号	清代	无	正门门框为花岗岩结构，背侧为木质结构，木框上方有6个圆孔（木柱已不存在），并设有简易木门，占地面积约10平方米
现龙围碉楼	马龙	现龙市场	民国34年（1945年）	2000年	地基为6米深沙桩，楼身为红砂岩，楼梯、楼板为杉木结构，三层，底基为正方形，边长4.41米，高12米。原楼顶为杉木瓦顶，现改为琉璃瓦顶，占地面积19.45平方米
马村水闸	马龙	南河河口	清道光三十年（1850年）	1956年	闸墩由麻石构筑而成，墩上嵌条石作阶梯，单孔，孔宽4米，闸高4.5米。1956年改建为2孔（5米+5.6米）。20世纪90年代初维修加固成3孔（3米+5米+3米），占地面积约100平方米
直街18号边门楼	广教	直街18号边	清道光年间	无	青砖、灰塑木雕装饰、麻石门楣上刻有“安居”二字，占地面积约1平方米
直街20号门楼	广教	直街20号	清咸丰年间	无	青砖、灰塑木雕装饰，门楼上有花鸟图
东基大巷门楼	广教	东基大巷	清乾隆年间	咸丰元年（1851年）	青砖、木雕、灰塑装饰、麻石匾额上有“大巷”二字

续表

名称	村（社区）	现存地址	始建时间	重修时间	建筑简况
六角亭	北滘	南边桥脚	民国 23 年（1934 年）	2012 年	呈六边形，对角线约 5 米，高 5.5 米，占地面积 29 平方米。为佛山市文物保护单位
大庙	北滘	跃进中路	清代	不详	占地面积 250 平方米，内有古式窗花，墙身已用灰水翻新
闸门楼	林头	太平沙西胜街	清代	20 世纪 90 年代初期	青砖构筑，楼顶以瓦面铺砌。闸门楼高约 4 米，占地面积约 15 平方米

第三节　古民居

明清时期，随着社会经济的发展，北滘区域的各种建筑如雨后春笋般出现。古民居建筑装饰工艺精良，精巧玲珑，最为著名的有碧江金楼古民居群。据 2016 年自然村普查现存古民居共有 1830 座。

金楼建筑群　包括金楼、泥楼、职方第（含见龙门）、慕堂苏公祠、砖雕照壁、亦渔遗塾、三兴大宅（怡堂）。集中分布于村心大街，相距不到 150 米。2002 年 7 月 17 日被公布为广东省文物保护单位。

金楼（原名赋鹤楼）　位于碧江社区，为碧江苏丕文所建之藏书楼。建于清嘉庆、道光年间。坐西北向东南，为单进二层木质建筑，楼前有院落。总面阔 10.5 米，进深 11.7 米，总高度 10.6 米。其中首层高 3.5 米，二层高 7.1 米。楼前庭院长 13.2 米，宽 10.5 米。屋内的装饰工艺甚为讲究。木雕雕法多样，有深、浅、浮雕，以及线刻、镂雕和玻璃镶嵌等，刻以各种花卉与吉祥神兽，表面施以泥金和贴金，故称为“金楼”。首层明间屏门门枋雀替通花可观，左右次间门洞上装饰十分精致的万字、回文贴脸与花卉浮雕。二楼为前厅后寝布局，三面环廊与寝室相接，形成“回”字形状。大门悬挂黑底金字木匾，上书“赋鹤”。前廊的花罩为金瓶连环落地罩，与厅前的花檐、花罩相影交辉，颇为壮观。左右两廊与前廊交界处设有垂直多层的框架橱柜门洞，每层橱柜有玻璃木门扇锁固，作陈设书画古玩之用。厅的左右饰以隔断，分三层处理：下层为浮雕裙板；中层采用博古形式，满镶玻璃嵌固；上层为浮雕铺作紧接藻井，天花顶部饰以云蝠盘雕。全部浮雕以柚木为材，其中小部分枋料以上乘的杉骨木料制作，面饰库金。金楼的橱架裙板中还饰有清朝乾隆年代大学士刘墉、湖北督粮道宋湘、云南临安府太守王文治和翰林学士张岳崧等的书法木刻数屏。

职方第（含见龙门） 位于碧江社区金楼古建筑群内，是清代兵部职方员外郎苏丕文的宅第，被誉为清朝珠江三角洲典型的广府民居。坐西北向东南，面阔三间12.2米，原进深五进，现存四进，深36.5米。头门为凹肚式，面阔三间，进深6.4米，后有四架轩廊，石后檐柱，门内设屏门。第二进为过亭和牌坊，牌坊为面阔三间砖石牌坊，檐下有精美灰塑花草及小佛像。正面阴刻“视履考祥”楷书大字，上款为“道光三年仲春吉旦”，下款为“熊景星书”。背面阴刻“退让明礼”楷书，上款为“道光癸卯孟夏”，下款为“香山鲍俊”。借用牌坊的背面和三进大厅的前檐设计成过亭。增加大厅的通风和采光，使人感到建筑的韵律感。第三进面阔三间，进深三间十四架10米。前设四架轩廊，后三步廊，两根石前檐柱，四根木金柱。后金柱间设屏门，堂前带两廊，廊为刘架卷棚顶，迄今作为展览厅。第四进为三间两廊式布局，进深6.7米，高三层共16.8米，青砖墙，红砂石脚高达3米多。右边耙齿巷，巷高出大街，并越往里地面越高，既利于防洪亦便于排水。巷门额阴刻“凤仪居”，左边亦有巷，门额阴刻“见龙门”。

泥楼 位于碧江社区金楼古建筑群内。始建于明代，20世纪上半叶屋主留学回国后按照欧洲风格改建庭侧两廊形成中西合璧风格。镬耳山墙，墙体用泥、沙渗以糯米粉、糖浆夯磊而成，坚韧如石，隔热性能好。泥楼外墙仍保留着一面壳花墙，俗称蚝壳墙，两廊瓦顶改成砖木结构，使用拱券、罗马柱。泥楼三间两廊，坐西北向东南，面阔11米、深11.5米，高两层、红砂岩门框、砖雕墀头，是顺德仅存不多干打垒的房屋。

照壁 位于慕堂苏公祠正对面，这是顺德最大的照壁，一字形排开，长达26.5米，深达11.7米。采用白麻石勒脚，水磨青砖墙 墙顶浅瓦檐，灰塑古脊和龙船脊，正壁左右各开一个门洞，门内昔日是祠堂的谷仓和银两库。从前佃民交租或店号交账都从这两道门进出，每到秋收冬藏，祠堂门前的大埠头和照壁下的大地堂便一派忙碌。大照壁由广州陈家祠的建造名匠南海梁氏兄弟建筑。照壁的砖雕完成时间较陈家祠迟四年，工艺更加成熟。瓦檐下密密麻麻排满4层斜向上张开的砖雕萱草，把瓦檐飘出的空间过渡到直立的墙身。然后在各式繁缛的博古、吉祥纹饰砖雕边框里，一幅一幅刻满精细文字、图案和花卉翎毛，有“麒麟拱日”“杏林春意”“九狮全图”“三羊启泰”等花鸟、瑞兽题材，气势宏伟，栩栩如生。

第四节 庙宇

北滘民间信仰的神灵众多，有玄武帝、关帝、观音、龙母、天后娘娘、医灵大帝（华佗）等。自开村以来，北滘各村陆续建起相关庙宇。“文化大革命”期间，许多庙宇被毁，或作他用。1987年特别是2000年以后，许多村通过民间集、捐资方式，陆续修建庙宇。至2017年，全镇庙宇共有61座。

2017 年北滘庙宇情况表

表 19—4—7

单位：平方米

村（社区）	名称	地址	始建时间	重修时间	占地面积	供奉神灵等	庙诞（农历）
北滘	观音庙	西榆路	不详	无	10	观音	观音诞
北滘	基督教堂	河边街	不详	不详	177.8	耶稣	不详
北滘	新庄庙	新基街	不详	1995 年	101.6	观音娘娘	观音开库、观音诞
北滘	福田寺	新基街	2013 年	无	100	弥勒佛	不详
桃村	包相府	东街西巷	清代	清朝后期	170	包公	包公诞
桃村	绿道北帝庙	桃村丁字街	清代	不详	183	北帝	除夕
桃村	天后娘娘庙	关地大园路	清代	清道光二年（1822 年）、2002 年	100	天后娘娘	天后诞
桃村	水月宫（桃村观音古寺）	观音庙街	清乾隆五十九年（1794 年）	清同治九年（1870 年）、光绪二十四年（1898 年）、2006 年	193	佛祖、观音菩萨等	观音诞、佛诞
高村	北帝庙	高村大街	清代	1984 年、2008 年	400	北帝	北帝诞、重阳节
西滘	三界庙	北闸路	清嘉庆十三年（1808 年）	1988 年	181	三界公、关公、观音菩萨	佛诞、八月初八
西滘	包公庙	桥东路	清代	1995 年	100	包公	包公诞
西滘	北帝庙	清沙中心路	清代	2012 年	250	北帝	北帝诞
广教	水仙亭	兆地西街	清代	1987 年	10	天后元君	土地诞、观音诞
广教	二圣庙	西洲街前	清康熙二十九年（1690 年）	清嘉庆三年（1798 年）、2009 年	50	天后元君等	土地诞、观音诞、华佗先师诞

续表

村（社区）	名称	地址	始建时间	重修时间	占地面积	供奉神灵	庙诞（农历）
槎涌	四圣殿	东庙高桥路33号	清代	清乾隆四年（1739年）、乾隆四十一年（1776年）、1927年、2014年	330	北帝、关帝、文昌、天后等	文昌诞、北帝诞、天后诞、关帝诞
槎涌	普觉堂	东庙高桥路33号	清道光二十八年（1848年）	2014年	100	三宝菩萨、观音菩萨等	观音诞、地藏菩萨圣诞
水口	华光庙	东街坊	清乾隆四十一年（1776年）	清光绪二十年（1894年）	106.7	华光大帝、玄天上帝等	天后诞、华光诞
水口	天主教堂	咸和里15号	清光绪年间	无	93.32	耶稣	复活节、圣诞节
水口	列圣宫庙	灯光篮球场旁	1993年	2013年	87.54	康公主帅	康公诞
马龙	天后庙	何家坊大林巷南侧	清光绪二十二年（1896年）	2000年	48	天后娘娘	天后诞、中秋节
马龙	北帝庙	现龙新隆街	明代	20世纪60年代	16	北帝	春节、北帝诞
碧江	四圣宫	隔涌聚龙里街	清代	2007年	65	华佗、关帝、北帝等	三月二十二（四圣宫诞）
碧江	龙母庙	隔涌聚龙里街	清代	2007年	65	玉龙太子、龙母元君等	龙母诞
碧江	寨边北帝庙	寨边球场	不详	不详	20	北帝	北帝诞
碧江	周易坊北帝庙	三队球场	明代	清代	65	北帝	北帝诞
碧江	村心北帝庙	四队球场	不详	不详	45	北帝	北帝诞
碧江	罗家北帝庙	五队球场	不详	不详	60	北帝	北帝诞
碧江	天后庙	寨边李家祠	不详	不详	35	天后娘娘	天后诞
碧江	都宁观音阁	寨边岗风门坳	2007年	无	3100	观音	观音开库、观音诞

续表

村（社区）	名称	地址	始建时间	重修时间	占地面积	供奉神灵	庙诞（农历）
碧江	三元宫	白门口街	清光绪八年（1882年）	1995年	78.1	三元大帝（上元天官、中元地官和下元水官）	上元节、中元节、下元节
碧江	文武庙	洲一街四巷	清宣统元年（1909年）	民国、2012年	90	关帝、文昌帝	关帝诞
碧江	华佗庙	碧江大道三巷	明代	1993年	76	华佗	华佗诞
碧江	娘娘庙	村心东细庙巷	清代	2000年	30	天后娘娘	天后诞
碧江	北帝庙	鳌头街	清咸丰年间	2004年	85	北帝	北帝诞
碧江	舍人古庙	红门楼路	不详	清咸丰三年（1853年）	46	天后娘娘、车公	天后诞、车公诞
林头	先锋庙	上涌街	清代	无	5	杨四郎（杨令公元帅之子）	天贶节、先锋诞
林头	关帝庙	上涌新村巷	清代	20世纪70年代	490	关帝	关帝诞
林头	北帝庙（庙仔公）	万胜街	不详	2008年	60	北帝	北帝诞
林头	医灵庙	医灵街80号	不详	清朝	130	医灵公	医灵诞
林头	村心古庙	圩地街16号	不详	清朝	240	佛祖、观音、天后元君等	观音诞
林头	三丈庙	北街1号	清代	清乾隆光绪年间、民国时期、2009年	300	观音娘娘、北帝	观音诞、北帝诞
林头	关帝庙	河东大道7号	20世纪90年代初	不详	80	关帝	关帝诞
莘村	元帅庙	莘村中路牌坊边	不详	2014年	270	赵公明元帅	赵公明元帅诞
莘村	观音庙	卢江街一巷尾	不详	1996年	150	观音娘娘	观音开库

续表

村（社区）	名称	地址	始建时间	重修时间	占地面积	供奉神灵	庙诞（农历）
莘村	天后庙	元片大塘街	明代	2015 年	170	天后娘娘	天后诞
三洪奇	三洪奇裕丰北帝庙	裕丰庙前塘 1 号	不详	2015 年	350	北帝	元宵节、北帝诞、中元节
三洪奇	包公庙	叙龙大街 29 号旁	民国	1990 年	30	包公	不详
三洪奇	聚龙包公庙	林家二街 4 号旁	民国	1995 年	30	包公	不详
三洪奇	北帝庙	东宁大街街尾	清代	无	250	北帝	元宵节、北帝诞、中元节
三洪奇	观音庙	西岸三街 10 号	清代	2015 年	200	观音	元宵节、观音诞
三桂	关帝庙	环山路关帝庙	清道光年间	1994 年	700	关帝	关帝诞
三桂	观音庙	环山路观音庙	清道光年间	2005 年	700	观音娘娘	元宵节、观音开库、观音诞、下元节
三桂	真君庙	新一路真君庙	1994	无	70	真君	初一、十五
西海	文武古庙	桥南大街 64 号	清道光三十年（1850 年）	2013 年	260	关羽、北帝等	关帝诞
上僚	观音庙	观音坊 3 号	清代	20 世纪 80 年代中期	60	观音娘娘	佛诞、观音诞
上僚	车公庙	福里街 1 号	清末民国初年	20 世纪 90 年代中期	50	车公	初一和十五、车公诞
上僚	天后庙	大街 31 号后面	清末民国初年	2014 年	70	天后娘娘	天后诞
黄龙	天后宫	护龙桥天后宫 1 号	清同治七年（1868 年）	1989 年	170	天后娘娘	天后诞

续表

村（社区）	名称	地址	始建时间	重修时间	占地面积	供奉神灵	庙诞（农历）
黄龙	三圣殿	现福临公园旁	不详	2002 年	93.6	关帝公、西方三圣等	初一、十五
黄龙	包公庙	东路昌澜巷路口边	不详	1988 年、2015 年	109	包公、展昭、公孙策等	包公诞；中秋节
黄龙	华光庙	南安巷路口边	不详	2001 年	66	华光帝、华佗等	十五

注：该表的时间均采用农历。车公诞为正月初二；元宵节（上元节）正月十五；土地诞为二月初二；文昌诞为二月初三；观音开库为正月二十六；包公诞为二月十五；观音诞为二月十九、六月十九、九月十九、十一月十九；北帝诞为三月初三；赵公明元帅诞为三月十五；医灵诞为三月十五；天后诞为三月二十三；佛诞为四月初八；华佗先师诞为四月十八；龙母诞为五月初八；关帝诞为五月十三、六月二十四；六月初六为天贶节、翻经节、姑姑节；康公诞为七月初七；中元节为七月十五；地藏菩萨圣诞为七月三十；先锋诞为九月十七；华光诞为九月二十八；下元节为十月十五；除夕为十二月三十。

第五节　陵园和纪念馆

西海抗日烈士陵园　位于西海烈士中路。为纪念抗日战争“西海大捷”和在抗战中牺牲的烈士，中共顺德县委、县人民政府于1951年建立西海抗日战争烈士纪念碑，1952年建立西海抗日烈士陵园。1980年西海抗日烈士陵园进行扩建，面积增至3万多平方米，园内苍松翠柏，浓荫蔽日，气象萧森。主要建筑包括纪念碑、烈士墓、顺德抗日陈列馆。纪念碑位于陵园内的山岗上，碑高10米，碑座宽5米，长3米，正面刻有碑文为珠江纵队司令员、广东省副省长林锵云手书的“西海抗日战争烈士纪念”鎏金大字，左边刻有珠江纵队二支队队长郑少康题词：“识革命之真理流千秋之典型”，右边刻有南番中顺游击区指挥部副指挥谢立全题词：“英雄壮志流芳千古”，背刻有中共顺德县委员会、顺德县人民委员会的题词“革命烈士精神永垂不朽”。山岗设有花岗岩石质的墓碑。山岗中央建有花岗岩石的步级，拾级而上。直达纪念碑，远近的田畴阡陌，宽阔的珠江水道，尽在一览之中，追怀往事，有一种历史的凝重感。1982年，陵园被省列为文物重点保护单位，1989年被评为省重点烈士纪念建筑物保护单位，1994年被佛山市确定为爱国主义教育基地，2006年10月25日被公布为佛山市文物保护单位。

顺德抗日陈列馆　位于西海抗日烈士陵园内。建于1980年，建筑面积1200平方米，是一座平层结构、琉璃瓦屋顶建筑，馆内分设为序幕、抗日战争、解放战争展厅、资料室。展品有：珠江纵队二支队缴获和使用的武器及日用品、内部文件、传单、学习资料、照片、办公用品，队员的各式臂章、肩章、胸章、证章、团章、纪念章，部队聘请医师罗守真、杜耀初用过的药罐、药品、医疗器械等共620件，展出抗战时期269名英烈名录。馆内展览介绍珠江纵队的战斗历程和吴勤、林锵云、谢立全部队领导干部和杨森等烈士的事迹。

周之贞纪念馆　位于济虹路北街九巷。2009年北滘镇政府和青云校友会共同筹建周之贞纪念馆。纪念馆分上下两层，面积140平方米，内设周之贞生前作品、生平事迹及典籍、档案等珍贵资料，展馆内的图文史料是由青云校友筹款绘制而成。

第六节　文物管理

1983年，北滘协助县文物普查小组，开展文物普查，选定金楼、西海抗日烈士陵园为顺德县级文物保护点。1991年，由县人民政府发文公布保护。1999年，邀请省有关专家对金楼进行重点考查，为全面维修作准备。

2001年，根据市政府1999年颁发《顺德市文物保护单位实施细则》，镇政府组织有关部门和专家，对全镇的文物进行全面的普查，并在普查建档过程中向村委会及村民宣传文物保护意识；且与有关村签订文物保护责任书，编订出50多份调查报告，文物保护工作开始迈入正规轨道。

2004年，区开展第二次文物普查工作，镇政府拨出3万元专项经费，成立北滘镇文物普查工作组，聘请3位退休教师协助。11月，对250多处古建筑进行登记。12月底，全部普查登记完毕。普查中核定较高历史价值的建筑，列出清单，每年拨出专项经费，用于这些建筑物的修缮。同年7月，镇村共同出资组建，专门成立碧江金楼管理有限公司，开始金楼全面修复工作。

2006年，区、镇、村（社区）共投资2000多万元，开始对尊明苏公祠（五间祠）进行整修，并计划改造为顺德祠堂博物馆。2008年，开展第三次文物普查工作，普查点达300多处，是年顺利完成“五间祠”首期修复工程。

2010年7月，顺德区有关部门在碧江召开历史文化保护规划论证会，对保护开发金楼一带古建筑群作详细的部署。

第五章　广播电视报刊网络

第一节　广播

1964年，北滘广播站成立，内设播音采访员、技术员、管理员等岗位，下设每村各一个广播分站。每天播放节目3次，节目内容主要转播中央台、省台和自播一些比较简单的本地新闻，如会议通知、政经资讯，播放粤曲和革命歌曲。

1977年，农村广播主干线路使用水泥杆，北滘广播站配备扩大机2台，收音机2台，录音机1台。1982年，北滘广播站开班“本镇新闻”，每天2节，每节15分钟，其间，播放粤剧和轻音乐。

20世纪80年代后，随着电视的普及，广播功能逐渐淡化，20世纪80年代初，北滘广播站停播。

第二节　电视（含有线电视网络）

1978年后，电视机开始进入机关、部分企业和少数家庭。1984年，北滘镇广播站尝试安装有线电视。1986年，北滘镇广播电视站在全佛山市第一个实现有线电视的远距离输送。1988年，购置第一台摄像机（M5型），开始自办电视新闻节目，第一次录制的是1988年抗洪抢险中的新闻，通过录像机采访报道抗洪抢险纪实。

1991年，北滘有线电视初步拥有摄像、编辑、播放、监视等设备。除三桂管理区外，基本实现全镇有线电视大联网。1992年，在全顺德第一个配置电脑字幕机，实现网络主干线低压供电传输。1993年，北滘电视大楼落成。1994年，投入21万元，电视网络通至三桂，实现全镇有线电视大联网。1995年，北滘镇建成新的广播电视大楼，全镇实现邻频传输，播出十套节目，开设自办节目，从拍摄、编辑和播出，基本实现数字化。1997年，购置光纤熔接机。1999年，与光纤联网，播出节目由14套增加到19套。先后推出《警讯》《一周新闻》《生活与你》《今日北滘》等品牌栏目。2003全年播出电视新闻稿800多条，专题特辑90多个，各类公益宣传6500多次，总长8750分钟。2000年，在全市率先开通镇政府与村（社区）以及办公自动化局域网，定在全市镇级站中首先印记双通道硬盘播出设备。2005年成立珠江传媒网络有限公司顺德北滘分公司。2006年，通过有线电视播出各类新闻稿600多条，开设新栏目“北滘人文故事篇”。2008年通过新闻媒体的联系，整合包装北滘“魅力小城”的品牌，先后制作了多个新闻专辑，全方位解读北滘发展现状，及时将政府汇集市民的信息向广大群众宣传和发布。2011年1—10月，共播出新闻654条，制作专题46个，公益广告800多条次，制作创文动漫专题宣传片6辑，制作创文宣传DVD木片光盘100张，分发到学校和单位。同期，制作创文《红色记忆》宣传片。

第三节　报刊

1992年6月18日，《北滘企业报》创刊，为月刊8个板块，主要报道企业经济发展动态及乡镇企业股份制试点情况。10月易名为《北滘报》，半月刊，发行全国，发行量8000份。共4个版面，设社论、新闻、述评、副刊等。其中固定栏目“北滘之最”以简单的文字报道北滘镇骄人的成绩；固定栏目“长镜头”讲述采访故事；固定栏目“风韵”接纳文艺随笔投稿。1999年1月15日《北滘报》易名为《北滘》，增设“青少年教育”专栏和镇领导信箱。

2000年4月15日，《北滘》报停办，共发行144期。《顺德报》开设“北滘新闻”专版，半月刊。2003年，以“北滘新闻”版面为平台，加大与省、市、区各级电视台和报纸杂志等20多家传媒的合作力度，迄今刊登北滘政治、经济和社会动态的文稿及照片640多篇。

第六章　档案、史志

第一节　档案

1987年4月20日，北滘镇机关综合档案室成立。随即，对北滘公社成立后的党政文件资料进行清理，聘请3—4名退休教师，到镇机关各部门全面收集文件进行立卷归案工作。1994年11月10日，北滘镇档案鉴定小组成立，指导各单位文书档案工作。1995年6月27日，北滘镇综合档案室被评为“广东省一级综合档案室”，并晋升为广东省一级档案综合管理单位。2009年4月，北滘镇综合档案室通过了档案目标管理省特级考评。2013年聘请专业档案公司，将2012年度档案进行归档整理，重点梳理编研特色档案，将成立广东工业设计城、习近平视察北滘等重大事件载入特色档案。同时，制定《北滘镇档案馆建设工作方案》。2013年11月，成功创建北滘镇档案馆和社会主义新农村建设档案工作示范镇。2014年，北滘镇提出在北滘镇市民活动中心建设北滘镇档案馆。2017年1月，北滘镇档案馆搬迁到北滘镇市民活动中心，并于3月对外开放。北滘镇档案馆以县二级标准建设，总建筑面积约2500平方米，设有档案库房、对外接待查阅室、荣誉室、展览室、目录室、整理室等业务技术用房。并在2017年12月底完成北滘镇各局（办）档案移交到北滘镇档案馆统一保管和利用，进馆档案约共26万卷/件。

目标管理 1999年，北滘社区居委会通过广东省一级档案目标管理评估，并于2002年11月15日被评为省特级档案工作目标管理单位。2003年5月29日，桃村村民委员会、高村村民委员会、上僚村民委员会被评为省一级村民委员会档案工作目标管理单位。2003年10月8日，北滘地税分局，成为顺德区地税系统第一个档案综合管理省特级的基层分局。2003年12月15日，黄龙村民委员会、马龙村民委员会被评为省一级村民委员会档案工作目标管理单位；三桂村民委员会、三洪奇社区居委会被评为省二级档案工作目标管理单位。2003年12月31日，西海村民委员会被评为省一级村民委员会档案工作目标管理单位。2004年11月，顺德区人民政府授予北滘镇农村、社区建档工作合格单位。至此，北滘17个村（社区）全部完成建档工作，建档率达100%。并有16个村、社区实现档案目标管理，其中“省特级”1个，“省一级”12个，“省二级”3个，占村、社区级单位总数94%。全镇17个村（社区）通过建档，共收集整理归档各类档案62057卷，建成档案室库572平方米，配置档案箱柜180套。2013年8月，三洪奇社区居委会和桃村村委会成功申报并通过省特级档案目标管理和社会主义新农村建设档案工作示范村（社区）的考评。

数字化建设 2006年，北滘档案工作迈入电子文件归档历程。及时收集各部门电子文件，集中保管，统一存储，并做双、多盘热备份，确保主要数据的安全。2007年，北滘镇更新档案管理软件，出资16万元，设置城建档案管理和综合档案管理系统软件。2008年，北滘镇按照省特级标准，重新装修新的综合档案室，档案室位于镇政府2号楼3楼，总面积82平方米，其中库房面积52平方米，阅览室和办公室面积30平方米，库房配备有温湿度计、柜式空调、抽湿机，档案柜200个、壁排架18平方米。同年，投入1.5万元，购置网络版的综合档案管理系统软件。2012年11月，北滘镇将原有的科怡档案管理系统升级为网络版，延伸到各局（办）、各村（居）、行政服务站使用，举办档案管理系统应用培训班。北滘社区、西滘村绍林管理软件的数据已迁移到新系统中，三洪奇、莘村等以自行录入的方式把已归档的档案逐步录入系统，以完善档案管理。2017年4月，顺德区档案局在北滘镇档案馆开展顺德区档案管理分馆系统试点工作。2017年11月，北滘镇档案馆完成1983—2015年婚姻档案数字化项目，共扫描档案40万页，并将数字化成果挂接到档案系统中。

1995 年北滘档案归档情况表

表 19—6—1

文书档案	3077 卷
永久、长期	2398 卷
短期	411 卷
声像档案、实物和荣誉档案	57 件
会计档案	288 卷（盒）
基建档案	311 卷
资料、工具书	129 册

2004—2017 年北滘镇档案室（馆）资料归档使用表

表 19—6—2

年份	归档	查找、借阅情况
2004	—	100 多人次
2005	2126 件，其中长久 1361 件、短期 765 件	150 多人次
2006	1078 件，其中长久 678 件、短期 400 件	160 多人次
2007	1289 件，其中长久 744 件、短期 545 件	150 多批次
2010	1860 件，其中会计档案 97 卷，婚姻档案 1681 件，荣誉实物 124 件，图书资料 107 册	150 多人次 200 多卷/件
2011	5063 件，其中专业档案 384 卷，婚姻档案 1506 件，实物档案 23 卷，历史遗留档案组卷 92 卷、单件 3064 件	130 多人次 430 多卷/件
2012	3009 件，其中婚姻档案 1741 件，专门档案 400 卷，照片档案 8 卷共 252 张，历史遗留档案组卷 180 卷、单件 689 件	外借 245 人次，查阅档案 500 多卷/件
2013	5307 卷/件，其中文书档案 1173 件、会计档案 153 卷、声像档案 2 卷、专门档案 2324 卷、婚姻档案 1646 卷、荣誉档案 9 卷	230 多人次，查阅档案 550 多卷/件
2014	4524 卷/件，其中文书档案 1408 件、会计档案 148 卷、声像档案 6 卷、专门档案 1112 卷、婚姻档案 1788 卷、荣誉档案 20 卷、图书档案 42 本	210 多人次，查阅档案 580 多卷/件
2015	5767 卷/件，其中文书档案 2828 件、会计档案 151 卷、声像档案 5 卷、专门档案 934 卷、婚姻档案 1711 卷、荣誉档案 5 卷、图书档案 133 本	200 多人次，查阅档案 2230 多卷/件
2016	1261 卷/件，其中文书档案 555 件、会计档案 141 卷、声像档案 7 卷、专门档案 554 卷、实物档案 4 卷	260 多人次，查阅档案 1700 多卷/件
2017	8767 卷/件，其中文书档案 482 件、会计档案 249 卷、声像档案 9 卷、专门档案 6127 卷、婚姻档案 1899 卷、荣誉档案 1 卷	480 多人次，查阅档案 8000 多卷/件

第二节　史志编修

1985年，北滘镇曾修编镇志，书名为《北滘区区志》，为手写版，内部资料。分隶属关系、概况、行政变革、历年干部变动、各乡分布及演变、大事记、水利、开村历史及姓氏、华侨、人物、习俗、重大事故、土特产、工业、商业、教育、卫生、古建筑、典故、人物志、西海二支队战迹及革命烈士名录、民间传说、农业生产、税务、人民法庭、司法，共26章。

2016年，林头社区编修《林头村史》，记述明、清、民国村史，分设前言、自然地理、村史沿革、姓氏源流、经济发展、教育文化、风土人情、文物古迹、历史事件章节，附录《走进新时代——改革开放后的林头村》。印刷发行500本。

2017年7月，碧江启动《碧江社区志》编纂工作，记述南宋开村至2016年间碧江区域的历史，分设基本村情、政治、经济强区、基础设施、文化名村、教育之乡、风土民情、村民生活、艺文杂记、名人与名村、大事纪略等章节。2017年，桃村着手编修《桃村村史馆大纲》，内容包括：前言、史地沿革、宗族源流、人文古迹、乡梓情深等章节。同年，碧江编修《碧江村史馆大纲》，内容包括前言、史地沿革、宗族历史、经济史话、人文古建、教育之乡、历史印记、结束语等章节。

第三节　自然村普查

2015年11月，广东省启动自然村落历史人文普查工作，以“能查尽查”为原则，普查2015年底存在的自然村。2016年4月，顺德区以都宁村开展自然村普查试点工作。6月24日，北滘镇全面启动自然村落历史人文普查工作，先后进行培训2场，人员85人，培训内容包括填写原则、篇幅、时间断限、内容与选材、彩页与插图、行文规范等。其间，以村（社区）普查工作人为主力，广泛发动退休干部、在校大学生、村民、志愿者参与普查工作，充分利用《顺德县志》《顺德县地名志》《顺德市地名志》《顺德邑贤录》《北滘区区志》和顺德文丛、各村村史等资料，发掘历史。经调查，早在商周时代，北滘就有人聚居；汉代，碧江已形成村落；五代十国时期的南汉，简岸已成集圩；至宋代，共形成北滘、西滘、高村、马村、都宁、桃村、泮浦等24个自然村；明景泰三年（1452年），顺德设县之时，全区域形成自然村36个；1963年北滘辖67个自然村，1988年辖188个自然村。

经过这次普查，全镇仍有完整自然村78个，分别为北滘、简岸、北塘、茶基头、新基（北滘社区）、东基、东便桥、碧江、新聚、坤洲、泮浦、南平、增基、隔涌、都宁、北村、南村、大沙围、太平沙、上涌、下涌、叙龙、东宁、永红、西岸、裕丰、兰东、兰西、西洲、新东安、一村、元周、兆地、直华、槎涌、琳涌、西庙、新沙、涌元、涌口、麦岸、黄涌、穗丰围、陈家坊、杜家坊、旧湾、深潭、谈家坊、外村、马村、三巷、新地、东基、徐村、新楼、现龙、水口、上陈、沙尾、上僚、西滘、伍坊、清沙、高村、大生围、吕家围、塘杰、璋壁、西海、二支、横沙围、桃村、横岸、绿道、三桂中心村、桂东、桂南西、新基（三桂村）。这次普查以这79个村作为工作对象。

至2017年3月底，共召开座谈会66场、访谈210多人次；挖掘整理大量历史人文资料，全面完成自然村普查报告，合计15.8万字、200余张图片。78个自然村共有户籍人口111753人，其中80岁以上2278人，最年长者101岁；祠堂108座，庙宇56座，传统民居1830座，其他传统建筑（古桥、古井、牌坊、碉楼）50座，碑刻54块，楹联15块，匾额30块；中学（含职中）4所，小学13所，幼儿园19所；老人（村民）活动中心37间，公园69座，篮球场72个，农贸市场22个，卫生医疗所19间，村（社区）图书馆17间。通过这次普查，进一步挖掘历史人文，传承乡土文化，留住乡愁，增加乡土凝聚力，推进美丽乡村的建设。

北滘镇自然村落历史人文普查统计表

表 19—6—3

行政村（社区）	自然村	建村朝代	户籍人口（人）	80岁以上（人）	港澳同胞（人）	华人华侨（人）	文体设施（个）	传统民居（座）	现存宗祠（座）	其他传统建筑（座）	碑刻（块）	楹联（块）	匾额（块）	家谱族谱（本）	重要文献（份）	乡规民约（份）	家规家训（条）	宗教、民间信仰场所（个）	本村特色民俗（个）	掌故民间传说（个）
北滘	北滘	南宋	17175	258	22	13	11	45	1	1	1	1	0	0	0	2	0	2	0	0
	简岸	南汉	3721	48	1	0	4	25	2	2	0	0	1	1	0	0	0	0	0	1
	北塘	清	381	9	1	0	0	9	0	0	0	0	0	0	0	0	0	0	0	0
	茶基头	清	3528	41	5	3	4	1	0	0	0	0	0	0	0	0	0	0	0	0
	新基	清	3947	21	5	5	2	1	1	0	0	0	0	0	0	0	0	2	0	0
	东基	清	839	13	10	12	0	0	0	0	0	0	1	0	0	0	0	0	0	0
	东便桥	清	286	11	8	0	3	12	1	0	0	0	1	1	0	0	0	0	0	0
碧江	碧江	汉	8277	179	130	6	14	290	14	2	1	1	1	0	2	2	0	3	1	1
	新聚	清	921	26	3	0	4	6	0	0	3	0	0	0	0	0	0	0	0	1
	坤洲	明	1443	29	1	0	4	2	0	1	0	0	2	0	0	2	0	1	0	0
	泮浦	南宋	719	12	5	0	1	0	0	0	0	0	0	0	0	0	0	0	0	1
	南平	南宋	312	5	7	0	0	1	0	1	0	0	0	0	0	0	0	0	0	1
	增基	明	824	10	3	0	2	1	1	0	0	0	0	1	0	0	0	0	0	0
	隔涌	清	1008	19	1	1	2	12	1	2	0	0	1	0	0	0	0	3	0	0
	都宁	南宋	1376	24	42	6	7	25	4	0	1	0	1	0	0	2	0	5	0	3
槎涌	槎涌	明初	1138	29	27	0	9	13	2	1	3	0	0	0	0	3	0	0	1	2
	琳涌	明	448	8	6	0	2	14	3	1	5	0	1	0	0	0	0	2	0	1
	西庙	明	310	10	6	0	1	9	0	0	1	0	0	0	0	0	0	0	1	0

续表

行政村（社区）	自然村	建村朝代	户籍人口（人）	80岁以上（人）	港澳同胞（人）	华人华侨（人）	文体设施（个）	传统民居（座）	现存宗祠（座）	其他传统建筑（座）	碑刻（块）	楹联（块）	匾额（块）	家谱族谱（本）	重要文献（份）	乡规民约（份）	家规家训（条）	宗教、民间信仰场所（个）	本村特色民俗（个）	掌故民间传说（个）
林头	北村	南宋	1753	31	2	0	4	10	2	4	6	0	2	1	0	0	0	2	1	2
	南村	南宋	3016	86	7	0	6	70	6	6	2	1	1	1	0	0	1	2	1	2
	大沙围	清	716	9	0	0	1	0	0	0	0	0	0	0	0	0	0	0	0	0
	太平沙	清	1321	23	0	0	3	5	0	1	0	0	0	0	0	0	0	1	0	0
	上涌	清	1314	30	3	0	3	1	0	0	0	0	0	0	1	2	0	2	1	1
	下涌	清	1426	32	0	0	2	1	0	0	0	0	0	0	0	0	0	0	0	0
三洪奇	叙龙	明末	1189	25	0	0	0	4	0	0	0	0	0	0	0	1	0	2	1	0
	东宁	明末	1039	29	0	0	4	1	0	0	0	0	0	0	0	0	0	1	0	0
	永红	明末	851	1	0	0	1	3	0	0	0	0	0	0	0	0	0	0	0	0
	西岸	明末	766	21	0	0	1	5	0	0	0	0	0	0	0	0	0	1	0	0
	裕丰	清	804	1	0	0	2	7	0	0	0	0	0	0	0	0	0	1	0	0
广教	兰东	南宋	235	6	4	0	1	2	0	0	0	0	0	0	0	0	0	0	0	0
	兰西	南宋	284	14	5	0	1	5	1	0	0	0	0	0	0	0	0	0	0	1
	西洲	南宋	386	11	3	0	1	6	1	0	0	1	0	0	0	0	0	1	0	1
	新东安	南宋	522	8	8	0	0	1	1	2	0	0	1	0	0	0	0	0	0	0
	一村	清	443	14	7	0	0	0	0	0	0	0	0	0	0	2	0	0	0	1
	元周	南宋	245	7	0	0	3	0	0	0	0	0	0	0	0	0	0	0	0	1
	兆地	南宋	399	15	6	2	8	6	2	0	0	0	1	1	0	0	0	1	0	1
	直华	南宋	250	12	11	1	1	2	1	2	0	0	0	0	0	0	0	0	1	0

续表

行政村（社区）	自然村	建村朝代	户籍人口（人）	80岁以上（人）	港澳同胞（人）	华人华侨（人）	文体设施（个）	传统民居（座）	现存宗祠（座）	其他传统建筑（座）	碑刻（块）	楹联（块）	匾额（块）	家谱族谱（本）	重要文献（份）	乡规民约（份）	家规家训（条）	宗教、民间信仰场所（个）	本村特色民俗（个）	掌故民间传说（个）
上僚	上僚	明	3273	73	50	24	10	45	1	0	1	0	0	1	0	2	0	3	1	0
莘村	新沙	清	1362	22	0	0	3	39	0	2	0	0	0	0	0	1	0	1	2	0
	涌元	明	1722	32	0	1	4	112	4	2	3	0	3	0	0	0	0	1	0	1
	涌口	清	1285	26	3	0	4	64	5	1	3	0	1	0	0	0	0	0	0	1
	麦岸	明	1779	29	3	0	7	94	4	3	0	0	0	0	0	0	0	1	0	0
黄龙	黄涌	元末	1135	20	8	1	8	21	0	1	1	0	0	1	0	0	0	2	0	1
	穗丰围	清	1024	38	4	1	2	6	0	0	0	0	0	0	0	0	0	1	0	0
	陈家坊	明	361	8	8	1	0	7	1	0	1	0	0	0	0	2	0	0	1	0
	杜家坊	明	535	9	1	1	3	12	2	0	0	0	0	0	0	0	0	0	0	0
	旧湾	清	499	19	0	0	1	3	0	0	0	0	0	0	0	0	0	0	0	0
	深潭	明	191	5	3	0	0	9	0	0	0	0	0	0	0	0	0	0	0	0
	谈家坊	明	338	15	5	0	3	5	1	1	1	1	1	0	0	0	0	1	0	1
	外村	20世纪50年代初	246	6	1	2	0	2	0	0	0	0	0	0	0	0	0	0	0	0
西滘	西滘	北宋	2677	69	15	15	8	83	4	4	1	1	1	2	0	2	0	2	2	1
	伍坊	清	1256	26	4	12	2	0	0	0	0	0	0	0	0	0	0	0	0	1
	清沙	北宋	1504	25	17	15	5	23	5	0	2	0	0	0	1	0	0	1	0	2
高村	高村	南宋	2884	58	31	80	6	26	0	1	1	0	0	0	0	2	0	1	1	0
	大生围	清	256	5	1	10	0	5	0	0	0	0	0	0	0	0	0	0	0	1
	吕家围	清	356	8	1	0	0	3	0	0	0	0	0	0	0	0	0	0	0	0
	塘杰	明	610	19	4	0	0	8	0	0	0	0	0	0	0	0	0	0	0	0
	璋壁	北宋	490	10	3	10	1	0	0	0	0	0	0	0	0	0	0	0	0	0

续表

行政村（社区）	自然村	建村朝代	户籍人口（人）	80岁以上（人）	港澳同胞（人）	华人华侨（人）	文体设施（个）	传统民居（座）	现存宗祠（座）	其他传统建筑（座）	碑刻（块）	楹联（块）	匾额（块）	家谱族谱（本）	重要文献（份）	乡规民约（份）	家规家训（条）	宗教、民间信仰场所（个）	本村特色民俗（个）	掌故民间传说（个）
马龙	马村	北宋	947	90	13	35	6	68	1	1	0	0	1	1	0	2	1	1	1	0
	三巷	清	344	11	9	0	2	36	1	0	0	0	1	0	0	0	0	0	0	1
	新地	明	422	19	1	0	2	2	0	0	0	0	0	0	0	0	0	0	0	0
	东基	清	283	10	0	0	1	4	0	0	0	0	0	0	0	0	0	0	0	0
	徐村	清	437	9	1	0	2	25	0	0	0	0	0	0	0	0	0	0	0	0
	新楼	明	287	13	1	0	1	14	0	0	0	0	0	0	0	0	0	0	0	0
	现龙	清	2055	51	1	0	4	13	0	1	0	0	0	1	0	0	0	1	0	1
水口	水口	明	2375	51	14	1	9	108	7	1	6	1	0	0	0	2	0	2	1	1
	上陈	清	349	14	0	0	1	15	2	0	0	0	0	0	0	0	0	1	0	0
	沙尾	清	287	7	0	0	1	1	0	0	0	0	0	0	0	0	0	0	0	0
西海	西海	明	9570	189	24	0	16	65	6	1	1	2	1	2	2	2	3	1	2	1
	二支	清	390	8	4	0	3	0	0	0	0	0	0	0	0	0	0	0	0	0
	横沙围	清末	380	5	2	0	0	0	0	0	0	0	0	0	0	0	0	0	0	1
桃村	桃村	南宋	600	28	100	0	7	50	8	4	6	4	4	1	1	1	1	1	1	2
	横岸	南宋	986	13	20	8	3	4	5	0	2	2	1	1	0	0	0	1	1	0
	绿道	南宋	400	20	30	0	2	4	3	0	2	0	1	1	0	0	1	2	0	0
三桂	三桂中心村	北宋	996	21	2	1	7	85	2	1	0	0	1	2	0	0	0	0	0	1
	桂东	北宋	963	16	2	0	0	56	0	0	0	0	0	0	0	2	0	0	1	1
	桂南西	北宋	1226	20	2	0	2	72	2	0	0	0	0	1	0	0	0	2	0	1
	新基	清	1061	34	0	0	0	46	0	0	0	0	0	0	0	0	0	1	0	1
总计	78		111753	2278	727	267	248	1830	108	50	54	15	30	20	7	34	7	59	22	41

第七章 旅游文化

顺德境内文人雅士素有郊游的雅兴，春游踏青、秋游登高。明清时期，北滘境内都宁岗是春游、登高的绝佳处，建有“念宋亭”，凭吊幽古。

而旅游真正普及普罗大众，始于20世纪80年代，不少企业单位为提升员工福利，在节假日组织员工到省内、国内乃至东南亚地区旅游。省内的深圳、珠海、肇庆、韶关，以及省外的桂林、云南、华东地区，乃至国外的泰国、新加坡等都是热门旅游地点。1985年起，随着经济发展及港澳旅游开放，许多居（村）民参加旅行社的港澳游。为适应旅游业的发展，为港澳同胞、华侨返乡旅游创造环境，建起小蓬莱宾馆和裕华大厦，成立华侨旅行社。

20世纪90年代，顺德旅游局制定一系列管理办法、制度，对境内旅行社、酒店、旅游景点等单位的运作进行规范和管理，北滘亦相应美化提升区域内的旅游资源，开发专题旅游项目。旅行社先后为外地游客开辟有历史文化、风俗民情、商务贸易、医疗保健、美食观光等特色旅游线路；为本地游客开办港澳游和至东南亚、日本、韩国、中东、欧洲等延展世界各地的境外游。

第一节 景点评选

清代，北滘区域内各村已形成各具特色的景点，文人墨客流连忘返，多有吟诵。

林头八景 珠光夜月、雁田春汛、大通烟雨、清渚归牛、仙鹤祝寿、渔舟唱晚、灵潭聚秀、松门返照。

北滘八景 福田太古寺、浪波树生桥、泮涌无底洞、北帝太古庙、墨砚种乌胶、红巷远古庙、通津奎星阁、郎官隔基双桥头。

槎涌八景 白马跳坛溪、渔舟唱晚、罗滘观潮、竹波翠响、南社榕荫、倒钱入柜、飞凤古迹、通乡古庙。

桃村八景 日曙桃溪、朱冈望月、石湖烟景、远望南唐、石桥流水、西冈夕阳、牛眠春草、佛堂反照。

三桂八景 龙关夜月、北崖仙石、秀接珠峰、葫芦峪水、敬子离山、香台滴翠、东海离珠、宝鸭穿莲。

碧江“九龙入洞，五兽把关” “九龙”指灰口涌、泮浦涌、隔涌、琵琶洲涌、上涌、下涌、新涌、聚龙沙涌、都宁西桓涌，“五兽”指狮岗、象岗、猪头岗、羊山岗、睡牛岗。

莘村“五龙困殿” “五龙”指东跃龙桥、南接龙桥、西逾龙桥、北聚龙桥、中崇龙桥。

龙涌“龙凤朝阳” 乡中河涌形状像龙和凤，故称为龙涌和凤涌，两涌皆流向羊额，故有“龙凤朝阳（羊）”之说。

至1997年，北滘文化站牵头策划，经过全民投票，选出北滘十二景——蓬桥春晓（蓬莱桥边河堤公园）、广场夜色（文化广场）、都会霓虹（银行、邮电大厦、国土综合大楼夜景）、南源玉宇（南源商业街）、红陵旗艳（西海烈士陵园）、企业明珠（工业区上班人流）、港口云樯（北滘港）、投资宝地（星火科技城）、治水丰碑（三洪奇水利工程）、百福碧波（百福公园泳池）、君兰绿浪（君兰高尔夫球场）、碧桂车龙（碧桂园）。

2005年12月，顺德区全民评选“顺德新十景”，碧江金楼以“古宅生辉”位列其中。

第二节　旅游资源

碧江金楼　始建于明代，由宋末望族苏绍箕的子嗣后裔合几代人人力物力建成，是积淀了几百年文化精华的岭南水乡豪宅。古建筑群由“泥楼”“职方第”“金楼”“南山苏公祠”“见龙门”“亦渔遗塾”“慕堂苏公祠”“砖雕大照壁”和“三兴大宅”等多座建筑物组成。这批明清建筑前后有400多年历史，集中了宅第、祠堂、书塾、书斋、园林等功能，保留着干打垒、蚝壳墙、水磨砖、镬耳山墙等岭南特色的古建筑实物。碧江金楼作为广东省文物保护单位的“金楼及古建筑群”共有七处古代建筑，至2002年已经修复好，可供游览的主要有金楼、泥楼、职方第大宅以及金楼的后花园。

和园　位于北滘新城区，2014年10月奠基，占地面积41749平方米，规划建筑面积13689平方米，2018年5月对外运营。和园依托岭南水乡的文化基脉，遵循中国传统的北山南水、负阴抱阳的景观架构，运用自然景观造园手法，融入岭南园林明清、清末民国初年、民国、新中国四个阶段的园林设计语汇，营造“同聚顺和”“粤韵流风”“水月松风”“云岫精庐”“泰和书院”“百味咸宁”六大景区。

红色旅游路线　20世纪90年代，北滘以西海抗日烈士陵园为中心，打造“红色旅游”，集教育、游玩、美食于一体。每年接待参观、凭吊的社会团体、学生及其他群众逾70000多人。另一条线路为碧江红色线路，参观地点主要为碧江的荫老院和振响楼（八路军参谋长叶剑英抗日救国演讲地点），每年参观的旅客达逾万人。

特色文化乡村游　2000年后，北滘推出富有地方特色文化名村游活动。投入近亿元，修缮碧江金楼古民居楼、尊明苏公祠（五间祠），建起具有顺德特色的饮食一条街。2005年后，碧江先后被评为“中国历史文化名村”和“广东省旅游特色村”，附近城镇和港澳同胞到此游览的人络绎不绝，每年接待中外游客约十万人。

2015年起，北滘辖区内林头、桃村等村居，致力于打造美丽文明村居，村内河涌得以整治，古建逐步修复，重现昔日岭南水乡美景，成为附近游客乡村游的首选。

美食文化游　2006年，北滘以美食品牌，促进旅游业的提升。以“鱼米水乡，创意北滘”为主线，以展会、比赛、推介、交流、网络传播等表现形式，强调美食和餐饮、旅游等产业的联动，在美的海岸花园会所举办“私房菜大赛”及岭南美食文化节。2012年第七届岭南美食节，主会场设在新城区，适逢“中秋国庆”期间，盛况空前，先后举办中秋万人赏月晚会、交响音乐会、龙舟竞渡、摩托车越野赛，主会场人流量超过110万人，饮食销售突破1000万元。2014年，顺德第九届中国岭南美食文化节主会场设在北滘。从9月30日至10月4日，举办岭南风味美食展、顺德名优产品展、啤酒嘉年华、“一鱼百味——我撑顺德鱼活动”及北滘魅力小城图片展、2014年北滘龙舟赛，吸引游客超过100万人次，销售额达2500万元。

商贸观光游 改革开放后，北滘逐步发展为“智造小镇”“魅力小城”。辖区内年产值超千亿元的美的集团及碧桂园集团，吸引众多游人到此观光，购买家用电器和“睇楼”。2010年7月，镇政府策划“魅力小城·缤纷夏日欢乐游”活动，邀请外来工子弟参观游览北滘重要企业和著名景点，镇党委和镇政府领导亲自当导游，沿途作解说，进一步宣传北滘旅游资源，扩大北滘对外影响。

第二十篇　卫生

明清至民国年间，北滘乡人患病，或自行服用山草药，或听信江湖游医以偏方医治，或到私人诊所及药铺求医问药，因医疗设施普遍落后，卫生状况较差。

至北滘人民公社成立之初，仍处于缺医少药状况，全公社仅有1家卫生院，农民有大病要到邻近的大良、陈村、沙滘医院诊治。

1969年，顺德县贯彻毛泽东关于“将卫生医疗重点放到农村去”的批示，北滘公社积极发展生产大队医疗工作，筹备建立卫生站，培训“赤脚医生”和卫生员，组织下乡巡回医疗队，并建立起“农村合作医疗制度”。1972年底，基本建立起公社、生产大队和生产队三级医疗卫生网络，实现队队配卫生员。

1979年后，北滘公社卫生工作仍然以农村为重点，加强公社卫生院和大队卫生站建设，继续巩固和健全合作医疗制度。1985年，北滘成立镇爱卫会，统筹制定卫生工作的长期规划和年度计划，积极开展爱国卫生运动，防治各种传染疾病。至1989年，全镇实行免疫保偿制，普及“四苗”（卡介苗、糖丸、百白破及麻疹疫苗）接种。1990年，通过各方筹备和海外华侨及港澳同胞捐助，引进一批国外先进医疗设备，实现中小手术不出镇。

根据“2000年全国农村人人享有卫生保健”的战略，20世纪90年代，北滘大力推进初级卫生保健工作，成立镇初级卫生保健委员会，加大对全镇卫生保健的投资，落实健康教育，确保村卫生站覆盖率达100%，并建立乡医协会，加大集资医疗人口、卫生厕所、饮用安全卫生水等的普及率，提升食品卫生合格率，优化儿童系统管理，全面预防与控制各类传染病，如麻风病、结核病、狂犬病以及血吸虫病等。

1993年1月，中共北滘镇第八次代表大会提出：要加强卫生事业建设，全面建立镇与管理区医疗机构一体化管理机制。以此为驱动，大力推动全镇卫生与医疗工作。自1995年起，北滘镇被评为“广东省卫生先进镇”“广东省卫生镇”，并连续通过复评。2007年9月4日，经过严格的审核认定，全国爱卫会授予北滘镇“国家卫生镇”称号。2009年，由美的集团捐资千万建成高端公共医疗平台——北滘医院特需服务中心，并新增龙涌、水口卫生所，至此，北滘镇村（社区）医疗网点覆盖率达100%，基本实现镇区内“1.5千米半径内一个医疗点”的预期目标。

2010年，建成新北滘医院、西滘分院及5个村（社区）卫生服务站，在全省率先推行基本门诊合作医疗制度，建立和完善社区突发公共卫生事件预防控制体系，做好高致病性禽流感等传染性疾病的防控，全镇公共医疗卫生服务水平显著提高。

2011年，北滘镇人民政府提出：以最广大人民群众的根本利益为出发点，在基本实现民生保障全覆盖的基础上，纵深开展卫生建设，进一步推进医疗卫生体制改革，镇级医疗卫生资源升级，优化和完善社区医疗服务，新建社区卫生服务中心。

2017 年，北滘镇全面实现“人人享有卫生保健”的目标，卫生保健与医疗条件全面提升，人民群众的健康水平不断提高，人均寿命达 80 岁（男 76.3 岁，女 83.7 岁）。环境卫生、医疗设施、疾病防控、妇幼保健、食品安全、药品管理等均处于全省先进水平。

第一章 医疗机构和医务人员

第一节 医疗机构

民国 37 年（1948 年），顺德县卫生院在碧江设第二分院。至中华人民共和国成立初期，北滘区域有西医诊所 4 家，中医诊所 7 家，中药房 8 间。

1958 年 8 月，组建北滘卫生院。1969 年后，在保留个体诊所基础上，陆续在各生产大队建立卫生站，在北滘糖厂等大型工厂设立医疗室。至 1971 年底，共有卫生院 1 家，保健所 1 家，生产大队卫生所 12 家，街道（北滘、碧江）卫生所 2 家，私人诊所 5 家。1979 年起，陆续对全公社医疗机构进行整合。1981 年，旅澳乡亲梁榕根捐资兴建莘村卫生站。至 1983 年底，北滘区设有区级卫生院 1 家，下属有卫生所 6 家；街道卫生所 2 家，乡村卫生站 22 个，工厂医疗室 6 间。

1982 年 8 月，旅港乡亲梁伟明在北滘投资兴建顺德首家私人医院——“梁伟明医院”，后易名北滘区伟明医院。此后，在梁伟明等一批旅港乡亲的支持下，北滘医疗机构逐步进行升级改造，北滘卫生院建起设备先进的门诊大院和留医大楼，各管理区、街道卫生站环境也有较大改善。北滘区卫生院更名为北滘区医院，下属卫生所改为北滘区医院分院。至 1994 年，北滘镇有医院 6 家（含分院）、卫生站 28 个。

1985 年，旅港乡亲黎剑铭捐资兴建桃村卫生站；1988 年，旅港乡亲苏耀明伉俪捐资重建碧江医院。

1996 年，建成北滘医院三桂分院。1997 年北滘进一步深化卫生改革，鼓励扶持社会开办民营医疗机构。2000 年，决定易地陇西村重建北滘医院。至 2005 年，投入 1.5 亿元重建的北滘医院和西滘卫生院竣工并投入使用。2010 年，完善社区（村）卫生服务体系，方便群众就近求诊。至 2012 年，北滘镇有镇级医院 2 家，乡村卫生站 17 家，社区卫生服务中心含其下辖所站 16 家，民营门诊部、诊所 17 家，单位医务室 8 间。同年，北滘进一步完善镇、村社区卫生医疗服务体系，推进医疗卫生资源升级，北滘医院成为二级医院；完成社区卫生服务中心和莘村、上僚、水口等社区服务站（点）的改造提升。2013 年，推进碧江等 7 个社区卫生服务站（点）的升级改造，社区医疗网点实现全覆盖，建立健康档案 19 万份，建档率 70%。2014 年，北滘社区卫生中心下设 8 个社区卫生服务站，9 个服务点，覆盖全镇 19 个村居，初步实现“步行15—30分钟”社区卫生服务网络。2016年，重新组建北滘医院碧江分院。

至2017年，北滘镇共有医院2家，社区卫生服务站9家，医生224人，护士373人，病床380张。

北滘医院 原名北滘卫生院，1958年从陈村公社卫生院分出组建。

1958年创建之时，北滘卫生院只设一间60平方米的医务室，医务人员仅70人。1973年，全院医务人员增加至170人，其中中医24人，西医和助产士28人，有门诊部2座、留医部1座，传染病房1座，产房1间，病床88张，还设有X光机室、检验室和手术室，配有治疗、检验、细菌培养、消毒、计划生育、中小外科手术等医疗器械设备，办有中草药制剂室，能够调制针、片、水、酊、膏、丸、散等中成药。

1982年起，旅港乡亲梁伟明捐款250万港元，建起留医大楼和门诊大楼，名为梁伟明医院，建筑面积4900平方米，设有内科、外科、西医、中医、儿科、五官科、牙科、骨科、妇科，设病床120张，有员工230人，其中卫生技术人员177人，日均门诊1300人次，年住院3500人次，年业务收入1500万元。1984年，改名为北滘医院。

1992年开始，北滘医院以“内强素质、外树形象”为目标，努力建设一流水平医院。1995年，通过广东省“爱婴医院”验收；1996—1997年被评为顺德市文明医院。至1999年，医院建筑面积扩至12000平方米，住院病床200张，拥有日本岛津SCT－4800TC全身CT机等先进临床配套设施。有员工298人，其中卫生技术人员240人（其中副主任医师6人、主治医师35人、医师55人、技师25人、护师109人、其他10人）。

2000年，北滘医院易地陇西村重建，占地面积158亩，设医院专科10个，床位500个。2002年11月8日，北滘医院与珠江医院签约合作，军民共建文明医院。至2004年，投资超亿元的新北滘医院建成使用。2005年，北滘医院为适应社会需要，设置覆盖全面的专科和专业科室，如妇科、产科、急诊科、内一（儿科）、内二科、口腔科、中医、眼耳鼻喉、骨外、重症监护中心病房、普外、胸外、泌尿肿瘤外科、神经烧伤外科、麻醉、检验、放射、影像、理疗、碎石、高压氧和预防保健等科室。至此，北滘已形成包括北滘医院及下属7所分院、2个门诊、19个村卫生站、6个医疗室、2个街道卫生所的庞大、健全、高效的医疗体系。

2010年5月6日，北滘医院正式签约移交，升格为南方医科大学直属附属医院，此后，除继续做好地方公共卫生、医疗保障、社区服务、应急保障、创卫、基本门诊合作医疗、医保和计划生育技术等工作外，北滘医院亦逐步由单一业务型机构升格为集医疗、教学、科研于一体的综合性公立医院。2013年，北滘医院被评为二级甲等医院。

北滘社区卫生服务中心 2012年组建，原址位于西滘村。2013年易地北滘跃进南路重建，建筑面积5523平方米。至2016年，设全科诊室、发热门诊、妇科诊室、中医诊室、康复治疗室、B超心电图室、计划生育指导室、妇女儿童保健室、精神心理咨询室、疾病预防与健康信息管理室、健康教育室、预防接种门诊、儿童保健门诊等。拥有CR抢救车、心电监护仪、呼吸机、超短波治疗机、除颤监护仪、电动吸引器、超声雾化器、心电图机、身高体重仪、肺功能测试仪、电脑红外按摩理疗床、高频（微波）治疗仪、颈椎牵引器、腰椎牵引床、医用慢跑台、腕关节旋转训练器等。全院医务人员48人，其中高级职称3人、中级职称17人、初级职称23人、员级职称5人，年就诊人数28667人，年就诊收入185.79万元。

西海社区卫生服务站 1962年组建，建筑面积1587平方米。至2016年，设有全科诊室、发热门诊、中医诊室、康复治疗室、B超心电图室、计划生育指导室、妇女儿童保健室、精神心理咨询室、疾病预防与健康信息管理室、健康教育室。现拥有CR抢救车、心电图机、简易手术设备、除颤监护仪、超声显像仪、产检床、便携式B超机（彩色）、离心机、注射泵、验尿机等。全院医务人员有17人，其中中级职称5人、初级职称11人、员级职称1人，年就诊人数69053人，年就诊收入260.02万元。

林头社区卫生服务站 1989年组建，建筑面积735平方米。至2016年，设全科诊室、发热门诊、中医诊室、康复治疗室、B超心电图室、计划生育指导室、妇女儿童保健室、精神心理咨询室、疾病预防与健康信息管理室、健康教育室。现拥有CR抢救车、简易手术设备、心电图机、除颤监护仪、产检床、全自动血细胞分析仪、离心机、注射泵、验尿机等。全院医务人员有20人。其中中级职称12人、初级职称5人、员级职称3人，年就诊人数54840人，年就诊收入220.64万元。

碧江社区卫生服务站 1989年组建，建筑面积1760平方米。至2016年，设全科诊室、发热门诊、中医诊室、康复治疗室、B超心电图室、计划生育指导室、妇女儿童保健室、精神心理咨询室、疾病预防与健康信息管理室、健康教育室。现拥有CR抢救车、心电图机、除颤监护仪、便携式B超机（彩色）、产检床、腕关节旋转训练器、手指肌力训练桌、全自动血细胞分析仪、离心机、肩关节等张肌力训练器、股四头肌训练组件等。全院医务人员有21人。其中中级职称10人、初级职称8人、员级职称3人，年就诊人数62134人，年就诊收入117.63万元。

莘村社区卫生服务站 1992年组建，建筑面积757平方米。至2016年，设全科诊室、发热门诊、中医诊室、康复治疗室、B超心电图室、计划生育指导室、妇女儿童保健室、精神心理咨询室、疾病预防与健康信息管理室、健康教育室。现拥有CR抢救车、心电图机、简易手术设备、除颤监护仪、超声显像仪、产检床、便携式B超机（彩色）、医用慢跑台、腕关节旋转训练器、手指肌力训练桌、全自动血细胞分析仪、离心机、肩关节等张肌力训练器、股四头肌训练组件等。全院医务人员有25人。其中中级职称10人、初级职称13人、员级职称2人，年就诊人数87475人，年就诊收入299.74万元。

三桂社区卫生服务站 1992年组建，建筑面积767平方米。至2016年，设全科诊室。配有急救小推车、心电图机等。拥有4名医务人员，其中中级3人、员级1人，年就诊人数8911人，年就诊收入33.91万元。

西滘社区卫生服务站 2004年组建，建筑面积2031平方米。至2016年，设全科诊室、发热门诊、中医诊室、康复治疗室、B超心电图、计划生育指导室、妇女儿童保健室、精神心理咨询室、疾病预防与健康信息管理室、健康教育室。现拥有心电监护仪、除颤监护仪、电动吸引器、心电图机、B型超声显像仪、医用慢跑台、血球计数仪、腕关节旋转训练器、手指肌力训练桌、全自动血细胞分析仪、全数字黑白超声诊断仪、离心机、肩关节等张肌力训练器、电脑中频治疗仪、成套哑铃及哑铃架等。全院医务人员17人，其中高级职称1人、中级职称3人、初级职称11人、员级职称2人，年就诊人数67686人，年就诊收入274.08万元。

北滘社区卫生服务站 2012年组建，建筑面积769平方米。至2016年，设全科诊室，拥有CR抢救车、电动吸引器、电脑中频治疗仪、手指肌力训练桌、成套哑铃及哑铃架、腕关节旋转训练器、肩关节等张肌力训练器等。有2名医务人员，1人中级、1人员级。年就诊人数18252人，年就诊收入40.84万元。

第二节 医务、护理人员

清代与民国期间，北滘区域内有数名知名西医。据碧江苏氏怡堂《家谱》记载，清末民国初，族内学医且成为国内早期名西医的有3人。清末开顺德西医执业先例的3位医生中，其中之一便是碧江人苏乐天。还有入读医科大学广东公医大学的苏寿铿，毕业后留校任教并成为广东第一代名西医。

1949年中华人民共和国成立之初，北滘区域医务人员22人，其中医生11人。

1958年北滘公社卫生院成立，全院有编制的医务人员仅37人，至1965年增加到70多人。1969年，培养农村"赤脚医生"，每个生产大队普遍有2至3人，这些"赤脚医生"大多是具有初中以下文化程度的青年人，通过短期技术培训和公社卫生院医生传帮带，一边学习，一边实践，基本熟悉一般常用中西药物，能够处理农村常见病、多发病，进行预防传染病，注射预防针，开展改水井、改厕所、改畜圈等卫生工作。1971年底，全镇计有卫生技术人员119人，其中中医37人、西医8人、医士17人、护士4人、其他卫生技术人员53人。1973年，北滘医务人员有170人，其中中医生24人、西医助产士28人。至1985年，北滘区医务人员有163人，其中西医生26人、中医生16人、乡村医生28人。

1991年，全镇有医生66人，护理员63人。2001年，全镇医生有108人、护理员有86人，比1991年分别增长63.6%和36.5%。2012年，全镇医生和护士分别有364人和355人，比2001年分别增长237.0%和312.8%。至2017年，有医生224人，护士373人。

自20世纪80年代开始，医疗系统越来越重视对医务人员的技术业务培训。至1985年，共培训中医12人、西医23人、护理22人，护士进修培训22人，其他培训12人，培训后，达到大专水平8人、中专水平53人。1998年，组织护理基础考试，平均达到93.5分。2000年，全镇医护人员参加"三基"理论学习180人次，高级护理班学习5人，护理专业大专自学8人；参加医疗技术理论考核，北滘医务人员优秀率达82%，80名护士续期办理执业证。是年，北滘医院硕士研究生学历2人，大学本科学历18人，大专学历40人，中专学历95人。此后，将"三基"培训考核纳入常态化管理，每年进行病历书写培训、急救知识培训、抗非培训、心声培训考核等，全面提高医务人员综合素质。2008 年，北滘医院共开展心肺复苏、外科急腹症等业务培训 11 次，每次参加人数均达 95% 以上。

进入 21 世纪，北滘医护人员更积极参加业务学习，不断提升自身业务水平，拓展新技术、新业务。2002 年，对 114 名护士进行首次执业注册和再注册。至 2005 年，北滘医院拥有各类专业人才 411 人，其中主任医师 2 人、副主任医师 32 人、中级职称 64 人，研究生学历 4 人、本科以上学历 63 人。

2001—2017 年北滘医务人员教育与培训情况统计表

表 20—1—1　　单位：次、人次

年份	院内培训	参与人次	院外培训	参与人次	上级医院进修	科研情况
2001	30	7000	30	120	20	共计获得国际级学术优秀论文奖分别有 4 篇和 11 篇
2002	31	7500	28	107	8	医药技专业论文发表在国家级学术刊物 10 篇，省级学术刊物 12 篇，参加国际性学术会议交流 1 篇，国家级学术会议交流 8 篇，省级学术会议交流 8 篇
2003	33	1300	40	160	3	开展新技术、新项目 32 项，另有 2 项科技项目获佛山科技局立项，1 个项目获区科技局立项。科研项目“改良甲状腺手术方式及引流方式的临床研究”获区科技进步三等奖
2004	35	9000	50	200	2	开展新技术、新项目 40 项，获佛山市科技进步三等奖 1 项，有 3 个项目被佛山市立为科技攻关项目，1 个项目获区卫生局立项。另有 22 篇论文在省、市医疗刊物公开发表
2005	36	8900	38	178	3	“保留卵巢血养的子宫次全切除手术”等 3 个项目通过佛山市科技局立项，3 个项目通过佛山市卫生局立项，23 篇论文在国家、省、市医疗刊物发表
2008	39	8100	20	105	10	—
2009	40	7500	47	276	10	—
2010	21	4400	60	260	—	举办各类医学论坛共 10 次；获省、市级以上科研课题共 8 项，发表各类论文 25 篇，开展新技术 40 多项
2011	24	6500	80	320	70	承办广东省继续医学教育项目 1 项，顺德区级继续教育项目 17 项；“基于图像内容的肿瘤类型辨识系统的研究与应用”获广东省科技进步一等奖；获省市级科研课题 4 项；获区级科研课题 9 项

续表

年份	院内培训	参与人次	院外培训	参与人次	上级医院进修	科研情况
2012	20	3000	80	300	30	举办医学论坛6次；举办和承办广东省继续医学教育项目各2项，顺德区级继续教育项目15项；申报市（区）、省和国家级科研项目19项；共发表各类论文20多篇
2013	45	8710	48	197	9	申报国家级继续教育项目1项，省级项目1项，区级项目17项。举办广东省继续医学教育项目2项，顺德区级继续教育项目12项
2014	48	9043	40	160	12	申报区继续医学教育项目10项，举办各类讲座、培训36次；发表论文28篇，其中2篇被SCI收录；组织申报省、市、区科研立项8项
2016	50	10000	53	200	26	发表医学论文20多篇，举办顺德区继续医学教育项目12项
2017	50	12000	76	397	20	发表医学论文20多篇，申报顺德区继续医学教育项目11项

2005—2017年北滘医务人员和病床统计表

表20—1—2　　单位：家、人、张

年份	医院	社区卫生服务站	医生	护士	病床
2005	2	2	228	211	350
2006	2	2	253	229	350
2007	2	3	271	235	350
2008	2	3	288	267	350
2009	2	3	282	261	350
2010	2	3	300	274	350
2011	2	3	314	300	350
2012	2	5	364	355	330
2013	2	8	383	361	410
2014	2	8	375	370	410
2015	2	8	246	262	380
2016	2	9	355	359	410
2017	2	9	224	373	380

2001—2017 年若干年份北滘医院医疗情况统计表

表 20—1—3

年份	门急诊（人次）	入院（人次）	出院（人次）	住院治愈率（%）
2001	520000	3908	3912	87. 1
2002	602700	5102	5100	87. 7
2003	618400	6638	6571	91. 3
2006	743000	9097	9109	94. 26
2008	107927	11297	11332	95. 38
2009	1214453	12664	12627	96. 42
2010	1348000	14782	14774	97. 52
2011	1273000	14273	14271	97. 69
2012	794038	14908	14890	98. 31
2013	738650	17352	17315	98. 47
2016	705215	16257	16242	97. 19
2017	722813	16783	16743	96. 17

第三节　医疗设备

20 世纪 70 年代前，北滘辖区内医疗设备极为简陋。1973 年，北滘卫生院仅有 X 光机、显微镜、高压消毒器、蒸馏水器、轻便手术床、四头无影灯、氧气瓶、吸引器及简单的手术器械，且数量极少，均只有 1—2 台（套）。随着医疗卫生事业发展，医疗设备日趋丰富先进。

至 20 世纪 90 年代，北滘医院各科室均配有多种先进检测设备和医疗器械。1999 年，医技科配备日本岛津 SCT－4800TC 全身 CT 机、SDL－150 型 500 毫安双球双管 X 光机、M9DB 超机、奥林巴斯胃镜各 1 台；北京 300 毫安单球管 X 光机、日本阿洛卡 M1100 型 B 超机和铃谦多通道心电图机各 2 台；检验科配有法国三分类全自动血球计数仪，美国 RT－70 型全自动生化分析仪和梅里埃细菌培养机、F9600 型 PCR（快速检测）机、多通道蛋白电泳计数仪各 1 台；日本 F800 型全自动血球计数仪、德国产尿＋A 各 2 台；麻醉科配有法国西门子全自动麻醉呼吸机、蛇牌颅钻、双极电凝冷光源机各 1 台；临床科配有多功能心电监护仪、宫颈扩张仪、微波治疗仪、全自动腰椎牵引床、周林频谱仪、TDP 磁疗仪等。

北滘新医院建成后，新增高档四排螺旋 CT、数字化 X 线机、心脏及腹部专用彩色 B 超、全自动生化分析仪、电子胃肠镜、输尿管镜等一大批先进医疗设备。随后，连年进行设备提升。2009 年，北滘医院有效利用社会资源，接受大企业无偿赠予的多套先进医疗设备，包括全自动生化分析仪、全自动血凝仪、全自动尿沉渣分析仪、全自动电化学发光分析仪、戴安娜全自动配血系统、血气分析仪、CRP 分析仪、特定蛋白分析仪、干式生化床旁分析仪、尿液自动分析仪、干式激光相机、Hp 测试仪、智能胶囊消化内窥镜系统等，有效提升临床硬件实力。2016 年 1 月，新购一台 GE64 排 128 层螺旋高速 CT，成为全区镇属医院中首家引入高端 CT 机的医疗机构。此外，还配有宝石能谱 64 排高速螺旋 CT、自动微生物鉴定分析仪、血液透析仪、动态心电图机、高压氧舱、腹腔镜宫腔镜、飞利浦、GE、百胜彩色多普勒、睡眠监测系统等先进的医疗设备。并新购了体检车，在广东狮子会、美的地产捐赠下，新增救护车 1 辆。

第二章　卫生防疫

第一节　疾病防控

1960 年，由于经济困难，北滘公社许多农民患上水肿、肝炎、肺结核病，公社成立工作机构，以北滘卫生院为主体，在各生产大队设立卫生室，对结核病进行普查医治，对水肿、干瘦、子宫脱落、闭经等疾病的患者进行治疗。1962 年起，北滘医疗机构开始对霍乱疫情实行常年监测，每年抽检腹泻病人粪便样本，加强水源和饮食卫生管理，有效防止霍乱病的发生。与此同时，对脊髓前角灰白炎进行防控，儿童全面普及服用预防小儿麻痹症糖丸，至 1974 年后发病率明显下降，1986 年后再未发现此病。

1971 年，在省、地区和县卫生防疫部门的支持下，北滘公社以三桂大队为中心，对钩虫病作流行病学调查，对患者进行医治。同年，全公社开展全民性小儿蛔虫病、钩端螺旋体病、麻风病普查防治工作，其中：蛔虫病检查 1500 人，钩端螺旋体病检查 25400 人，麻风病检查 47354 人，合计 87754 人。幼儿园、托儿所定期给儿童服食驱蛔药，成效良好。为防止钩端螺旋体病，加强粪便管理，当年建起“三级”化粪池 207 个。1974 年起，在疫区开展疫苗注射，垦荒灭鼠，有效地控制此病的发生和传播。20 世纪 70 年代，流行性感冒在佛山地区流行，波及北滘，尤以 1970 年和 1977 年最为严重。北滘公社发动群众服“感冒茶”，用喷鼻液。1975 年，开始对儿童注射疫苗，普及免疫。1978 年 5 月，登革热首例病例在佛山市石湾镇被发现，后迅速传染扩散到北滘公社，该病传播媒介主要是白纹伊蚊。为此，北滘公社一方面积极治疗患者，另一方面发动大规模灭蚊行动，1979 年，疫情得到控制。

1980 年后，北滘镇重点加强对结核病、血吸虫病、肝吸虫病、肝炎、狂犬病等传染病的调控和医治。1983 年，开展肺结核病的普检，对患者进行跟踪治疗，普遍得到治愈。常规性开展儿童接种疫苗，至 1989 年儿童接种疫苗比率为：卡介苗 99.1%，小儿麻痹糖丸 97.9%，百日咳、白喉、破伤风 97.9%，麻疹 98.7%。法定报告传染病发病率呈逐年下降趋势。1988 年发病 267 例，1989 年为 163 例，1990 年下降到115例，1991年为120例（其中麻风病1例、结核病15例）。1992年171例（其中结核病12例，未发现麻风病例）。

1993年，北滘医疗机构建立健全疫情报告网，跟踪、监控传染病、地方病、职业病和食物中毒的发生，及时做好医治工作。1998年，儿童免疫接种率超过省免疫标准，“四苗”（卡介苗，白喉、百日咳、破伤风三联疫苗，麻疹疫苗，脊髓灰质炎疫苗）接种率分别达99.4%、99%、98%、98.2%，全面完成1995—1998年出生儿童6000人注册登记。强化鼠疫、肝吸血、肠道寄生虫和霍乱等急性传染病的防治，全年集中防治4000多人次。

2000年后，北滘加大对传染病的防控力度，全面贯彻落实计划免疫工作，形成规范化与制度化。各医院成立传染病防治领导小组，专设肠道门诊，落实传染病报告制度。特别是2003年面对“非典”疫情，从诊治方案、消毒隔离、设备、人力、物资等方面严密部署，北滘医院成立发热门诊，制订应急预案，修订《传染病管理实施细则》《非典型肺炎消毒隔离制度》《非典型肺炎院内感染预防控制措施》等，对医护人员设立“非典型肺炎”防护措施、预防“非典型肺炎”工作指引等，在全镇范围内严格进行防控。

自2010年起，实行镇内各级医疗单位层层上报并填写传染病报告卡，北滘医院传染病网络直报，实施结核病归口管治和转诊，定期组织应急演练，对区域内所有医疗机构加强传染病防控知识培训，有效防控手足口病、脊髓灰质炎、登革热、霍乱、伤寒、乙脑、流感、狂犬病、高致病禽流感、埃博拉等重大传染病。此外，还逐步加强对慢病的监督管理，完善慢病信息管理系统，对高血压、糖尿病、慢阻肺、肿瘤、心脑血管、精神病等跟踪管理，适应人口老年化和疾病向慢病转变的发病趋势。常态化为7岁以下儿童接种I类疫苗，为0—3岁婴幼儿进行规范化体检，为全镇50多家托幼机构超万名学龄前儿童进行常规体检。常住儿童基础免疫接种率95%以上，基础免疫全程接种率90%以上。2012年起，北滘医院建立传染病报告信息系统，传染病报告及时率大幅提高。2013年起，每年深入组织各村居为65岁老人进行体检建档并纳入动态健康管理，对筛查出来的高血压、糖尿病、重性精神病患者进行跟踪随访和社区康复管理，落实管控。

第二节　卫生监督

北滘卫生监督始于20世纪80年代。1985年，北滘镇爱卫会成立，负责全镇的卫生评比与监督。同年9月22日，镇人民政府和县公安局北滘派出所联合发出公告，规定：任何单位和个人要爱护公共卫生，不得随意倒垃圾，排放污水、废水，到处乱倒垃圾、余泥，轻者罚款10元至100元，重者追究法律责任。

1990年9月5日，北滘镇十届人大主席团会议通过的镇人民政府《关于社会治安、交通安全、城镇建设、市容卫生、工商市场、环境绿化的综合管理细则》，对食品卫生监督作出明确规定：食品生产经营单位和个人必须领取卫生许可证，持健康证上岗，具备防尘、防蝇、防污染的措施，使用干净卫生工具，不准经营腐烂变质、掺假、掺杂及对人体有毒有害的食品，违者罚款20元至200元，造成食物中毒事故的，追究其行政直至法律责任。为防止狂犬病发生，严格加强犬只管理，实行注册登记和限期注射预防疫苗制度，造成犬只伤人或狂犬病事故，事主要承担全部医疗费及其它费用。

1991年，北滘镇人民政府组织全镇食品卫生检查，抽检食品123份，合格率达91.9%，中发口香糖厂、北珍蒸馏水厂、小蓬莱宾馆被评为“信得过”单位。1992年，北滘出现一起食品中毒事故，中毒30人，引起社会各界关注。全镇广泛开展宣传学习《中华人民共和国食品卫生法》，举办食品卫生知识学习班，参加1200人次。此外，进一步健全监督机构，加大对食品行业的卫生监督。对食品行业从事人员共1360人进行健康检查，受检率达98%。对500多间饮食店进行全面检查，食品抽查合格率达90.9%，食具抽查合格率70%。

1996年7月，北滘人民政府发出《北滘镇城区环境卫生管理暂行规定》，要求：饮食、发廊、美容、理发从业人员必须持有健康证；餐具、工作用具要高温消毒；经营变质腐烂、掺假、掺杂及对人体有毒有害食品，要按照国家《食品卫生法》规定处罚。全镇卫生防疫部门加强对食品卫生监控，镇人大组织执法检查，政府相关部门进行突击性检查，对饮食食品行业及从业人员实行卫生安全年审制度。1999年，全镇进行“卫生许可证”年审580家，年审率94.4%；从业人员健康检查1838人，体检率96.3%，检出患病20人，调离率100%；公共场所检审173家，检审率91.5%，从业人员健康检查250人，体检率85%。与此同时，实行猪、牛统一机械化屠宰，统一检疫，从源头堵塞不符合食品卫生标准肉类进入市场。

2001年，建立健全监督检查制度，对公共场所、饮用水源、食品卫生实行指标考核。抽查饮食店36家、饼屋4家、食品厂1家、集体食堂7家和公共场所2家，合格率为75%。随后，对不合格企业进行专项整治工作。同年食品卫生质量和餐饮具消毒抽检合格率分别达到93.7%和95.5%。

从2005年起，为加强卫生监督，北滘镇一直稳妥推进辖区内餐饮、公共场所、药店、保健品店、医疗机构等的日常监督管理，积极开展“餐饮卫生”“食品安全”“医学美容”“医疗废物管理”“小型消毒供应室管理”“百城万店无假货”等专项检查。2012年7月起，设立卫生监督协管室，强化卫生监督体系建设，提高监督覆盖面。是年，协管室共对公共场所开展经常性卫生监督巡查125家次，巡查覆盖面达86.8%；巡防抽检二次供水单位3家；巡防检测学校及托幼机构18家。年内，全镇共检查医疗机构252家次；检查“三品一械”经营单位171家次，覆盖率97%。自2013年起，卫生监督巡查覆盖率连年达到100%。全年共巡查公共场所179家，二次供水单位5家，药品保健品食品零售企业117家，学校托幼单位62家。2014年，共对辖区内170家公共场所及二次供水单位、74家学校及托幼机构进行巡查监测；还对民营医院、门诊部、村卫生站、个体诊所、医务室等加强卫生监督，根据执业医师法、护士条例、医疗机构管理条例等高标准开展监测、专项检查。2015年，共对217家公共场所及二次供水单位、74家学校及托幼机构进行巡查监测；年内，为遏制无证经营，加强对公共卫生场所的卫生监督，还开展了公共场所无证经营专项整治，共查处无证经营公共场所36家。2016年，对全镇22家医疗机构、280家公共场所及城市二次供水单位开展经常性卫生监督。2017年，共对56家医疗机构、253家公共场所、8家城市二次供水单位、82家学校开展经常性卫生监督。

第三节 卫生宣传

20世纪80年代，北滘公社开始大规模卫生宣传教育，倡导各村设立卫生公约，号召村民不得随地倒垃圾、泼污水，自己门前自己扫，公共地方轮流扫，改变不讲卫生的恶习。1991年起，各村（社区）和镇城区主要街道设有卫生宣传标语和宣传栏，镇有线电视和广播设健康教育节目，宣传防病知识和卫生警句。1992年，印发宣传资料500本，小儿牙齿保护、防治小儿麻痹症、霍乱、肝炎、肝吸虫病宣传资料17200份，并通过电视、广播站滚动宣传。镇内各中小学校开设健康教育课，学生健康知识知晓率和健康行为形成率分别达到85%和80%。1994年后，深入开展“全国九亿农民健康教育行动”，通过电视、广播、《北滘报》定期播放刊登有关宣传资料，设置宣传车巡回广播，在马路上、厂区和社区设立宣传灯箱500多个，在各种大型活动设立卫生咨询点，为配合开展“无烟日”活动，学校医院、车站、影剧院、会议室，普遍悬挂顺德市爱卫会统一制定的控烟标志。2000年后，以创建卫生村镇为重点，开展宣传教育，增强群众卫生意识，提高自我保健能力，养成良好的卫生习惯；对流动人口采取管理与教育相结合的办法，引导流动人员培养卫生习惯，遵守卫生守则，维护公共环境卫生。

自2010年起，为配合“国家卫生镇”复检，统筹开展亿万农民健康促进和健康教育工作，在各村居，社区、医院、卫生站、学校、城区主要街道均设有健康教育和卫生知识专栏，定期更换内容，并配备数百个固定居民卫生公约牌。镇有线电视站设立卫生健康教育栏目，定期播放，宣传防病、治病知识和公共卫生警句。此外，还调动宣传、民政、广播、村居等部门联动协作，通过横额、条幅、单张、折页、读本、短信、微博、微信公众号等多种形式开展健康教育活动，组织义诊、咨询、讲座、知识问答比赛等全方位宣传卫生知识。在学校、医院、车站、影剧院、会议室、图书馆、展览馆等公共场所，普遍悬挂爱卫会的禁烟标志，宣传劝阻吸烟。而饮食、食品和公共场所从业人员的卫生宣传和健康教育，更是常抓不懈，结合每年换发“卫生许可证”进行行业卫生知识宣传与培训，培训率均超98%。此外，每年由镇卫计局联合市监局、区卫监所，针对餐饮、家具业、木器制品业、塑料等不同行业，组织实施职业卫生知识宣传培训会议，进一步明确企业防治职业病的主体责任和提升企业防控水平。

第三章　卫生事业改革

第一节　医疗保健制度改革

20 世纪 60 年代起，北滘一些大型工厂、商店等镇级企业单位实行劳保医疗制度，自筹经费，参照公费医疗制度实施管理。1979 年后，一些单位难以承担过大药费支出，采取限额报销、定额补贴的管理办法。1993 年，企业转制后，职工普遍参加医疗保险。1996 年，全镇有 1.99 万人参加住院医疗保险，2.83 万人参加工伤保险。公社、镇机关干部和教师则实行公费医疗制度。

1967 年北滘农村推行合作医疗制度，主要由生产大队统筹，生产队和生产大队各分摊一定费用，小病到大队医疗卫生站就诊，统一结账，大病经大队医疗站同意，到公社卫生院或县医院诊治，医疗费 100% 报销。至 1968 年，全公社 19 个大队全部实现医疗合作化。1973 年，20 个生产大队实行合作医疗，农业人口参加合作医疗有 53000 人。

1978 年后，由于统筹经费不足，管理不善，历年超支，欠账的情况普遍存在，有的生产队取消合作医疗，至 1991 年，北滘全镇集资医疗人口覆盖率为 89.1%，其中合作医疗 24662 人、集资医疗 5939 人、劳保医疗 5433 人。

1996 年后，推行农村医疗保险制度，推出住院医疗保险，全镇有 18 个管理区，5.58 万名村民参加住院医疗保险和合作医疗。

1997 年 7 月 1 日，佛山实行城乡居民一体的医疗保障制度，北滘镇将医疗保险由住院延伸至门诊。2000 年参加社保登记单位 2617 家，参保人数 47961 人。2001 年参保超过 50000 人。2004 年，镇地方财政安排专项资金 300 万元，补助群众参加城乡居民合作医疗保险，全镇参保率达 100%。2006 年以碧江医院为试点，率先在全省建立居民基本门诊合作医疗制度，参保人每年只需缴纳 40 元，每次就诊交 2 元挂号费，即可享受基本门诊服务。2007 年 3 月 1 日起，在全镇全面推进基本门诊合作医疗。至同年 5 月，参加基本门诊合作医疗共有 93800 人，约占全镇户籍人口的 90%，平均每天就诊人数达 1037 人。

2008 年起，不断完善基本门诊合作医疗制度，新增村级基本门诊合作医疗下伸点 5 处，同年 7 月 22 日再次创新基本门诊合作医疗管理，投入近 700 万元为全镇参加 2008 年度基本门诊合作医疗的 19435 名 50 周岁以上老人进行免费体检，并建立个人健康档案。为方便群众就近体检，北滘医院还新购置了价值近 100 万元的流动体检车。此后，每年定期为参加基本门诊合作医疗的老人免费就近体检。2008 年 10 月，佛山市全面启动城镇职工参加居民基本门诊合作医疗保险，北滘进一步健全基本门诊合作医疗制度，拓宽受惠层面，截至 11 月底，全镇参保人数达 13.8 万人，居民就诊 33 万人次，职工就诊 5264 人次。

2009年10月27日，北滘医院成为广佛“医保同城”首家广州市外广州社保定点医院，成功完成第一宗广州社保现场理赔。

至2017年，北滘医院继续推进综合改革，组建医院和社区医生网格化团队，推进落实双向转诊，强化提升基层公共卫生服务能力。

2005—2017年北滘城镇居民参加医保情况统计表

表20—3—1　　　　单位：人次

城镇居民基本医疗保险参保人数	其中		城镇居民基本医疗保险参保人数	其中	
	住院	门诊		住院	门诊
2005	69567	—	2012	62980	60230
2006	70096	—	2013	61280	60886
2007	70122	82830	2014	60609	60218
2008	68211	76308	2015	62400	61940
2009	67509	64789	2016	64037	63640
2010	64573	62165	2017	64944	64944
2011	63560	60747			

第二节　管理体制改革

20世纪80年代，北滘医疗单位开始推行各种形式的经济责任制，把奖金分配与任务完成、服务质量和经济效益挂钩，打破在奖金分配上的平均主义。但由于财政下拨资金不足，药费和挂号诊金较低，许多医疗单位入不敷出，医务人员收入普遍低于工商企业员工，在一些医疗单位兴起副业热潮，以农养医，养鸡致富，在一定程度影响医疗质量。

1992年，北滘各医院推行院长目标负责制，实行计划目标管理负责制、全员劳动聘任合同制、劳务分配浮动制，营造良好服务气氛，规范病区规范管理。

1999年，推行药物购置质量制度改革，公开各项收费项目标准；药品采购实行公开招标，层级审批，确定供货厂家，保证从主渠道进货，确保药品安全。

2001年2月，医疗器械采取招标制度，按照“政府监管、中心组织、医院操作、联合采购”的形式，先由相关科室提出申请，医疗购械小组审核，院务会讨论确定购买后，召集相关厂家或供应商投标，择优购买。同年3月，调整药事委员会，开始参加顺德市药品投标中心采购药品，2000多种药品购入价均有所下降。至年底，群众减少药费支出达35.86万元。与此同时，推行后勤供应社会化，医院食堂、洗衣房、门卫保安向社会公开招标，由承包者自主经营，自负盈亏。通过承包，提高服务质量，减少医院支出。

2002年初，调整手术、护理、诊金等收费，日间普通诊金从1元提升至3元，夜诊费从2元提升至6元，专家诊金6元。医疗收支和药品收支分开管理、分别核算。

2003年，北滘医院将保安工作面向社会招标，纳入社会化管理。除执行药品集中招标采购降低药价外，还实行药品价格下浮5%让利给病人，对持有扶贫医疗优惠证的病患实行优惠20%的让利，是年两项优惠让利分别达500万元、7.3万元。此外，北滘医院对院用物品、耗材包括日常用品、检验试剂、中药等均实行招标采购，既规范管理又降低成本。同年还修订了《医疗质量管理条例》《医护质量评分标准及检查标准》，全面推进量化考核，进一步完善医护质量与分配挂钩制度。自2004年起，继续深化医疗管理，加强药品管理，继续实行单种药品100%网上集中招标采购，确保合作医疗保险患者目录药品自费率控制在5%以内；继续加强购物、维修、学习等事项的层级审批流程，健全申报制度；加强收费管理，将常用药品价格通过电子触摸屏进行公示，并实行住院费用一日一清单制度。2006年，北滘医院重新调整药事委员会，成立药事监督小组，对药品及医用耗材采购实行集体研究确定，每月对采购单品种1.5万元及用量前十位的药品实行集体审议。同年，所购入药品让利给病患共计500多万元。2008年，北滘医院率先在顺德区推出并实施医疗服务记分管理办法《北滘医院临床医疗质量控制计分办法》，并相继在行政、后勤、护理、医技、药剂、收费等部门推广。同年，成立质量管理委员会，根据处方、医嘱点评制度管理办法，实行处方点评及用药检查，并以此作为医护人员绩效工资发放、评先评优的依据。此外，为深化医疗体制改革，提升医疗质量，3月起在内二科等相关科室试点推行“病人选医生”，建立主诊医生负责制；4月，贯彻区卫生局“实行‘病历一本通’及检验结果互认规范”的指示，紧跟医疗改革要求，简化就诊流程，减轻病患负担。至2009年，病人满意度调查由2008年的89%提升至93%。

2010年起，大力推进基层医疗综合改革，全面落实《国务院关于发展城市社区卫生服务的指导意见》的要求，以北滘医院主办及管理社区卫生服务中心，分级设置社区卫生服务中心、社区卫生服务站、卫生所，并以购买服务形式开展社区卫生服务。2011年，初步建立阳光用药电子监察系统，通过医院信息管理平台开展药物预警制度监测；同年全面推行医生工作站，实施电子处方、电子病案管理，提升医院管理水平。

第四章　公共卫生

第一节　公共环境改善

20世纪60年代，北滘公社发动群众开展爱国卫生运动，各生产大队通过平整道路，疏通沟渠，清除垃圾，填平污水沟、烂泥坑，修建卫生厕所，改善乡村和圩镇卫生环境。同时，广泛宣传卫生常识，教育群众不喝“生水”，不吃变质食品，定点倒放垃圾，畜粪便池要加盖、发酵，防蝇、防臭。

1970 年后，开展“除害灭病”，发动村民捕杀老鼠。1974 年，结合“农业学大寨”运动，建猪栏，圈猪积肥，改变生猪随地拉粪状况。1978 年佛山地区发生登革热后，北滘迅速动员群众清理卫生死角、扑灭蚊子，处理蚊蝇滋生地，辖区内基本没有出现疫情和传染病。

80 年代，北滘爱国卫生运动以“三管”（管水、管粪便、管垃圾）、“三灭”（灭蚊、灭蝇、灭老鼠）、“三化”（净化、绿化、美化）为主要内容，建立良好的卫生环境。各村普遍建立卫生保洁队伍，投入大量资金，实现村道沟渠硬底化，厕所卫生化、禽畜专栏化、保洁经常化。1985 年，北滘成立镇爱卫会，镇区设有环卫、市政、园林绿化、除“四害”和卫生执法专业队伍。1991 年，建立起“周末清洁日”制度，发动全镇机关、企业、学校统一大搞环境卫生，清理死角。定期开展灭蚊、灭蝇、灭鼠行动，全面喷药调控。全年投放药费 18000 元，“敌鼠纳”谷 1500 公斤，投入 20000 元聘用专业队伍承包灭鼠，年底，经佛山市专家组鉴定达到无鼠害镇标准。

1992—1997 年，进一步加强环境卫生建设，投入 100 万元，整治地下水排水设施，实现乡村沟渠硬底化，镇区明渠变暗渠，大大降低蚊蝇的密度。投入 780 万元，改造农贸市场，初步改善市场“脏、乱、差”环境。坚持“定时、定位、定药量”原则，实行灭鼠投药每季 1 次，特殊地域，每季 2 至 3 次；蚊蝇每周喷药施灭 1 次以上。投入 50 多万元，增设垃圾运输车 2 辆、垃圾桶 100 多个。扩大环卫队伍，达到 140 多人，街道保洁形成专业化、日常化。

1999 年，北滘以点带面，每个社区树立一至两个卫生小区为示范点，建立季度初评、半年终评卫生制度；投入 480 万元，建起垃圾处理厂 1 座，日处理量达 100 吨，初步解决全镇垃圾的出路；兴建东基路“饮食一条街”和“工业园生活服务社区”，较好解决饮食店“脏、乱、差”不卫生现象；实行生猪统一检疫和定点屠宰，使群众吃上卫生肉食；管好建筑工地，规定工地围蔽施工，并开展“创建无吸烟”活动，有 13 个单位被评为省“无吸烟单位”。

此后，以创建省卫生镇为契机，北滘全面加大卫生环境提升力度。1999—2002 年，共投入 10419 万元用于环卫设备更新、垃圾中转站、公厕、道路、河涌、下水道建设与改造绿化等，并配置环卫、市政、执法、除“四害”、园林绿化等专业队，分工合作。至 2002 年，全镇下水道管网覆盖率达 90%，多为密闭式，有效避免蚊虫滋生；城区内公厕 13 座，均是水冲式三个化粪池设计，设专人管理；全镇卫生户厕普及率 98%，粪便无害化处理率 96.2%。生活垃圾上门收集，日产日清，集中处理；主要马路全天保洁，落实门前三包责任制，“六乱”治理成效明显。此外，落实环境保护措施，有效管控工业废水、医源性污水与废物规范处理，确保饮用水源水质达标率 100%。在灭鼠等除“四害”工作实现制度化、社会化的基础上，全镇范围内普及灭蝇。2001 年，北滘镇开展灭蝇达标活动，镇政府成立领导小组，统一指挥，从人才、物力和行政措施给予支持，总体上委托专业队伍承包负责，公共环境由各自单位负责，划定达标区为 8 平方千米，达标区外围周边 500 米以内为防护区。通过努力，达标区达到有效控制蝇类滋生地，加工、销售食品场所基本安装、设置防蝇设施，合格率达95%；防护区无大型蝇类滋生地，有效控制小型滋生地，防蝇设施基本完善，合格率达80%。

2000—2017年北滘环境卫生改善措施情况表

表20—4—1

年份	主要措施
2000	投资170万元改造卫生处理厂，新建污水净化设施及改良型垃圾焚化炉1座。投资1390万元全面推进“四个一”工程，新建公园16个，新建市场4个，新建入村大道6条，有5个村获市政府颁发乡村改貌奖
2001	1999—2001年，累计投资3700万元，新建公园18个，新建市场5个，新建入村大道12条。投入473万元改造卫生处理厂焚化炉，缓解二次污染；全力推进“青碧蓝”工程，推进城乡环境综合整治，特别是城乡结合部、主干路和村级的卫生整治，强化环境卫生管理
2002	推动环境专项整治工作，强化环境卫生管理，投入238万元整治树生桥涌
2003	投入530多万元整治树生桥涌、清疏杨家大涌，开展水环境综合整治，清理河道内网箱养殖和内河涌垃圾。投入约300万元完善环卫基础设施，新建环保型垃圾压缩中转站2个，购置垃圾压缩车3辆，基本实现垃圾统一收集外运。拨出专项经费，加大除“四害”力度，开展“爱卫月”“灭蚊周”等活动，环境卫生明显提升
2004	加大力度整治水环境，实行重点企业监控，关闭都宁岗垃圾焚化厂，减少二次污染
2005	投资1600万元，支持村居环境改善，共修路建路77条，修桥建桥7座，建设供水工程5宗。投资1.4亿元建成以BOT模式运营的污水处理厂和污水管网首期工程进入试运行；城区卫生清洁及全镇垃圾收集工作实行社会化运作
2006	投入3000万元整治主干河涌和内河涌30多条；每年投入50万元，开展主干河涌日常保洁，逐步改善镇内河涌的水质环境
2007	强化节能减排，对废旧塑料行业进行全面整治；继续实施扶持政策，各村居内河涌整治工作基本完成，河涌保洁日常化
2008	落实减排，关停6家污染企业，改造6家燃煤、燃重油企业的锅炉；有序推进主干河涌疏浚整治，启动生活污水处理厂二期扩建工程；拨款440万元支持部分经济基础较薄弱的村居进行民生项目建设，改善村居生产生活环境
2009	每年下拨1000万元，铺开“美化家园工程”，全面改善农村生活环境；建成污水处理厂二期，污水处理能力提高到每日6万吨；北滘河等主干河涌疏浚拓宽整治工程相继推进
2010	完成日处理8000吨工业污水预处理厂的建设，推进污水管网三期建设；全镇全面铺开“美化家园”工程建设。2006—2010年，关停西达电厂、华星饲料厂等污染企业；完成生活污水处理厂二期，配套污水管网通水运行10千米，污水收集率达50%，投入4407万元在16个村居实施“美化家园”工程，改造村级公共设施项目56个。完成河涌疏浚168千米

续表

年份	主要措施
2011	建成污水管网三期，全镇污水收集率提高到65%；推动全镇农贸市场升级改造；深化“美化家园”工程
2012	整治环境，加大环卫保洁力度，落实违建整治；以A级省卫生村标准推动所有村居村容村貌整治工作
2013	实施“一村一公园”计划；启动“治水工程”，开展上水河等河涌排污整治；新建9个农村分散式污水收集系统；完成村居垃圾中转站升级改造，以及碧江、黄龙等7个村级农贸市场改造
2014	持续推进“一村一公园”计划，完成三洪奇等13个社区公园建设及黄涌鲤鱼沙等12个村级公园建设；完成上僚等8个村级农贸市场升级改造；开展治水工程，完成莘村等6项分散式污水处理工程；实施河涌生态修复；创新环保监督机制，建设重点污染源在线监控平台，强制关停违法企业30家；开展禽畜养殖场专项整治，清理场舍9.5万平方米；在村居全面铺开美城行动，以北滘社区、黄龙村为试点开展村（社区）“大保洁”
2015	杨家涌、林头河涌水生态修复初见成效。水口体育休闲公园、马村河堤公园等6个公园投入使用；群力围片区污水处理厂和管网建设方案确定，三桂、莘村、水口等9个分散式污水处理站点投入运营；关停污染企业52家；大水环境治理力度，完成上水河等4条河涌整治工作，清淤疏浚4千米河道。城镇垃圾无害化处理率达100%
2016	建成村级公园22个；完善污水处理系统配套管网工程，9个站场已完成投入使用，7个已完成报建工作，全力推进群力围污水工程；开展扬尘污染防治整治工作，淘汰关闭违法违规项目55个，整顿项目131个。对镇内9条河涌进行综合整治
2017	完成绿化提升面积3万平方米。碧江、碧桂园、顺江、三洪奇、广教被评为四星级广东省宜居社区。美城行动考核位于全区前三名。大力整治城市“六乱一占”现象，组织拆除违法违规建筑超4万平方米。着力推进生态文明建设，开展城乡环境综合整治，累计出动执法人员6639人次，检查企业1957家次。开展“一河一策”综合整治工作，兴建西滘村、马龙村分散式污水处理站。推进镇级污水处理厂建设

第二节　卫生村、镇创建

1985年始，北滘开展卫生村、镇创建。1990年，碧江被联合国科教组织指定为国际文明卫生村试点。1991年，碧江被佛山市评为十佳文明卫生标兵单位。1995年，北滘镇被评为“广东省卫生先进镇”。1997年，碧江街道被联合国教科文组织评为“世界卫生先进村”。至2001年，碧江社区创建成为省卫生村，北滘社区和林头村被评为顺德市卫生村。

2001年下半年，北滘镇重新启动创建市级（顺德）卫生村工作，印发《北滘镇创建卫生村镇工作方案》，计划至2001年，将北滘创建为省卫生镇，至2003年创建为国家卫生镇；计划至2005年，将17个村（社区）创建成为市级卫生村，10个村（社区）创建成为省级卫生村。镇成立创建领导小组，由一名镇委副书记任组长，各部门主要负责人任组员，下设办公室，负责日常工作，并制订八大措施：一是把创建卫生村作为基础工作来抓；二是保证经费投入，由财政下拨专款；三是加强规划、建设和管理，先规划，后建设，保证资金合理使用；四是建立专业队伍，开展有偿承包服务，实现除“四害”达标；五是全面推进公厕改建，彻底拆除鱼塘厕所，不符合卫生要求的户厕，要动员农户改造，有条件的村可给予适当补助；六是深入宣传，大力普及卫生知识，提高群众卫生意识，提高自我保健能力，养成良好卫生习惯；七是加强对外来流动人口教育和管理，谁主管谁负责，责成雇主，出租屋主承担相应责任；八是建立健全监督检查制度，发现问题，及时解决。

2002年，经省爱卫会专家组现场验收，北滘通过“省卫生镇”考核。

2007年，经全国爱卫办严格审核认定，北滘镇被评为“国家卫生镇”。至2010年，水口、三桂、西海村先后被评为“省卫生村”。

2011年后，为迎接四年一次的卫生村镇复审，结合“美化家园”“美城行动”等目标任务，北滘镇及各村居均把卫生作为改善投资环境和生活环境，促进经济发展，确保群众身体健康一项重要工作来抓，建立健全各级爱国卫生组织，有计划有重点推进卫生设施重点项目建设，提高美化、净化水平，整治脏乱差，群众普遍养成良好卫生习惯，计划免疫和妇女儿童保健达到要求，村容村貌发生较大变化。2014年全区的美城行动考核，北滘稳居前列。

2014年后，为切实巩固国家卫生镇和广东省卫生村创建工作成效，进一步改善村容村貌，北滘积极提升省卫生村管理工作，将创建A级卫生村向内容更广泛、意义更深远、群众受益面更大的创建健康村居转型，首批以公共卫生设施条件较好，卫生管理较完善的黄龙、桃村、广教作为试点村（社区）。2015年，桃村、广教被评为佛山市“三星级健康村”，黄龙村被评为“四星级健康村”。2016年，水口、上僚村分别被评为三、四星级“佛山市健康村”。

第三节　改水改厕

1964年开始，北滘以改水、改厕（所）为中心任务，发动群众开展爱国卫生运动，各村普遍推行饮用水沉淀消毒，发动群众修建水井，在河涌边修建过滤池改善水质，兴建卫生公厕，改坑厕为水冲式厕所，畜粪便加盖发酵除臭后方作肥料施用。

1980年，佛山地区行政公署发出《关于进一步加强水改工作的通知》后，北滘实行“全面规划、多方筹资、办好试点、逐渐铺开”的方针，推进农村自来水厂建设。1984年4月，建成首个自来水厂，产水量175万吨。1985年起，北滘镇每年投入50万元，不断改造提升自来水厂技术，扩大供水规模。至1991年，镇区改用自来水居民达4000户。1992年，采用以镇带村办法，不断增加扩展自来水网，将管道伸展至农村，是年年底，饮用安全卫生水81431人，占总人数98.3%；饮用自来水52805人，占总人数72.6%。1996年，全镇自来水用户达25000户，全镇人人饮上自来水，北滘水厂被评为“广东省农村水厂”，北滘辖区内农民终于结束世世代代直接饮用江河井水的历史。至2002年，全镇有自来水厂一家，日供水量15万吨，镇区自来水普及率达100%，周边农村自来水普及率达100%，自来水管理制度健全，供水人员持健康合格证和卫生培训证上岗；出厂水和管网末梢按规定检测，水质符合《国家饮用水卫生标准》。2005年，再次投资4000万元推进北滘自来水扩建工程，日供水量由15万吨提高到28万吨。

20世纪80年代起，北滘加快“三管”（管水、管粪、管垃圾）工作步伐，大力推广建设“三格化粪池”的卫生厕所，逐步淘汰鱼塘吊棚厕所。1992年，镇内符合卫生标准厕所有57座。1997年，投入50000元改建公共厕所3座；1999年，镇区相继新建公共厕所5座。2001年后，各村、社区推进卫生村创建，按照卫生村标准建设和改造公共厕所。至2002年，城区内13座公厕全为水冲式三格化粪池厕所；镇内农户卫生户厕普及率达70%以上。

至2005年后，随着群众卫生保健意识增强，以及创建卫生村工作的全面铺开，镇内农户卫生户厕普及率达100%。

第二十一篇　体育

民国时期，北滘乡村体育活动主要有武术、舞狮、赛龙舟、游泳等。进入20世纪60年代，篮球、乒乓球、拔河、踢毽等健身运动逐步兴起。1979年后，篮球、醒狮、武术、象棋、龙舟、乒乓球、羽毛球、田径、游戏、水球等各类体育运动在群众中日益普及。90年代，镇人民政府将群众体育运动列入精神文明建设重要内容，北滘群众相继建立起一批体育社团，建起全省最早的高尔夫球场。进入2000年后，镇人民政府提出“广泛开展群众性文体活动，丰富群众的精神生活”的方针，北滘民间传统体育、社区体育、农村体育、学校体育和老年人体育蓬勃发展。体育场馆设施建设进入迅速发展阶段，承办一批国家、省、市的体育赛事。

1987年，北滘镇获“顺德县体育先进镇”称号。1988年，被佛山市政府首批命名为“体育先进镇”。1996年获“广东省体育先进镇”称号。1997年10月和2000年，分别被评为“全国群众体育先进集体”和“广东省体育先进集体”。2003年1月，美的海岸花园成为“广东省住宅小区体育示范单位”。2004年，北滘镇被评为“广东省第五届体育节活动先进单位”。2013年，碧江被评为顺德区全民健身示范社区。

2009年1月2日，广东省休闲体育基地落户北滘镇新城区的活力体育中心。自此，北滘承办各种大型的体育赛事。2012年3月11日，全国性赛事“北极星杯”嘉纳仕平地越野追逐赛首站赛事在北滘镇嘉纳仕赛车场举办。2012年12月20日，“2012年广东省体育记者活力嘉年华”在北滘举行。

美的集团一直大力支持体育事业发展，2007年，美的集团与中国游泳协会确立官方战略合作伙伴关系，全方位支持游泳、跳水和花样游泳等国家队。2012年11月5日，美的集团再次牵手中国泳协，“美的世界美的冠军——美的集团·中国泳协战略合作签约仪式”在美的总部大楼内举行。其间，美的集团还向中国泳协赞助300万元奖励基金。2010年，美的集团成为国际泳联官方合作战略伙伴。2014年1月14日，美的集团再次牵手国际泳联，“美的之约泳耀世界——美的集团·国际泳联全球顶级战略合作签约仪式”在美的集团顺德总部举行，国际泳联主席胡里奥·马戈利奥内、执行主任科内尔·马库莱斯库亲临现场，与美的集团董事长方洪波等主持签约仪式。

2013年8月20日，第十二届全国运动会广东省美的高尔夫球队新闻发布会暨出征仪式在佛山君兰国际高尔夫球俱乐部举行。美的是全运会历史上首个冠名高尔夫球队的赞助商，由美的冠名的中国高尔夫球精英赛也升级为亚巡赛，成为国内三大高尔夫国际赛事之一。

第一章　体育组织

第一节　镇级体育管理机构

1959年北滘人民公社成立后，没有设立专门的体育领导机构，青少年体育活动由共青团组织，学校体育由教育部门负责。1983年底，北滘区公所设立体育工作主管部门——北滘区体育运动委员会（简称“区体委”）。2003年，成立北滘镇宣教文卫办取代镇体委工作。2010年7月，北滘镇政府设立宣传教育文化体育办公室，负责指导、策划、组织群众性的体育活动。

第二节　体育社会团体

1986年至1987年，北滘先后成立乒乓球、象棋、醒狮武术、游泳水球、篮球、龙舟、田径等七个体育单项运动协会，会员共有99人。随着全镇体育运动的不断发展，体育队伍和组织的不断壮大，2000年10月27日，经镇人民政府批准，成立顺德市北滘镇体育总会。镇体育总会是顺德市体育总会的团体成员，是全镇群众性的体育组织，主要任务是宣传和推动全镇群众性的体育活动，举办全镇性体育比赛和体育活动，开展地区之间的体育交流，组织和参加跨地区的体育竞赛。体育总会下设乒乓球协会、篮球协会、羽毛球协会、台球协会、田径协会、游泳龙舟协会、醒狮协会、武术协会、象棋协会等单项协会9个。经过十多年的发展，体育总会又先后增设了门球、足球、轮滑、自行车、汽摩、太极、舞蹈运动、高尔夫等8个协会。

2011年3月20日，顺德北滘赛车队成立。北滘赛车队由北滘镇汽车、摩托车运动协会管理，佛山市嘉纳仕文化体育传播有限公司负责组建、运营，是顺德地区唯一一支规范化、专业化的越野摩托车队，吸引了赖智丰等多名国内优秀赛车手加盟。

至2012年底，镇体育总会下辖有17个单项协会，各团体会员超过1000人。

2017年，健身行业协会成立，规范和加强行业管理。

2017年北滘体育总会下辖单项体育协会一览表

表21—1—1

协会名称	成立时间	协会名称	成立时间	协会名称	成立时间
篮球协会	1989年5月	武术协会	1989年10月	羽毛球协会	1997年5月
龙狮协会	1989年5月	乒乓球协会	1997年5月	足球协会	1998年5月

续表

协会名称	成立时间	协会名称	成立时间	协会名称	成立时间
台球协会	1998 年 10 月	高尔夫协会	2001 年 1 月	自行车协会	2012 年 10 月
门球协会	2000 年 1 月	龙舟协会	2005 年 5 月	青少年田径俱乐部	2014 年
棋类协会	2000 年 3 月	网球协会	2009 年 5 月	健身行业协会	2017 年 5 月
太极拳协会	2000 年 3 月	轮滑协会	2010 年 2 月		
舞蹈运动协会	2000 年 10 月	汽摩协会	2011 年 3 月		

第二章　体育设施与体育经费

第一节　体育场馆

20 世纪 60 年代初期，北滘公社公共体育设施只有一个灯光球场，位于跃进路三胜巷附近；北滘糖厂内也建有一个灯光球场；规模较大的中小学都建有简易的篮球场，用沙石、水泥砌建简陋的乒乓球台，还有沙池、爬杆、跳绳以及 60 米简易煤渣跑道。70 年代，碧江、林头等乡村相继建设篮球场、乒乓球活动室、羽毛球场；北滘中学建起 200 米跑道和跳远跳高等专门的田径设施。

80 年代中后期，修建北滘圩灯光球场，扩建镇府大院灯光球场、莘村中学运动场、西滘中学运动场；1987 年到 1988 年，镇政府投入 21.31 万元，在北滘戏院后面，修建 2 个篮球场、1 个游泳池、1 个溜冰场和 1 个桌球室。1989 年，全镇增建、扩建、修建的体育场地增加 21750 平方米，全镇共有体育场地 31750 平方米，人均体育场地 4.84 平方米。其中 55 个篮球场（其中有 11 个灯光球场），乒乓球室 31 个，羽毛球场 24 个，桌球室 2 个，跑道 21 条（100 米道 12 条，200 米道 9 条），溜冰场 2 个，游泳池 2 个。

1992 年，镇政府共投入经费 426500 元，增建篮球场 5 个、田径场 3 个、足球场 1 个，购买乒乓球桌 27 张，以及其他体育健身场地一批。1992 年 9 月，北滘中学新校舍落成，校内建有高规格高标准的综合运动场，镇内有了第一个合乎国家标准的四百米跑道、足球场，有了第一个融篮球、羽毛球、乒乓球运动于一体的大型室内体育运动场馆，供镇内大型的体育比赛使用。1993 年，增建体育场地 3770 平方米，在蓬莱公园修建自行车绿道和安装一批健身器材，全镇体育场地总面积累计达 106859 平方米，人均 1.4 平方米。1994 年，投入经费约 120.5 万元，新扩建四条 200 米跑道，篮球场 9 个，游泳池 1 个，乒乓球室 11 间。1995 年建成的百福公园，园内修建了标准游泳池、篮球场、网球场、乒乓球室、溜冰场各 1 个，安装一批健身器材；1996 年建成的北滘文化广场，建有灯光球场 2 个，乒乓球室、桌球室、大型象棋比赛（露天）观摩场地各 1 个。1997 年 8 月，占地总面积 1300000 平方米、全省最早的高尔夫球场在北滘镇落成开业。90 年代，全镇人均体育场地达 5 平方米。

2000 年后，镇政府制定"篮球架进村"方案，各村、居委会每建一个篮球场，镇政府赠送一个篮球架，同年，镇政府在百福公园篮球场增设一对篮球架。至 2004 年底，北滘镇已拥有公共篮球场 37 个。

2003 年，镇内各村、居委会都建有灯光球场。同年，北滘镇政府投入 16 万多元在文化广场等镇内娱乐休闲场所装建一批公众健身器材，区文体局和镇政府共同投入 27 万多元，分别在北滘广场、蓬莱公园和林头、碧江社区建设群众健身路径。2009 年 2 月，首期占地面积 65000 平方米的北滘活力体育中心落成开业，成为顺德区最大的体育休闲基地，内有 36 个羽毛球场、6 个网球场，1 个标准轮滑场。2012 年，全镇村（居）健身路径普及率达 90%。

2013 年年末，北滘镇共有符合普查标准及非标准各类体育场地 638 个，其中标准场地 573 个、非标准场地 65 个。田径场小运动场 24 个，占全镇体育场地总数的 3.76%；篮球场、排球场、足球场、门球场 380 个，占全镇体育场地总数的 59.5%；其他各种单项训练场 324 个，占全镇体育场总数 36.6%。体育场地面积 2150086.04 平方米，其中建筑面积 105862.85 平方米。按北滘镇常住人口计算，每百人拥有体育场地 4.16 个，人均体育场地面积 8.2 平方米。2015 年，碧江社区民乐公园引入社会资本增建羽毛球馆。2016 年 12 月，北滘新城区体育公园已建成并投入使用。公园占地面积约 55000 平方米，建起标准 11 人足球场 2 个，标准篮球场 8 个，儿童篮球场 12 个，乒乓球场 14 个，以及配套停车场、环形跑道、健身器材等多项设施，是一个集运动健身、休闲娱乐、体育培训等多功能于一体的公益性体育休闲公园。12 月 11 日，超过一万名市民齐聚北滘新城区，见证北滘体育公园启用，并与三位特邀前来的奥运、亚运冠军一起健步北滘镇区。

2017 年 11 月 5 日，北滘社会资源利用品牌企业发展体育产业，与品牌企业联手合作项目——海印三桂足球公园正式落成启用，这也是广东海印集团足球青训在顺德区设置的首个青少年足球训练基地。

第二节　体育经费

1984 年以前，北滘的体育经费是镇文化活动经费的一部分，一年的文体活动经费在 500 元以下。1985 年北滘区的文体活动经费增至 17000 元，其中用于体育活动（比赛）的经费为 13300 元。1986 年全区体育经费为 53997 元。1988 年全镇城乡投入的体育经费共计 155.78 万元（其中社会赞助 15.2 万元），其中 150.45 万元用于体育场馆、设施建设。镇财政投入的体育经费为 44.01 万元，人均 5.76 元。1989 年，全镇投入文体活动的总经费为 68.38 万元，人均体育经费 8.85 元，其中用于体育设施和体育活动的经费为 45000 元。1990 年，全镇体育活动经费投入 44.66 万元，其中镇财政投入为 9.15 万元。1991 年全镇体育经费增至 91.62 万元（不含体育场地建设费），比上年度增加 105.12%，人均 11.7 元。随着经济实力的不断增强，北滘镇政府逐年加大体育经费投入。1999 年，全镇体育经费达 200 万元。2002 年，全镇体育经费212万元。2003年，全镇体育经费为230多万元。2005年，仅各村（居）投入的体育活动经费达200多万元。2011年，全镇全年投入体育活动的经费达500多万元。2017年，北滘文化体育支出1442万元。

第三章　群众体育

第一节　乡村体育

北滘乡村传统民间体育活动主要有游泳、划草艇、打水漂、掰手腕等。农闲时节，村民在河涌里自发组织一些小范围的游泳比赛和划草艇竞赛，青少年则进行滚铁环和打水漂等活动。

20世纪五六十年代，北滘镇乡村的体育活动主要有武术、踢毽子、滚铁环、打陀螺、掰手腕、射弹弓、跳绳、拔河、赛龙舟、舞狮等，有的地方还有摔跤、打水漂、弹弹珠、抛石子、跳飞机等。这些体育活动，一般兼有游戏、健身、娱乐的功能，从事这类体育活动（除拔河、赛龙舟外）的绝大多数是儿童和青少年群体。

70年代，篮球、乒乓球运动开始在北滘乡村出现。80年代，北滘乡村的体育活动以篮球运动为主，北滘镇20个乡村，村村都有篮球场，其中碧江5个，莘村4个，广教村、上僚村各2个，林头建有灯光球场1个。每年春节、国庆等重大节假日，各乡村都会举办篮球邀请赛，有的还举办龙舟、武术、醒狮表演等群众体育活动。

80年代后期，北滘镇的体育工作发生“三个转变”，即官办体育活动转变为民办体育活动，领导办体育转变为群众办体育，高度集中办竞赛转变为适当分散搞比赛。群众性体育活动蓬勃发展。1987年，北滘镇乡村有专兼职的体育领导成员和体育协会成员200多人，全镇乡村有50多个篮球场，100多张乒乓球台，100米以上跑道15条，12000多只专用或兼用的比赛小艇，36个狮子道具，3条大龙舟，16只五桡艇。每逢重大节日，城乡各处（单位）都根据自身特点开展多种形式的体育活动或比赛。1988年，北滘镇全年举办了篮球、乒乓球、田径、赛艇、象棋等群众性体育比赛共4000多场次，有800多个群众运动队参赛。1988年，镇体委在各村、办事处成立体育领导小组，负责各村（办）群众性体育活动的指导和管理工作。1988年下半年，西海、上僚村举办三人龙舟邀请赛，现龙村举办五桡艇邀请赛，共有126队参赛；高村、林头、莘村、广教、西海、碧江举办篮球邀请赛。1989年国庆期间，现龙村筹资近万元，搞了一次大型的游龙、赛艇比赛活动；西滘村举办了国庆赛艇活动。

1991年国庆期间，碧江、莘村、都宁等管理区举办篮球、乒乓球邀请赛，西滘管理区投入15万元举办五人龙艇公开赛。1992年，现龙、都宁管理区在春节等节假日举办篮球、乒乓球、象棋公开赛。1999年秋季，为庆祝国庆50周年和北滘镇建镇40周年，镇政府拨款举办大规模的村际篮球公开赛，除1个村外，其余村级单位都组队参加为时3个月的比赛。

2001年，镇政府实施“篮球架进村”计划后，村居群众的篮球运动得到进一步发展。2002年，为配合顺德市第三届体育节，北滘镇开展“文体进村（居）”系列体育比赛，并举办第四届村（居）篮球赛，共有14个村（居）派队参加。2003年的北滘镇社区举办篮球联赛，全部村区都组队参赛。2006年，全镇连续举办社区篮球联赛，比赛场次共100场。2008年后，北滘镇体育活动向多元化发展，羽毛球、乒乓球、桌球、足球、太极拳等体育活动逐渐兴起。2009年，碧江、林头、槎涌等村居成立太极分会，碧江还成立乒乓球协会，其他村均组建太极小组、健身舞队等群众体育组织，镇内各乡村都拥有自己的龙舟队、武术队。

第二节　社区体育

1989年11月15日，北滘镇政府、镇体委组织冬季长跑起跑仪式，共有1000多人参加，环绕镇面主要街道跑步，全程约1800米。

90年代，随着蓬莱公园、百福公园、北滘文化广场的落成，参加户外体育活动的居民日渐增多，社区体育活动渐渐兴起。1994年，全镇开展综合性单项体育竞赛共53次，参加比赛约34000人次，占总人口的40%。2000年后，北滘镇政府以开展全民健身活动，增强市民体质为重点，实施“体育重心往下移”的策略，大力推进社区体育建设，积极开展各种社区体育活动，社区体育活动蓬勃发展。2003年，北滘镇共有体育场地189个（不包括学校），还制定《学校体育设施对社会开放的管理办法及实施细则》，解决体育场地不足的问题。2005年，北滘镇政府投入经费增建公共社区篮球场，增加社区体育场地面积15000多平方米，实施“太极进社区”市民健身工程，体育总会深入社区进行太极拳活动的培训和推广，指导各社区（村）开展太极活动。2009年1月1日，北滘活力体育中心投入使用，有36个羽毛球场、6个网球场，拥有全省为数不多的一个标准滑轮场，是顺德区内最大的体育休闲基地，全部由民间社会资本投入。是年，北滘活力体育中心全力支持、协助举办省体育大会毽球、羽毛球比赛和省职工运动会网球赛、轮滑精英赛等一系列高水平赛事。全镇18个村居建有标准的灯光篮球场48个，建成9条中小型健身路径，社区覆盖率达到50%，设有独立的室内文体中心7个，健身点11个。新城区广场，每天晚上超过500人参加广场舞，成为远近闻名的健身点。2012年全面推进《2012年北滘镇健身器材进社区实施方案》，实现村居健身路径普及率达90%。

2000年后，北滘镇的社区体育活动遍地开花，全民健身观念深入民心，每年的春节、五一等重大节日，社区之内都会举办各种社区体育活动或比赛。2000年12月，北滘镇政府主办第二届文化艺术体育舞蹈竞赛，参赛人员年龄从16岁到50岁。比赛项目包括拉丁舞、摩登舞、华尔兹、慢四等。2002年，北滘镇投入60多万元，举办12场次全民体育健身活动，参加人数（次）近万。2002年12月28日举办“北滘镇全民健身迎新年长跑大赛”，参跑人数破历史纪录。2003年冬季举办全民健身长跑活动，2100多人参与。2004年，广东省第五届体育节期间，北滘镇举办各种形式的社区体育培训班共13期。2005年北滘举办“迎亚艺·贺国庆”北滘龙舟赛。2006年春节，邀请均安女篮和四川女篮到北滘对垒表演赛；3月，为适应社区群众跳健身舞的需要，镇政府在中山公园建立露天舞场；“五一”节期间，举办门球邀请赛、羽毛球公开赛、篮球表演赛、龙狮汇演等一系列社区体育活动；国庆、中秋期间，莘村、北滘居委会举办“百舸争流”五人桡龙舟赛。2006年，在“太极进社区”的基础上，继续推进太极剑、太极扇等项目；10月中旬，举办首届社区太极比赛，全镇15个社区（村），共200名运动员参加。2007年下半年，北滘镇举办首届社区体育节。2009年10月，举办全民健身大汇演暨第二届少儿轮滑大赛。2010年8月，北滘镇迎亚运龙舟大赛、社区太极拳比赛。2011年5月，举办以“全民健身、幸福顺德”为主题的自行车巡游（北滘站）暨北滘社区健身长跑大赛。2012年4—12月，举办第三届“创意杯”乒乓球、羽毛球、网球积分赛；8月，全镇开展“全民健身游泳达标”活动；10月22日晚，北滘镇第十四届社区篮球赛在林头小学举行开幕式，先后有17支篮球队参赛，进行50场比赛；11月18日，举办全镇第七届社区太极比赛。

2013年春季，北滘融合参与性与观赏性的体育方式，积极开展丰富多彩的群众性体育活动和体育培训。据统计，是年举办大小体育活动31次，直接参与体育达4000多人次；开展各类公益体育培训班7项58班，参加体育培训达2200多人；承办或协办省级以上大型体育赛事6次，组织参加区以上体育比赛13次。

2014年，北滘先后举办体育舞蹈汇报演出、长者趣味运动会、端午游龙活动、自行车环保巡游、全民健身游泳达标活动、太极表演等多项活动。黄龙村、君兰社区美的物业公司分别举办健身舞、羽毛球赛和趣味运动会。2015年，北滘社区体育活动以篮球赛、徒步活动、游龙活动为主。

2016年，北滘政府精心打造“活力北滘”系列赛事，活跃镇内市民的体育氛围。“活力北滘”系列赛事（主要包含乒乓球、羽毛球及网球三项小球类）、传统的三人篮球赛、龙舟大赛、新城区自行车赛及欢乐轮滑系列活动。系列活动贯穿大半年。春节期间举办迎春棋类大赛和龙狮汇演贺新岁，共有60支龙狮队800多名龙狮、棋类运动员参加。2017年，北滘镇共举办20项以全民参与为主的群众性体育活动，共有近70000多人次参加。

第三节 职工体育

20世纪80年代，北滘镇企事业单位职工体育活动活跃。镇政府机关、美的风扇厂、裕华电器厂、华达电器厂、北滘税所均建有篮球场、羽毛球场、乒乓球室等体育场馆。美的家用电器公司组建男女子篮球队和乒乓球队，并与广州军区体工队组建美的体育俱乐部，聘请体工队的教练指导职工开展体育活动，邀请学校的体育教师训练职工男子、女子篮球队和乒乓球队。1987年，全镇建有职工篮球队的企事业单位18个，建足球队的单位9个。镇政府机关、北滘中学、北滘卫生院、北滘税所、北滘供销社、北滘糖厂、美的家用电器公司、华达电器厂、永华家具公司、华润电器厂每年都举办篮球比赛。

90年代，北滘职工体育活动向纵深发展，镇工会举办职工运动会，各单位定期开展乒乓球赛、篮球赛、拔河等比赛活动。美的风扇厂、北滘税务所、珠江包装公司、南方电器厂、华达电器厂、华星饲料厂、北滘工业贸易公司、北滘家用电器厂等一批职工体育活动活跃、成绩突出的单位先后获“佛山市体育先进单位”称号，北滘镇初级中学、碧江第一小学、碧江体育领导小组、北滘医院、永华家具厂、裕丰塑胶厂等先后获“顺德市体育先进单位”。

北滘医院于2001年6月和2003年6月，分别在城区中学举办第一届、第二届职工运动会。2005年10月28日，美的集团在顺德体育中心举办第五届员工运动会。2007年11月3日和2011年11月5日，美的集团先后在佛山世纪莲体育馆举办第六届和第十一届员工运动会。佛山市副市长麦洁华，顺德区委常委、宣传部部长等领导，美的集团高层领导，国内15个生产基地及部分海外基地近15000名员工参加了美的集团第十一届员工运动会的开幕式。这是佛山历史上规模最大的企业体育盛会。

北滘镇教育组于2009年9月，在北滘职校举办北滘镇教育线第一届教师趣味体育运动会。顺德碧桂园物业公司于2012年8月，在广东碧桂园（IB国际）学校举办第二届员工运动会，设有跳远、100米短跑、5人篮球定点投球、400米接力赛、男女混合拔河比赛等比赛项目。

2013年1月6日，广东日美光电科技有限公司举办第二届“怡和中心杯”马拉松大赛。3月7日，北滘经济线妇代会、总工会女工委庆祝“三八”妇女节企业女职工趣味运动会在北滘职校举行，来自北滘各企业的350多名女职工参加了集体跳绳、独木桥闯关、乒乓球接力等项目的比赛。11月，北滘镇工会系统职工篮球赛落下帷幕，碧桂园集团队夺冠军。同月，举办北滘镇首届工会系统职工羽毛球赛，各企事业单位近300名员工参赛。

2014年1月，日美公司连续三年举办马拉松长跑比赛，赛程约4千米，300多名员工参赛。5月18日，北滘“创意杯”暨镇退休职工乒乓球团体赛在碧桂园乒乓球馆举行，50多名退休职工参赛。6月，镇总工会主办职工羽毛球赛。11月，北滘企业举办多场体育赛事，青年企业家协会举办第二届趣味运动会，100多名青年企业家参赛，展现出别样的风采；北滘镇举行职工男子篮球赛决赛，碧桂园集团代表队再次获冠军；镇教育系统工会组织老师健身操比赛；镇职工羽毛球团体赛降下帷幕，此届职工羽毛球团体赛共有32支职工队参加，是历届之最。

2015年，北滘工会继续举办职工篮球和羽毛球赛。篮球有33支球队参加比赛，最终由碧桂园队夺得冠军；羽毛球团体赛，共有33支队伍参赛，镇机关一队夺得冠军。

2016年，北滘工会篮球赛共有40个企事业单位组队参加，华鸿包装公司、瑞淞电子公司、超腾实业公司分别获得冠、亚、季军。

2017年3月12日，举办庆“三八”趣味运动会，镇机关、各战线的23支妇女代表队参加；2017年“工会杯”男子篮球赛，华鸿包装队夺得冠军，讯德电子队获亚军。

第四节　学校体育

一、体育教学

20 世纪 60 年代前，北滘镇的学校没有开设正规的体育课，没有专门的体育教师，由学科老师兼任田径、球类训练，每日组织全体学生做广播体操。1961 年，武汉体育学院毕业的梁忠强被分配到北滘中学任教，成为北滘镇第一个从高校分配来的科班出身的专职体育教师。此后，北滘中学和中心小学，设有专职体育教师，学校每周开设一两节的体育课。体育课内容有乒乓球、篮球、跑步、跳远、体操等。60 年代中后期，大多学校都开设体育课，每所学校至少有一个专职或兼职体育教师，体育课内容增加爬杆、跳远、单杠、掷手榴弹等活动项目。“文化大革命”期间，体育课改为军体课。一些学校增设铅球、标枪、三级跳远、跳山羊、中长跑等项目。

80 年代，学校体育设施和师资力量的不断充实。1980 年全公社共有体育教师 89 人，其中专职 15 人，兼职 74 人，设有专职体育教师的学校共 8 所。1986 年，全镇专职体育教师 30 人。80 年代中后期，镇内大部分学校有较标准的篮球场、羽毛球场、乒乓球室、简易综合运动场。

推行《国家体育锻炼标准》。1974 年，由公社体委、教办、中心小学体育骨干教师，成立体育教研组，指导各小学开展体育“达标”活动，学生每周至少有 1 小时体育锻炼，体育课按照国家体育锻炼达标标准开设。1980 年，中小学生达标率约 35%；1981 年，北滘中学的达标率为 83.2%。1986 年北滘镇小学学生体育达标人数 4513 人，达标率 85.3%，其中优秀人数 432 人，优秀率 4.5%；中学生体育达标人数 2759 人，达标率 89.3%，优秀人数 551 人，优秀率 19.9%。1987 年，中学生达标率 92.8%，小学生达标率 89.1%。1989 年，全镇中学生、小学生的体育达标率上升至 94.8% 和 92.8%。1990 年，中学生达标率 96.7%，小学生达标率 90.9%。1991 年，全镇中学生、小学生体育达标率为 95.5% 和 92.5%。1991 年后，北滘学校体育进入蓬勃发展阶段，50 米跑、立定跳远、推铅球三项成绩达到国家体育锻炼标准。至 2000 年，在校中小学生的身体素质进一步提高，按照《国家体育锻炼标准》实施测验，全镇中小学生达标率为 96.1%，优秀率为 30.5%。2003 年全镇中小学校达标率为 97.15%，优秀率为 29.65%。2007 年，贯彻《中共中央国务院关于加强青少年体育增强青少年的体质意见》。加强体育卫生教师队伍建设和学校体育设施建设。各级各类学校广泛开展“阳光体育运动”，保证青少年每天一小时锻炼时间。建立和完善《国家学生体质健康标准》测试报告书制度，小学生体质健康标准测试成绩要记入学生成长记录或学生素质报告书，初中以上学生测试报告书要列入学生档案，作为毕业、升学的重要依据。自 2008 年开始，实施初中毕业升学体育考试，体育考试成绩占中考总分的 8%。

发展篮球、足球、乒乓球、棋类、跆拳道、游泳等体育运动。20 世纪 90 年代，北滘中小学普遍进行球类、棋类、跆拳道、游泳训练，以增强学生体质，成立校队或设立第二课堂培训。有的学校还与体育俱乐部联系，聘请教练进校对学生训练，培养一批体育人才。北滘棋院每年为镇内1500多名学生进行常年培训。暑假开办羽毛球、乒乓球、足球、跆拳道、柔道等培训班，至2009年，参与培训人数达到2000多人。2013年后，每年举办中小学生足球赛，北滘中学、君兰中学、中心小学更被国家教育部定为全国青少年校园足球特色学校。

二、体育竞赛

田径运动会　20世纪70年代中后期，北滘镇每年举办中小学生田径运动会，挑选精英参加顺德区运动会。至2017年已举办41届棋类大赛。

棋类大赛　自2003年以来，每年举办棋类大赛，比赛设有中国象棋、国际象棋、围棋三大棋种，一至六年级的学生分为甲、乙、丙、丁四个年龄段。2013年12月为第11届，此次大赛共计有14所小学，330多名学生参加。

乒乓球赛　2012年7月5日，北滘镇第二届小学生“华雄杯”乒乓球邀请赛在北滘城区小学进行，镇内8所小学的32名乒乓球小选手应邀参赛切磋球技。

2013年12月6日，由北滘镇教育局和北滘体育总会联合主办的2013北滘“创意杯”暨中小学生乒乓球赛在朝亮小学举行，共有21所中小学的170名队员参赛。

足球赛　2014年3月20日，第一届北滘镇小学生三人足球赛在美的海岸花园足球场开赛。2015年11月23日，北滘镇小学生校园五人制足球赛，在明杰足球训练基地开赛，共有来自镇内10所小学25支球队参赛。

篮球比赛　2016年5月21日，“蒙星杯”首届全国幼儿篮球比赛（佛山赛区）在北滘镇雅正幼儿园举行，北滘雅正幼儿园和来自江门、南海、三水等地的幼儿园共8支参赛队参与五人运球拉力、三人传接球、三人投篮以及篮球操项目，争夺参加广东赛区决赛资格。2017年3月24日，北滘镇中小学生篮球赛小学组决赛在君兰中学举行，朝亮小学队获男子组冠军，林头小学队获女子组冠军。

跆拳道公开赛　2016年12月18日，北滘镇第九届跆拳道公开赛暨第三届校园跆拳道锦标赛在文化中心音乐厅举办，近300名跆拳道选手参加了比赛。

游泳邀请赛　2017年7月6日，北滘镇中小学生游泳邀请赛暨北滘镇青少年游泳代表队选拔赛在海岸花园游泳场举行，碧桂园学校、莘村中学分别获小学和初中组别第一名。

三、人才培养

20世纪80年代始，竞技体育的蓬勃日益扩大，北滘镇体育部门和学校有意识、有针对性地培养体育人才，途径主要有两方面。一是镇内学校的体育训练，二是镇内各业余体校的专门培训。

1982年北滘镇业余体校（又称体育点校、网点学校）成立。业余体校由镇科教文体办主任兼任体校校长，副校长3人，下设业务组、裁判组、教研组3个小组，聘请有专职和兼职的教练员担任教师。业余体校下设10个体育训练队，13个培训网点（镇内部分中小学校）。80年代末，业余体校具体培训的项目有田径、篮球、乒乓球、羽毛球、足球、象棋、武术、狮子、龙舟、游泳、水球等11个。1991年，北滘中学被顺德县体委和县教育局定为顺德县田径点校，是该镇唯一的县属田径点校。2003年不断完善18个体育网点共11个训练项目的青少年训练体系。在人才培养过程中，常聘请著名的运动员来指导，如2004年5月22日，国家足球队队员孙继海到北滘中学、北滘中心小学传授足球技术。2005年，北滘镇13个镇网点、8个区网点，成为体育后备人才的基地。2005年共参加区级网点对口赛共3次，获得4个冠军，共有32人获得名次。区棋类、羽毛球点校城区小学在参加顺德区第九届运动会棋类、羽毛球比赛中，获得7枚金牌，进一步巩固点校的地位。北滘镇有18名运动员代表参加佛山市运动会，共获金牌11枚，其中职业中学苏雄锋获2枚金牌，并打破省运会三级跳远纪录，为市、区、镇作出贡献。2006年北滘镇有15个镇网点、8个区网点共参加市级网点对口赛共5次，获得14个冠军，在区棋类网点赛中，城区小学蝉联团体总分冠军；区足球点校中心小学在参加区中小学生足球赛中，取得小学女子冠军、男子亚军的好成绩；重竞技点校城区中学在参加佛山市重竞技项目比赛中，共派出3名运动员代表顺德参赛。

2012年3月21日，北滘镇龙舟训练基地正式成立，基地设于北滘职校内。至2014年龙舟青少年队有77名队员，其中男队员44名、女队员33名，均为北滘职校的学生。

2012年，北滘开始举办暑期青少年公益游泳培训班，至2014年，共培训学员2000多元，学会游泳的达标率达80%以上了，使辖区发生涉水安全事故比2011年同期下降66.67%。2015年7月14日起，北滘第四届暑假游泳公益培训班正式开班，分别在碧江、林头、莘村和美的海岸花园四个点设置培训班，吸引到镇内628名少年儿童报名参加培训。2016年7月15日起，北滘镇暑期青少年公益游泳初级培训班开班，分别在百福公园、海岸花园、林苑、碧江和莘村设点，受惠学生达600多人。

2013年北滘实施青少年体育争光计划，坚持青少年龙舟、网球、轮滑、龙狮常态化培训工作。北滘中学、北滘城区中学、北滘中心小学成为省“足球希望工程培训基地”，对100名来自多家中小学的足球少年进行指导性训练。广东足球名宿队加入培训。2016年5月23日，前国足主教练朱广沪，前国脚张效瑞、隋东亮，恒大足球教练常卫魏等一行亲临北滘镇中心小学指导训练。顺德区足球协会与北滘中学、君兰中学、北滘中心小学签约校园足球培训协议。2014年4月2日，美的君兰高尔夫球俱乐部在美的学校开展高尔夫球公益培训班，着力青少年培养。2016年顺德区武术运动协会在林头小学和碧江小学成立武术训练基地，在学生中普及长拳、南拳、剑术、刀术等武术，推广传统武术文化的传承。2017年北滘开展游泳培训、足球培训、橄榄球培训、篮球培训、龙舟青少年培训等共40场次，200人次。

1987年北滘体育网点学校统计表

表21—3—1　　单位：人

运动项目	训练地点	人数	运动项目	训练地点	人数
水球	西滘中学	15	乒乓球	西滘小学	24
乒乓球	碧江小学	16	龙舟	西海村	26
篮球	高村小学	14	龙舟	现龙村	26
田径	镇联办中学	24	棋类	北滘	10
田径	北滘小学	26	武术	北滘、西海	26

1999年北滘体育网点学校统计表

表21—3—2

学校名称	网点项目	级别	学校名称	网点项目	级别	学校名称	网点项目	级别
碧江小学	乒乓球	顺德市	西滘小学	乒乓球	北滘镇	林头小学	武术	北滘镇
西滘小学	田径	顺德市	高村小学	乒乓球	北滘镇	林头小学	游泳	北滘镇
城区中学	水球	顺德市	中心小学	篮球	北滘镇	碧江小学	篮球	北滘镇
现龙小学	游泳	顺德市	中心小学	羽毛球	北滘镇	北滘小学	棋类	北滘镇
中心小学	棋类	顺德市	莘村中学	田径	北滘镇	北滘小学	游泳	北滘镇

20世纪80年代，北滘镇业余体校为各级输送了水球、乒乓球、篮球等项目的运动员30人，其中县级19人、市级4人、省级6人、国家级1人。输送的运动员，在1987年参加第六届全运会取得了5枚奖牌（一金、两银、两铜），占全省奖牌的4%，占全县奖牌33.3%。1981年，马村第一生产队的黄启江被送到顺德县业余体校参加水球训练，三年后（1984年）又被送进广东省水球队，1987年参加在南斯拉夫举行的世界大学生运动会。此后，黄启江正式进入国家队。1988年9月5日黄启江作为国家队队员参加在韩国举办的第24届奥运会。

1982年槎涌大队的钟汝金进入广东省划船队。1984年代表广东划船队参加在杭州举办的全国赛艇、皮艇优秀选手赛，获女子划艇单人全能冠军。1985年获第一届亚洲划艇锦标赛亚军，1987年10月在第二届亚洲划艇锦标赛中分别获500米和1000米单人划艇第一、三名。1987年11月获第六届全运会单人划艇金牌1枚。

黄涌大队的梁志升于1984年进入广东省划船队，1989年5月获全国冠军赛获划艇三项和10000米单人划艇冠军。1990年4月又获全国冠军赛单人划艇2项冠军。1990年9月在第十一届亚运会上梁志升获500米单人划艇冠军。

1984—1986年北滘向国家、省、市输送的各类体育人才一览表

表 21—3—3

姓名	性别	所在村居	级别（单位）	类别	时间
黄启江	男	马村	国家水球队	水球	1984 年
钟金汝	女	槎涌	省划船队	划船	1984 年
梁志升	男	黄涌	省划船队	划船	1984 年
陈国根	男	三洪奇	省划船队	划船	1984 年
陈锦文	男	黄涌	省划船队	划船	1984 年
杨渭鹏	男	广教	省水球队	水球	1984 年
卢桂尧	男	槎涌	省手球队	手球	1984 年
梁志辉	男	林头	市水球队	水球	1984 年
吴惠霞	女	林头	市手球队	手球	1984 年
何廷后	女	三洪奇	市篮球队	篮球	1984 年
冯顺桐	男	北滘兴旺队	省水球队	水球	1986 年

四、比赛成绩

1965 年 11 月 20 日，北滘中学学生何庭后参加顺德一中举办的第三届田径运动会暨顺德县田径选拔赛，以 1.24 米的成绩打破顺德一中女子跳高纪录。

1972 年 11 月，北滘中学学生禤力红参加顺德县田径运动会，以 8″6 的成绩创顺德县女子乙组 60 米纪录。

1974 年 4 月，北滘中学学生陈巨祥参加佛山地区田径运动会，以 55″8 的成绩创顺德县男子甲组 400 米跑纪录。

1975 年 3 月，北滘中学学生郭树文参加佛山地区田径运动会，以 11.56 米的成绩创顺德县男子甲组 5 公斤铅球纪录。

1981 年 5 月，莘村小学学生曾伟强参加顺德县中小学生运动会，以 9.73 米的成绩创男子乙组 4 公斤铅球纪录。

1981 年 6 月，陈雪雅参加佛山地区中学生田径运动会，以 28″6 的成绩创女子乙组 200 米纪录。

1982 年 5 月，北滘学生郭伟杰参加顺德县中小学生运动会，以 44.60 米的成绩创男子乙组标枪纪录。

1986 年 1 月，北滘中学学生周玉燕参加佛山市第一届中学生运动会，分别以 17″8 和1′18″5 的成绩获得甲组女子 100 米栏第一名和女子 400 米栏第三名。

1990 年 11 月，在佛山市中小学生田径赛上，中心小学学生李敏莉获丙组跳远第一名，破佛山市纪录，并获得 60 米跑第三名、100 米跑第三名；中心小学学生杨艮英获丙组跨栏第一名，并获得60米跑第四名、100米跑第六名。

1993年6月，北滘中学学生杨艮英代表顺德市少年乙组田径队参加佛山市少年田径锦标赛，获得100米跑第四名、100米栏第四名。

2005年，在佛山市运动会上，北滘镇职业中学苏雄锋获2枚金牌，并打破省运会三级跳远纪录，为区、镇作出了贡献。

2010年，北滘职校苏雄锋（碧江）在广州亚运会中夺跳远银牌。

2011年12月11、12日，碧江中学初三学生黎嘉俊在第一届亚洲地区跆拳道文化锦标赛中，一举夺得男子青年45公斤组亚军。

北滘职校郭均良（黄龙）2009年代表省水球队参加11届全运会赛获得冠军；2010年代表国家水球队参加广州亚运会夺水球银牌；2013年代表广东省参加全国运动会水球赛获冠军，并获省政府颁发一等功荣誉；2014年代表国家水球队参加仁川亚运会获季军。

1984—2017年北滘学校体育代表队参加顺德体育赛事获奖情况一览表

表21—3—4

获奖时间	获奖主题	发奖单位
1984年10月	顺德县首届教工田径运动会第六名	教育局、县教育工会
1990年5月	顺德县中小学生田径运动会丙组团体第二名	教育局、县体委
1990年11月	顺德县第三届教工田径运动会镇团体总分第四名	教育局、县教育工会
1993年11月	北滘中学足球队代表顺德市参加佛山市第三届运动会足球赛第三名	市教育局、文体局
1995年5月	顺德市第一届中小学生棋类比赛团体季军	文体局、教育局
1995年10月	'95顺德市教师男子篮球赛第二名、女子第一名	教育局、教育工会
1996年11月	顺德市第五届教工田径运动会团体总分第二名	教育局、市教育工会
1997年5月	'97顺德市教师乒乓球比赛男子组团体赛第二名	教育局、教育工会
1997年9月	顺德市学生轮滑比赛高中组第三名	教育局、文体局
1998年4月	顺德市中小学生乒乓球赛获女子第三名	文体局、教育局
1998年5月	顺德市中小学生田径运动会镇团体总分亚军	教育局、市文体局
1998年12月	顺德市第二届中学生足球赛亚军	教育局、文体局
1998年12月	顺德市教工篮球比赛女子组第一名	教育局、教育工会
1999年5月	顺德市教工象棋赛第三名	教育局、教育工会
1999年5月	顺德市中小学生棋类赛国际象棋总分第二名、围棋总分第二名、中国象棋总分第二名	文体局、教育局
1999年7月	顺德市中小学生游泳赛初中组第三名、小学组第一名	文体局、教育局
1999年7月	1999顺德市小学生篮球赛男子第二名	文体局、教育局
1999年7月	顺德市小学生乒乓球比赛男子第五名	文体局、教育局

续表

获奖时间	获奖主题	发奖单位
1999年11月	顺德市第六届教工田径运动会镇（区）组团体第三名	教育局、教育工会
2000年11月	顺德市中小学生田径运动会，甲、乙、丙三个组均获前六名，总分排在前五名	文体局、教育局
2000年6月	第二届市运会少年组八大项目中，七大项目获得前六名，并以少年组总分排列市第三名	文体局、教育局
2000年10月	顺德市小学生乒乓球赛男子团体第四名、女子第二名	文体局、教育局
2000年11月	顺德市教工乒乓球赛镇（区）男子组第二名、女子组第三名	教育局、教育工会
2000年12月	顺德市中学生篮球赛女子第五名	文体局、教育局
2001年5月	顺德市小学生篮球赛男子第一名	文体局、教育局
2001年10月	顺德市中小学生游泳赛小学组、初中组、高中组团体总分第一名、第一名、第三名	文体局、教育局
2001年11月	顺德市中小学生田径运动会镇（区）团体总分第一名	教育局、文体局
2002年5月	顺德市小学生乒乓球赛男子团体第三名、女子团体第三名	文体局、市教育局
2002年7月	顺德市中学生软式排球赛男子第四名、女子第一名	教育局
2002年7月	顺德市中小学生游泳赛小学组第二名、初中组第一名、高中组第四名	文体局、教育局
2002年11月	顺德市中小学生田径运动会镇团体总分第二名	市教育局、文体局
2003年9月	顺德区中小学生游泳赛初中组团体总分第二名	文体局、教育局
2003年10月	2003年顺德区少年羽毛球锦标赛团体总分第三名	文体局、教育局
2004年4月	顺德市中小学生棋类赛小学组团体总分第二名	文体局、教育局
2004年7月	“动感地带”2004年顺德区中学生足球赛高中男子组第二名	教育局
2004年10月	顺德区中小学生田径运动会镇（街道）团体总分第三名	教育局、文体局
2004年12月	顺德区教工乒乓球比赛（镇属组男子团体）第二名、女子团体第二名	教育局、教育工会
2006年7月	顺德区中小学生游泳赛小学组团体总分第二名、高中组第二名	文体、区教育局
2007年4月	2007年顺德区中小学生篮球赛小学男子组第一名	文体广电新闻出版局 教育局
2007年11月	佛山市顺德区中小学生田径运动会镇（街道）甲组总分第三名	教育局、文体广电局
2007年12月	2007年顺德区教职工排球比赛（镇·街道组）男子第三名	教育局、教育工会

续表

获奖时间	获奖主题	发奖单位
2008 年 4 月	你我奥运齐参与·顺德区中小学生篮球赛初中女子组第三名	文体广电、教育局
2008 年 5 月	顺德区青少年醒狮锦标赛传统南狮第二名	文体广电、教育局
2008 年 9 月	顺德区中小学生游泳赛乙组团体总分第三名	文体广电局、教育局
2008 年 11 月	顺德区中小学生田径运动会镇（街道）甲组总分第二名	教育局、文体广电局
2008 年 11 月	顺德区年度学生体育竞赛镇（街道）团体总分第二名	教育局、文体广电局
2009 年 3 月	顺德区小学生乒乓球赛获男子团体第一名、女子第六名	教育局、文体广电局
2009 年 11 月	顺德区年度学生体育竞赛镇（街道）团体总分第三名	教育局、文体旅游局
2009 年 11 月	顺德区中小学生田径运动会镇（街道）丙组总分第一名	教育局、文体旅游局
2009 年 12 月	顺德区教工篮球比赛女子第二名	教育局、教育工会
2010 年 12 月	顺德区“优畅杯”教工羽毛球比赛（镇街组）第三名	教育局、教育工会
2011 年 12 月	顺德区教职工乒乓球大赛获得了全区第三名	教育局、教育工会
2012 年 11 月	顺德区中小学生田径运动会镇（街道）乙组总分第三名	教育局、文体旅游局
2012 年 12 月	顺德区教工排球比赛镇街男子组第三名、女子组第三名	教育工会
2013 年	顺德欢乐龙舟文化节，北滘职校男女龙舟队获得女子团体第三名、男子团体第五名	文体旅游局
2014 年	顺德区中小学生足球赛事，北滘镇夺得了六个项目中的四个冠军	教育局、教育工会
2016 年	顺德区第十一届运动会，青少年组获得团体总分第四名、足球、棋类获得团体冠军，羽毛球、武术获得团体总分第二名	文体旅游局
2017 年	顺德区中小学生田径运动会镇团体总分第二名、乙组总分第一名、丙组总分第三名	顺德学校体育发展促进会

第四章　竞技体育

第一节　比赛活动

1965 年 9 月，根据顺德县体育运动委员会《一九六五年顺德县各公社体委举办邀请赛安排计划表》，北滘公社举办篮球邀请赛，邀请沙滘、陈村、伦教 3 个公社的篮球队参赛。这是北滘有文字记载的最早的体育赛事。

1971 年元旦，北滘公社举办庆祝元旦中小学田径、篮球、乒乓球汇报表演赛。

1973 年 5 月 1 日至 5 日，北滘公社举办各行业参与的体育运动会，设有篮球、乒乓球、游泳 3 个项目，所属的各大队、碧江街区、北滘街区、北滘糖厂、公交线、财贸线、卫生线、教育线均组队参加比赛。这是北滘首次大规模的体育运动会。1978 年 12 月 1 日至 3 日，北滘区在北滘中学和林西路举办主要由中小学生参与的第二届运动会，设有甲、乙、丙组共 39 个项目，全区 21 所学校共 504 名运动员参加比赛。此后，北滘的体育运动逐渐成为由中小学生为参与主体的中小学生体育运动会。至 2012 年，北滘共举办 36 届中小学生运动会。

2005 年 11 月 29 日，北滘镇政府在君兰国际高尔夫俱乐部举办“慈善杯”高尔夫球赛，筹得善款 38 万元。

2001 年 7 月至 9 月，北滘镇“第二届体育节活动”。活动内容包括体育摄影大赛、全镇羽毛球公开赛、高尔夫球邀请赛、乒乓球擂台赛等 10 个项目。

2001 年 7 月至 2002 年元旦，为庆祝北京申请第 29 届奥运会成功，并迎接第九届全运会在广东省举办，由北滘镇政府主办，北滘镇宣教文体办、北滘体育协会承办北滘镇首届体育活动节。活动节在全镇范围内进行，持续半年时间，开展了包括太极拳表演、各种球类比赛、高尔夫邀请赛、青少年游泳赛、全民健身长跑等 13 个体育活动项目。

2004 年，北滘镇共举办大小比赛 14 场，参与人数达到 5000 多人，累计投入资金 70 多万元。2005 年 8 月 13—16 日，北滘镇体育总会、北滘足球协会联合举办 3 人足球挑战竞赛。2005 年 12 月 13 日晚，为期一个多月的北滘镇第七届篮球联赛降下帷幕，此届共有 33 支队伍，460 名运动员参加。

2006 年 7 月 30 日，“迎省运 · 2006 北滘佑威足球赛”降下帷幕。此次球赛，由广州体院联队等 16 支广佛足球业余精英共进行了 32 场比赛，观战人数近 3 万人，赵达裕等前国脚明星参加开幕赛。2006 年国庆、中秋期间，北滘举办广东省第一届铁臂王扳手腕擂台争霸赛“碧桂园杯”顺德赛区选拔赛。

2007 年 10 月 18 日，由北滘人民政府、美的集团主办的“美的杯”中国男子职业高尔夫球精英赛在君兰举行。2008 年北滘镇举办首届残疾人田径、游泳锦标赛，挑选运动员参加佛山市残疾人田径锦标赛。

2000 年后，北滘每年举办龙舟赛，如 2005 年 10 月 2 日北滘举办“迎亚艺贺国庆”龙舟赛。2009 年，北滘举办重阳敬老五人龙舟赛。2010 年迎亚运龙舟大赛，为期一个多月，350 多支队伍参赛。2011 年举办第 18 届“美的杯”全球华人羽毛球锦标赛。吸引来自美国、日本、韩国、澳大利亚、印尼、马来西亚、泰国、加拿大等十多个国家和地区，3500 多名运动员参与。2012 年 10 月 1 日和 2 日“北滘国际财富中心杯”龙舟大赛在北滘镇在林西河道上举办。全镇 19 个村（社区）都有派代表队参赛，男子组有 43 只龙舟角逐 28 个名次，女子组则有 49 只艇争夺前 23 名。

2012 年 8 月 3 日，“海琴水岸杯”三人足球挑战赛在北滘新城区开赛，吸引顺德区内 60 支队伍参赛。8 月，举办第五届“机灵杯”三人篮球争霸赛决赛。这次赛事分少年甲、乙组，成年男子组以及女子组四个组别 171 支队伍参赛。

2013年2月，举办第九届百灵台球公开赛。5月举办第二届“北滘新城公路自行车绕圈赛”，共有465名来自各地的自行车爱好者参与。北滘镇第七届体育舞蹈大赛，吸引来自中山、广州等地的20多支队伍，共360多名参赛。7月举行2013广东省“美的地产杯”男子足球乙组联赛决赛，恒大队成为该次赛事冠军。8月举办第六届“机灵杯”三人篮球争霸赛，有来自顺德各镇街的132支队伍参赛。国庆举办龙舟赛，吸引来自镇内各社区及职业中学龙舟队92支队伍参加。11月11日，举行北滘镇“美的杯”第七届门球邀请赛决赛，北滘、均安和容桂等6支队伍参赛。11月14日，北滘第八届社区太极大赛在中山公园举行，21支代表队近400名队员参赛。11月16日，北滘宣传文体办主办北滘广场舞大赛。

2014年，全镇全年举办各类文体活动超过1000场次，接待群众，超过75万人次。2014年先后举办第六届少儿轮滑大赛、第七届“机灵杯”三人篮球争霸赛、“总商会杯”龙舟大赛、第三届公路自行车绕圈赛、第七届跆拳道公开赛暨首届校园跆拳道锦标赛、第八届体育舞蹈大赛暨首届校园拉丁舞锦标赛、第七届少儿轮滑大赛和广东省首届轮滑节、北滘业余网球积分赛年度总决赛。

2015年，北滘文化站举办大型的体育活动5次，大型的体育比赛21项。体育类单项活动6次，体育单项比赛23项。获区体育奖项19项。

2016年9月3日晚，碧桂园第十五届男子篮球公开赛在碧江民乐公园篮球场正式开幕，共有20支来自省内外的篮球队争夺此届公开赛的桂冠。10月1—2日，举行“总商会杯”龙舟大赛，西滘2队夺得成年男子组冠军，西海1队获得成年女子组桂冠。11月16日，第八届顺德“美的鹭湖温泉杯”高尔夫球锦标赛在君兰国际高尔夫俱乐部收杆，庞浩泉以151杆的成绩夺得赛事冠军。10月23日，2016年北滘镇第九届“智趣杯”少儿轮滑大赛在北滘活力体育中心举行，300多名少儿轮滑运动员同场竞技，参赛的运动员较往届增加了30%。

2017年1月8日，粤港足球明星表演赛在北滘体育公园精彩上演，众多国内足球名宿相聚北滘大秀球技，吸引了众多观众前往观看。6月10日，由北滘体育总会主办的北滘镇第十届跆拳道公开赛在碧江民乐公园开赛，500多名来自广州、珠海、佛山等地的跆拳道爱好者齐聚展开竞技。8月，由北滘镇宣传文体办以及北滘青年企业家协会联合主办“丰明中心政企杯”八人制足球邀请赛，12支足球代表队进行为期一个月的激烈角逐。8月，“美的地产杯”顺德青少年高尔夫锦标赛在君兰国际高尔夫俱乐部举行，来自顺德区的42名青少年选手参加了比赛。11月4—5日，北滘镇2017年“总商会杯”龙舟大赛在北滘细海河激烈上演，72支男子、女子龙舟队伍经过紧张激烈角逐，北滘社区1队夺成年男子组冠军，西滘2队夺成年女子组桂冠。11月5日，举办“海印杯”广东省青少年冠军俱乐部争霸赛、广东全明星足球表演赛的多场精彩赛事。

第二节　赛事活动

20世纪80年代中期，随着社会经济的发展，北滘走出本土，通过承办各种体育赛事活动，加速体育事业发展。

1985 年 11 月，广州举办由裕华公司、裕华风扇厂赞助的“万宝杯”长跑赛。创顺德区乡镇企业进城办体育的先河。

2005 年 3 月 28 日，在北滘职校举行广东省足球明星队对阵北滘青年足球队邀请赛。

2006 年，北滘以特色项目提升北滘体育品位。7 月，由北滘镇政府和珠江商报社联合主办的“迎省运·2006 北滘佑威杯足球赛”在新城区足球场启幕。9 月 23 日，广东省第一届铁臂王扳手腕擂台赛“碧桂园杯”顺德赛区选拔赛在新城区举行，并由广东电视台体育频道进行现场直播，开创北滘镇体育赛事直播先河。11 月，投入 300 多万元，举行了当时国内奖金最高的高尔夫球赛——2006 年美的中国男子职业高尔夫球精英赛，提高了北滘的知名度。着力打造“棋乡”称号，连续举办区棋类网点赛，九镇幼儿围棋邀请暨镇幼儿围棋大赛，区中国象棋甲级联赛暨顺、港、澳、番象棋联谊选拔赛，在区棋类的网点赛中，城区小学蝉联团体总分冠军。

2007 年 1 月 1 日，“2007 顺德狮王争霸赛”在北滘镇举办，共有 8 个代表团近 100 名运动员参赛。

2007 年 5 月 1 日，北滘镇与广东电视台体育频道在新城区联合主办“广东省活力北滘街舞挑战赛”。

2007 年 9 月，第三届美的中国高尔夫精英赛在北滘镇君兰国际高尔夫俱乐部举行。

2009 年 1 月 2 日，广东省休闲体育基地暨北滘活力体育中心正式挂牌开业。

2010 年，借助活力体育中心，成功举办了省冠军轮滑赛、省自由式轮滑大赛，以及“创意杯”乒乓球、羽毛球、网球巡回公开赛等。借助嘉纳仕赛车场，举办了两站超级摩托车越野赛，吸引了来自全国 40 支专业队伍 200 多人参赛，有包括电视台、电台、报纸、杂志和网络等 50 多家媒体参与了报道。

2011 年 11 月 2 日，由广东省体育记者协会主办、北滘镇人民政府承办的“2011 年广东省体育记者活力嘉年华”在北滘举行，80 多名来自省内及中央、港、澳驻穗各大媒体的体育记者参与。11 月 18—21 日，第十八届“美的杯”全球华人羽毛球锦标赛在北滘举行。有来自美国、日本、韩国等 14 个国家和地区的华人羽毛球选手参赛。

2012 年 3 月 11 日，由北滘镇人民政府、北滘镇汽车摩托车运动协会主办，佛山市嘉纳仕文化体育传播有限公司承办的“北极星杯”嘉纳仕平地越野追逐赛首站赛事在北滘镇嘉纳仕赛车场开赛，来自香港、上海、广州、江门等地区的 12 支车队共 55 名车手参加比赛。12 月 20 日，由广东省体育记者协会主办、北滘镇人民政府承办的“2011 年广东省体育记者活力嘉年华”，100 多名来自省内及中央、港澳驻穗各大媒体的主持、记者、编辑参与。12 月 29—30 日，广东省第三届业余羽毛球混合团体赛在北滘举行。共有 50 支代表队 500 多名球员参赛。

2013 年北滘承办多项重要赛事。7 月 22 日，承办广东省“美的地产杯”男子足球乙组联赛决赛；8 月 11 日，2013 年珠三角跆拳道精英赛暨第六届北滘跆拳道公开赛在君兰体育场举行，来自珠三角各地的306名跆拳道好手参赛；8月25日，承办2013佛山首届“美利达杯”山地自行车越野赛；8月25日，顺德区第七届“富艺杯”体育舞蹈公开赛暨北滘第七届体育舞蹈大赛举行；9月20—22日，广东省第三届体育大会速度滑轮大赛在北滘镇活力体育中心轮滑场举行；11月3日，为期两天的2013“源泽杯”省港摩托车越野追逐赛·北滘第二站比赛在北滘嘉纳仕赛车场举行，来自香港、深圳、广州、中山等地共10个车队38名选手进行三个组别的精彩追逐赛；12月4—8日“美洲杯”广东省第二届轮滑球锦标赛在北滘新城区广场举行，来自广州、珠海、东莞、顺德等地的24支队伍共386名选手展开六个级别的激烈角逐。12月7—8日，为期两天的广东省第二届轮滑球锦标赛在北滘广场举行，来自广东省24支队伍共386名轮滑球好手参赛。

2014年7月25日，广东省体育传统项目学校乒乓球锦标赛在北滘举行，广州越秀山清水濠小学和东莞市光明中学分获小学组和初中组男女队团体冠军。8月31日，2014“省港杯”摩托车越野追逐赛北滘第一站揭幕，同往年有所不同的是，这次赛事吸引了几个不同国家的选手参赛，意大利车手保罗囊括C组和G组的冠军。北滘举办的省港杯摩托车越野追逐赛成为国内专业摩托车越野赛事。12月12—14日，在北滘举行的广东省首届轮滑节，有来自香港和广东省内2291名运动员参加，角逐自由式轮滑锦标赛、速度轮滑锦标赛、轮滑球锦标赛三项赛事。

2015年5月30—31日，2015华南地区摩托车越野追逐赛第一站在北滘圆满结束，此次比赛有来自香港、新西兰、意大利、巴西的12个车队51名车手参赛。广州回糖车队包揽A组（最高级别）、B组、C组、G组（国产车）4个组的团体冠军。6月6日晚，2015广东省男子篮球联赛在北滘碧江举行。8月2日，由顺德区升级办、顺德区文化体育局主办，北滘、陈村、乐从三镇镇承办的2015顺德北部片区自行车巡游活动，在北滘广场举行始发仪式。11月28—29日，广东省摩托车越野锦标赛首次在北滘源泽赛车场举行，是广东省一项最高级别的摩托车越野赛事。此次比赛是两个赛事同期进行，共有20个车队84名车手参加比赛，其中新西兰、俄罗斯、意大利选手、巴西等国选手参赛。

2016年6月26日，2016全国象棋甲级联赛第六轮广东赛区主场比赛在北滘文化中心举行，赛事全程直播，让市民感受到现场的博弈气氛。吕钦、许银川等全国特级大师到场参赛并于赛事结束后与北滘棋协、棋迷欢乐互动。8月23日，由顺德区高尔夫球协会主办的2016年“君兰杯”第一届顺德青少年高尔夫锦标赛在君兰高尔夫球场开赛。11月6日，在北滘活力体育中心举行的顺德区第十一届运动会轮滑项目比赛，共有来自顺德区各镇街的39支轮滑队223名运动员参赛。北滘3支轮滑队战绩彪炳，夺得23个单项冠军，并获团体总分的冠亚军。11月12—19日，“美洲狮杯”2016年全国单排轮滑球锦标赛暨广东省第二届轮滑欢乐节在北滘广场开幕。100支队伍1300多名轮滑运动员同台竞技。12月4日，一场极速的自行车比赛在北滘新城区举行，来自全国各地200多名车手参赛。12月5—6日，广东省第四届轮滑锦标赛在北滘广场举行，一千多名省内轮滑好手展开轮滑“三大项”激烈的角逐。

2017年3月4日，2017—2018年“青训联盟杯”全国青少年足球锦标赛在北滘体育公园举行，来自顺德北部片区共40支队伍参赛。4月22日，2017年全国U16青少年足球超级联赛华南大区赛事在北滘君兰中学进行，顺德足协队获胜。4月23日，广东省第二届百县（区）足球赛顺德区预选赛在北滘体育公园举行，顺德区10支镇（街）代表队参战。4月29—30日，2017年“萌芽杯”广东省青少年羽毛球赛在北滘活力羽毛球馆举行，来自全省各地共28支队伍200多名选手参赛。5月6日，2017“U互动”广东省五人足球争霸赛顺德分区赛正式拉开序幕，64支队伍参赛，通过激烈角逐，顺德队夺顺德赛区的冠军。5月13日，第十三届全国运动会群众比赛项目自由式轮滑、羽毛球项目广东选拔赛，分别在北滘广场和活力体育中心举行。5月19日，全国象棋甲级联赛北滘开战。广东碧桂园象棋队坐镇北滘文化中心主场迎战四川队，最终两队以4：4战平。6月4日，2017年广东省第二届百县（区）足球赛顺德区预选赛决赛在北滘体育公园落下帷幕，大良代表队点球获胜夺得冠军，龙江、陈村分别获得第二、三名。7月21日，广东省体育传统项目学校乒乓球锦标赛在北滘职校开赛，来自省内31所的中小学乒乓球好手参赛。7月26—30日，佛山市第九届运动会青少年羽毛球大赛在北滘活力体育馆举行。来自佛山五区的代表队150名运动员参加此届羽毛球赛。经过5天的激烈角逐，顺德区代表队获团体三项总分第一。11月25—26日，广东省轮滑锦标赛在北滘举行，近200支队伍，超过2500名轮滑高手，同场竞技，展开激烈的角逐。

第三节　省、市、县（区）体育比赛

20世纪60年代初，北滘开始组织运动代表队参加县级及以上的大型体育运动会。

1964年6月，北滘第一次组织体育代表队参加顺德县第二届体育运动会，参赛运动员8人（其中男5人、女3人）。

1970年10月4日，北滘中学运动队代表北滘公社参加顺德县庆祝中华人民共和国体育运动大会，获得女子总分第五名。

1971年10月，北滘选派北滘中学学生梁洪坤、梁锡林代表佛山地区参加省第四届中学生水球锦标赛，获得第六名。

1972年，北滘公社水球队建队，同年，水球队取得县内比赛十连冠成绩，并代表佛山参加省水球锦标赛。

1972年11月，北滘选派北滘中学学生梁洪坤、梁锡林、张顺和、梁炎光、郭树民，代表佛山地区参加在茂名举办的第五届省中学生水球锦标赛，获第四名。

1986年4月，北滘区体育代表团参加顺德县第一届青年运动会，以29分的成绩获得全县田径类团体总分第五名。

1987年10月，北滘镇水球队参加顺德县少年水球邀请赛，获得第二名。同年，北滘镇女子龙舟代表队参加顺德县首届“顺联杯”龙舟赛，获得第一名。

1988年，北滘镇运动员代表、美的电器厂职工何奇珍，参加广东省第一届农民运动会，获得女子铅球第一名和女子手榴弹第一名。

1990 年 9 月，北滘镇水球队参加顺德县少年水球邀请赛，获得第一名。

1990 年，华润厂关照和参加佛山市首届残疾人运动会，获得 1 枚金牌、2 枚银牌；1991 年，都宁管理区李润波参加佛山市残疾人运动会选拔赛获得了 48 公斤级卧举第一名。

1992 年，北滘镇农民运动员代表何奇珍参加在湖北省孝感市举办的全国第二届农民运动会。

1993 年 11 月，北滘选派北滘中学足球队代表顺德市参加佛山市第三届运动会足球赛，获得第三名。

1994 年，北滘镇体育健儿参加市体育比赛，获团体冠军 1 个、亚军 2 个、季军 1 个，单项冠军 16 个、亚军 8 个、季军 8 个。

1997 年 10 月，北滘镇组团 400 名运动员参加顺德市首届运动会，获金牌总数 44 枚，排列全市第二、团体总分第三。

2000 年 5 月，北滘镇体育代表团参加顺德市第二届运动会，获得团体总分 942 分。名列金牌榜第三名（金牌 30 枚、银牌 28 枚、铜牌 24 枚），综合项目优胜奖第四名，总分榜第四名。

2003 年，北滘镇体育代表团参加各类体育比赛，获得省冠军 1 个（传统醒狮比赛），市冠军 2 个区、冠军 17 个。北滘被推荐为全区唯一代表参加省体育节先进单位的评选。

2004 年，参加各类比赛，获得省冠军 1 个、佛山市冠军 2 个、区冠军 17 个。参加佛山市武术文化艺术节中，北滘醒狮队获高桩狮表演第四名。

2005 年，佛山市第六届运动会上，北滘镇 18 名运动员代表参加，共获金牌 11 枚，其中北滘职业技术学校苏雄峰获 2 枚金牌，并打破省运会三级跳远纪录。2005 年 5 月，北滘镇体育代表队参赛顺德区第九届运动会，获金牌奖第三名，总分奖第三名（获该届运动会体育道德风尚奖）。镇射击代表队三队破佛山市纪录。

2006 年 5 月，北滘组队参加“迎省运”佛山市村际篮球赛，林头居委获得该项赛事的第四名。全镇 9 名运动员参加第十二届省运会，获得男子乙组花剑团体冠军，女子甲组花剑团体冠军，苏雄峰获男子乙组跳远冠军。2006 年 12 月，在卡塔尔首都多哈举行的第十五届亚运会上，北滘籍运动员郭均良作为国家水球队队员参赛。

2007 年 6 月，霍智能、冯健勤、周健浩等 3 名残疾运动员参加第五届省残运会获好成绩，北滘镇政府给他们发放奖金共 29300 元。

2009 年，北滘体育代表队参加体育网点比赛 9 次，共获得市、区冠军 30 个，特别是足球项目成绩显著，在该年度的区中小学足球赛中，包揽了中学组女子第一名，小学组男、女第一名；城区中学还独立组队代表区参加市运会，在没有外援的支持下，获得第三名的好成绩。柔道项目参加区网点赛，获得团体总分第一名。

2010 年，北滘代表团共有 612 名运动员参加区第十届运动会 24 个大项目所有比赛。成年组获得金牌 20 枚、银牌 2 枚、铜牌 4 枚，奖牌总计 26 枚，金牌总数全区排名第三；少年组获得金牌 39 枚、银牌 48 枚、铜牌 43 枚，奖牌共计 130 枚，金牌总数全区排名第四；2 人刷新顺德区纪录。在参加 24 个大项中，有 22 个项目团体总分进入前八名。成人组、少年组分别以 580 分、3250 分的团体总分获得全区第四名。成年组、少年组综合项目优胜奖，分别以 96 分、141 分排行第四。代表团获运动会“体育道德风尚奖”的称号。

2011 年，嘉纳仕赛车场申请国家级运动训练基地，10 月派出两名赛车运动员代表国家队，出战法国世界杯。北滘林头和三桂包揽顺德村居篮球赛冠、亚军。北滘镇还被区推荐为广东省第十二届“体育节”活动先进单位。

2012 年，在顺德区村居冠军篮球联赛上，北滘镇的林头、三桂两个社区篮球队分别获第三名和第四名，延续了北滘镇村居篮球项目的强势。

2013 年，北滘青少年体育竞技成绩突出：黄龙籍郭均良代表广东省参加全国运动会水球赛获冠军，并由省政府颁发一等功荣誉；9 月，北滘青少年参加第三届省体育大会共获得金牌 4 枚、银牌 3 枚；11 月，麦裕富、黎永梅代表顺德参加广东省第三届体育舞蹈大赛的成年组维也纳华尔兹项目，夺得金牌；12 月，北滘 4 名少年代表顺德参加全国体育舞蹈锦标赛，获得 1 个二等奖和 3 个三等奖；2013 年欢乐龙舟文化节中，北滘职校龙舟队获得女子团体第三，男子团体第五；“2013 年佛山市村（居委）男子篮球赛总决赛”，三桂村篮球队夺冠，林头社区篮球队获得第四名。

2014 年 5 月 31 日至 6 月 1 日，2014 顺德华侨城欢乐龙舟文化节在顺峰山公园举行，北滘的 6 支参赛队均进入前 6 名，其中少年女队还获得第三名的好成绩。5 月 8 日晚，2014 佛山市第一届镇（街）超级篮球联赛在碧江篮球场拉开战幕，北滘队首战告捷。

2015 年 5 月 2 日，在顺德华桂园举行的 2015 年佛山龙舟文化节顺德农商银行杯龙舟赛，北滘青少年女子龙舟队勇夺青少年女子组别的总冠军，青少年男子龙舟获第五名，成年女子龙舟队获第六名。是年，北滘镇男篮代表佛山队参加首届广东省男子篮球联赛，夺得了第九名的好成绩。

2016 年 11 月 19 日，顺德区第十一届运动会在区体育中心闭幕，北滘体育代表团成年组与青少年组团体总分均获第四名的好成绩，其中青少年组足球、棋类获得团体总分第一名，武术、羽毛球获得团体总分第二名；成年组羽毛球、篮球、龙舟均获得团体第三名。北滘同时收获体育道德风尚奖和体育贡献奖，活力休闲体育中心获“优秀赛区奖”。

2017 年 7 月 11 日，佛山市第四届镇（街）男子篮球超级联赛进行 16 进 8 淘汰赛的第二场，北滘队坐镇碧江民乐公园迎战南海里水队，激战四节最终以一分险胜。11 月北滘青少年龙舟女子代表队在顺德区青少年龙舟锦标赛中，取得了 200 米和 500 米直道竞速第二名的好成绩。12 月，三桂男篮继 2013 年、2016 年佛山市村居男子篮球赛总决赛冠军后再度夺冠。

第二十二篇　侨务、港澳台事务

北滘是广东侨乡之一，不少邑人旅居国外。据载，清咸丰年间就有碧江村民不惜违反律例，经香港远赴金山（北滘人将出国谋生称为赴“金山”）采矿谋生，获益颇丰。鸦片战争后，清政府闭关锁国的政策被打破，时局动荡，民不聊生，北滘地区出国谋生者不绝。其中，就包括后来民国初年任顺德县县长的周之贞。

20世纪30年代，受外围金融危机影响，顺德缫丝业等经济支柱坍塌；加上地方匪乱不断，日本军队入侵，北滘邑人四散逃亡。部分西滘、莘村人经广州逃往马来西亚谋生。到了40年代，陆续有北滘人到香港和澳门定居。新中国成立后，由于北滘生活趋于安定和侨居国限禁华人入境等原因，北滘出国人数锐减。

据统计，1978年，北滘旅居华侨157户166人，主要分布于东南亚和美洲地区；有港澳同胞3419户12896人。1985年，北滘旅居海外的华侨和港澳同胞总人数18794人，其中港澳同胞占12935人，港澳家属2622户10943人，其中林头有439户1770人；华侨5859人，分布于27个国家和地区，分别是：美国、加拿大、英国、比利时、越南、泰国、南非、新加坡、马来西亚、印度尼西亚、菲律宾、新西兰、澳大利亚等地。

从20世纪80年代末开始，由于政策开放和经济生活水平提高，北滘出国或留学的人数不断攀升。截至2012年末，北滘镇共有5万多名的港澳台同胞及华侨，侨胞分布于美国、加拿大、新加坡等30多个国家和地区，从事行业遍布各个领域。

第一章　侨务

第一节　机构组织

一、镇政府侨务机构

1959年北滘人民公社成立后，侨务工作一直由顺德县侨务科统一管理。1975年，按照顺德县委统战部要求，北滘公社在大队建立外事侨务小组，由治保、妇女、民政、信社干部和侨眷代表组成，大队分工一名支委兼任组长。主要任务是宣传贯彻落实党的外事侨务政策，加强对侨、港属的政治思想教育，做好回乡华侨、外籍人和港澳同胞的宣传接待工作等。1978 年 4 月，顺德召开县、公社、大队三级干部千人大会，宣读中央文件，重申各项侨务政策。北滘公社设立侨务领导组。同年，北滘公社侨务办公室成立，分管侨务工作；基层侨务工作由大队主管领导兼任。

1983 年 11 月，人民公社撤销后，北滘区公所设侨务办公室。1987 年 2 月，撤区建镇，设北滘镇侨务办公室。1988 年 8 月 4 日，北滘镇成立对外经济工作管理办公室，负责指导和管理全镇的招商引资工作及外商投资企业审批和管理工作。投资促进和招商活动成为北滘镇这个阶段侨务工作的重点。

1993 年，镇侨务办公室增加 1 名侨务干部，各管理区、战线单位相应落实安排侨务负责人，负责管理侨务工作。1995 年，基层党支部落实安排 1 名支委主抓侨务工作。1999 年 10 月，机构改革，镇统侨办公室合并到党政人大办公室，原镇侨务办公室主任改称“统侨助理”，兼任镇侨联会主席。2010 年，北滘镇政府机构调整，侨务工作由新设立的北滘镇社会工作局民族宗教和统侨股负责，具体工作包括：组织协调有关部门依法维护华侨、港澳同胞、归侨、侨眷在国内的合法权利；开展外事、侨务对外交流与合作活动，做好引进华侨、华人、港澳台人才与资金、项目、技术工作，对引进项目进行跟踪服务；负责华侨、港澳同胞捐赠款物的受理和管理。

二、北滘镇归国华侨联合会

1980 年，北滘公社召开第一次侨代会，北滘侨联宣告成立。其最初名称为“顺德县归国华侨联合会北滘公社分会”，是顺德县侨联的分支机构。工作职能是：团结联系北滘镇归侨侨眷和海外华侨华人；协助和督促政府有关部门贯彻落实政策，维护归侨侨眷的合法权益和海外华侨华人在国内的正当权益，广泛团结归侨侨眷。后来，改名为“北滘公社归国华侨、侨眷、港澳家属联合会”，成为独立组织，隶属于顺德县侨联。当时根据全国侨联章程，实行团体会员制。

1982 年 1 月，北滘公社召开第二次侨代会，对侨联委员进行补充和调整，同时邀请台湾同胞家属加入联合会，将原来的“北滘公社归国华侨、侨眷、港澳家属联合会”补充为“北滘公社归国华侨、侨眷、港澳台家属联合会”。大会听取和审议北滘公社第一届侨联委员会工作报告，选举产生北滘公社第二届侨联委员会成员共 11 人。

1988 年 4 月，北滘镇召开第三次侨代会，110 名代表出席。北滘侨联改名为“北滘镇归国华侨联合会”（简称“北滘镇侨联”），侨联主任改称为侨联主席。大会听取和审议北滘镇第二届侨联委员会工作报告，强调要健全侨联组织，发挥归侨、侨眷、港澳同胞的桥梁和纽带作用，以及做好侨务政策的落实，维护侨胞眷属的正当权益；号召广大海外乡亲在改革开放的大环境下积极支持家乡的经济发展。大会投票选举产生北滘镇第三届侨委会委员 7 人，何桐标为第三届侨联主席。

1991 年 4 月，北滘镇召开第四次侨代会，105 名代表出席。大会听取和审议了北滘镇第三届侨联委员会工作报告；学习贯彻国家《归侨侨眷权益保护法》，提出把侨务工作重点转移到发展经济建设，努力提高生产力等方面。会议选举产生北滘镇第四届侨联委员会，何桐标当选为侨联主席。任职期间，何桐标外调，由陈小洁接替。

1994年11月，北滘镇召开第五次侨代会，与会代表102人。大会听取和审议了北滘镇第四届侨联委员会工作报告。报告指出，改善投资环境，吸引更多的海外乡亲回乡投资办实业，是目前侨务的一项重要工作。会议强调对侨捐项目要“管好、用好、发挥好”。大会选举产生北滘镇第五届侨联委员会，陈小洁当选为侨联主席，越南归侨徐福源当选为联侨副主席，委员分别为苏劲、李洪均、郑达权、罗志联、黄金池、黎艮华、梁锐强。

1998年5月，北滘镇召开第六次侨代会，108名代表出席。大会听取和审议了北滘镇第五届侨联委员会工作报告，选举产生北滘镇第六届侨联委员会，陈小洁为侨联主席，关炳熙、徐福源为侨联副主席，苏劲、罗志联、李洪均、黄金池、黎艮华、崔少容为委员。1999年10月，陈小洁因工作调动，关炳熙接任侨联主席。同年，徐福源当选为广东省侨联委员。

2003年6月，北滘镇召开第七次侨代会，119名代表出席。大会听取和审议北滘镇第六届侨联委员会工作报告，对15名先进归侨、侨眷、侨属代表和侨务工作者进行表彰。会议选举产生北滘镇第七届侨联委员会，关炳熙为侨联主席，徐福源和周艳银为侨联副主席，罗与欣、洪润金、苏淑兴、罗志联、黎卓欢、李洪均、梁荣标、何永锋、苏泽新和梁婉霞为委员。

2009年5月，北滘镇召开第八次侨代会，区台湾事务办公室、北滘镇总工会、共青团、镇妇联等人民团体的主要负责人及117名归侨代表出席会议。大会听取、审议了北滘镇第七届侨联委员会工作报告。会上提出，要充分发挥华侨、归侨力量，为实现“智造北滘，魅力小城”的发展目标而奋斗。大会选举产生北滘镇第八届侨联委员会成员，关炳熙、徐福源连任为新一届侨联的正、副主席，罗志联等13人当选为侨联委员；对18名先进归侨、侨眷、侨属代表和侨务工作者进行表彰。

2015年5月20日，北滘镇第九次归侨侨眷代表大会在北滘文化中心音乐厅举行，115名代表参加了会议，区志锋当选为新一届侨联委员会主席。大会总结近六年北滘侨务工作的开展情况。提出进一步拓宽对外联络的关系网，特别是年轻一代留学生、华侨青年、高层次的人才，进一步发挥侨联的作用，更好地为北滘经济建设服务。

第二节　落实政策

一、落实侨房政策

1950年11月，政务院颁发《土地改革中对华侨土地财产的处理办法》。但在“左”的思想指导下，中央的政策在北滘地区没有很好地贯彻落实。土地改革时，一些侨房被错误没收。“文化大革命”期间，不少侨房被挤占。1979年，北滘人民公社侨务办公室根据中共中央有关文件精神，提出落实侨房政策的具体方案：凡是现住应退华侨房屋的住户，要迅速搬迁退还业主，任何单位或个人不得重新再安排他人迁入，违者则以侵占华侨房屋论处；凡是被批准全家出境而占住公产房，经租房和由房屋部门代管的房屋，应由房屋部门收回，由侨房办公室、房屋部门商酌统一安排；现住在应退华侨房屋者，应视为无房户，凡有侨务办公室证明者，单位要给予优先安排，单位安排以后，住户必须无条件地依时搬出。同时，利用上级专项拨款修建房屋，以解决应退还华侨房屋住户的住房问题。对于“五保户”侨房遗产的继承权问题，北滘公社侨务办公室也给出明确指导：有女儿者，若女儿有履行对父母的赡养义务，出嫁亦可继承其遗产；若女儿无履行对父母的赡养义务，则不具继承权。生前立有遗嘱者，依其嘱分配遗产。对于残损较严重或是重点海外乡亲的侨房，北滘组织力量进行修葺或翻新，部分侨房因拆除、损毁等原因无法退回原房的，根据房产面积计算，对原业主补偿相应款项，每平方米补偿人民币100元。

1984年，以落实侨房政策为重点，北滘区全面开展侨房情况调查。侨务办事处组织侨务工作骨干共45人调查摸底，查出北滘侨房总共有90户246间，总面积为30769平方米，原户主多为港澳台同胞，以碧江、林头、北滘、广教、西滘等乡属为主。1985年，北滘区采取有力措施，加快落实政策，共退回华侨、港澳同胞的房屋47户104间，总面积10617平方米；私人果树36棵。

1985年末至1988年间，北滘区继续组织队伍深入调查，分别召开“五老”座谈会了解情况；向海外有关人员发信件，请他们回来办理相关的签领房产手续。截至1988年末，全镇14个村的侨房政策落实工作基本完成。至此，全镇应退的侨（港澳）房产总数为：有原业权主的侨房共115户303间，总面积32745.44平方米，支付侨房补偿和腾退补助款242.78万元。其中有94户216间，面积共24670平方米的侨房办理签领使用权的手续，尚有侨房21户87间，面积8075.44平方米未有原业权人签领。对尚未签领的侨房，采取三级定案处理的方法，其原房交由北滘政府代收，应补偿的款项整存银行，待日后由原业权人回来办理手续签领。

1990年后，北滘镇侨务办公室继续办理侨房退赔和调解侨房纠纷等善后工作。根据佛山市落实侨房政策精神，侨房搬迁费的补偿由镇区两级负责，北滘镇一般由镇政府和管理区（办事处）各负责该款项的50%。在侨房的使用权方面，对一些住户占住不肯退还的侨房，采取相应法律手段解决。如港胞陈某的房产在解放前委托亲属代管，其亲属将该房屋转借给别人暂住。代管人去世后，借住者乘机领取该房的房产证。后来，陈某发现祖屋被侵占。镇侨务办公室劝导居住者归还其房无果，遂依法起诉，经法院判决，侨房归还屋主陈某。又如碧江及北滘管理区出现两起侨房被人冒领土地证，镇侨务办公室获知后，联同城建办公室协调，最终将侨房顺利退回业主。

1994年北滘共办理落实侨房6间，调解侨房纠纷3间。1995年，北滘镇落实侨房6间，办理产权退回6间，面积共约560平方米。北滘街区的一间侨房，1986年已按规定通知居住者退回业主，但住户不肯迁出，业主不断上诉，1996年，通过法院终审结案，强制执行搬迁。广教一位姓杨的旅美华侨的侨房，在1992年领取房产证和土地使用证，但住户一直不肯迁出，直到屋主去世仍不愿退还，1996年，在镇侨务办公室协助下才得以解决。

1996 年，北滘镇办理侨房房产权 2 间，落实使用权 8 间。1997 年至 2002 年，镇侨务办公室协助业主，追回被拍卖的 69 间侨房赔款，其中碧江 49 间，北滘管理区 5 间，西滘 9 间，林头 6 间。所得全款，全部归还给业主。此外，还对碧江的 49 间拍卖侨房进行调查取证，并对其余侨房作结案归档的收尾工作。2004 年，北滘镇侨务办公室又落实 42 间拍卖侨房的补偿款结算工作。至 2012 年，北滘陆续为海外和港澳台乡亲累计办理共 186 间侨房的相关工作。

二、改正华侨港澳地主和华侨富农成分

土地改革时期，北滘境内有华侨和港澳同胞被划为地主或富农成分。曾于 50—60 年代按上级指示，给予提前改正其成分。但之后在“文化大革命”中，这些侨改户又被重新戴上地主或富农的帽子。1978 年后，根据政策予以纠正。1979 年，北滘公社开展提前改变华侨地、富成分政策的确认工作。以顺德县革委会落实侨改政策办的名义发给确认通知书，重新确认以前已经改变的新成分。至年底止，北滘公社纠正被错误地重戴地主、富农帽子的侨改户共约 200 人。

三、平反冤假错案

1988 年，北滘镇侨务办公室联合司法部，对华侨和港澳同胞及家属的历史案件进行复查。旅港同胞李伟强得知先师赵伯则获得平反昭雪，及时联络旅港、旅加拿大等地的校友，专程回来参加赵伯则的平反大会，并在会上做了发言，表示要发动海外乡亲支持国家建设。

华侨政策的落实，激发起海外乡亲对家乡建设的关心及爱国爱乡的热忱。莘村旅港同胞李伟强，因 4 间祖屋在土改时被没收，三十多年不愿返回家乡。落实政策后，李伟强与家人多次回乡探亲，先后捐资 30 万港元兴建莘村中学、修建小学、修桥整路。1986 年起，李伟强用已故母亲的名义，设立莘村中学“郑美”奖学金。2009 年，李伟强又捐资 90 万元人民币，扩大北滘郑美奖学基金，同时向北滘慈善会捐资 150 万元人民币。

第三节　侨务工作

一、接待返乡华侨

20 世纪 70 年代，北滘被县定为侨胞返乡参观点。1980 年后，回北滘探亲、观光、贸易以及参加各种庆祝活动的华侨骤增。通过一系列活动，联络感情，增进乡谊，让海外乡亲亲眼看到北滘的变化，激发他们回乡投资办实业、开展经济贸易的热

情。1985 年，为做好接待服务工作，北滘建成华侨旅行服务社。1987 年，北滘政府与港商合资兴建的小蓬莱宾馆开业，为侨胞、外商接待提供优美的环境。1989 年，北滘累计接待华侨、外宾共 12 批 154 人。1990 年上半年，接待来访 4 批 58 人次。1991—1995 年，接待逾 50 批过千人。

1999 年，北滘镇共接待华侨、外宾逾 27 批次 430 人。其中，有美国三藩市行安善堂、三邑会馆和马来西亚雪龙会馆、沙巴会馆的多个华侨团体。2001 年，接待华侨、外宾逾 27 批次 430 人。2002 年，接待华侨、外宾逾 9 批次 275 人。2003 年 10 月，美国三藩市行安善堂主席、三桂村乡亲何彦明伉俪，香港通济商会理事长郑学严等 40 多位乡亲在镇领导的陪同下，专门参观北滘新城区市建设。2004 年 10 月，马来西亚顺德联谊总会会长何世昌乡亲一行，在镇领导的陪同下，在家乡观光游览。2003—2008 年，共接待华侨、外宾 42 批次 1108 人。

1995 年后，北滘镇的相关领导和侨务工作人员“走出去”，与海外乡亲团体联谊、密切联系。“以侨带侨，以商引商”。1996 年 11 月，应美国三藩市顺德行安善堂的邀请，镇委副书记及侨办主任一行 3 人随市侨务外事局赴美出访考察。

二、寻根问祖

1990 年，北滘镇侨务部门为黄涌村籍的侨胞廖健聪寻找到尚存近房亲属。1995 年，又为祖籍龙涌的斐济华侨陈锐广（时任斐济华侨文教服务中心主任）寻到了他分别在龙涌乡和广州的两位胞弟。

1995 年，时任美国三藩市顺德行安善堂主席的何彦明首次率团回乡观光访问。镇侨务办公室提前做好相关接待工作，陪同他返回三桂村寻根问祖。何彦明深受感动，回到美国后，一直致力于促进旅外乡亲与家乡的联谊工作。

1996 年 10 月，瑞典华侨杨丽然应邀请回国参加国庆四十七周年观礼，专程回到顺德，在镇侨务办公室的帮助下，寻到了自己的祖居地广教村。

1997 年，中共北滘镇委领导出访马来西亚开展侨务活动时，时任马来西亚顺德联谊会理事何世瑁求助寻找祖居和亲人。何世瑁只知道自己原籍为北滘沙桥坊人。后经侨务办公室广泛深入调查，最终为他寻得了失散五十多年的亲戚。以后，何世瑁怀着感激之情积极为家乡穿针引线，引入一批投资项目。

新西兰顺德同乡会副会长赵永勤祖籍碧江，在香港出生，移居新西兰近二十年，2012 年 3 月首度回乡，受到顺德区民政宗教和外事侨务局常务副局长黄燕霞热情接待，并邀请赵永勤组织新西兰顺德同乡会的乡亲出席 11 月在南非举行的第八届恳亲大会。

1995—2012 年，北滘镇侨务办公室帮助海外乡亲回乡寻祖寻亲逾 50 宗。

三、协助归侨子弟入学

20 世纪 90 年代，北滘镇侨务办公室协助 2 名侨属子女就读暨南大学。2004 年，北滘镇制订出台《港澳台侨子女就读我镇中小学校暂行规定》。按照就近入学原则，优先安排华侨、归侨的子女入读相关学校。2009 年，北滘根据广东省颁布的《关于华侨子女回国在我省接受义务教育的实施办法》，凡监护人户籍或其父母在北滘工作的华侨子女，可享受当地户籍适龄子女入学的同等待遇，免缴学费和杂费。

四、其他

1984—1988 年，民国时期曾任顺德县警察队长的西滘村旅港乡亲梁某某及林头村加拿大华侨郑某某，回乡探亲期间，提出帮助办理亲人往港探亲、修建被拆毁的祖居、祖坟，北滘镇侨务办公室都给予解决。

1990—1995 年，北滘镇侨务办公室共协助办理侨属 33 人出国定居，其中涉外婚姻 2 宗。1998 年，北滘镇侨务办公室协助办理出国留学 21 人，定居 36 人。

20 世纪 90 年代初，不少华侨和港澳台同胞代亲属购买或赠送摩托车。其间，侨办帮助侨属办理侨胞捐赠摩托车入户超百辆。

1994 年，北滘镇马村的香港同胞黄某因早年拆除旧屋（没有地契），晚年回乡无处可居。镇侨务办公室了解情况后，为其办理旧址重建房屋的有关手续。同年，镇侨务办公室共协助办理华侨、港澳台同胞回乡申请建房用地 9 间。1995 年，为返乡定居的华侨和旅港乡亲 40 多人申请建房用地 20 块，面积约 2000 平方米。碧江的印度尼西亚归侨吴某某，一家三代六口一直租住在一间 42 平方米的公产小房。2002 年，镇侨务部门争取到各级领导和房管部门的支持，为他解决住房问题。

处理来信来访。1991—2000 年，北滘镇侨务办公室接待来信来访近 80 宗；2001—2012 年，镇侨务办公室共接待办结信访近百宗，协助办理遗产咨询、房屋产权纠纷、投资办证、住房申请补助等事务逾百人次。2002 年，三桂旅港何氏宗亲会来信，要求将何氏氏族墓保留下来。镇侨务人员邀请文物专家鉴定，经市、区两级政府的批准，何氏氏族墓作为古墓，予以保留。

第四节　海外侨团

新中国成立后，特别是改革开放以来，随着祖国日益强大，许多海外顺德的乡亲，纷纷成立社团组织，团结乡亲，服务大众，加强与家乡的联系，支持家乡建设。美国三藩市的顺德行安善堂两任会长何彦明和周治平，是北滘籍的华侨，两人也曾任旅美三邑总会馆董事、美国中华总会馆会董。何、周两人任行安善堂会长时，秉承“顺天守德，行善安仁”的宗旨，推出多项举措，加强居住地与祖国的联系，组织顺德籍青年学生回故乡，举办联谊活动。

1975—1978 年，北滘籍何世琄分别任马来西亚广肇联合总会会长、马来西亚顺德联合总会会长。积极关注维护马来西亚华人权益，密切与家乡联系，关心家乡发展，促进顺马两地乡亲的沟通联谊。

1978 年，瑞典瑞京华人协会创办人及首届会长广教村籍的杨丽然，创办瑞典首间中文学校，亲任校长。多年热心为华人社区服务，为华人争取利益，大力宣传祖国改革开放政策和建设成就。

1995年，莘村籍的梁柏源，在澳大利亚悉尼市创立华人狮子会和华人龙舟协会。积极推广祖国传统文化，热心华人社区服务。获悉尼市十大杰出华人成就奖，被推举为悉尼市农历新年庆祝委员会委员。

1994年，美国三藩市顺德行安善堂多次组织北滘籍青年学生回故乡，举行“顺德美国华裔青年学生夏令营”，把乡情、亲情、友情培植于年轻一代。2003年，区委副书记张宪邦、世界顺德联谊总会会长刘世宜、北滘镇长列海坚参加马来西亚广肇会馆的银禧庆典，密切与海外乡亲的联系。

第二章　港澳台事务

第一节　港澳事务

19世纪40年代起，就有邑人往香港谋生。20世纪30年代，日本军队入侵中国，邑人大批涌入港澳。1945年9月抗日战争胜利后，有部分商人富户到港澳开店铺。不少同胞先后任当地同业团体要职或成为社会政要，其中有：香港特别行政区入境事务处处长黎栋国；澳门第四至六届立法会议员、澳门政府教育委员会委员梁庆庭等；成立于清光绪二年（1876年）的香港顺德绵远堂，其中一任会长是北滘龙涌人冼永就；成立于民国36年（1947年）的香港顺德联谊总会（简称“顺联”），其永远名誉会长中，有苏耀明、黎剑铭、梁满铨、梁尚等为旅港北滘人，梁伟明和梁升曾分别任职“顺联”的会长和副会长；1962年，莘村的梁榕根，曾任澳门顺德联谊总会副会长。

1980年后，北滘曾多次派员赴香港，学习生产设备操作及技术考察，得到旅港乡亲的热情接待。1987年8月，香港粤海公司一行32人参观裕华和绿色工厂。12月，香港工业署署长杨启彦等7人参观蚬华工厂。1988年5月，香港顺德联谊总会20人、澳门总督文礼治夫妇一行15人分别到北滘参观蚬华微波炉厂。1989年累计返乡参观港澳同胞5批338人。其中有香港的全国政协委员黄克立、何世柱一行和香港工商、金融、新闻界人士。1990年初，北滘镇侨联主席出访香港。北滘镇接待来访港澳同胞共31批671人次。其中有香港顺德联谊总会一行40人、香港新闻界11家大报有关人员和香港新华社副编辑主任周珊珊。1992年，北滘镇接待来访的香港同胞共23批530多人次。同年，莘村和林头两个管理区组织相关负责人赴港拜访乡亲，征询听取他们对家乡建设规划的意见。1993年，全镇接待港澳同胞505人次。1994年，碧江、坤洲、上僚、林头、西滘、都宁组织干部到港澳拜会乡亲，联络乡情。三桂则邀请海外乡亲返乡观光。

1995年春节，中共北滘镇委书记率领党政班子成员和经济发展总公司、侨务办公室、对外经济办公室及重点侨乡的主要领导，赴香港举办春茗活动，引进一批投资项目，其中：李伟强之子李永康和梁满铨之子梁伟基斥资2000万元人民币与莘村合办鳗鱼养殖场；翁祐之子翁国基投资100万美元兴办多媒体制品有限公司。7月，中共北滘镇委领导和侨办人员应香港顺联总会邀请，赴港参加有关活动。

1996年，中共北滘镇委和政府在香港丽晶酒店举行春茗活动，安排抽奖活动，奖品全部为镇属工厂产品，扩大北滘产品在香港市场的影响。1997年2月，北滘镇政府在碧桂园举办“九七春茗酒会”，邀请港澳乡亲参加。此后，北滘镇每年都举办春茗活动。3月，顺德荣誉市民、梁球琚博士女儿梁洁华，香港校监陆赵钧鸿一行50多人，到镇第二幼儿园参观。4月，全国政协副主席、香港中华总商会会长霍英东，以及澳门顺德联谊总会主席吴柱邦、副主席梁拔祥带领一行48人考察碧桂园、君兰高尔夫俱乐部。

1999年8月，香港入境事务处处长黎栋国伉俪回桃村寻根问祖。2010年1月，香港特别行政区审计署署长邓国斌一行在中共顺德市委常委陪同下参观美的集团。5月，澳门特别行政区行政长官崔世安一行考察北滘广东工业设计城。

2006年3月，北滘商会组织30多位企业家赴香港生产力促进中心学习考察。2008年2月11—12日，北滘镇委书记徐国元、镇长冼阳福率领“北滘企业家访港团”分别到香港贸发局、香港联交所、香港科技园作访问交流。2009年9月，北滘镇、顺德职业技术学院与香港生产力促进局签订合作协议。2012年7月29日，香港顺德文艺社成立十周年书画展在北滘文化中心举行，北滘镇党委委员陈宇莹、香港顺德文艺社社长马润宪等为展览揭幕。

第二节　台胞事务

北滘在台湾乡亲，大都是1949年从大陆撤走的国民党军政人员，也有部分是移居的乡籍侨胞和港澳同胞。

1979年1月1日，全国人大常委会发表《告台湾同胞书》，希望两岸同胞尽快实现互通讯息、探亲访友、旅游参观、学术文化体育工艺观摩、发展贸易、经济交流。北滘积极开展相关台胞事务。1986年11月，原国民政府军队师长郑军凯的妻子卢桂芳，独身取道香港返回槎涌，县人民政府和镇领导热情接待。翌年，镇政府致函卢桂芳，邀请她再次返乡。卢桂芳心情激动，动员在台湾的其他亲属一同回来。在北滘探亲期间，她将政府退还的房屋补偿款9000元，捐赠给家乡用作教育发展基金。在卢桂芳的影响下，1993年7月，台湾政界人士郑彦棻的子女及亲属一行13人也返回槎涌省亲，受到中共北滘镇党委领导的热情接待，提出帮助寻得失散多年的胞兄。1996年10月，北滘镇相关部门历经两年查找，终于使郑彦棻与分散六十年的胞兄得以团聚。

1997年后，北滘台胞事业转到以发展贸易、经济交流为重点，引荐台湾商人到北滘投资，定期召开税务、工商、商检等部门座谈会，积极向政府反映台商的意见和建议，为台商创造良好的投资环境。台商投资的锡安家具厂即将开工，但电力问题迟迟得不到解决，经镇相关部门牵头，终于与供电公司达成供电协议。1998 年，台资企业立鑫高尔夫球用品厂安装消防栓水龙头，每个要加收 1000 元附加费，经碧江与相关部门调解，免去这笔开支，减轻台商投资成本。1999 年，受东南亚金融风暴的影响，使台资企业受到不同程度的冲击，镇政府召集海关、商检、税务等部门，推出一系列措施，协助台资企业渡过难关。2005 年，北滘镇配合上级有关部门，组织在北滘台商参与海峡两岸春节直航包机，让大批台商顺利返乡。2006 年 8 月，贯彻省教育厅的有关规定，凡在北滘就读义务教育阶段的台胞子弟，享受本地学生的同等待遇。2008 年，进一步规定，台胞子女在入学、入（幼儿）园和开学、学校分配、收费等方面，享受当地居民的同等待遇。

2002 年 1 月，顺德台商投资企业协会成立，北滘的台资企业锡山家具有限公司副总经理吴万福当选为首届会长。锡山家具有限公司、兴顺烤鳗有限公司、大东树脂有限公司、金莹电机有限公司、杨氏水产有限公司、真锐切削工具有限公司、爱乐群电机制品有限公司、维嘉精密铸造有限公司、露星饮料有限公司、翌升工程塑料有限公司为成员企业，占成员总数的 14.3%。2012 年，吴万福、林炳煌（太鼎置业开发有限公司董事长）当选为荣誉会长。

第三章　投资经济和资助家乡公益事业

第一节　投资

1980 年后，随着北滘改革开放的迅速发展，许多侨商、港澳商人到北滘投资办企业，支持家乡现代化建设。1982 年，碧江旅港乡亲梁满铨率先在北滘办起第一家“三来一补”（来料加工、来样加工、来料装配和补偿贸易）企业——永强雨衣厂。

1985 年，港澳同胞投资兴办中兴家具材料发展公司和华达西服有限公司，投资总额超过 1.4 亿港元。同年，香港同胞翁祐引入家电生产商美国惠而浦有限公司，组成顺德惠而浦蚬华微波炉制品有限公司。1988 年 1 月，翁祐又增资兴建中外合资蚬华微波制品厂，生产微波炉、多士炉、暖气机等产品。1988 年 4 月，镇农业服务公司与港商梁伟明合作，在三洪奇河畔创办兴顺食品发展有限公司，经营农副产品加工出口业务。华侨及港澳台同胞还“穿针引线，外引内联”，为北滘引进多项建设项目。20 世纪 80 年代，港商梁伟明牵线引进香港合和实业有限公司，和顺德签约广深珠高速公路顺德路段及顺德的“八路五桥”项目，总投资达 40 亿元人民币。1989 年，台商王屏生与北滘华润公司合资，开办锡安家具公司。

20 世纪 90 年代，港商在北滘投资呈现多元化的格局。1993 年由镇政府、香港珠江船务有限公司合资 1 亿多元兴建广东第一个镇级二类口岸——北滘港。1994 年，李伟强投资 1200 万美元，与杨国强组建双强公司，开发房地产业。1994 年，台商刘钢投资港元 2000 多元，兴办兴顺烤鳗厂。1994 年，港商梁尚与日本商人安藤宏基合资兴办顺德日清食品有限公司。1997 年，王屏生独资兴办锡山家具公司。2007 年 10 月，广东省佛山市海峡两岸农业合作示范区——北滘花博园落成，进驻园区的台商企业共有 40 多家。2008 年 1 月，锡山家具投资 6000 万元人民币建起北滘总部大楼。

2017 年，北滘经济实际利用外资 50817.5 万美元，合同利用外资 48953.8 万美元，内外源经济得到不断巩固和提升。

第二节　捐助公益事业

20 世纪 80 年代初起，港澳同胞和旅居海外乡亲为北滘兴办公益事业逾亿元、项目过百个，其中 10 万元以上的捐款占八成（捐赠的物资未折算在内），涵盖教育、文化、体育、卫生、敬老慈幼等各领域。

一、捐资助学

1985 年，黎剑铭捐资 100 万港元兴建桃西中学，于 1986 年 9 月投入使用，成为北滘改革开放后首间“侨捐学校”。

1983 年，成立莘村中学筹建委员会，旅港乡亲李伟强先后捐资近 600 万元港币。1986 年起，李伟强以母亲名义设立“郑美奖学金”，每年颁发奖学金数十万元。1992 年，李伟强又捐资 600 多万元重建莘村小学，于 1994 年 3 月投入使用。

1996 年，旅港乡亲杨励贤捐资建造广教小学励贤堂，提升该校的教学环境。

二、医疗卫生事业

北滘卫生院，创建于 1958 年 8 月。1980 年，旅港乡亲梁伟明捐资近 300 万元，重建门诊大楼、住院大楼及职工生活大楼，建筑面积达 5500 平方米，后易名为北滘伟明医院。1981 年，旅澳乡亲梁榕根捐资兴建莘村卫生站、1985 年旅港乡亲黎剑铭捐资兴建桃村卫生站。1988 年，旅港乡亲苏耀明伉俪捐资 88 万元重建碧江医院，于 1989 年竣工投入使用。

三、敬老慈幼

1984 年，港商梁伟明捐建泮浦幼儿园。1992 年，侨胞李何辉仪捐建莘村爱心幼儿园。1999 年，旅港乡亲黎剑铭和黎镜宇捐资助建桃村幼儿园。

20 世纪 80 年代，苏耀明联合港澳乡亲为北滘捐建首间养老院。1999 年，由港澳台侨胞与政府合资兴建的北滘余荫院落成。2012 年，余荫院再添新大楼。港澳乡亲为余荫院新大楼建设捐资逾百万。2006 年，旅港乡亲苏泽光、苏泽昭捐资 30 万元兴建碧江坤洲星光老人活动中心。

四、捐献物品及建设其他公共设施

民国 19 年（1930 年），由北滘小学校长周舜陶、周少岩等人发起，港澳同胞和乡亲父老等人募捐建设北滘中山公园。

1979 年改革开放后，港澳海外乡亲积极为北滘捐物、捐资，帮助家乡建设。1980 年，香港同胞捐赠汽车 52 辆。1981—1985 年，捐赠车辆 63 辆。1991—1994 年，华侨捐赠摩托车 71 辆。

据 1985 年统计，华侨港澳台同胞向家乡捐资建设公共设施有：渡口码头 3 座、风雨亭 4 座、桥梁 4 座、碧江都宁应江楼和碧江儿童乐园，还铺路 8 千米。

1998 年，梁伟明捐资北滘影剧院 6.8 万元，台商王屏生捐资北滘敬老院 2 万元。1999 年 12 月，海外乡亲捐赠北滘镇社会福利基金共计 235 万元。2008 年，锡山公司捐资 200 万元，援建四川平武县地震灾区复建第三中心小学。2009 年，在北滘镇慈善会和村级福利会组建过程中，15 名华侨、港澳乡亲合共捐出 350 万元，其中翁国基捐款 100 万元。

北滘华侨港澳同胞捐物业统计表

表 22—3—1　　　　单位：万元、平方米

村（社区）	旅居地	捐赠人	建筑名称	捐建年份	投入使用时间	捐资	占地面积	建筑面积
北滘	香港	梁　升 苏耀明	北滘新医院	2005	2005.3	梁　升 80 苏耀明 30	19800	14500
北滘	马来西亚	麦敏怡	北滘城区幼儿园	2001	2001.6		3214	2200
北滘	香港	翁　祐 梁伟明 李伟强 苏耀明 黎剑铭 梁　尚	北滘中学	1991	1992	翁　祐 100 梁伟明 100 李伟强 50 苏耀明 50 黎剑铭 50 梁　尚 50	64146	28373
碧江	香港	程应江	都宁入村大道	1983	1984	24	23400	—
碧江	香港	程应江	都宁小学	1990	1990.9	54.8	4293	2126
碧江	香港	程应江	都宁幼儿园	1994	1994.11	10	2475	878
碧江	香港	程应江	都宁应江楼	1981	1982	16.8	1158	345
碧江	香港	梁　鄂	碧江公安大楼	1989	1989.8	50	3215.35	1423
碧江	香港	梁伟明 黎剑铭 苏耀明	旧碧江中学礼堂	1987	1987.9	25	1000	800

续表

村（社区）	旅居地	捐赠人	建筑名称	捐建年份	投入使用时间	捐资	占地面积	建筑面积
碧江	香港	苏耀明	碧江旧市场	1987	1987.1	20	1300.35	950
碧江	香港	苏耀明	碧江风雨亭	1988	1988	12	100	50
碧江	香港	苏耀明	碧江荫老院	1986	1987	150	13387.35	4000
碧江	香港	苏耀明 梁伟明 朱振民	碧江中学	1995	1997	苏耀明 50 梁伟明 50 朱振民 10	119880	22802.69
碧江	香港	苏耀明 苏区淑芳	碧江幼儿园	1990	1991.11	50	6000	2860
碧江	香港	苏耀明 苏区淑芳	碧江医院	1988	1989	88	3800	2300
碧江	香港	苏泽光先生兄弟四人	碧江星光老人中心	2005	2005.3	25	380	300
槎涌	台湾	郑军凯	槎涌西庙路二街一巷7号的房屋	—	—	—	126.8	78.03
槎涌	台湾	郑军凯	槎涌西庙路二街一巷8号的房屋	—	—	—	104.8	72.44
槎涌	台湾	郑军凯	槎涌西庙路二街一巷9号的房屋	—	—	—	94.27	66.13
槎涌	台湾	郑彦棻	槎涌西庙路二街一巷3号的房屋	—	—	—	55.5	55.5
槎涌	台湾	郑彦棻	槎涌西庙路二街一巷1号的房屋	—	—	—	90.19	44
广教	香港	杨励贤	广教小学励贤堂	1996	1996	20	250	250
林头	香港	梁　尚 梁　升	林头幼儿园	1992	1993.2	梁　尚 30 梁　升 5	3214	1787
林头	香港	梁　尚 梁　升	林头入村大道	1984	1984	梁　升 20 梁　尚 19.5	19500	—
林头	香港	梁　尚 梁　升 梁　芬	林头小学	1984	1985	梁　升 10 梁　芬 10 梁　尚 8.5	2500	2500
黄龙	香港	陈伟业等	龙涌小学	2000	2004.1	陈伟业 25 杜楚垣 1	11476	3519.57

续表

村（社区）	旅居地	捐赠人	建筑名称	捐建年份	投入使用时间	捐资	占地面积	建筑面积
莘村	香港	李何辉仪	莘村爱心幼儿园	1991	1992. 3	100	6690	2680
莘村	香港	李伟强	美鸿艺术教学大楼	2012	2012. 12	100	750	3720
莘村	香港	李伟强	莘村广远小学	1993	1994. 3	580	9200	3697
莘村	香港	李伟强 梁满铨	莘村中学	1984	1985. 9	李伟强 1657. 44 梁满铨 485	80000	24867
莘村	香港	梁满铨	莘村牌坊	1992	1992. 8	13. 8	30	30
莘村	香港	梁满铨	莘村康乐中心	1992	1992. 8	69. 2	300	650
莘村	澳门	梁榕根	莘村中学泳池	2013	2013. 9	50	1500	1500
莘村	澳门	梁榕根	莘村卫生站	1981	1982	20（港币）	1182. 4	513. 55
桃村	香港	黎剑铭	桃村小学	1980	1980. 8	104. 5	6407. 7	2411. 2
桃村	香港	黎剑铭	桃西中学	1985	1986. 9	105	17160	5199
桃村	香港	黎剑铭	桃村卫生站	1985	1985. 8	12	180	160
桃村	香港	黎剑铭 黎镜宇 黎铭宇 黎栋国	桃村幼儿园	1999	1999. 6	黎剑铭 25 黎镜宇 20 黎铭宇 黎栋国	3500	2600
西海	香港	梁炳添	西海市场	1989	1989	30	3670	2650
北滘	香港	梁伟明	伟明医院员工楼	1991	1991. 8	30	490	2940
北滘	香港	梁伟明	北滘（伟明）医院	1981	1982. 8	300. 8	7990	4500
碧江	香港	梁伟明	坤洲泮浦颐老院	1986	1986. 1	83	3287	972
碧江	香港	梁伟明	坤洲泮浦托儿所	1985	—	40	640	400
碧江	香港	梁伟明	坤洲泮浦幼儿园	1985	—	40	1214	497
碧江	香港	梁伟明	坤洲泮浦入村大道	1983	—	25	19200	—
碧江	香港	苏耀明 苏区淑芳	碧江儿童乐园	1990	1994	50	2800	628. 8
槎涌	台湾	郑彦棻	槎涌昌遇桥	1985	1985	19. 3	120	100
三桂	香港	何细珠	三桂码头	1983	1984	10	80	160
三桂	香港	何细珠	三桂小学	1985	1986	20	6666. 7	2500

第三节　邑贤简介

黎剑铭（1911—2014）　香港剑桥制衣厂有限公司董事长兼总经理、香港顺德联谊总会永远名誉会长。早在1978年就率先回乡，捐资85万元兴建桃村小学及桃村卫生站；1985年再捐赠105万元兴建桃西中学；1987年捐资10万港元兴建碧江中学（旧）礼堂；1991年，为北滘中学易地重建捐资50万元；1993年捐资20万元给北滘中学成立奖教奖学金。其后，陆续支助北滘镇影剧院、顺德体育中心、顺德慈善基金、教育基金百万行、顺德医院、重修青云塔等项目的建设。多年来为家乡的社会福利事业共捐资逾330万元，深受乡人赞誉，1992年获“顺德市荣誉市民”称号。

程应江（1913—1997）　都宁人。热心家乡公益事业，1981年捐资16.8万元建生产大队办公大楼（应江楼），1984年捐资24万元建都宁入村大道，1990年捐资54.8万元建都宁小学，1994年捐资10万元建都宁幼儿园。

翁祐（1924—2004）　原籍顺德伦教。原香港蚬壳电器工业（集团）有限公司主席，香港顺德联谊总会首席荣誉会长。1952年，在香港创办蚬壳电器制造厂；20世纪80年代后期，投资2亿多元，与北滘镇政府合资创办蚬华电器制造厂和蚬华微波炉厂。翁祐情系故里，为家乡社会福利贡献良多。先后捐建翁祐中学、何显潮纪念小学、伦教中学、北滘中学、杏坛南朗小学、顺德医院、顺德体育中心、顺德慈善基金、顺德教育基金、顺德职业技术学院等项目，捐资总额超3500万元。分别于1992年、1995年获“顺德市荣誉市民”“佛山市荣誉市民”称号。

梁尚（1924—2018）　林头人，香港顺德联谊总会永远名誉会长。热心支持家乡的文化、教育事业。从1990年起，他先后捐资支持北滘林头小学、北滘中学、林头幼儿园、北滘中学奖教奖学基金、龙江中学、顺德教育基金、教育基金百万行、宝林寺、林头梁氏大宗祠等，累计捐资逾200万元。1991年，牵头引进生力啤酒生产项目。1994年，与日本商人田中庸皓在北滘投资兴办顺德日清食品有限公司。1995年，获“顺德市荣誉市民”称号。

梁伟明（1934—2016）　泮浦人，是著名的企业家。早年父母双亡，12岁辗转广州、澳门、香港谋生。1960年成立“香港兴伟海产公司”，1972年成立“兴伟冰冻厂有限公司”，1979年成为东南亚最大的冰冻厂家。1987年起，与北滘镇政府合资兴办“兴顺食品发展有限公司”，总投资5000万元，年加工农副产品能力达1.6万吨。90年代中期，为顺德牵线引进香港合和实业有限公司，建设广深珠高速公路顺德路段及顺德的“八路五桥”，总投资达40亿元人民币。

梁伟明热心家乡公益福利事业，先后为家乡建设事业捐资1200多万元。其中：1981年捐资300.8万元兴建北滘（伟明）医院；1983年捐资25万元修建泮浦入村大道；1985 年捐资 80 万元兴建泮浦托儿所和幼儿园；1986 年捐资 83 万元兴建坤洲颐老院；1987 年捐资 50 万元助建（旧）碧江中学礼堂；1990 年捐资 30 万元助建顺德体育中心；1991 年捐资 100 万元助建北滘中学，捐资 30 万元兴建北滘（伟明）医院员工楼；1993 年捐资 20 万元给北滘中学成立奖教奖学金；1994 年捐资 20 万元给顺德市教育基金；1995 年捐资 300 万元助建顺德市老干部活动中心；1996 年捐资 10 万元给北滘镇教育基金。每年岁晚，回乡举办离退休老干部慰问活动。1992 年、1995 年分别获“顺德市荣誉市民”“佛山市荣誉市民”称号。

苏耀明（1934—2008） 碧江人。新中国成立前夕，孤身离开家乡到香港谋生，80 年代创立香港联益珠片有限公司。1986—2000 年，累计捐资 198 万元兴（修）建碧江荫老院；1987 年捐资 25 万元兴建碧江中学（旧）祠堂，捐资 20 万元修建碧江旧市场；1988 年捐资 45 万元建碧江医院，捐资 12 万元建碧江风雨亭；1990 年捐资 50 万元助建碧江幼儿园，捐资 50 万元建碧江儿童乐园；1991 年捐资 50 万元重建北滘中学；1995 年捐资 46.3 万元建新碧江中学；2005 年捐资 30 万元建北滘医院。此外，还捐资顺德市教育基金、北滘镇教育基金、北滘镇社会福利基金、宝林寺、陈村医院、勒流医院等，捐资逾 500 万元。1992 年、1995 年分别获“顺德市荣誉市民”“佛山市荣誉市民”称号。

梁满铨 1927 年生，莘村人，香港顺德联谊总会永远名誉会长，热心社会公益事业。早在 1986 年，他就慷慨捐资修建莘村中学。其后，陆续助捐莘村中学奖教奖学金、北滘中学、顺德体育中心、顺德慈善基金、莘村牌坊、莘村文化娱乐中心、莘村中学、教育基金百万行等项目。累计为家乡捐资超过 600 万元。1995 年，获“顺德市荣誉市民”称号。

杨励贤 1931 年生于香港，籍贯广教。1971 年当选香港市政局民选议员，连任至 1995 年。曾任香港互励会理事长、香港华侨联谊总会会长、九龙乐善堂常务总理、博爱医院历届联谊会总理、港九新界幼稚园协进会会长等职，并创办乐善堂杨励贤幼稚园和慈云山福利会天虹幼稚园等。1996 年捐资 20 万元修建广教小学励贤堂。1997 年退休后，捐建钟声慈善社杨励贤阅览中心。

李伟强 1933 年生，莘村人，香港意大利皮鞋中心董事长、香港顺德联谊总会副主席。解放前夕，前往香港谋生。1973 年开办经营年轻人服装的零售店，1978 年创办纯意大利品位的 Le Saunda（利信达）皇牌皮鞋商店。改革开放以来，在北滘镇投资近亿元兴办艺恒信制鞋厂和佛罗伦制衣厂，斥资 2000 多万元帮助管理区兴办集体鳗鱼场。改革开放之初，李伟强开始热心家乡公益事业。先后捐资近 500 万港元建设陈村青云中学；1991 年，与妻子李何辉仪捐资 110 万元助建莘村爱心幼儿园；1991 年，捐资 50 万元助建北滘中学；1993 年，捐资 650 万元重建莘村小学（易名广远小学）；1994 年，斥资 1000 万元兴建李伟强医护学校。此外，还捐资顺德教育基金、顺德体育中心、顺德慈善基金、北滘镇教育基金、北滘中学奖教奖学金、莘村中学奖教奖学金、青云中学奖教奖学金、杏坛北水小学、南朗小学等项目。历年为家乡捐资超过4600万元。分别于1992年、1995年获“顺德市荣誉市民”“佛山市荣誉市民”称号。

李何辉仪 李伟强妻子，热心社会公益事业。先后捐资兴建莘村中学、莘村爱心幼儿园、广远（莘村）小学，还协助李伟强兴办艺恒信制鞋厂。1995年，获“顺德市荣誉市民”称号。

梁昇 1935年生，林头人，香港恒基兆业地产有限公司执行董事、香港顺德联谊总值副主席。他热心桑梓，乐善好施，十多年来，先后捐资兴建林头小学教学楼、林头入村大道、北滘中学、林头幼儿园、顺德体育中心、教育基金百姓万行、北滘医院、顺德大学等，累计捐资超200万元。还积极在港澳市场大力推介北滘名优家电及木制产品。2000年，获“顺德市荣誉市民”称号。

杨丽然 1935年生，祖籍广教，瑞典瑞京华人协会会长、世界顺德联谊总会副会长。60年代在香港针灸学院毕业，后移居瑞典。1978年组织当地华人创办“瑞典瑞京华人协会”，被推选为会长。70年代中期创办瑞典第一间中文学校——“瑞京中文学校”，任校长。还创立瑞典中华联谊会，为华人社区服务，为华人争取利益，支持华文教育，被国务院侨务办公室授予海外华文教育“终身成就奖”。2014年获国务院侨办和中国海外交流协会授予“服务华社荣誉人士”称号。

张灿升 泰国籍华人，顺德威灵高尔夫发展有限公司副董事长兼总经理，顺德威灵电机制造有限公司、顺德威灵钢铁开料有限公司副董事长。1992年．与北滘美的集团合资经营顺德威灵钢铁开料有限公司、顺德威灵电机制造有限公司。1994年，在北滘镇投资兴建高尔夫球场。

李炽铭 顺德人，顺德惠而浦家电制品有限公司总经理。1999年上半年，公司产值近5亿元，微波炉产量超80万台，出口创汇达5000多万美元。热心家乡公益事业，多次捐资北滘教育基金。

张子方 顺德人，顺德先达合成树脂有限公司董事长。1996年，在北滘镇投资兴办顺德先达合成树脂有限公司。1998年，再增资扩大生产规模，为当时全国最大的树脂生产企业之一。

翁国基 顺德伦教人，香港蚬壳电器工业（集团）有限公司董事总经理。1987年，与父亲翁祐在北滘镇投资兴建蚬华微波炉厂。1996年，创办蚬华多媒体制品有限公司。1998年5月，投入巨资参与蚬华工业科技园二期工程建设。

黎栋国 祖籍北滘桃村，香港特别行政区保安局局长。关心支持家乡经济发展，与家乡密切联系，不遗余力促进顺港两地文化交流。

何世瑁 祖籍北滘。马来西亚太平局绅士，马来西亚广肇联合总会会长，马来西亚顺德联合总会会长。关注及维护马来西亚华人权益，联系团结马来西亚顺德联合总会八个属会，成功承办世界顺德联谊总会第三届恳亲大会；长期密切与家乡联系，关心家乡发展，促进顺马两地乡亲沟通。

梁柏源 原籍北滘莘村。澳大利亚悉尼市华人狮子会第一副会长、悉尼市华人龙舟协会主席、澳洲顺德联谊总会永远名誉会长、世界顺德联谊总会副会长。1996 年，无偿为顺德梁銶琚图书馆作室内设计。当年，倡导并捐款推进家乡村容村貌建设。1997 年设计并承造世界最大的花灯——“东方之珠”，庆贺香港回归祖国。

周治平 祖籍北滘镇。万里（国际）实业投资公司董事经理、美国三藩市顺德行安善堂副主席、三藩市华人参政促进总会董事、中华总会馆商董，旅美三邑总会馆董事。1995 年，组织海外侨领回国观光。在香港回归期间，组团赴香港、顺德参加欢庆活动。1997 年，捐资赈灾，支持家乡抗洪救灾。

冼永就 祖籍龙涌，香港顺德绵远堂会长，澳门孔教中学董事。1991 年至 1994 年，秉承敬老扶贫、服务社群的宗旨，推动顺港两地的公益善举。发动兴建大良凤城敬老院绵远敬老大楼，赞助兴建凤岭公园，每年在顺港两地开展敬老慰问活动，捐款赈灾，组团参加顺德教育基金百万行活动。

梁榕根 莘村人，澳门顺德联谊总会副会长，是莘村旅居澳门乡亲联系人。20 世纪 80 年代，捐资兴建莘村医疗站，设立奖教奖学金，逾 30 万港元。

第二十三篇　社会生活

第一章　人民生活

第一节　城镇居民收入

中华人民共和国成立初期，北滘仅有简陋的少数几家粮油加工、砖瓦制造、农具维修、小五金、皮革制衣、饲料等小工厂、小作坊，城镇居民基本在这些厂、坊工作，收入主要依赖工薪。1959 年北滘建制，各乡刺绣、竹木器具、搭棚、纸类加工等个体户组成手工业生产合作社，组建社办企业，城镇居民年人均可支配收入为 280 元。

20 世纪 60 年代，北滘圩镇小工业主要有刺绣、陶瓷、竹木器具、机修、粮食加工业等。当时城镇居民年人均可支配收入 300 元。“文化大革命”期间，动员农村户口而在圩镇经营个体手工业者回乡参加农业生产，北滘大部分个体户停业，城镇的手工业由街道改组为“服务站”集体经营。城镇居民年人均可支配收入仍维持在 300 元左右。

70 年代，北滘公社发展圩办工业，企业、事业单位职工实行按劳取酬、多劳多得的分配原则，无产值利润可计的单位（如教师、农田专业队、民工组等）凭考勤和劳动等级记工分及评奖励工资。1974 年至 1977 年城镇居民年人均可支配收入为 360 元。1978 年增至 384 元。

1984 年，美的家用电器公司、裕华实业公司创立，镇办企业以公司化模式经营运作并迅速发展，职工年人均收入 1500 元。1985 年裕华风扇厂年产值突破一亿元，实行股份分红制度，职工年人均收入比上年增长 33.3%。1986 年，北滘镇办企业股份制，由政府经营企业转为社会经营企业。1988 年，裕华风扇厂、美的电器集团股份有限公司、蚬华微波制品厂有限公司等组建企业集团，职工年人均分配收入达到 2460 元。1989 年，北滘镇全面推行镇办企业经营承包责任制、企业股份制，企业产权改革带来可观的经济效益，职工年人均收入增长为 3440 元。

1992 年，北滘镇推行企业股份制试点后，职工年人均分配收入 6219 元；1993 年飙升到 8786 元，增长 41.28%。90 年代后期，北滘加快培育大企业和企业集团，

1999 年职工年人均分配收入 10279 元。

进入 21 世纪，工薪收入占城市居民总收入的比重有所下降，城镇居民非工薪收入逐年增长，所占比重逐年上升。2007 年开始，大中型企业总部落户北滘。北滘职工年人均收入 14966 元，比 2000 年增加 41.36%；人均经营净收入为 2445.05 元，人均财产性收入为 1312.49 元。2008 年，职工年人均收入比上年增长 5%。2009 年，国家工业设计与创意产业（顺德）基地在北滘揭幕，经济加速增长，职工年人均收入 18220 元，比上年增加 16%；居民人均经营净收入为 4021.71 元，比 2007 年增加 1576.66 元，增长 64%，快于工薪收入的增长速度；人均财产性收入为 1566.24 元，比 2007 年增加 253.75 元。2017 年，职工人均收入 60693 元。

第二节　农民收入

土地改革后，西海乡成为北滘第一个农业合作社的试点，1957 年该社社员年人均纯收入 80 元。1958 年 10 月勒流成立人民公社后，农村农民在生产大队下属的生产队集体所有土地参加劳动，普遍实行集体出工记工分的形式，工分的评定按劳力的壮弱、老小或性别分级划分，生产队的收获状况直接决定社员们的收入。1959 年，农村居民年人均纯收入 119 元。

1960—1963 年，北滘公社农村居民年人均纯收入从 141 元增至 173 元。其中 1960 年相对落后的龙涌大队 1961 年至 1963 年人均收入从 91 元增至 218 元，大米分配由人均 186.75 公斤增至 306 公斤，布票自 2.6 尺增至 86.6 尺，食糖 13 斤。1964 年，北滘公社生产队集体分配年人均收入 80.4 元，粮食分配 253 公斤。全社 338 个生产队，其中分配 150 元以上的 1 个队，101—150 元的 38 个队，51—100 元的 279 个队，50 元及以下的 20 个队；粮食分配 500 斤以上的 150 个队，451—500 斤的 149 个队，401—450 斤的 39 个队。

“文化大革命”期间，生产发展缓慢，1966 年农村居民人均纯收入 113 元。1974 年至 1977 年，西滘大队年人均分配收入为 145 元、142 元、157 元、172 元。1979 年，较高收入的林头大队农民人均纯收入 189 元。

20 世纪 80 年代开始，北滘全面推行落实“三包”生产责任制。农村商品经济开始有较大发展，农民收入逐步提高。1982 年，如林头大队人均纯收入 407 元，1984 年上升为 423 元。1985 年，全镇农民人均收入达 600 元。

1986 年，北滘作为“国家星火技术密集区试点”，农业以经济作物为主，主产鸡、饲料、鳗鱼、花卉，农民年人均纯收入从 1984 年的 517 元增加至 1986 年的 900 元，增长 74.08%。1989 年，农民年人均收入增至 1435 元。

90 年代，北滘镇农业社会化服务体系日趋完善，形成种苗、饲料、农副产品加工三大基地，1990 年农村人均收入 1513 元。1994 年开始，北滘农业向商品化、现代化发展，1994 年农村人均收入 3325 元，比上年增长 27.4%。1996 年人均收入达 4029 元。但 1997 年和 1998 年农村年人均收入出现负增长和接近零增长。2000 年，初步形成优质水产区、畜禽水产综合养殖区、花卉苗木绿色产区，随着农业产值的提高，农民年人均收入达4830元，比1991年的1800元增长168.33%。

2000年后，重点发展水产养殖业、花卉业和农副产品流通加工业，农村人均收入以5%左右的幅度缓慢增长。2003年，北滘实施“科技兴农”和农产品质量建设战略，大力推进农业产业化，建立完善的农产品质量管理体系，全面提高农业竞争能力，农村人均收入5423元。2005年农村人均收入比2000年增加43.56%。2006年开始，北滘统筹城乡发展，农业带动第三产业、工业反哺农业、城市支持农村，农村人均收入7918元。2017年，北滘农村人均收入18843元，比2006年增长137.98%，年均增长8.2%。

第三节　居住状况

宋元时期，北滘居民普遍夯土墙建造房屋，砌陶瓦顶。

明清时期，居民多沿河涌两岸建房，成带状串连聚族而居。一般民居主要是“三间两廊”式布局，坐西向东，平脊瓦面、硬山顶、青砖墙，或有封火山墙。整座建筑平面呈长方形，一列三开间，由正屋（明间）、两廊和朝回组成。正屋为厅堂，两侧次间为居卧室，墙上开猫儿窗，后墙一般不开窗。屋前留有天井，或有水井，墙上设砖雕天官神龛，墙楣上饰以雕塑、壁画。天井两旁为廊屋，开门一侧作门房，多设土地神位，与街道相通，回字街门或设木趟栊；另一廊用作厨房。正屋设龙舟脊或博古脊，封火山墙采用镬耳形状，砌蚝壳墙，外墙角以大块花岗岩、红砂岩等作勒石。富裕人家多在“三间”后加建神楼，或在天井一侧加建房间。贫困农民多居住干栏式棚寮、茅寮，一般建在墩边堤畔或半跨河涌，以禾草、蔗壳作盖顶，用泥浆混稻草间墙或用树皮作墙。

民国时期，北滘居民居住砖瓦结构房屋，普遍人家三代同堂，居住面积普遍70—80平方米，富裕人家住青砖大屋，设厅堂、卧室、厨房、上下廊、天井，甚至融入拱券、罗马柱等西方建筑，面积逾120平方米。

1952年土地改革后，北滘农民陆续修建房屋，有产权的住房比例约为90%，其中住茅寮约占农村住房的55%。1980年，北滘人均居住面积只有10.5平方米，1989年增至14平方米。90年代，推行住房制度改革，镇区企业员工普遍购买已租公房。农民普遍建起3—4层砖凝结构房屋，设有阳台、厨房、卫生间。至1998年，北滘人均居住面积达24.41平方米，2001年增至32.38平方米。

2008年起，北滘镇开发经济适用住房，保障城镇低收入家庭的基本住房需求，单套建筑面积约为60平方米。2011年，启动广教保障性住房项目建设。2014—2017年，相继建设西海廉租房和碧江廉租房，共解决136户家庭住房问题，其中西海廉租房投资1600万元，占地面积3400.48平方米，建筑面积6785平方米，总户数为102户，2014年3月投入使用；碧江廉租房投资900万元，占地面积1353.87平方米，建筑面积2082.59平方米，总户数34户，2017年3月投入使用。

第四节　主要生活消费

1959 年北滘建制后，农业收成不稳定，农民生活水平不高；城镇居民生活结构简单，消费水平很低，物质短缺，基本凭票购买，消费支出主要为食品和生活用品，如粮食、食油、猪肉等食品和毛巾、肥皂等日用品，占总消费支出的 85%。1963 年后，农业生产丰收，城乡经济发展好转，收入基本用于满足日常生活需求上，而食品支出仍占总消费支出的一大部分。70 年代后期，许多家庭购买“三转一响”（自行车、手表、缝纫机和收音机），并形成消费热点。

80 年代前期，随着居民收入大幅增加，北滘镇城镇居民家庭平均每百户拥有自行车 252 辆、机械手表 284 只、缝纫机 88 台、收音机 72 台。80 年代后期，许多家庭开始购置“新六件”（彩电、冰箱、洗衣机、组合音响、空调机和照相机）。

90 年代，北滘居民食品消费水平有很大变化，鸡、肉、鱼、蛋等动物性食品消费显著增加；电脑、汽车相继进入千家万户。90 年代末，北滘镇城镇居民家庭平均每百户拥有彩电 130 台、电冰箱 110 台、洗衣机 110 台、电风扇 520 台、组合音响 55 台、照相机 50 台；教育文娱服务消费支出显著增长。

进入 21 世纪，居民的消费结构不断优化，趋向追求健康的生活、合理的消费。北滘居民渐渐习惯外出就餐。2004 年，北滘镇每百户城镇居民家庭拥有 27 辆汽车；交通和通信支出达到 18.8%；教育文化娱乐服务支出仍然是家庭支出的重要组成部分，子女家庭各类培训费用不断增加，文化娱乐支出达 12.6%，自驾车游成为北滘居民休闲活动的重要方式。2005 年后，以家用电脑、移动电话为代表的耐用消费品购买显著增加，居民家庭家庭耐用设备逐步饱和，小家电及数码产品消费持续上涨。2007 年底，北滘城镇居民家庭每百户拥有照相机 85 台、摄像机 9 台、微波炉 74 台、淋浴热水器 135 台、消毒碗柜 99 台、空调 237 台。2008 年后主要生活日用品支出的特点是：奢侈品、非必需品开支减少，教育文化娱乐支出略有上升。医疗保健支出大幅上升。

第二章　婚姻与家庭

第一节　婚姻

1950 年，颁布《中华人民共和国婚姻法》，废除封建婚姻制度，北滘农村大力提倡婚姻自由，居民普遍在男 20 岁、妇女 18 岁后成婚。

60 年代开始鼓励晚婚，成婚年龄农村普遍男 25 周岁、女 23 周岁以上，城镇普遍男 27 周岁、女 24 周岁以上。1974 年 1—9 月，北滘公社结婚登记 103 对。1978 年，北滘提倡实行婚事新办和男到女家落户。1979 年结婚登记 687 对。

1980年9月颁布新《婚姻法》，法定婚龄为男22周岁、女20周岁；政府同时提倡晚婚晚育，建议农村人口男25周岁、女23周岁以上，城镇人口男26周岁、女25周岁以上为晚婚年龄。对实行晚婚者给予表扬或奖励。1980年，结婚登记549对，男性晚婚率为90.66%，女性晚婚率为98.35%。1981年婚姻登记1491对。1982年结婚登记325对，晚婚率下降，男性61.58%，女性78.40%。1986年，根据《广东省计划生育条例》作出规定：按法定年龄推迟三年以上结婚为晚婚，实行晚婚者增加婚假10天。

90年代始，晚婚率持上升趋势，同时，离婚、再婚情况逐渐上升。1990年，北滘镇结婚登记789对，初婚1550人，再婚26人，复婚1对；离婚2对，私婚并补办结婚登记17对。1991年，结婚登记788对，初婚1535人，再婚41人；离婚2对，补办结婚登记12对。1993年，结婚登记824对，初婚1604人，再婚42人，复婚1对；离婚2对，补办结婚登记33对。1995年，北滘镇结婚登记776对，初婚1532人，再婚24人；离婚10对，私婚并补办结婚登记25对。

21世纪后，离婚、再婚更为普遍，晚婚率略有波动。2000年婚姻登记717对，离婚登记46对，离婚对数是1999年的2.09倍。2002年10月至2003年9月，女性初婚人数709人，其中晚婚率67.42%，低于2003年顺德区女性晚婚率的68.69%。2009年10月至2010年9月女性初婚人数1088人，其中满23周岁866人，晚婚率79.60%。2017年，结婚登记1154对，离婚登记417对，复婚登记95对，离婚对数是2005年的3.26倍，复婚对数是2005年的15.83倍；初婚人数1836人，其中男性908人、女性928人。

1980—2017年北滘婚姻登记情况统计表

表23—2—1　　　　单位：对

年份	结婚登记	离婚登记	复婚登记	年份	结婚登记	离婚登记	复婚登记
1980	549	—	—	1992	870	3	—
1981	1491	—	—	1993	824	2	—
1982	325	—	—	1994	693	4	—
1983	567	2	—	1995	776	10	—
1984	786	0	—	1996	824	10	—
1985	596	0	—	1997	894	27	—
1986	714	0	—	1998	661	23	—
1987	910	0	—	1999	705	22	—
1988	646	5	—	2000	717	46	—
1989	768	3	—	2001	806	42	—
1990	789	2	—	2002	703	34	—
1991	788	2	—	2003	877	83	—

续表

年份	结婚登记	离婚登记	复婚登记	年份	结婚登记	离婚登记	复婚登记
2004	1033	105	—	2011	1386	267	30
2005	1132	128	6	2012	1335	304	47
2006	1151	143	14	2013	1226	322	56
2007	1046	155	13	2014	1299	277	75
2008	1240	218	18	2015	1236	273	102
2009	1387	213	11	2016	1094	297	106
2010	1183	257	34	2017	1154	417	95

第二节　家庭

第二次全国人口普查，1964 年北滘公社共有家庭户 12319 户，总人口 51042 人，平均每户 4.14 人。

第三次全国人口普查，1982 年北滘公社共有家庭户 16191 户，占总户数的 99.4%。家庭户人口为 68980 人，占总人口的 96.69%；平均每个家庭户人口为 4.3 人。集体户 97 户，集体户人口为 2360 人，占总人口的 3.31%。

第四次全国人口普查，1990 年北滘镇共有家庭户 19192 户，占总户数的 98.48%。家庭户人口为 79743 人，占总人口的 95.51%；平均每个家庭户人口为 4.2 人。集体户 296 户，集体户人口为 3751 人，占总人口的 4.49%。

第五次全国人口普查，2000 年北滘镇共有家庭户 32970 户，占总户数的 76.88%。家庭户人口为 115403 人，占总人口的 69.39%；平均每个家庭户人口为 3.5 人。集体户 9913 户，集体户人口为 50922 人，占总人口的 30.61%。

第六次全国人口普查，2010 年北滘镇共有家庭户 74948 户，占总户数的 74.41%。家庭户人口为 200286 人，平均每个家庭户的人口为 2.7 人。集体户 25776 户，集体户人口为 70024 人，占常住人口的 25.91%。

北滘镇第二至第六次全国人口普查家庭户数及人口对比表

表 23—2—2　　　　单位：户、人

年份	1964 年	1982 年	1990 年	2000 年	2010 年
户数	12319	16191	19192	32970	74948
人口数	51042	68980	79743	115403	200286
户平均人数	4.14	4.3	4.2	3.5	2.7

第三章　宗教信仰和民间信仰

第一节　佛教

明清时期，北滘佛教僧尼、信徒与外地佛教界素有往来，明景泰年间（1450—1457 年）碧江僧人苏栋从肇庆鼎湖学佛归来，族人为之建金粟庵。据《顺德县志》（中华书局 1996 年版）记载，清代，北滘的庙宇庵堂共有 7 处：北滘海旁福田古寺［清道光年间（1821—1850 年）修建］、林头抖尘庵［清乾隆二十五年（1760 年）建，奉地藏、三圣、华光诸神］、马村黄佛堂［清道光年间（1821—1850 年）修建，祀黄南宥］、碧江金粟庵［明景泰年间（1450—1457 年）］、上马峰碧云寺［清康熙年间（1662—1722 年）苏姓建，乾隆丁巳年间重修］、龙涌节胜庵（明代，陈子达女为尼时建）、桃村指月庵。北滘佛教徒以女性为主，部分妇女居家带发“静修”，奉佛诵经，长年食素，定时聚集寺庵听讲佛法。

20 世纪 30 年代后期，佛教场所多被拆毁。50 年代末，北滘的庙宇庵堂共有 7 处，分别为北滘圩的清丽庵、三桂的莲新庵、坤洲的竹林庵以及碧江的福庆庵、禅胜庵、金粟寺、明照佛堂。60—70 年代，这些庙宇庵堂多被拆毁或易作他用，全社基本没有佛教正式活动场所。90 年代开始，恢复社会上的佛教活动，每逢农历二月十九、六月十九、九月十九、十一月十九观音诞，信徒集中庙宇举行拜祭活动；农历正月二十六，林头的村心古庙、莘村的观音庙、桃村的水月宫等都有观音开库活动。1998 年北滘镇登记的佛教非正式活动场所有 2 处，均位于碧江。

进入 21 世纪，部分社区、村居集资修建佛教寺庙。2008 年，在都宁风门坳建起都宁观音阁，占地面积 1999.8 平方米，建筑面积 350 平方米，由都宁股份社无偿划拨基建用地。供奉观世音菩萨，由释隆煜、释乾悟、释华杰 3 名僧人主持事务。每逢观音开库日及观音诞（农历二月十九、六月十九、九月十九、十一月十九），信众持鲜花、水果前来供奉，与主持一起跪拜读诵经文。年接待信徒 250 人次。2016 年 1 月，被顺德区民族宗教事务局批准为佛教固定场所。同年 6 月，观音阁僧人开始化缘募集资金，筹建天王殿、钟鼓楼、弥陀殿、药师殿等道场。

第二节　道教

清嘉庆年后，北滘的西滘、碧江、黄涌先后建起道教祭祀场所——三界庙、三元宫、玉虚宫。三界庙主要供奉三界公，三元宫主要供奉天官、地官和水官，信教人较少。1988 年后，西滘、碧江重修三界庙、三元宫，并开展相关的祭祀活动，拜祭时间为正月十五上元节、七月十五中元节、十月十五下元节，主要是 50 至 60 岁的妇人。

第三节　天主教

《顺德县志》（中华书局 1996 年版）记载：清光绪年间（1875—1908 年），天主教广州教区分别在顺德城乡建设 12 间天主教堂，其中有北滘水口天主教堂。由于天主教徒不能与外教人通婚，教徒主要靠婚姻关系及新生增长，且多互为亲戚，活动不太活跃。到 1942 年，南海籍神父梁德望定居北滘水口村，传教播道，在水口、上僚及邻近农村招收了一批信徒。

1964 年，北滘天主教教徒有 86 人，1975 年增至 97 人。1978 年，中共十一届三中全会后落实宗教政策。1982 年 6 月，顺德县天主教召开第一届代表大会，成立顺德县天主教协会，选举梁德望等 5 人为委员，负责全县教会事务。1990 年，北滘天主教领取宗教管理部门核发的成立宗教聚会点的文件，正式恢复教会活动，并集资 8 万元扩大重建天主教堂，占地面积 80 平方米，二层。1993 年教徒共 104 人。21 世纪后，天主教仍以家庭户为单位传播，2017 年，教徒约 130 人。

北滘镇天主教有四大瞻礼，分别是圣诞节、复活节、圣神降临节、圣母升天节。信仰活动主要是每周日早上及晚上，教徒集中在圣堂念诵经文。

第四节　基督教

《顺德县志》（中华书局 1996 年版）记载，清咸丰三年（1853 年）基督教始传入顺德部分城乡，牧师大概在同一期间传教于北滘。至民国 7 年（1918 年），顺德县共建立基督教会 18 个，其中包括水口教会。民国 14 年，广州“沙基惨案”发生后，教会活动受到波及，水口基督教会解散，至 80 年代末，教会仍无人管理，无宗教活动开展。

1992 年 11 月，北滘人黄买换和梁海涵夫妇在家中组织基督教徒聚会，建立北滘基督教教会。梁海涵夫妇在基督教大良堂接受洗礼，是北滘教会最先登记在册的信徒。1993 年，美国基督教牧师陈约翰与北滘教会交流，赠予圣经 50 本。1996 年，随着教徒人数增加，基督教聚会地点迁至教徒梁仲强开办的跃进路童乐托儿所。1997 年，设立北滘堂委会管理事务。1998 年，北滘宗教管理部门同意北滘基督教设立家庭聚会点（之前，北滘教徒参与基督教大良堂的聚会）。2003 年 11 月，顺德区政府宗教部门批准该家庭聚会点为“基督教大良堂北滘聚会点”，迁至河边街旧祠堂，累计信徒 88 人。2007 年，澳大利亚华人基督教教会牧师梁定仁来访交流，支持教会筹建新教堂。2010 年北滘镇基督教教徒人数增加至 348 人，北滘镇政府向顺德区提交“基督教北滘聚会点”转为“北滘堂”的申请，2011 年 1 月获准正式更名为“基督教北滘堂”，开始筹建新教堂。

自 2011 年后，基督教北滘堂每周都进行宗教聚会，逢周日安排主日崇拜活动，逢周二进行诗歌班学习，逢周三安排早祷会、青年团契，逢周四安排查经聚会，周六安排舞蹈团契。

第五节　民间信仰

北滘的民间信仰与珠江三角洲水乡河网密布，以农耕、捕捞为业的特点相关，明清时期祭祀的神明有：文帝、武帝、文武帝、天后（妈祖）、北帝、龙母、洪圣帝、康帅、南海神、医灵、三界、萧大天王、华帝、太尉（龙涌乡主）、姜嫄、金花等。

《顺德县志》（中华书局1996年版）记载“邑人最重祈祷，每乡必有神庙，谓之香主庙”，北滘镇民间庙宇多建于宋、元及其后，往往开村就有，至明代知县吴廷举、提学魏校“两毁淫祀”后仍“不可胜载”。清代，北滘具有一定规模的民间庙宇有：北滘的北帝庙、简岸三忠庙，林头的医灵庙、村心庙、三丈庙、珠光庙，碧江的三元宫，都宁的三忠庙、北帝庙，桃村的水月宫、接云庙（祀武帝），龙涌的灵山古庙、社仁庙、关帝庙、天后庙，高村的北帝庙，莘村的天后庙，西滘的三界庙，槎涌的四圣殿，龙涌的天后宫等。

北滘镇主要的民间信仰活动有庆神诞、迎神和打醮等，活动费用来源有民办乡助、私人合资、太公祖尝出钱等。北滘镇比较隆重的神诞包括北帝诞、关帝诞、龙母诞等，往往大摆斋宴聚会庆祝，延请戏曲班演出粤剧酬神。民国期间，遇上荒年时疫，农村多有迎神打醮之举。所谓“迎神”，就是把神像抬出庙宇“压邪”，迎神队伍抬着神像或神龛，以八音乐队跟随，吹吹打打游遍村中，然后把神像安放在指定位置焚香参拜，由僧尼道士诵经求福，鼓乐演奏，最后把神像送回庙宇。“打醮”是在醮坛或醮棚内高挂神像，然后请僧尼道士诵经礼佛、超度亡灵，人们自带香烛祭品参拜，有时甚至会“打双醮”。庆神诞、迎神和打醮一般都会聘请戏班、曲班前来演出神功戏或粤剧，以酬谢神明和增添热闹。

除了庙宇，北滘人的宅门外立有土地神位，店铺有供奉财神，路口、河涌边立有土地社。逢农历二月初二土地诞，居民各备酒饭在自家房屋前焚香燃烛，拜祭土地神。

第四章　方言

第一节　北滘方言

一、北滘话的系属

北滘区域通用方言为北滘话，在语言体系上属于广府粤方言中的“粤海片”。顺德基本属于纯粤区，分为大良片、陈村片、桂洲片、龙江片、均安片五个小片，而北滘位于顺德的北部，介于大良、陈村之间，又毗邻广州市番禺区沙湾镇，北滘话与陈村话、番禺沙湾话都十分接近，外地人难以分辨其中差异，所以语言专家不认为北滘话是个独立的语区。不过在韵母、音调和词汇的表达上，北滘话仍有典型的地域特色。

二、北滘话的语音

声母

p [b]	ph [p]	t [d]	th [t]	m [m]	f [f]	n [n]	l [l]	w [w]	ø
ts [dz]	tsh [ts]	s [s]	h [h]	j [j]	k [g]	kh [k]	kw [gw]	kwh [kw]	

注：中括号外是国际音标，中括号内是粤语拼音。

韵母

a 牙茶虾	ai 街排带	au 熬找包			
ɛ 茄写车		ɛu 猫饱胶			
i 飞试支		iu 桥笑表			
	ɐi 鸡米西	ɐu 油走头			
œ 靴坐朵			ɐy 吹醉衰		
ɔ 歌做波	ɔi 我代蔼				
u 夫鼓裤	ui 灰对梅				
y 猪去资					
am 南胆三	an 山产班	aŋ 横硬冷	ap 答鸭踏	at 刷辣擦	ak 百北麦
		iaŋ 轻病			iak 脊锡
em 咸嫌馅	en 拣眼闲	eŋ 兄兴兵	ep 甲呷	et 八刮蔑	ek 色织激
im 染盐店	in 钱件边		ip 接叶贴	it 舌跌列	
ɐm 心冚琴	ɐn 新分民	ɐŋ 灯崩能	ɐp 急立十	ɐt 笔罚袜	
	θn 春笋论	ɐŋ 双响娘		θt 律术戌	θk 药削脚
	ɔn 安半干	ɔŋ 王讲忙		ɔt 割喝拨	ɔk 角学落
om 含暗甘	ou 补雾粗	oŋ 东拱穷	op 盒鸽蛤		ok 足绿木
	un 官换盆			ut 活抹泼	
	yn 权断暖			yt 血夺月	
m 唔		ŋ 五午误			

注：1. œ 韵做单韵母时，开口度较大，在复合韵母 θy、θn、θŋ 及相应的入声韵中，开口度较小。

2. m 韵只有否定副词“唔”一个例字。

北滘话主要语音特点：

1. 声母特点

（1）北滘话有 n 声母，如“你”音［ni^{3}］，陈村话［lei^{3}］，广州话［nei^{3}］。

（2）不少 w 声母读为 f，如“黄”［fɔŋ^{33}］、“换”［fun^{11}］、“活”［fut^{1}］、“禾”［fɔ^{33}］、“镬”［fɔk^{1}］，广州话主要读为 w。不少 f 声母读为 w，如“花”［wa^{55}］、“辉”［fɐi］。

（3）部分广州话读零声母或 j 声母的，北滘话读 h，如“盐”［him^{33}］、“铅”［hyn^{33}］、“夜”［hɛ^{11}］、“远”［hyn^{13}］。

（4）部分古全浊声母读 ts、ts^{h}，一般广府片读 s，如“船”［ts^{h}yn^{33}］、“射”［ts^{h}ɛ^{11}］、“蛇”［tsɛ^{11}］。

（5）送气现象较多，如“件”［k^{h}in^{11}］、“旧”［k^{h}ɐu^{11}］、“等”［t^{h}ɐŋ^{35}］、“点（点解）”［t^{h}im^{35}］、“拣”［k^{h}en^{35}］、“挂”［kw^{h}a^{32}］。

（6）部分顺德话、广州话音发 t 的读 d，如“甜”［dim］、“田”［dim］、“头”［dɐu］；p 发 b，如“棚”［baŋ］。

2. 韵母特点

（1）北滘话没有［ei］，如“你”［ni^{3}］、“飞”［fi^{51}］、“皮”［pi^{33}］。

（2）ɔ 有部分字带 -i 尾，如“我”［ɔi^{13}］、“个”［kɔi^{32}］，与客家方言有类似之处。

（3）“佢”音［gy］，“坐”音［ts^{h}œ］，等音能快速辨认出北滘话。

（3）ou 音偶尔发 ɔ，如“做”［tsɔ^{11}］。

（4）θy 音部分读 y，如“去”［hy^{32}］。

（5）部分 a 韵、i 韵读 e 韵，如“呷”［hep］、“嗒”［tet］、“八”［pet^{32}］、“眼”［en^{13}］、“间”［ken^{51}］、“边（边个、边度）”［pen^{55}］、“炮”［p^{h}eu］。

（6）am、ɐm、ɐp 部分读 om、op，如“含”［hom^{33}］、“甘”［gom^{51}］、“盒”［hop^{1}］。

三、北滘话的语法

（1）“休（哓）”音［hel］，是完成体标记，相当于粤语完成体标记“咗”和普通话的“了”，其句法特点是：置于谓语动词和宾语之间，表示动作的完成，宾语有时候可以省略，成为“动 + 完成体标记”的格式，如“我食哓［hel］饭啦”；置于句末，如“我只手损哓［hel］”。

（2）“啲”音［di^{1}］，作“有啲”时是程度副词，表示程度不高，相当于“有点儿”；作“啲茄”时是代词，相当于“那些”。

（3）“哋”音［di^{2}］，在叠词后作修饰用，相当于“的”，如“乖乖哋”“怪怪哋”“傻傻哋”“热热哋”“红红哋”“臭臭哋”。

（4）“咁”音［gom］，广州话音［gam］，用在句首相当于“那”，用在句尾相当于“的”。

（5）北滘话有相当多结尾语气词，如“咖啵”“咖啦”“嘞吧”。

四、北滘话的地域性词汇

（1）北滘话有相当多词汇同普通话完全不同（但这些特有词汇，有的在粤海片中也有流行，并非北滘独有）。下面略举几例：

“揩”音［kai］、“俾”音［bi］，都意指给。“俾”音［bi］同顺德话音［bei］、广州话音［bei］完全不一样，又有“被”之意思。

“扯”，普通话仅为牵拉义，北滘话兼含离开、回去之意。

“谂”，普通话指审议、劝告；北滘话兼指思考、想办法。

“归”，普通话指回来，北滘话兼指家。如：“我谂都系扯返归好！”（我思量还是离开这里回家比较好！）

“恨”，普通话仅为怨恨义，北滘话兼含巴望、羡慕之意。

“海”，普通话仅指大海，北滘话兼指江河。

“揾”，北滘话指“寻找”。

“执笠”，北滘话指“倒闭”。

“开基”，北滘话指“下地”“落田”。

（2）北滘话较多运用形容词重叠式，往往能产生附加意义并伴随“量”的改变。主要结构有：

ABB式：单音加叠音。

黑盟盟、乌黢黢、光撑撑、灵蜡蜡、干萠萠、干争争、阔劈劈、窄篋篋、湿笠笠、老额额、密质质、肥淋淋、瘦唛唛、香匹匹、臭崩崩、凉沁沁、热辣辣、肥腯腯、矮磨磨、暖粒粒、冷冰冰、水汪汪、心思思、戆居居、牙擦擦、懵盛盛、慌失失、傻更更、烂□□［$pɛ^{21}$ $pɛ^{21}$］、眼定定。

AAB式：叠音加单音。

笠笠乱、蜡蜡灵、湿湿碎、迫迫实、廖廖高、卜卜脆、失失慌、扎扎跳、懵懵闭（神智不情）、郁郁贡（动来动去）、擒擒青、静静鸡、啰啰挛。

ABB式和AAB式组合能力基本相同，但不能修饰动词性成分。

AABB式：叠音加叠音。

他他条条、巴巴闭闭、走走趯趯、倾倾讲讲、姿姿整整、啰啰嗦嗦、稳稳阵阵、傻傻更更、翳翳焗焗、快快脆脆、企企理理、律律卒卒。

第二节　熟语、歇后语

歇后语，北滘俗称“缩脚语”，运用比喻、相关、谐音等修辞手法，通过“比喻——说明”式前后两截结构反映生产、生活和社会关系的隐喻性的俗谚。北滘的歇后语属于广州歇后语系列，结合本地方言特性，吸收本地风土人情入话，富有地方特色：

冇耳藤篋——靠托（“藤篋”，装物品的小箱子，没有了把手，只能用肩扛，所以叫“靠托”。托，暗喻“托大脚”，讽人抱大腿、拍马屁的意思）

卖鱼佬转行——冇声（腥）气（暗喻没了希望）

掘尾龙拜山——搞风搞雨（该地龙卷风称作“掘尾龙”，人们把造谣生事的人称为“掘尾龙”）

食猪红屙黑屎——当面见功

大佬倌出台——喺威喺势（作状）

盲眼雷公——乱劈（处事不问情由）

冇耳茶煲——得把嘴（只剩下嘴巴）

箩底橙——冇好货

屎坑关公——闻（文）唔得，舞（武）唔得

灶君老爷——口黑面黑

秀才手巾——包书（输）

墨鱼肝肚，鸡泡心肺——黑夹毒

十月茭笋——黑心

十月芥菜——起心

十月甘蔗——由头甜到尾

鬼五整钟——你唔行我行（“鬼五”，泛指蹩脚修钟匠）

龙船装屎——又长又臭

山顶屎坑——臭通天

六国大封相——出齐大老倌

无声狗——咬死人

生骨大头菜——种（纵）坏

阎罗王贴告示——鬼睇

黄皮树上鹩哥——唔熟唔食

纸扎下巴——口轻轻

大洲公食面——担梯

鸡洲公买鞋——越大越好

陈村种洗脚唔抹脚——靠揈［feng3］

陈村种——揾咁多揈咁多

勒流祠堂——姓廖（聊）嘅多

杏坛求雨——云（魂）都无

容奇电灯——有着有唔着

吉祐吹啲吖——各顾各

八坊老爷吹风扇——成晚无得瞓

豸浦佬看基围——唔襟食

第三节 谚语

北滘的谚语，是粤方言的分支顺德话的通俗韵语。有鲜明的乡土特色。它高度概括总结生产、生活经验，运用比喻、对比、对偶、借喻的手法把哲理形象化，具有哲理性、训诫性、形象性。

千金难买春头旱。

雷打惊蛰前，岗边可种莲。

惊蛰闻雷响，食饭唔使抢。

清明有南风，时年必大风。

立夏吹北风，十个鱼塘九个空。

早禾望白撞（白撞雨），晚造望秋霖（夜雨）。

耕田唔除虫，惨过地丢空。

七月落金，八月落银，九冬十月落泥尘。

禾怕寒露风，人怕老来穷。

人往高处好，鱼要过塘大。

种禾又种瓜，朝摸田螺晚捉虾。

识字要读书，耕田要养猪。

北滘有一类韵语介于谚语和成语之间，重描述不重判断，哲理性没有谚语强，语言也没有谚语整齐，却更通俗形象。被称之为“口头成语”或统称“俗语”“俚语”。如：

憎人富贵嫌人穷。

官字两个口，农民咪唷口。

你做初一，我做十五。

拳头在近，官府在远。

手背系筋，手板系肉。

千拣万拣，拣个烂灯盏。

食边家饭，睇边家门口。

越穷越见鬼，肚饿倒泻米。

好柴烧烂灶，好头戴烂帽。

宁欺白须公，莫欺鼻涕虫。

山高皇帝远，海阔疍家强。

有情饮水饱，无情食饭饥。

屙尿唔出赖地硬，屙尿唔出赖风猛。

第五章　民俗

第一节　生活习俗

一、饮食习俗

北滘镇处于“食在广州，厨出凤城”的广府饮食文化圈，饮食习俗与珠江三角洲一带各地相近。中华人民共和国成立前，该地生活水平低，多数居民习惯一日两餐，或者餐粥餐饭，农忙才吃三餐。中华人民共和国成立后，人民生活水平普遍提升，绝大多数家庭一日三餐，以米饭为主食，烹制各式家常菜馐为副食。有吃海鲜水产、蛇虫的习惯。由于天气炎热潮湿，北滘人常用汤水、凉茶、炖品补充水分，调理身体。重视食药两全，夏秋菜力求清淡，以消暑祛湿为主；冬春菜偏重浓郁，以滋补营养为佳，天寒时多“打边炉”（吃火锅）。在顺德美食的熏陶下，北滘人讲究“火候”“真味”，要求食材鲜活，菜肴“家常”却追求“精妙”。烹制技法包括煲、蒸、焖、焯、炖、煮、烩、滚、炒、浸、煎、炸等，夏天多用蒸、焯、滚、浸保持清爽口感，小炒常用“大镬猛火”锁住原味；秋冬多炖、焖、焗、煎，味道浓厚甘润。常以性温的蜜枣、陈皮等调味，极少运用辛辣刺激的调味料，味道清淡自然。

早在清代时期，北滘圩镇居民有“饮早茶”的习俗，民国更为盛行，甚至出现饮午茶、饮晚茶，至抗日战争前最为鼎盛，圩镇的繁华路段都开设茶楼，据不完全统计，北滘有茶楼逾百家，其中颇具规模的有北滘的大同茶楼（20 世纪 80 年代初关闭营业），林头的兆年楼、飞龙茶楼、新市茶楼以及碧江的桥珍楼、碧云茶楼、合和茶楼。

北滘人早、午、晚三顿很有规律。早餐以粥品、糕饼、粉面、包点为主，日常正餐有汤水，菜色口味时令性强，或配以咸鱼、头菜、榄角、腐乳等佐膳。每逢年节、喜庆，菜肴丰盛，多为顺德传统菜式。北滘人爱吃粥，粥品种类繁多；白粥、肉粥、豆粥、蛋粥、蔬菜粥等，“粥底”讲究鲜甜香滑，用珧柱、猪骨、鱼骨等熬成，放入陈皮调味，肉料“生滚”，讲求新鲜嫩滑，另外加炒粉、炒面或菜肴佐食。

1979 年后饮食呈现多样化，各乡村陆续开设不同类型的中西式餐厅、茶楼、酒家，兴起下午茶、夜宵。20 世纪 80 年代后，适应外来务工人员大量增多的情况，具有地方特色的小食店、小餐馆相继开业，旧式茶楼逐渐被酒店、餐厅和高档酒楼所取代。

北滘特色菜式有香芋夹肉、钵仔禾虫、烧鹅、蟛蜞子、虾仔云吞面、桑拿鸡等。

二、衣着服饰

明代，北滘男性多盘发、戴头巾、手持苏扇，多穿蓝、黑袍或青、白色衣衫，足着鞋袜；妇女多穿荆钗布裙或便服，着布履；富贵人家妇女身穿绫罗或锦绣衣裙，蓄发带包头，配以珠、玉、金、银、宝石的钗、簪、环类的饰件，足穿珠履或布鞋。

清代，文人穿长衫马褂，戴瓜皮帽；富家女子穿锦袄长裙，袖口、衫裤脚都有花边装饰。平民多穿蓝、黑土布衣服，男装是对襟或左衿衫，女装是右衿衫，宽袖镶边，长至膝盖。清中叶时期，衣服略多款式，林头、北滘等地精于刺绣，也用以装饰衣服。农村以麻布、蚕茧布造衣，流行男女同款的麻包衫式上衣，以男式对襟衫为基本型，无领，左右有两个无盖下袋，不易磨损又能适应湿热气候，便于田间活动；农民夏天多穿俗称“背褡”的无袖对襟背心，下身为大裁裤、牛头短裤，戴布边凉帽、竹织帽，脚穿木屐、草鞋或赤脚。清代后期，无论男女，都穿宽衣阔袖的大襟衫、宽筒裤，裤脚有时以带束住，衣领不高，叫“风领”。富家男子及商人、知识界多穿绸或“阴丹士林”布长衫，戴毡帽，着礼绒或绸面鞋，露出“陀表”（怀表）的银链子作为装饰。富家妇女多穿旗袍或绸缎长裙，搭配饰件，脚穿软皮或缎面平底或带跟鞋。

民国初期男子礼服为长衫马褂、女子“上袄下裙”形制，随着着装规定的废弃和洋布料的引入，服饰进入多元化时期。发型方面，男性多为俗称“陆军装”的短发平头，知识界和公务员多留比平头装稍微长的俗称“西装”的欧美发型，不少农民剃光头；女性则梳长辫、挽髻。男服以长衫马褂、唐装衫裤为主流。民国后期，男子穿中山装、西装、大褛和当时称为“夏威夷恤”的衬衫。青年人尤其是学生多穿“五四装”。

北滘人为了适应多雨潮湿的气候，习惯穿草鞋、木屐，既耐水又防滑。20 世纪 60 年代后期逐渐被塑料、皮革拖鞋和凉鞋取代。

50 年代前期，唐装衫裤仍很普遍，中后期开始被列宁装、军干装、青年装、衬衫西裤以及由中山装演化出来的文装替代，穿平底布鞋或凉鞋。服饰颜色以蓝、灰、黑、绿居多，用料为斜纹布、竹纱布、灯芯绒之类。发型方面，留短发“西装”的男子较以前增多，中青年女性多改为短发学生装、梳孖辫或烫卷发。

20 世纪 70 年代后，男子冬春季一般多穿西装、夹克、长中款短褛，下身穿喇叭裤、萝卜裤、直筒裤和牛仔裤，或运动服；夏天多为猎装、衬衣、T 恤以及长裤短裤，脚多穿皮鞋、凉鞋、运动鞋。女子穿西装、长款或短款外套、夏天多穿衬衣、T 恤、连衣裙以及长短裙、裤，鞋子有各种跟高的皮鞋、凉鞋或运动鞋，无论是服饰还是配件，款式都远比男装多样化。衣物用料除棉质外，还有绒、丝、麻、尼龙、化纤混纺和皮革等。

第二节　岁时习俗

一、春节

“春节”，北滘民间称“过年”，从农历十二月十六（尾祃）到正月十五（元宵）为止，年前驱邪除秽，岁后迎新纳福。

进入腊月中旬，开始准备应节食物、喜庆物品，包括煎堆粉角、糖饯果品、茶酒油酱，以及年画、挥春、鞭炮等。腊月二十三至二十五日“祭灶”，也叫“谢灶”“送灶神”，一般是“官三（廿三）民四（廿四）疍五（廿五）”的习惯。各家各户打扫神位，置烛、酒、烧肉、鸡、糖果祭祀，希望灶君“上天言好事，下界保平安”。腊月二十四“入年关”，要“开油镬”炸炮谷、煎堆、油角，蒸糕。煎堆寓意一年富有，油角粤语谐音“入阁”，萝卜糕、马蹄糕、伦教糕、九层糕等寓意“步步高升”。“年廿八，洗邋遢”，家家户户扫屋掸尘，用碱水或以柚叶、黄皮叶煎水洗涤家具，除陈迎新；二十八至三十，人们结伴“行花街”，选购年花盆桔。腊月二十九至三十“上挥春”（贴春联）辉映门楣。腊月三十，家家户户例行把鲮鱼、烧肉、桔等食品放进米缸里，用红纸写“常满”贴在米缸外，称为“责（压）年”，寓意来年丰衣足食、年年有余，这些食品要到正月初二开年后方能食用。年三十晚的团年饭非常重要，菜肴都取吉利之意，寄望一家团聚、吉祥安康。团年饭后，儿童手提灯笼、红鸡蛋和几炷香，结队上街，唱“卖懒卖懒，卖到三十晚，人懒我不懒”等歌谣，到土地庙把香插上，沿来路返家边走边吃鸡蛋，以示懒惰卖掉，去除不良习惯，来年勤奋读书。新旧年交接之际，人们会到附近的寺庙参拜神佛，争上“头炷香”，又在家拜祭祖先，争烧“开门炮”，此时爆竹声此起彼伏，通宵达旦。

正月初一子时祭祖，天一亮就开启门户，开门迎财神，小孩起床便穿新衣给长辈拜年祝福，长辈会回赐一封“利是”。家人相互祝福，出门说道贺话语。正月初二为开年，也叫“开斋”，祭神祀祖后便设开年饭、置开年酒。菜式多样且皆取意吉祥，鸡与“机”同音，是必备菜式，寓意“有机会”，其他菜式如烧肉有“身体健康”之意，“蚝豉冬菇发菜”即好市金钱发财，“发菜猪手（脷）”即发财诸事就手（得利）。是日开始向族外亲友拜年，外嫁女归娘家。正月初三俗称“赤口”，即“口角之争”，为避免是非，不进行亲友间的登门拜年活动，初四起继续，直至初七。正月初七是“人日”，家家户户祈福酬神，吃“及第粥”。及第粥由猪肝、猪肚、猪肠、肉丸等合煮成，意指寄望在科举考试中取得好成绩。

1980 年后，在春节期间北滘镇政府组织各种文娱活动，增强节日气氛。1992 年开始每年举行大型烟花盛会。2006 年后，北滘镇把传统春节文化活动纳入“嘉年华”项目活动，举办书画展览、演出、游园会、文艺晚会等应节活动。

二、元宵

农历正月十五元宵节又称上元节、“灯节”。正月十三在厨房里“点灶灯”，称“试灯”。十四日起，摆挂花灯。正月十五，家家祀神上供，游灯、赏灯、放花炮、猜灯谜、出会景、唱大戏。抗日战争前，每年元宵节，碧江都会举行由童男童女扮演古典故事人物游行，有管弦乐随行传奏，称为“出色”，所到之处，引得万人空巷。

元宵节还有一个重要的习俗“庆灯”，“灯”与“丁”谐音，意指添丁。凡上年新生男丁的人家在家中神像前挂灯，备烧肉、水果等酬神，称“开灯”；并向邻里分发咸榄、甘蔗、酸姜、酸萝卜等。同时还须到本族祠堂或村庙悬挂花灯，俗称“出灯”，将新生儿名字载入族谱，在祠堂摆“灯酒”宴客，谓之“报丁”。这期间祠堂中门大开，大堂两壁高挂列祖画像，两侧悬挂着宗氏新生男丁的谒祖花灯。

21 世纪后，北滘镇政府组织元宵赏灯、猜灯谜活动或舞龙、舞狮表演，丰富村民文化生活。

三、清明

清明节是祭祖扫墓的传统节日，俗称“行清”“拜山”。清明节前四五天，人们便在祖宗牌位、门口插上或挂上柳枝，意在摈挡无人祭拜的“游魂野鬼”。

北滘氏族有拜“太公”（祖先）的习俗，外出的叔伯兄弟普遍回来参与，清明上午氏族男丁首先集中在祠堂祭祖，然后男丁抬着烧猪、烧鹅、烧酒、糕点、果品和香烛前往“上坟”。先铲除杂草，连“草皮”一阴一阳地压在墓首、“山手”（墓两边），中间压白纸钱，然后摆开祭品，点烛装香、烧纸钱、金银衣纸等，依长幼顺序拜祭。扫墓结束后，祠堂按男性人数分猪肉，50 岁以下每人一份，50 岁以上或有功名者按等级领双份或若干份。拜完“太公”后，各家才拜奠自家的祖先。

中华人民共和国成立后，妇女不扫墓的旧俗被破除，20 世纪 80 年代兴起团体祭扫烈士墓的风气，组织中小学、企事业单位到西海烈士陵园进行扫墓活动。

四、端午

端午节俗称“端阳节”“龙舟节”。龙舟活动是北滘镇最传统、最隆重的节庆活动，包括游龙和赛龙。北滘、林头会举行游龙活动，俗称“扒斯文龙”，又称“趁景”，指插满彩旗罗伞、鼓乐整齐的龙舟巡游，侧重展示表演技巧和龙船装饰。每年四月初八浴佛节前后，村民择好吉时举行仪式，将埋在河涌或吊在祠堂内的龙舟请出，清洗抹油。端午节前，龙头从龙舟柜中取出，贴上净水符，嘴中塞入黄皮叶，船上装上龙头旗、帅旗、罗伞、龙尾旗，鼓、铜锣、笛子奏乐。出游经过寺庙、河涌口、桥底或事故发生位置，老龙舟人都会将烧入净水符的姜、醋、饭、黄皮叶混合物洒入水中，用以辟邪去晦。龙舟活动结束后，村民会争相到龙船划过的河涌中洗澡或洗脸，俗语称“洗过龙舟水，乜病都没晒”，寓意去掉身上的秽气，体格健壮。中午或傍晚时分，村中老少集中到村中祠堂或河边空地吃龙舟饭，以求沾龙舟灵气，龙精虎猛。

北滘乡村河道窄小，许多村庄采用木艇，作为龙舟巡游，俗称为“扒草艇”。20世纪60—70年代，碧江、广教年年都举办“扒禾桶”，村民将各家自备的农耕工具“禾桶”运到江边，进行比赛。禾桶呈椭圆形，方向不易掌握，前进与后退的技巧难度更大。

北滘人用柊叶、蕉叶等包糯米粽子，加入绿豆、五花肉等。

五、七夕

农历七月初七是为七夕，又称“乞巧节”“七姐诞”。乡村少女组成七娘会，集资筹备用通草、色纸、芝麻、米粒等材料制作成花灯、仕女、器物、宫室以及牛郎织女、银河鹊桥等场景，用竹、木、纸、泥等制作梳妆盒和梳妆盘，陈列在地堂（祠堂前的空地）供街坊观赏，称为“摆七夕”。七夕前夜，人们汲河水或井水，封贮在瓦坛内，称为“七月七水”，认为用以合药对治疗疮疖热毒有效用。七月初七当天，把提早浸发的谷秧和绿豆连根取出，露天吸雾再串吊风干，称为“七月七秧”或“拜神菜”，作清热解暑药用。晚上少女们盛装打扮，摆设香烛、果品、鲜花祝祭，称为“拜七姐”。

六、中元盂兰节

农历七月十四，俗称“鬼节”，祭奠“游魂野鬼”。农历七月初一至十四，家家备酒肴果品祭祀祖先的同时，在门前、河边或街口焚烧衣纸祭祀无主孤魂，俗称“水流衣”。节日当天，部分村举行“盂兰盛会”，延请僧、巫、道、尼等搭醮坛诵经，超度地方亡灵，历时三或七昼夜。迄今民间仍有“烧衣”祭祀习俗。

七、中秋

中秋节，北滘有“冬唔饱，年唔饱，八月十五得餐饱”之说。这一日，家家户户吃月饼，团圆吃晚饭，饭后拜月、赏月，啜田螺、剥熟芋、开柚子、拗菱角、尝水果等，童孩提着“月华灯”（鱼虾瓜果形状的灯笼）、花灯、鱼灯、柚皮灯等踏歌上街，至深夜才尽兴而归。部分人家会用长杆挑起各种彩灯以示庆祝，名为“竖中秋”。21世纪起，北滘镇政府在中秋节组织各类庆中秋活动。

八、重阳

农历九月初九重阳节又称“重九节”。北滘有登高的习俗，人们到都宁岗登山，趋吉避凶，祈求运来福来。许多家庭蒸松糕。1989 年，广东省把九月初九定为“老人节”后，每年北滘各村都会举办重阳敬老活动。

九、冬至

冬至与春节、端午、中秋并称传统四大节日，北滘民间把这天称为“过冬”。不少地方有联宗祭祖、打醮酬神等习俗，民国之后渐不兴行，简化为烧香设供、祭酒叩拜。

饮食方面，北滘俗谚“冬大过年”“肥冬瘦年”，一般家庭非常注重冬至晚餐，杀鸡宰鸭、蒸糕、煮汤圆等团聚。

第三节　礼仪习俗

一、婚姻

民国时期，北滘婚俗繁琐。婚前礼严格遵循“三书”“六礼”的程序。“三书”即男家在“定吉”“纳征”“御轮”三礼序时送给女家的“礼书”；“六礼”即需要经过纳采、问名、定吉、纳征、请期、迎亲六项礼仪。“纳采”又称“采择”，相当于“提亲”“说媒”，是婚姻程序的开始，男家遣媒妁往女家议婚、提亲，若女家有意，则双方“问名”，延请算命先生“合八字”，甚至“通三代”查问父祖辈健康状况，有无恶疾、恶习。确定双方及家人的出生年庚无“相克”后“过文定”，即订婚，男家通过媒人向女家馈赠定礼。之后，男家约同媒人“过大礼”，带备聘金、礼金及聘礼到女家中，称之为“纳征”，婚约便正式定立。男家择定成婚的良辰吉日后将婚期吉日书送至女家。迎亲之日，新郎在亲友陪同下到女家迎娶新娘，用花轿接新娘，随后新郎和新娘拜天地、祖先，向各位长辈敬茶，晚上大摆宴席招待亲朋好友。

进入 20 世纪 80 年代，盛行自由恋爱，但传统婚礼仍沿用旧习，虽非“三书”“六礼”齐全，仍囿于繁文缛节。通常由双方择定婚期吉日，按照大妗姐要求各自准备婚礼物品，男家向女家送上聘金和礼饼，女家分送礼饼给亲友邻里。双方提前发出请柬，亲友们在婚礼举行前或者在婚礼当天送上红包、贺礼以示祝贺。新婚前夜，女家亲友到女家“送嫁”，吃鸡粥和“糖茶”。婚礼当天，新郎在“兄弟”（又称“会友”）的陪伴下，在吉时内到女家“接新娘”，新郎新娘向女家亲属行礼敬茶，长辈会给新人赠送饰物。之后由新娘姐妹（女友）搬嫁妆，新娘与新郎同车到达男家，在大妗姐指引下拜天地、祖先，向男家父母和亲属行礼敬茶，长辈给新娘赠送饰品。晚上设宴款待亲友邻里。90 年代，兴起男女两家联合设宴招待双方亲朋好友。2000 年后，婚后礼多变为“二朝回门”，新娘携带烧肉、猪肉、猪肚、猪心、猪肝等回娘家，娘家回礼猪肚丁，寓意“早生贵子”。

明清至民国时期，珠江三角洲地区桑蚕缫丝业发展很快，顺德首先形成一种畸形的婚俗，北滘与其他地方一样，有的妇女为逃避包办婚姻和夫权压迫，蓄意要过独身生活。当时，未婚女子应留辫不梳髻，“梳起”女子结成发髻，表示终身不嫁人，自此称为“自梳女”（年岁大后均被称“姑婆”和妈姐）。“自梳”后在母家生活，或独自谋生另屋居住，或合资建“姑婆屋”相互照应。“自梳”还有另一种假婚形式俗称“不落（夫）家”，即女子担忧去世后“神主牌无处安放”，不得不采取“假结婚”，在选择夫家时就订明不住夫家、不生育，部分妇女承诺给钱让丈夫纳妾，称为“赔良”，俗称“买门口”。大多数不落家妇女三朝回门后便长居娘家或住在“姑婆屋”，每逢过节及红白二事仍须过门执事，终老时由男方接回送终，遗产由庶出子女继承。20世纪20—30年代丝业衰落后，自梳女多流向广州、香港、东南亚等大城市，以做“妈姐”（保姆）为生。到20世纪60年代后“自梳女”现象逐步消失。

二、祝寿

北滘人同广府各地庆祝生日的习俗一样，有些特定的规矩。小孩子生日，父母会准备红鸡蛋，“吃红心蛋”，取其有“雄心”之意。十岁前后，特意加些肉类，借小事打他，以告诫其勿娇生惯养，因此北滘民谚有“大人生日有鸡㓥，细佬生日有得打”之说。

男女做寿在年岁上有所不同，男人做寿逢“十”，女人做寿逢“一”，俗谓“男做齐头，女做出一”。做寿有简有繁，以其家底和身份而定，常见的祝寿礼品以寿桃、寿面、新衣服最为常见，隆重者有寿联、寿幛，晚上设宴招待贺寿亲友。因“四”与“死”谐音，北滘民间对41岁生日有忌讳，不庆贺。

三、乔迁

北滘有“新房忌空室”之说。新屋竣工后，及时乔迁新居。乔迁时，先祭门神，请本族长辈中一对多子多孙的夫妇来开大门，主家肩挑手提着物品列队顺序进入大门，分别有火炉、米谷豆类、豆腐和米糕、一笼母鸡和小鸡，跟随其后进入的人不论男女老幼，都要肩挑或手提家具、用物，借以祝福主家迁入新居后日子红红火火、五谷丰登、发家致富、家庭兴旺。其后，主家设宴款待族中长辈、亲友、泥瓦匠、木匠、帮工等，庆贺乔迁之喜，亲友则馈赠各种贺礼，多为家庭实用品，必有芹菜、青蒜、豆腐、发糕和鞭炮、门红，祝福主家勤劳、善算、发家致富。

四、丧葬

北滘丧葬习俗有：送终、出厅、呼号、服孝、报丧、买水、小殓、大殓、成服、安座、设灵堂、吊唁、安葬、上神主牌、做七、百日、周年、脱孝等多个繁琐环节。

人死后，门口置蓝字腰形竹织灯笼，上书死者年岁，俗例加天地人三岁，俗称“死人灯笼报大数”。死者身着寿衣，置厅堂左侧，双脚朝外。家属挂孝，寝苫（稻草)、枕块（泥砖），点燃白烛、油灯，焚纸钱，在遗体旁哭泣，俗称“举哀”，当晚子孙守孝，僧尼诵经。亲友前来“奔丧”，送上“宝烛金”，陪家属守灵，俗称“守丧”，关系密切的还会“坐夜”。次日入殓前，长子在亲属陪同下担幡至附近涌边，丢下铜钱数枚，取水一罐，俗称“买水”，为死者沐浴更衣、煮“寿饭”，是为“小殓”。移尸入棺，是为“大殓”。按择定的时辰出殡，蓝灯笼及哀乐先行，主家戴孝一路撒纸钱，随棺送至下葬地。回到家后设“神主牌”致祭，斋酌款客。葬后3天，儿孙辈“拜新山”，每隔七天家祭一次，俗称“做七”。丧礼仪式共49天，以头七、三七、尾七最为隆重，请僧尼诵经超度亡灵。百日在家中为亡者设灵位，称之为“上高”，丧礼告一段落。

1998年推行殡葬改革，逝者实行火化，一般送遗体至殡仪馆，部分人在殡仪馆举行追悼仪式，死者家属、亲友、同事等到场致哀吊唁。骨灰安放在殡仪馆的骨灰楼或葬于永久性公墓园，农村少数将骨灰存放家中。

第四节　禁忌

北滘民间在饮食方面有很多禁忌。在餐桌礼仪方面，吃饭时不能趴在饭桌上，坐席位不能主次不分；同桌吃饭，忌先于长辈进食，夹菜忌翻底夹肉、忌“飞象过河”（即越过菜盆夹远离自己一侧的菜）；筷子忌插在碗中央，不用一只筷子，不用“鸳鸯筷”进食（意为成双成对不可分离），忌用筷子敲打碗碟（认为是乞丐讨饭的举动）；宴席要因人设筷，不可多于出席人数；如有长者新丧，可留筷于上位以示悼念；和渔民共餐不能把鱼翻转。菜肴也有禁忌，春节用猪手做菜忌用左手，“左”与“阻”同音，谓之“阻手阻脚”，即事事不顺，右手意思是“就手”，即事事顺利。孩童进食的一些禁忌，吃饭不能用碟子盛，否则肚量浅；小男孩不能吃隔夜蛋以及“鸡忘记”（鸡的脾脏）。

北滘人讲话讲究意头，忌讳“蚀”“输”“干”“空”“血”“失”等不吉利的词句，凡近乎不吉利的就换个说法。很多语忌和饮食有关，如“猪舌”叫“猪脷”、“猪肝”叫“猪润”、“塘鲺”叫“塘利”、“丝瓜”叫“胜瓜”、“龙虱”叫“龙利”、“干杯”多说成“饮胜”，其他如“通书”叫“通胜”、“空屋”叫“吉屋”，中秋节唱的木鱼书“月光书”叫“月光赢”，“伯姆”改称“伯娘”。

孕妇的禁忌。孕期不能攀爬提物，保持心境平和，不动“胎气”；孕妇忌接触刀具、剪刀，禁忌摘果子；忌接触婚假事宜，如参加婚礼，观看嫁娶，进新房，吃喜糖喜酒等，认为“喜冲喜”，对双方都不利；忌接触“红白”礼仪和食品，禁忌接触丧葬事物，如“做功德”、祭灵、入殓、出殡、入丧家等，即使孕妇是丧家的亲人也要避开丧事，认为丧事是“凶”，以“凶冲喜”对胎儿孕妇不吉利；禁忌接触神事、参与祭祀、靠近神龛等，认为孕妇“不洁”，会污染圣地、冒犯神灵；孕妇忌看龙舟赛事。饮食方面孕妇也诸多禁忌，不能吃“屈头鸡”（没孵出蛋壳的小鸡），忌吃生姜、兔肉、田鸡、章鱼、螃蟹、无鳞鱼等，忌生人进产妇房，谓之“踩生”，俗说会吓出婴儿的“脐带风”。婴儿出生不宜立即起名，多以乳名代替；不对婴儿说“好靓”，只说“丑样”之类的话。

丧葬方面，父母身亡一年内不办喜事，家中有丧事过年忌开油锅。死者遗体放置家中至出殡前，香烛不能断，中途熄灭被视为不吉利，忌妇女送灵下葬。

第六章　精神文明建设

第一节　机构

1986 年，中共十二届六中全会《关于社会主义精神文明建设指导方针的决议》发布后，北滘镇加强精神文明建设的领导，广泛而有序地开展群众性精神文明创建活动。1988 年，成立北滘镇精神文明建设领导组，为领导协调机构，下设交通管理、市场管理、环卫等专业队伍；村、办、厂成立精神文明小组负责指导和开展工作。1990 年 5 月 23 日，成立北滘镇精神文明建设领导小组。1990 年，成立北滘镇精神文明建设综合治理办公室。

北滘镇精神文明建设的发展经历三个阶段：1986—1995 年为起步、探索阶段；1996—1999 年为全面启动、取得突破阶段；2000—2017 年为提高、延伸、辐射阶段。

1996 年，中共十四届六中全会《关于加强社会主义精神文明建设若干重要问题的决议》发布后，北滘镇坚持“两手抓、两手都要硬”的方针，物质文明建设和精神文明建设相互促进、协调发展，城乡文明程度和个人思想道德素质有明显提升。1999 年北滘镇被评为“全国创建文明村镇先进单位”，2005 年获“全国文明镇”称号。

第二节　创建活动

一、文明镇创建

1986 年始，北滘镇将优化城镇环境作为精神文明建设重要工作抓，按照高标准、规范化的现代化城镇方向推进。1992 年投入大量人力、物力、财力整治镇容镇貌。1994 年，以改善旧城区为重点，从根本上改变城镇环境滞后于经济发展的被动局面。

实现道路硬底化，建设地下水道排水系统。至 1989 年，北滘镇道路硬底化率 90%，下水道覆盖率 90%。1990—1993 年，新建工业大道（蚬华至三乐路口）、蓬莱路、兴顺路、新基路、济虹路等，扩宽林西路，重建简岸桥。1994 年，新建水泥路 12596 米，其中 10 米宽以上的达 4170 米，新建大小桥梁 37 座。1996 年，新建建设路、双桥路，完成东风路西段、跃进中路和蓬莱桥改造。1998 年，北滘镇全面推进城乡交通网络建设，完成国道 G105 线北滘路段工程，新建城区建设路、上水路，扩建改造林上路，新建现龙桥、林港桥，形成以道路、桥梁为骨架的城乡一体化布局。

提高全镇自来水、能源普及率，解决好与人民群众利益相关的“吃水难”“用电难”等问题，1988 年扩建自来水厂，配备水质化验室（包括林头、北滘、三洪奇），水管从原有覆盖北滘中心地区扩展到林头、广教、黄涌、槎涌管理区。自来水厂日供水量从 1989 年 0.3 万吨增至 1992 年 2.4 万吨。全镇自来水普及率 1991—1993 年分别为 38%、43%、77.35%。1994 年普及率达到 100%。1998 年，北滘镇率先在顺德市完成镇、区 110 千伏和 10 千伏环网供电改造工程和城区内 10 千伏电线电缆地埋工程，用电普及率达 100%。

完善基础设施建设。1989 年，新建市场和日用百货市场，改善市场干、湿、百货不分的状况。90 年代，并南源市场、北滘市场，改造为多功能市场，把原北滘中学旧教学楼改造称水果市场。市场卫生环境有了很大改善。

2005 年，北滘镇建设“和谐北滘”，以“三贴近”（接近实际、贴近生活、贴近群众）为原则，开展文明村、文明社区等创建活动，获“全国文明镇”称号。

二、文明村、文明户创建

1991 年始，采用以点带面、逐年普及提高的方法，开展创建文明村、户活动。1991 年各管理区抓一个村，1992 年普及到村数的 30%，1993 年增加到村数的 85%。要求文明村“七化”“八风”和文明户“十条标准”，每年底进行评选。

整治村容村貌做到“七化”：村头标志化，道路沟渠硬底化，吃水自来水化，厕所卫生化，禽畜专栏化，保洁经常化，村前村后绿化、美化。

建设文明村风建立“八风”：爱国爱乡风、遵纪守法风、兴文重教风、敬老爱幼风、邻里和睦风、计划生育风、婚事新办风、丧事简办风。

1991 年，碧江被评为佛山市“十佳文明村标兵”。

1992 年，北滘镇评出“文明村”20 个，碧江中心村、槎涌赤花村等被评为北滘镇“十佳文明村”；碧江中心村分别被佛山市、顺德市评为“文明村标兵”；碧江被顺德市评为“文明管理区标兵”；“全镇评出文明户”6901 户，占开展活动村总户数 78%；北滘镇评选出的 10 户“百佳文明户”被顺德市评为“百佳文明户”。

1993 年，评选出“文明户”17592 户，占开展活动村总户数 84%；碧江获得“广东省文明单位”称号。

1994 年，碧江评出 59 户“文明户标兵”。

1999 年，上僚、三洪奇、林头、北滘村（街道）被评为“顺德市文明村（街道）”；西滘村周少兰家庭获“顺德市文明户标兵”称号。

2003 年，北滘社区、西滘村等 12 个单位获顺德区精神文明先进奖。

三、社会道德建设

1981 年，北滘公社印发《整顿北滘圩交通秩序和环境卫生报告》，号召各大队优化市政建设、交通秩序和环境卫生工作。80年代末，把加强城镇管理作为精神文明建设的重要方面；成立综合治理管理队伍，包括市政建设监察队、交警中队、市场管理队、文化市场管理、食品卫生监督组等部门负责交通、环境、卫生等综合治理工作；制订一整套规章制度，如《北滘镇建设市政、交通管理暂行规定》《北滘镇沿街建筑的若干规定》。1990年，制订《关于社会治安、交通安全、城镇建设、镇容卫生、工商市场、环境绿化综合管理细则》。1992年，建立综合管理队伍，包括市政建设监察、交通安全、食品卫生监督、市场管理、文化管理、国土监察、环境卫生等。1996年制定《北滘镇城区环境卫生管理暂行规定》，采取“先宣传教育，后执法整理”的措施，重点治理城区内尤其是跃进路、东风路、济虹路、南源路等主干道乱摆卖、乱占道、乱搭建、乱停放、乱张贴、乱丢垃圾等问题。

改善市容市貌。80年代中期，在镇区主要路段实行“门前三包”。1990年，制定加强市政卫生管理的实施办法、文明户的标准，与有关厂、店签订“门前三包”合同；制订每周六为“周末清洁日”，全民大搞卫生。1992年，加强对个体工商业区的规划建设，完成蓬莱路口个体工商小区改造工程，搞好广珠路“三优”路面的建设工作，初步改善“五乱”现象。

根治蚊苍滋生地。1993年前，改济虹、英华两条臭水沟为路；完成南源臭水沟彻底改造工程，拆除北滘管理区店铺18间，铺砌下水道1400米；完成1300米的城区中学至福西住宅区臭水沟整治；覆盖1000米的辛家涌臭水沟。1999年，重点加强镇区河涌治理，完成总长近20千米河段的清理工作。

维护交通秩序。1988年在原有的北滘交通管理站基础上，成立一支由8人组成的北滘交警中队，不定期、不定点维护交通秩序，查违章、宣传交通知识。完善道路交通标志，建立汽车停车场。1992年，建设广教路口立交桥，解决该路口交通混乱的问题，保障过往行人的安全。

第三节　思想道德建设

一、宣传教育

1995年，北滘镇以广播电视、《北滘报》为宣传阵地，开展多形式的思想道德教育，订阅有关思想道德教育宣传内容，包括《社会公德四字歌》《佛山市文明市民读本》《新三字经》等。1996年，在入镇大道安装20多个社会道德字句的宣传灯箱；在繁华路段设置公众阅报栏，张贴《人民日报》《南方日报》《佛山日报》《顺德报》《北滘报》；在有线电视和《北滘报》上广泛征集“北滘精神”用语，共收到精神词征稿55份。2005年，围绕建设和谐社会、创建全国文明镇开展专题、系列宣传报道，通过有线电视共播出新闻稿700多条。2012年，镇区共有4块LED电子屏宣传精神文明，村、社区定期维护更新双面文明牌39块。

二、学生道德教育

1986年始，学校每学期安排思想道德教育课程，对学生进行深入的社会道德教育，为学生订阅有关社会道德教育的杂志、报纸，增设法制、法律知识的课程。1990年5月23日，成立青少年德育教育领导小组，与街道文化、妇联、团委、公安、司法等部门合力形成社会、学校、家庭“三点一线”的教育网。1992年，成立“关爱青少年成长”教育小组，不定期到学校对学生进行形势、法纪、革命传统等方面的教育。1996年，北滘中学开展“朝阳与我”大讨论，通过同学与病魔作斗争的事迹，教育学生珍惜青春，勤奋苦读；聘请自愿到贫困山区任教的老师为学校政教顾问。

三、职业道德教育

1987年，开展“讲文明树新风”，评选文明单位、和睦家庭和“创文明学校（班）”“创先争优”等活动，树立社会新风。1988年评出文明单位7个、先进个人130人、和睦家庭33户。1999年，美的集团获“广东省精神文明先进单位”。

2000年后，开展现代文明新风教育，包括“青年文明号”创建活动、千人签名活动、“三个管好六个不”（即管自己的嘴，不讲粗话、脏话，不随地吐痰；管好自己的手，不乱丢杂物，不损坏公物、花草；管好自己的腿，不违章行驶和乱过马路，不践踏草地）教育。2003年，开展“培养良好行为习惯，倡导现代文明新风”的主题教育活动，增强群众的文明意识。2005年，倡导“文化是城市的灵魂”，以文化体育活动为主要载体提升社会文明。

四、“四德”教育活动

1994年后，以“北滘精神”为导向，深入开展以个人品德、社会公德、职业道德、家庭美德为主题的“四德”教育，举办“百歌颂中华”歌唱大赛，发起“希望工程”募捐，评选“温馨家庭”。1996年，北滘镇有8人获顺德市“文明市民”称号。1998年，开展“美好家庭”评选活动，评出“美好家庭”10户。2005年，开展“爱国、守法、诚信、知礼”现代公民教育活动，宣传抗洪精神、龙舟精神、建设和谐社会。

五、爱国主义教育基地建设

1994年12月，西海抗日烈士陵园和碧江荫老园被确立为佛山市爱国主义教育基地。2011年9月，碧江振响楼被确立为佛山市爱国主义教育基地。2015年9月，西海抗日烈士陵园被列入第二批国家级抗日爱国主义教育基地。

第二十四篇　人物

第一章　传记

苏绍箕（1070—1140）　福建晋江人。又名澄，字嗣良，别字湛然，号晴川。青年时代在广州白云山月窑庵读书。北宋元祐九年（1094 年）举“经术精通”制科，获授迪功郎，宣和年间出任太尉，官至武阶正一品。金兵入侵，苏绍箕主战，受到“主和派”的中伤和诬陷，抗敌处处受到掣肘，长子苏世量在“靖康之变”中牺牲。南宋建炎元年（1127 年），苏绍箕以老病为由告老，获赐绿袍象简及右丞相官阶，辞归南雄。绍兴元年（1131 年），苏绍箕随珠玑巷居民南下迁徙。到广州后，捐资扩建白云山月窑庵，后改为月溪禅寺，为寺院购置 13 顷田产，以供寺僧补给。晚年，又增购寺后 300 亩山地作为身后地，交由寺院代管。二子苏定矩定居碧江，苏绍箕成为碧江苏族始祖。绍兴十年逝世，葬于寺后一处名叫“渴骥奔泉”的山坡上。

苏之奇（生卒年不详）　碧江人。字文雄，号峨峰。自幼聪敏，“学博文赡”。乡试中举后，登南宋隆兴元年（1163 年）中进士，获授宣义郎官衔，曾任选监丞、著作郎、左正言、右司谏、起居舍人等职位。任知制诰期间，疏陈当世大务，直言不讳，深得宋宁宗信赖。后晋升为朝奉大夫礼部郎中，又转任朝散大夫、直秘阁，提举为江南西路常平茶盐公事，提拔为秘阁修撰，后改集英殿修撰，又任命为御营使司，参谋军务。在任广西、福建、川陕、江浙等地官职期间，平反冤案，查处强占民田的案件，致力整治军政，对徇私纵容重囚的现象严厉追究责任。后被派遣监管绍兴钱法盐场，改革盐业积弊，解禁令、轻赋税，保护合法经营，增加当地税收。他辞官归里后，热心教育事业，在广州建置供乡中学子进城读书和应试用的“试馆”。后在碧江闭门读书，教育儿孙，闲时与客人饮酒赋诗，谈论天下时事，抒发不能报国之情。

梁伯揆（？—1246）　桂林（林头）人。字宗盛。少时敦厚持重，苦志力学。南宋嘉泰四年（1204 年）中广东乡试解元，嘉定十年（1217 年）中进士，历任符宝郎、奉议大夫、尚宝司卿等职。多次疏陈国政，以言直见称于时，世人评价他“廉而不矫，明而不察，仁恕率物”。史弥远矫诏废立后，他称病辞官，到广州禺山书院讲学，“辟异端，彰圣学”，被称为“端懿先生”。淳祐六年（1246 年）去世，葬于番禺葛林冈真西山，墓志铭称其“纯儒”。明翰林学士黄谏、海瑞为其追志，祀于乡贤祠。

苏刘义（生卒年不详） 碧江人。字执之，号揆庵，又字宜之。苏之奇曾孙、碧江苏氏南房六世祖。恩贡出身，南宋宝祐六年（1258年）授右迪功郎，任常熟主簿。元兵入侵，宋恭宗下诏天下勤王，他起兵入卫。南宋祥兴二年（1279年），少帝赵昺被元兵穷追南迁，苏刘义任殿前指挥。新会崖山决战一役，身先士卒，领部下与元兵日夜鏖战。二月初七，苏刘义在混战中与军队失联，其17岁儿子苏会孙在战斗中壮烈牺牲。宋军崖山兵败，苏刘义幸免于难，后带领宋军残部一千余人到都宁岗，在山上结寨以图复宋。事败后，苏刘义更名为苏由义，回到碧江隐居。

梁曾甫（生卒年不详） 泮浦人，泮浦梁氏西房七世祖。元至正年间（1341—1368年），举江西行省，任满后回乡。当时顺德碧江、番禺沙湾一带海寇流贼横行，乡民联名举荐梁曾甫剿贼寇，任命他为番禺沙湾巡检。梁曾甫上任后重创海寇，海寇转而去侵扰泮浦。他根据泮浦地形，在镇土岗和羊星岗两座小山的险要处筑建石垒，又在魁口至泮浦一带的河滩上修建排栅，成功截断贼寇进犯之路。外逃的村民纷纷回乡，梁曾甫又倾其积蓄协助村民重建家园，勤力耕作，指挥他们组成防卫队伍，加强训练，抵御贼寇。贼寇派人招降，他怒斩差使，后遭贼寇阴谋杀害。泮浦建有忠义祠纪念他。

梁鱼（生卒年不详） 碧江人。字克龙，明成化七年（1471年）中举人，任广西平乐县令。其间，蠲免田赋，善抚瑶僮，还大胆改革税制，严禁滥加火耗税，免除各种罚金，减轻百姓的负担。弘治十四年（1501年）后，任宾州知州，重修宾州城，发动各乡筹备，调动工匠人员，亲力指导、监督，历时四月，完成东城门（楼）、南城门（楼）和城衙正堂的修建。弘治十七年思恩府士官岑濬起兵反叛朝廷，遣兵攻打侵夺宾州、上林、武缘（今武鸣）等州县，梁奉命前往劝解，陈述利害，岑濬不听，反以大量金银财物贿赂他，遭梁严词拒绝。因为人耿直，两袖清风，不阿谀奉承，不拉帮结派，受保守势力排挤，遂辞官归隐故里，宾州百姓在文庙的名宦祠设有牌位纪念他。

苏葵（1450—1509） 碧江人。字伯诚，号虚斋。碧江苏氏南房十三世祖。明成化十三年（1477年）中举人，成化二十三年中进士，选庶吉士，试辄前列，授翰林编修。弘治九年（1496年），担任会试考官，拒收贿赂，遭权贵中伤，被贬到江西出任佥事，管理地方教育。在任期间，以身作则，每月初一、十五亲自到课堂中与诸生研究学问。弘治十年起，主持中国四大书院之一的庐山白鹿书院扩建工程，重建明伦堂，建先贤祠，改大成殿为礼圣殿；聘请闲居在家的原兵部郎中、知名学者娄性掌教授课，并与巡抚陈拴等人购置学田用作助学基金。

苏葵一身正气，遭宦官董让造谣陷害，朝廷派江西司法官员盛洪审讯苏葵，欲动私刑，幸得一位衙役偷偷向外透出消息，数百学子闻讯从学宫和书院赶来，撞开栏栅冲进衙门，救出苏葵。后诸生又联名上书，方得平反。其后，升为四川学政。在四川，修建大益书院，培养出一批品学兼优的学生。

晚年升为福建右布政使，卒于任上，享年六十。逝世后，江西、四川两省为他修建“名宦”坊表。碧江也修建“柏台敷教”牌坊予以表彰。提学副使李梦阳在江西庐山白鹿洞刻碑撰文高度评价苏葵：“公昔省方视学，衿佩作气，抗折权贵，威武不屈。兹洞之兴，公实有力德功，祀并有之。”著有《吹剑集》十二卷存世。

苏范（生卒年不详） 碧江人。字景贤，号平轩。碧江苏氏北便房十四世祖。明弘治五年（1492年）中举，任广西博白县教谕。为官期间，大力兴教，激励士子苦读，使该县民众文化不断提升。后调任宣城知县。适逢当地水灾，他积极赈灾，把俸禄拿来救济灾民。水退后，他削减费用，用于修筑堤围，因此得罪太守，被调任陕西华州知州，卒于任上。官民深感其德，把他奉为名宦乡贤，设立牌位纪念他。史载他“厚重有器量，孝行尽伦，敦睦兄弟，爱友兼至，持正不疴”。

苏瑶（生卒年不详） 碧江人。字朝珍（举人榜载为“汝珍”），号裕斋。碧江苏氏北厅房十四世祖。年轻时受业于龙江进士黄著，深受其器重。明弘治十四年（1501年）中举人，弘治十八年中明通榜进士，授全州学正。时值督学姚鹏开创五经书院造士，荐他为苏州府教授。任职期间，他提倡移风易俗，纠正婚丧费用奢侈的风气，以礼申禁水葬的陋俗。后擢升为河间府宁津县知县，他减免赋税，兴修农业。不久因丧去职。明嘉靖初，苏瑶服丧期满，起补福建长汀县知县。当时长汀县守方议拓建郡城，苏瑶为民请命，上书缓建，以免劳民伤财，县民闻之，欢呼罢役，他亦因此受到排挤，辞官归里。苏瑶为官严明，学风勤奋，作风节俭。清咸丰《顺德县志》称其：生平历官教士，一本曲台训，至今八桂、三吴、河间、汀州传其业者，尚称苏先生礼。

苏仲（生卒年不详） 碧江人。字亚夫，号古愚。苏葵堂弟，碧江苏氏大石街房十三世祖。明弘治十四年（1501年）举辛酉科第七名，翌年连登壬戌科进士，留京任户部主事。当时宦官王瑾弄权，但凡奉旨出巡的官员返京后要送厚礼“孝敬”他。苏仲到天津、湖广等地督查粮饷，返京后没有送礼给王瑾，由此得罪王瑾，被贬岳郡。适逢当地饥荒，他四处奔波，力促各方捐赈，拯救数万灾民生命。又遇平江流贼劫掠焚毁，苏仲制定妙策，指挥官兵，将贼人击退。

再后贬谪广西象州任职，苏仲到职不修官邸，在简陋的小亭子办公。其间，率兵歼灭土匪，他十分注重与瑶僮搞好关系，倡导公平交易，和平稳定。御史舒晟得悉苏仲的政绩后，向朝廷举荐其为“治行第一”。堂兄苏葵得知此事后，给苏仲寄诗“往事模棱堪鉴戒，暮年完璧是行藏”，暗示他急流勇退，苏仲听其劝告，遂辞官归里。著有《古愚集》四卷传世。

林挺春（生卒年不详） 都粘人。字洋谷，又字少和，一字元育。幼年事亲至孝，受藩臬表彰，获赐题门额。明嘉靖二十二年（1543年）乡荐举人，任仙游教谕。在职期间，自奉廉洁，用自己的津费资助贫困学子。后迁任零陵知县、南靖知县。适逢战乱，官署、民舍荆棘丛生，遍野荒芜。又遭水灾，城郭全被冲毁，他在木筏上办公，深入民间巡视，率乡人重建家园。一些劣绅企图借连年灾变、田地归属不清之机浑水摸鱼，侵吞自肥，林挺春勤于监督，推行有力的措施加以防范。后升迁云南沾益知州，林挺春以侍奉双亲为由，辞官回乡。

梁有誉（1521—1556） 乾滘（广教）人。字公实，号兰汀居士。出身仕宦之家，其父梁世骠是明正德进士，曾任监察御史和福建按察佥事。

童年日诵数千言，所作诗文绝工。不喜八股制艺，厌训诂括帖语。少年时期，与欧大任、陈绍文、吴旦、黎民表等9人拜黄佐为师，切磋古诗文，互相砥砺。

明嘉靖二十二年（1543年）乡荐举、嘉靖二十九年中进士，次年授刑部山西清吏司主事，故世称“梁比部”。《登科录》记载他是“国子生”，清同治《番禺县志》载为“监察御史，转福建按察佥事”。为官清廉，善于判决狱讼、平反冤狱，世称“长者”。他与著名诗人李攀龙、王世贞、谢榛、宗臣、徐中行、吴国论结交，共组诗社。他们继承“前七子”的文学主张，强调“文必秦汉，诗必盛唐”，力倡文学复古，被誉为明诗坛“后七子”。

时值严嵩、严世藩父子把持朝政，拉帮结派，梁有誉不堪其扰，遂称病以侍奉母亲为由辞官南归。回乡后，梁有誉建拙清楼，潜心修学，谢绝与达贵交往，每有造访，必推辞避见。

他与欧大任、黎民表、李时行、吴旦继明初“南园五子”旧事，会于广州南园抗风轩，重结南园诗社，世称“南园后五子”。明嘉靖三十一年（1552年），梁有誉、欧大任、黄在素等文人在黎民表家中复修诗社，订下《雅约序》，彰明“匪以取适目前，寔以希踪古昔”宗旨。嘉靖三十二年，修复粤山旧社，结粤山诗社，召邀故人，相与发愤千古之事。嘉靖三十五年，与友人前往罗浮山游玩，途中遇台风暴雨，借宿田舍三天，赋五律诗《游罗浮阻风大唐田舍》二首而归，感染寒疾，不治而卒，时年36岁。

梁有誉认为人要效法自然，与天地相适应，“能者养之，顺阴阳以从其根，而与万物浮沉于生长之门”；认为五行相互平衡的机要是“圣度”：天地磅礴，虽万物各异却能保持平衡；以及人和物“大气”，可清除淫欲，降服邪气，不会常犯过失。

其作品收入《兰汀存稿》（又称《比部集》），现存《续修四库全书》。

区龙正（生卒年不详） 又名区龙贞（祯）。西滘人。字象先。少聪颖，性孝友。明万历二十五年（1597年）中举人，万历三十八年中进士，官至滇南屯道左参政。

担任漳浦县令两年，颇有政绩，后任魏县县令，兴修学校，建渔阳书院。县中有权贵作恶为患，他为民除害。官至户部主事，历郎中，管理通州漕运，奏请使用可重复利用的布袋来代替蒲叶包米，每年省下十余万两。适逢辽东战事，区龙正将额外收得余银十六万两奉出作为兵饷。

巡视西蜀地区期间，缅甸军突袭太平，区龙正立马集兵直抵太平，出其不意击溃入侵的缅军。在东川任职期间，修建兴文书院，集诸生讲艺，随后奉旨移镇保宁抵秦关，歼灭入侵者。明天启七年（1627年），转为粤西左江道，时值右江东土州酋奴弑主作乱，他率兵移镇宾州，宣布朝廷圣旨，说明祸福，处死违抗者，安抚胁从者，不耗一兵一卒，右江恢复安定。崇祯三年（1630 年），转为滇南屯道，掌宪司印，暂管临沅守巡。二道阿迷部土司跋扈横行，巡抚和巡按素知区龙正善韬略，委派他处理此事，他策划城维摩州，断贼后路，“条机宜七事”。方拟议施行，区龙正以年长为由退休归乡。

区龙正有操守，慷慨忠义，清廉能干，深受乡人敬重爱戴。卒年八十四，并祀在乡贤祠、忠孝祠。文才武略，著有《思饷疏抄》四卷、《辽阳全书》二卷，辑刻洹山《刘元城语录》二卷、《沧浪洞诗集》六卷。工书法。清咸丰《顺德县志》记载他在明万历四十一年（1613 年）为《署顺德县知县王公去思碑记》书丹。

钟善经（生卒年不详） 字理夫，都粘人。少年立志问学，明正德二年（1507年）为乡荐举人，正德六年中进士，授兴化府推官。守法慎刑，每能解决疑案，屡获嘉赏。杨日新伪装成官，气焰嚣张，百官皆信以为真，钟善经盘问一二，他均对答不上，即押送至臬司（即提刑按察使司），依法惩办。总镇崔太监派指挥到钟善经府上，他把使者斥退。崔太监起初十分生气，欲暗中陷害他；等到彼此会面，反而为之折服。后擢升为福建道御史，被派往卢沟桥抽分厂征收竹木、柴薪税，适逢武宗北狩，钟善经力谏其回京。

钟善经为官刚正，不畏权贵，任都察院时，弹劾横行不法的锦衣千户陶淳和太监崔文、芮景贤等，声震一时。后来以侍奉双亲为由辞官归里，杜门不出。地方官员交互上书奏请以“学行”举荐他，还没下诏，他便去世了。诸生上奏督学，祀他于府学仰高祠。

梁亭表（1578—1644） 碧江人。字无畸，号昔莪。孩时能记诵诗文，有过目不忘的天赋；妻子苏氏变卖嫁妆首饰供他购买书籍。明万历三十四年（1606 年）中举，日事著作，以廉节自砺，士子多从其学。曾八次赴京会试不第，后选任为大埔县教谕，修编《大埔县志》，被称为“史才”。后升迁北监助教、台司务，调至吏部任职。在任期间，拒受买官者的贿赂，上司知其过于廉苦，暗示他为何久无所举荐，他以自己“寡交”为由拒绝受贿。后转为兵部员外郎，多次向皇帝力陈时弊，提出改革方案。

晚年出任南安知府（今江西大庾一带）；时值政局动荡，社会积弊甚多。梁亭表到任后，致力拨乱反正，推行多项改革，大力倡修学校，奖学恤贫。不久，张献忠农民军攻陷湖广，南安府西面为其占据，梁亭表施计堵塞隘口，固守南安府城。农民军以授官诱降县令，梁亭表对僚属慷慨陈词：“‘君父重，则身家轻’，我等读书明志，现在正是舍身报国之时！”勉励众士誓死奋战，保住南安，获朝廷嘉奖。“岭南三忠”之一的陈邦彦为此赋诗《赠南安太守梁昔莪先生》：“我与先生夙昔未周旋，但闻南安城下语阗然。安得牧守如公数十辈，纾却朝廷百万饷兵钱。”南明政权建立后，任荆南兵备兼抚蛮副使，上任十天后去世。

梁亭表生平忠孝廉节，一介不苟，当官以来，没有增置田产和房产。公务之余，手不释卷。著有《昔莪集》《临池课》《松谡山房集》等。

李廷龙（生卒年不详） 字勳臣。龙头人。少年聪颖过人，好博览群书。十八岁为诸生，明万历四十年（1612 年）乡荐举人，天启二年（1622 年）登进士，被派至民风强悍浮薄、素称难治的宁都。刚上任，李廷龙便治理得井井有条，政平讼息。时值朝廷大兴土木，国库日益蹙缩，他不忍杂税扰民，捐垫俸禄和积蓄。又遇流寇逼近，人心惶恐，李廷龙制定策略，储备粮草，身先士卒。贼人侦知，不敢进犯。他悉心栽培士子，倡明理学，置学田赡养奖励贫士。天启四年出任江西主考，慧眼识才，发掘名士雷谷、赵光祚等人。任期满后，召为南吏部主事，不久改为北吏部主事，历司稽勋验封，负责考核官吏政绩，转为文选员外，晋升郎中。每次考核官员，均以公正谨慎自持，绝不徇私，获得皇帝嘉奖，赞曰“力定如山，心清似水”。卒年五十六，被祀为乡贤。著有《毛诗翻疑》《纲鉴翻疑》《可亭集》。

赵恂如（生卒年不详） 碧江人。字侯圣。少时聪慧过人，善撰文，潜心经术。明万历四十六年（1618 年）举乡荐，万历四十七年进士，授中书舍人，分校京闱，称得士凡三。出使闽、楚、吴、越等地，皇帝念其劳累，升为吏部主事，历任四司，转郎中，为官肃然，受人敬惮。不久托病引归，杜门隐居。后被朝廷起用为西蜀宪使，他以病请辞，但不被允许。当时诏书有“奉三无以甄叙，怀四畏以得人，又风采早腾，于使节清通，遂彻于冰壶”，表明其过人的才智。卒年七十，生平孝友，不疾言厉色，厌恶浮夸，甘于平淡。崇祯年间被祀为郡邑乡贤。

梁若衡（生卒年不详） 碧江人。字简臣，一字包山。梁亭表子。事亲孝，少年时读书废寝忘餐。明崇祯三年（1630 年）中举，崇祯十三年特赐进士，授广西永福知县。永福县是少数民聚居之地，梁若衡实行安抚政策，解决欠赋的积弊，处理不法事情，擒治作乱的不法之徒。永福县毗邻六郡孔道，梁若衡不取民库和兵饷，在县城设立帷幔和食物提供给过路人。当时，靖江王有异心，暗地与岩峒群盗勾结，经常强行为被擒获的盗贼请释，梁若衡均依法惩办。有人盗用民田献给靖江王，靖江王派手下凭伪券索印，梁若衡即使受胁迫也继续严厉打击此种行为。征蛮总兵是靖江王党羽，“移县文如檄其属”，梁若衡当场撕破。流寇来袭湖广，桂林戒严，梁若衡决心誓死保卫，与母亲泣别，并斥责让他避走山野的下属。后擢升为左州太守，未赴。清兵下广州，梁若衡变卖家产资助南明，与陈子壮密谋举兵，事泄，被清兵擒获，英勇就义。清乾隆时追谥“节愍”。

甘学（生卒年不详） 碧江人[①]。字于盘，别号范叔。博学，负才识，一生郁郁不得志，在家乡吟咏自适。

《五山志林》载有《甘学高节》：甘学少年时与湛若水、方献夫、霍韬、何鳌兄弟读书于西樵山，相互砥砺。后来霍韬等人科场得意、官运亨通，唯甘学一人默默无闻。甘、霍二人尤为交好，明正德十四年（1519 年），霍韬在向朝廷推荐甘学前致信

① 清咸丰《顺德县志·列传三》载为甘村人。

劝他出山，却没得到回信。后来霍韬官升兵部主事，直接上书皇帝特荐甘学，得到恩准，但甘学还是拒不任命。几年后霍韬丧父回乡，乘着官轿带着随从专程到碧江拜访甘学，沿途引来围观，却吃了甘学的闭门羹。霍韬知晓甘学性子，换上便服，支开随从，步行进村才得以进甘学家门。甘学家徒四壁、墙颓瓦漏，妻子早丧，父女相依为命，以教习学童为生。霍韬惊异于甘学的清贫程度，甘学则认为读书人不一定非得风云际遇驰骋科场，安贫乐贱地研究学问也是人生一大好事。

能书。香港中文大学文物馆收录有甘学的行书诗页，所编《广东书画录》和朱万章编著的《广东传世书迹知见录》均有其著录。著有《甘氏吟草》。清乾隆年间，梁善长纂辑的《广东诗粹》收录有甘学咏锦岩山的一首绝句："水帘封昼夜，石洞无春秋。好景心自醉，人间空白头。"

郑际泰（1642—1726） 林头人。字德道，号珠江。生性聪颖，家贫好学，乐于助人。

自幼家贫，常捡拾有丧者门贴，抄誊文字，贴于社壁，映灯而读。弱冠，补番禺学生，清康熙十四年（1675 年）举人，康熙十五年进士，改庶吉士，派习国书，授翰林院检讨，升吏科给事中。事母至孝，以母老乞归养，母死服阕后才入都供职。康熙三十三年分校礼闱，焚词自矢。当时，康熙为消除伪逆，光昭文治，担忧侍从近臣假道学为名，务虚声而堕实际，便在瀛台丰泽园召集翰林官，以辩论理学真伪试探他们。郑际泰所论切实简当，见者皆佩服其学识，大意为：天子若倡行理学，那臣民就会对理学有所争辩，在辨正过程中求真去伪，这就是《周易》所谓的"圣作物睹"。康熙四十四年被指派负责广东粮米事。十月，擢升为吏科给事中。

康熙四十五年（1706 年），京师雨泽愆期，旱情严重，康熙帝诏谕廷臣言政事，九卿会审备文上奏。郑际泰直言不讳：一是希望严查禁革骡马、桐油市场和杂货铺擅设独行，垄断取利之事，使商贾公平交易；二是希望下令督抚规定期限肃清一切旧案未结、牵累羁侯的刑狱案；三是百行以孝为先，百官为民表率，居丧期间应停止娱乐和交际；四是希望巡城御史立刻查明京城穷民乞丐，安排周济的办法；五是奏请停止顺天学政李光地在任守制一事（李光地希望请假治丧，被御史沈恺曾、杨敬儒弹劾，给事中彭鹏以十不可留继之，九卿商议后令他留京守制）。另外指出，八旗军虽屡受恩典，但时日久远，依然贫乏，况且近年蠲免粮钱动以百万计，希望能倍加优恤。以正直之名满京城。后以病告归。

在官期间参与纂修《大清一统志》《三朝实录》。在家乡居住二十多年，对家乡的教育、文化、公益事业做出贡献。卒年七十五。书法极佳。曾为李子长抱真祖祠题匾"明贤高士"，为赤花罗湛秋题"玉兰草堂"。

梁任（1643—1722） 泮浦人，字往三，号郁盘。清康熙十一年（1672 年）举人。任善化县令期间，革陋规，抑强横，缉盗贼，劝开垦。湖南田自明万历年间增筑新堤，湖水逆流入田，无法耕作，梁任清厘豁除积压的田赋。藩司初到任，故事署墙分修于两县，梁任以百姓重新投入耕作无暇为由拒绝，因而激怒了他，藩司想揭发梁任，巡抚告知其清苦才罢休，久而久之知其政绩，更与之深交。康熙二十九年，分校文武闱，时值茶陵州民骚乱，皇帝亲自派遣梁任巡察此事。上任后，州民相继前往拜见，诉前州牧苛政。梁任诚为开导，咸受约束，州事定。奉檄清丈、督办疏浚月河，未尝丝毫扰民，官民相安。政绩卓越，升为礼科给事。早赴畅春园，将陈弹牍指学臣某，突然暴毙，唇、指皆黑，最终也不知死因。宦囊如洗，门人为之殡殓送归。

梁廷佐（生卒年不详） 桂林（林头）人。字彦腾，号叠石。其父梁林建早逝，母亲冯氏怀孕七月生子。及长，孝事孀母，自励于学。因荐举成为惠来教谕，八个月后因祖父居丧离职，惠来人深惜其去。守丧期满，补为海南定安县令，迎母侍养。定安文士生活维艰，难以承担秋试费，且赴乡试须渡海用，行旅维艰，冯氏捐出绢葛，变卖簪珥，又令其设义田资助，梁廷佐便自资300亩田，每年将收入租金资助文士，诸生感恩，为冯氏立生祠，曰“食德”。定安有武官辱文士，将帅又偏袒，士气益沮。梁廷佐得悉后，遣仆人曾阿喜渡海赍赴会城。曾阿喜行走七昼夜送达文书，事情得以公平处理。曾阿喜归途时猝死在高凉，梁廷佐悲痛哭之。后以母思归，请终养。服阙再补为从化县令。凡举祀名贤、传刻贞烈皆有功名教，卒于任上。著有《浣砚集》《惠铎迂言》《定阳义则旌表文钞》《岭海清讴》。

何毅夫（生卒年不详） 三桂人。字懋士，以字行于世，又字介园。清乾隆元年（1736年）与其父何友桐为同榜举人，乾隆七年明通榜，乾隆十年殿试第三甲，赐同进士出身，用知县摄雒容、永安。因俗革弊，定商品买卖例价，革严苛的海关征税，按照黄籍征课，方便交易和出行，商民皆庆贺。乾隆十二年分校省闱，以公正严明著称。补为昭平知县，昭平地域辽阔，少数民族杂处，何懋士上任后即招集抚循。又濒临漓水，是两广要冲，即便大官过境，设宴招待也不铺张浪费，并革除上缴佛手柑佳果的责令。闲暇时重视培植人才，捐修学舍，择师主讲。曾在夜晚到书院与众多贤士讲论到三更，认为“士习文教，皆有司责”，希望各尽其职。遇岁祲，以灾报，旋即被弹劾改职，他匆匆托病辞官归里。昭平人民深惜其去，在修志时载入他的政绩，列为名宦。行谊亦载于《顺德县志》（清咸丰版）。著有《浣花堂集》八卷。

苏珥（1699—1767） 碧江人。字瑞一，号古侪，晚号睡逸居士，“惠门八子”之一，被誉为“南海明珠”。碧江苏氏北厅房二十一世祖。7岁能文，博览群书。13岁，拜学于督学惠士奇门下，不久得廪生，入幕与罗天尺、陈海六、何梦瑶襄校阅，合称“惠门四俊”。

清朝的制科条件最为苛刻，全国范围凡有学行兼优、文词卓越之人，不论已仕未仕，须经三品以上的官员保荐方可应试，苏珥却三次不应荐举：清雍正八年（1730年），督学邓钟岳以“优行”荐举苏珥，荐举文牍上盛赞其为“南海明珠”；乾隆登基特设“孝廉方正”，巡抚杨文乾荐举他；后加设“博学鸿词”科，刑部侍郎杨超曾又保荐他，诏书也下了。同被举荐的南海劳孝舆约苏珥同行赴京，苏珥以母老为由放弃了廷试。

清乾隆三年（1738 年），苏珥以全省第 5 名中举，在母亲敦促下上京赴会试。下第后，苏珥豁达道："富贵功名，不如眼前一杯酒。"活跃在文士圈，与沈德潜、夏之蓉、上官周等诗坛、文坛、画坛巨擘唱和甚欢。适逢惠士奇因事被削籍归里，随后又复官，苏珥带头率广东士子筹钱赎回老屋红豆斋。乾隆十年，苏珥南归乏旅费，靠沈德潜资助才能成行。

苏珥以教书所得购书万卷，闲时以著述自误。记忆力强，读书时常摘记要点和体会，写成文章，汇集成札记。行文光怪陆离，著有《宏简录辨定》《笔山堂类书》《古侪杂钞》《明登科入仕考》《安舟遗稿》等。

工书法，与文章并称二绝，皆见重于时。行草宗法王献之、苏东坡，舒拓秀媚，超逸高旷，如春云出轴。隶书古拙浑厚。尤其擅长榜书。《岭南书法丛谭》评论："其书峭劲拔俗，下笔不苟，每作一点一画，皆尽一身之力以送之，笔笔镇纸，力能扛鼎。"龙元任称其书法"骨气清挺，其真能瘦硬者"，梁蔼如称"圆劲秀逸，殆规抚晋人"，林召棠认为"往时见苏古侪书，皆自用我法不袭前人。此卷小书此复古质生硬，比之平沙乌迹，疏树霜华，仿佛得其意趣，岂屈子奇文当以奇笔书之耶?"

苏珥性脱略，不修边幅，不愿与官吏应酬。重情义，生平最笃友谊，听闻何梦瑶死，他即挐舟前往，抚尸恸哭。刘铁篴是浙东名门之后，其子刘思甫却不听管教，在外面为非作歹，刘铁笛认为有辱家门，想将其置之死地。苏珥知道后，暗中把刘思甫接回家中悉心调教，几年后刘思甫中举，刘家父子感激不尽。刘铁笛逝世时，苏珥为撰写《祭刘铁笛文》一文，文采为一时传诵。

苏珥嗜酒，骨瘦而癯、体羸善病、口吃、近视，但"读书饮酒至老不倦"，因此晚年"心手亦颤，不能事笔砚"。

李晚芳（1691—1767）　女，龙津（陈村）人。碧江梁永登妻。少时跟随姐姐学经。出嫁后，严守礼节，以圣贤之学自期。虽生活贫苦，但事姑舅，相夫子，生事死葬仍能尽礼数。中年守寡，悉心教导其子梁炜自立。家境稍富裕，即置祖尝，分数百亩田赡养亲族，并影响儿子发动救荒、养老、恤孤等善举。远近成为"女宗"。晚年，好学不倦，潜心著述，坚持研读经史著论，写出不少著作。晚年命所居为"菉猗园"，自号"菉猗老人"。

著有《女学言行纂》《读史管见》《乡俗居丧辟谬》《续女诫》等书，并刊行。其中，《读史管见》被传到日本刊行，名声远播。1856 年，日本学者陶所池内为浪华书林群玉堂翻刻的《读史管见》校订并作序，序中盛赞李晚芳审视历史时，灵心准确像一架天平、眼光雪亮如一把火炬，其明晰的论断和超卓的见识，即使把司马迁从九泉下请出来，也会对这位敢于批评《史记》的妇人心服口服。

梁湘蘅（1796—1850）　林头人。字前绪，一字楚卿。有俊才，博闻强记。工骈俪文，能循正轨，才藻绝俗，辞章妍丽。间拟小品，点缀宋元词语，倍益妍丽。善画花蝶草虫，意境新颖，称"神品"。喜欢收藏奇石，曾从广西太平拾得大小数十品回家珍藏，肖形诡异。揣摩青乌家言，好旅游，足迹到千里内山原，有所得，将著为书，未就，竟卒。能诗，著有《艺兰书屋诗钞》三卷。

黄玉筵（1820—1908）　林头乡人。字侣宾。迁居中山石岐。为人孝友诚笃，被称“古君子”。清同治元年（1862年）科举人。当时，粤吏军兴，颇多征敛，江门常关苛罚没收商货，导致罢市。适逢黄玉筵游江门，为密达省宪，惩治关吏，事情才得以平息。补为恩平训导，恩平民风不定，弱族赴试，常被掳以索赎。黄玉筵殚精竭虑，派专人护送士子入试。又有旧例，教官苛索新进士子印金，他命令量力致送。与邑绅厘正文庙祭祀紊乱的先贤位次。在任三年，士风丕变。闻父病重，请归侍养，衣不解带，居丧哀毁逾礼。未几，又遭丧母，再选为英德训导，不赴任。工书法。曾辑《先正格言》。

黄玉堂（1820—1908）　林头人。字仙裴。迁居中山石岐。黄玉筵弟。清同治十二年（1873年）举人，同治十三年二甲四十四名进士，官翰林院编修。光绪五年（1979年），任山西学政。光绪十一年、二十年两任顺天同考官，迁侍读学士，官至山西提学使。善行书，灵动秀劲。能诗词，著有《莲瑞轩诗钞》二卷、《痴梦斋词钞》一卷。

简朝亮（1851—1933）　简岸人。字季纪，号竹居，人称“简岸先生”，是近代学者、教育家，被誉为“岭南大儒”“今之粤中有数学者”。与曾广文、陈舜甫、周祝龄、梁鼎芬、陈庆笙等交好。

简氏先祖慕南公于南宋时期定居北滘，简朝亮祖父、父亲旅居佛山。清咸丰元年（1851年），简朝亮生于忠义乡（即今佛山），4岁时因避“红巾之乱”回到简岸。

简朝亮家境清贫，受父亲“君子忧道不忧贫”的古训教育，励志苦读，11岁能文，14岁能遍诵七经。清同治八年（1869年）简朝亮在周祝龄推荐下开始执教蒙馆，以所得帮补家计，但“终岁不乐”，认为“与其救贫而教，不如食贫而学”，隐于竹林潜心苦学。在周祝龄的撮合下，广教杨廷均将长女许配于他，并鼓励他继续深造。同治十年简朝亮考取诸生。同治十二年春，莘村曾寿南回乡办曾氏家塾，邀请简朝亮执教①。

清同治十三年（1874年），简朝亮乡试落榜后，得引荐及胡少恺、曾寿南、韩翰芸等的资助，在南海九江礼山草堂问学。光绪二年（1876年），又应曾寿南之约，回到曾氏家塾讲学，当年八月参加乡试再度落榜，复游学九江。光绪三年冬，回到简岸与杨氏完婚。光绪四年转龙山谭氏宾馆讲学。

简朝亮师承岭南学者“九江先生”朱次琦，学习修身、经学、史学、掌故之学、辞章之学。他力主通经致用，毕生恪守朱次琦“经世救民”的治学方针和奉行其“敦行孝悌，崇尚气节，变化气质，检点威仪”的处事规范。时人评价朱门两高徒，

---

①《简朝亮年谱》载其于清同治十二年（1873年）、光绪二年（1876年）“就邑中莘村曾氏宾馆”，光绪四年（1878年）“就邑中龙山谭氏宾馆”。

认为康有为“思借治术使孔道昌明”，简朝亮“思借著述使孔道灿著”；康有为则评价简朝亮“大师传岭表”“浊世剩儒真”。朱次琦去世后，简朝亮编撰《朱九江先生年谱》，辑《朱九江先生集》十卷。

清光绪五年（1879 年），简朝亮开馆行省南门，决定于第二年迁馆六榕寺，因父丧未遂。同年，辞桂林堡七乡邀请办屯练，作《丧服辞桂林堡七乡先生请办屯练书》。光绪八年迁馆六榕寺。光绪十二年，因主持禁赌控盗，简朝亮反受诬告牵连，被解至广州羁押候审，梁鼎芬、陈庆笙等人奔走，以“大为盛德之累”劝服广东按察使于荫霖，于荫霖报张之洞“察其枉”，简朝亮才得以出狱。清光绪十三年，简朝亮旅次香港、澳门。

简朝亮五进科场不第，仅在清光绪四年（1878 年）以一等第一补廪生，光绪十四年简朝亮作《大圃先茔表》，在父亲坟前立誓决意科举，专力读书。翌年夏，邑学曾广文向广州学政樊恭煦举荐他参加“优行贡生”，被评为“一等第一”，虽然他称病拒绝复考，樊恭煦仍在光绪十七年向朝廷推荐他“究心经术，志洁行端，笃实沉潜，淡于荣利，为庠序中不可多得之士”。朝廷准旨“以儒学训导选用”，他托病不赴。

清光绪十五年（1889 年），简朝亮弃馆六榕寺，回简岸隐居，专心研究学问。光绪十六年冬，简朝亮择地简岸村南筑读书草堂，翌年春，从学者众，“简岸先生”之名不胫而走。光绪二十五年十二月朔夜，简家遭抢劫，简朝亮受邀携妻儿迁居阳山县水口留贤塘村，得阳山学生黄赞襄及其伯父黄宾夔资助，十月初五将军山读书山堂落成，开始讲学授徒。简朝亮在阳山期间，每岁皆赠诗给守岁弟子或寄广州诸学子。光绪三十四年，简朝亮以忧盗南归，隐居南海忠义乡（今佛山），杜门著述。袁世凯在北京秘密筹划称帝，派人来邀请北上助声威，他避而不见。

简朝亮设帐讲学多年，力主经世致用，言传身教并重，梁启超评论他“艰苦笃实，卓然人师”。其教学要旨是“使学者知尊宗正，学以求实用，明大义，而不惑他歧”。他以儒家经典著作教授于人，尊奉孔子学说为“万世学术之宗”，间亦讨论时政，认为学者必须尊崇正学以求实用，让学生用自己的智慧和方式实现自己“通经致用”的理想，以达到“正人心，挽世风”的终极目标。教学方法采用问答法，由弟子提出问题加以解答，主张深入分析，“引申发明而辨正之，弥加详焉”。《读书堂问答》一书便详细记述了学生的提问和简氏的解答。简朝亮的学生包括黄节、任子贞、黄赞襄、岑光樾、邓实、何绍庄、张启煌等。

简朝亮关心民瘼，对地方不平事挺身而出，曾主持操办三乡堤事、重视阳山民生。清同治五年（1866 年），三乡（简岸、槎涌、禄洲）合资筑堤围以防水患，但修堤之事毫无纲纪，受周族、郑族制约。光绪十五年（1889 年），简朝亮与乡人商定的公议，周族、郑族因与司勾结而拒绝出资，至光绪二十二年仍争持不下，他反遭蜚语，遂作《与友人言三乡堤事书》，附“三乡堤图”于文后。顺德知县不敢主持公道，引起村民强烈不满。简朝亮为三乡堤事奔走门庭八年，但事终无成。至民国 21 年（1932 年），他还多次于顺德县长陈同昶及其部下通讯，要求还未了之事一个公道。光绪二十六年，简朝亮在阳山作五言长诗《登贤令山诗》，探求了阳山贫穷的根源，鸦片、赌博和盗贼是最大祸害，指出阳山人不安于贫而离乡淘金荒废田园，建议兴修水利、植树造林，严禁粗放粗作、滥砍滥伐，并要缓征税粮，实行礼治，不能敲剥百姓无度。

简朝亮把造成国家和民族危难的真正原因归咎于“人心不古、礼教不治”，认为清朝末年对典章制度的改革是亵渎礼教，视新学为“介乱”“离经叛道”，抱排斥态度，呼吁“明正修身之道，始可达于治平之阶”。清光绪三十四年（1908 年）二月，礼部尚书溥良以宾师礼奏聘简朝亮为礼学馆顾问官，他写信以病请辞，附《礼说》一文，批评改革有背圣人之道。他对辛亥革命颠覆帝制悲痛万分，以丧礼自处，甚至戒断酒瘾，连大寿都不准亲友、门生祝贺。民国 5 年（1916 年），北洋政府开办清史馆，主编赵尔巽致书聘简朝亮为纂修，简朝亮却之。《清史稿》拟将朱次琦列入《循吏传》，因一众门人反对转载入《儒林传》，由于其著作几焚，粤人公认由简朝亮撰写最为合适。简朝亮应邀撰写《朱九江先生传》，民国 19 年载于《读书堂集》卷六，实际是为《清史稿》而作，因此他在未知情下被列入《清史稿》编纂人员名单。

简朝亮 71 岁时以“方修族谱”婉拒地方修编县志邀请，77 岁时却为印行族谱事赴上海，旅居一年多。民国 21 年（1932 年）9 月，简朝亮由佛山迁往广州西关芦荻巷，命寓所名为“松桂堂”，潜心著作，以期完成《资治通鉴论》。民国 22 年 9 月 29 日逝世于广州。学界有“一月之间，顿失南北两大儒”之说，惋惜他与山东学者柯劭忞相继辞世。

简朝亮主张折中汉宋经学，“叶于经者之为长”，只要合于孔门义旨就可采用，被章炳麟赞誉为“近代经学，以南海简朝亮为最”，钱基博也赞道：“朝亮艰苦笃实，壹慕其事；所注《论语》《尚书》，折中汉、宋而抉其粹，最为次琦高弟”。他又勤于著作，精心疏证儒家经典，著有《读书草堂明诗》《论语集注补正述疏》《孝经集注述疏》《尚书集注述疏》《礼记子思子言郑注补正》《广东文征作者考》。

他又善行草，兼能诗，麦华三《岭南书法丛谭》称“其书纯以胸中浩然之气行之”，行书“苍茫浩荡，元气浑然，为书法辟一新境界”。香港谷风出版社 1986 年 9 月出版的《艺林丛录》（第三册）载《简竹居的故事》记述他“八十岁还能写蝇头小楷字，或作草书，有晋人风致”。

辛耀文（1876—1928） 北滘人。字仿苏。广收名画古书，收藏名人手札约 2000 余通，唐代拓本《云麾将军碑》是其镇庐之宝。得程瑶田《芋花图》，有纪昀、翁方纲等题咏，因而自号“芋花庐主人”，藏室命名“芋花庵”。

清光绪二年（1876 年），辛耀文生于富商家庭，祖上以经营蚕丝起家，父经营实业致富，遗产甚富，乃事收藏。弱冠后，“以乡间多盗匪”移居广州，闲暇时向书画商购求名人书画，藏品参差，多被作伪骗财。乃幡然学习鉴别，究辨署款笔迹、图章印鉴、纸绢质素、体裁风格等学术，鉴别技术与日俱增。其后，适逢海山仙馆、风满楼、听飘楼旧物散出，透过谢颂棠等经纪其事，择优购进，收获甚丰。

清光绪三十一至三十二年间（1905—1906 年），辛耀文挟十数万金，游京师，豪情结客，与京华名士如樊增祥、易顺鼎等人来往密切。寓居大吉巷，大索购买书画，获得不少王府贵胄珍藏，人称“豪客”，遇有属意的字画书籍，不惜高价购入，“京都书客颇怀之”。与会文斋主人何厚甫相处最恰，何厚甫新得刘铁云家书，其佳本多归于辛氏①。光绪三十四年归粤，由登云阁主人骆浩泉作介，搜罗孔氏岳雪楼散出之书，又得香山何佩舫家书，所获宋元明精本旧抄甚多。还在上海、济南搜罗珍贵书画。据冼玉清载述，芋花庐内图书古玩，“触目皆是，三寸之鸡血红图章，随处弃置”。宣统元年（1909 年），辛耀文肆力整理所藏，聘卢振寰助其修复装潢，邓骥英编撰目录。

在京期间，辛耀文结交罗惇曧，受其影响设立兴利公司。又喜结梨园，组建戏班“祝千秋”“乐千秋”。由于怡情声伎，家道渐衰，他将宋、元刻本古籍典于胡毅生，明清孤本分年典出，分别入于南州书楼、莫天一五十五万卷楼、胡毅生隋斋，部分归于岭南大学图书馆。民国 7 年（1918 年）公司遭人亏空，又经历火劫而倒闭，戏班因为经费不足也解散。辛耀文为重组戏班，倾尽家财，不惜将“芋花庵”的藏品典押给裕隆兴丝绸庄老板、田溪书屋主人何荔甫，但何氏未能全部接收，一部分为广东省长李耀汉“以十二万购去”②，一部分为潘佩如、冯已千所得。

经此变故，辛耀文大受刺激而患上癫痫，痊愈后移居北京，卒于民国 17 年（1928 年）。死后，其子运柩南归，遗物星散，遗物中只留《白玉蟾集》和一套扬州八逸印章。

伦明在《辛亥以来藏书纪事诗》评价他：“粤中自孔丁二家衰替后，不得不推君矣。”

周之贞（1882—1950） 北滘圩人，又名苏群，字又云，晚号懒拙庐主。少年时期就读于乡间私塾，清光绪二十五年（1899 年）经香港到新加坡谋生，任侨商陆佑文书，自谓“读书至颗，用功最勤”，在抄写之余勉力自学。后来经商南洋各国，为人沉厚有信用，家道得以至小康。

清光绪二十六年（1900 年），曾资助到新加坡建立保皇会的康有为，后感其主张无实用，逐渐停止交往。光绪三十一年冬，孙中山到新加坡设立同盟分会，周之贞对其武装起义反清革命主张大为感服，随即加入新加坡同盟会。光绪三十二年，周之贞受命赴日本东京，加入黄兴领导的“暗杀队”，研制炸弹，苦练射击术，能“击物于百步之外而辄中”，其间多次参与谋划暗杀清朝督抚、将军等大员事。宣统元年（1909 年），周之贞与谢心准共同编辑，发行《星洲晨报》，撰写大量社论和时评，鼓吹民主革命，同时为同盟会筹集革命活动经费。宣统三年春，自新加坡回粤参加黄花岗之役，后参与“选锋”（敢死队）行列，负责指挥攻打将军衙门。战役失败后，潜渡香港、新加坡等地。同年 10 月，李应生奉黄兴指令在广州筹设暗杀机关，谋炸广东水师提督兼巡防营统领李准，未果。周之贞回粤，化名“陈八”炸毙将任广州将军的凤山及其卫从。民国元年（1912 年），周之贞接管肇罗军政分府职权，任肇罗

① 辛仿苏、伦明等著：《辛亥以来藏书纪事诗》。

② 引自邓民亮《看百年广东书画收藏》，载于 2009 年 3 月 25 日香港《大公报》。

经略（后改肇罗绥靖处督办），督办肇（庆）阳（江）罗（定）军务，建立“肇军”。任期待僚属“赒之以急，赴之以难”，与部下同生共死；对顽敌则“诱之以声色货利，制之以不测之威”，诱降与打击兼用，人称“周老督”。民国2年，龙济光入粤后镇压革命党人逐走周之贞，并烧毁其在北滘的祖宅，“二次革命”失败后避走新加坡，未几归国为讨袁、护法诸役奔走。民国4年上函孙中山报告陈炯明在粤拥兵自重的情况，提出“不可不先发制人”。民国5年袁世凯帝制垮台，讨伐龙济光，由周之贞率领广东北伐军第三军。

民国10年（1921年），孙中山就任非常大总统，委任周之贞为顺德县县长。八个月任期内，周之贞注意社会治安，安顿民生；着力整治县城面貌，拆卸城墙、修桥开路、改建县府，形成顺德县城格局的雏形。民国11年周之贞因陈炯明兵变而去职。民国12年孙中山回粤后，周之贞得以复任，继续整改县治，与欧家廉、周廷干等筹纂《顺德县续志》二十四卷。民国13年4月，时任中央直辖第二师师长、顺德县县长周之贞与顺德桑麻乡“发生误会”演变成斗案，7月去职顺德县县长。民国14年孙中山逝世后，受到排斥，旅居南洋、欧美、日本等地。20世纪30年代初归国，流寓上海、广州、香港等地。

民国30年（1941年），周之贞受命为珠江三角洲游击总司令，继而重庆国民政府邀任委员，后因受制于形势和各种因素，辞去“总司令”的空衔。周之贞“义难坐视”，为保地方“元气”，延续“国脉”，投身战时儿童教养工作，在敌后的广宁江谷（今四会市江谷镇）佛仔塘创立“顺德青云儿童教养院”，自任院长。深入敌占区，四处奔波筹措经费，先后安置难童800余人，不惜变卖家产也鼎力支持。

1947年9月20日广州顺德同乡会主办的《顺德周刊》上，刊登周之贞应“旅港顺德联谊会”邀请所作的演讲，他发表“旅港同乡，结成团体，以求发展，守望相助，外人凌辱，众为后盾”等言论。1950年春病逝于香港。

2009年，北滘建立周之贞纪念馆，展示他的生平事迹，大堂挂有一对联，上书“除魃虏其始，育青云其终”。

郑军凯（1890—1988） 槎涌人。年少时在乡间的私塾启蒙。后赴广州求学，先后肄业于广肇罗实业学校和广东蚕业学校，受老师潘达微、兄长郑鼎彝的熏陶和激励，加入同盟会。清宣统三年（1911年）武昌起义，随广东北伐军北上南京，会同浙军和淮军共同作战，与残余清军作战。1912年民国成立后，遵循孙中山“实业救国”号召，回顺德经营蚕丝工业。民国4年（1915年）袁世凯复辟帝制，粤督龙济光系袁党羽，捕杀国民党人，郑军凯避走香港，策动地方志士响应在香港薄扶林道革命机关加入中华革命党，参加驱逐龙济光的军事行动。

民国7年（1918年），进入广东第二师军官讲习所受训毕业后，被派任粤军第三师第六旅副官。随部参加东征惠州讨陈炯明及返旆广州弭平陈刘之乱等战役。民国14年，被派任国民革命军第四军叶挺独立团连长，第二年7月随军北伐，参与攻打湖北汀泗桥、贺胜桥之战。在武昌之役中，头部被弹片创伤，仍负痛完成任务。

民国17年（1928年），在临颍之役中，右腿受伤，返回汉口治疗，嗣后升任少校营长。第二年晋衔为中校营长，随部队进入山东，攻占北平、天津。北伐告成，任番禺公安局长兼县兵营长，民国24年后任第一集团军营长、上校团长。

民国26年（1937年）“七七”抗日战争全面爆发，率部队随师参加保卫京沪线和南京之战，以战功调升四六三旅副旅长。及后率部南下，参与粤北桂南各战役，收复鹤山沙坪等地，民国29年晋升少将旅长，又参加邕宾、邕钦等线战役，克复昆仑关、南宁、钦州等地，获得国民政府军事委员会明令记功。次年，军中改制裁旅，郑军凯改调一五五师少将副师长兼广东高（州）雷（州）守备区副指挥官，驻守粤南沿海一带，多次阻止日军进犯。民国31年兼任一五五师政治部主任，激励士气，先后光复芦苞、竹洲七乡等地。民国32年晋升一五五师师长，率部与日军鏖战于廉江马头岭、乌石岭，重创敌方。后因染病，请辞师长一职，调任第四战区司令部少将附员。

抗战胜利后，获国民政府颁发胜利勋章，并以陆军少将退为备役。民国35年（1946年），任职广州行辕少将参议，奉派为接收逆产专员，主事东莞、博罗敌伪产业接收工作。

民国36年（1947年），退役还乡，经营“凯旋农场”。1951年移居香港，1955年后定居台湾，随侄郑彦棻生活。1988年11月22日病逝于台北。

谈月色（1891—1976） 女，龙涌人。原名郏，字古溶，又字溶溶，因排行第十，又称“谈十娘”。

8岁开始诵经，性聪慧，又师从画尼文信学习书画，精于画佛像、梅花。15岁削发为尼，法名古溶（一说法名悟定）。民国11年（1922年），由高天梅、程大璋二人为媒，还俗结婚。民国25年秋，随夫蔡哲夫到南京生活。民国30年其夫病故后，以书画吟咏、治印抄书为生。1952年至1958年，曾三次在江苏省美术陈列馆举办“谈月色书画篆刻展览”。1955年，被聘为江苏省文史研究馆馆员。1956年以后，被选为第三、四届全国妇女代表大会代表，江苏省政协委员、省文联委员，连续四届被选为市人民代表。1976年因心脏病去世。

谈月色擅长画花卉、人物，尤工国画梅。深入研究画梅技法，上承宋元遗风，下继明清笔意，尤其得扬州画派的意趣和黄宾虹“三笔七墨”法的真传，社会各界名流都争先为其作品题签或题咏。最著名的作品是民国24年（1935年）的《蟠龙墨梅通景》，至民国26年在画上题跋的有蔡元培、胡汉民、于右任、章太炎、冯玉祥、李根源、柳亚子、程潜、柳治徵、汪东、关赓麟等50余人，成为民国时期著名书法家墨迹集锦。黄宾虹赞道：“留观阿堵传神画，散去长门卖赋金。”段拭评论她画梅“直逼宋元”，时人将她与杨无咎、林逋相提并论，被誉为“梅王”。

30年代初，谈月色的篆刻技艺已崭露头角，以古玺、汉印、隶书、佛像形印、圆朱文见长，以朱文汉镜文印独步天下，尤其率先以瘦金书体、《吴天发神谶碑》融入治印，开拓中国传统篆刻艺术新的领域。民国25年（1936年）秋，谈月色及蔡哲夫在南京举办书画篆刻展，轰动一时。1967年，谈月色在长宽10厘米左右的朝天宫宋瓦残片上刻毛泽东诗二首，随行就篆，虽是76岁高龄，仍不减当年。

谈月色还善于刻砚，有“远出昔之钿阁、二娘之右”之誉。

陈九（1893—1993）　北滘西海人。大革命期间，积极参加农民运动，任和隆围（路尾围原称）农民协会自卫军分队队长。1937 年 8 月，加入中国共产党。抗日战争爆发后，积极参加抗日救亡活动。1937 年 3 月 1 日，任西海抗日同志会主任，积极配合教忠中学宣传队，在碧江、坤洲、大涌口、乌洲、大洲、古坝、蛇洲围、张松等地宣传抗日救亡。

1939 年，发动群众参加顺德抗日游击队，任副中队长。1940 年 3 月，与林锵云在禺南地区开展统战工作，镇压钟村伪乡长，伏击员岗投敌土匪，夜袭大山汉奸陈才部、日本侵略军等战斗。同年 4 月起，陈九跟随吴勤经营经济，为部队筹集资金，筹措部队军需给养。6 月，中共南（海）番（禺）中（山）顺（德）中心县委成立，陈九的住宅成为中心县委会议、联络、居住场所。

1941—1942 年，参与西海、林头、广教等多场战役，他利用熟悉地形的优势，为部队指路，冲锋陷阵。1943 年初，广游二支队撤出西海后，率敌后武工队隐蔽在路尾围外的大东海，开展敌后斗争。1944 年 7 月，参与活捉乌洲伪乡长梁葵战斗。1945 年 3—4 月，参与反击日伪顽军“万人扫荡”，掩护广游二支队挺进西江。1949 年 5 月，在番禺独立团工作，于番禺、顺德、中山、东莞等地组织番东中顺农民起义军部队。

中华人民共和国成立后，历任顺德县支前副主任、自卫队总队副队长、合办农场五场专长、县农场场长、北滘人民公社荣誉社长。“文化大革命”惨遭迫害，被诬陷为“地方主义分子”。平反后当选为顺德县第五、六届政协委员。退休后，致力于革命传统宣传，据不完全统计，至 1993 年病逝前，应邀在顺德县、佛山市区、广州等单位，回顾讲述抗日战争英勇斗争的历史 70 多场。

林锵云（1894—1970）　又名锟池、昌文。广东省新会县六区沙岗乡（新会罗坑镇下沙村）人，14 岁当学徒，随后在外国轮船当服务生。1914 年冬，参加中华革命党。中国共产党成立后，积极投身于党领导下的工人运动。1925 年，组织动员洋务工人参加省港大罢工，被推选为香港罢工工人代表大会代表。同年夏，任国民党南海县党部农民部干事，9 月，加入中国共产党。1927 年，参加中共领导的广州起义。1928 年 2 月，在香港任中共洋务工会支部书记。1929 年 5 月后，历任中共南海县临时县委书记、中共佛山市委常委、中共香港工代会党团书记、中共九龙地委书记兼洋务工会支部书记。1932 年 1 月，到上海，被全国海员工会安排负责太平洋航线海员工作；5 月，在上海码头被捕，被国民党南京军法处判无期徒刑，转到江苏省陆军军人监狱。1937 年“七七”事变后，日本侵略军飞机狂轰滥炸上海、南京和苏州等地，与其他政治犯乘机逃脱。1938 年 1 月，在八路军驻武汉办事处接上关系后，被派回广东，任中共南（海）顺（德）工作委员会委员。

1938 年 10 月，和黄云耀等人，在顺德龙眼、众涌等地活动，发动十几名青年党员和农民参加游击队。1939 年 2 月在大良蓬莱小学建立顺德游击队。3 月，南顺工委被撤销，任中共南番顺工作委员会书记。6月，任中共南（海）番（禺）中（山）顺（德）中心县委（简称“中心县委”）委员。9月，任广游二支队独立第一中队中队长，率部队进驻西海，开辟中共在珠江三角洲第一个敌后抗日游击根据地。10月，指挥部队在涌边村与伪军激战8小时多，打退伪军9次进攻，毙伤多人，缴获步枪10余支。1941年3月，带领独一中队50余人，夜袭泮浦伪警察大队，缴获轻机枪1挺、长短枪30支、手枪5支。1941年7月7日，率部队袭击番禺里仁洞汉奸李少棠巢穴，缴获长短枪10余支。10月17日，和谢立全、刘向东一道，指挥西海战斗，歼灭伪军1个团，击溃2个团和1个护沙总队，击毙敌前线代理总指挥以下200多人，俘敌110余人，广游二支队仅伤亡各1人，是华南敌后抗战中以少胜多的最好范例，被誉为“西海大捷”。

1942年5月7日，广游二支队司令吴勤遇害牺牲后，任广游二支队代司令。10月，中心县委作出“进一步经营禺南，发展中山，开辟南（海）三（水）”的决定，和谢斌、严尚民率两个中队，转移到禺南大谷围和榄核地区，指挥南番中顺地区各部队。1943年2月，任南番中顺游击区指挥部指挥，主持制定《关于政权工作的决定》，成立以五桂山区为中心的抗日民主政权。10月1日，任中区纵队司令员，率部队挺进粤中地区，建立以皂幕山、老香山为依托的粤中抗日游击区。

1944年11月，中共中央批准成立广东人民抗日游击队珠江纵队，任司令员，与副司令员谢斌、政治委员梁嘉、参谋长周伯明、政治部主任刘向东联名发布《广东人民抗日游击队珠江纵队成立宣言》《珠江纵队司令部布告》《拥政爱民公约》。7月，当选为广东区党委委员。8月15日，率部挺进粤北，开辟粤北根据地。

抗日战争胜利后，1946年6月，率珠江纵队部分干部、战士北撤到山东解放区烟台市，任两广纵队副政治委员。1948年夏，率两广职工代表团出席全国第六次劳动代表大会，当选为中华全国总工会执行委员会委员、常务委员，并担任总工会组织部长。

1950年初，奉调返广东，历任华南分局职工委员会第二书记、省劳动局局长、广东省总工会主席。1958年9月，当选广东省副省长，分管民政和革命老区建设工作。主持制定全省革命老区的交通、水电、生产、文教、卫生等方面的建设规划，在当时较为困难的情况下，反复力促落实。1962年9月，率领一批老干部访问顺德、中山、新会、博罗等县抗日根据地，解决老区群众生产生活上的困难。

“文化大革命”期间，被“监护”迫害。1970年10月2日去世。1979年12月12日，中共广东省委隆重举行追悼会，为他平反昭雪。

吴勤（1895—1942）　原名吴勤本，祖籍东莞。幼年随父迁居佛山南浦村。1916年，参加民军，作战英勇，只身泗水爆炸济军舰，受孙中山嘉奖，选入孙中山卫队。1923年，投身中国共产党领导的农民运动，被推选为南浦乡农团团长，成为珠江三角洲领导农民运动的第一人。同年8月，参加广州农民运动讲习所第二期集训，加入中国共产党。1925年5月，当选为南海县四区农会会长，领导农民减租减息，禁烟禁毒。1927年，广州“四一五”事变后，在顺德、南海一带坚持斗争。12

月 7 日，广州起义前夕，被任命为南海农民赤卫军第二团团长，奉命率团攻打佛山，失败后，逃亡到香港和新加坡。

1937 年，全面抗日战争开始，返回香港，与中共南方工作委员会取得联系（但未恢复党籍）。年底，返回广州组织抗日武装——抗日义勇队，在夏滘河面伏击日本侵略军 2 艘运输船，击毙日军十几人，缴获一批物资。袭击小塘火车站，毁其交通，打响珠江抗日第一枪。组建“广州市郊游击第二支队”（简称“广游二支队”），任支队司令。日本军队扫荡顺德陈村时，指挥广游二支队与日军浴血奋战。1937 年 12 月中旬，日本军队进攻大良，指挥部队在金桔嘴旧寨设防阻击日军，打退日军进攻。1938 年 12 月，只身潜往香港，找到八路军办事处主任廖承志，提出要接受中国共产党领导。中共组织先后派刘向东、严尚民等党员干部到二支队，协助吴勤工作，逐步使二支队成为中共直接指挥的抗日武装。1939 年 5 月，吴勤与各方面人士一起组建民众抗日团体——抗日俊杰社，设有 10 个分社，成员逾千人，吴任社长。

1941 年 10 月，日本军队袭击西海，吴勤大力支持林锵云、谢立全指挥，筹集枪支弹药和粮食，为西海保卫战胜利作出积极贡献。

国民党反动当局对吴勤所领导广游二支队的声望不断提高和部队的迅速发展感到不安，制定剿共和消灭广游二支队的秘密计划。并于 1942 年 5 月 7 日上午，在陈村水枝花河道伏击吴勤夫妇等一行，被惨遭杀害。

1951 年 2 月 14 日，佛山市人民政府在南浦村建起吴勤烈士陵园，立碑永志。

郑彦棻（1902—1990）　槎涌人。4 岁丧父，早年求学期间，在广州《采风报》任校对，后任南海县政府书记。考进国立广东高等师范学校附属初级师范学校预科，当选为校友会服务部部长。创立广州首家平民义校，任主任兼教员，假期返回槎涌协助办理分校。民国 8 年（1919 年）升入广东高等师范学校数理化部。民国 12 年，任国立广东高等师范学校学生会评议部部长，参加全省学生联合会评议部的工作。

民国 13 年（1924 年）6 月毕业后，郑彦棻被学校派赴日本考察教育，回国后任国立广东大学附属小学训导主任、数理科教员兼舍监。

民国 14 年（1925 年）底，保送到法国里昂中法大学学习法语。后转入巴黎大学攻读统计学，获统计师学位。留欧期间，任日内瓦国际联盟秘书及国民党驻欧总部支部常委，并代表驻欧总支部回国出席国民党第三次全国代表大会。

民国 24 年（1935 年）8 月回国，任中山大校教授兼法学院院长。1937 年抗日战争全面爆发，任国际反侵略总会中国分会执行主任，宣传反侵略，争取国际上对中国抗战的支持。嗣任国民党中央训练委员会委员、军委会总政治部设计员、中央训练团教育委员会主任秘书。民国 28 年，任广东省临时参议会参议员。

民国 29 年（1940 年）8 月，从重庆返回广东，任广东省政府委员兼秘书长，兼任青年团广东支团干事、省动员会议书记长等职务，主持救国公债筹募委员会，提倡“机关学校化”，推动地方志和地图编纂工作。

民国 33 年（1944 年），任三民主义青年团中央常务干事兼宣传处处长，后任副书记长。民国 34 年被推选为国民党中央委员会委员，任中央党部副秘书长及中央政治委员会委员。民国36年3月，奉派以团长身份率领中国代表团出席在印度举行的泛亚洲会议。同年，出任国民政府立法院第四届立法委员。1948年春，回到广东参加行宪后第一届立法委员竞选，当选为第一届立法委员。同年5月，参加第一届立法院第一次会议预备会，任议事规则起草委员会委员。12月30日，国民党中央常务委员会决议由郑彦棻代理国民党中央党部秘书长。

1949年，郑彦棻赴台湾。1990年6月21日在台北病故。

刘向东（1906—1984） 学名刘汉荣，曾用名刘潜迅、何向东、刘海浦等，广东揭阳（现揭西）县良田乡人。1927年初，加入中国共产主义青年团。1931年“九一八”事变后，积极参与到南京请愿和上街游行示威。1935年秋，受聘担任《星中日报》驻东京特约通讯记者。1937年8月，以《星洲日报》特派记者的身份赴延安，受到毛泽东等中共中央领导的接见。同年10月，加入中国共产党。

1938年后，历任战区政治部宣传科科员、广东省动员委员会任督导员，在中山、四会、新兴、高要、肇庆等地区开展敌后抗日武装斗争。1939年1月，根据广东省委的指示，会见广州市区游击第二支队（简称“广游二支队”）司令吴勤，具体了解广游二支队情况。随后，参与对部队整编工作，任广游二支队政训室主任，成立中共广游二支队直属队党支部，任支部书记。动员大批工人、农民加入队伍，直属队整编后有六七十人。其间，还印发《告三角洲敌后同胞书》，提出“抗战、团结、爱民”三大口号，把“三大纪律，八项注意”作为部队政治思想工作内容，加强对部队的政治和军事素质。7月底，广游二支队直属队转移至番禺石涌。9月，成立石涌党支部，刘向东任书记。

1940年3月，任南（海）番（禺）顺（德）工作委员会委员。4月15日，主持创办《抗战旬刊》（1942年4月改称《正义报》），至1944年8月共出版23期。6月，任中共南（海）番（禺）中（山）顺（德）中心县委（简称“中心县委”）委员。

1941年7月11日晚，率广游二支队独立第一中队和第一大队200余人，夜袭驻沙湾伪军和伪警察所，歼灭伪军1个连大部和伪警察所，缴获步枪50支，弹药一批。同月，在桃村横岸袁家祠主办第一期军政干部训练班，与林锵云、谢立全、严尚民等讲课，培训中小队干部30多人。10月17日，协助林锵云、谢立全指挥西海战斗。

1942年6—9月，与林锵云、谢立全、谢斌等指挥广游二支队和民兵先后三次袭击伪顽军的据点林头，拔除槎涌、三洪奇、广教、水口、碧江等周边据点，挫败国民党勾结日伪联合的“大扫荡”。同年10月，和邝明等到马村、莘村，开展对地方实力派部队的统战工作。

1943年2月，成立南（海）番（禺）中（山）顺（德）游击区指挥部，任指挥部政治部主任，与林锵云、罗范群、谢立全、谢斌等，在南番中顺地区开辟新区。1944年11月14日，中共中央批准成立广东人民抗日游击队珠江纵队，任政治部主任，与司令员林锵云、副司令员谢斌、政治委员梁嘉、参谋长周伯明联名发表《广东人民抗日游击队珠江纵队成立宣言》《珠江纵队司令部布告》《拥政爱民公约》。

1945 年 5 月，与梁嘉、谢斌率领纵队机关和部分主力，挺进西江，配合南下的王震部队创建粤桂湘边五岭抗日根据地。1947 年 1 月后，被调到潮汕地区，历任中共潮汕地委副书记、闽粤赣边区纵队副司令员兼潮汕支队司令员、闽粤赣边区党委执委。1949 年 8 月，参加叶剑英主持召开的赣州会议，被任命为中共珠江地委书记兼珠江军分区政委。1949 年 11 月至 1951 年 5 月，任中共珠江地委副书记。

1951 年 7 月后，调任广东省人民政府林业厅第一副厅长、党组书记。1953 年后，历任水利部、水利电力部、国家计委司长、局长等职务。1962 年 8 月至 1965 年 8 月，刘向东下放到佛山专区任中共地委副书记。1965 年 9 月后，返回中央国家机关工作。1978 年，当选为第五届全国政协委员，1984 年 8 月，出版回忆录《回顾珠江纵队》。同年 12 月 18 日在北京病逝。

谢斌（1914—2010） 原名谢海龙，江西省吉安县（今吉安市吉州区）禾埠乡人。1930 年参加中国工农红军，1931 年加入中国共产主义青年团，1932 年加入中国共产党。土地革命时期，历任红四军第二师第五团排长，红一军团第二师特务连连长，红十五军团第七十三师司令部第一科科长，第七十三师第二一七团参谋长、团长，第七十三师参谋长等职，参加了中央革命根据地第一至五次反“围剿”斗争和二万五千里长征。1937 年入读延安抗日军政大学，任该校队长兼军事教员、第三分校大队长。

1940 年 6 月，受中共中央委派到广东，任南（海）番（禺）中（山）顺（德）中心县委委员，负责军事工作；任广游二支队司令部参谋，与林锵云等率部队进驻西海，开辟中共在珠江三角洲第一个敌后抗日游击根据地。10 月，与林锵云、谢立全领导独立第一中队在沙湾涌边村与伪军激战，取得重大胜利。1942 年 2—4 月，负责第二期军政干部训练工作，任班主任。6—9 月，与林锵云、谢立全、刘向东等指挥广游二支队和民兵三袭林头，粉碎日伪的联合“大扫荡”。

1943 年 2 月，任南（海）番（禺）中（山）顺（德）游击区指挥部（简称“南番中顺指挥部”）副指挥兼参谋长。1944 年 10 月 20 日，与林锵云、罗范群、谢立全、刘田夫率领机关和主力大队近 500 人从五桂山出发，冲破日伪军重重包围，到达高明、鹤山县抗日游击区执行新的战斗任务。11 月 14 日，任广东人民抗日游击队珠江纵队副司令员，与司令员林锵云、政治委员梁嘉、参谋长周伯明、政治部主任刘向东联名发表《广东人民抗日游击队珠江纵队成立宣言》《珠江纵队司令部布告》《拥政爱民公约》。

1946 年，随部撤至山东解放区，任华东军政大学第五大队大队长，华东野战军第三纵队第八师副师长、第九师师长。参与济宁、沙土集、刘晓兴、洛阳、开封、睢杞、济南、淮海、渡江、进军浙江等战役。在淮海战役中立一等功。

中华人民共和国成立后，历任华东军区上海航空办事处主任兼政治委员、华东军区防空军司令部参谋长、华东军区空军副参谋长、空五军军长，福州军区空军副司令员兼参谋长、司令员等职。1955 年被授予少将军衔，获二级八一勋章、二级独立自由勋章、一级解放勋章和一级红星功勋荣誉章。2010 年 7 月 12 日在南京逝世。

严尚民（1915—1997）　乳名洪冬，曾用名奎荣，笔名陈虹、公曼、羽浪、严霜、何日葵。广东惠阳县澳头乡人。在日本法政大学留学。1937年，在香港加入中国共产党。翌年，被推选为惠阳第二行政区委员会主任。

1939年6月，调任中共珠江三角洲特派员，兼任广州市区游击第二支队（简称“广游二支队”）政训室秘书。1940年2月，任中共番禺县工作委员会书记。3月，南海、番禺、顺德党组织合并，转任南（海）番（禺）顺（德）工作委员会委员。4月15日，与刘向东、黄柳言等在番禺马地庄创办《抗战旬刊》（1942年4月改称《正义报》）。1940年6月，中共南（海）番（禺）中（山）顺（德）中心县委成立，任委员。1941年7月，参与中心县委在桃村横岸袁家祠举办的第一期军政干部训练班。8月12日，与谢立全率领36人的精干小队，夜袭里仁洞，发展禺南敌后游击战。1943年3月，任南番中顺游击区指挥部属下南番委员会书记。1944年6月，与谢立全、郑少康等一道，率领部队活捉汉奸“十老虎”、擒“五豺狼”，夜袭新造日伪区公所、出击市桥等，沉重打击日本侵略军。7月，与谢立全率领顺德和南海部队，俘获乌洲伪乡长兼联防队长梁葵及其爪牙50余人，缴获机枪1挺，手枪、步枪50余支，打通南番顺三县的军事交通要道，拓展了西海抗日根据地的外围力量。

1945年5月，到香港治疗战伤，在《正报》以“公量”为笔名连续发表《珠江三角洲人民子弟兵的抗战史》。1947年后，在粤东地区参加抵抗国民党军队进攻的武装斗争，历任中共九连地区工作委员会书记、中共粤赣湘边区党委委员、粤赣湘边纵队参谋长。

1949年10月，率边纵独立第一、三、四团，从东莞乘船横渡珠江，在番禺县莲花山登陆，解放番禺、顺德、中山。11月，任中共珠江地委员、常委。1950年1月，任珠江专署专员。他协助曾生等部署清匪反霸斗争，抓好政权建设。结合减租减息，组织农会和建立各种群众组织，恢复和发展生产。土地改革结合珠江三角洲的特点，提出对华侨地主、工商业兼地主、沙田区二路地主的具体政策，强调注意掌握政策，

1953年11月至1966年，先后任华南分局交通运输部办公室主任，省人民委员会副秘书长，省交通厅第一副厅长，省工业厅厅长，省交通厅厅长、党组书记，省交通运输委员会副主任，省航运厅厅长。“文化大革命”期间，遭受迫害，下放到英德茶场活动。1978年后，任省对外贸易委员会副主任，广东省驻港澳办事处主任、党组书记，粤海公司董事长。离休后曾多次返回佛山指导编写《珠江纵队史》。1997年3月16日在广州市病逝。

谢立全（1917—1973）　又名陈明光，江西省兴国县樟木乡人。1929年参加中国工农红军，1930年加入共产主义青年团，1931年加入中国共产党，1934年参加长征。土地革命时期，任红二十一军一二三团连政治指导员，红三军团第五师政治部青年科科长。抗日战争初期任抗日军政大学第三分校五大队总支部书记、二大队政治委员。

1940年6月后，受中共中央委派从延安到广东，任南（海）番（禺）中（山）顺（德）中心县委委员，负责军事工作，任命为广游二支队司令部教官，参与组建

广游二支队独立第一中队，与林锵云等率部队进驻西海，开辟中共在珠江三角洲第一个敌后抗日游击根据地。10月，指挥部队在沙湾涌边村与伪军激战，缴获步枪10余支。同月，任桃村横岸袁家祠第一期军政干部训练班班主任，并与严尚民、罗范群、林锵云、刘向东等授课。8月12日，率领36人的精干小队，夜袭里仁洞伪乡长李少棠巢穴，缴获长短枪10余支。10月17日，和林锵云、刘向东一道，指挥西海战斗。

1942年6—9月，在林锵云、谢斌、刘向东协助下，指挥广游二支队三袭林头伪顽军。10月，到中山领导五桂山敌后抗日游击战。1943年2月，成立南（海）番（禺）中（山）顺（德）游击区指挥部任副指挥。1944年6月19日，谢立全与严尚民、卫国尧、郑少康等组成战斗指挥部，夜袭番禺新造伪区公所，袭击敌伪中心市桥镇。

1944年10月20日，与林锵云、罗范群、谢斌、刘田夫率主力大队，冲破日伪军重重包围，到达高明、鹤山县抗日游击区执行新的战斗任务。11月14日，任中区纵队军分委参谋长。1946年，随部队北撤山东，任华东野战军第十六师、人民解放军第二十四军第七十师、第三十军政治委员。中华人民共和国成立后，历任华东海军第五舰队司令员兼政治委员，中国人民解放军军事学院海军系主任，海军学院第一副院长、院长。1955年被授予海军少将军衔，曾荣获二级八一勋章、一级独立自由勋章、一级解放勋章。1973年10月30日在北京辞世。著书有《珠江怒潮》《挺进粤中》。

黄牛（1921—1979） 西海人。自幼家贫，读四年小学，16岁参加抗日俊杰同志社，后任珠江纵队二支队队长。1945年2月，西海乡民主政府成立，黄牛任武装委员。新中国成立后历任西海自卫队队长、西海乡委员会委员、民兵队长。1954年调任群力围水利会主任。多次参加抗洪抢险，发动群众进行水利工程建设，冬修堤围，不断增强群力围抵御洪水的能力，多次受到县、公社的表彰。

苏翁（1932—2004） 原名苏炳鸿，碧江人，粤剧编剧家、剧评家。1948年就读于广州大学，后转入岭南大学。1954年到香港从师著名粤剧演员何非凡。从事编剧工作，主要粤剧有《铁马银婚》《章台柳》《宇宙锋》《摘缨会》《杨枝露滴牡丹开》《江湖恩怨侠鸳鸯》《白龙关》《张仙传》《一支红杏未出墙》等，主要粤曲有《重台泣别》《花蕊夫人》《琴心记》等，填词粤曲有《相似泪》《新禅院钟声》《分飞燕》《天涯孤客》《八仙过海》等。

梁启棠（1965—2013） 高村人。20世纪80年代初，在高村种植花卉。1991年，创办兴隆花木场，1995年成立兴隆花木有限公司。进入21世纪，相继建立北京、上海、四川、武汉、大连等地区花卉销售基地，生产经营覆盖全国各地，并出资500多万元以扶持、保价收贴花卉的形式，带动顺德、番禺、中山、湛江、台山、海南省等地大批花农致富。至2005年，建有花卉生产基地34公顷，年销售额达1700万元，出口额达280万元。

热心家乡福利事业，每年从公司利润中拨出 0.5% 投入慈善事业，解决贫困家庭孩子入学，为村五保户、困难户解决生活困难。2000 年获得“北滘镇十大杰出青年”称号；2003 年获得广东省“农民科技致富能手”称号，被评为“广东省劳动模范”；2005 年被评为“全国劳动模范”。历任第十二至第十四届佛山市人大代表、顺德区政协委员。

第二章 略记

杨源远（1210—1295） 广教人。字可久，号来滨。南宋咸淳十年（1274 年），为避兵乱从南雄迁往广教，为广教杨氏始祖，生平积善行德。

区瑞（明代，生卒年不详） 西滘人。少年时已有才名，补庠生。清咸丰《顺德县志》记载他“负气节”，坚持己见，不屈不挠。得学官衔，因不到列名班簿，学使者捡簿，被罢为吏。有人劝他放弃此职，他以司马迁忍辱负重而有所作为为由，就任，后授予德兴典史。到任后，指挥征伐桃源洞贼寇，俘虏数以千计。兴修县城其间，遭贼寇突击，防守数十天后，被贼寇擒获。贼寇劝降，他指着腹部说：“此中皆节义文章，岂能向尔等投降?”英勇就义。德兴县民奉为学祠乡贤，祀在崇义祠。

郑应文（生卒年不详） 桂林（林头）人。字叔年（传作“字叔章”“字叔草”）。十八始学举业，明弘治八年（1495 年）中举，任浙江处州府庆元县知县。时值群盗四起，率乡兵列阵对抗，击退盗匪。后复补福建延平府宣平县知县，在任五年，廉洁正直不媚权贵，调柳州府罗城县知县后，管理宽严相济，百姓安居乐业，生平讲理学。

赵崇信（生卒年不详） 碧江人，字维周，号东台。明嘉靖七年（1528 年）举人，明嘉靖十四年进士。历任贵州副使、广西布政、南京大理寺左右寺正等。授中宪大夫。著有《东台集》。赵氏父老流传，赵崇信曾因草书“一天门”受皇帝赏识，受赐龙头大笔。

梁典（生卒年不详） 都粘人。字惇伯。家贫，靠讲授经书维持生活。明嘉靖三十一年（1552 年）中举人，授上林教谕，给诸生授课，因此上林多出学士。建昌学府被洪水淹没，梁典疏浚重修，并建斋舍。后升南京国子博士，出任南康府通判，历署星子、都昌、建昌三县。县民多拖欠赋税外迁，梁典放缓赋期，帮助县民恢复常业。他清正廉洁，长兄问及家产，他从容答道：“已比授读时丰厚。”卒于任上，百姓修祠纪念。

梁用逵（生卒年不详） 上僚人。号徐厅。明嘉靖二十二年（1543 年）中举人，授予郁林州学正，推重理学。官至萍乡知县。主持修葺城郭，安抚居民。萍乡毗邻权相严嵩原籍分宜县，严家巧取豪夺，跨境占有大量田产，恃势横行，从不交税。梁用逵到任后即派人向严家收税，遇有违抗者鞭笞示众。严嵩父子得报后，大为震怒，指使江西布政使寻隙构陷。布政使素来爱惜梁用逵刚正，暗中通知他辞官避祸，南归途中，袁州知府侦知严家设伏，全力护送他回乡。

赵汝广（生卒年不详）　碧江人。字存贞。为诸生。因丧父而哀毁成疾，遂弃举业隐居耕作，闲暇惟好吟咏，恭敬奉伺两位兄长。以孝友著称，性格率直，与人无争，常为乡族解决纷扰；出资帮助没有能力办婚葬族人。明嘉靖三十二年（1553 年）饥荒，倾其所有全力赈灾。被推举为乡宾。

梁继善（1573—1644）　桂林（林头）人。字子才，号木公。自幼嗜学，沉迷典籍，博览群书，从儒家经典、诸子百家学说、史书到梵典、丹经均有研究，尤深入《易经》，著有专书，缙绅对之盛赞。闲时作画，工丹青。

明万历四十六年（1618 年）举贤书，任学职三年，迁知石屏洲，不赴官职，回乡闭户著述。知交甚多，求学者不计其数。著有《易韵》《易摩》。

梁栋隆（生卒年不详）　泮浦人。字洛文。家贫力学，明万历四十年（1612 年）中举人，授郁林州牧。郁林州四周环山，多有绿林出没。梁栋隆用妙计歼灭寇首，肃清萑苻之盗，百姓立祠颂其功德。后迁为吉安府丞，旋迁蜀府长史。退休归里后，所置产业平分给同族后辈，受乡人敬重。

何载宠（生卒年不详）　三桂人。字子玉，号参寥。与弟何载阳并称“纯孝”。明万历四十三年（1615 年）举乡荐，以亲老求禄养仕。担任富阳县令四年间，多善政绩，卒于任上，百姓为之罢市巷哭，祀为富阳名宦。

何载阳（生卒年不详）　三桂人。字子元。生性颖悟，7 岁能文，15 岁补庠生，明万历年间乡试两中乙榜举人。与人和善，侍奉双亲能先意承志，居丧遵循古礼。与兄出必随行，家中事务虽琐屑，必写信请命，不自专自处。俭省节约，父兄有所需，必力致之。与名士黎乘凌、腾龙、谢奖为友，相互以论文励行。

梁佑逵（生卒年不详）　泮浦人。字佑新，号纪石子。自幼居住广州，15 岁能通读《春秋传》，精通史学，求同存异，持论精审，辑录成书，读者为之震惊。袖示邑令，县令招罗之，不应。成为诸生籍后，谒令索前书，被告知无副本，实为县令不予还之，他慷慨道：“你奈何要敝帚千金呢？”明崇祯十二年（1639 年）举贤书。明亡后，弃儒冠为僧。著有《史眉》《私案书》十卷。

黎元珠（生卒年不详）　槎涌人。明正德十一年（1516 年）举贤书，任祁阳知县，分校①得士六人。后退休归里，日给不足。当时洋舶例金不菲，同行六人有一粤东巡按，知悉其艰苦，发告示表明得黎元珠的信函便准许开舶，商人皆携礼上门求助。黎元珠为他们写信函却拒收馈赠。

苏汝贤（？—1650） 碧江人，字凯禹。碧江苏氏北便房十八世祖。明天启初年，游幕辽东青莱，作为守备跟随孙承宗，迁为都司，历任游击、参将等武职。明亡后，跟随南明永历帝，积官至总兵、左都督，与瞿式耜扼守桂林。清顺治七年（1650年），清兵追剿永历帝，苏汝贤从桂林率兵支援全州而阵亡。著有《篆法考订》《醉翁斋集》。

梁友远（生卒年不详） 林头人。素有勇力。清康熙十七年（1678年），新会贼匪山官七②劫掠林头、乾滘（广教）一带，掳去千人。梁友远气愤不平，持巨梃截获贼人，解救数百人。贼匪怀恨在心，纠集众匪与之一战，被鸟枪击中头部，翻越墙头凭树而死，乡人厚葬之。

黎景义（1603—1662） 桃村人。一名内美。明崇祯年间诸生。少年时在舅舅罗虞臣家读书，兼习朝章典故，胸怀上下千古之思，有独特的见解。素与明末忠烈黎遂球、梁朝钟、陈邦彦、陈子壮交好，因同习举业、逐名场，尤其与陈邦彦有深厚的交情。明亡后，在桃村侍奉母亲，将一腔抑塞的磊落之气抒发于文章之中，曾为娥皇、女英以来至宋、明女史人作传，寄寓其香草美人之意。常将即目亲见之事撰成传记。著有《二丸居集》八卷、《艳史》四卷。

苏士许（生卒年不详） 碧江人。字末人。擅才名，清康熙诸生。家贫好施，为饥者提供饮食。倡众疏浚乡间淤塞河道。工书画，善诗，尚竟陵体。著有《相以居集》。

罗宁默（生卒年不详） 三桂人。字仲恭。清康熙年间人。擅才名，精考核，寡言笑。先世多藏书，他手不停披，尽窥其奥。善诗词，尤擅长古体。著有《偶然斋集》。

苏朝宪（生卒年不详） 碧江人。字永清。清康熙年间人。捐资赎回被大族所据的宗族尝田，代族人偿还赋税，又设义仓、备小宗祠，赈济饥荒。资助丧葬不举者，为外祖择后，以田供祀贷资者，不向贫者索取赔偿。县令徐勍彰之，旌表其闾。

赵德（生卒年不详） 碧江人。号劬园。聪敏好学，考试皆获优。清康熙五年

---

① 科举时校阅试卷的各房官，也称分校。

② 郭志刊误：山上脱李字。

（1666年）举人。任猗氏县令期间，清廉俭约，招抚流亡，百姓皆感动得落泪。康熙二十七年，因计谋出众，擢知邓州。以俭朴和平树立教化当地盛行的奢侈好斗之风，称道："猗氏鬼且畏公，民敢犯科耶？"康熙二十六年、二十九年分校文武科举，三年后以眼疾告归。

曾孙来（生卒年不详） 桂林（林头）人。字恺之，号幔亭。少有文名，康熙三十五年（1696年）举人，授化州学正。整治陈规陋俗，设明伦堂讲学，生童云集，资助贫困断炊之人。父丧哀毁，居丧尽礼，三年不茹荤。丧期服满后起用为高州府教授，91岁卒于任上。著有《贯恕堂文稿》《罗江诗集》《文集》。

辛慕霞（生卒年不详） 北滘人。性情淳厚刚正，至慈至孝，母丧，一恸几绝。事奉父亲，承颜顺志，对待继母亦如是。常周济有困难的亲戚。康熙三十六年（1697年）饥荒，他倾尽所有粮食接济饥民，致家道中落。

黎益进（1644—1735） 槎涌人。字显如，号桂潭。自幼读书颖异，三水庠生。康熙四十一年（1702年）乡荐，康熙四十八年登进士，授惠州府教授。每次出游都登六如亭，诸生谒见，必举白鹿洞书院规则勉励。生活清苦简朴，不以自私，俭约好施，禄俸余资分置尝业。雍正四年（1726年）饥荒，黎益进开仓赈灾。受县令敬重，被推举为乡正宾。离职后百姓仍对他深感思念。

苏明守（生卒年不详） 碧江人。字元之。先世多藏书，苏明守读书不倦，博闻强识。清康熙二十三年（1684年）举人。自幼丧父，讳日伤心废食。事母孝谨。长兄苏喜之久病，尽心照顾，调养治疗，七易寒暑也不怠倦。仲兄冲之遭无妄之灾，不畏艰险，代为上诉才得以清白。从侄不恤教严，劝诫反遭怨恨，被其伙同贼匪掳去，几乎丧命，76岁卒。

郑叶梅（生卒年不详） 桂林（林头）人。字汝孝。郑际泰子。清康熙五十二年（1713年）万寿特科举人，任江南松江府金山县知县，改授惠州府归善县儒学教谕，历博罗、海丰二县教谕。

苏正学（生卒年不详） 碧江人。少聪颖，文思敏捷。清雍正元年（1723年）举人，授石埭县令，体恤民情，以清正耿直著称，不催收租税扰民，不滥用刑罚。按季考核士子的学业，以文就质，立为点论。每月资助贫困者米钱，深得民心。改为德庆州学正，与文士赋诗论文，殆无虚日。死后不能殓葬，士子集资为其办理丧事，才得以运棺回乡。著有《宦游草》《陵阳言别》。

杨代纪（生卒年不详） 乾滘（广教）人。字道纲。廪生。家贫但刻苦读书。清雍正二年（1724年）举人，设帐授徒以奉养父母。生平正直好义，倡建祖祠，救济贫困，曾倾尽家财赈济饥荒。

苏渔（生卒年不详） 龙头（碧江）人。字允贤，号芸轩。性孝友，喜北宋五子书法，至废寝忘食的地步，得到广东巡抚朱宏祚赏识。在弱冠年被学使臧大受延请为襄校。清雍正二年（1724 年）举人，无法负担会试费用，有人劝他通谱别宗，他认为举人古称“孝廉”，冒宗“非孝”，贪财“非廉”，拒绝了提议。赠遗之物皆不接受，认为“士不可轻受人恩”。途次节俭，往返自如。授徒必悉心教诲启迪，以“杜门自爱，毋逐名利”训门人。

梁祁大（生卒年不详） 桂林（林头）人。字子引。以父明太仆卿荫国子博士入国朝，弱冠入府学。捐百余田产、鱼塘收租，增加先祖祭祀的费用；买山地作为义冢，便于族葬。以六事①训家，榜诸祠曰：“兴贤能，敬期耄，施孤寡，表节孝，恤贫难，助丧葬。”族人循行不替。

辛之屏（生卒年不详） 北滘人。辛慕霞子。慷慨如父，遇有贫难无法偿债之人，则焚其契据。清康熙五十二年（1713 年）、雍正四年（1726 年）年倡议赈灾。

辛昌五（生卒年不详） 北滘人。敦学行，能文章。清雍正七年（1729 年）举人，乡试第一名，翌年登进士，授官检讨。工诗，与梁善长、罗天尺交好。

梁尚秉（生卒年不详） 林头人。字文言。清乾隆二十一年（1756 年）中举，贤书第一，联捷进士。乾隆三十三年任石门知县，采办仓谷二千石，禁绝抑勒。后调任浏阳、永顺，为官刚直，清积牍，惩健讼②之风。浏阳有流犯耿某，性狡险，结交吏胥，重利盘剥，梁尚秉按律严惩。后来受命案连累失官，归里杜门读书以终。能诗，曾作《因公宿花薮寺》五首。

周维登（生卒年不详） 玕滘（广教）人。清嘉庆十四年（1809 年），海盗张保仔入侵顺德，各村堡自建团练防御，一时壮士奋起，以死抵御外贼，清咸丰《顺德县志》清感丰版载“周维登战最勇，死亦最烈”。周维登时年 70 岁，少负胆气，精于拳术，勇猛威武，藏箭于袖，手伸箭出，射无虚发。玕教四面环水，海盗船只登岸肆虐，见者东奔西跑。周维登愤然执梃藏袖箭而出，把守进村要道。与贼群相斗，箭梃所及，无不死或受重创，相持不下，海贼仍不退，蜂拥而至。海贼越多，周维登气越厉，战至箭尽梃断，退到短墙前，持半段棒独挡三面敌人。海盗思疑到底是不能攻入，便秘密用小舟绕出其后，开炮炸死周维登。其女周氏，藏刀刃杀毙十余人，跳水而死。

---

① 六事者，谓貌、言、视、听、思心、王极。

② 对一个案件不断纠缠不清或上诉等行为。

区有梅（生卒年不详） 西滘人。监生。时海盗风气渐盛，清嘉庆十四年(1809年)，海盗张保仔、郑石氏闯入顺德内河。分攻西滘，区有梅和同族区嗣国发动民众筑树水栅戒备，用炮抛射石头迎击，据守三昼夜，海盗不能进犯。区有梅预计海盗必合力反攻，联合新良、鹭洲等村。待海盗增派船只靠岸之前，遣人潜抵水栅窥探虚实，翌日杀之并沉入江，海盗夺气而去，西滘得以安定。

杨中和（生卒年不详） 玕滘（广教）人。清嘉庆、道光年间的名医，精于儿科。在大良北门开设医馆，每日医治上百人，数十年如一日，免费救助贫苦百姓。孝廉薛烁五赠句："道行三万六千日，活尽东南西北人。"99岁病逝。

关厚光（生卒年不详） 黄涌人。清代人。曾献千金筑乡围。工程尚未竣工，西水暴涨，他奔走营救，深夜露立堤岸，又悬赏募集劳力和土料，抢筑堤围，后筑围成功。

吴全美（1820—1884） 字碧山，原籍碧江聚龙沙，世居广州番禺龙溪乡（今属海珠区南华西街）。清道光二十九年（1849年）入广东水师团练，学习水战，屡立战功，咸丰元年（1851年）晋升为龙门营都司。后因战功，被朝廷封赏"迅勇巴图鲁"，授升福建水师提督。同治四年（1865年）8月，抵厦门凡塞港，修筑炮台，组建联防。光绪六年（1880年），任广东水师提督，改建虎门各水路炮台。光绪九年调任琼州镇总兵，当时法国派船深入琼州海峡测量海况，侵犯领海主权。吴亲督水陆兵勇巡逻，昼夜严防。光绪十年10月染时疫医治无效逝世。

郑苌（1845—1918） 漫画家。辛亥革命前与潘达微合办《时事画报》。民国初年，协助高剑父办《真相画报》，创作大量针砭时弊的漫画杰作。

周康（1876—1915） 北滘人。字诚杰。农民出身，青年时期跻身绿林。清末在朱执信的策动下，加入同盟会。清宣统三年（1911年）秋，率众起义，被编为广东民军"康"字营。在肃清残余清军的战争中，发展至两标四营，共2000多兵力。民国3年（1914年），周康被龙济光设谋禁锢数月。翌年，龙济光以"广舞台炸弹"事件为借口，秘密枪杀他与其弟周坤于越秀山。

苏廓宇（1889—1959） 碧江人。1907年参加海军培训服役，1928年任中山舰（原称永丰）舰长。抗日战争初期，曾于珠江口击落1架日军战机，并在番禺水道与顺德水道河滘口一带布水雷抵御日军。1956年，为广东省人民政府提供台湾海峡水文和航道的有关资料。

苏朝伟（1890—1930） 碧江人。1908年加入同盟会，1912年于广东军官讲习所毕业。先后参加护国、护法、讨龙（济光）援桂（系军阀）、讨陈（炯明）、讨刘

（振寰）、讨杨（希闵）、北伐等数十次战争，历任连长、营长、上校、团长，后调任防顺德。1930 年，在围剿番禺鱼窝头土匪战斗中牺牲。

曹翰槐（1893—?） 桃村人。字墨侣。少就读于陈村西淋高小学堂，师从岑学吕。其后在广州读中学及入读陆军经理学校。辛亥革命后，任革命军教练，随军北伐。他擅长测绘、建筑设计，曾任国民政府汕头市政府工务科建筑股股长。

赵百则（1894—1950） 又名藻宪、百曲，碧江人。民国时期，于陈村新圩创办普育小学，后于碧江开设夜校，亲自授课。1932 年 2 月，任国民党顺德县党部常务委员。1941 年冬，赵百则追随民主革命家周之贞，参与创立青云儿童教养院，先后抢救、抚养和教育 800 多名难童。新中国成立后曾任陈村青云中学副校长。

杨贤星（1936—2015） 广教人，高级工程师，1955 年参军，在山西省太原市东方航空公司工作至退休，曾率领科研团体获得国家科技进步二等奖。

第三章　名誉名录

一、省部级以上先进名誉名录

北滘省部级以上先进人物名录

（截至 2017 年）

表 24—3—1

姓名	性别	荣誉称号	工作单位	授予时间
郭桂琼	女	广东省文教系统先进工作者	莘村生产大队	1965 年
罗业樟	男	对越自卫还击战“二等功”	中国人民解放军 53461 部队	1979 年
陈金龙	男	对越自卫还击战“二等功”	中国人民解放军 121 师	1979 年
潘毅敏	女	广东省维护妇女儿童合法权益积极分子	中共北滘镇委	1984 年
张良德	男	广东省职工先进生产（工作）者	顺德锦峰食品机械厂	1988 年
区鉴泉	男	全国劳动模范	裕华实业公司	1989 年
卢健昌	男	第四次全国人口普查工作国家级先进个人	北滘镇人民政府	1990 年
黄干远	男	全国优秀星火企业家	北滘镇人民政府	1991 年
黄干远	男	全国星火明星企业家	北滘镇人民政府	1994 年
梁胜添	男	全国村镇建设优秀乡镇长	北滘镇人民政府	1996 年
潘毅敏	女	1996—2000 年全省法制宣传教育工作者	北滘镇人民政府	2000 年

续表

姓名	性别	荣誉称号	工作单位	授予时间
何享健	男	全国劳动模范	美的集团股份有限公司	2000 年
邓明义	女	广东省“五一劳动奖章”	美的冷气机制造有限公司	2001 年
梁启棠	男	全国劳动模范	兴隆花木有限公司	2005 年
游　斌	男	全国“五一劳动奖章”	美的制冷设备有限公司	2008 年
游　斌	男	全国劳动模范	美的制冷设备有限公司	2010 年
袁利群	女	广东省“五一劳动奖章”	圆合金融控股有限公司	2011 年
韩治帮	男	广东省“五一劳动奖章”	北滘镇人民政府	2014 年

二、北滘镇享受政府（国务院）特殊津贴专家名录

北滘镇享受政府（国务院）特殊津贴专家名录

（截至 2017 年）

表 24—3—2

姓名	工作单位	技术职称	文化程度	毕业院校	从事专业	获评年度
陶亦华	北滘星火科技公司	高工	本科	东北重型机械学院	机床设计与制造	1993
区鉴泉	北滘裕华实业公司	高级经济师	中专	顺德县工业学校	工业企业管理	1993

三、荣誉市民名录

1992—2002 年北滘被佛山、顺德授予的荣誉市民名录

表 24—3—3

名称	授权机关通过日期	荣誉市民名单
佛山市荣誉市民	1995 年 1 月，佛山市第十届人民代表大会常务委员会第十二次会议通过	李伟强　梁伟明　苏耀明
顺德市荣誉市民	1992 年 11 月，顺德市第十届人民代表大会常务委员会第二十三次会议通过	李伟强　梁伟明　苏耀明　黎剑铭
	1995 年 9 月，顺德市第十一届人民代表大会常务委员会第二十二次会议通过	梁满铨　李何辉仪（女）　梁　尚
	2000 年 3 月，顺德市第十二届人民代表大会常务委员会第十八次会议通过	梁　升

四、革命烈士名录

北滘革命烈士名录

表 24—3—4

姓名	出生年份	籍贯	参加革命时间、牺牲时身份及时间、地点、原因
第一、二次国内革命战争时期			
区　容		西滘	乡农会委员长，中共党员。1925 年 4 月在西滘被杀害
冯　洪	1901	西海	乡农会委员长。1925 年秋在西海被杀害
区大妹	1894	西滘	1924 年参加革命，中共党员，西滘丝厂工会委员。1926 年牺牲
区　桂	1895	西滘	1924 年参加革命，中共党员，西滘丝厂工会委员。1927 年牺牲
苏量涵		碧江	共青团员。1927 年 4 月被捕解广州枪杀
袁宝瀛	1894	桃村	1926 年参加革命，中共党员。1927 年在广州被捕杀害
张基础	1901	水口	1919 年参加革命，中共广东区委特派员。1928 年 8 月在陈村被捕解广州枪杀
张　泽	1885	水口	1924 年参加中国共产党，中共地下工作者。1935 年在水口被捕杀害
抗日战争时期			
姓名	**出生年份**	**籍贯**	**参加革命时间、牺牲时身份及时间、地点、原因**
冯润胜	1913	西海	1937 年参加革命，顺德抗日游击队战士，中共党员。1940 年 7 月在番禺大山作战中牺牲
卢　流	1921	西海	1939 年参加游击队，西海抗日武装成员，中共党员。1940 年 12 月在西海作战中牺牲
黄　克	1920	珠海斗门	广游二支队独立第一中队战士，中共党员。1941 年 3 月在泮浦作战中牺牲
郑坤好	1923	西海	顺德抗日游击队通讯员，中共党员。1940 年在林头执行任务时感染霍乱症去世
霍炎镰	1921	西海	1939 年参加游击队，共青团员，广游二支队独立第一中队战士。1941 年 9 月在番禺里仁洞作战中牺牲
罗汝成	1923	都宁	1941 年参加游击队，广游二支队独立第一中队战士。1941 年 9 月在番禺里仁洞作战中牺牲
梁新基	1923	西海	1940 年参加游击队，广游二支队独立第一中队战士。1941 年 9 月在番禺里仁洞作战中牺牲
苏瑞球	1915	碧江	1939 年参加游击队，广游二支队第二大队战士。1941 年 10 月在西海大捷之役中牺牲

续表

抗日战争时期			
姓名	出生年份	籍贯	参加革命时间、牺牲时身份及时间、地点、原因
黎　淇			广游二支队战士。1941 年 10 月在碧江作战中牺牲
杨　森	1890	伦教	1927 年参加革命，中共路尾围支部书记。1941 年 10 月在西海路尾围作战中牺牲
何　柱	1890	西海	1941 年参加游击队，路尾围抗日武装战士。1941 年 10 月在西海路尾围作战中牺牲
何洪基	1919	西海	1938 年参加游击队，路尾围抗日武装战士。1941 年 11 月在西海路尾围作战中牺牲
马启贤	1920	中山张家边	广游二支队第一大队政工干部，中共党员。1941 年 10 月在西海保卫战中牺牲
陈　江			广游二支队成员，中共党员。1941 年 10 月在西海保卫战中牺牲
叶　明	1900	大良	1941 年参加游击队，抗日统战武装曾岳部重机枪手。1941 年 10 月在西海保卫战中牺牲
韦　德			广游二支队战士。1941 年 10 月在西海保卫战中牺牲
黎　锡	1904	陈村	广游二支队成员。1941 年 10 月在西海保卫战中牺牲
梁湛生		广州番禺	广游二支队成员。1941 年 10 月在西海保卫战中牺牲
余桂生	1920	勒流	1940 年参加游击队，广游二支队独立第一中队战士。1941 年 10 月在西海保卫战中牺牲
文　贤			广游二支队战士。1941 年 10 月在西海保卫战中牺牲
赵贯康	1917	碧江	1940 年参加游击队，广游二支队侦察员。1941 年在市桥执行任务时牺牲
梁桂妹	1926	西海	西海姐妹会（抗日群众组织）成员。1942 年 2 月日军进犯西海时牺牲
周　文		开平	广游二支队独立第一中队班长。1942 年 2 月在西海作战中牺牲
郑　仿			广游二支队独立第一中队班长。1942 年 2 月在西海作战中牺牲
曹维能	1915	勒流	1940 年参加游击队，广游二支队独立第一中队战士。1942 年 2 月在西海作战牺牲
林　冲		乐从	广游二支队独立第一中队班长，中共党员。1942 年 2 月在西海作战牺牲
何鉴秋		广州番禺	广游二支队战士。1942 年 2 月在西海作战牺牲
何镇桐			广游二支队战士。1942 年 3 月在西海作战牺牲
吴　祥			广游二支队战士。1942 年 4 月在西海作战牺牲
邝任生	1910	珠海斗门	中共南番中顺中心县委宣传部长。1942 年 3 月在林头作战牺牲
吴元森	1916	三洪奇	1939 年参加粤桂湘边区纵队广游二支队，1942 年在北上途中牺牲

续表

抗日战争时期			
姓名	出生年份	籍贯	参加革命时间、牺牲时身份及时间、地点、原因
梁　冠	1921	西海	1938年参加游击队，广游二支队独立第一中队小队长，中共党员。1942年4月在林头作战牺牲
黄　海		广州番禺	广游二支队警卫小队战士，中共党员。1942年4月在林头作战牺牲
霍拔友		佛山南海	广游二支队警卫小队战士，中共党员。1942年4月在林头作战牺牲
卢　桥	1915	西海	1938年参加游击队，吴勤警卫员。1942年5月在大生围被敌伏击牺牲
冯君素			广游二支队政训室主任。1942年在陈村被捕解广州，牺牲在日伪监狱中
麦锐和	1925	广州番禺	广游二支队独立第一中队战士。1942年6月在林头作战牺牲
梁兆坤	1922	西海	1939年参加游击队，广游二支队独立第一中队战士。1942年7月在林头作战牺牲
黄　献			广游二支队独立第一中队战士。1942年7月在林头作战牺牲
魏　松			广游二支队独立第一中队班长。1942年9月在林头作战牺牲
梁最均	1921	勒流	广游二支队独立第一中队战士。1942年9月在林头作战牺牲
章　伦			广游二支队独立第一中队战士。1942年9月在林头作战牺牲
卢培基	1919	勒流	广游二支队独立第一中队通讯员。1942年9月在林头执行任务时牺牲
张　实			广游二支队独立第一中队小队长。1942年9月在广教炮楼作战牺牲
颜　九		佛山南海	广游二支队独立第一中队班长。1942年9月在广教炮楼作战牺牲
梁　松	1902	勒流	1941年参加游击队，广游二支队独立第一中队战士。1942年9月在广教炮楼作战牺牲
杨　允		广教	抗日统战武装杨祥部战士。1942年9月在广教炮楼作战牺牲
周冠豪	1921	伦教	1942年参加游击队，广游二支队独立第一中队班长。1942年9月在广教炮楼作战牺牲
陆本炽		佛山南海	广游二支队独立第一中队班长。1942年9月在广教炮楼作战牺牲
黄巨中	1918	碧江	1939年参加游击队，广游二支队战士。1942年在广州执行任务时牺牲
陈思汉	1928	林头	1941年参加游击队，广游二支队新编第二大队战士。1944年7月在番禺植地庄作战牺牲

续表

抗日战争时期			
姓名	出生年份	籍贯	参加革命时间、牺牲时身份及时间、地点、原因
郭　妹	1921	西海	1942 年参加游击队，广游二支队新编第二大队战士。1944 年 7 月在番禺植地庄作战牺牲
胡　妹	1921	林头	1939 年参加游击队，广游二支队新编第二大队战士。1944 年 7 月在番禺植地庄作战牺牲
赵祐贤	1920	碧江	1939 年参加游击队，广游二支队新编第二大队战士。1944 年 7 月在番禺植地庄作战牺牲
吴银松	1926	三洪奇	1941 年参加游击队，广游二支队队员，1944 年在顺德遭敌袭击战斗时牺牲
梁　志	1925	林头	珠江纵队独立第三队第一中队副。1945 年 2 月在三水乐平作战牺牲
卢　鸿	1912	林头	珠江纵队独立第三大队炊事员。1945 年 2 月在南海沙头作战牺牲
关　相		广教	珠江纵队独立第三大队炊事员。1945 年 2 月在乐从小布作战牺牲
冼衍松	1919	碧江	1941 年参加游击队，珠江纵队二支队顺德大队情报员。1945 年 4 月在陈村仙涌被捕杀害
李枝伟	1896	都宁	1944 年参加游击队，珠江纵队二支队顺德大队战士。1945 年 4 月在陈村被捕杀害
郭　培	1921	三桂	1941 年参加游击队，珠江纵队二支队小队长。1945 年 4 月在三桂被捕杀害
何　胜	1921	三桂	1941 年参加游击队，珠江纵队二支队队员。1945 年 4 月在三桂被捕杀害
梁承球	1920	碧江	1943 年参加游击队，珠江纵队二支队顺德大队队长，中共党员。1945 年 4 月在都宁岗作战牺牲
周　伟	1925	三桂	1941 年参加中共地下工作。1945 年 4 月在三桂被捕杀害
李庆林	1922	桃村	1944 年参加游击队，珠江纵队二支队顺德大队战士。1945 年 4 月在都宁岗作战牺牲
徐秋其	1925	西海	1943 年参加游击队，珠江纵队二支队顺德大队战士。1945 年 4 月在乐从新隆土狗尾作战牺牲
梁坤珠	1908	西海	1941 年参加游击队，珠江纵队二支队顺德大队战士。1945 年 4 月在乐从新隆土狗尾作战牺牲
梁　华	1925	西海	1941 年参加游击队，珠江纵队二支队顺德大队战士。1945 年 4 月在乐从新隆土狗尾作战牺牲
梁细财	1920	西海	1944 年参加游击队，珠江纵队二支队顺德大队战士。1945 年 4 月在乐从新隆土狗尾作战牺牲

续表

抗日战争时期			
姓名	出生年份	籍贯	参加革命时间、牺牲时身份及时间、地点、原因
黎洪彬	1926	桃村	1944 年参加游击队，珠江纵队二支队顺德大队战士。1945 年 4 月在乐从新隆土狗尾作战牺牲
吴　宏	1920	三洪奇	1940 年参加游击队，珠江纵队二支队顺德大队战士。1945 年 4 月在乐从新隆土狗尾作战牺牲
梁少依	1908	桃村	1937 年参加游击队，珠江纵队二支队顺德大队工作人员，中共党员。1945 年 4 月在乐从新隆土狗尾作战牺牲
冯九仔	1928	西海	1943 年参加游击队，珠江纵队二支队顺德大队卫生员。1945 年 4 月在乐从新隆土狗尾作战牺牲
苏雪银	1930	碧江	1943 年参加游击队，珠江纵队二支队顺德大队卫生员。1945 年 4 月在乐从新隆土狗尾作战牺牲
张　流	1922	西海	1938 年参加游击队，中共路尾围支部书记。1945 年 4 月在西海被杀害
卢兆文	1921	勒流	1940 年参加游击队，珠江纵队二支队番禺大队战士。1945 年 4 月在西海被敌捕杀
卢家祥	1929	勒流	1945 年参加游击队，珠江纵队二支队番禺大队战士。1945 年 4 月在西海被敌捕杀
卢初仔	1930	西海	珠江纵队二支队顺德大队属下农场员工。1945 年 4 月在西海被敌捕杀
梁　顺	1905	伦教	1939 年参加游击队，乌洲人民联乡办事处委员。1945 年 5 月在西海被敌杀害
梁　牛	1915	伦教	1940 年参加游击队，新围地方民众抗日武装队队员。1945 年 5 月在西海被敌杀害
李耀滔	1925	坤洲	1943 年参加游击队，珠江纵队二支队顺德大队战士。1945 年 6 月在伦教被敌杀害
杨　辉	1923	广教	1944 年参加游击队，珠江纵队二支队顺德大队战士。1945 年 6 月在羊额被敌杀害
何　球	1915	西海	1939 年参加游击队，珠江纵队二支队顺德大队副大队长，中共党员。1945 年 7 月在番顺边界鳘沙遭敌伏击牺牲
冯　耀	1915	西海	1943 年参加游击队，珠江纵队二支队顺德大队副中队长，中共党员。1945 年 7 月在番禺榄核被敌杀害
卢九根	1918	西海	1941 年参加游击队，珠江纵队二支队顺德大队战士。1945 年 7 月在番禺榄核被敌杀害
林铨超	1918	西海	1942 年参加游击队，珠江纵队二支队顺德大队机枪班战士。1945 年 7 月在西海被敌捕杀
赵善冠	1910	彰义	1937 年参加革命，1940 年被捕入狱多年，出狱后在顺德病故

续表

抗日战争时期			
姓名	出生年份	籍贯	参加革命时间、牺牲时身份及时间、地点、原因
陈二根	1923	三洪奇	1941 年参加游击队，珠江纵队挺进西江大队某中队事务长。1945 年在挺进西江途中牺牲
梁　锡	1915	林头	1945 年参加游击队，珠江纵队挺进西江大队战士。1945 年在广宁狮子山作战牺牲
钟伯根	1923	西海	1941 年参加游击队，珠江纵队挺进西江大队小队长。1945 年在广宁作战牺牲
冯辉带	1927	西海	珠江纵队独立第三大队战士。1945 年在粤北作战牺牲
解放战争时期			
姓名	出生年份	籍贯	参加革命时间、牺牲时身份及时间、地点、原因
杨　汉	1923	广教	1940 年参加游击队，东江纵队粤北支队南雄大队小队长。1946 年春在粤赣边境作战牺牲
梁　波	1902	林头	1943 年参加游击队，珠江纵队挺进西江大队某部事务长。1946 年 4 月在广宁四雍作战牺牲
赵景宴	1901	碧江	1937 年参加游击队，1946 年在连县被捕入狱遇害
陈　锡	1927	三洪奇	粤桂湘边区纵队广怀区队警卫员。1947 年 6 月在广宁作战牺牲
刘　祥	1920	林头	1939 年参加游击队，中国人民解放军某部连长。1949 年在肇庆杉坑剿匪牺牲
社会主义革命和建设时期			
姓名	出生年份	籍贯	参加革命时间、牺牲时身份及时间、地点、原因
黄志东	1930	西海	1951 年参军，中国人民志愿军战士。1951 年 12 月在朝鲜开城之役牺牲
程镇武	1926	都宁	1948 年参军，中国人民志愿军战士。1951 年在朝鲜战场牺牲
黄希维	1913	三桂	1948 年参军，中国人民志愿军连长，中共党员。1951 年在朝鲜战场牺牲
萧国珍	1926	西滘	1947 年参军，中国人民志愿军战士，共青团员。1952 年 9 月在朝鲜战场牺牲
周　斌	1920	北滘	1947 年参军，中国人民志愿军机械员。1952 年 10 月在朝鲜战场牺牲
郭炳枝	1927	高村	1950 年参军，中国人民志愿军战士。1952 年在朝鲜战场牺牲
梁景福	1928	碧江	1948 年参军，中国人民志愿军某部副班长。1953 年 7 月在朝鲜金城川作战牺牲
麦远辉	1923	莘村	1941 年参加游击队，中国人民志愿军某部连长。1951 年在朝鲜战场负重伤回国治疗无效，1953 年去世

五、国民革命军抗日牺牲官兵名录

国民革命军抗日牺牲官兵名录

表 24—3—8

姓名	籍贯	牺牲时身份及时间、地点、原因
潘材楠	碧江	一五六师九三五团特务连中尉排长。1937 年 12 月在江苏牺牲
李树华	简岸	一五九师军需处准尉司书。1937 年 12 月在江苏牺牲
黎伟民	槎涌	一五六师九三一团少校军需。1937 年 12 月在江苏牺牲
黎　治	槎涌	一五六师九三一团中尉军械员。1937 年 12 月在江苏牺牲
杨　廉	广教	一五九师司令部汽车兵。1937 年 12 月在江苏牺牲
周绮干	北滘	空军四大队二十二中队中校分队长。1944 年 7 月在湖南衡阳牺牲
赵　友	碧江	顺德抗日自卫团第二十大队中队长。1938 年 10 月在大良牺牲
张日耀	碧江	一五七师九四〇团上尉军医。1939 年 7 月在粤北牺牲
梁成新	碧江	一八七师五六〇团七连上士班长。1939 年 12 月在粤北牺牲
梁　广	西滘	一五八师四七三团机一连二等兵。1939 年 12 月在粤北牺牲
蒋　波	北滘	一八七师五六一团机九连一等兵。1939 年 12 月在粤北牺牲
罗　灿	北滘	一八六师一〇九六团二连二等兵。1940 年 6 月在粤北牺牲
张　顺	水口	第七战区挺进第三纵队独立大队二中队上等兵。1941 年在广东牺牲
张　吉	水口	第七战区挺进第三纵队独立大队二中队一等兵。1941 年在广东牺牲
苏　坚	碧江	一五七师四七〇团中士。1944 年 9 月在湖南牺牲

编后记

《佛山市顺德区北滘镇志》编修工作始于2014年4月，2019年6月付梓成书，前后经历5个春秋。

一方热土，历代沧桑。回望一甲子，地处珠三角改革开放前沿的北滘，从“以农为纲”到“工业立镇”，从“工商并举”到“魅力小城”。志书选择较有代表性的事件按序实录，详实记录了北滘建制以来社会经济发展和城乡建设的整个历程。

五年来，志书编纂团队广泛搜集档案文书，累计利用区镇两级档案文书近4万份，通过座谈会、登门拜访、电话访问等形式，采访历史当事人共60余场、130多人次，多方求证，力求还原史实原貌。于2015年12月编成《北滘文史资料汇编》，2018年12月邀请历届党政干部征求意见，并广泛收集意见。2019年3月，《佛山市顺德区北滘镇志》报送区地方志办公室审核，同年5月31日通过复审，6月交付出版社编审出版。

新志初成，其功应归于镇委、镇政府的高度重视和正确领导。各村（社区）、各战线、各单位积极配合，退休老干部、社会热心人士鼎力支持，为我们提供了不少珍贵的资料，提出了很多宝贵的意见。在修志过程中，我们还得到了曾任北滘党政领导的原佛山市人大常委会副主任、原顺德市委书记冯润胜和原北滘公社党委书记叶胜军，原北滘镇党委书记区祥贤，抗日老交通员冯二女等的热心指导。此外，顺德区档案局、区方志办从业务上给予了很大的支持和帮助，多方合力，终使修志工作得以顺利完成。对上述有关单位和人员对本志编纂工作的关心和支持，在此，一并表示最衷心的感谢！

修地方志，是一项浩繁的文化工程，虽焚膏继晷，仍不敢有怠。由于编纂人员知识和能力有限，疏漏和错误在所难免，敬请方家、读者批评指正。

佛山市顺德区北滘镇志编纂委员会

2019年10月